揚州年鉴

2019 YANGZHOU YEARBOOK

扬州市地方志编纂委员会 编

广 陵 书 社

图书在版编目（CIP）数据

扬州年鉴. 2019 / 扬州市地方志编纂委员会编. --
扬州 : 广陵书社, 2019.12
ISBN 978-7-5554-1412-4

Ⅰ. ①扬… Ⅱ. ①扬… Ⅲ. ①扬州－2019－年鉴
Ⅳ. ①Z525.33

中国版本图书馆CIP数据核字(2019)第277370号

扬州年鉴（2019）

编　　者　扬州市地方志编纂委员会
装帧设计　葛玉峰　钱　伟
责任编辑　王　丽　王浩宇
出版发行　广陵书社
地址：扬州市维扬路 349 号
邮编：225009
网址：http://www.yzglpub.com
电子信箱：yzglss@163.com
印　　刷　扬州古籍线装文化有限公司
开　　本　889mm×1194mm　1/16
印　　张　32.25
字　　数　1287 千字
版　　次　2019 年 12 月第 1 版第 1 次印刷
标准书号　ISBN 978-7-5554-1412-4
定　　价　300.00 元

扬州市地方志编纂委员会

扬州年鉴编辑部

编　辑　说　明

1.《扬州年鉴》是由中共扬州市委、扬州市政府主办，扬州市地方志编纂委员会编纂的系统记述扬州市自然、政治、经济、文化、社会、生态等方面情况的年度资料性文献。1991年出版首卷，本卷为第29卷。

2.《扬州年鉴（2019）》以马克思列宁主义、毛泽东思想、邓小平理论、"三个代表"重要思想、科学发展观和习近平新时代中国特色社会主义思想为指导，实事求是地、较为全面翔实地记述了2018年扬州市的基本情况及发生的各种大事、要事、新事和有影响的事，反映了全市人民在改革开放、经济建设以及社会发展中取得的新成就、新进展、新经验。

3.《扬州年鉴》采用分类编辑法，以"类目"为单元，下设"分目"和"条目"，个别分目下设"次分目"。类目标题标于各类目起始处和书眉；分目、条目标题分别以3号、5号彩色字随文标出；条目为记述实体，标题前标注彩色符号"■"。《扬州年鉴（2019）》共分42个类目，设268个分目、46个次分目，收录1989个条目和资料。

4.《扬州年鉴》卷首有中文详细目录和英文要目，卷末有索引。全书所有资料可通过目录、书眉、索引等检索渠道查阅。

5.《扬州年鉴》刊用的文稿，由市各部门、各县（市、区）及驻扬单位提供，有关数据、资料均经各部门领导审阅、核实。书中"扬州市""全市"指全扬州市，"市区"指广陵区、邗江区、江都区范围，"城区"指广陵区、邗江区范围，特殊情况另行括注。《大事纪要》中"△"表示"同日"。表格中"#"表示"其中主要部分"。全书主要综合性统计资料由市统计局提供。全书所用统计数据，由于统计的来源、口径、方式、方法和时间的不同，可能存在一定差异，使用时请以市统计局提供的统计资料数据为准；凡市统计局未作统计的，以供稿单位提供的数据为准。统计数据均使用法定计量单位。为保持文献原貌、遵从行业习惯，《特载》《附录》所刊文献的文字、数据、计量单位均未作变动，《体育》中运动项目有关内容仍使用"公斤""公里"作为计量单位。

6.《扬州年鉴》所登载的照片或文字稿件若署名遗漏或有误，请摄影者或撰稿人与编辑部联系，以便发放稿酬。

城市荣誉

中国历史文化名城
全国双拥模范城
全国社会治安综合治理先进单位
中国优秀旅游城市
国家环境保护模范城市
国家园林城市
中国人居环境奖
全国节水型城市
国家级生态示范区
联合国人居奖
国家卫生城市
全国科技进步先进市
中国数字化创新管理奖
中国和谐管理城市
城市管理人民满意城市
国家森林城市
全国文明城市
全国诗词之市
国家生态市
全国小微企业创业创新基地城市示范
全国质量强市示范城市
国家创新型试点城市
全国法治城市创建活动先进单位

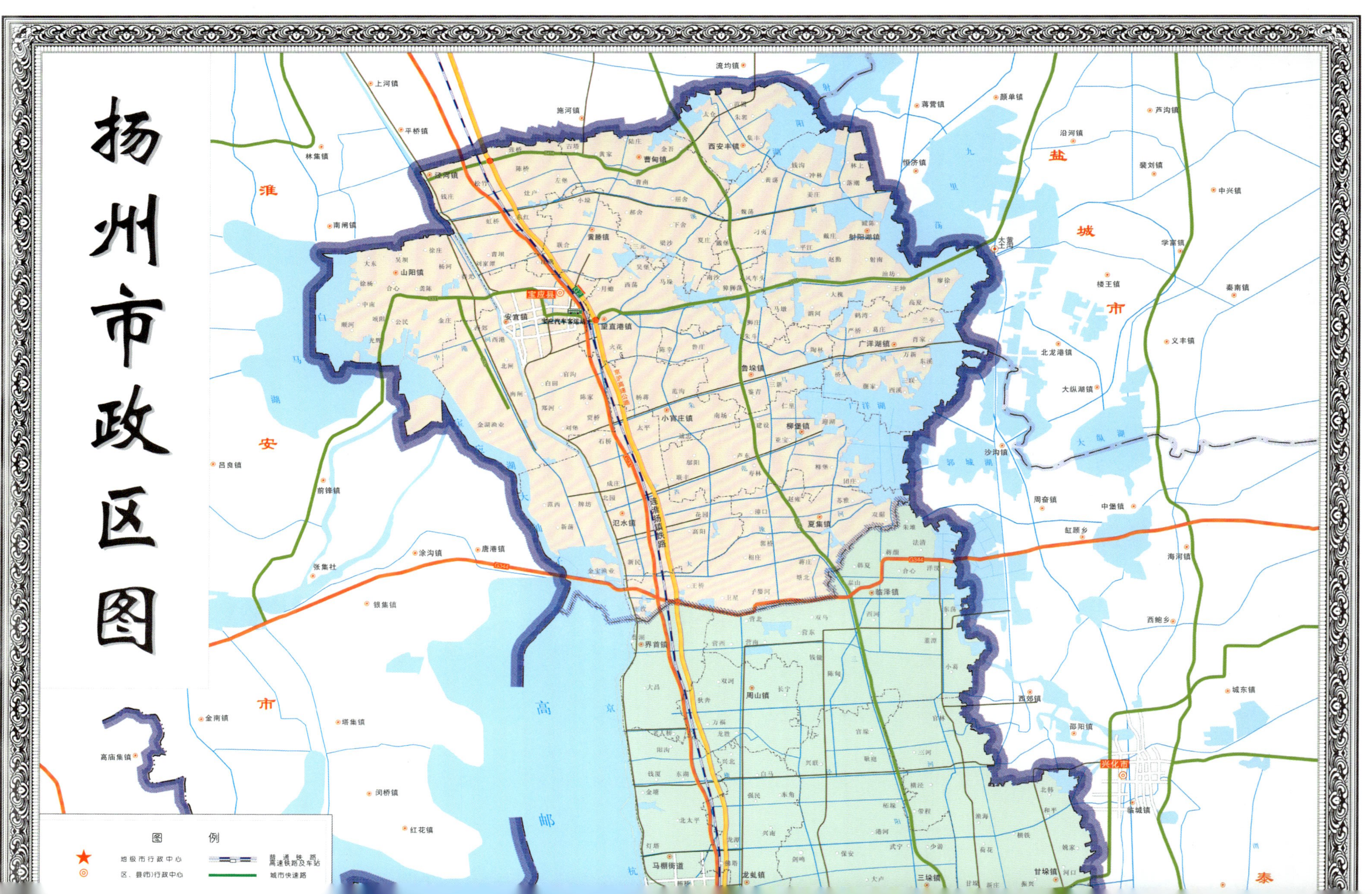
扬州市政区图
图例
地级市行政中心
区、县(市)行政中心
普通铁路
高速铁路及车站
城市快速路
宝应县
安宜镇
氾水镇
射阳湖镇
广洋湖镇
鲁垛镇
柳堡镇
小官庄镇
夏集镇
曹甸镇
西安丰镇
泾河镇
山阳镇
黄塍镇
望直港镇
界首镇
周山镇
临泽镇
马棚街道
龙虬镇
三垛镇
甘垛镇
兴化市
盐城市
淮安市
泰
高邮湖
白马湖
宝应湖
射阳湖
大纵湖
沙沟镇
周奋镇
中堡镇
西郊镇
昭阳镇
临城镇
城东镇
海河镇
西鲍乡
缸顾乡
大纵湖镇
北龙港镇
楼王镇
大营
学富镇
秦南镇
义丰镇
中兴镇
芦沟镇
沿河镇
冀刘镇
颜单镇
海营镇
恒济镇
流均镇
施河镇
上河镇
平桥镇
林集镇
南闸镇
吕良镇
前锋镇
张集社
涂沟镇
唐港镇
银集镇
金南镇
塔集镇
高庙集镇
闵桥镇
红花镇

省界
省辖市界
区、县（市）界
乡、镇界
城市道路
港口
轮渡、汽渡
水系及桥梁

比例尺 1：145 000

江苏易图地理信息科技股份有限公司 编制　　扬州市国土资源局 监制　　地图审查编号：苏K(2017)003号

江苏易图地理信息科技股份有限公司　编制　　　　扬州市国

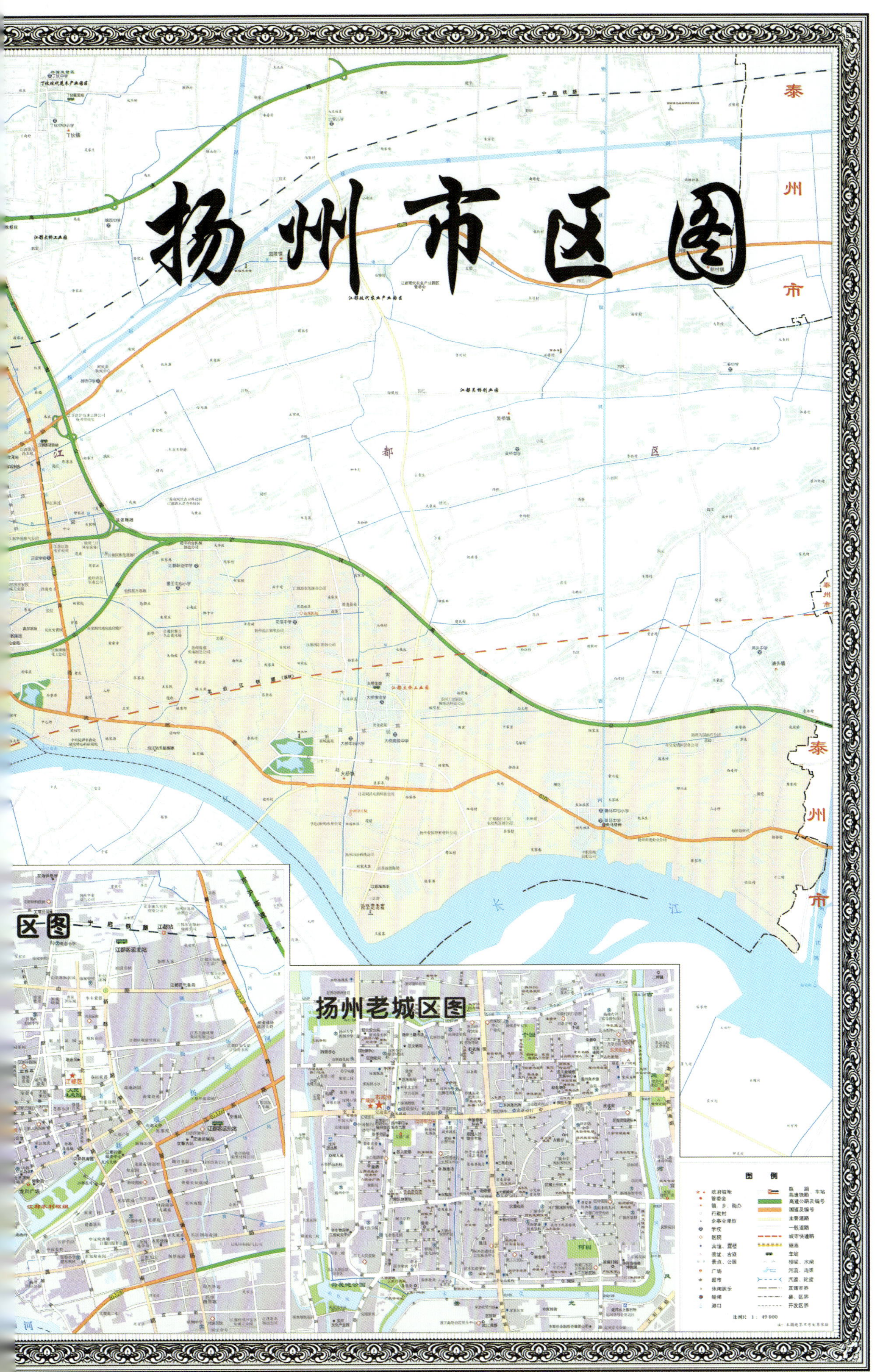

源局　监制　　　地图审查编号：苏K(2017) 006号

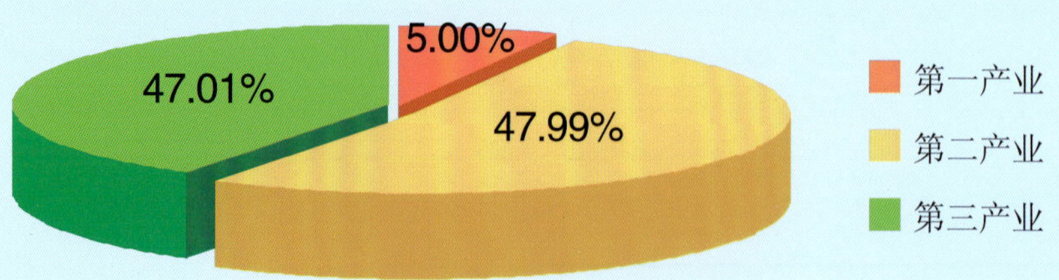

2018年地区生产总值构成

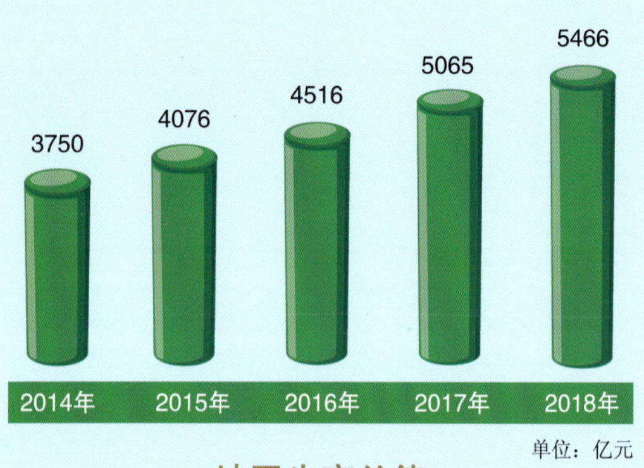

地区生产总值

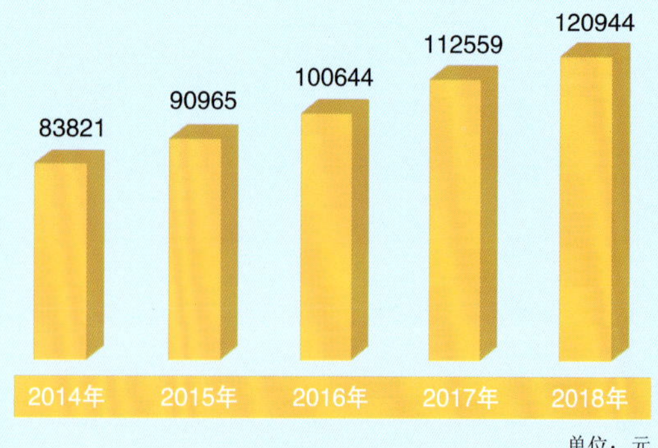

人均地区生产总值

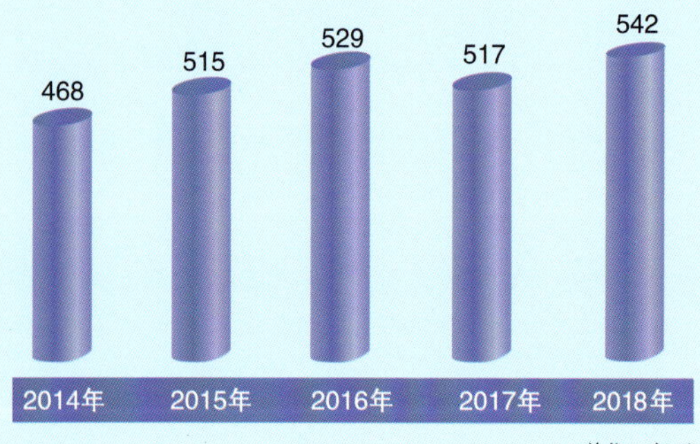

财政收入

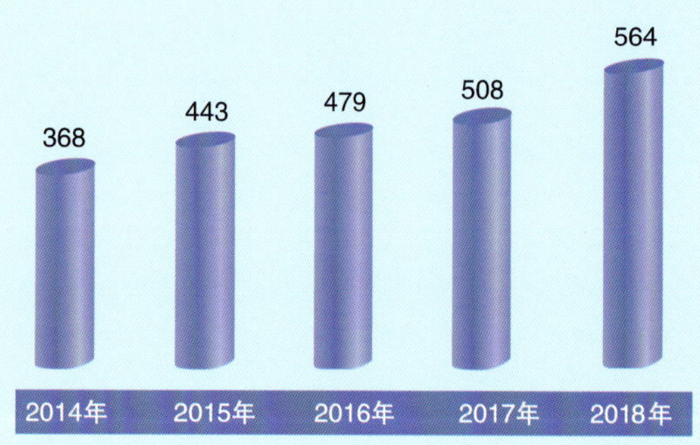

财政支出

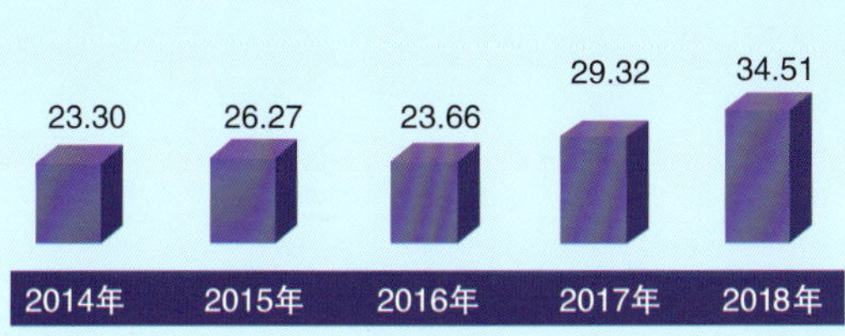

单位：亿美元

进口总额

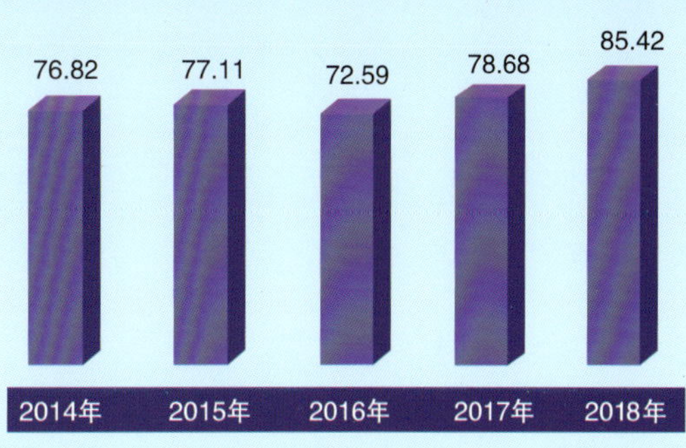

单位：亿美元

出口总额

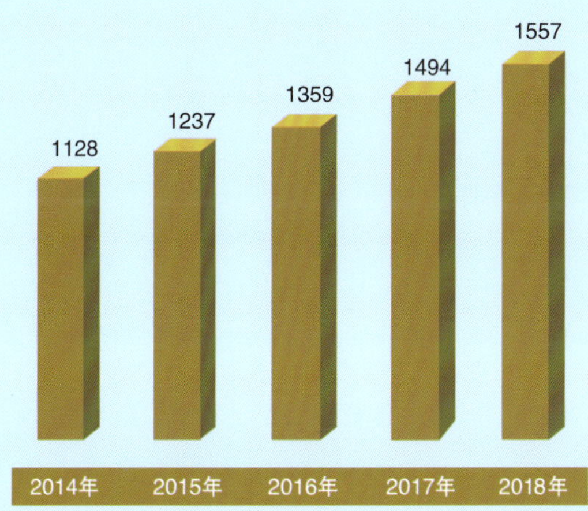

单位：亿元

社会消费品零售总额

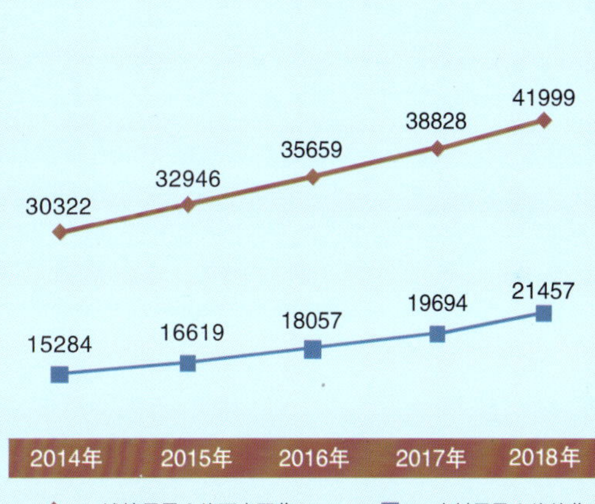

单位：元

城镇居民人均可支配收入与农村居民人均纯收入

2018年扬州的一天

地区生产总值	一般公共预算收入	城乡居民储蓄余额	粮食产量	出口总额	社会消费品零售额
149758万元	9316万元	78374万元	7873吨	2340万美元	42658万元

蓬勃发展的广陵新城

（日 报 供稿）

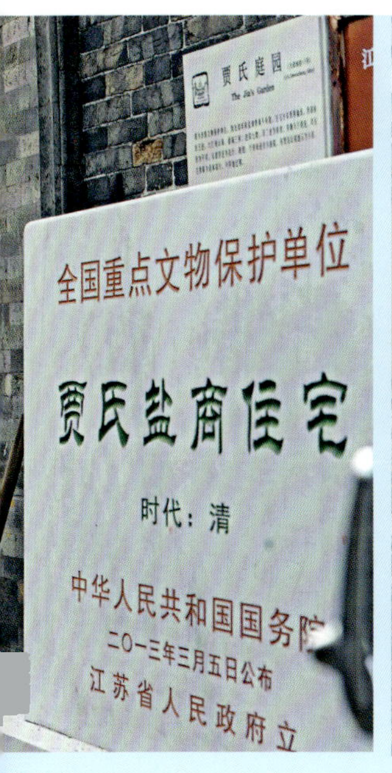

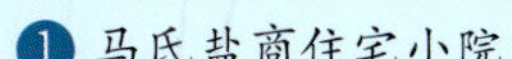

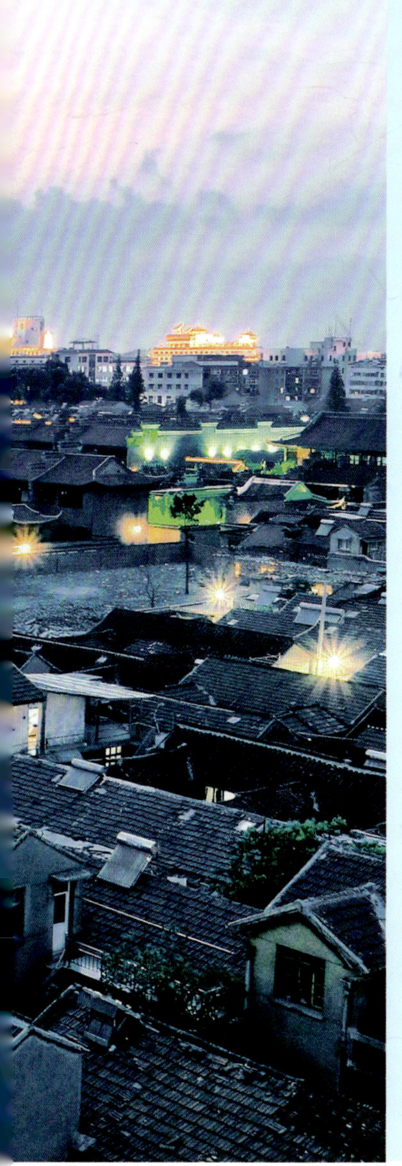

❶ 马氏盐商住宅小院（李斯尔　摄）

❷ 贾氏盐商住宅（扬州画刊　供稿）

❸ 古城区居民老宅（程建平　摄）

❹ 修葺一新的汪鲁门盐商住宅（张孔生　摄）

❺ 丁氏盐商住宅改造后新貌（洪晓程　摄）

改造提升后的明月湖彰显独特风韵

印象名城

（牛立松　摄）

晚霞映照的三湾公园　（刘江瑞　摄）

宋夫城二月兰花海美不胜收（刘江瑞 摄）

南水北调源头公园 （望秋叹 摄）

廖家沟城市中央公园一侧 （程 曦 摄）

何园中的美丽“枫景”

（孟德龙　摄）

荷叶飘香的个园

（望秋叹　摄）

甘泉樱花园

（刘江瑞　摄）

瓜洲葵园

（江 欣 摄）

❶ 7月27日，中共扬州市委七届六次全会在扬州举行 （董 辉 摄）

❷ 11月30日，市四套班子领导参观扬州市庆祝改革开放40周年图片展 （王 卓 摄）

❸ 5月10日，位于阮元家庙的“扬州家风展示馆”正式开放 （王 卓 摄）

❹ 广陵区跃进桥社区党总支新聘部分党员和群众为党风廉政监督员 （陈 兵 刘惠宇 摄）

❺ 扬城首部“廉政电子书”亮相 （张孔生 摄）

4

5

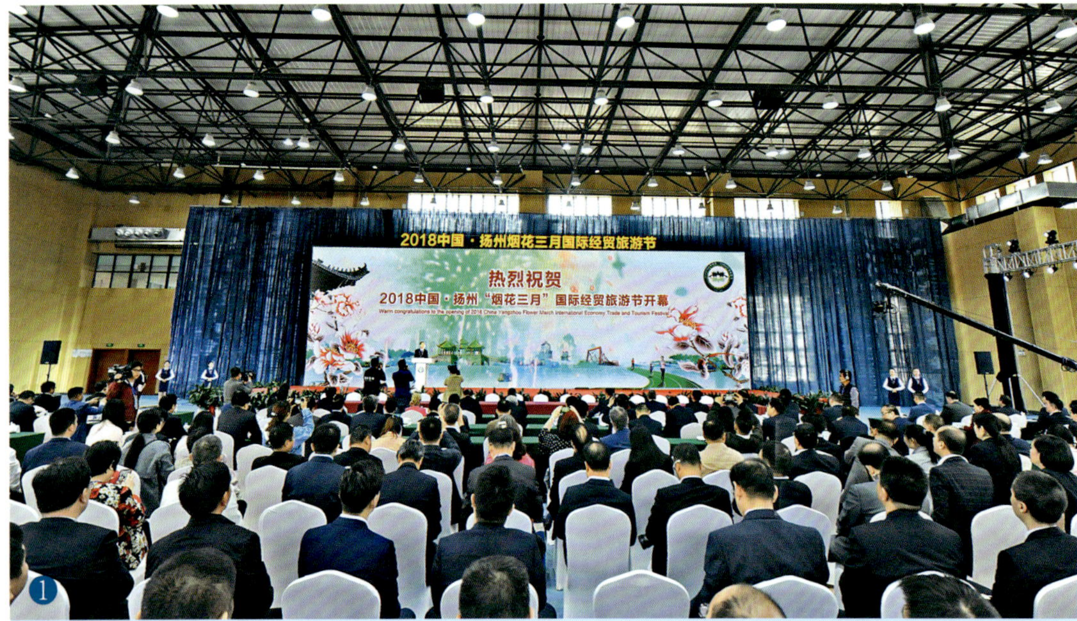

2018中国·扬州烟花三月国际经贸旅游节
热烈祝贺
2018中国·扬州“烟花三月”国际经贸旅游节开幕
Warm congratulations to the opening of 2018 China Yangzhou Flower March International Economy Trade and Tourism Festival
1

2

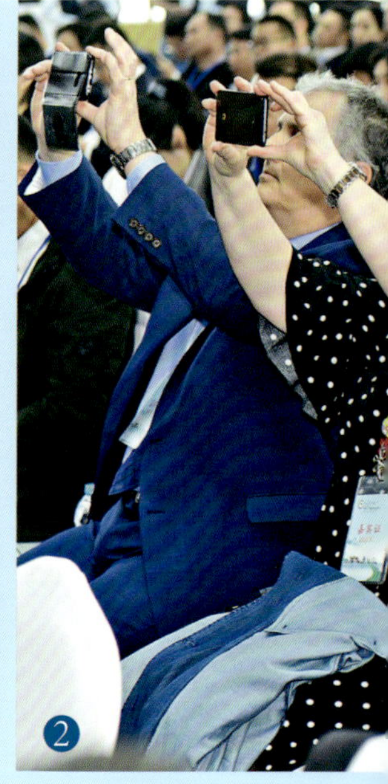

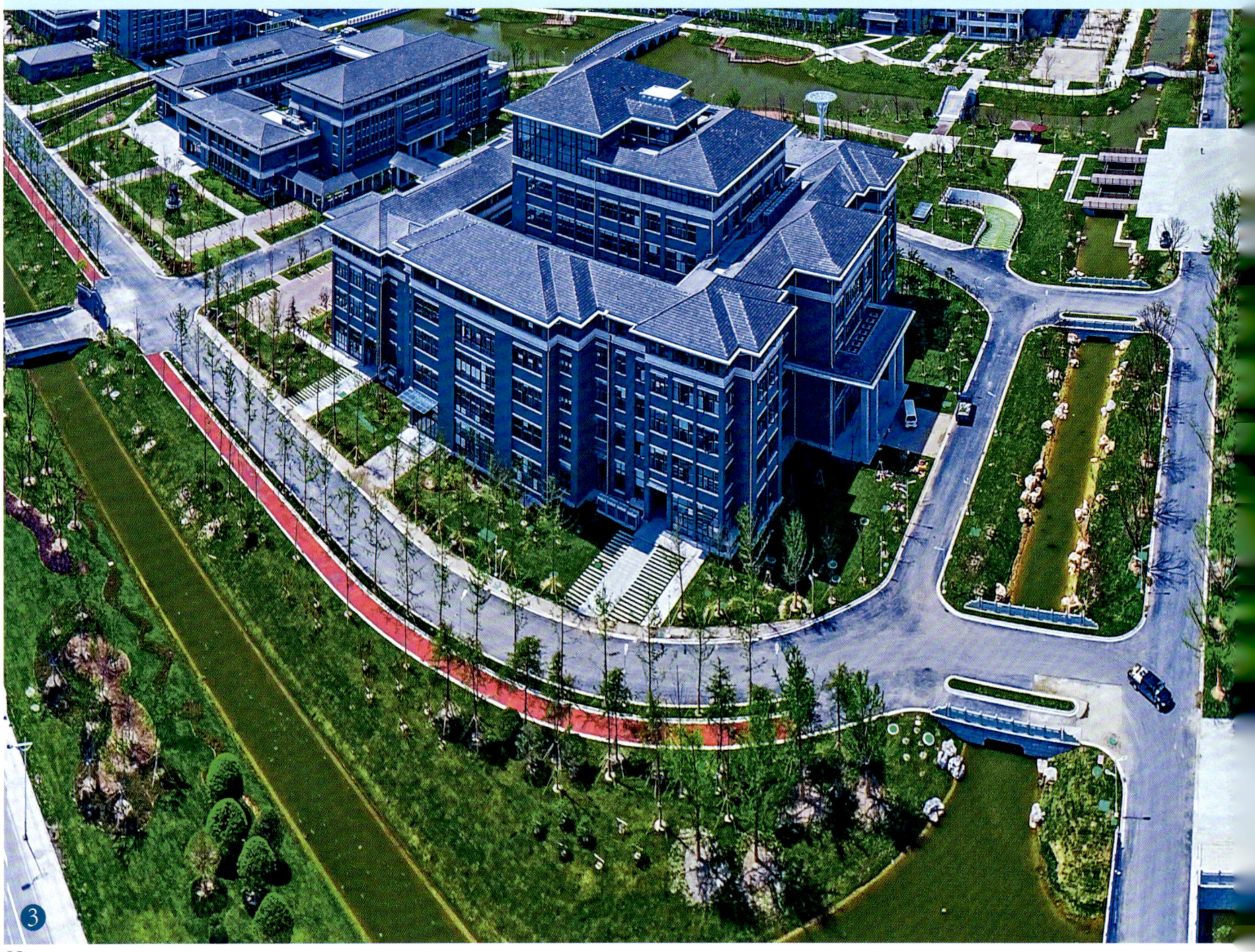
3

❶ 4月18日，2018中国·扬州"烟花三月"国际经贸旅游节开幕　（程　曦 刘江瑞 孟德龙　摄）

❷ 4月18日，外国嘉宾关注"烟花三月"国际经贸旅游节开幕式　（董　辉　摄）

❸ 2018中国·扬州"烟花三月"国际经贸旅游节主会场——江苏旅游职业学院　（孟德龙　摄）

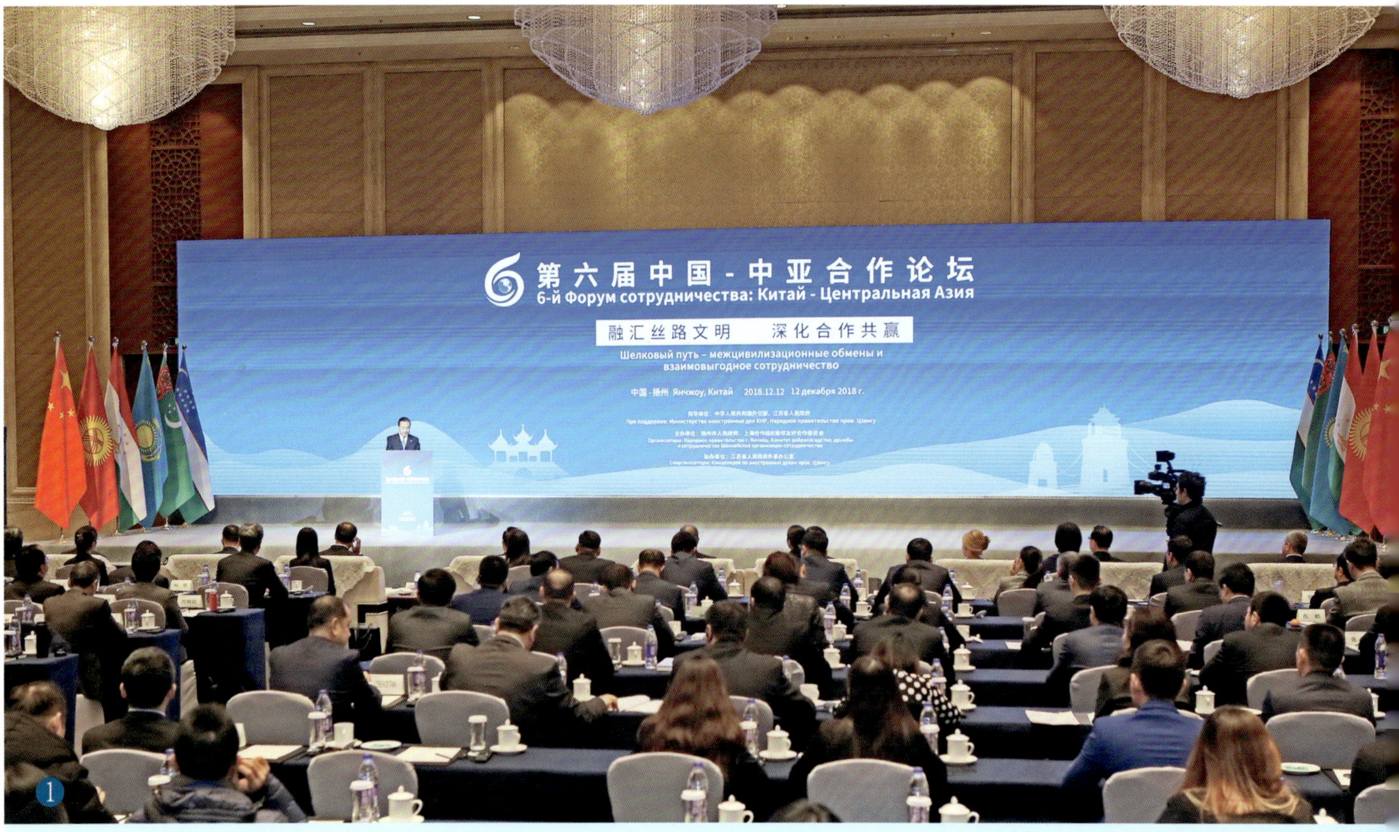
第六届中国-中亚合作论坛
6-й Форум сотрудничества: Китай - Центральная Азия
融汇丝路文明 深化合作共赢
Шелковый путь – межцивилизационные обмены и взаимовыгодное сотрудничество
中国·扬州 Янчжоу, Китай 2018.12.12 12 декабря 2018 г.
1

第六届中国-中亚合作论坛邮品首发式
2

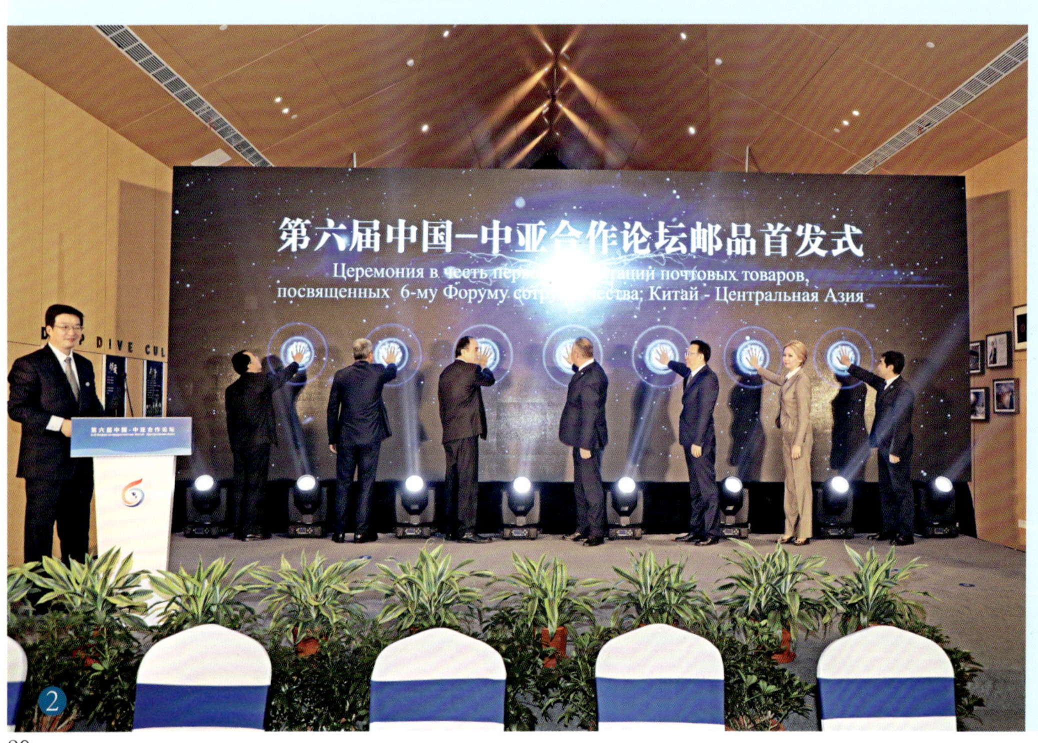

❶ 12月11日，第六届中国－中亚合作论坛在扬州举行（王　卓　摄）

❷ 12月12日，第六届中国－中亚合作论坛特种邮品首发式在扬州举行（生态科技新城　供稿）

❸ 10月11日，全国党报家风宣传·大运河城市家风建设研讨会在扬州举行（王　卓　摄）

❹ 10月15日，第十届中国曲艺牡丹奖颁奖仪式暨“讴歌新时代　共筑中国梦”成果汇报演出扬州举行（胡　展　摄）

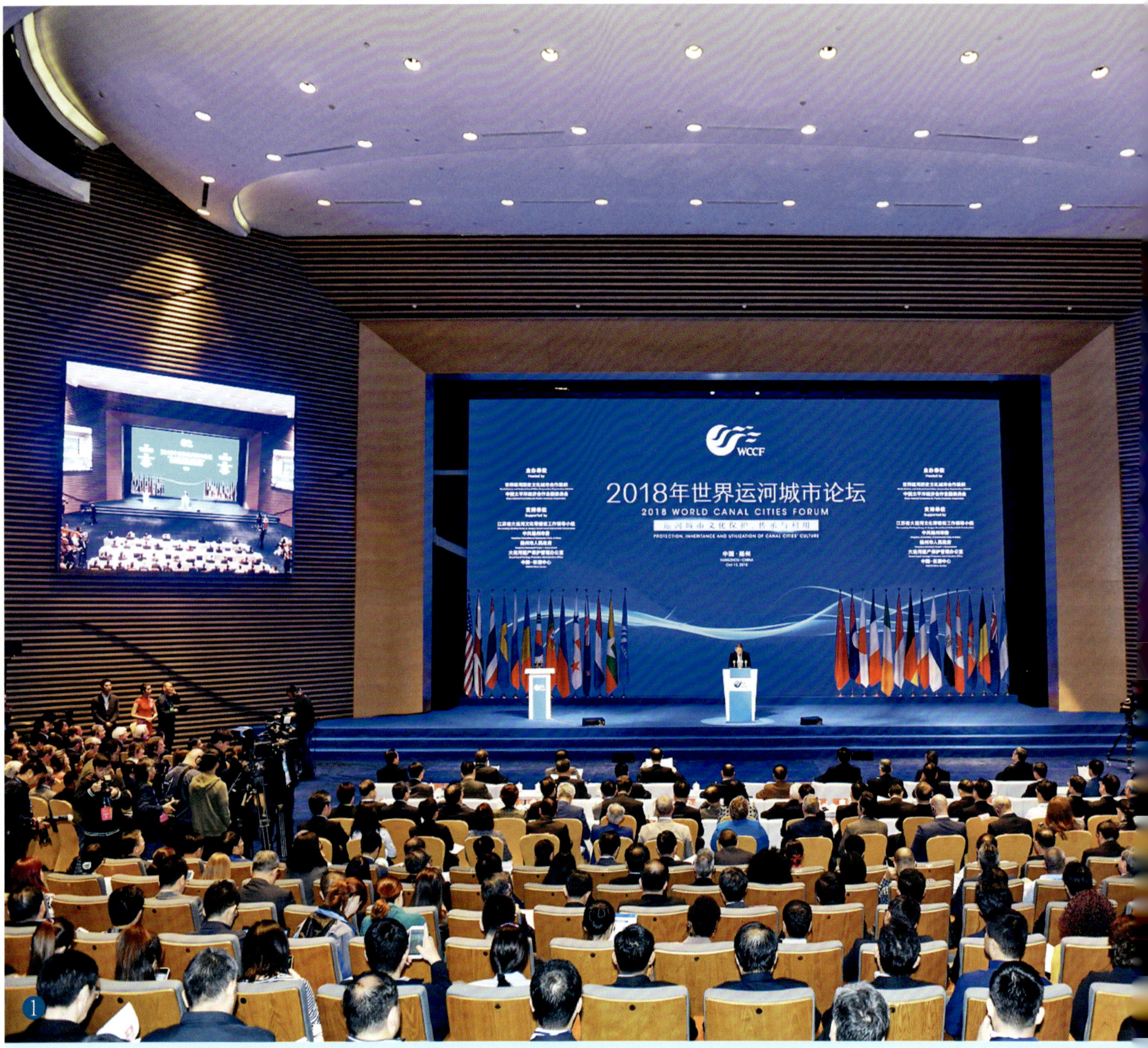
WCCF
2018年世界运河城市论坛
2018 WORLD CANAL CITIES FORUM

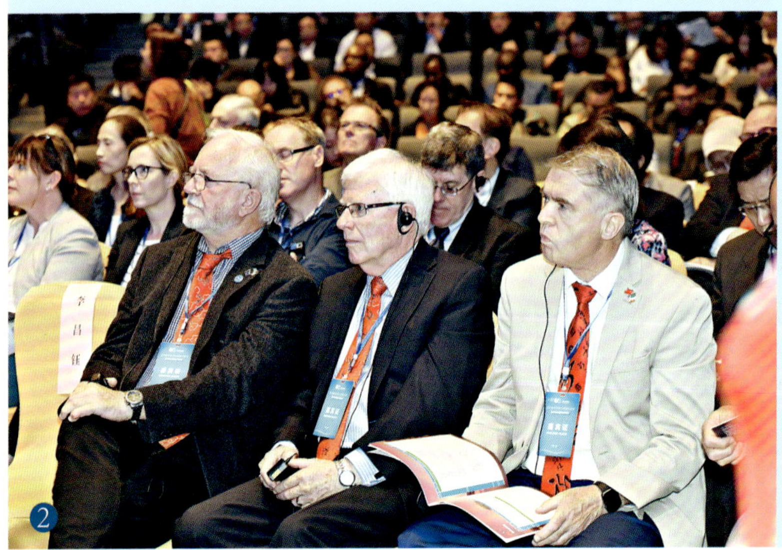

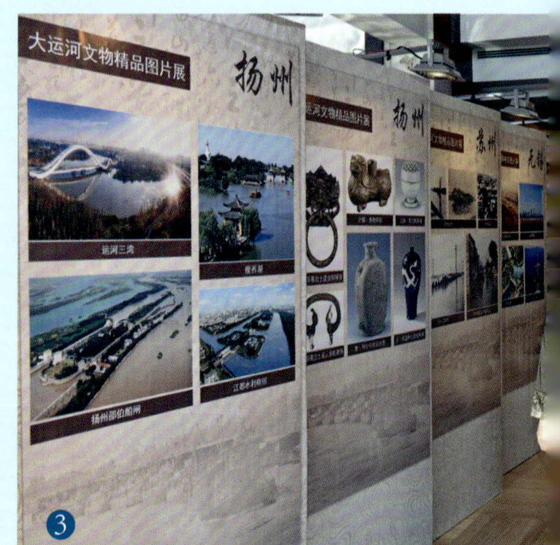

大运河文物精品图片展
扬州

❶ 10 月 12 日，2018 年世界运河城市论坛在扬州举行　（刘江瑞　摄）

❷ 10 月 12 日，参加 2018 年世界运河城市论坛的外国嘉宾　（刘江瑞　摄）

❸ 10 月 12 日，参会嘉宾参观大运河沿线城市文物精品图片展　（刘江瑞　摄）

1

4

2

3

5

1 10月19日，总投资超过100亿元的腾讯仪征东升云计算数据中心项目正式签约（王 卓 摄）

2 12月24日，航空工业宝胜海缆项目举行交联立塔封顶仪式（宝应经济技术开发区 供稿）

3 航空工业宝胜海缆项目交联立塔（冯名星 摄）

4 11月30日，扬州华侨城大型文化旅游综合项目开工奠基仪式在项目现场举行（蜀冈－瘦西湖风景名胜区 供稿）

5 12月24日，扬州第一高楼——扬州金奥中心举行封顶仪式（王乃驷 摄）

6 广陵体操馆（刘江瑞 摄）

6

❶ 10 月 26 日，2018 中国·扬州国际英才创新创业合作对接会启动　（庄文斌　摄）

❷ 5 月 26 日，10 个创新创业项目入驻扬州（广陵）科技镇长团创新创业基地　（张　丽　摄）

❸ 5 月 30 日，扬州市举行十大科技之星颁奖典礼　（王乃驷　摄）

❹ 12 月 18 日，2018“巾帼梦圆新扬州”创业创新大赛在扬州会议中心举行　（日　报　供稿）

嘉宾发言
Jozef Salon　扬州硒瑞恩生物医药科技有限公司首席专家
JOZEF SALON

3

2018“巾帼梦圆新扬州”创业创新大赛
"HER DREAM FULFILLED"—2018 Yangzhou Women's Innovation and Entrepreneurship Competition
决　赛
主办单位：市妇联　市两创办　市人社局
协办单位：人民日报（扬州）数字传播中心
支持单位：扬州报业集团　扬州广电总台　江苏银行扬州分行
中国·扬州　2018.12
巾帼梦圆新扬州

4

❶ 连淮扬镇铁路高邮段 （孟德龙 摄）

❷ 连淮扬镇铁路宝应段 （张孔生 摄）

❸ 10 月 12 日，连淮扬镇铁路扬州段第二座转体桥成功转体 （中铁十四局 供稿）

❶ 南部快速通道从新世纪大酒店前横贯而过（张孔生 摄）

❷ 南部快速通道 12 车道路宽保障快速通行（孟德龙 张卓君 张筱清 摄）

❸ 南部快速通道 4 层立交铸就扬州最大互通群（孟德龙 张卓君 张筱清 摄）

❹ 扬冶路快车道建成通车，路宽拓展到 50 米（张孔生 摄）

❺ 建设中的江广高速（张卓君 摄）

❻ 真州路立交主线桥横跨文昌西路，贯通南北（程 曦 摄）

1

2

3

4

5

6

2018 蓝色经典·梦之蓝 中國·寶應國
暨 GIANT 環寶應湖百公里
BAOYING THE FOURTH BIKE INVITATION GAME & GIANT ONE

❶ 4 月 22 日，2018 扬州鉴真国际半程马拉松赛在扬州举行。图为选手们在文昌西路赛道上奔跑 （建 平 蒋永庆 程 曦 摄）

❷ 6 月 10 日，扬州市在明月湖公园举行迎端午龙舟大赛 （刘江瑞 摄）

❸ 10 月 28 日，2018 环宝应湖国际自行车邀请赛在宝应举行。图为自行车赛第一名选手抵达终点 （张卓君 摄）

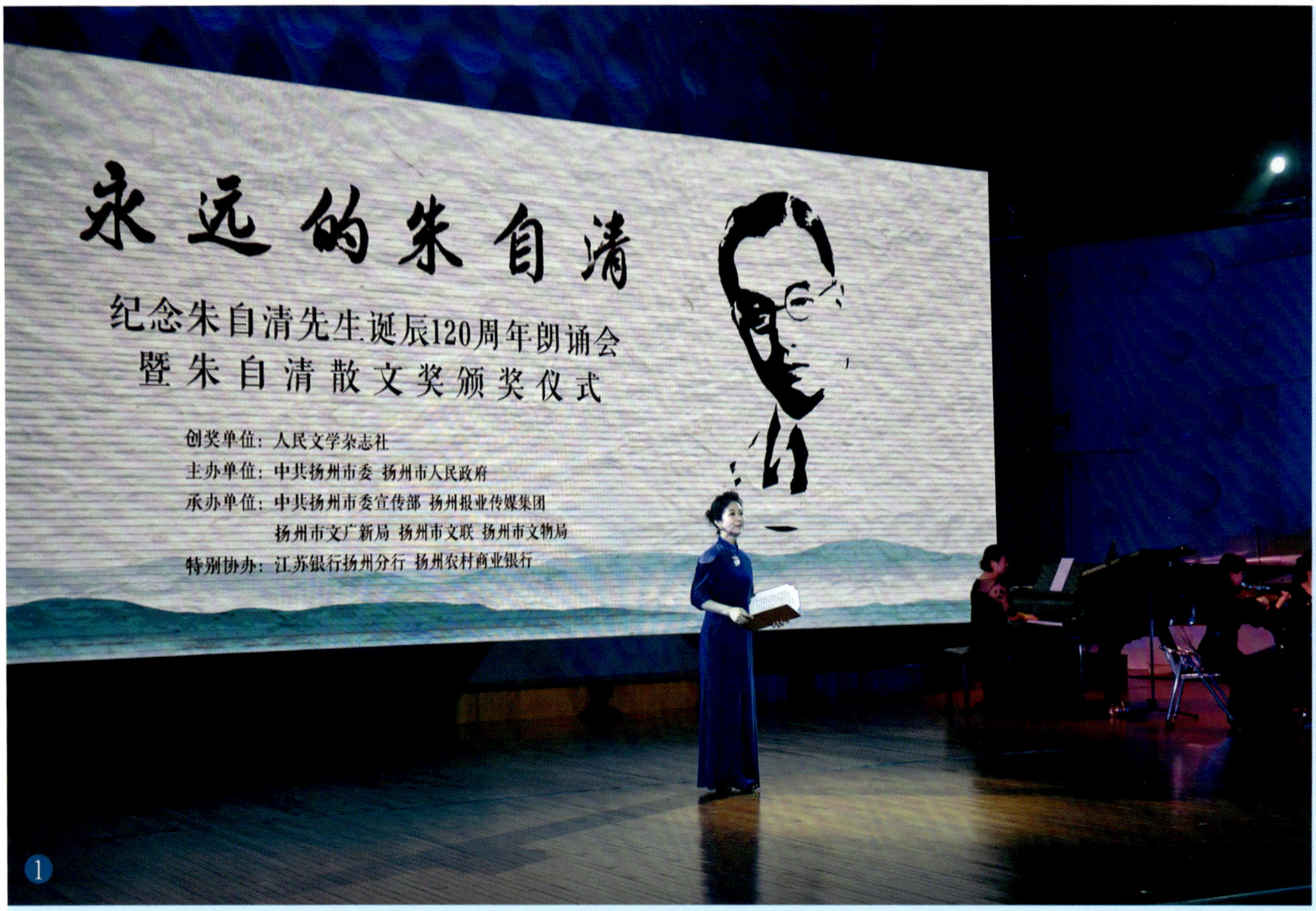
永远的朱自清
纪念朱自清先生诞辰120周年朗诵会
暨朱自清散文奖颁奖仪式
创奖单位：人民文学杂志社
主办单位：中共扬州市委 扬州市人民政府
承办单位：中共扬州市委宣传部 扬州报业传媒集团
扬州市文广新局 扬州市文联 扬州市文物局
特别协办：江苏银行扬州分行 扬州农村商业银行
1

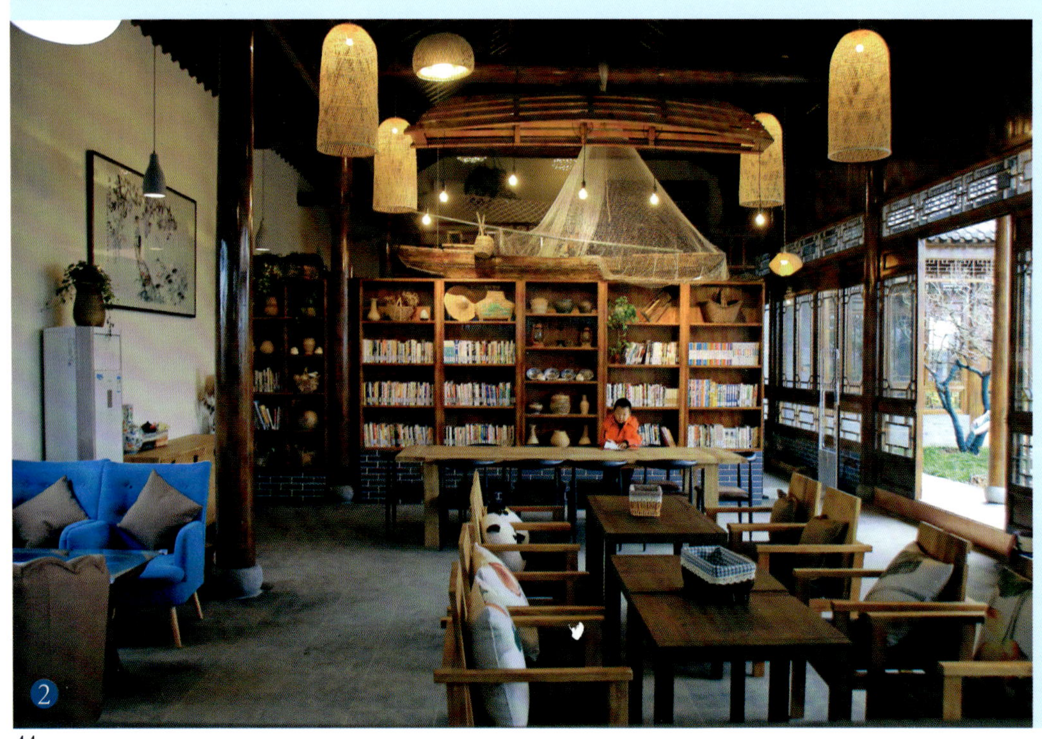

2

3

❶ 11 月 21 日，纪念朱自清先生诞辰 120 周年朗诵会在扬州举行　（董　辉　王乃驷　摄）

❷ 位于沿湖村的渔家书房是全市第一家乡村城市书房　（任在新　摄）

❸ 10 月 11 日，中国·扬州首届运河主题国际微电影表彰晚会在扬州大剧院举行　（张卓君　摄）

❹ 大型扬州木偶神话剧《嫦娥奔月》　（日　报　供稿）

4

区"彩虹 阅读"寒假留守儿童微课堂

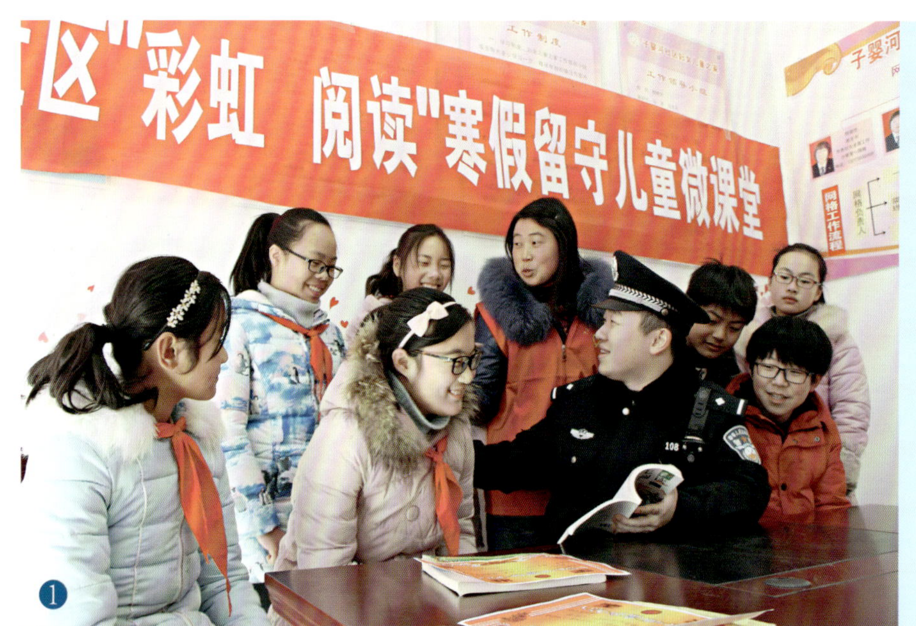

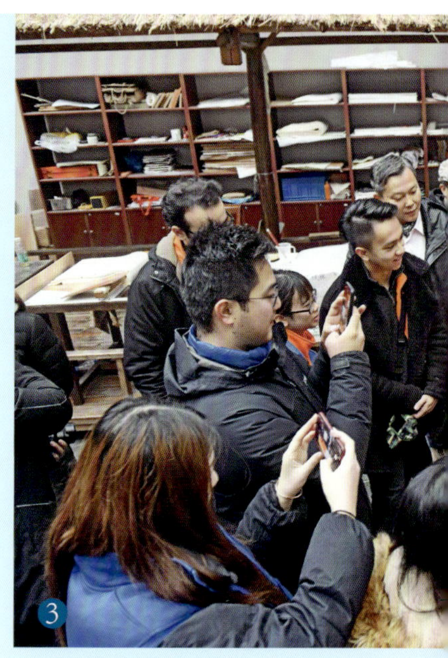

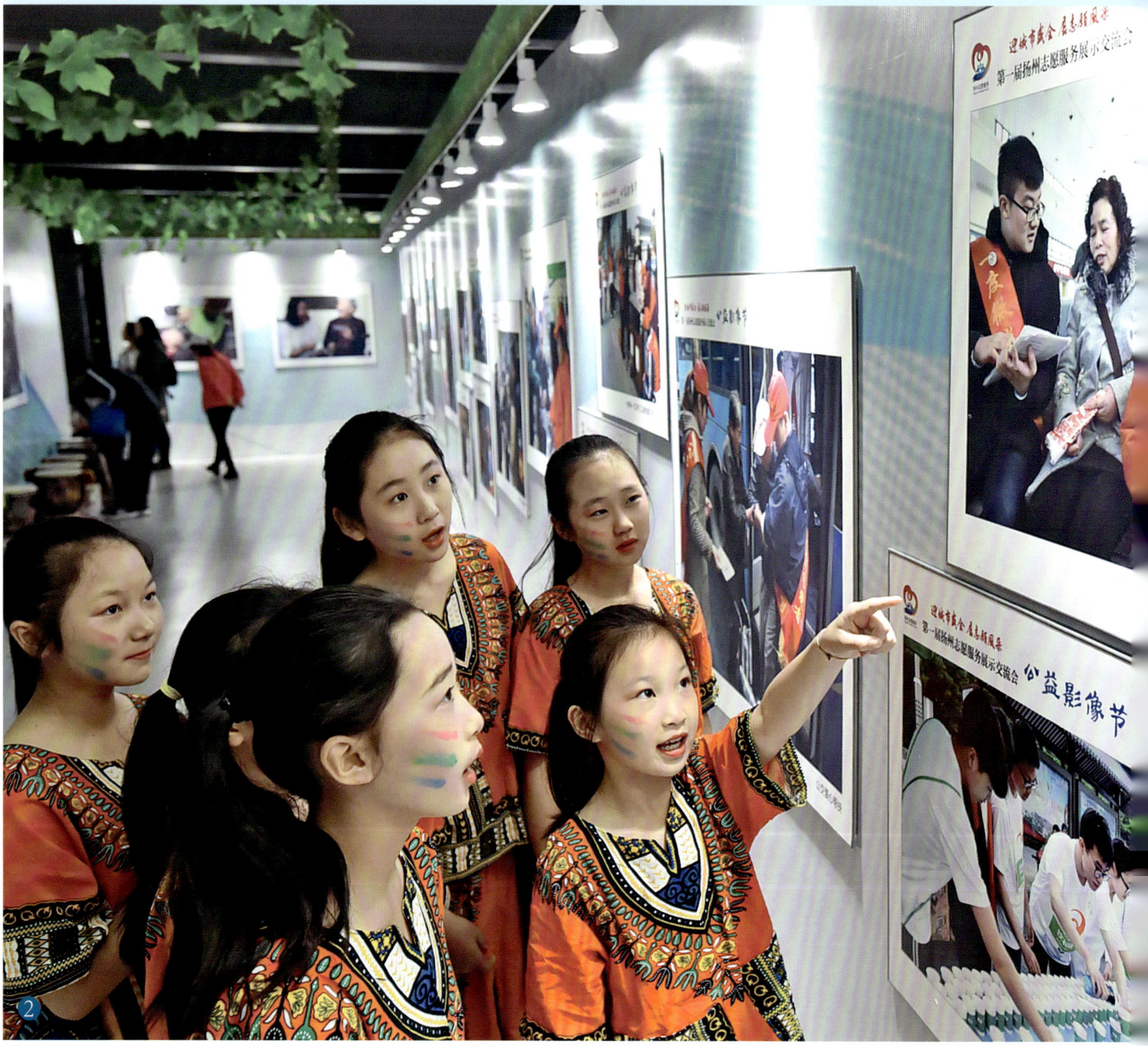
第一届扬州志愿服务展示交流会
第一届扬州志愿服务展示交流会 公益影像节

❶ 2月3日，志愿者为宝应县夏集镇留守儿童普及安全知识　（王　卓　摄）

❷ 5月5日，孩子们在观看“志愿者影像节”图片展　（庄文斌　摄）

❸ 12月21日，参加第五届“丝路青年行”的50多名世界各地青年在扬州体验传统文化　（刘江瑞　摄）

❹ 1月13日，环卫工作人员向居民介绍有害垃圾收集箱　（庄文斌　摄）

深入学习贯彻习近平新时代中国特色社会主义思想，
为推动高质量发展走在前列，加快建设“强富美高”新江苏而奋斗！

1

扬州市
苏
江
新
迎
欢

2

中国
活力
K118
新时代

3

江苏省第十九届运动会

❶ 9 月 21 日，江苏省第十九届运动会在扬州开幕（蒋永庆　摄）

❷ 省运会开幕式演出现场（王　卓　摄）

❸ 省运会青少年部竞走比赛现场（张卓君　孔　棋　摄）

❹ 省运会青少年部击剑比赛现场（张孔生　摄）

❶ 省运会青少年部男排比赛现场　（濮良平　摄）

❷ 省运会青少年选手参加田径项目预赛　（刘江瑞　摄）

❸ 省运会体操女子个人全能比赛现场　（孔　生　摄）

❹ 省运会扬州男子组自行车山地越野比赛现场　（庄文斌　摄）

❺ 9月28日，江苏省第十九届运动会在扬州落下帷幕　（王　卓　摄）

江苏省第十九届运动会

4

5

第十届江苏省园艺博览会
开幕式
中国·扬州
第十届江苏省园艺博览会
开幕式
中国·扬州
第十届
园艺博览会
开幕式
1

2

第十届江苏省园艺博览会

❶ 9月28日，第十届江苏省园艺博览会在扬州枣林湾开幕　（尹德勤　夏建华　摄）

❷ 鸟瞰第十届江苏省园艺博览会展园全貌　（庄文斌　赵　文　摄）

❸ 园博园华灯初上　（张卓君　摄）

1 9月28日，游客在“扬州展园”内观光游览（庄文斌 摄）

2 10月1日，园博园客流爆棚（董 辉 摄）

3 园博园内景（刘江瑞 摄）

4 游客在园博园内游览、听戏（庄文斌 摄）

目　　录

区域融合发展

中共扬州市委员会

扬州市人民代表大会

扬州市人民政府

民主党派 工商联 群众团体

军　事

经济管理

新兴产业

建筑业

商贸服务业

软件信息服务业

旅游业

房地产业

交 通

水　利

城市建设

乡村建设

生态环境

科学技术

教育

综述

学前教育

小学教育

中学教育

特殊教育

中等职业教育

普通高等教育

扬州大学

其他高校

成人教育

文化

综述

历史文化名城保护

医疗卫生

体　育

竞技体育

收入消费

居民收入

居民消费

消费价格

劳动就业

社会保障

社会保险

社会救助

民政救助

慈善救助

红十字会救助

社会福利

社会事务

区（县、市）发展

附　录

Main Contents

特载

Tezai

编　辑　陈永华

江苏省第19届运动会

江苏省第19届运动会是扬州有史以来承办的规模最大、持续时间最长、参与人数最多的重大活动。省运会筹办历经3年多，扬州市县联动、均衡均匀建设体育设施，高标准新建改建19处体育场馆，建设350多个生态体育休闲公园和1000多个“五个一”农村体育广场，构筑“10分钟体育健身圈”，满足竞技体育和群众体育需要。扬州赛区比赛持续近5个月，全省近2万名运动员到扬参赛，约3万人参加盛会。扬州以精心、精细、精致的办会作风，周密组织、周到服务，办成一届创新、精彩、平安、人文、共享、绿色的体育盛会。

扬州市委、市政府提出“办会为城”“办会惠民”“办成里程碑”的办会宗旨，同时提出为城市和市民带来什么、为运动员和游客带来什么、为体育事业发展带来什么“三个带来”的办会要求，推进筹办工作。自2015年5月省政府批准扬州市政府承办省运会起，2015年8月扬州市委、市政府成立省运会筹备委员会，推进筹备工作。2016年2月，召开省运会筹备动员大会。市四套班子领导多次调研省运会筹办工作，2017年9月，举行省运会开幕倒计时一周年活动，发布会徽、主题口号、吉祥物。2018年4月，省运会扬州代表团成立大会召开。5月，省运会青少年部第一阶段比赛正式拉开帷幕。6月13日，省运会开幕倒计时100天主题活动暨第13届“长江经济带”全民健身大联动活动在体育公园中心广场举行，标志着扬州全面进入省运时间。活动中，市民代表宣读《全民健身倡议书》，省运会筹委会向赛事赞助单位和接待酒店授牌，为志愿者授旗。省运会会歌《所有人都成功》正式发布。7月，举行省运会组委会成立大会。8月22日，省运会开幕倒计时30天誓师大会在南部体育公园举行，省运会纪念邮品发行揭幕。省运会组委会办公室主任、扬州市体育局局长李桂山带领工作团队，向组委会宣誓；组委会相关负责人向公安、供电、交通、城建、通信、卫生、食药监、酒店、志愿者、文艺等保障团队代表进行授旗。

9月21日，省运会在扬州体育公园体育场开幕，开幕式由迎宾表演、开幕仪式、文体展示三部分组成。省委书记、省人大常委会主任娄勤俭出席开幕式并宣布运动会开幕，省政协主席黄莉新，省委常委、常务副省长樊金龙，副省长陈星莺等出席开幕式。市委书记、市人大常委会主任谢正义致欢迎辞。本届省运会设80个大项，其中青少部37项、高校部15项、职工部13项、群体项目15项，赛事总人数约3.5万人。其中，在扬州举办的比赛有54项次，赛事人数近2万人。20时，省运会开幕式正式开始。三个方阵的护旗手分别手执中华人民共和国国旗、江苏省运动会会旗和第19届省运会会旗走进会场。随后，志愿者、裁判员方队和各代表团依次入场。在中华人民共和国国歌声中，五星红旗升起。在省运会会歌声中，江苏

江苏省第19届运动会开幕式　　孟德龙/摄

省运会青少年部男子篮球比赛现场　庄文斌/摄

省运动会会旗和第19届省运会会旗升起。在江苏省运动会会旗前，运动员李梦珊、教练员鲍捷特、裁判员史益平分别代表参加省运会的运动员、教练员和裁判员宣誓。在省运会会歌《所有人都成功》中，进行以“广陵潮涌 逐梦未来”为主题的50分钟文体展示，7500多名演职人员共同演绎。文体展示分为序幕、上篇《水韵名城》、下篇《活力江苏》、尾声《美好新征程》等4个篇章，通过舞台艺术，展现江苏各地推进“六个高质量发展”的新征程、新面貌，展现扬州2500年来从“运河时代”“长江时代”走向“高铁时代”的光辉与荣耀，展现扬州以打造“健康中国的扬州样本”“美丽中国的扬州样板”贯彻落实习近平新时代中国特色社会主义思想的生动实践。文体展示在“祝福北京、助力冬奥”中结束。

9月28日，省运会在扬州体育公园体育馆闭幕。出席闭幕式的省及有关部门领导为青少年体育工作优秀组织奖、输送奖、贡献奖、未来之星奖、联办省优秀运动队特别奖和高校部“校长杯”奖、职工部团体总分奖等获奖单位颁奖。闭幕式的最后进行主题为“美丽梦想”的文艺演出。自5月6日开赛以来，扬州赛区共举办6000多场次的比赛。经过比赛，64人入选国家队或国家青少年集训队，1428名“未来之星”脱颖而出。东道主扬州代表团创造历史最好成绩，金牌数、奖牌数、总分数比上届翻一番，均列全省第六位。扬州以一流的水准提供服务和保障。为支持家门口的省运会，扬州社会各界争作贡献，市场资源开发累计募集赞助款物折合人民币7500万元。4万人次警力为盛会保驾护航，制作各类证件超5万张，赛场保障出动警力1.85万人次，整改安全隐患160多个；医疗卫生保障处置伤病人员1486人次，出动救护车6898次；食品服务精致安全，为运动员量身定制40套菜谱，完成食材和餐饮具快检1.5万批次，保障就餐近15万人次。全市40家定点接待宾馆累计接待赛事人员超2万人次。3500名志愿者、4000名表演志愿者共提供志愿服务4万多人次，“小青柳”的志愿者形象深入人心。在江苏省运会史上首次建立赛事信息技术处理中心，采用电子计时计分系统和仲裁录像鹰眼回放系统，所有场馆实现4G和WiFi全覆盖，三大通信运营商为主会场提供5万人的通信容量。实现供电、供水、供气全方面服务。

12月19日，市委、市政府召开承办省运会工作总结大会。市委书记谢正义出席会议并讲话，市委副书记、代市长夏心旻主持会议。市委常委、宣传部部长姜龙宣读表扬奖励通报。副市长余珽通报省运会市筹委会工作情况。与会人员观看承办省运会总结汇报专题片《省运回眸》。会议表彰先进集体和先进个人。扬州通过“公园+体育”的完美契合，通过300多个开放式公园和1000多个“五个一”农村体育广场将体育健身的载体延伸到扬州的各个角落，新增公园面积约2700万平方米，惠及150多万居民，掀起全民健身运动的热潮，形成覆盖城乡、均衡分布、功能综合的体育休闲公园体系。省运会成为老百姓家门口的省运会、天天开的省运会。　（杜　伟）

第十届江苏省园艺博览会

9月28日，第十届江苏省园艺博览会在扬州仪征枣林湾旅游度假区开幕。这是全省园林、园艺界最高水平的盛会。会期自9月28日至10月28日，历时1个月，共接待游客120万人次，向社会展示园林行业的美景。开幕期间举办宁镇扬花卉节、园冶论坛，开展包括开幕式暨花卉展销、金秋赏菊、花车巡游、园艺花卉科普课堂等活动。

本届园博会选址位于仪征市枣林湾生态园，利用枣林湾丘陵、湿地、田园、村落、湖泊地貌多元、兼容省域所有地貌的特征，以“大地景观”为创意，在120公顷的滨湖湿地上微缩江苏全景。从空中俯瞰，位于枣林湾的园博园就像是微缩版的江苏地图，13个城市展园全部按照各城市在江苏省的地理位置建造，注重对自然肌理的尊重和原生风貌的维护。园区“画”出江南水乡、低山丘陵、沿海滩涂以及里下河湿地四大省域特色地貌，长江、太湖、运河、园博园华灯初上 古黄河、沿海五种文化板块可一园览尽，写意式微缩10万平方千米的全景江苏。漫步园博园，13个城市展园各具特色，从南京的“石头记”、镇江的“山魂水韵”、扬州的“广陵桥月”到苏州的“吴韵桂香”、无锡的“太湖人家”、常州的“田园诗歌”，从南通的“江风海韵”、泰州的“绿城水韵”、淮安的“碧水芳洲”、盐城的“鹤鸣芦荡”、连云港的“山水相依”到徐州的“水韵汉风”、宿迁的“水韵绿洲”，13个城市展园各具特色。作为城市展园中面积最大的园林，东道主扬州园为一组唐式风格建筑群，红墙青瓦、飞檐翘角，或大开大阖，或曲径深幽。园内大体分为山月、江月、池月以及桥月4个区域，再现扬派唐式园林风格。园内最大体量的黄石假山总重5000多吨。各展区重视地域历史文化特色的挖掘和特色花卉植物的应用，将盆景、奇石、插花和艺术联合演绎。参展作品种类繁多，共400多幅作品，特别设置“百变空间、花样生活”展，建成6个特色庭院，呈现园林别样之美。园博园的起始位置是主展馆。远看，整个建筑状若栖息的灵鸟，呈原木色，共3层。建筑面积1.2万平方米，由叠石、水面以及绿化园艺环抱。创意团队把戏剧化语汇引入布展中，分设“天人合一”“人间美景”“林泉雅趣”“绿杨城郭”等章节，LED大屏声光电、人机交互等智能数字化体验技术贯穿始终，虚实结合。进入主展馆，虽置身室内，但在“天人合一”区域，会有身临自然之感。“这部分的设计概念来自于郑板桥在瘦西湖的一副楹联——‘月来满地水，云起一天山’”。主展馆布展设计师罗晟昊说，该区域中央有一面高12米、宽5米的竖向LED大屏，下方是水面。“大屏幕上会播放瀑布流水的高清视频，形成跌水效果，同时投射出与扬州有关的诗词，与下方水面形成倒映效果，呈现出浓郁的扬州画面。”主展馆的弧形屏多媒体呈现扬州版“清明上河图”。这幅图融入3D技术和动态工笔、山水人文画手法，在长30多米的巨幅大屏上，风韵汉唐、园林盛世、宜居城市3个篇章串联千年繁华，尽显一城风流，形成“人在画中走”的唯美意境。

本届园博会引入LED光电、3D、全息等现代技术，强化虚拟沉浸式体验，策划花事、园事活动，使园博会变得更好看、更好玩。园博会举办宁镇扬花卉节、金秋赏菊展、花车巡游、国际特色表演、扬州仪征精品非遗展、插花展、盆景展、奇石展等20多项精彩主题活动。本届园博会吸收前九届园博会的成功经验，更加注重绿色建筑和国际先进设计理念的示范应用，巧妙融合现代科技和时尚艺术。本届园博会在主展馆等重点区域设置演艺、互动、展示活动，开展各类文化演艺活动1000多场。如在主展馆，园博会期间就上演汉服秀、宫廷服饰秀以及插花表演。扬州园的西侧、民俗文化村附近的百花剧场，是本届园博会主要的文艺演出场所。展会期间，每天为游客上演中国魔术、中国技巧等演出。园博会期间，主办方制作6辆花车在园区道路巡游表演，代表不同的主题。其中3辆花车代表宁镇扬花卉节，南京、镇江、扬州各有1辆，每辆花车上都用花卉装扮该市的地标性建筑，扬州的花车上展示的是万福大桥。锦绣仪征、活力车城、精彩园博3辆花车，分别反映主办地仪征、上汽大众和园博园3个不同的主题。（杜　伟）

第十届江苏省园艺博览会花车巡游　　董　辉/摄

专记

Zhuanji

编 辑 徐国磊

扬州市实现国家卫生城市“五连冠”

2018年，扬州市通过国家卫生城市复审，这是扬州市自2002年创建成国家卫生城市以来，第四次通过复审，实现国家卫生城市“五连冠”。国家卫生城市是国家对一个城市卫生事业建设的最高褒奖。按照有关规定，全国爱卫办对国家卫生城市实行动态管理，每满3年复审一次，复审未达标的城市将撤销命名。

2018年，扬州市结合文明城市建设和省运会、省园博会的举办，抓好城市精细化管理，以问题为导向，列出《国家卫生城市复审迎查工作任务清单》108项。扬州市政府专题召开国家卫生城市复审迎查工作动员会，市爱卫办牵头组织人员对市区的3个区、3个功能区进行逐一督导与反馈。开展背街小巷、城中村和城乡接合部环境卫生整治、市容环境卫生整治、食品安全与重点场所卫生整治、农贸市场整治、环境保护、社区和单位卫生整治等8项专项行动。在报纸、广播、电视、政府网站等媒体开辟专栏，利用城市出入口大型广告牌、电子显示屏、车载电视等做好国家卫生城市复审公益宣传，编印发放倡议书2万份，营造良好的宣传氛围，引导广大市民共同参与创建全国卫生城市。

4月，扬州市国家卫生城市复审工作通过省级暗访复审。6月，中共扬州市委、扬州市政府将国家卫生城市复审迎查工作纳入全国文明城市建设重要内容，实现同部署、同检查、同考核，有效促进城市卫生管理水平的提升。市委副书记、代市长夏心旻在全国文明城市建设点评会上强调，要把国家卫生城市复审迎查作为文明城市三年行动计划重要战役来打，要与迎省运会和园博会、开展城市大扫除结合起来，凝心聚力，抓细抓实，确保通过国家复审检查。强化对标治理，市爱卫办邀请省级专家到扬开展创卫标准培训，邀请国家级专家对扬州市复审工作进行模拟暗访，找准薄弱环节，运用随手拍、微信群等新载体，及时发现并督促整改有关卫生问题。

7月，扬州市通过全国爱卫办组织的暗访复审，实现国家卫生城市“五连冠”。同时，仪征市、宝应县城、小纪镇、杭集镇、菱塘回族乡、丁伙镇通过国家卫生城市、国家卫生县城和国家卫生乡镇的复审。全市各地组织开展城乡环境卫生整洁行动，高分通过省级中期评估，居全省前列。新创国家、省级卫生镇8个，66个省级卫生村，为历年最多，国家和省卫生镇创建工作保持全省先进行列。（邹 露）

“烟花三月”国际经贸旅游节

4月18日至5月18日，扬州市举办2018中国·扬州“烟花三月”国际经贸旅游节（简称“烟花三月”节）。本届“烟花三月”节在江苏旅游职业学院开幕，500多位嘉宾

2018年中国·扬州“烟花三月”国际经贸旅游节开幕式现场

刘江瑞 程 曦/摄

客商应邀出席。开幕式前举行重大项目集中开工仪式，全市80个重大项目集中开工，总投资近500亿元。其中，注册外资及港澳台资2000万美元以上项目8个，共计5.22亿美元；总投资亿元以上民资项目53个，共计265亿元。开幕式上，总投资22亿美元的中广核新能源投资（深圳）有限公司光伏风力发电装备项目等45个重大项目集中签约。本届"烟花三月"节围绕推进"项目质量优化年"目标，做好外资、民资、央企、大型国企项目招引；围绕扬州经济发展和产业转型的需要，做好"三室经济"企业和高端人才招引，推进"招商引资"和"招才引智"有机结合。本届"烟花三月"节期间，全市新签协议外资及港澳台资2000万美元以上项目64个，协议利用外资及港澳台资25.19亿美元。其中，协议外资及港澳台资3000万美元以上项目36个，协议外资及港澳台资5000万美元以上项目15个，新开工、新投产注册外资及港澳台资2000万美元以上项目36个，总投资13.05亿元。新签注册资本金1亿元以上民资项目46个，注册资本金74亿元；新开工民资亿元以上项目87个，总投资453亿元，其中总投资10亿元以上开工项目14个。新签央企制造业项目20个，新签央企服务业项目7个，新签科技项目30个，其中引进省级以上实验室1家。节庆期间，举办科技产业综合体建设及运营推介会、农业产业招商会、世界遗产运河古镇大会等系列活动，县（市、区）根据自身特色举办高邮双黄鸭蛋节、江都花卉节等系列活动。 （节庆办）

2018中国·扬州"烟花三月"国际经贸旅游节主要活动一览表

表2-1

活 动 名 称	活 动 时 间	活 动 地 点
2018中国扬州万花会	4月8日至5月8日	瘦西湖万花园等
"大美瘦西湖"中国晚报摄影节	4月8—9日	瘦西湖景区等
首届中英名校赛艇邀请赛暨深潜大运河中心落成仪式	4月9—11日	扬州深潜大运河中心等
桥牌精英赛	4月13—16日	街南书屋
首届海峡两岸（扬州）乡村振兴论坛暨2018年农业产业招商会	4月13—15日 4月17日	国际会展中心1号馆、会议中心
2018扬州市科技产业综合体建设及运营推介会	4月17日	迎宾馆华芳园
高邮第14届双黄鸭蛋节	4月17日	高邮市
江都第16届花卉节	4月17日	江都区
2018中国·扬州"烟花三月"国际经贸旅游节开幕式暨重大项目签约开工仪式	4月18日	江苏旅游职业学院
2018扬州旅游招商推介会	4月18日	西园饭店
2018中国·扬州MEMS&第三代半导体技术和产业发展峰会	4月20日	明月湖酒店
2018扬州鉴真国际半程马拉松赛暨全国半程马拉松锦标赛	4月22日	马拉松公园
2018中国·扬州生物医药产业发展论坛	4月25日	明月湖酒店
2018中国·扬州"桃花泉杯"全国围棋大赛	4月29日至5月1日	树人学校九龙湖校区等
"春的律动"文艺展示月	4月	市区
第14届扬州市民日	5月3日	市区
2018"新时代、新技术、新管理"医学国际论坛	5月3—5日	会议中心
扬州（深圳）文化产业推介恳谈会	5月10—14日	深圳国际会议展览中心
世界遗产运河古镇合作大会	5月16日	迎宾馆
2018瘦西湖创客活动周	5月16—22日	会议中心等
2018"大美扬州"论坛	5月中下旬	京杭之心
自在岛音乐节	5月中下旬	马可波罗花世界

（节庆办）

大事纪要

Dashi Jiyao

编辑 姚震

1月

1日 扬州市第一届社区运动会在绿杨新苑开幕，运动会历时8个月，全市218个社区全部参与。

2日 市委常委会专题听取2017年度抓基层党建和落实全面从严治党主体责任述职。

△ 扬州市召开城市公共交通委员会第一次全体会议。

3日 中共扬州市委召开民主协商会，就有关人事安排问题与各民主党派市委、市工商联负责人、无党派代表人士和市各人民团体负责人进行民主协商。

△ 宝胜科技创新股份有限公司与全球最大的光纤预制棒、光纤和光缆供应商长飞光纤光缆股份有限公司签署总投资达百亿元的海缆项目合资合作协议。

△ 槐泗河水系综合整治工程正式开工。

△ 教育部公布首批201个“全国高校黄大年式教师团队”，中国工程院院士、扬州大学教授刘秀梵作为负责人的“动物传染病学教师团队”入选。

4日 江苏省政府公布第八届江苏省农业技术推广奖表彰决定，以扬州大学农学院教授霍中洋为第一完成人的“超级水稻栽培技术”获一等奖。

5—8日 政协扬州市第八届委员会第二次会议在扬州召开。

6—9日 扬州市第八届人民代表大会第二次会议在扬州召开。

7日 中国华侨国际文化交流基地揭牌仪式在扬州486非遗集聚区举行。

△ 国家科学技术奖励大会在北京举行，由扬州大学农学院教授杨建昌主持完成的项目“促进稻麦同化物向籽粒转运和籽粒灌浆的调控途径与生理机制”获得国家自然科学二等奖，是扬州历史上首次获得国家自然科学大奖。

9日 扬州市政府与上海市城乡建设和交通发展研究院在扬签署战略合作协议。

△ 扬州商贸物流园获批江苏省级物流示范园区。

10日 扬州市监察委员会正式挂牌成立。

△ 第八届江苏戏剧奖·红梅奖大赛颁奖晚会在大剧院举行。扬州市青年演员游佳琦凭借《夜奔》，徐梦雪凭借《通天犀》获大赛两个金奖。

11—20日 以市委书记谢正义为团长的扬州市经贸代表团一行赴土耳其、埃及、坦桑尼亚考察。

12日 2017中国好演员推选表彰会暨2018中国好演员论坛在扬举行。

15日 2018年新春招待会暨扬州美食品鉴会在北京宋庆龄基金会举办，180位各国驻华使馆高级官员及外国驻京部分主流媒体代表参会。

16—19日 市纪委、市监委先后向市人大、市政协通报全市党风廉政建设和反腐败工作情况。

23日 扬州军分区党委十三届十二次全体（扩大）会议召开。

△ 2018中马（马来西亚）文化交流艺术盛典在扬州体育馆举行。

24日 市委书记谢正义主持召开市委常委会，讨论通过《中共扬州市委常委会2018年工作要点》。

△ 市委书记谢正义主持召开市区“三路一环”城市环境综合整治工作指挥部第一次会议暨全市公园体系建设推进会。市长张爱军作工作部署。

25日 “丹青扬州——第三届全国中国工笔重彩画作品展”在扬州市美术馆开展。

29日 扬州市召开全市法治政府建设工作会议，全面总结2017年法治政府建设工作情况，部署2018年工作任务。

△ 扬州市文化市场综合执法支队成立大会暨揭牌仪式举行。

30日 省十三届人大一次会议举行第三次全体会议，选举产生江苏省出席第十三届全国人民代表大会的代表150人，市委副书记、市长张爱军等6人当选。

△ 扬州市政府与中集集团签署战略合作协议，双方将通过3—5年的共同努力，全面提升中集集团在扬州制造业板块的科技创新和聚集发展水平。

△ “2017江苏省创新型企业100强”名单出炉，扬州市有扬农化工、迈安德、扬力、亚普、宝胜、亚威机床、扬杰电子等7家企业上榜。

2月

1日 扬州市召开2018年民生“一号文件”工作部署会。

△ 首期“扬州市企业家论坛”举行。

2日 “扬州文明有礼二十四条”发布，全国文明城市建设成果展同时开幕。

3日 “联创置业”中国·扬州首届运河主题国际微电影展启动仪式暨新闻发布会在国家会议中心举行，向全球征集以运河为主题的微电影作品。

3—7日 德国丁斯拉肯市市长代表团一行访问扬州，推动两地深化多领域交流合作。扬州市与德国丁斯拉肯市签署建立友好交往城市关系备忘录。

6日 省委常委、省军区政委孟中康和副省长马秋林在市委书记谢正义陪同下，到江都区走访慰问部分困难群众和孤寡老人，给他们送去新春祝福以及党和政府的温暖。

8日 扬州大学附属苏北人民医院正式揭牌。

9日 市委、市政府召开全市政法工作会议。会议发布全省第一首法治之歌《法治扬州之歌》，并表彰了在平安扬州、法治扬州建设中作出突出贡献的政法单位和干警。

△ 扬州市召开扫黑除恶专项斗争部署会议。

△ 苏北人民医院与腾讯公司“互联网＋智慧医院”战略合作签约暨应急大数据创新示范基地揭牌仪式举行。

11日 市委常委会召开2017年度民主生活会。

△ 江广高速公路扬州段改扩建工程安大公路支线上跨桥通车。从宝应西安丰出发可直通江都大桥镇，里下河地区又增加一条纵贯南北的交通大动脉。

△ 扬州市宝胜集团有限公司、海信容声（扬州）冰箱有限公司分别获得工信部第二批绿色工厂、绿色产品示范认定。

18日 市委、市政府召开扬州市实验室建设座谈会，邀请近20位返乡过年的扬州籍高校院所领导、知名学者座谈，围绕实验室建设进行深入交流。

21日 扬州市举行2018在外扬州籍企业家新春团拜会，150多名返乡企业家共话扬州发展。

22日 中以（以色列）合作应急准备基线调研项目启动仪式在苏北人民医院举行。

24日 市体育局公布《2017年扬州市民体质监测报告》，扬州市国民体质监测总体达标率为92.9%，较2014年的86%上升6.9个百分点，全市居民体质明显增强。

26日 《扬州历史文化大辞典》首发。该书19卷，收录词条6000多条，系扬州首部城市辞典，填补了扬州市历史文化工具书的空白。

27日 世界运河历史文化城市合作组织（WCCO）主席、市政协主席朱民阳会见以色列卫生部政府间合作部主任哈盖·多尔一行，双方共同探讨在应急系统、医疗健康服务、创新技术等方面开展合作，推动世界运河城市的人民享受到更好的医疗健康服务。

△ 总投资20.5亿元的扬州大学广陵学院新校区资产交接仪式在该校新校区举行。

28日 市委常委会召开会议，讨论《关于贯彻落实〈中共中央政治局贯彻落实中央八项规定实施细则〉的具体办法》，听取五年来全市贯彻落实中央八项规定、省委十项规定精神和市委二十条实施意见情况的汇报。

当月 高邮临泽镇获评江苏省“味稻小镇”。

3月

1—2日 扬州市妇女第七次代表大会召开。

1日 江都区公安局巡特警大队被命名为“全国学雷锋活动示范点”，成为扬州首个全国学雷锋活动示范点。

5日 第五届汪曾祺文学奖颁奖活动在高邮举行。

12日 经省绿化委员会（省林业局）确定，扬州等3个设区市为2018年“互联网＋全民义务植树”试点市。

△ 生态科技新城与哈工大机器人集团签约，共同设立哈工大机器人集团（扬州）科创中心，合作开展服务机器人、科技文旅、人工智能等方面研究。

20日 中华全国供销合作总社党组成员、理事会副主任、中国供销集团党委书记、董事长杨建平，中华全国供销合作总社理事会常务理事、财会部（社有资产监督管理部）部长原梅生等一行到扬调研。

22—23日 扬州市残疾人联合会第六次代表大会召开。

23日 扬州市召开会议传达贯彻全国“两会”精神。

△ 首汽GoFun共享汽车入驻扬州。

25日 2018全民朗读活动暨首批“朗读亭”启动仪式在市图书馆总馆楼前举行，位于市图书馆总馆一楼和三湾城市书房楼下的首批两座“朗读亭”正式投入使用。

27日 市委书记谢正义主持召开专题座谈会，围绕“把人们心目中的扬州建设好，满足世界人民对扬州的向往”，听取专家、市民的意见和建议。

28日 市委、市政府出台聚焦服务游客的“3号文件”，即《关于2018年更好服务游客建设宜游城市的意见》。

29日 省委书记娄勤俭到扬调研，强调要以习近平新时代中国特色社会主义思想为指导，贯彻落实习近平总书记全国“两会”期间重要讲话精神和对江苏工作的一系列重要指示，通过解放思想提高站位，以世界眼光加强系统谋划，以创新思路推进各项事业，以务实举措推动高质量发展，加快建设古代文化与现代文明交相辉映的世界名城。市委书记谢正义、市长张爱军陪同调研。

△ 市八届人大常委会第九次会议决定任命方桂林为扬州市副市长。

△ 2018扬州（北京）央企暨先进制造业、软件和互联网产业合作恳谈会在京举行。

4月

2日 扬州市召开县（市、区）、功能区党（工）委书记座谈会暨

100亿元、50亿元重大项目专题研究推进会。

△ 市委、市政府召开全市人才工作大会。

3日 副省长陈星莺到扬调研体育工作，察看第19届省运会筹备情况。

6日 江苏省第19届运动会第一次省市联席会议在扬州召开。

10日 扬州市召开城市总体规划（2018—2035年）修编工作动员会。

△ “深入生活，扎根人民”全国著名词曲作家采风创作江苏行首站走进扬州。

11日 2018扬州首届中英名校赛艇邀请赛在扬州生态科技新城新落成的深潜大运河中心举行。

△ “费城之窗—扬州中心”成立揭牌仪式暨费城大学联盟合作签约活动在扬州市举行。

13日 “2017感动中国·江苏年度人物”颁奖典礼在南京举行，扬州经济技术开发区公安分局扬子津派出所社区民警卞婷、邗江区瓜洲中学教师沈桂芳分别获得“感动中国·江苏年度十大人物”奖、“感动中国·江苏年度人物”敬业奖。

13—15日 海峡两岸（扬州）名特优农产品暨家庭园艺博览会在扬州国展中心举行。

16日 中国戏剧梅花奖数字电影工程——4K扬剧电影《衣冠风流》首映式在江苏广电总台举行，这是扬剧史上首部用4K电影技术摄制而成的戏曲电影。

△ “国泰创业创新示范中心”启用暨“猪八戒网扬州园区”开园仪式举行。

17日 扬州市政府与上海光明食品集团战略合作框架协议暨生猪养殖项目签约仪式举行。

17—19日 “2018年扬州百家高校院所科技成果展示洽谈会”在市科技广场高新技术展示交易中心举行。

18日 2018中国·扬州“烟花三月”国际经贸旅游节开幕式暨重大项目签约开工仪式在江苏旅游职业学院举行。

△ 扬州市与法国奥尔良市友城协议签署仪式暨贞德雕像揭幕仪式举行。

20日 市委召开市级领导干部会议，传达省委有关决定：夏心旻任中共扬州市委委员、常委、副书记。省政协副主席、省委组织部常务副部长胡金波到会并讲话。

△ 2018中国·扬州MEMS&第三代半导体技术和产业发展峰会举行。

21日 2018年扬州鉴真国际半程马拉松赛圣火采集暨奥运火炬捐赠仪式在鉴真纪念堂举行。

22日 2018扬州鉴真国际半程马拉松赛暨全国半程马拉松锦标赛举行。

23日 市八届人大常委会第十次会议决定任命夏心旻为扬州市副市长，并决定其为扬州市代理市长。

24日 “2018院士专家扬州行”活动在扬州会议中心启动。

25日 由扬州市与中国药学会、江苏省科协共同主办的“2018中国·扬州生物医药论坛”举行。

△ 2018中国扬州（深圳）产业招商推介会在深圳举行。

26日 省长吴政隆深入到扬州仪征的田间地头和车间调研乡村振兴工作，强调要以习近平新时代中国特色社会主义思想为科学指引，认真贯彻落实中央和全省农村工作会议精神，在绿色高效特色上狠下功夫、精准发力，以产业振兴推动农业农村高质量发展。

29日 2018年全国百城千村健身气功交流展示系列活动启动仪式暨江苏省百城千村健身气功交流展示系列活动启动仪式、扬州市第17届全民健身体育节开幕式在体育公园举行。

△ 邗江区方巷镇沿湖村被授予“全省乡村振兴旅游富民先进村”称号。

5月

3日 市委书记谢正义会见到扬考察的春秋航空公司董事长王煜一行。

4日 扬州市职业教育集团公共实训基地、扬州智能制造先进技术示范中心和西门子教育合作SCE（西门子自动化教育合作项目）教师培训中心正式揭牌。该项目一期投资3150万元，是西门子公司在华与高校合作中单体投资规模最大、控制与驱动水平最先进的中心。

5—6日 第一届扬州志愿服务展示交流会在花都汇举行。

8日 陕西省人大常委会副主任、榆林市委书记戴征社率榆林市党政代表团到扬考察，与扬州签署项目合作等协议。市委书记谢正义陪同考察，出席扬州—榆林对口扶贫协作联席会议并见证合作项目签约。

△ 交通运输部副部长何建中一行到扬调研内河水运工作。

△ 文化和旅游部公布第五批国家级非物质文化遗产代表性项目代表性传承人，扬州市6人上榜。至此，扬州市共有27名国家级非遗传承人，总人数在省内排名第二。

8—9日 农业农村部党组副书记、副部长余欣荣率队，就乡村振兴战略实施情况、防汛抗旱工作情况到扬调研。

8—9日 辽宁省丹东市委书记葛海鹰、市长孙志浩率丹东党政代表团到扬考察。

9日 扬州市政府与上海外国语大学签署战略合作框架协议。市委书记谢正义出席并会见上海外国语大学校长李岩松，同时为中阿（阿拉伯）改革发展研究中心扬州基地揭牌。

△ 亚普汽车部件股份有限公司（简称“亚普股份”）在上海证券交易所成功上市。

10日 市委组织市四套班子领导集体参观新落成的扬州家风展示馆。

△ 省委常委、统战部部长杨岳到扬调研统战工作。

11日 高邮菱塘回族乡建立30周年发展成果汇报会在菱塘民族文化宫举行。副省长陈星莺等参加汇报会及相关活动。

12日 2018全省防灾减灾宣传周启动仪式暨扬州市地震应急演练在宋夹城举行。

15日 省委常委、政法委书记

王立科到扬调研社会治理创新和综合执法工作。省检察院检察长刘华参加调研。

△ 副省长费高云到扬调研省园博园建设工作。

△ 扬州市政府与上海证券交易所签订战略合作备忘录。

16日 省委书记娄勤俭就开展解放思想大讨论活动到联系点扬州高邮市调研，强调在新时代推进思想大解放，旨在切实把思想和行动统一到习近平新时代中国特色社会主义思想上来，破除与新时代、新要求、新形势、新使命不相适应的思维定势和工作方法，实现思想和行动的真正统一，用创新的思维和办法解决高质量发展中的矛盾和问题。市委书记谢正义陪同调研并作全市解放思想大讨论活动开展情况汇报。

△ 2018世界遗产运河古镇合作大会在扬举行。

17日 青海省政协副主席、海南藏族自治州委书记张文魁率海南藏族自治州党政代表团一行到扬考察。

18日 由河北天山集团投资的扬州天山海世界文旅特色小镇项目开工，该项目总投资约200亿元，是扬州市投资体量最大的现代服务业项目。

△ 国家体育总局首批试点的运动休闲特色小镇——江苏枣林湾运动休闲小镇正式开工。

24日 扬州市个体工商户全程电子化登记制度改革正式启动，全市首张个体户营业执照申领成功。

29日 扬州市举行2018年首批生态体育休闲公园集中开放活动。谢正义、夏心旻等市四套班子领导参加集中开园活动。

31日 省委常委、省纪委书记、省监委主任蒋卓庆到扬，围绕打好污染防治攻坚战和农村集体"三资"管理监督等工作开展专题调研。

6月

1日 2018世界绿色设计论坛扬州峰会举行。

4日 市委书记谢正义赴市人大常委会和市政协调研，听取对市委工作特别是对市新一轮城市总体规划修编工作的意见和建议。

5日 扬州市在高邮湖石工头码头举行高宝邵伯湖涉渔案公益诉讼巡回审判活动，这是省内首起刑事附带民事公益诉讼案。

6日 市委、市政府召开中央环保督察"回头看"扬州动员会。

△ 市政协召开民主评议利用外资工作会议，就"打造利用外资新优势、优化开放型经济发展环境"进行民主评议并提出意见建议。

7日 江苏"最美职工"莫元花先进事迹发布会暨城市榜样礼遇卡发放仪式在扬举行。

13日 省委书记娄勤俭就进一步办好基础教育、职业教育在扬州等地进行专题调研，强调孩子的教育问题关系千家万户和社会发展进步，一定要以人民群众满意为标准办好教育事业，不断满足人民群众对优质教育的需求，为江苏高质量发展打下长远基础。

△ 以中国戏曲学院表演系2014级多剧种班（扬剧）13名本科生为演出主体的扬剧经典剧目《百岁挂帅》汇报演出在江苏大剧院举行，展示百年扬剧历史上首批本科生演员四年来在中国戏曲学院的学习成果。

△ 江苏省第19届运动会开幕倒计时100天主题活动暨第13届"长江经济带"全民健身大联动活动举行。副省长费高云及扬州市四套班子领导出席活动。省运会会歌《所有人都成功》正式发布。

14—15日 省政协组织部分委员和提案承办单位负责人，就关于统筹推进大运河文化带建设的重点提案，到扬进行督办。

15—18日 2018中国（扬州）大运河文化旅游博览会暨第13届中国玉石雕精品博览会在扬州国展中心举行。

18日 全市两级法院开展集中强制执行专项行动。

18—23日 市委书记谢正义率团赴台湾考察访问。期间，陪同省委常委、宣传部部长王燕文参加在台举办的"吴韵汉风"江苏文化艺术节相关活动。

19日 中央第四环境保护督察组进驻江苏后成立的相关下沉督察小组，对江都区江苏粮满仓农化有限公司进行"回头看"。

20日 第十届江苏省园艺博览会倒计时100天主题活动在仪征枣林湾旅游度假区举行。活动集中发布倒计时100天宣传海报、首批特许经营产品和官方门票票样。

22日 2018年江苏省中小企业创新创业大赛暨"创客中国"江苏省区域赛（创客组）在市会议中心举办，来自全省各地的46位创客携创业项目参赛。

24—30日 市委组织部（市人才办）、市发改委在清华大学举办扬州市"新产业、新人才、新城市"（战略性新兴产业）专题培训班，全市各地近50名企业人才参加培训。

26日 省政协组织部分委员和提案承办单位负责人，就推动形成军民融合深度发展格局的重点提案，到扬州进行督办。

27日 应急管理部党组成员、总工程师王浩水率领应急管理部、江苏省安监局工作人员和安全专家，到扬调研危化品安全生产工作情况。

28日 市政府与科技日报社签署战略合作框架协议，就合力推进扬州科创名城建设等达成多方面合作意向。

△ 以"科技创新，强国富民"为主题的2018全国科普微视频大赛展演活动在扬举行。

△ 世界首座高速铁路悬索桥——五峰山长江大桥北主塔封顶，标志着大桥全面进入桥面架设施工阶段。

△ "创新、聚力、共赢"隅田川—米奇扬州产业园启动仪式在京举行。该产业园建成后将成为其亚洲前三大单体工厂。

△ 江广高速改扩建工程通过交工验收，正式通车。该路是江苏省长江以北首条建成通车的双向八车道高速公路。

30日 市委召开大会，纪念中国共产党成立97周年。

当月 市区梅岭派出所联合梅

岭街道在全省率先推出小区“共享车位”试点。

当月 扬州市梅岭中学教育集团成立，由扬州市梅岭中学（梅岭校区、京华城校区）、竹西中学、运河中学等3所市直公办初中组成。

7月

4日 江苏省第19届运动会组织委员会成立大会暨第一次全体会议在扬召开，标志着省运会筹备进入全体动员、全面冲刺新阶段。

△ 市政协八届八次常委会议召开，就“加快促进我市制造业高质量发展”议题与市政府进行协商。

△ 省人大调研扬州市城镇体系规划工作。

5日 新组建的国家税务总局扬州市税务局挂牌成立。

6日 扬州市政府与上海金桥开发区管委会签订战略合作框架协议。

6—7日 宿迁市委书记张爱军、代市长王昊率领党政代表团到扬考察。

9日 细君公主回乡省亲暨细君公主文化园开园仪式在汉陵苑举行。

10日 省人大常委会常务副主任、党组副书记陈震宁一行围绕“提高人大常委会审议质量”到扬专题调研。

11日 计划总投资45亿元的迪信通智能科技产业园项目签约仪式在迎宾馆举行。

△ 中国扬州（杭州）民资招商恳谈会在杭州举办。78个亿元以上民资项目现场集中签约，总投资187亿元。

14日 江都区武坚智能高压电气小镇、宝应县曹甸教玩具小镇入围第二批省级特色小镇创建名单。

15日 扬州供电公司市区营业厅正式投入使用，该营业厅将智能型、市场型、体验型和线上线下一体化四种特性融为一体，成为江苏首家完成“三型一化”转型的供电营业厅。

17—18日 交通运输部在高邮组织召开“237省道（新淮江公路）扬州段绿色公路主题性项目部级考核会”。经审核，新淮江公路扬州段正式升级为全国首批、江苏省首条绿色干线公路。

18日 全国政协副主席、交通运输部党组书记杨传堂到扬调研综合交通运输发展工作，称赞扬州是全国交通精致发展的典范。副省长费高云、市委书记谢正义、代市长夏心旻等陪同调研。

△ 扬州市首个厨余垃圾回收点在邗江区竹西街道竹西社区月明苑小区正式投用。

23日 市八届人大常委会第十二次会议举行，听取《扬州市公园条例》实施和公园体系建设情况、扬州市2018年上半年国民经济和社会发展计划执行情况等汇报。

△ 2018年“百名博士扬州实践活动”交流会召开。

25日 扬州17家企业获评2017年度江苏建筑业百强企业，江苏华建、江苏扬建、江苏邗建等3家进入15强。

△ 扬州运动员王兰和李铮入选第18届亚运会中国代表团名单，将分别参加女子垒球和男足项目比赛。

26日 省委宣传部、省中国特色社会主义理论体系研究中心在扬举办“江苏省解放思想大讨论活动——文化建设高质量主题论坛”。文化和旅游部党组成员、故宫博物院院长单霁翔，省委常委、宣传部部长王燕文等出席论坛，市委书记谢正义致辞。

△ 市商务局公布第二批“扬州老字号”企业名单，全市共10家企业获认定。

27日 中国共产党扬州市第七届委员会第六次全体会议在扬举行。市委书记谢正义代表市委常委会作题为《推进思想大解放 推动发展高质量 把人们心目中的扬州建设好》的报告，市委副书记、代市长夏心旻对经济工作作部署。

30日 市委书记谢正义带领宝应县和市发改、经信、科技等部门以及企业负责人赴京拜访中航工业集团公司，与中航工业党委书记、董事长谭瑞松一行座谈交流。

8月

1日 根据省委关于巡视工作的统一部署，省委第五巡视组巡视广陵区工作动员会召开。省委第五巡视组组长练如俊、市委书记谢正义出席会议并讲话。

△ 扬州海关实施进出口货物报关报检合二为一。原报关单、报检单合并为一张新报关单，原报关报检申报系统整合为一个申报系统，实现一次申报、一单通关。

3日 省大运河文化带建设立法专家组组长、省人大常委会原副主任、中国法治现代化研究院院长公丕祥率队到扬调研并召开座谈会。

3—6日 市委书记谢正义带领生态科技新城、蜀冈－瘦西湖风景名胜区等相关负责人赴广东省广州市和佛山市顺德区两地考察旅游业发展。

5日 2018体彩杯全国“全民健身日”活动江苏分会场暨第二届“宁镇扬健身大联动”活动在扬举行，宁镇扬三地5000名市民在宋夹城体育休闲公园参加活动。

△ 宝应县射阳湖镇入选农业农村部、财政部2018年农业产业强镇示范建设名单。

12日 代市长夏心旻会见到扬考察的广东省（深圳）江苏商会企业家考察团一行。

14日 《人民日报》“大江奔流——来自长江经济带的报道”大型主题采访聚焦扬州，以《运河繁华在扬州韵味长》为题刊发报道。

16日 东关街—国庆路街区与苏州观前商业街、南京门东历史文化街区同时被确定为江苏省首批老字号集聚街区。

17日 扬州市庆祝首个“中国医师节”暨“医德标兵”“医德之星”表彰大会举行，20位先进个人获表彰。

20日 扬州首批智能可回收垃圾箱在广陵区文昌花园等5个小区投放使用。

22日 第19届省运会倒计时30天誓师大会在南部体育公园举行。副省长、省运会组委会主任陈星莺出席活动并讲话。

△ 副省长陈星莺调研扬州体育卫生事业发展情况。

△ 在扬全国、省人大代表专题调研扬州现代综合交通运输体系建设情况。

24日 扬州市在上海举行“2018名城扬州携手世界名企暨对接上海产业转移合作恳谈会”，现场签约40个产业项目。

27日 市委书记谢正义主持召开全国文明城市建设点评会。

28日 市政协八届十次主席会议召开，就“实施乡村振兴战略，加快推进农业现代化”议题与市政府进行协商。

△ 全省科学技术奖励大会召开并颁发各项科技大奖，扬州共有17个项目获得省科学技术奖。

29日 国务院第十督查组扩大内需专题组到扬督查扩大内需工作。

31日 市区首条“亲子公交专线”开通。

9月

1日 世界运河历史文化城市合作组织（WCCO）文化发展基金会在扬成立。

5—6日 全国政协委员、省政协主席黄莉新率住江苏部分全国政协委员到扬调研大运河文化带建设情况。

10日 市体育公园主题雕塑正式落成。

△ 扬州市政府、平安银行战略合作签约暨平安银行扬州分行开业仪式举行。

11日 融合城庆2500周年LOGO、奥运五环、省运会会徽的“三位一体”展牌在市区亮相。

12日 省委常委、组织部部长郭文奇就党的建设和组织工作到扬调研。

△ 扬州市在全省率先出台鼓励技术交易的科技政策——《扬州市技术转移奖励办法（试行）》。

15日 总投资25亿元的重大服务业项目——砂之船（扬州）奥莱项目正式开工。

△ 扬州市技术产权交易市场获第九届中国技术市场金桥奖优秀奖。这是该奖项自1991年设立以来扬州首次获奖。

18日 第十届省园博会献礼之作——《扬州市园林志》首发式在何园举行，全书116万字，是园林城市扬州有史以来的第一部园林“通史”。

△ 扬州泰州国际机场正式开通全货机航线。

20日 江苏第二批旅游风情小镇创建单位名单公布，扬州市江都区邵伯运河风情小镇入选。

21—28日 江苏省第19届运动会在扬州市举行。省委书记、省人大常委会主任娄勤俭出席开幕式并宣布运动会开幕。省政协主席黄莉新，省委常委、常务副省长樊金龙，副省长陈星莺等出席开幕式。

△ 省委书记、省人大常委会主任娄勤俭在扬州会见全省群众体育先进单位和先进个人代表，强调要坚持以人民为中心大力发展体育事业，进一步弘扬体育精神、激发改革动能，助推全省发展高质量，加快建设“强富美高”新江苏。省政协主席黄莉新，省委常委、常务副省长樊金龙，副省长陈星莺等一同看望。

22日 省政府在扬召开全省群众体育先进单位和个人表彰大会。副省长陈星莺出席并讲话。扬州市11个单位和5名个人分别被授予“群众体育先进单位”和“群众体育先进个人”称号。

23日 扬州市首届“中国农民丰收节”暨邗江第二届蒋王果蔬采摘节开幕。

25日 扬州市首届科普作品展演活动在梅岭小学花都汇校区举行。

△ 市人大常委会视察《扬州市公园条例》实施和公园体系建设情况。

25—27日 代市长夏心旻参加江苏省党政代表团赴新疆考察学习活动，期间在新源县召开扬州·新源对口支援工作座谈会。

27日 省大运河文化带建设工作领导小组在扬州召开中国大运河博物馆规划方案专家评审会。省委常委、宣传部部长王燕文出席评审会。

△ 扬州市政府与国家开发投资集团有限公司签署战略合作框架协议。

28日 第十届江苏省园艺博览会在扬州仪征枣林湾旅游度假区开幕。中国花卉协会会长江泽慧、副省长费高云、省政协副主席王荣平、市委书记谢正义等出席并共同启动开幕仪式。

29日 江苏省庆祝改革开放40周年图片展在南京国际展览中心开展，省委书记娄勤俭参观以实景再现形式展出的扬州24小时城市书房展厅。

△ 扬州市与希腊伊拉克里奥市建立友好交往城市关系。

10月

1日 首届宁镇扬花卉节在仪征枣林湾省园博园开幕。

△ 观潮路跨古运河大桥建成通车。

7日 第十届中国曲艺牡丹奖颁奖系列活动新闻发布会在扬举行，中篇扬州评话《玉山子传奇》获节目奖。

8日 《2018年中国中小城市科学发展指数研究成果》发布，邗江区、仪征市、高邮市、江都区、广陵区分别跻身全国百强区（县）。

9日 全国“时代楷模”王继才先进事迹报告会在扬州举行。市委书记谢正义会见报告团一行。

10—14日 2018国际排联沙滩排球世界巡回赛在扬州举办。

11日 市档案馆举办以“见证改革开放 展示最美生活”为主题的“档案馆日”活动。

12日 2018年世界运河城市论坛在“京杭之心”举行。全国政协副主席、民革中央常务副主席郑建邦发表主旨讲话并宣布论坛开幕。

13日 纪念朱自清120周年诞辰暨“朱自清的文化自信与文学意义”学术研讨会在扬州举行。

14—16日 2018年中国作物学年会在扬州举行。扬州大学教授杨建昌获得我国作物科技界的最高奖项——科学技术成就奖。

15日 省委书记娄勤俭就深入推进解放思想大讨论到联系点高邮市调研，强调要牢牢把握习近平新时代中国特色社会主义思想这个根本遵循，深入贯彻落实党的十九大精神和习近平总书记对江苏工作的重要指示，扎扎实实把解放思想大讨论活动向纵深推进，以思想大解放的新成效不断开辟江苏高质量发展新境界。市委书记谢正义，市委副书记、代市长夏心旻陪同调研。

△ “广陵牡丹曲”第十届中国曲艺牡丹奖颁奖仪式暨“讴歌新时代 共筑中国梦”成果汇报演出在京杭会议中心举行。

18日 扬州首个人力资源服务产业园在邗江区月城科技广场揭牌。

18—21日 第八届江苏—澳门·葡语国家工商峰会在澳门举行。扬州首次作为江苏省主推介城市，举行专场推介会，漆器、剪纸等扬州元素精彩亮相。

19日 总投资超过100亿元的腾讯仪征东升云计算数据中心项目正式签约。

△ 市委常委、常务副市长陈扬率队赴广州开展科技招商活动，并举办“科技创新·人才集聚·产业合作”（广州）恳谈会。

△ 扬州中远海运重工有限公司为中国矿运建造的首制40万吨超大型矿砂船VLOC（H1442）顺利出坞下水。

24—25日 代市长夏心旻率队赴京拜访清华大学、北京大学、中国科学院、中国建材、新华水力发电、北京光线传媒、北京联成开拓、永新华控股、中国财富传媒等高校院所和央企名企，全面推介扬州，深化合作领域，推进洽谈项目，共同推动扬州科创、文旅名城建设。

26日 扬州首个海归人才创业园挂牌开园。

28日 第十届江苏省园艺博览会总结会在扬州举行。副省长费高云、代市长夏心旻出席会议并讲话。

△ 第十届江苏省园博会“继承与发展”科技论坛（园冶论坛）在扬州会议中心举行。中国工程院院士孟兆祯、住建部风景园林专家委员会专家何昉出席论坛，并将工作室设在扬州。

△ 扬州国际人力资源服务产业园在扬州经济技术开发区举行开园仪式。

29日 扬州泰州国际机场举行年旅客吞吐量突破200万人次新闻发布会暨与深圳航空战略合作签约仪式。

△ 市政协八届九次常委会召开，就“坚持‘城市即旅游’理念，推进城市建设高品质”议题与市政府进行协商。

30日 全国政协副主席、全国工商联主席高云龙率队到扬调研工商联所属商会改革与发展情况。

30—31日 市委书记、市人大常委会主任谢正义，市委副书记、代市长夏心旻率领扬州市党政代表团赴宿迁、淮安考察。

31日 省政协副主席、民建省委主委洪慧民，省政协副主席、致公党省委主委麻建国等省党外人士调研组一行到扬，就乡村振兴战略进行调研。

11月

5日 扬州市首个垃圾分类市民卡积分兑换平台在邗江区竹西街道竹西社区上线，该平台是全省首个实现垃圾分类与市民卡结合的平台。

△ 第五届“中国城市公益慈善指数”发布，扬州综合指数得分82.74分，在前100强中排第22位。

6日 扬州大学附属医院李兆申院士工作站揭牌仪式暨院士论坛在扬举行。

7—8日 代市长夏心旻率队在沪拜访中化国际、深兰科技、上海德衡数据科技、国新张创、梦想天地、东方财富等知名企业。

7—16日 市委书记谢正义率扬州市友好经贸代表团赴马来西亚、泰国、菲律宾考察访问。

8日 省政协副主席王荣平一行到扬调研经济社会发展。

9日 山西省晋城市市长刘锋率晋城市政府代表团到扬考察。

10日 扬州在2018中国（国际）休闲发展论坛上入选“中国十大活力休闲城市”。

13日 “宝应大闸蟹”“宝应中华鳖”“宝应大米”3件地理标志证明商标成功注册。

16—17日 司法部副部长、党组成员刘振宇一行到扬调研司法行政工作。

21日 副省长马秋林率省政府调研组到扬，专题调研扬州市科技创新和转型升级工作。

△ “永远的朱自清”纪念朱自清诞辰120周年朗诵会暨“朱自清散文奖”颁奖仪式在扬举行。扬州市命名东关小学为朱自清小学，命名扬州教育学院附属中学为朱自清中学，活动现场举行了授旗仪式。

22日 朱自清公园在廖家沟河畔建成开放。

25日 “辉煌四十年 翰墨书华章”——扬州市庆祝改革开放40周年书画作品展在江苏省现代美术馆开幕。

27—28日 市政协主席朱民阳率驻扬省政协委员一行赴盐城市，就“特色小镇建设和经济发展”主题开展异地视察活动。

28日 代市长夏心旻率队赴深圳招商引资，对接大企业大项目，扩大与深圳合作领域，推进项目洽谈落地。

△ 大运河文化带建设研究院扬州分院成立。

29—30日 省人大代表省直南通扬州泰州组到扬进行会前视察。

30日 为期1个月的扬州市庆祝改革开放40周年图片展在花都汇主展馆开展，市委书记谢正义，代市长夏心旻等市四套班子领导参观图片展。

△ 扬州华侨城大型文化旅游综合项目奠基。

当月 总投资23亿元的通扬线高邮段航道整治工程全面启动，这也是扬州市交通水运工程建设史上单体投资量最大项目。

当月 扬州籍裁判朱迪执法2018亚洲大体联足球亚洲杯，成为扬州市首位在正式国际大赛中登场的男子足球裁判。

12月

2日　第七届中国曲艺团长高峰论坛暨首届中国扬州·全国曲艺大书（评书评话）发展论坛开幕。

5日　新华日报社扬州分社揭牌成立，扬州市与新华报业传媒集团签署全面战略合作协议。

6日　省人大常委会副主任、省总工会主席魏国强到扬考察调研工会工作。

7日　第三届中国大运河国际论坛在杭州举办，市政协主席、世界运河历史文化城市合作组织（WCCO）主席朱民阳应邀作演讲。

△　扬州作为新会员正式加入到“中国会奖旅游城市联盟”，并获“中国最具品牌价值会奖目的地”奖项。

9日　江苏扬农化工股份有限公司绿色高效拟除虫菊酯项目，在第五届中国工业大奖发布会上摘得我国工业领域最高奖——中国工业大奖，成为扬州市首家获此奖项的企业。

11日　中共中央政治局委员、全国人大常委会副委员长王晨在扬会见出席第六届中国－中亚合作论坛的吉尔吉斯斯坦第一副总理博罗诺夫。江苏省委书记娄勤俭，省委常委、常务副省长、省委秘书长樊金龙，副省长郭元强，外交部部长助理张汉晖，扬州市委书记谢正义、代市长夏心旻等参加会见。

12日　第六届中国－中亚合作论坛在扬举行。本届论坛以“融汇丝路文明，深化合作共赢”为主题。论坛通过《第六届中国－中亚合作论坛扬州与中亚城市旅游发展倡议》。

12—13日　中共中央政治局委员、全国人大常委会副委员长王晨在扬调研。

△　第六届中法地方政府合作高层论坛在法国图卢兹举行，扬州和法国奥尔良市凭借双方重点旅游合作项目——旅游标准化合作项目获“中法地方合作奖”。

13日　教育部副部长田学军一行到扬调研青少年茁壮成长工程，考察青少年近视防控及校园食品安全管理等工作。

△　扬州市获2016—2017年度“全国无偿献血先进市”称号。至此，扬州市已连续10年五次获得国家无偿献血最高荣誉。

14日　市政协围绕“打造健康中国扬州样本，推进全方位全周期健康服务”议题，举办2018年度“扬州政协论坛”电视论坛活动。

17日　市红十字会第八次会员代表大会在扬召开。

18日　高邮市菱塘回族乡和广陵区郑翔分别获得为江苏改革开放作出突出贡献的先进集体和先进个人称号。

19日　水利部淮河水利委员会在扬召开淮河入江水道整治工程竣工验收会议，标志着历经8年的淮河入江水道整治工程全面完成。

21日　在扬全国、省人大代表围绕“大运河文化带扬州段建设”开展会前视察活动。

26日　市人大常委会在486非遗文化广场举行《扬州市非物质文化遗产保护条例》实施动员会，并对2019年立法工作进行部署。

27日　市工商联召开八届二次执委会。市政协副主席董玉海当选市工商联主席、市总商会会长。

△　省委宣传部举行江苏“时代楷模”李树干先进事迹发布会，授予宝应县公安局氾水派出所氾光湖警区社区民警李树干“时代楷模”荣誉称号。

28日　中国共产党扬州市第七届委员会第七次全体会议在扬举行。市委书记谢正义代表市委常委会作工作报告。市委副书记、代市长夏心旻就2018年和2019年经济社会发展工作作全面总结和具体部署。

29日　扬州市迎接2019年万人健身长跑主会场活动在运河三湾风景区西门广场举行。

31日　《大运之河》MV在扬举行全球首发仪式。

12月12日，第六届中国－中亚合作论坛在扬举行　王　卓/摄

概览

Gailan

编 辑 徐国磊

自然地理

■位置面积 扬州市地处江苏省中部，位于长江北岸、江淮平原南端。现辖区域在北纬32度15分至33度25分、东经119度01分至119度54分之间。东部与盐城市、泰州市毗邻；南部濒临长江，与镇江市隔江相望；西南部与南京市相连；西部与安徽省滁州市交界；西北部与淮安市接壤。扬州城区位于长江与京杭大运河交汇处，北纬32度24分、东经119度26分。全市东西最大距离85千米，南北最大距离125千米，总面积6591.21平方千米，其中市区面积2305.68平方千米（其中建成区面积140平方千米）、县（市）面积4285.53平方千米（其中建成区面积97.8平方千米）。陆地面积4908.00平方千米，占74.46%；水域面积1683.21平方千米，占25.54%。

■地形地貌 扬州市境内地形西高东低，以仪征市境内丘陵山区为最高，从西向东呈扇形逐渐倾斜，高邮市、宝应县与泰州兴化市交界一带最低，为浅水湖荡地区。境内最高峰为仪征市大铜山，海拔149.5米；最低点位于高邮市、宝应县与泰州兴化市交界一带，平均海拔2米。扬州市区北部和仪征市北部为丘陵，京杭大运河以东、通扬运河以北为里下河地区，沿江和沿湖一带为平原。境内有大铜山、小铜山、捺山等，主要湖泊有白马湖、宝应湖、高邮湖、邵伯湖等。境内有长江岸线80.5千米，沿岸有仪征、江都、邗江、广陵等一市三区；京杭大运河纵穿腹地，由北向南沟通白马湖、宝应湖、高邮湖、邵伯湖，汇入长江，全长143.3千米。除长江和京杭大运河以外，主要河流还有东西向的宝射河、大潼河、北澄子河、通扬运河、新通扬运河。

■气候 扬州市属于亚热带季风性湿润气候向温带季风气候的过渡区。气候主要特点是四季分明，日照充足，雨量丰沛，盛行风向随季节有明显变化。春季多为东南风；夏季多为从海洋吹来的湿热的东南到东风，以东南风居多；秋季多为东北风；冬季盛行干冷的偏北风，以东北风和西北风居多。冬季偏长，4个多月；夏季次之，约3个月；春秋季较短，各两个多月。

1. 气温

2018年，全市各气象观测站测得各地年平均气温分别为：扬州16.7摄氏度、宝应16.1摄氏度、高邮16.9摄氏度、仪征16.6摄氏度、江都16.2摄氏度，与常年相比，偏高0.5~1.6摄氏度。其中，扬州偏高1.0摄氏度。2018年扬州年平均气温位列1953年以来的第三位（历史年平均气温最高为16.9摄氏度，2007年）。从历史趋势来看，1995年以来年平均气温整体呈偏高趋势。从各月平均气温与常年同期比较来看，偏高的月份有3月、4月、5月、6月、7月、8月、9月、11月、12月；偏低的月份为1月、2月、10月。2018年极端最高气温全市为37.6摄氏度（6月26日，高邮）；极端最低气温为-10.1摄氏度（1月12日，江都）；35摄氏度及以上的高温日数为9天（宝应）~30天（江都）；终霜日为3月22日，比常年早9天（常年为3月31日）；初霜日为11月19日，比常年晚12天（常年为11月7日）。

2. 降水

全市各地年降水量分别为：扬州1287.0毫米、宝应1001.1毫米、高邮1139.4毫米、仪征1526.6毫米、江都1225.1毫米，较往年偏多1~4成。降水量较常年偏少的月份有2月、4月、6月、9月、10月；偏多的月份有1月、3月、5月、7月、8月、11月和12月。

3. 日照

全市年日照时数分别为：扬州1987.1小时、宝应1891.6小时、高邮2102.2小时、江都1985.4小时、仪征1958.9小时。与常年相比，宝应较常年偏少1成，其他地区正常。从观测站日照时数分布情况来看：1月、5月、9月、11月和12月较常年偏少；2月、3月、4月、6月、7月、8月和10月较常年偏多。

4. 气象灾害

2018年的主要灾害性天气有暴雪、冰冻、暴雨、高温、台风、强对流、雾霾等，灾害造成直接经济损失超亿元。从灾情分析来看，因暴雨洪涝、台风、强对流、暴雪等造成的人民生命财产、农业经济损失和直接经济损失严重。

■**资源** 土地资源。全市土地总面积6591.21平方千米。其中，耕地3304.14平方千米（含可调整地类面积448.10平方千米）、园地40.23平方千米、林地24.39平方千米、草地5.67平方千米、城镇村及工矿用地1073.86平方千米、交通运输用地298.24平方千米、水域及水利设施用地1781.37平方千米、其他土地63.31平方千米。水资源。境内有乡镇（大沟）级以上主要河流1111条，总长6060千米。其中，淮河入江水道干支流水系河流379条1582千米、里下河水系河流506条3345千米、长江水系河流226条1133千米，县级以上河流198条2916千米、乡镇级主要河流913条3144千米。矿产资源。境内已发现矿产资源15种，其中已探明储量的矿产资源12种。石油、天然气储量居全省前列，邗江、江都、高邮一带有丰富的石油、天然气资源，邵伯湖滨地区和里下河洼地素有“水乡油田”美誉。砖瓦黏土、石英砂、玄武岩、砾（卵）石、矿泉水、地热等矿产资源较丰富。仪征、邗江丘陵山区有黄沙储量2亿~3亿吨，石料储量1.2亿吨，卵石储量约3亿吨。全市玄武岩远景储量2.5亿吨。城区北部及仪征、高邮等地矿泉水资源丰富，品质优良，符合国家饮用天然矿泉水标准。地热资源分布广、温度高、水质好，可采储量3万立方米/天。水产资源。全市水面广阔，资源丰富，江河湖荡中盛产鱼、虾、蟹、蚌、龟、鳖、珍珠、荷藕、芦苇等。

行政区划

扬州市现辖3个区、1个县、2个县级市。

1950年1月，扬州专区划出如皋县、海安县给南通专区，划出东台县、台北县（今盐城市大丰区）给盐城专区以后与泰州专区合并，设立泰州专区，辖扬州市、泰州市、兴化县、高邮县、宝应县、靖江县、泰兴县、江都县、泰县、仪征县、六合县等2个市、9个县。1953年1月，泰州专区改称扬州专区，专署由泰州市迁驻扬州市，原属皖北人民行政公署领导的江浦县和原苏北人民行政公署直辖的扬州市划归扬州专区领导。1956年2月，六合县、仪征县、江浦县划归镇江专区，原属镇江专区的扬中县划归扬州专区。1956年3月，江都县析为江都县、邗江县。1956年12月，扬中县划归镇江专区，六合县、仪征县、江浦县划回扬州专区。1958年7月，六合县、江浦县划归南京市。1958年11月，邗江县并入扬州市。1960年4月，宝应县、高邮县析湖西地区为金湖县。1962年6月，六合县、江浦县划归扬州专区。1963年3月，复置新邗江县。1966年3月，仪征县、六合县、江浦县、金湖县划给新设立的六合地区。1971年3月，六合地区撤销，仪征县、六合县划回扬州专区。5月，扬州专区改称扬州地区。1975年，六合县划归南京市，扬州地区辖2个市、9个县。

1983年3月，江苏省改革地市体制，调整行政区划，扬州地区行政公署撤销，原属扬州地区的泰州市和江都、邗江、泰县、高邮、靖江、宝应、泰兴、兴化、仪征等9个县划归扬州市管辖；扬州市改由省管辖，设广陵区和郊区。1986年4月，仪征县撤县设市；1987年12月，兴化县撤县设市；1991年4月，高邮县撤县设市；1992年9月，泰兴县撤县设市；1993年8月，靖江县撤县设市；1994年4月，江都县撤县设市；1994年7月，泰县撤县设立姜堰市。撤县设市中，行政区划均未改变。

1996年8月，经国务院批准，撤销县级泰州市，设立地级泰州市，

2018年扬州市行政区划和土地面积表

表4-1

地　区	镇（个）	乡（个）	街道（个）	居民委员会（个）	村民委员会（个）	土地面积（平方千米）	建成区面积（平方千米）
总　计	**62**	**5**	**14**	**383**	**1007**	**6591.21**	**237.8**
市　区	28	4	12	226	458	2305.68	140
广陵区	6	1	4	59	83	334.86	—
邗江区	9	3	8	94	116	552.68	—
江都区	13	—	—	73	259	1329.90	36.0
宝应县	14	—	—	56	226	1461.55	32.0
仪征市	10	—	—	51	148	902.19	39.3
高邮市	10	1	2	50	175	1921.78	26.5

注：扬州经济技术开发区代管邗江区2个镇、2个街道和仪征市1个镇，有25个居民委员会、28个村委会，面积133.29平方千米

2018年扬州市乡镇、街道一览表

表 4-2

地　区	乡镇、街道名称
广陵区	东关街道 汶河街道 曲江街道 文峰街道 湾头镇 李典镇 杭集镇 泰安镇 沙头镇 头桥镇 汤汪乡
邗江区	邗上街道 蒋王街道 汊河街道 新盛街道 梅岭街道 瘦西湖街道 甘泉街道 扬子津街道 竹西街道 文汇街道 瓜洲镇 公道镇 槐泗镇 方巷镇 杨寿镇 杨庙镇 西湖镇 施桥镇 八里镇 平山乡 城北乡 双桥乡
江都区	仙女镇 邵伯镇 大桥镇 丁伙镇 小纪镇 樊川镇 真武镇 丁沟镇 宜陵镇 郭村镇浦头镇 武坚镇 吴桥镇
宝应县	安宜镇 氾水镇 山阳镇 曹甸镇 鲁垛镇 西安丰镇 望直港镇 小官庄镇 夏集镇 射阳湖镇 广洋湖镇 柳堡镇 黄塍镇 泾河镇
仪征市	真州镇 青山镇 新城镇 新集镇 大仪镇 陈集镇 马集镇 刘集镇 月塘镇 朴席镇
高邮市	高邮街道 马棚街道 三垛镇 界首镇 临泽镇 送桥镇 车逻镇 卸甲镇 汤庄镇 龙虬镇甘垛镇 周山镇 菱塘回族乡

注：1. 邗江区扬子津街道、文汇街道、施桥镇、八里镇和仪征市朴席镇由扬州经济技术开发区代管行政区划；

2. 竹西街道、文汇街道，目前省政府没有批复（正式行政区划统计上不能作为单独行政区划单位）

原由扬州市代管的泰兴、姜堰、靖江、兴化等4个县级市划归泰州市管辖。扬州市设广陵区、郊区，辖宝应县、邗江县，代管仪征市、高邮市、江都市等3个县级市。2000年12月，邗江县撤销县级建制，改设扬州市邗江区。扬州市设广陵区、郊区（2002年更名为维扬区）、邗江区等3个区，辖宝应县，代管仪征市、高邮市、江都市等3个县级市。

2011年11月，经国务院批准，扬州市调整部分行政区划。撤销县级江都市，设立扬州市江都区，以原江都市行政区域为江都区行政区域；将邗江区李典、头桥、沙头、杭集、泰安等5个镇并入广陵区；撤销扬州市维扬区，将维扬区行政区域并入邗江区。扬州市设广陵、邗江、江都等3个区，辖宝应县，代管仪征、高邮等2个县级市。

历史 人文

■历史沿革 扬州有2500年有文字可考的历史。

大约距今7000～5000年前，淮夷人就在扬州一带劳动生息，并有了水稻栽种。春秋时期，今扬州市区西北部一带称邗。周敬王三十四年（公元前486），吴灭邗，筑邗城，开邗沟，连接长江、淮河。越灭吴，地属越；楚灭越，地归楚。周慎靓王二年（公元前319），楚在邗城旧址上建城，名广陵。秦统一六国后，设广陵县，属九江郡。

汉代，今扬州称广陵、江都，长期是诸侯王的封地。吴王刘濞“即山铸钱、煮海为盐”，开盐河（通扬运河前身），促进了经济的发展。西汉元封六年（公元前105），汉武帝将江都王刘建的女儿刘细君嫁到乌孙国，比王昭君和亲匈奴还早80多年。东汉末年，张婴率领的农民起义军在广陵一带转战10多年后，被广陵太守张纲劝降。

三国时期，魏吴之间战争不断，广陵为江淮一带的军事重地。

南北朝时期，广陵屡经战乱，数次变为“芜城”。山东青州、兖州一带的移民南迁广陵一带，促进了扬州的经济发展。北周改广陵为吴州。

隋开皇九年（589），隋灭陈，建立统一的隋政权，改吴州为扬州，置总管府。至此，完成历史上的扬州和今天的扬州在名称、区划、地理位置上的基本统一。隋炀帝时，开大运河连接黄河、淮河、长江，扬州成为水运枢纽，奠定了唐代扬州空前繁荣的基础。隋炀帝大业初年改州为郡，扬州随之改为江都郡。隋大业元年至大业十二年（605—616），隋炀帝三下江都。大业十四年（618），隋炀帝被部将宇文化及所杀，葬于扬州城西北曹庄。唐武德二年（619），李子通率农民起义军攻克江都，称皇帝，国号吴。武德三年（620），扬州为唐军占，名称屡有更改；武德九年（626），复称扬州，治所在今扬州。扬州是南北粮草、盐、钱、铁的运输中心和海内外交通的重要港口，曾为都督府、大都督府、淮南道采访使和淮南节度使治所，领淮南、江北诸州。

唐嗣圣元年（684），徐敬业、骆宾王在扬州起兵反对武则天政权。唐末五代，军阀混战，扬州遭到严重破坏。光启三年（887），杨行密开始入主扬州。后梁贞明五年（919），其子杨渭（隆演）就吴国王位，改元武义。贞明六年（920），杨渭卒，弟杨溥即吴王位；后唐天成二年（927），杨溥即皇帝位，改元贞元，史称“杨吴”。后晋天福二年（937），徐知诰迫杨溥禅位，自即帝位，国号为唐，史称“南唐”。后周显德四年（957），后周取南唐江都府，复称扬州。明朝灭亡后，为阻止清兵南进，南明督师史可法在扬州率军坚守孤城，宁死不降，表现出坚贞不屈的民族气节。城陷后，清军屠城十日，死者数以万计。

北宋建隆元年（960），北宋建立。农业、手工业迅速发展，商业进一步繁荣，扬州再度成为中国东南部的经济、文化中心，与都城开封相差无几。每年商业税收约8万贯，居全国第三位。北宋靖康二年（1127），宋高宗赵构迫于金人进逼，在迁都过程中以扬州为“行在”一年，促进了扬州的繁荣。韩世忠、刘琦、岳飞等南宋名将在扬州进行艰苦的斗争。南宋德祐元年至德祐二年（1275—1276），李庭芝、姜才率军队和扬州人民一起与元军展开不屈的斗争，不幸殉难。明嘉靖三十五年（1556），扬州建“新城”。

清代，康熙帝和乾隆帝多次“巡幸”，使扬州出现空前繁华，城市人口超过50万人，成为当时中国八大城市之一，也是18世纪末、19世纪初世界十大城市之一。

19世纪中叶以后，由于运河山东段淤塞，漕粮改经海上运输，淮盐改由铁路转运，加上其他方面的原因，扬州在经济上逐渐衰落。第一次鸦片战争期间，扬州府属的瓜洲、仪征等地军民奋起抵抗英军侵略。太平天国农民起义军先后3次在扬州一带与清兵激战。在孙中山领导的民主主义革命中，扬州人熊成基在安徽以陆军炮营队官的身份，于清光绪三十四年（1908）11月组织、领导了著名的安庆新军起义，开始武装夺取政权的尝试。宣统三年（1911）11月，扬州人孙天生在扬州发动武装起义，史称“扬州光复”。

民国元年（1912），“中华民国”废扬州府，置江都县。民国11年（1922），扬州境内第一条公路建成。民国14年（1925），中国共产党开始在扬州一带组织、领导人民进行新民主主义革命。民国20年（1931），扬州洪水泛滥，长江和运河沿线决口60多处，死于水灾、饥饿和疫病者数十万。民国26年（1937）10月，中共中央长江局派员在扬州建立中共扬州特别支部，与扬州各界人士一同开展抗日救亡运动；12月，侵华日军占据扬州，以陈文为首的扬州抗日义勇团在扬州北乡展开抗日斗争。民国28年（1939）初，新四军贯彻中共中央东进北上的方针，着手创建苏中抗日根据地。民国29年（1940）7月，陈毅、粟裕率新四军主力北渡长江、挺进苏中，在江都建立新四军江北指挥部。

民国37年（1948）底至1949年4月，扬州各县相继解放。1949年1月25日，今扬州市区解放，设置扬州市；以仙女庙镇为治所，另建江都县。

■人文风貌 古代扬州，雄踞江淮中心，南北货物在这里运输，南北文化也在这里融合。东汉初，辞赋家陈琳，是史籍记载最早的广陵文学家。由隋入唐，扬州学者曹宪、李善二人专攻《文选》，开中国文选学之先河。中国第一部记录典章制度的专书《通典》是杜佑在扬州编纂而成。

唐代扬州农业、商业和手工业相当发达，出现了大量的工场和手工作坊，不仅富甲江淮，而且是中国东南第一大都会，时有“扬一益二”之称（益州为成都古称）。在以长安为中心的水陆交通网中，扬州始终起着枢纽作用。唐代扬州和大食（阿拉伯）交往频繁，侨居扬州的大食人数以千计。侨居扬州的客商主要来自波斯、大食、新罗、日本等国。日本遣唐使到扬州和高僧鉴真东渡日本促进了中日两国的政治、经济、科学和文化交流。李善在吸收前人成果的基础上，重新注释《文选》，旁征博引，为后人保存了大量重要文献资料；其子李邕能诗善文，工书法，尤擅行书，是继虞世南、褚遂良之后的大书法家。张若虚为“吴中四杰”之一，《春江花月夜》有“孤篇压全唐”之誉。

五代宋初的扬州人徐铉、徐锴兄弟校对《说文解字》，为清代扬州学人精研《说文》学奠定了基础。宋代，欧阳修、苏轼、秦观、姜夔、王令等在扬州留下大量传世名作。

元、明两代，扬州经济发展加快。到扬州经商、传教、从政、定居的外籍人日渐增多，其中仍以波斯人和阿拉伯人为最。元代，运河扬州段经几次整治，基本形成了今天的走向，恢复了一度中断的漕运，扬州又迅速繁华起来。明代，商品经济的发展孕育了资本主义生产关系的萌芽。扬州的商业主要是两淮盐业专卖和南北货贸易，盐税收入几乎与粮赋相等。商业扩大到旧城以外。手工业作坊生产的漆器、玉器、铜器、竹木器具和刺绣品、化妆品都达到相当高的水平。文化方面，出现了睢景臣等一批著名杂剧、小说作家。

清代的扬州，居交通要冲，富盐渔之利，盐税与清政府的财政收入关系极大。各地商人纷纷在扬州建起会馆，各有营业范围和地方特色。同时兴起的还有会票——信用汇兑。一些盐商广结文士，爱好藏书，捐资修建府学、县学，恢复名胜古迹，兴建园林，对扬州的文化发展有一定贡献。其间，出现了以金农、汪士慎、黄慎、李鱓、郑燮、李方膺、高翔、罗聘等“扬州八怪”为代表的扬州画派，以任大椿、汪中、焦循、阮元和王念孙、王引之父子为代表的扬州学派。扬州戏剧历史悠久，至清代大盛。清乾隆五十五年（1790），为庆祝乾隆帝八十寿辰，以宝应高朗亭为班主的三庆班进京演出，与其他剧种一起，对京剧的形成和发展产生重要影响。扬州的雕版印刷和评话、清曲、扬剧、木偶剧以及棋艺、琴艺等均在清代达到较高水平，形成自己的特色，奠定了扬州成为当时中国文化中心的基础。

辛亥革命以后，扬州文化艺术领域名家辈出，比较有影响的有朱自清、刘师培、李涵秋、贡少芹、张丹斧、陈含光、潘月樵和革命作家李进、李俊民、韩北屏、许幸之、江树峰等。朱自清是对中国文学很有影响的人物。李涵秋创作的33部小说中，以反映扬州里巷风俗轶闻的《广陵潮》最为著名。

人口 方言

■人口 截至2018年末，扬州市户籍总人口458.83万人，比上年末减少11460人。全市登记出生人口3.73

万人，出生率8.13‰；死亡人口3.80万人，死亡率8.27‰。人口自然增长率-0.14‰。截至2018年末，全市常住人口453.1万人，常住人口城镇化率67.13%。

■方言 扬州市的语言是以“扬州话”为代表的江淮官话。扬州市城区、仪征、宝应、高邮（除东部与兴化交界的边缘地区外）和江都红旗河、野田河以西地区属江淮官话的洪巢片；江都红旗河、野田河以东地区，高邮东部与兴化交界的边缘地区属江淮官话的泰如片。宝应中港渔业村是中原官话方言岛。

民族　宗教

■民族 2018年，扬州市有50个民族。汉族人口最多，占人口总数的99.36%。有49个少数民族，人口2.9万人，占0.64%，其中回族人口最多，约1.7万人，占少数民族人口总数的58.62%。城区回族人口8600多人，全市有外来穆斯林5900多人，大多是新疆、青海、宁夏、甘肃等地在扬州经商人员。超过100人的少数民族有回族、苗族、彝族、土家族、满族、壮族、侗族、蒙古族、布依族、维吾尔族、朝鲜族、黎族、哈尼族，其他如景颇族、京族、纳西族、高山族、毛南族、俄罗斯族、裕固族、基诺族、柯尔克孜族、塔塔尔族、赫哲族、鄂伦春族人数相对较少。少数民族人口分布较广泛，但又相对集中。回族主要分布在高邮、广陵、江都、邗江，在高邮，回族又相对集中在菱塘一带。菱塘回族乡是江苏省唯一的少数民族乡。土家族分布在江都、仪征、高邮和邗江一带。满族分布在仪征、邗江、江都一带。侗族主要分布在仪征。仪征市月塘镇龙山村、大仪镇河北村为民族村。

■宗教 扬州市为全省宗教工作重点市，佛教、道教、伊斯兰教、天主教、基督教五教齐全，有信教群众约12万人；有经登记的宗教活动场所232处，经认定的宗教教职人员395人；有6个市级宗教团体、22个县级宗教团体、1所省属佛学院（鉴真佛教学院）。

风景名胜

瘦西湖风景区

■概况 瘦西湖风景区为国家重点风景名胜区、全国文明风景旅游区、国家文化旅游示范区、国家AAAAA级旅游景区。自隋唐起，景区沿湖陆续建园，至清代乾隆时期，已是“两岸花柳全依水，一路楼台直到山”，湖上园林之景融南方之秀、北方之雄于一体，以风韵独具而蜚声海内外。景区内窈窕曲折的一湖碧水串以卷石洞天、西园曲水、长堤春柳、荷蒲熏风、四桥烟雨、徐园、月观、小金山、钓鱼台、水云胜概、五亭桥、白塔晴云以及二十四桥景区、万花园景区等名园胜迹，俨然一幅次第展开的国画长卷。

■长堤春柳 长堤春柳起于虹桥西岸，向北止于徐园，为清乾隆年间盐商黄为蒲构筑。后渐渐荒废，至咸丰、同治年间，堤柳已不复存。民国4年（1915）建徐园时，恢复旧观。此景南北长650米，沿堤遍植杨柳，每至春日，柳絮随风飞舞，迷离如烟。垂柳间植有桃树，桃花开时，与杨柳相互映衬，更显清纯飘逸，艳丽多姿。长堤中段建有方亭，枕于湖上，游人于此小憩，宛如走入画图。

■徐园 徐园原为清初韩园桃花坞故址，民国4年（1915）改为徐宝山祠堂，故名徐园，为市级文物保护单位。园门南迎长堤春柳。园内有一方荷池，缘池缀以山石，环植桃柳。池东有青石平桥。池北有“听鹂馆”三楹，取杜甫诗句“两个黄鹂鸣翠柳，一行白鹭上青天”之意。馆前平台上放置南朝萧梁时代镇水铁镬两只；馆东南为四角攒尖式碑亭；馆西有“青草池塘吟榭”，取谢灵运语“池塘生春草”之意。榭后廊复接七折曲廊，西通疏峰馆；榭之西南隅有精舍三间，为冶春后社旧址。

■小金山 小金山原名长春岭，清乾隆年间盐商程志铨出资挖湖堆土而成，四面环水，形如青螺。岭上多梅，岭东门额题“梅岭春深”。山上有风亭，山中有观音殿，山下有琴室、棋室、月观、木樨书屋、关帝庙、湖上草堂、玉佛洞诸景。

■莲花桥 乾隆二十二年（1757），巡盐御史高恒开莲花埂新河抵平山堂，同时在河上建桥，以便南北通行。因桥在莲性寺北，桥上五亭聚如金莲，故名莲花桥，俗称五亭桥，为全国重点文物保护单位。五亭桥形态独特，仿自北京北海金鳌玉桥和五龙亭，但又创造性地将五亭聚合，再将桥亭合二为一。桥长65米、宽7米，梯形桥身用青石叠成。五亭之中，中间一亭三层飞檐，略高。四角四亭单檐，稍低。五亭之间有廊檐相接，上覆金黄色琉璃瓦，空花脊，24个檐角似盛开的金莲花花瓣。桥身下支四翼，共有正、侧拱洞15个。据《扬州画舫录》记载：“月满时，每洞各衔一月，金色滉漾。”五亭桥结构严谨，多有创意，被茅以升誉为“中国古代交通桥与观赏桥结合的典范”、中国“最具艺术美的桥”。

■白塔 白塔位于五亭桥南侧莲性寺内，于清乾隆年间建造，仿北京万寿山喇嘛塔形式，为全国重点文物保护单位。白塔为砖石结构，实测高度28.32米。塔分三层。下层为方形台基，四周以白石为栏，台上砖石塔座为须弥座，八角四面，每面三龛，龛内置砖雕十二生肖；中层塔身为圆形晨曦中的白塔龛室，形如古瓶，瓶腹南向辟莲瓣形龛，内供白衣大士像；上层为“刹”，呈圆锥形，有13级，刹顶置六角形宝盖，角端悬风铃，上托黄铜葫芦顶。

■熙春台 熙春台位于瘦西湖水向北转折处，又名春台祝寿（传说清乾隆帝在此为母亲祝寿），1986年按原貌复建。主楼坐西朝东，上下两层，面阔五楹，前有抱厦，四面有廊，飞檐翘角。熙春台两翼附属建筑呈“八”字形，南翼为湖石假山和复道，假山置小亭；北翼以曲廊与十字阁相接。十字阁碧瓦朱柱，四面为廊。台前偏北处有汉白玉诗碑一座，镌毛泽东手书杜牧诗《寄扬州韩绰判官》。

■二十四桥 二十四桥位于熙春台北侧，桥形似玉带，因杜牧诗句“二十四桥明月夜，玉人何处教吹箫”而得名。二十四桥从西向东由落帆栈道、拱桥和曲桥组成。落帆栈道高跨湖汊，由黄石假山、竹牌、铁链构成。拱桥单孔，长24米、宽2.4米、高5米，两端桥坡台阶各24级，两侧围以汉白玉栏杆24根，栏板上雕云月图案。拱桥东接四曲平桥，桥堍置一方亭，名吹箫亭。如临月夜，桥洞拱形与水中半圆之影相合，恰成为一轮圆月，观之似霓虹卧波，令人赏心悦目。

■万花园 据清康熙朝《扬州府志》记载：“万花园，宋端平三年（1236）制使赵葵即堡城统制衙为之。”现今的万花园总占地44.2公顷，一期工程、二期工程分别于2007年、2009年建成开放，依托瘦西湖历史文化背景，以花文化为主题，以古典历史名园为线索，先后恢复和新建“锦泉花屿”“醉月飞琼”等景点，并结合地块内诸多历史遗迹，将唐代城门、城墙，宋代亭台，清代“石壁流淙”“锦泉花屿”以及扬派盆景有机糅合，拓深瘦西湖历史，展现扬州历代文化内涵和风格。

住宅园林

■何园 何园又名寄啸山庄，位于市区古运河北岸徐凝门街，占地1.4公顷，建筑面积7000多平方米，为全国重点文物保护单位、国家AAAA级旅游景区。清同治元年（1862）始建。清光绪九年（1883），归隐扬州的湖北汉黄德道道员何芷舠购吴氏片石山房（又名双槐园）旧址扩建。园主取陶渊明“倚南窗以寄傲”“登东皋以舒啸”之意境，题园名为“寄啸山庄”。何园是一座大型住宅园林，由东西花园、住宅楼群、片石山房组成，尤以复道行空、回廊曲折著称，有“晚清第一园”之誉。园居院落融中西建筑艺术于一体，前进楠木大厅气势雄伟，后两进两层洋楼工艺精细考究。片石山房为大画家石涛和尚所拟构，占地不广，却丘壑宛然，被称为“江南园林中的孤例”。

■个园 个园位于市区盐阜东路10号，占地2.4公顷，建筑面积4700平方米，为全国重点文物保护单位、中国四大名园之一、国家AAAA级旅游景区。个园由两淮盐商商总黄至筠于清嘉庆二十三年（1818）在明代寿芝园旧址重建。园主生性爱竹，园名取自清代诗人袁枚名句“月映竹成千个字”。中部花园园景以竹石为主，以分峰用石为特色。最负盛名的是四季假山：春山笋石参差，修篁弄影；夏山湖石中空外奇，深潭清冽；秋山黄石丹枫，峻峭依云；冬山宣石似积雪未消。北部为品种竹观赏区；南部为园主人住宅，三纵三进，均对外开放。

■吴道台宅第 吴道台宅第位于市区泰州路45号，系清代吴引孙在浙江宁绍台道道员任上，出资聘请浙江匠师在扬州营建的大型私宅，为全国重点文物保护单位。宅第建成于清光绪三十年（1904），分九路，有房屋百余间（俗称九十九间半）。宅东原有芜园和祠堂，均早毁。现存三路建筑保存良好。宅第建筑分东、中、西三轴线，规模宏大，结构精巧，雕工精致，以浙江建造法则为基础，糅合扬州传统建筑风格。东轴线从南到北为大门厅、洋楼、观音堂、亭、金鱼池、测海楼，中轴线从南到北为仪门、轿厅、爱日轩、前厨房、后厨房，西轴线从南到北为对厅、滋德堂、中进住宅、后进住宅。其中测海楼为吴家藏书楼，仿宁波天一阁，两层五楹，藏书之富名冠一时。

■卢氏盐商住宅 卢氏盐商住宅位于市区泰州路康山街22号，宅主为商界巨富卢绍绪，始建于清光绪二十年（1894），是扬州现存规模最大的盐商住宅建筑，也是反映扬州盐文化的重要遗迹，被誉为“盐商第一楼”，为全国重点文物保护单位。卢宅原有建筑九进200多间，曾遭火毁。2006年经修复后对外开放，门楼、住宅楼、意园、藏书楼等为原有建筑。卢宅建筑门楣砖雕精美异常，淮海厅、兰馨厅、涵碧厅、怡情楼厅堂阔大，天井两侧分布小型花园，后院意园内盔顶六角亭、石船舫、水池等相映成趣。

■小盘谷 小盘谷位于市区丁家湾大树巷42号，占地0.57公顷，为全国重点文物保护单位。清光绪三十年（1904），两江总督周馥购得徐氏旧园重修而成。西部为平房住宅区，正中为一大厅，东部为花园。园内假山峰危路险，苍岩探水，溪谷幽深，石径盘旋，与楼、堂、桥、阁、亭、廊共纳于方寸之地，组合得体，疏密有致，故得名“小盘谷”。

■汪氏小苑 汪氏小苑位于市区地官第14号，为全国重点文物保护单位，是扬州保存最为完整的清末民初大型盐商住宅之一。小苑占地0.3公顷，建筑面积1680平方米，遗存老屋97间。汪氏小苑中纵、西纵房屋为盐商汪竹铭在清朝末年所购，东纵房屋由汪家4个儿子在民国初年扩建。小苑建筑组群布局规整，住宅庭院比例均衡，采光充足，纵横互联相通，内外分合自如，体现扬州大宅门传统格局。庭园玲珑精巧，厅前屋后辟“可栖樨”“小苑春深”“迎曦”小苑。装修雕琢精湛，木雕、砖雕、石雕技法多样，门楣、石额、匾额、楹联皆出自名家之手。

■二分明月楼 二分明月楼位于市区广陵路263号，占地0.11公顷，建筑面积660平方米，为市级文物保护风景名胜。清道光年间，员氏依唐代诗人徐凝“天下三分明月夜，二分无赖是扬州”诗意建园。光绪年间转归盐商贾颂平。园北部主楼为长楼，翘角飞檐，设敞廊、美人靠，可登高观月；东部有黄石山，依山势筑夕照阁3间；西南角置迎月楼3间，月上东山时可在阁中迎月；园中间有扇面亭、伴月廊、月亮桥等园林小品。

寺院道观

■大明寺 大明寺位于蜀冈中峰，曾有西寺、栖灵寺、法净寺之称，始建于南朝宋大明年间（457—464），为淮左著名古刹、全国第一批重点开放寺庙、全国重点文物保护单位、国家AAAA级旅游景区。因历史久远，原寺已废圮，现寺为清同治年间重建。大明寺占地33公顷，依山而建，由寺庙古迹、文章奥区、仙人旧馆、西苑芳圃、鉴真纪念堂、藏经楼、卧佛殿、栖灵塔、钟楼、鼓楼组成，是集宗教建筑、文物古迹和园林风光于一体的游览胜地。其中卧佛殿、栖灵塔、钟楼、鼓楼为1988年后所建。

■天宁寺 天宁寺位于市区丰乐下街，占地1.19公顷，建筑面积5000多平方米，为清代扬州八大名刹之首，省级文物保护单位。始建于东晋，相传为谢安别墅，后舍宅为寺。北宋政和二年（1112），宋徽宗赐额“天宁禅寺”。南宋绍兴十三年（1143），名报恩光孝寺。元末，寺毁。明洪武十五年（1382）重建，仍称天宁禅寺。清咸丰年间毁于兵火，同治、光绪年间重建。清康熙帝南巡时驻跸于此，乾隆帝南巡时于此建行宫。清康熙四十四年（1705），两淮巡盐御史曹寅在寺内设“扬州诗局”，主持刊刻《全唐诗》等书。清乾隆年间编撰完成的《四库全书》藏于寺内文汇阁。天宁寺现存建筑有山门殿、天王殿、大雄宝殿、华严阁和东、西廊房及配殿等。

■重宁寺 重宁寺位于市区长征路15号，占地1.18公顷，建筑面积3000多平方米，为清代扬州八大名刹之一，全国重点文物保护单位。始建于清乾隆四十九年（1784），寺本“平冈秋望”故址，御赐额“万寿重宁寺”。清咸丰年间毁于兵火，同治年间重建，光绪年间再建。东侧园林已毁。现存天王殿、大殿、文昌阁、僧房等。大殿歇山重檐顶，面阔五间，殿内以铁力木作柱，天花藻井彩绘完好，并存有清乾隆帝亲题匾额及其撰写的《万寿重宁寺碑》。

■高旻寺 高旻寺位于邗江区三汊河西岸，为清代扬州八大名刹之一。始建于隋代。清顺治八年（1651），漕运总督吴惟华在三汊河建七级浮屠，名“天中塔”，顺治十一年（1654）建成；又依塔建梵宇三进，称“塔庙”。其后，寺院西侧又建行宫，规模数倍于寺。清康熙帝第五、第六次南巡和乾隆帝6次南巡，均驻跸于高旻寺行宫。清代中叶的高旻寺建筑完美、规模宏大、名僧辈出，为鼎盛时期。清咸丰年间毁于兵火，同治、光绪年间稍复旧观。民国年间，高旻寺与镇江金山寺、常州天宁寺、宁波天童寺并称中国佛教禅宗四大丛林。1983年，高旻寺被确定为全国汉族地区重点开放寺院。此后，相继建成大雄宝殿、禅堂、天中宝塔、法堂、上客堂、斋堂、讲经堂、放生池、水阁凉亭、水晶宫、来果和尚纪念堂等。

■观音山禅寺 观音山禅寺位于市区蜀冈东峰，依山而建，占地1.1公顷，建筑面积3115平方米，为市级文物保护单位。元至元年间，僧申律建寺。明洪武十二年（1379），僧惠整重建。明洪武年间名功德山，明末清初改称观音山或观音禅寺。清咸丰年间毁，同治年间修复，光绪年间毁后又修复。寺坐北朝南，有山门殿、韦驮殿、大殿、藏经楼、两厢廊房等。寺西有紫竹林及小庭园。东有鉴楼，相传为隋“迷楼”故址。

■仙鹤寺 仙鹤寺位于市区南门街111号，又名清白流芳大寺，为中国东南沿海伊斯兰教四大清真寺之一、全国模范清真寺、省级文物保护单位。相传为伊斯兰教创始人穆罕默德第十六世裔孙普哈丁于南宋咸淳年间募款创建。因全寺布局如鹤形，故名仙鹤寺。明洪武二十三年（1390），哈三重建。明嘉靖二年（1523），商人马道同与寺住持哈铭重修。门前抱鼓石为明代遗存。寺内有礼拜殿、望月亭、诚信堂、水房等建筑及宋、明时期所植银杏、柏树。望月亭、诚信堂（楠木厅）均为明代建筑。礼拜殿系清乾隆年间重建，殿阔五楹，分前后两部分，前殿带卷棚廊，后殿即窑殿所在。

■蕃釐观（琼花观） 蕃釐观，俗称琼花观，位于市区文昌中路360号，为市级文物保护单位。前身为后土祠（又称后土庙），汉元延二年（前11）建，祀土神。唐中和二年（882），淮南节度使高骈重建，供奉主管大地万物生长的女神后土夫人。北宋政和年间始称“蕃釐观”。北宋至道二年（996），王禹偁为扬州太守，观内有奇花盛开，俗谓琼花。宋人欧阳修任郡守时，在大殿之西北琼花树旁筑“无双亭”。蕃釐观经历代重修、整修，曾有石牌坊、三清殿、弥罗宝阁、文昌祠、深仁祠、竹轩花亭、芍药厅等建筑。后观内建筑屡遭破坏，蕃釐观古迹荡然无存。1993年起，扬州市先后在旧址上修复蕃釐观、无双亭和琼花台，移建三清殿，建琼花园。

陵园

■汉陵苑 汉陵苑位于市区平山堂东路98号，又名汉广陵王墓博物馆，系由高邮天山搬迁复原而成，占地2.7公顷，为省级文物保护单位、国家AAA级旅游景区。汉陵苑主要展示西汉第一代广陵王刘胥及其王后的木椁墓。两座墓同属于帝胄级“黄肠题凑”式木椁墓，规模宏大，结构严谨，是中国罕见的大型汉代墓葬遗存，有2000多年的历史。苑内地形起伏，建筑古朴雄浑，林木葱郁，绿草如茵，是融文物与园林为一体的汉文化展示中心。

■普哈丁园 普哈丁园位于市区文昌中路167号，古运河东岸、解放桥东南，俗称巴巴窑，又称回回堂，为全国重点文物保护单位。始建于南宋德祐元年（1275），明清时多次重修，中华人民共和国成立后亦多次修缮。普哈丁园由清真寺、墓区、园林三部分组成，占地1.5公顷，建筑面积800平方米。大门西向，临古运河，拱形门上嵌“西域先贤普哈丁之墓”石额一方。清真寺坐西朝东，面阔五楹，殿内抱厦后沿设窑窝。墓区门额题“天方矩矱”，意为阿拉伯楷模人物。园内有清光绪三十四年（1908）《先贤历史记略》碑。相传普哈丁为伊斯兰教创始人穆罕默德十六世裔孙，南宋咸淳年间在扬州传教，并建仙鹤寺。园内陆续葬有宋、明、清代其他西域先贤、虔诚教徒等。

其他景区

■茱萸湾风景区 茱萸湾风景区位于市区东北湾头镇，面积约50公顷，1982年始建，为国家AAAA级旅游景区。茱萸湾风景区三面环水，是一座融自然风光、人文景观、植物和动物观赏、现代游乐为一体的半岛型生态动植物园，景区内建有华东地区一流的动物散养观赏区。环岛建有8千米的运河风光带，有季节特征明显的植物林带及各类花卉观赏园。

■凤凰岛生态旅游区 扬州凤凰岛生态旅游区位于扬州城区东北泰安镇，邵伯湖南端与京杭大运河相接的湖口处，是首批国家级农业旅游示范点和省级森林公园。138平方千米的邵伯湖水面上，漂浮着8个柳叶般的岛屿。这里江、河、湖相连，水天相望，岛上草深林密、杂花生树；水边芦花飞扬，禽鸟相逐，是江淮平原上自然生态环境保持最为完好的平原—湖泊类型湿地景观。

■竹西公园 竹西公园位于城北黄金坝桥东北角，取唐朝诗人杜牧《题扬州禅智寺》“谁知竹西路，歌吹是扬州”诗意命名，占地8.67公顷，其中水面约占60%，为江苏省二级园林绿化企业。公园分园前区、娱乐活动区、山湖区、庭园区和生产区等5个区域，建有竹西精舍、仿古六角双檐竹西亭、流芳桥、留芳亭等。

■荷花池公园 荷花池公园位于市区荷花池路，占地11.37公顷，其中水面约占一半。公园原名南池、砚池，因池中广植荷花，故名荷花池。园内曾有明清名园影园、九峰园及“砚池染翰”等名胜古迹。清嘉庆朝后园渐圮，咸丰年间废而不存。扬州市1981年始建“南部水上公园”，即荷花池公园，1997年10月建成开放，分九峰园景区、影园遗址区和娱乐服务区。2003年10月，荷花池公园成为全面敞开式免费公园。

■宋夹城体育休闲公园 宋夹城体育休闲公园位于蜀冈－瘦西湖风景名胜区的核心地带，总占地面积700多公顷，北临保障湖、汉陵苑，南接瘦西湖温泉度假村，西边与瘦西湖主景区无缝对接，是扬州最大的一座集生态、休闲、运动、文化于一体的全民健身体育公园。2014年4月19日，宋夹城体育休闲公园正式开园，拥有综合馆、网球馆、羽毛球馆、乒乓球馆、七片室外网球场、四片室外篮球场、五片笼式足球场、两片篮球练习场、两片儿童篮球练习场、六片户外羽毛球场、两片排球场等专业化运动场所，有环湖健身步道、自行车道、路径健身器材、棋艺连廊、儿童乐园、玫瑰花园、自行车租赁等项目，同时配套餐饮、购物、娱乐、停车等服务。

■马可波罗花世界 马可波罗花世界位于扬州自在岛，是世界首座花卉主题乐园，占地约50公顷，投资约12亿人民币，2015年9月26日试行开园。马可波罗花世界汇集世界规模最大艺术花海、世界面积最大花毯、中国最长花溪、荷兰梦幻花丘、奥斯卡创意花雕五大花卉奇迹，向游客展现鲜花、音乐、现场剧场秀、主题巡游相结合的花卉盛宴。主题乐园内所有花卉品种均来自荷兰、美国、德国，经上海基地全机械育种成为花苗后，再进行现场扦插完成以保证花卉的最佳观赏品质。主题乐园设计五位主题卡通角色：马可波罗、花精灵、海洋之子、沙漠之子、大地之子，伴随游客共同经历充满冒险色彩的奇幻之旅。

市花 市树 市歌

■琼花 1985年7月18日，扬州市第一届人民代表大会常务委员会第十六次会议决定，扬州市市花为琼花。琼花属忍冬科荚蒾属，是一种落叶或半常绿灌木，高可达数米。琼花的枝条多呈灰黑色，幼枝、芽、叶柄均有灰白色或黄白色的垢屑状星状毛。叶对生，卵形、椭圆形或卵状长圆形，长5～11厘米，边缘有细齿，表面疏生星状柔毛，背面密生星状柔毛。每年4月中下旬开花，月上中旬终花。花为大型聚伞花序，由大型不孕花和两性小花两部分构成。大型不孕花多为8朵，分布于花序周围，也偶有7朵、9朵、10朵甚或更多者。花冠直径约3.2～4.5厘米，最大可达7厘米，每朵5瓣，初开芽绿色，渐转黄白色，盛开全白色；花序中间簇生的数十朵乃至近百朵两性小花朵花冠轮状，白色，直径仅7～10毫米，亦分5瓣，有雄蕊5枚（黄色）、雌蕊1枚，子房下位。两性小花有奇香。大型不孕花比两性小花早开7天左右，凋落亦比两性小花早。如遇秋季气温回升或暖冬天气，可二度开花。琼花果实由两性小花受粉后形成，初时青绿，继而米黄，再转暗红，最后紫黑，百果成簇，每粒长约10～12毫米，宽约7～8.8毫米，呈扁平、椭圆形。琼花性强健，喜光、喜肥，较耐阴寒，不耐水渍，不耐干旱。用播种、嫁接、扦插和压条等方法均能繁殖。

■芍药 2005年1月5日，扬州市第五届人民代表大会常务委员会第十二次会议决定，增补芍药为扬州市市花。芍药为芍药科芍药属多年生宿根草本植物。有肉质的粗大主根，茎丛生，茎和叶梗有紫红和绿色两种。叶互生，二回三出复叶，小叶三裂，呈尖椭圆形。花蕾单生于分枝顶端，立夏前后开花。花大而艳丽，有单瓣或重瓣，花型多样，花色或红，或白，或紫，或黄，很多品种都能散发芳香。芍药喜温和、较干燥的气候，喜肥、耐寒、耐旱、耐阴，宜植于土层深厚、排水良好、疏松肥沃的沙质土壤。芍药又称“将离”，古代男女交往中会赠送芍药，以表达结情之约或惜别之情。芍药的别名还有没骨花、余容、犁食、婪尾春、黑牵夷等。芍药根可入药，味微苦，有镇痛等功效。芍药在中国有3000多年的栽培史。历史上，扬州的芍药闻名遐迩，一度与洛阳牡丹齐名，早有“扬州芍药甲天下”之誉。据记载，扬州芍药栽培始于隋唐，盛于宋代，衰于元明，复兴于清代。宋时，蜀冈禅智寺、龙兴寺等寺院都大量栽培，朱氏南北两圃植芍药五六万丛，盛极一时。

■银杏 1985年7月18日，扬州市第一届人民代表大会常务委员会第十六次会议决定，扬州市市树为银杏、柳树。银杏，裸子植物门、松柏纲、银杏目、银杏科、银杏属，落叶乔木，叶扇形，雌雄异株，为距今1.5亿年左右的侏罗纪孑遗植物，国内栽培颇多，是珍贵果树和绿化观赏树种。繁殖用实生和分蘖。果实杏形，因附有白粉而得名。又因果色、叶形和结果迟而被称为白果、鸭脚和公孙树。树龄极长，可千年以上。银杏全身是宝。其果仁富含淀粉、脂肪、蛋白质、维生素、糖、纤维素和矿物质，是健身营养补品；又可入药，性平、味苦，有小毒，功能敛肺定喘，主治痰哮喘咳、遗精带下、尿频等症。叶可提取有效成分制药，用于治疗心血管系统疾病。果皮可提取栲胶。木质轻软细密，不易变形，是建筑、雕刻、制作家具和工艺品的上等木料。银杏在扬州各县（市、区）均有种植。

■柳树 杨柳科柳属植物，落叶乔木或灌木。叶多狭长，雌雄异株。春天开花，其种子包裹在柳絮中，随风飘扬，遇土即活，繁殖极易，常用桩、枝扦插。枝条柔韧，自然下垂，随风飘舞，婀娜多姿，为历代文人墨客吟咏绘画的题材。

■《茉莉花》 2003年3月21日，扬州市第五届人民代表大会常务委员会第一次会议决定，扬州市市歌为扬州民歌《茉莉花》。扬州是民歌《茉莉花》最早的主传唱地区之一，已有数百年历史。歌词是：好一朵茉莉花，好一朵茉莉花，满园花草香也香不过它；我有心采一朵戴，看花的人儿要将我骂。好一朵茉莉花，好一朵茉莉花，茉莉花开雪也白不过它；我有心采一朵戴，又怕旁人笑话。好一朵茉莉花，好一朵茉莉花，满园花开比也比不过它；我有心采一朵戴，又怕来年不发芽。

国民经济与社会发展

■概况 2018年，扬州市实现地区生产总值5466.17亿元，比上年增长6.7%。其中，第一产业增加值273.34亿元，增长3.0%；第二产业增加值2623.24亿元，增长5.8%，其中工业增加值2283.60亿元，增长6.4%；第三产业增加值2569.59亿元，增长8.2%。按常住人口计算的人均地区生产总值为120944元，按年均汇率折算达18277美元。三次产业结构由2017年的5.2:48.9:45.9调整为5:48:47，第三产业增加值占地区生产总值比重比上年提高1.1个百分点。全市一般公共预算收入340.03亿元，增长6.2%。其中，税收收入272.11亿元，增长12.7%，税收占一般公共预算收入比重为80%。全市一般公共预算支出563.57亿元，增长12.6%，其中一般公共服务支出65.64亿元，下降5%。全市社会消费品零售总额1557.03亿元，增长9.2%；全市限额以上批发和零售业实现零售额402.36亿元，增长4.8%。全体居民人均可支配收入34076元，比上年增长8.9%。其中，城镇居民人均可支配收入41999元，增长8.2%；农村居民人均可支配收入21457元，增长8.9%。新增城镇就业人数79103人，转移农村劳动力15200人，年末全市城镇登记失业率1.78%。（吕纯军）

■第一产业 农林牧渔业实现总产值514.02亿元。粮食播种面积39.61万公顷，增长1.1%；粮食总产量287.36万吨，增长0.4%。蔬菜产量320万吨，地产叶菜供给率70%。实施绿色优质农产品“31113”基地建设工程，新增绿色食品、有机农产品35个，绿色优质农产品占比35%。新增设施农（渔）业8200公顷。高标准农田占比67.5%，农业机械化水平87%。生猪出栏116.84万头，下降0.6%；存栏51.04万头，下降7.6%。家禽出栏3726.77万只，增长3.7%；家禽存栏1141.84万只，下降4.4%。全市水产养殖面积7.47万公顷，下降6.7%；水产品产量39.6万吨，下降1.98%。全市登记家庭农场3181家，成立农民专业合作社（含农地股份合作社）3763家，累计创成国家级示范合作社39个，创成省级示范家庭农场128个，建成市级以上现代农业园区50个，全市实现农业电商网上销售额57.9亿元。

（吕纯军）

■第二产业 全年规模以上工业增加值增长5.1%，其中轻工业增长3.8%，重工业增长5.5%。全市先进制造业总产值增长10.1%，对规模以上工业产值增长贡献率为56.9%。其中，海工装备和高技术船舶、新型电力装备、高端纺织服装、汽车及零部件（含新能源汽车）、生物医药和新型医疗器械、电子信息、高端装备、食品先进制造业产值分别增长21.9%、18%、12%、8.2%、8%、7.1%、4.7%、1%。全市高技术产业、装备制造业产值分别增长16.5%、8.9%，对规模以上工业产值增长的贡献率分别为5.5%、39.8%。全年规模以上工业企业主营业务收入增长7.8%，利润增长46.6%。规模以上工业企业资产负债率51.7%，总资产贡献率14.3%。全年规模以上工业企业产销率97%。全社会用电量248.99亿千瓦时，增长5.0%，其中第二产业用电量168.74亿千瓦时，增长2.5%，工业用电量165.64亿千瓦时，增长2.1%。全市实现建筑业总产值3915亿元，增长7.7%；建筑业增加值340.34亿元，增长11.2%。（吕纯军）

■第三产业 全市服务业实现增加值2569.59亿元，增长8.2%，占GDP比重47%。制定现代服务业发展"1+3"政策体系，净增服务业重点企业121家。广陵新城获批省级服务业综合改革试点，生产性服务业占服务业比重53%。软件和互联网相关产业实现业务收入1427亿元，增长30%，电商交易额增长30%。全年接待境内外游客7044.23万人次，增长11.9%，实现旅游业总收入917.90亿元，增长15.2%，旅游外汇收入8341.10万美元，增长11.1%。获批全国旅游标准化示范城市，新增3A级以上景区8家。全市货运总量和货物周转量分别完成1.41亿吨和413.32亿吨公里，分别增长5.2%、5.8%。港口货物吞吐量14132万吨，增长6.9%；集装箱吞吐量50.8万标箱，下降0.3%。全年旅客吞吐量238.4万人次，增长29.8%，货邮吞吐量11136.8吨，增长18.8%。扬州泰州国际机场新开辟国内航线1条，国际航线2条，累计开通航线45条。全市邮政通讯业务收入73.15亿元，增长9.1%。年末人民币存款余额5997.55亿元，增长5.2%，人民币贷款余额4630.51亿元，增长15.5%。全市证券资金账户数67.79万户，比上年增加5.15万户，增长8.2%。全市各类保险机构实现保费收入175.75亿元，增长11.1%。（吕纯军）

■改革开放 推进供给侧结构性改革，"三去一降一补"五大重点任务为企业减税降费143亿元。倍加洁、亚普股份主板上市，菲达宝开、金润龙、和天下"新三板"挂牌，直接融资200亿元。基础设施、城乡统筹等6大领域129项补短板工程有序进展。推进"放管服"改革，落实"3550"改革任务，市级开办企业、不动产交易登记、建设项目施工许可办理时限，分别缩短至2.7个、5个和50个工作日；全市不见面审批事项占比95.3%。制定"1+10"优化营商环境政策体系，提振发展信心，新增市场主体7.5万户，净增个体私营企业5.5万户，"个转企"1706户，民间投资占比75%。响应"一带一路"倡议，承办第六届中国－中亚合作论坛，参与中阿（联酋）产能合作示范园建设。外经营业额9.6亿美元，其中"一带一路"沿线国家实现外经营业额6.6亿美元，占比69%。实现外贸进出口总额119亿美元，增长10%；其中一般贸易进出口83亿美元，占货物进出口总额比重70%。全市实现进出口总额119.9亿美元，增长11.1%。其中，出口85.4亿美元，增长8.6%；进口34.5亿美元，增长17.7%。全市实际利用外资12.20亿美元，增长12.3%。新增合同外资25.15亿美元，增长6.1%；来自"一带一路"沿线国家的实际外资2481万美元，增长129.3%。全市完成外经营业额9.68亿美元，增长6%。新批境外投资项目19个，中方协议投资额7456万美元，增长19.5%。在"一带一路"沿线19个国家完成外经营业额约6.79亿美元，占全市总量70.1%。（吕纯军）

■固定资产投资 全市固定资产投资增长11%，其中，工业投资增长16.2%，服务业投资增长5.0%。全市制造业投资增长22.0%，占固定资产投资比重（不含房地产）64.3%，占比较上年提高6.8个百分点。化学原料和化学制品制造业投资增长49.4%，金属制品业投资增长47.2%，电气机械和器材制造业投资增长38.1%，汽车制造业投资增长21.5%。连淮扬镇高铁扬州段完成投资83%，沪陕高速枣林湾互通、352省道江都段、金湾路万福路以南段、观潮路跨古运河大桥建成通车，完成真州路与文昌路交叉口立体化改造，京沪高速扩容先导段、328国道仪征段、扬州西外环路、芒稻河特大桥和通扬线航道整治工程开工建设，启动快速路网二期建设。瓜洲泵站完成水下主体工程，长江防洪能力提升一期工程全线开工。（吕纯军）

■重大项目 围绕"项目质量优化年"总体要求，制定"6+X"招商活动方案，开展北京、上海、深圳和德国、荷兰等系列招商活动，新签约大众新能源汽车、腾讯云数据中心等10亿元以上产业项目78个。新落户德国赛夫华兰德汽车零部件等"530"项目6个、丹麦洛科威集团并购科沃节能新材料公司和德国通快并购金方圆"510"项目2个。25个项目列入省重大项目投资计划，首次实现县（市、区）和功能区全覆盖，其中市级主导推进的18个重大项目完成投资154.9亿元。新开工亚威机床智能工厂、宏昌天马起重特种装备等工业项目55个，传化柏泰公路港、瘦西湖路新金融商务综合体等服务业项目44个，扬大标准化奶牛舍等重大农业项目33个；新开工项目中现代农业、先进制造业和现代服务业项目占比55%以上。450个市级亿元以上重大项目完成投资1452.2亿元，支撑全市固定资产投资增速全省第一。工业项目突出设备投资、开票销售、技术创新等关键指标，新达产工业重大项目142个。服务业项目突出税收、就业等效益指标，新竣工、新达效重大服务业项目各30个，新增税收5.3亿元。新设立135个外商投资项目，增长10.7%；净增资1000万美元以上企业83家，增长2.5%。（吕纯军）

■科技创新 全年专利申请量和授权量41222件和22804件，分别增长26.3%和60.4%，其中企业申请量和授权量23498件和11847件，分别增长41.1%和82.5%；万人发明专利拥有量12.51件，增长27.5%。新投用科技产业综合体65.7万平方米，新入驻企业1020家，新获批省级孵化器8家、众创空间14家；新签约产学研合作项目488个，引进研创中心42家，新建国家级博士后科研工作站4家，新增省级企业技术中心23家、工程研究中心11家；新获批国家技术创新示范企业2家、省级示范智能制造车间9家；新入选国家人才计划8人、省"双创计划"领军人才（团队）33人。扬州高新区获批国家高端装备制造业标准化试点。推进国家小微企业创业创新基地城市示范建设。出台企业引进人才住房保障、高层次人才"绿扬英才卡"等人才新政，新引进高层次领军人才129人、产业发展急需的专业技术人才1055人。（吕纯军）

■社会保障 完成民生"1号文件"确定的34类237项工作任务。年末，全市城乡基本养老、城乡基本医疗、失业、工伤、生育保险参保人数分别为106.52万人、434.80万人、67.03万人、80.61万人和74.62万人。城乡居民基本养老保险基础养老金最低标准由每人每月125元提高到135元。城乡居民医保人均财政补助最低标准提高到每人每年510元。全市城镇新增就业7.9万人，市区城乡居民最低生活保障标准由月人均630元统一提高到660元。发放低收入农户保障金和基本生活费用7836万元，建档立卡低收入农户基本实现人均可支配收入7000元，脱贫率92.6%。在全省率先推进颐养示范社区建设，新建成颐养示范社区22个。持续推进"八老"改造，新改造老小区114万平方米、"城中村"21个、背街小巷37条。深化平安扬州建设，社会公众安全感98%，获全国创新社会治理示范城市。（吕纯军）

■社会事业 加强公共文化服务体系建设，新建村（社区）综合文化服务中心568个、"24小时城市书房"10家。有序推进大运河文化带建设，编制大运河扬州段文化保护传承利用规划，举办世界运河城市论坛。国家卫生城市通过复审，市公共卫生中心、妇女儿童医院开工建设；6家农村区域性医疗卫生中心创成二级医院，基层医疗卫生机构标准化建设达标率95%。举办第13届中国扬州鉴真国际半程马拉松赛、国际排联沙滩排球世界巡回赛等国际重大赛事。承办省第十九届运动会，新改建扬州游泳健身中心等省运场馆20个，举办比赛6115场次，参赛人员2万人。开展公益文化活动470场，在全省率先实现公共文化机构全覆盖，"文明有礼24条"市民素质提升行动全面开展。高等教育毛入学率60.2%，比上年提高1.3个百分点。高中阶段教育毛入学率100%。启动7所中小学建设，全市小学在校生214547人，普通中学在校生175123人。新改扩建普惠性幼儿园9所，学前三年教育毛入园率99.4%。（吕纯军）

■城乡建设 实施城市东南片区更新改造，完成七里河东段整治，推进大学路南延、渡江路南延等重点工程建设。长江防洪能力提升堤防加固一期工程开工建设，完成安防工程239.6千米。江广高速改扩建工程、城市南部快速通道、文昌路提升改造工程等建成开放，快速路网二期工程启动。市区新建停车位2343个，新添置新能源公交车242辆，新辟调整公交线路26条。新改建公厕53座，新铺设污水管网100公里。新建垃圾分类小区380个，通过国家餐厨废弃物资源化利用和无害化处置试点验收。实施"三路一环""六路一环一河"整治提升工程，出新建筑立面57万平方米，改造亮化道路65千米、楼宇1400栋。统筹推进县域经济发展，经济总量占全市比重55%。出台贯彻落实乡村振兴战略实施意见，明确10大类36项重点任务。推进新型城镇化综合改革试点，武坚智能电气小镇、邵伯运河风情小镇等入选省级特色小镇，24个市级特色小镇建设稳步推进。实施特色田园乡村"111"行动，完成2个省级特色田园乡村和10个省级美丽乡村建设。新改建农村公路238千米、农桥438座。建设美丽乡村，疏浚县乡河道65条、村庄河塘873条。协同推进宁镇扬一体化建设，文化旅游合作、医疗平台共建等25个年度重点合作项目有序实施。（吕纯军）

■生态文明建设 新建提升各类公园65个，新增城市绿地158.5万平方米。举办第十届江苏省园艺博览会，入园游客120万人次。江淮生态大走廊建设纳入国家《淮河生态经济带发展规划》，廖家沟城市中央公园四期等58个重点项目推进实施，高宝邵伯湖"三退三还"面积0.17万公顷。推进绿化造林，新增成片林0.24万公顷，新增植树665万株，恢复湿地280公顷，自然湿地保护率51%，林木覆盖率23.1%。"一带一廊"沿岸、高等级公路等重点交通干线沿线绿化率100%。完成水土保持治理面积17.1平方千米。实施清水潭河道疏浚、三河六岸公园等重点项目38个，完成投资26.5亿元。全面实施河长制、湖长制，全市32个省考断面水质达标率93.8%，其中优于Ⅲ类水比例71.9%，通过中央环保督察"回头看"。宝应、邗江、仪征、高邮创成省级生态文明建设示范县区，全市创成示范乡镇18个、示范村14个。市区空气优良率66.6%，比上年上升4.1个百分点。PM2.5平均浓度49微克/立方米，比上年下降9.3%。出台打好污染防治攻坚战实施意见，推进"263"专项行动，关停化工企业125家，主城区全面禁放烟花爆竹。建立沿江企业和设施名录库，从严开展长江岸线涉水项目专项整治、沿江码头规范提升等专项行动，取缔、拆除沿江非法码头22个。落实能源消费总量和强度"双控"，实施煤炭消费减量替代行动。宝应国家级光伏发电应用领跑基地并网发电，高邮多能互补天然气分布式能源站等示范项目实施。开展城乡生活垃圾分类处理，新建垃圾分类社区380个。国家资源循环利用基地获得国家部委批复，国家餐厨废弃物资源化利用和无害化处理试点城市通过验收。（吕纯军）

区域融合发展

Quyu Ronghe Fazhan

编　辑　贾丽琴

综述

■概况　推进长江经济带建设，市发展和改革委员会（简称市发改委）研究起草年度长江经济带建设工作要点，牵头筹备召开全市长江经济带发展推进会议。开展涉及长江经济带文件清理，组织相关部门及沿江地区，对长江扬州段进行督查调研，建立沿江一公里范围内企业和设施名录库。国家长江经济带发展领导小组办公室到扬专题调研，对扬州推动沿江区域环境保护提升工作给予肯定。主动融入宁镇扬一体化，区域高速公路收费优免政策研究、医检报告查询平台建设、优化完善旅游一卡通功能等25个重点合作项目加快实施；牵头研究《推进南京都市圈一体化相关合作协议》《南京都市圈一体化建设行动计划》《南京都市圈打通城际断头路框架协议》等政策文件。组织参展首届中国长三角（上海）品牌博览会，获评优秀组织奖。开展对口支援工作，全年安排统筹财政资金约3.4亿元，帮助对口地区建设社会事业和基础产业扶贫项目88个，推动扬州市援疆、援青、援藏、对口帮扶榆林等各项对口支援工作继续走在全省前列。牵头组织参加第三届“丝博会暨西洽会”，签订东西部合作项目8个，总金额12.12亿元。

（郎　俊　夏卫峰　于松海）

■南北园区共建　波司登高邮工业园获评2017年度共建园区考核特色园区。密切与西部地区区域合作。10月，参加由江苏省政府驻西北办事处在徐州主办的第五届西部优秀企业家江苏行暨创新发展特色发展峰会，扬州扬杰电子科技股份有限公司、仪征市佳和土工材料有限公司、扬州佳山重工科技有限公司等三家企业分别与西部优秀企业现场签约。

（徐辰韬）

■与中航工业集团合作　7月，市委书记谢正义赴京拜访中航工业集团公司。8月，市发改委赴航空工业专题拜访对接，双方确定原则性合作方向和5个合作领域，邀请航空工业规划部门到扬开展通用航空领域合作专题调研，启动《扬州市航空产业发展性规划》编制工作。8月、10月，邀请中航联创科技负责人到扬考察，商定共建中航联创扬州分中心。

（徐辰韬）

■参加第三届丝博会　5月11—15日，第三届丝绸之路国际博览会暨中国东西部合作与投资贸易洽谈会（简称第三届丝博会）在陕西省西安市举办，扬州市相关部门和多家企业参加。扬州市企业江苏红旗航空科技有限公司生产的多旋翼植保无人机在江苏馆扬州厅展示。丝博会上，全市共签订东西部合作与投资贸易项目8个，项目总金额12.12亿元；其中，投资合作类项目7个金额11.14亿元，贸易类1个项目金额0.98亿元。在江苏省代表团举办的第三届丝博会集中签约仪式上，扬州市江苏优晶能源科技有限公司与甘肃天聚新能源科技有限公司签署总投资4亿元的山丹县50兆瓦太阳能发电项目，江苏华建股份有限公司与成都朗铭置业有限公司签署总投资3.5亿元的金堂房地产开发项目。

（郎　俊　夏卫峰）

参与“长江经济带”建设

■机制完善　强化组织领导。扬州市主动顺应长江经济带建设最新要求，将“市沿江开发领导小组”调整为“市推动长江经济带发展领导小组”，由市委、市政府主要负责人分别任第一组长和组长，明确各职能部门的牵头责任及各地推动长江经济带发展工作的主体责任，工作导向从开发为主全面转向“共抓大保护、不搞大开发”。8月，市委、市政府召开全市长江经济带发展工作推进会，采用乘船沿长江岸线全线实地巡查的形式，对发现的问题现场进行交办督办。细化工作要求。根据国家和省推动长江经济带发展相关工作要求和工作要点，扬州市印发实施《2018年扬州市推动长江经济带发展工作要点》，明确6大类35小类量化目标任务清单及生态环保专项整治行动整改问题清单，突出治水、治气、治土等重点内容。工作落实。按照国家和省有关部署，全市先后开展长江经济带固体废物大排查、长江岸线及退后一公里利用现状调查、长江沿线化工企业整治、长江经济带有关文件清理等工作，组织各地、各相关部门对照要求，全面开展自查，制度化抓好工作开展，确保各项工作落到实处。

（赵　鼎　李　俊）

■生态修复 开展“三线一单”（生态保护红线、环境质量底线、资源利用上线和环境准入负面清单）编制工作。校核全市国家生态红线、优化调整省级生态红线，加快推进生态红线调查和勘界定标，确保功能不降低、面积不减少、性质不改变。全市共1359平方千米被划定为国家或省级生态红线保护区域，占市域面积的20.5%。全面推进固体废物大排查行动。按照《关于组织开展长江经济带固体废物大排查行动的通知》要求，各地、各有关部门全面排查危险废物、医疗废物、一般工业固体废物等处置设施建设运行情况，以及全市危险废物、一般工业固体废物的产生量、类别、贮存、流向等情况，对排查发现企业存在的环境问题，建立问题台账，要求限期整改到位。对环保部督查组现场督查交办的20个固体废物堆存点按照“整改、溯源、立案、问责”四个方面开展整改，20个固体废物堆存点均按期清理整治到位，并在环保网站公示整治情况，接受社会监督。加大监管执法力度。对长江采砂保持高压严打态势，相关部门建立联合执法机制，形成长江河道采砂管理工作合力，有效遏制非法采砂活动，滞留境内的非法采砂船只逐年减少，有效维护长江河道的水事秩序，确保长江防洪、通航和水生态安全。2018年，全市在打击长江非法采砂活动中共出动执法艇954航次，出动执法人员5318人次，立案查处非法停泊采砂船5条，拆除采砂机具31台（套）。

（赵　鼎　李　俊）

■工作推进 加强组织领导。各地及相关推动长江经济带发展牵头部门，制定工作机制，明确职责分工，强化工作合力，市推动长江经济带发展领导小组各成员单位明确专人负责长江经济带发展推进工作，加强综合协调，强化工作调度，推动省、市工作部署有效落实。推进相关问题整改。针对反馈问题，逐条落实措施，按照时间节点和工作标准完成整改任务。按照省、市整改措施清单，定期督导，挂账督办，跟踪督查问效，确保按期完成整改任务。推进基础设施建设。连淮扬镇铁路建设进度全线领先，江广高速改扩建工程建成通车，五峰山过江通道公路接线全线开工，京沪高速公路扩建工程涉铁应急先导段开工建设，沪陕高速枣林湾互通、328国道仪征段改扩建工程建成投运，城市南部快速通道全线开放交通，扬泰机场一期改扩建工程试跑校飞。北沿江高铁、润扬第二过江通道、龙潭过江通道、宁盐高速公路、西北绕城扩建、京杭运河长江口门段航道整治工程等前期工作推进中，长江经济带综合立体交通网络逐步完善。

（赵　鼎　李　俊）

长三角区域合作

■概况 深化长三角区域融合发展，参加在浙江衢州召开的长三角协调会第18次市长联席会议，会议审议通过关于吸纳铜陵、安庆、池州、宣城等4城市加入长三角协调会的相关提案，长三角城市经济协调会成员单位达34个。参加长三角协调会办公室第49次、50次、51次工作会议，长三角协调会智慧医疗发展联盟成立大会暨高峰论坛、长三角协调会新能源产业专委会成立大会暨高峰论坛、长三角协调会产业特色小镇发展联盟成立大会暨特色小镇发展论坛、长三角旅游一体化高峰论坛暨长三角旅游合作座谈会等活动。参展首届中国长三角（上海）品牌博览会，获首届长三角品博会优秀组织奖。（徐辰韬）

■扬州品牌组团亮相首届长三角（上海）品牌博览会 4月28—30日，首届中国长三角（上海）品牌博览会在上海展览中心开幕。此次长三角品牌博览会以“品牌·城市·生活”为主题，长三角共有19个成员城市组织参展。扬州市展区以“讲好品牌故事，展示品质扬州”为主题，用丰富的产品和多彩的方式，全方位展示扬州“宜居宜游宜创”的城市特色和品牌经济发展取得的成就。展会期间，扬州展馆的旅游、文创非遗、工业及高新产品、农副产品等展区吸引众多观众参观。扬州市非物质文化遗产代表性传承人、雕版印刷传承大师李江民获首届长三角（上海）品牌博览会最佳展演奖。

（王　元）

■上海合作恳谈会举办 8月24日，2018名城扬州携手世界名企暨对接上海产业转移合作恳谈会在上海举行。日本振兴贸易机构、美国李尔公司、德国赛夫—华兰德集团、法国圣戈班、春秋航空等驻沪世界500强及跨国公司代表、知名科技企业高管和商会负责人等300余人参加恳谈会。恳谈会上，40个产业项目进行现场签约。其中，外资项目19个，总投资39.7亿美元；产业转移项目16个，总投资66亿元；科技项目5个，总投资2.5亿元。

（王　元）

■上海莘庄工业区（宝应）工业园 上海莘庄工业区（宝应）工业园是由宝应经济开发区与莘庄工业区合作共建，是省内第44家南北共建园区。一期建设面积0.81平方千米，二期规划建设面积2.12平方千米。建成2.86平方千米，完成基础设施投入2.5亿元，建成3纵4横道路网络，完成区域内搬迁及“七通一平”等基础设施配套，建成食堂、人才公寓、员工活动中心等。2018年，园区实现工业产品销售收入约290亿元（含宝胜集团部分企业），外资到账2000万美元。至年末，园区内有项目30个，其中工业项目29个、三产项目1个。在建企业14家，入驻企业20余家，包括中航宝胜电气股份有限公司、江苏浩博新材料股份有限公司扬州分公司、江苏康源纺织有限公司、江苏远扬管业股份有限公司等一批国内、业内知名企业。引进项目3个，分别是燕山科技组串式逆变器项目、欧展电器电加热器项目、上海金友金弘智能预装式变电站项目。（韩兵 周智）

■波司登高邮工业园 波司登高邮工业园规划面积2.32平方千米，以高邮经济开发区和波司登股份公司为合作主体，以高邮市电池工业园为共建载体，实施“两园合一、融合开发”。2018年，园区工业产品销售收入达156.23亿元，实现工业增加值33亿元，公共财政预算收入2.55亿元，完成社会固定资产投资55.5亿元，外商直接投资2.08亿美元，实现注册外资到账1925万美元。波司登股份有限公司全方位参与开发区及波司登高邮工业园建设，投资建设江苏波司登制衣有限公司、扬州永辉纺织科技有限公司、江苏康博新材料科技有限公司、江苏德润光电科技有限公司等企业。波司登高邮工业园累计建成投产企业29家，开工在建企业3家；2018年新招引项目6个，分别为高邮康博新能源发展有限公司光伏电池组件项目、风帆（扬州）有限公司新型密封铅蓄电池项目、扬州康福医养综合体项目、扬州盈航硅业有限公司晶硅粉料铸锭金属硅项目、江苏新潮光伏高纯硅晶片生产线技改项目、扬州港信光电液晶面板生产项目。园区配套，建设日处理能力5万吨的污水处理厂，一、二期工程竣工并投入使用；园区主要道路建成并同步配套实施绿化、亮化及美化工程，园区供水、供电等设施基本完备；江苏国信集团投资的燃机热电联产项目一期竣工，可实现园区内集中供热；建成安源燃气天然气供应站，可为园区提供清洁能源使用；建设含铅工业废水应急处理站一座、事故水池、环境监控预警系统及排水在线监控系统。（娄文炳）

宁镇扬一体化发展

■概况 加快推进宁镇扬一体化和南京都市圈建设。12月，参加南京都市圈党政联席会议，会议审议通过《南京都市圈一体化高质量发展行动计划》，都市圈八市市长签署《南京都市圈打通城际“断头路”合作框架协议》《宁镇扬城市群住房联动发展合作框架协议》《宁芜一体化合作项目框架协议》《宁淮铁路共建合作框架协议》《宁扬宁马城际铁路(马鞍山至句容段)、宁宣(黄)铁路共建合作框架协议》《宁马轨道交通项目共建合作框架协议》《宁滁城际铁路共建合作框架协议》《宁宣城际铁路项目共建合作框架协议》等8个协议。八市科技、经信、环保、旅游、教育、文化部门分别签署科技创新、产业、生态环境保护、旅游、教育、文化等6个专项合作框架协议。苏宁控股集团与都市圈八市商务部门签署《“8+1”共建南京都市圈智慧零售网络合作框架协议》，东南大学附属中大医院与都市圈七市卫生部门共同签署《共建中大医院南京都市圈医疗联合体合作框架协议》。（徐辰韬）

■交通基础设施建设 沪陕高速枣林湾互通、328国道汉金大道互通建成通车；京沪高速扩建工程涉铁应急先导段、扬州西外环345国道仪征新集至刘集段、328国道改扩建工程江都段开工建设；五峰山过江通道公路接线加快推进，连淮扬镇铁路扬州段基础结构基本建成，完成投资进度的83%，进度全线领先。扬州泰州国际机场一期扩建工程竣工启用，机场飞行区等级升格为4E机场，累计开通航线45条，旅客吞吐量突破200万人次。长江南京以下12.5米深水航道二期工程通过验收，北沿江高铁南京至扬州段开展工可研究，西北绕城高速扩建、润扬第二和龙潭过江通道等重点项目前期工作实质性启动。镇扬河段三期工程累计完成投资2.5亿元，累计完成新建加固护岸长度11.41千米，抛石量127.5万立方米。（陈德辉 徐辰韬）

■产业协同发展 围绕推动宁镇扬创新协作、产业联动，对接宁镇扬区域的名校、名院、名企开展“大拜访、大招商、大合作”活动，全面深化与驻宁高校的产学研合作。开展大院大所专题对接会、百家高校院所科技成果展示洽谈会等活动。加强与宁镇化工产业合作，初步确定在高性能合成材料、高端专用化学品、高效新能源等方面开展原料、技术和项目合作，共同打造“宁扬绿色化工产业带”，促进产业错位协同发展。依托中国·瘦西湖创客活动周、全国科普微视频大赛展演活动、“联想之星”创业CEO扬州行等活动，吸引哈工大机器人科创中心、海航VR&AR科技文创、亚太科技氢燃料电池、隅田川米奇产业园等高技术产业项目基本落户。仪征市与南京六合区围绕交通基础设施、矿产资源保护、旅游开发等达成一批项目合作协议。（陈德辉 徐辰韬）

■公共服务一体化 宁镇扬三市签署教育方面对口交流与合作框架协议，定期开展合作交流。南邮通达学院二期一批次工程主体封顶，扬州高等职业技术学校、扬州旅游商贸学校分别与南京工业职业技术学院、南京旅游职业技术学院合作开办“3+3”专业。依托南京市远程医疗各中心，推广建立“扬州区域”远程医疗分中心。逐步试行宁镇扬三市二级以上医院医学检验、医学影像检查结果互认。推进宁镇扬医疗联合体建设，加强共建医疗科室、开设名医工作室等合作。建立宁镇扬三地社保经办机构沟通机制、宁镇扬企业养老保险转移快速机制等，实现包括宁镇扬在内的各省辖市之间异地就医人员办理备案手续后刷卡实时结算，搭建企业养老保险转移平台。完善宁镇扬仲裁案件调处联席会议制度。以共同打造宁镇扬优质体育休闲健康生活圈为目标，举办全国“全民健身日”活动江苏分会场暨第二届“宁镇扬”健身大联动系列活动，组织参加2018宁镇扬足球邀请赛，开展宁镇扬一体化马拉松赛事免签名额活动等，以项目促合作，共同策划大型群众体育活动，建设融合发展、互惠共赢的体育圈。

（陈德辉　徐辰韬）

■旅游合作 推进区域旅游规划合理衔接。对接《扬子江城市群旅游发展规划》编制工作，结合宁镇扬旅游发展实际，启动《扬州市旅游业发展总体规划》（2018—2035）。在“我的扬州”APP上增加宁镇扬旅游一卡通的线上购买功能。增开扬州东站至南京南站商务线路、扬州东站至镇江高铁站定制客运班线；开通仪征至六合雄州和南京金牛湖、青山至六合东沟的公交线路。以第十届江苏省园艺博览会为契机，先后在南京、滁州、镇江、泰州举办第十届江苏省园艺博览会旅游推介活动暨门票优惠政策发布会4场，面向4城市组团旅行社和媒体代表等发布省园博会最新旅游资讯。开展宁镇扬联合促销。先后在南京、扬州、马鞍山及镇江举办4场“童心同行”2018宁镇扬马暑期研学旅行产品发布会。

（陈德辉　徐辰韬）

■宁镇扬健身大联动 8月5日，2018体彩杯全国“全民健身日”活动江苏分会场暨第二届“宁镇扬”健身大联动活动在扬州举行，宁镇扬三地的5000名市民在宋夹城体育休闲公园内应律而动，展示运动风采。三地健身团队相继表演第九套广播体操、广场舞、柔力球、太极拳等，现场举行趣味定向运动体验、全民健身健步走、体质监测等多项全民健身活动。（王　元）

■首届宁镇扬花卉节 10月1—28日，首届宁镇扬花卉节在仪征园博园举行。扬州、南京、镇江三座城市的花车亮相，其中扬州花车名为“芍药芳馨”，南京、镇江的花车主题分别是“梅香金陵”“杜鹃花开”。三地花车分别呈现三地不同风情与园林景观。花卉节期间，“花开雅居”与“商业空间”优秀作品展、微家书传递亲情、金秋赏菊、花卉园艺科普课堂等系列活动相继举行。

（王　元）

对口支援

■概况 2018年，扬州市对口支援新疆新源前方指挥组在全伊犁州江苏14个援疆工作组年度考核中连续两年得分第一，再次获“援疆工作先进单位称号”，获省援伊指挥部考核组现场考核满分、会议集中测评推荐满票“双满”荣誉。榆林市定边县、横山区通过贫困县“摘帽”考核和第三方评估，在陕西省脱贫攻坚苏陕协作交叉考核中，榆林8个县（区）平均得分达95.41分，其中佳县、吴堡、横山、子洲得分98分以上，在全省处于中上等水平。援青工作组全部完成“国考”各项指标任务，援藏教师团队援助的学校中高考升学率保持在96%以上，连续两年位居西藏自治区首位。全市派驻对口支援地区干部、人才从上年的55人增加至239人。陕西榆林“老腰鼓”和新源哈萨克民族舞蹈节目参加在扬州举办的江苏省第19届运动会开幕式。2018年，全市安排省统筹财政资金、计划外财政资金、社会捐资等资金近3.3亿元开展项目建设，建成77个重点公共事业和产业项目。（王晓峰）

■对口支援新疆新源县 扬州市对口支援新疆新源县工作始于2011年。2018年，扬州新源两地政府、企业、文化等各部门单位共有283批次2300多名干部群众互访交流。推进扶贫援疆、民生援疆、产业援疆、人才援疆和交流交往等重点工作，全年投入援疆资金1.25亿元，其中计划内援疆资金1.15亿元实施八大类33个项目，重点解决一批水、电、路、气、房以及教育、卫生医疗等与各族群众密切相关的民生问题。累计投入1.9亿元完成新建新源县六中、八中和县人民医院两个项目，投资800万元的哈萨克医医院附属设施建设完成竣工交付。投入1000万元建设安居富民住房500户，建设肖尔布拉克镇克孜勒金格勒村牧民定居点电网入户项目，解决该村51户家庭照明问题，打通民生服务“最后一公里”。安排援疆资金3000多万元，实施村（社区）基层阵地建设项目13个。筹集820余万元“小援疆”资金，实施基础建设、民生改善、住房保障。投入500万元，建成新源县电子商务产业园和快递产业园，方便200多名群众在家门口创业就业；多次组织农产品展销会，帮助新源县的特色农业走向扬州市、江苏省和全国市场。安排135万元援疆资金资助225名到内地就读贫困大学生，向1000多名贫困学生、患者、群众捐赠过冬衣物和生活必需品，全年帮助新源往疆外江苏、江西等地转移就业556人，其中少数民族509人。组织全体援疆干部人才、扬州后方单位党员职工、社会各界爱心人士结对帮扶800户新源贫困家庭。扬州市投入1500万元在新源工业园区建设“扬州科创园”1.1万平方米4幢标准化厂房，打造“双创”“电商”载体平台。安排100万元专项资金加大旅游品牌宣传，在华东5省100个大中型城市举办“新源旅游百场巡回推介活动”，在扬州建成全国首家“新疆那拉提旅游体验馆”，推进“十万江苏人游伊犁”活动，实际突破9万人次，全年新源游客人数、旅游收入分别增长47%、45%。组织扬州33所学校与新源50所学校网上结对，选派34名优秀骨干教师到新源任教，18名优秀教师集中支援新源县二中，创设“三学课堂”教学模式，打造精品高效课堂，高考成绩再创新高，位居伊犁州八县之首。安排专项资金36万元加强双语教育，提升中小学教师国家通用语言文字适岗能力。举办“扬州名师大讲堂”5场，培训730人次。帮助受援地培训党政干部、创新创业人才、公共服务领域人才和基层党务工作者近2200多人次。引进教育、医疗、科技、农牧、旅游、规划等领域紧缺专业技术人才40人。新源县人民医院、中医院和妇幼保健院分别纳入苏北医院、扬州市中医院和妇幼保健院医联体单位，重点帮助新源县打造心血管内科、肾脏科、妇科、脑病科等一批品牌专科，引进3个扬州专家团队34人，引进心脏支架植入等新技术11项，提升受援地临床技术水平和公共卫生医疗综合服务能力。全年累计接诊6711人次，抢救急难重症患者593人次，举办讲座77期，培训医护人员1900多人次。

（王晓峰）

■对口支援西藏拉萨市 扬州援藏教师团队所援助的拉萨江苏实验中学是2014年由江苏省人民政府投资2.63亿元，在原拉萨市第三高级中学基础上增设初中部后主办的全日制、寄宿制、示范性完全中学。扬州市从2014年先后选派三批共18人次的教师团队开展“组团式”教育援藏工作。2018年，扬州教师团队共9人，有赵涛、陆年春、邱旸、袁良萍、王晓东5名教师任职两期。

（王晓峰）

■对口支援青海贵南县 扬州市对口支援青海贵南县工作始于2010年。2018年，双方进行互访对接32次188人次。全年共投入援建资金4868万元，80%以上的援建资金用于县及县以下基层保障和改善民生。全年总投入3800万元建设5个项目，用于提高农牧区生产生活条件，分别为投资800万元的贵南县龙羊峡库区生态综合治理项目（2017年续建项目）、投资400万元的贵南县新农村新牧区建设项目、投资700万元的贵南县高原美丽乡村建设项目、投资800万元的贵南县高原牦牛扶贫产业创业园建设项目、投资1000万元的贵南县黄沙头防沙治沙工程续建项目、投资900万元的贵南县龙羊峡库区生态综合治理项目，全年除高原牦牛扶贫产业创业园完成60%外，其他项目均已完成。社会事业方面，分别投资148万元、50万元建设贵南县第二人民医院住院医技楼建设项目和贵南县仁爱智明孤儿福利院职业学校项目（2017年续建项目）。仪征市人社局组织10家企业为贵南县开展劳务招聘会，提供400多个岗位。邀请扬州国家级乱针绣大师朱军成到贵南县进行指导交流，促进藏绣产业发展。先后举办党政干部和专业技术人才培训、挂职交流等11期289人次。与扬州市县乡三级政府，企、事业单位建立合作交流机制。扬州市属6个乡镇与贵南县6个乡镇签订“结对共建协议”，确定对口帮扶关系，开展党建、科技、教育、卫生、精准扶贫等方面交流合作。（王晓峰）

■对口支援湖北秭归县 扬州市对口支援湖北秭归县工作始于1994年。2018年，扬州市援助湖北秭归县项目资金133万元，与全省其他财政资金共同支持“秭归江苏工业园道路延伸段杨泗路提档升级”等4个项目。至年末，扬州市累计对口支援湖北秭归县1442万元。（王晓峰）

■对口帮扶陕西榆林市 扬州市对口帮扶陕西榆林市工作始于2017年。2018年，扬榆两市开展互访交流409批次4753人次，其中扬州赴榆林考察交流236批次2023人次，榆林赴扬州考察交流173批次2730人次。榆林市、县两级组织部门选派70名优秀干部到扬州市级机关和县区挂职学习。扬州市选派146名教师、医生和农业技术人员，到榆林8个“携手奔小康”县区挂职开展一年以内期限的支教、支医和支农工作。党政干部和人才交流培训共举办33期。2018年，扬州市分三批共安排苏陕协作资金1.46亿元，组织实施产业扶贫项目86个，争取落实1181万元的额外财政专项资金和各类帮扶资金1270万元。先后招引80家国内企业到榆林进行项目前期调研，签约意向合作项目27个，实际落户并有实质性投资的项目13个，到账投资总额3.17亿元。扬州地理信息企业江苏智途科技有限公司在榆林投资建设地理信息产业园，参与“智慧榆林”项目建设。朗森特科技公司在榆林组织实施的“爱加健康”精准扶贫项目，覆盖榆林全市12个县（市、区）、6家市级医院、26家县级医院、234家乡镇（街道）卫生服务中心、2038家村级卫生室。佳县、广陵合作的“区中园”、扬州化工园区与靖边县合作共建的“能源化工综合产业园区”、邗江区与绥德县合作建设的“产业扶贫示范工业园”先后签订协议。扬州市、县级职业技术学院与榆林市、县签订一批联合办学协议，扬州近百家企业赴榆林开展“春风行动”等专场招聘活动24场，累计提供就业岗位2.3万个，组织建档立卡贫困人口到东部地区转移就业136人，就近就便吸纳贫困劳动力就业450人。全市确定建立长期结对帮扶贫困生348人，资助金额183万元，1065位爱心人士注册“中国社会扶贫网”。通过互联网和农展会共定向采购榆林农产品2463万元，互送游客超1万人次。（王晓峰）

■对口合作辽宁丹东市 5月9日，丹东市委书记带队访问扬州，召开扬州丹东对口合作联席会议，两地各相关对口部门形成日常工作交流机制，旅游文化、工艺美术等企业率先开展互送游客、大师传授、作品展示等合作与交流。6月12日，扬州市与辽宁省丹东市共同签署对口合作协议，明确“政府引导、市场运作，突出重点、优势对接，合作共赢、协同发展”的合作原则，推动产业务实合作、体制机制创新、人才互动交流、平台载体建设、科技创新合作的重点合作领域。

（王晓峰）

中共扬州市委员会

Zhonggong Yangzhoushi Weiyuanhui

编　辑　崔成鹏

重要会议

■中共扬州市委七届六次全会 7月27日，中共扬州市第七届委员会第六次全体会议在扬州举行。全会深入学习贯彻习近平新时代中国特色社会主义思想，全面落实省委十三届四次全会精神，按照市第七次党代会和市委七届五次全会决策部署，总结上半年工作，明确下半年任务，动员全市上下进一步解放思想、真抓实干，以思想大解放推动发展高质量，聚焦聚力打造美丽宜居的公园城市、独具魅力的国际文化旅游名城、充满活力的新兴科创名城，创造具有鲜明新时代印记、经得起历史检验的发展业绩，把人们心目中的扬州建设好，满足世界人民对扬州的向往，争创扬州发展的第四次辉煌。

市委常委会主持会议。市委书记谢正义代表市委常委会作题为《推进思想大解放推动发展高质量把人们心目中的扬州建设好》的讲话，市委副书记、代市长夏心旻对经济工作作部署。会议审议并通过《中国共产党扬州市第七届委员会第六次全体会议决议》；根据《中国共产党章程》的有关规定，决定递补中共扬州市委候补委员刘晓明为中共扬州市委委员。（王小鹏）

■中共扬州市委七届七次全会 12月28日，中国共产党扬州市第七届委员会第七次全体会议在扬州举行。全会高举习近平新时代中国特色社会主义思想伟大旗帜，全面贯彻落实党的十九大、十九届二中、三中全会和中央经济工作会议精神，按照省委十三届五次全会和市第七次党代会部署要求，对今年和过去几年的工作进行回顾总结，研究确定明年和今后一个时期工作任务，动员全市各级党组织和广大干部群众进一步解放思想、真抓实干、接续奋斗，举全市之力办好“新十件大事”，冲刺高水平全面建成小康社会，推动高质量发展走在前列，加快建设“强富美高”新扬州。

市委常委会主持会议。市委书记谢正义代表市委常委会作工作报告。市委副书记、代市长夏心旻就今年和明年经济社会发展工作作全面总结和具体部署。会议审议并通过全会《中国共产党扬州市第七届委员会第七次全体会议决议》。市委常委会和市纪委常委会向全会书面报告了2018年工作。（王小鹏）

重要决策

■推进民生幸福工程 1月25日，中共扬州市委、扬州市政府印发《关于2018年民生幸福工程的实施意见》，提出34条意见：（1）增加普惠优质幼儿园供给。（2）继续推进义务教育优质均衡发展。（3）推进高品质高中和现代职业教育体系建设。（4）促进青少年健康成长。（5）推动更加充分更高质量就业。（6）提升创业服务水平。（7）拓宽农民增收渠道。（8）完善社会保险制度。（9）加大残疾人康复医疗救助力度。（10）完善住房保障体系。（11）开展“一对一”精准帮扶。（12）大力实施“三保五助”。（13）切实保障食品安全。（14）倾力打造“运动活力之城”和“书香城市”。（15）加快建立优质均衡高效的医疗卫生服务体系。（16）加快建设现代公园城市。（17）持续推进“清水活水”“不淹不涝”城市建设。（18）扎实开展“263”专项行动。（19）大力实施垃圾分类和治理工作。（20）加快建设“颐养之城”。（21）改善社区居住环境。（22）提档升级农贸市场。（23）壮大农村集体经济。（24）完善农村基础设施。（25）健全农村公共文体服务体系。（26）加快城市快速路网建设。（27）提高道路畅通水平。（28）推进“公交优先”战略。（29）整治美化市容环境。（30）提升城市东南片区宜居宜行水平。（31）大力推进“厕所革命”。（32）启动建设“我的扬州—幸福扬州”APP项目。（33）健全公共安全保障体系。（34）提升防灾减灾救灾能力。（王小鹏）

■服务企业发展 2月6日，中共扬州市委、扬州市政府印发《关于持续优化发展环境促进企业高质量发展的意见》，提出10条意见：（1）全面深化全国小微企业创业创新基地城市示范工作。（2）健全和完善服务“百强企业”工作机制。（3）建立面向企业的政策激励体系。（4）完善企业家合法权益的保护机制。

（5）着力解决企业发展中的各类问题。（6）增强财税金融服务实体经济的能力。（7）保障企业发展基本要素需求。（8）进一步规范涉企收费。（9）持续深入实施“放管服”改革。（10）营造积极向上的舆论氛围和激励干事创业的营商环境。（王小鹏）

■服务游客 2月18日，中共扬州市委、扬州市政府印发《关于2018年更好服务游客建设宜游城市的意见》，提出10条意见：（1）实施重点景区门票优惠。（2）推进旅游服务标准化。（3）提升旅游交通服务能力。（4）推进旅游厕所革命。（5）进一步完善扬州旅游服务平台。（6）全力保障游客合法权益。（7）扩大旅游服务范围。（8）提高来扬召开和举办的大型会议和活动保障水平。（9）提供更多新的旅游产品。（10）对游客践行文明有礼承诺。（王小鹏）

■加强耕地保护 1月29日，中共扬州市委、扬州市政府印发《关于进一步加强耕地保护工作的实施意见》，提出21条意见：（1）加强土地规划计划管控。（2）严格永久基本农田保护。（3）加强设施农业用地管理。（4）推进节地水平和产出效益的提升。（5）落实耕地占补平衡制度。（6）规范补充耕地指标调剂和统筹。（7）完善补充耕地指标储备机制。（8）适时开展指标价格动态调整。（9）建立储备库周转资金制度。（10）推进差别化土地综合整治。（11）加快建设高标准农田。（12）推进建设占用耕地耕作层剥离再利用工作。（13）加强中低产田改造和农田基础设施建设。（14）积极稳妥推进耕地轮作休耕试点。（15）加强耕地质量调查评价与监测。（16）推进土地生态环境综合整治。（17）落实耕地保护主体责任。（18）建立耕地保护激励机制。（19）充分发挥财政资金的调控激励作用。（20）完善耕地保护监管考核机制。（21）建立耕地保护社会扶持机制。（王小鹏）

■推动金融改革发展稳定 2月26日，中共扬州市委、扬州市政府印发《关于推动金融改革发展稳定工作的实施意见》，提出18条意见：（1）指导思想。（2）基本原则。（3）总体目标。（4）引导银行机构加大对地方发展的信贷支持力度。（5）增强资本市场融资功能。（6）拓展保险服务领域和功能。（7）推动普惠金融加快发展。（8）完善风险防范化解机制。（9）强化重点领域风险防控。（10）着力控制政府债务风险。（11）严密防控非法集资风险。（12）改革地方金融监管体制。（13）健全地方金融组织体系。（14）大力发展新兴金融业态。（15）推进金融服务平台建设。（16）建立健全党委常态化金融工作机制。（17）强化人才支持。（18）优化政策环境。（王小鹏）

■推进文明城市建设 2月27日，中共扬州市委、扬州市政府印发《扬州市全面推进文明城市建设常态化长效化三年行动计划（2018—2020）》，提出4条意见：（1）指导思想。（2）总体目标。（3）重点任务。（4）机制保障。（王小鹏）

■加强城市基层党建 6月19日，中共扬州市委、扬州市政府印发《关于全面加强城市基层党建工作的实施意见（试行）》，提出6条意见：（1）明确目标任务，把握城市基层党建工作正确方向。（2）建强多元主体，奠定城市基层党建工作基础。（3）完善制度体系，推动城市基层党建工作凝聚合力。（4）突出政治功能，发挥城市基层党建工作综合效应。（5）提高保障水平，改善城市基层党建工作条件。（6）加强组织领导，提升城市基层党建工作整体水平。（王小鹏）

■落实乡村振兴 7月8日，中共扬州市委、扬州市政府印发《关于贯彻落实乡村振兴战略的实施意见》，提出11条意见：（1）总体要求和目标任务。（2）提升农业发展质量，繁荣农业农村经济。（3）加强农村生态文明建设，打造美丽宜居环境。（4）繁荣农村文化，营造文明乡风。（5）加强和创新乡村治理，构建共建共治共享新格局。（6）合理配置城乡要素资源，加快补齐农村民生短板。（7）持续拓宽增收渠道，加快实现村强民富。（8）高质量推进农村扶贫开发，打好脱贫攻坚战。（9）加强乡村人才队伍建设，强化乡村振兴人才支撑。（10）深化农村改革创新，释放农村发展活力。（11）加强组织领导，为乡村振兴提供坚强保障。（王小鹏）

■“三直接”操作规范 8月8日，中共扬州市委、扬州市政府印发《2018“三直接”十大环节操作规范》，提出10条意见：（1）市级行政事业单位房产处置利用管理环节操作规范。（2）市属国有企业大宗物资集中采购环节操作规范。（3）市区建筑垃圾管理环节操作规范。（4）市区户外广告和店招标牌设施设置与监管环节操作规范。（5）尊老金发放环节操作规范。（6）土地出让环节操作规范。（7）工程项目招标投标环节操作规范。（8）不动产登记环节操作规范。（9）住房保障准入和分配环节操作规范。（10）政府投资工程项目资金拨付环节操作规范。（王小鹏）

■质量提升行动 8月18日，中共扬州市委、扬州市政府印发《扬州市质量提升行动实施方案》，提出24条意见：（1）指导思想。（2）基本原则。（3）主要目标。（4）农产品优质供给工程。（5）食品药品优质供给工程。（6）消费品提质升级工程。（7）装备制造竞争力提升工程。（8）原材料供给水平提升工程。（9）建设工程质量提升工程。（10）服务业提质增效工程。（11）生态文明水平提升工程。（12）社会治理水平提升工程。（13）公共服务能力提升工程。（14）对外贸易优化升级工程。（15）推进全面质量管理。（16）着力打造质量品牌。（17）开展质量攻关活动。（18）完善质量基础体系。（19）加强质量安全监管。(20)推进全民质量共治。(21)加强党的领导。(22)强化要素保障。(23)严格督查考核。(24)广泛宣传发动。（王小鹏）

■推进新兴科创名城建设 8月31日，中共扬州市委、扬州市政府印发《关于加快推进新兴科创名城建设的工作意见》，提出5条意见：(1)重要意义。(2)指导思想和基本原则。(3)发展目标。(4)三年重点任务(2018—2020年)。(5)保障措施。（王小鹏）

■深化农村集体产权制度改革 9月14日，中共扬州市委、扬州市政府印发《关于进一步深化农村集体产权制度改革的实施意见》，提出6条意见：(1)指导思想。(2)目标任务。(3)基本原则。(4)切实加强农村集体资产管理。(5)推进农村集体资产股份合作制改革。(6)探索农村集体经济有效实现形式。（王小鹏）

■建立国有资产向人大报告制度 11月23日，中共扬州市委、扬州市政府印发《关于建立市政府向市人大常委会报告国有资产管理情况制度的意见》，提出5条意见：(1)重要意义。(2)指导思想和基本原则。(3)报告方式和重点。(4)审议程序和重点。(5)组织保障。（王小鹏）

■加强社区治理与服务 12月24日，中共扬州市委、扬州市政府印发《关于加强城乡社区治理与服务的实施意见》，提出5条意见：(1)总体要求。(2)构建"一核多元"现代化社区治理架构。(3)推动均等化配置社区公共资源。(4)提升精细化社区服务水平。(5)强化保障措施。（王小鹏）

重要活动

■第六届中国－中亚合作论坛 12月12日，第六届中国－中亚合作论坛在扬州举行，本届论坛以"融汇丝路文明，深化合作共赢"为主题。论坛期间举行经贸旅游合作分论坛，通过《第六届中国－中亚合作论坛扬州与中亚城市旅游发展倡议》。5项合作协议在现场签约，扬州市人民政府与塔吉克斯坦共和国驻华使馆签署合作举办塔吉克斯坦共和国旅游和民间手工艺展备忘录；扬州市总商会与塔吉克斯坦共和国工商会签署缔结友好商会协议书；恒远集团与乌兹别克斯坦共和国萨马尔罕州政府签订投资协议；中铁十四局集团有限公司和江苏省江建集团有限公司签订战略合作协议；扬州青旅与乌兹别克斯坦共和国比翼双飞旅游公司签署合作备忘录。（夏 江）

■2018年世界运河城市论坛 10月11—13日，由世界运河历史文化城市合作组织(WCCO)与中国太平洋经济合作全国委员会(CNCPEC)共同主办，江苏省大运河文化带建设工作领导小组、扬州市委市政府、大运河遗产保护管理办公室、中国—东盟中心支持的2018年世界运河城市论坛在扬州举办。论坛借鉴国际办会模式和经验，注重搭建好国内运河城市与世界运河城市的沟通桥梁作用，荟萃运河文化企业、投资基金和国际志愿者，邀请世界运河城市、运河组织和代表性人物参加盛会，让运河文化更好的造福运河城市。来自世界30多个国家和联合国环境规划署、内河航道国际等20多家国际组织的300多名代表出席论坛。论坛由一个主论坛和四个分论坛共同组成，其中主论坛以"世界运河城市文化保护、传承与利用"为主题，通过"嘉宾致辞·主旨发言、国际经验·城市案例、中国行动·江苏实践、遗产保护·全球合作"四个环节，展示大运河统筹保护、传承和利用的"中国行动"，分享全球运河文化实践经验，交流全球运河城市发展案例，推动运河世界遗产保护工作。四个分论坛，分别为"博物馆馆长论坛""文化旅游合作论坛""生态建设论坛""运河立法保护论坛"。通过这五个论坛，构成一个涉及运河文化的保护、宣传、文旅、生态、立法等方面在内的完整系统，让与会嘉宾交流观点、分享经验、探讨合作，形成共识。并联合发表《世界运河城市文化保护传承利用扬州倡议》。期间，主办方举办一系列活动。主要包括中国大运河文物精品图片展、中国大运河(扬州段)水工技术与智慧学术研讨会、大运河扬州核心段滨水区规划咨询会、首届运河主题国际微电影展颁奖、WCCO顾问专家咨询会和WCCO合作恳谈会，致力于运河文化事业的发展。（崔 鹏）

■江苏省第19届运动会 参见第1页。

■第十届江苏省园艺博览会 参见第2页。

巡察工作

■概况 2018年，市、县两级开展3轮巡察，派出巡察组85个，巡察单位130家、"回头看"8家。其中市级派出巡察组17个，巡察单位26家、"回头看"1家。全年共反馈巡察发现的问题2967个，督促问题立行立改195个。（葛 祥）

■巡察机构建设 研究出台《关于推进巡察工作向纵深发展的实施办法》《加强巡察整改和成果运用工作的意见》。严格落实巡察工作报备制度，指导各县(市、区)全面修订规划、出台办法意见，制定巡察工作领导小组和巡察组、巡察办工作规则。印发全市巡察工作要点和全年16项重点项目，推进"五化建设"(组织领导高效化、队伍建设规范化、监督格局立体化、策略匹配精准化、成果运用系统化)，落实中央巡视工作"六个围绕、一个加强"新要求，推动全省巡察工作"五大工程"落地见效。加强队伍建设，锤炼能力素质。优选3名副处级干部，增强人员力量。巡察机构参与纪检监察系统“打铁必须自身硬”专项行动和“树标杆、提能力、促履职”系列活动。建立巡察培训师资库，编印《巡察工作法规政策参考汇编》，举办巡察报告撰写、条例解读等培训6场次，累计培训巡察干部500余人次；推荐抽调16名市县巡察干部参加省委巡视和市委巡察，以干代训、提升本领。坚持党建引领，成立巡察机构党总支和7个支部。（葛　祥）

■巡察监督　结合中央和省委、市委重大决策部署，围绕党和国家机构改革、推动高质量发展、整治群众身边的不正之风等重点，统筹推进中共巡察工作。完成对全市14个街道的巡察全覆盖任务。统筹实施对16个市级涉改部门专项巡察，着力把问题发现在前、推动解决在前。首次运用“回头看”手段，强化巡察再监督。深化巡视巡察联动，配合省委第五巡视组对广陵经济开发区开展“协同式”巡察，发挥巡视巡察“双剑合璧”监督作用。巩固“系统巡、巡系统”立体巡察网络，优化提级交叉巡察模式，完善授权、调度等工作机制，提请市委直接派出巡察组对扬子津街道及下属10个社区开展提级巡察，授权宝应县、高邮市和仪征市派出巡察组开展“推磨式”交叉巡察。全面推行问题底稿制，强化对巡察发现问题的材料和信息支撑。以专项检查为契机提升工作新标杆。3月、5月，中央巡视办、中央巡视组先后对扬州市巡察工作进行专项检查和下沉调研。对照高标准、自查补短板，对巡察全流程、各环节形成的240余册工作卷宗逐一梳理规范，突出“系统巡、巡系统”立体巡察、“提级交叉”巡察和巡察成果运用等扬州巡察亮点特色，分类形成工作台账，展示工作成果，得到中央巡视办和省委巡视办的肯定。参照专项检查标准，对各县（市、区）巡察工作全面检查，逐家通报、反馈。制作巡察办、巡察组和巡察对象3类工作模拟卷宗，对全市巡察工作程序再完善、标准再规范。（葛　祥）

■巡视巡察整改　市委担负巡视整改主体责任，定期督查、推进，推动真改实改。春节后第三个工作日，市委巡察办落实市委要求，协同市委办对部分县（市、区）进行督查，市委常委会专题听取督查情况汇报，市纪委书记、市委秘书长专门召开巡视整改推进会，督促责任单位深化整改、持续整改。7月，中央巡视组反馈巡视江苏意见后，及时分解整改任务、召开专门会议，部署37家责任单位全面对照检查，起草市委整改方案，明确6个方面25项102条整改措施。同时，根据巡察工作专项检查反馈意见，明确4个方面12条整改措施24项重点任务，部署各县（市、区）同步整改、每周通报、逐项报备。8月，迎接省委督查。11月，成立督查组开展为期半个月的督查，形成持续推力。提请市委出台《关于构建“六责协同”机制深化巡察整改的实施意见》，锁紧交责、落责、评责、述责、督责和问责等各环节责任，强化巡察整改和成果运用。相关经验被党风廉政建设、党的生活和江苏纪检监察信息刊载，被评为全市纪检系统重点调研课题一等奖。完善交责、落责机制，分好“责任田”。创新约谈交责机制，巡察组向分管市领导通报巡察情况，提请市领导约谈、督促分管单位抓好整改。实施巡察整改“七步工作法”，落实被巡察单位整改责任。创新评责、述责机制，组建“验收队”。制定《巡察整改情况“四方联评”暂行办法》，由巡察办牵头协调纪委、组织部、宣传部和巡察组四方力量组成评估小组，适时对被巡察单位整改情况集体评估，形成评估结论后反馈被巡察单位，同时作为述责、督责和问责的重要依据。将整改问效由巡察机构层面升格到市委层面，推荐部分被巡察单位向常委会“述责”，把整改情况作为汇报重点，接受点评、质询。健全督责、问责机制，加装“助推器”。制定《巡察整改情况督查工作暂行办法》，明确纪委、组织部等部门的督查责任，并把巡察专题报告落实情况纳入市委督查工作范围。制定《巡察整改问责追究暂行办法》，明确8种问责情形和相应问责方式，推动问责追究的实践运用。全年，市领导共约谈被巡察单位28家，督促制定整改措施2700余条，组织“四方联评”对16家单位评估问效，通报整改中存在的问题53条。（葛　祥）

■对村巡察　推动市县巡察向乡村延伸，形成独具特色的“组合式模块化”对村巡察模式。7月，全省对村（社区）巡察工作现场推进会在扬召开。10月，中央巡视办派员到扬蹲点调研。11月，牵头编写《全省对村（社区）巡察工作指引》。中央纪委国家监委网站、中国纪检监察报和中央巡视办、省委巡视办内参简报刊载扬州市做法。坚持高起点统筹谋划，率先印发全市对村（社区）巡察工作意见，指导各县（市、区）编制规划，把对村巡察纳入县级巡察整体规划，由县级巡察组对村级党组织开展巡察，变有选择的“延伸巡”为无例外的“全面巡”，实现对全市所有村（社区）的巡察全覆盖。坚持高标准部署实施，出台“组合式模块化”对村巡察实施办法和细则，组建近600人规模的对村巡察人才库，编印模拟卷宗，制定“1+N”对村巡察清单，推动对村巡察有形、有效覆盖。年内，全市已巡察村（社区）524个，完成规划总数的38%。坚持高质量整改运用，紧扣乡村振兴、三大攻坚战，紧盯群众身边的不正之风和腐败问题，提升群众全面从严治党获得感。全市对村巡察共发现问题2583个，移交问题线索239条，立案查处75件，给予党纪政务处分21人，重点查纠尊老金、优抚金发放以及危房改造等领域优亲厚友、虚报冒领问题39个。（葛　祥）

组织工作

■概况　2018年，全市有基层党组织1.45万个。其中，党委441个，占3.04%；党总支1287个，占8.87%；

党支部1.28万个，占88.09%。全市有党员29.86万人，其中农村党员（含乡镇社区党员）19.63万人、城市街道党员2.69万人、非公有制单位在职党员4.14万人。至年末，中华人民共和国成立前入党党员752人，女党员7.22万人，少数民族党员1386人，45岁以下党员10.53万人，大专以上学历党员13.23万人。全年新发展党员数4702人。增强人才区域核心竞争力，高层次人才引进培养跻身全省第一方阵。全市拥有“两院”院士4人，国家人才计划99人，省“双创人才”333人，省“双创团队”20个，省“双创博士”287人，省“科技副总”284人。253人入选省第五期“333工程”，争取9批科技镇长团500人次。至年末，全市人才资源总量85万人，高层次人才6.48万人。（郭　鹏）

■领导班子和干部队伍建设　2018年，完成新一届全国和省人大代表、政协委员推荐提名工作。健全政治评价体系，全面推行市管领导干部任前政治体检。落实省委“三项机制”，出台《扬州市推进党政干部能上能下实施办法》《扬州市党政干部鼓励激励实施办法》，印发《2018年度县（市、区）、功能区综合考核办法》，完善领导班子和领导干部综合考核体系。开展干部教育培训，先后举办25次市委中心组集体学习会，举办重点培训班24批次、培训关键领域和重要岗位干部2356人次，推动各地、各部门举办各类培训班210多批次、培训干部1.8万多人次。根据领导班子建设需要和干部队伍现状进行结构分析，有计划、有步骤地对部分岗位进行调整，全年调整县处级干部208人次，其中提拔47人次。加大年轻干部培养选拔力度，出台《关于大力发现培养选拔优秀年轻干部的实施方案》，实施“90后”优秀年轻干部储备计划（“360”计划）制定“十个一批”年轻干部实践锻炼计划，组织干部与扬州大学交流任（挂）职，先后抽调11批次150多名年轻干部到省运会、省园博会、263行动、“第一书记”、信访协调员等重点工作和集中性活动进行实践锻炼。制订《市委常委与市管干部谈心谈话实施方案》《关于对市管干部进行函询和诫勉的实施办法》《市管干部选拔任用个人有关事项报告抽查核实工作操作规程》等一批制度文件。指导完成任中“党政同审”2人、离任联审5人、任中联审5人。牵头组织1128名市管干部填报个人有关事项，全年重点抽查核实203名干部，把握好政策要求，对存在瞒报情形的诫勉3人，取消考察对象资格1人。制定《2018年对口支援、帮扶地区干部来扬挂职计划》《关于进一步加强外地来扬挂职干部管理的建议》，全年市级层面统筹接收对口支援、对口帮扶地区干部107人。（郭　鹏）

■人才工作　认真贯彻中央人才发展体制机制改革的决策部署，推进省“人才10条”在扬落地见效，时隔五年在全省率先召开全市人才工作大会，“人才引领创新、创新驱动发展”理念深入人心。分解“人才政策20条”为67个政策点，出台29个实施细则，构建了重点更加突出、操作更加便捷、支持更加精准、覆盖更加广泛的“2+N”人才政策体系。3人入选国家人才计划、列全省第三；5人入选国家“万人计划”、列全省第五；入选省“双创团队”3个、列全省第四；省“双创博士”39人、列全省第三；省“科技副总”120人、列全省第二；省科技企业家89人、入选率列全省第一，重点人才工程申报实现新突破。首次制定市级招才引智“10+8”活动计划，成功举办瘦西湖创客周、国际英才创新创业合作对接会等活动，组团赴美国、日本、德国和中国港澳台等开展境外招才引智，推动中国双招双引、产才融合。在全省率先建立科技镇长团“团＋组”工作机制，组建7个产才对接专家组，精准服务7个重点产业、87家企业，有效助推产才融合发展。开展党政领导干部结对联系专家人才工作，慰问各类高层次人才483人。开展高层次人才子女就学保障、人才体检、青年人才联谊等工作，营造良好的社会氛围。首次制定市级层面人才培训项目计划，开展高层次人才国情研修活动和各类专题培训，3400余人次参训，增强人才的政治认同、思想认同、情感认同、价值认同。省委《快报》等内部刊物和新华社、《新华日报》等媒体多次关注转载扬州市人才工作经验做法，省委常委、组织部部长郭文奇对清华与扬州共建智能装备科技园、“院团会”工作机制、乡土人才工作给予充分肯定。（郭　鹏）

■基层组织建设　推进“两学一做”学习教育常态化制度化，推动基层党建水平整体提升。贯彻落实市委“31号文件”、市委“18号文件”精神，加强村（社区）党组织书记队伍建设，强化基本待遇保障。推进富民党建工程，加强党建促扶贫攻坚、党建助推乡村振兴工作，向40个软弱后进村党组织选派40名“第一书记”，65个经济薄弱村、软弱后进村获得500万元项目资金。加强城市基层党建系统建设和整体建设，加强和规范街道“大工委”、社区“大党委”建设，创新推行“双考双评”，整体推进街道社区与驻区单位党组织共驻共建互联互动，健全社区工作者队伍职业化体系，向225个城市社区党组织下拨2250万元为民服务专项资金。强化党建带群团建设工作，全面推开网格化党建、“四缘型”党组织建设，把支部建到网格上、建在社团中、建在小区里，构建精细化社会治理网格化服务组织体系；全面推行非公企业党组织“六规范”建设，推出组织工作助推民营企业发展十二条举措。统筹推进机关、事业单位、国有企业、行业党建工作。制定《党组织书记抓基层党建工作任务清单》，分别明确8个领域党组织书记抓基层党建的8项具体任务，推动党建工作责任制有效落实。开展“两优一先”表彰评选活动，市委表彰50个“先进基层党组织”、70位“优秀共产党员”、20位“优秀党务工作者”、10位“十佳村（社区）

党组织书记”，开展党支部书记工作室和党员教育实境课堂示范点创建，开展党支部工作条例专题学习培训，制定《关于党员参加组织生活的管理意见》《加强和规范社会组织发展党员工作的意见》，强化党员教育管理。推动远程教育站点学用工作提质升级，精心制作40余部作品参加全省党员教育微视频和电视片大赛，获奖12部。（郭 鹏）

■**老干部工作** 2018年，全市共有离休干部1160人。其中，第二次国内革命战争时期参加革命的1人，抗日战争时期参加革命的221人，解放战争时期参加革命的938人；享受副省级医疗待遇的2人、厅局级（含副厅局级）待遇的44人、厅局级医疗乘车待遇的66人、副司局级医疗待遇的127人、县处（含副县处级）级待遇的393人；平均年龄89.7岁。年内，全市离休干部去世171人。

落实政治待遇。春节前，中共扬州市委办公室、市委组织部、市委老干部局等部门联合部署春节期间老干部工作。谢正义、张爱军、朱民阳、张宝娟、陈扬、孔令俊、江桦、李航、姜龙等市领导走访慰问四套班子离退休领导以及部分住院治疗的离退休干部。3月，市委印发《关于组织向离退休干部定期通报情况的实施意见》，要求以报告会、座谈会、走访慰问等形式定期向离退休干部通报情况。4月25日，举办离退休干部十九大精神专题宣讲报告会。5月，组织市直离退休干部约500人参观考察高邮江淮生态大走廊及高邮城市建设；市委市政府组织市老领导视察扬州经济社会发展情况，市委书记、市人大常委会主任谢正义参加活动并作情况通报，市委副书记、代市长夏心旻等参加活动。10月20—26日，组织市四套班子老领导赴连云港参观考察，吉宜才、施国兴等老领导参加活动。12月11日，举办全市离退休干部党支部书记培训班，全市离退休干部党支部书记以及老干部工作者近150人参加专题党务培训。12月26日，召开市委老干部工作领导小组会议，市委常委、组织部部长江桦主持会议并讲话，分析老干部工作情况，研究解决党建等问题。组织建设。至年底，全市离退休干部党员总数2.25万人，其中离休干部党员901人，退休干部党员2.16万人。全市共有建制性离退休干部党支部368个，离退休干部临时党支部46个，与在职党员合建的离退休干部党支部121个。年初，市委将加强离退休干部党建“六有一提升”（有党的组织、有领导班子、有工作制度、有组织活动、有作用发挥、有工作保障，提升组织力战斗力）党建创新工程纳入全市党建创新重点项目。11月，印发《中共扬州市委离退休干部工作委员会工作规则（试行）》，明确工委主要职责等事项。12月，印发《关于进一步加强和改进社区离退休干部党建工作的实施办法》，进一步推动离退休干部党的组织覆盖向社区扩展、教育管理向社区接续、服务保障向社区延伸、作用发挥向社区聚焦。

落实生活待遇。全年春节、暑期、重阳三次慰问，共慰问老干部900多人次，共看望住院离休干部近350人次，慰问易地安置离休干部35人次。8月，组织近700余名市直离退休干部在苏北医院体检中心进行年度健康体检。11月，召开市直单位离休干部看病就医“三有一落实”工作推进会，全市签约离休干部680人，签约率95%；做好离休干部困难帮扶工作，全年对符合条件的离休干部进行2批次的帮扶，共发放帮扶资金14.2万元，惠及33名离休干部；落实离休干部提高享受医疗待遇政策，取消医疗目录范围内的自付部分，调整床位费报销标准，取消门诊诊察费。

发挥老干部作用。围绕市委、市政府中心工作，组织引导离退休干部为党的事业增添正能量。2月6—7日，市委老干部局、市老干部书画研究会组织老干部书画家到皮市街社区、花园社区开展“送温暖、送春联”活动，为社区居民送上新春祝福。3月15日，扬州市新四军研究会召开第二届四次理事会，举行《新四军在扬州》首发式，市委常委、宣传部部长姜龙参加活动。5月10日，“相约在烟花三月”宁镇扬书画联展在扬州开幕，省民政厅原厅长、省老年书画家协会会长张秉铎，市委常委、组织部部长江桦出席活动。5月24日，市老干部书画研究会、老年书画家协会开展“送书画进校园”活动，为蒋王中心小学等城区学校赠送330余幅书画作品，全年共开展活动5次，赠送书画作品1100多幅。6月，市老干部书画研究会组织会员赴高邮天山少儿书画辅导基地开展书画作品捐赠和公益教学活动，指导50多名青少年进行书画创作。7月2日，市老干部诗词协会举办庆祝建党97周年吟诗会。11月12日，召开离退休干部代表“我看改革开放新成就”座谈会。12月12日，市委老干部局微信公众号“扬州离退休干部”正式上线，市委老干部局改版网站正式运行。12月14日，“坚定跟党走 建功新时代”纪念改革开放40周年扬州市市级机关文艺汇演举行，市委老干部局选送的节目方言三句半《老干部的故事多》获“最佳才艺奖”。12月26日，举行“扬州市离退休干部志愿服务协会”及下设“绿扬霞光——扬州市老干部志愿服务总队”“牵手夕阳——扬州市服务老干部义工总队”授旗仪式，市委常委、组织部部长江桦出席活动并讲话，吉宜才、施国兴、洪锦华等市四套班子老领导出席活动。

开展文体活动。全市老干部部门探索构建以“乐文化为核心，养生文化为基础，高雅文化为导向”“学、乐、为”有机统一的老干部文化养老模式，组织离退休干部开展系列活动。2月，组织老干部书画家进皮市街、花园社区送春联。4月19日，全市离退休干部门球交流赛在仪征市举办。5月23日，组织离退休干部参加“奉献新时代、共建新江苏”全省老干部乒乓球邀请赛。6月15日，诗词协会举办“诗

吟新时代 喝彩大中华”三湾端午诗会活动。6月26日，古筝队参加社区七一庆祝文艺活动。7月29日，市老干部书画会参加首届中老年书画邀请赛暨颁奖典礼。9月，市老干部书画会在枣林湾及市区各大公园举办“庆祝省园博会”主题书画展。10月17日，市老干部书画会举办鸿福社区少儿书画基地揭牌仪式。10月30日，组织市老干部艺术团参加市涉老社会组织优秀文艺展演。11月2日，举办首届扬州市老干部文体艺术节开幕式暨老干部棋牌交流赛。11月15日，组织选送《扬帆远航》节目参加全省老干部文艺汇演。（唐小月 顾金龙 房 园）

宣传工作

■理论学习与研究 2018年，全市各级党组织和党员干部坚持把学懂弄通做实习近平新时代中国特色社会主义思想和党的十九大精神作为首要政治任务，组织开展理论学习活动。举办市委中心组学习会25次，组织学好用好《习近平谈治国理政（第二卷）》《习近平新时代中国特色社会主义思想三十讲》，开展“我是党课主讲人”“理论＋文艺”等各类理论宣讲2300多场次，受众达80多万人。编印《市委中心组学习参考》12期，推广“我是党课主讲人”报网端融媒体平台，重点刊发理论学习辅导文章。市委宣传部获得2017—2018年度全省基层党员冬训组织工作先进单位；高邮市、仪征市、广陵区、宝应县获省冬训工作示范县（市、区）。高邮市报送的《从“新”而谈党的十九大精神》被中宣部表彰为“全国优秀理论宣讲报告”。开展解放思想大讨论，编发《扬州市解放思想大讨论活动简报》71期，精选20个解放思想典型案例在《扬州日报》头版刊发，在全市各级党组织中广泛开展“解放思想我先行”专题党课活动，成功承办江苏省解放思想大讨论活动——文化建设高质量主题论坛，解放思想成果汇编成35万字《学思行》文集出版发行。市校合作重大文化工程《扬州通史》进展顺利。在全战线广泛开展大调研活动，找差距，谋发展，一些优秀调研成果在《光明日报》《红旗文稿》《群众》《新华日报》等重点党报党刊上发表。组织开展“建设人们心目中的扬州”重大课题19项子课题研究，年度课题研究共立项重点课题268项，中特中心课题立项29项，省运会专项课题立项10项，扬州台湾经济文化交流中心课题立项15项。市社科重大课题首次资助出版19项社科重大课题。编撰出版《扬州蓝皮书》《社科知识普及ABC（2018）》。举办全市社科理论界学习习近平全面深化改革重要思想暨学好用好《习近平新时代中国特色社会主义思想三十讲》理论研讨会，开展“以思想大解放引领发展高质量——扬州社科专家基层行”等活动。

（陈湘辉）

■新闻宣传 围绕学习贯彻习近平新时代中国特色社会主义思想和党的十九大精神，策划开辟“在习近平新时代中国特色社会主义思想指引下——新时代 新气象 新作为”“新时代 新作为 新篇章”等专题专栏，集中推出一批有分量有深度的报道、社论、理论文章等，大力营造学习宣传贯彻浓厚氛围。组织庆祝改革开放40周年系列活动，举办“幸福是奋斗出来的”——扬州市庆祝改革开放40周年图片展，观展人数达10万多人次。策划推出“幸福是奋斗出来的——难忘四十年”纪念改革开放四十周年系列人物访谈、“改革·印记——庆祝改革开放40周年”大型网络寻访展示等活动，在全市上下唱响改革发展主旋律。邗江区、高邮市菱塘回族乡入选全省“十县十镇十村十企”调研，推出重点研究成果，省级媒体聚集两地采访报道。围绕市委、市政府重点工作，聚焦“三个名城”建设、“一、二、三号文件”、大运河文化带建设、省运会、省园博会、“烟花三月”国际经贸旅游节、世界运河城市论坛、中央环保督查、“263”行动、实体经济发展、小微企业“双创”示范、重大项目集中开工等重点工作，组织开展系列报道和集中报道，全年省级以上各类媒体首发扬州重点报道为1200多篇（条），其中国家级主流媒体为500多篇（条）（央视《新闻联播》12次）；人民网首发重点报道600多篇，新华网首发400多篇。围绕经济社会发展中的热点难点和老百姓的民生关切，做好政策信息的及时发布，举办12期《市民论谈》节目。对外宣传缤纷多彩，第17届“烟花三月”国际经贸旅游节、第13届鉴真国际半程马拉松赛吸引境内外30多家媒体进行报道。第11届世界运河城市论坛吸引80家海内外媒体的119名记者参加。扬州发布《非遗扬州｜墨香》获得全国党媒优秀原创视频十佳视觉奖。扬州戏曲园、双博馆、486

扬州纪念改革开放40周年大型文化艺术展演现场　庄文斌/摄

非遗集聚区获评省第二批“中华文化海外交流基地”。（陈湘辉）

■舆情管控 全年共完成27家单位意识形态工作责任制落实情况的专项巡察，有力推动责任制落细落地。制定出台《扬州市讲坛讲座管理办法》《扬州市媒体和媒体从业人员公众账号信息服务管理办法（试行）》等，成立新媒体联谊会，突出强化高校意识形态工作，切实防范非法宗教渗透，深入推进“扫黄打非”工作，推动各类阵地筑牢守稳。开展“清朗”等系列专项整治，关闭一批网站（论坛）和自媒体账号，删除违法和不良信息1000余条，处置网络安全事件20余起。建立互联网联席会议制度，加强舆情风险点的分析研判。加强新闻宣传管理，每两个月召开一次月度新闻通气会暨重点主题宣传策划会，围绕上级重要部署和市委市政府重点工作，策划月度重点主题。严格宣传纪律，积极关注重大社会热点、敏感话题等，传达各类宣传提示200多条，编发《舆情日报》359多期、《舆情专报》25期、《舆情月报》12期，通报网上舆情1000多次。做好网上评论引导工作，充分发挥扬州网“广陵潮评”、扬州发布“杨平”的网评阵地作用，30多篇评论稿件获全省全网推送、1篇获全国全网推送。（陈湘辉）

■精神文明建设 社会主义核心价值观“六化”工程深入推进，建成一批扬州好人广场、好人园、好人街和扬州好人文明交通岗，打造各类荣誉载体1100多个，获2018年度全市“工作创新奖”。承办中宣部社会主义核心价值观宣传教育工作培训班，扬州市作核心价值观“六化”经验介绍，并得到中宣部领导充分肯定。“文明扬州”品牌逐步放大，2017年8月至2018年8月，全市道德状况发展指数居于全省前列；“扬州文明有礼二十四条”“文明公筷行动”和公益广告创新宣传、深入人心；加强未成年人思想道德建设，建成扬州未成年人道德馆，创作一批文明主题歌曲作品。弘扬凡人善举，坚持典型引路，全年获评全国学雷锋活动示范点1个、2017全国志愿服务“四个一百”先进典型2个、中国好人1个，李彬荣膺全国“十大孝心大使”。获江苏岗位学雷锋标兵1人、江苏“时代楷模”1人、江苏“最美人物”5人、“江苏好人”16人、省“十大诚信标兵”1人、省“诚信之星”10人，创成省诚信示范街区3个。“扬州志愿”效应逐渐彰显，各类志愿服务载体600多个；首届扬州志愿服务展示交流会成功举办，近300个志愿服务项目展出；组建省内首家地级市志愿者培训学院，建立多层次的志愿服务驿站、学雷锋志愿服务岗点、社区志愿服务站、志愿服务孵化实践基地等600多个，提升志愿服务驿站、邮爱驿站50多个，建设“爱心驿站”282个。完成省运会、省园博会、“扬马”等重大赛会志愿服务工作。市委宣传部（文明办）、原市文广新局、广电总台在省运会组织运行工作中获集体“二等功”。举办第六届扬州城市荣誉表彰暨新年联欢会，表彰“十大功臣”“十大好人”等先进典型。以改革开放40周年为主题，举办第14届扬州市民日系列活动，开展“我家这40年”家庭故事征集活动，举办“迈进新时代 幸福舞起来”广场舞大赛。印发《扬州市全面推进文明城市建设常态化长效化三年行动计划（2018—2020）十大工程实施方案》，将6个园区纳入月度测评范围，梳理问题点位276个，实现主城区创建工作高标准、全覆盖、无盲区。创新点评会机制，通过观摩“样板点”、制作“曝光片”、颁发“红黄旗”、开展“回头看”等，强化文明城市常态长效创建。制定印发《扬州市文明家庭评选标准和评选办法》《扬州市诚信示范街区测评体系（试行）》，开办《文明扬州》专刊、《文明新生活》专栏，传播文明理念。举办扬州市全国文明城市建设成果展。组织开展“三下乡”“四进城”活动，有效实现了城乡之间的资源要素和发展成果互动共享。（陈湘辉）

第一届扬州志愿服务展示交流会互换合作协议现场　王乃驷/摄

统战工作

■巩固共同思想政治基础 组织统战成员通过学习培训、征文研讨、座谈交流等形式，学习贯彻习近平新时代中国特色社会主义思想，将学习研讨习近平总书记关于加强和改进统一战线工作的重要思想，纳入县（市、区）党委党建工作考核体系，纳入党校、社会主义学校教育培训课程，征集学习研讨文章74篇，形成较好反响。支持民主党派、非公

有制经济人士、无党派人士等开展各类主题教育活动，开展“最美同心人”推荐宣传活动。（李忠国）

■服务经济社会发展 围绕高质量发展、聚焦“三个名城”建设，组织各民主党派、工商联、知联会确定9个重点调研课题，开展深度调研，建言献策。协助举办第二届江苏发展大会暨首届全球苏商大会扬州论坛活动，为扬州发展引资引智。贯彻落实市委、市政府“2号文件”精神，组织企业家参加涉企政策制订，开展惠企政策评估。持续推进“商会+贫困村”“非公企业+贫困户”精准扶贫双加行动，有效落实市级机关部门帮扶少数民族乡村项目，助推打赢脱贫攻坚战。开展“大手牵小手”公益活动，成功争取明日之星教育基金会捐赠价值400万元实物。依托海外华文媒体交流平台，在欧洲时报等海外媒体展示扬州发展成绩。（李忠国）

■统战工作多领域推进 提升政党协商水平，召开3次党外人士协商通报会，举办民主党派参政议政骨干培训班，支持各民主党派市委深化实践创新品牌和基地建设。严格依法管理宗教事务，推进宗教工作督查整改，开展校园宗教渗透专项排查，探索“因地制宜、因俗而治”民间信仰管理工作。推进民族融合，大力宣传“送艾力回家”等民族团结先进典型，做好少数民族流动人口和学校民族班服务管理工作。擦亮新的社会阶层人士统战工作全国创新推广城市金字招牌，在全市建设8个新阶层统战工作实践创新基地，“在路上”新阶层工作微视频参加全省联评联播，4月27日中央统战部新阶层局领导到扬调研时给予肯定。增进港澳台同胞文化认同，在香港举办“漆妙无比、玉造天成”扬州漆器玉雕精品展，组织香港中小学德育教师交流考察团到扬交流参访。（李忠国）

■统战工作机制建设 贯彻落实机构改革要求，调整完善统战工作领导小组成员单位，明确职责分工、年度工作要点，实现市级统战系统集中办公，全市统战工作呈现新气象、新格局。制定《市委统战部部务会议事规则》，探索建立统一领导民族宗教工作、统一管理侨务工作新机制。出台“无党派人士”身份认定实施细则，建立市、县两级无党派人士库。制订全市统战工作考核细则。将统一战线大数据信息系统建设、高质量建设全国新的社会阶层人士统战工作创新推广城市、推动工商联所属商会改革纳入全市深化改革工作要点，加快推进。兴调查研究之风，制定8个重点调研课题，吸纳社会力量共同开展。开展“5·10”党风廉政建设系列活动，在全市统一战线营造风清气正的良好政治生态。（李忠国）

机构编制管理

■概况 2018年，市机构编制委员会办公室（简称市编办）贯彻新时代党的建设总要求，围绕党政机构改革、“放管服”改革两大重点改革领域，构建系统完备、科学规范、运行高效、符合扬州实际的机构职能体系，规范创新机构编制管理满足经济社会发展用编需求，推动“放管服”改革为高质量发展提供动能，机构编制工作迈出新步伐、取得新突破。（市编办）

■市县党政机构改革 11月23日，市委下发《中共扬州市委关于成立扬州市机构改革领导小组的通知》，决定成立市机构改革领导小组，由市委书记谢正义任组长，代市长夏心旻任副组长，各市委常委为成员，市委常委、组织部部长江桦兼任办公室主任，市委组织部常务副部长徐龙、市委组织部副部长、编办主任徐志刚任副主任，市纪委、市委组织部、市委改革办、市委编办、市机关事务管理局有关人员为办公室成员。办公室下设综合协调、材料、市直、县（市、区）4个专题组，工作人员以市委编办为主，并从市纪委、市委组织部、市委改革办、市机关事务管理局等部门抽调相关人员。12月5日，市委办公室印发《关于严明纪律切实保证机构改革顺利进行的通知》。12月6日，市机构改革领导小组办公室召开第一次全体人员会议，贯彻落实市县机构改革业务培训会精神，推进市县机构改革工作。市委常委、组织部部长、市机构改革领导小组办公室主任江桦和市委组织部副部长、编办主任、市机构改革领导小组办公室副主任徐志刚讲话，会上同步印发《扬州市机构改革领导小组办公室机构设置及工作分工》《扬州市机构改革领导小组办公室机构设置及主要职责》以及扬州市机构改革工作计划安排表。12月10日，经与省机构改革领导小组办公室沟通，根据录音整理出市县机构改革答复口径。在与省委编办初步沟通的基础上，市委编办起草《市党政机构设置建议方案》向市机构改革领导小组汇报。12月13—14日，扬州市机构改革草案经省委编办集中预审。12月21日，市委召开第82次市委常委会，专题听取《扬州市机构改革方案》汇报。12月26日，市机构改革领导小组办公室召开第二次全体人员会议，研究部署机构改革推进工作。12月27日，县（市、区）机构改革草案经省委编办的集中预审。市委向省委报送《中共扬州市委关于报批〈扬州市机构改革方案〉的请示》。（市编办）

■“放管服”改革 以“3550”“不见面审批”改革为抓手，全市服务效能不断提升，营商环境持续优化。“不见面审批”实现广覆盖。至年底，市级部门在政务服务“一张网”上运行的“不见面”和“见一次面”审批权力事项1047项，其中“不见面”事项1036项，占比98.95%，“3550”改革目标较好实现。全省营商环境评价案例显示，市级开办企业、不动产交易登记、建设项目施工许可所需平均时限分别从2016年的12、26、110个工作日缩短至2018年的1.5、1.25、13个工作日。

改革亮点备受肯定。推动全市9个省级以上开发区区域评估全覆盖、助力园区转型升级的举措，被国务院通报表扬为优化营商环境的典型做法，同时被新华日报专题报道。

（市编办）

■**综合执法改革** 推进扬州经济技术开发区、江都开发区综合执法改革，改革方案及相对集中行政处罚权目录清单报省政府审定。仪征、广陵整合组建5～7支综合执法队伍工作实施到位。仪征市开展新一轮县（市、区）综合执法改革工作试点工作，制定综合执法工作方案，正式启动实施。（市编办）

■**经济发达镇行政管理体制改革** 8月22日，省委办公厅、省政府办公室批复同意高邮市送桥镇、邗江区槐泗镇经济发达镇行政管理体制改革方案。根据改革方案，改革镇将在四个方面发力，用3年左右时间，形成"集中高效审批、强化监管服务、综合行政执法"的基层政府治理机构，努力建成人口集聚、生态良好、体制创新、社会和谐的现代化新型城镇。至年底，两个改革镇软硬件基础建设基本到位。（市编办）

■**事业单位分类改革** 深化市级党委政府直属事业单位改革和承担行政职能的事业单位改革，除行政执法机构按照中央部署推进改革外，全市不再保留或新设承担行政职能的事业单位。改革后，市本级减少事业机构9个，6个县（市、区）减少事业机构61个。积极稳妥推进从事生产经营活动事业单位改革，全面完成市级从事生产经营活动事业单位改革组织实施工作。（市编办）

■**机构编制创新管理** 坚持"严字当头、盘活存量、优化结构、有所作为"，执行"约法三章"，守住机构编制和财政供养人员"只减不增"的底线。对技工院校、科研机构、公办幼儿园等更多采取备案制管理的办法。盘活编制存量资源，通过内部挖潜、整合资源等方式，统筹调剂教师编制60人，将有限的资源向教育事业、安全生产、基本医疗、环保等领域倾斜。会同人社、财政部门对包括开发园区在内的市直550余家机关事业单位编外用工情况进行调查，并起草印发《扬州市市级机关和事业单位编外人员管理办法》，实行动态化监督调整。（市编办）

■**事业单位登记管理** 全年完成503家事业单位法人年度报告书公示工作、5家事业单位法人设立登记，继续开展登记管理"全事项""全流程"网上办理。每月抽查2~3家事业单位，开展事业单位"双随机、一公开"监管。全市490余家事业单位开展信用等级评价工作。

（市编办）

党史工作

■**概况** 2018年，中共扬州市委党史办公室（简称市委党史办）围绕党史征编、研究和宣传教育工作，发挥"以史鉴今、资政育人"功能。全年出版党史书籍3册，完成专题资料集5篇，资政课题4篇，党史论文10多篇，开展党史研讨、座谈、纪念活动等10多场，向社会各界赠送党史书籍3000多册。

（冯雅勤 杨志军）

■**党史资料征编** 推进党史"三卷本"编写工作。成立《中共扬州地方史（1978—1996）》编审指导委员会，由市委、市政府联合发文。5月，举办全市党史"三卷本"征编工作培训班，邀请省内党史专家就如何写好党史"三卷本"作专题辅导，并就党史"三卷本"征编工作作部署。定期进行业务交流，有针对性地开展资料征编和拾遗补缺。就"三卷本"查档相关工作，与市档案馆签订《保密协议》。各承编人员加强对各类资料的征集，对在手的各种资料进行分析、研究、论证、汇总，根据各自的编写计划表，按序时进度进行初稿撰写，完成80%毛稿撰写。资料征集整理初见成效。根据中央党史研究院通知要求，组织开展改革开放时期口述史资料征集工作。与扬州大学社会发展学院合作，共同开展"扬州市老干部口述史征集"课题，初步完成扬州改革开放以来市委原老领导、市四套班子及有关重要岗位负责同志共7人的口述史采访，进行文字稿和视频整理工作。编印全市党史大事记。在学习借鉴省委党史工办和南京市委党史办经验的基础上，制定《〈扬州党史大事记〉编写条例》，按月整理全市党史大事记。（冯雅勤 杨志军）

■**党史资政研究** 出台《扬州党史资政规划（2018—2021）》。按照《关于加强全市党史工作的实施意见》要求，召开党史资政工作专题研究会，着手编制并完成规划。按照规划，各处室根据自身实际认领课题，从具有扬州特色的专题入手开展资政研究，全年完成"红色阅读点亮智慧人生""近年来扬州运河文化建设研究综述""打造红色文化品牌 助推扬州城市发展""扬州城市公园体系建设"等资政课题研究。完成省委党史工办下达的《江苏党史文集——苏中党政军机关在宝应》专题资料1万余字、《江苏党史人物——骆何民》5万余字、《江苏党史人物——魏然》1万余字的编写任务。与市新研会联合编写的《新四军在扬州》，在新四军成立80周年之际正式出版。结合扬州党史上"建国号"飞机起义、苏中公学的相关史料，征集、考证和完善，形成专题文章《汪精卫专机"建国号"起义纪实》和《新四军苏中地区革命的熔炉——苏中公学校史回顾及办学意义研究》，在专业刊物发表。

（冯雅勤 杨志军）

■**党史宣传教育** 开展党史"七进"（进机关、进学校、进企业、进社区、进军营、进农村、进网络项目）。开展马克思主义经典和中共党史专架进城市书房。联合市委宣传部、市文化局开展"党史书籍点亮城市书房"活动，在全市城市书房设立

5月18日，扬州市青少年红色基因传承教育基地在江上青烈士史料陈列馆揭牌成立　　党史办/供稿

马克思主义经典和党史书籍专架，为读者提供优秀的党史著作。这一工作在全省乃至全国首创，受到市委相关领导和省委党史工办领导的肯定。开展党史宣传教育活动月活动。与市委组织部联合，把“七一”全市“党史学习日”拓展为“党史宣传教育活动月”，让党史宣教成为每年七月重要的红色文化活动。开展红色基因传承系列活动。结合全市庆祝建党97周年系列活动，围绕“不忘初心、牢记使命”主题教育，推荐相关单位组织参观红色教育基地，通过与相关单位、学校互动，缅怀先烈，传承红色基因。联合市委组织部、市委宣传部编写《初心之旅——扬州红色教育基地指南》，列入扬州红色基因传承教育系列读本。在《家风》杂志开辟红色记忆专栏，推出曹起溍等3位扬州红色人物优秀家风传承故事。与市纪委、《家风》杂志编辑部联合开展“不忘初心、牢记使命”红色家风主题征文活动，对获奖稿件进行整理，将编写入红色基因传承教育系列读本。与市关工委等单位联合命名8所革命场馆为“扬州市青少年红色基因传承教育基地”。与市委宣传部等部门举办“重走新四军路，传承红色基因”红色夏令营活动。红色文化合作共建不断推进。深化曹起溍故居与广陵小学的“馆校共建”，深入扬子津大学城开展“红色文化进校园”活动，向大学城各高校赠送近年出版的党史书籍，在扬州工业职业技术学院图书馆设立红色书籍专架。对2017年底举办的“学习贯彻十九大、红色文化进校园”巡回展征文进行遴选，汇编成《放飞青春梦想——红色文化进校园图片展观看感汇编》一书，在校园中免费赠送发放。　（冯雅勤　杨志军）

党校工作

■培训教学　2018年，中共扬州市委党校发挥“四主”作用，办好主体班次，拓展合作办班，发挥干部教育培训的主渠道、主阵地、主课堂和对外宣传扬州的主窗口作用。先后举办春秋季主体班、市第18期中青年干部培训班等主体班次；承办辽宁省委党校市厅级领导干部进修班、江西省委党校县处级进修班、省委党校市厅级领导干部进修班等班次到扬现场教学；承办扬子石化、交通银行江苏分行、723所等大型国企的合作办班。全年共举办各类培训班次95个。突出基本理论和党性教育的主课地位。以习近平新时代中国特色社会主义思想为中心，根据中央党校指导意见，结合实际，构建“1+10+N”的课程体系，形成“理论教育、党性教育、市情教育”三个单元的主体班次教学布局。全年春秋季主体班共开设基本理论教育专题29个、党性教育专题16个，基本理论教育和党性教育课程占总课时的比例为79%，其中党性教育课程占总课时的比例为30%。在全省党校系统教学工作评比中获得“教学组织奖”。　（高　扬）

■课题调研　加强科研工作组织。围绕“纪念改革开放40周年”主题组织科研活动，开展全市党校系统主题征文和理论研讨会，共征集理论文章40篇，其中5篇入选全省党校系统庆祝改革开放40周年理论研讨会。围绕市委、市政府决策咨询调研，在2018年度“扬州政协论坛”征文中获“优秀组织奖”。教职工全年公开发表各类理论文章60篇，立项牵头课题18个，形成理论研讨会成果70项，获得扬州市政府决策咨询奖等奖项36项。编印《理论与实践》4期。加强师资队伍建设。组织全体专兼职教师赴丹东市委党校进行集中培训；选派15名教师分别赴中央党校、中直机关党校、省委党校等学习。举办全市党校系统中青年教师专题课公开赛。在全校专兼职教师中开展“教师公开课”教学实践活动43次。以读《史记》为重点，组织全校教职工开展“读经典·思人生”活动。提升校园环境形象。以优质服务省运会、对外展示扬州良好形象为出发点，组织实施新一轮校园环境提升改造工程。　（高　扬）

扬州市人民代表大会

Yangzhoushi Renmin Daibiao Dahui

编　辑　陈永华

综述

■概况 2018年，扬州市人民代表大会常务委员会（简称市人大常委会）举行8次常委会会议，出台和审议地方性法规各1部，听取和审议“一府两院”（市人民政府，市中级人民法院、市人民检察院）工作报告29项，作出决议决定8项，开展工作评议3项、履职评议10人次，组织专题视察13次，提出审议和评议意见书17份，任免地方国家机关工作人员75人次，接待国外地方议会和友好代表团8批次82人次。举办非物质文化遗产法、旅游法等学法讲座，开展27项专题调研。受理人民群众来信143件，接待来访168批276人次，一些信访问题得到妥善有效处理。开展“思想解放大讨论”活动，推进形式主义、官僚主义集中整治，加强制度建设，严明会议纪律，优化会务服务，提高审议质量。

落实“一岗双责”，签订《党风廉政建设责任书》；组织党员赴上海中共一大会址和嘉兴南湖革命纪念馆开展党性提升行动，重温入党誓词，领悟“红船精神”。选举产生第一届机关纪委，支持派驻纪检监察组开展监督执纪工作。

加强新闻宣传组织策划，展示市人大常委会务实创新的履职实践和人大代表为民代言的履职风采。办好人大杂志和《扬州日报》人大专版，运用“扬州发布”“扬帆”“扬州人大微信公众号”等新媒体平台，讲好人大故事，传播人大声音。完成地方人大工作研究会换届，举办“庆祝改革开放40周年”书画摄影展。

指导县乡人大建立民生实事项目票决制，促进基层决策科学化民主化。执行基层联系点制度，定期走访调研，帮助解决实际问题。召开代表报告履职情况现场观摩会，举办乡镇人大工作培训班、乡镇人大主席论坛。（罗庆久　陆　亮）

■履职创新 市人大常委会支持深化司法体制改革，启动实施员额法官和员额检察官履职评议，听取履职报告，进行满意度测评，促进公正司法。完善工作评议机制，加大评议意见跟踪督查力度，以“回头看”力促“向前走”。建立审议意见落实情况满意度测评工作机制，畅通监督工作“最后一公里”。在议题确定和执法检查、调研视察、代表活动等方面，加强协调联动，形成整体合力。创新推出代表履职项目化管理，通过“1页纸10件事”百分制量化评分，促进代表更好履职尽责。建立市政府向市人大常委会报告国有资产管理情况制度，首次审议国有资产管理情况综合报告；探索形成预算绩效目标审查、运行跟踪、评价结果审议的全过程监督机制。（罗庆久　陆　亮）

■人事任免 扬州市人大常委会对提名推荐的干部人选，规范实施任前法律知识考试、拟任职发言、颁发任命书、宪法宣誓以及奏唱国歌等制度规定，增强被任命人员的宪法意识、法治意识和责任意识。

1月10日，市八届人大常委会第八次会议：免去仲生的市监察局局长职务，佘俊臣的市体育局局长职务；任命仲生、蔡蕾、郭鹏驰为市监察委员会副主任，池建强、陈钧、殷立琴、蒋桂芳为市监察委员会委员。

3月29日，市八届人大常委会第九次会议：任命方桂林为市副市长，郭锦勇为市人民检察院副检察长、检察委员会委员、检察员，丁朝阳、杜立新、茆小松、姚仕廉为市人民检察院检察委员会委员，王珺子为市广陵区人民检察院检察长；免去王继荣的市中级人民法院副院长职务，柏鸣的市中级人民法院民事审判第一庭副庭长、审判员职务，蒋桂芳、叶燕琼的市人民检察院检察委员会委员职务，王珺子、于喆、肖建华、刘世代、刘红、杨玲、刘法泽的市人民检察院检察员职务，郭锦勇的市广陵区人民检察院检察长职务。

4月23日，市八届人大常委会第十次会议：决定接受张爱军辞去扬州市市长职务的请求，并报市第八届人民代表大会第三次会议备案；任命夏心旻为副市长，并决定其代理市长。

5月31日，市八届人大常委会第十一次会议：免去蒋桂芳、叶燕琼、张海波、仲玉书、郭军、姜跃青、谈风来、李恩东、杨春国、张树圃、储昱、杨庆深、郑立峰、曹军、孙继海、刘兴刚、杨莹、柏其军、阎蔚、程宏、薛达源的市人民检察院检察员职务，夏继金、郭长春的扬州经济技术开发区人民检察院检察委员会委员、检察员职务，钱科、黄亮的扬州经济技术开发区人民检察院检察员职务。

7月24日，市八届人大常委会第十二次会议：任命李桂山为市体育局局长职务，张澎为市中级人民法院副院长；免去谢应松、吴健的市中级人民法院审判委员会委员、审判员职务，赵跃的市人民检察院检察员职务。

8月17日，市八届人大常委会第十三次会议：决定接受张长金辞去市副市长职务的请求，并报市第八届人民代表大会第三次会议备案；任命韩骅、刘禹同为市副市长。

10月11日，市八届人大常委会第十四次会议：任命李琪为扬州经济技术开发区监察工作委员会主任，夏继金、王公锋为扬州经济技术开发区监察工作委员会副主任。

11月28日，市八届人大常委会第十五次会议：免去张静江的市人大常委会农村工作委员会副主任职务，王瑞的市中级人民法院审判员职务，戴前良的市人民检察院副检察长职务，邓也锋的市人民检察院检察员职务；任命何巧明为市监察委员会委员，杨帆、袁海兰为市中级人民法院审判员。

（罗庆久　陆　亮）

■**组织代表活动** 聚焦“创新创造·人大代表企业行”主题，注入“统一见面日”活动新的内涵。全市7200多名市、县、乡三级人大代表走进企业，其中415名市人大代表走访企业246家，收集意见建议1402条，帮助中小企业、民营企业反映情况、解决问题。推进“人大代表之家”“人大代表联络站”建设，搭建代表经常性、制度化联系服务选民的平台载体。完善“主任接待代表日”“百名代表参与常委会审议”等做法，市人大常委会负责人接待代表50多人，代表参与市人大常委会活动480多人次，提出意见建议1200多条。紧扣重点议题，举办6期“人大网坛”，征集意见建议120多条。发挥代表履职服务平台作用，运用“互联网+”畅通民意表达和代表履职渠道，夯实市人大常委会履职民意基础。组织代表参加学习培训、视察调研、评议监督、旁听庭审、报告履职情况，为代表高效履职创造条件。建立完善代表履职档案，维护更新履职服务平台信息。评选表彰优秀议案建议和先进小组，激发代表荣誉感和使命感。围绕乡村振兴战略实施、大运河文化带和综合交通运输体系建设等主题，服务保障在扬全国和省人大代表调研视察活动。（罗庆久　陆　亮）

■**督办代表建议** 落实“两办法一程序”要求，完善市长领办、人大督办、部门承办和办理考评工作机制。强化“对口督办、重点督办、跟踪督办”，加快宁镇扬一体化发展等13件重点督办建议、加强科技金融工作支持实体经济发展等6件市长领办建议，办理成效明显。针对“同一问题代表连续多年提出”“同一类问题多位代表同时提出”“多个承办单位共同办理”的“三多”建议，进行多轮专项督办，推动345国道仪征大仪段道路扩建工程等难点建议办理取得进展。督促重新办理一次答复“不满意”建议，对“正在解决”类建议组织二次答复。对上年列入“计划解决”的56件建议，开展“回头看”，书面听取“滚动办理”情况汇报。市八届人大二次会议及闭会期间的312件代表建议全部办结，解决率75.9%，比上年提高5.8个百分点。（罗庆久　陆　亮）

重要会议

■**八届人大二次会议** 扬州市第八届人民代表大会第二次会议于1月6—9日在扬州举行。425名市八届人大代表中，415人出席会议。会议听取和审议市长张爱军代表市政府所作《扬州市人民政府工作报告》，审议市发展和改革委员会主任杨蓉受市政府委托提交的《扬州市2017年国民经济和社会发展计划执行情况与2018年计划草案的报告》、市财政局局长刘晓明受市政府委托提交的《扬州市2017年预算执行情况和2018年预算草案的报告》，听取和审议市人大常委会副主任孔令俊受市人大常委会委托所作《扬州市人民代表大会常务委员会工作报告》、市中级人民法院院长薛剑祥所作《扬州市中级人民法院工作报告》、市人民检察院检察长戴飞所作《扬州市人民检察院工作报告》。以电子表决方式通过《关于切实加强颐养社区建设的决议》《关于扬州市人民政府工作报告的决议》等7个决议。会议收到议案31件，将

1月6—9日，扬州市八届人大二次会议召开　　王　卓/摄

赵长松等11位代表提出的《关于加快推进东南片区更新改造的议案》交市人大常委会在大会闭会后审议，其余30件议案转为建议、批评和意见办理；收到代表提出的建议、批评和意见260件，全部交有关部门和组织研究处理，并负责答复代表。

会议选举产生扬州市出席江苏省第十三届人民代表大会代表47人，选举李航为市监察委员会主任。新当选的人员依法进行宪法宣誓。

（罗庆久　陆　亮）

■**人大常委会会议**　市八届人大常委会第八次会议于1月10日在扬州举行。会议讨论通过市人大常委会2018年工作要点和议题安排计划，听取市政府、市监察委员会有关人事任免事项的说明和被提请任命人员的拟任职发言。会议表决通过人事任免事项，向新任命人员颁发任命书，并进行宪法宣誓。

市八届人大常委会第九次会议于3月28—29日在扬州举行。会议听取和审议常务副市长陈扬代表市政府所作关于贯彻《切实加强颐养社区建设决议》的总体方案和2018年度实施计划的情况汇报，会议听取和审议副市长丁一代表市政府所作关于2017年扬州市环境质量和环境保护目标完成情况的汇报。会议学习贯彻十三届全国人大一次会议精神，听取市经信委关于落实市人大常委会高端装备制造业工作评议意见、市公安局关于落实市人大常委会交通秩序管理工作评议意见的汇报，审议市政府落实市人大常委会关于地方政府债券安排及预算调整工作审议意见情况的书面报告。会议分别听取市政府、市中级法院、市检察院有关人事任免事项说明和被提请任命人员代表的拟任职发言，表决通过有关人事任免事项，向新任命人员颁发任命书，并进行宪法宣誓。会议期间，举办《江苏省养老服务条例》辅导讲座。

市八届人大常委会第十次会议于4月23日在扬州举行。会议听取有关人事任命及辞职事项的说明和被提请任命人员的拟任职发言，表决通过关于接受张爱军辞去扬州市市长职务的请求的决定，决定任命夏心旻为扬州市副市长，并决定其代理扬州市市长职务。夏心旻依法进行宪法宣誓。

市八届人大常委会第十一次会议于5月30—31日在扬州举行。会议听取和审议常务副市长陈扬代表市政府所作关于全市利用外资情况的汇报，听取市文化广电新闻出版局局长季培均受市政府委托所作《扬州市非物质文化遗产保护条例（草案）》起草情况的说明，听取市人大常委会教科文卫工委关于条例（草案）审查意见的报告，并对条例（草案）进行一审。会议听取市人大常委会环资城建工委关于推进东南片区更新改造的议案处理意见的报告，听取市环保局关于落实市人大常委会环境保护工作（“263”专项行动推进情况）评议意见的汇报。会议听取市中级法院部分员额法官履职情况的报告和市人大常委会履职评议调查工作组的调查报告，并对其履职情况进行满意度测评。会议听取市检察院人事免职事项的说明，表决通过相关免职事项。会议听取审议市政府落实市人大常委会部分审议意见情况的书面报告。会议期间，举办非物质文化遗产法辅导讲座。

市八届人大常委会第十二次会议于7月23—24日在扬州举行。会议听取和审议副市长何金发代表市政府所作关于《扬州市公园条例》实施和公园体系建设情况汇报，听取常务副市长陈扬代表市政府所作关于上半年国民经济社会发展计划执行情况汇报，听取和审议市财政局局长刘晓明受市政府委托所作关于2018年上半年预算执行、2017年市级决算（草案）的汇报，听取和审议市审计局局长蔡先建受市政府委托所作关于2017年度市级预算执行和其他财政收支情况的审计工作报告，听取市人大财政经济委员会关于2017年市级决算（草案）审查结果报告。听取和审议市财政局局长刘晓明受市政府委托所作《关于扬州经济技术开发区2018年预算调整方案（草案）的议案》的情况说明并对相关议案进行审议，听取市人大财政经济委员会关于《市政府关于扬州经济技术开发区2018年预算调整方案（草案）》的审查结果报告。会议听取市农委主任马顺圣关于绿色优质农产品生产供给工作情况的汇报以及评议调查组的调查报告；会议表决通过关于批准扬州市2017年市级决算的决议、关于批准扬州经济技术开发区2018年预算调整方案的决议。会议对市农委绿色优质农产品生产供给工作开展工作评议，并由常委会组成人员以无记名投票方式进行满意度测评，结果为满意。会议听取有关人事任免事项的说明，表决通过有关人事任免事项。

市八届人大常委会第十三次会议于8月17日在扬州举行。会议听取代表资格审查委员会关于个别代表的代表资格的报告，听取有关人事任命和辞职事项的说明，以及被提请任命人员的拟任职发言。会议表决通过关于个别代表的代表资格的报告，表决通过关于接受张长金辞去扬州市副市长职务的请求的决定，决定任命韩骅、刘禹同为市副市长。韩骅、刘禹同依法进行宪法宣誓。

市八届人大常委会第十四次会议于10月9—11日在扬州举行。会议听取市工商局局长胡春风受市政府委托所作《扬州市农贸市场管理条例（草案）》的起草说明，听取市人大常委会经济工委关于条例（草案）审查意见的报告，并对条例（草案）进行一审。会议听取和审议副市长何金发代表市政府所作关于推进建筑产业化工作情况汇报，听取副市长余珽关于全市旅游工作情况汇报，听取市人大法制委员会关于《扬州市非物质文化遗产保护条例（草案）》审议情况的报告，并对草案修改稿进行审议。会议听取和审议市财政局局长刘晓明受市政府委托所作关于部分市级政府专项资金绩效评价的汇报。会议听取市科技局局长陈星关于科技创新工作情况的汇报以及评议工作调查组的调查报告。会议表决通过《扬州市非物质文化遗产保护条例》，并报省人大常委会批准。会议对市科技局科技创新工作开展工作评议，并由常委会组成人员以无记名投票方式进行满意度测评，结果为满意。会议审议市政府落实市人大常委会关于2017年扬州市环境状况和环境保护目标完成工作审议意见的报告。会议听取市监察委员会人事任命事项的说明和被提请任命人员的拟任职发言，表决通过有关人事任命事项，向新任命人员颁发任命书，并进行宪法宣誓。会议期间，举办旅游法辅导讲座。

市八届人大常委会第十五次会议于11月26—28日在扬州举行。会议听取和审议副市长何金发代表市政府所作关于《推进东南片区更新改造的议案》办理情况的汇报，听取和审议常务副市长陈扬代表市政府所作关于市八届人大二次会议代表建议、批评和意见办理情况的汇报以及审计查出问题整改情况的报告，听取市财政局局长刘晓明受市政府委托所作关于《扬州市2018年市级地方政府债券安排及预算调整方案（草案）的议案》的说明并对相关议案进行审议，听取市人大财政经济委员会关于《扬州市2018年市级地方政府债券安排及预算调整方案（草案）》的审查结果报告。会议听取市检察院部分员额检察官履职情况的报告和市人大常委会履职评议调查工作组的调查报告，并对其履职情况进行满意度测评。会议听取市发改委主任杨蓉关于重大项目建设工作情况的汇报以及评议工作调查组的调查报告。会议表决通过关于批准扬州市2018年市级地方政府债券安排及预算调整方案的决议。会议对市发改委重大项目建设工作开展工作评议，并由常委会组成人员以无记名投票方式进行满意度测评，结果为满意。会议听取市民政局、市人社局、市房管局、市卫计委关于落实颐养社区2018年度实施计划和人大常委会第十四期审议意见书情况的汇报，并对落实情况进行满意度测评。会议听取关于召开市八届人大三次会议有关事项的说明，表决通过关于召开扬州市第八届人民代表大会第三次会议的决定、市八届人大三次会议建议议程和列席人员范围。会议听取市人大常委会、市监察委员会、市中级法院和市检察院有关人事任免事项的说明，以及被提请任命人员的拟任职发言，表决通过有关人事任免事项，向新任命人员颁发任命书，并进行宪法宣誓。（罗庆久　陆　亮）

人大监督

■经济发展提质增效监督 市人大常委会审议国民经济和社会发展计划执行情况报告，听取“十三五”规划纲要实施情况的中期评估报告，推动经济持续健康发展和社会大局稳定。对重大项目建设开展工作评议，视察高端装备制造业发展评议意见落实情况，要求抢抓融合发展机遇，聚焦重点项目、重大基础设施和先进制造业发展，破解要素制约，提高建设质量。调研外资利用情况，督促提升招引工作精准度，发挥园区主平台作用，优化营商环境。审议建筑产业化发展情况，促进产业结构调整、资源优化配置。关注乡村振兴战略实施，省市县三级人大开展联动调研，听取农村集体资产管理工作汇报，推进农村土地“三权分置”，加快村级集体资产股份合作制改革，促进村级资产保值增值。视察现代农业园区建设及绿色优质农产品生产供给工作，推进农业高效规模绿色发展。

（罗庆久　陆　亮）

■名城建设品质提升监督 市人大常委会开展科技创新工作评议，督促加强高水平实验室和科技产业综合体建设，发挥企业创新主体作用，为创新发展增添动力、激发活力。聚焦国际文化旅游名城建设目标，组织调研全市旅游工作，促进科学编制全域旅游发展规划，理顺旅游体制机制，加快文化旅游融合，打造高品质旅游产品，提升扬州市旅游知名度和美誉度。审议《关于推进东南片区更新改造的议案》办理情况，要求明确整体规划、年度计划和重点项目等，并持续督查推进更新改造工作。听取城市总规修编情况汇报，推动以规划引领名城建设。视察大运河文化带建设，调研文化产业发展，推进运河文化名城建设。　（罗庆久　陆　亮）

■污染防治攻坚战监督 市人大常委会贯彻落实全国和省人大常委会关于打好污染防治攻坚战的决议要求，制定专项实施方案，督促市政府列出环保突出问题清单，围绕5方面59个问题，明确整治目标，落实责任部门，严格监督执法，按序时进度整改到位，并向社会公示。依法听取年度环境状况和环保目标完成情况汇报，督查“263”专项行动推进工作评议意见落实，专题视察“治水治气”决议实施情况，推动打好“蓝天碧水净土”保卫战，扬州市通过中央环保督察“回头看”，污染防治攻坚走在苏中苏北前列。

（罗庆久　陆　亮）

■法治社会建设监督 市人大常委会视察“七五”普法决议中期实施情况，督促加大普法宣传力度，构建良好法治氛围。在“486非遗集聚区”召开非遗保护条例实施动员会，营造全民知晓、全民参与的实施环境。关注打击通讯网络诈骗和非法集资工作，要求注重源头管控、从严从重打击，增强人民群众安全感。调研市检察院民事虚假诉讼法律监督工作，促进提升甄别和防范虚假诉讼能力，维护法律权威和社会稳定。对报送的2件政府规章和5件规范性文件进行备案审查，探索开展集中审查点评。　（罗庆久　陆　亮）

■民生改善监督 根据市八届人大二次会议关于切实加强颐养社区建设的决议要求，市人大常委会以“五可”标准督促出台贯彻落实的总体方案和年度实施计划，实地察看社区适老化改造工作，调研推进养老服务机构招引培育，听取决议年度实施情况报告，并进行满意度测评。完成颐养示范社区年度建设任务，推进日间照料中心和嵌入式养老机构建设，长期护理保险制度试点方案公布实施。开展绿色优质农产品生产供给工作评议，要求严格产地准出和市场准入检测，筑牢农产品质量防线。关注学前教育发展，推动扩大优质普惠资源供给，破解“入园难”“入园贵”问题。

（罗庆久　陆　亮）

■预决算审查监督机制监督 推进预算审查重点拓展改革，丰富审查内容，加强专项资金绩效审查监督，完善审查程序和方法，促进预算安排体现市委重大决策部署。审议上半年预算执行情况，提出加大财政对实体经济支持力度等意见。审查批准2017年市级决算、2018年市级地方政府债券安排及预算调整方案。听取2017年度市级预算执行和其他财政收支情况的审计工作报告，跟踪监督问题整改，促进市本级增加当期财政收入12.19亿元，盘活财政存量资金4.87亿元。加快人大预算联网监督系统建设，拓展预警、分析和服务功能。（罗庆久　陆　亮）

重点议案建议

■关于推进东南片区更新改造的议案 市八届人大二次会议上，赵长松等10位代表提出《关于推进东南片区更新改造的议案》。主要内容：（1）形成合力，通过“三个一”“三个实现”，加大整治和污水管网改造提升的力度。一张蓝图规划，实现市、区互联互动，根据扬州市“城市排水规划”，制定雨污分流改造计划，分期分片组织实施；一盘棋实施，实现污水管网与其他地下管线同步建设，科学规划建设排水防涝系统，做到一次开挖、全面到位，避免重复建设；一个主体管理，实现改造提升与统一管理同步进行。（2）优化配置，推进学校布局科学合理，实现教育资源互联互享。建议相关部门根据区域人口结构现状和各自职责，对学校布点调整提出合理化意见并加快审查批准流程。（3）立足实际，着眼未来发展，科学调整农副产品批发市场规划选址，及时给予政策资金支持，打造扬州市民“菜篮子”一站通基地。（4）政策支持，整合资源配置，合力推进东南片区更新和改造。尽快明确和出台专项财政支持和扶持政策，简化快捷土地出让金财政结算程序，通过财政拨款或注入土地、股权等资产，进一步整合平台公司资源，统一进行资产运营、资本运作，针对具体项目精准发力、精准合作；对于单个项目建设、相关片区改造，合理配置资源，积极争取有关政策扶持及资金支持。（杜超璇）

■关于促进扬州学前教育优质普惠发展的议案 市八届人大二次会议上，沈宏跃等10位代表提出《关于促进扬州学前教育优质普惠发展的议案》。主要内容：（1）落实各级政府主体责任。深化对新时代优先发展教育事业重要战略意义的认识，健全工作机制，加强专项督导，提升保障水平。（2）扩大普惠性学前教育资源。鼓励多种形式办园，科学合理配置资源，重点加强经济薄弱地区、两孩政策新增人口集中地区和城乡接合部幼儿园建设。（3）高度重视幼师队伍建设。深化人事制度改革，加强待遇保障，加大本专科层次幼师培养力度，加快培养男幼师，做好幼师职前和职后培训，继续加强师德师风建设，严格师资管理，开展职业道德教育和法制教育。（4）加强科学保育教育。遵循幼儿身心发展规律设置教育内容，健全学前教育教研指导网络，加强幼儿园质量监管和业务指导，全面规范办园行为，完善动态监管机制，持续强化安全管理。（杜超璇）

■关于进一步加大扬州市生活垃圾分类和治理工作力度的议案 市八届人大二次会议上，刘焕琴等10位代表提出《关于进一步加大我市生活垃圾分类和治理工作力度的议案》。主要内容：（1）加强宣传引导。多渠道、广覆盖宣传普及垃圾分类的必要性和具体做法，鼓励做好垃圾分类。（2）加强垃圾分类管理。增设垃圾分类回收设施，指导市民使用。（3）充分发挥志愿者作用。现场示范、宣传指导垃圾分类工作。（4）合理配置收集运输设施。加强分类收集设施建设，在公共场所、居民小区合理布局、科学配置分类回收垃圾箱，并设置专门的电器、家具等大件旧货及电池等有毒垃圾收集点。（5）扶持垃圾分类处理企业，推进市场化运作。（6）推进生活垃圾处理设施建设。加快市区生活垃圾焚烧发电厂三期工程、生活垃圾焚烧炉渣综合利用厂、赵庄垃圾卫生填埋场渗滤液处理站项目、赵庄垃圾卫生填埋场二期项目以及高邮、宝应生活垃圾焚烧发电厂等项目建设，提高生活垃圾综合处理能力。（7）探索垃圾回收有偿置换。在符合条件的区域试点开展电池、油漆等有害垃圾的有偿置换，探索促进有害垃圾有偿回收机制建设。（杜超璇）

■关于加强科技金融工作支持实体经济发展的议案 市八届人大二次会议上，周荣祥等10位代表提出《关于加强科技金融工作支持实体经济发展的议案》。主要内容：（1）探索开发科技金融产品。力求打造多层次科技金融产品体系，拓展金融机构业务，打造区域科技金融品牌效应。（2）推进知识产权质押融资工作。促进搭建全市知识产权质押融资对接平台，出台相应管理实施细则，建设高价值专利培育中心，探索开展专利价值评估工作。（3）探索财政资金“拨改投”创新模式。建立财政资金“投入—运营—退出—再投入”的良性循环，发挥财政资金激励引导作用，对科技创业创新项目给予靶向精准支持。（4）加大对科技孵化企业支持力度。将科技金融重点倾向于在科技产业综合体、孵化器、众创空间的高成长型科技企业，在新兴产业的苗圃—孵化—加速—产业化及上市企业培育方面更大程度地发挥科技金融支撑作用。

（杜超璇）

■**关于加强绩效评价结果运用的议案** 市八届人大二次会议上，吴焱新等10位代表提出《关于加强绩效评价结果运用的议案》。主要内容：（1）确立绩效目标龙头地位。明确工作职责，强化绩效目标管理，严格按照“谁申请资金，谁设定目标”的原则，落实预算部门（单位）主体职责；发挥前置作用，制定预算草案初步方案时，要以预算部门（单位）编制的绩效目标为预算安排的重要参考依据，并充分听取绩效主管处室意见建议。（2）推动绩效评价结果运用。建立预算安排和绩效评价结果挂钩机制，规范绩效评价结果整改和检查工作，并强化绩效问责，发现有虚报项目内容骗取财政资金，或截留、挪用财政资金，或由于管理不善、决策失误造成财政资金严重浪费的，应依照《财政违法行为处罚处分条例》等法律法规依法追究责任。（3）实施绩效公开通报制度。加大信息公开，不断提高绩效工作透明度；建立通报机制。财政部门应将项目评价结果与监察、审计等部门实行信息共享，提高效率、互相监督、科学决策。（4）完善绩效评价结果向人大报告机制，各有关部门主管的专项资金绩效目标书、预算执行情况和自评价报告等资料由财政部门汇总后，送预算工委备案。

（杜超璇）

■**关于搞好顶层设计、抓好实践环节，积极、稳妥、科学推进扬州市乡村振兴行动的议案** 市八届人大二次会议上，仲子午等10位代表提出《关于搞好顶层设计、抓好实践环节，积极、稳妥、科学推进我市乡村振兴行动的议案》。主要内容：（1）找好建好样本，建设乡村振兴示范工程。（2）拟好绘好蓝图，制定乡村振兴三期规划。（3）研究出台政策，营造乡村振兴良好格局。（4）划好守牢底线，坚持乡村振兴绿色方向。（5）培好用好队伍，配置乡村振兴人力资源。（6）选好抓好项目，支撑乡村振兴高质发展。（杜超璇）

■**关于加快老旧住宅楼房加装电梯的议案** 市八届人大二次会议上，阚肖虹等10位代表提出《关于加快老旧住宅楼房加装电梯的议案》。主要内容：（1）成立专项工作协调组织，协调各相关部门和各区政府有计划、有步骤推进工作。（2）出台具体操作办法，使工作有章可循。（3）给予专项资金补贴。（4）开展试点，树立典范。（杜超璇）

■**关于加强乡镇农村环境治理的议案** 市八届人大二次会议上，颜安明等10位代表提出《关于加强乡镇农村环境治理的议案》。主要内容：（1）提高环卫设施标准，确保垃圾收集无污染。（2）加快污水处理设施建设，确保污水达标排放。加快集镇污水管网建设，改造微动力污水处理设施，采取深埋或焚烧等措施严格规范处理污泥。（3）改造垃圾渗滤液处理方式，确保渗滤液无害化排放。（4）提升环卫队伍建设，确保环境卫生保障到位。（5）加快农村环境卫生管理相关法规制度建设，对工作具体要求及有关责任进行界定，从法律上保障农村环境卫生工作规范化长效化开展。（杜超璇）

■**关于加强医保精准扶贫工作的议案** 市八届人大二次会议上，张媛媛等10位代表提出《关于加强医保精准扶贫工作的议案》。主要内容：（1）实现贫困人口医保全覆盖。准确识别因缴不起保费而未能参保的贫困人员和家庭，采取部分或全部医保费用由财政代缴形式，确保实现贫困人口基本医保和大病保险全覆盖。（2）制定医保精准扶贫政策。对参加城乡居民基本医疗保险的贫困人口，取消医疗机构住院基金起付标准，适当提高住院报销比例。开通贫困人口办理慢性病、特殊疾病准入绿色通道。（3）建立医疗费用兜底保障机制。参加医保的贫困人口，个人自付费用仍较高的，探索由商业健康保险补偿，辅以相应的大病救助、慈善救助等多层次救助。（4）加强贫困人口信息监控。人社、民政、财政等部门要针对贫困人口的家庭收入、健康状况、就医情况、参保情况等，建设信息联网平台，建立动态退出机制。

（杜超璇）

■**关于对古城东关历史文化旅游区尽早创成AAAAA级景区的建议** 市八届人大二次会议上，陈志宏等3位代表提出《关于对古城东关历史文化旅游区尽早创成AAAAA级景区的建议》。主要内容：（1）从属地管理角度出发，成立古城东关历史文化旅游区管委会，全面统一强化管理。（2）扩大景区管理范围，将古城东关历史文化旅游区AAAAA创建四至范围内（北接盐阜路、南到文昌路、西临国庆路、东至古运河）的旅游运营管理和社会民生等事务划归管委会统一管理。（3）市政府要进一步重视，明确职责、统筹推进，切实抓好古城东关历史文化旅游区的创建工作，尽早实现AAAAA级景区目标。（杜超璇）

■**关于切实加大对城乡因病致贫家庭救助力度的建议** 市八届人大二次会议上，许金荣等2位代表提出《关于切实加大对城乡因病致贫家庭救助力度的建议》。主要内容：（1）市政府及其相关职能部门要高度重视，尽快研究和制定出台《扬州市因病支出型贫困家庭生活救助暂行办法》，由民政部门给予临时救助，以逐步建立和完善新型的社会临时救助机制，确保因病致贫家庭基本生活得到保障。（2）建议全市城乡街道各社区、乡镇各村组要切实贯彻落实党的十九大精神，特别是对“弱有所扶”采取“拉网式”排查，真心关爱、救助帮扶，把民生实事真正做好做实做出成效。（杜超璇）

■**关于完善服务中小企业发展的政府协调机制的建议** 市八届人大二次会议上，朱中良代表提出《关于完善服务中小企业发展的政府协调机制的建议》。主要内容：（1）深入贯彻落实《中华人民共和国中小企业促进法》，健全完善中小企业促进工作协调机制。（2）结合扬州特点，探索建立“分级分类包干”“属地包干”等工作制度，营造良好营商环境。（3）围绕中小企业需求提供优质服务，积极打响扬州中小企业服务品牌，加大宣传力度，吸引更多中小企业来扬创业发展。

（杜超璇）

扬州市第八届人民代表大会第二次会议期间的代表重点议案建议一览表

表 7-1

议案建议标题	提议案建议者
关于推进东南片区更新改造的议案	赵长松等 10 人
关于促进扬州学前教育优质普惠发展的议案	沈宏跃等 10 人
关于进一步加大我市生活垃圾分类和治理工作力度的议案	刘焕琴等 10 人
关于深化“放管服”改革，持续优化政务服务的议案	王华平等 10 人
关于加强科技金融工作支持实体经济发展的议案	周荣祥等 10 人
关于加强绩效评价结果运用的议案	吴焱新等 10 人
关于搞好顶层设计、抓好实践环节，积极、稳妥、科学推进我市乡村振兴行动的议案	仲子午等 10 人
关于加快建设特色田园乡村的议案	夏　晴等 10 人
关于聚焦供给侧结构性改革，推动制造业转向高质量发展的议案	孙玉培等 10 人
关于大力实施乡村振兴战略，加快建设现代化新农村的议案	阚成法等 10 人
关于促进我市社会文明法治化，深入推进新时代文明创建工作的议案	罗庆久等 10 人
关于建立扬州市疾病应急救助制度的议案	徐道亮等 10 人
关于进一步优化中小企业发展环境的议案	毕　刚等 10 人
关于加快老旧住宅楼房加装电梯的议案	阚肖虹等 10 人
关于加强乡镇农村环境治理的议案	颜安明等 10 人
关于加强土壤环境风险管控，实现生态系统良性循环的议案	周　蕾等 10 人
关于加强医保精准扶贫工作的议案	张媛媛等 10 人
关于对古城东关历史文化旅游区尽早创成 AAAAA 级景区的建议	陈志宏等 3 人
关于切实加大对城乡因病致贫家庭救助力度的建议	许金荣等 2 人
关于进一步完善我市乡土人才培养机制的建议	徐　云
关于完善服务中小企业发展的政府协调机制的建议	朱中良

（杜　伟）

扬州市人民政府

Yangzhoushi Renmin Zhengfu

编 辑 崔成鹏

重要会议

■市政府常务会议 1月23日，市政府召开第14次常务会议。主要议题:（1）学法学纪；（2）关于2018年民生幸福工程的实施意见（2018年市委市政府“1号文件”）；（3）关于持续优化发展环境促进企业高质量发展的意见（2018年市委市政府“2号文件”）；（4）关于2018年市级层面“6+X”招商活动方案；（5）关于扬州市国际会议和重大涉外活动统筹协调机制；（6）关于全市金融改革发展情况汇报；（7）关于推进现代公共文化服务体系建设的实施意见；（8）关于扬州市老年人优待办法（修订稿）；（9）关于第二届政府文学艺术奖评选情况的汇报。

2月6日，市政府召开第15次常务会议。主要议题:（1）学法学纪；（2）关于2017年度县（市、区）、功能区经济社会发展综合考评及市级机关“三争”考评情况的汇报;（3）关于2017年度“特别贡献奖”“工作创新奖”评选工作情况汇报;（4）关于2017年度县（市、区）、功能区党(工)委书记考核工作情况汇报;（5）关于2017年度市级机关目标绩效考评工作情况汇报；（6）关于市属文化企业国有资产监督管理暂行办法。

2月26日，市政府召开第16次常务会议。主要议题:（1）关于2017年扬州市市长质量奖评审工作的情况汇报；（2）关于广电传媒集团（总台）所持广电网络国有股权转让给“江苏有线”相关情况的汇报;（3）关于扬州市企业引进人才住房保障实施办法；（4）关于对全市工业企业进行表彰奖励的建议；（5）关于2017年度扬州市科学技术奖评审情况的汇报。

3月26日，市政府召开第17次常务会议。主要议题:（1）学法学纪；（2）研究《扬州市非物质文化遗产保护条例（草案）》；（3）听取拟废止6件市政府规范性文件的情况说明；（4）研究加强文物保护利用工作的实施意见；（5）研究《扬州市电信设施建设与保护办法（草案）》；（6）研究扬州市工业企业高质量发展“争先创优”表彰办法、2018—2021年扬州市县（市、区）域工业开票销售赶超千亿级目标激励办法；（7）研究2018年更好服务游客建设宜游城市的意见（2018年市委、市政府“3号文件”）;（8）研究扬州市生态河湖行动计划（2018—2020年）；（9）研究328国道十五里墩收费站提前撤站方案;（10）听取扬州市第三次全国农业普查公报主要数据的情况汇报;（11）研究扬州市超标粮食处置实施细则。

4月11日，市政府召开第18次常务会议。主要议题:（1）学法学纪；（2）研究《市政府关于建立粮食生产功能区和重要农产品生产保护区的实施意见》；（3）研究市区义务教育学校布局规划。

5月25日，市政府召开第19次常务会议。主要议题:（1）学法学纪；（2）研究《关于激励企业加快发展的政策意见》；（3）研究《扬州市2018年“双创”示范工作要点》；（4）研究《关于进一步促进全市电子商务发展的实施意见》和《关于促进全市电子商务发展的扶持政策》；（5）研究《中共扬州市委 扬州市人民政府关于贯彻落实乡村振兴战略的实施意见》;（6）研究《扬州市创建全国旅游标准化示范城市工作方案》;（7）研究《颐养社区建设总体方案（2018—2021年）》和《颐养社区建设2018年度实施计划》；（8）听取关于我市防范“地条钢”和钢铁去产能等工作情况的汇报；（9）听取关于扬州市第七届青少年科技创新市长奖评选情况的汇报。

7月21日，市政府召开第20次常务会议。主要议题:（1）学习《中华人民共和国安全生产法》并听取全市上半年安全生产工作情况汇报；（2）研究《关于加快推进新兴科创名城建设的工作意见》《2018年扬州市科技产业综合体建设运营考核办法》；（3）研究《扬州市地方志工作管理办法（草案）》；（4）听取政务公开工作情况汇报；（5）听取扬州市第四次全国经济普查开展情况汇报；（6）研究《市政府关于农村区域医疗卫生中心发展的意见》；（7）研究《关于进一步加强市区住房保障工作的实施意见》《扬州市市区公共租赁住房保障实施办法》《扬州市市区限价商品住房管理办法》；（8）研究《扬州市质量提升行动实施方案》；（9）研究

《2018“三直接”十大环节操作规范》；（10）研究《扬州市建立完善基层“互联网+政务服务”体系的实施方案》；（11）听取长江经济带发展相关政策文件清理工作情况汇报。

8月30日，市政府召开第21次常务会议。主要议题：（1）学纪学法；（2）研究《扬州市城市安全发展行动计划（2018—2020）》；（3）研究《关于进一步深化农村集体产权制度改革的实施意见》和《全市农村集体“三资”监管工作实施方案》；（4）研究《关于加强全市湖长制工作的实施意见》；（5）学习中央审计委员会第一次会议精神及国务院常务会议关于审计整改工作部署要求；（6）研究《市政府关于进一步加强审计整改工作的意见》；（7）研究《扬州市创新网格化精细化社会治理工作的实施意见》；（8）研究《扬州市农贸市场管理条例（草案）》；（9）研究《扬州市盐业监管体制改革方案》；（10）研究《扬州市统筹城乡融合发展创新农村基层社会治理与服务试点工作方案》；（11）关于市政府部分领导同志工作分工。

9月30日，市政府召开第22次常务会议。主要议题：（1）学纪学法；（2）听取全市安全生产工作情况汇报；（3）研究《市政府贯彻实施国家标准化综合改革试点工作方案》；（4）研究《扬州市活禽交易管理办法》；（5）研究《扬州市工业重大项目“零收费”实施办法和目录（2018年修订）》；（6）研究《扬州市打好污染防治攻坚战进一步做好减煤工作实施意见》；（7）研究《扬州市市区建筑垃圾治理试点工作实施方案》；（8）研究《扬州市长期护理保险制度试点实施方案》；（9）听取关于市区居民用天然气价格改革的汇报。

11月1日，市政府召开第23次常务会议。主要议题：（1）学纪学法；（2）研究《扬州市人民政府落实〈中共扬州市委关于中央第七巡视组巡视江苏反馈意见对照整改方案〉的具体措施》；（3）研究《关于培育先进制造业集群的实施意见》及行动计划；（4）研究《关于进一步深化扬台经济文化交流合作的若干措施》；（5）研究《扬州市农村人居环境整治三年行动实施方案》；（6）研究《扬州市市区集中供热管理办法》；（7）研究《扬州市人民政府关于调整禁止现场搅拌混凝土和砂浆范围的通告》；（8）研究《扬州市水土保持管理办法》；（9）听取关于2018年度扬州市有突出贡献的中青年专家选拔评审工作情况的汇报。

11月29日，市政府召开第24次常务会议。主要议题：（1）学纪学法；（2）研究《关于全面加强生态环境保护坚决打好污染防治攻坚战的实施意见》；（3）研究《扬州市打赢蓝天保卫战三年行动计划实施方案》和《扬州市2018—2019年秋冬季大气污染综合治理攻坚行动方案》；（4）听取关于开展打击和处置非法集资工作以及防控金融活动风险三年攻坚战情况的汇报；（5）听取关于全省地方政府隐性债务化解工作推进会精神和我市化债方案情况的汇报；（6）研究《扬州市实验室建设专项资金使用管理办法》；（7）研究《关于加强城乡社区治理与服务的实施意见》；（8）研究《扬州市城市房屋安全管理办法》；（9）研究《市政府关于培育和发展市区住房租赁市场的实施意见》；（10）研究《扬州市人民政府关于推进“四好农村路”高质量发展的实施办法》；（11）研究《扬州市区、江都区公交整合方案》；（12）听取关于提请公布扬州市区市级文物保护单位保护范围及建设控制地带的汇报；（13）研究《扬州经济技术开发区、江都经济开发区综合行政执法改革工作方案》；（14）研究《扬州市完善企业职工基本养老保险市区统筹实施方案》；（15）研究《东南片区更新改造专项支持政策》。

12月22日，市政府召开第25次常务会议。主要议题：（1）研究《政府工作报告》《关于扬州市2018年国民经济和社会发展计划执行情况与2019年计划草案的报告》《关于扬州市2018年预算执行情况和2019年预算草案的报告》；（2）研究《扬州市党政领导干部安全生产责任制规定实施办法》《扬州市安全生产约谈办法》；（3）听取全市安全生产工作情况汇报；（4）听取关于调整2018年企业军转干部生活困难补贴标准工作的汇报；（5）听取关于市级机关工作目标绩效考评奖励补充建议方案的汇报。

（朱亚平）

综合政务

■政务信息 2018年，市政府办公室编发《政务动态》119期、《信息专报》166期、《要情参阅》15期、《领导参考》31期，市政府领导批示87条，向上报送信息1489条，被国务院办公厅采用32条，被省政府办公厅采用247条，总采用率提升至16.6%，获国务院领导批示10次，获省政府领导批示2次。

2018年，《扬州政讯》全年出刊12期，印数2400份，刊载各类文稿221篇、图片近200张，文字量70多万字。《扬州市人民政府公报》出刊12期，刊载各类文件150份，赠送600多名人大代表、政协委员，在24小时城市书房、档案馆、政务办等近百处设立赠阅点。电子版上传至微信公众号和网络平台，并关联到“扬帆”、“扬州发布”手机APP平台。召开全市《扬州政讯》办刊工作会议，表彰先进单位16个、先进个人14名、优秀稿件17篇，聘请10名特约撰稿人。

《调研参考》全年遴选发表调研文章30篇。开展年度政府系统优秀调研成果评比工作，收集整理2018年度优秀调研成果153篇并编印《参谋与助手》。围绕特色小镇、园区高质量发展、江淮生态大走廊等主题开展调查研究，形成一批专题调研报告。组织参与2018年度江苏省发展研究奖征文活动，获得二等奖1个、三等奖2个，并获优秀组织奖。（潘璐 周健 史成伟）

■政务督查 全市政务督查系统完成国务院第五次大督查自查迎查、“我为大督查提建议”反馈问题整改、审计署南京特派办审计发现问题整改、拖欠农民工工资问题调查处理、生态环境部通报要求饮用水水源地环境问题加快整改、长江经济带有关决策部署落实等国家、省重大督查项目，组织开展全市“6+X”招商情况、“三路一环”城市环境综合整治工作、市区拆迁安置房不动产权证办理情况、城市“双修”试点工作、黑臭水体整治工作等重点督查活动140余次，下发督查通知单115个，编发《政务督查专报》71期、《政务督查通报》37期。（季玉明）

■党政目标管理 全年确定1111项任务为2018年度重点工作考评目标。各责任单位根据目标任务，分解细化，明确序时进度，抓好落实。市委、市政府对各项目标完成情况实施月督查、季分析、年中评估、年终考核，全年1111项政府目标任务完成率达99.3%。（李　洋）

■建议提案办理 2018年，市政府及各承办单位共办理人大代表建议289件，代表对办理结果满意或基本满意率100%。其中，所提建议解决采纳的有217件，占75.1%；计划解决的有40件，占13.8%；因受条件限制或其他原因，留作参考的有32件，占11.1%。办理政协提案452件，提案人对办理态度和办理结果满意和基本满意率均为100%。其中，反映问题已解决或基本解决的有227件，占50.2%；正在解决或列入计划逐步解决的有214件，占47.4%；因受条件限制或其他原因，难以解决或留作参考的有11件，占2.4%。政协委员“界别活动周”收集的36件意见和建议，各单位在规定时限内给予书面答复。（李　洋）

■政府信息公开 2018年，通过“中国扬州”门户网站、新闻发布会、市政府公报、公共查阅点以及政府微博、微信等渠道，全市共主动公开政府信息277万余条，其中主动公开规范性文件98件，市政府常务会议纪要14期、市政府人事任免信息31条。制定出台扬州市2018年政务公开工作要点，各级行政机关也相应出台本地区、本部门的政务公开工作要点，年度公开主要内容均已在“中国扬州”门户网站政务公开工作要点专栏集中展示。全市各级政府及其工作部门共收到政府信息公开申请826件，比上年减少28%。全市各级行政机关共受理政府信息公开行政复议申请71件。其中，维持行政行为30件，纠错1件，纠错率1.4%，撤诉和尚未办结等其他情形40件。全市涉及政府信息公开行政诉讼案件43件，其中，维持具体行政行为或驳回原告诉讼请求25件，纠错3件，纠错率7%，原告撤诉和尚未审结等其他情形15件。（王　帅）

■政府新闻发布 市政府召开2017年度《扬州蓝皮书》、2018中国·扬州“烟花三月”国际经贸旅游节等新闻发布会13场，全市共召开新闻发布会220场，回应公众关注热点400余次，政务微博、微信发布政府信息约2万条。落实市政府例行新闻发布会制度，涉及经济社会发展、民生热点和城市管理的主要部门均召开不低于6场的新闻发布会。开展“大型网络系列发布·江苏改革开放进行时”扬州篇新闻发布活动。（王　帅）

■“12345”政府服务热线 “12345”政府服务热线全年接听群众来电13.85万个，派发电子工单6.28万个，及时办结率98.8%，群众满意率99.6%。开展省市行风热线联动扬州现场直播活动。开展“12345·政风行风热线”现场接听活动。群众满意度列全省第二。（王　帅）

■《寄语市长》网络问政平台 《中国扬州》门户网站“寄语市长”网络问政平台全年共受理市民诉求3万余件，回复率100%，办结率99.6%。所有留言答复情况均对外公开，接受网民监督。对涉及群众切身利益、影响市场预期和突发公共事件等重点事项，及时发布信息。定期编发简报，不定期通报“寄语市长”答复办理情况，办理结果纳入市级机关年度工作目标任务考核。（王　帅）

■“中国扬州”门户网站群建设 2018年，以集约化平台为抓手，全面完成下辖6个县（市、区）的政府网站集约化建设，统一整合至市级政府网站集约化平台，实现全市政府网站信息资源高度共享、管理业务上下协同、安全体系统一保障。以国务院《政府网站发展指引》为标准，规范网站开设、迁移和临时下线流程，开展网站域名、网站标识等8要素和网站所使用的地图专项清查工作，确保政府网站要素齐全，地图使用规范。持续开展政府网站常态化普查，发布检测报告310期，不断提高各地各部门更新维护网站的及时性和自觉性，杜绝网站建设中的断链、错链和死链问题，消除政府网站信息更新不及时、不准确等问题。全年市政府门户网站日平均动态信息更新为41.1条/日，共审核发布8917条政府目录信息，网上调查及网上投票58项，发布民意征集54个、设计制作专题专栏18个，发布各类热点问题回应12期，网民留言4.3万条，发布3.37万条，回复3.33万条，回复率98.9%。12月12日，中国软件评测中心在北京发布第17届中国政府网站绩效评估报告，扬州市政府网站在全国302个地级市中排名第16名；在省政府组织的全省政府网站年终考评中，扬州市排第五名，被省政府办公厅表彰为政府网站建设管理先进单位。（黄玉国　陈传庚）

行政审批制度改革

■概况 2018年，全市政务服务系统共办理各类行政审批（服务）事项240.38万件，其中市本级192.84万件，第三方随机测评满意率为

99.91%。全市公共资源交易平台共办理各类交易事项3660件，交易总额为838.07亿元。其中市交易中心办理1540件，交易总额362.33亿元。（杨 璐）

■行政审批服务 对全市54个部门“不见面审批（服务）”事项的基本信息、流程图等22个要素逐条过堂，绘制“不见面审批（服务）”流程图。对全市所有“不见面”事项逐项过堂、动态维护，组织两轮“拉网式”核查，在省营商环境测评“不见面审批”现场网上核查中实现“零失分”。“不见面”送达方式多样。提供邮政EMS“零跑腿”服务，大力推行涉审材料EMS寄递双向全免费。2018年，全市通过EMS寄送审批材料13.61万件。提供预审代办“保姆式”服务，为项目建设及其他“不见面审批”事项提供代办帮办服务。建成市政务中心24小时智慧政务大厅，自助办理税务开票、交通违章处理等事项；在市县政务中心及乡、村、银行等网点广泛增设自助服务机。全市全年“不见面审批（服务）”实际办件量达169万件，是2017年全年办件量的4倍。推广“一窗式”服务，对“3550”事项实行“一窗受理、集成服务”，3家商业银行集成到市政务大厅企业注册专窗，不动产登记与水、电、气、有线电视系统互联互通，“建设项目预审代办集成服务窗口”为企业提供全流程服务。强化“减证便民”服务。全面清理各类无谓证明，取消各部门证明事项50项。开展“三减一满意”行动，组织43家窗口部门对240个事项进行梳理，办理时限压缩51%，办理材料压缩11%。市、县两级成立代办中心，组建覆盖市县乡三级520人代办员队伍，在市、县开设代办专窗，市县两级全年共代办建设项目410个，帮办事项8356件。（杨 璐）

■公共资源交易运行 提升公共资源交易平台规范化水平，出台进场交易目录，做到项目规范、流程规范、场所规范；提升市、县一体化管理水平，按照“八统一”要求建设“1+6”市、县公共资源交易体系；提升交易全程电子化水平，建成横向联通建设工程、政府采购、国土等业务系统，纵向覆盖市县两级的电子系统。市公共资源交易中心被表彰为全省政务服务工作“突出贡献集体”，是全省唯一一家。（杨 璐）

■服务功能提升 “一张网”功能持续提升。PC端扬州政务服务旗舰店2.0版本和手机旗舰店上线运行。所有市级部门自建业务平台与政务服务“一张网”完成数据对接，政务服务事项库、办件库、电子证照库等基础数据库初步建成。2018年，全市共报送办件数据165.01万件，上报证照数据57.54万件。退休公积金提取等86个民生高频应用接入江苏政务服务APP。“一张网”基层延伸全面覆盖。推进建设省市县乡村五级互联互通、线上线下一体化政务服务平台。镇村两级公共服务事项入库工作在全省率先完成，基层站点率先在江苏政务服务网上线，有乡、村办件1.59万件，受到省政务办通报表扬。“12345”总客服功能不断强化。加大“12345”热线整合力度，建好在线服务平台、大数据分析平台、效能监督平台。全年共接听电话13.85万件，派单6.28万件，及时办结率98.8%，满意率99.6%，位居全省第二。（杨 璐）

应急管理

■《应急之声》栏目开设 1月18日，市应急办、市广电总台联合开设《应急之声》栏目，并在邗江实验学校现场举办“安全自护·平安成长”主题班会。交广频道FM103.5和“扬帆”APP作现场直播。活动中，市公安局、消防支队、红十字会、供电公司、中燃公司等有关专家现场讲解应急知识。（陈 曦）

■全省防灾减灾宣传周启动仪式暨扬州市地震应急演练举行 5月12日是汶川特大地震十周年，受省减灾委、省防震减灾联席会议交办，2018年扬州市地震应急指挥及群众疏散演练和全市应急救援队伍、装备展示于当日9时在宋夹城体育休闲公园如期举行。演练模拟群众应急逃生撤离，有序疏散至避难场所等主要环节。通过启动应急避难场所、物资远程调配及分发，医疗救护及心理抚慰等环节的全过程实战模拟，达到检验政府及相关部门地震应急预案执行能力，增强社会公众应急避险意识，全面提升防灾减灾救灾综合能力。演练结束，省市领导对市应急管理工作和队伍装备水平给予肯定。（陈 曦）

■应急管理专题研修班 5月20—25日，市应急办与市委组织部联合在浙江大学举办一期为期6天的“应急管理专题研修班”。本次专题研修班，共有来自全市应急委成员单位的分管领导、市级应急专家和对口支援地区的49名学员（其中处级干部28人，市级应急专家3人，科级干部14人，对口支援地区4人）参加学习。学习期间，组织学员学习“应急预案的编制、管理和修订”“G20安保经验分享”“突发事件中的应急行为”“突发事件应急管理—危机管理与媒体公关”“当前中国宏观经济的热点、困局与突破”“应急干部的压力管理与心理调适”等6次专题讲座。实地考察了国际应急装备中心、杭州国际博览中心（G20峰会主会场）、嘉兴市智慧应急指挥系统，取得学习效果。（陈 曦）

■应急知识宣传 “5·12”防灾减灾日宣传。2018年5月12日是全国第十个全国防灾减灾日，主题是“行动起来，减轻身边的灾害风险”，5月7—13日为防灾减灾宣传周。5月2日，市应急办会同市民政局、地震局联合印发《关于组织开展应急知识宣传系列活动的通知》，5月9日、10日分别在广陵区东关街道个园社区、邗江区新盛街道殷巷社区组织开展两场进社区宣传活动，市民政局、地震局、公安局（交警支队）、交通运输局、卫计委、食药监局、民防局、气象局、红十字会、供电公司、城建控股公司、人保财险公司、消防支队等13个单位开展应急知识宣传，普及全民防灾减灾知识，提升全社会防灾减灾意识，增强全民避灾自救技能。组织开展《文明办盛会，幸福满扬城》为主题的应急知识宣传。10月18日，市应急办组织市公安局（交警支队）、民政局、卫计委、食药监局、民防局、地震局、气象局、红十字会、供电公司、城建控股公司、消防支队等12个部门以及相关专家，在经济技术开发区蝶湖公园开展应急知识集中宣传活动。活动现场，交警支队进行交通手势指挥示范演示，消防支队利用消防宣传车讲授灭火器使用常识和如何应对火灾等消防知识，红十字会进行心肺复苏演示并组织广大居民现场进行技能互动学习，市应急办组织应急知识有奖问答，得到广大居民踊跃参与。活动共设立宣传戗牌30余块，发放各类宣传资料及应急常识书籍1800余本。（陈　曦）

■**“扬州应急广播”开通**　12月26日，“扬州应急广播”挂牌仪式在扬州广播电视传媒集团举行，扬州广播电视传媒集团（总台）FM103.5交通广播被正式纳入扬州市应急体系建设，成为扬州市唯一应急广播。挂牌仪式以广播特别节目的方式呈现，市政府秘书长、市应急办主任尤在晶宣布“扬州应急广播”正式开播并揭牌。作为突发事件应急处置广播频率，今后一旦发生重大自然灾害或突发公共事件，扬州交通广播将承担起信息发布、组织动员、普及知识、引导舆论、稳定人心的重要作用。（陈　曦）

信访工作

■**概况**　2018年，市、县（市、区）两级信访部门共受理来信816件，网上信访6410件次。接待来访群众2428批1.12万人次，比上年批次人次分别下降13.7%和3.3%，其中，集体上访372批8491人次，批次上升0.5%，人次上升6.2%；群众去省集访53批743人次，批次人次分别上升12.8%和5.8%。市信访局受理来信489件，网上信访1793件次。接待来访群众969批8996人次，批次人次分别上升15.9%和26.0%，其中，到市集体上访277批次7843人次，批次人次分别上升21.0%和29.9%；群众到省上访574批1196人次，批次人次分别上升38.6%和17.1%。全市信访形势持续稳定，国家、省、市一系列重要活动期间，没有发生有影响的群体性上访事件和信访极端事件，维护扬州大局稳定。创新工作机制，狠抓问题解决，夯实基层基础，维护信访秩序，开展领导干部接访下访，全力推动信访矛盾化解攻坚，争创“群众满意信访部门”，争当“群众满意信访干部”，有效维护群众合法权益，促进社会和谐稳定。（袁志刚　刘逸敏）

■**信访基础建设**　开展“争创群众满意信访部门、争当群众满意信访干部”活动，全面升级改造市、县人民来访接待中心，按照日日清、事事清、限时清的要求，突出抓好初信初访事项办理，就地就近协调化解信访矛盾，兜底处理“三跨”等复杂事项，推动化解一批信访突出问题，牢牢将信访人吸附在窗口、稳定在当地。推动基层矛盾多元化解举措创新，全面推行律师参与信访问题化解，开展访调对接试点工作，推广仪征“AB”岗和高邮“阳光志愿者”“有理大家评”等做法，坚持将矛盾控制在源头、化解在萌芽。（袁志刚　刘逸敏）

■**信访矛盾化解**　以分类标识集中交办的方式厘清解决问题的思路，全年共梳理341件信访突出问题，分三次集中交办各地各有关部门，通过领导包案化解、联席会议会办等方式多措并举，推动问题解决。根据市委主要领导批示，集中开展全市党政领导接访下访活动，各级党政领导接访下访、包案化解了一批疑难复杂问题。各级信访部门对交办案件逐案督办，指导化解。全年交办的341件重点信访事项化解257件，化解率75.37%，其中中央、省交办积案28件，化解27件，化解率96.4%。（袁志刚　刘逸敏）

■**信访机制建设**　加强信访工作联席会议制度建设，制定《扬州市信访工作联席会议工作规则》；全市乡镇（街道）全部建成信访工作联席会议制度，实体化运行。推动信访领域诚信体系建设，印发《扬州市信访人信用管理办法（试行）》，通过媒体向社会宣传，对严重失信信访人实施联合惩戒，发挥教育警示和震慑作用。提出“五个不得”工作要求，进一步规范处理进京上访工作行为。制定《信访事项简易程序听证实施办法》，推动信访事项更方便办理、更有效终结、更快速化解。（袁志刚　刘逸敏）

人力资源管理

■**概况**　2018年，全市引进高层次领军人才165人，新增专业技术人才2.8万人、高技能人才1.8万人、留学回国人员172人，新引进长期外国专家82人，培训专业技术人才7.1万人。至年底，全市人才总量达80.04万人。（人社局）

■**人才发展体制机制改革**　制定出台《扬州市企业引进人才住房保障实施办法》《扬州市海外招才引智联络站管理实施细则（试行）》《扬州市博士后管理工作实施细则》《关于开展2018年度企业新型学徒制试点工作的通知》《关于进一步加快高技能人才队伍建设开展市级高技能人才项目评选的实施细则》《扬州市引进外国人才专项工作及资金补贴实施（暂行）》《扬州市高层次人才“绿扬英才卡”服务管理办法》等7项政策，全面覆盖人才引进、培养、载体建设等各环节，提升高层次人才载体运行效能，强化招才引智工作力度，促进高技能人才成长成才，破除人才流动、评价等体制机制障碍，增强人才获得感、归属感，激发人才干事创业活力。开展“人才政策进千企”“走进百强企业，服务小微企业”等系列政策宣讲活动，切实打通政策落实“最后一公里”。（人社局）

■兑现人才补贴 营造良好人才发展环境，为符合条件的人才提供人才补贴，增强人才获得感，全年兑现人才引进培养补贴奖励462.5万元，资助1254名人才租房、安家费补贴近930万元。发放高层次人才“绿扬英才卡”210张，为高层次人才提供医疗就诊绿色通道、免费游览公园、免费乘坐公交等公共服务。（人社局）

■高层次人才队伍建设 开展“人才强市双行动计划”，实施“百千万”人才集聚计划，共引进高层次领军人才165人，支柱产业发展急需的专业技术人才1225人，基础性人才1.38万人。开展2018年度“绿扬金凤计划”优秀博士人才遴选工作，择优推荐147个资助项目，获市财政资助1278万元。在全省规模最大、规格最高的双创赛事——第六届中国江苏人才创新创业大赛中，1人获一等奖（全省仅3名，列全省第一），1人获二等奖（全省仅10名）。组织申报省“双创计划”人才项目，其中2人入选高技能创新类“双创人才”，并列全省第三；5人入选创业类“双创博士”，列全省第四；6人入选博士后类“双创博士”，列全省第三。（人社局）

■高技能人才队伍建设 2018年，技能人才总量达23.64万人；每万名劳动者中高技能人才占比为8.85%，列全省第7位。江苏汽车技师学院获批国家人社部国家高技能人才培训基地建设单位，获国家资金资助500万元。新建成省技能大师工作室2家，新获批江苏大工匠和江苏工匠工作室13家，省乡土技能大师工作室12家，省以上技能大师工作室数量位居全省前列、苏中第一。技能人才培养模式不断创新。市技工院校与骨干企业新建校企联合实训中心5个，订单培养后备技能人才2000多人。在全国率先开展企业新型学徒制试点工作，全市18家百强企业和品牌企业，10所培训院校共同培养新型学徒510人。加大力度实现乡土技能人才技艺传承，在扬州技师学院开设“扬州传统修脚术”历史经典产业特色班，在江苏生活高级技校开设“淮扬菜”“扬州美发”历史经典产业特色班，市人社局申报获省人社厅挂牌并获每班100万元省级资助。（人社局）

■人才国际交流合作 2018年，全市累计获批各类国家级引智项目27项，省级引智项目13项，上争资金366万元，获批项目数和资金数达历史同期最高值，位列全省第一方阵。组织全市24家企事业单位参加“第16届中国国际人才交流大会”，投递人才、项目需求信息163条，吸引近万人次访问展台，达成意向合作56项，各项洽谈成果创新高，并首获组委会颁发的“最佳展示奖”称号。举办“2018中国·扬州国际英才创新创业合作对接会”，打造符合扬州市发展实际的国际人才交流平台。首次获批国家级医疗精准扶贫项目，该项目由国家外专局拨付50万元项目经费，资助苏北人民医院与四川省宜宾市屏山县开展为期1年的医技、医务培训班。扬州大学“动物重要疫病与人兽共患病防控创新引智基地”首次获批国家“高等学校学科创新引智计划”（简称“111计划”）基地。（人社局）

■人才载体建设 新建成省示范博士后科研工作站1家；国家级博士后科研工作站4家；国家级博士后科研工作站分站2家；省博士后创新实践基地6家；省留学回国人员创示范基地1家；10名博士获省博士后科研资助；4名留学回国人员获省留学回国人员双创资助。获批上争人才资金400余万元。吴春笃、邹厚存、莫国新等3人获批享受国务院政府特殊津贴。周颖华等7人获批2018年度“江苏省有突出贡献的中青年专家”。仲太生等53人获批“扬州市有突出贡献的中青年专家”。（人社局）

■百名博士扬州实践活动 7月中旬至8月中旬，邀请来自清华大学、浙江大学、华中科技大学等33所高校115名博士到扬开展各类实践项目研究，共完成实践项目72个，解决技术难题78个，帮助培训员工780人，翻译外文资料27万字，协助申报专利26个，撰写调研报告38万字，实现直接经济效益2000余万元。（人社局）

■千名大学生看扬州活动 8月16日，采取县市联动模式开展“千名大学生看扬州”活动。活动期间，共发布全市271个用人单位3799个人才需求，组织1200余名大学生实地考察了智谷、信息产业基地等科技产业综合体和亚普、海沃等百强重点企业，积极引导本籍学子回扬创业创新。（人社局）

■“才聚扬城”招聘活动 2018年共组织高校招聘会123场，提供就业岗位7.41万个，共达成初步就业意向3.49万人。其中，组织2658家（次）用人单位赴高校和教育部、人社部开展招才引智活动105场，提供岗位7.34万个。10月，承办市政府在哈尔滨和长春地区举行的招才引智专项活动，成功举办“人才集聚·科技创新”恳谈会和“才聚扬城”大型招聘会，签订20个高层次人才引进项目，182家用人单位吸引3100多名毕业生进场洽谈，达成就业意向764人。（人社局）

■扬州乡土人才市场 彰显扬州市乡土人才工作的特色，发挥扬州地理位置的覆盖优势，弘扬和传承传统技艺和实用技术，加快构筑乡土人才流动的良好秩序，充分释放乡土人才的能量和活力，让乡土人才在建设“强富美高”新江苏征程中

发挥更大作用。10月，经省人社厅批准，全国首个省级乡土人才市场“江苏扬州乡土人才市场”落户扬州。（人社局）

■公务员招录登记 2018年，全市共录用公务员和参照管理单位工作人员544名，受省委托组织招录省垂直管理部门所属机构工作人员27名。贯彻《省委组织部 省人力资源社会保障厅 省公务员局关于进一步做好公务员职位管理工作有关事项的通知》等文件规定，完成县（市、区）党委批准副科以上领导干部、2004年前自行公开招考机关工作人员的公务员登记工作，共271人。组织实施省新批准参照管理事业单位人员登记工作，共登记59人。正常开展全市机关和参照管理事业单位新考录和军转干部人员登记工作，共登记561人。（人社局）

■事业单位人员招录 2018年，事业单位公开招聘工作坚持统分结合、分级管理、分类实施，区别和优化考核内容，推进招聘工作规范化和科学化有效结合，全市共核准招聘方案（简章）41个，公开招聘事业单位工作人员2136名，其中市直468名，县（市、区）1668名。（人社局）

■军转安置 2018年，全市接收军队转业干部近200人，其中以计划分配为主。组织全市2017年度军转干部进行适应性培训。做好军转干部进高校专项培训工作，选送8名军转干部到扬州大学暨所属院校进行为期一年的脱产融入式培训，3月23日举行“扬州市军转干部进高校培训开班典礼暨授牌仪式”。完成全市自主择业军转干部信息采集及录入工作。经市政府批准，将市直自主择业军转干部纳入市级机关国家公务员医疗补助范围。对近300名身患重病、患长期慢性疾病等特殊困难的家庭实施个案帮扶。（人社局）

外事

■外事接待 2018年，扬州共接待吉尔吉斯斯坦第一副总理博罗洛夫、塔吉克斯坦副总理阿济姆·伊布拉希姆、哥伦比亚大西洋省省长贝拉诺、罗马尼亚锡比乌省省长丹妮拉·切潘、坦桑尼亚驻华大使凯鲁基、美国驻沪总领事谭森、乌兹别克斯坦驻沪总领事阿戈扎姆赫德热耶夫·萨伊达卡摩勒、白俄罗斯驻沪总领事马采利·瓦列里、法国奥尔良市市长奥里佛·加里尔、美国肯特市市长达娜·拉尔夫、日本南萨摩市市长本坊辉雄、德国丁斯拉肯市市长迈克尔·海丁格尔、意大利锡耶纳市市长路易吉·德·摩西、澳大利亚加拿大湾市市长安吉洛·斯莱卡等重要嘉宾和国外城市代表团；还接待美国国家可持续发展中心、新西兰地方政府协会、丹麦中国友好协会、澳大利亚澳中文化交流中心、荷兰荷中友协鹿特丹分会、法国苏伊士环境集团、德国江苏总商会、巴西江苏同乡会等重要协会、商会代表团。全年共接待外宾123批978人次。（杨 乐）

■国际会议 参与、承办“第六届中国－中亚合作论坛”。论坛于2018年12月12日在扬举办，中共中央政治局委员、全国人大常委会副委员长王晨出席开幕式并致辞，吉尔吉斯斯坦第一副总理、塔吉克斯坦副总理等中亚五国嘉宾参会。副省长郭元强、省外事办公室主任费少云、市委书记谢正义均作重要批示。外交部称“这是历届论坛中最成功、最精彩的，也是成果最丰富的一届”；举办“中国扬州国际友好交往展”，在全国地级市中尚属首例；协同WCCO（世界运河历史文化城市合作组织）举办“2018世界运河城市论坛”；配合举办2018年中国·扬州“烟花三月”国际经贸旅游节、2018扬

2018年到扬州访问团组一览表

表8-1

序号	时 间	国 别	代表团名称	团长姓名/职务	人数	主要活动
1	2月4—6日	德国	德国丁斯拉肯市长代表团	迈克尔·海丁格尔/丁斯拉肯市长	14	友好交流
2	3月9—10日	坦桑尼亚	坦桑尼亚驻华大使一行	凯鲁基/坦桑尼亚驻华大使	10	友好交流
3	4月15—21日	法国	奥尔良市政府代表团	奥里佛·加里尔/奥尔良市市长	28	友好交流
4	4月17—18日	乌兹别克斯坦	乌兹别克斯坦驻沪总领馆代表团	阿戈扎姆赫德热耶夫·萨伊达卡摩勒/乌兹别克斯坦驻沪总领事	7	友好交流
5	5月22日	白俄罗斯	白俄罗斯驻上海总领事来访	马采利·瓦列里/驻上海总领事	1	友好交流
6	5月27—29日	韩国	韩中文化协会济州分会代表团	金桔徹/韩中文化协会济州分会会长	13	友好交流
7	7月11日	丹麦	丹麦中国友好协会代表团	朱莉·布林克/丹麦中国友好协会主席	4	友好交流
8	8月30—31日	美国	美国驻沪总领馆一行	谭森/驻沪总领事	7	友好交流

续表 8-1

序号	时 间	国 别	代表团名称	团长姓名 / 职务	人数	主要活动
9	9月26—27日	日本	南萨摩市友好代表团	本坊辉雄 / 市长	18	友好交流
10	10月10—15日	罗马尼亚	锡比乌省代表团	丹妮拉·切潘 / 省长	11	友好交流
11	10月11—16日	美国	肯特市代表团	达娜·拉尔夫 / 市长	5	友好交流
12	10月11—14日	荷兰	荷兰布雷达市代表团	艾当克 / 第一副市长	6	友好交流
13	10月23—24日	哥伦比亚	哥伦比亚大西洋省省长代表团	贝拉诺 / 大西洋省省长	14	友好交流
14	10月29日	澳大利亚	加拿大湾市政府代表团	安吉洛·斯莱卡 / 市长	3	友好交流
15	12月9—12日	土库曼斯坦	土库曼斯坦代表团	卡· 马梅多夫 / 贸易与对外经济联系部副部长	5	友好交流
16	12月9—13日	塔吉克斯坦	塔吉克斯坦副总理代表团	阿济姆·伊布拉希姆 / 副总理	7	友好交流
17	12月9—14日	吉尔吉斯斯坦	吉尔吉斯斯坦第一副总理代表团	博罗洛夫 / 第一副总理	9	友好交流
18	12月10—12日	乌兹别克斯坦	乌兹别克斯坦代表团	哈尔马托 / 公路交通署副署长	5	友好交流
19	12月11—13日	哈萨克斯坦	哈萨克斯坦代表团	娜塔莉亚·帕恩 / 哈萨克斯坦司法部副部长	6	友好交流
20	12月18—19日	意大利	锡耶纳市长代表团	路易吉·德·摩西 / 市长	4	友好交流

（杨 乐）

州鉴真国际半程马拉松赛、2018年世界体育赛事与旅游峰会、2018世界遗产运河古镇合作大会等一批国际会议和赛事。（杨 乐）

■外事活动 1月11—21日，市委书记谢正义率扬州市友好经贸代表团赴土耳其、埃及、坦桑尼亚开展友好访问及经贸招商活动。期间，代表团一行拜访安塔利亚市政府和“2016安塔利亚世界园艺博览会”组委会，实地调研“世园会”场馆，探讨2021年扬州“世园会”与土耳其的合作；拜访苏伊士运河管理局，交流学习运河管理经验；拜访埃及工贸部、伊斯梅里亚省政府等，就经贸合作等进行探讨；拜访坦桑尼亚工贸部、坦噶省政府、达累斯萨拉姆省政府等，开展友好交流，并就扬州企业在当地的投资项目进行调研并寻求协助。拜访中国驻伊斯坦布尔总领事馆、驻埃及大使馆和驻坦桑尼亚大使馆。应乌兹别克斯坦吉扎克市政府和俄罗斯巴拉什赫市政府邀请，市委副书记张宝娟率扬州市友好经贸代表团于4月8—15日访问乌兹别克斯坦和俄罗斯。期间，代表团一行先后与乌兹别克斯坦吉扎克州政府、撒马尔罕州政府、俄罗斯莫斯科州巴拉什赫市政府等进行务实会谈，并实地考察吉扎克自由经济区及中方企业在园区投资项目、中诚通国际投资有限公司俄罗斯子企业格林伍德国际商务园，推动与乌兹别克斯坦、俄罗斯在经贸、文化、教育等方面的交流与合作。应哈萨克斯坦投资合作署、白俄罗斯莫吉廖夫州奥希波维奇大区政府邀请，市委常委、常务副市长陈扬率扬州市友好经贸代表团于8月5—10日访问哈萨克斯坦和白俄罗斯。期间，代表团一行在哈萨克斯坦首都阿斯塔纳、白俄罗斯莫吉廖夫州政府分别举办扬州“一带一路”合作恳谈会，全面介绍扬州市的地理位置、交通设施、产业结构、投资环境等社会经济发展情况，促进和深化我市与哈萨克斯坦、白俄罗斯在经贸、投资、文化、基础设施、城市建设等领域的相互了解，并就如何开展互利合作进行深入的交流。“世界运河大会”是全球运河领域管理者、研究者和爱好者齐聚的重要国际性会议。应会议的主办方——“内河航道国际（IWI）”的邀请，9月9—18日，市政协主席、“世界运河历史文化城市合作组织（WCCO）”主席朱民阳率领扬州市友好代表团出席在爱尔兰阿斯隆召开的“第31届世界运河大会”，并访问葡萄牙、匈牙利两国。期间，代表团分别在爱尔兰、葡萄牙、匈牙利与当地相关部门开展一系列推介交流活动，在经贸、文化等领域达成许多合作共识。应美国费城市政府、日本厚木市政府的邀请，10月15—22日，市委常委、组织部长江桦率扬州市友好经贸代表团出访美国旧金山、费城、纽约和日本厚木、东京等地。期间，代表团一行拜访了美国斯坦福大学、德雷塞尔大学和日本早稻田大学、神奈川工科大学等著名学府，考察Facebook（“脸书”公司）、PNP硅谷总部，会晤政界、科技界、经济界等各界代表，推介产业科技发展和人才政策环境，就人才资源合作共享及经贸合作交流等方面进

2018年扬州市出访团组一览表

表 8-2

序号	出访时间	团 名	人数	团 长	出访国家	出访任务
1	1月11—21日	扬州市友好经贸代表团	6	谢正义	土耳其、埃及、坦桑尼亚	友好交流，经贸考察
2	4月8—15日	扬州市友好经贸代表团	6	张宝娟	俄罗斯、乌兹别克斯坦	友好交流，经贸考察
3	8月5—10日	扬州市友好经贸代表团	6	陈 扬	白俄罗斯、哈萨克斯坦	友好交流，经贸考察
4	9月9—18日	扬州市友好代表团	6	朱民阳	爱尔兰、匈牙利、葡萄牙	友好访问，经贸考察
5	10月15—22日	扬州市友好经贸代表团	6	江 桦	美国、日本	友好交流，经贸考察
6	11月7—16日	扬州市友好经贸代表团	6	谢正义	马来西亚、泰国、菲律宾	友好交流，经贸考察

（杨 乐）

行广泛接触和深入研讨。11月7—16日，市委书记谢正义率扬州市友好经贸代表团赴马来西亚、泰国、菲律宾开展拜访推介、项目推进和考察学习。期间，分别举办“扬州城市推介暨产业招商会”，全面推介扬州独特区位、交通条件、产业基础、投资环境等优势，推动扬州与东南亚三国间经贸和产业合作；代表团一行考察参观MFM面粉厂、完美集团、瑞吉酒店、SM集团、安泰集团、上好佳集团等知名企业，洽谈推进一批合作项目。（杨 乐）

■助力招商引资 围绕对外开放大局，推动国际合作，整合外事资源，深度参与全市6+X境外招商，配合招商部门赴土耳其、埃及、坦桑尼亚、马来西亚、泰国、菲律宾、乌兹别克斯坦、俄罗斯、哈萨克斯坦、白俄罗斯、美国、日本、德国、荷兰等国家友好访问及经贸推介活动，开展招引工作。与乌兹别克斯坦吉扎克市签订建立经贸友好交往关系备忘录；在国外城市召开“扬州城市推介暨合作恳谈会”，与国外当地工业园管委会、投资公司、园区企业深入交流并达成多项共识与合作意向；在国外城市、自由经济区、商务园区找寻合作切入点，助推扬州企业在外投资项目。（杨 乐）

■交流合作 把握城市外交内涵，推动开展形式多样的民间对外交流。携手法国奥尔良市开展多领域合作，两市在经济、旅游、教育、美食、园艺、人文等多领域全面探讨深层次务实合作，全年实现14次各类互访，成为新时代国际友城合作的“样本和标杆”，两市分别获中国人民对外友好协会和法国外交部共同颁发的“中法地方合作奖”，奥尔良市长加里尔获“江苏人民友好使者”称号；携手日本奈良市、韩国庆州市开展各类友好交流与合作，在“第20届中日韩友好城市交流大会”上获“中日韩三国优秀友城合作奖”；配合“江苏省国际友城40周年”系列活动，组织友好城市参加第二届“友城绘”江苏省青少年国际绘画展，其中，日本唐津市、美国肯特市、法国奥尔良市分别获“优秀组织奖”。（杨 乐）

■外事宣传 组织扬州电视台、扬州电台、《扬州日报》《扬州晚报》等本地媒体，报道重大国际性会议和重要涉外活动；对到扬访问的中外嘉宾进行专题访问；完成重大外事接待和国际会议等外媒报道集锦的编辑、送审、印刷成册；加入《扬州日报》“一本政经”官方微信公众号，并确定外办选题为“国际会议和会展”；通过“扬州外事”微信公众号发布外事动态信息；为使外事新闻媒体工作适应新的要求，制定和发布《关于新闻发布工作和外国记者管理工作的相关办法》等相关规定。（杨 乐）

■涉外管理 严格执行中央、省委关于外事工作管理的各项要求，做好因公出国（境）团组初审，协助市“会办”“会审”工作。全年共下发批件237批667人次，确认省批件98批257人次，上报请示件85批291人次，确认件8批23人次。制止或调整团组32批60人次，压缩团组8批9人次。重点协调副厅级以上团组17批91人次，保障重点团组如期出访；组织宣传贯彻《扬州市举办国际会议和重大涉外活动管理办法》和因公出国（境）管理的方针政策，及时向各县（市、区）外办及相关部门通报外事管理的新政策、新规定。（杨 乐）

侨务

■概况 2018年，市侨务办公室（简称市侨办）围绕经济社会发展大局，凝聚侨心、汇聚侨智、发挥侨力、维护侨益主题活动开展相关工作。

服务意识增强。“烟花三月”国际经贸旅游节邀请18名客商参加主会场的开幕式活动，6名客商被组委会列为重要嘉宾，2名客商作为特邀嘉宾见证全市项目集中签约仪式。服务招商引资取得新进展。福建融侨集团康养小镇项目、冶春餐饮的推广项目、房车运营项目，形成合作意向。协调推进凯希嘉悦医疗科技有限公司参与高邮市人民医院建设的项目。协助邀请2名青年英才到扬参加2018中国扬州国际英才创新创业合作对话会活动。落实《扬州市2018年推进“一带一路”建设工作要点》。

侨务资源拓展。结合传统佳节，通过电话、微信、邮件等形式主动与海外侨胞、同乡会联系，涵养拓展海外侨务资源。春节期间，配合扬州电视台《关注》栏目制作海外扬州人过新年的节目，积极联系、广泛征询，推荐了7名在美国、巴西等地的海外扬州人，拜年视频在扬州台播放。全年先后接待韩国首尔华助中心秘书长范文备一行、巴西江苏同乡会会长孙秀华、副会长唐维一行；新加坡广东会馆何海山理事长；新加坡超级投资公司董事长黄钰祥一行；美国国家可持续发展中心副总裁裴习梅女士；澳大利亚江苏协会会长芦志坚一行；澳门中联办办公厅副主任夏耀胜一行等华人华侨68人。

为侨服务持续。推进规范性文件清理工作，加强对“三侨”考生的资格审核，全年共完成“三侨”考生身份认定10人（高考4人、中考6人）。办理2件侨眷身份确认，9件华侨身份认定。对涉及的六项行政权力全部完成标准化编制，第一批次就全部实现“不见面审批”。完成17件行政权力事项办理，其中，“不见面”全程网办事项9件。邀请市区老归侨联欢，发放新春慰问金，组织市区老归侨进行身体健康检查，及时慰问困难归侨。帮助市区归侨们每人办理一张银行卡，所有慰问金全部打卡发放，严格履行财务制度。组织“隆星教育发展基金”奖助学金发放仪式，为10名困难大学生每人发放4000元的奖助学金。

侨务文宣深化。经过比选申报，扬州文化艺术学校、扬州市梅岭小学、江苏省宝应中学3所学校被省侨办命名为华文教育基地。扬州戏曲园、扬州博物馆、扬州486非物质文化遗产集聚区3家单位获得“中华文化海外交流基地”授牌。4月20—27日，成功承办2018年海外华裔青少年“中国寻根之旅”春令营活动。81名泰国华裔青少年到扬州为期8天的生活、学习、考察，活动安全、有序、有效。4月28日，以《古城扬州书写“强富美高”新江苏答卷 满足世界人民对扬州的向往》为题，在美国《侨报》刊登宣传专版。6月和9月，分别在俄罗斯《龙报》刊登宣传专版。11月份在日本《中文导报》以《运河为媒，共话新时代发展辉煌》为题刊登一期专版。（王爱萍）

“中国寻根之旅”春令营营员在扬州文化艺术学校学习中国书法

侨 办/供稿

扬州三单位获得“中华文化海外交流基地”授牌 2月6日，省第二批“中华文化海外交流基地”授牌暨工作会议在常州召开。此次由省侨办、省文化厅联合授牌的“中华文化海外交流基地” 是省第二批挂牌单位，获得授牌的48家基地单位包含了全省文化遗产保护场所、知名旅游文化景点和其他文化交流单位。扬州在继瘦西湖、个园、扬州文化艺术中心等三家单位获得首批授牌后，又有扬州戏曲园、扬州博物馆、扬州486非物质文化遗产集聚区三家单位获得授牌，扬州486非物质文化遗产集聚区还就中华传统文化的传承和弘扬等所做的工作作书面交流。（王爱萍）

2018年海外华裔青少年“中国寻根之旅”春令营 4月20—26日，市侨办承办2018年海外华裔青少年“中国寻根之旅”春令营活动，来自泰国的81名12 ~ 18岁营员参加为期8天的春令营扬州营活动，期间，营员们学习中华传统文化书法、剪纸、民族舞蹈、民族音乐、戏曲介绍、木偶表演，了解历史文化名城扬州，了解中国传统节日，游览国家AAAAA级景区瘦西湖、中国四大名园之一的个园、晚清第一名园何园，游览明清古街——东关街，参观扬州历史博物馆和扬州中国雕版印刷博物馆、486非物质文化遗产集聚区和扬州工艺美术馆，亲身体验雕版刷印技艺，观摩非遗传承大师们现场展示。参观著名侨资企业——扬州完美公司，了解现代企业全自动生产线的运作，参观扬州大型购物市场现场感受扬州商场的购物氛围，感受扬州经济社会的发展状况。（王爱萍）

辛光耀一行到访扬州 10月16—18日，香港隆星教育基金创办人辛德俊后人辛光耀及夫人彭芷君一行到访扬州，与市侨办、市教育局、市民政局等相关部门人员座谈交流，就慈善基金的设立模式和捐助项目进行探讨。还参观辛德俊曾经就读的扬州中学、东关小学，曾经捐赠的梅岭中学、少儿图书馆，走访江都特殊教育学校和扬州工业职业技术学院。辛德俊系扬州人，早年去香港发展实业，身在香港，心系故乡，一直支持着扬州的教育事业，1992年与香港隆星航业有限公司董事长程余斋捐资设立隆星教育基金，全市受奖助学金人数5000多人，累计发放金额近300万元。

（王爱萍）

■扬州维扬经济开发区创成省“华侨华人创新创业服务中心” 11月，省侨办公布2018年度“华侨华人创新创业服务中心”园区名单，扬州维扬经济开发区获得该项荣誉。扬州维扬经济开发区成功创建“华侨华人创新创业服务中心”，是扬州市侨办着力凝聚侨心、汇集侨智、发挥侨力，整合为侨服务资源、为侨服务平台建设取得的重要成果。（王爱萍）

■全国首个“海外惠侨工程——中餐繁荣基地联盟”在扬州成立 12月3日，全国首个“海外惠侨工程——中餐繁荣基地联盟”成立大会在扬州举行，省委统战部副部长徐开信、扬州市副市长余珽、扬州大学副校长陈亚平，以及来自全国5家中餐繁荣基地的负责人和代表参加大会，并共同为“海外惠侨工程——中餐繁荣基地联盟”揭牌。扬州大学旅游烹饪学院及扬州市侨办等相关领导出席活动。举行“基地联盟”第一次联席会，5家基地一致通过了《海外惠侨工程——中餐繁荣基地联盟章程》和《扬州共识》，决定在扬州中餐繁荣基地设立联盟秘书处。

（王爱萍）

港澳事务

■招商推介活动 4月19—24日，市委常委、常务副市长陈扬率扬州代表团先后在澳门、香港举办“2018江苏扬州城市推介会”。推介会邀请港澳政界、商界、金融界、学界、媒体界的代表，包括外交部驻澳门特派员公署副特派员王冬、澳门中联办经济部副部长徐俊、澳门立法会议员冯家超、澳门旅游局副局长程卫东及香港贸发局、招商局、香港城市大学、中信泰富集团、丰盛企业集团、东方珠宝集团、新世界发展集团、江山控股集团等各方代表和社团110余人参会。10月18—21日，“第八届江苏—澳门·葡语国家工商峰会”在澳门举行。来自江苏、澳门及葡语国家的400余嘉宾会聚一堂，探寻合作商机，共谋未来发展。副市长余珽参加活动并做主旨发言，就经贸旅游、会展经济、教育交流、文化创意等领域推介扬州，招才引智、招会引赛。峰会期间，举办“江苏（扬州）大闸蟹专场推介”活动，并在同期举办的“第23届澳门国际贸易投资展览会（MIF）”上设立以扬州为主的“江苏形象展示馆”，宣传扬州城市形象并展开各项推介招引活动。（杨　乐）

■“市长参访计划”活动 4月19—24日，市委常委、常务副市长陈扬受邀率团赴澳门参加由澳门特区政府和外交部驻澳门特派员公署共同举办的第四届中国周边国家“市长参访计划”系列活动。此次活动

2018年扬州市赴港澳团组一览表

表8-3

序号	团　名	人数	团长（职务）	出访地区	出访任务	出访时间
1	扬州市经贸招商团	6	陈扬（常务副市长）	香港、澳门	经贸招商、参加第四届周边国家“市长参访计划”活动	4月19—24日
2	扬州市经贸代表团	6	余珽（副市长）	香港、澳门	经贸招商、参加第八届江苏—澳门·葡语国家工商峰会系列活动	10月17—22日

（杨　乐）

2018年到扬州访问港澳团组一览表

表8-4

序号	时　间	地区	代表团名称	团长姓名/职务	人数	主要活动
1	2月22日	澳门	澳门华浦集团代表团	陈云斐/澳门华浦集团董事	4	交流考察
2	5月8—9日	澳门	澳门创业青年代表团	谭继祖/澳门江苏联谊会会长	30	交流考察
3	5月10—12日	澳门	中葡论坛（澳门）秘书处代表团	徐迎真/中葡论坛（澳门）常设秘书处秘书长	20	交流考察
4	7月17—19日	香港	香港（扬州）同乡会代表团	庄明/香港（扬州）同乡会副会长	2	交流考察
5	11月9—11日	香港	咏藜园港商代表团	王小玲/香港咏藜园餐饮集团董事长	5	交流考察

（杨　乐）

邀请了韩国、印度尼西亚、泰国、俄罗斯等14个周边国家的内阁部长、国会议员、省长和市长等，并特别邀请扬州、珠海、杭州、哈尔滨、厦门和三亚等6个内地城市政府领导出席。活动中，扬州参访代表团推动与澳门在对接“一带一路”建设的大框架下实现多层面合作，与更多的葡语国家城市在产业配套、金融资本、创新创业等方面建立联系沟通、寻找合作机遇。

（杨　乐）

对台事务

■概况 扬台经贸合作深化。制定《关于进一步深化扬台经济文化交流合作的若干措施》。推进对台“6+X”招商活动，重点协调组织5批市领导和15批县（市、区）及功能园区常态化赴台项目招商，推动一批重大台资项目签约落户。举办海峡两岸（扬州）名特优农产品暨家庭园艺博览会，召开首届海峡两岸（扬州）乡村振兴论坛。全年全市批准台资项目17个，协议台资3.06亿美元，实际利用台资1.68亿美元。开展扬台两地青年创业活动。联合市委宣传部等部门与台湾沈春池文教基金会共同主办“月亮城杯”2018扬州·台湾文创设计大赛，吸引两岸高校500多名在校生参赛。

服务环境优化。引导台企申报省、市奖补资金，发挥各类政策资金的引导作用，助推台企转型升级。推动台企上市融资，邀请人行市中心支行、市银监局、恒丰银行扬州分行金融专家为台商台企宣讲外汇管理、信贷管理方面的政策。支持“台商走电商”，鼓励台企转变经营思路，瞄准内需市场，充分利用省台办提供京东、网易两家高端电商平台，进行线上销售。抓好政策宣讲，引导台胞台商增强依法自我保护的意识。深入台企调研，及时了解在扬台商的生活情况、台企的生产经营情况和台商的诉求、台企存在的问题和困难。提供高效服务，与市住房公积金中心共同制定《台胞缴纳使用住房公积金有关事项须知》，支持更多台胞在扬享受住房公积金待遇。协调公安部门做好在扬台胞居住证申领工作，主动为台胞申办市民游园卡、驾照换领、办理银行卡、银行结汇等各类生活需求服务。全年共受理台商、台企投诉案件31件，结案28件，结案率90.3%。受理台商来访46次，来信18件，来信来访答复率100%。

扬台交流联络拓展。邀请汐止区里长组团到扬参访交流，在江都区仙女镇举办“扬州·新北社区共同家园发展论坛”，并与2个社区签署友好社区（里）合作备忘录。市委书记谢正义率领扬州参访团在台北出席“江苏艺术节”扬州分活动之“纪念朱自清诞辰120周年赴台省亲之旅暨学术研讨会”，弘扬中国传统文化。组织市博物馆在佛光山举办“清风雅韵——扬州博物馆馆藏清代扇面展”，展示中国传统绘画艺术。和体育部门联合邀请新竹高中足球队、板桥初中足球队与宝应中学开展“扬台青少年足球交流”活动。“烟花三月”节庆期间，邀请新北市乌来区少数民族表演艺术团到扬州瘦西湖景区表演。与教育部门联合邀请22名台湾中学师生到扬开展非遗文化研学之旅，邀请台湾青年魔方精英到扬参加“京华城杯”海峡两岸首届魔方大师赛。加强与台湾东南科技大学、龙华科技大学等“产学研”合作，推动“扬州两岸跨越整合青年共创学院”的实施。做好与台湾扬州同乡会的交流与交往，加强扬州籍赴台陆生、陆配以及在扬台生管理和服务，组织“赴台陆生及台生体验营”“台湾扬州籍大陆新娘回娘家”等各类交流联谊活动。全年共办理赴台交流团组34批200人，接待台湾到扬交流团组16批420人。

宣传教育成效提升。央视国际新闻频道先后3次对扬州市海峡两岸农业合作示范区建设、赴台开展“纪念朱自清诞辰120周年”活动以及扬台两地文创大赛颁奖活动报道。全年《两岸关系》用稿2篇，《台湾工作通讯》用稿3篇，国台办网站用稿10篇，省委新闻网用稿4篇，省台办网站用稿556篇。“扬州与台湾”微信订阅号发布图文64次137篇。连续两年邀请中天卫视《魅力东方》栏目到扬拍摄“走进扬州”专栏，台湾《旺报》《民众日报》分别予以整版宣传报道。组织新闻媒体交流团赴台参访。推进涉台教育“进机关、进党校、进学校、进社区”工作。邀请厦门大学台湾研究院教授刘国深为对台工作领导小组成员单位。先后两次邀请南大台研所所长刘相平为市委党校春秋季主体班学员作台海形势报告。“烟花三月”期间，组织台湾少数民族歌舞团到汶河小学参访并进行交流互动。端午节期间，还组织台商台胞在广陵区荷花池社区开展“端午节台商、台胞、台属社区联谊”活动。

（徐开元）

■扬州经贸考察团赴台湾考察 3月4—9日，受台湾中华经贸文教发展协会邀请，市政协主席朱民阳赴台湾开展文化交流和考察活动。在台期间，考察团一行先后考察台北故宫博物院、台科大酷点校园、艺拓国际公司、许伯夷艺术馆等单位。考察团一行还深入推进艺拓团队与扬州瘦西湖景区合作的文创项目、威京集团空中文创影视一条街项目等文创项目，加快项目落地进程。拜访汇成光电、威京集团等台湾在扬投资企业，鼓励台企增资扩股，加大投资。拜会星云大师，赴乌来区开展基层交流活动，考察台湾旅游资源开发及文化旅游等。6月18—23日，市委书记谢正义率团赴台湾考察访问，在城市管理、乡村振兴、花博会场馆建设与运营、产业发展、便民服务设施建设等方面学习借鉴先进做法和经验。期间，陪同省委常委、宣传部部长王燕文参加“吴韵汉风”江苏文化艺术节——歌剧《鉴真东渡》演出、纪念朱自清诞辰120周年赴台省亲之旅暨学术研讨会等活动，并赴高雄佛光山拜会星云大师，促进江苏、扬州与台湾的文化交流活动。考察台北花博会场馆管理和运营、台中花博会场馆规划建设情况。考察溪头自然教育园区，与台大相关专家教授交流园区规划建设情况。考察南投县竹山镇，并与小镇文创创办人交流。在台北，考察垃圾分类管理情况。在台北、台中等城市，谢正义走进多家“7—Eleven”亲身体验和详细了解其便利服务，并专程拜访了“7—Eleven”在台湾的代理商和运营商统一企业集团。在台期间，谢正义率团还先后拜访远东集团、永丰余集团、联亚集团、鼎泰丰等台湾知名企业，宣传推介扬州，推动项目建设。

（徐泗旺　骆礼国　吴生锋）

■台湾客商到扬州参访考察 3月8日，台湾国泰建设开发有限公司董事长吴家炎、台湾龙翔强化玻璃有限公司董事长黄龙振、台湾明昌国际工业股份有限公司董事长张秋龙等一行18人到扬州考察。副市长宫文飞会见考察团一行。8月16日，台湾省商业总会蔡国洲理事长一行33人到扬参观考察，实地考察市经济技术开发区，参加市开发区投资环境说明会，游览扬州瘦西湖。市委常委、常务副市长陈扬，经济技术开发区党工委书记蒋爱祥等参加相关活动。在扬期间，考察团一行实地考察扬州瘦西湖风景区，体验扬州的园林文化，加深对扬州的认识和了解。台湾省商业总会成立于1946年，会员包括岛内14个县市商业会以及84个商业同业公会联合会等共98个会员，向下辐射涵盖了全台湾数10万家中小企业，一直以来致力于推动两岸经贸交流。

（俞　震　徐泗旺）

■台湾文创团队到扬参访 3月16日，由台湾云林科技大学设计学院教授张文山带领的文创人才团队一行来扬参访交流。市台办召开专题对接会，就台湾人才培育与孵化运营计划进行交流。在扬期间，张文山一行考察相关功能园区及海峡两岸（扬州）农业合作试验区示范点，并就项目合作进行交流。5月17—18日，台湾东南科技大学休闲事业管理系主任陶翼煌博士带领30名学生到扬交流访问。在扬期间，陶翼煌一行参观了水上园林——蜀冈·瘦西湖、东关历史文化街区和个园等风景名胜与重要历史遗存以及中国淮扬菜博物馆。（孙金海　张瑞明）

■第六届台湾单车天使神州圆梦公益之旅扬州段 7月28—29日，“第六届台湾单车天使神州圆梦公益之旅”途经扬城，来自两岸66名青少年学生、老师组成骑行队参加此次活动。在扬其间，骑行队一行从江海学院出发，路经扬子江南路、S356邗江区段及仪征市段，最终抵达南京六合区。台湾单车天使公益骑行活动是两岸唯一以骑行为载体的公益活动，自2012年以来已成功举办五届。单车天使主要协助对象为年龄在12~16岁之间的台湾弱势青少年，以失亲、单亲、经济弱势、偏落后原住民等青少年为主。活动以“坚持信念、挑战自我、开阔眼界、发挥运动精神”为四大核心理念。

（古　刚　陈艺新）

■相约荔枝——2018苏台大学生暑期传媒研习营走进扬州 7月13日，由南京大学和台湾辅仁大学、佛光大学、正修科技大学共36名大学生组成的“相约荔枝——2018苏台大学生暑期传媒研习营”活动走进扬州。在扬其间，研习营一行参观了扬州顶津食品公司生产流水线、市双博馆、486非遗展示集聚区，并与在扬台青代表进行交流。（陈艺新）

■台湾大学农学院专家考察扬州森林公园建设 9月1—3日，台湾大学农学院前院长徐源泰率领专家团一行到扬专题考察森林公园的规划建设。市委书记谢正义、副市长韩骅分别会见台大农学院专家团一行。在扬期间，台湾大学农学院专家团一行先后考察生态科技新城“四园”建设地块，实地了解生态科技新城区位及规划建设情况；参访蜀冈－瘦西湖建设的三湾生态公园和花都汇，考察城市公园管理及建设情况；参观仪征市龙山森林公园、省园博园，对森林公园建设建言献策。

（徐泗旺　陈玉唐）

■海峡两岸高等职业教育校长联席会议学术年会在扬举行 11月10—11日，第六届海峡两岸高等职业教育校长联席会议学术年会在扬州工业职业技术学院举行，大陆63所院校、台湾16所院校机构代表以及两岸企业精英共160多人参会。此次年会以“创新两岸职业教育发展、搭建合作共赢平台”为主题，聚焦产教融合、校企合作、创新创业等核心议题。海峡两岸高等职业教育校长联席会议学术年会由江苏经贸职业技术学院等10所学校2013年发起，每两年在江苏召开，一年在台湾召开。自首次举办以来，为两岸高职教育搭建了高层次、常态化的交流合作平台，影响力持续扩大。两岸高职教育交流合作日益拓展，在专业共建、师资培训、学生交流等方面开展深入合作并取得成果。年会期间，台湾院校及机构代表团一行分别参访台资企业川奇光电科技（扬州）有限公司、扬州璨扬光电有限公司，考察扬州双博馆和扬州京华城Rmall海峡两岸创业街区，并签订合作交流协议书。

（古　刚）

■扬州博物馆藏清代扇面展在台湾展出 6月1日至7月1日，应台湾人间文教基金会的邀请，“清风雅韵——扬州博物馆藏清代扇面展”在佛光山佛陀纪念馆展出。清代扇画作品是扬州博物馆的收藏特色之一，此次扬州博物馆精选了60幅扇面作品到佛光山佛陀纪念馆参展。

（古　刚）

■台湾新北市汐止区参访团到扬参访 7月31日至8月4日，以新北市汐止区厚德里里长陈有谅为团长的汐止区参访团35人到扬州交流参访。参访团在江都区仙女镇南吴社区参加“扬州·新北社区共同家园发展论坛”，台湾嘉宾陈有谅、李立喆和江都区仙女镇禹王宫社区负责人林树岚、南吴社区负责人徐晶分别从社区养老、环保、志工、管理等方面分享各自的做法和经验。在扬期间，参访团参观江都水利枢纽、邵伯船闸；参观台资企业江苏汇成光电有限公司、江苏丰尚智能科技有限公司；参观省对台交流基地—鉴真图书馆；游览瘦西湖、个园。（古　刚）

■桃园仁爱之家参访团到扬参访 10月12日，以桃园仁爱之家董事长李震淮为团长的仁爱之家参访团一行31人到扬参访。桃园仁爱之家是协助当地政府推动社会福利政策，安养孤寡残疾老弱的非营利机构。李震淮先生自1986年担任桃园仁爱之家理事长以来，已把桃园仁爱之家建成台湾地区规模最大、最具特色养老机构。参访团还游览瘦西湖、扬州双博馆、东关历史文化街区。（古　刚）

■宜兰市七张社区交流团到扬参访 11月4—5日，以宜兰市七张社区总干事陈炳彰为领队的七张社区理监事、会员交流团38人到扬参访。交流团成员中90%以上都是第一次来扬州。在扬期间，交流团考察扬州市容市貌，扬州瘦西湖活水工程，参观鉴真纪念堂和扬州双博馆。（古　刚）

■扬州市新闻媒体交流团赴台参访 12月3—9日，市委宣传部牵头并组织市新闻媒体交流团赴台考察交流，扬州报业传媒集团、扬州广电总台以及市、区台办宣传工作者与台湾媒体同行进行交流，促进扬台两地新闻媒体的互动与合作。考察团一行拜访台湾中时集团，分别与《旺报》、《工商时报》、《中时电子报》、中天电视台等媒体单位进行座谈，围绕传统媒体创新、新媒体大众化、媒体增值服务等议题深入探讨。在中天电视台，考察团现场观摩新闻直播节目，参观数字化虚拟演播厅，并对新闻采编、电视直播、后台管理等进行系统深入的了解，为两地媒体互动合作打下基础。考察团还参访《台湾导报》《人间福报》和高雄市新闻记者公会等，拓宽对台文化传播和推广的途径。（王宗奕）

■“月亮城杯”2018扬州·台湾文创设计大赛颁奖典礼在扬举行 12月8日，由市委宣传部、市委台办、邗江区人民政府、市文广新局、市双创示范工作领导小组办公室主办，台湾财团法人沈春池文教基金会、扬州沈春池文化创意有限公司、邗江区服务业发展局承办，台湾包装设计协会、象艺创意有限公司协办的“月亮城杯”2018扬州·台湾文创设计大赛颁奖典礼在扬州京华城Rmall中庭盛大举行。本次大赛整体赛程超过7个月，在台湾进行20多场推介会，吸引两岸的高校在校生、设计工作者和企业热情参与，共征集到设计作品近600件。典礼现场，共颁出明月奖金奖5名、银奖10名、铜奖20名，以及“创意新秀奖”10名。现场《琼花之匙》《扬州风格笔记本》《扬州印象绿扬春伴手礼》《琼花簇》等4件获奖作品和扬州在地企业进行签约。本次大赛以“情系宝岛·醉美扬州”为主题，是扬州首次和台湾地区共同举办的文创赛事。（吴夏颖）

“月亮城杯”2018扬州·台湾文创设计大赛获奖选手合影　张卓君/摄

政协扬州市委员会

Zhengxie Yangzhoushi Weiyuanhui

编　辑　崔成鹏

综述

■**概况** 中国人民政治协商会议江苏省扬州市第八届委员会（简称扬州市政协）共有委员409人。2018年共召开全体会议1次、常委会议3次、主席会议2次，召开专题协商座谈会2次、情况通报会20次，开展调研视察活动21次，形成专题调研报告13份，提交提案575件。就“推进高质量发展”“实施乡村振兴战略”进行专题学习，邀请省委党校教授作专题报告，把学习贯穿于履行职能的始终。就“加快促进我市制造业高质量发展”议题进行常委会议协商，从遵循五大发展理念，提出实现路径为质量变革、效率变革、动力变革，在政策落地、解决问题、兑现承诺上提出建议。就“坚持‘城市即旅游’理念，推进城市建设高品质”议题与政府协商，提出坚持政府主导、抓好顶层设计，坚持特色发展、优化城市布局，坚持项目驱动、实施城旅工程，坚持需求导向、做实城旅服务，坚持精细管理、美化城旅环境五方面的建议。就“高质量推进大运河文化带建设”召开主席会议与政府协商，按照“保护好、传承好、利用好”的总要求推进大运河文化带建设，坚持扬优势、补短板、破薄弱，做好“系统化”“特色化”“国际化”“项目化”几篇文章。就“实施乡村振兴战略，加快推进农业现代化”召开主席会议进行专题协商，与会委员围绕议题作交流发言，与有关部门进行互动，并提出要用改革的思路解决问题，解决好规模化、机械化、科技支撑、设施建设、农村资源要素“变现”的问题的建议。民主评议扬州市利用外资新优势优化开放型经济发展环境，从壮大产业集群、强化带动作用、打造扬州旅游新名片、形成现代服务业新亮点以及在人才引进、产业聚焦、信息平台、重大项目上求突破等方面提出建议。民主评议公园体系建设工作，针对公园体系建设存在的三方面问题，提出要突出精当规划、精致建设、精细管理、精准发力的工作建议，相关部门就整改落实情况向扬州市政协反馈。开展“践行以人民为中心的发展理念，提高群众获得感、幸福感、安全感”界别活动周活动。征编出版文史资料第39辑《扬州对外交往》。与蜀冈－瘦西湖风景名胜区协作编撰《原点——大运河滥觞》。该书是一本解读大运河历史并重点描述三湾景区发展的书籍，共6章12万字。就完善机制、畅通渠道，打造社情民意信息“直通车”进行专题协商。就“构建养老、孝老、敬老政策体系和社会环境”进行专题协商，从提高思想认识、完善政策体系、构建服务体系、统筹养老保障、优化投入方式、探索工作新路径六个方面提出意见与建议。就进一步“挖掘利用平山堂和邵伯等历史文化资源”开展专题视察，建议以大运河文化的保护传承和利用为载体，总结梳理好大运河历史文化资源，紧扣文化特质，讲好传承故事，奋力推进扬州在大运河文化带建设方面走在前列。视察第19届省运会、第十届省园博会筹备工作，主席会议成员进行专题视察并召开座谈会，为谋划“后省运会、省园博会时代”工作思路建言献策，建议从专题调研、经验总结、梳理建议、转化意见、制定措施入手，研究出台具体意见，承诺一条干成一条。视察重点提案办理情况，召开重点提案督查协商会，建议重点提案的选题途径及方法，坚持高标准、严要求，在解决问题上出实招、做实功、落实效，推动提案办理由“答复型”向“落实型”转变。就2018年民生“1号文件”落实情况进行重点视察，从城镇居民收入、人民群众大健康需要、推进宜居颐养社区建设、享受公平教育优质均衡发展、改善城乡居民生产生活条件和全面实施乡村振兴战略六方面提出意见和建议。专题视察对接南京科教文卫资源合作情况，组织委员实地参观对接南京合作项目，检验如何加快促进两市科教文卫资源合作及宁镇扬科教文卫资源共建共享。组织委员视察美丽乡村和特色小镇建设，提出对产业发展进行系统策划，加强宏观指导，学习先进经验，把产业作为根本，创新运作机制，形成以市场为主的特色小镇和美丽乡村运作机制，吸引各类建设主体参与特色小镇和美丽乡村建设。部分委员就扬州江淮生态大走廊农业面源污染防控及治理情况开展调研，就如何推进农村环境整治提升，建设美丽乡村提出意见建议。就全市“懂农业、爱农村、爱农民‘三农’工作队伍建设情况”开展调研视察，提出加强“三农”工作干部队伍培养、配备、管理、使用，优化农村干部队伍结构，提升干部人才队伍能力水平的意见建议。举办“打造健康中国扬州样本，推进全方位、全周期健康服务”政协论坛。重视民生类提案的督办工作，实施关于老旧楼房加装电梯的建议、打造大运河文化带“扬州样板”建设、加强学校周边流动摊点管理的建议等提案所涉的民生实事得到解决。加强社情民意信息工作，共收集社情民意信息450篇，采用编报106期，其中被省政协采用3期，省政府分管领导批示1期，市委、市政府主要领导批办13期，《人民政协报》以“深研社情，广听民意”为题，对扬州市政协反映社情民意信息工作进行深度报道。《关于推动我市生物医药产业发展的建议》《关于推进大学生实习实训基地建设的建议》《关于申创“世界美食之都”的建议》《关于大力发展我市文化研学游市场的建议》等信息报送后，市委、市政府主要领导及时批示要求做好研究采纳，经市政府领导批示、相关部门落实，取得成效。加强与党派团体的合作共事，邀请党派团体参加扬州市政协各种重要会议和重大活动，与党派联合开展调研视察、提案督办、民主评议等，优先安排党派团体进行大会发言，优先将党派团体的集体提案列入重点提案。完善界别活动的组织机制和工作机制，加强政协界别与党政部门的联系交流，通过界别座谈会、界别调研、界别提案等形式，推动委员联系本届别群众，发挥界别优势。开展习近平总书记重要思想学习研讨活动，举办两期学习贯彻中共十九大精神培训班。组织全市政协系统学习习近平总书记关于加强和改进人民政协工作的重要思想学习研讨活动。全市两级政协组织2000多名委员和机关干部参加学习研讨，召开专题学习会、理论研讨会16次，形成论文120多篇，其中9篇入选市政协理论研讨会论文汇编，数量在全省设区市政协中最多。组织市政协专题学习研讨会，邀请4位省部级领导给委员们作辅导讲座。加强委员队伍建设，强化委员学习培训，提升服务委员的能力水平。拓展联系联谊渠道，贯彻民族宗教政策，支持扬州公共外交协会工作，参与和配合全国政协、省政协在扬州市开展调研视察活动，加强与县（市、区）政协的联系合作，加强与外地政协的联系交流。

（翟文婷）

■政协委员队伍建设 强化委员学习培训，全年共举办3期培训班，先后在延安干部培训学院、江西干部学院和浙江大学举办委员履职能力提升培训班，近200名市政协委员和政协机关干部通过培训提高政治站位、坚定理想信念、熟悉政协知识、提升履职能力。组织委员集中系统深入学习习近平总书记关于加强和改进人民政协工作重要思想，将“不忘初心、牢记使命、提质增效”作为贯穿全年培训工作的鲜明主题。提升服务委员的能力水平，认真执行主席、副主席联系委员制度，发挥好委员履职信息服务平台作用，做好委员联络服务和管理工作，为委员知情明政、履行职能创造条件，组织委员参加政协会议和调研视察活动。按照扬州市政协《关于委员履职管理办法》进行委员履职评价，评选优秀委员、优秀提案、优秀论文、优秀调研视察报告和社情民意，调动委员参政议政积极性。

（翟文婷）

■加强与委员联系 坚持主席、副主席联系委员制度以及专委会分工联系界别和委员小组制度。全年开展主席联系委员活动、名家讲座12期，举办“委员企业沙龙”和“科技委员活动日”5次，协助联系界别委员小组开展调研视察、座谈讨论、公益活动50多次。组织委员参加各项专题调研、常委会议、主席会议、政协论坛、民主评议、视察督查、学习培训等活动。5月组织开展政协委员联系群众“界别活动周”，5月和7月分别组织委员参加民主评议活动，12月组织委员参加“扬州政协论坛”，就2018年扬州市政协重点工作和调研课题通过意见函、座谈会等多种形式征求各县（市、区）、各界别委员意见。选派委员担任特约监督员、行风评议员，参与行风监督、机关能力作风建设、政风行风评议等活动。通过政协网站、“扬州政协”微信公众号、《扬州政协》会刊发表委员对全市经济社会发展的建议、提案，宣传委员参政议政的成果和工作成绩。

（翟文婷）

■联系联谊渠道拓展 举办中秋联谊会，邀请港澳台同胞、海外侨胞和在扬外企、海归人士代表等，共叙友情，共谋发展。贯彻民族宗教政策，发挥民族宗教界代表人士在促进民族团结、宗教和睦、社会和谐中的积极作用。发挥扬州公共外交协会平台作用，开展系列活动，扩大对外交流合作，延伸和拓展人民政协对外友好交往职能，服务经济社会发展，提升扬州的国际知名度和开放发展水平。参与和配合全国政协、省政协在扬州开展调研视察活动5次，扬州公共外交协会与扬州报业传媒集团、扬州广播电视总台联合推出“外籍人士看扬州”微视频大赛。加强与县（市、区）政协的联系合作，邀请县（市、区）政协主席参加重要会议和重点调研视察活动，发挥全市政协组织的整体功能。（翟文婷）

■《扬州对外交往》出版 《扬州对外交往》由市公共外交协会与市政协文史和学习委合作编辑出版，全书约25万字，图片近百幅。该书对扬州对外交往的历史和现状进行系统的整理和阐述；对现当代对外交往的“扬州模式”进行系统总结；尤其是“启示”部分，从历史、现状、展望三个层面阐述扬州对外交往的“扬州故事”“扬州模式”“扬州愿景”，为建设让世界人民喜爱的扬州、建设古代文化与现代文明交相辉映的名城提供借鉴。

（翟文婷）

1月5日,扬州市政协八届二次会议召开　　王　卓/摄

重要会议

■**政协八届二次会议**　1月5—8日，扬州市政协召开八届二次会议。409名扬州市政协八届委员中，402人出席会议。市委书记谢正义代表中共扬州市委向大会表示祝贺并发表讲话。朱民阳作八届市政协常务委员会工作报告；王骏作八届市政协常务委员会关于提案工作的报告。会议举行大会发言和大组协商。会议期间，委员们分组讨论谢正义讲话，审议政协常委会两个工作报告；列席扬州市人大八届二次会议，听取和讨论政府工作报告以及法院、检察院工作报告。会议通过扬州市政协第八届委员会第二次会议决议。（翟文婷）

■**政协常委会议**　4月3日，市政协召开八届七次常委会议，就“推进高质量发展”“实施乡村振兴战略”进行专题学习。会议表示，要把学习贯穿于履行职能的始终。要提高认识，增强学习的主动性和自觉性。要学深悟透，做到在学懂弄通上下工夫。要突出重点，把学习内容与履职课题紧密结合。要抓好落实，把学习内容体现在行动中、工作中、实践中。

7月4日，市政协召开八届八次常委会议，就“加快促进我市制造业高质量发展”议题与市政府进行协商。市政协主席朱民阳出席会议并讲话，市委常委、常务副市长陈扬通报全市加快推进制造业高质量发展的相关情况；市政协经科委主任张曙升代表调研组发言。会议协商修订《扬州市政协委员履职管理办法》。

10月29日，市政协召开八届九次常委会议，听取市政府关于市政协八届二次会议提案办理情况的通报，就“坚持‘城市即旅游’理念，推进城市建设高品质”议题与市政府进行协商。为把该议题的调研和协商工作做好，市政协组成专题调研组，开展调查研究，提出一系列有针对性的建议和意见。市政协主席朱民阳肯定提案工作，并就“坚持‘城市即旅游’理念，推进城市建设高品质”提出建议。（翟文婷）

■**政协主席会议**　5月9日，市政协召开八届九次主席会议，就“高质量推进大运河文化带扬州段建设”议题与市政府进行协商。会议听取市政府关于全市推进大运河文化带建设情况的通报，就“高质量推进大运河文化带扬州段建设”进行协商讨论。市政协主席朱民阳出席会议并讲话，表示要贯彻“保护好、传承好、利用好”批示精神，按照省委“三个长廊”和市委“四个示范”部署要求，以高度的政治责任感和历史使命感，有序推进大运河文化带建设，努力在全国、全省走在前列。

8月28日，市政协召开八届十次主席会议，就“实施乡村振兴战略，加快推进农业现代化”议题与市政府进行协商。会议听取市政府的情况通报和市政协专题调研组的调研汇报，与会的市政协委员围绕乡村振兴战略实施中的农业绿色发展、科技创新、结构调整等作交流发言，与有关部门进行互动，围绕议题提出一系列意见建议。（翟文婷）

参政议政

■**专题协商**　2018年，扬州市政协分别围绕“完善机制 畅通渠道 打造社情民意信息‘直通车’”“构建养老、孝老、敬老政策体系和社会环境”开展专题协商座谈，发挥政协协商民主重要渠道作用。组织主席会议成员、政协委员深入街道、社区和园区听取意见和建议，将协商民主向基层推进，与和专题相关的企业家、基层职工群众、社区工作人员、党政部门工作人员进行座谈协商，汇集民情民智，有效拓展信息来源渠道。3月，扬州市政协组织委员、邀请学者就进一步“挖掘利用平山堂和邵伯等历史文化资源”开展专题视察活动。实地视察平山堂上欧阳祠、贤守清风馆等历史文化场所，赴广陵区湾头镇，现场察看大运河文化博物馆选址、了解项目建设筹备情况，在邵伯古镇视察运河生态公园、滚水坝、邵伯古堤、大码头、老街、四角楼、巡检司、竹巷口、斗野园和邵伯船闸等历史文化遗产遗存。就如何挖掘与整理、保护与利用，真正讲好大运河文化遗产的扬州故事，与文化学者、有关职能部门进行座谈交流，集思广益，建言献策。

6月，组织扬州市政协主席会议成员和部分委员，实地视察第19届省运会、第十届省园博会筹备工作，为谋划“后省运会、省园博会

时代”工作思路建言献策。市政协先后视察宋城国际击剑俱乐部、射击运动中心、体育公园、省运会筹委会集中办公点、捺山地质公园、省园博会园址建设现场，并召开座谈会，听取相关汇报。主席会议成员和委员对“后省运会、省园博会时代”的组织、经营、运作等问题提出合理化的意见建议，受到重视并被采纳。

11月，市政协主席朱民阳率领部分市政协委员一行对2018年民生“1号文件”落实情况进行重点视察，了解民生“1号文件”相关实事落实情况，在市政协召开座谈会，听取相关部门的专题汇报，与会委员围绕民生问题积极建言献策。主席会议成员和委员就城镇居民收入达省均、不断满足人民群众大健康需要、全面推进宜居颐养社区建设等进行讨论，并提出建设性意见建议。

（翟文婷）

■界别活动周 5月7—15日，举办2018年市政协委员联系群众“界别活动周”活动，各界别委员围绕“践行以人民为中心的发展理念，提高群众获得感、幸福感、安全感”主题，深入基层、深入群众，调研小微企业，走访特色小镇，关注企业转型升级、创新发展，实地查看运河沿线历史文化遗迹等，收集意见建议280多条，整理形成协商意见40条，交有关部门办理并跟踪答复。（翟文婷）

■扬州政协论坛 12月14日，市政协举办2018年度“政协论坛”。市各民主党派、工商联，市、县（市、区）两级政协委员及社会各界人士以“打造健康中国扬州样本，推进全方位全周期健康服务”为主题，围绕进一步改进和完善工作举措，促进《“打造健康中国扬州样本”行动计划》中各项目标任务的落地落实，以推动全市进一步织密人民群众的健康保障网，不断提升百姓获得感和幸福感，实现人民生活高质量等多方面建言献策，提交论文570篇，提出一批有价值的意见和建议，得到市委、市政府肯定。在论坛成果展示上，有汇编论文集和电视论坛，配合主题编印《健康扬州服务手册》，从“全民参与增强健康素养、全生命周期健康管理与服务、全社会健康促进与保障服务”三个部分，普及大健康大卫生理念，增进市民健康素养，提供健康服务指南。在电视论坛中，安排自由讨论交流环节，增加论坛的信息量，增强协商的实际效果。（翟文婷）

■民主评议 2018年，重点围绕招商模式、营商环境、引才用人，就“打造利用外资新优势、优化开放型经济发展环境”进行评议；重点围绕公园体系建设，评议市园林局工作。通过学习调研、实地视察、协商座谈、外出考察等多种形式，全方位了解情况，广泛征集意见和建议，形成评议报告。在此基础上，分别召开民主评议工作会议，对取得的成绩、存在的问题进行客观评价，提出整改工作的意见建议。（翟文婷）

重点提案

■积极抢抓三大战略的叠加机遇，推进“强富美高”新扬州建设 在扬州市政协八届二次会议上，民盟扬州市委提交《积极抢抓三大战略的叠加机遇，推进“强富美高”新扬州建设》提案。提案建议：（1）深入研究三大战略的叠加效应。对未来的发展环境进行全面、系统、准确的把握，制定相应的发展战略、规划以及对策。（2）科学确立三大战略叠加原则。坚持“积极保护+充分开发”的原则，形成“文化+生态+创新”叠加优势；坚持“市场主导+政府引导”的原则，发挥市场配置资源的决定性作用；坚持“顶层设计+改革创新”的原则，开创省市县乡协同推进的良好局面。（3）积极抢抓三大战略叠加机遇。抢抓政策机遇，争取最有利的发展助力；加强区域协同，形成最互补的共建关系；坚持绿色发展，执行最严格的生态政策；利用运河优势，打造国际化的文化产品；推动转型升级，形成集聚发展的良好格局。该提案由市发改委主办，市经信委、市财政局、市农委、市环保局、市文物局协办。办理情况：市发改委结合提案建议，确立总体思路：积极抓住国、省“三大战略”，深入做好创新、文化、生态、交通等文章，推动人才、资金等要素加速集聚，让扬州“人文、生态、精致”的城市特质和“宜居、宜业、宜游”的城市品牌不断彰显并形成叠加效应。制定四条具体措施：做强产业新引擎，用发展新动能提升加速度，做好创新的文章；突出运河文化，提升水韵标识，彰显“文昌水秀”品牌；彰显生态优势，创新体制机制，打造江淮生态经济区的先行示范区；突出轴带引领，强化快联快通，大力推动基础设施对接融合。市发改委在《大运河扬州段文化保护传承利用规划（2018—2050）》《扬子江城市群建设扬州行动方案（2018—2020）》《“中国制造”2025扬子江城市群示范区扬州行动计划（初稿）》编制时充分吸纳提案中的合理化建议。（翟文婷）

■以全域统筹发展为理念，努力打造国际文化旅游名城 在扬州市政协八届二次会议上，民革扬州市委、民盟扬州市委、九三学社扬州市委、致公党扬州市委提交《以全域统筹发展为理念，努力打造国际文化旅游名城》提案。提案建议：（1）成立由扬州市旅委直接领导的“文旅集团”。（2）转换思路，以文化树立品牌，以特色产业带动特色旅游，全力打造扬州多维度旅游空间。（3）全面提升公共服务体系，让游客在扬州区域内可以一次性满足基本的出行需求。（4）重点打造文化产品，不断发展以原创品牌为核心的旅游产业。该提案由市文广新局、市旅游局主办，市规划局、市城乡建设局、市工艺美术集团协办。办理情况：市文广新局赴各县（市、区）、功能区就扬州特色文化、文旅项目进展情况、文化旅游产业发展路径等实地调研，邀请提案人亲自参与，就未来文旅发展方向开展座谈。市文广新局与市旅游局共同向提案人进行答复。市文广新局将着力刻画“东方意韵、风雅扬州”的城市特质，积极打造具有地域特色的“文博之城”“诗词之城”“戏曲之城”“琴筝之城”“工艺之城”“休闲之城”。市旅游局将努力打造大运河、淮扬菜、“非遗”等品牌，积极实施全域旅游战略，推进资源整合，推进乡村旅游发展，加快旅游产品建设，不断完善旅游服务体制机制。针对成立“文旅集团”的建议，市旅游局将提请市政府商定。

（翟文婷）

■加强农村环境污染控制，推进乡村生态环境改善 在扬州市政协八届二次会议上，致公党扬州市委提交《加强农村环境污染控制，推进乡村生态环境改善的建议》提案。提案建议：（1）加强农业面源污染的控制。以谁使用谁负责的原则，加强对农药、化肥、兽药等农业生产垃圾的回收处理；加大对秸秆及家庭农业生产废弃物的处置力度；强化对畜禽养殖污染处理监管。（2）加强农村基础设施建设，控制农村生活污染。（3）加强对乡镇企业工业污染的监管。该提案由市环保局、市城建局主办，市农委协办。办理情况：市城乡建设局认真对待提案所提问题与意见建议：按照省、市“263”专项行动计划的要求，推进农村污水处理设施建设。按照“有制度、有标准、有队伍、有经费、有督查”的“五有”要求，建立完善村庄环境长效管护机制。开展各类试点建设。开展2个省级和“一镇十点”市级特色田园乡村试点，以及10个省级“美丽乡村”建设试点和9个省级传统村落保护试点建设。

（翟文婷）

■关于探索建立长期护理保险的建议 在扬州市政协八届二次会议上，市政协社会法制委员会提交《关于探索建立长期护理保险的建议》提案。提案建议：（1）建立长期护理保险制度应遵循以人为本、基本保障、责任共担、机制创新、统筹协调的原则。（2）建立健全相关机制，建立“政府补助＋个人适当缴费＋医保统筹基金＋福彩公益金”等多元化动态筹资机制；基金支付水平总体上控制在70%左右；建立保险范围、参保缴费、待遇支付等政策体系，出台护理需求认定和等级评定等标准体系和管理办法，制定护理服务机构和护理人员服务质量评价、协议管理和费用结算等方法，构建护理保险管理服务规范和运行机制等。（3）争取列入省试点城市。该提案由市人社局、市民政局、市卫计委分别办理。办理情况：市人社局成立领导小组，明确职责分工，召开专题会议研究工作部署，主动向市政府汇报工作进展情况并得到常务副市长陈扬的5条明确批示，获得省人社厅支持，扬州被列为省试点城市。《长期护理保险制度试点方案（草稿）》已经起草完毕，《扬州市长期护理保险筹资与待遇测算报告》已经完成。

（翟文婷）

■关于“三个一批”建设高水平实验室的建议 在扬州市政协八届二次会议上，市政协科技界别组提交《关于“三个一批”建设高水平实验室的建议》提案。提案建议：（1）积极招引一批“双一流”理工科高校、中科院国家级实验室。将国家级实验室引进作为2018年开展“6+X”专题招商、“科教合作新长征”“科技产业合作远征计划”的重要内容。（2）推动全市龙头骨干企业与高校院所共建一批联合实验室。（3）着力提升一批现有实验室建设水平。（4）研究出台支持高水平实验室建设的专项政策。该提案由市科技局、市财政局主办。办理情况：经多次调研，完成《关于实验室建设的调研报告》，并在此基础上，会同市政府办公室起草《关于加快实验室建设的意见》（简称《意见》），谋划出实验室培育提升、高水平实验室招引、企业及驻扬高校院所实验室建设、实验室集聚区打造等7项重点任务，梳排出未来三年计划引进、提升、培育和创建的重点项目，提出到2020年建成2个国家级标准重点实验室、10个省部级标准重点实验室和集聚50个高层次创新团队、500名高层次人才的战略目标。《意见》经征求部门意见环节后，已上报市分管领导审议。与《意见》相配套的《扬州市高水平实验室建设与管理实施办法（试行）》已进入会商阶段。针对高水平实验室招引工作，市科技局结合“6+X”专题招商，积极对接，已有4个实验室项目待落户、4个洽谈中。有10个企业高水平实验室纳入建设计划。其中，由政府与企业共同建设的有4个，企业独立建设的有6个。扬州大学拟创建的江苏省作物基因组学和育种重点实验室经过省科技厅专家评审，进入公示环节，学科类省级重点实验室增至3家。江苏亚威机床股份有限公司筹建的“江苏省金属板材智能装备重点实验室”通过省科技厅验收，获得300万元资助，成为继宝胜科创、扬农股份和仪征化纤之后顺利通过的第四家省级企业重点实验室。

（翟文婷）

■重视农村区域医疗卫生中心“软件”配套建设 在扬州市政协八届二次会议上，市政协教文卫体委员会提交《重视18家农村区域医疗卫生中心“软件”配套建设，确保“强基层”目标落地落实》提案。提案建议：（1）运行初期可否由财政兜底，按照二级医院标准为各中心配备设备，在中心投入使用的最初三年予以一定的资金扶持。（2）按照规划设置的床位数重新核定人员编制。（3）对于紧缺特殊专业的招录建议采取校园招聘的方法，对于中心引进副高职称以上的成熟性人才或特色科室带头人，能否破格直接进编管理。（4）研究制定体现医务人员技术劳务价值的薪酬制度。（5）将区域医疗卫生中心能够开展的项目全部纳入医保报销范围，且在报销比例上与二级以上医疗机构拉开差距；次均费用标准核定上参考二级医疗机构；将高血压、糖尿病等慢性病的特殊病种门诊定点在基层医疗机构，取消二级以上医疗机构门诊定点资格，同时将家庭病床定点在区域中心；按照二级医院标准重新核定收费标准。该提案由市卫计委主办，市财政局、市人社局协办。办理情况：市卫计委认真研究分析区域中心发展走向，分别对6个县（市、区）的部分区域中心建设开展专题调研，联合市政府办公室共同起草《市政府关于农村区域性医疗卫生中心发展的意见》（简称《意见》），拟从医疗资源整合、基层信息化建设、医联体精准帮扶、绩效分配管理、配套政策支持等几个方面，支持农村区域性医疗卫生中心完善服务功能、创新服务机制、提升基层服务能力，推动“强基层”和分级诊疗任务落实。该《意见》经市政府常务会议研究通过。（翟文婷）

2018年扬州市政协重点提案一览表

表9-1

案　由	提案者
积极抢抓三大战略的叠加机遇，推进“强富美高”新扬州建设	民盟扬州市委
以全域统筹发展为理念，努力打造国际文化旅游名城	民革扬州市委 民盟扬州市委 九三学社扬州市委 致公党扬州市委
加强农村环境污染控制，推进乡村生态环境改善的建议	致公党扬州市委
关于探索建立长期护理保险的建议	市政协社会法制委员会
关于“三个一批”建设高水平实验室的建议	科技界别组
重视18家农村区域医疗卫生中心“软件”配套建设，确保“强基层”目标落地落实	市政协教育文化卫生体育委员会
推动传统制造产业依靠科技创新，实现从制造到“智造”的全面提升	民革扬州市委
关于加快技术产权交易市场高质量发展，促进科技成果转移转化的建议	陈　星
关于扶持村集体经济助推精准扶贫的建议	陈德华　张雨梅　王劲松
关于加强我市非法集资防范处置工作的提案	浦志强
推进扬州建筑产业现代化发展的建议	市政协城乡委员会
加快东南片区环境综合整治步伐、推进城市“双修”进程的建议	蒋　东
加强监管，推动全市食品安全生产再上新台阶	俞贞龙
关于发展民宿经济，提升乡村旅游质态的建议	农工党扬州市委
关于我市实施创新驱动战略，助推产业强市建设的建议	严　华
抓住机遇、率先作为，打造大运河文化带“扬州样板”	蒋　东　杨文喜
将“扬州工”打造成可永续发展的金字招牌	周　鑫　赵顺祥　张美林
加快江淮生态大走廊建设需着力破解基层难题	李文胜
通过国际科技合作，推动扬州科技创新发展	市政协港澳台侨委
抓住时机，加快扩建朱自清纪念馆	妇联界别　工会界别 共青团青联界别
关于推进宁镇扬港口一体化发展的建议	向平原
关于加强城市交通秩序综合整治的几点建议	蔡之国　陶建平
关于规范引导我市共享单车发展的建议	严志刚　戴尔军 韩满陵　刘　刚
关于加强学校周边流动摊点管理的建议	赵建芳
关于加强0—3岁婴幼儿早教市场规范管理的建议	陈荣进
关于老旧楼房加装电梯的建议	陈小浩　陈荣进　程　兵 佘德宏　孙爱民　陈　军 蒋　伟　葛晓群
关于加强我市乡镇污水处理设施建设管理的建议	陶伯龙
关于切实加强对我市家庭饲养宠物狗管理的提案	曹惊雷　高德荣　戴凌云
关于加强农业电商专业技能培训的建议	刘筱卫
关于加强个体诊所医疗安全监管的几点建议	高　军

（翟文婷）

中共扬州市纪委　扬州市监委

Zhonggong Yangzhoushi Jiwei Yangzhoushi Jianwei

编　辑　崔成鹏

综述

■概况 2018年，全市各级纪检监察机关深入学习贯彻习近平新时代中国特色社会主义思想和中共十九大精神，履行纪检监察职责，坚持改革创新，深化标本兼治，推动纪检监察工作向纵深发展。“‘组合式模块化’推动对村巡察有形有效覆盖”获2018年度全市“工作创新奖”。（毛前晔）

■践行“两个维护” 把维护习近平总书记党中央的核心、全党的核心地位，维护党中央权威和集中统一领导作为重大政治责任，加强对党的路线方针政策和决议执行情况的监督检查。深入贯彻习近平总书记对江苏工作系列重要讲话指示精神，主动对标找差，加强监督检查，推动完善贯彻落实长效机制。认真贯彻习近平总书记在民营企业座谈会上的重要讲话精神，出台专门文件，加强重点问题督查督办。严明政治纪律和政治规矩，及时发现、坚决纠正上有政策、下有对策，有令不行、有禁不止等行为，立案查处违反政治纪律案件27件。（毛前晔）

■党风廉政建设 出台扬州市政治生态监测评估工作实施办法，探索维护和净化政治生态的有效抓手。协助市委建立容错纠错机制，印发免责减责参考案例，放大导向功能。剖析重点领域典型案件，分析案发根源，向有关单位党组织提出监督意见。拍摄《岂容蝇贪成大害》警示教育片，协助市委召开警示教育大会，以案明纪、以案说法。推进“三直接”环节拓展延伸，推动建立尊老金发放管理等5条新规范，完善土地出让等5条老规范，对重点环节操作规范执行情况开展评估检查。挖掘扬州家风文化资源，举办大运河城市家风建设研讨会，建成开放扬州家风展示馆。加大宪法、监察法、纪律处分条例等宣传教育力度，开展“5·10”“12·9”系列活动，组织新任职干部廉政谈话和法纪知识测试。（毛前晔）

学生在扬州家风展示馆参观学习　　庄文斌/摄

■作风建设 落实中央八项规定精神，紧盯年节假期等重要节点，开展违规吃喝专项整治，组织明察暗访240余次。全市共查处违反中央八项规定精神问题198起333人，给予党纪政务处分266人，通报曝光典型案例39批次101个问题。（毛前晔）

■纪检监察队伍建设 推进纪委监委战略性重塑，开展“树标杆、提能力、促履职”系列活动，构建“学习培训、业务提升、岗位练兵、青年成长、以赛促学”5大平台，提升干部学习能力、专业能力和改革创新能力。继续推行“导师制”，纪带法、法带纪、老带新，助力年轻干部成长。深化“打铁必须自身硬”专项行动，健全工作运行“1+N”制度体系，开展自身建设驻点调研，建立纪检监察干部廉政档案。严格执行江苏纪检监察干部六条禁令及处置办法，加强日常监督管理。对违纪违法纪检监察干部有案必查、决不护短，

全市共收到反映纪检监察组织和干部的信访件和问题线索44件，党纪立案5人，谈话函询17人。（毛前晔）

重要会议

■**市纪委七届三次全会** 2月6日，扬州市纪委召开七届三次全会，市纪委委员出席30人，列席190人。市纪委常委会主持会议。全会认真学习贯彻中共中央总书记习近平在十九届中央纪委第二次全体会议上的重要讲话和中央纪委书记赵乐际的工作报告，以及十三届省纪委三次全会精神。市委书记谢正义在全会上讲话，就深入学习贯彻习近平总书记重要讲话精神，切实增强管党治党的思想自觉和行动自觉；坚持以党的政治建设为统领，把旗帜鲜明讲政治贯穿管党治党始终；把握新要求展现新作为，开创全面从严治党新局面；突出能力作风建设，打造高素质专业化纪检监察干部队伍提出明确要求，必须切实抓好落实。全会审议并通过市委常委、市纪委书记李航代表市纪委常委会所作的题为《深入贯彻落实党的十九大精神，坚定不移推动全面从严治党向纵深发展》的工作报告。审议并通过《中国共产党扬州市第七届纪律检查委员会第三次全体会议决议》。（毛前晔）

■**七届市委第五轮巡察工作动员部署会** 3月6日，七届市委召开第五轮巡察工作动员部署会。会议深入学习贯彻党的十九大精神和习近平新时代中国特色社会主义思想，传达中央、省委新一轮巡视动员部署会议精神和市委书记谢正义关于巡察工作的批示，正式启动七届市委第五轮巡察工作。市委常委、组织部长、市委巡察工作领导小组副组长江桦出席会议并宣布巡察组组长授权任职及任务分工。市委常委、市纪委书记、市监委主任、市委巡察工作领导小组副组长李航出席会议并讲话。

根据市委部署，七届市委第五轮巡察对市经济和信息化委员会党组、市水利局党组、市政府法制办公室党组、市文化广电新闻出版局党委、市工商业联合会党组、市残疾人联合会党组、市工艺美术集团有限公司党委、市地震局党组、市妇幼保健院党委开展常规巡察，对扬子津街道党工委开展机动式“提级”巡察。同时对宝应县经信委党组、高邮市文化广电新闻出版局党组、仪征市真州镇党委开展“交叉”巡察。（毛前晔）

■**市级机关部门全面从严治党和履职尽责情况汇报会** 5月21日，市委召开市级机关部门全面从严治党和履职尽责情况汇报会。市委党校等10家单位分别汇报全面从严治党和履职尽责情况。市委书记谢正义强调，要立足新时代、把握新要求，切实增强履行全面从严治党主体责任的政治自觉；要认清新形势、正视新问题，坚决把全面从严治党各项要求不折不扣落到实处；要展现新作为、开创新局面，以全面从严治党的新成效推动实现高质量发展。（毛前晔）

■**七届市委第六轮巡察工作动员部署会** 6月12日，七届市委召开第六轮巡察工作动员部署会。会议深入学习习近平新时代中国特色社会主义思想、中央巡视工作规划及省委关于推进巡察工作向纵深发展的意见、市委关于推进巡察工作向纵深发展的实施办法精神。市委书记、市委巡察工作领导小组组长谢正义作出批示，要求以实实在在的巡察成效推动全面从严治党向纵深发展。市委常委、组织部长、市委巡察工作领导小组副组长江桦出席会议并宣布巡察组组长授权任职及任务分工。市委常委、市纪委书记、市监委主任、市委巡察工作领导小组副组长李航出席会议并讲话。

根据部署，七届扬州市委第六轮巡察对市编办、市委党史办、市房管局、市农业委员会、市食品药品监督管理局、市旅游局、市民族宗教局、市侨办、市地税局、市农业资源开发局党组织开展常规巡察。（毛前晔）

■**县（市、区）、功能区纪（工）委书记座谈会** 7月5日，市纪委召开县（市、区）、功能区纪（工）委书记座谈会，传达贯彻中央纪委省（区、市）纪检监察工作座谈会和省纪委设区市纪委书记座谈会精神，系统总结上半年工作，找短板、查原因、定目标，研究部署下半年任务。市委常委、市纪委书记、市监委主任李航主持会议并强调，要认真学习习近平新时代中国特色社会主义思想，牢牢把握“两个维护”根本政治任务；要坚持稳中求进总基调，推动新时代纪检监察工作实现高质量发展；要坚持严管厚爱，打造政治过硬、本领高强的纪律部队。（毛前晔）

■**七届市委第七轮巡察工作动员部署会** 10月9日，七届市委召开第七轮巡察工作动员部署会。市委书记、市委巡察工作领导小组组长谢正义作出批示，要求高质量推进巡察全覆盖，助力全面从严治党不断向纵深发展。市委常委、组织部部长、市委巡察工作领导小组副组长江桦出席会议并宣布巡察组组长授权任职及任务分工。市委常委、市纪委书记、市监委主任、市委巡察工作领导小组副组长李航出席会议并讲话。

根据市委部署，七届市委第七轮巡察对市科技局党组、市司法局党组、市人力资源和社会保障局党委、市政府国有资产监督管理委员会党委、市工商局党组、市文物局党组、广陵经济开发区党工委开展常规巡察，对市科协党组开展巡察“回头看”。（毛前晔）

■**全市领导干部警示教育大会** 12月10日，市委召开全市领导干部警示教育大会。市委书记谢正义强调，要贯彻落实中央和省委关于全面从严治党特别是整治群众身边腐败和作风问题的部署要求，强化主体责任，推进全面从严治党向基层延伸，坚决打赢党风廉政建设和反腐败斗争这场攻坚战、持久战，为建设“强富美高”新扬州营造良好政治生态、提供坚强政治保障。与会人员观看警示教育片《岂容蝇贪成大害》。（毛前晔）

重要工作

■“两个责任”落实　督促指导各地各部门制定2018年度落实主体责任、监督责任、党委（党组）第一责任人责任和班子成员“一岗双责”4张个性化清单，细化清单内容，项目化分解责任，逐项制定贯彻具体措施和序时进度安排，签字背书、责任到人。推进覆盖市、县、乡三级的履责纪实平台建设，督促各级党员领导干部规范、及时填报履责纪实信息。坚持“问题清单＋季度汇报”特色做法，组织市财政局等10家单位向市委汇报主体责任落实和问题清单整改情况，协助市委主要领导约谈13名机关部门单位“一把手”。对履责不力的61个党组织、246名党员干部进行问责，给予党纪政务处分36人。（毛前晔）

■“三大攻坚战”督查　以精准监督保障精准脱贫，推进“阳光扶贫”和农村集体“三资”监管系统建设与融合。用社会工作理念创新基层治理，督促实施“村级会计委托代理服务中心模式”和24个村（社区）基层社会治理创新试点工作。加强污染防治领域督查督办，配合省纪委对江都区环保问题开展专责监督，专题调研长江经济带“共抓大保护、不搞大开发”工作情况，举一反三、以点带面，推动全市环境问题整改到位。对中央环保督察“回头看”和省环保督察移交问题顶真碰硬严肃问责。查处环保领域违纪问题60件，问责170人，给予党纪政务处分12人。推动防范化解重大风险，督促有序推进政府性债务化解，打击非法集资、高息揽储等违法违规金融活动，守牢不发生系统性金融风险的底线。（毛前晔）

■执纪审查　保持惩治腐败高压态势，全市纪检监察机关共接受信访举报3485件次，立案1983件、增长9%，其中县处级干部20人、增长17.6%，乡科级干部128人、增长34.7%，对21人采取留置措施；给予党纪政务处分1960人，移送司法机关31人。坚持抓早抓小、防微杜渐，全市共谈话函询1022件次，运用监督执纪“四种形态”处理4835人次、增长57.2%，其中运用第一、二、三、四种形态分别占59.2%、33.3%、2.5%、5%。（毛前晔）

■监察体制改革试点　按照中央统一部署，落实省委、省纪委要求，市委书记亲自担任“施工队长”，研究解决重要问题，完成市县两级监察委组建任务，赋予派驻机构监察职能，全面推开县级监委向乡镇（街道）综合派出监察员办公室工作，向经济技术开发区派出监察工委。（毛前晔）

■政治巡察　协助市委落实巡察工作主体责任，修订市委2016—2020年巡察工作规划，研究出台关于推进巡察工作向纵深发展的实施办法、加强巡察整改和成果运用工作的意见，完善“1+20”巡察制度体系。市县两级分3轮派出96个巡察组对136家单位开展巡察，如期实现全市14个街道巡察全覆盖。建立推广“组合式模块化”对村巡察模式，中央巡视办到扬蹲点调研，全省对村（社区）巡察工作现场推进会在扬州召开。构建“六责协同”巡察整改机制，对19个巡察对象启动市领导约谈交责，开展“四方联评”对1500余项整改措施评估销号。对巡察发现面上共性问题认真分析归纳并向市委专项报告，推动开展市级公房出租专项治理、市直单位银行账户清理整治。畅通巡察发现问题线索和问责线索处置“绿色通道”，全市根据巡察移交线索给予党纪政务处分108人。（毛前晔）

■突出问题查处　加大对贪污挪用、虚报冒领、截留私分、优亲厚友等侵害群众利益问题的查纠力度，严肃查处民生资金、“三资”管理、征地拆迁、教育医疗、工程建设等领域的突出问题，立案查处441人，给予党纪政务处分404人。围绕群众信访投诉反映的问题、推进专项工作发现的问题、职能部门通报移交的问题等3个方面深入调研排查，集中整治形式主义、官僚主义。推进扫黑除恶专项斗争，与政法机关密切配合，立案查处涉黑涉恶腐败问题和背后的“保护伞”问题8件10人，移送司法机关3人。实施教育领域突出问题专项治理，督促教育等相关部门在规范校外培训机构发展的同时，推行中小学弹性离校制度，强化学校主阵地作用，通报教育领域违纪违法典型案例7批次18起。（毛前晔）

民主党派 工商联 群众团体

Minzhudangpai Gongshanglian Qunzhongtuanti

编　辑　崔成鹏

民革扬州市委员会

■**参政议政**　2018年，中国国民党革命委员会扬州市委员会（简称市民革）在扬州市政协八届二次全会上提交集体提案7件、委员个人提案27件，内容涉及文化旅游、环境保护、城市建设、创新发展等主题，其中《树立全域统筹发展理念 努力打造国际文化旅游名城》被列为大会交流发言材料。市民革就“推动传统制造业依靠科技创新，实现从制造到‘智造’的全面提升”提出相关建议，该提案获评市长督办提案和市政协八届二次会议优秀提案。市民革被民革江苏省委评为2017—2018年度参政议政工作先进集体。年内，市民革及各基层支部先后开展“推进广陵新城产城融合”“大运河文化带建设”“基层医疗卫生服务体系建设”“深化放管服改革优化营商新环境”“新时代农村社会治理体系建设”等专题调研活动29次，完成调研报告46篇，收集信息154条，31条被上级部门采用。向扬州政协论坛提交论文31篇，获市政协论坛优秀组织奖。民革党员汪清香、薛松合作撰写的《在规划的视野下探讨健康扬州实施路径》被评为论坛一等奖，另有7篇文章分获二、三等奖，共10篇文章入选论坛文集。　（姜　斌）

■**组织建设**　市民革于6月、9月先后召开两次市委委员（扩大）会议，召集各基层组织领导班子传达民革中央、民革省委关于做好达标支部、示范支部的创建工作和“中山博爱之家”建设工作的要求。在民革江苏省第十一届委员会第三次全体（扩大）会议上，民革扬州市委获评“‘中山博爱之家’建设推进工作先进单位”，市直支部、经济总支一支部、经济总支二支部、邗江区支部、仪征总支获评“‘中山博爱之家’建设先进单位”。全年共发展新党员17人。至年底，市民革有党员516人，主要分布在教育、政府机关、医疗卫生、法律等行业。经市民革推荐，党员金桂清、张佑平当选民革江苏省中山书画院常务理事。　（姜　斌）

■**社会服务**　2018年，市民革开展社会服务活动17次，提供医疗义诊、法律咨询、书写春联等各类服务项目，服务群众近千人次。在春江社区、文昌花园社区等地开展“‘博爱·牵手’走基层”系列社会服务活动。市民革参与民革中央对口帮扶工作，联合苏北人民医院为纳雍县人民医院提供智力支持。5月，中国医院协会精准健康扶贫项目在纳雍启动，主委王静成前往纳雍县人民医院做管理专题讲座。12月，市民革获民革江苏省“2017—2018年度社会服务工作先进集体”。　（姜　斌）

■**宣传教育**　2018年，市民革组织市委委员、党员骨干及机关干部参加各类培训班、学习研讨会12次，重点学习习近平总书记系列重要讲话、民革中央十三大以及民革省委全会和中共扬州市委全会精神。3月，召开全国“两会”精神学习报告会，市委委员、各基层支部负责人参加会议；4月，参加扬州市纪念“五一口号”发布70周年座谈会，畅谈民革贯彻落实共产党领导的多党合作和政治协商制度的经验体会；6月，召开九届六次委员（扩大）会议对中共扬州市委提出的“六个高质量发展”进行主题讨论；9月，召开九届六次委员（扩大）会议传达学习中共扬州市委七届六次全会精神。全年在扬州民革网站发布上级要闻、支部活动、党员风采、建言献策等各类信息62篇，各基层支部报送理论文章5篇。　（姜　斌）

民盟扬州市委员会

■**参政议政**　2018年，中国民主同盟扬州市委员会（简称市民盟）围绕“五位一体”和“四个全面”战略布局以及扬州“六个高质量发展”目标任务，开展调查研究，积极建言献策。在扬州市政协八届二次全会上提交集体提案8件。其中，《积极抢抓三大战略的叠加机遇，推进“强富美高”新扬州建设》和《挖资源 创特色 助力国际文化旅游名城创建》得到市委书记谢正义批示，前者被评为年度优秀提案；《关于智慧精准推进我市乡村振兴战略的建议》被市人大确定为市长领办主任督办议案。完成《将大运河文化带建设与扬州国际文化旅游名城建设统筹谋划、协同推进的建议》等6篇调研报告。在第九届《江苏教育发展论坛》发表论文7篇，《地方高校高质量发展之“七要”》获一等奖。向省民盟文化发展论坛、城镇化论坛和生态文明论坛共提交4篇论文。在扬州政协论坛发表论文12篇，其中《健康中国背景下的健康扬州发展研究》和《健康养老城市样本的多元化推进机制研究》获一等奖。获民盟江苏省参政议政工作先进集体二等奖。（秦　敏）

■**组织建设** 成立参政议政、宣传工作、社会服务专委会。完成扬州大学基层委员会、新华中学支部和田家炳中学支部换届工作。完成主委班子届初述职和民主评议工作，建立机关干部向市委会年终述职制度。全市建成盟员之家9个，邗江区总支盟员之家、直属支部盟员之家被民盟中央表彰为“优秀盟员之家”。完成省民盟基层组织测评工作，全市19个基层组织全部达标，其中9个被评定为优秀基层，2个被评定为特色基层，获民盟江苏省组织建设工作先进集体。先后推荐参加各类骨干培训班102人次，全年发展盟员40人，党派特色界别占比77.0%，高级职称占52.1%，大学以上文化程度占80.3%，在职盟员占68.0%，40岁以下盟员占23.4%。至年底，有盟员762人。（秦　敏）

■**社会服务** 连续第四年安排泗阳县高中教学骨干到扬州跟岗培训，被民盟江苏省和泗阳县人民政府评为“农村教育烛光行动”先进集体；盟员多人次赴新疆和扬州乡镇学校送教；持续在杨寿学校开办“民盟公益艺术课堂”；新联会员坚持在扬州职大师范学院“新疆班”设立奖教金和管理基金。市民盟“法律服务专家工作站”揭牌成立，联合盟内外法律工作者开展各类普法宣传和法律援助活动；“扬州日化产业技术创新战略联盟”举办论坛和专项培训；主委程吉林多次率队赴睢宁、泗洪县指导江苏省重点研发项目——管道输水节水灌溉科技示范工程。在社区联系点举办送文化、送温暖活动和科普、法律讲座；支持市民政局“情暖夕阳红”关爱老年健康项目。市民盟领导多次率队走访慰问困难群众；社会服务工作专委会在浦头镇学校举办秋冬季儿童常见病防治公益讲座，发起为瓦窑村2名病患儿童义诊、捐助活动；新联会开展拥军活动，慰问抗战老兵和武警官兵。获评民盟江苏省服务发展（科技咨询）先进集体和社区服务先进集体。（秦　敏）

■**信息宣传** 开展“不忘合作初心，继续携手前进”主题教育活动。组织“五一口号”发布70周年和改革开放40周年纪念活动，率先完成“统一战线前辈口述历史”视频录制工作，举办江苏民盟纪念改革开放40周年书画作品巡展。向有关单位报送社情民意和统战信息263条，其中，被民盟中央采用5条，省政协采用1条，中共江苏省委统战部采用4条，省民盟采用102条，市政协采用9条，中共扬州市委统战部采用191条。8篇信息被中共扬州市委统战部《诤言快语》采用，3条获中共扬州市委主要领导批示。有150余篇宣传稿件在各类媒体录用，其中4篇在《人民政协报》和《团结报》登载。在民盟中央网站和江苏民盟网站分别发稿16篇和66篇。微信公众号建设持续推进，全年推送文章40篇，其中《新时代参政党如何加强队伍建设？看扬州民盟提升新盟员培养成效》被江苏统战微信公众号采用，《扬盟智库——扬州民盟参政议政新装备》等10篇被扬州统一战线微信公众号采用。出版《不忘合作初心，继续携手前进》专题画册和2期《扬州盟讯》。获评民盟中央思想宣传工作先进集体。获评民盟江苏省反映社情民意信息工作先进集体二等奖和新媒体建设先进集体。获市政协反映社情民意信息先进单位。获市委统战部宣传工作二等奖。连续第七年获中共扬州市委统战部反映社情民意信息工作一等奖。（秦　敏）

民建扬州市委员会

■**参政议政** 2018年，中国民主建国会扬州市委员会（简称市民建）在扬州市政协八届二次全会上提出提案、议案、建议66件，其中集体提案10件、委员提案48件、代表议案建议8件。《加快江淮生态大走廊建设需着力破解基层难题》被列为市政协八届二次会议主席领办提案。市委会负责人参加中共扬州市委、市政府召开的民主协商会、情况通报会6次，以党派名义提出意见和建议10条。组织会员参与2018年度扬州政协论坛，3篇论文获一等奖，7篇论文获二等奖，2篇论文获三等奖，12篇论文获优秀奖，2名会员参与电视论坛协商发言。《聚焦世界运河文化名城建设 打造国际文化旅游目的地》被列为全市统一战线“六个高质量发展”重点调研课题，《全面推动科技产业综合体建设和打造 夯实科创名城新兴产业基础》被列为市政协年度重点调研课题。完成民建省委《深挖千年大运河文脉 打造新时代江苏名片》《运用网格化手段 实现高效良善社会治理》《开展“高层次人才引进计划”专项评估 重视财政资金投入效能》《重视精神卫生工作特殊性 促进我省精神卫生事业发展》重点调研课题，调研成果被民建省委采纳并提交省政协议政性常委会议和专题协商会议。《关于规划实施“智慧照明”管理系统的建议》得到市委书记谢正义批示。全年联系收集报送各类社情民意262篇，民建中央采用4篇，民建省委采用12篇，市委统战部采用89篇，《诤言快语》采用6篇，市政协采用7篇。市委会信息工作被市委统战部、市政协表彰为先进单位一等奖，获得民建省委表彰。（周　岚）

■**思想理论建设** 围绕“深化政治交接，弘扬优良传统，推动新时代统一战线和多党合作事业实现新的更大发展”研究主题开展研讨并形成多篇理论研究成果。《新时代强化民主党派思想政治建设的思考》获得民建中央理论研究成果二等奖，《社会主义协商民主视角下的民主党派民主监督研究》获评全市统战理论研究成果一等奖，《试析民主党派在政党协商与政协协商中的非均衡性及解决路径》获评市政协工作理论研究成果优秀论文。全年各基层组织和会员在中央和省级媒体发稿121篇，《用双手守望光明》获评全省新闻宣传优秀作品，市委会新闻宣传工作获得民建省委和中共扬州市委统战部表彰。获民建省委纪念“五一口号”发布70周年、改革开放40周年征文、黄炎培诞辰140周年书画作品展优秀组织奖；《携手努力 建设更加开放的新时代》获得民建中央纪念改革开放40周年征文优秀作品，《肝胆相照问初心》等3篇征文获得民建省委纪念“五一口号”发布70周年征文优秀作品，《城建之路话改革》等3篇作品获评民建省委纪念改革开放40周年征文优秀作品；以“历史周期率”为题材创作的评话《窑洞对》参加全市统一战线文艺汇演并获得好评。

（周 岚）

■组织建设 按照民建省委会内监督工作要求开展工作，定期召开领导班子成员谈心会。市委会领导班子成员深入基层、联系会员、了解会情、指导工作，全年参加基层组织、专委会、工委会活动86次。做好民建省委到扬州开展重要调研、举办重大活动的服务保障工作。与上海、甘肃、长沙、北海等省市民建组织开展会务交流。全年发展企业高级管理人员、政府机关工作人员、高校专家学者、新的社会阶层人士等新会员60人，平均年龄37.5岁。至年底，有会员1207人，会员中经济界人士占75%，具有中级以上职称545人，担任各级人大代表和政协委员142人次，其中1名会员担任全国人大代表，3名会员担任省政协委员。全年推荐15名企业经营管理者、专家学者和担任政府实职的骨干会员参加民建中央骨干会员培训班、民建全省骨干会员培训班、全市党外干部培训班等学习培训。向民建中央推荐3名专委会委员，向民建省委推荐25名专委会委员，其中6人任副主任。江都区基层委员会等基层组织案例入编《全省各民主党派基层组织建设经典案例》。完善基层组织架构，成立开发区总支部、蜀冈－瘦西湖风景名胜区支部，升格广陵区总支部为广陵区基层委员会，完成医药卫生总支部、统战总支部届中调整，完成高邮市支部换届工作。

（周 岚）

■社会服务 推动各基层组织和社区以结对共建形式开展工作，打造“情暖万家送温暖”品牌。市委会下辖29个基层组织中，有13个基层组织先后与社区结对共建，共举办专场惠民演出、开展各类讲堂讲座、联谊联欢等活动131次，开展扶老助孤、扶贫济困慰问活动56次，向贫困家庭捐款捐物价值36万元，帮助解决社区活动经费17万元，为126人提供价值10万元的体检，帮助协调、解决帮扶群众实际工作、生活问题63次。各基层组织参加社区民主日活动28次，组织会内专家学者深入社区开展各类调研活动18次，征集社情民意146条，提出合理化改造建议32条。“情暖万家送温暖”主题活动，被民建省委、中共扬州市委统战部表彰为社会服务工作品牌创新项目，《人民政协报》到扬州采访并作专题报道。广陵总支部、三外总支部向民建省委“思源爱民公益基金”定向捐款11万元现金，文昌书画院捐赠价值6万元书画作品。建设总支部坚持赴四川、云南山区开展爱心助学与支教，全年资助160名山区贫困生上学，支出支教老师补助及培训费、购买远程教学设备、物资学习用品、一对一贫困生资助款共计86万。民建界别政协委员小组赴榆林市米脂县举办扬州民建、米脂县民营经济发展专场座谈会，与龙镇中学结对共建并向当地贫困学生及家庭捐赠5万元。市委会成功举行民建省委、省计生协“思源工程——生育关怀行动”扬州行活动，获省级“思源工程——生育关怀行动”连心家园项目立项奖。春节走访慰问会员中的原工商业者及其遗孀，全年帮助协调、解决来访会员实际工作、生活问题45次，帮扶会员38人。与民建上海市金融工作委员会联合举办“借力长三角一体化，助推沪扬优势产业对接”研讨会，联系市经信委、市发改委、市财政局等对口联系部门，通过解读经济政策、提供政策支持等方式服务会员和会员企业。组织企业家会员参加第20届中国风险投资论坛、2018中国（四川）非公有制经济发展论坛、建华课堂四省二市民建企业家培训交流活动、第六届江苏省互联网大会、“江苏经济高质量发展”高峰论坛，市委会社会服务工作获全省民建社会服务优秀组织奖。

（周 岚）

民进扬州市委员会

■参政议政 2018年，中国民主促进会扬州市委员会（简称市民进）在市政协八届二次会议上提交提案32件，其中集体提案6件，《关于推进宁镇扬基础教育一体化的建议》被列为扬州市政协大会发言材料。集体提案《关于扬州市公园体系建后管理的建议》被列为主席督办提案，相关建议被吸纳到《扬州市公园条例》中，被市政协评为八届二次会议优秀提案，《关于推进宁镇扬基础教育一体化的建议》被市政协评为八届二次会议优秀提案，全国政协委员、民进扬州市委主委董玉海在全国政协双周协商会上提交的《关于推进大运河文化带建设的几点建议》被民进中央评为参政议政优秀成果。经济支部上报的“融合教育视野下特殊教育的升级定位”列为民进江苏省委关注课题，文化支部上报的“研究文博场馆建设管理与利用、促进文化惠民”列为中共扬州市委重点协商课题、市政协重点培育课题。市民进分别与扬州市政协、民进广州市委、民进淮安市委、民进盐城市委、致公党扬州

市委、九三学社扬州市委就“大运河文化带建设”“文化产业创新”“乡村振兴”等课题联合开展专题调研。（佘宏明）

■组织建设 全年发展新会员39人，至年底，市民进有会员652人。印发《民进扬州市委基层组织工作考核办法》《民进扬州市委联系基层制度》。在高邮发展5名会员，改变市民进在高邮没有会员的历史；在金融业发展7名会员，拟成立金融支部；在江苏旅游职业学院发展5名会员，拟成立江苏旅游职业学院支部。9月29日“民进扬州书画院”更名为“民进扬州开明书画院”。市民进创新组织发展新途径，在民进仪征市委会和民进广陵区基层委员会推进“虚拟机关”建设。12月10日，民进扬州市委召开十届七次市委会，进行届中调整选举，佘斑当选主委，肖义当选副主委，增选张晓梅为市委委员。（佘宏明）

■宣传教育 市民进举办“追寻先贤足迹，牢记初心使命”基层组织负责人培训班，赴上海民进一大会址、中共一大会址和嘉兴南湖学习。陶敏被民进中央评为民进全国思想宣传工作先进个人。江都区支部、扬州中学支部、新华中学支部、市一中支部、综合支部分别组织会员外出学习培训。（佘宏明）

■社会服务 市民进在“爱心1+1”品牌基础上，开展系列文化惠民活动。组织会内书画家走进邗沟社区，开展“春联万家”活动，赴仪征市月塘镇丁公村，为“同心书屋”购置一台电视机，捐赠名家书画，对3户贫困户进行帮扶。联合扬州红十字会在竹西社区开展“文化惠民，情满重阳”公益活动，30多名女会员开展“与绿色牵手，学非遗精粹”扬派盆景体验活动。12月11—14日，市政协副主席董玉海率民进会员企业家一行7人，赴陕西榆林考察帮扶脱贫项目，随行的4位民进会员企业家捐助扶贫教育资金6万元。扬州中学支部特级教师陈桂珍、老师张丹彤多次赴高邮、邗江开展“送教下乡”活动，广陵区基层委员会赴榆林市佳县进行精准扶贫活动，机关综合支部会员阮元后人、扬州阮元文化发展有限公司董事长阮家伟举办“阮风清韵贺重阳”联欢晚会。仪征文化支部和仪征市瑞丰果品专业合作社开展真情帮扶残疾人就业上岗活动。经济支部向教师发展研究会捐赠2万元基金。（佘宏明）

农工党扬州市委员会

■参政议政 2018年，中国农工民主党扬州市委员会（简称农工党市委）围绕中共扬州市委、市政府的中心工作、社会热点和老百姓的难点问题调查研究、建言献策，在市政协八届二次全会上，围绕医疗、环保、教育等多方面共提交7份集体提案。其中《维护运河生态 传播运河文化》被列为大会发言材料。《提升基层医疗机构药事服务能力 推动药学服务高质量发展》被农工党江苏省委提交省政协，并在省政协常委会上作交流发言。《关于建设好扬州大运河文化带的建议》的议案，被市人大列为主任督办议案。《关于发展民宿经济提升乡村旅游质态的建议》的提案被列为重点提案，由市政协主席督办，市旅游局采纳，印发《扬州市旅游业发展引导和奖励资金使用细则》，对特色旅游小镇及乡村旅游建设给予补助。《加强监管 推动全市食品安全生产再上新台阶》被表彰为市政协八届二次会议优秀提案，市食药监局联合市卫计委、文明办制定《加强餐饮业质量安全监管 培育健康文明餐饮新业态工作方案》。农工党市委向农工党省委申报调研课题，其中立项课题5项，“关于对我省‘城市双修’工作的调查与建议”被列为农工党省委重点立项课题。“提升基层医疗机构药事服务能力 推动药学服务高质量发展”被中共扬州市委统战部列为重点调研课题，“推进‘医养融合’养老模式的困境与对策建议”被评为扬州社科重点课题。参加市政协论坛，组织党员撰写26篇政协论坛稿件，其中22篇被市政协录用，市政协委员、扬州大学附属医院基层委员会主委严志刚代表农工党市委在扬州政协论坛“电视论坛”上交流发言。报送信息，221篇信息被上级部门采用，其中，被中共市委统战部采用149篇，被农工党省委采用142篇，被市政协采用5篇。《建议CFDA撤销安乃近的批准文号 保障公众用药安全》被农工党中央采用，《建议将心理健康服务纳入公益服务项目》被江苏省政协采用，《建议尽快开通扬州大学公交专线》被中共扬州市委书记谢正义批示。（张 俊）

■组织建设 2018年，农工党市委发展党员39人，其中中高级职称占69%，平均年龄39.64岁，发展率控制在5%以下。至年底，农工党市委有基层组织50个、党员848人。（张 俊）

■社会服务 2018年，农工党市委围绕“健康中国、美丽中国”两大主题，发挥人才智力优势和专业优势，服务社会品牌“健康快车”永远行驶在路上。全年共开展各类义诊咨询活动50多次，服务群众3200多人；开展各类讲座22次，服务群众2600多人，捐款17.8万多元，资助140多人。建立医疗专家工作站两个（仪征月塘、宝应射阳湖），“同心书屋”两间（邗江区沿湖村、广陵区李典村），组织党员赴农工党省委定点扶贫点贵州省毕节市大方县黄泥塘乡捐资助学4万元。在特殊教育学校开展“助飞雏鹰 点亮心灯”系列活动5次，捐赠30套盲文书籍、50套演出服、专业管弦乐器等价值8万余元。开展“医疗专家工作站”“同心社区”“同心服务基地”等活动。苏北人民医院基层委员会共建李典镇“同心服务基地”活动持续进行，扬州大学附属医院基层委员会广陵区红桥医院“焦云根博士慢病工作室”正常开展，仪征市基层委员会“同心社区”大市社区送温暖、捐资助学活动，经济总支和教育支部“助飞雏鹰 点亮心灯”助残活动举行，扬州大学附属医院基层委员会和邗江区总支公道镇中心卫生院“医疗专家工作站”数年不断。由仪征市基层委员会和扬州大学附属医院基层委员会牵头负责的月塘镇社区服务中心和射阳湖镇社区服务中心“扬州统一战线·农工党医疗专家工作站”正式启动。开展新春送温暖、关爱特校弱势群体、我为边疆献爱心等活动。广陵区总支到李典镇两户困难户家中送去节日慰问品和慰问金，高邮市总支到三垛镇看望农工党高邮总支部资助的“希望行动”少年姜瑜及其家人，邗江综合支部端午节前往夕阳红老年公寓慰问孤寡老人，江都区总支开展“我为边疆献爱心”为新源县第五中学捐赠英语教学用录音机和其他教学物品活动，扬大附院基层委员会覆盖全市所有县、市区乡镇医疗卫生服务中心开展处方点评“面对面”培训活动数十次。（张 俊）

致公党扬州市委员会

■参政议政 2018年，中国致公党扬州市委员会(简称市致公党)在市、县(市、区)两级两会上提交议案、建议、提案50多件，2件提案被列为中共市委书记批办提案,1件提案被列为市长领办提案。1项调研成果被列为全市统一战线重点调研课题，1项调研成果被列为市政协重点培育课题，多项成果被市政协主席会、市政协常委会及政协论坛采用。在11月中国致公党参政议政工作会议上，致公党扬州市委被表彰为2013—2017年“参政议政工作先进集体”，张仁田被表彰为2013—2017年“参政议政工作先进个人”。《切实规范基础教育阶段教学行为，营造校内、校外、家庭教育新格局》获得致公党江苏省委2018年“汇智论坛”二等奖。全年各支部共报送社情民意信息333条，被致公党江苏省委采用64条、中共扬州市委统战部采用42条、《诤言快语》采用3条、扬州市政协《社情民意》采用3条。（朱许婷）

■组织建设 2018年，市致公党新发展党员22人，平均年龄36岁，其中大学以上学历占87%，博士3人，硕士4人。加强对新党员的培训规范，在为期3个月的培训中，做到有学习、有观摩、有指导、有作业、有考试。（朱许婷）

■宣传教育 主动发出声音，拓展宣传工作新渠道。利用各级各类媒体，多层次、全方位开展宣传报道，以思想引领切实增强“四个意识”、坚定“四个自信”，不断树立正面好典型，发出致公好声音。开展纪念“五一口号”发布70周年、纪念改革开放40周年、解放思想大讨论活动等专项宣传。全年共报送各类宣传稿件185篇，新建扬州致公微信公众号，全年发布文章70篇，其中单篇点击量最高达到1090次，进入全国致公党地市级组织微信公众号影响力前五名。（朱许婷）

■联谊交流 发挥侨海特色，加强对外联络。唐元生参加第十次全国归侨侨眷代表大会并当选为第十届全国侨联委员，林文龙获评“全国归侨侨眷先进个人”。持续为“一带一路”沿线国家在扬州职大外国留学生举办中国书法讲座。加强省内外结对交流，与丹东、泰州致公党组织签署结对共建协议，对外联络专委会组织开展与上海、海南、广州、成都、无锡、常州、常德、遵义等地致公党组织的交流互访活动。（朱许婷）

■社会服务 2018年，市致公党持续帮扶陕西绥德，从“走过去”“请进来”两方面入手开展系列帮扶。组织党内企业家、农业专家赴绥德开展捐资助学、项目考察、科技讲座等活动，在扬州开展农产品义卖、一对一结对贫困学生等活动，组织企业家党员参加致公党江苏省委2018年助力脱贫攻坚推介会，推介绥德产业项目。（朱许婷）

九三学社扬州市委员会

■参政议政 2018年，市九三学社扬州市委员会(简称市九三学社)在扬州市政协八届二次会议上提交集体提案5件。市九三学社各级政协委员、人大代表共向各级政协、人大会议提交集体或个人提案、议案60多件，其中集体提案《规范农村宅基地流转，增加农民财产性收入的建议》被评为扬州市政协八届二次会议优秀提案。参与专题调研，有3篇调研报告入选九三学社江苏省委招标课题，4篇论文入选江苏九三论坛，7篇论文入选扬州政协论坛，《装备制造产业智能化创新发展的对策建议》入选中共扬州市委统战部年度重点调研课题。征集社情民意，《关于提高改进新农合医保政策的意见建议》被省政府领导批示，2篇信息被九三学社中央录用，44条信息被九三学社江苏省委录用，69条信息被中共扬州市委统战部、扬州市政协录用。参加市政协“界别活动周”活动，5月，市九三学社界别政协委员到仪征聚源春茶叶有限公司，开展以“践行以人民为中心的发展理念，提高群众获得感、幸福感、安全感”为主题的专题调研。加强对口联系。12月，市九三学社调研组与市农委共同视察市“菜篮子”工程。（匡海波）

■思想理论建设 2018年，市九三学社有9篇文章被《人民政协报》、“人民政协”网、《扬州政协》等媒体录用，向九三学社中央“五四运动与九三学社初心”研讨会投稿1篇，向市政协工作理论研究会年度理论研讨会投稿2篇。多个基层组织和个人受到表彰。1名社员被九三学社中央组织部表彰为九三学社先进个人，5个基层组织被省九三学社评为2018年度先进集体，12名社员被省九三学社评为2018年度先进个人。开展纪念“五一口号”发布70周年系列活动。4月，主委余海鹏参加扬州市纪念中共中央发布“五一口号”70周年座谈会并发言，组织社员参加扬州市统一战线“不忘初心，薪火相传”文艺汇演，向中共江苏省委统战部纪念“五一口号”主题征文活动报送文章7篇。加大宣传报道力度。5月，开通“扬州九三”微信公众号。（匡海波）

■**组织建设** 2018年，市九三学社发展新成员27人，平均年龄39.3岁，其中22人具有中高级以上职称。至年底，市九三学社有社员576人，平均年龄56.4岁，其中506人具有中高级以上职称。组织社员参加培训。1名社员参加九三学社中央举办的第四期省级以下机关专职干部培训班，2名社员参加九三学社江苏省委举办的第11期中青年骨干培训班，1名社员参加中共扬州市委组织部举办的扬州市第18期中青年干部培训班和中共扬州市委统战部举办的第25期党外干部培训班，7名社员参加省九三学社举办的宣传骨干、社情民意以及基层组织负责人培训班。3月，市九三学社宝应县基层委员会成立。5月，组织新老社员赴安徽安庆参观邓稼先故居、陈独秀纪念馆等爱国主义教育基地。继续优化基层组织结构。（匡海波）

■**社会服务** 2018年，市九三学社首家创业创新示范基地在优客工场（扬州）科技服务有限公司挂牌成立。继续开展“百名专家进乡村”行动。3月，市九三学社第五家“九三学社专家工作站”在宝应县人民医院挂牌成立。定点社区提供社会服务。9月，市九三学社江都区基层委员会走进江都区实验小学、江都特殊教育学校，开展“法治进校园”“献爱心、送温暖”等活动。11月，市九三学社宝应县基层委员会与宝应县西安丰镇苗圃村举行结对共建揭牌仪式，并开展系列社会服务活动。开展“国际科学与和平周”活动。组织社内专家到江都区樊川镇开展医疗义诊等相关社会服务活动。（匡海波）

扬州市工商业联合会

■**参政议政** 2018年，扬州市工商业联合会（简称市工商联）推进以“不忘创业初心、接力改革伟业”为主题的理想信念教育实践活动，组织有关商会负责人及年轻一代民营企业家代表参加全省年轻一代民营企业家理想信念报告会。组织改革开放40周年民营经济发展成果图片展示。面向全市非公经济人士征集以“我与改革开放四十年，扬州非公经济创业奋斗记忆”为主题的创业故事，展示改革开放40年来扬州民营企业家勤勉进取的良好形象。开展“现代扬商文化行系列活动”，组织近百位企业家、商会会长开展“无锡行”“宿迁行”等活动。配合开展“优秀中国特色社会主义事业建设者”评选活动，评选何小军等42名非公经济代表人士为扬州市第二届“优秀中国特色社会主义事业建设者”。授予通用电梯、嘉和热系统等13家单位扬州市民营企业文化建设示范单位称号，以先进文化引领企业转型升级、持续健康发展。组织直属商会会长、企业负责人等100余人分别参加浙江大学直属商会会长培训、扬州大学民营企业高质量发展培训等，提升商会会长履职水平。协助全国工商联召开扬州市民营企业座谈会，就扬州民营经济发展现状及发展中遇到的问题听取意见建议。与中小企业局等部门开展民营经济发展调研。联合市统计局、市商务局、市税务局等部分服务民营企业联络单位共同发布全市民营经济发展数据。先后推动开展上规模民企、民企履行社会责任、民企参与军民融合、民企高质量发展等十多项调研。推进民营经济调研样本企业点建设，全市有60多家企业参加。组织非公经济人士建言献策，组织工商联界别小组委员提交集体提案10件；开展界别小组活动，组织委员代表共商发展。（管娟）

■**经济服务** 邀请市委优化办、市经信委、市税务局等12个部门建立市工商联服务民营企业联络员机制，从政策层面为民营企业提供全面服务，打造民营企业服务平台。全年开展服务活动12场次，1000多人次参与，并通过线上平台服务全体会员企业。开展服务民营企业系列活动，与市劳动就业服务中心联合举办8场民企专场招聘，提供4000多个就业岗位，达成1000多人次就业意向。邀请相关职能部门就“人才招引”“用工政策”“双创服务”等国家、省、市新政策进行宣讲交流，帮助新政策调试落地。协调银行、政府主导融资服务平台等金融机构与民营企业开展银商、银企对接，帮助缓解融资难题。围绕优化发展环境、人才招引、对外投资等内容举办“女企业家创新创业论坛”“当前国际经济形势下民营企业的机遇与挑战论坛”等多次小型沙龙活动，400多人次参加活动。开展“6+X”活动，招商引资。春节期间举办2018在外扬州籍企业家新春团拜会，邀请来自北京、上海等14个省（市、自治区）以及澳大利亚、美国、越南等国的150多名扬州籍企业家与市领导、职能部门领导共话发展。分赴深圳、苏州、广州、新疆等地，对当地工商联、江苏（扬州）商会以及相关重点企业开展招商拜访，实地调研考察会员企业，召开当地扬州籍企业家座谈会，推介家乡产业。邀请深圳、苏州、广东等地商会、企业家和人才专家代表团到扬投资考察，达成相关投资合作意向。推动建设线上平台、线下基地和“空中楼宇”三大愿景，市工商联在生态科技新城召开主席（会长）扩大会议并与生态科技新城签订战略合作协议，加强资源共享、合作互动，着手打造生态旅游基地、万福片区基地、传统产业基地，为扬商返乡创业创新搭建平台。鼓励引导企业家履行社会责任，以“点、线、面”三级联动形式，引导推动民营企业及商会参与“光彩事业”“万企帮万村”精准扶贫行动。以两面针、奥邦等民企代表为点，推行“民企代表+贫困户”行动。以商会为线，串联扶贫资源，帮扶村镇增收。以商会组织为面，发动苏州市扬州商会、扬州市泰兴商会、盐城商会等为仪征市马集镇、高邮市陈堡村等辖内村户开展扶贫帮扶活动，捐款捐物近15万元。组织浙商联合会和陕西、安徽、高邮、休闲服务等商会赴陕西榆林地区开展扶贫协作活动，捐款捐物近20万元，以产业扶贫基金形式投身扶贫事业。（管 娟）

■组织建设 全年组建扬州市面制品行业协会、扬州市连云港商会，推动组建徐州市扬州商会和澳大利亚扬州商会，推动吊装行业协会等行业商会，以及湖北商会等异地商会的组建工作，启动北京扬州企业商会，深圳市、西安市、无锡市及合肥市扬州商会筹备工作，完成西安扬州商会登记注册工作。至年底，市工商联共有各类会员1.92万个，其中企业会员1.45万个、个人会员4487个、团体会员259个。全市有各类商（协）会组织212个，其中行业商会73个、异地商会51个、基层商会79个、其他商会9个。有市级直属商会72个，其中行业商会28个、异地商会38个、其他商会（商圈）6个。配合全国工商联主席高云龙到扬调研商会改革与发展情况，召开商会改革发展座谈会，贯彻落实中办《关于促进工商联所属商会改革和发展的实施意见》。推进“四好”商会建设，向上级推荐全国“四好”商会2家，省“四好”商会16家，研究确定市“四好”商会30家。推动“五好”县级工商联建设，开展互查互检工作。实地走访调研乡镇商会建设情况，有效强化商会规范化管理。加强商会班子建设，严把用人关，配合统战部等部门对推荐人选进行综合评价，优化商会领导队伍。开展“走商会、访实情、送服务、促发展”服务活动，了解各商会及会员企业情况、存在的困难和问题及各项惠民政策在商会及企业的落实情况，征求工作建议。组织青企联考察南通市青年民营企业家商会，并签订友好商会协议；与江苏省青年企业家联合会、南通市青年民营企业家商会联合举办学习全国“两会”精神座谈交流会等，加强年轻一代民营企业家队伍建设。召开中共扬州市总商会委员会第一次党员大会，完成换届工作。推动现有商会组建党支部，总商会党委下属1个总支、17个支部，党员数达137人。印发《2018年总商会党委党建工作要点》，指导各党支部围绕工作要点开展工作。市工商联被评为省工商联系统创新工作先进单位。（管 娟）

扬州市总工会

■组织建设 2018年，全市新建工会952家，其中独立工会621家。新发展会员7.6万人，其中农民工会员5.6万人。至年底，全市有基层工会1.44万家，涵盖法人单位3.8万个；工会会员数179万人。市总工会印发《关于开展“争创新时代星级基层工会、争当新时代星级基层工会主席”活动的实施意见》，推进基层工会规范化建设。全年评选星级基层工会394家，三星级50家；星级基层工会主席99人，三星级工会主席30人。建立完善会员评家机制，基层工会实行会员代表常用任制，每年召开一次会员代表大会，工会主席、副主席向会员代表述职并接受测评。全市全年获表彰省模范职工之家53家，省模范职工小家45家，省十佳模范职工小家1家，省十佳优秀工会工作者1人，省优秀工会积极分子45人，省优秀工会之友20人。加强基层工会干部队伍建设，开展全市第二届基层工会主席业务技能竞赛，举办市直基层工会主席上岗培训、社会化工会工作者培训2期，培训200余人次。开展授予扬州市基层工会主席荣誉纪念章活动，为首批市直6名基层工会主席分别颁发工会工作特别贡献荣誉纪念章和工会工作重大贡献荣誉纪念章。（夏圣坤）

■实事工程 在全市工会系统全面推行新时代“123”［即用三年时间（2018年—2020年），实现帮扶困难职工1000户；创建劳模创新工作室200家，发展义工教授200人，建立“爱心驿站”200家以上，新增非公企业、新产业、新业态工会组织200家以上，推行工资集体协商2万家；创设爱心母婴室300家］实事工程。全年全市工会帮扶救助建档特困职工户1020户，帮扶脱困404户；新建劳模创新工作室38家，新发展义工教授134人，新建“爱心驿站”167家，新增非公企业、新产业、新业态工会组织350家，新增工资集体协商1454家；新创爱心母婴室58家，建立健全组织职工、联系职工、服务职工的工作机制，为职工办实事、做好事、解难事成为常态、形成长效。（夏圣坤）

■承办参加省第19届运动会职工部比赛 8月14—18日，市总工会在扬州游泳健身中心承办省运会职工部游泳比赛；9月22—25日在邗江中学体育馆承办省运会职工部拔河比赛。承担省运会开幕式、闭幕式职工方阵展示任务。依托各县（市、区）工会、功能区工会，以及产业工会牵头组队，选拔205名职工运动员参加省第19届运动会职工部田径、大众体育、羽毛球、乒乓球、篮球、足球、游泳、排舞（广场舞）、中国象棋、围棋、拔河、龙舟、定向越野等13个项目比赛，获得3金4银7铜的成绩。（夏圣坤）

■“义工教授”建设 扩建“义工教授”队伍，与江苏旅游职业学院沟通协调，新增市级“义工教授”29人，6个县（市、区）工会全部成立县级“义工教授”队伍，扩大对县（市、区）乡镇各基层工会的覆盖面，全市“义工教授”团队人数218人。开展“义工教授”进企业行动，在职工中开展新闻写作、安全生产、心理健康、急救知识等讲座培训112个场次，受众职工1.06万多人次。5月25日，“义工教授”扬州大学马建敏教授走进仪征市委宣传部主办的“白沙讲坛”，为上海大众仪征分公司职工做心理健康辅导讲座。（夏圣坤）

■劳动竞赛 印发《职工劳动和技能竞赛组织与管理办法》，市级层面举办气象行业、国税系统青年干部业务技能和物业管理行业物业管理员、维修电工、医疗器械生产企业检验员检验、保险业职工车险理赔查勘定损技能等17个工种技能竞赛，县区和产业工会层面举办69个工种技能竞赛，有4.78万名职工参加劳动和技能竞赛。开展优秀合理化建议活动，全市职工提出合理化建议7.67万条，评出十佳合理化建议和30个优秀合理化建议。

（夏圣坤）

选手在参加第五届扬州技能状元大赛工业机器人项目比赛　张孔生/摄

■劳模先进评选表彰 制定印发全国、省、市五一劳动奖和工人先锋号推荐评选方案。五一前夕，集中对全国、省、市五一劳动奖和工人先锋号进行表彰。表彰2个全国五一劳动奖章、2个全国工人先锋号；6个省五一劳动奖状、9个省五一劳动奖章、2个省五一劳动荣誉奖章，23个省工人先锋号；29个市五一劳动奖状、100个市五一劳动奖章、100个扬州工人先锋号。同时对在2017年扬州市重点工程和重大项目劳动竞赛、创建“群众满意的窗口服务单位”和“群众满意的示范岗位”、女职工建功立业“双争”活动中表现突出的29名先进个人和32个先进集体分别授予扬州市五一劳动奖章和扬州市“工人先锋号”荣誉称号。开展第二届扬州工匠评选活动，评选出10个“扬州大工匠”、10个“扬州工匠”。（夏圣坤）

■劳模创新工作室提升 推进劳模创新工作室创建工作，联合市委组织部印发《实施劳模创新工作室党建强基工程“五大行动”实施意见》，在劳模创新工作室中建立党支部或党小组和党员先锋岗，开展劳模支部“双创双提升”活动，带动更多劳模创新工作室使之上水平、上台阶。联合召开劳模创新工作室“双创双提升”工作推进会，评选表彰20个示范性劳模创新工作室（党支部），新建劳模创新工作室38个。至年底，创建劳模创新工作室158家。（夏圣坤）

■职工劳动保护 印发《关于2018年度开展“安康杯”竞赛活动的通知》《关于开展2018年“安全生产月”和“安全生产万里行”活动的通知》，全市1345家规模企业报名参加“安康杯”竞赛活动；联合市安监局在京华城举办“安全生产月”宣传活动，发放宣传资料4.45万份，评选表彰35个安全生产工作法；与市安监局联合开展“安全隐患随手拍”活动，拍摄排查安全隐患4141个，评选表彰35个优秀作品。在重要节点开展安全生产大检查和事故调查。配合市安监局在元旦、春节前，对全市生产型企业中进行安全生产大检查，在“两会”前对有关重点企事业单位进行安全生产督查。全年参加6次事故调查和6次事故分析会，依法维护职工利益。开展职工“网上安康课堂”劳动安全卫生知识普及教育，通过“江苏职工之家”网或手机微信平台，学习安全生产法律法规和劳动保护基础知识等活动。开展职业病防治工作，与安监、卫生、人社等部门共同会商，联合印发《扬州市2018年作业场职业危害专项整治方案》，四部门相互配合，各司其职，开展全市职业卫生专项整治督查活动和全市《职业病防治法》宣传周活动，发放宣传资料2.75万份。加强“爱心驿站”建设和劳动保护监督检查员片区服务站建设。全年新建“爱心驿站”167家，全市建设安康爱心驿站356家，评选表彰十佳“爱心驿站”。组建适应本地区、本行业、本单位新形势要求的工会劳动保护组织网络体系，全年新建10家劳动保护监督检查员片区服务站，全市建设55家，覆盖企业3184家。开展劳动保护规范化建设，创建劳动保护工作合格、示范工会2766家，签订《劳动安全卫生专项集体合同》3560份。开展夏季“三送”活动，市总本级慰问9000多人，慰问金额56万余元。

（夏圣坤）

■职工帮扶 实施精准帮扶，制定《扬州市工会帮扶困难职工1000户三年规划》，印发《关于2018年元旦、春节期间开展送温暖活动的通知》，组织全市工会元旦、春节两节期间送温暖系列活动，对全市困难家庭展开生活救助、子女助学救助、大病医疗救助。全市县级以上工会筹集资金1152万元，慰问、帮扶困难职工1.7万人次。与市人社局对接，将全市2018年度已建档立卡的特困职工信息提交医疗保障系统，落实医疗保障待遇。与市有关部门和单位对接，落实市、区特困职工自来水费返还及物价补贴待遇，指导其他县市区工会申请民政物价补贴。按照《新市民卡（居民健康卡、工会会员卡）的发放、应用与管理实施方案》，与市卫生计生委、中国银行扬州分行、市民卡公司配合，推进工会会员卡的发放。开展系列工会会员卡“送福利”及优惠活动，开展“扬州疗养院体检及疗休养补贴、扬州市工人文化宫培训补贴、工会会员卡公共交通补贴”“浓情端午 粽叶飘香 ”—— 工会会员专享、“1 元观影”特惠等系统活动，并联系商谈特约商户 58 家，为工会会员提供减免或优惠服务。

（夏圣坤）

■职工服务平台建设 落实省总工会、市总工会职工服务平台建设三年规划（2016—2018）要求，加强平台建设与规范，对各级服务平台建设进行统一，规范服务工作标准，制定服务工作流程，明确岗位职责，建立一系列考核考评制度。创新项目“创新培训就业服务模式，拓宽职工就业增收渠道”，获评全省服务职工创业创新富民增收示范项目并获奖 12 万元。市职工服务中心连续三年获评市级群众满意的窗口服务单位。联合扬子人才网，每周六在三盛广场举办招聘会，有 970 家企业提供 1.5 万个岗位；联合 3 家再就业培训基地（阳光职业培训学校、安康职业培训学校、东方兰亭职业培训学校）免费为困难职工、农民工开展钳工、车工、电工、服装制作、餐厅服务员、客房服务员中式、西式面点师、养老护理员、家政服务员、园艺花卉等实用性技能工种培训，开展 10 期技能培训班，免费为 349 名下岗职工、农民工开展有针对性的技能培训。市级互助会全年办理入会 475 家 6.14 万人，入会金额 464.74 万元；全年发放补助 3428 人次，补助金额 509.49 万元。华东慧康医院全年优惠 805 人次，优惠 8.79 万元。（夏圣坤）

■女职工关爱行动 2018 年，紧紧抓住“双争”建功立业主线，打造“五一巾帼风景线”，表彰选树扬州市五一巾帼标兵岗 100 个，五一巾帼标兵 100 人，推荐省五一巾帼标兵岗、五一巾帼标兵 12 人。开展各类女职工为主体的行业、项目建功立业行动 151 场次，技术等级比武 30 多场，3 万名女职工获得学历、职业技能提升。连续第六年举办“三月女性阅读月”。落实《江苏省女职工劳动保护特别规定》，各地举办女职工维权法治宣传活动 339 场次，组织维权法治知识竞赛 31 场，开展女职工维权法治讲座 374 场。关爱女职工身心健康。为各级女职工开展免费妇科体检 7.32 万人次，开出健康体检企业直通车 59 车次，发放救助资金 82.47 万元。承办全国总工会女职委心系女性关爱“贝壳”行动，开展女性健康宣教课程 40 场。扬州成为全国总工会 HPV 疫苗普惠的试点城市，共为 4852 名女职工注册 HPV 申请疫苗接种普惠服务项目。发挥各级女职工心理关爱载体作用，在各类读书角投放心理辅导读物 3825 册，举办各类心理关怀讲座 159 场，惠及女职工 6 万多人。开展心理健康知识培训 45 期，培训心理关爱骨干 1283 人。新建 58 家爱心母婴室通过验收，共建成爱心母婴室 158 家。加大爱心母婴室规划管理与运行服务，修订印发《爱心母婴室管理办法》和《星级评定办法》，评选五星级爱心母婴室 10 个、四星级爱心母婴室 5 个。

（夏圣坤）

■企业劳动用工风险评估监督 开展企业劳动用工风险评估监督，在全市建筑企业、工地等地持续开展劳动用工风险评估监督行动，建立规范农民工支付“四项制度”，指导相关企业开展劳动用工自我监督、自我评估、自我改进，维护职工合法权益，增强企业合法用工意识，构建和谐劳动关系。对照《扬州市工会劳动法律监督工作评价规范》，在全市范围组织开展工会劳动法律监督工作“合格”和“先进”评选活动。命名 48 家工会组织为“扬州市工会劳动法律监督工作先进单位”，73 家工会组织为“扬州市工会劳动法律监督工作先进单位”（功能区和市直产业）。配合政府有关部门开展专项检查活动，参与处理农民工集体维权事件 2 起，全年参与帮助农民工讨回欠薪 800 多万元。健全劳动关系矛盾纠纷化解机制，完善自下而上的劳动关系预警网络，发挥县（市、区）、产业为单位的劳动争议信息员队伍及企业工会信息员的作用，每月定期收集全市预警信息，对劳动争议隐患早排查、

3 月 26 日，扬州市职业女性“五一巾帼风景线”风采展示暨“双争”表彰会举行

张孔生/摄

早发现、早预警、早处置。接待职工来访，接听工会热线电话，及时办理职工来信，协调处理职工反映咨询的问题，市总工会共接待处理职工来访、来信、热线电话265件327人次，其中接待处理职工来访127件、热线电话138件。涉及保险保障类45件（含工伤咨询36件）、工资类72件、劳动合同类46件、有关婚姻家庭、离退休政策、仲裁程序咨询等其他类102件。全部处理完毕，结案率100%。无5人以上集体访。在市法院、市人社局派驻工会法律援助窗口，与市法援中心签订为农民工、困难职工免费提供法律援助的协议。开展法律援助志愿服务活动，五一劳动法律宣传服务月活动期间，全市共开展阳光法律援助志愿者服务活动57场，深入社区、园区、企业、农民工劳务市场等205家，204名志愿者参与阳光志愿服务活动，为合法权益受到侵害的职工提供力所能及的法律援助服务，面对面服务职工1.65万人次。（夏圣坤）

共青团扬州市委员会

■**概况** 共青团扬州市委员会（简称团市委）全年新发展团员1.05万人。至年末，全市共有各级团组织6446个，其中基层团委344个、基层团工委41个、团总支160个、团支部5901个；有共青团员2.14万人，专职团干部307人，兼职团干部1.5万人。全年全市共获评国家级先进集体5个、省级先进集体28个，郭炜剑被评为全国优秀团干部，莫元花、张锦获第13届“江苏青年五四奖章”，邹主东、张伟获第13届“江苏青年五四奖章”提名奖，其他先进个人获省以上表彰达45人次。

（殷一鸣）

■**青少年思想引领** 开展习近平新时代中国特色社会主义思想、党的十九大精神和团的十八大精神等主题学习活动。开展“青年大学习”主题活动，安排团干部面向团员青年开展宣讲、集中性宣讲交流活动200余场，开展调查研究、青年主题研讨交流活动100余场，举办青年学习答题和竞赛30余场。动员中小学基层少先队组织和广大少先队员以“争做新时代好队员”为主题，“六一”儿童节、抗战胜利纪念日和少先队建队日期间开展“党的十九大精神我知道”“习爷爷的教导记心间”“好队员在行动”等主题活动。在“八一”建军节组织少先队员赴东海舰队、扬州舰参观访问，加强少先队员的红色教育。加强新媒体工作矩阵建设，定期开展新媒体话题活动，关爱外来务工人员子女的“暖手暖心·快乐童年”项目获团省委运用新媒体和文化载体引导青年创新案例一等奖。

（殷一鸣）

■**青年创新创业创优** 继续实施“青年企业家发展领航计划”三期，遴选、培育70名青年企业家学员，全年组织开展集中学习11场，组织交流活动20场，赴上海、深圳、广州等地考察先进制造业、互联网产业，对接金融资本；召开青商会第四次会员大会，调整补充新会员，选出新班子，确立新发展目标，为青年企业家提供新的展示交流的平台；实施“青微助力行动”，组织团干部结对小微企业，落实“五个一”（建立一个常态化联系机制、开展一次大走访、做好一次企业情况调查、推送一项精准的涉企惠企服务内容、指导完成一项“1+N”两创示范线上平台的注册、使用）工作要求，助力全市培育5000名小微创业者。实施人大代表、政协委员与青年面对面，关注小微企业创业青年发展问题，形成向“两会”提交建议提案，推动政府出台有利于新兴青年群体发展的政策措施。（殷一鸣）

■**志愿服务品牌建设** 引领广大青年参与服务城市重大活动，为19届省运会、省园博会、鉴真国际半程马拉松、“烟花三月”国际经贸旅游节等重大赛会、节庆日招募1万余名青年志愿者。省运会组织运行和备战参赛过程中，团市委组织的志愿服务工作得到各级党政部门及社会各界的高度评价，被市委、市政府表彰为第19届省运会组织运行工作先进单位，并记集体二等功。持续开展“保护母亲河”行动，成立“河小青”志愿服务队，全市建成“青年林”6处，发动更多青少年参与到污染防治行动中来。

（殷一鸣）

■**青年群体服务** 开展“五四”“六一”及相关团、队组织系列表彰工作，推报国家级、省级“两红两优”表彰。评选示范青少年综合服务平台、青年文明号、青少年维权示范岗、优秀志愿服务组织等荣誉。建立青年留学生创业联盟、设立海创园，开展海归留学生创业周、青创项目路演赛、领航计划等活动，推动留学生在扬创新创业。联合市银监局、京华城等单位在“五四”“七夕”“双十一”等时间节点举办“灯火阑珊处——遇见你”青年交友联谊活动，拓展青年交际圈，丰富业余生活，服务青年婚恋交友。（殷一鸣）

■**关爱重点青少年群体** 联合市公安局、市司法局、市教育局等部门利用“6·26”国际禁毒日、“12·4”宪法宣传日等时间节点开展讲座、展演等活动100余场，依托青春热线和12355青少年综合服务平台，整合专业力量，全市开展“青春自护”系列宣讲活动50余场，加强青少年法制教育、自护教育和禁毒教育。开展“希望工程·圆梦大学”、微捐赠、“1+1”爱心结对、暖冬行动等活动，筹集各类资金及物品334.63万元、资助困难学生4365人、发放各类助学款物239.69万元。推进“希望村塾”建设，全年新增“希望村塾”4家，爱心单位和企业结对共建7家，开展经典传承、学业辅导、亲情陪伴、心理关爱等内容的专题讲课和志愿服务2315场，直接服务留守儿童8170人次。（殷一鸣）

■**基层团组织建设** 全年培训县、乡团干部1000人次，督查抽查4次，组织理论测试6场，通报基层团组织存在问题15个。建立扬州市归国青年留学生协会团工委、各县（市、区）留学生协会建立团支部，通过学校摸清留学生情况，将团员关系留转在本地留学生协会团组织，保证留学期间团组织关系得到留转，待其回国后再予以接续，提升海归青年归属感。实施具有扬州地域特色的"七个项目"（开好校级少代会、团代会、少工委工作例会，用好扬州市少先队队员手册、初中积分入团手册、班团队工作手册，抓好国旗护卫队、志愿者服务队、共青团知识宣讲队，办好少年军校、少年团校、队长学校，上好少先队队课、团课、红领巾社团课，搞好初一建队仪式、青春奠基仪式、离队仪式，建好党团队室、宣传阵地、知心小屋），强化初中团队衔接工作，有效提升初中团队一体化水平。承办全国初中少先队工作方法经验交流活动、全省初中入团工作现场会，展示扬州少先队和中学共青团组织在团队衔接、积分入团等方面的亮点，"初中团队衔接工作规范化建设"获2018年度全省共青团工作"10100"创新创优工作项目一等奖。

（殷一鸣）

扬州市妇女联合会

■概况 2018年，扬州市妇女联合会（简称市妇联）深化妇联改革、促进妇女创新创业、弘扬社会文明新风、维护妇女儿童合法权益和加强妇联自身建设取得明显成效。妇女创业担保贷款再次过亿元，1759名困境儿童和春蕾儿童得到帮扶，家风和亲子大讲堂百场巡讲影响力凸显，扬州市妇女工作被《新华日报》专版推介。（薛芳洁）

■组织建设 召开扬州市妇女第七次代表大会，选举产生新一届妇联领导班子，明确今后五年的工作目标和任务。配备3名兼职副主席、1名挂职副主席。按照打破行政隶属、打破行业壁垒、打破身份限制的"三打破"原则，从基层、各个领域推选优秀人才，换届推选出的各界别代表占总数的64.1%。各级妇联选配出兼挂职副主席2582人，执委1.19万人，形成一支以专职干部为骨干，兼、挂职干部为重要支撑的编内编外相结合、相补充的妇联干部队伍。市妇联第七届执委中开展"五个一"活动，更好地发挥妇联执委在联系服务妇女儿童中的作用。制定《扬州市妇联系统教育培训三年规划》，先后举办全市处级女干部培训班、妇联干部党性教育培训班、全市中青年女干部培训班，逐步建立分层次、分类别、多渠道、多形式的培训机制，推行"新、老"妇联干部一对一帮带互学制度，开设"掌上课堂"，建立开放、兼容、共享的培训网络体系。（薛芳洁）

■工作转型推进 全面推进机关、事业单位妇委会改建新建妇联工作，抓好乡镇街道妇联组织区域化建设全覆盖。推动村（社区）妇联组织向兴趣小组、文体团队等妇女生活最小单元扎根，创新推进在特色行业、女性社会组织、工业园区等四新领域灵活多样设置妇联，新建"酷立方"楼宇妇联、新盛山河林场妇联等各类组织50多家。以项目化工作理念，主动发现、引领、催生、服务一批"妇字号"的女性社会组织，推动将工作对象转变为工作力量，根据妇女、儿童和家庭的实际需求，设计公益项目，延伸工作触角，提升妇联组织的服务能力。利用网络媒体组织各类评选和寻找最美活动，2018年的十大女杰评选、妇代会风采展示、社会化评选巾帼文明岗以及创业创新十大金点子等均采取网上投票，吸引8万多人参与投票。与人民日报新媒体中心、"扬帆"直播、"扬州发布"等APP合作，现场直播各类活动。在荔枝网开通"扬州女声"音频栏目，组织策划党的女儿话初心、妇代会代表"学摘编、谈心得"等专题。在社会组织中新建网络妇联11个，并指导开展线上线下相结合的各类活动。（薛芳洁）

■妇女思想引领 围绕"巾帼心向党·建功新时代"主题，四级联动，组成各具特色的宣传小分队，深入基层妇女儿童活动阵地，开展"十百千巾帼大宣讲"活动。举办主题文艺汇演，讴歌改革开放40周年。印发《关于创建三八红旗手（集体）工作室的通知》，打造41家有代表性、典型性、示范性的线上线下三八红旗手（集体）工作室，组建工作室联盟微信群，推动工作室之间学习交流。举办"全民动起来，扬州更精彩"——"智途杯"2018年扬州市第三届女子乒乓球比赛，组织上千名女性开展"庆三八，学雷锋，迎省运"女子健步走活动；配合世界园博会和省园博会，组织各级妇联、招募社会家庭开展"我为园博种棵树 携手共植巾帼林"等植树活动；连续10多年开展"真情唤回归"特殊妇女帮教活动，为女性在押和社区服刑人员提供法律咨询、心理疏导等服务；连续多年组织志愿者在"国际禁毒日"开展禁毒公益宣传。（薛芳洁）

■家庭家风建设 启动首届家庭文化节，成立最美家风巡讲团，赴县（市、区）开展"最美家风·德润扬城"巡讲8场及"兴正气家风 守清廉本色"主题巡演活动10场。开展寻找最美家庭和评选五好家庭活动，最大限度吸引广大家庭参与，全年全市获评全国"最美家庭"2户、"五好家庭"2户；省"最美家庭"6户、"五好家庭"3户、书香家庭3户；市"最美家庭"102户、"五好家庭"50户、"书香家庭"15户。以网上家长学校、家庭教育研究会为依托，持续开展"文明家风·科学家教"亲子大讲堂巡讲活动111场，综合利用大众传媒与新媒体技术，扩大"亲子空中课堂"、"扬帆"直播讲座、亲子网络讲堂、主题沙龙讲座等活动的受益范围，吸引6万多家长和孩子参与。（薛芳洁）

■妇女创业创新 全年发放妇女创业基金担保贷款1.07亿元，441名妇女在贷款的扶持下实现创业梦想。

搭建创业创新交流展示平台，第二届“巾帼梦圆新扬州”创业创新大赛举办，56个项目进入评审，20个项目获奖，11个项目获得授权430万元。会同人社部门上下联动举办女性专场招聘会16场，服务妇女1.6万人次，5243名妇女成功就业。7名女企业家入选省百名女企业家服务高质量发展领航计划人选，9名优秀女性被命名为全省“十行百星”巾帼创业创新典型。建成省级巾帼示范基地23个。共建成全国、省示范基地100多个。针对不同层级的女性创业就业群体分批次开展家政、育婴师、电商、创业孵化等培训，突出实操性、示范性和引领性。推行扬杰科技、智途科技挂钩学校、建立培训学院的做法，推动企业订制式培训、订单式培训；在社区、妇儿活动中心设立自助培训点，组织妇女向身边有特长的妇女互助学习。组织优秀女企业家携手初创业女性赴义乌开展巾帼电商培训。建立师徒结对制，试点在扬派盆景传承人丁昕盆景工作室、乱针绣莫元花工作室等建立5个能工巧匠孵化站，发展优秀女企业家为创业导师，领航初创业女性。深化改革巾帼文明岗评选机制和方式，改变巾帼文明岗名额分配、层层上报的做法，全面推动社会化申报，线上搭建巾帼文明岗展示评选平台，线下开展岗位展评活动，全年全市推荐评选产生市级巾帼文明岗100个。（薛芳洁）

■妇女合法权益维护 依托“幸福家庭直通车”，发展法律宣传员千余人，因地制宜开展广场咨询、“村（社区）普法讲堂”、法律知识大PK、模拟法庭等“法律进家庭”活动607场次，为近3万人次提供各类法律服务。召开全市“平安家庭”创建暨“法律进家庭”工作现场推进会，推广先进做法，表彰全市“平安家庭”创建活动先进个人、先进集体、“学法示范户”70个。全年参与评估政策法规12件，提出建议55条，“涉及女性权益的法规政策都必须进行性别评估，进行性别评估的都必须进行自评估，进行自评估的都必须按要求出具自评估报告，出具自评估报告的都必须有综合性评估报告进行反馈”的“四个必须”扬州模式得到全省推广。注重提升妇女民主管理和自我管理能力，全市建立各级妇女议事组织967个，因时、因地、因事，开展集中议事、走访议事、上门议事、接待议事等多种形式议事，创新植入互联网思维开展新媒体妇女议事活动。发挥12338维权热线、幸福家庭维护中心、妇女儿童之家三大维权服务平台作用，放大“幸福家庭志愿者导师工作室”社会影响，全年全市妇联系统接待来信来访623件，挂牌个人调解工作室190个，发展志愿者队伍5000余人，并获得司法补贴。全年全市法院发出人身保护令8份，公安机关发出家暴告诫书23份。（薛芳洁）

■妇儿民生服务 开展妇女儿童发展规划（2016—2020年）主要量化评估指标和妇女儿童重难点实事自查自评，推进各成员单位“十三五”妇女儿童发展规划实施和2017—2018年十件实事落实，针对主要量化指标不达标或者无数据的成员单位，发放提醒函。联合市卫计委印发《关于加快推进母婴设施建设的实施意见》《扬州市出生缺陷综合防治工作方案》等文件。建立市级分性别信息统计平台，迅速、准确收集数据，为妇女儿童发展规划的推进及时提供第一手资料。放大市翔宇妇女儿童基金会的影响力，做好“春蕾计划”传统品牌，打造“励志女孩”等创新品牌。全年，市翔宇妇女儿童基金会募集善款165.67万元，发放春蕾助学金129.63万元，受益春蕾妇女儿童1514人，新办春蕾班4个。深化“护蕾行动”，在宝应、仪征和开发区等地试点开展儿童保护项目，培训讲师近70人，开展课程近230节，发放资料手册5000余册，受益的未成年人达5000余人。推进困境儿童助学金项目，全年为1094名困境儿童申报发放助学金218.8万元。建好用好妇女儿童活动阵地，市妇女儿童活动中心成为市妇联所属公益一类事业单位，围绕创业就业指导、素质技能培训、社会组织成长、家庭成长体验、文化交流联谊、权益维护保障六位一体的功能定位，打造“亲亲之爱”亲子节、“春暖花开”女性活动月、和你一起过“六一”、“诗意仲夏”女性公益课程、“相遇最美”单身青年联谊、“小能人”成长营等品牌活动，全年举办活动2916场，参加人数1.6万人次，送公益活动下乡11场。推动解放桥妇儿活动中心改造建设项目纳入市委民生一号文件，完成前期立项审批及招投标工作，于12月29日正式进场施工。（薛芳洁）

扬州市科学技术协会

■概况 2018年，扬州市科学技术协会（简称市科协）在巩固“院士专家扬州行”、院士工作站建设和科技信息推送服务等品牌活动的基础上，探索建立学会专家服务站，柔性引进国家级、省级学会专家服务园区和重点企业的科技创新。发挥科技馆的阵地辐射作用，打造科普活动新品牌。探索青少年科技教育新思路，科普阵地建设得到加强。市科协获评全国科普日优秀组织单位，受到中国科协表彰。完善科技工作者调查平台，首次设立10个市级科技工作者状况调查站点，全年向中国科协报送信息17篇，其中2篇获刊发。深入基层走访调研、座谈交流，多渠道听取科技工作者对市科创名城建设的意见和建议，并编印成《科技工作者建议》报市领导及有关部门决策参考。发挥科技工作者状况调查站点的作用，及时反映科技工作者的思想动态。仪征市科协和扬州职大获评全国优秀调查站点，受到中国科协表彰。市科协蝉联调查站点优秀区域责任部门，受到省科协表彰。（李佳坤）

■基层组织建设“4+1”改革试点 作为全省改革试点，分组实地调研乡镇园区企业、医院、学校及农技部门，引导推动“四长”在县镇科协领导机构兼职，搜集基层呼声，加强市县镇科协资源贯通；新编印《乡镇科协工作实务手册》《高校科协工作实务手册》；宝应“4+1”改革试点经验获中国科协推广；高邮积极推动县（市）级学会换届，增强基层学会组织活力。（李佳坤）

■学会及高校科协组织建设 1月16日，市青少年科技教育协会召开第六次代表大会，选举产生六届理事会，王德平当选为理事长；1月19日，市药学会召开第五次会员代表大会，选举产生五届理事会，谈法华当选为理事长；4月2日，市排水技术协会召开第二次会员代表大会，选举产生二届理事会，严俊泉当选为理事长；5月3日，市抗癌协会召开第一次会员代表大会，选举产生新一届理事会，王静成当选为协会名誉理事长，束余声当选为理事长；5月4日，市抗癌协会举行成立揭牌仪式；5月18日，市土木建筑学会召开第五次会员代表大会，选举产生五届理事会，徐惟涛当选为理事长；11月22日，扬州中瑞酒店职业学院科协成立，副院长李宝君当选为科协主席。（李佳坤）

■学会创新服务 2018年，市科协学会创新和服务能力提升工程分为综合示范学会、“特专优精”学会、学术交流精品、学会专家工作站四类，分类打造承接政府职能示范学会、服务园区企业招才引智示范学会、科技创新智库特色学会、科普特色学会和扬州科技论坛分论坛、学会期刊、学会网站、品牌特色学术活动等子项目，通过项目申报和验收提升学会服务能力，为科技社团承能工作和科技服务工作提供项目和平台。经各单位自主申报和市科协研究审定，对申报项目予以立项，其中综合示范学会7家、“特优专精”学会17家、学术交流精品26项、学会高校科协专家工作站11家。（李佳坤）

■企业科技组织建设 全年新建企业科协30家，企业科协总数达377家，全市高新技术企业科协组织覆盖率达到近60%。（李佳坤）

■专利信息服务 全年为67家企业注册使用专利资源库，全市注册企业总数达332家。分市、县、镇三级对全市近400名专利应用工程师和科技信息推送组织工作者开展专利意识、专利规则、专利检索及应用等专题培训。10月16日，特邀中科协咨询服务中心原主任盛小列为扬州市区188名专利应用工程师举办专题培训。（李佳坤）

■优秀科技工作者评选表彰 组织开展2015—2017年度扬州市十大科技之星和扬州市优秀科技工作者评选表彰活动，马建社、王金玉、王斌、朱丹、刘刚、何小军、李帅、张喜、高巨、董振鹏等10人获评扬州市十大科技之星，吴义彪等人当选扬州市优秀科技工作者。参与网络投票人次达127万。

联合扬州广电集团策划编排“第一动力”——纪念“5·30全国科技工作者日”暨扬州市十大科技之星、青少年科技创新市长奖颁奖典礼。联合扬州报业传媒集团编印《创新创业 我们在行动——扬州市十大科技之星风采录》，讲述他们执著科研、追逐梦想的创新创业故事。（李佳坤）

■特约、重点软科学研究课题首次开设 6月22日，市科技协召开市科协软科学课题立项评审会，对121项申报课题进行立项评审，经过初评、复议、综评后共评出立项课题81个，其中特约和重点入围课题15个、备选课题15个。（李佳坤）

■2018“院士专家扬州行” 4月24日，联合市人才办、市经信委举办2018“院士专家扬州行”启动仪式暨潘际銮院士智能制造报告会。活动先后邀请76位院士专家到扬参加“四进”（进机关宣讲、进校园科普、进园区指导、进企业建站）系列活动26场次，对接洽谈签约项目25项，举办科普报告（讲座）8场，产业发展论坛（研讨）会6场。（李佳坤）

■扬州科技论坛 10月31日，以“新能源、新汽车、新发展”为主题，联合扬大科协举办“2018江苏省青年科学家论坛扬州分论坛暨2018扬州科技论坛”，邀请“长江学者计划”特聘教授、中国汽车工程学会副理事长、汽车仿真与控制国家重点实验室主任、吉林大学汽车研究院院长管欣，江苏大学汽车与交通工程学院院长、省汽车工程重点实验室副主任江浩斌作学术报告。市土木建筑、专业照料、气象、工程师学会等分别承办建筑施工技术、医养融合、大数据技术、智能制造等主题分论坛。（李佳坤）

■省级学会专家服务扬州行系列活动 继续做好省科协服务扬州创新发展活动，面向县（市、区）科协共征集发布园区和企业技术需求项目50项，让省级学会进行精准对接。4月25日，省药理学会理事长、中国工程院王广基院士带领团队走进江苏联环药业有限公司对接企业院士工作站建站和咨询活动。6月6日，省汽车工程学会走访仪征汽车工业园区，推动省级学会与地方园区协同合作。6月9日，市工程师学会、老科技工作者协会、腐蚀与防护学会走进江苏金世缘乳胶制品股份有限公司，了解企业技术需求，促进企会协作。8月8—9日，省复合材料学会、省化学化工学会专家先后走进江都快乐集团相关企业，就产品质量提高、品种开发、改造升级等提供意见和建议，解决技术难题，达成初步合作意向。8月29日，举办省科协学会专家服务企业扬州行（宝应专场）对接会，来自省级学会的16位专家教授及有关单位和企业的负责人参加对接会。10月25日，省力学学会组织专家走进仪征金派内燃机配件有限公司和扬州天开机电有限公司进行服务企业科技创新专场对接洽谈活动。（李佳坤）

■市级院士工作站组建 年内指导帮助中铁宝桥（扬州）有限公司等5家企业、江都人民医院、扬州大学附属医院等2家医院成立市级院士工作站，并对2015年建立的8家市级院士工作站进行检查验收。（李佳坤）

■海外专家交流 3月28日，联合扬州大学共同举办乡村振兴战略的科技解读与国际化实践论坛，邀请中国科协海智专家、比利时金海农业集团总裁、安徽大浦现代农业研究院院长高继明作《乡村振兴战略的探索与实践》主题讲座。10月17日，举办2018扬州科技咖啡馆活动，邀请比利时鲁汶大学终身教授倪以成作“OncoCiDia:一种原创抗癌新法的诞生探索”学术报告并与大家交流互动，全市近60名肿瘤科、影像科的医生参加活动，市科协向倪以成颁发扬州市科协海智计划专家聘书。（李佳坤）

■青少年科技创新市长奖评选 2018年，举办扬州市第七届青少年科技创新市长奖评选活动，并首次开设大学组。从各地选送的近百件作品当中，评选出市长奖获奖作品6件，获奖者分别来自扬州中学教育集团树人学校、江苏省扬州中学、扬州大学，评出提名奖获奖作品15件，入围奖获奖作品25件。（李佳坤）

扬州市归国华侨联合会

■概况 开展“走基层、访侨情、听意见”专题调研活动，召开座谈会6次、走访侨资企业近10家，征求侨界群众对侨联工作意见建议。协办中国侨联“亲情中华 欢聚扬州”戏曲晚会。开展“侨界看扬州——园博行”活动，组织市区归侨、侨眷和在扬海外华侨华人参观第十届江苏省园艺博览会。配合省侨联做好《江苏侨联》扬州专刊的组稿工作，讲好扬州侨界故事，宣传推介扬州文化。引导侨界参政议政建言献策。开展以“关注医教养、助推民生幸福”为主题的侨台政协委员界别周活动。侨界政协委员提出“关于打造道路畅通工程”等提案得到相关部门重视。主办“重视发挥海外侨团作用，促进新侨回国创新创业”提案，得到满意评价。（胡雪垠）

■组织建设 推进侨联基层组织建设。市委常委会听取市侨联全面从严治党和履职情况汇报。召开市侨联六届二次全委（扩大）会议，学习宣传贯彻十九大精神，安排部署年度工作任务。组织中国侨联“十代会”精神宣讲会，结合扬州实际，解读“十代会”精神。推进“基层组织建设提升年”活动，连续5年在侨资源集中的社区开展“社区侨之家”创建，通过召开专题推进会、现场观摩、经验交流、奖励办公设备等形式推进创建，全市建成“社区侨之家”30个，命名扬州市“社区侨之家”示范点12个。开展“侨情调查月”活动，挖掘侨情资源，建立海外精英年报制度，完善侨情资料库和海外精英资料库。举办全市侨联干部培训班，设置专题教学、交流研讨和赴著名侨乡福建现场教学等课程。（胡雪垠）

■服务经济 主动牵线搭桥服务双招双引。围绕扬州重点产业，不断挖掘海外人才和项目信息资源，加强与园区联系，着力精准牵线。突出“创业中华”主题，开展“海外高层次人才扬州行”活动，邀请美中绿色能源促进会资深副会长刘珊珊一行到扬参加“烟花三月”国际经贸旅游节。举办“创业中华·太阳能光伏产业对接交流会”，精准对接太阳能光伏产业。牵线扬州大学与美国北卡州立大学副校长、知名农林专家李百炼商谈校际合作、文化交流事宜。牵线美国国家可持续发展中心与扬州经济技术开发区、扬州高新区洽谈生物医药、高科技园区项目合作。牵线市侨联海外顾问单位——江苏金财厚积投资管理有限公司服务大农业、助推乡村振兴。牵线新疆特变电工华东分公司与宝应开展“创业中华、新能源风电项目对接”活动，达成项目合作意向。举行“创业中华·援疆项目对接会”，组织侨资企业参与援疆行动，落户项目1个。牵线推进保利文化集团与世界运河历史文化城市合作组织（WCCO）合作保利文化水上剧院项目。邀请中国银行扬州分行开展“创业中华·银企对接”活动，助力新侨海归企业的发展。开展“走百家侨企”调研活动，走访雅居乐地产、众诚纳米材料、留创园商业管理公司、优客工场（扬州）公司等10余家侨企，帮助协调解决环保、股权纠纷等问题。邀客考察推介扬州投资环境。中国侨联海外顾问、中国侨商会副会长、香港金轮集团董事局主席王钦贤一行20余人到扬考察，多个项目落户扬州。全年接待美洲华侨华人投资基金会会长陈丰以及来自美国、法国、意大利、巴西、阿联酋等国家和地区的侨领侨商侨胞500余人。（胡雪垠）

■服务侨界 完善为侨服务机制，提高联系服务归侨侨眷的实效性。开展“侨界空巢老人关爱行动”，组织志愿者实施“五个一”帮扶活动。每周一次侨界合唱团培训、每月一次侨亲组织活动。申报民政关爱侨界空巢老人项目资金2.5万元。开展“暖侨心走访慰问”活动，组织市区老归侨春节团拜，走访慰问生病归侨、空巢老人、侨眷、困难侨界群众、新侨创业人士、侨界精英眷属等100余户。定期开展“阳光扶贫”走访慰问活动。邀请扬州大学博士研究生导师刘延庆教授作中医惠侨养生讲座。开展回扬海外留学生春节团拜联谊活动，来自美国、英国、俄罗斯、日本、澳大利亚、加拿大等国家和地区的留学生参加活动，并加入“侨界牵手国际友人1+1”行动，宣传推介扬州。加大普法力度维护侨界权益。建立健全涉侨纠纷调解机制。联合市中级人民法院印发《关于开展涉侨纠纷多元化解工作的意见》，成立扬州市涉侨纠纷调解中心，制定工作流程，聘任人民法院调解员15人。开展“与法同行”法律宣传月“五个一”活动。举办一场宪法宣讲会，开展一次法律咨询，出一批法制宣传栏，开通微信有奖知识竞答小程序，点击率高达1.6万人。走进社区侨之家，宣传宪法、涉侨法律法规，开展现场法律咨询，解答侨界群众关心的热点问题，发放法律宣传资料1000余册。开展侨界公益行动。联合市妇联开展“澳大利亚魏基成慈善列车”棉衣捐赠活动，为贫困女童捐赠棉衣500件。联合香港失明人互联会组织香港视障人士“历史文化寻访团”，开展以“体验扬州感受美好”为主题的失明人公益寻访活动。做好“曹茂林奖教金奖学金”的发放监督工作。（胡雪垠）

■海外联谊 深化“两个拓展”计划，扩大海外联谊交流。加强华侨文化交流基地建设。申报国家级和省级华侨文化交流基地。扬州486非遗集聚区成功申报为“中国华侨国际文化交流基地”。申报省级基地2家，命名市级基地4家。开展2018香港城市大学师生“看扬州·爱家园”主题活动，各基地成为海外侨胞到扬考察精品线路。开展海内外文化交流。突出中医文化主题，承办“侨连五洲相约江苏”2018海外侨胞故乡行——走进扬州活动，侨胞们走进扬州体验运河文化、园林文化、中医文化。启动“中医惠侨康养行动”，宣传推介扬州中医文化。联合扬州晚报策划主题为“月是故乡明·亲情中华·最忆扬州”海外连线采访活动，连线采访6位远在海外的扬州籍知名人士，中秋节当日扬州晚报整版刊登采访内容。协助世界运河城市联盟WCCO做好“2018年世界运河城市论坛”海外侨胞接待服务工作，完成34批50人接待任务。开展庆祝改革开放40周年系列活动。开展“祖国在我心中”主题活动，在侨界广泛征集微视频、图片、征文，展示侨界参与改革开放的成果。联合美国美中书画艺术研究院等单位共同举办“侨与改革开放40周年”暨《翰墨盛彩》中美书画艺术交流展。联合苏州侨联举办“翰墨侨韵·情系苏扬”庆祝改革开放40周年书画交流展，促进侨界文化合作交流。组织扬州华侨书画院举办迎新春书画笔会、书画雅集等活动，走进侨企雄柏集团、金阳光集团、光大集团，弘扬“扬州八怪”品牌，活跃企业文化。联合广陵区侨联组织侨界书画家开展送廉政春联活动。加强联谊不断扩大影响力。与美国国家可持续发展中心、德国新侨联谊会签署友好合作协议，在多方面达成合作意向。举办侨界人士迎新春联谊沙龙，邀请侨界骨干共迎新春共谋发展，征求意见建议。山东省日照市侨联、南通市侨联、泰州市侨联、陕西宝鸡市侨联等兄弟侨联来扬进行工作研讨交流。侨联康乐艺术团演绎的汉风唐韵在澳大利亚悉尼歌舞剧院演出。（胡雪垠）

■“侨连五洲相约江苏”2018海外侨胞故乡行——走进扬州活动 9月3—5日，中国侨联副主席、江苏省侨联主席、党组书记周建农率领“侨连五洲相约江苏”2018海外侨胞故乡行活动的海外侨胞走进扬州。活动上启动“中医惠侨康养行动”。来自18个国家和地区的海外侨胞、海外侨领，参观考察中国华侨国际文化交流基地——扬州486非遗集聚区等华侨文化交流基地以及大运河文化遗产点，参访世界运河历史文化城市合作组织（WCCO）。（胡雪垠）

■“创业中华　太阳能光伏产业对接交流会”举办 4月18日，美中绿色能源促进会资深副会长刘珊珊一行到扬参加“烟花三月”国际经贸旅游节，市侨联牵线分别在扬州经济技术开发区、宝应县举办“创业中华　太阳能光伏产业对接交流会”，精准对接交流太阳能光伏产业合作需求。考察团一行与扬州经济技术开发区、市发改委等单位就太阳能硅片、光伏电池组件生产合作等事项进行交流对接。赴宝应县参观考察全国太阳能光伏领跑示范基地、射阳湖镇渔光互补项目，就太阳能光伏产业领域的投资、落户、合作等问题进行交流。（胡雪垠）

扬州市残疾人联合会

■概况 2018年，市残疾人联合会（简称市残联）聚焦残疾人精准扶贫，推进残疾人小康进程，改善残疾人民生，维护好残疾人的合法权益，制定“市残联领导信访接待日制度”“关于妥善处理残疾人集体上访、群体性事件和非正常上访的工作预案”。组织市区1500余名残疾人开展集中残疾评定和复评工作。加强残疾人证管理工作，完成全市残疾人工作者违规持证清理工作。全年共受理残疾人来信来访142人次，结案率100%。完成市人大代表和政协委员议案与提案的办理工作，满意率均100%。市残联被市委、市政府表彰为2018年度工作创新奖。市残联的“为孤独症儿童创造康复训练新家园”“实施重度残疾人送教上门”工作，被评为全省残联系统2018年度创新创优项目。（陈　娟）

■残疾人社会保障 抓好残疾人“两项补贴”等惠残政策的落实。为市区1.1万名残疾人购买“重大疾病补充保险”“意外伤害保险”，并将“意外伤害保险”的标准由每人每年40元调整为70元。为市区252名7~17岁残疾人发放生活补贴15.12万元。为全市290名有就学需求的适龄重度残疾儿童少年开展送教上门服务。为全市365名残疾学生及贫困残疾人家庭子女发放考学奖励47.47万元。为257名在校残疾学生发放教育专项补贴43.95万元。市残联与市残疾人福利基金会举办“携手同行，共沐阳光”——第27个国际残疾人日“暖冬行动”扶贫助残活动，开展“十个1000”系列捐赠活动，帮助1万名重度残疾人、贫困残疾人以及低保边缘户残疾人家庭改善生活。市残疾人福利基金会为贫困残疾人家庭发放太阳能热水器120台、轮椅等物资100余台，为200名盲童、脑瘫、孤独症儿童发放助学金8万元。（陈　娟）

■残疾人就业扶贫 确定扬州市职业大学艺术学院等6家市级残疾人职业培训基地。完成残疾人实名制培训511人。在第六届全省残疾人技能竞赛中，获第一名3人次、第二名2人次、第三名1人次，并在全国残疾人岗位精英赛中获电子商务项目第二名。2018年，全市共举办13场残疾人招聘会，新增残疾人就业1132人。全市共建成42个集托养、康复、培训、文化、体育、维权等服务于一体的“残疾人之家”，实现乡镇（街道）全覆盖。成立“残疾人辅助性就业项目调配办公室”，帮助1200余名残疾人在家门口从事辅助性就业。（陈 娟）

2018年扬州市残疾人职业技能培训基地名单

扬州市职业大学艺术学院
扬州市职业大学信息工程学院
扬州工业职业技术学院
扬州市特殊教育学校
江苏省扬州旅游商贸学校
扬州市苏扬职业培训学校（陈 娟）

2018年扬州市残疾人之家建设名单

宝应县：广洋湖镇残疾人之家、安宜镇温馨残疾人之家、经济开发区幸福家园残疾人之家、鲁垛镇残疾人之家、泾河镇金禾残疾人之家

高邮市：开发区康达残疾人之家、甘垛镇源泉残疾人之家

仪征市：枣林湾旅游度假区残疾人之家、真州镇益善残疾人之家、新集镇爱心残疾人之家、马集镇爱马残疾人之家、刘集镇朝阳残疾人之家

江都区：吴桥镇鑫鑫残疾人之家、樊川镇阳光残疾人之家、滨江新城外滩残疾人之家、丁伙镇康乐美残疾人之家、郭村大彭村有贤残疾人之家、仙女镇春雨残疾人之家、武坚镇梅香苑残疾人之家、小纪镇残疾人之家、丁沟镇洪云残疾人之家、武坚镇黄思村繁荣残疾人之家

广陵区：东关街道南河下残疾人之家、沙头镇诚意残疾人之家、李典镇残疾人之家、头桥镇西城残疾人之家、汶河街道通泗残疾人之家、东关街道琼花观社区残疾人之家

邗江区：蒋王街道余林残疾人之家、邗上街道贾桥社区泰康残疾人之家、杨庙镇惠杨残疾人之家

市经济技术开发区：施桥镇残疾人之家、朴席镇友爱花苑残疾人之家、文汇街道梅苑残疾人之家、扬子津街道残疾人之家、八里镇残疾人之家

生态科技新城：泰安镇金湾村爱生活残疾人之家、杭集镇新联残疾人之家

蜀冈－瘦西湖风景名胜区：平山乡残疾人之家、城北乡残疾人之家、梅岭街道残疾人之家、瘦西湖街道残疾人之家（陈 娟）

■残疾人康复服务 与市卫计委等部门联合印发《关于做好全市残疾人家庭医生签约服务工作的通知》，全市残疾人精准康复服务率达98.61%，位列全省第二。协调市卫计委等部门将重度聋儿人工耳蜗手术项目纳入医保。与市人社局等部门联合印发《关于贯彻落实儿童苯丙酮尿症医疗保障工作的通知》，对符合条件的残疾儿童免费提供基本康复项目服务。落实好0～6岁残疾儿童抢救性康复和7～14岁脑瘫、孤独症残疾儿童巩固性康复项目，共为全市1677名0～6岁、264名7～14岁脑瘫、孤独症残疾儿童提供免费康复训练服务。成立“辅助器具适配工作办公室”，免费验配助听器260人，完成假肢矫形器取型74例。家庭无障碍改造400余户。为1850名贫困白内障患者施行免费复明手术。与市民政、财政等部门联合印发《关于增加贫困精神残疾人免费服用二代抗精神类药品的通知》，市区贫困精神残疾人免费基本用药专项救助资金提高至每人每年800元。（陈 娟）

■残疾人文体活动 全国助残日期间，联合广陵区残联在东关古渡组织开展“全面建成小康社会，残疾人一个也不能少”广场助残活动。在肢残人活动日、国际聋人节、国际盲人节等节日期间，组织残疾人参观市规划展览馆、宋夹城体育公园、省园博园。依托社区残疾人文化活动阵地，组织轮椅排舞队、柔力球健身队、心声锣鼓队开展活动10余次，参与人数达500多人次。开展首届残疾人社区运动会。组织开展残疾人特奥运动会、聋人运动会和残疾人趣味运动会。组织残疾人运动员参加省第十届残疾人运动会，获6金1银12铜和体育道德风尚奖。（陈 娟）

■市残联第六次代表大会 3月22—23日，扬州市残疾人联合会第六次代表大会召开。会议审议和通过扬州市残联第五次代表大会主席团所作的工作报告，聘请张宝娟为扬州市残联第六届主席团名誉主席，选举陈扬为扬州市残联第六届主席团主席，张伟、顾爱华为副主席，选举顾爱华为第六届市残联执行理事会理事长。审议和通过残联各专门协会主席、副主席名单和出席省残联第七次代表大会代表名单。会议对残疾人工作先进单位和个人、扶残助残先进集体和个人进行表彰。（陈 娟）

■扬州市残疾人康医养中心 扬州市政援康医养中心建设是2018年市委、市政府民生幸福工程。市残联与九如城医疗管理有限公司合作新建扬州市残疾人康医养中心，中心面积约1.1万平方米，按照国家二级专科康复医院建设标准，为广大残疾人提供康复、医疗、托养等综合服务，打造残疾人民生服务品牌。（陈 娟）

■盲人电影院·无障碍图书馆 与市图书馆合作，建成扬州市“盲人电影院·无障碍图书馆”，该馆面积约120平方米，可同时容纳50名盲人观影，并为各类残疾人提供无障碍阅览、培训等综合文化服务。2018年，市残联组织开展8场盲人观影活动，丰富残疾人精神文化生活，满足各类残疾人的文化需求。（陈 娟）

法治

Fazhi

编　辑　崔成鹏

人大立法

■概况　市人大常委会制定《扬州市非物质文化遗产保护条例》，完成《扬州市农贸市场管理条例（草案）》一审程序。"非遗"保护条例以列举项目方式界定市非物质文化遗产，重点对分级保护、分类保护和数字化保护作出具体规定，创设文化生态保护区制度，并将"非遗"的扬州元素和社会参与纳入法规之中。非遗保护条例体现"有几条规定几条"的要求，避免"小法抄大法"，是扬州市首部不设章节的地方性法规。针对农贸市场管理中存在的体制不顺、责任不清、环境不佳等突出问题，推进《扬州市农贸市场管理条例》制定工作，在一次审议的基础上，开展调研论证，反复进行修改完善，为提请二次审议做好准备。围绕经济社会发展和民生关切，开展社区住宅物业管理条例、文明行为促进条例等立法调研。

（罗庆久　陆　亮）

■执法检查　以《扬州市公园条例》全面施行为契机，市、县两级人大联动，采取"三同步三覆盖"方式，组织3轮21次集中督查和2次专题视察，跟踪督查公园条例实施和公园体系建设。开展"人民满意公园"评选，近38万人次参与，评出1个"公园体系建设示范公园"和40个"人民满意公园"。听取和审议政府专项工作报告，要求加快落实条例配套措施，合理划定规划用地和保护范围，提高建设品质和管理水平。市政府认真落实市人大常委会审议意见，编制完成公园体系发展和保护规划，制定实施补植树方案，完善提升配套基础设施。配合省人大常委会开展旅游法、农产品质量安全法执法检查，推动省农村资产管理条例在全市贯彻执行。

（罗庆久　陆　亮）

政法委及综治

■概况　2018年，全市政法机关坚定政治方向、坚决保障安全，坚持改革创新、坚守为民初心，努力打造高质量政法公共产品，全面推进平安扬州、法治扬州、过硬队伍和智能政法建设，努力提升社会治理服务水平，为高质量发展创造良好环境。借鉴产品化理念推动政法工作的经验被中央政法委在全国介绍推广。

创新打造"个十百千万"平安建设产品护航"两大盛会"（省运会、省园博会），"两大盛会"期间313项重大活动安保工作圆满完成。全市以"两大盛会"安保为牵引，多措并举强化全年维稳工作，"烟花三月"国际经贸旅游节、中非合作论坛北京峰会、国际和平日纪念活动、世界运河城市论坛、中国曲艺牡丹奖颁奖系列活动和中秋、国庆等重大活动节点平稳度过。公众安全感连续16年在95%以上，2018年达97.93%，跃居全省第二。

整合部门资源，全市综治、维稳、公安、民政、城管等26个部门的服务，通过智能信息化等手段整合到6276个"全要素"网格之中。集聚人员力量，972名公安流动人口协辅人员、253名城管"啄木鸟"队员吸纳进专职网格员队伍，9289名专兼职网格员组成的"全科式"服务队伍，为居民提供"24小时不打烊、点对点到家"的全方位服务。推进省网格化信息化平台建设应用，全要素网格通配备率已达87%。

全年全市判决1个涉黑组织和若干恶势力犯罪集团，取得历史性突破；涉恶案件现行破案率和涉恶逃犯清网率均创历年新高；各项打处数据增长较快，在全省位居第一方阵，形成良好的震慑效应。以专项斗争为促动，全市加强社会治安综合治理，开展百日攻坚行动，努力创造安全有序治安环境，全市13起现行命案全破，破获1996年、1999年杀人积案2起，刑事发案连续3年下降。

防范化解金融风险，做好相关案件侦办维稳工作，举办防范化解金融风险法律高峰论坛。坚持规范执法，对重点领域经济犯罪，依法办理，严惩不贷。围绕重点领域、重点群体和热点难点问题，滚动开展社会矛盾纠纷排查。学习借鉴"枫桥经验"，升级完善"三全一网"社会矛盾纠纷预防化解工作体系。

深化民意法治、经济法治、创新法治建设，优化法治评议操作程序，得到省委政法委、省法治办肯定。

深化案件评查，出台完善涉法涉诉信访工作意见。做专做精经济法治研讨会，聚力服务民营经济发展，助力防范金融风险、妥处本地案件。提档升级法治实践创新项目，推进法治农贸市场建设。开展四季系列法治广场活动，举办宪法宣誓活动。编辑法治文化优秀案例撷览，谋划建设大运河法治文化带。成立市法学会金融法学研究会。（董昌鹏）

■扬州网格学院成立 与扬州大学共同成立扬州网格学院，是全省首家与省属高校共建的网格学院，举办第一期培训班，计划每年集中培训12期以上，并通过视频培训方式，提升网格员业务工作能力。（窦广平）

■系列平安创建 “定制化”打造平安旅游创建，设立旅游巡回法庭、旅游纠纷人民调解委员会，健全“一站式”执法司法服务机制，推进景区综合行政执法改革，建成旅游指挥服务大数据中心。巩固提升平安校园创建，创成36所“扬州市平安校园示范学校”。（胡海波）

■社会治安防控体系建设 全市统筹推进升级版技防城、雪亮工程、智慧扬州“平安云”建设，整合搭建政法大数据平台，开发人脸识别等36个应用模型和实战工具，新建694台高清摄像机，市区治安摄像机扩充至8万台，技防入户42万户，大数据实战贡献率超过85%。（席典玉）

■智能科技支撑 创新“3+2”建设模式，新建面积4680平方米，具备万核计算能力、四百拍字节存储能力、万兆承载能力的智能化、模块化云中心，政法大数据中心、社会治理数据中心和公安大数据中心三者合一，汇聚全市政法、社会治理、警务、政府涉密等数据资源，全面提供支撑服务。（李红安）

■服务民营经济发展 市委政法委牵头制定《关于进一步发挥职能作用积极营造良好营商环境的通知》，提出五方面的具体措施，营造良好营商法治环境。发布《扬州市政法机关依法保障和服务民营企业健康发展的六条措施》，严查涉企案件，深化挂联活动，维护涉企权益，加强法治服务。（李 忠）

法治政府建设

■综合执法和审批制度改革 推动扬州经济技术开发区、江都经济开发区相对集中行政许可权试点改革工作不断深化，确保行政赋权事项准确到位，实体运作流程高效便民，并及时将两开发区全链审批赋权清单报送省政府法制办备案。推动广陵区、仪征市相对集中行政处罚权改革工作，指导两地前期人员机构配置、职权划分衔接、权责清单梳理、工作运行模式构造等工作的开展。9月，省政府批复同意两地开展相对集中行政处罚权工作。开展证明事项清理工作。7月，印发《关于开展证明事项清理工作的通知》，市政府决定由市政府法制办牵头，在全市组织开展证明事项清理工作。12月，印发《市政府关于公布市本级证明事项取消清单的通知》，取消市本级设定的证明事项50项，进一步优化营商环境，方便企业和群众办事创业。（李修福）

■行政执法监督 1月，市政府法制办举行特邀行政执法监督员聘任仪式，25人受聘担任特邀行政执法监督员。4月，印发《关于开展全市行政执法案卷评查活动的通知》，对全市具有行政执法权的各级行政机关，经法律、法规授权行使行政执法权的组织，依法经批准集中行使行政执法权的组织在2017年1月1日至12月31日作出行政执法决定的行政许可、一般程序行政处罚案卷进行抽选评查。举行特邀行政执法监督员培训班，组织学习特邀行政执法监督员工作规则，了解主要执法部门的工作职责及行政执法工作情况。7月，印发《关于对全市2017年行政执法案卷评查情况的通报》，从各地、各部门作出的3.81万本行政许可和处罚案件中随机抽取的100个案卷进行评查，对发现问题突出的9个部门单位制发《行政执法监督建议书》。8月，印发《关于进一步加强涉企重大行政处罚备案审查工作的通知》，明确对作出罚款1万元（含本数，下同）以上行政处罚和责令停产停业、吊销许可证或执照、行政拘留企业负责人、没收违法所得数额或者没收非法财物价值2万元以上的行政处罚实施备案审查制度。全年审查备案的重大行政处罚478件。11月，会同市经信委，邀请10名特邀行政执法监督员，对高邮、仪征两地涉企行政

1月30日，市政府法制办特邀行政执法监督员聘任仪式举行

法制办/供稿

执法工作情况进行监督检查，打造民营企业发展的良好法治环境。（李修福）

■**行政执法人员管理** 9月，举办2018年度市级机关行政执法人员法律知识培训班，市直行政执法部门和功能区的近400名执法人员参加培训。组织参训人员进行集中上机考试，考试结果将作为申领行政执法证件和注册年检的依据。11月，启动2018年行政执法证件年检注册、注销和新证核发办理工作。（李修福）

■**合法性审查** 3月，印发《关于对2017年度报送备案的规范性文件进行备案审查的情况通报》，对报送备案的30件规范性文件备案审查予以公布。《扬州市老年人优待办法》经市政府常务会议审议通过并印发。启动涉及知名商标制度规范性文件专项清理工作，经清理，对《扬州市知名商标认定和保护办法》予以废止。4月，市政府发布91号政府令，对经市政府第17次常务会议审议通过、决定废止的7件市政府规范性文件予以公布。启动军民融合发展涉及的政府规章和规范性文件清理工作，经审查，9件继续有效、2件需修改、2件已失效。5月《扬州市电信设施建设与保护办法》经市政府常务会审议通过并印发。6月，举办全市规范性文件制作专题培训，各县（市、区）政府以及市直部门近100名从事行政规范性文件制发工作的人员参加。培训重点对行政规范性文件的定义、范围、特征、界定的标准、体例结构安排进行讲解，对行政规范性文件的立项、起草、审查、决定、公布、备案的规定程序进行明确，确保全市制发的行政规范性文件具有针对性、实效性和操作性。启动涉及产权保护的政府规章和规范性文件清理工作，经审查，5件已废止、2件拟废止、7件拟修改。7月，印发《关于开展2018年度规范性文件实施后评估工作的通知》，对5件2018年度规范性文件进行实施后评估。8月，召开全市行政规范性文件制定审查理论与务实研讨会，重点围绕规范性文件制定主体、制定程序、备案审查、实施后评估、规范性文件有效期制度等重点难点问题进行研讨。11月，《扬州市水土保持管理办法》《扬州市人民政府关于调整禁止现场搅拌混凝土和砂浆范围的通告》《扬州市市区集中供热管理办法》经市政府常务会议审议通过并印发。印发《关于做好市政府文件清理工作的通知》，对1983年扬州撤地建市以来至2017年制发的市政府文件启动集中清理工作。12月，印发《关于报送涉及民营经济发展的规章规范性文件清理进展情况的通知》，清理范围涉及市政府规章、规范性文件，市政府各部门制定的规范性文件，以及各县（市、区）人民政府及其所属部门制定的规范性文件。全年，市政府法制办共收到合法性审查和相关征求意见70件，内容涉及金融改革、涉企涉农事项、合作协议等。（李修福）

■**立法制规** 1月6日，市政府印发《关于印发2018年度扬州市人民政府规章和规范性文件制定计划的通知》。1月8日，市文广新局向市政府法制办提交《扬州市非物质文化遗产保护条例（草案送审稿）》。3月26日，市政府召开第17次常务会议，审议并原则通过《扬州市非物质文化遗产保护条例（草案）》，提交市人大常委会审议。5月3日，市地方志办公室向市政府法制办提交《扬州市地方志工作管理办法（草案送审稿）》。5月7日，市商务局向市政府法制办提交《扬州市活禽交易管理办法（草案送审稿）》。5月28日，市工商局向市政府法制办提交《扬州市农贸市场管理条例（草案送审稿）》。7月21日，市政府第20次常务会议审议通过《扬州市地方志工作管理办法》，并于11月1日起正式实施。8月30日，市政府召开第21次常务会议，审议并原则通过《扬州市农贸市场管理条例（草案）》，提交市人大常委会审议。9月30日，市政府第22次常务会议审议通过《扬州市活禽交易管理办法》，并于2019年1月1日起正式实施。11月2日，市政府召开新闻发布会，对《扬州市地方志工作管理办法》《扬州市活禽交易管理办法》进行全面解读。2018年，市政府制定出台政府规章2部、向市人大常委会提交审议地方性法规2部。（李修福）

■**行政复议规范化建设** 3月，邀请省政府专家就近年来行政复议办案中常见的热点难点问题和类案的规范处理进行集中授课。5月，举办全市行政复议应诉专题培训，讲解辅导《江苏省行政应诉办法》《行政复议答复工作基本规范（试行）》。7月，召开2018年上半年全市行政复议案例研讨会，选取4件典型案例进行集中讨论剖析。完善行政复议办案制度，制定《扬州市人民政府法制办公室集体讨论行政复议案件规则》。落实复议决定网上公开制度，全年公开行政复议决定书71份。全市各级行政复议机构收到行政复议申请506件，受理453件。其中，市政府法制办收到向市政府提出的行政复议申请99件，受理68件。（李修福）

公安

■**概况** 2018年，全市公安机关以“两大盛会”（省运会、省园博会）安保为重点，以应用现代科技、构建智慧警务为牵引，坚持创新驱动、深化机制变革，打造过硬队伍、做优服务保障，维护国家安全和社会稳定，打造更高水平的“平安扬州”。圆满完成“两大盛会”和“烟花三月”国际经贸旅游节、世界运河城市论坛等313项重大活动安保工作；成功侦办“9·8”跨国网络赌博和非法经营、江苏史上案值最大的“9·4”特大电信网络诈骗等重大专案，侦稳并重处置“联宝”案件和杭集“10·15”突发事件；侵财公诉数连续三年上升，刑事发案连续三年下降，群众安全感达97.93%，居全省第二；“旅游警察”在全国打出品牌。全市获省级以上表彰的集体和个人133个（人），宝应县公安局民警李树干被评为江苏时代楷模，系全省政法系统获此荣誉第一人。

（张继东）

■重大活动安保 把“两大盛会”安保作为全年工作的重中之重，按照“办会为城、办会惠民、办成里程碑”的要求，缜密制定2个安保总方案、132个子方案、预案和11个制度规范，严密组织实施安保。省运会开幕式，2861名安保力量实行“定人、定岗、定责、定标准”，分层分级把守“十道防控圈”，嘉宾车队通行时间精确到分，车辆停放精确到位，看台秩序维护责任精确到排。研发警务大数据省运会、省园博会安保实战平台，完成体育公园等22个场馆和园博园23平方千米的内外部三维精细化建模，打造基于PGIS（警用地理信息系统）的一图式、一体化、可视化时空大数据分析系统，建成智慧安保数据中枢，支撑智慧安保整体运转。运用智能快速安检设备开展非接触式安检，建成“一组两车”卫星通信指挥系统，搭建智能感知网，提升安保工作的科技含量。开幕式安保中，对核心区域住户、单位及参加周边酒店喜宴车辆发放临时通行证473张，最大程度提供人性化服务。制作含芯片人员证件5.3万张、电子徽章306枚，提升安保工作融洽度、礼遇感。375辆代表队车辆安排引导员同来同走，1.3万余名观众仅用15分钟就有序撤场。省园博会125万入园人员、22.7万入园车辆做到顺畅进出、秩序井然；省运会开闭幕式和44个大项、6115场比赛活动顺利举行。

（顾晓煜 陈贵强）

■打击违法犯罪 创新类案侦查机制，开展扫黑除恶、打击“盗抢骗”、盗窃“双电”（电动车、电瓶）、扫黄禁赌、治枪缉爆等专项斗争，精心组织“净网2018”“云端2018”“禁毒2018两打两控”（严厉打击制毒犯罪、严厉打击贩毒犯罪、严格管控制毒物品、严密防控吸毒人员肇事肇祸）、“环保263”等专项行动，以严打高压的实际成效，增强群众安全感。13起现行命案全破，侦破广陵“1996·10·3”闻某某被杀案、邗江“1999·7·30”王某某被杀案2起命案积案；抓获刑事作案成员8528人、批捕3107人、移诉6329人。侦破“9·4”特大电信网络诈骗案，摧毁涉案110余起的特大跨国电信网络诈骗犯罪团伙，包机把28名境外犯罪嫌疑人从孟加拉国押解回扬，中央电视台《新闻直播间》报道该案侦破情况。侦办“9·08”跨国网络赌博和非法经营案件，抓获犯罪嫌疑人310人。破获非法集资案件47起，抓获境外逃犯12人。破获毒品违法犯罪案件1875起，公诉毒品犯罪嫌疑人329人。破获食药环犯罪案件281起，抓获犯罪嫌疑人797人，比上年分别增长92.1%和95.3%。

（吴 昊）

28名电信网络诈骗犯罪嫌疑人从孟加拉国押解回扬　　公安局/供稿

■社会面治安防控 全市12个警务工作站常态运作，日均1100人次警力、438车次警车开展社会面巡逻，抓获犯罪嫌疑人1708人，其中逃犯218人。组建1200人的应急处置队伍，开展模拟演练，满足就近调警和梯次增援需要。升级数据天网，开展视频监控联网攻坚，全市公安自建探头达2.23万台，建成410处人脸识别点位，比中预警抓获网上逃犯和犯罪嫌疑人428人。健全空地、水陆联动联勤防控网，保障886万名乘员平安上车登机。深化“平安公交”“平安水域”“平安油区”“平安仪化”建设，市区东、西两站盗窃“双电”警情和公交车扒窃发案数比上年分别下降37.5%、68.6%。

（周 骏）

■消防 2018年，消防支队共接警出动4511次，抢救疏散被困人员3781人，保护财产价值3.1亿元，成功处置杭集鑫泰海绵厂、扬州大学实验室等火灾事故，有效增援山东寿光抗洪抢险任务，完成“两大盛会”、观音山香会等20余项等级安保任务。

主导职能落实。市委、市政府连续4年将消防安全工作纳入民生1号文件予以推进，考核结果作为各地领导干部考评依据。市政府先后3次召开政府常务会议、市长办公会，专题研究消防安全责任制实施、消防队站建设等工作，特别是在城市安全发展行动计划制定中，106项任务涉及消防的有15项。发挥消委会平台作用，健全部门联合监管、会商研判机制，建立消防监督员与行业部门、重点单位、镇、派出所“四挂钩”责任捆绑体系，全年印发通报24份。指导民政、教育、卫计等4部门制定消防安全标准化管理方案，开展达标验收。推动工商、住建、安监等15个部门制定出台消防安全专项检查方案，组织联合检查。深化社会单位消防安全“四个能力”建设，落实“六加一”措施和户籍化管理，对2000余家单位进行约谈，签订责任状，督促落实主体责任。全市938家一、二级重点单位逐一明确消防安全管理机构，56家火灾高危单位全部完成消防安全评估，一般单位全员开展“一懂三会”培训，社会单位自主管理能力全面提升。

火灾防控与基础建设。印发《“十三五”消防规划2018年度实施方案》，全市9个重点镇、52个一般建制镇全部完成消防规划专篇编制。新建消防取水码头4处，消火栓702个；建设集中充电桩844个，安装简易喷淋782套、独立式烟感报警器5172套、电气火灾监控系统2479套；建成微型消防站2192家，开通联网监测单位761家。密集专项整治。以“两大盛会”安保任务为中心，持续开展冬防、夏防、电气火灾、文博单位等14个专项治理工作，全年检查单位3.5万余家，督改隐患7.2万余处，整改销案10家重大火灾隐患单位。开展“生命通道畅通工程”，排查各类隐患1.2万余处，设置警示标识2578个，全市所有公共场所、古城区和2006年后建设小区全部整治到位。推进标准管理。紧盯杭集酒店用品、邗江长毛绒玩具、古城区、化工区4个行业性、区域性隐患整治不放松，推广织里童装小镇等地管理模式，推进消防安全标准化管理。召开城市综合体、居民小区、宾馆旅店等4类场所消防安全管理达标创建现场会，完成达标验收。全市连续21年未发生群死群伤恶性火灾事故。

宣传教育。推进“政府出资保障、消防承办教学、单位免费培训”消防宣传模式，提请政府将消防安全培训列入财政保障范围。全年为各部门、单位开展安全培训近120场次，在居民小区、人员密集场所开展演练600余次，受众50余万人。在各类媒体平台制作消防专题节目和稿件1060期次，专版专栏76个；通过“扬州消防”微信、微博公众号，推送消防科普、案例警示等内容428条。持续打造“小小消防员”宣传品牌，在各学校成立“小小消防员消防志愿服务队”，举办亲子活动26期，1.1万人参加活动，获评江苏省优秀志愿者服务项目。打造的市民观察团、瘦西湖船娘等志愿者服务队伍，多次被中央、省、市媒体报道，推荐的1个集体、1名个人被评为全国119消防奖先进集体和个人。宣传对象个性化。针对“小火亡人”问题，面向社区、农村，以独居老人、残障人士、留守儿童、外来务工人员等特殊群体为重点，利用消防宣传车、广播、墙报、横幅、漫画等群众喜闻乐见、接地气的形式，发动社区（村）消防志愿者采取面对面、点对点的入户宣传方式，开展针对性消防安全常识宣传，近3年来保持18.1%的亡人火灾下降率。

消防设施建设。建强城市中心力量，提请市政府召开协调会5次，投入3.2亿元建设高层站、广陵路中队、邗沟路中队和水力测试系统配套车间等4个项目；扫除城乡防控盲点，推动各地落实政府消防工作责任状，投入近1亿元新建江都大桥、宝应开发区、高邮周庄路专职队，启动开发区沿江、高邮高新区专职队建设，升级改造杭集、李典、曹甸专职队。落实装备建设三年规划，投入3800万元购置通讯指挥车、器材运输车等9辆消防车；投入1000万元购置8407件套个人防护装备和专勤器材；协调市城投公司投入1000万元购置2辆举高消防车，高邮市政府投入1800万元购置10台消防机器人，装备结构日趋完善。深入运用装备智慧管理系统，优化APP终端，强化基础数据录入，实现装备器材“全寿命、全流程”管理。加强装备技术、生活物资、车辆器材、卫勤保障4支队伍建设，常态化拉动演练，在总队驾驶员和炊事员实战化比武竞赛中分获团体第四和第二名。（消防支队）

■边防检查 扬州边防检查站担负着扬州口岸“一港三区（扬州港、扬州、仪征、江都港区）”81.5千米长江岸线和扬州泰州国际机场国际航班的出入境边防检查任务。2018年，扬州边防检查站以两会、进博会等安保维稳任务为抓手，落实国家移民管理局强化口岸安全管控工作会议精神，严格执行主官现场履职刚性制度和口岸“零报告”制度，严守“三条底线”，固化案例教学、课题研讨、风险预判、后台核查、应急处突“五项机制”。强化协作联动，与市出入境管理支队就“三非”人员管理开展警务协作，与海关、海事等口岸联检单位对在港船舶开展联合登临检查，牵头召开“警企协作”座谈会，筑牢立体化口岸安全管控体系。全年查获多起违法违规案事件、检查出入境交通运输工具1000余架（艘）次，服务保障超过20万人次顺利通关。

聚焦移民和出入境领域改革新要求，大力开展口岸企业走访活动，广泛搜集意见建议。深化边检“放管服”改革，推广应用国际贸易“单一窗口”。落实“中国公民出入境通关排队不超过30分钟”新举措，在扬泰机场口岸建成并投入使用5条出入境自助查验通道，安装启用员工通道人脸识别系统，快速通关人员比例和交通工具通关效率实现“两个提升”。年内，4次开通“绿色通道”救助受伤患病旅客员工，圆满完成公安部赴孟加拉国执行押解任务包机勤务、柬埔寨暹粒和中国香港航线首航勤务等保障任务，协助中海船厂、金陵船厂通过省级码头开放验收，澄西船厂通过市级开放验收。（沈奕帆）

■公共安全监管 深化道路交通秩序大整治，加强重点单位、重点车辆、重点驾驶人等源头监控，开展渣土车专项整治，严管严查“三超一疲”、酒驾、毒驾等严重交通违法行为，道路交通事故起数和死亡人数比上年分别下降4.95%和4.52%。加大堵点、乱点治理力度，创新苏北医院周边交通“单循环”和重点路段

“禁左”管理模式，节假日、工作日高峰时段交通“大流量”平稳度过。落实城市南部快速通道等32个重大项目施工配套交通保障措施，优化市区智能停车管理暨五位一体综合出行服务，扬州市交通“健康指数”75.8%，排名全国第11位，其中，高峰拥堵延时指数1.559，下降4.59%，高峰实际车速31.49千米/小时，提高3.92%。强化消防、危化品及群租房、短租房、寄递物流等新业态监管，督促整改火灾隐患3万处。会同市航空运动协会加强无人机管理，摸排登记无人机121架。维护成品油市场经营秩序，拆除取缔无证无照加油站（点）3个，查处取缔流动加油车17辆。（夏 挺）

■基础要素管控 建成警务大数据基础管控综合应用平台，开展“一标四实”基础管控数据采集应用会战，标注建筑点位87.1万个，采集标准地址190万条，核查登记实有房屋114.2万户、实有人口221.5万人、实有单位1.99万家、实有监控2.1万个。创新网格化社会治理工作，推动社区警务、社区事务、社区治理一体化、一网兜。广陵文昌花园社区基层社会治理工作、东关网格化社区警务试点工作、邗江智慧警所建设分别得到国家、省、市领导肯定。春节期间，市区依托1150个管控网络，打赢烟花爆竹禁放攻坚战。组织6次“扬安”集中清查行动，清查出租房、中小旅馆、网吧、重点单位和部位1.6万余家（处）次，处罚41家。（仇书剑）

■智慧警务建设 完善三级大数据指挥服务体系建设，打造数据、情报、指挥、行动、服务“五位一体”工作闭环。抓住“云上扬州”建设契机，推动公安大数据中心与政法大数据中心、社会治理数据中心等“五合一”建设，汇聚522类500余亿条数据，建立数据模型105个，实现深层次情报精准掌控、人员行动轨迹实时监测、违法犯罪发展趋势超前预测，大数据实战贡献率超过85%。建成警务运行质态监测、全员执法办案质效积分考核等系统平台，实现警务工作数据化、精细化、实时化管理。为一线民警配备移动警务通5538余台，建成巡逻盘查等移动应用APP 20个，实现4大类、20余种数据滴灌推送服务，累计推送各类数据信息14万余条。（周 震）

■合成侦查体系 推进合成侦查中心、反诈中心、特侦队“三合一”运作，与银行、电信等行业部门建立促发联动机制，形成资源共享、融合侦查的“大合成”工作格局。特侦队侦破创赢集团非法经营案、“403”销售假药案等部督案件10起、徐某某货车柴油被盗串案等省厅督办案件2起，抓获违法犯罪嫌疑人503人。破获通讯网络诈骗案件408起，冻结涉案资金1.87亿元，返还涉案资金679万元，主动预警拦截劝阻1.53万人次，有效阻止资金损失5100余万元。（吴 迪）

■执法规范化建设 试点推行基层派出所法制员、案管文员派驻制，提升案管中心（室）运行质效。开展全员执法办案质效积分考核平台深度应用，落实执法数量、质量“双线同考”，结合“一所四队”和执法质量考评，实现“质效并进、提质增效”。加强“体检式”“推磨式”“交叉式”执法检查，整改325个执法常见问题。全年侦办嫌疑人明确的刑事、行政案件1万余起，无一起国家赔偿案件、行政败诉案件和执法安全事故。（姚 敏）

■放管服改革 畅通市、县、所队三级行政审批通办渠道，实施“不见面”审批6.06万件。完善民意访评机制，发送回访短信203.3万条，拨打回访电话3.1万个，接处警、窗口服务直接满意率和社区民警知晓率达89.49%、97.58%、75.34%，比上年分别上升13.71、5.33、18.11个百分点。试点布建20个“公安1号窗口”，提供出入境预约审批、身份证办理等24小时自助服务，方便群众办事。建设“微警务”四期，增加见义勇为微信红包、港澳台居民居住证在线办理服务等新功能，服务群众40万人次。印发《服务民营企业发展十八条措施》，创造亲清高效的营商环境。（施 敏）

■旅游警察品牌建设 贯彻落实市委、市政府“3号文件”精神，在全省成立首家旅游警察支队，市交警支队及8个县（市、区）局、分局治安大队增挂“旅游警察大队”牌子，26个AAA级以上景点和市区火车站、汽车站、机场等所在地派出所集中成立旅游警察中队，市区路面51个治安岗亭、9个警务服

旅游警察驾驶新装备“警用平衡车”在景区内巡逻　　公安局/供稿

务站增挂“旅游警察警务服务亭（服务站）”标牌。完成“旅游智慧警务”平台建设，搭建“警务地图、视频共享、通讯传输、移动警务”4个旅游智慧警务基础层应用环境，汇聚应用客流、车流、安全、事件等要素，以游客体验引领旅游智慧警务建设，全面做优旅游治安秩序维护、出行环境安全保障和游客服务工作。央视新闻频道、新华网、人民公安报等权威媒体跟踪报道扬州经验做法。承办全国旅游景区治安工作协作会执委会，全国大型活动旅游景区安全管理培训班和协作会主题论坛专题推介“旅游警察”经验。建立“旅游警察”工作做法获市委、市政府2018年度工作创新奖。（杨　敏）

■开展扫黑除恶专项斗争　全年破获涉恶刑事案件490起，刑事拘留涉黑涉恶犯罪嫌疑人1174人，移诉1123人，比上年分别上升11%、22%、34%；涉恶现行案件破案率79%，上升15个百分点。抓获涉恶逃犯294人，清网率94%；打掉黑社会性质组织6个、恶势力犯罪集团16个，缴获黑恶资产573万元。其中，江都“3·22”黑社会性质组织案审结宣判。2起省扫黑办挂牌的黑社会性质组织案件，5起省公检法挂牌的恶势力犯罪集团案件以及市公安局挂牌的两批43起黑恶案件全部破获。（杨　光）

■侦破“9·4”特大电信网络诈骗案　9月，扬州某医院财务人员被冒充公检法机关工作人员的不法分子诈骗1900余万元。案发后，市公安局迅速成立专案指挥部和专案组，开展侦办工作。在公安部和省公安厅的全力支持下，专案组顺利开展境内外侦查打击工作。经循线追踪、细致摸排，专案组先期在海口、深圳等地抓获犯罪嫌疑人11人。12月21日，在公安部和中国使馆支持协调下，专案组在孟加拉国一举捣毁该境外电信网络诈骗犯罪窝点，抓获犯罪嫌疑人28人，并顺利包机押解回国。（何　炎）

■侦破“9·8”跨国网络赌博和非法经营案　2017年6月5日，公安部把申博太阳城网站涉嫌在江苏等地组织私彩犯罪活动线索交办市局，并命名“9·08”专案挂牌督办。在公安部、省公安厅指挥调度、驻外警务联络官密切协调、境内外警方大力协助下，经两年多缜密侦查，市公安局在境外菲律宾、老挝、泰国，境内安徽合肥、广东深圳、福建泉州、江苏淮安、河南安阳、陕西西安等地同步开展集中收网行动，抓获犯罪嫌疑人323人，捣毁赌博、私彩、诈骗平台4个，扣押手机、电脑、硬盘等证据若干，冻结涉案赃款1.1亿余元，待处置海外涉案资产逾70亿元。移诉22人，取保候审待移诉130人。（胡　敏）

检察

■概况　2018年，全市检察机关共批准逮捕各类犯罪1351件1871人，提起公诉4092件6309人，人数比上年分别上升25.9%、7.4%。办理社会影响恶劣的殷某某故意杀人案、舆论高度关注的“10·15”驾车撞人案等案件；合作开展“为爱护航”挽救涉罪未成年人；向幼儿园延伸“法治课间餐”，“小雨伞”未检工作室获评“省级法治文化建设示范点”。学习贯彻新时期“枫桥经验”，排查、化解涉检信访重点案件，连续12年无涉检进京访。两级检察院工作16次获市委和省检察院领导批示肯定，集体、个人获国家级荣誉11项，省级表彰奖励19项。6个单项工作被最高检肯定推广，10项办案指标居全省前列。（姜　奕）

■扫黑除恶专项斗争　批准逮捕黑恶案件58件166人，提起公诉30件215人，提前介入42件，追捕18人；追诉2人。与公安机关统一认定标准，形成打击合力。仪征市检察院追捕主犯卞某某等犯罪嫌疑人10人，监督立案1人。江都区检察院对单某某等9人依法追诉。（姜　奕）

■服务打好三大攻坚战　批准逮捕金融犯罪93件104人，提起公诉56件166人。办理宝缘涉众型、高案值（联宝）非法集资案；司法救助特困被害人39件78.3万元。广陵区院扶助拉萨市城关区院安装办案信息智能推送软件。开展“破坏环境资源犯罪”专项监督，惩处环境资源类犯罪，王某某走私废物案、南京德司达公司污染环境案入选省检察院《公告》案例。（姜　奕）

■服务保障民营经济发展　打击侵犯民营企业权益的各类犯罪55件155人。印发加强民营企业司法保护与服务的工作意见，考虑企业生产经营需求，对15人变更为非羁押强制措施，对8人作出不起诉决定。江都区检察院严格把握入罪标准，对滕某某涉嫌买卖制毒物品案件，作出不起诉决定并建议相关部门给予行政处罚，召开企业家座谈会推动规范经营。（姜　奕）

■刑事侦查和审判活动监督　监督立案55人，监督撤案70件，纠正漏捕76人，纠正漏诉91人，书面纠正侦查活动违法191件。持续八年开展“刑拘后未提捕未移诉”专项监督，该类别侦查活动违法与2011年相比降幅达88.7%。完成对660件“久侦未决”的积案进行清理，提出刑事抗诉13件（被采纳4件）；办理刑事二审上诉71件240人，检察长列席法院审委会19次29件。邗江区检察院办理的倪某某运输毒品案，入选最高检依法惩治毒品犯罪典型案例。（姜　奕）

■刑罚执行和监管活动监督　加大刑罚执行监督力度，开展暂予监外执行案件专项监督18件，工作经验做法被最高检全文转发。强化对社区矫正检察监督，监督收监执行到位35人。办理财产刑执行检察案件122件，监督116万余元财产刑执行到位。保障在押人员合法权益，加大办理羁押必要性审查案件力度，2件案件获评全省检察机关羁押必要性审查优秀案件。（姜　奕）

■民事行政诉讼活动监督 对民事、行政案件提出抗诉10件、提请抗诉13件，提出再审检察建议37件，检察建议336件。1件案件入选全国民事行政检察典型案例。在全省首办件“先予仲裁”调解书执行监督案，首创检察、公安联合查处虚假诉讼工作机制，共办结虚假诉讼监督案件55件案值1500余万元，并移送犯罪线索14件，3人被追刑责。对仲裁裁决执行监督，虚假诉讼办案指引被最高检推广。虚假诉讼监督项目获评市委、市政府年度“工作创新奖”，入选首批全省优秀法治办实事项目。 （姜 奕）

■生态环境和资源保护诉讼监督 明确生态环境和资源保护为公益诉讼重点领域，依法打击犯罪并提起附带民事公益诉讼，加强生态环境修复监督。立案68件，发出行政公益诉讼诉前检察建议58件，提起刑事附带民事公益诉讼4件。对高邮湖非法捕捞刑事附带民事公益诉讼案公开宣判；对徐某等11人长江非法采砂案，江都区检察院向水务部门发出诉前检察建议。邗江区检察院提起全省首例耕地资源保护领域公益诉讼案，督促复垦耕地1.33公顷。两级检察院共监督补植林木6500余株，清理违规堆放垃圾4000余吨，督促行政执法部门关闭污染企业4家。 （姜 奕）

■食品安全公益诉讼 部署开展“放心食品药品、守护健康扬州”公益诉讼专项行动。在食品药品安全领域提出诉前检察建议315件，就“罂粟老鹅”“铝包子”“毒油条”等提起刑事附带民事公益诉讼31件。推动监管部门对网络餐饮服务平台开展专项整治，对扬州地区538家问题商户进行清理，确保网络外卖食品安全。宝应县检察院对31家托幼机构无证提供餐饮服务，针对食品安全隐患制发检察建议，督促行政部门加强监管。 （姜 奕）

■行政检察监督 市委、市政府印发《关于支持检察机关依法开展公益诉讼工作的通知》。举行公益诉讼新闻发布会，通报工作，发布典型案例。建设行政检察监督线索收集管理平台，会签协作意见、建立线索共享，共同推动公益保护治理。两级检察院共立案公益诉讼案件472件，发出诉前检察建议418份，行政机关均按期回复、整改，督促追缴人防易地建设费、国有土地使用权出让金、国家“新网工程”“高效渔业”专项资金等2600余万元，有效防止国有资产流失。 （姜 奕）

■检务公开 公开重要案件信息67件、判决生效案件法律文书3661份，对律师及当事人诉讼节点推送达100%。推行不捕不诉、息诉罢访等公开听证、公开宣告、公开答复，邀请代表委员、人民监督员共同会商案件处理33件次，增强司法透明度。印发检察官以案释法工作办法，在新媒体平台开辟专栏，结合195件案件处理开展检察官以案释法。建立代表委员“企信通”短信联络平台，推送检察工作信息300余条。 （姜 奕）

■司法责任制改革 深化司法体制综合配套改革，落实检察官单独职务序列晋升制度。严格执行领导干部过问司法个案登记制度，入额院领导带头办案，实体案件占比居全省前列，其中疑难复杂案件1718件。坚持员额检察官办案考核分析、通报制度。广陵区检察院通过自行补充侦查起诉，将史某某诈骗案涉案数额由3万元追加认定至167万元，量刑期限由三年以下到被判处有期徒刑十二年六个月。加强专业化建设，完成基层院内设机构、职能、人员调整。两级检察院创新开展“面对面”案件评析23次，提升办案质效。 （姜 奕）

法院

■概况 2018年，全市各级法院受理案件10.51万件，首次突破10万件，审执结9.63万件，比上年分别上升10.97%和14.17%。其中，市中级人民法院受理案件7070件，审执结6694件，分别上升0.73%和2.67%。法官人均结案268.30件，比上年增长2.72%。 （宋晓波）

■刑事审判 2018年，全市法院共审结一审刑事案件4384件，比上年上升11.35%，生效判决罪犯5094人，判处5年有期徒刑以上刑罚167人。开展扫黑除恶专项斗争，审结黑恶势力案件13件136人。江都法院审结单某某等12人组织、领导、参加黑社会性质组织犯罪案件，首犯被判处14年有期徒刑。严惩严重暴力犯罪，审结故意伤害、强奸、抢劫等犯罪案件216件345人。市中级人民法院审结先后杀害4人、罪行极其严重的殷某某故意杀人案，依法判处其死刑。严厉打击毒品犯罪，审结案件313件334人。打好防范处置非法金融活动风险攻坚战，审结非法吸收公众存款、集资诈骗犯罪案件52件130人。重视与监察体制改革有效衔接，严惩职务犯罪，审结案件53件65人，依法判处征地拆迁等民生领域“蝇贪”案件5件5人。审结危害食品药品安全犯罪案件78件92人。严惩网络犯罪，审结泄露个人信息、非法买卖信息犯罪案件42件53人。严厉打击邪教组织犯罪，维护社会政治稳定。 （宋晓波）

■民商事审判 2018年，全市法院共审结一审民商事案件4.88万件，比上年上升1.15%，标的总金额148.40亿元。推进家事专业化审判，审结婚姻家庭、赡养等案件6706件，发出人身安全保护令17份。妥善审结劳动争议案件3718件，调解撤诉率达66.86%。市中级人民法院成功调解历时7年、涉及86人的香港茂业百货（扬州）有限公司群体性劳动纠纷。依法惩治涉套路贷与虚假诉讼，审结民间借贷案件9870件。防范化解金融风险，审结金融借款、保险合同纠纷案件2401件。规范市场交易秩序，审结买卖、承揽、加工等合同纠纷案件2.65万件，房地产开发、房屋买卖等案件1196件。依法审理“互联网+”背景下引发的网络购物、网络侵权、互联网借贷等新型纠纷案件，促进互联网行业健康发展。依法支持军队改革，涉军停偿案件全部如期审执结。（宋晓波）

■行政审判 2018年，全市法院共新收一审行政案件935件，审结837件，比上年分别上升45.41%和29.97%。加强对被诉行政行为合法性审查，生效判决撤销行政行为、责令履行法定职责、确认行政行为违法或无效案件40件，减少4件。助推“放管服”改革，促进规范行政机关行政许可和审批行为。审结国家赔偿案件15件。推动落实行政机关负责人出庭应诉制度，出庭应诉率达87.80%。强化司法审判与行政执法良性互动，坚持行政审判年报、定期联席会议等制度，与行政机关专题研讨、联合调研37次，开展行政执法业务培训45次，助推法治政府建设。（宋晓波）

■环境资源审判 2018年，全市法院推进“263”专项行动，审结相关行政案件37件。落实保障江淮生态大走廊建设具体举措，审结环境资源案件128件。在蜀冈－瘦西湖风景名胜区、枣林湾设立旅游巡回法庭，提供“一站式”服务。德司达（南京）染料有限公司等污染环境案，位列全国法院服务保障新时代生态文明建设十大典型案例之首。中华环境保护基金会诉凯发新泉水务（扬州）有限公司水污染公益诉讼案，入选人民法院环境资源审判保障长江经济带高质量发展十大典型案例。高邮法院开展环境公益诉讼巡回审判，现场增殖放流，被中央电视台报道。（宋晓波）

■执行工作 2018年，全市法院共执结案件3.42万件，比上年增长35.62%，执结标的总金额263.50亿元，上升22.44%。市委、市政府联合印发《关于建立对失信被执行人联合惩戒机制的实施办法》，有效形成“一处失信、处处受限”工作合力。推进集中执行常态化，开展集中执行262次，执结案件1196件，执行到位金额1.06亿元。打击拒执犯罪，移送拒执犯罪线索51件47人，追究刑事责任10件10人，485人因拒不履行义务被司法拘留。全面推行执行指挥中心实体化运行“854”模式，提升执行工作集约化、精细化、规范化水平。建立悬赏执行制度，发布悬赏公告138期，查获被执行人152人。运用执行询价平台，为当事人节约评估费用1000余万元，办案周期平均缩短30天。该平台获评“2018年互联网＋政务服务创新应用（APP）”、全省法院信息化建设创新成果。宝应法院与公安机关建立查人扣车协作机制，在全省推广。加强规范管理，开出规范执行行为40条“负面清单”，指定执行、提级执行案件202件。组织网络司法拍卖3082次，成交额21亿元，平均溢价率33.53%，实现“零投诉”。强化执行宣传，开展“扬州亮剑 共铸诚信”全国法院第11期全媒体直播执行活动，1200余万人次在线观看。制作执行专题H5，发布“执行不能”等典型案例，营造理解支持执行良好氛围。全市法院有财产可供执行案件法定期限内实际执结率98.40%，终本案件合格率98.53%，最高法院交办执行信访案件办结率100%，近三年案件整体执结率96.71%，全市两级法院核心指标全部达标。（宋晓波）

■立案和诉讼服务 深化“七位一体”（诉讼服务、诉讼引导、立案登记、案件速裁、诉调对接、涉诉信访、司法辅助七项职能于一体）诉讼服务中心建设，推行网上立案、跨域立案，开通微信、支付宝缴费功能，方便群众就近立案。全市法院当场登记立案率97.39%，网上立案成功率96%。12368诉讼服务热线受理案件查询、法律咨询等2万余件次。开展优质服务竞赛，设置“天平志愿服务岗”，聘请退休法官无偿提供法律服务。公益律师诉讼指导1513人次。加大救助力度，发放司法救助金774.16万元。依法批准缓减免交诉讼费619万元，保障生活困难当事人打得起官司。落实院长接待日和庭长轮值制度，及时回应群众诉求。参与社会治理创新，依法处理中央、省巡视组交办涉诉信访案件，严密部署省运会、省园博会期间维稳工作。开展“法律六进”等活动60场，举办大型法治文化广场活动。市中级人民法院“12·4”宪法日普法宣传活动被中央电视台《新闻联播》报道。加强司法分析研判，形成调研报告、情况反映、司法建议73篇，为推进社会治理提供有益参考。2篇司法建议获评全省法院优秀司法建议。（宋晓波）

■服务经济发展 2018年，全市法院受理申请破产清算案件20件。广陵法院在政府支持下依法审理扬州大洋造船有限公司破产重整案，引入投资22.86亿元，助力企业重整再生，4000余名员工重新上岗。市中级人民法院主办扬州首届破产实务研讨会，推动成立破产管理人协会。探索建立破产审判“府院联动”工作机制，发布破产审判工作白皮书。推进“执转破”工作，移送执转破案件197件，挽救濒临停产企业16家。优化开放型经济发展环境，审结涉外、涉港澳台商事案件19件。全市法院不断优化营商法治环境，服务民营企业发展，深入企业调研，出台《关于充分发挥审判职能作用为企业家创新创业营造良好法治环境的实施意见》，得到市委、市政府主要领导批示肯定，受到企业家欢迎。提出支持“12345”创新发展工程建设24条措施，审结知识产权案件510件，发布保护知识产权十大典型案例。承担知识产权司法保护大数据调研课题，调查报告得到最高法院肯定。开展涉党政机关执行积案清理专项行动，执结案件18件，达到预期效果。全市法院着力服务城乡建设发展，围绕城市快速路网建设、省运会、省园博会等重要场馆建设，主动挂钩联系，妥善处理相关案件46件。实施司法服务保障扬州乡村振兴“十条措施”，得到市委肯定，取得良好效果。依法审理涉及乡村旅游、特色小镇及现代农业产业园建设等合同纠纷和侵权纠纷案件，助推农业产业特色发展。协助处理农村土地征收、拆迁等工作中遇到的法律难题，妥善审结农村承包合同、土地承包经营权等案件175件。《司法服务保障乡村振兴战略的调查与思考》入选全省法院重点课题。（宋晓波）

■**司法责任制改革** 更新审判管理理念，落实审委会、院庭长、员额法官主体责任，健全质量评查、绩效考核、警示惩戒机制，司法责任制体系逐步建立。有效落实“审理者裁判，裁判者负责”，院庭长主审或担任审判长审结案件5.44万件，比上年上升17.08%，占结案总数56.53%，审判委员会讨论案件数下降13.90%。案件质量稳步提升，一审判决案件被改发率1.81%，居全省第三。强化再审监督，审结申诉复查案件563件、再审案件94件，申请再审进入再审率逐年下降，指标全省领先。市中级人民法院审判管理经验在全省交流推广。有序落实法官等级按期晋升、择优选升等制度。加强员额法官动态管理，9人因岗位调整、办案不足等原因退出员额。推进基层法院内设机构改革。（宋晓波）

■**审判权运行机制改革** 深化以审判为中心诉讼制度改革，严格罪刑法定、疑罪从无、非法证据排除，坚决防范冤假错案。完善检察长列席审判委员会制度。“以审判为中心背景下构建新型量刑模式调研”获评全省法院优秀课题。推进司法民主，落实人民陪审员法，尝试适用“大合议庭”审理重大有影响案件。增选人民陪审员535人，普通程序案件人民陪审员参审率达88.19%，保障人民群众广泛参与、监督司法。推进家事审判改革，建立联席会议制度，选聘家事调查员、家事调解员、心理疏导员142人，妥善化解家庭矛盾。推进交通事故损害赔偿“网上数据一体化处理”改革，做到一网办案、快速处理。（宋晓波）

■**多元化纠纷解决机制改革** 探索调解前置程序，人民调解工作室收案6379件，调解成功3111件。推进诉调对接，合力化解矛盾纠纷。仪征法院价格争议诉调对接经验得到最高法院司改办和国家发改委价格认定中心充分肯定，《司法改革动态》向全国推广。支持设立涉侨纠纷调解中心，聘请15名特邀调解员。全市法院民事案件调解撤诉率55.17%，居全省第二。推进案件繁简分流，提升类案专门化审判质效，一审民商事案件简易程序适用率80.37%，平均审理天数减少5.33天。宝应法院蔡春道调解中心调解成功率达98%，速裁案件平均用时16.51天，全省领先。全市新收民事一审案件增幅放缓，邗江法院收案数下降8.91%，多元化解机制成效初显。（宋晓波）

■**智慧法院建设** 推进信息化与审判工作深度融合，以审判智能化加强监督管理，提升办案效率。全市法院结案率91.68%，居全省第一。以信息化手段规范权力运行，通过办案流程管理、员额法官业绩考评等系统，实现案件审判全程留痕，真正将审判权关进制度铁笼。开展全省智慧法庭试点工作，全面实现电子卷宗随案生成和深度应用，主动接受当事人和上级法院监督。人民陪审员管理系统被全国智慧法院公众号推荐。“保全通”平台被省法院推荐参选“数字江苏优秀实践成果”。（宋晓波）

■**司法公开和司法民主** 深化司法公开“四大平台”建设，实现庭审直播常态化，提升司法能力、规范司法行为。全市法院向当事人发送流程节点信息9.39万条，直播庭审2.62万件，网上发布裁判文书5.75万份。邗江法院、江都法院获评全国优秀直播法院。通过最高法院平台公布失信被执行人名单4.39万条，在户外电子屏等曝光3124名“老赖”信息，促使636名被执行人主动偿还债务2785万元。市中级人民法院及部分基层法院入驻抖音、快手，及时发布司法信息。召开新闻发布会55场，拍摄微电影微视频19部，《谁的错》获全国法院优秀微电影奖。坚持公开摇号，依法办理对外委托司法鉴定案件5100件。主动向市委、市人大、市政府、市政协报告和通报工作，加强代表、委员联络工作，自觉接受各方面监督。坚持联络工作院长负责制，办理人大代表议案、建议和政协委员提案21件，按时办结率和满意率均达100%。邀请代表、委员旁听庭审、见证执行、现场视察、参加座谈958人次，旁听、评议案件72件。向代表、委员寄送《法院工作通报》7664册。市中级人民法院通过联络工作短信平台向代表、委员发送信息4万余条次。配合市人大常委会首次开展法官履职评议工作，市中级人民法院6名员额法官测评满意度均为100%。市中级人民法院首次邀请代表、委员列席审判委员会，参与讨论司法文件。依法接受检察机关法律监督，办理检察建议，依法审结刑事抗诉案件11件，其中改判3件。（宋晓波）

司法行政

■**概况** 2018年，全市有律师事务所84家，执业律师1086人；公证机构8家，公证人员46人；法律援助中心7家，工作人员28人；基层法律服务所94家，执业工作者381人；司法鉴定机构7家，司法鉴定人116人；司法所85个；各类人民调解组织1660个，专兼职调解人员4117人；司法行政社会组织324个。部署开展“防范化解风险”“法律扶贫”“德法涵养文明”三个专项行动。3个功能区11个乡镇（街道）公共法律服务中心全面建成，基本形成实体平台、“12348”热线和“扬州法网”“三位一体”的公共法律服务格局。完成统一法律职业资格考试“双机考”试点任务并受到司法部肯定。启动“矛盾不上交”三年行动，

"访调对接"实现全覆盖。完成"七五"普法中期检查。（范晓杰）

■**法律服务** 开展"法企同行·风险防控"专项行动，举办防范化解金融风险法律高峰论坛，全市建立各类法律服务联系点401个，走访维邦园林机械、高邮波司登等重点企业1101家，梳理金融风险1027项，出具法律意见书2万多份。全市公证机构全面参与省运会、园博会升级改造工程等重大项目工程招投标现场监督，履行公证工作反洗钱和反恐怖融资义务，推进购房顺序公证摇号规范化操作。开展"法律扶贫"行动，建立法律扶贫台账1.72万户3.49万人，给予涉贫法律援助案件每案2000~5000元补贴，并对36名受援人发放救助金近10万元，帮助"两类人员"办理低保、临时救助240人次，为困难家庭发放慰问金12万元，减免公证、司法鉴定费用80多万元。启动"德法涵养文明·共建绿色生活"专项行动，开展"德法相伴 绿色出行 畅跑人生""游园寻法 绿色助行"等一系列主题活动，将生态文明、环境保护融入民主法治示范村（社区）、崇德尚法新型村（社区）创建。全年办理法律援助案件5439件，市法律援助中心办理的"吴某贩卖毒品"一案入选司法部法律援助典型案例库。"12348"热线接听群众来电1万多人次，新创成国家和省民主法治示范村（社区）58个，新增社区律师工作室70家。（范晓杰）

■**法治宣传** 完成"七五"普法中期考核工作，扬州市"七五"普法中期工作成效和法治文化建设经验被《法制日报》《江苏法制报》头版头条刊登。以市委、市政府两办名义印发《关于落实国家机关"谁执法谁普法"普法责任制的实施办法》，扬州选编的"谁执法谁普法"典型案例被司法部采用，并在中央电视台十二套"社会与法"栏目的《把宪法和法律交给人民》节目中播出。开展以"全民学宪法·奋进新时代"为主题的学习宣传教育系列活动，

11月15日，扬州市图书馆社区矫正中心分馆揭牌开馆　司法局/供稿

"12·4"国家宪法日期间，在全市影院展播宪法微视频和公益广告。创新"法治五线普"青少年法治宣传教育体系，获得扬州市2018年度工作创新奖，并被司法部采用。（范晓杰）

■**人民调解** 推进全市社会矛盾纠纷调处工作。全市100%县、乡两级调委会和95%的村（居）调委会达到省级规范化建设标准，医疗、交通、物业、劳动、消费五类重点领域专业性、行业性调解组织以县（市、区）为单位实现规范化建成率100%。6个县（市、区）全面设立环境污染纠纷人民调解委员会并有效开展工作。在蜀冈－瘦西湖风景名胜区设立景区旅游纠纷人民调解调委会；与仪征旅游局共同在园博会园区内派驻成立仪征旅游纠纷调解工作室。联合市信访局出台《扬州市关于推进"访调对接"工作的实施意见》《扬州市人民调解参与信访矛盾化解试点工作实施方案》，市、县、乡三级人民调解组织以派驻制、移送制、值班制等形式实现全覆盖。至年末，全市共调处各类社会矛盾纠纷9.30万件，调处成功率达到99.8%，未发生一起民间纠纷转化为治安、刑事、民商事案件，维护社会大局稳定。（范晓杰）

■**社区矫正** 全市社区矫正机构围绕春节、"两会"、运博会等重点时段，做好特殊人群安全稳定工作。制定法治创新实践项目《特殊人群心理干预与风险防范机制》实施方案，推进法治创新项目特殊人群心理干预与风险防范机制，推进高风险社区服刑人员危机干预服务项目。完善联合勤务值班制度，建立日巡查、周分析、月研判、季例会的社区矫正勤务指挥督查体系。开展监外执行罪犯诊断检查鉴别专项检查活动，对全市监外执行社区服刑人员进行核查摸底，指导各地做好病情诊断工作。联合检察机关开展执法检查；强化与公安协作，做好社区矫正在逃人员的追逃工作。部署开展"教育矫正质量年"活动，指导各地组织社区矫正集中整训。围绕建立全市统一矫正教育资源库进行调研摸底，推动远程视频集中教育。完成市图书馆社区矫正分馆建设。推进刑罚执行一体化工作开展，编写《扬州市互帮共建民警工作任务清单》，组织全市社区矫正业务骨干赴监狱跟班实训。加快司法行政后续照管和公安机关禁毒戒毒社区康复融合发展，承办全省融合发展现场会。（范晓杰）

■**依法行政** 开展"标准化建设全面推进年"活动，大力培植人民调解、法律援助和法治宣传标准化特色工

10月25日，市中级法院、市司法局联合召开贯彻实施《人民陪审员法》工作推进会　　司法局/供稿

作。宝应县人民调解标准化被国标委列为国家第五批社会管理和公共服务综合标准化试点项目，在全市试点推广。市法律援助中心梳理现有规章制度，优化工作流程和服务规范，完成法律援助标准化项目编写。建立《司法行政执法管理政策法规依据资料库》，组织召开全市司法行政防范执法风险培训班，市、县两级司法行政机关50多名执法人员参加培训。全年办理行政复议案件6件，行政诉讼案件4件。贯彻落实人民陪审员法，通过随机抽选的方式新增选人民陪审员535人。建立省、市两级人民监督员培训工作机制，组织2018年度人民监督员业务培训班。推进行政审批制度改革，完善市级司法行政机关权力办事指南，简化审批流程，规范审批服务。建立行政办事服务微信群、QQ群，实现审批服务事项网上公开、网上咨询。全年共办理律师新执业106件，律师转所72件，新设律师事务所8家，新增公证员执业5人、司法鉴定执业6人。　（范晓杰）

仲裁

■概况 2018年，扬州市仲裁委员会（简称市仲裁委）继续落实巡回仲裁庭制度，全年累计在基层巡回开庭30余次。在案件办理过程中，对部分条件允许的案件采用“微信质证”方式，与双方当事人充分沟通联系，为案件调解工作提供便利。为民营企业，特别是小微企业解困，全年共减免仲裁费用108万元。发挥调解中心在调处社会矛盾纠纷中的服务作用，全年调解中心接待来访群众百余人次。基层共受理仲裁案件193件，涉案标的额4.7亿元。秘书处主动服务省运会，走访对接筹委会，制定详细的服务省运会工作方案。建立速调速裁“绿色通道”，为筹备工作提供法律专业支持。　（仲裁委）

■仲裁推广 建立“扬州仲裁委”微信公众号，实时发布工作动态，为群众提供线上咨询服务。利用《扬子晚报》《现代快报》等报刊，采用以案说法、发布案例、普法论文等方式宣传仲裁。举行多种形式的法律咨询活动，通过参加房产交易会、“3·15”消费者权益保护日等活动，在活动现场设立仲裁服务咨询点，解答当事人的咨询，发放宣传资料，解答大众关心的问题。与扬州大学法学院加强在法治领域的交流与合作，开展共建教学研究实践基地、成立研究生工作站、组织法律硕士“走进仲裁庭”活动，组织办案骨干助力扬大法学院参加“南仲紫金杯”第三届模拟仲裁庭大赛，取得大赛的亚军和优秀文书单项奖。先后组织20余人次赴基层联系点，以宣传党的政策、主题普法讲座、设立政策法规咨询台等形式，为农村的和谐稳定和经济发展提供精准、优质、高效的法律服务。　（仲裁委）

■仲裁办理 规范监督管理机制，提升仲裁工作质效。设立监督管理专人专岗。监督员全面监管办案流程的各个关键节点，进行审限提示、督查催办、个案考核等，同时接收上报投诉意见和人民来信，从而完善办案流程监督、办案责任追究的落实机制。建立健全《办案秘书工作规范》《办案流程》《仲裁文书报审资料规定》《仲裁员办案须知》等工作规范，对案件办理流程实现精细化、系统化管理。注重仲裁队伍的优化升级，通过开展网络培训、集中授课等形式，强化仲裁员和办案秘书的职业操守教育和业务技能培训。2018年，全市重点开展仲裁员队伍轮训2次，专门邀请知名行业专家辅导，全方位、多角度提升仲裁员办案能力和专业水平。举办首届“扬仲民商法沙龙”，聚焦仲裁审理实务的重难点，与法官、教授、律师等法律专家进行深入探讨。借助法院、司法局和扬大法学院的学习平台，鼓励工作人员投入学习。面对仲裁案件在财产保全、执行等方面出现的各类新问题、新情况，秘书处主动与市中级法院及各基层法院联系对接。在保全执行、事务协助、委托调解、交流研究、意见沟通等方面，强化工作协调与配合，形成化解纠纷的合力，努力达到案结事了。

（仲裁委）

军事

Junshi

编　辑　崔成鹏

扬州军分区

■概况 2018年，中国人民解放军江苏省扬州军分区（简称扬州军分区）开展“传承红色基因、担当强军重任”主题教育，落实党委中心组学习，把全区团以上干部纳入市委学习轮训班，协调市纪委分4批组织纪检干部赴井冈山、延安等党性教育基地培训。开展学习时代楷模王继才活动，组织民兵先进代表登岛学习，召开退役军人代表座谈会和优秀代表事迹报告会，江都民兵陈健英勇救火事迹被军地媒体报道。贯彻军委党的建设会议精神，开好党委专题民主生活会，常态开展党的纪律教育，推进正风肃纪。

备战训练。定期召开党委议战议训会议，组织“一个过程”实战化训练、动员业务常态训练、百名专武部长集训、军地抗洪抢险演练和参与扫雪除冰、烟花爆竹禁放等活动，得到省军区充分肯定；组织全市民兵“四会”（会讲、会做、会教、会做思想工作）教练员比武竞赛，遴选尖子参加全省比武竞赛，取得综合第一，包揽全部单项第一；首长机关和人武部主官参加省军区军事考核，总评成绩位列第三；完成支援保障某陆航旅过境行动演练，受到省军区好评。

国防动员。联合市委、市政府出台指导性意见，组织基层武装全面建设试点和达标建设活动，全市88个乡镇、街道武装部和民兵营（连）投入5000余万元，规范完善基础设施器材。抓好民兵调整改革开局，在高邮市组织试点观摩，“逐单位、全员额”组织拉动检查2次，针对问题会审整改4个回合以上。抓住担负省“精准征兵”试点契机，指导仪征市探索精准征兵模式，召开全市大学生征兵工作座谈会，配合省政府、省军区组织体检巡视和新兵欢送大会，全市征集新兵中，大学生比例达87.49%，“五率”考评名列全省第二。

管理运行。研究制定《机关运行规范》，全面正规机关“四个秩序”；开展“贯彻落实新条令，塑造军队好样子”活动，在干休一所组织学习新条令集中观摩活动；持续开展安全大检查活动，先后4次召开安全形势分析会，6次组织安全督导检查，对发现的苗头问题，通报到具体单位，督导限时整改，全区全年安全无事故，省军区综合排名第二。

（葛守玉）

■备战练兵 1月11日，军分区组织首长机关干部、战士和职工50余人新年首训，以实际行动贯彻中央军委开训动员大会和习主席训令精神，在全区上下立起新时代使命催征和聚焦打赢的鲜明导向，传导新年度大抓训练和从严治训的紧迫压力。严格落实上级关于加强改革期间战备值班的指示要求，确保军分区人武部改革期间战备工作正规有序。3月，组织全区作战值班人员战备工作理论辅导、业务教育和资格认证，逐单位过“考、拉、查”战备值班和应急分队建设情况。

（葛守玉）

■军地抗洪抢险演练和防汛 6月19—25日，联合市防汛防旱指挥部在江苏省防汛抢险训练中心组织全市144名民兵骨干以防汛抢险基础知识、六种险情处置技术和搭建钢木土石组合坝为主要内容的集训和成果演练，“柳堡二妹子”民兵连4名连排干部跟训。扬州市、县两级领导，军分区首长机关和人武部干部以及部分专武干部代表等40余人现场观摩演练。采取上下结合、军地联合的方法，先后完成省军区、防空某旅对辖区长江、淮河入江水道重点防汛地区和险工患段实地勘察，共同研究兵力运用、处险措施和行动方法，参加扬州市城市防洪、内河防涝、外河防汛勘察，并对接水上救护、用兵抢险等需求。（葛守玉）

■首长机关参加省军区动员业务考核 4月、10月分别组织全区集中强化训练，邀请南京陆军指挥学院专家教授授课辅导，重点突出国防动员基础理论、要图标绘、识图用图、指挥作业和体能等内容，有效打牢业务基础；11月，组织军分区机关在编人员参加省军区考核验收，成绩优异。

（葛守玉）

■民兵调整改革 按照“保留特色分队、压减参战分队、规范支援分队、合并类似分队”的原则，建强三支队伍（应急、专业、特殊），联合市政府下发民兵调整改革任务实施意见。3月，在高邮市组织试点观摩，树立样板，提供标准，并接受省军区检查验收；第4季度，军分区逐单位、逐分队检查人员到点率，电话抽查核验民兵身份信息，现地检查各类软件资料，完成任务。（葛守玉）

■民兵“四会”教练员比武竞赛 第2季度，组织全市21名民兵“四会”教练员集训比武，并遴选3名尖子参加全省群众性大练兵比武竞赛，取得综合第一、包揽全部单项第一。（葛守玉）

■“学条令、学法规、正秩序”活动 根据军委“贯彻落实新条令，塑造军队好样子”活动安排，推进治军理念法治化、一日生活条令化、部队管理标准化落地生根，提升军分区正规化建设水平，从3月1日开始，集中1个月时间，在全区开展“条令法规学习月”活动，培养官兵法治思维和法治意识。12月，在干休一所组织新条令学习试点观摩活动，规范“四个秩序”，为全区部队正规化建设打下基础。（冯永勇）

■百日安全竞赛活动 9月至年末，在全区开展“百日安全竞赛活动”。活动以习主席关于安全稳定工作的一系列重要指示为指导，贯彻中央军委、军委国防动员部和省军区决策部署，把握年底前安全稳定形势，强化安全稳定的政治责任，深化安全大检查工作成果，坚持前瞻预测、重点管控，查纠隐患、全面防范，传导压力、夯实基础，按照“统一部署、自主组织、上下联动、层级落实”的方法，突出政治性问题、武器弹药、网络问题等10项重点内容，分阶段、有步骤开展防范、治理和管控，为军分区建设发展和年度各项任务完成提供可靠安全保障。（冯永勇）

■基层武装部和民兵营（连）达标建设活动 军地联合印发《关于全面贯彻习近平强军思想加强基层人民武装部和民兵营（连）建设的意见》《扬州市基层人民武装部建设考评细则、基本职能、建设标准》，在全市开展达标建设活动。通过达标考评活动，促进基层建设发展，打牢新体制下国防动员事业根基。甘肃省陇南军分区、内蒙古呼和浩特警备区和广西南宁警备区先后到扬对基层武装部建设进行考察和调研。军委国防动员部在南京召开《民兵建设形势和工作推进会》，广陵区基层武装部规范化建设试点工作以录像片的形式进行展示。（王洵洵）

■基层专武干部和基干民兵应急营（连）长集训 3月19—21日，联合市委组织部、市人社局在高邮市国防园组织全市基层专武干部和基干民兵应急营（连）长集训。集训坚持以党的十九大精神为指引，围绕“深入贯彻习近平强军思想，大力锻造热爱武装精通武装担当武装过硬队伍”主题，区分强化政治意识、使命意识、抓建意识三个专题，通过学思想、抓重点、解难点，引导参训人员凝聚思想共识、增强使命责任、提高履职能力、积极主动作为，为实现强国梦强军梦贡献力量。（刘汉吉）

■国防动员潜力核查 按照省国动委通知要求，在参加全省国防动员潜力数据采集系统操作和数据核查培训的基础上，先后召开协调会和组织不同类别、不同层次的业务培训。自下而上对综合、人民武装、经济动员、人民防空、交通战备、信息动员、政治动员等7大类16大项2000余条潜力资源进行统计核查，潜力数据准确、翔实、全面。（刘汉吉）

■组织征兵 围绕“同级政府兵役部”职能作用，聚焦兵员质量这一“靶心”，指导仪征市同步开展探索实践精准征兵模式，完成男兵征集任务，“五率”量化考评成绩位列全省第二，大学生征集比例达87.46%，高于省指导比例3.46个百分点，比上年提高4.66个百分点，创历史新高。（刘汉吉）

■主题教育 用好军委国防动员部和省军区主题教育试点成果，筹划开展“传承红色基因、担当强军重任”主题教育，组织观摩江都区人武部主题教育试点成果，召开全区政工会议研究部署推广；号召全体官兵向王继才学习，组织军分区机关、宝应“柳堡二妹子”民兵连和高邮菱塘回族女子民兵班代表登岛学习；召开优秀退役军人代表座谈会和优秀干部、职工、专武部长、民兵骨干事迹报告会，用身边人、身边事、增强教育说服力、感染力；把教育课堂向训练场延伸，集中组织观摩军分区参加省军区民兵“四会”教练员比武课目训练成果，围绕“淮海战役指挥艺术”组织授课研讨；参观“抗日战争最后一役”纪念馆、平山堂廉政建设基地和省园博会场馆等，把理论灌注、红色洗礼、实践运用贯穿始终，提振官兵责任心和精气神。（刘　松）

■后勤管理保障 结合新的编制体制、人员编设和职能任务，通过加强预算审核、支出审批、结算审查等全过程管控，使依法管财从严治财成为行动自觉，降低行政消耗性开支，确保财经工作始终在法治轨道上运行。巩固和发展好财务清查整治成果，开展全面自查自纠，细化完善管理规定，以省军区财务管理秩序专项整治为契机，年初对军分区本级及各团级单位2015年以来财经纪律执行情况进行自查。通过检查，共发现12类210余条问题，涉及金额62.95万元，共收缴清退18.68万元，作出情况说明260余份。继续贯彻执行中央军委和军委国防动员部、省军区关于全面停止有偿服务的指示要求，协调扬州市中级法院、广陵区法院，妥善处理有关矛盾问题，紧扣时间节点，按节点完成停偿工作；迎接中央军委审计署南京审计中心对军分区全面停止有偿服务工作审计检查，指导仪征市人武部协调仪征市政府、仪征市法院等相关单位对省军区原通信站停偿项目进行强制执行。改善干部、职工公寓住房居住条件，投资20余万元对北河下21号公寓区21号公寓楼屋面和外墙进行维修改造，筹措资金30多万元对单身干部和文职人员宿舍以及内部招待所进行升级改造。国防园训练大楼改造由市政府投资2000万元，具体由市园林局实施，对国防园绿化及周边环境进行升级改造；由市政府投资近3000万元，具体由市体育局、市扬子江投资发展集团实施，对国防园训练大楼四、五、六层和一、二层部分区域进行升级改造。开展医疗服务，组织定期健康体检，为军分区现役干部办理城镇职工医疗保险，解决就地医疗问题，组织全区干部、战士、职工体检，为官兵职工保健康提供有力保证。组织驻扬部队官兵无偿献血，其中军分区系统组织120余人参加献血，共献血4万余毫升。（张　帆）

预备役师

■概况 2018年，江苏陆军预备役高射炮某师（简称预备役师）围绕党的十九大精神，按照陆军、战区陆军和师党委的部署要求，坚持以强军目标为统领，紧贴形势任务，突出举旗铸魂，服务改革大局，部队全面建设科学发展，稳步提高。8名官兵立三等功，62名官兵记功嘉奖。（承孝平）

■防空力量侦察专业骨干集训 4月12—27日，采取跨团联训的方式，在高炮一团和高炮五团分别组织火控仪、901雷达操作手集训，一米测距机手、侦察员、标图员集训，突出防空力量侦察专业骨干业务技能训练，夯实专业基础，培养一批会组训、精操作的专业骨干队伍，促进全师防空力量侦察专业训练水平整体提升。（承孝平）

■后勤安全检查督查 8月，督导师团安全隐患自查普查，逐级逐业务梳理问题隐患，统一建立问题台账，逐项制定整治实施方案，狠抓问题整改落实。会同装备部，视情巡查各团后装安全检查整治落实情况。（承孝平）

■师首长机关“六会”普考 2018年，根据预备役部队临时管理办公室《战区陆军预备役部队群众性练兵比武活动实施意见》要求和师年度军事训练计划安排，7月23—27日，完成师现役军官“六会”技能普训普考及基础体能考核，27人参考，训练达到预期目的。（承孝平）

■安全管理 7月4日，师团完成文书档案“两表”编拟并上报临时管理办公室；严格落实上级兵员管理有关规定，核查全师战士士官档案工作，对涉及档案缺陷问题进行档案补报，2次上报兵员实力；对满服役期的士官进行思想摸底，统计上报走留意愿；7月23—24日，组织召开师半年安全形势分析会和安全管理工作讲评部署会，梳理部队安全管理存在的矛盾问题，研究制定针对性措施。（承孝平）

■指挥营军官编组作业 8月，指导组织师指挥营、修理营展开军官编组作业，重点解决分队军官作战筹划、组织指挥和协同保障等基本功缺失问题，提高“讲、研、摆、练”能力；各团以本级担负的防空作战任务为演练课题以营连长为主要受训对象，采取团导营演方式组织，突出优化人员编组，规范指挥作业组织形式。（承孝平）

■装备工作普查 根据陆军通知要求，10月底至12月上旬，在陆军部队开展装备工作检查考评。结合预备役部队实际情况、临办相关要求和上级明确的8类43项问题，采取“团营连自查、师逐一检查”的模式，指导各单位开展年度装备工作普查，并做好迎检相关准备。结合装备安全管理、换季保养一并组织检查。（承孝平）

■师团两级年度军事训练考核 比武考核之后持续抓实师团机关2.5天训练，对照年度军事工作指示和《军事体育大纲》，重点考核“三基”训练内容和军事体能选定科目，于12月中下旬考核完毕，并根据考核情况，查缺补漏，强化弱项短板训练，为预备期补差训练打好基础。（承孝平）

武警扬州支队

■概况 1月，中国人民武装警察部队江苏省总队扬州市支队改编为中国人民武装警察部队江苏省总队扬州支队。支队属二类执勤支队，主要担负看守、警卫、武装巡逻等勤务。支队深入学习贯彻党的十九大精神，以习近平强军思想为根本指导，坚决贯彻落实武警部队、江苏总队党委决策部署，统一思想，凝聚力量，担当作为，部队建设向上向好，被总队表彰为“基层建设先进支队”，连续28年安全无事故。（张海军）

■政治引领 狠抓十九大精神学习贯彻，创新“3+1”理论抓手和“五段式”课堂设计，推行“三课”督教机制，统筹推进两项重大教育，坚定官兵政治立场。巩固深化“四心工程”“四互四有”活动成果，开展“三好”活动，举办“三赛一会”，宣扬表彰先进。高度重视新闻报道工作，先后在各类媒体刊稿500余篇。仪征中队排长姜世民、宝应中队代理指导员熊景分别被表彰为“十佳”和优秀“四会”政治教员。（张海军）

■执勤备战 深入学习习近平训词训令，纠治和平积弊，立起鲜明导向，狠抓正规化执勤和“智慧磐石”工程建设，召开执勤战备工作现场会，打造“6+1”力量模式，提升实战实备水平。贯彻落实新大纲，常委带头议训参训组训，紧贴实战化要求大抓训练，遂行多样化任务能力不断提升。参加总队“迎八一”大比武，综合排名第一；支队长王青海参加总部“庙算”指挥员比武，个人排名第四；完成一级加强警卫勤务、第19届省运会、第10届省园博会等重大安保任务。

（张海军）

■基础建设 学习贯彻总队1号文件精神，突出按纲指导，实施精准帮建，落实“月蹲一周”，高邮中队跨入先进行列。开展“条令年”活动，以“三抓”活动为牵引，组织“一日生活规范”现场会，正规部队秩序。常态落实“八个规范”，加大检查纠察和追责问责力度，安全基础日益夯实。投入180余万元，推进基层基础设施建设。规划建设训练场地、机关营房综合整治、招待所和卫生队改造等大项工程，提升服务保障水平。（张海军）

人民防空

■人防工程建设审批管理与质量监督 结合《扬州市城市总体规划（2018—2035年）修编方案》，启动《扬州市城市人防工程建设专项规划》编制。全面落实“一张网”“3550”和“不见面”审批等要求，与规划部门协调建立并联审批和资源共享机制；与房管部门协调强化人防工程建设范围和面积核算管理；按照省物价局、省财政厅的要求，经市政府同意，会同市物价、财政部门调整人防易地建设费收费标准，并结合实际修订审批管理制度。接入运行“江苏省人防工程质量监督管理系统”，组织人防质监现场会及培训活动，完成防护设备企业年检和生产、安装、监理质量检查等，保证全市人防建设管理质量。

（王 洋）

■人防工程维护管理与开发利用 基于省人防工程信息管理系统实现全市新立项、新开工、竣工人防工程实时数据采集和录入，并对历史工程档案及数据进行集中整理，逐步推进数字化、信息化管理。组织全市人防工程全面巡查，完成标识标牌周期性维护、人防乐园和“782”干道翠园桥段早期工程专项治理。加强人防工程开发利用管理，推进使用证发放，规范租赁操作程序，提高人防工程的社会效益和经济效益，全市人防工程开发利用率达96%。重点加强住宅小区人防工程使用监管，推进违规使用处理工作。

（王 洋）

■人防组织指挥和信息化建设 市本级基本指挥所维修改造项目所有审批手续和预算报批工作全部完成，江都、高邮基本指挥所和仪征两个疏散基地选址分别通过省办审查，高邮、仪征疏散基地指挥中心信息系统立项获省人防办批复。严格按照《人防训练大纲》实施训练演练，完成全市人防专业队整组，组织“江都水利枢纽——重要经济目标防护演习”、全市首届人防应急无线电通信训练暨选拔活动、机关和直属单位人员脱产集训、机动指挥所跨区域联合演练等。完成扬州人防警报建设专项规划编制和“9·18”防空警报试鸣，新建一批电声、多媒体警报器和警报备用电源，完成全市4G视频指挥调度系统和4家城市“生命线”重要目标单位人防指挥室部署，警报和信息化体系不断完善。（王 洋）

■人防法治和宣传教育 推进简政放权、放管结合，强化事中事后监管，完成行政许可、行政处罚“双公示”和“双随机一公开”抽查，落实全面推进依法行政信息化工作要求。通过电台、电视台、报纸、网站、手机公众号等各级各类媒体平台和专题会议、培训等形式开展宣传教育，取得良好社会效果。完成皇宫社区人防教育体验馆建设试点，依托国防教育训练基地、青少年素质教育基地人防教育展馆、社区人防工作站和中小学校开展“军事日”活动、互动式教育和疏散演练，共约3万名群众参与，人防工作的社会影响力和认同度提高。

（王 洋）

双拥共建

■概况 2018年，围绕贯彻全国、省关于双拥和国防教育的一系列部署，瞄准创建全国双拥模范城“八连冠”目标，开展双拥月、纪念建军91周年、第18个全民国防教育日等系列活动。组织驻扬部队现役士兵开展“当几年扬州兵，学几样好技艺”活动，首批共有76名士兵开训，开设烹饪工艺、导游服务和电子商务等3个专业；指令性安置驻扬部队6名符合条件的随军家属对口安置；发放随军未就业家属一次性自谋职业扶助金69万元、驻扬部队和海军扬州舰官兵立功奖励金4.2万元；评选“十佳爱国拥军模范企业”“十佳退役军人创业之星”；组织全市80对新婚夫妇在许晓轩故居广场前向革命烈士献花；成立联合考评组对优抚驿站建设和运行情况进行检查考评，评比表彰6个示范优抚驿站，13个先进优抚驿站和14个达标优抚驿站。迎接省级双拥模范城审核验收检查组实地调研，江都区、仪征市、高邮市、宝应县、广陵区、邗江区等6个县（市、区）均被命名为“江苏省双拥模范城（县、区）”。市教育局、市高新技术开发区、武警扬州支队扬州中队等3家单位被授予江苏省双拥模范单位称号，李才奎、赵道海、王金柱、郜广勇等4人被表彰为江苏省双拥先进个人。（李建峰 周梅红）

■“双拥月”活动 1月25日至2月25日为全市第27个双拥活动月。活动期间，各地运用广播、电视、“两微一端”等媒体，宣传党的十九大对巩固军政军民团结赋予的新内涵，采取辅导宣讲、文艺创演、军营开放活动、“社会一日”等形式，筑牢军民共同团结奋斗的思想根基，通过印制慰问信、发送祝福短信、张贴宣传标语、开辟专栏以及茶话会座谈会等形式，向双拥模范、现役军人、优抚对象致以新春祝福。各级领导上门慰问，了解优抚对象愿望诉求，检查优抚政策落实情况，送上党和政府关爱。

（李建峰 周梅红）

■城舰共建 春节、“八一”前，市领导分别带队慰问海军扬州舰全体官兵，并向扬州舰官兵赠送慰问品，为扬州舰发放立功官兵奖励金，继续推进扬州舰官兵免费学历提升计划，参加驱六支队“深化军民融合、促进城舰共建”座谈会。4月8—14日，接待海军扬州舰15名优秀官兵及家属到扬进行为期一周的短期疗养，协调苏北医院针对官兵执行任务特点，组织专家为官兵进行全面体检，建立网上健康档案。继续牵线扬州舰资助两名贫困学生。4月10日，邀请海军扬州舰舰长张宏伟为市党政干部作题为《心系扬州情 扬威亚丁，胸怀强军梦仗剑大洋》的国防形势报告。（李建峰 周梅红）

■军政座谈会 8月1日是中国人民解放军建军91周年。扬州市召开“八一”军政座谈会，军地双方齐聚一堂，共叙鱼水情谊，共商双拥大计。市委常委、军分区司令员、双拥和国防教育领导小组副组长郦斌通报省第11届双拥模范城命名暨模范单位、先进个人表彰大会情况，传达省长吴政隆关于做好新时代双拥工作的讲话精神。市委常委、政法委书记、双拥和国防教育领导小组组长孔令俊代表市委、市政府慰问驻扬部队，要求广大官兵认真践行“把驻地当故乡、视人民为亲人”理念，担负起协助支持地方发展职责，协助地方应对自然灾害和处置突发险情，参与脱贫攻坚、精神文明、生态环境等建设，在重点工程建设、重要活动安保、重大事故防范等方面发挥突击队、生力军作用。副市长、双拥和国防教育领导小组副组长宫文飞主持会议。扬州职业大学、武警支队、消防支队、边防检查站等军地单位分别发言。

（李建峰 周梅红）

■市区军嫂免费办理公交IC卡 市双拥办会同扬州军分区、市财政局、市交通运输局、市交通产业集团有限公司、市城建国有资产控股（集团）有限责任公司印发《关于〈现役军人和市区军嫂免费乘坐市区公共交通工具的实施办法〉的通知》，8月1日起，现役军人本人持有部队核发的有效证件、市区军嫂本人持有军嫂IC卡可免费乘坐市内公共交通工具。（李建峰 周梅红）

■拥政爱民 2018年，驻扬部队持续开展“双百双建”活动，扶助贫困村和贫困户。军分区挂钩帮扶泰州姜堰区大丁村，帮扶资金40万元，该村于年底脱贫。继续结对助学仪征“八一”希望小学，“八一”前夕送去慰问金5万元。组织驻扬部队官兵参加地方社会经济建设，组织官兵300余人次义务植树，组织民兵1000余人次协助地方做好“6·19”观音山香会维稳活动。对驻地开放“军营一日”活动，参加“‘5·19’慈善一日捐”和义务献血活动。

预备役二师在驻地开辟精准扶贫“第二战场”，先期投入20余万元，区分扶业扶贫、教育扶贫、慰问济困，与21个特困家庭结成帮扶对子，投入5万元对仪征市、邗江区、蜀冈－瘦西湖风景名胜区28户特困的参战、退伍复转军人、老党员和邗江区杨庙镇1个敬老院进行走访慰问。三次组织官兵走上街头清扫积雪、整治卫生、维护秩序。通过开放营区、师史馆和装备器材演练展示等活动，接待地方企业参观学习，接受国防教育。

武警扬州支队和邗江甘泉街道双山村建立定点扶贫帮困点，先后捐助图书等物质器材，慰问8名特困户，常年资助1名特困学生。定期举办“警营开放日”活动，完成“两会”、G20青岛上合峰会、“烟花三月”国际经贸旅游节、鉴真国际半程马拉松赛、观音山香会现场保安、中央领导到扬警卫等任务60多场次，妥善处理各类警情50余起。春运期间，协助扬州市火车站、汽车站安全运送旅客200万人次，协助公安查获违禁品40余件。

武警江苏省总队医院与跃进桥社区等单位牵手结对共建，每逢重大节日和担负重大任务时，广陵区和社区都组织驻地友邻单位及居民到医院慰问、送文艺节目等，医院创建“党员先锋岗”“党员示范窗口”，“学雷锋活动日”“爱眼日”“爱牙日”“世界卫生日”等安排医护人员上街头、到社区、下农村，摆摊设点为民义诊，为附近的困难村民到院就诊减免部分医疗费用，全年服务群众3000人次。医院继续扶持帮带李典、头桥两个农村卫生院，免费培养基层医务工作者，定期安排专家到卫生院免费坐诊。7月16—24日，抽调医疗骨干为头桥卫生服务中心做好“两癌筛查”工作，服务群众800余人。武警医院全年无偿献血200余人，献血量达5000多毫升；收治一些“110”及外院转送的“三不管”及无名氏病人，为他们提供医疗服务，提供生活保障。

（李建峰 周梅红）

经济管理

Jingji Guanli

编 辑 贾丽琴

宏观经济管理

■**概况** 2018年，市发展和改革委员会（简称市发改委）围绕市委、市政府中心工作，加强重大战略研究，参谋助手作用得到有效发挥。突出规划引领，完成《扬州国民经济与社会发展规划（2018—2035）》《大运河扬州段文化保护传承利用规划》《关于经济建设和国防建设融合发展的实施意见》等编制工作。牵头完成“十三五”规划纲要和11个重点专项规划中期评估，通过市人大常委会审议。完成国家和省级“长江经济带发展规划”涉及扬州市牵头推进事项的专题评估。注重形势研判，通过调研、座谈、地方报送情况等形式，全面了解重点产业、行业、企业的生产经营情况，在市委常委会、市政府常务会上进行专题汇报，为市委、市政府科学决策提供重要参考。强化战略研究，围绕推进高质量发展、构建现代产业体系、对接国省重大战略等方面，牵头完成60余篇重点调研成果，36篇调研报告在市级以上刊物刊登。

推进重大项目建设。列省重大项目总数25个，其中实施项目数22个，首次实现县（市、区）全覆盖；全年市级主导推进的18个列省重大项目，合计完成投资154.9亿元，完成计划的110.6%。加强市级重大项目计划编制、日常管理和组织实施，推动450个市级亿元以上项目完成投资1452.2亿元，超额完成年度投资计划。有效投入持续扩大，全年新开工服务业重大项目44个，比年度目标多4个。全市固定资产投资增长11%，增幅居全省首位；投资结构持续优化，民间投资增长18.9%，占比达79.5%。重大基础设施项目进展顺利，北沿江高铁完成境内主要线站位研究、扬马城际完成扬州至镇江段线路研究、宁扬轨道交通正与南京对接优化建设方案。龙潭过江通道工程可行性研究报告，获省发改委立项批复；润扬第二过江通道前期方案研究论证中；“川气东送”青宁线输气管道扬州段项目，取得核准并推进。向上对接争取成效明显，对接国家和省发改委政策、项目、资金安排，获批国家资源循环利用基地，帮助军民融合、循环经济、基础设施等领域40个项目，争取省以上资金16.58亿元。加强与央企对接，与中航工业签署战略合作框架协议，共建中航沈飞协同创新研究院。

推进重点领域改革。实施供给侧结构性改革，“三去一降一补”（去产能、去库存、去杠杆、降成本、补短板）工作成效明显，全年为企业减税降费143亿元；倍加洁、亚普股份主板上市，菲达宝开、金润龙、和天下“新三板”挂牌，直接融资规模超200亿元；县域经济、基础设施等6大领域129项补短板工程进展顺利；推进钢铁去产能，建立完善防范“地条钢”常态长效工作机制，通过国家、省专项督查。实施重点领域改革，在线审批监管平台实现与省政务服务“一张网”无缝对接，全年受理各类行政审批事项552件，不见面审批率、按时办结率、承诺件提前办结率均实现100%。服务对象满意率保持领先，行政服务窗口获评全市“政务服务五星级窗口”，“多评合一”项目获评扬州政务服务改革创新成果。

经济增长动能加快转换。服务业贡献度持续提升，制定实施现代服务业发展“1+3”政策体系，全年净增服务业重点企业139家，全市规模以上服务业企业利润比上年增长40%；服务业增加值增长8.2%，增幅居全省第四位；服务业增加值占地区生产总值比重提升至47%，服务业对全市经济增长的贡献率达55%。推动广陵新城获批省级服务业综合改革试点，江苏信息产业基地（扬州）创成省级生产性服务业集聚区，商贸物流园区创成省级物流示范园区，新增省级生产性服务业领军企业2家、省级平台经济重点企业1家。战略性新兴产业规模持续壮大，聚焦高端装备、新一代信息技术、生物医药等领域，通过“研发+中试+制造+后市场服务”，推动战略性新兴产业规模和质量实现“双提升”，全市战略性新兴产业产值增长12%，增加值占地区生产总值比重提升至17%；新创成省级示范基地5家，数量居全省第二；获批省级工程研究中心11家，数量居全省第三。能源结构加速转型，制定出台《扬州市“十三五”风力发电发展规划》，承办中国中东南部“分散式”风电开发研讨会，新批风力发电项目10个。宝应光伏“领跑者”基地220千伏送出工程、高邮多能互补天然气分布式能源站项目、仪征枣林湾"两园"增量配电业务试点等重大项目稳步推进，二电厂燃煤耦合生物质发电技改试点项目获国家能源局批准。

人民生活质量显著提升。城乡居民收入持续提升，市发改委细化落实"富民增收39条"政策意见，推动城镇和农村常住居民人均可支配收入分别达41973元、21407元。推进基本公共服务均等化，落实基本公共服务清单和功能配置标准，完成民生"1号文件"确定的34类237项民生实事。乡村振兴战略稳步实施，聚焦补齐农村基层短板，研究制定扬州市乡村振兴战略规划。建立健全城乡融合发展体制机制和政策体系，推进新型城镇化综合改革试点，武坚智能电气小镇、曹甸教玩具小镇等入选省级特色小镇，24个市级特色小镇加快建设。绿色低碳发展推进，落实中央环保督察"回头看"整改任务，实施煤炭消费减量替代行动，煤炭消费较2016年下降141.5万吨，其中非电行业煤炭消费下降74万吨，超额完成年度目标任务。推进江淮生态大走廊建设，推动纳入国家《淮河生态经济带发展规划》。推进10大生态中心建设，实施清水潭河道疏浚、三河六岸公园等重点项目38个，完成投资26.5亿元。

（郎　俊　夏卫峰　于松海）

■经济体制改革 深化供给侧结构性改革。抓好"三去一降一补"重点工作，组织实施节能技术改造项目112项，推进节能交易6项，实现节能9.1万吨标煤。房地产市场保持总体稳定态势，全市商品住宅成交均价低于控制线。开展防范和打击非法集资犯罪"深入行动"。推动实体企业降成本工作，企业降本减负103.1亿元。协调推进补短板"六大工程"，编排总投资1亿元以上的基础设施领域补短板项目。

贯彻落实产权保护制度。落实中央关于完善产权保护制度依法保护产权的意见和省实施意见，市法院统一产权案件审判标准，将平等、全面、依法保护理念贯彻落实到产权案件审判执行中，创新实践《企业家司法保护与犯罪预防》法治项目，着力预防企业家犯罪与侵害企业家合法利益的犯罪，依法保障涉案企业家的合法权益。

推进"放管服"改革。推广"互联网＋政务服务"，完成市县乡村四级政务服务网建设。"3550"（3个工作日完成一般性新设企业注册开业需要办理的营业执照、刻制公章、开立银行账户、办理涉税4个事项；5个工作日内获得不动产登记权证；50个工作日内取得建设项目许可证）改革实现常态化、普遍化，43家窗口部门240个服务事项的办理时限压缩51%、申报材料压缩11%。出台《"不见面审批"标准化指引》，市级不见面审批事项达1561项，占六类事项的98.55%。组建覆盖市、县、乡三级代办员队伍，探索构建"网格化"代办帮办服务体系，开展全程跟踪代办服务。实施"三十证合一、一照一码"登记制度，全面使用全程电子化登记模式，新办企业电子营业执照发放率达100%。开展"证照分离"改革，推进"照后减证"。实施综合执法改革，扬州经济技术开发区组建综合执法局，仪征市、广陵区成立综合执法队伍。

推进科技体制机制改革。实施三大创新板块建设行动计划，江广融合区新投入综合体12.9万平方米，新入驻企业200家；扬州经济技术开发区、高新区、科教园区版块16个重点项目进展迅速；农科园板块的扬州大学科教示范园生态智慧牧场投入使用。健全科技资源共享和成果转化机制，出台企业重大科技创新项目和技术转移奖励办法，实施108项产业技术研发和112项重大科技成果转化项目。实施"科教合作新长征""科技产业合作远征计划"，促成产学研合作项目488项，引进高校院所研创中心42家，新增省级工程研究中心11家、企业技术中心23家。发展以实验室为载体的科技研发产业，扬州大学等5家单位获批省级双创示范基地。实施2018年科技综合体"百千万"攻坚计划，全市综合体、众创空间新开工面积127.1万平方米、新投入使用面积65.7万平方米。

推进国资国企改革。贯彻落实《关于进一步推进国有企业改革发展的实施意见》，构建国资国企改革发展"2+N"政策体系。出台市属国有企业非主业投资监督管理办法。建立市属国有企业差异化薪酬分配制度，规范股东会、董事会、经理层、监事会权责，完善"双向进入、交叉任职"领导体制。扬州汽车运输集团、市公共交通集团等10家企业完成公司制改革。出台市属文化企业国有资产监督管理暂行办法。

深化财税价格改革。实施新一轮市区财政管理体制，调整收入分成比例，推进市区事权和支出责任改革。紧扣"三个口袋"（财政收入、企业利润、居民收入）完善绩效评价指标体系，倒逼预算单位提高财政资金使用绩效。优化支出结构，一般公共预算安排教育、医疗卫生、社保、住房保障、交通运输支出分别比上年增长7.5%、7.3%、16.5%、2.5%、4.1%。推进教育、天然气、农水、交通运输等领域价格改革。

推进金融改革创新。完善地方金融监管体制，实现金融活动监管全覆盖。建设综合金融服务平台，扬州中小企业创业创新e贷网累计注册企业2567家，对接1790多笔，实现融资247亿元。扬州政税银大数据服务平台解决融资需求2094项23.41亿元。加大企业对接资本市场力度，出台《金融支持实体经济"12345"行动计划》，新增上市挂牌企业5家，实现直接融资206.36亿元。

构建城乡融合发展体制机制。实施乡村振兴战略，制定《关于贯彻落实乡村振兴战略的实施意见》。推进农村集体产权制度改革，出台《关于进一步深化农村集体产权制度改革的实施意见》。全面完成农村集体资产核资工作。推进农村产权交易市场标准化建设，全年农村产权实现交易9773笔21.63亿元。统筹推进供销合作社、仪征试验林场改革。完成农业水价综合改革面积1177.4平方千米。

健全开放型经济体制机制。优化招商引资考评办法，加大制造业重大外资项目考核力度，新落户“530”（5年内招引30家以上世界500强企业和跨国公司）项目6个，新增“510”（5年内新引进并购项目10个以上）项目2个。推动全市开发园区高质量发展，将特色产业发展情况、主要经济指标在县域经济的贡献度、外资利用、南北沿江合作共建园区等内容纳入园区考核体系。推动园区融合发展，全市各园区共落户上海、苏南项目33个，计划总投资146.99亿元。扬州高新区、江都、仪征等3家沿江开发区分别与上海、常州、重庆等地高新区签署战略合作协议。

（许德奎　胡新林　张克辉）

■投资管理　围绕“外高内快、主次匹配、枢纽居中、快连快通、好行好停、高效舒心”的目标，加快现代化综合交通体系建设，夯实融入长江经济带发展的基础。完成扬州泰州机场一期扩建工程机务场务及特种车库调整，加快推动机场扩建工程，跑道延长工程完成试飞，整体工程通过行业验收，飞行区指标4C升为4E级。北沿江高铁纳入国家《推动长江经济带沿江高铁通道建设实施方案》，南京至扬州段方案预可研究报告通过审查。《江苏省沿江城市群城际轨道交通建设规划（2019—2025）》完成修编并获批。开展润扬第二通道前期方案研究，龙潭过江通道项目建议书获省发改委批复。开展金湾路、运河南北路沿线功能定位、用地布局、交通组织等提升优化调研。2018年，全市共有25个项目列入省级重大项目投资计划，包括22个实施项目及3个开展前期工作项目，项目总数、实施项目数创历年新高。实施项目全年共完成投资157.9亿元，占年度投资计划的110.6%。安排市级重大项目450个，较上年增加15个，年度计划投资1412.3亿元。全年实际开工建设443个，完成投资1452.2亿元，占年度投资计划的102.8%。全市固定资产投资增幅11%，民间投资增长16.5%，占固定资产投资比重达77.9%，投资增幅全省第一。三次产业呈现平稳发展、结构优化的良好态势。工业投资增长16.2%，全省排名第一；服务业投资增长5%，全省排名第六。工业经济加快转型，汽车、电气机械和器材制造等基本产业全面增长，分别增长21.5%、38.1%。制造业投资增长22%，占固定资产投资比重（不含房地产）达64.3%，高出同期整体投资增速11个百分点。

（韩世来　许德奎）

■规划中期评估　《扬州市国民经济和社会发展第十三个五年规划纲要》（简称《纲要》）是“十三五”时期全市经济社会发展的行动纲领。2018年，市发改委牵头各县（市、区）、市各有关部门，组织开展《纲要》及11个市级重点专项规划中期评估工作。《纲要》确定的五方面目标取得阶段性成效，经济实力有所增强、百姓富裕程度有所提升、生态环境有所改善、文明程度明显提高、体制机制更加完善，特别是以上汽大众二期等百亿元级项目落户为标志经济高质量发展取得突破，以城市南部快速通道全线开放为起点现代交通体系加快构建，以筹办“两大盛会”为契机名城建设呈现崭新模样，以满足人民对美好生活的向往为追求民生实事赢得群众口碑。《纲要》设定的“经济强、百姓富、环境美、社会文明程度高”等四大类38项45个指标，总体达标率84.4%。《纲要》提出的推进创新驱动、转型升级、开放发展、统筹协调、公共服务、生态文明、文化强市、深化改革、社会治理等九项主要任务得到落实取得进展，创新发展动力增强，产业向中高端迈出坚实步伐，开放型经济水平进一步提升，城乡协调发展稳步增强，人民生活保障水平不断提高，生态文明建设深入推进，文化软实力显著增强，重点领域改革深入推进，法治建设和社会治理成效明显。在此基础上，提出“十三五”后半期关于贯彻落实国省战略、推进高质量发展、“三个名城”建设、民生保障、深化改革等对策建议。

（陶小军）

■能源工作　开展“减煤”专项行动。先后下发《扬州市减少煤炭消费总量实施方案》《扬州市2018年减少煤炭消费工作计划》《减煤重点项目清单》，出台《煤炭消费总量消减目标责任考核指标及评分标准》《全市煤炭消费总量目标任务分解表》《消减煤炭消费总量专项行动实施方案任务分解表》等一系列政策文件。在全省设区市率先出台《扬州市关于打好污染防治攻坚战进一步做好“减煤”工作的实施意见》《削减煤炭消费总量专项行动目标考核办法》，对全市重点非电用煤企业实施逐一细化下达减煤工作目标，层层落实行动方案。2018年，全市规模以上企业煤炭消费918万吨，比2016年下降141万吨，下降15.4%，其中非电行业煤炭消费270万吨，比2016年下降74万吨，下降27%，完成省定争取目标的162%，全面超额完成省下达的非电行业煤炭消费下降45万吨的力争目标。

实施清洁能源替代。实施关停燃煤锅炉，全市及所辖各县市均重新划定城市高污染燃料禁燃区，并对存量燃煤锅炉建立一套完善的锅炉清单，全市10蒸吨以下燃煤锅炉实现清零，超额完成10蒸吨以上的锅炉关停任务。提前关停未达到服役年限的扬州联合安邦燃煤发电机组。超额完成粮食烘干机械清洁能源替代任务，全市所有在役煤电机组提前完成节能减排升级与改造任务，全市大部分地区完成大机组15千米半径范围内燃煤小热电和分散锅炉关停整合工作，全市电煤占煤炭消费比重达70%以上，超过省定65%的目标。江苏国信高邮燃机热电联产项目、仪征联众“煤改气”项目正式运行，全市投运的天然气发电装机容量占全省“十三五”已批天然气发电装机容量的20%，全市天然气发电占全部发电量比重超30%。高邮市城南新区多能互补集成优化示范工程项目进展顺利，江都开发区天然气分布式能源项目正式开工建设，扬州第二发电有限责任公司燃煤耦合农林废弃残余物发电技改项目取得核准，江苏华电仪征刘集天然气分布式能源项目、扬州江都小纪镇天然气分布式能源站项目前期工作取得阶段性进展。加大钢铁、水泥等重点行业去产能工作力度，先后关停112家化工企业，消减化工企业非电煤炭消费近10万吨。

推动非化石能源跨越发展。产值超百亿元的国家宝应县生态渔业光伏发电“领跑者”示范基地项目一期工程实现并网发电，全市2018年光伏风电总装机容量达648兆瓦，提前实现“十三五”光伏风电装机目标。《扬州市“十三五”风力发电发展规划》发布，举办中国中东南部分散式风电开发研讨会。全市新核准风力发电项目10个，总装机容量555兆瓦，新增风电项目并网2个，总装机容量160兆瓦。全市可再生能源发电装机容量达到全市发电总装机量的13%。扬州仪征枣林湾“两园”（省园博会、世园会）增量配电业务试点项目进入实施阶段。

增强储气能力建设。落实国家发改委、国家能源局《关于加快储气设施建设和完善储气调峰辅助服务市场机制的意见》和省政府与扬州市签订的民生用气保障责任书关于储气设施建设目标要求，牵头制定《扬州市储气设施建设实施方案》，在全省率先完成政府天然气储备能力签约任务。扬州城投与中国燃气公司投资建设的扬州市区液化天然气储气应急储备设施一期工程竣工投产，省天然气公司沿江天然气管线扬州段完成“路由”选址工作，“川气东送”青宁线输气管道扬州段项目有序推进。

强化油气输送管道安全保护工作。编制印发《2018年扬州市石油天然气输送管道保护工作要点》，加大安全检查力度，摸排风险隐患。定期对全市所有油气输送管网、门站、油库、储油库等进行不间断、拉网式检查。针对仪征市真州镇佐安村民房占压西气东输冀宁管道等安全隐患进行“回头看”，对仪征枣林湾园区建设、启扬高速瘦西湖服务区改造工程等涉及油气输送管道安全的第三方施工现场进行督查检查。2018年，对全市14个项目油气输送管道相邻、穿越等施工作业项目严格审核操作流程，按规范进行申报、审批、施工、验收。全面完成全市高后果区识别和评价工作。按照一区一案，制定应急预案，定期开展应急演练工作。

规范成品油市场秩序。采取多项措施，强化全市成品油市场管理。制定《关于开展成品油市场专项整治工作的通知》，组织召开全市成品油市场清理整顿工作大会。按照《成品油市场管理办法》的要求，加强宣传教育，引导成品油经营企业守法经营、规范经营。建立健全网上审批平台，完成全市成品油经营许可证书的年审及换证工作。推进加油站双层罐改造工作，完成加油站双层罐改造148座。提前全面完成符合第六阶段强制性国家标准VIA车用汽柴油油品升级任务。制定《扬州市成品油零售经营资格审批指引及操作手册》，完成中石化头道桥油库搬迁规划选址等各项前期工作，中石化头道桥油库正式进入实施阶段。（陆　扬）

财政管理

■概况 2018年，全市一般公共预算收入完成340.03亿元，比上年增收19.86亿元，增长6.2%，税收占比80.0%；一般公共预算支出完成563.57亿元，增加62.98亿元，增长12.6%。全市政府性基金预算收入252.36亿元，增长14.2%；政府性基金预算支出319.62亿元，增长21.2%。国有资本经营预算收入12.75亿元，增长46.5%；国有资本经营预算支出11.28亿元，增长54.4%。社会保险基金预算收入275.51亿元，增长36.4%；社会保险基金预算支出245.46亿元，增长34.4%。（张英明）

■财政收支 健全征管体系，强化税源基础管理，挖掘增收潜力，确保收入及时足额入库。抓好非税收入征管工作，非税电子化缴款规模居全省第二位，其中市级教育系统缴费规模居全省第二位；市区土地出让金合同成交64亿元，累计到账94.8亿元，完成预算107.7%。规范国有资本经营预算管理，市级国有资本经营预算利润收入增长34.5%。保障现金流，稳妥调度近40亿元专项资金，保障政府重大决策和重点民生项目大额资金支出。运用市场化手段增加政府可用财力，通过竞争性方式管理间隙资金，全年资金收益4.24亿元。加强结余结转资金管理，将部门基本户结余资金调入预算统筹使用。用足用好中央和省支持地方发展的新政策，全市向上争取资金140亿元，增长10%以上。其中，在争取德国复兴银行4000万欧元贷款（利率2.2%）的基础上，争取1.38亿元财政部清洁发展基金贴息贷款，利率3.8%。继续加大上争债券力度，市区向上争取置换政府债券29.4亿元、新增政府债券70亿元。加强预算执行管理，全市一般公共预算支出563.57亿元，增长12.6%。坚持保重点，全市公共预算“八项支出”418.64亿元，增长6.8%，教育、社保、科技、城乡社区等民生支出保障到位；加大基础设施投入，城市快速路网、大剧院建设等大项目顺利推进。严控一般性支出，市级预算单位“五公”经费实际支出1.68亿元，下降4.4%。细化预算编制，项目预算年初到位率提高。依托项目预算审批系统，实行年初代编项目二次审核，严控不合规、不合理支出。严格控制年度预算追加，所有追加项目支出定期报市政府专题研究。抓好预算执行序时进度，支出均衡性和完成率提高。（张英明）

■**财政改革** 深化预算管理制度改革。深化部门预算编制管理改革，实行部门公用经费综合限额管理，推进部门保障水平均衡化。加强专项资金预算管理，优化完善项目库，逐步实现对项目的全要素、全周期管理。推进专项转移支付分地区、分项目编制工作。全部公开市级政府及部门预决算，试点公开部门专项资金绩效和资产管理信息。接受人大预算监督管理，开通市级预算联网监督平台。强化绩效管理工作，市级264项预算金额107亿元项目支出全面实施绩效目标管理，财政资金使用效益提高。向市人大常委会提交2017年度全市国有资产管理综合报告，走在全省前列。扩大县级国库集中支付电子化试点范围，深化市级预算单位公务卡改革。

强化政府债务管理控制。组织摸清全市政府隐性债务底数，实施全市化债方案，通过调整财政支出结构、统筹一般公共预算安排、增加国有土地出让金收入、盘活存量资产、动用预算稳定调节基金等方式，多途径化解存量债务，超额完成年度化债目标任务。规范地方政府融资举债，杜绝违法违规融资担保行为，严禁以任何方式新增政府隐性债务。全面管控政府债务风险，全市初步形成地方全口径债务监测管理的闭环体系。设立防范债务风险应急资金池，用于重点区域风险化解，严防资金链断裂。

加快推进“放管服”改革。推进政务服务“一张网”建设，推进市、县财政一体化系统建设，实现市区财政核心业务系统“统建统管”，六位一体法治财政标准化管理继续深化。建成融预算编制、执行和监督为一体的政府投资项目全过程监管平台。完善财政大监督机制，对市级136家二级预算单位部门预算进行核查，共发现各类违规问题金额6.58亿元，缴库往来资金2.5亿元。实施“网上商城”电商采购，规范政府购买服务行为，全年政府购买服务10.8亿元，比上年增长50%。加强行政事业单位内控制度联系点建设，完善内控建设报告制度。严格监督市直公房招租。

（张英明）

■**推进“双创”示范建设** 实施“双创”示范三年行动计划，各项任务指标全部完成。贯彻落实国家、省降费减负政策文件，及时向社会公布扬州市政府性基金目录清单、行政事业性收费目录清单，全年减轻企业缴费负担约2亿元。2018年市本级共发放服务券、创新券、技改券3亿元，对小微企业厂房租赁、购买服务等发放奖补资金8000多万元；小微企业实现营业收入5273亿元，与2015年基期相比增长55%；全市市场主体总量突破45万户，创历史新高。（张英明）

■**支持实体经济发展** 引导金融机构为实体经济提供低门槛、低成本、高效率的融资支持。开发科技贷、创业贷等产品，市级财政资金池规模达23.5亿元，引导金融机构对企业的信贷投放规模142亿元，服务企业1.2万多家。发放应急转贷资金13.28亿元，服务企业70家。扩大政府投资基金规模，累计出资5亿元参与设立16支市场化子基金，带动社会资本投入38亿元。支持企业借力资本市场发展，市财政安排奖补资金1262万元，用于企业在沪深交易所、“新三板”、境外市场上市挂牌融资专项补贴，全市新增上市企业2家，挂牌企业3家，实现直接融资206.36亿元。推动政府和社会资本合作，全市入库PPP项目44个，带动社会资本投入725亿元。（张英明）

■**支持“三农”发展** 优化整合农业项目资金，按照“大专项+任务清单”的模式，项目总数整合为15个，重点保障农业生产发展、水利重点工程和农村扶贫开发。推进国家农业综合开发产业化发展财政补助项目建设，财政投入资金1252万元，其中产业化发展补助项目10个，财政补助849万元，贷款贴息项目8个，财政补助403万元。助力村级公益项目建设，通过省、市、县、乡等多渠道资金筹集，每村每年公共服务运行维护财政资金不低于8万元。引进设立江苏农业信用担保公司扬州分公司，为140户农业经营主体提供贷款担保1.8亿元。设立总规模5亿元生猪产业投资基金。

（张英明）

■**支持“兴城先兴人”战略实施** 落实市委、市政府“2+N”人才新政，建立人才经费投入优先保障机制，市级安排各类人才专项资金近4亿元，全市人才投入近10亿元。全市吸引本科以上高校毕业生就业1.85万人，其中博士263人、硕士1866人。入选国家人才计划3人，列全省第三；入选省科技副总120人，列全省第二。（张英明）

■**支出结构优化** 加大民生基本领域投入。教育、文化、体育、医疗、公交等基本民生支出，连续五年占全市一般公共预算支出75%以上，加强民生项目资金管理，民生“1号文件”目标任务全部完成。市本级投入15.7亿元优先支持教育，落实义务教育学生“两免一补”和扶困助学政策。投入7亿元支持公共文化服务体系建设（其中2018年支持大剧院建设4亿元）。先后投入10亿元，完成省第19届运动会场馆建设和赛事保障工作。累计投入3.2亿元支持18个农村区域性医疗卫生中心建设。加快立体交通建设，投入12.6亿元用于城市快速路网建设，拨付扬泰机场2.95亿元用于补贴航线。加强治安维稳经费保障，安排各类政法经费15.57亿元，加强平安扬州建设。

优化完善社会保障体系。做好低保提标工作，市区从2017年的630元提高到660元，县级从585元提高到不低于630元，连续13年调高企业职工养老待遇。加快推进机关事业单位养老保险上线运行，市本级436家机关事业单位进入省级系统开始运行。加快养老事业发展，完善养老服务体系建设财政投入机制，争取彩票公益金1000多万元、养老服务体系建设专项2000多万元等省以上专项，用于社区养老机构基本建设以及重点养老服务项目等。

支持生态人居环境持续改善。筹集安排3.18亿元，推进政府购买棚改服务工作，市区棚户区改造开工1.08万套，建成1.2万套。改善生态人居环境，投入9880万元支持“263”专项行动，投入2.38亿元用于城市污水处理及资源化利用、赵庄垃圾填埋场渗滤液处理站等建设，制定提升环境经济政策专项方案，完善生态补偿机制。支持城市南部快速通道、真州路与文昌路交叉口立体化改造等重大工程项目建设，城市功能提升。支持全市10个美丽乡村建设，完成389个“一事一议”财政奖补项目，惠及村民111.4万人，建设438座农桥，农村生活环境持续改善。（张英明）

税务管理

■概况 2018年，全市税务系统共组织各项收入692.3亿元，比上年增长13.1%；其中，税收收入511.4亿元，增长12.2%；非税收入180.9亿元，增长15.5%。税收收入中，一般公共预算税收收入272.1亿元，增长12.7%；非税收入中，社保费收入163.9亿元，增长16.1%，其他基金费收入16.9亿元，增长10%。近五年首次全年一次性税收零入库，收入质量实现根本性好转。全面落实减税降负政策，全年累计减免各项税收141.3亿元，比上年增长21.8%。7月5日，新组建的国家税务总局扬州市税务局挂牌成立，原扬州市国家税务局、原扬州地方税务局正式合并。（高　金）

■依法行政 完善组织收入工作机制，突出抓好重点税种、重点行业、重点企业的税收管理。增值税、企业所得税、个税三大主体税种税收增长较快，分别增长13.2%、28.3%、26.3%；房地产、建筑安装、冶金、化工四大行业分别增长19.4%、24.3%、161%、18.7%，合计贡献税收增量的82.6%；纳税百强企业共入库税收163.3亿元，增长19.8%。统一税务执法标准，统一裁量基准，理顺征管体制改革过渡期间行政处罚相关机制。统一重大税务案件审理标准，印发《扬州市税务系统重大税务处理处罚案件标准（试行）》，规范过渡期重大税务案件审理机制，公布失效废止文件53件。开展增值税发票风险快速反应工作。落实税收执法权力清单和责任清单，推行税务稽查“双随机一公开”。加大税务稽查力度，启动打虚打骗两年专项行动，稽查入库2.94亿元，累计实现风险应对税款11.6亿元，清理欠税2.18亿元。（高　金）

■政策落实 加强优惠政策宣传，组建专家服务团队，实施定向精准服务。开展民营经济“问需求 解难题暨落实减税降负政策”等系列专题活动，梳理政策落实台账，定期倒查税收优惠落实进度，第一时间告知提醒。累计为民营经济减免各项税收108亿元。扶持外向型经济发展，出口退税应退尽退，办理出口退（免）税55亿元。留抵退税应办尽办，累计为126户企业办理留抵退税2.45亿元。增值税改革成效显现，全市纳税人因税率下降共减税9.7亿元，一般纳税人转登记为小规模纳税人1058户，减税28.51亿元。服务“双创”示范基地建设，小微企业减税面连续三年保持100%。落实个税改革，有税申报人数由56万人减至25万人；工资薪金税款由1.34亿元减至0.57亿元，减税总额为0.77亿元，减税幅度达57%。平稳开征环保税，加强监测和申报数据管理，全市约2500户次纳税人完成税款申报，累计入库环保税0.73亿元，同口径增长10.83%；全市累计享受减免税优惠政策150余户，减免税款1769万元。（高　金）

■税收共治 参与市政府大数据共享平台和大数据分析应用平台建设，梳理改革前后的数据需求，完善平台的数据范围、数据标准。通过大数据利用，取得税收成效4.06亿元。深化政税银合作，联合42家银行和金融机构、20多个部门加强信用平台建设，提供“免抵押、免担保、网上批、快到账”金融服务，累计助力2271户企业获批12.3亿元信用贷款。开展“保卫蓝天”助力宜游行动，坚持多排污多缴税、少排污少缴税、不排污不缴税的正向激励，鼓励企业加大环保投入，古运河边的大型污染源从44个减至5个。加强扬尘相关环保税的征收管理，堆场扬尘征管工作取得较好成效，得到国家税务总局财行司肯定。与环保部门建立协作机制，加强比对复核，建立环保税动态税源清册，完善环保税纳税人的确认和退出机制。与市物价局联合向国家发展改革委申报“房地产云”项目研究课题。开发存量房价格争议处理系统，整合为存量房管理服务平台。加强与市财政、人社、人民银行等部门的密切配合，定期召开联席会议，专题研究社保费征管职责划转工作。梳理社保费管理全链条，探索搭建职责划转后的征管模式。（高　金）

■纳税服务 践行“税收服务高质量发展”理念，深化放管服改革。抓好“简政放权、政策落实、办税便利、服务维权、后续管理、税收执法”6方面30项工作。制定落实“2号文件”20项措施，推出“122”便民办税举措，在全省率先实现7大类110个事项的“全程网上办”和5大类16个事项的“最多跑一次”，新办户全部流程办理时间缩短至0.76个小时，“不见面”审批办结数量和占比超90%。整合办税服务资源，实现纳税人办税“只进一家门，只上一个网”，办理事项“一套资料”“一次申请”，减少纳税人申报时间60%以上。全市21个综合办税服务厅均实现“一厅通办”，107个窗口全部实现“一窗通办”让纳税人告别多头跑，“一网通办”让纳税人告别材料重复报，“一键咨询”让纳税人告别政策多口径，“12366”热线咨询满意度排名位居全省前列。优化完善税收征管业务流程，持续推进“多证合一、一照一码”，提供“容缺受理”服务。推广综合业务套餐服务和发票业务“离厅办理”，提速“网上批、快递送、不见面”发票O2O服务。精简注销流程，注销时间由原来的20个工作日缩短至当场办结。（高 金）

审计

■概况 2018年，全市审计机关完成审计项目219个，查出主要问题金额442.66亿元，核减投资额8.4亿元；提出审计建议被采纳404条，提交审计专题报告、综合性报告和信息宣传稿件被各级党委、政府批示或上级审计机关和新闻单位采用500余篇次。（吴佳佳）

■政策跟踪审计 全市审计机关聚焦环境保护、精准扶贫和防范化解重大风险，参与实施长江经济带生态环境保护审计，揭示资金管理使用、资源开发和生态保护、污染防治等方面存在的问题。组织实施徐州睢宁县扶贫政策措施落实情况跟踪审计，揭示扶贫政策落实不到位、扶贫项目建设管理不规范等方面存在的问题。组织实施泰州市本级政府债务政策落实情况审计，弄清隐性债务规模，摸清政府债务家底。组织实施减税降费政策措施落实情况跟踪审计，对国家和省确定的取消、停征等各类降费政策及减税政策进行全面审查。（吴佳佳）

■财政审计 市审计局对市本级、扬州经济技术开发区、化工园区、蜀冈－瘦西湖风景名胜区、生态科技新城2017年度预算执行情况实施审计，连续三年实现市级财政预算执行审计区域范围全覆盖，揭示财政预算管理不够规范、社会保险基金特别是企业职工养老保险基金和生育保险基金收支赤字存在风险隐患等方面问题。运用大数据分析技术，探索开展市级部门预算执行审计，首次开展市级政府投资基金运营绩效审计，推动建立市政府投资基金咨询委员会和监督委员会，促进健全和完善基金监管机制。参与省第19届运动会扬州市筹备委员会财务收支审计。（吴佳佳）

■经济责任审计 全市共实施经济责任审计项目65个，其中任中审计37个，占比57%。市审计局实施经济责任审计项目12个，其中任中审计7个，联合市委组织部、市机构编制委员会办公室，对其中12名领导干部实施“三责联审”（党政领导干部选人用人责任审查、机构编制责任审核、任期经济责任审计）；在省审计厅授权下，对仪征市委原书记实施离任审计，对邗江区委书记、区长实施党政同审；授权邗江区审计局、江都区审计局分别对邗江区人民检察院原检察长、江都区人民法院原院长履行经济责任情况实施审计，揭示违规收费和发放补助、专款未能专用、资金管理不够规范等方面问题。配合省纪委开展镇江经济技术开发区党工委原书记经济责任审计案件线索查办工作。（吴佳佳）

■专项资金审计 全市审计机关共实施专项资金审计41个。市审计局持续关注农业、养老、住房保障等民生事业，对保障性安居工程、“四好农村路”建设情况以及商务发展和战略性新兴产业、农机现代化工程、小微企业服务券、养老服务事业费、市区生活垃圾焚烧处理补贴、市政设施养护等专项资金进行审计（调查），揭示专项资金拨付不及时导致滞留沉淀、监管审核把关不严导致违规冒领等问题，并以专题结果报告形式上报市委、市政府。市委、市政府责成有关主管部门高度重视审计反映的问题，制定整改措施，从制度层面规范专项资金的使用管理，提高资金使用绩效。（吴佳佳）

■政府投资项目审计 全市审计机关共完成政府投资审计项目68个，审核项目投资额102.39亿元，核减投资额8.4亿元。围绕服务省运会、省园博会，组织实施城市南部快速通道工程建设和管理情况跟踪审计。聚焦生态环境保护、服务江淮生态大走廊建设，组织实施淮河入江水道征地拆迁专项审计、古运河三湾湿地保护与开发利用一期工程建设和管理情况跟踪审计。（吴佳佳）

■国有企业审计 结合经济责任审计，开展报业集团、广电集团、工艺美术集团、亚星集团、名城公司、工业资产公司等6家企业财务收支审计，首次实现市国资委监管范围内市属国有企业审计全覆盖，重点揭示部分国有资产闲置、经营绩效有待提高、管理水平有待提升等问题，提出有针对性的审计建议，助力完善国有企业委托监管体制。（吴佳佳）

■自然资源资产审计 全市审计机关共实施领导干部自然资源资产审计项目8个，其中任中审计5个、离任审计3个。受省审计厅授权，市审计局结合领导干部经济责任审计，对邗江区委书记、区长任期内自然资源资产利用和环境保护责任实施审计，重点揭示自然资源资产管理和生态环境保护政策落实不到位、责任落实不到位等问题。出台10多项制度规范自然资源管理，强化生态保护，系统推进自然资源资产的利用和保护。（吴佳佳）

统计

■概况 2018年，市统计局围绕市委、市政府中心工作，在依法治统、推动改革、深入调研、优化服务等方面取得新成效。经核算，全年实现地区生产总值5466.17亿元，比上年增长6.7%。按常住人口计算的人均地区生产总值为120944元，按年均汇率折算达18277美元。推进结构调整，三次产业结构调整为5:48:47，第三产业增加值占地区生产总值比重比上年提高1.1个百分点。经济活力增强，年末全市有各类法人单位10.99万家，产业活动单位8667家。全市工商部门登记的私营企业有14.15万户，全年新登记私营企业2.56万户，新登记私营企业注册资本1176.65亿元。个体工商户33.37万户，全年新登记5.50万户。年末全市就业人口267.1万人，失业保持较低水平，年末全市城镇登记失业率1.78%，城镇新增就业人数7.91万人。全年新增转移农村劳动力1.52万人。城镇失业人员再就业8.58万人，城乡就业困难人员就业再就业1.61万人。居民消费价格温和上涨，全年居民消费价格比上年上涨2.2%。 （蔡　磊）

■**第三次全国农业普查完成** 第三次全国农业普查自2016年启动，2018年完成。普查期间全市共动员1.3万名普查人员，调查75.83万户农户、5400个农业生产经营单位、88个乡镇及乡级单位、1104个村及村级单位。组织356名专业工作人员对农作物播种面积进行遥感测量，完成118个卫星遥感影像数据处理，实地调查500个样方和100个普查区，完成普查前期准备、现场调查、遥感测量、数据处理、普查结果发布等任务，获取的“三农”基础信息。 （蔡　磊）

■**第四次全国经济普查启动** 2月，市政府启动动员部署工作，开展宣传发动。出台标准化单位清查办法，整合部门数据，科学编制清查底册，市、县、乡、村四级分包，发挥网格长、城管、物管、市场管理等普查协导员作用，利用信息系统，进行定点排查。至年末，全市共清查法人单位11.05万家，比第三次经济普查增长103.4%；个体经营户26.19万户，比第三次经济普查增加2.84万户，增长12.1%，个体户从业人员77.70万人，比第三次经济普查增加10.77万人。 （蔡　磊）

■**“两高一绿”发展统计监测** 开展高质量发展指标监测，加强与上级主管部门和周边地区沟通交流，做好相关指标的汇总测算，确保指标内涵一致、口径范围相同、数据来源可靠、计算方法准确。强化部门指标统计，细化落实高质量发展目标，推动各地、各部门进一步对标找差、补短补缺、争先进位。强化高水平全面建成小康社会监测，制定《扬州市开展县级高水平全面建成小康社会监测统计工作实施办法》，建立《扬州市县级高水平全面建成小康社会指标体系》。强化绿色发展评价，完善绿色发展指标体系，印发《关于推进全市绿色发展评价工作的通知》，对加大考评督查，加快任务分解落实，确保数据匹配衔接，引导构建长效机制等多方面内容进行明确，为反映扬州市绿色发展进程，解决制约全市绿色发展的突出问题，建立生态文明建设目标评价机制提供指导意见。 （蔡　磊）

■**统计服务能力和范围提升** 扬州社情民意电话调查系统“12340”统一热线开通运行。开展服务省级机关绩效管理社会公众满意度调查、独立承担市级机关作风建设群众满意度测评、“双创示范”小微企业满意度调查、科技产业综合体入驻企业与人才满意度调查、宝应县群众安全感调查和居民综合阅读指数调查等近10项调查。拓展统计监测范围，加强经济运行跟踪监测、在建项目投资监测、产业项目运行监测、重大项目效益监测，参与工业、服务业重大项目联合认定工作。强化全市经济社会发展情况调查研究和统计分析，提升监测预警能力。实行全员调研制度，每月人均开展1次以上实地调研、电话访问。全年累计上报统计信息162篇、分析61篇、专报29篇、调研报告17篇。 （蔡　磊）

■**统计数据高质量维护** 以第四次全国经济普查为契机，夯实统计基础数据质量。全市各级普查机构基本查清全市所有单位和个体户数量及分布情况，为正式登记奠定坚实基础。修订《扬州市统计数据全程质量管理体系（2018）》，定期开展统计制度执行情况及数据质量大检查、大核查、大整改。按照“依法依规、实事求是、平滑衔接、注重保密”的要求开展历史数据核实修订工作，维护政府统计公信力。推进统一核算工作，根据经济普查年度地区生产总值核算方案，对季度核算方案进行修订，增加四上企业财务指标作为相关行业增加值测算依据，为提高核算快报数据与年报数据、普查数据的衔接程度做出有益尝试。推动部门统计高质量，加强对部门统计考核管理，首次将部门统计工作纳入市级机关年度绩效考核范畴。 （蔡　磊）

国有资产监督管理

■**概况** 2018年，扬州市政府国有资产监督管理委员会（简称市国资委）履行出资人职责的14户资产经营（集团）公司实现营业收入290.08亿元，比上年增长11.91%；实现利润28.00亿元，增长38.67%；实现净利润22.91亿元，增长34.21%。至年末，市属国有企业资产总额、所有者权益总额分别达1048.67亿元、473.54亿元，分别增长6.11%、7.01%。江苏金茂化工医药集团有限公司（简称金茂化工）、扬州市城建国有资产控股（集团）有限责任公司（简称城控集团）、扬州建工控股有限责任公司（简称建工控股）和扬州市扬子江投资发展集团有限责任公司（简称扬子江集团）等10户企业（集团）实现盈利。其中增幅较大的有金茂化工，实现利润总额18.11亿元，增长65.71%；扬农集团实现利润总额18亿元，增长90%；联环集团实现利润总额3.5亿元，增长100%；建工控股公司实现利润总额4.72亿元，增长36.57%。

质态提升。坚持巩固主阵地、开拓新市场。金茂化工全年外贸出口交货值45亿元，增长13%；建工控股拓展云南、贵州、湖南三省区域，国际业务延展至非洲市场；扬子江集团围绕食品“产供销”，新增市外4个直供基地；扬州教育投资集团有限责任公司（简称教投集团）加快构建养老服务体系，打造“玖玖江南护养中心”；扬州市现代金融投资集团有限公司聚焦“大资管”业务，加强与县（市、区）合作，设立园区创投基金；扬州市水务投资集团有限公司推动水建公司债务化解、资质维护和恢复生产，在市场竞争中首次中标5个工程项目，工程总量3.6亿元。城控集团、建工控股、教投集团培植“三室经济”（以“实验室”为载体的科技研发产业，以“办公室”为载体的软件与信息服务业，以“工作室”为载体的文化创意产业），统筹抓好科技产业综合体“建、管、用”。市属国有企业中有4户被列为市级以上科技创新型企业，13户企业成立博士后工作站、院士工作站和技术中心等机构，全年有4个项目获一等奖，新增国家发明专利25项、实用新型专利37项。

改革深化。出台12份文件，以更加完善的制度保障体系深化国企改革；强化以上市为主渠道推进混合所有制改革，制定《市国资委关于推进企业上市发展的指导意见》，为企业加快上市明确目标、提出方案；制定《关于建立市属国有企业董事会工作报告制度的实施意见(试行)》，首次专题听取企业董事会工作报告，全面了解企业项目投资、生产经营、经济运行等情况；按照现代企业制度的要求，10户二级以下企业全面完成改制任务。

作用发挥。2018年发行各类债券21支，直接融资额183.5亿元，市属国有企业上缴税费12.7亿元，增长13.2%，保障市属国有企业承建的36个重点项目建设。城市南部快速通道建成开放；连淮扬镇铁路扬州段基础结构基本建成，进度全线领先；扬州泰州国际机场一期扩建工程建成，新增航线3条，旅客吞吐量突破230万人次，机场升级为“4E”；东部综合客运枢纽、地铁一号线预埋工程等一批重大工程高效、高速推进；完成公交路线优化、停车场改造、“清水活水”工程整治、农村供水基础设施完善、液化天然气应急调峰储备站一期工程建设，全市科普教育基地——盐运文化展示馆建设等16项民生项目。市属国有企业提供交通、供水、供气、食宿等优质服务，筹资、全力保障省运会和省园博会等重要活动；履行社会职责，支持地方经济社会发展。全市国有企业全年投入资金1700余万元，实施产业支援、人才支援、技术支援，完成所承担的精准脱贫扶贫任务。

结构调整。遵循市场化原则，推进战略性重组，扬农集团股权结构调整，完成联环集团股权收购，优化产业布局；江都交通运输总公司整建制划入市交通产业集团，扬州水建公司整体并入市水务投资集团；城控集团新成立建盛公司专门负责仪化社区供水供气业务。

对外合作。拓展国有企业高质量发展空间，推动维扬饮食、医药化工、建筑施工等优势产业走出去，运用市级层面“6+X”、上海进博会等招商平台，组织市属国有企业集聚力量、集中公关，先后组织招商拜访活动17场，招引资金协议总额286亿元，建工控股与绿地集团、联环药业与内蒙圣氏化学、亲亲集团与重庆万吨等签署合作协议。江苏华建推进精准建造、数字建造、绿色建造和装配式建造，全

2018年度扬州市国资委监管一级企业主要财务指标完成情况表

表14-1　　　　单位：万元

企业名称	资产总额	所有者权益总额	营业收入	利润总额	净利润
合计	**10486744**	**4735435**	**2900813**	**280010**	**229052**
扬州市城建国有资产控股（集团）有限责任公司	4031005	1803608	254183	35920	28330
扬州市交通产业集团有限责任公司	1242182	600558	94469	3582	3247
扬州教育投资集团有限公司	420109	158019	19919	-605	-609
扬州市水务投资集团有限公司	167950	82126	8021	87	20
扬州市名城建设有限公司	131094	102998	12260	-356	-364
扬州工业资产经营管理有限责任公司	86336	43173	24937	2550	2433
江苏亚星汽车集团有限公司	68915	40268	106	-1100	-1100
扬州泰州国际机场	329406	250766	14691	464	435
江苏金茂化工医药集团有限公司	1631130	988268	1127573	181140	149335
扬州工艺美术集团有限公司	64464	13048	12497	-2537	-2580
扬州建工控股有限责任公司	1570439	282131	1203884	47223	36811
扬州市扬子江投资发展集团有限责任公司	703437	345477	114410	10635	10093
#扬州市现代金融投资集团有限公司	271663	180548	3672	2522	2723
扬州市煤炭工业公司（矿务局）	40277	24995	13863	3007	3001

（高梦迪）

年获鲁班奖、国优奖、詹天佑奖等12个奖项。工艺美术集团被评为全国同行唯一中小企业公司服务示范平台单位。（高礼清）

■**战略重组** 推动市属国有企业战略重组，全年实施和完成3户企业的战略重组工作。3月6日，扬州水务集团和市水务局签订扬州水建公司划转协议，扬州水建公司整体并入扬州水务集团；7月16日，市国资委批准同意金茂化工收购永泰集团持有联环集团44.2%股权；11月29日，政府常务会议研究同意将江都交通运输总公司整建制划入市交通产业集团下属公交集团。（卞 煜）

■**项目投资** 推动市属国有企业项目投资稳步增长，全年共完成投资292.8亿元，比上年增长15%，涉及11户集团公司、70个项目。其中，固定资产投资项目55个，投资总额268.8亿元；股权投资项目15个，投资总额24亿元。政府项目36个，投资总额234.2亿元；企业自身发展项目34个，投资总额58.6亿元。（卞 煜）

■**国有资产统计管理** 《全市企业国有资产统计报告管理办法》出台，制定统一全市企业国有资产统计报告的报送格式和填报要求，反映企业一定会计期间资产质量、财务状况、经营成果等企业国有资产营运基本情况。根据《中华人民共和国会计法》等法律法规和《市级部门所办国有企业委托管理办法》等文件要求，市国资委制定《加强委托管理企业财务人员管理暂行办法》，明确财务机构及人员配置和财务工作要求，加强委托管理企业财务人员管理，提升委托管理企业财务管理水平。（高梦迪）

■**国资经营** 市国资委优化市属企业国资经营预算编报工作，发挥国资收益调节作用。2018年度国资经营预算草案经市人大审议通过后，市国资委对14户监管企业下达国资收益目标任务，全年国有企业足额上缴国资收益1.12亿元。（王 伟）

■**“三供一业”分离移交** 市国资委按照《扬州市国有企业职工家属区“三供一业”分离移交工作实施方案》部署，至年末全市驻扬央企“三供一业”分离移交，涉及供水居民3.01万人、供电3.01万户、供气2.23万户、物业管理3.12万户，全部签订正式协议。社会管理职能移交，涉及消防机构6个，依照消防法规继续保留6个；涉及学前教育机构3个，移交地方3个；涉及社区管理机构10个，移交地方6个，占60%；涉及市政设施15个，移交地方7个，占46.6%。（卞 煜）

土地资源管理

■**概况** 2018年，全市土地总面积6591.21平方千米，其中耕地3304.14平方千米（含可调整地类面积448.10平方千米）、园地40.23平方千米、林地24.39平方千米、草地5.67平方千米、城镇村及工矿用地1073.86平方千米、交通运输用地298.24平方千米、水域及水利设施用地1781.37平方千米、其他土地63.31平方千米。全市发现的矿种主要有石油、天然气、建筑用玄武岩、建筑用砂、鹅卵石（雨花石）、砖瓦用粘土、地热、矿泉水等。其中，石油、天然气储量居全省首位，建筑用玄武岩、建筑用砂及鹅卵石（雨花石）在仪征丘陵地区分布较广。地热资源禀赋与开发条件优越，地热资源可采储量达3万立方米/天，具有分布广、储量大、温度高、水质好的特征。（扬国土）

■**耕地资源保护** 2018年，全市新增耕地1265.99万平方米，比上年增长23.92%。其中，196个耕地占补平衡补充耕地项目新增耕地1006.43万平方米；12个市以上投资土地整理项目新增耕地259.56万平方米。全市完成城乡建设用地增减挂钩复垦项目402个，新增农用地551.58万平方米，新增耕地541.71万平方米。开展首次市级耕地保护补偿激励单位评选，宝应县、仪征市和江都区3个县（市、区），宝应县夏集镇、高邮市临泽镇和仪征市大仪镇等15个镇，宝应县夏集镇蒋庄村、高邮市送桥镇盘塘村和仪征市陈集镇立新村等30个村被表彰为2017年度市级耕地保护激励单位，

2018年扬州市土地资源情况一览表

表14-2

类　别	土地面积（平方千米）	占比（%）
合　计	**6591.21**	**100**
耕　地	3304.14	50.13
园　地	40.23	0.61
林　地	24.39	0.37
草　地	5.67	0.09
城镇村及工矿用地	1073.86	16.29
交通运输用地	298.24	4.52
水域及水利设施用地	1781.37	27.03
其他土地	63.31	0.96

（扬国土）

2018年扬州市新增耕地情况一览表

表 14-3 单位：万平方米

类 别	小 计	广陵区	邗江区	江都区	宝应县	仪征市	高邮市
合 计	**1265.99**	**16.30**	**39.73**	**27.30**	**647.23**	**27.72**	**507.71**
耕地占补平衡补充耕地	1006.43	11.10	31.06	27.30	544.46	25.99	366.52
市级以上投资土地整理新增耕地	259.56	5.20	8.68	0	102.77	1.73	141.18

（扬国土）

获4200万元专项资金奖励，3个县（市、区）分别获6.67万平方米计划指标奖励。（扬国土）

■矿产资源开发利用 2018年，全市共有矿山企业42家（含江苏油田），境内年开采原油约80万吨，占江苏油田年开采总量的50%以上，年开采地热水37.47万吨，年开采砖瓦用黏土74.14万吨。（扬国土）

■采矿权市场 2018年，全市共完成27宗砖瓦用黏土矿采矿权挂牌成交确认，出让黏土资源48.6万立方米，收取采矿权出让金106万元，比上年下降8.5%。（扬国土）

■地质勘查与地质灾害防治 启动扬州城市地质调查工作，推进土地质量生态地球化学更新调查，完成区域压矿调查工作，推动矿地融合发展。实施高邮市送桥镇神居山地热资源勘查项目，井口水温80摄氏度，日出水量1928立方米，水质为富含溴、锂、碘、锶、偏硅酸、偏硼酸型优质医疗热矿水。做好地质灾害防治工作，加强汛（雨）前排查、汛（雨）中巡查和汛（雨）后复查。（扬国土）

■土地计划指标 2018年，全市共争取农用地转用计划1917.67万平方米。其中，国家计划593.33万平方米，增减挂钩计划指标576.67万平方米，工矿废弃地复垦利用计划66.67万平方米，独立选址计划614.33万平方米，节约集约模范创建奖励指标66.67万平方米。（扬国土）

■土地征收与供应 2018年，全市获批土地征收总面积2320.84万平方米，农用地1797.30万平方米。其中，高邮市占20.56%，仪征市占18.42%，江都区占15.83%，广陵区占15.72%，宝应县占12.32%，邗江区占10.60%，扬州经济技术开发区占3.04%，生态科技新城占3%，蜀冈－瘦西湖风景名胜区占0.51%。全市供应土地2982.24万平方米，比上年增长30.19%。其中，出让土地1379.47万平方米，增长13.54%；划拨土地1602.76万平方米，增长41.0%。全市供应的各类用地中，商服用地182.21万平方米，占比6.1%，增长65.50%；住宅用地565.08万平方米，占比18.9%，增长45.29%；工矿仓储用地710.52万平方米，占比23.8%，增长7.30%；公共管理及公共服务用地329.97万平方米，占比11.1%，增长20.03%；交通运输用地926.18万平方米，占比31.1%，增长17.88%；水利设施用地及特殊用地等其他用地268.27万平方米，占比9.0%，增长289.88%。（扬国土）

■土地市场 2018年，全市出让土地1379.47万平方米，合同出让金302.29亿元（不含融资用地），出让面积及合同出让金比上年分别增长19.54%、13.52%。其中，招拍挂出让土地1365.49万平方米，增长25.85%；合同出让金301.36亿元，增长16.78%。市区（不含江都区）出让土地491.77万平方米，合同出让金167.92亿元，分别下降3.79%、

2018年扬州市土地供应量情况一览表

表 14-4

地 区	供地总量（万平方米）	划拨（万平方米）	出让（万平方米）	比上年增长（%）
总 计	**2982.24**	**1602.76**	**1379.47**	**30.19**
扬州经济技术开发区	271.73	182.90	88.82	141.87
广陵区	277.21	189.54	87.67	2.58
邗江区	334.10	156.51	177.59	-7.81
生态科技新城	49.39	37.27	12.12	-54.54
蜀冈－瘦西湖风景名胜区	128.32	2.75	125.57	131.63
江都区	302.80	113.26	189.54	44.02
宝应县	486.80	341.05	145.75	108.93
仪征市（含化工园区）	760.38	483.27	277.11	80.25
高邮市	371.50	96.20	275.30	-28.07

（扬国土）

2018年扬州市区"城中村"改造完成情况一览表

表14-5

区 域	"城中村"地块数（个）	搬迁户数（户）	腾让土地面积（万平方米）	拆除房屋建筑面积（万平方米）
合 计	**15**	**2158**	**152.49**	**54.6**
扬州经济技术开发区	2	86	3.40	4.3
广陵区	4	633	43.02	25
邗江区	3	263	31.87	10.5
生态科技新城	3	1051	72.67	12.4
蜀冈－瘦西湖风景名胜区	2	116	0.93	0.9
江都区	1	9	0.60	1.5

（扬国土）

10.35%。市区招拍挂出让土地491.32万平方米，增长10.22%；合同出让金167.74亿元，下降6.45%。市区出让商业房地产用地325.62万平方米，增长54.19%；合同出让金164.03亿元，下降5.42%。全市招拍挂出让工业用地295宗，面积716.40万平方米，合同出让金17.92亿元，分别增长4.61%、6.01%、13.13%。其中，市区（不含江都区）出让48宗，面积165.71万平方米，合同出让金3.71亿元，分别下降20.0%、29.36%、36.80%。（扬国土）

■**土地储备和"城中村"改造** 2018年，市土地储备中心新增储备土地6宗106.19万平方米。年末，市区（不含江都区）储备土地库存114宗688.32万平方米。全市共发行土地储备专项债券31亿元，其中市本级20亿元（含江都区5亿元）、宝应县2亿元、仪征市6亿元、高邮市3亿元。市区共完成15个"城中村"地块改造，腾让土地152.49万平方米，搬迁村（居）民2158户，拆除房屋建筑约54.6万平方米。（扬国土）

■**不动产统一登记** 全市实现一般不动产登记3个工作日内办结，抵押登记1个工作日内办结，查封登记、注销登记和异议登记即时办结。全年共颁发不动产登记证书（证明）25万多本，累计颁发78万多本。提升不动产登记便民利民服务水平，新设乡镇登记站35家，在全省率先实现乡镇登记站全覆盖；设立银行（公积金中心）抵押登记服务网点31个，网点数量在全省名列前茅；增设市区查询网点，全市基本实现转移登记与水、电、气、有线电视过户联动办理，开通"96510"专业服务热线，实现微信、支付宝自助缴费。（扬国土）

■**执法监察** 2018年，市国土资源局立案查处各类土地违法案件36件，责令退还土地面积26.47万平方米，责令拆除建筑占地面积4万平方米，没收建筑占地面积15.4万平方米，决定处以罚款304万元。全年共办理涉土来信110件，比上年下降1.79%；接待群众来访58批次149人次，分别下降3.33%、36.05%。（扬国土）

■**国土资源节约集约模范创建** 坚持"市县联创"、部门联动，仪征市、江都区创成全省国土资源节约集约模范县（市、区），获得省政府落实有关重大政策措施真抓实干成效明显地方的督查激励，分别获得33.33万平方米用地计划指标奖励。邗江区、广陵区因国土资源节约集约综合考评成绩优异分别获200万元省级资金奖励。（扬国土）

■**地理国情普查与监测** 2018年，全市新增地理测绘企业6家，全市测绘持证单位总数达61家，3家企业上榜"2018中国地理信息产业百强企业"。建设自然资源卫星影像云服务平台扬州站，软硬件配备到位并试运行。每年接收1米分辨率卫星影像数据不少于8次，为落实山水林田湖草生命共同体调查与监测提供数据支撑。高邮市周山镇境内32.9707°N、119.4981°E的坐标点被确定为江苏省陆域地理几何中心点，获批建设景观测量标志和陆域地理几何中心主题公园，省测绘地理信息局补助资金360万元。完成省级和市级拓展普查项目。扬州市第一次地理国情普查项目获"2018中国地理信息产业优秀工程金奖"。完成2018年度扬州市城市地理国情监测项目，开展绿地、公园等地方特色监测，在市本级和县（市、区）局部署地理国情普查成果应用系统。

（扬国土）

■**第三次国土调查** 3月，市政府办公室印发《关于开展第三次全市土地调查的通知》，明确调查任务、时间安排、工作责任、经费保障和工作要求，组建第三次土地调查领导小组，设立领导小组办公室。编制《第三次土地调查实施方案》，落实工作经费，通过项目招标确定

作业队伍，完成资料整理分析、图件坐标系及地类编码转换等工作，内外业调查工作全面展开。（扬国土）

■国土资源信息化建设 扬州市“四全”服务暨“一张图”平台全面应用，工程项目通过省自然资源厅验收。国土资源全生命周期管理平台方案通过“云上扬州”专家评审，进入实施阶段；“第三次国土调查”数据库建设、不动产登记系统提升及安全防护列为“云上扬州”2019年建设项目。启动实施档案数字化一期工程建设，基本实现数字档案网络查询、利用；落实国家2000大地坐标系转换工作。仪征市、宝应县数字城市项目完成立项，“数字高邮”项目通过验收。完成“数字扬州”更新维护工作，新增2个应用系统，“天地图·扬州”被评为五星级市级节点。启动智慧扬州时空信息大数据与云平台建设，项目获省测绘地理信息局立项批准，建设方案通过专家论证。（扬国土）

价格监督管理

■价格调控 2018年，扬州市居民消费价格指数（CPI）比上年上涨2.2%，完成低于省定控制3%左右目标。落实市政府办公室《关于2018年价格调控目标责任制的实施意见》，坚持价格调控目标责任制和价格调控联席会议制度。完善价格调节基金制度，增强价格调控整体合力，先后两次向困难群体发放价格动态补贴700余万元。组织特殊天气、重要节假日、重大活动市场监测，实施粮食种植情况调查，加强农资市场、粮食收购情况调研。优化价格监测定点单位布局，实现菜篮子价格异动预警加密短信自动发送。全年上报国家、省价格监测数据11万余条、监测预警分析报告248篇，生猪价格监测报告获国务院领导批示。（任 利）

■资源性产品价格改革 推进天然气价格改革。为缓解供需矛盾，对非居民用天然气实施冬季加价。按照天然气市场化改革的统一部署，2月放开车用天然气销售价格，车用天然气经营企业根据市场经营及供求状况等因素自主确定销售价格。对民用天然气和天然气（管输）配气成本进行成本监审，举行价格改革听证会，报市政府常委会批准实施方案，制定市区管道天然气配气价格。推进农业水价综合改革，各县（市、区）按照改革方案进行测算，综合考虑农业水价核算、用水户的支付意愿及承受能力、供水单位的成本补偿及合理收益，出台农业用水价格核定管理办法和农业节水精准补贴政策。（任 利）

■环境价格改革 落实“263”行动计划，促进绿色发展，科学设计生态补偿价格和收费机制，完善差别化价格政策。制定按环评信用等级实行差别化污水处理费政策，调研医疗废弃物处置收费标准。完成污水处理费改革任务，按环评信用等级实行差别化收费政策。提高排污收费标准，排污收费增收4200万元。推进排污权实行有偿使用和交易，累计实施有偿使用和交易258笔总额1320万元。落实城市施工工地扬尘排污费政策，共征收46个项目2292.82万元。会同市环保、财政部门对废水、废气、固体废物、超标噪声4类排污费政策执行情况进行调研督查，对部分政策进行微调。（任 利）

■房价备案管理 严格新建商品住房价格备案程序，督促房地产开发企业执行各项调控措施。实施新集体审议制度，邀请派驻纪检组参会监督。全年共实施房价备案192批次，备案总面积401.49万平方米，备案均价13921.80元/平方米，压缩不合理成本35.63亿元。其中，普通商品住房压缩不合理成本折合单价降低793.30元/平方米。（任 利）

■服务宜游城市建设 对重点景区门票价格实行阶段性优惠，联票价格由审批制改为报告制，降低瘦西湖景区门票价格。全市112个景点中，免费景点47个，占比42%。典型经验在全国景区价格工作会议上作交流。简化公交票价定价机制，明确特色公交服务实行市场调节价。重新测算部分长途客运票价。优化停车收费政策，对重点地段、景区周边停车收费实行旺季浮动，提倡即停即走，引导瘦西湖周边小区试行共享车位收费，配合停车场公司做好停车APP推广。（任 利）

■收费监管 修订公布《扬州市行政事业性收费目录》《扬州市政府定价经营服务性收费目录》，启用江苏省收费监管服务平台，加强收费督查。2017年全市收费总额18.74亿元，较2016年减少3.48亿元，下降15.7%，减轻企业负担1.97亿元。收费总额占全市一般公共预算收入的5.9%，下降1个百分点。规范中介、商会、协会、口岸收费，梳理涉及28个部门67个涉审中介服务收费项目，协会、商会、联合会、学会72个。推进口岸提效降费工作，印发《关于规范我市口岸经营服务收费公示的通知》，明确26大项89小项收费项目。（任 利）

■教育收费改革 贯彻《江苏省幼儿园收费管理办法》和省推进民办教育收费改革的指导意见，会同教育部门起草扬州市教育收费改革方案。根据学校办学成本变动情况，市直调整树人学校、扬大附中东部分校学费，邗江、广陵分别调整梅苑双语、扬州北京新东方外国语学校学费。（任 利）

■平价商店稳价保供 要求平价直销店、平价配送店、超市平价直销区的平价蔬菜品种不少于20个，价格低于市场均价15%以上；粮、油、肉、蛋每天应各有1个平价品种，价格低于市场均价5%以上，并保证供应，不脱销、不断档，符合质量安全规定。全年平价店累计销售平价农产品1281万千克，实惠市民869万元，帮助菜农增收43万元。（任 利）

■成本监审和农本调查 引导提升价格自律。在全省率先制定《扬州市区实行市场调节价的重要民生商品或服务成本调查暂行办法》，对市场价格引起社会集中反映的、市场价格出现较大波动的、服务与收费明显质价不符的、相对封闭区域内价格明显偏高的市场调节价商品或服务可以进行成本调查，促进经营者合理定价。发挥“江苏成本E平台”功能，运用智能手机农本软件采集、汇总、上报农本数据，推进农本调查工作的科学化、规范化、信息化。

（任　利）

■价格监测信息服务 加强市场价格监测，按时上报国家、省价格监测数据。全年公示民生价格信息近1万条，包含市区主副食品、日用消费品、家电、宾馆、足疗、家用汽车销售及维修保养、药品等价格。每月公示两期办公耗材、文化用品等市级政府部门采购物品市场平均价信息，全年共发布51大类398个品种2.23万条数据。扩大价格信息数据的服务范围，联合市广电部门开辟数字电视物价栏目，开设“每日菜价、价比三家、价格行情、价格观察、房价备案、物价视频、行政事业性收费目录、政务公开”等栏目。全年通过数字电视观看物价栏目近10万人次，通过来电、网络留言形式表达对数字电视价格频道关注和建议的达2000人次。

（任　利）

■价格认定 完成刑事案件价格认定72件，认定金额53万元；涉政府事务价格认定28件，金额2933万元；纪律监察认定3件，金额40万元；涉税房地产价格认定4777件，认定金额33.2亿元，及时调整全市标准房计税价格，增加契税收入近100万元。配合市级企事单位公车改革，完成232辆公务用车估价。

（任　利）

■价格争议调解 制定《扬州市价格争议调解工作站规范化建设实施意见》，建立价格争议调解与“12358”价格举报投诉衔接工作机制。处理涉税房地产价格争议320件，认定金额2.19亿元，增加税收收入约960万元。完成全市法院执行案件价格咨询427件，涉及金额2.72亿元，节约当事人评估费用约816万元。最高人民法院和国家发改委专程到扬调研价格争议调解工作，并在全国推广扬州经验。（任　利）

工商行政管理

■市场主体登记 2018年，全市新登记各类市场主体8.34万户，比上年增长10.54%；新增注册资金1624.11亿元，增长10.86%。其中，新登记各类企业2.82万户，与上年基本持平，注册资本1559.34亿元，增长10.83%；新登记个体工商户5.50万户，注册资本59.65亿元，分别增长17.49%、15.55%；新登记农民专业合作社239户，资金数额5.13亿元，分别下降9.47%、20.14%。截至12月25日，全市累计实有各类市场主体49.71万户，累计注册资本（金）1.35万亿元，分别增长11.98%、15.03%。其中，实有各类企业15.75万户，注册资本总额1.30万亿元；个体工商户33.37万户，资金数额324.05亿元；农民专业合作社5856户，出资总额193.15亿元。

（张文静）

■内资企业登记监督管理 全市新登记内资企业2302户，比上年下降5.38%；新增注册资本206.99亿元，下降27.3%。新增内资企业中，户数列前三位的分别为批发和零售业620户、租赁和商务服务业345户、科学研究和技术服务业312户；注册资本列前三位的分别为建筑业51.06亿元、租赁和商务服务业42.71亿元、科学研究和技术服务业42.71亿元。截至12月25日，全市内资企业总数1.41万户，注册资本总额4288.13亿元，分别增长6.7%、11.89%，期末实有内资企业数连续第七年增长。实有内资企业中，国有企业905户、集体企业1943户、公司1.09万户、其他企业293户。公司制内资企业占比逐步扩大，从2010年的44.33%提升至77.65%，成为内资企业主要组成形式。（张文静）

■私营企业登记监督管理 全市新登记私营企业2.56万户，与上年基本持平；新增注册资本1176.65亿元，增长19.82%。新增私营企业户数列前三位的分别为批发和零售业7712户、制造业4360户、建筑业3288户；注册资本列前三位的分别为科学研究和技术服务业274.14亿元、制造业214.32亿元、建筑业209.55亿元。截至12月25日，全市私营企业总数14.15万户，注册资本总额7246.33亿元，分别增长7.88%、17.24%。实有私营企业中，私营有限责任公司10.42万户、股份有限公司619户、个人独资企业3.60万户、合伙企业641户。公司制私营企业占比达74.1%。从新发展数看，私营企业仍是企业发展的主要力量。从户数分布看，私营企业占91%，内资企业占8.18%，外资及港澳台资企业占0.82%；从注册资本分布看，私营企业占75.46%，内资企业占13.27%，外资及港澳台资企业占11.27%。从期末实有情况看，私营企业的占比进一步增大，呈逐年上升趋势。从户数分布看，私营企业占89.82%、上升0.12个百分点，内资企业占8.92%，外资及港澳台资企业占1.26%；从注册资本分布看，私营企业占55.71%、上升0.96个百分点，内资企业占32.97%，外资及港澳台资企业占11.32%。

（张文静）

■外资和港澳台资企业登记监督管理 全市新增外资和港澳台资企业230户，其中法人135户，投资总额39.87亿美元，注册资本26.01亿美元，注册资本其中外方认缴额23.34亿美元，比上年分别增长23.66%、4.65%、-1.26%、11.34%、23.62%。截至12月25日，全市共有外资和港澳台资企业1951户，其中法人1430户，投资总额、注册资本和外方认缴额分别为348.81亿美元、213.97亿美元、183.61亿美元，分别增长2.22%、1.63%、1.27%、1.44%、4.24%。全市新增注册资本1000万美元及以上的外资和港澳台资企业法人76户，注册资本、投资总额和外方认缴额分别为24.76亿美元、38.5亿美元、22.26亿美元，分别增长–3.80%、6.54%、–2.41%、17.22%，分别占当年新发展外商投资企业法人总数的56.3%、95.19%、96.56%、95.37%；新增注册资本3000万美元及以上的外资和港澳台资企业法人28户，注册资本、投资总额和外方认缴额分别为17.63亿美元、26.77亿美元、15.79亿美元，分别增长–6.67%、15.68%、–0.26%、26.52%；新增注册资本5000万美元及以上的外资和港澳台资企业法人15户；新增注册资本超过1亿美元的外资和港澳台资企业法人6户。全市16户企业完成外资并购，较上年增加7户，共投入外资1.08亿美元，下降47.83%。全市16家外资企业有民资投入，较上年增加5家，共投入民资0.23亿美元，下降60.34%。全市共有57户外资和港澳台资企业法人增资，较上年增加13户，共增加注册资本4.37亿美元，其中外方增加注册资本4.13亿美元，分别增长7.90%、32.37%。（张文静）

■商标登记监督管理 全市新申请注册商标1.66万件。其中，新申请马德里国际注册商标80件，新获中国驰名商标个案保护认定3件，新增地理标志商标5件。至年末，全市拥有商标有效注册6.27万件；地理标志商标15件，包括“高邮鸭蛋”“宝应荷藕”“沙头绿壳鸡蛋”“泾河西瓜”“界首茶干”“广洋湖青虾”“鲁垛乱针绣”“高邮湖大闸蟹及图”（2件）“扬州漆器”“高邮湖龙虾”“沙头西瓜”“宝应大米”“宝应大闸蟹”“宝应中华鳖”；驰名商标54件，省级产业集群品牌培育基地3个，市级产业集群品牌基地5个。4月26日“世界知识产权日”，围绕品牌强市、商标价值提升、商标权保护、品牌国际化等内容，举办品牌管理知识培训课。7月8日至11月15日，在全市开展商标代理机构“双随机”抽查（随机抽取被检查对象、随机选派检查人员）工作，形成抽查任务5件。开展打击商标侵权“溯源”专项行动，开展“双打”（打击侵犯知识产权和制售假冒伪劣商品）工作。全市共查处侵权假冒案件275件，案值301.14万元。

（张文静）

■广告监督管理 至年末，全市有广告经营单位1904家，注册资本总额25.86亿元，比上年分别增长25.51%、39.33%，其中注册资本50万元以上广告经营企业1115家，个体工商户354户，广告从业人员7499人。扬州市广告企业经营额约12.35亿元。全市有发布广告的广播电视4家、报纸2家、期刊6种。将涉及民生的商品和服务的广告作为重点监管领域，加强对金融、房地产、医疗、药品、食品、保健食品等涉及群众生命财产安全的虚假违法广告案件查处。部署开展元旦及春节期间清理非法集资广告集中行动、打击虚假违法广告专项整治行动、涉嫌非法集资广告咨询信息排查清理活动、房地产广告专项整治行动，对“鸿茅药酒”广告、“流量不限量”广告、教育培训类广告、涉及“大棚房”广告开展专项检查。全市共立案查处广告违法案件104件，罚没款197.19万元。（张文静）

■合同监督管理 2018年，市工商行政管理局办理动产抵押登记536件，抵押登记金额110.01亿元。其中，内资企业480件，融资94.82亿元；外资和港澳台资企业35件，融资45.46亿元；农业生产经营者21件，融资1264万元。经市场监管总局批准，扬州市作为第一批试点应用城市之一，8月31日上线运行全国市场监管动产抵押登记业务系统，9月在江都区办理全市首件动产抵押网上登记业务，实现“一网通办”（将政务数据归集到全国市场监管动产抵押登记业务系统，实现动产抵押业务的抵押登记、变更、注销和查询在线办理）。至年末，取得“扬州市重合同守信用”称号的企业共1250家，其中新公示企业80家。开展公用企业（行业）、物业公司等利用合同格式条款侵害消费者合法权益的专项整治，全年共约谈相关企业10家，检查格式合同50份，全市查处合同违法案件3件。

（张文静）

■公平交易监督管理 2018年，全市工商行政管理和市场监督管理机构共立案查处违反工商法律法规案件544件，案值1317.7万元，罚没款966.67万元。开展打击不正当竞争行为专项执法行动，共立案40件，结案25件，罚没款256.96万元。其中，查办不正当有奖销售案件8件，罚款49万元；查办虚假宣传案件11件，罚款51万元；查办商业混淆案件2件，罚款12万元；查办商业贿赂案件2件，罚款6.9万元；利用旧《反不正当竞争法》查办限制竞争案件2件，没收金额121.82万元。1月2日对扬州某公司涉嫌违法有奖销售行为进行立案调查，成为全市依据新《反不正当竞争法》查处的第一案，全省依据新《反不正当竞争法》查处违法有奖销售类型的第一案。开展整治公用企业限制竞争和垄断行为突出问题专项执法行动，对仪征两家供水公司利用优势地位滥收费用限制竞争案予以结案，没收违法所得121.82万元；针对江苏省扬州汽车运输集团有限责任公司涉嫌强制搭售等违法行为，对相关企业进行个案约谈并提出限期整改要求，督促整改到位。开展会议营销专项调查整治，通过“四个一”（剖析一个会销案例，分析一个区域状况，形成一个调查报告，查办一组会销案件）方式，打击会议营销中的各类违法行为；开展打击非法会议营销及传销进社区、进农村、进学校、进市场、进车站宣传教育活动。开展涉及污染防治商品、成品油等领域突出问题专项整治，共抽检涉及污染防治商品121

批次、成品油71批次、电动自行车及其配件商品92批次、消防器材71批次。对抽检不合格商品实行跟踪督办，案件查结率达100%。依法审结行政复议案件12件，其中不予受理7件、撤销具体行政行为1件、维持具体行政行为2件、终止审理2件。向扬州市行政权力网法制监督平台报备重大处罚案件6件，强制执法检查1次，核审一般程序案件20件。（张文静）

■网络交易监督管理 至年末，全市有各类市场主体开办的网站7200家。从市场主体类型看，企业6931家、个体工商户259家、农民专业合作社10家；从网络载体类型看，以非网络交易平台为主共7098家，占98.58%；从区域分布看，宝应县1174家、高邮市1645家、仪征市和化工园区756家、江都区1588家、邗江区650家、广陵区931家、扬州经济技术开发区216家、生态科技新城175家、蜀冈－瘦西湖风景名胜区65家。全市有4170家网站申领“工商网监”电子标识，其中575家在网站首页或者从事经营活动的主页面醒目位置公开。全市有网店5.14万家。从市场主体类型看，企业4.29万家、个体工商户3011家、农民专业合作社23家、自然人5468家；从区域分布看，网店数量排名前五位是江都区8944家、邗江区8134家、高邮市7533家、宝应县6433家、广陵区6419家；从所在平台看，涉及慧聪网、淘宝网、1688网、京东网、天猫网、一号店网、苏宁易购网等国内主要第三方平台，店铺数量居前三位的是慧聪网3.42万家、淘宝网8773家、1688网6152家，各占总数的66.48%、17.07%、11.97%。受省工商行政管理局委托开展2018年全省网购密胺餐具质量抽检，通过阿里巴巴网、天猫网、淘宝网、京东网、苏宁易购网等5家国内重点网络平台在省内29家网店购买碗、碟、盘、勺、水杯、筷子、饭盒等密胺餐具共50个批次，检出不合格4个批次，总体合格率为92%，其中扬州地区8家网店的15批次产品全部合格。牵头扬州市网络市场监管部门联席会议12个成员单位在全省率先启动“2018网剑行动”（网络市场监管专项行动），网上检查网站、网店1.52万个次，实地检查网站、网店1413个次，责令整改网站127个次，删除违法商品信息713条；查处网络违法案件112件，罚没款247.83万元。开展2018互联网“净网雷霆”专项行动，立案互联网案件18件，办结2件，罚没款5.5万元。

（张文静）

■企业信用管理 开展企业年度报告信息公示（企业按年度在规定期限内，通过全国企业信用信息公示系统向工商机关报送年度报告，并向社会公示，任何单位和个人均可查询）工作，2017年度全市企业、个体工商户、农民专业合作社年报率分别达90.22%、95.56%、87.13%。牵头实施“双随机、一公开”（随机抽取被检查对象、随机选派执法检查人员，抽查情况及查处结果及时向社会公开）监管。至12月25日，全市各级各地有83个部门在江苏省市场监管信息平台制定“双随机、一公开”抽查任务445项，其中单一部门抽查任务428项、跨部门联合抽查事项17项；检查并录入检查结果的企业1.63万家；共上传行政许可信息35.70万条、行政处罚信息1.32万条、抽查检查结果信息1.64万条。加强信息公示和信用约束，国家企业信用信息公示系统共公示全市市场主体工商登记、备案、处罚信息48.89万户，年报信息38.05万户，即时报信息1.94万条，全市6.67万户市场主体被列入经营异常名录，1.08万名法定代表人及相关负责人被纳入严重失信违法黑名单管理。（张文静）

■市场监督管理 实施农贸市场标准化建设工程，协调、推动市场主办单位投入改造资金7522万元，改善市场硬件设施和环境。内部升级改造汉河农贸市场、沙头农贸市场、新坝农贸市场、石塔农贸市场、施井（萃园桥）农贸市场、玉器街农贸市场、七闸农贸市场、张纲农贸市场、施桥海宇农贸市场。推动属地街道加强私营市场回收返租工作，实行属地政府主导的物业管理。至年末，市区农贸市场集体管理数达29个，占比51.8%；实行物业化管理的市场27个，占比48.2%。按照“清洁化、标准化、超市化、综合化”要求，对建成区范围内56个市场开展农贸市场环境秩序综合整治活动，以治理“六乱”（车辆乱停、摊点乱摆、杂物乱堆、广告乱贴、垃圾乱抛、线路乱拉）现象和“五多”（占道经营多、岛内垃圾多、下水污垢多、活禽臭气多、场外摊点多）问题为重点，开展整治。全年共组织市场检查131个次，市场管理良好率达74.5%。加快推动建立农贸市场信息化管理平台，与中国建设银行扬州分行联合开展“计量惠民＋普惠金融”活动，同步配送电子秤2500台，至年底共交易159万笔金额1.2亿元。起草《扬州市农贸市场管理条例（草案）》，先后组织召开立法工作研讨会、座谈会、专家征求意见会等会议近20次，进行大幅度修改完善15次，8月通过市政府第21次常务会议审议。（张文静）

■受理消费者申诉 2018年，全市“12315”消费者投诉举报中心受理消费者申（投）诉3981件、举报627件，接受电话咨询3161件，电话一次接通率95%，处结率100%，为消费者挽回经济损失688.76万元。扬州市消费者协会系统共办结消费者投诉1276件，为消费者挽回经济损失689.7万元，接待来电、来访咨询3134人次。3月13日，市放心消费创建办公室、市工商行政管理局、市消费者协会联合召开2018年“3·15”新闻通报会，现场公布2017年度扬州市工商行政管理和市场监督管理系统消费投诉信息和流通领域商品质量抽检信息，公布2017年消费维权十大典型案例；3月15日在邗江区力宝广场联合举办“纪念3·15国际消费者权益日”现场咨询服务活动，活动以“品质

消费 美好生活”为主题，市、区两级政府职能部门及水、电、气等公共服务行业42家单位参加，现场接待来访咨询948件，现场受理投诉41件、当场解决29件。4月，结合全国消费者协会组织系统平台数据完善工作，在全市范围内开展“一会两站”（消费者协会分会，消费者投诉站和12315联络站）核查工作，调整消费者协会分会21个，清理核减消费者投诉站449个，恢复联系站点158个，新培育站点22个。至年末，全市有消费者协会分会76个、消费者投诉站985个，基本实现乡镇全覆盖。以老年人、青少年、农民等三类主体为重点，依托“一会两站”和消费教育基地建设工作，发挥消费维权教育讲师团的作用，开展各类主题讲座近70场次，发放《青少年消费教育读本》《老年人消费教育读本》《残疾人消费教育读本》《农民消费教育读本》《放心消费维权知识读本》《江苏省消费者权益保护条例》手册等宣传资料1.5万册。加强社会诚信体系建设，开展放心品牌和放心品牌集聚区创建活动，开展诚信单位和消费者满意服务单位争创活动。2018年，在快递行业开展“十佳诚信企业”评选活动；3个品牌集聚区获“江苏省品牌消费集聚区放心消费创建示范单位”，12家企业获“江苏省放心消费创建先进单位”，2家企业获“江苏省放心消费创建示范单位”；71家企业获扬州市“诚信品牌企业”称号，2家获“扬州市品牌消费集聚区放心消费创建示范单位”。

（张文静）

质量技术监督管理

■质量提升行动 2018年，市委、市政府出台《扬州市质量提升行动实施方案》，明确到2020年的质量提升目标任务。全市以高端装备制造、毛绒玩具、汽车零部件3个产业以及道路照明灯具、电力金具、教玩具、电气线缆、防水卷材5个产品为突破口，推进质量提升工作。加大名牌培育力度，扬州漆器厂“七彩”漆器获评“苏浙皖赣沪名牌产品100佳”。扬州腾飞电缆电器材料有限公司、扬州市管件厂有限公司等13家企业获2018年度“江苏省工业企业质量信用等级AA级称号”。江苏邗建集团有限公司、江苏罗思韦尔电气有限公司、扬州曙光电缆股份有限公司3家企业获评2018年度市长质量奖。江苏金陵特种涂料有限公司、扬州尼尔工程塑料有限公司2家企业获评2018年度扬州市推进卓越绩效管理先进单位。（张　华）

■技术标准战略 2018年，市政府出台《市政府贯彻实施国家标准化综合改革试点工作方案》，加快建立适应高质量发展要求的新型标准体系。市质量技术监督局联合市文化广电和旅游局创建“全国旅游标准化示范城市”，通过省文化旅游厅组织的中期评估。紧贴基本公共服务需求，推进服务标准化工作，宝应县司法局获批国家级社会矛盾纠纷调解服务标准化试点，江苏信息产业基地（扬州）获批国家级信息服务标准化试点。组织企业参加“标准领跑者”行动，指导企业制订国际标准2项，主导和参与制（修）订国家、行业和地方标准40项。鼓励企业采用国际标准100项。以标准提升支撑制造业高质量发展，扬州漆器厂获批全国首批国家级消费品标准化试点项目，扬州国家高新区获批国家高端装备制造业（智能制造）标准化试点。实施现代农业标准化，推进江都区国家级农村产权交易流转服务标准化试点工作，制定市级农业标准7项。（张　华）

■计量监管 推进民生计量工作，对1092家集贸市场、平价店等机构1.55万台计量器具开展免费检定。组织开展加油机专项计量监督检查，检查加油站268家、加油机1612台，合格率100%，未发现利用计量芯片作弊等计量违法行为。262家加油站签订诚信计量自我承诺书。加强商品计量监督检查，检查39家超市、餐饮饭店在用衡器261台，抽检米、面粉、饮料等16类定量包装商品468批次，抽检72家生产、经销企业销售的红酒、糕点等7类商品包装352批次，抽检种子、农药、化肥、农膜等4类农资类定量包装商品210批次。检查餐饮饭店和大型超市的水产品、肉制品、禽类制品3类预包装商品50批次。推进诚信计量体系建设，江都区获“江苏省计量惠民示范区”称号，2家企业获批省能源计量示范单位，新增省诚信计量示范单位39家。（张　华）

■工业产品质量安全监管 全市质量安全形势总体稳定，未发生区域性、系统性、行业性产品质量安全问题。省级监督抽查共抽查扬州市产品563批次，合格率90.2%。开展电线电缆等重点产品市级监督检查，抽查产品353批次，平均合格率95%。对327家工业产品许可证获证企业开展现场检查，发现并整改问题企业64家。对60家食品相关产品获证企业进行为期2个月的专项监督检查，落实整改问题18个。围绕农资、消费品、建材等重点，开展“质检利剑”专项行动，出动执法人员5800人次，检查生产销售单位1500家，立案查处案件98件。对重点涉钢企业中频炉、工频炉进行抽查，加强钢铁产品质量监管，打击“地条钢”违法违规生产行为，严防“地条钢”生产企业“以停代关”、异地转移。强化缺陷产品召回管理，召回有缺陷的童鞋、银饰品等1549件。（张　华）

■特种设备安全监管 强化省运会、省园博会等重大活动期间的特种设备安全监管工作。监督检查特种设备使用单位542家次，发现并排除隐患832条，保障特种设备安全运行。对多家气瓶充装单位和检验单位开展现场检查，督促加装气瓶二维码，指导气瓶信息化系统应用。强化“96333”电梯应急求援平台建设，覆盖电梯1.87万台，占乘客电梯总数的85%。全年共处置电梯故障1905起，解救被困乘客3393人。开展特种设备作业人员技能培

训，培训、考核特种设备作业人员3429人。（张　华）

■**认证认可**　至年末，全市有效期内的管理体系证书共7627张、产品认证证书6778张、各类服务认证证书174张。加快推进企业检验检测平台建设，评定扬州市工业企业合格检验室115家。对全市25家机动车检验机构开展监督检查，联合市环保局对全市13家环境检测机构开展专项检查，规范检验检测行为。对28家管理体系认证获证企业开展现场监督检查，发现并督促整改问题38个。组织对38家强制性产品认证重点企业开展巡查，加强对认证机构监管。（张　华）

食品药品监督管理

■**落实食品药品监管责任**　2018年，市委、市政府将食品安全示范街区、乡镇市场监管分局食品安全快检室建设等10项重点任务纳入民生幸福工程等“两报告三文件”重点任务。3月22日，市委常委会听取全市食品安全工作情况汇报，专题研究省运会食品药品安全保障等五方面具体工作。3月28日，市政府专题召开全市食品药品安全工作暨省运会食品药品安全保障工作会议，与县（市、区）政府、市食药安委主要成员单位签订目标责任书。9月10日，市政府印发《扬州市盐业监管体制改革方案》，10月，市食品药品监督管理局（简称市食药监局）承接食盐质量安全监管职能。（钱　钊）

■**食品安全示范创建**　2018年，高邮市创成省级食品安全示范城市。全市部署食品安全十大“细胞工程”创建，分为“四区块四行业两专项”，“四个区块”即食品安全示范乡镇（街道）、社区（村）、街区、学校，“四个行业”即食品安全示范生产企业、农贸市场、超市、餐饮店，“两个专项”即食品安全示范快检室和科普宣传基地。至年末，建成食品安全示范乡镇（街道）49家、食品安全示范社区（村）89家、食品安全示范街区21条、食品安全示范学校271家、示范生产企业11个、放心农贸市场14个、放心肉菜超市14家、餐饮质量安全示范店200家、农贸市场快检示范站23个、科普宣传基地10个。（钱　钊）

■**食品生产监督管理**　全市有食品生产加工企业673家（其中含食品添加剂生产企业10家），发放食品生产许可证246张，登记食品小作坊754家，登记完成率79.79%。市食药监局全年监督检查食品生产企业1263家次，发现问题数1268个，立案查处28件，涉案金额达38.92万元。开展酒类产品、食用植物油塑化剂、豆制品、乳制品、桶装饮用水、面制品等系列专项整治，全年新增23家食品生产企业参与电子追溯系统建设。在宝应县试点开展小微食品生产企业共建检验室2个，认定“黑名单”企业2家。（钱　钊）

■**食品流通监督管理**　全市持有效食品经营许可证食品经营者（食品销售类）2.76万户，食品、食用农产品批发市场23家，城乡农贸市场（集贸市场）191家，备案食品摊贩703户。开展食品流通企业食品安全电子追溯体系建设，新增入网销售企业21家。开展禽肉、水产品等食用农产品“一非两超”专项整治，检查各类食品经营单位525个。开展校园及周边“五毛食品”专项整治，检查校园及其周边食品销售经营者799户次，组织监督抽检69批次。对城区89个农产品交易市场开展准入工作考核，依据考核结果向市财政申报专项奖补经费。（钱　钊）

■**食品餐饮监督管理**　全市有各类餐饮服务单位2.19万家，其中餐馆、小吃店2.01万家，食堂1848家、集体用餐配送单位20家、中央厨房9家。开展全市中央厨房、集体用餐配送单位及大型以上餐饮单位食品安全专项整治，累计检查中央厨房、集体用餐配送单位、大型以上餐饮单位622家，检查覆盖率100%，当场整改72家，责令限期整改81家，查办案件6件。对全市687家学校食堂及托幼机构食堂开展全覆盖检查和食品安全风险等级评估，评定优秀、良好率为72%、28%，全市中小学食堂量化分级优秀等级（A级）新增20家。对网络订餐第三方平台1.14万家入网餐饮商户进行线上检测比对，查处并下线无证店铺1885户。推广“公筷行动”，覆盖城区大型以上餐饮单位和农村集体聚餐代办点，并纳入文明城市常态长效建设月度测评。（钱　钊）

■**保健食品和化妆品监督管理**　全市有保健食品生产企业4家、含保健食品经营项目的食品经营企业3984家、化妆品生产企业65家。开展保健食品化妆品生产企业日常监督检查，检查覆盖率100%。开展保健食品化妆品经营环节日常监督检查4020家次，限期整改447家次，立案2起。推进国产非特化妆品备案管理工作，全年完成国产非特殊用途化妆品备案912个、备案后检查660个。推行保健食品经营企业“信息公示栏”制度，新增张贴公示栏会销、直销或专营专卖企业14家。开展美容美发场所专项整治394家，限期整改122家，实施染发类产品抽检20批次。开展全市化妆品生产企业网络销售情况调查，对10家企业经营合法合规性进行抽查，发现存在问题2条。（钱　钊）

■**药品生产监督管理**　全市有药品生产企业22家，其中原料药及制剂企业18家、药用辅料企业1家、医用氧企业3家。另有药品包装材料生产企业16家，主产药用PVC片材、铝箔、塑瓶、玻璃安瓿等12个品种。全年检查药品、药品包装材料生产企业及医疗机构制剂室93家次，共查出各类缺陷200余条，下发书面停产整顿通知书2份，发出协查函14件，移交立案查处1起。对5家企业重大设备变更进行现场检查，完成2017年度在产的117个品规的产品风险排查。全年累计上报药品不良反应5458例，其中新的、严重报告的1445例，占比31.17%，一般报告上报及时率92.60%。（钱 钊）

■**药品流通监督管理** 全市有药品批发企业12家、零售企业1546家，其中连锁总部12家、连锁门店619家、单体药店915家。开展药店执业药师“挂证”专项整治、城乡接合部药店、诊所集中整治“回头看”等行动，检查药店1283家次、诊所76家次。开展互联网药品信息与交易服务网上巡查113家次，现场检查10家次。做好医疗机构药品使用质量和药品零售企业监管，检查各类医疗机构673家次、零售连锁总部11家次、零售药店（含连锁门店）1351家次，发现违法违规171家次，立案查处68家次。开展高温季节冷藏药品专项检查，检查经营企业194家次、医疗卫生机构204家次 。（钱 钊）

■**医疗器械监督管理** 全市有医疗器械生产企业190家、经营企业2175家，其中批发企业535家、零售企业1640家。全年开展三级、四级医疗器械生产企业全面检查20家次、一般检查41家次，检查三级医疗器械经营企业18家次、医疗机构21家，存在问题均责令限期整改。开展隐形眼镜和避孕套、无菌和植入性医疗器械、经营使用环节违法违规行为专项治理等专项整治，累计检查相关企业486户次，限期整改65户次、责令改正21户次。联合市总工会、人社局开展全市首届医疗器械生产企业检验员检验技能竞赛活动，75家生产企业94名检验员参加竞赛。全年累计上报有效医疗器械不良事件3038例，百万人口上报663例，其中严重事件283例，占比9.3%。（钱 钊）

■**食品药品打假治劣** 开展节日市场“春风行动”、“亮剑2018”行动、食盐质量安全、网络订餐、药源性兴奋剂、无菌和植入性医疗器械等20余项专项整治，累计查处食品药品违法案件1588件，取缔无证经营60个、吊销许可证9家、责令停产停业4家，对14名责任人作出不得从事食品药品生产经营活动的禁业限制。1件案件被国家市场监管总局作为典型案件予以公布，4件被公安部挂牌督办，1件被原国家食药监总局评为2017年优秀案例。为公安机关提供检验检测164批次，出具假药认定意见177个品种198个批次，翻译各类海淘代购无中文标识产品171批次，移送公安机关涉嫌犯罪案件126件，抓获犯罪嫌疑人290人。（钱 钊）

■**省运会食品药品安全保障** 市食药监局按照A级标准审核36家定点接待酒店，实行驻点监管，制定运动员菜谱40套。公开招标确定4家省运会猪肉、牛羊肉指定供应商，委托第三方机构对“瘦肉精”等常规项目进行批批快检。召开第19届省运会食品药品安全保障誓师大会，270余名监管人员与企业代表参加誓师。培训监管、检验以及食品从业人员2400余人，发放食品快检设备30套、各类工作手册1200份。开发药品类兴奋剂品种快速识别软件，对赛场、运动员住宿宾馆周边205家药店进行兴奋剂专项整治。开展迎省运会百日专项整治行动，梳理食品药品安全风险清单13个。省运会期间，全市食品药品监管系统共出动驻点保障人员4100人次，开展食材及餐饮具快检1.58万批次，累计完成18.8万人次共50.4万餐次的餐饮食品安全保障。（钱 钊）

安全生产监督管理

■**概况** 2018年，扬州市安全生产监督管理局（简称市安监局）深化安全生产领域改革发展，加大重点行业领域安全监管，确保全市安全生产形势持续平稳向好，实现“双降双控一杜绝”（事故起数和死亡人数双下降，较大事故和有较大影响事故双控制，杜绝重特大事故）目标。全市共发生各类生产安全事故396起，死亡247人，比上年分别下降8.3%、9.9%；发生1起道路交通较大事故，死亡4人；一次死亡2人的一般事故得到有效控制，从上年3起，减少为1起；连续第19年未发生重大以上事故。各重点行业领域事故得到有效控制，道路交通领域发生事故342起，死亡192人，分别下降2.8%、0.5%；工矿商贸领域发生事故54起，死亡55人，分别下降27%、30.4%；建筑施工、消防火灾事故下降幅度较大，农业机械、烟花爆竹等行业领域未发生事故。（燕海霞）

■**推进落实城市安全发展** 出台《扬州市城市安全发展行动计划（2018—2020）》，专题召开城市安全发展工作会议，以八大重点工程带动城市全面安全发展。建成瓜洲外排泵站，实现淮河洪水、长江洪水、天文大潮、城市涝水“四聚头”时从容应对；实施长江堤防防洪能力提升工程，确保到2020年长江江堤防洪标准提升到百年一遇，解除长江防洪隐患；规划建设中央水库，增加城市东部的防洪蓄水功能、打造可靠的备用水源地，打造城市新的景观；提升高层建筑消防能力；结合落实上级环保督察、“263”专项行动要求和推进长江经济带、江淮生态大走廊建设，强化化工企业整治和管理；普遍推进道路安全防护设施和标识建设，加快推进社区生命通道标识建设；提升隧道应急救援能力；建立从田头到餐桌的质量追溯体系，增强百姓餐桌安全保障能力。按照“五可”要求，建立“一个项目、一名牵头领导、一个工作组、一抓到底”工作机制，层层压实工作职责，落实落细各项任务，确保任务完成，提升城市安全源头治理、风险防控、监管执法、基础保障和应急救援能力。市安监局对行动计划的112项任务项目，逐一落实责任单位，细化分解任务，及时跟踪督办，2018年36项任务基本完成。（燕海霞）

■**安全生产责任体系建设** 市政府明确常务副市长分管安全生产工作，

明确安监部门为行政执法机构；各县（市、区）和功能区安委会主任由主要负责人担任，形成领导干部全面落实“党政同责、一岗双责”、带头履职尽责的工作机制。行业监管责任逐步细化。专门成立油气输送管道、农业农村、综合交通运输、石油化工等12个安全生产专业委员会。市安委会定期召开专业委员会办公室主任会议，构建重点行业领域安全管控联合机制，形成行业监管合力。目标管理考核严格推进。按照《扬州市安全生产工作考核办法》和年初签订的安全生产目标管理责任书要求，对10个县（市、区）政府、功能区管委会、30个市级主管部门、14个负有安全监管职责部门的目标任务完成情况进行严格考核，考核结果纳入各地、各部门经济社会发展考核评比总分，执行“一票否决”制度。（燕海霞）

■重点行业领域专项整治 在19个重点行业领域开展专项整治。突出工贸行业重点领域风险整治，按照八大行业重大隐患判定标准，58个符合标准的隐患点全部落实整改。强化较大危险因素辨识管控，754家企业开展双重预防机制建设，170家企业建成示范企业。全市6家钢铁企业完成专家核查，272家粉尘涉爆企业开展核查核实，294家造纸、酱腌菜和存在污水处理系统的工贸企业有限空间作业安全管控得到加强。突出烟花爆竹安全监管整治，推进市区烟花爆竹禁放，实现春节等传统节假日期间禁放区内烟花爆竹“零响声”，仪征市、高邮市、江都区、宝应县相继推行城区禁放。限制烟花爆竹批发企业数量，严控每个县（市、区）只设立1家的规模，从源头上降低烟花爆竹的重大安全风险。（燕海霞）

■危险化学品综合治理 严格化工项目审批，推动减量发展，强化源头治理。严格执行“三个一律不批”要求，对34家换发证危化品企业严格审核把关，对29家不合格企业责令整改和停产整顿。全年关停129家化工企业，化工企业总数降至396家。推进城镇人口密集区12家企业的搬迁改造，明确就地改造5家（预计2020年完成）、关闭退出7家（5家关闭并通过验收，2家基本到位）。位于市区的扬农集团宝塔湾厂区73%产能完成搬迁。完成46家三、四级重大危险源和涉及重点监管危险工艺企业专家会诊，排查隐患1113项，完成整改1023项，其余暂时不能完成整改的隐患列出整改计划，制定相应安全防范措施。全面排查安全风险，推进隐患整改，狠抓过程管控。编制完善《化工（危险化学品）安全监管白皮书》，健全危化品安全风险分布档案和重大危险源数据库，完善安全风险“一张图一张表”。完成油气管道人口密集型高后果区识别建档工作57处。开展危险化学品安全综合治理，42家“红表”企业关停整改37家，5家按计划实施搬迁；138家“黄表”企业和311家“蓝表”企业均按计划完成整改或正在实施停产搬迁。2017年一、二级危险化学品重大危险源专家会诊排查出的隐患全部完成整改。吸取事故教训，全面摸底检查，严格落实防范措施。张家口“11·28”重大爆燃事故发生后，立即组织对全市重点地区负责人和40余家重点化工企业主要负责人进行集体警示约谈。下发《扬州市关于立即开展全市危险化学品安全检查的通知》，对全市范围内涉及氯乙烯、液化天然气、液化石油气等易燃易爆有毒有害危险化学品的生产装置和储存设施开展检查。经摸底排查，全市无涉及氯乙烯的生产装置和储存设施，涉及液化石油气企业39家，涉及液化天然气企业14家（座）、管道294千米。通过省、市、县三级指导督促、深度检查督查，共排查化工企业95家，发现安全隐患221条，逐条跟踪整改到位；依法对1处一级危险化学品重大危险源的重大隐患实施挂牌督办，督促整改到位。（燕海霞）

■“百日安全生产”专项行动 7月至10月，在全市集中开展以平安交通百日整治、建筑施工百日排查、危险化学品百日管控、消防火灾百日防控、旅游迎盛会百日护旅、汛期水上百日清理等“十大行动”为重点的“百日安全生产”专项行动，在全市所有地区、所有行业领域、所有生产经营单位和人员密集场所全面开展大检查、大督查，强化安全风险排查和隐患整治，组织专项督查、专项检查，排查安全风险隐患1.68万项，完成整改1.68万项。保障省运会、省园博会等重大活动、重点时段的安全稳定。（燕海霞）

■安全生产监管执法 连续三年开展“安全生产执法促进年、规范年、提升年”活动，全年检查企业2454家次，超额完成计划任务的23.3%。制定出台《扬州市安全生产违法行为举报奖励办法》，核查举报案件186件。加大联合执法、“双随机”执法、观摩式执法工作力度，2018年查处违法案件800件，行政处罚3502.32万元。其中，事前立案755件，事前处罚2561.12万元，5万元以上较大行政处罚149件，分别为上年度的169%、199%、159%。6个县（市、区）事前处罚基本突破300万元，江都区高达969万元。加大联合惩戒力度，责令停产停业整顿8家、关闭13家、媒体曝光132家、纳入黑名单企业2家。加强事故统计直报，事故起数和死亡人数直报率、工矿商贸事故信息完整率均达100%。（燕海霞）

■企业主体责任落实 开展落实企业安全生产主体责任专项行动，培育远东联石化等20家企业为市级示范典型。建立隐患排查治理、重大隐患治理情况向企业职代会报告制度，发挥工会组织及职代会保障职工生命安全作用。对全市158名化工企业主要负责人开展专项培训考核。推进企业安全生产标准化创建，创成标准化企业6407家，其中一级13家、二级158家、三级6236家。在高危行业推进安全生产责任保险，全年参保企业数841家，参保人数4.10万人，保费1437.79万元。在建筑施工、交通运输、危险化学品等重点行业推进安全总监制度，全市配备安全总监425名。

（燕海霞）

■安全保障能力建设 保障安全生产专项资金投入。建成应用扬州安全生产监管执法综合平台，启用市级应急指挥、危化品重大危险源可视化监管等信息系统，并与省平台无缝衔接。10家省级以上开发园区、79个乡镇（街道）全部建成安监机构，1个执法支队、7个执法大队全部通过省级达标验收，118名乡镇安监干部完成安监执法轮训。新建750平方米标准化市级安全生产考试考核中心，1.90万名“三项岗位”人员依法经培训考核合格后上岗，2087人原电工进网证完成换证。在化工园区建成投用石化事故模拟装置，启用扬州港口（化工园区）应急物资储备库，先后开展危险化学品突发事件应急演练、联勤联战消防演练和钢铁企业专项应急演练等大型综合性应急演练。（燕海霞）

■职业安全卫生监管 开展木制家具制造、汽车制造、铅蓄电池生产等11个重点行业职业病危害专项整治，整治企业284家、创建尘毒危害治理示范企业73家。开展“职业健康执法年”活动，开展监督执法1833家次，行政处罚930万余元。累计完成职业病危害项目申报企业1.11万家，职业健康监护建档2204家，职业健康检查18.2万人。

（燕海霞）

■安全文化建设 开展安全教育进企业、进学校、进机关、进社区、进农村、进家庭、进公共场所的“七进”活动超100场次。开展安全生产月、“安康杯”知识竞赛、安全文化示范企业、安全班组、青年安全生产示范岗等活动，提升市民安全意识和安全技能。优化“扬州安全教育馆”体验功能，接待省内外150多万人次参观体验。（燕海霞）

信用体系建设

■概况 2018年，扬州市3次列国家对262个地级市的信用综合指数排名前十，高邮市6次、仪征市1次列全国县级市排名前50。在江苏省首届各设区市公共信用信息共享平台和信用门户网站观摩比赛中获三等奖，接力国家“诚信建设万里行”活动，参与“德美江苏”扬州行活动，举办诚信消费、信访信用管理、网络市场监管、文明交通等4期诚信“红黑榜”新闻发布会。全市四大领域诚信建设步伐加快。政务诚信领域，启动“政务诚信我先行”活动，印发《公务员诚信手册》；开展政府失信专项治理；推进高邮经济开发区开展企业投资项目信用承诺制改革试点；创成省级诚信示范街区3家，总数居全省第一。商务诚信领域，开展“诚信兴商宣传月”活动，实施企业信用成长计划，为643家企业“信用体检”，推进贯标，争创示范，2家企业被认定为省级示范，数量居全省第三；新增4家信用服务机构，举办全市首期企业信用修复培训班，完成115家企业信用修复工作。社会诚信领域，深化农村信用体系建设，采集和更新农户信用档案20.6万户；推进仪征市农村信用体系全国试验区建设；开展农村青年信用示范户创建评比，对4698户农村青年信用示范户累计授信12.1亿元。司法公信领域，在全国率先建立政法联合惩防机制和“民事检察与刑事侦查”双向协作机制，明确政法部门在防范和查处虚假诉讼中的职责。

（高秀丽）

■组织领导 召开近年来最大规模的全市社会信用体系建设推进电视电话工作会议，在全省率先要求政府部门带头签订信用工作承诺书，督促机关部门带头守信践诺。市政府出台关于加强政务诚信、个人诚信和电商领域诚信建设等政策文件。市信用办与市工商、财政、公共资源交易、发改委、信访、供电等6个部门分别制定联合奖惩文件，高邮市在全省率先开展城市管理领域的联合惩戒工作，市房管、农业、财政、人社、食药监、民政、公安等7个部门分别出台信用管理文件。

（高秀丽）

■平台系统优化 启动“云上扬州”大数据共享交换平台、县市公共信用信息平台一体化等项目建设；建成扬州市政务诚信和公务员信用信息系统、“中小企业信用画像”系统和包括信用功能的“我的扬州”APP；新增3台公共信用信息自助服务终端；完善“信用扬州”网站和公众号；在市政务办、市发改委等部门试行联动奖惩系统。编制扬州市政务诚信和公务员信用信息归集目录，建成政务和公务员信用信息数据库，归集信息1.68万条，全年共归集“双公示”信息13.83万条，比上年增加1.7倍；市库归集自然人和社会法人信用数据2亿余条，累计上报1.5亿余条。

（高秀丽）

■信用监管 推进市建设、环保等10多个部门发布年度行业管理领域信用评价结果。市公共信用信息中心全年为企业提供信用查询报告1924份，比上年增长81%，为各县（市、区）和部门开展招投标、政府采购、资金申报、评优评奖等提供1.32万家企业的信用审查，增长34%，应用第三方信用报告908份，增长90%。市人社、税务、公安、食药监、卫计、环保、信访等部门向社会公示严重失信名单；市法院加大公开曝光力度，向最高院推送失信被执行人名单8364例，促使2364人主动偿还债务金额6572万元。（高秀丽）

农业

Nongye

编　辑　徐国磊

综述

■**概况**　2018年，全市粮食播种面积39.61万公顷，蔬菜生产面积4.33万公顷，稻(藕)渔综合种养面积0.33万公顷，特色水产养殖面积6.53万公顷。实施绿色优质农产品“31113”基地建设工程，按照“有养殖场、有蔬果园、有高水平粪污处理系统和就近利用渠道、有可操作的严密环保管理系统、有优先保障本地猪肉供给约定”的要求，将现代化生猪养殖集聚区打造成为永久性生猪养殖基地、永久性蔬菜林果基地和永久性生态循环农业基地“三位一体”的扬州特色田园综合体。加强与光明集团的战略合作，全面开工建设5个现代化生猪产业集聚区。实施“智·能”家庭农场主培训计划和农民合作社“规范、创新、提升”行动，推广农民合作社综合社，推行“基地+加工企业+销售”“基地+餐饮加工集中区+门店”的产业联合体模式。全市创建国家级示范社16个，创成省级示范社30个，打造市级合作社规范化建设示范点24个；新增家庭农场251个，新创成省级示范家庭农场26个、市级示范家庭农场52个。新建扬州包子、淮扬菜点、宝应荷藕、高邮鸭蛋、优质稻米等多种类型的省级产业化联合体7家、市级产业化联合体11个。加快发展“产品优质化、营养化、方便化和生产机械化、专业化、规模化”的现代食品工业，形成粮油、畜禽、水产、果蔬园艺、林茶、生物农业等优势产业链，邗江区、宝应县获批实施部级农村三产融合项目试点项目。至年末，全市农业龙头企业460家，年销售收入696亿元；国家级农业产业化示范基地总数2家，全国“一村一品”示范村镇9家。全面发展“线上+线下、交易市场+直销门店+餐饮连锁”的立体销售模式，构建“农产品+加工食品、生鲜+净菜+成品菜、地产+非地产”的全覆盖式供应链。三和四美成功申报国家级农业龙头企业，全市农业电商销售额57.9亿元。分层次、分类别、分专题开展农业职业技能培训1.54万人，开展“半农半读”农民中职教育213人，新型职业农民培育度新增4.68个百分点。（胡荣利　王又涵）

■**农产品质量安全**　2018年，全市从生产、监管两端严格全程监管，督促农产品生产者落实农药间隔期和兽药休药期等制度，建立健全各类生产记录档案，规范基地自检行为，加强收获、出栏前的监测，严禁不合格农产品上市交易。提高农业发展质量、效益和竞争力，国家例行监测48批次，省例行监测480批次，市级监测728批次，合格率98.73%，全市未发生一起农产品质量安全事件。至年末，全市“二品一标”总数347个，其中绿色食品148个，有机食品195个，农产品地理标志4个。全市建成绿色食品原料基地13.27万公顷，有机食品生产基地0.17万公顷。组织创建省绿色优质农产品基地29个、5.4万公顷，提高绿色优质农产品比重21%，全市种植业绿色优质农产品占比56.2%。（陈　霞　拜锦美）

■**农业废弃物综合利用**　2018年，全市推进生态循环农业建设，重点推广以沼气工程为纽带的种养结合生态循环模式。组织实施5处沼液沼渣综合利用项目，增加40公顷沼液沼渣使用面积；指导邗江创日畜牧科技有限公司申报成功2018年度国家农业综合开发区域生态循环农业项目，并通过省农委立项，着手在邗江区杨寿镇建设666.67公顷的生态循环农业基地；推荐高邮市申报成功2018年省级现代生态循环农业试点项目。（何　健）

■**农药化肥减量使用**　2018年，全市农作物病虫得到有效控制，农药使用量继续减少，全年稻麦病虫草害发生145.32万公顷次，防治327.90万公顷次。通过推广绿色防控产品以及绿色防控技术，全年农药使用量为3346吨（统计局数据），较2017年减少276吨。实施农药经营许可、限制性农药定点经营制度，全市发放农药经营许可证1034份。全年主要农作物测土配方施肥技术应用面积36.53万公顷，技术覆盖率90%。“基于磷钾比的区域肥料配方生成方法、推荐方法及系统”获2018年国家发明专利（ZL 2014 1 0248101.0），获2018年“江苏省耕地质量提升技术集成与推广应用”省农业技术推广一等奖，“沿江农

区化肥减量增效技术集成与应用"获省农业技术推广奖三等奖。（李文西 秦玉全）

■打击农资违法行为 2018年，全市集中开展"春季农资打假""夏季百日行动""秋冬季农资打假"三大整治行动，以种子、农药、肥料为重点产品，出动农业执法人员8440人次，检查农资经营企业2986个次，受理投诉举报5件，查获各类有问题的农资产品7万千克、货值金额21.41万元，查处各类违法案件78起（含兽药饲料19起），挽回经济损失136万元。（刘金晶）

■农产品质量安全执法专项行动 2018年，全市农业执法部门对农产品生产基地所用的农药肥料进行质量抽检，重点检测是否添加国家禁限用的农药成分。开展农产品生产基地所用农药肥料抽样100批次，完成重点时段监督抽样任务70个、"三品一标"监督抽样任务60个。每季度开展一次农产品质量执法抽检，全年抽检样品计划208个，立案查处农产品（含畜产品）违法案件13起。（夏 炎）

■返乡下乡人员双创 贯彻落实《关于支持返乡下乡人员创业创新促进农村一二三产融合发展的实施意见》精神，举办全市返乡下乡人员创业创新大赛，选拔30名导师、培育20个典型。组织双创园区建设项目和现代农业项目开展申报、立项、审核等工作，对7个双创园区项目和8个现代农业项目给予立项，下达市级双创项目资金470万元。（徐迅燕）

种植业

■概况 2018年，全市组织实施粮食绿色增产"1120"工程，落实稻麦新品种、新技术推广和各项措施。全年全市粮食播种面积39.61万公顷，比上年增加0.21万公顷，总产量287.3万吨。其中，小麦17.9万公顷，增加0.61万公顷，总产量99.8万吨，增加2.4万吨；水稻19.65万公顷，减少0.41万公顷，总产量179.4万吨。全市蔬菜生产面积4.33万公顷，总产量310万吨；果、茶、花面积0.67万公顷。（袁秋勇 杨 进 姚 义）

■种植业结构调整 全市推进农业供给侧改革，示范推广稻田综合种养模式，种养面积0.33万公顷，比上年增加0.07万公顷，其中稻鸭共作0.13万公顷、稻虾共作0.17万公顷、其他模式0.03万公顷。全市建立稻田综合种养示范方307个，亩均增效益1000元以上，其中稻鸭共作100个、稻虾共作158个、稻蟹共作41个、稻菜轮作等模式8个。（袁秋勇 杨 进）

■惠农补贴 全市规范落实中央农业支持保护补贴（耕地地力保护）、稻谷生产环节补贴等惠农政策。发放耕地地力保护补贴资金3.66亿元，涉补面积20.33万公顷；发放稻谷生产环节补贴资金1.55亿元，涉补规模种植面积9.87万公顷。（袁秋勇 杨 进）

■"菜篮子"基地建设 扬州市级财政持续补助1500万元，在广陵区沙头镇、江都区吴桥镇和小纪镇、邗江区槐泗镇4个市区"菜篮子"基地，新建与提升蔬菜生产基地70公顷，其中新建玻璃温室0.78公顷、连栋大棚1.08公顷、钢架大棚9.4公顷。（姚 义）

园艺业

■绿色园艺种植基地建设 启动实施百万亩绿色园艺基地建设工程，计划到2022年，全市建成100万亩绿色园艺种植基地。打造宝应水生蔬菜、高邮设施蔬菜园艺、江都蔬菜花卉苗木、仪征丘陵茶叶花果、广陵蔬菜瓜果等地方特色产业。至年末，完成5.67万公顷建设任务，其中蔬菜3.6万公顷、花木1.53万公顷、果树0.33万公顷、茶叶0.2万公顷。（姚 义）

■省级园艺作物标准园建设 全市推进绿色优质园艺产品生产供给，加强园艺作物标准园建设。全年有6家企业获批省级园艺作物标准园。至年末，成功申报68个园艺作物标准园。（姚 义）

■首届扬州家庭园艺展 4月，举办主题为"园艺美万家，园艺乐万家"的首届扬州家庭园艺展。通过展示富有创意的设计、形式多样的辅助设施和蔬菜、瓜果、花卉等在室内的生长场景，集中展示阳台蔬菜、阳台水果、阳台花卉的栽培及设施、庭院立体园艺展示技术、植物墙体种植技术等一批家庭园艺精品，展示出园艺产品的创意性、新颖性、观赏性、实用性等特点，吸引2万多人次参观。（姚 义）

■园艺获奖 2月4日，何园管理处牵头申报的扬州园林系统智慧旅游信息化综合管理平台获江苏省智慧旅游示范项目。6月28日，荷花池公园管理处选送的两件碗莲栽培作品"红灯笼""喜相逢"获第32届全国荷花展碗莲栽培技术评比金奖。（王进城）

林业

■概况 全市完成成片造林2400公顷，植树665万株，创成省级绿化示范村45个，建设农田林网8667公顷，完成森林抚育面积5567公顷。全市森林覆盖面积13.39万公顷，林木覆盖率23.16%。全年修复湿地282.87公顷，新建湿地保护小区8个，全市自然湿地保护率51.2%。编制印发《扬州市湿地保护规划（2018—2030）》，完成林业碳汇计量监测、林地变更调查、国有林场改革、森林督查、省级重要湿地名录认定等重点工作。扬州市被省林业局确定为全省"互联网＋全民义务植树"试点市。（孙羊林 曹兆阳）

■**“三化”建设** 组织实施林业“三化”（彩色化、珍贵化、效益化）“个十百千”示范创建活动，即5年建成一个示范县、十个示范片、一百个示范村、一千个示范单位。2018年，全市新建21个“三化”示范村和220个“三化”示范单位，示范片累计11个。（孙羊林）

■**森林资源监管** 全年举办培训班9期500多人次。查处扬州经济技术开发区施桥镇永顺村等滥砍乱伐林木、邗江大桥林场违规征占用林地等涉林案件7件。完成年度林地变更，通过遥感影像、2017年管理档案核实、现地核实，对2016年“一张图”数据进行更新，形成2017年度林地变更成果。开展森林督查，核查307个疑似图斑，发现违法违规图斑11个，违法问题及时移交执法部门进行查处或整改。（陈翔轩）

■**林业有害生物治理** 全市主要林业有害生物发生1962公顷，下降42.2%，发生程度中等偏轻。其中，虫害发生1879公顷，下降43.5%；病害发生81.73公顷，上升0.35%。按主要发生种类统计：松材线虫病疫情发生面积66.4公顷，下降15.9%，病死树6株，下降50%；美国白蛾发生1560.93公顷，下降46.8%，涉及57个乡镇、532个行政村，比上年增加8个乡镇、11个行政村；舟蛾类杨树食叶害虫发生221.93公顷，下降23%；天牛类蛀干害虫发生93.33公顷，上升31.4%。（赵景奎 纪开燕）

■**国有林场改革** 仪征市试验林场是扬州地区唯一一家国有林场。2018年，仪征市试验林场完成清欠职工养老保险费、医疗保险费梳理工作；明确隶属关系，由铜山办事处管理调整为仪征市政府管理，由仪征市政府委托枣林湾生态园管委会管理。11月23日，通过省级验收。

（赵景奎 黄 健）

■**林木种质资源管理** 开展全市林木种质资源清查工作，调查本辖区范围内野生林木种质资源（包括珍稀濒危树种资源）、古树名木、主要栽培树种（品种）和引进树种（品种）种质资源等类别、数量与分布，采集、制作种质标本，并在地形图上注记相应的地理位置。

（赵景奎 黄 健）

■**基层林业站建设** 2018年，扬州新添三家“全国标准化林业工作站”。国家林业和草原局林业工作站管理总站认定仪征市白羊山林业站、江都区仙女镇林业站及江都区宜陵林业站高分通过“全国标准化林业工作站”创建核查。（赵景奎 黄 健）

■**湿地资源保护修复** 推进润扬湿地公园总体规划修编。宝应湖国家湿地公园通过省林业局组织的第三方评估。推进湿地保护小区建设，全市新建邗江区公道饮水河，江都区长江三江营段、长江嘶马段、三阳河，仪征市秦栏河、仪扬河，广陵区夹江等7个湿地保护小区，全市自然湿地保护率51.2%，提前两年完成“十三五”自然湿地保护目标。

（曹兆阳 郝奇林）

畜牧业

■**概况** 2018年，全市能繁母猪存栏3.60万头，比上年下降5.76%，生猪年出栏82.14万头，增长4.27%；生猪存栏43.69万头，下降7.22%，受下半年非洲猪瘟疫情影响，全年生猪养殖每头亏损200元左右。家禽存栏1513.35万只，增长15.98%，全年家禽出栏3132.62万只，增长4.14%。全市生猪规模养殖场1117家，规模养殖比重88.7%；奶牛规模养殖比重100%；肉鸡、蛋鸡规模养殖比重分别为99.08%、95.21%。全市新创成省级生态养殖示范场14家，畜禽生态健康养殖比重52%。（张 斌）

■**生猪养殖集聚区建设** 全市系统推进现代化生猪养殖集聚区建设，形成《全市生猪产业集聚区建设情况督查报告》。市政府与光明食品集团签订战略合作框架协议，5个县（市、区）政府与光明生猪有限公司签订生猪养殖意向协议，按照“三个永久”的要求完成集聚区规划，规划总面积0.56万公顷，其中生猪养殖基地面积0.04万公顷，蔬菜、林果基地面积0.19万公顷，循环农业基地0.34万公顷。宝应望直港基地、高邮邮都园基地、江都小纪镇基地、邗江公道镇基地开工建设；宝应汉世伟黄塍生猪基地投产；陈集农业产业园苏胜公司生猪基地通过扩建改造，实现农牧结合、循环利用。（张 强）

■**生猪产业实验室建设** 启动生猪产业重点实验室建设，赴南京农业大学淮安研究院、重庆市畜牧科学院以及扬州大学等科研院所开展调研，形成扬州生猪产业重点实验室建设建议方案。与扬州大学动科学院签订《关于共建“生猪产业实验室”的合作协议》，按照“校地共建，共享共用”的模式，整合扬州大学科研力量，在扬州大学动物科学与技术学院成立扬州生猪产业重点实验室。（张 斌）

■**畜牧生态健康养殖** 全市组织开展畜牧生态健康养殖创建，制定印发《生态健康和现代化牧场示范创建实施方案》，开展生态健康养殖技术推广。至年末，全市生态健康养殖比重52.2%。新创建省级畜牧生态健康养殖示范场14家，建成种养结合型牧场3家、农牧循环型产业示范基地5个。（张 斌）

■**屠宰企业标准化建设** 全市推动屠宰行业转型升级，推进8家生猪屠宰企业标准化建设，确定选择2～3家生猪定点屠宰企业开展标准化创建试点。加强屠宰企业日常监管，做到病死猪检出率100%，无害化处理率100%，出场肉品合格率100%，全年无重大畜产品质量安全事故发生。强化屠宰环节非洲猪瘟防控，市级组织5个督查组3次分别到8家屠宰企业进行督导，区县级日常监督检查 60 多批次，严格把关生猪屠宰的宰前、宰中、宰后各环节，落实各项防控措施。扬州市农委、食药监局、环保局联合印发《关于加强牛羊家禽屠宰管理工作的通知》，全面启动牛羊家禽屠宰监督管理工作。（虞志华）

■动物防疫 全市组织开展重大动物疫病春、夏、秋三大集中防疫行动，累计使用疫苗 3167 万毫升（头份、羽份），免疫畜禽 5032 万头（只、羽）次。累计监测禽流感、口蹄疫、新城疫、猪瘟和高致病性猪蓝耳病近 3.2 万份次，免疫抗体合格率 85% 以上。有效扑灭江都区 H5N6 亚型高致病性禽流感疫情。选择 11 家养殖场实施疫病强制免疫“先打后补”试点，累计试点畜禽 28.67 万头(羽)。扬州在全省重点血防市中第一个通过省级验收，全域达到家畜血吸虫病传播阻断标准。组织实施动物疫病监测能力提升工程。（张　斌）

渔业

■概况 2018 年，全市水产养殖面积 7.46 万公顷，水产品总产量 39.6 万吨，实现渔业产值 117 亿元。河蟹养殖亩均产量比上年增长 10% 以上，规格增加 15~25 克，亩均效益 3000~5000 元。罗氏沼虾亩均产量持平略增，价格上涨 1 元 / 千克，亩均效益 4000~8000 元。池塘养殖甲鱼销售价格上涨 10~15 元 / 公斤，鳜鱼销售价格增加 3~5 元 / 千克。全市稻（藕）渔综合种养面积 0.33 万公顷，新增稻渔综合种养面积 0.09 万公顷，亩均增加效益 1000 元以上，新创建农业农村部水产健康养殖示范场 8 家。（杨显祥）

■渔业品牌建设 2018 年，扬州市水产企业参加国内外举办的各种农产品交易会、展销会，提升水产品牌影响力。在第 16 届中国国际农展会和上海“王宝和”杯全国河蟹大赛中，“宝湖”牌大闸蟹获“金蟹奖”“优质蟹奖”。在第三届中国河蟹产业发展高峰论坛暨 2018 海峡两岸河蟹大赛中，“宝湖”牌大闸蟹获“最佳品质奖”“最佳种质奖”“优胜奖”3 个奖项。宝应湖大闸蟹、宝应湖中华鳖获地理标志产品，高邮湖大闸蟹获中国驰名商标。在 2018 年中国水产年度大会上，江苏王鲜记现代农业发展有限公司被评为中国水产推动成就企业。（杨显祥）

■水产种业建设 2018 年，全市繁育常规鱼苗 236 亿尾，比上年增加 34 亿尾。罗氏沼虾推广“南太湖 2 号”罗氏沼虾良种，全市罗氏沼虾繁苗量 78 亿尾，创历史新高。高邮、江都多家育苗企业与浙江省淡水水产研究所开展技术合作，引进“南太湖 2 号”罗氏沼虾良种，良种覆盖率提高，罗氏沼虾苗远销广东、福建等地。（杨显祥）

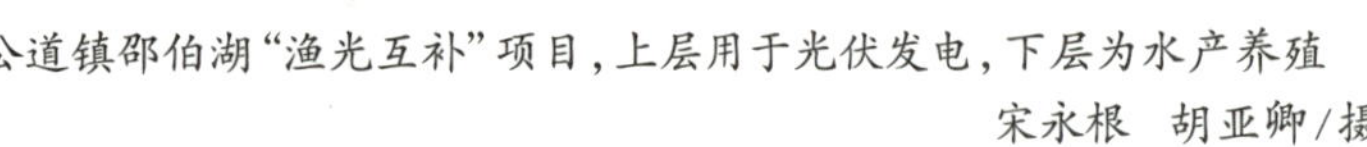

公道镇邵伯湖“渔光互补”项目，上层用于光伏发电，下层为水产养殖 宋永根 胡亚卿/摄

■高宝邵伯湖渔业 2018 年，高宝邵伯湖渔业总产量 2.15 万吨，渔业一产总产值 2.71 亿元，湖区渔业二、三产总值约 3.61 亿元，涵盖电商、粗精加工、出口流通、休闲渔业等。改善渔业生态环境。湖区水体符合《地表水环境质量标准》Ⅱ、Ⅲ类水质标准。鱼类等生物多样性指数较丰富，鳙、鲢、翘嘴鲌、鲂等增殖放流品种进入十大优势种，浮游动植物、底栖动物等饵料资源丰富，渔业潜力有 5477 吨，增加 17.3%。采用环境 DNA 技术评估湖泊保护鱼类湖鲚资源量 8975 吨。增养殖鲢鳙从水体中移除碳 295.2 吨、氮 89.2 吨和磷 21.8 吨，增强抑藻净水效果。

强化渔业减量提质增效。退养还湖 0.25 万公顷，首创“养殖权人主动申请注销养殖证”方式。完成农业农村部中央预算资金 492 万元支持建设的保护区建设项目并通过验收。开展芦苇场渔政监督管理专项行动，推进芦苇场常态化管理及“退养还湖”“退圩还湖”，建立放流苗种供苗单位履约诚信体系。扩面推进农业农村部金融支渔创新试点项目，涉及参保养殖面积 1.8 万公顷，参保养殖渔民 1132 户，使用财政资金 173 万元，参保渔民获赔 653 万元，户均获赔 5800 元。举办首届农民丰收节暨第三届高邮湖大闸蟹旅游美食节，高邮湖出口水产品养殖基地超过 0.18 万公顷。

强化渔政执法。全年“以案释法”宣讲 15 次，首创《渔业行政执法建议书》制度，遏制老年人违法捕捞行为。挂牌成立扬州市公安局驻江苏省高宝邵伯湖渔管办警务室，查获四艘大马力快艇电鱼案。全年查获各类案件 139 起，在省内率先探索设立“限捕区”0.1 万公顷。（眭洁如）

农业产业化经营

■农业产业化发展 2018年，全市有县级以上生产加工类农业龙头企业460家，销售收入696亿元，增长7%，带动农户125万户。新增国家级农业龙头企业扬州三和四美酱菜有限公司1家。开展省级农业龙头企业申报工作，江苏惠田等6家市级农业龙头企业被评为省级农业龙头企业。宝应县氾水镇新荡村（有机稻米、蔬菜）获第八批农业部全国一村一品示范村镇，全市有9个国家级“一村一品”示范村镇。（徐迅燕）

■农业招商 以海峡两岸（扬州）农业合作试验区为平台，组织开展“4·17”首届海峡两岸（扬州）乡村振兴论坛、农业产业招商签约会和福建、南京、北京等多场专题招商推介会，举办首届“中国农民丰收节”系列活动。全年组织招商拜访19次、推介签约2次，新引进现代农业项目70个。（徐迅燕）

■休闲农业品牌创建 打造地方特色休闲农业品牌，5家企业申报全国休闲农业与乡村旅游星级示范企业并通过省级专家验收，创建省休闲观光农业精品村7个、省主题创意农园6个。参与“江苏省休闲采摘电子地图”编制、“农业部‘春观花’‘夏纳凉’‘秋采摘’‘冬农趣’精品景点”推介等活动，举办扬州市“十佳休闲观光农业单位”及扬州市“休闲观光农业精品村”评选，确定10家市级十佳单位和11个市级精品村并公示颁奖。（姚 义）

■农业电商 2018年全市农业电商网上销售额57.9亿元，带动9万户农民致富。“中国特产·扬州馆”获“2018年京东生鲜星鲜店铺奖”，高邮市获“江苏省农业电子商务示范县”，扬州十二粉黛生物科技股份有限公司等6家单位获“江苏省农业电子商务示范单位”。宝应县安宜镇北闸村等34家单位被评为2018年度江苏省“一村一品一店”示范村。（潘小文）

农业园区

海峡两岸（扬州）农业合作试验区

■概况 2018年，海峡两岸（扬州）农业合作试验区完成“4·17”系列活动。海峡两岸（扬州）名特优农产品暨家庭园艺博览会邀请台湾、新疆新源县和陕西榆林市的部分企业参展，吸引146家企业2000余种名特优农产品在现场进行展示和销售。举办首届海峡两岸（扬州）乡村振兴论坛暨2018扬州农业产业招商会，邀请台湾知名学者庄锦华教授、清华大学刘大成教授和台湾大学蔡明哲教授作主题演讲；集中签约农业投资项目30个，协议投资总金额33.92亿元。（徐迅燕）

■海峡两岸（扬州）名特优农产品暨家庭园艺博览会 4月13日，由扬州市政府主办，扬州市农委、高邮市政府、扬州市台办承办的海峡两岸（扬州）名特优农产品暨家庭园艺博览会在扬州国展中心开幕。活动现场，有扬州、台湾、新疆新源和陕西榆林等地区的146家农业企业展示展销海峡两岸名特优农产品。其中，扬州本地特产有茶叶、荷藕、酱菜、蘑菇、糕点、双黄蛋、鹅、鸭等，台湾土特产有柚子参、竹炭花生等，陕西榆林有鲭鱼、烟仔虎、小米油等，新疆新源则有大枣等。本次家庭园艺博览会主题为“园艺美万家，园艺乐万家”，模拟家庭场景，专门规划庭院、阳台、样板间等家庭组成区域，结合不同家庭需求，布置多个装饰精美、各具特色的样本展区。具体包括阳台花卉、阳台蔬菜、阳台水果的栽培及设施、庭院立体园艺展示技术，植物墙体种植技术等。（徐步勇）

■首届海峡两岸（扬州）乡村振兴论坛暨2018扬州农业产业招商会 4月17日，扬州市举办首届海峡两岸（扬州）乡村振兴论坛暨2018扬州农业产业招商会，参会嘉宾人数500多人。台湾知名学者教授庄锦华、清华大学教授刘大成和台湾大学教授蔡明哲，以开展乡村振兴、产业振兴、人才振兴、生态振兴、文化振兴和农村一、二、三产业融合发展为主题作演讲，为乡村振兴战略的扬州实践开阔视野、启发思路。在2018扬州市农业产业招商暨项目签约会上，集中签约农业投资项目30个，协议投资总金额33.92亿元。（徐步勇）

海峡两岸（扬州）名特优农产品暨家庭园艺博览会现场　孟德龙/摄

农业标准化示范区

■概况 至2018年末，扬州市建立国家级农业标准化示范区12个、省级农业标准化示范区41个，示范面积68万公顷，推广实施国家、行业和地方标准800余项。邗江区麦秸还田机插稻标准化示范区、宝应现代渔业产业园标准化试点通过省级考核验收。推进江都区吴桥镇蔬菜产业园蔬菜种植标准化试点、扬州翔龙禽业发展有限公司绿壳蛋鸡养殖标准化试点等省级农业标准化试点建设。（茆法勇）

■农产品生产技术标准体系建立 扬州市鼓励农业龙头企业和广大农户、农村合作经济组织参与省级和市级农业标准制定工作。至年末，全市制定国家农业标准13个、省农业标准212个、市级农业标准136个，标准涵盖稻麦、蔬菜、水果种植、特色水产养殖。加强标准实施可操作性，组织扬州大学、江苏里下河地区农科所等部门专家编制农业标准化生产技术挂图20幅，提升农业龙头企业、广大农户和农村合作经济组织的标准化生产水平。

（茆法勇）

农业综合开发

■概况 2018年，全市完成国家和省级农业开发项目总投资2.38亿元，其中财政资金2.21亿元。建成高标准农田21.07万公顷，占耕地面积的73.94%。

全市争取国家和省级农业开发土地治理项目资金1.86亿元，其中财政资金1.86亿元，改善农田基础设施0.9万公顷，建成高标准农田0.78万公顷。全市农业开发项目区新建田间道路207.28千米、农桥114座、排灌站234座、衬砌渠道217.83千米。项目区新增灌溉面积1.68公顷，改善灌溉面积7.74公顷，新增节水灌溉面积4.03公顷，新增粮食产量9857.5吨、油料176吨，新增种植业总产值2731.05万元，项目区农民增收2813.37万元。

全市争取国家农业开发产业化经营项目和省级丘陵山区项目34个，其中国家农业开发产业化经营项目18个、省级丘陵山区项目16个。项目总投资5213.05万元，其中财政资金3198万元，扶持宝应天禾食品、高邮龙伟食品、普德家庭农场、水乡家庭农场、桃园家庭农场、仪征铜山靓月家庭农场，广陵五亭食品、江都绿地粮食种植家庭农场等农业新型经营主体。（冯龙庆）

■国家农业综合开发项目 2018年，全市争取国家农业开发土地治理和产业化发展项目总投资2.02亿元，其中财政资金1.89亿元。

国家农业开发土地治理项目包括高标准农田建设项目19个，总投资1.76亿元，治理面积0.78万公顷。全年在项目区新建田间水泥路151.69千米，建设衬砌渠道180.7千米，建设农桥113座，新建或拆建排灌站215座，配套渠系建筑物11067座，建设农田林网折实面积186.67公顷。

争取国家农业开发产业化经营项目18个，包括10个财政补贴项目和8个贷款贴息项目，总投资2642.64万元，其中财政资金1396万元，扶持农业产业化龙头企业12家，家庭农场、种植大户6家。10个财政补贴项目包括宝应县3000吨蔬菜调理食品加工新建项目、高邮市4000吨大豆深加工扩建项目、高邮市300亩特种水产养殖基地改建项目、高邮市220亩常规鱼种养殖基地建设项目、高邮市50吨台湾泥鳅标准化孵化基地改扩建项目、高邮市160亩立体种养基地建设项目、仪征市23万公斤无公害谷物种植基地改建项目、江都区900吨稻米恒温仓储新建项目、江都区2000吨粮食周转仓库流通设施新建项目、广陵区2000吨速冻包点改扩建项目；8个贷款贴息项目包括扬州名佳食品有限公司实施的“扬州市宝应县2.7万吨面粉加工原料收购流动资金贷款贴息项目”、扬州天成食品有限公司实施的“扬州市宝应县2000吨调味蔬菜加工原料收购流动资金贷款贴息项目”、江苏建炜家纺制品有限公司实施的“扬州市宝应县1600吨羽绒加工收购原料流动资金贷款贴息项目”、江苏四季馨家纺有限公司实施的“扬州市宝应县126吨羽绒加工收购原料流动资金贷款贴息项目”、高邮市万嘉面粉有限公司实施的“扬州市高邮市5万吨优质小麦收购加工流动资金贷款贴息项目”、高邮市新文游面粉有限公司实施的“扬州市高邮市2万吨红皮小麦收购流动资金贷款贴息项目”、高邮市秦邮蛋品有限公司实施的“扬州市高邮市6000万只鲜鸭蛋收购流动资金贷款贴息项目”、江苏润扬种业股份有限公司实施的“扬州市仪征市500万公斤种子加工收购原料流动资金贷款贴息项目”。（冯龙庆）

■省级丘陵山区农业综合开发项目 2018年，全市实施省级丘陵山区农业综合开发项目16个，建设面积763.3公顷，总投资2570万元，其中财政资金2140万元。重点扶持丘陵山区经济林果、花卉苗木、畜禽养殖和生态观光农业等产业发展。仪征市实施10个项目，包括仪征市凌东二期经济林果基地、仪征市老坝观光农业基地、仪征市苏胜一期观光林果基地、仪征市惠田二期经济林果基地、仪征市青山花木观光林茶基地、仪征市捺山那园休闲观光基地、仪征市谷原观光农业基地、仪征市国荣观光农业基地、仪征市欣国经济林果基地、仪征市金坝湖一期观光苗木基地。高邮市实施3个项目，包括高邮市送桥生态农业基地、高邮市菱塘生态农业基地、高邮市送桥种草养鹅基地。邗江区实施3个项目，包括邗江区杨寿镇墩留村花卉苗木观光基地建设项目、扬州北山农耕文化园、扬州三棵柳生态休闲观光基地建设项目。项目区新建排灌站14座，铺设防渗渠道22.98千米，铺筑田间道路43.31千米，配套田间建筑物795座；新增经济林果种植面积32.33公顷。

（冯龙庆）

■**省级高沙土项目** 2018年，全市省级高沙土农业综合开发项目总投资1050万元，全部为财政资金，治理高沙土面积466.67公顷。项目涉及江都区吴桥镇、江都区郭村镇和广陵区头桥镇，治理高沙土面积466.7公顷。项目区新建排灌站5座、渠系建筑物626座，农桥1座，铺设防渗渠14.15千米，铺筑水泥路12.28千米，新增6.67公顷造林面积。项目区新增灌溉面积60公顷，改善灌溉面积340公顷；新增除涝面积20公顷，改善除涝面积220公顷；年节约用水量45.2万立方米；项目区农民增收总额196.48万元。（冯龙庆）

农业机械化

■**概况** 2018年，扬州市农机总动力278.3万千瓦，农业机械化水平87.1%。全市新增乘座式插秧机1216台，新增自走式喷杆植保机243台，新增粮食烘干机93台。新创省级农机示范社18个、市级农机示范社16个、市级农机示范大户15个、市级农机社会化服务示范体4个。全市拖拉机、联合收割机综合“三率”（挂牌率、年检率和驾驶员持证率）水平分别为98%、93%。全市节水灌溉机械化育秧面积近100公顷。（马　勇）

■**粮食生产全程机械化创建** 2018年，宝应县、仪征市入围省粮食生产全程机械化整体推进示范县（市、区）创建序列，实现示范县（市、区）创建全覆盖。高邮市被评为全国粮食生产全程机械化示范县（市、区）。再建粮食生产全程机械化达标乡镇14个。委托农业农村部南京农业机械化研究所对粮食生产全程机械化创建工作的社会效益、生态效益、经济效益进行第三方评估。（马　勇）

■**农机社会化服务** 扬州市实施“两创一建”（创农机示范大户、创农机示范合作社、建农机社会化服务示范体）行动计划，新创省级农机示范社18个、市级农机示范社16个、市级农机示范大户15个、市级农机社会化服务示范体4个。全年新增农机合作社55个，累计总数567个；新增农机规模大户（农机固定资产50万元以上）97个，累计总数695个。（马　勇）

■**农机安全监理** 全市新注册登记拖拉机688台、联合收割机435台，累计检验拖拉机1.29万台、联合收割机6072台，新办农机驾驶证404人。与公安部门联合召开3次联席会议和会商会，开展联合执法247次，检查上道路行驶农机5000余台，纠正各类违法行为1366起，排除上路行驶拖拉机安全隐患4000余处。（马　勇）

■**农机跨区作业** 2018年，全市发放3442张跨区作业证，组织318支跨区作业队、6807台次联合收割机参加跨区机收作业，跨区机收面积73.4万公顷，跨区机收收入约6.6亿元；2647台次大中型拖拉机参加跨区机耕作业，作业面积8.78万公顷，作业收入约5200万元；431台插秧机参加跨区机插作业，作业面积1.36万公顷，作业收入约1200万元；全市跨区作业总面积83.54万公顷，跨区作业总收入7.24亿元。（马　勇）

■**农机教育培训** 全市全年举办各级各类农机培训班3250期，其中大规模专项观摩演示培训250期、微课堂培训1000期、网络会诊型培训2000期，培训农机从业人员2.5万人次。完成农机职业技能获证奖补任务1600人。（马　勇）

作业人员农田内驾驶收割机收割麦子　濮良平/摄

新兴产业

Xinxing Chanye

编　辑　贾丽琴

综述

■**概况** 2018年，全市战略性新兴产业呈现总体平稳、稳中有进的基本态势，全市规模以上企业超700家。全年战略性新兴产业规模以上企业产值比上年增长12%，占规上工业总产值的比重为42.6%，其中新能源、新光源产业产值比分别增长15.5%、6.7%，主要光伏企业加快转型升级应对“531”新政（国家发展改革委、财政部、国家能源局于5月31日联合印发《关于2018年光伏发电有关事项的通知》），协鑫5.5GW（吉瓦）湿法黑硅产线投产，实现年产4.5亿片多晶硅片及13亿片黑硅片的生产规模。新材料、智能电网、新一代信息技术等产业实现两位数增长，分别增长10.2%、11.3%、10.9%。高端装备制造产业增速较快，全年增长15.5%，亚威、扬力、金方圆、扬锻等骨干企业技术水平持续提升，集群集聚优势明显。

（赵　鼎　余　辰）

■**产业创新** 组织实施扬州市“新产业、新人才、新城市”（战略性新兴产业）清华大学专题培训班，40多名战略性新兴产业企业家参加培训。申报获批扬州大学等5家省级双创示范基地，总数居全省第二。牵头举办全国大众创业万众创新活动周扬州系列活动，先后开展高新区双创基地揭牌仪式、双创周扬州主题日阿里巴巴诸神之战创客大赛、第七届金博奖扬州赛区、独角兽公开课等活动。推动扬杰电子科技股份有限公司“900V以上高压大功率MOSFET芯片及封装/基于MCP技术的智能终端功率集成器件”、艾迪药业有限公司“长效抗HIV创新药”、扬力集团“7000吨智能锻造机床设备及技术”等4个项目入选《江苏省高技术发展重点项目计划（2018—2020年）》。（赵　鼎　余　辰）

■**11家省级工程研究中心新获批** 10月17日，省发改委下发《关于同意建设2018年度省级工程研究中心的通知》，扬州市“金属板材精密成形装备工程研究中心”等11家工程研究中心入选，获批数量位列全省第三，全市获批省级以上工程研究中心（实验室）累计达59家。

2018年度扬州市获批省级工程研究中心一览表

表16-1

创新平台名称	主要依托单位	建设地点
江苏省金属板材精密成形装备工程研究中心	扬州锻压机床集团有限公司	扬州市邗江区
江苏省超导电缆工程研究中心	宝胜科技创新股份有限公司	扬州市宝应县
江苏省高效化合物太阳能电池工程研究中心	扬州乾照光电有限公司	扬州经济技术开发区
江苏省油气微生物工程研究中心	中国石油化工股份有限公司江苏油田分公司	扬州经济技术开发区
江苏省环保型功能材料清洁生产工程研究中心	江苏华伦化工有限公司	扬州市江都区
江苏省新能源汽车热管理工程研究中心	江苏嘉和热系统股份有限公司	扬州市广陵区
江苏省智慧照明系统工程研究中心	江苏承煦电气集团有限公司	扬州市高邮市
江苏省作物保护剂减施增效功能材料工程研究中心	江苏擎宇化工科技有限公司	扬州化工园区
江苏省磷酸铁锂动力与储能电池工程研究中心	江苏中兴派能电池有限公司	扬州市仪征市
江苏省高性能特种管件工程研究中心	扬州市管件厂有限公司	扬州市宝应县
江苏省玄武岩纤维复合建筑材料工程研究中心	扬州大学	扬州市邗江区

（王元）

此次获批的“江苏省金属板材精密成形装备工程研究中心”“江苏省超导电缆工程研究中心”“江苏省高效化合物太阳能电池工程研究中心”等11家省级中心，分布于全市战略性新兴产业的新材料、智能电网、新能源汽车、智能装备制造、新能源等多个优势领域。（王 元）

■3企业获省战略性新兴产业发展专项资金 12月，省发改委、省财政厅下达2018年度省级战略性新兴产业发展专项资金及项目投资计划，扬杰电子科技股份有限公司的基于多芯片封装技术的智能终端功率集成器件设计及产业化项目、扬州锻压机床股份有限公司的数控多工位压力机生产线项目、江苏亚威机床股份有限公司的激光切割和焊接系统项目列入专项资金投资计划，各获1500万元的省战略性新兴产业发展专项资金支持，总上争资金体量和单体项目支持规模均创历史新高。（王 元）

新能源产业

■概况 2018年，新能源产业实现产值比上年增长15.5%；57家新能源产业规模企业实现开票销售比上年增长13.67%。受部分光伏企业退出市场前的甩货、后端电站建设总量受限、光伏市场低价竞争等多重因素影响，光伏产品价格持续下探，企业利润降幅较大。康博新材料3月多晶硅料售价9.8万元/吨，12月下降至6万元/吨，降幅高达40%；晶樱光电、德润光电等企业3月铸锭售价150元/千克，12月下降至98元/千克，降幅达35%；硅片的价格同期下降30%～40%，协鑫光伏的制绒硅片销售均价由上年3月的3.29元/片降至1.95元/片。电池片等下游产品小幅下降，单晶价格降幅低于多晶，大企业盈利能力强于小企业。晶澳太阳能高效电池产品利润率相比普通产品稍高，每月仍处于盈利状态。

（赵鼎佘辰）

2018年扬州市新能源产业主要企业一览表

表16-2

企业名称	地区
晶澳（扬州）太阳能科技有限公司	扬州经济技术开发区
扬州协鑫光伏科技有限公司	扬州经济技术开发区
扬州荣德新能源科技有限公司	扬州经济技术开发区
扬州续笙新能源科技有限公司	宝应县
扬州鑫晶光伏科技有限公司	高邮市
扬州港口污泥发电有限公司	扬州经济技术开发区
扬州天晟光电科技有限公司	宝应县
扬州善鸿新能源发展有限公司	仪征市
扬州艺丰光电发展有限公司	高邮市
江苏金晖光伏有限公司	高邮市

（赵鼎佘辰）

■龙头企业 2018年，晶澳（扬州）太阳能科技有限公司、扬州协鑫光伏科技有限公司、扬州荣德新能源科技有限公司三家龙头企业实现开票销售比上年增长0.6%，实现入库税收比上年下降55%。晶澳、协鑫入库税收分别比上年下降53.1%、84.7%，入库税收共比上年减少1.3亿元，导致产业降幅过大。

（赵鼎佘辰）

■荣德新能源获“单项顶级光伏材料品牌” 12月7日，2018第八届加强应用长江经济带“一带一路”分布式能源创新发展论坛暨2018领跑中国可再生能源先行企业100强颁奖典礼在南京举行，扬州荣德新能源科技有限公司获“单项顶级光伏材料品牌”大奖。荣德新能源作为专业的多晶硅片制造商，是业内首家进行准单晶硅片技术研发、引进金刚线切割机并实现多晶全熔技术研发量产的企业。（王 元）

新光源产业

■概况 新光源产业以升级改造为抓手，实现特色发展。高邮湖西新区成为闻名全国的“灯具之乡”，形

荣德新能源太阳能多晶硅片生产车间 王乃驷/摄

成涵盖各种室外照明的完整产业链，并将光电转换及传感技术应用到道路照明灯具产品上，形成核心生产技术，实现产品由传统灯具向智能控制的转变。道路照明灯具产品在全国的市场占有率达40%，产品覆盖全国，进入东南亚、中东及非洲等国际市场。拥有龙腾照明、宝德照明、承煦电气、伏特照明、现代照明、星慧照明等一批体量大、科技含量高、信誉好的龙头企业。扬州经济技术开发区内新光源企业体量大、产品高端，上游集聚中科半导体、璨扬光电、乾照光电等外延片、芯片生产企业，下游集聚宇理电子、艾笛森光电、峻茂光电等封装企业以及佳明航电、艾特光电、雷笛克等终端应用及配套企业。2018年，新光源产业产值比上年增长6.7%，22家产值过10亿的重点企业增幅达17%。（赵鼎余辰）

2018年扬州市新光源产业主要企业一览表

表16-3

企业名称	地区
龙腾照明集团有限公司	高邮市
扬州乾照光电有限公司	扬州经济技术开发区
扬州璨扬光电有限公司	扬州经济技术开发区
扬州强凌有限公司	邗江区
神州交通工程集团有限公司	高邮市
飞利浦照明工业（中国）有限公司	仪征市
江苏承煦电气集团有限公司	高邮市
扬州宇理电子有限公司	扬州经济技术开发区
扬州艾笛森光电有限公司	扬州经济技术开发区
同扬光电（江苏）有限公司	扬州经济技术开发区

（赵鼎余辰）

■2018中国光明小镇照明博览会 3月25日，2018中国光明小镇照明博览会开幕式暨扬州郭集灯具城二期开业典礼在高邮高新区举行。博览会设置展位470个，展览面积8500平方米，吸引本地及外来200家企业参展。活动中现场颁发2018中国光明小镇照明博览会贡献奖。郭集灯具城自2014年开业以来安排就业人员达600多人，门市销售交易量达20亿，形成税收8000多万元。郭集灯具城二期开业后，灯具城总建筑面积近11万平方米，可接纳省内外户外、室内灯具商户1300家，成为集商贸展示、商务办公、物流仓储、电子商务、配套经营等功能于一体的户内外灯具产销基地。（赵鼎余辰）

■高邮高新区举行“6·28”项目集中签约暨创新载体揭牌活动 6月28日，高邮高新区举行“6·28”项目集中签约暨创新载体揭牌活动。此次集中签约的18个项目和揭牌的创新载体——陕西科技大学高邮技术转移中心，涵盖结对共建、产业园区、科技平台、产业发展、投资基金等方面，规模体量大、科技含量高、发展后劲强。包括园区结对共建项目，如上海西郊经济技术开发区合作共建园区项目、上海市青浦区重固镇共建园区项目；特色产业园项目，如中南控股集团有限公司固定资产投资50亿元的中南高科产业园项目；平台建设项目，如中国科学院福建物质结构研究所洪茂椿院士工作站、中国技术市场协会成果转化示范基地、上海产业技术研究院扬州智慧城市物联研究院；纯产业项目，如安徽天时新能源有限公司总投资10亿元的锂电池项目、廊坊市高瓷新材料科技有限公司总投资10亿元的有机陶瓷覆铜板项目、杭州协能科技股份有限公司总投资5亿元的锂电池梯次利用项目、上海派森诺生物科技股份有限公司总投资5亿元的高通量生物科学仪器项目、北京信能阳光新能源科技有限公司总投资5亿元的LED体育照明项目等。（赵鼎余辰）

新材料产业

■概况 全市实施创新驱动发展战略，推进新材料产业高端化发展，

2018年扬州市新材料产业主要企业一览表

表16-4

企业名称	地区
扬州天富龙科技纤维有限公司	仪征市
江苏太极实业新材料有限公司	广陵区
江苏爱默生新材料有限公司	生态科技新城
江苏扬农锦湖化工有限公司	扬州化工园区
江苏瑞祥化工有限公司	仪征市
实友化工（扬州）有限公司	仪征市
江苏琼花集团有限公司	广陵区
仪化东丽聚酯薄膜有限公司	仪征市
扬州纪元纺织有限公司	广陵区
扬州新扬科技发展产业有限公司	邗江区

（赵鼎余辰）

初步形成以特种金属功能材料、先进高分子材料、新型无机非金属材料等为主体的新材料产业体系。2018年，新材料产业产值比上年增长10.2%，复合材料、芳纶薄膜等化工新材料产业发展迅速。

（赵鼎余辰）

■环保新材料研究院建设 8月21日，扬州兴彬环保材料研究院有限公司与扬州化工园区签署入驻协议。环保材料研究院由南京大学张全兴院士和南开大学李弘教授等出资组建，专注于可生物降解材料、环保材料、生物制品的技术研发及转化的科技研发服务。研究院将重点围绕绿色生物质有机胍催化剂设计和合成、环境友好材料全绿色工艺合成研究、生物质有机胍催化法全绿色工艺合成环境友好材料成果转化关键技术研发、生物质有机胍法合成环境友好材料全绿色模拟放大实验等开展研发服务。

（赵鼎余辰）

■鸿达兴业股份有限公司 2018年，鸿达兴业股份有限公司实现营业收入60.44亿元，比上年下降7.58%；实现净利润6.11亿元，比上年下降39.21%。全年完成聚氯乙烯（PVC）产量62.65万吨，下降3.41%；烧碱产量46.57万吨，增长1.24%；电石产量65.48万吨，下降7.78%；土壤调理剂产量10.23万吨，下降55.99%；PVC制品产量1.51万吨，下降13.29%；稀土产品产量1.27万吨，增长15.95%。

大力发展氢能源综合利用相关业务，推动“制氢、储氢、运氢及氢能应用产业链”建设。年末，乌海化工投资建设一座加氢站；乌海化工完成在乌海市建设8座加氢站的相关备案工作；与北京航天试验技术研究所在氢能技术研发、装备研制推广等方面开展合作，与其下属企业合作建设氢液化工厂。公司氯碱装置保持较高开工负荷，通过技改和工艺创新，部分单耗指标较上年有所降低。

加大改性PVC、PVC专用料研发和生产力度，增加高附加值产品比重。全年氯碱产品产销量稳定，客户结构优化，经营效益良好。多渠道加快土壤改良业务布局，取得农业部颁发的酸性土壤调理剂、碱性土壤调理剂的正式肥料登记证；探索“精准测土＋技术服务＋产品”等新销售模式，从生产、研发、营销、人力等方面加大投入，推动土壤修复业务发展。应用现代新工艺、新设备研发生产土壤调理剂产品，根据用户使用情况和市场反馈，不断优化土壤调理剂的生产工艺。重点挑选经济价值相对较高的农作物作为营销目标，推动国外市场销售；投标参与土壤修复相关的各地政府采购项目，中标多个政府项目，入选“广州市污染地块再开发利用从业单位”名录；土壤研究院先后参与农业部相关土壤调理剂标准制定、参加全国肥料产业联盟研讨会、参与完成北京中实国金国际实验室能力验证研究有限公司组织的相关土壤实验能力考核。（王元）

■扬州晨化新材料股份有限公司 2018年，扬州晨化新材料股份有限公司实现营业收入7.87亿元，比上年增长11.86%；实现净利润0.86亿元，比上年增长9.27%。

技术研发。加大产品研发投入，全年研发投入2484.91万元，占营业收入的3.16%。全年共有专利34件，其中发明专利29件、实用新型专利4件、外观设计专利1件。全年修订企业标准7份。

市场营销。以市场为导向，加强营销团队建设，进行渠道优化和市场推广。扩大定制产品销量。国外市场方面，通过在上海设立分公司开拓国外市场，全年产品出口8992.34万元。表面活性剂方面，与国内外知名公司保持深度合作，通过定制化学品模式的开发，加强聚醚在其他工业领域的拓展，端氨基聚醚、烷基糖苷业务增长显著。阻燃剂方面，加大国内外市场开发力度，阻燃剂业务销量增长迅速。有机硅橡胶材料方面，执行稳健经营方针，依靠在细分领域的领先技术和品牌优势，实现持续增长。（王元）

智能电网

■概况 扬州市在全国地级市中率先响应国家建设“坚强智能电网”的战略构想，确立打造“国家级智能电网产业基地”的目标，相继成为全国首家“火炬计划”智能电网特色产业基地和江苏省首家智能电网产业基地，扬州经济技术开发区智能电网综合示范工程成为国家电网公司智能电网建设试点项目。拥有

2018年扬州市智能电网产业主要企业一览表

表16-5

企业名称	地区
江苏金友电气有限公司	宝应县
江苏国电南自海吉科技有限公司	扬州经济技术开发区
扬州北辰通用智能电网有限公司	扬州经济技术开发区
扬州友强电力科技有限公司	江都区
江苏海德森能源有限公司	高邮市
扬州新概念电气有限公司	扬州经济技术开发区
宝胜集团有限公司	宝应县
江苏国电南自电力自动化有限公司	扬州经济技术开发区
江苏迅达电磁线有限公司	宝应县
扬州国瑞新能源科技有限公司	仪征市

（赵鼎余辰）

省级以上研发机构30多家、省以上高新技术产品500多个。智能电网产品覆盖"输电—配电—变电—用电—调度及通信"等各个环节。2018年，智能电网产业有规模以上企业115家，实现产值比上年增长11.3%。（赵 鼎 佘 辰）

宝胜科技创新股份有限公司 2018年，宝胜科技创新股份有限公司实现营业收入321.84亿元，比上年增长55.55%；实现净利润1.18亿元，比上年增长36.48%。

市场开拓。全年在电力能源、轨道交通等主体市场，公司新签合同和排产合同分别比上年增长23.1%、27.4%。宝胜山东公司获国家电网110千伏、35千伏产品"一纸证明"；铁路和轨道交通市场中标武九铁路、银西高铁等，特别是地铁市场先后中标贵阳地铁、石家庄地铁、郑州地铁、武汉地铁5号线等多个项目。公司在三重市场及标志性工程上中标青岛上合峰会、江苏省第19届运动会、首届进博会，以及北京新机场、青岛机场、浦东机场等重点形象工程。受邀参加国家铁路总局召开的动车组关键零部件国产化专题会议，相关产品完成和谐号动车组120千米实际运行测试，获得高铁第一单并正式装车；地铁市场，公司产品在西安等多个地铁项目成功运用，经过推介，广州、天津、重庆、北京等多个新地铁项目设计时就选用宝胜特种电缆；航空生产，公司线缆EWIS设计获客户高度肯定；核电市场，公司相关产品取得进展。

科技创新。新产品研发加快，全年公司自主研发新产品有25项通过省级产品鉴定，其中"超柔性机器人电缆"等9项被评为国内先进水平产品，2项产品被评为国际领先水平产品。重点项目建设不断推进。加快实施海底电缆、高分子材料等一批项目，其中智能网络电缆一期、宝胜宁夏电缆、110千伏变电站等项目建成投产。智能网络电缆形成年产90万箱的生产能力；海缆项目交联立塔封顶，26万平方米厂房建成。宝胜上海、宝胜山东、宝胜宁夏、宝胜四川和东莞日新项目等一批新建项目实施中。（王 元）

节能环保产业

概况 扬州市节能环保产业在政策驱动与需求拉动下稳步快速发展，产业规模迅速扩大，产业结构逐步向制造高端化、产品高效化、布局园区化方向升级演变。全市拥有国家循环经济教育示范基地、扬州环保科技产业园、苏中循环经济产业园区等集聚区，落户天雨集团、宁达贵金属等一批重点企业，基本形成以节能技术装备、环保技术装备、资源循环利用技术装备为主的产业体系。江都区重点集聚培育水、气、固体废弃物及噪声污染处理。邗江区初步形成以垃圾发电、灰渣制砖、餐饮垃圾处理为主的资源循环利用产业。2018年，全市节能环保产业有规模以上企业75家，实现产值比上年下降7.9%。（赵 鼎 佘 辰）

推进措施 开展节能环保产业调研，建立123家重点企业名录，纳入经济运行统计分析。排查重点企业、重点产品、重点项目和重点研发平台，现场走访调研20多家骨干企业，召开3个集聚区50多家企业座谈会，完成产业调研报告。加大培育和扶持力度，推荐西门子电机生产的三相异步电动机申报工业节能装备及"能效之星"产品，组织佳境环保等8家企业参加省节能环保产业配套协作会议，指导天雨环保等5家企业申报工信部污水处理环保装备规范准入。市级专项资金共对8个节能环保产业化项目进行奖励，总金额166万元，其中5个环保总承包项目共获奖励资金90万元。（扬工信 李 晖 谢森妙）

扬州环保科技产业园 2018年，扬州环保科技产业园集聚行业关联企业51家，初步形成"生活垃圾处理与综合利用""餐厨垃圾处理与综合利用"等循环经济产业链条，获批市级服务业集聚区、国家级绿色园区、国家级资源循环利用基地等。园区回收处理市区生活垃圾66.2万吨、餐厨废弃物2.2万吨、建筑垃圾61万吨、回收汽车废物0.56万吨，处理医疗垃圾2750吨，年上网发电1.6亿度，节约标煤2万吨以上，减少二氧化碳排放7.3万吨，年节省填埋土地约6.67万平方米。园区开发面积超过2.5平方千米，全年工业开票达14.96亿元，工业入库税收达4756万元，带动周边居民就业近4000人。完成创业园门口绿化工程及污水管网建设，园区内管道天

2018年扬州市节能环保产业主要企业一览表

表16-6

企业名称	地区
江苏庆峰国际环保工程有限公司	邗江区
扬州泰达环保有限公司	邗江区
扬州佳境环境科技股份有限公司	邗江区
江苏江澄环保设备工程有限公司	江都区
扬州澄露环境工程有限公司	江都区
扬州宁达贵金属有限公司	江都区
江苏天雨环保集团有限公司	江都区
扬州市华翔有色金属有限公司	高邮市
江苏华旭环保股份有限公司	扬州化工园区
扬州港口污泥发电有限公司	扬州经济技术开发区

（赵 鼎 佘 辰）

扬州市环保教育基地施工现场，工人正在进行内外部装修和展览布置
孟德龙/摄

然气主管道沿赵庄路铺设完毕，管网与市政管网连通。泰达路、黄冲路、中心路、王庄路污水管道清淤、维修工程完工。投入2000余万元，建筑面积达1500平方米的环保教育基地主体工程建成。园区新制定并发布循环经济类国家标准3个，申报并获批省"双创计划"人才1名，申报市"绿扬金凤"创新创业人才2名。新增国家高新技术企业4家，完成专利申请、授权580余件，正式签约产学研合作项目7个。泰达环保、天扬粮机、运博电力等企业持续加大技术改造投入，全年累计完成工业技术改造投入15.8亿元，比上年增长20%。创业服务中心帮助5家企业申领邗江区小微企业定向贷款，举办创新创业培训6场。完成ISO9000质量管理体系认证3家，培育标准化项目2个，商标发展27件，省、市名牌产品新申报10个。高品质打造产业项目。博一环保、力威变压器、中诚环保、欣元环保、博油环境等5个项目签约落户；首拓环境、迈奥环保等2个重大项目开工建设；首创餐厨项目竣工；泰达环保、天扬粮油等2个重大项目达产达效。（周　跃）

■扬州循环经济项目获中央预算内资金支持 6月，省发改委下达生态文明建设专项2018年中央预算内投资计划（第六批）投资计划，本批计划下达6个项目共计中央预算内投资7100万元。其中，扬州首拓环境科技有限公司扬州危险废物项目获中央预算内资金支持1492万元，占全省补助资金的21%，获批额度位列全省第二。该项目拟征地面积3.66万平方米，总建筑面积1.84万平方米；购置主要设备36台（套），项目焚烧系统处置规模100吨/天，配备1台处理能力为100吨/天焚烧处理线，配置1台1兆瓦汽轮发电机发电仅自用，不接入电网；物化系统主要处理废酸、废碱，配置设备处理能力为16.7吨/天。该项目建成后，危险废物焚烧处置能力为3万吨/年，物化处理能力为5千吨/年。（王　元）

生物医药产业

■概况 扬州市生物技术和新医药产业主要分布在医药制造、医疗器械、诊疗设备、生物农业等方面，集聚联环药业、伯克生物、一洋制药等一批重点企业，有多个国家一类新药品种和知名品牌。形成以扬州大学为依托，龙头生物技术和新医药企业为主体的创新体系。全市建成江苏省心血管系列新药工程技术研究中心、江苏省转基因制药工程技术研究中心等一批省部级研发机构和农业部畜禽传染病学重点实验室、江苏省植物栽培生理重点实验室等一批重点实验室。加快国家级扬州高新区生物科技园建设，联环药业、奥锐特医药、艾迪生物等一批重点项目进展提速。2018年，49家规模以上生物医药和新型医疗器械产业集群企业累计实现开票销售、入库税收比上年分别增长18%、0.7%，增幅高于全市先进制造业集群平均增幅9.2和1.7个百分点，分别占全市先进制造业集群开票销售、入库税收总量的3.1%和9.8%。全市

2018年扬州市生物医药产业主要企业一览表

表16-7

企业名称	地　区
江苏联环药业集团有限公司	广陵区
江苏中惠医疗科技股份有限公司	江都区
扬州十二粉黛生物科技股份有限公司	高邮市
扬州科恩生物科技有限公司	高邮市
扬州一洋制药有限公司	高邮市
扬州诺瑞药业公司	江都区
扬州福斯特激光仪器有限公司	仪征市
扬州艾迪生物科技有限公司	邗江区
扬州市三药制药有限公司	江都区
扬州三邦生物工程有限公司	江都区

（赵鼎余辰）

生物医药和新型医疗器械产业规模以上企业完成开票销售过亿元的企业共有17家，实现开票销售、入库税收分别占规模以上生物医药和新型医疗器械产业总量的86.6%和94.3%。联环药业是全球最大的盐酸土霉素、盐酸多西环素生产基地，全年实现开票销售、入库税收分别增长37.2%、3.7%；日兴生物长期专注于生物甲壳质（虾蟹壳）精深加工氨糖系列产品的研发与生产，全年实现开票销售、入库税收分别增长23.8%、15.9%；龙头企业华东医疗器械产品畅销全国各地、欧美和东南亚地区，全年实现开票销售比上年增加1.1亿元。

（赵鼎 佘辰 李晖）

■德国瑞能生物科技项目落户 4月11日，欧洲著名生物科技公司——德国瑞能生物科技公司落户扬州经济技术开发区，成立瑞优能医疗科技（扬州）有限公司，主要从事生物技术的开发、Ⅱ类、Ⅲ类医疗器械的组装和销售，首期项目总投资4500万美元，项目投产后预计年销售额超过3亿元。德国瑞能生物科技公司是一家拥有三十多年临床医学经验的专业医疗机构及器械公司，该公司主要业务包括医疗健康管理、医养地产、医疗美容以及相关器械的研发和生产，在欧州享有盛名。

（王 元）

■2018中国·扬州生物医药论坛 4月25日，由扬州市与中国药学会、江苏省科协共同主办的“2018中国·扬州生物医药论坛”正式开幕。论坛邀请业内近160家科研院所、制药企业、投资公司负责人参加。论坛上，扬州高新区作生物健康产业专题推介。中国工程院院士陈志南、中国工程院院士王广基等院士、专家分别作主题演讲。

（王 元）

■艾迪药业项目入选省高技术发展重点项目计划 10月，省发展改革委发布《江苏省高技术发展重点项目计划（2018—2020年）》，艾迪药业有限公司“长效抗HIV创新药”项目入选。ACC007是一种新型的治疗HIV-1感染的非核苷类逆转录酶抑制剂（NNRTI），于2017年3月获得CFDA（国家食品药品监督管理总局）的临床批件和1.1类新药证书，目前进入二期临床研究。

（王 元）

■江苏联环药业股份有限公司 2018年，江苏联环药业股份有限公司实现营业收入10.19亿元，比上年增长47.91%；实现净利润0.74亿元，比上年增长4.27%。

市场开拓。加强重点临床品种的专业化推广，组织参加全国医师协会泌尿年会及江苏省泌尿学术年会，扩大公司及产品知名度。推动泌尿系统用药的销售突破，重点临床品种爱普列特销售额1.04亿元，比上年增长20.45%；依巴斯汀销售额1.24亿元，增长18.47%；盐酸舍曲林胶囊销量增长52.51%；薄芝糖肽销售量861.16万支，增长387.88%。原料药销售1.50亿元，氢化可的松销量为4364千克，增长68.56%；醋酸氢化可的松销量为2693千克，增长11.19%；醋酸地塞米松销量1767.5千克，基本持平；盐酸左旋咪唑从上年零销量增长为年销售9000千克。

加速新品研发。2018年，公司研发投入4293.29万元，比上年增长61.82%。与中国工程院王广基院士合作创建院士工作站；与中国科学院上海药物研究所签订两个创新药合作开发项目。硫酸氢氯吡格雷片完成临床试验，辛伐他汀片、盐酸达泊西汀片、苯磺贝他斯汀片、莫西沙星片、阿奇霉素片等十多个项目进入临床阶段，六个品种在注册申报，多个品种在进行药学研究。叶酸片、盐酸多西环素片、阿奇霉素片等品种的一致性评价加速推进。

（王 元）

4月25日，2018中国·扬州生物医药论坛召开　　晚 报/供稿

工业

Gongye

编 辑 贾丽琴

综述

■**概况** 2018年，全市工业实现生产总值2283.60亿元。全年规模以上工业增加值增长5.1%，其中轻工业增长3.8%、重工业增长5.5%。分经济类型看，国有工业增长0.8%，集体工业下降17.3%，股份制工业增长6.7%，外商及港澳台投资工业增长2.0%。在规模以上工业中，国有控股工业增长8.5%，民营工业增长5.7%。

先进制造业发展加快。全市先进制造业总产值增长10.1%，对规模以上工业产值增长的贡献率达56.9%。分产业看，海工装备和高技术船舶、新型电力装备、高端纺织服装、汽车及零部件（含新能源汽车）、生物医药和新型医疗器械、电子信息、高端装备、食品先进制造业产值分别增长21.9%、18%、12%、8.2%、8%、7.1%、4.7%、1%。全市高技术产业、装备制造业产值分别增长16.5%、8.9%，对规上工业产值增长的贡献率分别为5.5%、39.8%。

工业企业盈利能力提升。全市全部工业开票销售增长15.9%，首次超5000亿元；入库税收增长12.2%，入库税收两位数增长，创近年来新高；新开工工业重大项目55项，超目标5项，超省高质量考核指标3项；入选2018年省重点工业投资项目计划45项，与南京并列全省第一。全年2870家规模以上工业企业实现主营业务收入6803.15亿元，实现利润总额424.88亿元。规模以上工业企业主营业务收入利润率、成本费用利润率分别为6.3%、6.7%，比上年分别提高1.7、1.8个百分点。规模以上工业企业资产负债率为51.7%，总资产贡献率为14.3%。全年规模以上工业企业产销率为97%。

（扬工信 李 晖 杨 志）

■**工业投资** 全市完成工业投资比上年增长16.2%，位居全省第一，工业技改投资增长15%。开展技改券工作，首次采用网上申报，423家企业申报设备投资71.8亿元。制定《扬州市企业技术改造券管理办法》，规范技术改造券申领、审核、兑现等程序。184家企业获市级技改资金8737.5万元，42家企业获2018年度江苏省综合奖补资金1298万元，奥力威获工信部工业强基一期资金922万元，宝胜科创获国家工信部技改项目贴息奖励676万元，合计1.16亿元，首次突破亿元。

（扬工信 李 晖 谢森妙）

■**工业重大项目** 全市工业重大项目新开工55项、新竣工42项、新达产134项。新开工项目超市计划5项、超省高质量考核指标3项，创历年新高；招商新建项目29项，比重达52.7%，超计划4项，比上年增加8项，创历年新高；基本产业和先进制造业项目35项、重大智能化项目18项，比重分别达63.6%、32.7%；全市列入2018年“江苏省重点工业投资项目”共45项，数量与南京市并列全省第一位。大众二期、李尔汽车电子工厂、东升汽车零部件等项目加快推动落地，赛夫华兰德重卡配件、亚威数字化车间及智慧工厂、振华新云钽电容、氢璞创能氢能源电池等项目加快引导实施。

（扬工信 李 晖 谢森妙）

■**智能制造** 推进以“机器换人”为重点的技术改造和智能化改造，推动实施智能制造模式，完善智能应用服务体系。加快建设智能车间。实施“千家车间询访计划”，邀请工信部直属研究所、智能制造上市公司等7家诊断机构为全市近百家企业提供免费智能车间建设诊断。全年获批省级智能制造示范智能车间9家，全市累计创成“省示范智能车间”33家，认定18家扬州市智能车间。

制造业与互联网融合深化。全市累计获得两化融合示范区6个、试验区10个，68家企业通过两化融合管理体系贯标，认定数居全省前列。获批中央财政首台套重大技术装备保险补偿奖金2267万元，工业强基工程项目922万元。宝胜集团“基于数字化工厂的特种电缆精细化生产管控能力”项目获批工信部贯标示范，川奇光电、江淮汽车等4家企业获批国家贯标试点，联环药业、智途科技等15家企业获批省贯标试点。

力推企业上云。全年获省星级上云企业15家，其中科派股份、荣德新能源等2家企业获批省五星级上云企业，认定数居全省第五、苏中首位；亚威机床、永丰余等5家企业获批省四星级上云企业，认定数居全省第五位。

推进工业互联网平台建设。组织重点企业参加省经信委组织的工业互联网领军人才培训班和育鹰计划（工业互联网专题）培训班，举办工业互联网环省行（扬州站）专场活动。组建全市两化融合专家库，累计服务企业超200家，促成50余个信息化合作项目。加快骨干企业建设基于互联网平台的研发设计、生产制造和孵化能力开放平台步伐，“亚普全球化经营业务协同管控平台”获批工信部制造业“双创”平台试点示范。2018年，亚威“智云”工业互联网平台获批省重点培育工业互联网平台。加快产业链和人才链的衔接，新增省产业人才培训基地2家，举办企业家论坛4期，开办先进制造业研修班累计培训300多人次。（扬工信 李 晖 谢森妙）

■转型发展 创新驱动加快发展，扬农股份获中国工业大奖项目奖，全省仅2个。全市获批省级企业技术中心23家，获批数量居全省第五位。华富储能等21家省级企业技术中心在全省复评中获“优秀”等次，总数居全省第二位。认定市级企业技术中心85家。扬农、亚威被认定为国家技术创新示范企业，全省仅5家。组织实施重点技术创新项目178个，项目总投资超过25亿元。173个项目被列入江苏省2018年度企业重点技术创新导向计划，总数居全省第六位。112个新技术新产品入选省重点推广应用目录，总数居全省第二位。绿色制造取得成效，成功申报国家工信部绿色园区1家、绿色工厂5家、绿色产品1项，认定数量居全省第三。组织指导高邮电池工业园及海德森、欧力特公司等为依托，联合南京、无锡、南通成功争取全国新能源汽车动力蓄电池回收利用江苏试点。推进工业循环经济和清洁生产审核，全年累计推动实施循环经济项目24项、组织实施清洁审核企业65家。全年单位地区生产总值能耗下降3.7%左右，完成省定目标。推进化工“四个一批”专项行动，全年通过市化联办关停验收的化工企业共143家，累计239家，化工企业总数由专项行动开始前的621家下降至382家。全面启动城镇人口密集区危化品生产企业搬迁改造工作，开展长江经济带化工污染专项整治工作，位于饮用水源保护区（自然保护区）内的15家化工企业全部停产。加强淘汰落后及低端低效产能、加强中(工)频炉监管工作，完成淘汰低端低效产能的省任务。推进“退城进园”工作，24家市直工业“退城进园”企业完成19家企业的搬迁交地工作，占计划总数的79%。

（扬工信 李 晖 谢森妙）

■工业小微企业 2018年，全市工业小微企业实现开票销售比上年增长20%，高于全市工业平均增幅4.1个百分点，增幅连续23个月保持20%以上；上缴入库税收比上年增长14.7%，高于全市工业平均增幅2.5个百分点，增幅连续20个月保持在10%以上。全市小微企业主要经济指标在全市工业经济总量中的占比不断提升，全年开票销售、入库税收分别占全市总量的58%、52.7%，分别提高2、1.2个百分点；增速方面，全年开票销售、入库税收正向拉动全市工业增幅11.2和7.6个百分点；增量方面，全年开票销售、入库税收对全市工业增长贡献率分别达71%、62%，对全市工业经济增长的贡献持续提升。组织和指导企业申报省级“专精特新”小巨人企业，引导企业推行精益生产方式，全年新获批11家，当年新增数和累计总数均位居全省第六位。推进中小微企业公共服务体系和发展环境优化，加快创业创新载体平台建设，获批国家级小微企业创业创新示范基地1家。印发服务券资金管理办法和实施细则，由企业在“1+N”网自主申领，简化流程、手续和申报材料。完成2017年度服务券资金审计整改、资金拨付和绩效评价工作，兑付项目资金5024.9万元。启动2018年服务券资金申报，共有1.03家企业通过“1+N”网申领1亿元服务券，约5000家企业申报专项资金。放大“1+N”网络服务平台效应。新增服务券、技改券、人才招聘和风控评估等8个功能模块，累计整合13个部门的52项服务，通过网站、公众号、三级微信群发布各类服务信息1400余条，注册企业数2.03万家，日均浏览量1万次左右，为191家企业发放技改券1.6亿元，为1.03万家企业发放面值一万元的服务券。（扬工信 李 晖 杨 志）

■新增4家省级服务型制造示范企业 12月27日，2018年度江苏省服务型制造示范、示范培育企业名单公布，扬州金威环保科技有限公司、江苏庆峰工程集团有限公司、江苏省水利机械制造有限公司、扬州中集通华专用车有限公司4家企业通过认定，成为江苏省服务型制造示范企业；扬州科润德机械有限公司和江苏嘉和热系统股份有限公司2家企业成为江苏省服务型制造示范培育企业。全市累计有省级服务型制造示范企业13家、省级示范培育企业5家、市级服务型制造示范企业10家。（杨 志）

■煤炭工业 2018年，扬州市所属煤矿仅剩矿务局投资的黔西南州兴仁县振兴煤矿。全年全市煤炭系统生产原煤45.25万吨，比上年下降2.06%；实现营业收入1.42亿元，比上年下降5.3%；实现利润总额3107.53万元，比上年下降39.45%。全系统消灭死亡事故和上等级的非人身伤害事故，实现安全年目标；至年末，振兴煤矿、徐州变电所、贵州变电所连续安全生产分别为1849天、8593天、4452天。

（朱介堂）

■建材工业 水泥生产。2018年，全市有8家水泥生产企业，全年共生产水泥874.15万吨，比上年下降3.1%。完成工业总产值28.44亿元，实现利税1.8亿元，比上年分别增长24.3%、41.7%。

商品混凝土生产。全市有混凝土企业57家，市区比上年减少2家，江都减少1家。混凝土总量比上年有所增加，市区810万立方米、江都160万立方米、宝应130万立方米、高邮120万立方米、仪征160万立方米，全市总计生产销售砼1380万立方米，实现总产值约66.24亿元，利税6.12亿元，比上年分别增长14%、36.9%、68.6%。

建材钢结构。至年末，全市钢结构行业累计制作各类钢结构约45万吨，安装钢结构房屋建筑约225万平方米，分别比上年增长7.1%、4.4%。实现销售年产值29.45亿元，利税1.97亿元，分别比上年增长7.4%、6.5%。

预拌砂浆生产。2018年，全市正常运行的砂浆企业15家，比上年度减少1家，生产线15条，运输车62辆，移动筒仓1128只。全年供应预拌砂浆120万吨，比上年增长9.1%，综合利用固体废弃物8万吨。全行业销售收入3.12亿元，比上年增长13.5%。（卞海波）

■工业资产经营管理 2018年，扬州工业资产经营管理有限责任公司完成工业产值14.42亿元，销售12.1亿元，完成技改投入9682万元。

管理运行。中电科技扬州宝军电子有限公司（简称宝军电子）和扬州通信设备公司克服军改影响，加强市场开拓，实现恢复性增长。江苏亲亲集团推出乳酸菌新品并投入市场。扬州晶新微电子有限公司全年累计生产芯片90多万片，实现销售3.5亿元。全系统企业全年经济运行指标增幅达14.5%，实现止跌回升。

项目建设。宝军电子与十四所雷达维修配件和维修服务基地项目、靶标项目有序推进。投资7020万元的宝军电子军品科研生产保障项目，通过中电集团和国防科工委组织验收。江苏亲亲集团与重庆万吨集团签订战略合作协议，建设现代食品加工冷链物流集散基地，项目总投资约10亿元，一期工程完成，二期项目开工建设。扬州晶新微电子有限公司投资3800万元的肖特基芯片项目实现批量投产。

科技创新。全年科技投入3200万元，开发新产品新工艺48项。全年申报专利16件，获授权专利10件，其中发明专利5件。宝军电子《高铁车载测试平台》项目，成功申报扬州市2018年“绿扬金凤”计划。

企业改革。扬州晶来电子有限公司破产清算工作于4月、6月分别实现破产终结和工商注销。扬州五金机电工业公司、扬州银杏商城通过采用自行清算注销的处置方式，于11月办结工商注销手续。及时施策，关闭长年亏损企业扬州大海制盖有限公司。成立专项督查小组，对江苏亲亲集团实现督查帮扶。（邵季平）

电子信息产业

■概况 扬州市电子信息产业（不含软件与信息服务业）积聚一批在国内外细分领域的龙头企业，扬杰电子跻身全国半导体分立器件企业第一位，奥力威是国内最大的车用油量传感器制造商；生产传感器的森萨塔、生产导航仪和智能手表的佳明航电、生产智能遥控器的骏升科技、生产新型显示器件的川岳科技全球知名；作为物联网感知器件之一的无线射频标签，扬州产量稳居世界第二、亚洲第一。2018年，全市有规模以上企业140多家，实现开票销售收入219多亿元。智途科技获“集成电路、物联网和新一代信息技术”专项奖补100万元，扬杰电子成为全市首家智能工厂。（扬工信 李晖 谢森妙）

■中国·扬州MEMS&第三代半导体技术和产业发展峰会举行 4月20日，2018中国·扬州MEMS&第三代半导体技术和产业发展峰会举行，工信部电子司、清华大学、北京大学、MEMS及微电子芯片设计公司等部门、高校及企事业单位的200多名专家、学者和企业代表等参加活动。会上，扬州市智能产业协会成立，扬杰电子与电子科大共建博士后工作站、研究生及本科生实践教学培养基地授牌仪式同时举行。（杨志）

■扬州扬杰电子科技股份有限公司 2018年，扬州扬杰电子科技股份有限公司实现营业收入18.52亿元，比上年增长26.01%；实现净利润1.87亿元，比上年下降29.70%。

研发技术。以市场需求为导向，重点扩产小信号产品自动生产线，完成18类性能卓越的新产品开发并实现量产；推进降本增效工作，研制出高密度框架，提高框架有效使用面积近50%，显著降低框架成本，资源利用率与生产效率得到双提高。微型小信号功率器件上取得技术突破，进一步提高公司在半导体功率

智途科技·地理信息产业园　　日报/供稿

器件领域的核心竞争力和市场份额。6寸肖特基芯片实现全系列量产，可广泛应用于消费类电子、家用电器等领域；高可靠性平面肖特基芯片实现研发量产，可满足汽车电子行业标准；高能效低正向压降肖特基芯片实现全系列开发，100伏及以下芯片实现系列化量产。整合4寸晶圆研发力量，优化防护类器件产品组合，提升低压平面TVS产品的VC性能，使其达到国内先进水平。自主设计研发的8英寸超高密度沟槽功率MOSFET产品实现量产，形成大批量销售，其中主打N/P 20伏～100伏系列产品特征导通电阻达到国内同行先进水平，部分产品批量进入国内中高端客户群；40伏～100伏SGT MOS产品特征导通电阻和电容特性参数均达国内同行先进水平，其中60伏SGT MOS实现量产出货。

市场营销。以消费类电子、新能源行业为市场发展基础，拓展工业变频、伺服马达、安防等工业电子领域，重点布局网通、光伏微型逆变器、汽车电子等高端市场。持续完善国际市场营销模式，扩建EMEA（欧洲、中东、非洲）销售网络，大幅增强德国、日本、俄罗斯、印度等地销售团队力量；完成海外MCC网站升级，重新编码至.NET 4.7MVC，达到工业标准。以精准化营销、全方位服务的原则进行市场推广，建立大客户经理、项目经理和FAE（解决方案工程师）铁三角服务体系，由产品经理作为后备支撑，聚焦各行业内的标杆客户；加大对专业技术型销售人才的培养力度，推动技术型销售人员与客户的同步互动，为客户提供有力的技术支持服务。公司新增6寸高压MOSFET产品线，研制IGBT芯片并实现量产，多款8寸中低压MOSFET产品成功开发，与现有客户产品形成配套；新建汽车电子产品线，部分产品取得国内外重点客户认证。（杨　志）

■扬杰电子项目入选省高技术发展重点项目计划 10月，省发展改革委发布《江苏省高技术发展重点项目计划（2018—2020年）》，扬杰电子科技股份有限公司“900V以上高压大功率MOSFET芯片及封装/基于MCP技术的智能终端功率集成器件”入选。该项目根据产品在电动汽车充电设备方面的技术要求和应用特点，将超结技术与TrenchMOS技术有机结合，降低产品特征导通电阻，提高器件工作电流和功率水平。（杨　志）

机械装备产业

■概况 扬州机械装备产业包含数控机床、工程机械、环保设备、农业机械、自动化装备、大型关键铸锻件、加工辅具及关键零部件、专用装备等重点行业，全市形成邗江数控成型设备产业基地、江都水泥机械产业基地、广陵液压件产业基地、维扬经济开发区建设机械产业基地、江都沿江钢管产业基地等特色产业基地。

2018年，985家规模以上机械企业实现开票销售增长13.9%，增幅高于全市规模以上工业1.2个百分点，比上年同期略有上升；实现入库税收增长9.6%，增幅较上年同期提高11.9个百分点。细分行业全线增长，电线线缆、电工电器、金属加工机械、粮食机械、金属管件、建材机械、工程液压机械、环保机械、电动工具、集装箱、家用电器、矿山冶金机械等12个行业开票销售保持全面增长，其中矿山冶金机械、环保机械、建材机械、工程液压机械、金属管件、粮食机械产业开票销售增长均在20%以上，增幅分别为34.3%、28.6%、24.5%、22%、21.8%、21.6%。

（扬工信　李　晖　杨　志）

■重点企业 数控机床领域，扬州锻压机床有限公司、江苏亚威机床股份有限公司、江苏金方圆数控机床有限公司、扬力集团股份有限公司等重点企业开票销售分别增长35.4%、28.6%、11.4%、6.1%，其中扬力集团连续8年跻身“中国机械工业百强”，亚威获省首批“智能制造领军服务机构”。食品（饲料）机械领域，丰尚科技稳居亚洲第一、世界第二，迈安德集团跃居全球油脂工程设备前三强，开票销售分别增长27.1%、16.5%。工程机械领域，海沃机械开票销售增长61.6%，保持全球最大的自卸车液压系统供应商地位。节能环保装备和其他专用装备领域，润扬物流装备、恒远国际集团等骨干企业持续优化产品结构，开票销售分别增长51.3%、36.8%。

（扬工信　李　晖　谢森妙）

■重大项目 开展“6+X大拜访、大招商、大合作”活动，大观集团扬州航空产业基地项目、哈工大机器人集团（扬州）科创中心等一批高端装备重大项目落户。潍柴动力“轻量化发动机数字化车间建设”等16个重点在建项目推进中。启动实施智能制造提升工程，开展智能车间免费诊断活动，通过“技改券”支持100个以上自动化智能化改造项目。

（扬工信　李　晖　谢森妙）

■转型升级 高端装备研制取得新成效。海明医疗医用电子直线加速器项目，通过国家工信部、卫健委组织的高端医疗设备示范项目竣工验收。新认定江苏省首台（套）重大装备13项，累计认定106项，均列全省第五位。奥新科技“沥青路面就地热再生设备”获批省高端装备研制赶超工程项目。扬州高新区获批国家标准委、工信部国家高端装备制造业标准化试点项目。依托国家级开发区、高新区及重点工业集中区，全市建成5个国家火炬计划特色产业基地（金属板材加工、建材机械、硫资源利用、智能电网、特种电缆）、3个省新型工业化示范基地（机械制造、数控成形机床、输变电装备）、5个省高端装备示范和特色基地（数控机床、精密液压、硫资源利用装备、储能装备、节能环保装备）。智能制造深入推进。潍柴动力、宝胜电气、亚威机床等3个国家智能制造新模式应用

2018年扬州市获批省首台(套)重大装备及关键部件一览表

表17-1

企业名称	装备名称
江苏牧羊控股有限公司	R160双螺杆膨化机
扬州三源机械有限公司	YSY5181TXSE5多功能高效洗扫车
扬州鼎隆机械有限公司	500T油压整形加工机
扬州天扬粮油机械制造有限公司	TKD谷物干燥成套装备
天嘉智能装备制造江苏股份有限公司	T90小型智能双模多功能除雪车
扬州楚门机电设备制造有限公司	GBSJ-70大跨度生态型智能水景钢坝
江苏省水利机械制造有限公司	CYXT-10型采盐机系统
江苏王牌电机制造有限公司	YPT180S-4三相感应式伺服电动机
江苏环宇起重运输机械有限责任公司	DG500mm圆管带式输送机
江苏欧力特能源科技有限公司	OSES1MW级基于去极化电容炭超级电池的分布式储能系统
高邮市恒辉机械有限公司	HH128旋挖钻机
扬州日发干燥工程有限公司	FLZN5000B（Y-LW5000）赖氨酸造粒成套设备
扬州华凯机械有限公司	YBG104伺服低噪声高速铺网机

（杨　志）

项目稳步推进。扬杰电子“功率半导体核心器件”项目获批省智能工厂。亚威机床入选省第一批智能制造领军服务机构。西门子扬州智能制造先进技术示范中心投入运营，该中心是西门子公司在华与高校合作中单体投资规模最大、控制与驱动水平最先进的中心。

（扬工信　李　晖　谢森妙）

■迈安德装备获中国粮油学会科技一等奖　1月30日，中国粮油学会官网发布关于表彰2017年度中国粮油学会科学技术奖获奖项目的决定，共26个项目获奖，其中6个项目为一等奖，9个项目为二等奖，11个项目为三等奖。迈安德集团以发酵蛋白工程工艺及成套装备，参与到国家粮食局科学研究院、新希望六和股份有限公司、泰安生力源生物工程有限公司、北京资源亚太饲料科技有限公司联合申报的项目“发酵饲料产业化开发利用关键技术及应用”获2017年中国粮油学会科学技术一等奖。（杨　志）

■扬力项目入选省高技术发展重点项目计划　10月，省发展改革委发布《江苏省高技术发展重点项目计划（2018—2020年）》，扬力集团股份有限公司“7000吨智能锻造机床设备及技术”项目入选。开展金属板材成型设备共性技术、前瞻性技术和大型、超大型压力机、多工位压力机、多连杆压力机、冲压生产线等关键设备和技术研发，包括伺服技术、三坐标伺服送料技术、重载液压伺服驱动技术、抗偏载自平衡技术、数控行程可调技术、超高速超精密技术、三维激光技术等。

（杨　志）

■江苏亚威机床股份有限公司　2018年，江苏亚威机床股份有限公司实现营业收入15.33亿元，增长6.52%；实现营业利润1.30亿元，增长8.61%。其中，金属成形机床业务实现营业收入10.07亿元，增长0.28%；激光加工装备业务实现营业收入4.57亿元，增长22.48%；智能制造解决方案业务实现营业收入0.69亿元，增长11.61%。

业务拓展。国内市场强化区域管理，保持和扩大传统专业钣金制造、电力电气、电梯幕墙等细分行业竞争优势，开拓汽车、钢材加工及配送等重点行业市场；国际市场响应“一带一路”倡议，坚持“走出去”方针，加大在新兴区域市场的直接资源投入，采用建设当地产品展示中心等方式，全年实现外销订单2.41亿元，增长12.6%，其中激光加工装备外销订单1.17亿元，增长42.7%。新兴产品业务快速成长，8千瓦以上超高功率二维激光切割机全年实现销售22台，其中代表行业当前最高水平的15千瓦超高功率二维激光切割机实现销售，亚威激光加工装备业务在钢材市场、工程机械、轨道交通等行业提高市场占有率；钣金自动化业务全年成交85台（套），合同额1.17亿元，增长52%。用于汽车内外覆盖件板加工的落料线、飞摆剪线业务以福然德项目为支撑，提升卷板机械在汽车行业的市场竞争力；工业机器人业务订单超8000万元，增长24%，高端行业市场开拓取得新突破，进入军工、船舶、航空航天等高端行业领域。

技术创新。获批江苏省战略性新兴产业发展专项，获国家技术创新示范企业称号，获授权专利32项，其中发明专利5项、软件著作权8项。创新研发全新产品和技术取得新突破。四边折边机样机调试取得突破，直角、圆弧、伏平等折边功能得到实现；HPA全新系列伺服冲床完成研制，推向市场实现批量销售；单伺服折弯机成功完成样机试制，得到客户认可；双伺服随动托料、冲床攻丝装置完成样机研制。完成国内首条铝板油清洗线的研制，真空电磁复合堆垛机成功研制，填补国内空白。激光业务划分亚威母公司与亚威创科源差异化的产品定位，形成中高低端的双品牌全系列产品布局。完成系列高速度、高精度、大幅面激光切割机研制，丰富激光切割机产品系列；三维五轴激光切割机、激光切管机柔性加工单元成功研制，拓展激光装备产品线，与平面激光切割机形成良好互补；三维机器人非金属切割系统的光路设计和光路调试技术取得重大突破，成为全球第二家拥有此技术的公司；亚威自主研发高功率切割头应用于8千瓦激光切割，完成内部测试，切割效果达到预期目标。重载直线机器人完成多种规格的研制，其中载重2吨、行程21米的直线机器人实现首单销售；完成折弯机器人离线示教软件研制。完善工业管理软件产业布局，打造面向离散制造全产业链的智能工厂工业管理软件体系，布局工业互联网大数据平台业务，推出云端MES、WMS、EAM等SaaS应用。

项目建设。围绕“智能亚威”方向推动各项智能制造升级战略目标实施落地。加快智能制造解决方案供应商能力培育，投资5000万元新设成立“江苏亚威智能系统有限公司”，定位于离散型智能制造系统解决方案供应商，着力构建“硬+软+云+集成+咨询”的“亚威智造”完整服务能力；加速智能化加工车间的建设进程。以智能制造项目实施为契机，打造一流的高档数控金属成形机床装备产品，形成“专业化、产品化、规模化、市场化”的高档数控机床工业体系，打造信息化与工业化深度融合的工业基础能力。（杨 志）

■亚威入选省智能制造领军服务机构 12月31日，省工信厅公布江苏省智能制造领军服务机构名单（第一批），江苏亚威机床股份有限公司经过专家评审、网上公示等程序，入选江苏省第一批智能制造领军服务机构。亚威机床在智能制造成套装备、软件、工艺和关键零部件的集成优化等方面持续发力，形成咨询规划、方案设计、项目实施、运维服务等方面的系统解决方案供应能力。（杨 志）

汽车及零部件产业

■概况 扬州是科技部命名的国家“火炬计划”汽车及零部件产业基地。汽车及零部件产业门类齐全，集聚度较高，有较好的产业基础，是全市工业经济主导产业之一。扬州交通便利，区位优势明显，汽车及零部件产业链辐射周边如上海大众汽车有限公司、奇瑞汽车有限公司、上海通用汽车有限公司、南京汽车集团有限公司、东风悦达起亚汽车有限公司等多家整车生产企业。扬州市在仪征、江都、邗江等地形成汽车产业集聚区。江都区神舟内饰件公司、杰信空调公司、胜赛思压铸件公司等零部件制造企业与九龙汽车制造有限公司等整车生产企业形成的江都汽车产业集群集聚效应明显。通过招引上海大众、江淮汽车、潍柴亚星项目打造全市“三大汽车板块”，吸引耀皮玻璃、日清纺大陆EBS阀块等国内外优质配套项目落户，形成相对完整的产业链。

2018年，全市汽车及零部件产业有规模以上生产企业257家，拥有整车（含新能源汽车生产企业）生产企业4家、改装车生产企业9家、省汽车产业基地5家。全市整车（含改装车）产量43.88万辆，增长4%；销量43.9万辆，下降3.5%。改装车产量9.97万辆，增长32.9%；销量9.97万辆，增长38.5%。全市汽车及零部件产业规模以上工业企业实现产值增长7.8%，占规上工业比重为13.2%；实现开票销售增长2.4%，入库税收下降4.7%。全年共推广应用新能源汽车3924辆（标准车），新建充电桩663个。

（扬工信 李 晖 杨 志）

■重点企业 全市汽车及零部件产业257家规模以上企业中，开票销售亿元以上企业81家，其中2018年开票销售超过10亿元的企业11家。2018年共实现开票销售比上年增长2.93%，亿元以上企业开票销售占全行业规上企业开票销售的92.2%。

车辆生产企业方面，主要产品有乘用车、客车、专用车、轻型载货车等，车辆合计产能近70万辆。2018年，上汽大众仪征公司整车产销33万辆，亚星客车整车生产4294辆、销售4258辆，九龙汽车整车生产4831辆、销售5029辆，中集通华专用车产销2.73万辆。

零部件生产企业方面，规模以上零部件生产企业实现全年开票销售增长6.44%、入库税收下降0.22%。拥有亚普部件、潍柴扬柴、亚新科活塞环、奥力威传感等一批基础较好、实力较强、品牌知名度较高的零部件制造企业，范围涵盖汽车动力系统、底盘、车身内外饰、汽车电子等，主要产品包括轻型柴油发动机、塑料燃油箱总成、变速箱壳体、散热器、内饰件、钣金件、座椅、轮毂等。潍柴扬柴是国内生产四缸车用柴油机的重点骨干企业，是潍柴集团三大柴油发动机制造基地之一，国六标准柴油发动机国内领先。亚普部件是全国第一、全球第三的塑料油箱生产商。扬州东升是中国商用车稳定杆行业的龙头企业，中国商用车稳定杆技术标准的起草制定单位，国家高新技术企业，是全球知名商用车企业（Daimler、VW、MAN、SCANIA、VOLVO等）的一级供应商，国内市场份额达70%以上。

（扬工信 李 晖 谢淼妙）

■研发创新 全市汽车及零部件企业推进企业技术创新，加强研发能力建设，实施科技强企，多家企业与清华大学、吉林大学、东南大学、江苏大学、江苏科技大学、合肥工业大学等高校达成产学研合作，攻克关键核心技术，强化联合协作，开展科技创新成果转化、关键共性技术公关、高端人才培养引进、研发平台共建合作。

专精特新企业方面，全市汽车产业规模以上企业中全年新认定1家，累计有10家省级专精特新企业，分别为江苏嘉和热系统股份有限公司、江苏罗思韦尔电气有限公司、扬州嵘泰工业发展有限公司、江苏天嘉车辆技术有限公司、扬州福克斯减震器有限公司、扬州宝路汽车零部件有限公司、江苏道爵实业有限公司、扬州市凯尔环卫设备有限公司、扬州市伏尔坎机械制造有限公司、江苏奔宇车身制造有限公司等。

省级科技小巨人方面，全市汽车产业规模以上企业中全年新认定1家，累计有3家省级科技小巨人企业，分别为江苏罗思韦尔电气有限公司、江苏嘉和热系统股份有限公司、仪征亚新科双环活塞环有限公司。

省级以上研发机构及双新方面，全市汽车及零部件产业有77家企业拥有省级以上研发机构。累计新产品、新技术11件，其中2018年认定的有江苏金丰机电有限公司、扬州金威环保科技有限公司、扬州五亭桥缸套有限公司、江苏金丰机电有限公司。

重点企业中，亚普获批国家级企业技术中心；九龙汽车多个产品被认定为省高新技术产品，A6中高档商务车被列为国家火炬计划项目，被认定为省工程技术研究中心、省企业技术中心；双环活塞环有省博士后工作中1家、省院士工作站1家；亚星客车2018年获批省级博士后科研工作站。（扬工信　李　晖　谢森妙）

■重大项目建设　全市全年认定新开工重大项目55项，其中汽车及零部件产业新开工重大项目9项，包括新建2项、技改7项，计划总投资38.34亿元；上汽大众仪征基地二期30万辆整车、李尔汽车电子工厂、东升汽车零部件等重大项目成功签约或落地。年末，上汽大众汽车有限公司与扬州、仪征市人民政府签署扩大投资协议，上汽大众仪征扩建及二期项目全面启动。

（扬工信　李　晖　谢森妙）

■新能源汽车　全市有4家新能源汽车生产企业（其中亚星客车股份、亚星新能源商用车、九龙汽车3家具备生产资质），主要产品为新能源客车、专用车，全年生产3978辆，销售3949辆。作为新能源汽车发展方向的氢燃料电池及车辆，亚星客车、九龙汽车均开发出产品，其中九龙汽车取得生产资质，产品推向市场；氢璞创能科技、耀扬新能源科技从事氢燃料电池研发生产，氢蓝时代新能源科技、嘉和新能源科技分别研发生产氢燃料电池发动机系统和氢燃料动力系统智能热管理系统模块。零部件方面，电池有中兴派能、金阳光锂电、罗斯韦尔等企业；充电设施有北辰电气、鼎充、

九龙汽车生产的EM3纯电动汽车　　晚　报/供稿

智绿等企业。重点企业中，亚星汽车研究院被认定为江苏省企业技术中心、新能源客车工程技术研究中心，拥有多项发明专利、实用新型专利和外观专利。九龙汽车先后与清华大学苏州汽车研究院、中国汽车技术研究中心等国内知名新能源领域研究机构开展合作，自主掌握新能源汽车控制系统、驱动系统、动力系统等核心技术，开发出纯电动商务车、纯电动物流车、纯电动MPV、纯电动公交客车等多系列的新能源车型，拥有工信部公告新能源车型17个，公告车型均进入国家新能源汽车推广目录。近三年，累计实现新能源车销售1.07万辆，纯电动客车销量全国排名第七位，细分纯电动轻客市场全国排名第一名。

（扬工信　李　晖　谢森妙）

■2家企业入选汽车零部件企业“双百强”　10月30日，由中国汽车报组织制作的2018年国际汽车零部件企业百强和国内汽车零部件企业百强（以下简称“双百强”）发布会在北京举行，会上发布2018汽车零部件企业“双百强”榜单。其中，潍柴集团以唯一一家年营收超过2000亿元的零部件企业获国内汽车零部件企业百强第一名，亚普汽车部件股份有限公司成为全市唯一一家国内汽车零部件企业百强榜上榜企业，排名34位。（杨　志）

■上海大众汽车有限公司仪征分公司　上海大众汽车有限公司仪征分公司位于仪征市汽车工业园内，于2012年7月建成投产，占地128.05万平方米，建有冲压车间、车身车间、油漆车间、总装车间、技术中心、培训中心、能源中心、装车发运和零部件配送中心，以及办公楼等相关配套生产辅助设施，年产能30万辆，是典型的“分钟工厂”。仪征分公司是上海大众汽车有限公司的首家标准化工厂，也是德国大众汽车集团在中国的首家标准化工厂。广泛采用大众汽车集团2010生产工艺，冲压车间建有两条国内最先进、自动化程度最高的高速冲压生产线；车身车间的机器人高效运用点焊、激光焊接、单面焊、螺柱焊、涂胶、折边等加工工艺；油漆车间采用无中涂水性漆涂装工艺和电泳第四代RoDip技术；总装车间采用世界领先的拉动式物流供货模式，现场使用全程全高度自由升降式整车吊架和模块化的精益生产装配模式，大幅降低设备投入、劳动强度，是节能减排、绿色环保的标准化工厂。2018年，公司全年实现整车产销33万辆。（杨　志）

■扬州亚星客车股份有限公司　扬州亚星客车股份有限公司主要业务为客车产品研发、制造与销售，产品范围覆盖为5~18米各型客车，主

要用于公路、公交、旅游、团体、新能源客车和校车等市场。2018年，公司完成客车生产4795辆、销售4748辆，分别下降17.2%、17.11%；共销售新能源客车1873辆，增长20.4%。实现营业收入24.58亿元，增长2.97%；实现净利润1307万元，下降69.48%。管理方面开展内部客户评价工作，完善绩效评价体系；完成多个模块自主开发，实现手机端生产扫码管理等功能；搭建WOS运营体系框架并试运行。营销方面增加销售人员数量，向重点领域、重点战略客户进行资源倾斜，强化风险控制。出口方面通过卖方信贷模式帮助客户解决短期现金流问题，拓展新客户；成立海外服务部，提升海外服务响应速度，稳定传统市场。技术方面，2018年，经江苏省人力资源和社会保障厅的审核批准，亚星省级博士后科研工作站挂牌。建设新能源实验室（包括氢燃料实验室和加氢站），待验收。完成氢燃料电池客车产品开发，完成新能源车辆监控系统维护与数据上报处理。（杨　志）

■亚普汽车部件股份有限公司 2018年，亚普汽车部件股份有限公司实现营业收入78.49亿元，增长10.94%；实现利润总额3.87亿元，增长3.16%；实现净利润3.34亿元，下降0.37%。

新品研发及技术创新。公司注重新产品研发和技术创新，利用产学研合作、博士后工作站研发平台，推进新项目和新技术开发，提高产品附加值和市场占有率。主要新技术研究取得新进展，YNTF内置油箱和插电式混合动力油箱技术进入国际主流汽车厂新技术应用名单，在全球范围内获得订单；燃油协同系统及替代燃料储能系统的研发取得阶段性进展，按计划推进。

国际化发展。海外业务按计划推进，经营业绩进一步提高。亚普俄罗斯、亚普捷克、亚普印度等海外子公司经营情况良好，亚普美国控股经营业绩因新老产品迭替有一定影响；印度墨西哥项目实现批量供货；巴西项目完成设备安装，新产品调试进行中；亚普美国工程中心及亚普德国工程中心与总部研发中心形成协同效应，在新项目争取及研发方面发挥积极作用。（杨　志）

■江苏奥力威传感高科股份有限公司 2018年，江苏奥力威传感高科股份公司实现营业收入6.67亿元，增长10.82%；实现净利润0.87亿元，下降14.12%。

产品转型。传统能源业务方面，跟踪客户端项目和产品升级换代，发掘传统燃油系统领域的业务增长潜力，OBD产品、金属加油管、国六阀件等国六产品进入批产状态。聚焦行业发展趋势，开发新能源业务领域。储备技术资源，明确新能源业务发展方向。2018年，公司新获得3U滤波组件、通用电池包等新能源项目，产品转型取得较大突破。

产业布局。2018年，烟台奥力威在沈阳设立分公司，开发拓展沈阳的市场，提升汽车主机厂配套能力。全年公司新开发客户10家，进入全球考泰斯供应链体系，开发合肥巨一、伊控动力等新能源客户，进入河北世昌、现代汽车等供应体系并实现部分项目产品定点。

生产研发。工装设备方面，新增德马格进口品牌注塑机8台，开展新一轮自动化提升工作，其中C519/GEM法兰自动化生产方案确认并投资开始实施。投入第二条金属加油管自动化生产线、三条阀件自动化装配线，服务于国六项目的批产供货；新投入五台大注塑设备，服务于管路、内外饰产品的批产供货。在模具能力方面，下属全资子公司慧奥装备公司逐步试运行，提升模具开发制造能力，实现全过程自动化设计加工制造。实验试验能力建设方面，投资新增多种试验验证设备，新增X射线镀层测厚仪、金相熔深显微镜、涂层测厚仪、轮廓仪、振动实验设备等。（杨　志）

船舶及配套件产业

■概况 2018年，全市船舶产业实现开票销售比上年增长16.9%，占先进制造业集群总量4.2%。其中，28家船企销售增长16.5%，19家配套企业销售增长18.9%。

三大造船指标质态良好。2018年，全市造船完工量232万载重吨，手持订单461万载重吨，新接订单212万载重吨、比上年增长166%，创5年来新高。

龙头企业实现国资并购重组。2018年，大洋造船实现并购重组，至此全市五大骨干船企全部转为国资控股，分别隶属于中远海运集团、招商局集团中国长航、国机集团苏美达股份、中国船舶、中航国际等央企。中远海运重工造船产能1100万载重吨，居全省第一，实现销售占全行业36.5%；中航鼎衡、金陵船舶销售分别增长51%、39%；新大洋造船在手订单排至2020年底。

高技术船舶创新能力增强。2018年，中远海运重工建成30.8万吨超大型油轮VLCC、1.35万标准箱集装箱船ULCS、40万吨矿砂船VLOC，达到国际先进水平；中航鼎衡交付9艘高端不锈钢化学品船，手持中小型化学品船订单量居全球第一位；金陵船舶交付全球首艘双燃料环保型杂货船和国内最大1.55万吨货物滚装船，达到国际先进水平；中西造船具备建造海工装备“吸沙船”能力，销售增长430%；水利机械是全国水利优秀企业，研制的“挖泥清淤船”获批江苏省首台套重大装备，拥有三级一类船舶建造资质；九力绳缆研制的“超高分子船用缆绳”拥有国家发明专利3项，制订国际国内标准4项，广泛应用于国际船级社和国防领域，销售增长34%。

智能化技改力度加大。中航鼎衡、金陵船舶、中船澄西等率先引入数字化现代总装造船理念，完善ERP系统和三维模型设计，实施管子加工和分段自动化改造，全面构建智能造船模式。中远海运重工以南通中远川崎（工信部智能制造试点中唯一的船企）为样板开展精细化管理，投资1000万元购置信息化软件、实现两化融合贯标，打造全市首家船舶智能车间。

沿江违规船企拆除取得进展，全年累计关停拆除6家小船厂。

（扬工信　李　晖　谢森妙）

■扬州中远海运重工有限公司 扬州中远海运重工有限公司是中国海运集团大型船舶建造基地，生产区占地295公顷，厂房面积43万平方米，岸线长3.5千米，拥有大型船坞3座、10万吨级船台1座、2200米长舾装码头1座（泊位4个）。主要建造集装箱船、成品油船、散货船、化学品船等运输船舶和海洋平台等海工装备，主要产品有4.6万吨系列成品油船、5万～8万吨系列散货船、11万吨阿芙拉油船和大型钢质浮船坞等。年造船能力350万载重吨。

1月3日，扬州中远海运重工有限公司命名交付为TOMINI集团建造的3艘6.40万吨散货船。1月16日，交付一艘为民生租赁承建的6.40万吨散货船（CIS64000-34）。2月8日，与英国船东UNION CARRIERS LIMITED签订2+1艘6.40万载重吨散货船新造船合同。3月23日，为民生租赁和达飞航运建造的9400TEU（标准箱）集装箱船“CMA CGM ESTELLE”（CIS9400C-05）命名交付。5月4日，公司与大连船舶重工联合为中远海运能源建造的30.8万吨VLCC举行命名仪式。该船是公司承建中远海运能源两艘VLCC的首制船，是公司成立以来建造的首艘30.8万吨超大型油轮。该船总长333米，型宽60米，型深30米。5月9日，为民生租赁和法国达飞集团建造的9400TEU集装箱船（CIS9400C-06）“CMA CGM JEAN GABRIEL”轮在上海中远海运重工修船基地命名交付，至此公司承建达飞6艘9400TEU系列集装箱船全部交付。8月29日，为民生金融租赁建造的6.40万吨散货船（CIS64000-54）“OCEAN OUTSTANDING”轮命名交船仪式在上海长兴举行，至此该系列12艘船全部交付。

（杨　志）

■中航鼎衡造船有限公司 中航鼎衡造船有限公司是定位为建造高端不锈钢化学品船和中小型液货船为主的专业建造基地，按照同时建造4艘1万～1.5万吨船舶的两个宽体船坞进行规划布局。1月5日，公司建造的第8艘2.50万吨不锈钢化学品船交付，该船采用新型设计，入级DNV-GL船级社，在载货量、舱容、航速、经济性能等方面均有较大提高，该系列船是高品质、高技术含量的不锈钢化学品运输船，是目前国内船厂承建的工艺难度最大、技术水平最高的危险化学品运输船之一。2月，公司与德国船东GEFO集团签订6艘3600吨不锈钢化学品船订单。4月4日，为瑞典船东Furetank集团建造的1.63万吨双燃料化学品船首制船FURE VINGA号正式交付。5月31日，为挪威船东Odfjell建造的2.50万吨不锈钢化学品船“BOW TUNGSTEN”号交付，至此2.50万吨不锈钢化学品船项目全部交付。9月27日，为瑞典船东Erik Thun集团建造的1.63万吨双燃料化学品船3号船“THUN VENERN”号正式交付。11月22日，为瑞典船东SIRIUS航运集团建造的7999吨化学品船首制船“SATURNUS”号正式交付，该船长119米，宽19.4米，设计吃水7.4米，1A冰级符号，入籍法国BV船级社。11月24日，为瑞典船东Erik Thun AB公司建造的1.75万吨化学品船首制船（AD0065）、为挪威船东Utkilen集团建造的9900吨不锈钢化学品船首制船（AD0046）同日下水出坞。11月27日，为瑞典船东Furetank集团建造的1.63万吨双燃料化学品船4号船FURE VAL号正式交付。12月5日，公司与宁波海运股份有限公司签约新建1艘1万吨成品油船。12月21日，为欧洲知名船东建造的1.75万吨化学品船2号船、7950吨化学品船首制船同日下水出坞。

（杨　志）

■江苏金陵船舶有限责任公司 金陵船舶是中国外运长航集团船舶重工南京金陵船厂（简称长航重工金陵船厂）投资建设的56万吨级以上大中型船舶建造基地，占地面积90公顷，占用长江岸线1452米，具有国家一级Ⅰ类钢质一般船舶生产资质，主营产品为56万吨级以上巴拿马型和阿芙拉型油船、散货船等。公司有10万吨级、20万吨级干船坞各1座，可同时停靠多艘万吨轮的舾装码头2座，500吨门座式起重机4台，1250吨油压机1台，四喷六涂、四喷四涂标准化环保型喷沙涂装车间各1座，420米×36米船体车间8跨和数控机械手肋骨冷弯机、纵骨焊接机、全数字化精细旋转坡口等离子切割机等现代化生产设备，形成完整的船舶和分段建造体系，能建造20万吨以下的各类船舶，年造船能力达120万载重吨。

1月26日，公司为中谷海运集团有限公司建造的第2艘2500箱集装箱船交付，该船总长180米，型宽32.2米，型深16.2米，该船型能耗更低，性能更优，装箱更多，部分指标达到世界领先水平，获得中国船级社绿色船舶证书。1月28日，为青岛大通船务有限公司建造的第4艘8.20万吨散货船在仪征交付，该船总长229米，型宽32.26米，型深20.05米，按照CCS中国船级社入级标准建造。同日，该系列船的6号船举行开工仪式。7月9日，为中谷海运建造的第3艘2500箱集装箱船“中谷天津”轮交付。7月16日，为丹麦DFDS公司建造的首艘1.55万吨货物滚装船下水，这是中国船厂建成的最大货物滚装船，船舶总长235米，型宽33米，拥有6700米车道和450架拖车空间，按英国LR船级社的入级标准建造。10月25日，为澳大利亚TOLL公司建造的首艘1.20万吨滚装船交付，该船全长210米，型宽28米，型深18米，共计3000米车道线，能装载250个MAFI单元/700TEU以及60辆小型汽车，是目前世界上先进、绿色的货物滚装船。

（杨　志）

石油化工产业

■概况 石油化工产业是扬州市的重要产业，产品主要有天然原油、基础化工原料、有机化工产品、无机化工产品、聚酯切片、化学纤维、化学农药及仿生物学农药、涂料、助剂、橡胶制品、日用化工、化工新材料等，以氯碱、苯为基础原料的氯苯系列、硝基氯苯系列及其衍生产品市场竞争力较强，二氯苯系列产品的产量居世界前列。

2018年，全市147家规模以上石化企业完成开票销售、入库税收分别增长13.1%、22%，增幅分别高于全市规模以上工业平均增速0.4、12.2个百分点。其中，入库税收增幅高于上年同期13.8个百分点；规模以上石化工业开票销售、入库税收分别占全市规模以上工业开票销售、入库税收总量的13.1%和11.7%，入库税收占比与上年同期相比增加0.4个百分点。扬州化工园区规模以上工业企业实现开票销售、入库税收分别增长8.1%、41.7%，入库税收增幅高于全市规模以上石化产业平均增速19.7个百分点；化工园区规上工业开票销售、入库税收分别占全市规上石化产业开票销售、入库税收总量的44%、41.7%，占比较“十二五”末分别提升6.4和13.4个百分点。石油加工保持增长，2018年全市规模以上石油加工企业实现开票销售、入库税收分别增长5.4%、21.7%，其中扬州石化开票销售增长9.9%；华伦化工开票销售增长10.4%。精细化工增长良好，全市规模以上精细化工企业实现开票销售、入库税收分别增长28.3%、22.8%，其中晨化新材料持续进行研究开发与技术成果转化，全年完成开票销售增长18.8%。化纤效益持续向好，仪征化纤大力巩固扭亏增盈的向好势头，全年实现开票销售、入库税收分别增长13.9%、24.9%。农药企业大幅增长，全市规模以上农药企业实现开票销售、入库税收分别增长20.7、40.8%，其中扬农集团开票销售、入库税收分别增长20.2%、43.2%；长青农化开票销售增长28.3%。

（扬工信 李 晖 谢森妙）

金茂化工

■概况 2018年，江苏金茂化工医药集团有限公司（简称金茂化工）工业实现现价产值、销售收入、利税、利润分别为134.7亿元、136.5亿元、24.4亿元、19.9亿元，分别增长18.4%、17.4%、58.2%、73.9%。全年集团实现营业收入、利润分别为177亿元、20.7亿元。扬农集团销售收入首破100亿元，利润突破15亿元；扬农股份销售收入首破50亿元，利润突破10亿元；联环集团利润首破3亿元；联环股份销售收入首破10亿元；国控扬州营业收入首破40亿元。（戴华侨 刘 芸）

■营销管理 扬农集团紧抓烧碱、吡虫啉、间二氯苯等畅销产品的组织生产，确保全年效益的实现；扬农股份提升如东二期麦草畏等产品的生产负荷，规模效益进一步提升；联环药业销售部门实行“三整合一转变”，制剂、原料药销售额分别增长26.2%、76.8%；国控扬州强化终端市场覆盖，零售终端销售完成4.6亿元，增长25%；谢馥春整合营销资源成立营销管理中心，举办系列营销推广活动，促进实体门店销售；瑞筑公司创新销售方式，“香山一品”一期项目销售277套，销售率达95.2%；基因公司与杭州松展开展电商运营合作，可易首家体验式零售门店开业运营。加大国际市场开拓力度，全年集团实现出口交货值47.4亿元，增长18.5%，其中扬农集团（含扬农股份）、联环集团分别实现出口交货值41.5亿元、5.9亿元，分别增长16.5%、34.2%。扬农股份科学研判市场行情，把握出口主动权，全年出口位居中国农药行业第三名。

（戴华侨 刘 芸）

■科技创新 全年集团新增发明专利21项，实用新型专利2项。扬农集团入选国家技术创新示范企业，全年开展新课题研究15项，双氧水法环氧氯丙烷完成规模化中试；扬农股份绿色高效拟除虫菊酯项目获“中国工业大奖”；联环股份与中国工程院院士王广基联合创立院士工作站，与中科院上海药物研究所签订两个创新药研发合作协议，硫酸氢氯吡格雷片完成临床试验；国控扬州获2018年度全国先进物流企业和全国物流百强企业称号；谢馥春全年推出8款新品，改进5款老产品及外包设计；基因公司获批“科技型中小企业”。（戴华侨 刘 芸）

■项目建设与退城进园 扬农集团全力推进“一中心、四基地”建设，连云港瑞恒一期工程A阶段项目启动土建施工，化工园区年产500吨芳纶纺丝中试装置实现稳定运行，年产5000吨芳纶项目完成行政审批；中卫基地瑞泰公司吡虫啉项目建成投产；扬农股份南通优嘉二期项目建成投产，三期项目启动土建施工；联环股份新区项目一期工程完成内部装修，二期工程主体设备安装基本到位，三期土建完成封顶；瑞筑置业宁夏“香山一品”二期项目完成地面三层结构施工；基因公司新厂区项目完成立项备案；华天宝中药生产项目通过省药监部门GMP认证。（戴华侨 刘 芸）

■国企改革 推进扬农集团股权改革，规范推进联环集团股权投资收购。推进谢馥春A股上市工作。完成金茂集团、谢馥春公司两个层面领导小组设置，完成企业高层次营销人才市场化引进尝试，制订推进谢馥春公司A股上市指导意见。

（戴华侨 刘 芸）

■安全生产 强化安全责任意识。层层落实安全责任，构建完善安全管理网络，全年集团安全生产形势平稳。加强安全制度建设，全年印发安全类文件15个，各企业修订HSE制度118项，完善各类应急预案等46项，为安全生产提供制度保障。强化安全检查及整改。全年集团组织重要节点安全检查、督查11次；邀请安全专家对扬农集团铁路专用线危化品仓库开展专项排查；集团全年共排查隐患95项，整改率100%。加强安全教育培训。组织“安全生产月”系列活动、开展消防知识讲座和“安康杯”安全知识竞赛，全面提高集团安全意识。发挥安全考核激励作用。修改完善集团安全考核细则并严格进行评分，各企业安全生产基础管理水平明显提升，五家企业被确定为2018年度集团安全生产先进企业。

（戴华侨　刘　芸）

■环保治理　扬农集团宝塔湾厂区新增废水氨氮去除装置，减排效果显著；扬农股份优士青山厂区通过中化五星工厂验收；联环股份完成新厂区废水处理自动化方案，增添“三合一”离心机，有效降低环保风险。

（戴华侨　刘　芸）

■江苏扬农化工集团有限公司　扬农化工集团实现销售收入109亿元，利润16.3亿元，创近年最好水平。推进技术创新，全年开展新课题研究15项，中试8项，产业化项目2项，技术创新成果丰硕。自主研发双氧水法环氧氯丙烷完成规模化中试，开发的双氧水法环氧丙烷工艺完成催化剂套用和工艺经济性评价，芳纶关键中间体对苯二胺项目完成氨解中试，进入工程化设计阶段。加快项目建设步伐。加快“一中心、四基地”建设，全年共计实施重点工程项目14个，其中，新建项目10个，技改项目4个，项目投资约21亿元。连云港一期A阶段项目完成行政审批，进入土建施工阶段，一期B阶段项目完成项目备案和环评二次公示；瑞泰公司一氯二氯及吡虫啉项目完成项目建设，于9月份投入生产运行。仪征生产基地500吨对位芳纶纺丝中试装置稳定运行。加强安全环保管理。全年共排查各类安全隐患3057条，到期整改率100%；发放HSE专项激励总额约600万元；全年万元产值综合能耗同比下降6%，废水排放量下降9%，化学需氧量排放量下降6%，节能环保成果显著。

（戴华侨　刘　芸）

■江苏扬农化工股份有限公司　2018年，公司完成销售52亿元，实现利润总额10.9亿元。采取差异化营销模式，扩大专利品种氯氟醚的销售，1个产品被授予植保产品贡献奖，位列中国农药出口和销售前十强（出口第三名、销售第五名）。推进优嘉三期项目；完成二期吡唑醚菌酯项目安装调试，完成优嘉码头建设；开展四期项目可研报告编制，同步进行项目初步设计。开展技术改进16项与废水处理工艺优化8项；1个项目获批2018年度省科技成果转化项目；获批国家知识产权示范企业。全年申请国内专利20项，获得国内外专利授权8项；“绿色高效拟除虫菊酯开发与应用”项目获中国工业大奖。推进杜邦安全管理，全年无职业病发生。优士青山厂区通过化工事业部五星工厂验收，优嘉通过五星工厂“回头看”审核。

（戴华侨　刘　芸）

■江苏联环药业集团有限公司　参见第138页

江苏油田

■概况　江苏油田组建于1975年4月23日，是集油气勘探开发、炼油化工、盐硝生产、科技研发、危化品运输、餐饮服务于一体的国有大I型企业。原隶属于中国石油天然气总公司，1998年3月国务院对石油、石化实施重组，江苏油田整体划归中国石化集团公司。1998年11月，安徽油田整体并入江苏油田。2000年1月，适应中国石化集团公司重组改制要求，江苏油田分设为中国石化集团江苏石油勘探局及中国石油化工股份有限公司江苏油田分公司两部分。2012年12月，按照中国石化集团公司整合重组统一部署，设立江苏石油工程有限公司。2017年9月，中国石化集团江苏石油勘探局更名为中国石化集团江苏石油勘探局有限公司。油区主要分布在江苏、安徽、广东3个省的7个地市15个县（市、区）68个乡镇内。至年末，江苏油田总资产63.72亿元，其中固定资产净值41.09亿元。10月12日，江苏油田获得中国石化广西百色盆地油气矿权区块流转经营权。江苏油田分公司有油气勘查、开采项目区块25个，总面积2.08万平方千米，油气远景资源量5.54亿吨，共探明油气田37个，面积252.64平方千米，累计探明天然气地质储量93.8亿立方米（含溶解气）、石油地质储量2.85亿吨，累计生产原油4666.6万吨、生产天然气15.43亿立方米。2018年，新

2017—2018年江苏油田主要生产建设指标一览表

表17-2

指标名称	单位	2018	2017
原油产量	万吨	113.16	120.1
天然气产量	亿立方米	0.70	0.43
新增原油生产能力	万吨	4.41	4.67
新增探明石油地质储量	万吨	67.80	105.0
新增动用石油地质储量	万吨	163.58	67.8
二维地震	千米	42.81	30.0
三维地震	平方千米	70.2	170.0
完井	口	49	50
探井	口	20	30
开发井	口	29	20
钻井进尺	万米	12.82	12.54

（屈传刚）

增控制石油地质储量646.74万吨，生产原油113.16万吨、天然气7000万立方米；实现收入67.32亿元、利润总额7.68亿元。（屈传刚）

■**油气勘探** 江苏油田分公司全年勘探总投资2.41亿元，完钻各类探井20口，试获工业油流井8口，探井综合成功率40%。针对高邮深凹带隐蔽油藏钻探邵24井，综合解释油层10层30.5米，新增控制储量212万吨。高邮北斜坡沙花瓦地区构造结合部获得商业发现，钻探花X45井在阜宁组见油气显示20层70.5米，综合解释油层7层18.9米，抽汲日产油9.6立方米，新增控制储量51.53万吨。针对金湖凹陷卞闵杨地区阜三段主力层系开展滚动评价，钻探卞X19井发现油层5层9.3米，通过试油获得日产油9.8立方米，此为卞闵杨构造西部20多年首次取得勘探突破。（屈传刚）

■**油田开发** 江苏油田分公司全年开发总投资3.55亿元，完钻开发井32口，新建（增）产能4.41万吨。开展改善水驱专项治理，自然递减、综合递减分别为11.8%、6.9%。围绕富油区带、高效层系开展滚动评价，新增商业开发储量124.57万吨。深化二氧化碳驱替、调剖技术应用和一体化治理专项攻关，推广应用各类低成本技术178次，实现降本3950万元。推进大部制改革，构建“一部两厂三院”油气生产命运共同体，深化“勘探开发、地质工程、业务经营”一体化运行机制。成立8个专项工作小组，对产量运行、科技攻关、产能建设等重点工作加强推进力度。引入市场竞争机制，统一招标，优选队伍，实施17口压裂井，作业费平均每口井减少6万元。

（屈传刚）

■**市场开拓** 2018年，勘探局有限公司、江苏油田分公司对外创收分别为8.9亿元、1.1亿元，分别增长16.2%、44.7%。江苏紫京获中国石化优秀服务品牌，先后中标多个域外海外项目，实现收入2.3亿元。盐化工实现利润1608万元。井下作业中标中国石油南方公司1500万元试油项目，侧钻队伍首次走出油田开展施工服务。社区管理中心通过资产盘活创效2126万元。科研院所新签对外技术服务合同额3049万元。培育新产业新模式，江苏油田与高邮国家农业科技园签订地热应用服务协议并投入运营，环保、电子信息等新业务机构组建到位，运输处、培训处获行业协会“全国百强企业”称号。（屈传刚）

■**安全管理** 加强HSSE管理体系建设，修订完成安全管理制度15项，发布安全行为负面清单100条。推进安全文化建设，发布安全经验做法23个、事故案例视频41个，提出安全诊断建议1.75万条，整改率99.8%。抓好隐患排查整治，开展油库、罐区等隐患排查22次，排查隐患88项，投入1663万元实施96个安全技措项目。创新监督考核机制，整合HSE督查大队、石油工程监督、质量监督和生产运行等监督组织机构。推行个人安全积分管理，借鉴交通违章计分制度，开展安全行为量化考核425人次。推行警示约谈实施办法，对存在突出问题的有关单位和承包商开展约谈8次。开展职业病防治宣传，发放7300多份健康知识读本，核查职业病危害因素18种，设置固定监测点518个、流动作业监测点41个，规范更新职业健康标识牌910个。启动全员健康大诊断活动，配置急救药品和电子血压计、电子血糖仪等简易医疗设施90套。（屈传刚）

■**绿色节能** 加入中国石化绿色企业行动计划，制定《绿色企业行动计划实施方案》《绿色企业创建任务分解清单》《绿色企业创建项目清单》，把创建任务细化为8个方面24项，形成23个具体方案。梳理、评估油田污染源和周边环境质量状况，统计、监测、分析数据3万余个并提出具体防控措施。首次发布环保工作负面清单，提出50条环保禁止行为。收集24个环境案例编制成册，发放到基层班组。实施能效倍增和清洁生产计划，加强生态红线区生产设施维护管理，原油运输水体风险防范改造项目竣工投产，化学剂废弃桶集中整治全面完成，崔庄输油码头迁置工程取得阶段性成果，绿色企业创建工作通过审核验收。引进推广节能低碳技术项目12项，节约能源折合标准煤8347吨，节约能源消费资金2191万元。江苏油田连续14年获得集团公司环“境保护先进单位”称号，成为中国石化第一批绿色企业。（屈传刚）

■**企业改革** 2018年，江苏油田被总部列为综合改革试点企业。按照总部改革方案，推出一系列提效率增活力改革举措。推进互补性业务重组和专业化队伍建设，优化整合教育培训、生活后勤资源，加强车辆专业化重组力度，实现产业一体化、资产轻量化、人员专业化，闲置资产盘活创效超2000万元。推动机关瘦身健体向二级单位延伸，机构和定员压减比例均超20%。推进三项制度改革，价值积分管理在基层推广应用，分档制考核在机关和科研单位全面推行，单位人均组织绩效差距超1万元，个人绩效差距超20%。深化油公司建设，生产信息化全面投入使用，37个站库、1300多个井场实现实时监控。

（屈传刚）

■**科技创新** 全年安排科技经费4280万元；申请国家专利72项，获得授权67项；45项成果通过集团公司和油田验收，其中1项达到国际领先水平、3项达到国际先进水平。探索科技项目竞争机制，出台科技创新创业指导意见。加强EPBP平台研发工作，完善EPBP功能模块建设，云平台、智能巡检、效益配产、设备资产调剂等应用上线运行。创建石油石化大数据知识服务平台，更新清华同方期刊全文数据库数据2270吉字节，发布电子期刊《石油情报》96期、《油气勘探开发科技周刊》49期，新增科技资料库论文484篇，新增电子及纸质图书2584

册。通过江苏省创新型领军企业培育计划评估，启动江苏省油气微生物技术工程研究中心建设。（屈传刚）

■ **“四供一业”移交** 2018年，江苏油田全面完成集团公司下达的50个“四供一业”分离移交项目，其中供水8项、供电7项、供气1项、物业12项、市政7项、社区10项、学前教育3项、固化宽带1项、有线电视1项。项目涉及到苏皖两省5个地级市12个县（区）17个乡镇（街道办事处）44个小区（居住点）16 722户，常住人口4万余人。根据中国石化和江苏省相关要求，遵循“同一项业务、同一个接收单位”作为一个分离移交项目原则，油田成立分离移交工作办公室；按照“交得出”“行得稳”“可持续”要求，召开57次工作例会，编制32期工作简报，上报各类会议汇报材料50余份。（屈传刚）

仪征化纤

■**概况** 中国石化仪征化纤有限责任公司（简称仪化有限公司）和中国石化集团资产经营管理有限公司仪征分公司（简称资产公司仪征分公司），统称仪征化纤公司，位于江苏省仪征市，占地10平方千米。前身为仪征化纤工业联合公司，1978年筹建，1981年设立，1993年进行股份制改组，分为上市部分（仪征化纤股份有限公司）和非上市部分（仪化集团公司）。1998年整体加入中国石化集团公司。2000年，仪征化纤股份有限公司更名为中国石化仪征化纤股份有限公司，成为中国石化股份有限公司的控股子公司。2006年，仪化集团公司进行体制转换，更名为中国石化集团资产经营管理有限公司仪征分公司。2014年中国石化仪征化纤股份有限公司进行重大资产重组，成为中国石化股份公司的全资子公司。2015年4月，更名为中国石化仪征化纤有限责任公司。

仪化有限公司主要从事聚酯、涤纶纤维和特种纤维的生产及销售，并配套生产聚酯原料精对苯二甲酸（PTA）。拥有2套PTA装置，年产能100万吨；17条聚酯生产线、5条瓶级切片生产线、36条涤纶短纤维生产线，合计聚酯聚合年产能220万吨；3套高性能聚乙烯纤维干法纺丝装置，年产能2300吨；1套对位芳纶试验装置，年产能100吨；1套1,4—丁二醇（BDO）装置，年产能10万吨。资产公司仪征分公司下属3个生产单位和社区管理中心（离退休工作部）。PBT生产中心主要产品为工程塑料（PBT），年产能9.1万吨；仪化东丽聚酯薄膜有限公司是原仪化集团公司与日本东丽公司各以50%股权合资设立，主要产品为聚酯薄膜，年产能4.4万吨；仪化博纳织物有限公司是原仪化集团公司与英国博纳公司合资企业，主产品为聚丙烯织物和人造草坪纱，年产能8500万平方米。

2018年，仪化有限公司实现销售收入180.12亿元，盈利1.01亿元，实现利税4.67亿元。资产公司仪征分公司实现销售收入9.77亿元，实现利税1.41亿元。（黄　斌）

■**挖潜增效** 2018年，仪化有限公司开拓市场，坚持低库存运作，产销研用结合，推进精准营销，在克服减煤限产、环保硬约束等不利因素下，聚酯产品销量比上年增加1.58万吨，产品价格普遍高于市场均价。紧贴市场组织生产经营，高纤、PBT、MAH产品销量比上年增加2.35万吨。主动应对市场变化，勤算账、算细账，抢抓PTA、瓶片等市场有利时机，发挥装置柔性化优势，动态优化调整装置负荷和产品结构，累计增效2.6亿元。发挥一体化优势，优化供应渠道和原料结构，有效降低采购成本。开展全员成本目标管理，加大费用管控和考核力度，全年挖潜增效1.03亿元，主要成本费用指标均控制在预算范围内。（黄　斌）

■**科技创新** 完善创新机制，修订《科技成果转化及新产品开发提成奖励细则》，评选科技进步奖76项，奖励470万元。加大新产品开发力度，耐候性切片实现工业化生产，亚光膜用母粒成功开发，阻燃产品技术日趋成熟，车用高品质吸音棉专用料开发取得进展。全年完成研发一代新产品17个，累计产量1.2万吨，生产和储备一代产品15.3万吨，累计增效9400多万元。原液着色聚酯纤维、绿色环保聚酯实现工业化生产，低熔点、阳离子、复合纤维等生产技术成功开发。主持或参与30项国标行标的起草和修订，完成专利申请31件，授权10件。“超仿棉

2017—2018年仪化有限公司主要产品产量一览表

表17-3　　单位：万吨

产品名称	2018年	2017年
涤纶	238.08	235.43
聚酯切片	126.18	125.80
瓶级切片	34.36	33.17
涤纶短纤维	70.09	68.93
中空纤维	7.45	7.52
涤纶长丝	—	—
加弹丝	—	—
高纤	0.23	0.23
顺酐	12.52	10.09
PTA	86.91	94.31
PBT树脂	9.41	9.14
四氢呋喃	0.60	0.59

（黄　斌）

聚酯纤维及其纺织品产业化技术开发”“纤维级聚酯切片国家标准样品复制”两项成果分别获中国纺织工业联合会科学技术一等奖、三等奖。
（黄 斌）

■绿色发展 全面启动绿色企业行动计划，强化源头减排、末端治理，开展环保问题大排查大整治，投入3.33亿元，实施挥发性有机物治理、干煤棚封闭改造等24个环保隐患治理项目，全年化学需氧量、氨氮等主要污染物指标全部达标排放，危险废弃物100%合规处置。首次实施节能量交易，创效13万元。完成9项“能效倍增”计划，投资2682万元，年节约标煤1.02万吨，年创效益1000多万元。主要生产装置运行平稳率提升，排废比上年减少614吨。
（黄 斌）

■热电脱硫超低排放改造 推进“碧水蓝天”建设，投资近7000万元，对热电部4个脱硫塔逐一实施烟气超低排放升级改造。4月28日，2号脱硫塔正式投入试投运，历时19个月的超低排放升级改造项目全面完成。改造后的脱硫设施可有效确保排放烟气中的烟尘、二氧化硫、氮氧化物浓度达到国家环保排放要求。
（黄 斌）

■纤维新品获奖 3月14日，在2018—2019年度中国纤维流行趋势发布会上，仪征化纤公司怡然新型生态催化聚酯纤维获中国纤维流行趋势2018—2019发布纤维奖，中空阻燃聚酯纤维、光谱蓄热纤维获中国纤维流行趋势2018—2019入围纤维奖。仪征化纤公司连续4年参加中国纤维流行趋势评选，累计有4个产品获发布纤维奖。
（黄 斌）

消费品工业

■概况 2018年，全市继续开展消费品工业“三品”专项行动，推动消费品工业增品种、提品质、创品牌，提高消费品有效供给能力和水平。新增扬州日兴生物科技股份有限公司1家省级“三品”示范企业。开展市级工艺美术大师评选活动，张廷祥等38人被授予扬州市工艺美术大师。市工艺美术集团加大创新研发力度，漆器厂加强汉中项目跟踪签单近千万元，玉器厂收获精品销售及大件原料加工订单。全市790家规模以上消费品工业企业实现开票销售、入库税收分别增长12.2%、7.2%，分别占全市规模以上工业开票销售、入库税收总量的12.9%、16.5%。

市政府出台《关于培育先进制造业集群的实施意见》，将高端纺织服装产业、食品产业、生物医药和新型医疗器械产业作为8个先进制造业集群中的3个集群来重点培育。其中，261家规模以上高端纺织服装产业集群企业累计实现开票销售、入库税收分别增长11.4%和3.6%。
（扬工信 李 晖 谢森妙）

■食品工业 全市初步形成1个食品专业园区、3个食品特色基地和5个食品优势行业的“135”格局。2018年，全市83家规模以上食品工业实现开票销售、入库税收分别占全市先进制造业集群开票销售、入库税收总量的3.2%、2.3%。20家企业开票销售过亿元，占规模以上食品工业开票销售总量的74.8%。
（扬工信 李 晖 谢森妙）

■高端纺织服装产业 仪征化纤制造、高邮羽绒加工和邗江服装生产三大集聚区各有所长，特色明显。仪征市化纤制造行业占据全市纺织服装产业总量的半壁江山，仪化公司是国内最大的高性聚乙烯纤维生产商和供应商；天富龙集团长期专注于差别化有色短纤维的研发生产，成为国内最大的汽车内饰纤维生产厂家。高邮市羽绒服装生产量占省内羽绒服装产业加工总量的1/4，波司登制衣公司是波司登集团国内四大生产基地之一；神游羽绒改进工艺，自主研制的自动码页放布机和多功能拉布架获得国家发明专利，提升生产效率与产品质量。邗江区集聚一批知名服装服饰企业，虎豹集团连续多年获得全国服装行业销售收入、利润双百强；柏泰集团连续十年全国警服市场份额第一，全国每6位警察就有1位身着柏泰集团生产的警服；笛莎公主推动传统产业模式创新和变革升级，致力于打造特色女童文化全生态产业链。2018年，261家规模以上高端纺织服装产业集群企业累计实现开票销售、入库税收分别增长11.4%、3.6%，增幅高于全市先进制造业集群平均增幅2.6、4.7个百分点，分别占全市先进制造业集群开票销售、入库税收总量的12.1%、9.7%。其中，开票销售过亿元的企业共有33家，完成开票销售、入库税收分别占规模以上纺织服装产业总量的80.5%、74.3%。

仪征化纤依靠自有技术投资兴建的年产10万吨涤纶短纤维生产线投产，巩固短纤行业的领先地位。虎豹集团着力推进服装行业工业化与信息化深度融合，加快以现代制造技术、制造系统为突破口的产业转型升级，全年实现开票销售增长16.7%。波司登制衣加大技术改造力度，投资4000多万元用于智能化建设，着力推进新品种、新款式服饰研发。
（扬工信 李 晖 谢森妙）

■工艺美术工业 2018年，扬州工艺美术集团推进实施产品创新研发工作。开发旅游纪念品、礼品、家居饰品、文创类产品，加大新材料、新工艺、新技术与传统工艺的嫁接，提升创新产品的市场占有率。全年围绕香道、茶道、文房四宝等题材开发文创产品33件（套），其中漆器类产品14件（套）、玉器类产品19件（套）。漆器厂采用多种工艺，开发设计“一念净心”香道、“祥云”香炉、“茶韵”茶道、歙砚原石大漆文房套装等产品；玉器厂推出采用多种材料，结合香道、茶道及特定热点题材的系列文创产品，“连中三元”平安扣、“扬州八怪”系列茶具等产品在微信圈成为广受关注的热点。

漆器厂加强对汉中项目跟踪，

签单近千万元；玉器厂发挥国家级工艺美术大师的品牌效应，收获精品销售及大件原料加工订单。集团及所属企业以“烟花三月”国际经贸旅游节、扬州鉴真国际半程马拉松、江苏省第19届运动会、江苏省第10届园艺博览会等一系列大型活动为契机，寻求展示推介及纪念品制作的机会，在江苏省第19届运动会中，漆器厂和玉器厂开发设计的欢动扬州平磨手机壳、绿东陵石平安车挂等数十件纪念品入围本次省运会的特许经营产品。

区域合作。工艺集团与陕西汉中有关部门和企业持续互动，建立合作，推进实现扬州工艺走进汉中，汉中玉产品首次来扬展出；分别组织工艺精品赴香港、澳门、无锡、烟台、大连、青岛等地参展、办展，扩大影响。4月，工艺集团组织漆器、玉器精品，参加省委、省政府在香港维多利亚公园举办“水韵江苏·相约香港”江苏文化嘉年华活动，世博会江苏馆镇馆之宝《螳螂白菜》首次赴港展出，引起关注。10月，在第23届澳门国际贸易投资展览会上，工艺集团担纲负责江苏形象馆的布展工作，共组织漆器、玉器、刺绣、剪纸、通草花、雕版印刷、古琴、古筝等近200件传统工艺门类产品参展。

搭建平台，引领行业树标杆。发挥国字号展会集聚效应，实现经济效益与社会效益双丰收。6月15—18日，由扬州市政府和中国工艺美术协会共同主办、工艺集团承办的“2018中国（扬州）大运河文化旅游博览会暨第13届中国玉石雕精品博览会”在扬州国展中心举行。本届博览会场地面积超8000平方米，共设440个国际标准展位，吸引来自全国18个省市区（其中包括16个大运河沿线城市）、302家企业、共2000多名客商参展，其中外地客商约1200人。展会期间，累计到场观众超过2万人次，其中外地观众约5000人次，现场成交过千万，部分客商达成初步合作意向。展会同期举办“2018中国（扬州）‘文博杯’精品大赛”“2018中国（扬州）‘玉缘杯’玉石雕精品大赛”活动，共有555件作品参赛，获奖390件，其中金奖107件、银奖112件、铜奖99件、优秀奖72件。比赛分为玉（石）雕和综合两大门类，其中玉（石）雕类总获奖件数为242件，扬州作品占109件，占比45%；综合类总获奖件数为148件，扬州作品占96件，占比65%。发挥国家级示范平台作用，推动工艺美术产业发展，工艺集团入选2018年度国家中小企业公共服务示范平台名单。对非遗集聚区入驻的中小企业提供公益性技术培训、展会政策优惠等支持鼓励政策，为中小微企业开展技术和创业服务工作。品牌建设成效显著，漆器厂获全国轻工行业先进集体、江苏省轻工行业优秀品牌企业、苏浙皖赣沪名牌产品100佳等称号，扬州漆器髹饰技艺入选第一批国家传统工艺振兴名录；扬州486非遗集聚区获中国华侨国际文化交流基地、江苏省正版正货示范街区等荣誉，并通过省级以上服务业标准化试点项目验收。（陈　明）

大运河文化旅游博览会上，参观者在现场欣赏“玉树石”展品

庄文斌/摄

电力工业

■概况 2018年，全市全社会用电量248.99亿千瓦时，增幅5.04%，列全省第八位；工业用电量165.64亿千瓦时，增幅2.11%，列全省第九位。各地区用电量均呈增长态势，其中高邮市、江都区、宝应县增幅位列全市前三，分别为15.75%、11.16%、8.11%。从业扩报装容量来看，2018年全市工业累计净增用电容量49.64万千伏安，用电需求平稳增长。全市214户工业用户实现结算交易电量79.68亿千瓦时，比上年增长69.1%，节约企业用电成本1.36亿元，增长36.7%。

（杨　志）

■中国中东南部分散式风电开发研讨会 9月12—13日，以“创新优化和谐共享”为主题的中国中东南部分散式风电开发研讨会在扬召开。各级政府部门、行业组织、风电企业以及金融机构的600多人出席。嘉宾围绕分散式风电的政策体系、商业模式、技术、风险管理等议题展开深入探讨，明确国家和地方在中东南部风能开发方面的规划构想和实施计划，指明分散式风电的技术、产品和商业模式创新路径。开幕式上，扬州市政府、江苏省能源局、中国可再生能源学会风能专业委员会以及企业的代表作精彩发言。在高峰论坛上，部分省市能源主管部门、企业的嘉宾以主题发言和圆桌对话的形式探讨如何推动分散式风电有效、有序地

快速发展，分享开发实践，推动分散式风电走出集中式风电的固有模式，探索出分散式风电开发的最佳实践路径。（杨 志）

■《扬州市“十三五”风力发电发展规划》颁布实施 6月23日，《扬州市“十三五”风力发电发展规划》正式印发。主要内容包括集中式风力风电场布局。本着优先开发风能资源条件较好区域的原则，在在建和已核准项目的基础上，宝应县拟选取柳堡、射阳湖两个场址；高邮市拟选取三垛和甘垛、周山和龙虬、临泽镇三阳河东、临泽镇三阳河西、汤庄、界首、神居山等七个场址；仪征市拟选取月塘一个场址；江都区拟选取小纪、武坚、江都经济开发区三个场址。分散式风力风电场布局。电负荷集中的工业园区，规划在扬州化学工业园布局3个分散式风电场，在仪征汽车工业园布局3个分散式风电场。与特色小镇建设相结合，将分散式风电场和特色小镇的建设结合起来，利用政府提供给特色小镇的一些优惠政策和补贴机制，鼓励和促进各类企业和个人投资建设和经营分散式风电项目。规划考虑在进入江苏省创建名单的特色小镇头桥医械小镇布局一个分散式风电场。（杨 志）

■江苏华电扬州发电有限公司 江苏华电扬州发电有限公司（简称扬电公司）由华电江苏能源有限公司（绝对控股）、扬州市扬子江投资发展集团有限责任公司等8家股东共同投资。至年末，有2台330兆瓦燃煤发电供热机组和2台475兆瓦燃气发电机组，总装机容量为1610兆瓦，注册资本9.11亿元。扬电公司全年完成全口径电量53.47亿千瓦时，其中煤机27.89亿千瓦时，燃机25.58亿千瓦时；供热量48.66万吉焦，完成年度计划的105.78%。

开展“三供一业”分离移交工作。扬电公司所属的北讲经墩小区、吕庄小区、盐厅子三个职工住宅小区（三个小区供水、供电已移交给相关机构）符合分离移交条件，主要涉及三个小区物业管理职能的移交。三个小区住宅总计604户，住宅总建筑面积合计3.45万平方米。扬电公司按照“先移交，后改造”的原则，与接受方广陵区东关街道、蜀冈－瘦西湖风景名胜区梅岭街道、邗江区竹西街道沟通有关事宜，最终明确正式移交协议具体内容。7月29日及8月1日扬电公司分别与3个街道签订正式协议。9月，正式协议和技术方案先后通过中国华电集团公司和国务院国资委审查。10月25日，分离移交资产无偿划转获得华电江苏能源有限公司批复。11月，双方完成物业职能和相关资产交接工作，是扬州市首个完成“三供一业”移交的国有企业。（蒋 幸）

■扬州第二发电有限责任公司 2018年，扬州第二发电有限责任公司全年实现利润6.5亿元，完成发电量137.79亿千瓦时。全年实现三个安全生产百日无事故周期。提高环保工作政治站位，建立健全环保工作长效机制，4台机组超低排放合格率均超99%。

经营效益稳中有升。对照上级部门下达的年度目标任务，有效提升“电、煤、非电、服务”四个市场的综合收益。加强市场化电量营销改革力度。针对愈加开放的电力市场，进一步整合内部资源、拓宽经营渠道，提高电量营销工作的专业化程度和工作效率，足额签订2018年市场长协电量，市场电量接近实发电量的60%。争取政策红利电量，全年共争取到深度调峰、供热等补偿电量1.84亿千瓦时。加强煤炭成本控制。在能销公司的指导帮助下，努力提高长协煤兑现率、开拓进口煤采购渠道。全年到厂标煤单价848元/吨，处于沿江同类电厂领先水平；全年共采购进口煤41万吨，创历史新高。提升“非电”市场收益。通过技改增强机组供热能力，提高供热质量和稳定性，开拓周边潜在用户，根据市场情况及时抢占市区供热市场份额、调整供热价格，提高供热收益。

转型升级。聚焦清洁能源项目建设，转型发展。全面优化燃机运营模式，探索燃气机组管理新方法，加强天然气发电政策研究，降低燃料成本，提高供热市场占有率。仪征、高邮公司全年累计盈利超2000万元，成为公司新的效益增长点。推进人才梯队建设及新项目申报。全年共开展太仓项目、生物质耦合发电项目、如东项目和高邮二期四个项目的申报工作，其中生物质耦合项目入围国家试点名单，如东燃机项目和高邮二期项目报送国家能源局评优。一期亚临界机组增容提效改造前期准备工作有序进行。（毛润东）

建筑业

Jianzhuye

编 辑 贾丽琴

综述

■**概况** 2018年，全市建筑业实现施工总产值3750亿元，比上年增长6%；实现增加值830亿元，增长6.4%；实现利税总额280亿元，增长12%；在手合同额5100亿元，增长6%，其中合同额10亿元以上项目31个。行业从业人员年均报酬达6万元。

市场开拓。建筑业总外埠产值达2780亿元，占总量的74%。北京、上海、广东、陕西、南京等五大传统市场增长稳健，实现产值907亿元；安徽、新疆等新兴市场成长迅速，产值分别增长40%、28%；布局“一带一路”沿线，形成中东、非洲、东南亚鼎立的市场格局，承接1亿美元以上项目6项。

创优夺牌。扬建集团承建的扬州西部客运枢纽获中国建筑工程质量最高奖鲁班奖，5个项目获国家优质工程奖，3个项目获中国土木工程詹天佑奖优秀住宅小区金奖，24个项目获专业国优工程；获批省级施工工法52项，省新技术立项工程58项，省新技术验收工程35项。

资质晋升。高邮瑞沃集团晋升市政特级资质，成为全市首家、江苏省第3家获此资质的企业；全年新晋升一级资质企业53家，二级资质企业364家，数量分别增长96%、51%；17家企业跻身省建筑业百强企业行列，较上年度增加3家。 （李纪军 卞海波）

■**建筑产业化** 创成国家级装配式建筑产业基地1个，省级示范基地13个，建筑产业化企业23家，其中部品部件生产企业6家，年产能达80万立方米，初步形成以江苏华江建设有限公司、江苏和天下节能科技有限公司等为代表的装配式建筑技术研发生产基地。（李纪军 卞海波）

■**绿色建筑暨建筑节能** 2018年，全市累计新增节能建筑917.72万平方米，新增可再生能源建筑应用面积325.55万平方米，既有建筑节能改造面积51.78万平方米，均超额完成年度目标任务。能耗监管平台运行良好，96项公共建筑实现能耗分项计量数据实时稳定上传。全市共完成136栋建筑能耗统计，其中大型公共建筑6栋、机关办公建筑122栋、中小型公共建筑8栋。完成对9栋建筑的能源审计工作。全市新增能效测评标识项目70个，其中公共建筑57项、居住建筑13项。创新突破。新增绿色建筑标识项目14个，均为二星级以上绿色建筑项目，建筑面积157.49万平方米，其中绿色建筑运行标识项目新增2项（仪征帝景蓝湾住宅小区17—21、23号楼项目、蓝湾国际22—39、48—49号楼项目）。至年末，全市绿色建筑星级建筑共有70个，示范建筑总面积为891.3万平方米，其中二星级以上绿色建筑57个，建筑面积为677.3万平方米，占比76%。

引导示范。组织申报2018年度省级节能减排奖补资金项目、绿色建筑与建造资金奖补城市，江都区获批绿色建筑和建筑节能综合提升奖补城市，新能源一品获批绿色建筑运行标识项目奖补资金，共补助资金950万元。组织申报扬州市绿色建筑暨建筑节能专项引导资金项目，2017—2018年度有“扬州华鼎星城一二期”“扬州市给排水管理处办公楼既有节能改造”等5个项目获扬州市绿色建筑暨建筑节能专项引导资金，共补助321万元。

机制完善。开展绿色建筑专项检查，累计检查28个工程项目，其中公共建筑6项、居住建筑22项，对存在问题的项目责任主体下发整改通知单，要求整改到位，下发节能检查通报。配合省住建厅绿色建筑暨建筑节能工作考核组的考核工作，督促各项目主体单位整改发现的问题及时反馈给省住建厅。完善节能产品备案体制，监管新墙材产品质量。全年138家企业231个建筑节能材料和产品通过初复审。

（阚开慧）

■**40项工程被授予“江苏省建筑业新技术应用示范工程”** 6月17日，省住房和城乡建设厅发布通知，授予269项工程为2017年度“江苏省建筑业新技术应用示范工程”称号，扬州市有40项工程获此称号，获奖项目数量位居全省前列。建筑业十项新技术是建筑企业变革传统生产方式的重要手段，是建筑产业推进技术进步、促进转型升级的有效途径。2017年住建部修订原《建筑业十项新技术》标准，去除一些常用的施工技术，新增装配式混凝土结构、绿色建筑、建筑节能等一些新兴的施工方法，具有很强的适用性、成熟性和可推广性，对建筑施工技术的发展进步具有重要影响。

（杨　奕）

勘察设计

■勘察设计　2018 年，14 家试点企业和 3 个试点项目列入第一批省级试点企业和试点项目，12 个试点项目列入省级第二批全过程工程咨询试点项目。至年末，全市勘察设计企业共 73 家（具有勘察设计双资质的 12 家），甲级资质 38 家。其中专业设计资质企业共 33 家，甲级资质 19 家；专项设计资质企业 50 家，甲级资质 16 家；勘察资质企业 11 家，甲级资质 4 家。从业人员 2650 人，其中注册执业人员 521 人。年产值 5 亿元左右，涉及工程勘察、建筑、市政、水利、水运、电力、石油、化工等 8 个行业，以及建筑装饰、建筑幕墙、环境工程、轻钢结构、照明工程、风景园林等 6 个专项资质。（阚开慧）

■行业监管　开展工程勘察现场检查，共收到 272 个项目提前告知表，组织专家对 16 个建筑工程项目（其中公建 6 项、居建 10 项）的工程勘察现场、项目原始资料及现场编录进行审查，其中 12 个项目检查合格，4 个项目要求整改，所有项目整改后均合格。开展勘察设计质量考评工作，共考核建筑工程设计企业 34 家，项目总数 503 个，建筑总面积 1121.24 万平方米，违反强条（强制性条文）总数 424 条，每万平方米违反强条 0.38 条，比上年同期减少 40.8%；工程勘察企业共 19 家，项目总数 443 个，违反强条总数 26 条，每项目违反强条 0.06 条。

加强对施工图审查机构审查质量监管，全年开展 2 次施工图审查质量检查工作，每个施工图审查机构抽查 1 个公共建筑项目、2 个居住建筑项目。通过江苏省勘察设计

2018 年扬州市勘察设计甲级资质单位一览表

表 18-1

单位名称	资质
扬州市建筑设计研究院有限公司	建筑甲级、市政（道路、排水）甲级、风景园林甲级
扬州市城市规划设计研究院责任有限公司	建筑甲级、市政（道路）甲级
扬州大学工程设计研究院	建筑甲级
江苏时代建筑设计有限公司	建筑甲级、岩土工程勘察甲级
扬州市中珩建筑设计院有限公司	建筑甲级
江苏扬建集团有限公司	建筑甲级
江苏江都建设工程有限公司	建筑甲级
江苏邗建集团有限公司	建筑甲级
江苏华建建设股份有限公司	建筑甲级
江苏省江建集团有限公司	建筑甲级
江苏弘盛建设工程集团有限公司	建筑甲级
安宜建设集团有限公司	建筑甲级
江苏兴厦建设工程集团有限公司	建筑甲级
江苏东晟新诚建设集团有限公司	建筑甲级
江苏华江建设集团有限公司	建筑甲级
江苏扬安集团有限公司	建筑甲级
江苏瑞沃建设集团有限公司	市政行业甲级
中石化江苏石油工程设计有限公司	石油天然气甲级
江苏省水利勘察设计研究院有限公司	水利行业甲级
江苏省工程勘测研究院有限责任公司	勘察综合甲级
扬州市开元岩土工程检测有限公司	岩土工程勘察甲级、勘察劳务
扬州市勘测设计研究院有限公司	岩土工程（勘察、测试）甲级
扬州日模邗沟装饰工程有限公司	建筑装饰甲级、建筑幕墙甲级
江苏华发装饰有限公司	建筑装饰甲级、建筑幕墙甲级
江苏华磊装饰幕墙工程有限公司	建筑装饰甲级、建筑幕墙甲级
江苏环艺装饰设计工程有限公司	建筑装饰甲级
扬州市森亿装饰工程有限公司	建筑装饰甲级
江苏华宇装饰工程有限公司	建筑装饰甲级
扬州新盛建筑装饰有限公司	建筑装饰甲级
扬州艾特装饰工程有限公司	建筑装饰甲级
江苏裕祥装饰工程有限公司	建筑装饰甲级
扬州福腾门窗幕墙有限公司	建筑幕墙甲级
江苏牧羊集团有限公司	轻钢结构甲级
江苏峰业科技环保集团股份有限公司	环境工程（大气污染防治）甲级
龙腾照明集团有限公司	照明甲级
神州交通工程集团有限公司	照明甲级
江苏现代照明集团有限公司	照明甲级
江苏承煦电气集团有限公司	照明甲级

（阚开慧）

信息管理系统，实施对勘察设计单位市场行为的动态监管，加强省外勘察设计单位来扬承接勘察设计业务的管理。全年共进行勘察设计合同备案598项，单项资质核验172项。（阚开慧）

■建设科技 开展2018年度全市建设科技项目立项评审工作，涉及城市基础设施建设、BIM技术、建筑产业现代化等领域，“基于BIM的城市超宽单索面斜拉桥建管养一体化研究”等9个科技项目列为2018年度全市建设系统科技项目，补助经费43万元。组织专家组对2016年科技项目“上承式梁拱组合桥梁施工体系优化方法及关键技术研究”等12个项目进行验收评审，均通过验收。“基于BIM的城市超宽单索面斜拉桥建管养一体化研究”“城市余泥渣土填筑人工山体的稳定性分析与加固技术”等6个项目列为2018年度住建部科学技术项目。（阚开慧）

■优秀勘察设计项目评选 2018年共评选出市优秀勘察设计企业8家，其中上报市政府表彰企业2家。开展2018年扬州市优秀勘察设计评选活动，其中优秀设计奖40项、优秀勘察奖9项、优秀装饰奖3项。组织市勘察设计企业参加2018年省城乡建设系统优秀勘察设计评选活动，全市共有24项作品获奖。组织开展扬州市优秀农房设计方案评选工作，共评出获奖项目8项，其中扬州市建筑设计研究院有限公司的“扬州人家”获省优秀农房设计方案三等奖。2018第五届江苏省紫金奖建筑及环境设计大赛评选活动中，江都区丁沟镇黄花村获第五届紫金奖·建筑及环境设计大赛银奖。（阚开慧）

2018年扬州市优秀勘察设计项目一览表

表18-2

奖项及等级		项目名称	获奖单位
优秀工程设计项目	一等奖	高邮市文化体育休闲公园工程	扬州市建筑设计研究院有限公司
		杨家大院南部货栈保护工程——南楼、北楼	扬州市建筑设计研究院有限公司
		文峰小学迁建工程	扬州市城市规划设计研究院有限责任公司
		高邮市文化体育休闲公园市政海绵工程（市政工程）	扬州市建筑设计研究院有限公司
		扬州市新万福路建设工程（市政工程）	中铁第四勘察设计院集团有限公司
	二等奖	高邮市送桥中心卫生院（湖西新区人民医院）工程	扬州市建筑设计研究院有限公司
		高邮市北门城墙遗址公园修缮工程（高邮北门遗址公园规划设计）	扬州市建筑设计研究院有限公司
		扬州大明寺周边环境整治工程——戒坛	扬州市建筑设计研究院有限公司
		京杭之心——世界运河名城博览会永久性会址	扬州市城市规划设计研究院有限责任公司
		扬州广陵新城廖家沟城市中央公园管理配套用房	江苏扬建集团有限公司
		泰州数据产业园综合楼二期	江苏扬建集团有限公司
		华信沁园一期	江苏扬建集团有限公司
		仪征宝能城市广场商业综合体工程项目8号工程	江苏中珩建筑设计研究院有限公司
		仪征市档案馆迁建项目库房	江苏时代建筑设计有限公司
		高邮市玉带河水系综合整治工程（市政工程）	扬州市建筑设计研究院有限公司
		扬州市吉安路建设工程（市政工程）	扬州市城市规划设计研究院有限责任公司
		扬州市京杭路建设工程（市政工程）	扬州市城市规划设计研究院有限责任公司
		扬州生态科技新城廖家沟城市中央公园景观设计（风景园林）	荷兰NITA设计集团、杭州尼塔建筑景观设计有限公司
优秀工程设计项目	三等奖	高邮市菱塘回族乡人民政府——民族敬老院	扬州市建筑设计研究院有限公司
		扬子·万象都汇二期	扬州市建筑设计研究院有限公司
		扬州育才小学东区校	扬州市建筑设计研究院有限公司
		扬州皇冠假日酒店	扬州市城市规划设计研究院有限责任公司
		刘集初中、小学异地新建项目	江苏省华建建设股份有限公司
		扬州市邗江区方巷中心卫生院——门诊、住院综合楼	江苏省华建建设股份有限公司
		江苏润扬集团商务办公大楼	江苏省华建建设股份有限公司
		新盛花苑小学	扬州大学工程设计研究院
		桃源柔水湾	江苏迪森建筑设计有限公司
		仪征市月塘中学异地新建项目土建工程	中科院建筑设计研究院有限公司
		扬州市食品工业园（海峡两岸农业合作试验区）食品科技园	广东省建筑设计研究院
		扬州大学广陵学院新校区工程设计	中外建工程设计与顾问有限公司

续表 18-2

奖项及等级		项目名称	获奖单位
优秀工程设计项目	三等奖	扬州市新邗沟中学（暂定名）建设工程（一期）	上海创霖建筑规划设计有限公司
		七二三所新区二期科研楼（01 号楼）、门卫楼（12 号、13 号楼）	中船重工建筑工程设计研究院有限责任公司
		凌波路道路工程（市政工程）	扬州市建筑设计研究院有限公司
		沙湾路道路工程（万福路—董庄路）（市政工程）	扬州市城市规划设计研究院有限责任公司
		站南路（文昌西路—江阳西路）工程（市政工程）	扬州市城市规划设计研究院有限责任公司
		扬州市文汇路建设工程（市政工程）	扬州市城市规划设计研究院有限责任公司
		菱塘乡民族生态公园景观工程（风景园林）	扬州市建筑设计研究院有限公司
		扬州国医书院暨国医养生院（风景园林）	扬州园林设计院有限公司
		扬州广瑞电气制造有限公司——车间，生产研发楼及地库	江苏省华建建设股份有限公司
		宝应县疾病预防控制中心（食品药品检测中心）业务用房	江苏中城设计研究院有限公司
优秀工程勘察项目	一等奖	长青股份总部基地	江苏省工程勘测研究院有限责任公司
		扬州市吉地置业有限公司 852 地块（幸福里花园）	扬州市开元岩土工程检测有限公司
	二等奖	昆山市干线航道航空摄影数字化地形图测绘和数据库建设项目	江苏省工程勘测研究院有限责任公司
		走马塘拓浚延伸工程	江苏省工程勘测研究院有限责任公司
		交通银行华东数据中心（扬州）一期	扬州市勘测设计研究院有限公司
	三等奖	溧水区一区五镇农村土地承包经营权确权登记颁证第一标段测绘	江苏省工程勘测研究院有限责任公司
		高邮市文化体育休闲公园	高邮市建筑设计院
		高邮市送桥中心卫生院（湖西新区人民医院）新建院区	高邮市建筑设计院
		新盛花苑小学	扬州大学工程设计研究院
优秀工程装饰项目	二等奖	泰州医药高新区高新写字楼室内装饰工程	江苏华发装饰有限公司
	三等奖	扬州麦古龙商业广场公共空间装饰工程设计	扬州艾特装饰工程有限公司
		月城科技广场单身公寓室内装饰工程设计	扬州艾特装饰工程有限公司

（阚开慧）

2018年扬州市优秀农房设计方案获奖名单一览表

表 18-3

等级	项目名称	获奖单位
一等奖	扬州人家	扬州市建筑设计研究院有限公司
	夏热冬冷地区农村钢结构 3D 装配式住宅方案	扬州大学工程设计研究院
二等奖	滨江人家	扬州市建筑设计研究院有限公司
	苏中地区“新乡愁”型高质量集中居住农房设计	扬州大学工程设计研究院
	印象·润扬住宅小区	高邮市建筑设计院
三等奖	高邮市八桥镇润德花园一期	高邮市建筑设计院
	高邮市三垛镇农民集中居住区	高邮市建筑设计院
	苏北地区适宜性农房设计	扬州大学工程设计研究院

（阚开慧）

建筑企业

■概况 全市有建筑企业1995家，其中市直3家、邗江区477家、广陵区289家、扬州经济技术开发区83家、江都区313家、高邮市488家、仪征市214家、宝应县158家。全市有特级资质企业11家，一级资质企业254家，二级资质企业730家，三级资质企业717家。产值50亿元以上的企业有17家，产值100亿元以上的企业有9家，200亿元以上的企业有2家。（李纪军　卞海波）

■江苏省华建建设股份有限公司 2018年，江苏省华建建设股份有限公司（简称江苏华建）完成建筑业产值368亿元，获“全国优秀施工企业”“信用评价AAA级企业”称号，列中国承包商80强第17位，省百强企业第5位。

质量创优。深圳分公司承建的中洲华府二期工程为公司获国家优质工程奖；珠海分公司华策国际大厦、深圳分公司玛丝菲尔二期工程获“中国钢结构金奖”。深圳分公司作为唯一一家建筑施工企业被授予2018年深圳市五一劳动奖状；海南分公司入琼30周年，主办“筑梦琼岛 共话未来——海南建筑业高质量发展突破之路”高峰论坛；北京分公司被万科集团评为总包类A级供应商；上海分公司洛克·外滩源项目通过住建部建筑工程科技示范工程验收；苏扬公司158米超高层PPVC项目是公司在新加坡承接的最高项目。

多元经营。华建地产打造扬城东南西北中五大板块全覆盖战略布局，开发多个精品楼盘，ART上院、香颂溪岸、风华里等项目全部售罄，进军徐州市场拿下5.47万平方米徐州铜山地块。2018年，华建地产集团首次入选“江苏省房地产开发企业50强”，华建上院名府项目获2018年度中国土木工程詹天佑奖优秀住宅小区金奖。打造融资渠道多样、服务种类多元的金融业务格局，华建小贷获“2018全国优秀小贷公司”称号；华建联盟投资公司、融资担保公司稳健运行；华建金融板块整体乔迁至华城科技广场新址办公，成立财务金融集团，推动公司投融资业务联动发展，发挥金融板块整体合力。（余涛　小刚）

■江苏江都建设集团有限公司 2018年，江苏江都建设集团有限公司（简称江都建设集团）全年在手施工面积1623万平方米，竣工面积549万平方米，新签合同额170亿元，实现结算收入110亿元，完成纳税额2.17亿元。上海公司新签合同额达24.7亿元，西安、昆山、扬州三个区域公司分别突破15亿元。

创优创安。全年共创国家级优质工程奖1项，省级以上工程奖3项，中国银行客服中心（西安）获国家优质工程。

安全管理。全年创国家级文明工地1项，省部级以上文明工地16项，上海赣商国际广场工程获国家安全文明工地。

科技创新。全年主编行业标准《液压爬升模板工程技术标准》JGJ/T195–2018。获省级新技术示范工程奖1项，申报立项目标项目2个，4个项目通过省级新技术示范工程验收。获省级绿色施工示范工程4项，获全国工程建设优秀QC小组1项，省级QC小组6项。（朱玲）

■江苏邗建集团有限公司 2018年，江苏邗建集团有限公司完成总产值178亿元，新签合同额188.67亿元，外经产值超20亿元，综合实力位居江苏省建筑业百强（综合实力类）第14位，江苏省竞争力百强企业第17位，被评为江苏省安装行业“最佳企业”。

市场开拓。在扬州、南京、徐州、贵州等地共计承接土建和专业EPC项目17个，总造价约55亿元。集团设计、土建、安装、装潢、市政、钢结构等多专业团队协作完成总造价10.5亿元的五彩世界生活广场项目，扬州建筑“第一跨”——新大剧院钢结构连廊实施。以“邗建”品牌新拓展山东济南市场、深圳市场，分别承接济南万科翡翠山语项目、深圳鸿荣源壹成中心大二期第十区项目，建筑面积分别为16万平方米、35万平方米。在“一带一路”市场新承接沙特阿哈立交桥、埃塞中土总部基地、塞拉利昂首都弗里敦市政府行政大楼等3个项目，总造价超6亿元。

质量创优。全年创国家优质工程6项、省级优质工程14项、建设工程项目施工安全生产标准化工地1项。全年获国家级QC成果2项、国家实用新型专利4项、省级工法4项，下属和天下公司参编《装配式混凝土结构施工及验收规程》等三项国家行业标准，协和装饰主编的《学校体育馆室内装饰装修技术规程》CBDA标准获立项批准，万润软件“数字化智慧工地系统软件”等7项成果获国家软件著作权登记。

建筑产业现代化。集团下属建筑产业现代化基地——和天下公司在新三板挂牌上市，江苏省和天下绿建产业园示范园区获批成立，和天下二期PC、管廊建设项目正式开工建设，工业化产能大大提升。集团承接的中国药科大学江宁校区研究生公寓二期EPC项目，预制率不低于30%，预制装配率不低于50%；承接的扬州翼立方教育发展中心项目，是扬州市首个预制装配率超51%的建筑工业化项目。

（居建军）

■江苏扬建集团有限公司 2018年，江苏扬建集团有限公司（简称扬建集团）全年总产值153.64亿元，增长7.6%；其中建筑业总产值122.21亿元，增长7.3%。结转工作量84亿元，实现利润2.13亿元，年增长6.5%。

多元经营。集团专业、多元产值年增长13%，结转8亿元。其中，华发系列产值12.33亿元，增长1.87%。安装系列产值9.06亿元，其中安装5.54亿元，增长8%；环保3.52亿元，增长16%。桩基系列产值10.16亿元，与上年持平。华达系列销售产值8.00亿元，增长

12%。建祥系列年生产、销售砼首次突破50万方，达51.83万立方米，产值3.95亿元，增长79%。钢结构分公司产值2.5亿元，增长39%。扬建小贷营业额3.55亿元，增长14%。劳务公司产值9.82亿元，增长8%。周材公司产值1022万元，增长4%；华鑫模架产值500万元。设备分公司产值1450万元，市政分公司产值1.25亿元。华中公司产值660万元，增长10%。华正检测产值1818万元，增长7%。华鼎咨询产值500万元。华群建材、建科公司产值148万元。建筑设计研究院产值2600万元，增长36%。2018年度在扬泰市场配合集团中标EPC项目总额达8亿元。华晟公司PC 8月试产，承接三个项目的PC构件生产，年产值360万元。生态农业公司产值70万元，增长40%。

重点工程。完成在钢结构、幕墙、屋面等方面具有重大技术难点的扬州南部体育公园工程，确保省运会如期召开。按期达成“9·26”重点项目扬州新大剧院的工期节点。实施泰州周山河小学EPC项目、树人中学高中部EPC项目，新中标并实施红旗农场EPC项目。

质量管理。2018年度，集团全年共获得省级及以上优质工程奖23项、市优35项。国家级奖项11项，其中扬州西部交通客运枢纽获“鲁班奖”；泰州数据园三期获国家优质工程奖；品尊国际二期、华建上院名府获“詹天佑奖优秀住宅小区金奖”，阳光花都获“詹天佑奖优秀住宅小区”工程质量单项奖；扬州市游泳健身中心钢结构工程获中国钢结构金奖；扬州市游泳健身中心、七二三所科研楼安装工程获中国安装之星；七二三所科研楼幕墙工程、装饰工程、扬州市游泳健身中心装饰工程获中国建筑工程装饰奖。江苏省扬子杯12项，其中房建2项、安装2项、钢结构4项、装饰2项、市政1项、园林绿化1项；市级质量奖35项。

科技创新。集团全年获发明专利1项、实用新型专利1项、软件著作权3项，中施协优秀设计三等奖1项，江苏省优秀设计二等奖、三等奖各1项，江苏省土木建筑科技奖三等奖1项，全国、省装饰装修行业科技创新成果奖各2项、省级新技术应用示范工程14项、省级工法14项，扬州市优秀设计二等奖3项、市优秀装饰设计二等奖1项；作为副主编单位编写、发布行业标准《蒸压加气混凝土墙板应用技术规程》；参编团体标准、省标3项；“江苏省地下空间结构工程技术研究中心”立项；集团研究生工作站获评省优秀工作站；华科智能公司通过高新技术企业认证。

资质管理。集团公司增项电力工程施工总承包三级、工程监理市政公用工程专业丙级资质。集团与扬州职大共建数字化建造技术中心，该中心2018年度承接4个内部BIM业务。华创线缆公司生产基地11月揭牌，12月4条生产线投产。华发公司在南部快速通道项目中完成1.50万平方米大面积陶瓷薄板幕墙板块浇制，在新型材料应用上迈出新的一步。扬桩金源公司正式投产，方桩、管桩产品打破扬泰地区市场垄断；PC构件用于泰州两个项目，扩大集团PC供应覆盖能力。集团设计院在扬州泰州市场配合集团中标EPC项目总额达8亿元，其中泰州周山河小学装配式建筑的设计深化、预制率达31%，装配率达50%。华正公司实现桩基检测资质增项，以及装配式检测、绿色材料检测参数扩项，入选江苏省装配式检测机构名录。（蒋贵涛）

扬州南部体育公园 扬 建/供稿

建筑装饰

概况 2018年，全市完成装饰装修产值141.27亿元。其中，扬州经济技术开发区完成3.08亿元，广陵区完成26.97亿元，邗江区完成61.81亿元，江都区完成15.59亿元，宝应县完成9.84亿元，仪征市完成7.88亿元，高邮市完成16.09亿元。（杨 奕）

2018年度扬州市优质工程奖“琼花杯” 10月25日，2018年度扬州市优质工程奖“琼花杯”和市外优质工程奖获奖工程名单公布，“七二三所新区二期科研楼（01号楼）工程”等192项建设工程获2018年度扬州市优质工程奖“琼花杯”，“泰州市文化创意产业综合体工程”等56项市外建设工程获2018年度扬州市市外优质工程奖。其中，60个项目获2018年度扬州市优质工程奖“琼花杯”（装饰类）。（杨 奕）

2018年度扬州市优质工程奖"琼花杯"(装饰类)获奖项目一览表

表 18-4

工 程 名 称	施 工 单 位
七二三所新区二期科研楼1层、11层、12层室内装饰工程	江苏协和装饰工程有限公司
七二三所新区二期科研楼(01号楼)、门卫房(12号、13号楼)工程	江苏华发装饰有限公司
扬州戏曲园(艺校改扩建)A、B、C、D、E、F区幕墙工程	江苏协和装饰工程有限公司
扬州市游泳健身中心装饰工程	江苏华发装饰有限公司
七二三研究所保障楼装饰工程	江苏华发装饰有限公司
扬州经济技术开发区振兴花园学校会议中心、艺体楼室内装饰工程	江苏华发装饰有限公司
扬州市梅岭小学北校区装饰工程	江苏华发装饰有限公司
税务干部进修学院学员宿舍6、7、9号楼维修改造工程	江苏华发装饰有限公司
扬州昌建广场一期幕墙工程	扬州日模邗沟装饰工程有限公司
扬州市新邗沟中学(暂定名)建设工程(一期)装饰工程	江苏华发装饰有限公司
扬州友好医院二期综合楼及辅楼内装工程	南通承悦装饰集团有限公司
友谊酒店一期(公寓式酒店1号、2号楼、智能型客房、配套用房)室内装饰	江苏协和装饰工程有限公司
扬州友好医院二期综合楼及辅楼幕墙工程	扬州日模邗沟装饰工程有限公司
扬州大运河盐业文化展示馆(汪鲁门)项目	江苏天润环境建设集团有限公司
扬州市建宁工程技术咨询有限公司办公楼装修工程	扬州新盛建筑装饰有限公司
卫校装修改造工程	江苏华发装饰有限公司
扬州昌建广场一期商业公共区域装修工程II标段	江苏爱尚建筑装饰工程有限公司
扬州农村商业银行装饰工程	江苏协和装饰工程有限公司
扬州月城科技广场幕墙工程	江苏协和装饰工程有限公司
润茂国际广场幕墙工程	江苏科宇装饰工程有限公司
扬州大学广陵学院搬迁PPP项目幕墙工程	江苏协和装饰工程有限公司
扬州市创新驿站众创空间功能室装修工程	江苏华发装饰有限公司
月城科技广场室内装饰工程	江苏艺标建筑装饰有限公司
邗江区委党校新校区改造工程	江苏美高建筑装饰有限公司
中国工商银行股份有限公司江苏省分行金融培训学校(扬州)教学综合楼改扩建装饰工程	南通承悦装饰集团有限公司
江广智慧城F地块办公楼幕墙工程	江苏华发装饰有限公司
政务中心(含社保中心)、公共资源交易中心及"市民中心"公共部分装修工程	南京深圳装饰安装工程有限公司
石柱山国际康养城公共部位精装修工程(9号楼1—2层)	仪征市新潮装饰工程有限公司
仪征市青山镇卫生院异地新建项目室内装饰工程	仪征市新潮装饰工程有限公司
美尼洗车生活广场幕墙工程	江苏新皋幕墙装饰有限公司

续表 18-4

工 程 名 称	施 工 单 位
枣林山庄餐饮楼局部楼层改造装饰工程	仪征市新潮装饰工程有限公司
仪征市真州养老服务中心改建装修工程	仪征市新潮装饰工程有限公司
豪润·真城沿街商业用房及住宅石材幕墙工程	江苏新皋幕墙装饰有限公司 扬州园林建筑装饰工程有限公司（参建）
暖山金域城一期外立面装饰工程	江苏美高建筑装饰有限公司
西区分院新建感染病房楼及附属用户装修工程	江苏新皋幕墙装饰有限公司
中体万博怡人城市花园商业公共部位装修工程	江苏仪征苏中建设有限公司
仪征市枣林湾中心幼儿园装修工程	江苏艺标建筑装饰有限公司 扬州市平山市政园林建设有限公司（参建）
仪征市月塘中学综合楼装修工程	仪征市新潮装饰工程有限公司
仪征市陈集镇中心小学综合楼室内装修工程	仪征市新潮装饰工程有限公司
扬州市江都区人民法院审判法庭翻建工程装饰工程	扬州市森亿装饰工程有限公司
高邮市文化体育休闲公园工程体育馆、文化馆、东西看台工程室内装饰	扬州市华联装璜广告有限公司
高邮市文化体育休闲公园全民健身中心外幕墙工程	高邮市飞马装饰工程有限公司
高邮市丰泽臻源小区会所室内、外装修工程	扬州市润泽建设工程有限公司
抗日战争最后一役纪念馆人民公园及周边地块环境整治工程幕墙	扬州市华联装璜广告有限公司
高邮市卸甲镇文体中心文化馆装饰工程	高邮市飞马装饰工程有限公司
德运塑业科技股份有限公司办公楼装饰工程	扬州市华联装璜广告有限公司
高邮康博环境资源有限公司办公楼室内装修工程	扬州市华联装璜广告有限公司
高邮安源燃气有限公司办公楼及食堂室内装饰工程	扬州市华联装璜广告有限公司
高邮市建设工程交易中心业务用户装饰工程	扬州市华联装璜广告有限公司
宝应农村商业银行综合楼装饰工程	中国装饰股份有限公司
宝应县生态体育休闲公园综合馆内装饰工程	江苏丰祥建设工程有限公司
宝应县氾水镇中心卫生院综合楼及附属装饰工程	扬州裕元建设有限公司
宝应县残疾人托养中心、综合服务中心装饰工程	江苏华发装饰有限公司
宝应县射阳湖镇中心卫生院综合楼装饰及智能化工程	扬州日模邗沟装饰工程有限公司
江苏省宝应中等专业学校宿舍楼 C 区维修改造工程	扬州市华联装璜广告有限公司
宝应县怡莱大酒店内装饰工程	江苏诚信嘉业装饰工程有限公司
宝应颐康中西医结合医院内装饰工程	江苏丰祥建设工程有限公司
宝应县消防大队营房正规化改造工程	江苏诚信嘉业装饰工程有限公司
宝应县豪门农家乐大酒店内装饰工程	江苏诚信嘉业装饰工程有限公司

（杨 奕）

■**江苏华发装饰有限公司** 2018年，公司完成产值12.33亿元，全年在手项目91个。

市场开拓。全年扬州市场公开招标装饰项目53项，公司中标18项。关注重点项目，承接家风展示馆、南部体育公园等。突破新领域，承接南部快速通道隧道装饰工程，这是公司首次承接隧道工程。做好客户资源跟踪，承接国防园、生态科技新城、残疾人康医养中心等项目。加大与华建、教投、城控、中信泰富等企业合作，承接香颂溪岸、风华里、锦园、创新中心等项目。依托集团优势，做好配套施工，特别是高邮扬大牧场、通达学院、临港孵化基地、明月幼儿园、软件园产业孵化基地等规模大的内外装项目。外埠市场，承接南通优嘉花苑2号楼装饰工程、南京软件谷人才实训园区铝合金门窗工程等。广东中山华森广场幕墙工程（188米超高层建筑）主龙骨施工至32层（168米），幕墙板块安装施工至30层（155米），积累外埠超高层异形幕墙的施工经验。

科技创新。示范基地建设，按照省级建筑产业现代化示范基地验收要求，对照三年建设目标，推进流程化操作，加大研发力度。做好门窗、幕墙装配式施工，推行外装项目门窗、幕墙后方制作、现场装配的施工模式。加大设备投入，推进构件、半成品车间制作，全年基地投入资金76万元。工艺应用方面，大规模异形幕墙板块在南部体育公园项目安装成功。首次批量浇制陶瓷薄板幕墙板块在城南快速通道项目实施，体量约1.5万平方米。科技创新成果方面，参编中国建筑装饰协会标准《寺庙建筑装饰装修工程技术规程》，2月在全国发布。获全国建筑装饰行业科技创新成果奖1项、省级工法2项、江苏省科技创新成果奖2项、江苏省建筑行业QC成果1项。

品牌建设。工程质量类，全年获21项优质工程。其中，国家级优质工程5项。扬州市西部交通客运枢纽工程（参建）获"鲁班奖"；泰州数据产业园综合楼（三期）工程获国家优质工程奖（参建）；七二三所新区二期科研楼（01号楼）、门卫房（12号、13号楼）装饰、幕墙工程和扬州市游泳健身中心装饰工程获"中国建筑工程装饰奖"。扬州泰州国际机场联检服务用房（国检、海关用房）装饰工程、数据产业园综合楼二期（参建）2项工程获省优"扬子杯"。扬州市梅岭小学北校区装饰工程等12项工程（含参建1项）获市优工程"琼花杯"，泰州移动生产调度中心幕墙工程、泰州市文化创意产业综合体（参建）2项工程获市优工程"梅兰杯"。2018年度，华发公司首次跻身江苏省住建厅"江苏省建筑业百强企业"，位列装饰装修类第九位；再次被评为"江苏省建筑业最具成长性百强企业"；被评为"江苏省幕墙领军企业"；蝉联"江苏省优秀装饰企业"。（蒋贵涛）

建筑市场

■**本地市场** 扬州建筑业企业重视本地市场的拓展，参与基础设施和公用设施建设改造，参与政府重点工程、城市综合体工程。扬建集团承建造价分别达2.1亿元的扬州游泳健身中心和南部体育公园工程。邗建集团承建造价18.87亿元大剧院提升改造工程、造价20亿元的五彩世界生活广场工程。全市建筑企业在本地完成产值975亿元，占总产值的26%，施工面积5700万平方米。（李纪军 卞海波）

■**外部市场** 市政府在四川广安举办扬州建筑业推介会。建筑业总外埠

2018年扬州市建筑企业规模市场分布情况表

表18-5

市场规模	分布情况									
百亿元市场	省、市	广东	安徽	陕西	山东	南京	北京	河北	湖北	
	产值（亿元）	350	209	163	162	159	142	138	119	
50亿～100亿元市场	省、市	上海	泰州	贵州	四川	苏州	海南	徐州	山西	天津
	产值（亿元）	92	91	89	85	74	73	72	67	65
	省、市	青海	新疆	内蒙古	云南	无锡	淮安	浙江	河南	
	产值（亿元）	64	63	61	59	58	56	55	55	
20亿～50亿元市场	省、市	镇江	甘肃	宿迁	江西	湖南	重庆	常州	盐城	黑龙江
	产值（亿元）	47	44	40	39	37	36	36	32	29
	省、市	南通	辽宁	连云港	广西					
	产值（亿元）	26	24	22	21					

（李纪军 卞海波）

产值达2780亿元，占总量的74%。北京、上海、广东、陕西、南京等五大传统市场增长稳健，实现产值907亿元；安徽、新疆等新兴市场成长迅速，产值分别增长40%、28%。百亿元以上规模市场8个，分别是广东、安徽、陕西、山东、南京、北京、河北、湖北。50亿~100亿元规模市场17个，分别是上海、泰州、贵州、四川、苏州、海南、徐州、山西、天津、青海、新疆、内蒙古、云南、无锡、淮安、浙江、河南。20亿~50亿元以上规模市场13个，分别是镇江、甘肃、宿迁、江西、湖南、重庆、常州、盐城、黑龙江、南通、辽宁、连云港、广西。

（李纪军　卞海波）

江苏华建承建的中洲华府二期工程　　华　建/供稿

■境外市场 扬州市建筑业外向度高，在“一带一路”境外市场占有一定市场份额。覆盖包括新加坡、菲律宾、马来西亚、沙特、卡塔尔、塞拉利昂、阿尔及利亚、坦桑尼亚、埃塞俄比亚等在内的“一带一路”国家，形成东南亚、中东和非洲三足鼎立的市场格局，在手施工合同额22.2亿美元，合同额1亿美元以上的项目达6项。江苏华建新开拓巴基斯坦市场；邗建集团承建的沙特利雅得224号立交合同额2.9亿美元；江都建设集团承接造价1.5亿元乌干达工业技能培训与生产中心项目，尼泊尔3.78亿元安库水电站建设，老挝1100万美元道路工程施工。江安集团在阿尔及利亚、安哥拉、越南、马来西亚、沙特、菲律宾、乌兹别克斯坦、印度尼西亚等国家布点经营。（李纪军　卞海波）

建筑质量

■概况 2018年全年共受理房屋建筑工程报监203项单位工程，总建筑面积153.1万平方米；受理市政工程报监69项，总造价30.17亿元，质量监督覆盖率达100%。依据“三直接十大环节”要求，质量监督环节全年监督主体结构实体抽测434批次，监督材料抽测300批次。各类监督巡查、专项检查共签发工程质量整改通知书197份，签发工程质量监督抽测通知单39份，查处违反强制性条文质量问题70条，记录各参建单位（责任人）不良行为40条，工程局部停工通知书1份，行政处罚建议书7份。竣工联合验收环节全年共受理竣工联合验收申请82批次，合计418项单位工程，建筑面积约317.6万平方米。一次性验收合格并出具工程质量验收监督结论71批次，下发整改通知书11份，竣工联合验收按时办结率100%。运用质量监管信息化系统基础上，确保市重点工程、民生工程关键节点的质量全覆盖，创新“验监互促”工作新模式，优化市优质结构工程评分体系，推进质量监督标准化工作。（王　坚　卞海波）

■资质升级 2018年，高邮瑞沃集团晋升市政特级资质，成为扬州市首家、江苏省第3家获此资质的企业。至此，全市累计有江苏省华建建设股份有限公司、江苏扬建集团有限公司、江苏江都建设集团有限公司、江苏省江建集团有限公司、江苏弘盛建设工程集团有限公司、江苏邗建集团有限公司、江苏兴厦建设工程集团有限公司、安宜建设集团有限公司、江苏东晟新诚建设集团有限公司、江苏华江建设集团有限公司等11家建筑业特级资质企业。（李纪军　卞海波）

■品牌建设 扬建集团承建的扬州西部客运枢纽获中国建筑工程质量最高奖鲁班奖。全市获国家优质工程奖5项，分别是江苏华建承建的深圳中洲华府二期工程，扬建集团承建的泰州数据产业园综合楼（三期），江都建设集团承建的中国银行客服中心（西安）项目，江建集团承建的江都长青大厦3号、4号楼及地下室工程，江苏兴厦承建的上海漕开发安置地块就近安置动迁配套商品房二期项目。全市获中国土木工程詹天佑奖住宅小区金奖3项，各类专业国优工程24项。（李纪军　卞海波）

工程建设管理

■招投标管理 2018年，全市房屋建筑和市政工程项目施工、监理、材料设备、勘察设计等所有进场交易项目电子化招投标比率均达100%，符合条件的政府投资工程项目远程异地评标的比例达100%，保证“两个全覆盖”工作目标。市区进入公共资源交易中心完成施工交易项目共327标段，合同价约183.27亿元。其中，公开招标202标段，合同价72.35亿元；邀请招标14标段，合同价28.57亿元；直接发包111标段，合同价82.34亿元，通过招投标资金节约率13.7%；咨询服务类招标263标段，合同价3.64亿元；材料设备招标27标段，合同价1.81亿元。

（潘大为 阙开慧 卞海波）

■施工许可与竣工验收备案 2018年，建设行政主管部门坚持依法行政，严格规范施工许可和竣工验收备案的发证条件和工作程序，严格执行部门联合查勘制度，严守行政审批承诺时限，严把工程入口关和出口关。全市共发放施工许可证824份，建筑面积2243万平方米，完成竣工验收备案458项，备案面积1280万平方米。

（潘大为 阙开慧 卞海波）

■数字化联合审图 1月1日起全面实行数字化联合审图。接审施工图审查项目693项，建筑面积969.08万平方米，查出违反强制性条文799条、强制性标准1.16万条，发放审查合格证书729份。

（潘大为 阙开慧 卞海波）

■工程质量管理 质监部门利用工程质量监督管理系统，强化质监工作过程中薄弱环节的控制，提升质量监管水平和效率。创新验监互促工作新模式，在项目预验收和竣工验收阶段采用项目小组和验收部门共同监督验收的方式，形成相互制约、相互补充的工作机制，发挥监督资源，降低廉政风险。推进质量监督标准化工作，实行监督全过程记录和参建单位质控资料AB卷制度，编制建设质量监督标准化模板，确保监督工作科学化、规范化、高效化。全年监督巡查534批次，签发工程质量整改通知书192份，工程质量监督抽测通知书39份，工程监督告知书10份，工程局部停工通知书1份，行政处罚建议书7份，记录各参建单位不良记录40条。

（潘大为 阙开慧 卞海波）

■工程安全监管 通过日常巡查、重点督查、突击检查等方式，推进建筑安全隐患排查治理。突出超危工程和机械设备监管，先后开展春节后复工安全大检查、特种作业人员持证上岗和临时用电安全专项检查2次、超危工程专项检查4次、机械设备专项检查4次、百日安全执法专项行动等。检查工程项目785个次，下发监督记录755份，限期整改通知书315份，局部停工整改通知书127份，发现隐患1712条，整改率100%，移交立案查处安全生产非法违法项目19个，记录建筑市场各方主体不良行为104条，督查企业72家，下发检查意见72份，提出整改意见691条。

（潘大为 阙开慧 卞海波）

■建筑施工扬尘防治 坚持全天候不间断巡查，跟踪查看停工项目是否停工、获准施工项目扬尘防治措施是否到位，对检查中发现的问题，发现一起、查处一起，依法从严从重从速处理，做到全覆盖、零容忍、严执法、重实效。累计检查工地2817个（次），现场下发《责令改正通知书》162份、《行政处罚事前告知书》121份，严厉打击扬尘治理不到位的违法施工行为。中高考期间，组织开展施工扬尘防治及夜间施工监察管理专项执法零点行动，对全市在建建筑施工工地进行突击检查，共出动执法人员30余人次，抽查项目工地20个。

（潘大为 阙开慧 卞海波）

■工程监理 2018年，全市新增1家监理企业，累计有监理企业37家，其中甲级监理企业19家，乙级监理企业9家，丙级监理企业9家。至年末，共有监理从业人员3956人，其中国家注册监理工程师975人、省监理工程师1226人、监理员1755人。全年全行业共完成合同产值5.7亿元，监理收入3.6亿元。

（潘大为 阙开慧 卞海波）

■工程造价管理 加大国有投资项目监管力度，提升国有投资项目全过程管理和服务水平，完善造价行业计价依据，推进工程合理计价，强化咨询市场监管、服务，提升信用体系建设水平，做好对造价咨询市场日常管理，实现建设工程造价事前、事中、事后全过程监管。全年各级造价管理机构监管项目累计88个，项目资金约45.87亿元，审查变更123份，审查核实变更金额约2549.97万元。办理招标控制价备案655项，累计造价199.11亿元，办理竣工结算备案177项，累计造价49.77亿元，核减额约6.8亿元。

（潘大为 阙开慧 卞海波）

■工程检测管理 加大对检测机构的监管力度，开展检测机构飞行检查、专项检查和检测能力验证工作，将动态监管与信用监管相结合，对各类抽查、检查和能力验证中发现的违规情况计入信用评价系统，规范检测机构市场行为和现场检测行为，出台《扬州市先进建设工程质量检测机构评选暂行办法》《关于加强扬州市装配式混凝土结构工程检测管理的通知》，召开全市检测机构座谈会，打造检测市场诚实守信新环境。

（潘大为 阙开慧 卞海波）

商贸服务业

Shangmao Fuwuye

编 辑 贾丽琴

综述

■**概况** 2018年，全市商务运行保持平稳态势。全市实现服务业增加值2569.59亿元，占地区生产总值比重47%，较上年同期提升1.1个百分点；服务业增加值增长8.2%，增速位居全省第四，服务业对全市经济增长贡献率达55%。全市实现社会消费品零售总额1557.03亿元，增长9.2%；实现限额以上企业零售额437.58亿元，增长4.7%。48个10亿元以上商贸流通业重点项目完成投资253.9亿元，16个重点监测综合体项目完成投资100亿元。全市实现电子商务交易额1070亿元，增长30%。开展“6+X”服务业领域招商活动，推进天山海世界、光线（扬州）中国电影世界、和立东升产业园、华侨城文旅古镇等项目。全市新签约亿元以上服务业项目100个，完成全年目标的125%。全市认定新开工服务业重大项目44个，完成全年目标的110%。笛莎文化创意、祥发资源综合利用获评省生产性服务业领军企业。日顿食品获评省互联网平台经济重点企业。全市净增服务业重点企业139家，超额完成全年净增100家重点企业目标。其他营利性服务业企业营业收入增长21.4%，增速全省第三；规模以上服务业营业利润增长44.4%。实施服务业提质增效三年行动计划，推动现代物流、科技服务、商务服务、健康服务等重点产业，全市物流业增加值增长9.54%。全年完成服务业税收收入222.88亿元，增长11.1%，服务业税收收入占全部税收收入比重44.5%。

（夏 坚 汤 鑫）

■**13个项目入选省现代服务业投资计划重大项目** 3月2日，省发改委下达2018年度省现代服务业重点项目投资计划，扬州486非物质文化遗产集聚区、扬州明月湖文化创意产业园、扬州万达文化体验休闲旅游中心、江都阿波罗花木市场O2O文化创意展示中心、扬州智谷、佳源文化旅游中心、清水潭“大运来”生态文化旅游度假区项目、苏中跨境电商物流基地、南水北调源头“七河八岛”湿地保护暨生态旅游项目、宝应“荷文化”温泉休闲旅游度假区、古邗沟运河全域旅游产业集聚区、瘦西湖文化旅游休闲度假区、苏中农产品智慧物流中心等13个重大项目入选，全年计划投资90亿元。

（夏 江）

■**广陵新城获批省级服务业综合改革试点** 4月3日，省发改委下发《关于明确省新一轮服务业综合改革试点区域的通知》，全省共16个区域入选。扬州市广陵新城被确定为省新一轮服务业综合改革试点区域，成为全市首家省级服务业综合改革试点。

（夏 江）

■**服务业集聚区** 建设示范园区，提升集聚水平，印发《市级服务业集聚示范区认定办法》。扬州综合物流园、智谷科技综合体、环保科技产业园、花都汇—扬州园艺体验中心等4家集聚区通过市级集聚区认定。广陵新城获评省新一轮服务业综合改革试点区域。扬州商贸物流园获评省级物流示范园。江苏信息产业基地（扬州）获评第三批省级生产性服务业集聚区。扬州综合物流园通过新竣工认定，传化柏泰公路港、铜山体育小镇等通过新开工认定，和立东升产业园加快推进，扬州琴筝文化产业园琴筝文化街投入运营。至年末，全市有市级以上服务业集聚区52家，其中省级12家（省级现代服务业集聚区8家、省级生产性服务业集聚示范区2家、省级示范物流园区2家）。

（夏 坚 汤 鑫）

■**“扬州三把刀”集聚区** “扬州三把刀”集聚区地处蜀冈－瘦西湖风景名胜区，是扬州市旅游经济发展中心地区，东起史可法西路、南临大虹桥路、西靠扬子江北路、北至平山堂东路，规划总面积约2平方千米。规划期五年为2017—2021年，分三个阶段实施，第一阶段为“三把刀”文化核心功能区——傍花村街区打造，第二阶段为集聚区整体设施布局的完善，第三阶段为“三把刀”文化的营销推广及品牌塑造。2018年完成对原掬花楼升级改造，现名扬州宴，是集扬州传统地方特色小吃于一体的展示平台；对集聚区设计方案进行第二次修改完善；“三把刀”老字号紫罗兰、扬州浴室等入驻集聚区相关事宜达成初步

意向；与扬州旅游商贸学校签订校企合作协议，建成“三把刀”实训基地。（商务局）

商贸流通

■概况 2018年，全市实现社会消费品零售总额1557亿元，增长9.2%，其中限额以上企业实现社会消费品零售额437.58亿元，增长4.7%。批发业实现社会消费品零售额198.04亿元，增长10.3%，占全市社会消费品零售总额的12.7%。14家重点农产品批发市场实现成交额372.9亿元，下降0.9%；25家重点商品批发市场实现成交额588.4亿元，下降4.0%。零售业实现社会消费品零售额1173.90亿元，增长9.2%，占全市社会消费品零售总额的75.4%；住宿业实现社会消费品零售额26.13亿元，增长10.3%，占全市社会消费品零售总额的1.7%；餐饮业实现社会消费品零售额158.96亿元，增长7.2%，占全市社会消费品零售总额的10.2%。

（徐其祥 胡慧娟 夏 江）

■重点商业建设项目 2018年，全市在建亿元以上商贸流通业重点项目共63个，总投资1149.3亿元，全年计划投资254.8亿元；市区亿元以上项目共计46个，总投资968.7亿元，全年计划投资180亿元。63个项目中，10亿元以上项目48个，总投资1091.4亿元，全年计划投资235.2亿元。从项目投资进度看，2018年全部项目完成投资253.9亿元，市区完成180.1亿元，48个10亿元以上的项目完成投资231.4亿元。2018年市区重点监测综合体项目16个，总投资384.1亿元，全年计划投资100.3亿元，完成投资100亿元。（徐其祥 胡慧娟）

■2018中国（扬州）传统商贸业数字化创新发展大会 12月6日，2018中国（扬州）传统商贸业数字化创新发展大会在扬州香格里拉大酒店召开。大会以“融合创新 砺行致远”为主题，以数字化为基调分为“时代”“纵深合作”“零售”“智能商业”“品牌”“观察”“商贸”“社交”“服务”八大版块，从宏观格局到案例分享再到技术应用，探讨传统商贸业数字化发展的新趋势、新格局与新机遇。在“扬州传统商贸业数字化推动计划”签约仪式上，国内最大的电商知识平台亿邦动力、传统品牌数字化创新代表星创视界集团（宝岛眼镜）、互联网汽车配件平台汽车人以及赋能型线上零售集成运营服务商韩都动力与扬州市商务局达成战略合作并现场签约。

（夏 江）

■京华城获批国家级绿色商场创建单位 12月28日，商务部发布2018年度绿色商场创建单位名单，扬州京国实业有限公司（京华城）入选，成为全市首家国家级绿色商场创建单位。京华城位于扬州西区，Living Mall全生活广场总建筑面积19万平方米，分为地下2层、地上5层，2004年开始建设，2007年4月正式开业，依据最新的建筑理念，运用多项规划节能技术，从结构、通风、采光、采暖、太阳能等方面，全方位、多元化地展示低碳环保绿色经营理念，集商业、生活、娱乐、旅游、休闲、教育等功能配套为一体。2018年销售额达35亿元，至年末创造就业岗位6300个。（夏 江）

批发零售

■概况 2018年，全市批发零售业实现社会消费品零售额1371.94亿元，增长9.4%，占全市社会消费品零售总额88%。其中批发业实现社会消费品零售额198.04亿元，增长10.3%；零售业实现社会消费品零售额1173.9亿元，增长9.2%。其中市区实现批发业社会消费品零售额107.21亿元、零售业社会消费品零售额826.14亿元。全市批发零售业有限额以上法人企业927家，营业面积169.85万平方米，从业人员3.37万人。其中批发业企业517家，营业面积110.09万平方米，从业人员1.34万人；零售业企业410家，营业面积59.77万平方米，从业人员2.04万人。在22个大类商品的零售额统计中，增幅居前5位的是饮料类、中西药品类、石油及制品类、通讯器材类、日用品类，分别增长21.7%、21.3%、16.9%、14.0%、10.9%。

2018年市区重点监测综合体项目16个，总投资384.1亿元，2018年计划投资100.3亿元，完成投资100亿元。新开业综合体项目4个，分别是新城吾悦广场、五彩世界广场、江都佳源广场、缤格汇。

全市44家1亿元以上商品交易市场年末已出租摊位1.64万个，全年实现商品成交额616.47亿元，其中消费品零售额209.05亿元。综合市场年末已出租摊位3405个，实现商品成交额84.03亿元，其中消费品零售额43.25亿元；专业市场年末已出租摊位1.30万个，实现商品成交额532.44亿元，其中消费品零售额165.80亿元。

（徐其祥 胡慧娟 夏 江）

■扬州京华城全生活广场 扬州京华城全生活广场（简称扬州京华城）位于西区新城城市商业中心，是国家AAAA级休闲旅游景区、江苏省现代服务业集聚区，总建筑面积19万平方米。2018年，扬州京华城坚持“全生活、一站式、体验式”消费服务体系、贯彻“育乐、活动带动零售”的经营理念，全年举办大小近百场育乐活动，举办明星吴尊见面会暨笛莎公主大赛、创造101明星吕小雨新店开业助阵，以“热点+节庆”为引导，举办星光帐篷赏月趴、埃及艳后IP展、圣诞点灯仪式等活动。一年一度的跨年晚会形成品牌效应，2018年明月湖大型跨年晚会邀请明星李圣杰、中国好声音学员、摇滚乐团，上演大型户外灯光秀，跨年人流再创历史新高。2018年，京华城百余家新店开业，购物体验全面升级。一楼、二楼引进国际国内著名品牌优衣库、MUJI、UR、西西弗书店等。二楼青春工厂华丽蜕变，店铺形象升级，引进众多时尚集合店、文创杂物社、潮品、家居、生活饰品等近百家品牌新店。三楼打造儿童全业态，引进孩子王、卡通尼主题乐园、西卡汽车小镇等众多儿童零售品牌。不断调整餐饮品牌，引进哥老官、小菜园、渔寿司、吃饭皇帝大、满记甜品、周家二小姐等众多网红餐饮店。2018年，扬州京华城全生活广场完成商品销售额35.05亿元，增长8.12%，继续保持全市销售额第一的商业零售业龙头企业地位。（京　国）

■扬州新城吾悦广场 扬州新城吾悦广场位于邗江区竹西路与江都路交会处，古运河北岸，占地面积约16万平方米，总建筑面积46万平方米，地下停车位规划1000余个，9月28日正式开业。作为新城控股旗下吾悦广场系列第31座商业综合体，扬州新城吾悦广场秉承“不复制，有情怀，具规模”文化理念，结合当地文化特色，演绎扬州园林文化、运河文化。项目涵盖时尚购物广场、风情商业街，是集商业消费、文化娱乐、演艺休闲、高端居住为一体的体验式城市综合体。

（徐其祥　胡慧娟）

■扬州五彩世界 扬州五彩世界商业综合体投资逾30亿人民币，总面积31万平方米，包含一座15万平方米高品质购物中心，一座国际顶级五星级酒店——凯悦尚萃酒店，一座现代化智能写字楼。该项目地处京华明月湖商圈，项目周边交通发达，文昌路、国展路，京华城路、润扬路等城市道路环绕。扬州西部客运枢纽（扬州火车站和汽车站）、扬州市音乐厅、明月湖公园、国际展览中心、扬州体育公园等众多地标配套设施齐全。项目服务周边品尊国际、京华怡景苑等百余个小区，覆盖以其为中心的半小时都市生活圈。12月23日，五彩世界正式开业，入驻品牌超300个，其中60%～70%首次进入扬州，包含38家轻奢品牌和国际顶级化妆品牌、欧悦冰雪、CGV影城、BHG超市、Champion、Adidas Running等。

（徐其祥　胡慧娟）

■江都佳源广场 扬州江都佳源广场位于江都区文昌东路1175号（广州路与文昌东路交会处），毗邻江都金鹰新城市广场、大润发。佳源广场涵盖10万平方米LFC乐享生活购物中心、8万平米创意休闲BLOCK金街、7万平米全能SOHO办公公寓，致力打造时尚购物、潮流餐饮、文化创意、品牌运动、休闲商务、影视娱乐、儿童亲子体验七大幸福主题。商场一共7层，一楼国际快时尚，二楼服装零售，三楼儿童天地，四楼美食天地，五楼休闲娱乐。负一楼、负二楼是地下停车场。佳源广场于12月30日正式开业，入驻品牌106家，其中主次力店12家包括MJ STYLE、H&M、WHO.A.U、苏宁易购、孩子王、幸福蓝海影院、好声音KTV等，餐饮29家包括春天里、巷子里、刘一手、汉堡王、青艾特、潘多拉美食广场等，零售类65家包括百家好、哥弟、阿玛施、热风等。

（徐其祥　胡慧娟）

■江苏曲江小商品市场 江苏曲江小商品市场占地6.67万平方米，拥有15万多平方米的营业楼，店铺300多间，主营服装、布匹、家具、小百货、文具礼品、五金水暖、电子电器、针织用品、箱包皮具、床上用品等10个大类数万种商品，是中国服务业500强企业、江苏省百强市场、扬州市十大商品市场，是苏北、苏中地区最有影响的生活百货、轻纺产品集散中心之一。2018年，市场实现成交额147.60亿元，下降1.9%。（夏　江）

■江苏联谊农副产品批发市场 江苏联谊农副产品批发市场是以蔬菜批发、南北货和炒货批发、家禽批发、冷冻食品批发、瓜果批发为主的专业市场，市场营业面积8.5万平方米，有从业人员1500人，辐射黑龙江、内蒙古、山东、河南、河北、海南等20多个省（市、自治区），是苏中、苏北地区最大的农副产品综合性批发市场。作为全省30家省级重点农产品批发市场之一，2018年联谊农副产品批发市场实现成交额127.16亿元，增长0.2%。（夏　江）

■江苏亚联农副产品批发市场 江苏亚联农副产品批发市场位于扬州市东南片区的扬州商贸物流园内，果品区持卡经营商户900多人，会员卡批货客户约5万人，年交易量约26万吨，年交易额约18亿元。2013年亚联公司投资设立“果然100”，线上建成1个官网、1个微商城、多个销售平台的销售网络，拥有线上会员18万余人。线下“果然100”果饮店有20余家连锁门店，2018年在原微信商城基础上，“果然100”开发微信小程序平台，2018年“果然100”销售额逾7000万元，固定会员2000多户，成为苏中地区最大的网上生鲜采购批发平台。（徐其祥　胡慧娟）

■阿波罗花木市场 阿波罗花木市场建于2005年，是全国最大的苗木交易市场之一。市场占地近66.7公顷，分为工程苗木交易区、精品苗木交易区、景观石材交易区、盆花盆景交易区、文旅用品展销区和企业总部集聚区等六大功能板块，是集新品培育、推广、展示、交易为一体，融科普教育、旅游观光等配套资源的综合性一站式交易平台。先后获“省农业综合开发重点龙头企业”“省重点农产品批发市场”“国家农业部定点市场”“国家林业重点龙头企业”等称号。市场入驻16个农民专业合作社和300多农民商户，聚集花木经纪人近千人，直接带动创业就业7000多人。2018年，市场实现成交额32.35亿元，下降6.93%。

（徐其祥　胡慧娟）

■扬州五亭龙国际玩具礼品城 扬州五亭龙国际玩具礼品城（简称五亭龙玩具城）占地12万平方米，营业面积18万平方米，有从业人员4100多人，是国内规模最大、辐射范围最广的综合性玩具礼品集散中心，经营品种3万多个，形成玩具设计、研发、加工、生产、销售产业链，辐射江苏、浙江、安徽、湖南、山东等省，可提供文化创意、动漫体验、电子商务、玩具博览、商品贸易、金融、信息、物流、研发、培训、办公、仓储、生活服务、大型停车场等全方位服务。2018年，五亭龙玩具城实现成交额64.69亿元，增长19.4%。（夏　江）

住宿餐饮

■概况 2018年，全市住宿业实现社会消费品零售额26.13亿元，增长10.3%，占全市社会消费品零售总额的1.7%；餐饮业实现社会消费品零售额158.96亿元，增长7.2%，占全市社会消费品零售总额的10.2%。全市限额以上住宿业有法人企业78家，从业人员6792人，实现营业额12.69亿元，其中客房收入6.45亿元、餐费收入5.15亿元；全市限额以上餐饮业有法人企业126家，从业人员8258人，实现营业额17.63亿元，其中客房收入2.81亿元、餐费收入13.57亿元。（夏　江）

■旅游饭店 2018年，全市有星级饭店37家，其中五星级4家、四星级11家、三星级21家、二星级1家。全市星级饭店客房出租率为59.4%，比上年下降3.6%。其中，五星级饭店客房出租率为60%，四星级饭店客房出租率为59.4%，三星级饭店客房出租率为59.2%，二星级客房出租率为52.5%。全市星级饭店平均房价为297.5元/间·天，下降2%。其中，五星级饭店平均房价为560.7元/间·天，四星级饭店平均房价为261.7元/间·天，三星级饭店平均房价为191.8元/间·天。（黄晓宇）

■2018中餐国际化发展（扬州）大会暨淮扬菜美食文化国际创新发展大会 12月13—15日，2018中餐国际化发展（扬州）大会暨淮扬菜美食文化国际创新发展大会在扬州举办。来自包括印度、芬兰、澳大利亚、比利时、丹麦、捷克、西班牙、中国澳门、法国、日本、意大利、卢森堡、中国台湾、韩国、中国香港在内的全球20多个国家和地区的中餐组织领袖、商会代表及各领域专家、相关产业代表200余位嘉宾出席中餐国际化发展（扬州）大会。

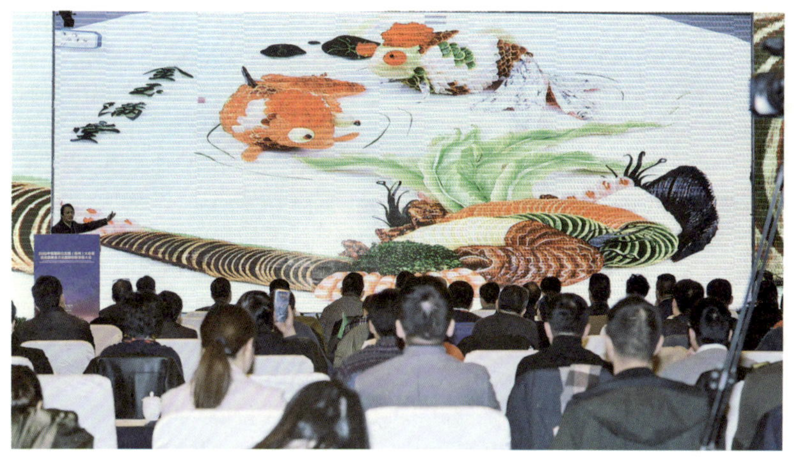

淮扬菜美食文化国际创新发展大会现场　　庄文斌/摄

会上，扬州市为扬州十大“淮扬菜特色体验店”颁发奖牌。冶春餐饮股份有限公司、长乐客栈、扬州宴、趣园茶社、卢氏古宅、扬州富春集团饮服有限公司、扬州市邗江区狮子楼大酒店、扬州江南一品餐饮经营管理有限公司、高邮市秦邮宴酒店、扬州市龙川明珠国际大酒店获扬州十大“淮扬菜特色体验店”称号。颁奖现场举行淮扬菜“十大名宴”（乾隆御宴、红楼宴、三头宴、烟花三月宴、红楼早点宴、春晖宴、满汉全席、卢氏家宴、扬州八怪宴、秋瑞宴）鉴赏活动。（夏　江）

■烹饪协会获批国家级团体标准试点单位 4月9日，国家标准委办公室公布第二批144家团体标准试点名单，扬州市烹饪协会作为江苏省5家试点单位之一入围，全国餐饮行业仅此一家。2015年，扬州市烹饪协会被省质监局选定为江苏省团体标准试点单位，2016年被推荐申报国家级团体标准试点。（夏　江）

■扬州面条博览会摘奖 6月23—24日，中国烹饪协会主办的2018中国面条博览会在兰州举办，包括北京炸酱面、武汉热干面、重庆小面、山西剪刀面等数十种享誉全国的“中国名面”，500余家面条企业、38个品类、108个品牌、百余名专家齐聚兰州。扬州饺面、阳春面、氾水长鱼面等分别获奖。其中，参展的冶春茶社阳春面和宝应状元楼氾水长鱼面，分别获2018中国面条博览会优秀展示企业奖；东园小馆的扬州饺面获得博览会最受消费者欢迎的中国面条品类。（夏　江）

■“扬餐”上榜橄榄中国餐厅大奖 12月5日，2018年度橄榄中国餐厅大奖发布，本次共评选出13个类别的餐厅奖项以及优质食材、美食度假酒店、新锐名厨、实力名厨等特别奖项，覆盖全国20余个城市。扬州趣园茶社、淮扬府两家餐饮品牌上榜，“80后”扬州名厨陶晓东获“年度实力名厨”称号。（夏　江）

■2人获“中华美食文化传承”奖 12月18日，由中国华夏文化遗产基金会指导，人民日报海外网旅游频道主办，中国华夏文化遗产基金会中华饮食文化专项基金公益支持，海外网旅游频道《世界美食栏目》、三亚市烹饪餐饮行业协会、北京乐通假期国际旅行社有限公司联合承办，在三亚市京海国际假日酒店举行《寻找中华厨神》文化主题系列纪录片新闻发布会活动。发布会上对“中华美食文化传承”过程作出巨大贡献的餐饮业界人士进行表彰。薛泉生获“中华厨神匠心传承奖”、邱杨毅获“中华美食文化贡献成就奖”。（夏　江）

■2018年扬州市淮扬菜展示大赛 12月29日，2018年扬州市淮扬菜展示大赛在江苏旅游职业学院举行，全国百名厨师市民齐聚扬州同做特色狮子头，全市40多桌地方名宴乡土菜和近150道特色菜现场展示品鉴。此次大赛包括淮扬乡土菜展评、狮子头邀请赛、特色菜品鉴等，展评活动设乡土最佳团餐奖、乡土特色团餐奖，展示活动参展宴席由组委会授予扬州地方名宴奖。（夏 江）

■扬子江投资发展集团 2018年，扬子江投资发展集团（简称扬子江集团）实现营业收入11.07亿元、利润8306万元。其中，宾馆酒店全年实现营业收入约3.1亿元，明月湖酒店开业，与会议中心共同打造一站式会展业务。现代物业实现营业收入从上年的900多万元增长到2000多万元。商贸实现营业收入6600万元，启动万象都汇商圈打造工程。冶春食品全年实现营业收入近1.2亿元，冶春餐饮实现营业收入8700万元，至年末共有各类门店29家。冶春青菜包、豆沙包获得出口备案资质，远销澳洲；高端宴席代表扬州陆续赴澳门、香港、上海、广州等地参加展示。2018年，集团成为中国饭店业采购供应协会副会长单位，获“中国饭店业集中采购最具影响力奖”；冶春获中餐文化国际推广优秀品牌、中国餐饮业十大小吃品牌、2018中国杰出老字号餐饮品牌、改革开放40年中国餐饮行业·老字号新辉煌企业、中华小吃品牌传承奖等，获批省级服务业标准化试点项目；会议中心位列“中国会议酒店100强”第16名，获2018年中国百强MICE酒店、中国会议酒店百强、中国最具竞争力会议酒店等。

品牌活动。1月9日，扬子江集团召开O2O春季产品发布会，首次将集团旗下一产、二产、三产各链条产品和服务进行集中发布，并在国展中心海峡两岸（扬州）名特优农产品博览会上进行展示展销。冶春菜点和高端宴席红楼宴、红楼早宴等分别赴“水韵江苏·相约香港”江苏文化嘉年华、首届长三角（上海）品牌博览会、广州早茶与扬州早茶品鉴交流会、兰州首届中国面条博览会、澳门银河集团接待宴、扬州市淮扬菜展示大赛等进行展示。

市场拓展。提炼完善以中央厨房为基础的商业模式，拓展各类市场，助推企业规模快速发展。以“中央厨房+冶春门店”连锁经营，创新探索“新阳春面馆”品牌连锁发展模式，革新加盟机制引入社会资本，鼓励骨干持股。在扬州、南京、无锡、北京、武汉、台北、新加坡等地共有各类门店29家。以“中央厨房+酒店餐饮”开拓团餐，推进宾馆酒店转型，陆续进入北京京东宾馆、中海油、世界500强企业李尔集团、扬州大学等近100家政区、厂区、校区、商区、社区团餐食堂，服务人群超5万人。以“中央厨房+线上线下”开发渠道，在扬州宾馆、华鼎新城、扬子·颐和苑等酒店和小区建立线下体验店，进入京东、天猫、工商银行融e购、美团外卖、饿了么等线上平台。

赛事活动。2018年扬州鉴真国际半程马拉松赛期间，集团赞助49万元支持赛事开展，其中包括提供4500份志愿者盒饭；会议中心、明月湖酒店、西园饭店、扬州宾馆等宾馆酒店保障参赛选手食宿需求。江苏省第19届运动会期间，集团赞助300万元，服务16万人次，供应食物89批次超14万份，食品检测超8200批次，未发生一起食物中毒、食源性兴奋剂事件。江苏省第十届园艺博览会期间，集团出资1.02亿元、持股51%成立合资公司——扬州扬子枣林湾文化旅游发展有限公司，提供“冶春”品牌食品147种、招商品牌50家、特许商品60种，配送盒饭4.7万份，共接待游客20多万人次，营业收入达380万元，未发生一起食品安全和投诉事件，完成游客用餐、工作人员用餐和特许商品开发销售三大运营保障任务。

（扬子江集团）

粮食购销

■概况 2018年，全年实现粮食购销总量491.3万吨，其中粮食收购215.2万吨，销售276.1万吨。粮油工业实现工业总产值132.7亿元，实现销售129.9亿元；国有粮食购销企业实现销售收入38.6亿元。全市未发生存粮安全责任事故。

（朱 伟）

■粮食收购 面对仓容紧张、市场不活等问题与收储政策调整、市场化改革深入推进等新形势相互叠加的复杂局面，各地通过亏损让利促销自营粮，提前轮出地方储备，多挂拍政策粮，争取跨省移库计划，加紧新粮仓建设，租用社会仓容等措施，落实夏粮收购仓容60多万吨，申报最低价收购库点28个，总仓容14万吨；落实秋粮收购仓容37万吨。全市国有粮食购销企业执行国家粮食收购价格，依质论价、优质优价收购农民余粮，促进全市粮食由政策性收储向政府引导下的市场化收购转变。全市累计收购小麦108.5万吨，其中最低价收购10.6万吨，比上年减少25.8万吨；全市累计收购稻谷101.3万吨，市场化收购比例100%。（朱 伟）

■粮食销售 全年共销售粮食276.1万吨，其中宝应县销售94.7万吨，高邮市销售64.2万吨，仪征市销售11.2万吨，邗江区销售2.5万吨，广陵区销售3.3万吨，江都区销售83.5万吨，市直销售16.7万吨。

（朱 伟）

■粮食产业 全市国有粮食企业累计新增仓容10万吨，新增粮食烘干能力900吨/日。共获批2018年粮食产后服务中心项目13个，上争项目资金3575万元；争取县级粮油质量检测中心建设项目2个，上争资金400万元；争取“中国好粮油”行动示范县补助资金1009万元；争取稻谷补贴2.1亿元，其中收购环节补贴4625万元；争取国有粮食一线收纳库快检设备配置奖补资金785万元，占全省资金总量的12.7%。

（朱 伟）

■调控管理 组织开展春季、汛期等多次存粮安全检查。适时开展地方储备粮轮换补库工作，完成市级地方储备粮轮换任务，落实成品粮储备2600吨。开展原粮卫生检查。出动执法人员123人次，对57家企业33万吨小麦和稻谷进行检查，抽取样品25份，检查处理超标粮食3146吨。起草《扬州市超标粮食处置实施细则》，明确超标粮食判定依据、处置措施，落实企业主体责任和部门监管责任，保障粮食质量安全，防止农药残留、重金属、真菌毒素超标等不符合食品安全标准的粮食进入口粮市场，保障广大农民利益和公共安全。开展库存大清查培训，组织县（市、区）粮食监督检查、购销调控分管领导及监督检查、购销调控科室负责人，仓储实物、统计账、会计账、政策（质量）等检查人员110余人，就做好全国性粮食库存大清查工作进行政策解读、业务辅导和实践指引。（朱　伟）

■**市场管理** 开展收购资格核查。全市出动核查人员175人次，共审核各类粮食经营主体327家，其中国有及国有控股企业90家，其他经营主体237家。发放责令改正通知书3份，依法注销62家，共确认具有粮食收购资格经营主体322家。开展收购秩序督查，与泰州、淮安等毗邻地区联合执法。两季收购期间，全市共出动检查人员635人次，检查各类粮食经营者357户（人），罚款5户。创新监管方式，强化事中事后监管，实施“双随机”监管工作机制。加强信用信息归集工作，评出诚信粮油流通A级企业38家、B级企业68家。（朱　伟）

供销合作

■**概况** 全市农业社会化服务体系初步建立。发起成立市农业社会化服务协会，首批会员单位73家，涵盖农机农资、粮食加工、种养殖、电子商务等领域，为农民提供全方位的生产生活服务。建成乡镇区域性农业社会化服务中心28个，土地托管服务面积3.68万公顷次；建成区域性农资配送中心21个；参与生态文明建设，连续2年开展农药废弃包装物回收，全年在32个涉农乡镇回收290万件。

强化与农民的利益联结。领办高邮市、仪征市、宝应县、江都区等4个县级种田大户合作社，现有社员155个，总种植面积达5653.33公顷。开展社村共建经营服务型合作社，累计投入资金1500多万元，带动63个村（其中27个市级经济薄弱村）年均增加集体经营性收入6万元以上，带动5200多户社员降本增收。

强化与全国总社、省总社的联合合作。按照构建社有企业为支撑的上下贯通的经营服务体系，加强与全国供销集团和省总社各企业的项目对接，与基层合作社及涉农项目联合合作，打造一批农业综合经营服务骨干企业。仪征康海农业蛹虫草、江都金麦穗土地流转等项目获得全国和省供销系统新网工程、农业综合开发土地托管等项目资金扶持，参股投资苏民生态智慧农业科技产业园等多个项目，推荐20个涉农项目进入省供销系统项目库。（陈　旭）

■**专项改革** 扬州市供销社承担的省总社“强化基层社合作经济组织属性”，宝应县、仪征市供销社承担的全国总社“健全联合社‘三会’制度”及高邮市、江都区供销社承担的省总社“推进农村产业融合发展”三项综合改革专项试点任务完成。其中以“社村共建”为抓手强化基层社合作经济组织属性，市县两级供销社联合村“两委”，“社村共建”经营服务型合作社，添置各类农机设备，为农民提供从种到收的土地全托管、半托管“田保姆”服务，实现农民增收、村集体收入增长、供销社为农服务能力提升。宝应县社、仪征市社2018年修订出台“三定”方案，健全社员代表大会、理事会、监事会制度并召开社员代表大会，理事会监事会机构、职能明确，各司其职、协调运转，初步形成民主参与、民主决策、民主监督的格局。江都区社以“社有龙头企业+农民专业合作社+基地+农民”模式，打造以武坚花庄粮油为核心的“生产型联合体”、以小纪蔬菜为核心的“加工型联合体”、以江都农产品直销中心为核心的“销售型联合体”；高邮市社通过“供销合作社+养殖合作社+加工企业+电商+乡村旅游”模式，以菱塘乡供销社为核心打造乡镇型“农产品产销综合体”，创建成为工业旅游示范点，通过多种形式的联合合作，促进农村产业融合，带动产业链融合发展。6月28—29日，全省供销合作社专项改革试点现场推进会在扬召开。与会代表参观江都区农产品展示直销中心、绿园果蔬产加销产业化联合体、日用品超市、武坚农业社会化服务中心和武坚“农综社”等现场，对扬州市推进供销社打造农业社会化服务中心、基层社建设、推进农村产业融合发展等专项改革工作给予肯定。（陈　旭）

■**基层组织建设** 加快“三体两强”示范社建设。挖掘乡镇资源，改造、置换经营场所，扩大基层社服务领域和服务范围，增强服务功能。2018年，在仪征胥浦、江都浦头和高邮司徒打造“三体两强”基层社示范社，全市“三体两强”基层社累计达9家。推动省级“农综社”建设，广泛吸纳村“两委”负责人、普通农民、农民专业合作社、各类新型农业经营主体和村集体经济组织入社，重塑基层社功能，为农民提供生产生活综合性服务。江都武坚镇、仪征陈集镇2个乡镇通过省级“农综社”试点验收，全市累计建成“农综社”4家。加强“空壳”基层社改造，对全市乡镇所在地基层社进行全面摸排，分类改造升级。通过出资参股、完善功能、建办农民专业合作社等方式，推动薄弱基层社改造升级；参办领办合作经济组织、吸纳承包或租赁的基层社网点加入供销社经营服务体系；按照省总社“六有”标准（有证照、有场所、有标识、有人员、有收入、有为农服务功能），对7家薄弱基层社进行改造，拓展服务内容，提升为农服务能力。领办农民专业合作社，增强与农民的利益联结，加强与农村集体经济组织、农村能人的合作，把供销社的产品资源、技术服务资源、品牌资源优势与村集体经济组织资源优势有机结合。全市供销合作社共领办参办农民专业合作社41个，其中联合社10个，为社员提供农业生产过程中耕、种、管、收、储及加工、销售等服务。

（陈　旭）

■**市级农业社会化服务协会成立** 8月10日，市总社全资企业全程无忧现代农业服务有限公司等5家单位共同发起成立扬州市农业社会化服务协会，放大供销社农业社会化服务的规模化效应，首批会员单位73家，涵盖农机农资、粮食加工、种养殖、电子商务等领域，为农民提供全产业链、全要素综合服务，实现共建平台、共享资源、共赢发展。协会根据各会员单位的服务功能、企业规模、资源优势和经营状况等，研究搭建信息服务平台和开展联合服务；组织会员单位参加市政府举办的农民丰收节和省总社海峡两岸名优农产品展销会、苏陕协作榆林特色农产品扬州展销会等活动；组织会员参加农业生产新技术、农资科技等培训，增强会员归属感，横向强强联合，扩大服务规模。

（陈　旭）

■**领办县级种田大户合作社** 全程无忧现代农业服务有限公司牵头在高邮市、仪征市、宝应县、江都区领办4个县级种田大户合作社，公司和县级社各出资20万元。种田大户合作社共有社员155个，种植面积0.57万公顷。合作社按照规模化种植需求，面向社会采取询价比价方式，组织农资集中采购，降低种植成本；组织农业企业对社员开展统防统治、机耕机收、烘干仓储等农业社会化服务；根据社员需求，购买或租赁农机设备，为社员提供服务；组织种田大户进行农业技术培训、产品推广等。（陈　旭）

■**区域性农业社会化服务中心建设** 出台《打造完备高效的农业社会化服务体系促进乡村振兴实施办法》，聚力开展农业社会化服务，整合乡镇区域内为农服务资源，新建陈集、界首等区域性农业社会化服务中心5个，累计建成28个，开展土地托管、统防统治、机耕机收、农技培训、金融合作等规模化、系列化服务。至年末，全市供销合作社系统经营服务组织新签订“种田托管”服务合同3.68万公顷次。（陈　旭）

■**农产品产销对接** 组织全市供销合作社系统16家农业龙头企业、农民专业合作社先后参加全国总社及省总社举办的供销年货大集、全国农资科技博览会暨全国品牌农产品交易会、海峡两岸（江苏）名优农产品展销会等展示展销等活动，累计现场销售农产品300多万元。市供销社与陕西省榆林市供销社开展对口帮扶经济协作活动，签订战略合作协议，加强联合合作，实现特色农产品产销畅通对接。（陈　旭）

■**农资连锁配送** 做好农资市场保供稳价工作，适时了解掌握农资价格浮动情况，督促各县（市、区）社根据农资市场供求特点和农民需求情况，及时备足货源，确保农资供应不缺货、不脱销。加强农资连锁配送网点建设，协调农委等职能部门对所有农药经营网点进行清理和核发换证工作，各农资经营网点普遍建立农药来源可查考、去向可跟踪的农药销售可追溯制度，杜绝假冒伪劣农资进入系统网点。至年末，全市供销合作社拥有农资连锁配送网点756个，农资连锁配送中心26个，其中区域性配送中心21个；农资连锁配送销售5.9亿元，农资连锁配送销售市场占有率达84.24%。

（陈　旭）

■**农药包装物集中回收** 市供销社指导各县（市、区）社农资公司按照“五统一”（统一标识标签、统一设置回收专用器具、统一回收价格、统一转运专储、统一集中处理）的要求抓好农药包装物回收工作，所有回收网点均规范建立回收台账。至年末，全市供销合作社系统在江都区、仪征市、宝应县、高邮市、邗江区32个涉农乡镇中实施农药包装物回收工作；全市累计回收农药包装物290万件，回收率达58.9%。

（陈　旭）

专项经营

■**盐业经营** 2018年，全市共销售各类盐产品9.11万吨，增长13%。销售食盐5.10万吨，其中小包装食盐1.66万吨，占市场份额近90%；销售工业盐3.00万吨；销售农牧渔盐1.00万吨。实现销售收入8820万元，其中盐产品收入6399万元，占总量的73%，非盐产品销售收入2200万元，毛利额665万元，经济比重达23%。实现利润21万元。

（李小祥）

■**卷烟营销** 全年实现卷烟销售16.63万箱，增长0.35%；实现单箱销售额3.72万元，增长2.05%；实现税利17.87亿元，增长4.46%。注重品牌培育，在扬销售的29个全国重点品牌中，21个品牌实现增长，18个品牌好于全省平均水平，细支烟增幅高于省均水平近25个百分点；注重控量稳价，客户毛利率由上年6%左右提升至8%左右；注重吸烟环境建设，全市共建成终端体验店3个，消费体验区12个，吸烟室（区、亭）5个，吸烟点124个，基本实现交通枢纽消费环境建设全覆盖。（吴仲明）

■**烟草专卖** 保持打假打私高压态势，开展“百日会战”打线路、打窝点、打团伙”专项行动，卷烟市场得到有效净化。以分组式网格化监管为重点推进市场监管改革，全市查获案件1272起，增长39.78%，5万元以上案件119件，增长13.33%，查获50万元以上案件3件，获省局通令嘉奖5次，全年共完整办结网络案件4件。连续四年破获部督办案件，获“全省卷烟打假工作突出集体”称号。江都“12·6”加热不燃烧卷烟案件成为全省首例侦办的新型烟草制品案件，被公安部、国家局挂

牌督办，总案值达2.8亿元。高邮市局“6·6”案件被省公安厅挂牌督办。（吴仲明）

■**成品油销售管理** 2018年，全市销售成品油121万吨，其中汽油65万吨、柴油56万吨。规范成品油品市场秩序。制定《关于开展成品油市场专项整治工作的通知》，组织召开全市成品油市场清理整顿工作大会。建立健全网上审批平台，完成全市成品油经营许可证书的年审及换证工作。推进加油站双层罐改造工作，完成加油站双层罐改造148座。完成符合第六阶段强制性国家标准VIA车用汽柴油油品升级任务。制定《扬州市成品油零售经营资格审批指引及操作手册》，完成中石化头道桥油库搬迁规划选址等各项前期工作，中石化头道桥油库进入实施阶段。（陆 扬）

■**中国石化销售有限公司江苏扬州石油分公司** 中国石化销售有限公司江苏扬州石油分公司是扬州地区最大的成品油经销企业。2018年，公司拥有在营加油站143座（自有124座，轻资产合作19座），在营油库2座，库容4.34万立方米。资产总额20.51亿元，用工总量1040人。全年成品油经营量70.85万吨(市场占有率约为64.94%)，其中汽油37.63万吨、柴油33.22万吨；销售天然气3612万立方米。全年实现销售收入52.62亿元、利税3.3亿元、利润2.86亿元，上缴税费0.44亿元。（朱文莹）

特种行业

■**典当业** 2018年，扬州有典当企业26家、典当企业分支机构9家，总注册资金5.08亿元，其中注册资本2000万元以上企业19家、500万元~1500万元企业7家；有从业人员136人。26家典当企业中，市区(不含江都区)17家、高邮市3家、仪征市2家、江都区3家、宝应县1家。2018年末典当余额4.3亿元，累计典当总额8.6亿元，上缴税金90.1万元。（徐其祥 胡慧娟）

■**拍卖业** 2018年，扬州有拍卖企业28家，其中市区（不含江都区）21家、仪征市4家、江都区2家、高邮市1家；有拍卖企业从业人员157人。2018年全市拍卖成交场次334场。（徐其祥 胡慧娟）

■**特许经营** 规范开展商业特许经营备案，2018年扬州市备案企业1家，为冶春餐饮股份有限公司，2月28日申报，3月16日公示，属餐饮业。（郭芝龙）

邮政

■**概况** 2018年，全市邮政行业业务收入（不包括邮政储蓄银行直接营业收入）完成27.61亿元，增长18.19%；业务总量完成42.44亿元，增长17.63%。

全年快递服务企业业务量完成1.55亿件，增长18.5%；完成业务收入17.25亿元，增长23.77%。其中，同城快递业务量完成2552.14万件,增长53.4%,实现业务收入1.95亿元，增长36.2%；异地快递业务量完成1.28亿件，增长13.46%，实现业务收入11.62亿元，增长25.28%。

全市完成函件业务量441.86万件，下降35.96%；完成包裹业务量8.71万件，下降2.9%；完成订销报纸业务量6317.59万份，增长0.65%；完成订销杂志业务量320.73万份，下降9.04%；完成汇兑业务量15.28万笔，下降21.48%。

全市有邮政网点182个，其中城市邮政局（所）39个（含城乡接合部），农村邮政局（所）143个；邮政网点总面积2.83万平方米，其中城市邮政局（所）面积7774.09平方米，农村邮政局（所）面积2.05万平方米；城市邮政局（所）网点平均服务半径为1.5千米~2千米，农村邮政局（所）为3千米，城市网点投递网点平均投递半径为3.54千米，农村网点为3.85千米。有邮政信筒261个。主城区邮政局（所）每周营业7天，主城区每周投递7天，每天投递2次，每天营业8小时；农村地区每周营业5~6天，每周投递6天，每天投递1次，每天营业6~8小时。（张惠亮）

■**快递业** 2018年，快递服务企业业务量完1.55亿件，增长18.5%；快递业务收入完成17.25亿元，增长23.77%。快递业务收入在行业中占比继续提升，快递业务收入占行业总收入的比重为62.48%，比上年提高2.81个百分点。同城快递业务量完成2552.14万件，增长53.4%；实现业务收入1.95亿元，增长36.2%。异地快递业务量完成1.28亿件，增长13.46%；实现业务收入11.62亿元，增长25.28%。国际及港澳台快递业务量完成152.96万件，增长8.52%；实现业务收入1.23亿元，增长6.57%。同城、异地、国际及港澳台快递业务量占全部比例分别为16.51%、82.5%、0.99%，业务收入占全部比例分别为11.31%、67.34%、7.16%。

国有快递企业业务量完成1040.32万件，实现业务收入1.38亿元；民营快递企业业务量完成1.44亿件，实现业务收入15.2亿元；外资及港澳台资快递企业业务量完成26.4万件，实现业务收入0.67亿元。国有、民营、外资及港澳台资快递企业业务量市场份额分别为6.73%、93.1%、0.17%，业务收入市场份额分别为8%、88.12%、3.88%。

扬州市其他区县完成快递业务量1.05亿件，增长19.98%；实现快递业务收入13.12亿元，增长29.23%。江都区完成快递业务量2361.57万件，增长12.45%；实现快递业务收入1.66亿元，增长7.04%。仪征市完成快递业务量1032.2万件，增长26.75%；实现快递业务收入0.79亿元，增长17.92%。高邮市完成快递业务量922.8万件，增长19.03%；实现快递业务收入0.93亿元，增长8.87%。宝应县完成快递业务量647.18万件，增长6.43%；实现快递业务收入0.74亿元，增长5.58%。扬州市其他区县、江都区、仪征市、高邮市、宝应县的快递业

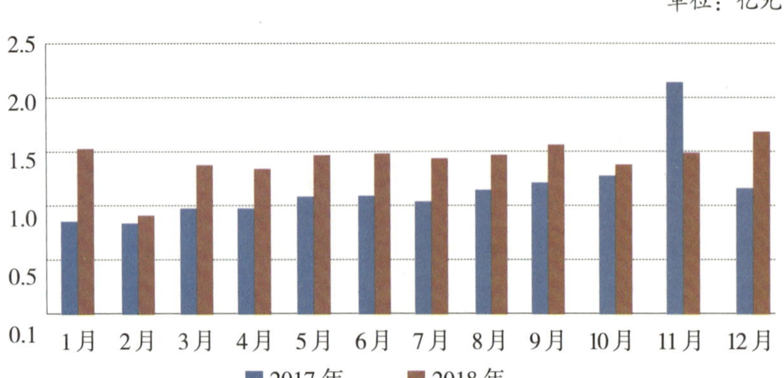

图 19-1　**2018 年扬州市快递业务收入情况图**　（夏　江）

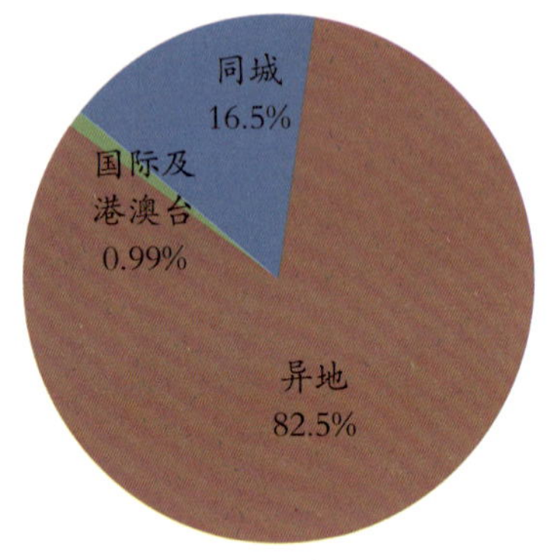

图 19-2　**2018 年扬州市快递业务量结构图**

（夏　江）

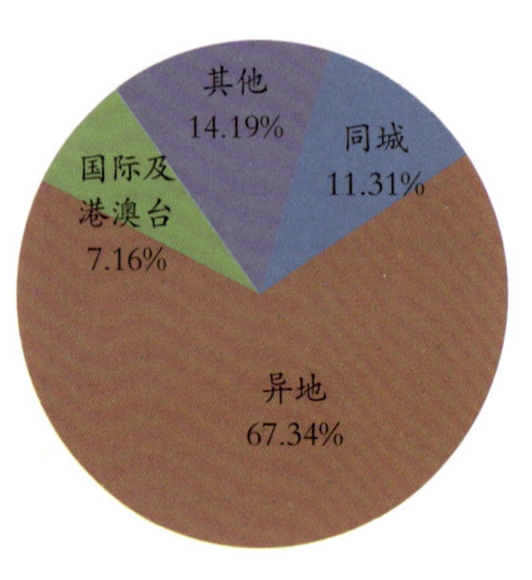

图 19-3　**2018 年扬州市快递业务收入结构图**

（夏　江）

务量比重分别为 67.89%、15.28%、6.68%、5.97%、4.19%，快递业务收入的比重分别为 76.05%、9.65%、4.61%、5.41%、4.29%。（夏　江）

■中国邮政集团公司扬州市分公司 2018 年，扬州邮政全区实现收入 9.83 亿元，增长 6.5%。代理金融业务收入 6.3 亿元，增长 4.84%。渠道平台转型突破，实现业务收入 1.18 亿元，收入规模列全省第二位，增长 17.9%。打造扬州特色产品，通过“扬州包子”“高邮鸭蛋”项目运作，实现农产品项目销售额 3799 万元，规模列全省首位。全区建成 24 个代办交管业务合作网点。集邮文化传媒创新求变，通过抢抓热点、活动引领、优化产品、跨界合作，开发第六届中国－中亚合作论坛、第 19 届省运会、第十届省园博会、“烟花三月”国际经贸旅游节等项目和产品；以纪念改革开放 40 周年为契机，开展特色邮文化活动；通过强化内融外联、创新渠道经营模式，策划实施“爱上城市的味道”等新媒体活动；推进在线订阅业务，探索报刊销售新模式。

基础设施建设。全年完成网点项目改造 6 个，投资改造总面积约 1547 平方米，通过改扩建增加营业面积约 959 平方米。全年新增更新 ATM、CRS 等金融自助设备 32 台，全区累计配备 248 台。

寄递能力投入强化。完成枢纽楼指调中心项目，实现各邮件转运环节的实时化、数字化、可视化监控。改造俞桥转运中心处理场地，面积扩大 1800 平方米，出口作业能力从 8000 件/时提升至 1.2 万件/时，进出口处理能力从 16 万件/天提升至 40 万件/天，装卸垛口从 27 条扩增至 33 条。全年新增汽车 35 辆，电动三轮车 55 辆，社会自提代投点 118 个，布放智能包裹柜 150 个。

信息化建设。完成新 OA 办公网上线运行；优化内部管理和生产作业流程，开发可定制信息采集工具及营销费实物智能管理云系统；完成新一代寄递平台、国际包业务、实物网实时指挥调度等系统上线工作，助力寄递业务提质增效。（纪倩霞）

■“运河文化邮路” 3 月 13 日，“寻觅记忆、大运相生——运河摄影、运河故事主题征集暨雷锋月活动”在扬州古运河畔南门遗址广场正式启动。活动现场举行“运河文化邮路”授旗仪式，授予扬州市邮政分公司杭集支局投递员顾松学“运河文化邮路支队”旗帜。“运河文化邮路支队”主要利用邮政投递员走千家、进万户的优势，组建一支“运河文化邮路”宣传队。活动期间，扬州邮政全区投递员统一佩戴守护大运河徽章，定期走进机关、校园、乡村、企业、社区，开展保护运河环境宣传活动，协助运河各行政区域河段的“河长”做好河道管理、守护工作，打造具有扬州邮政特色的“运河文化邮路”，将惠民的邮政网变成运河的守护网，将邮政投递员变为运河区域河段的巡查员。（纪倩霞）

■第 19 届省运会纪念邮品发行 8 月 22 日，江苏省第 19 届运动会开幕倒计时 30 天誓师大会在扬州举行，第 19 届省运会个性化邮票和纪念封揭幕。第 19 届省运会个性化邮票主图为“梦想启航”，寓意中国梦高速启航，附图为第 19 届省运会标识。纪念封共 3 款，分别是“江苏省第 19 届运动会倒计时 30 天纪念封”“江苏省第 19 届运动会开幕式纪念封”“江苏省第 19 届运动会闭幕式纪念封”。（纪倩霞）

■“邮爱驿站”志愿服务活动 开展“邮爱驿站”志愿服务活动，该项活动发挥邮政网络和资源优势，以邮政各支局为志愿服务活动场所，具体做到“十有”（有“邮爱驿站”站点名称及统一标识；有公益宣传，布置社会主义核心价值观、“守规矩 讲礼仪 扬州文明有礼二十四条”宣传，发放宣传册；有稳定人员队伍，明确站点负责人及联系电话；有志愿服务咨询台，宣传志愿者招募办法和礼遇优待；有服务项目、时间及内容公示；有纸杯茶水、应急雨具、微波加热等工具设备；有活动计划；有活动记录；有组织志愿者“走出去”参加志愿服务的活动项目；有与所在地街道社区合作协调机制，定期共同研究提升志愿服务站点建设水平）。公司先后在全区47个邮政网点设立“邮爱驿站”，为环卫工人、交巡警、城管人员及其他有需求的群众提供休息场所、手机充电、饭菜加热、茶水、免费WiFi、雨伞临时借用等便民服务。（纪倩霞）

■电商试水“共享快递盒” 3月，扬州苏宁向市场投放一批“共享快递盒”。该“共享快递盒”可重复使用，客户收取包裹时，现场拆开包装取走商品，快递员取走“共享快递盒”，再次投入使用。单个制作成本是25元，寿命可达1000次以上，单次使用成本0.025元。其材质不同于纸质的包装盒，是由环保回收材料制成，在运输诸如玻璃制品时，具有抗摔性能。（张惠亮）

■“大闸蟹专线”开通 9月18日，扬州泰州国际机场首架货运专机起飞，正式开通全货机航线。这架顺丰航空波音737全货机满载“大闸蟹”飞往长春，开启东北之旅。顺丰航空公司投放的波音737全货机，实际最大载货量为14吨。计划每周二、三、四、五、六执飞五班。02:40长春起飞，05:00到达扬（泰）州；06:00扬（泰）州起飞，08:05到达长春。首航当日，该货机运送出港货物10吨。（张惠亮）

■全市第二家县级邮政业安全发展中心获批 7月，宝应县机构编制委员会批复同意设立市邮政业安全发展中心。这是扬州市成立的第二家县级邮政业安全发展中心。批复明确，安全发展中心为全额拨款事业单位，核定全额拨款事业编制3名，委托拟成立的宝应邮政管理局管理。该中心主要承担全县邮政行业安全监督管理、应急管理相关技术支撑工作和邮政业消费者申诉受理工作。（张惠亮）

通信服务

■中国电信扬州分公司 2018年，中国电信扬州分公司完成业务收入18.75亿元。至年末，有电话用户87.3万户、宽带用户98.9万户，天翼移动通信用户156.8万户。优化电信服务网点布局，便民营业网点累计达628个。

加大4G网络建设。完成1585个800兆站点重耕，超额完成与CDMA1:1共址建设，为VoLTE（长期演进语音承载）、NB-IOT（窄带物联网）业务规模商用打下基础。分布系统先后进行传统室分建设、有源室分建设，共计完成285套室分系统，完成率190%。

完成省运会赛事场馆公众移动信号覆盖优化与保障管理工作。省运会新增4个宏站、15套室分、36台Qcell、278个AP（无线访问接入点）；扩容152个载扇，完成保障工作。

推行“当日装、当日修、快赔付”服务，提升电信客户服务感知。4月1日起，面向全区所有电信宽带和天翼高清用户，全面推行“当日装、当日修、快赔付”。召开扬州电信建成千兆全光网暨宽带用户超百万发布会，对“当当快”服务进行郑重承诺。在营业厅、网厅等渠道进行公告，在公平诚信原则基础上，规范电信业务服务协议并组织修订，增加“当当快”服务内容，保障电信用户合法权益。

推进城市智慧家庭建设，提升用户服务能力。推进城市智慧家庭建设，加快新建小区服务布局，优化落实片区新承包模式，以人包片，明确责任，提升用户服务能力，全年城市社区店累计补盲新建社区店29家，全年城市社区店达147家。

以云为核心，推进“互联网+”活动。搭建工业互联网平台，提供数据采集、传输、存贮、分析等服务，完成1000家企业上云，推动宝胜集团、荣德新能源、潍柴动力、国联制衣等20家智能车间的打造。

以NB-IOT网络为载体，重点关注市政、水电燃气等公共事业客户。聚焦本地特色，打造产业平台应用，突破龙川智能停车、恒信智能水表、宵海烟感消防、卓尔智能路灯等公共事业客户，全年累计净增NB-IOT用户34万。（杨 珺）

■中国移动通信集团江苏有限公司扬州分公司 2018年，中国移动通信集团江苏有限公司扬州分公司运营收入完成超22亿元，缴纳各类税收近8000万元。移动通信客户数超300万，其中4G用户超220万，宽带用户数超70万；新领域业务发展迅速，物联网用户近300万。公司有员工1200余人，带动产业链就业人数超1万人，在扬企业累计采购额达1.5亿元。

通信基础设施建设。加大资金投入，建设信息基础设施。开展4G网络建设优化，打造4G精品网络。联合多方资源，攻坚覆盖焦难点问题；动态调配资源，满足日益增长的流量需求；着力净网行动，塑造良好的无线环境。累计新建403个站、扩容3292个小区，优化调整5万站次，覆盖率超过99%。提前启动5G建设相关的天面、传输、机房、电源等资源查勘，为5G快速部署做好准备工作。完成省运会、扬马、运博会等系列重大活动话务保障，在活动期间试点5G网络，通过VR直播等方式向公众提供5G网络体验。加快宽带网络光纤化改造，促进网间互联互通，提高网络访问速率，实现光纤宽带城区、镇区全覆盖、自然乡镇重点区域覆盖。电表覆盖率提升至98%，累计覆盖超210万户，支撑公司宽带中国战略在扬州落地。落实政府“提速降费”要求，宽带百兆带宽普及率超90%，流量综合资费水平下降近50%，4G统一资费门槛降至8元。

推动信息技术与社会生产深度融合发展。发挥“4G+光纤宽带”立体网络优势，紧扣企事业单位及百姓大众的信息化需求，打造丰富多彩的应用，助力社会进步和民生改善。开发家庭和目、语音遥控器、智能音箱、智能电视机等移动互联网应用，提升客户价值。为各行各业提供行业应用，智能安防、监控服务、机房建设、移动APP开发等产品，如“云上扬州”机房建设、公安天眼、雪亮工程等，助力各行各业低成本高效运营。为政府管理打造高效便捷的工具，与交管部门合作建设“道路安全管理监控”项目，助力解决礼让行人等交通监管问题；与医院合作打造智远程会诊、云医护等综合智慧医疗平台，加速医疗信息化转型，改善医疗服务。

助力地方经济结构调整和转型升级。引入CDN节点游戏加速技术和“5G+VR”技术，助力鉴真国际半程马拉松赛直播、暴雪游戏全民实力赛全国总决赛；吸引百度、阿里、华云等大型互联网企业入驻中国移动·华为移动大数据基地。

网络安全保障。健全网络与信息安全管理机制，严格执行“实名制”认证，开展“黑卡”、不明扣费、“扫黄打非”、防范打击通讯信息诈骗、综合治理骚扰电话等专项整治，处置诈骗短信、诈骗电话、不良网站和伪基站等违法行为，遏制不良信息传播和电信网络新型违法犯罪，构建安全绿色网络。（移　动）

■中国联合网络通信有限公司扬州市分公司 2018年，中国联合网络通信有限公司扬州市分公司实现主营业务收入4.3亿元，新建渠道25家。

加强网络建设。全年总投资4116.7万元，新建4G基站58座，室内分布系统150栋，对29个基站进行载波扩容，解决密集小区及城区、县城、乡镇的深度覆盖。通过价值提升工作、网络优化及资源调整和网络隐患整治等方面，打造扬州联通网络。

提供高速稳定的通信服务网络。通过对话务模型的预测和分析，制定网络扩容优化调整方案，开通应急通信车，完成完美集团年会、鉴真国际半程马拉松赛、观音山香会、第19届省运会、瓜洲音乐节、园博会等重大活动的通信保障工作，确保活动场所联通网络的稳定畅通。期间为保障省运会，累计协调出动工程施工、网络优化测试人员近350人次、车辆120辆次，陆续完成3个宏站、9个室分的建设以及开闭幕式场馆36个载波的扩容工作，完成全部24处赛事场馆、32处定点接待酒店的无线网络测试优化工作，优化处理解决问题点32处，对全部比赛及开闭幕式场馆进行网络指标实时监控及现场设备巡查保障，比赛期间网络运行平稳，未发生故障及投诉事件，用户感知良好。

配合市政管理工作需要。累计处理影响市容、市政安全的城管派单案件1856件，无一超时。配合市政工程建设，及时迁改相关通信管线设施，为工程建设提供便利的条件。对于民生工程，服从服务大局，合计迁移管线设施223多千米。

推进网络提速降费，提升服务水平。贯彻落实国务院提速降费要求，7月1日起取消流量“漫游”费，新老手机用户的省内通用流量升级为国内流量（不含港澳台流量）。融合承诺消费送宽带百兆起步，单宽带百兆资费调整到360元/年，光猫终端全部免押金、工料费。在装维服务响应中开展当日装、当日修、慢必赔、工单日清日结制，对装维人员服务质量考核宣贯到位、培训到位、考核到位。

拓宽领域，服务地方社会及广大客户。推进智慧江苏食品药品监管行业示范工程项目——“美滋滋”食品安全管理综合平台项目建设，做好平台的日常维护、技术支撑和商户咨询，项目发挥手机新媒体的群众性、及时性、互动性优势，创新建立群众喜闻乐见的食品安全公共服务网络，打造监管部门自媒体平台。平台在汇聚公众点评打分的基础上，结合监管部门日常监管、监测情况，对商家进行综合排行，促使企业、单位变被动受查为主动自查自纠自律，引导行业整体向上发展，营造良好的市场竞争环境。参与“平安城市”项目建设，通过社会治安监控系统建设对公安所属辖区内住宅小区、沿街商铺、企事业单位重要部位安装视频摄像机，实现24小时监控，确保社会治安安全。（联　通）

会展业

■概况 2018年，全市有会务公司、展览公司72家，其中注册资金1000万元以上企业11家。展馆设施，扬州国展中心共有3个展馆，面积分别为8000平方米、7000平方米、8000平方米，可提供国际标准展位1300个；花都汇展馆1个，面积3000平方米，可提供国际标准展位300个。会场设施，全市三星级以上酒店共有会议室、多功能厅等会场552个，其中500人以上会场92个，1000人以上会场36个；扬州会议中心拥有会议室32个，被评为“中国百强MICE酒店”；京杭之心会议中心由会议中心、五星级酒店和水景广场组成，是世界运河博览会永久性会址。（彭　艳）

■第六届中国－中亚合作论坛 参见第32页

■2018中国（扬州）大运河文化旅游博览会暨第13届中国玉石雕精品博览会 6月15—18日，2018中国（扬州）大运河文化旅游博览会暨第13届中国玉石雕精品博览会在扬州国展中心举行。展会分设文博文创和工艺美术两大展区，展示面积超过8000平方米，共设440个国际标准展位，吸引来自全国18个省、市、区302家单位和团体参展。工艺美术及非遗产业展区共设展位297个，中国玉石雕精品展区、漆器精品展区、中国工艺大师精品展区、玉石雕精品大赛展区、全国珠宝玉石展区5大主力板块内汇聚15个独具地方工艺特色的特装展位。展会同期举办2018中国（扬州）“文博杯”精品大赛和2018中国（扬州）“玉缘杯”玉石雕精品大赛，共有390件作品获奖。其中，金奖107件、银奖112件、铜奖99件、优秀奖72件。为期四天的展会，观众累计超过2万人次，现场成交额逾千万元，部分客商达成后期合作意向。（夏　江）

物流业

■概况　全市社会物流总额1.56万亿元，增长8.53%。社会物流总费用802.8亿元，增长7.20%。物流业增加值365.1亿元，增长9.54%。发布《扬州市物流园区空间布局总体规划（2017—2025）》，基本明确全市“一环、两带、一板块十结点”的物流园区空间布局。出台现代服务业发展提质增效“1+3”系列政策意见，其中明确全市物流业未来3年提质增效的发展目标、发展重点、重点项目、载体和企业等，并从做优产业模式、提升集聚水平、优化发展环境、物流降本增效等方面提供政策保障。加强财政资金引导，确定支持优化全市物流业布局的物流示范项目、多式联运专业设施和平台建设示范项目以及物流企业创A等企业项目13家，扶持资金共计259万元。开展生产性服务业示范企业认定工作，新增物流领域示范企业4家，累计达19家。推动无车承运项目建设。作为全市唯一一家无车承运试点项目星通北斗无车承运项目合理利用移动互联网等先进的信息技术，有效整合全国货运车辆和货源，通过信息网络平台实现零散运力、货源、站场等资源的集中调度和优化配置，带动行业从“零、散、小、弱”向集约化、规模化、组织化方向发展。

（夏　坚　沈　玲）

■物流联运　按照多式联运示范项目三年行动规划，推动省级多式联运示范工程——扬州港务集团打造河—江—海集装箱多式联运项目，2018年实现集装箱联运量5万TEU（标准箱），运输成本降低30%，较等距离千米运输减少2000吨以上碳排放。（邓志飞）

■社区物流　会同公安部门制定城市配送车辆管理工作流程，扶持扬州首个新能源配送项目——扬州倍特新能源汽车有限公司电动货车项目落地，投入新能源城市配送货车190辆。（岳鹏翥）

■无车承运人发展　引导企业发挥“互联网+”在交通物流中的应用，支持智慧物流平台做大做强。星通北斗公司网点布局拓展到上海、山东、河南等地，拓展一批区域影响力较强的物流合作伙伴。全年，星通北斗公司签约托运人业户约2万，承运人约1.4万户、车辆8万辆，平台完成线上交易额达3.9亿元，货运量161万吨，增长12%。自正式启动与部、省监测平台数据对接以来，企业共上传运单2万单。

（邓志飞）

■物流企业评级　全市物流业有市级以上生产性服务业示范企业18家，其中省级生产性服务业领军企业1家为仪征上汽赛克物流有限公司。开展企业创A工作，2018年新增AAA级以上物流企业3家，其中AAAA级1家、AAA级2家。至年末，全市有A级以上物流企业38家，总量居全省第四位。（夏　坚　沈　玲）

电子商务

■概况　2018年，全市实现电子商务交易额1070亿元，增长30%以上。市政府出台《关于进一步促进全市电子商务发展的实施意见》《关于促进全市电子商务发展的扶持政策（试行）》。广陵区茱萸湾路玉器电商特色街等7个园区获批省级乡镇电子商务特色产业园（街）区；小纪镇华阳村、头桥镇红平村等15个行政村分别获批第六批、第七批、第八批省级农村电子商务示范村；中国创谷圆梦创新工坊、江都创客邦、通邮梦工厂获批首批省级电子商务众创空间试点单位；文昌花园社区、竹西社区获批首批省级电子商务示范社区。评选第五批市级电商示范村21个。举办2018中国扬州传统商贸业数字化创新发展大会、全市电子商务创业培训班和跨境电商业务培训班，组织企业参加2018中国（义乌）国际电子商务博览会暨首届数字贸易博览会、江苏电商发展大会。

江苏信息服务产业基地、五亭龙电子商务产业园、邮政跨境电商产业园、高邮通邮电商园等一批电商园区加快集聚发展、特色发展。电商龙头企业笛莎公主、宏创科技等加快线上线下融合发展，网络零售额增长。邮政、供销和电商龙头企业建设的县、乡、村三级电商服务体系逐步完善，社区电子商务日益深入，各类网点建设方便社区居民生活。（徐其祥　胡慧娟）

2018年省级乡镇电子商务特色产业园（街）区

广陵区茱萸湾路玉器电商特色街区
宝应县江苏扬州文体教玩具工业园区
仪征电商创业园
江都区苏中商贸城鞋业集聚区
宝应县小官庄工业集中区
江都区阿波罗花木电商园
扬州西区新城电子商务创意产业园

（徐其祥　胡慧娟）

2018年江苏省级电子商务示范村

江都区小纪镇华阳村
广陵区头桥镇红平村
宝应县夏集镇夏集村
高邮市城南经济新区浩芝村
仪征市真州镇三八村
邗江区槐泗镇酒甸村
生态科技新城杭集镇杭集村
江都区丁伙镇新杭村
仪征市真州镇永庆村
广陵区头桥镇福成村
宝应县柳堡镇王通河村
生态科技新城杭集镇新生村
江都区邵伯镇南渡村

高邮市汤庄镇汉留村
邗江区方巷镇沿湖村
（徐其祥 胡慧娟）

2018年省级电子商务众创空间试点

中国创谷圆梦创新工坊
江都创客邦
通邮梦工厂 （徐其祥 胡慧娟）

2018年省级电子商务示范社区

文昌花园社区
竹西社区 （徐其祥 胡慧娟）

2018年扬州市级电子商务示范村

邗江区公道镇河西村
邗江区双桥街道武塘社区
邗江区杨庙镇友谊村
广陵区头桥镇庆丰村
江都区浦头镇东元村
江都区丁伙镇丁伙村
江都区真武镇真油村
高邮市龙虬镇龙虬庄村
高邮市汤庄镇汤庄村
宝应县广洋湖镇兴洋社区
宝应县小官庄镇祖全村
宝应县西安丰镇苗圃村
宝应县曹甸镇曹南村
仪征市新集镇江宁村
仪征市马集镇合心村
仪征市真州镇茶蓬村
市开发区八里镇柴圩村
市开发区施桥镇共和村
蜀冈瘦西湖景区平山乡槐二村
蜀冈瘦西湖景区堡城村
生态科技新城杭集镇龙王村
（徐其祥 胡慧娟）

■促进电子商务发展意见出台 7月16日，扬州市出台《关于进一步促进全市电子商务发展的实施意见》《关于促进全市电子商务发展的扶持政策（试行）》。

意见从壮大电子商务产业规模、拓展电子商务应用、发展跨境电子商务、完善电子商务服务体系、优化电子商务发展环境等五个方面提出加快电子商务园区建设，培育电商龙头企业等18项具体任务，要求到2020年，全市电子商务交易额突破1500亿元，网络零售额占社会消费品零售总额的比例超过25%，形成10个以上年交易额超亿元的电子商务企业、村镇和园区；力争规模以上企业电子商务应用率达100%；获批5个以上省级跨境电子商务试点，全市跨境电子商务年销售额超过20亿元。扶持政策鼓励电子商务示范和品牌标准创建，对获评国家级、省级、市级示范的给予100万元至10万元的奖励；鼓励电商创新应用发展，对达到一定网络销售额或带动就业、税收的给予10万元至100万元的奖励;鼓励电商载体建设，对电子商务园区开发或新建的公共服务类项目，给予实际设备投资额不高于30%的补助；鼓励电商服务网点建设，对农村县镇村三级电子商务服务站点和社区网点等给予实际投资额不高于30%的补贴；鼓励举办高水平电商活动，按国家级、省级、市级分别给予实际投入80%至40%的补贴；鼓励发展跨境电子商务，对获批外贸综合服务企业等试点的，按国家级、省级、市级给予100万元至20万元的奖励，年服务出口额6000万元至5亿元的海外仓，给予10万元至50万元扶持，年销售额达6000万元至10亿元的平台或企业，给予20万元至200万元的奖励，对出口信用保险给予不高于50%的补贴。 （夏 江）

■“双十一”网络零售 2018年，“双十一”全市实现网络零售22.7亿元，增长30.5%。龙头电商企业保持高速增长。国家级电商示范企业江苏笛莎公主文化创意产业有限公司“双十一”零点过后55分钟实现销售额突破3000万元，全天交易额超9200万元，增长12%；扬州宏创科技发展有限公司，自建“龙会易购”电商平台，服务全市城乡居民，“双十一”实现网络零售125.8万元，增长24.5%；扬州十二粉黛生物科技股份有限公司不到12小时完成上年24小时销售额，天猫“千纤草官方旗舰店”单个店铺成交10.44万单，成交金额达452万余元，增长54%，“双十一”当天，千纤草爽肤水销量位居全网前十，卸妆水位居全网前五。

传统企业利用电子商务取得突破。传统商贸企业特别是老字号企业参与“双十一”全网营销活动，取得成效。谢馥春“双十一”线上交易额超300万；“绿杨春”京东网店10月上线，“双十一”发出包裹超百件，销售额3万元以上；“三和四美”“双十一”期间销售额达75万元。江都扬州慧松信息工程有限公司通过京东平台面向全国销售扬州本地农产品，“双十一”当天销售额58.2万元，增长138%；宝应扬州康优益商贸有限公司“双十一”销售额166万元，增长27%；高邮全市共卖出鸭蛋600万元，其中“红太阳”实现销售额近100万元，成交2万多单。

电商示范基地和示范镇村集聚效应凸显。三个省级电商示范基地中，“双十一”通邮电商园销售再破新高，园区入驻企业“双十一”当天销售额达1143万元，增长143%，发单量破9万单，增长45%；宝应软件信息产业园“双十一”期间销售800多万元，增长31%；五亭龙国际玩具礼品城500余家网店“双十一”期间合计实现线上成交额1.8亿元，增长27%。省级电商示范镇江都小纪镇全镇实现网络零售额约3500万元。省级电商示范村仙女镇商贸城社区实现网络零售1.6亿元；邗江区西湖镇金槐村以毛绒玩具销售为主，实现网络零售4800万元，增长31%；宝应县曹甸镇周管村以文、教具销售为主，实现网络零售428万元，增长16.9%。宝应县西安丰镇朱郭村以水晶制售为主，“双十一”期间销售额643万元，增长28.1%；高邮苏中特色农产品电商产业园实现农产品销售达3000万元，增长17%。

小微电商企业创业创新成效初显。扬州鲜生活电子商务有限公司“果然100”品牌“双十一”期间结合促销活动的开展，线上流量大幅度提升，销售额32万元；高邮湖畔水产合作社走精品深加工水产路线，打造生鲜品牌“王鲜记”，取得初步成效，“双十一”期间实现网络零售120万元，增长26%；宝应大成羽绒制品有限公司创新经营模式，“双十一”期间实现网络零售24.6万元，增长9.3%；扬州丽彩电子商务有限公司实现网络零售60万元，增长20%。

传统大型商超采取应对措施。江都区宏信龙连锁超市提前布局，开展优惠活动，线上线下同价销售，“双十一”期间线下店客流量不减反增。苏宁易购扬州分公司“双十一”期间线上线下同步推进大促活动，线下交易额1522万元，增长18%；线上交易额8730万元，增长48%，线上线下累计增长43%。

（夏　江）

■**3人获“2018中国农村电商致富带头人”称号**　10月12日，由中国农村电子商务大会组委会发起和组织的“2018中国农村电商致富带头人”案例征集及评选结果揭晓，全国共100人被授予“2018中国农村电商致富带头人”称号，扬州市高邮通邮电商园总经理卞盛洁、慧松信息工程有限公司朱旻、邗江区方巷镇沿湖村党总支书记刘德宝3人入选。卞盛洁通过回乡创业成立通邮电商园，将当地的电商创业者进行集聚，为他们提供办公、仓库、物流、培训、政府政策、人才等资源，找准市场渠道，提供精准的资源，私人定制培养电商人才，孵化农村电商企业和创业者。朱旻带领慧松公司运营的京东扬州馆销售额达到近亿元，其中80%以上销售额来自农副产品和生鲜产品。京东扬州馆入驻涉农企业达180余家，合作品牌达300余个，上架商品1200余款，平台为扬州本地农户提供电商代运营、新媒体运营、品牌塑造、供应链管理等精细化服务，获得农户认可，扶持一批有销量、有前景的企业进入电商行业独立运营。沿湖村推动传统产业转型，形成渔村电子商务发展与渔文化旅游项目综合开发的先发优势，先后注册“印象邵伯湖”“邵伯湖八鲜”“渔家三宝”等系列商标，渔民收入倍增。

（夏　江）

居民服务业

■**家庭服务业**　扬州市有各类家庭服务企业、机构近千家，从业人员7万多人，其中解决困难群体就业2万多人。通过“职业化、标准化、品牌化、规模化”建设，打造家政服务业提挡升级的“扬州模式”。开展“扬州市家庭服务业万人培训工程暨第六届技能培训月”活动，提高从业人员的技能水平。至年末，全市有28所民营家庭服务业培训学校，累计培训各类学员6万多人。开展地方标准的立项申报工作。《母婴生活护理从业人员评价规范》《清洗保洁服务规范》申报成为扬州市地方标准，《公众物业服务业标准化试点》《居家养老服务标准化试点》申报为扬州市服务业标准化试点项目。2018年，华南、邦邦、三利月嫂入选全省30家百强家庭服务企业；安康学校入选6家省级家庭服务职业培训基地；“扬帆奋进正当时——扬州家庭服务业发展纪实”纳入《全国家政服务业发展典型案例汇编》。连续6年组织企业申报市服务业发展引导资金家庭服务业专项。10月9日，南京快易洁家政服务有限公司签约落户仪征，致力打造扬州地区首个集创业孵化、就业培训、模拟实训、择业指导于一体的综合型家政服务平台。

（农工处）

■**健康服务业**　推进重大项目建设。以产业融合为方向，加快宁扬毗邻地区融合发展，打造仪征—六合353省道沿线健康养老生态休闲带，建成月塘山水旅游综合开发项目，新开工宝应智能医疗养老中心项目。推进重点领域发展。落实利用闲置房地资源发展健康养老等服务业项目办理流程相关文件精神，优化项目办理流程，扬州颐乐养生文化园一期项目办理完毕，二期办理中。完成扬州瑞和护理院项目前期备案手续。开展省级养老服务业创新示范企业申报工作。接洽澳大利亚Pore Home Care公司，推动高端家庭护理品牌在扬落户，提升扬州“医康养”产业质态。　（汤　鑫）

■**养老服务业**　按照“公园+”“医疗+”“小区+”的“3+”理念，建立市、区、社区三级养老服务体系，服务能力提升。至年末，全市建成标准化社区居家养老服务中心576个；街道日间照料中心9个；街道中心厨房11个，老年人助餐点473个；各类养老机构114家，其中乡镇敬老院70家，社会福利中心等公办养老机构14家，老年公寓等社会

仪征市新村社区试点居家养老，建立社区食堂。图为空巢老人在社区食堂就餐　王卓　周晓明/摄

办养老机构30家；养老床位数4.42万张，其中护理型床位1.26万张；建有养老护理院和康复医院20家，其中市直3家、仪征市8家、高邮市3家、宝应县和邗江区各2家、广陵和江都各1家。全市持证护理员总数达1923人，持证上岗率达90%以上。完善福利设施布局规划，市中心城区的养老服务设施规划编制完成。（潘　勤）

商务服务业

■公证　至年末，全市有公证机构8家，公证从业人员112人，全年办理公证事项3.82万件，办理公益类公证2737件，公益类公证占办证总量7%，共为困难群众减免公证费用133.5万元。公证排名前5位的事项为委托、合同（协议）、继承、签名印鉴、文本相符。全市各公证机构全面开通在线办证平台，城区5家公证处开通微信微受理并加入微信城市服务，仪征市公证处开通微信公众号，方便群众在线申办公证。执行《江苏省公证事项证明材料清单表》，扩大"最多跑一次"公证事项，对结婚证、出生、无犯罪记录等42项公证事项，列入《扬州市办理公证"最多跑一次"公证事项清单》。缩短出证时间，一般公证事项，材料齐全、符合条件的，承诺5个工作日出证；简单的公证事项，1—2个工作日或当日出证。市公证处对接联系市法律援助中心、市民中心，设立联系点。新成立的扬诚公证处在市社矫中心和公共法律服务中心大厅设立接待点。其余各县（市、区）公证机构均与当地3—5个司法所、法律服务接待窗口设立联系点，全市新建36个公证联系点，累计56个联系点，打通服务"最后一公里"。引导全市公证机构、公证员积极受理、主动热情服务，重点办好遗嘱、小额继承等涉及人民群众切身利益的公证业务。扬州公证处针对累计1万元以下的小额遗产继承公证推出免费办理服务。扬诚公证处打造"绿色继承公证"，办理继承公证平均7个工作日出证。组织开展"公证伴你行 惠民零距离""法润扬城·公证敬老月"活动，进社区开展相关宣传活动18场，为社区群众免费提供公证法律咨询服务2500余人次。（范晓杰）

■律师　至年末，全市有律师事务所84家，执业律师1086人，担任政府和企业法律顾问3162家，办理各类诉讼、非诉讼案件2.38万件。推进社区律师工作室建设。全市建立社区律师工作室240家，新增社区律师工作室59家，免费为群众提供法律咨询8500余人次。在邗上派出所试点设立驻所律师工作室，6家律师事务所的24名律师轮流每天值班半天，提供法律咨询、矛盾纠纷化解等服务，对警风、警纪及执法活动进行监督。打造"123"体系推动律师参与信访化解。推荐擎天柱律师事务所张一军等13名律师入选省处理信访疑难复杂问题专家库，明确接访环节操作规范。安排27名精干律师参与信访接待252次，调处解决各类涉法涉诉纠纷72件次。开展律师调解工作。印发《关于开展律师调解工作的实施意见》，对全市律师调解工作进行部署。在市中院、市公共法律服务中心和全市具备调解工作条件的律师事务所设立律师调解工作室，在市律师协会成立民商事调解中心。实施"法润扬城 春风行动"。印发《关于在全市律师队伍中开展"法润扬城·2018春风行动"的通知》，在全市推进落实"春风行动"，整合法律服务资源，为群众生产经营把好"法律关"，重点围绕土地承包经营、基本生产建设、养老保障、基层自治等方面提供专业法律服务和保护。开展春播春种护农活动。市司法局、市律协和各县（市、区）司法局组建13支法律服务走访队，开展"4·8司法日"大走访活动，通过主动上门、集中座谈、调查问卷的方式，了解农户和农企的生产现状，帮助其防范法律风险，累计走访种植、养殖大户55家、农业龙头企业42家。（范晓杰）

3月18日，扬州市首家合作制公证处扬诚公证处开业　司法局/供稿

■司法鉴定　至年末，全市有司法鉴定机构7家，司法鉴定人116名，全年共办理鉴定8976件，司法鉴定排名前四位为法医临床鉴定、法医毒物鉴定、法医精神病鉴定、法医物证鉴定，总收费1213.1万元。举办司法鉴定公众开放活动。组织司法鉴定广场宣传活动，向群众普及鉴定常识，解答群众关于司法鉴定的咨询和开展鉴定活动指引；举办司法鉴定"社会开放日"活动，群众代表、行风监督员、人民监督员、鉴定服务对象代表30多人实地走访

2018年扬州市部分律师事务所一览表

表 19-1

序 号	名　　称	序 号	名　　称
1	江苏琼宇律师事务所	16	江苏大扬律师事务所
2	江苏润扬律师事务所	17	江苏征远律师事务所
3	江苏石塔律师事务所	18	江苏政泰律师事务所
4	江苏君诚兴律师事务所	19	江苏金天宁律师事务所
5	江苏法之泽律师事务所	20	江苏民泰律师事务所
6	江苏理华律师事务所	21	江苏华朋律师事务所
7	江苏擎天柱律师事务所	22	江苏众仁律师事务所
8	江苏盛祥律师事务所	23	江苏江业律师事务所
9	江苏石立律师事务所	24	江苏金荣律师事务所
10	江苏安宜律师事务所	25	江苏金星光律师事务所
11	江苏中立信律师事务所	26	江苏忠信义律师事务所
12	江苏秦邮律师事务所	27	江苏江淮盛律师事务所
13	江苏中望律师事务所	28	江苏唐城律师事务所
14	江苏日出律师事务所	29	江苏金飞达律师事务所
15	江苏扬城律师事务所	30	江苏宝宇律师事务所

（范晓杰）

司法鉴定所，与鉴定人面对面开展交流。开展“送鉴定进社区”活动。启动司法鉴定村居行活动，组织司法鉴定管理干部和司法鉴定人赴社区开展宣传，为群众提供现场鉴定咨询，解答司法鉴定问题，为社区群众提供优质高效司法鉴定法律服务，扩大司法鉴定的群众知晓率和社会影响力。开展司法鉴定援助活动。从司法鉴定的考核机制，司法鉴定行风建设、日常监督检查等方面入手，倡导和要求各司法鉴定机构开展司法鉴定援助案件。全市司法鉴定机构共提供司法鉴定法律援助18件，减免收费1.398万元。

（范晓杰）

司法鉴定村居行活动　　司法局/供稿

软件信息服务业

Ruanjian Xinxi Fuwuye

编 辑 贾丽琴

综述

■**概况** 围绕产业发展，强化规划引导。制定出台《扬州市培育软件和信息服务业产业集群行动计划（2018—2020年）》，明确全市软件和信息服务业的发展目标、工作思路和推进举措。梳理编制全国15个重点城市软件产业政策汇编，根据产业发展需求，对市级软件专项政策进行动态调整更新。2018年，全市软件和信息服务业实现主营业务收入376亿元，比上年增长17.5%；培育万方电子、国脉通信、智途科技、易图地信、航盛科技等一批百人以上软件企业，软件产品由单一的电子政务配套研发向行业应用软件、工业软件、平台软件、信息安全等领域拓展。

围绕项目招引，加强对外合作。按照“6+X”招商活动要求，赴京举办2018扬州（北京）央企暨先进制造业、软件和互联网产业合作恳谈会，现场签约一批软件和互联网产业项目；编制完成《2018年度重点招引软件和互联网企业名录》，梳排北京、成都、深圳、杭州四地有合作意向的招商项目源35项。先后赴上海、杭州、北京等地进行点对点招商推介。全年招引落户软件和互联网企业项目超50项，总投资超百亿元的腾讯云大数据中心项目、总投资24亿元的电信云数据中心项目、总投资18亿元齐网云数据中心项目正式签约落户。朗坤科技、猪八戒网、金蝶软件、东土科技等一批行业知名企业注册入驻。

围绕企业培育，提升服务水平。组织申报兑现市级软件专项资金近1200万元，评选公布5家市级软件企业技术中心；采用“集中辅导”与“上门服务”相结合的方式，开展“‘双软评估’县（市）行”活动，全市累计通过评估的软件企业数、软件产品数分别达224家、1637件；先后举办“区块链技术及应用”“软件产业涉税政策宣讲会”等10余场专题培训。2018年，易图地信、智途科技等3家企业入围“2018中国地理信息产业百强企业榜”；国脉通信“城市级智慧交通大数据集成应用系统”项目获“2018中国产学研合作创新成果优秀奖”；万方电子“全方位装卸车智能控制系统软件”、国脉通信“智慧停车管理系统软件”获批江苏省优秀软件产品（金慧奖）；宏普、瑞丰等2家企业入围全国工业APP标准工作组。扬州入围2018中国城市信息化50强，列第七位。

围绕氛围营造，强化活动引领。调查收集软件和互联网产业42家企业共计3.55亿元资金需求和46家企业共603个人才岗位需求，分别举办软件和互联网企业融资需求对接会、在扬高校软件人才专场招聘会；先后组织开展2018年度软件产品软件企业评估会、省“I创杯”创新创业大赛扬州区路演等活动；完成南京软博会的组展、布展等相关工作；在上海交大举办“软件和互联网产业创新发展”专题培训班，组织行业重点企业、经信系统管理人员共50多人参加。

（扬工信 李 晖 谢森妙）

■**3企业入选“2018中国地理信息产业百强企业”** 7月25—27日，2018中国地理信息产业大会在海口召开。大会以“新时代、新机遇、新发展”为主题，通过高端论坛、企业创新展示、头脑风暴、专题论坛、展览等形式，和与会各方共建地理信息产业生态，共享技术成果。大会发布2018中国地理信息产业百强企业榜，全省共有11家企业上榜，其中扬州市3家，江苏易图地理信息科技股份有限公司列第66位、江苏智途科技股份有限公司列第74位、江苏省工程勘测研究院有限责任公司列第89位，上榜企业数量、质量创历史新高。（杨 奕）

■**3企业入选省“腾云驾数”转型升级计划目录** 10月15日，省信息化领导小组大数据发展办公室会同省经信委联合公布2018年软件企业转型升级计划（“腾云驾数”转型升级计划）优选产品、平台、服务和解决方案目录，其中扬州市江苏瑞丰信息技术有限公司的“瑞丰制造业产能监测及共享服务平台”、扬州艾默软件技术有限公司的“面向制造加工业的智能化服务”和腾云科技（江苏）有限公司的“腾云双屏电子书包”入选。（杨 奕）

■**无线电管理** 2018年，扬州无线电管理处完成省运会无线通信安保任务。先后调研学习南京青奥会、天津全运会和徐州省运会的保障经验，制定第19届省运会无线电保障总体工作方案、可搬移监测站建设方案以及开闭幕式期间公众移动通信保障专项方案，组织5名专家对方案进行评审。年初，完成对省运会27个场馆互联网接入、4G和WiFi信号覆盖等情况的现场核查工作；3月，派员集中驻会开展省运会筹备工作，向筹委会各部门提供信息技术支撑；5月，针对省运会首场赛事，做好江都、宝应、仪征场馆通信保障准备，健全领导、联络和业务组织机构，落实各赛事场馆值班制度；6月，对接省无线电管理局争取省运专项经费，做好兄弟市无管人员装备到扬事宜；8月，召开开、闭幕式通信保障组工作会议，对照“八图两表”细化保障任务，开展风险防范应急处置演练，明确责任人。截至省运会闭幕，现场检测无线电设备475台，监测检测频率总数300余个，发现并排除通信安全风险点16处，配发数字对讲集群终端200余部，编发《省运会无线电设备使用指南》，刊载《关于江苏省第19届运动会期间无线电安全有关事项的通知》，保障省运会期间的指挥通信、电视和网络视屏直播、公众移动通信、免费WiFi服务等重要工作，打造体育公园免费WiFi、开闭幕式通信顺畅无干扰等省运亮点。

保障重要考试、重大活动和国防建设无线电通信安全。做好重要考试反无线电作弊保障工作。全年累计完成考试保障19次，出动保障人员172人次，设备187台（套）次，保障车辆38辆次，累计加班时日28天。完成2018中国扬州·鉴真国际半程马拉松赛通信保障，累计出动保障人员30人次、车辆8辆次、专业设备80套次，协调组织通信运营商4G通信及免费WiFi热点维护巡查，为央视航拍、现场直播提供安全、可靠、优质的通信保障。

强化设施建设。新建东区一类固定站。在市区东部江苏通用电梯公司102米高的电梯试验塔顶端架设一类固定站，与西部、南部原有两座固定站协同运作，维护电波秩序和谐稳定。建设智能综合无线电监测管制网。监测管制网通过验收并全部投入使用，各县（市）及城区2处重要考点实现全覆盖。

关注民生热点。制定规范文件，为加强电信设施建设与保护，牵头制定的《扬州市电信设施建设与保护办法》经市政府印发，于6月4日正式施行。及时处理“寄语市长”原扬州三叶散热器有限公司附近移动通信干扰投诉，停止干扰信号发射，依法对所有者进行调查处理，周边通信基本恢复。完成政协委员提案办理。答复《关于我市智慧城市建设信息基础设施方面若干建议》提案，收到民革扬州市委双“满意”评价。

做好无线电监测执法工作。对21个频段，实施共7010小时的占用度测试，发现不明信号5个，查实5个，其中非违规0个、违规5个，为用户排查干扰7起，保障合法用户的权益。全年累计开展行政执法7次，指配频率261个，新设台站515个。联合市文广新局执法支队4次查处“黑广播”，强化部门联动执法机制，维护广播电台通讯秩序。5—6月，对全市公安、文广新等联合行动部门开展防范打击“黑广播”技术培训，分别赴邗江、江都、仪征等地对当地广电部门和乡镇文化站相关技术人员开展专项培训。

做好青少年无线电科普宣传。10月11日，面向贫困家庭青少年开展2018扬州市无线电科普夏令营活动；11月17日，在青马车寨基地启动扬州仪征无线电运动项目进校园开学仪式，举办无线电测向、定向运动项目的教学培训。（陈　晔）

智慧城市应用服务

■概况　扬州市经信委通制定出台《云上扬州项目建设管理和考核的实施意见（试行）》《云上扬州项目管理及总集成工作规范实施细则》等系列指导性文件，规范项目全生命周期管理要求。建立“一牵头一落实三联动”工作机制，面向全国征集“云上扬州”Logo，组织参加贵阳数博会、智慧城市50强发布会等全国性智慧城市论坛，分享“云上扬州”建设理念和模式，提升“云上扬州”的影响力和知名度。创新城市级智慧城市总集成机制，会同总集成单位，从管理、技术两条线推动“云上扬州”建设，推进“云上扬州”行动计划31个项目和“两庭三化”（仲裁庭和巡回庭基础化、专业化、信息化）、统战大数据等10个非“云上扬州”项目建设，全年组织实施的项目共涉及财政资金3.2亿元。依据新型智慧城市评价指标体系，组织开展“云上扬州”建设成果评价。协同各县（市、区），合力推进“云上扬州”建设。连续五届获中国城市信息化和智慧城市推进工作双10强，首创智慧城市总集成模式并在2018数博会上发布。东关街道获批国家级第二批智慧健康养老示范街道。

（扬工信　李　晖　谢森妙）

■“云上扬州”建设　2018年，“云上扬州”工作推进举措“三创新”，创新“云上扬州”总集成机制，创新项目主办、项目联络员、项目秘书推进机制，创新采用智慧城市建设成效评价机制。基础平台“四突破”，大数据中心基本建成两地四中心（本地产业基地主中心、电信备份中心、移动双活中心、异地数据存储中心）、搭建一体化安全保障体系、建成大数据共享开放平台、开通“云上扬州”展示中心。资源整合“五提升”，完成86家市直单位和3个区机房整合，打通15个部门专网与政务外网的互通，所有政府网站统一平台、统一运维、统一管理，实现市平台与国家、省数据部分数据交换，新增26个系统部署支撑233个应用。工业企业资源集约利用综合评价系统整合15个部门117项指标数据，完成核心评价数据的归集与上报；录入及验证20万余条数据信息，为政府决策和开展企业评价提供依据。

（扬工信　李　晖　谢森妙）

■政务信息资源整合共享 形成以政府云计算中心为载体，以大数据共享开放平台推动数据共享的政务资源整合体系。市政府云计算中心实现市直单位、3个区以及功能区的机房整合，所有新建非涉密系统一律部署在政府云计算中心，数据进入大数据平台共享开放。明确要求项目建设单位在建设方案中，同步编制本单位系统整合方案，梳理部门信息资源目录，明确可共享资源，随项目一同实施。建成大数据共享开放平台，完成人口库、法人库、电子证照等五大基础库的建设；实现55个部门的数据共享，汇聚数据3.6亿条，提供数据接口134个；综合治税、社会信用数据实现迁移进云。推动大数据示范应用，为政务服务一张网、“我的扬州”APP、社会信用、公积金提取等创新应用提供数据支撑。其中，社会信用平台全年出具929份信用查询报告，为全市开展招投标、财政政策资金扶持申报、评优评奖等提供2932家企业的批量信用信息审查服务，在多个领域应用信用审查报告48份；各类失信企业中主动申请信用修复56家次，为有关失信企业提供56次信用修复服务。

（扬工信 李晖 谢森妙）

软件和互联网服务

■概况 2018年，全市软件和互联网相关产业实现业务收入1427亿元，比上年增长30.3%。全年新增通过评估软件企业61家、新登记软件产品386个。企业创新升级。全年新增近400个具有自主知识产权的软件产品，万方电子“全方位装卸车智能控制系统软件”、国脉通信“智慧停车管理系统软件”获批江苏省优秀软件产品（金慧奖），全市认定数位列全省第四。易图地信、智途科技等3家企业入围“2018中国地理信息产业百强企业榜”。智途科技“云停车系统”等一批项目在省外示范推广。项目招引突破，共招引落户软件和互联网企业项目超过50项。总投资超百亿元的腾讯云大数据中心项目、总投资24亿元的电信云数据中心项目及总投资18亿元的齐网云数据中心项目正式签约落户。朗坤科技、猪八戒网、金蝶软件、东土科技等一批行业知名企业注册入驻。（扬工信 李晖 谢森妙）

■两软件产品获批省金慧奖 12月18日，省工信厅发文公布第16届江苏省优秀软件产品奖（金慧奖）获奖产品目录，扬州市万方电子“全方位装卸车智能控制系统软件”、国脉通信“智慧停车管理系统软件”入选，全市认定数位列全省第四。（杨奕）

10月19日，腾讯仪征东升云计算数据中心项目签约仪式在仪征举行

王卓/摄

■华为大数据基地获评“钻石五星级云数据中心” 10月，中国移动（扬州）华为大数据基地（以下简称华为大数据基地）获由中国移动集团公司和CDCC（数据中心国家标准组织）联合颁发的“钻石五星级云数据中心”。本次评审共在全国数百座云数据中心中评定出三座钻石五星级云数据中心，分别是中国移动（扬州）华为大数据基地、中国移动浙江（浙中）信息通信产业园和中国移动浙江（浙东）信息通信产业园，江苏省内仅此一家获评“钻石五星级云数据中心”。扬州华为大数据基地是由扬州移动和华为技术有限公司在扬州经济技术开发区联合共建的数据产业项目。项目总投资超过5亿元，按照国际Tier3标准进行建设，采用全球领先技术，为数据安全提供高度保障；至年末机房总容量达1700个机柜，互联网出口带宽达1.2T，合作客户包含阿里巴巴、百度、360、美团、大众点评等大型互联网企业，同时为扬州市政企事业单位提供云端服务。（杨奕）

■腾讯云计算数据中心项目落户 10月19日，总投资超过100亿元的腾讯仪征东升云计算数据中心项目签约。腾讯仪征东升云计算数据中心项目由世界500强企业、中国最大的互联网综合服务提供商之一腾讯公司投资建设，是腾讯在华东地区的重点战略布点。项目总投资超过100亿元，占地约23.33公顷。（杨奕）

■链牛控股签约入驻 11月18日，链牛（扬州）区块链产业园签约入驻仪式暨链牛空间品牌发布会在北京国际会议中心举行。仪式上，链牛控股与扬州软件园正式签约，并作为“园中园”入驻扬州软件园。该项目将联合本地优质的科研资源，建立以区块链创业企业为主体、市

场为导向、产学研相结合的创新孵化体系。（杨　奕）

■扬州市民卡有限责任公司 2018年，扬州市民卡有限责任公司实现营业收入1645.21万元，比上年增长6.39%；年刷卡总额2.51亿元，比上年下降0.17%。年发行市民卡38.25万张，累计发行市民卡282.47万张，其中"社会保障·市民卡"24.7万张、2017版市民卡15.21万张、副卡230.7万张、园林卡11.86万张。推进APP工程。完成APP客户端优惠券、园林年票、公交扫码、信息推送等核心系统建设，发布上线"我的扬州—幸福扬州"APP，实现手机APP在线市民卡充值、查询，水、电、燃气缴费，园林年卡和宁镇扬旅游卡售卡以及虚拟公交卡发行等便民功能。至年末，APP下载量12.33万人次，注册用户10.42万人。以"我的扬州"APP项目建设为契机，按照市政府云上扬州建设的总体规划，开展项目对接、软件开发、硬件部署以及应用迁移等工作，完成"统一实名认证、轻应用接入、虚拟电子卡"三大体系建设。围绕政务、交通、健康、旅游、生活、信息发布六大类服务板块，上线"公交服务""天气服务""垃圾分类""中央厨房""社保查询""公积金查询""预约挂号""园林服务""空气质量查询"等32项应用。

拓展民生项目。配合市双拥办完成"军嫂卡"卡面设计与制卡发行；配合市委宣传部发行"城市榜样礼遇卡"；配合市委组织部、市人社局发行"绿扬英才卡"；配合市城管局、环卫处完成垃圾分类项目系统建设，实现垃圾分类投放与积分兑换应用；配合市民政局完成中央厨房项目系统建设，实现社区老人助餐应用；配合市卫计委完成2017版市民卡在苏北医院挂号、就诊应用；配合市政务中心推进"政务一张网"建设，实现查询园林年卡有效期功能，配合省一卡通公司完成省平台NFC开发工作；完成扬州市区、江都区车载POS机改造升级，实现市区、江都区公交线路扫码全覆盖；推进水、气、卡柜面融合工作。企业管理。完成全年园林年卡高峰期办卡任务，新办园林年卡12.8万张，续办8万张；走进16个社区开展志愿服务活动；邀请市民观察团对营业厅进行明察暗访；举办综合业务素质培训、户外拓展训练、业务技能竞赛等服务水平提升活动；扩大服务覆盖范围，江都区新增4个市民卡营业网点；开展创先争优，鸿福营业厅获评"文明服务示范窗口""扬州十佳爱心驿站"等；组织开展安全生产月、安全生产百日赛及安全隐患随手拍等活动；加强信息网络安全建设，对接开展等级保护工作；举办消防安全知识讲座、竞赛和应急演练活动。（景惠萍）

江苏信息服务产业基地（扬州）

■概况 江苏信息服务产业基地（扬州）（简称信息产业基地）由江苏省经信委与扬州市人民政府于2007年联合共建。江苏信息服务产业基地坐落于扬州广陵新城核心商务区，楼宇面积71万平方米，拥有中国声谷、中国创谷等7大载体和孵化平台，获"国家级科技企业孵化器""国家小型微型企业创业创新示范基地""国家级服务业标准化试点""江苏省首家互联网产业园""江苏省电子商务示范基地""江苏省地理信息产业园示范园区"等40项省级以上园区品牌。园区吸引京东、美团点评、饿了么、东方财富、优酷土豆、喜马拉雅、咪咕视讯、智途科技、易图地信、金泉网、阿尼股份、宇安电子、后潮科技及三大电信运营商等200多个重点企业和项目落户，其中互联网百强企业15家、自主培育孵化海内外上市企业4家、千人规模企业4家；形成电子商务、呼叫中心、软件开发、地理信息及互联网内容五大重点产业方向；集聚各类人才2万多人。2018年，产业基地新增企业49家，其中互联网百强企业1家、知名企业7家，百人规模企业3家。（薛雨露）

■人才引进 组织企业赴本地及周边包括南京、淮安、镇江、徐州等地区20多所高校举办28场招聘会，赴武汉、兰州、沈阳、长春高校对接开展高层次人才引进工作。帮助企业引进大专以上人才1000多人，硕士以上人才16人，申报市级以上高层次人才项目6项，引进海归博士5人。申报获批江苏省回国留学人员创新创业示范基地；申报获批扬州市英才培育计划1人，扬州市科技企业家4人，扬州市人才引进培养补贴40人，扬州市双创人员住房租赁补贴16人。组织50多家企业近200人参加4期中小企业培训课程。（薛雨露）

■科技创新 新增科技孵化面积1万平方米，获得省级生产性服务业集聚示范区、首批省电子商务众创空间、省留学回国人员创新创业示范基地3项省级园区品牌；新增国家高新技术企业7家、新增产学研合作项目15项、获批市级以上各类科技计划项目12项；上争科技创新扶持资金650万元。（薛雨露）

■中泰信荣全国金融后台中心项目落户 4月17日，中泰信荣全国金融后台中心项目与广陵新城正式签约落户信息服务产业基地三期。中泰信荣（深圳）投资控股有限公司，是一家专业从事企业信用评估、咨询、信息服务，为银行等金融机构对信贷客户及信用卡用户进行贷后管理服务的金融公司。中泰信荣全国金融后台中心项目，为智能金融客服中心，包含客服、审核、贷后管理等职能，一期办公面积2200平方米，招募专业人才约500人；后期拟扩大至6000平方米，员工人数将达1000人。（杨　奕）

■"饿了么"运营中心开业 5月17日，"饿了么"运营中心开业仪式在信息服务产业基地举行。"饿了么"是2008年创立的本地生活平台，主营在线外卖、新零售、即时配送和餐饮供应链等业务。经过10年发展，产品和商家服务体系覆盖全国2000个市县，平台入驻餐饮商家超200万家，平台注册用户2.6亿人、注册骑手300万人。（杨　奕）

旅游业

Lüyouye

编　辑　陈永华

综述

■**概况**　2018年，扬州市旅游业围绕打造国际文化旅游名城，推进旅游业加快发展、创新发展、提升发展，出台《关于2018年更好服务游客 建设宜游城市的意见》。全市旅游实现总收入917.9亿元，比上年增加121.18亿元，增长15.2%，超过全省增幅1.6个百分点；旅游业增加值占全市地区生产总值比重7.8%；接待国内外游客7044.23万人次，增长11.9%；接待过夜游客845万人次，增长9.7%；游客满意度综合指数85.05分，与无锡、南京、苏州进入"满意度高"梯队，同比持平。

至年末，全市有国家A级景区48家，其中AAAAA级1家、AAAA级12家、AAA级23家；有省星级乡村旅游区（点）59家，其中省五星级1家、四星级25家；有星级饭店37家，其中五星级4家、四星级11家、三星级21家、二星级1家；有旅行社157家，其中出境组团社14家。　（黄晓宇）

■**世园会前期筹备**　履行世园会相关举办程序。派员赴澳大利亚墨尔本参加AIPH 2018年春季会议和秋季年会，汇报2021年扬州世园会筹备工作。5月，中国亚洲经济发展协会理事长一行到扬商洽世园会合作事宜。10月，国际园艺生产者协会主席、秘书长及中国花卉协会专家到扬督导世园会筹建情况；法国奥尔良市副市长率队考察2021年扬州世界园艺博览会选址。根据市政府要求排定世园会三年工作计划表，拟定招商邀展实施方案。与市财政协调支付AIPH有关举办世园会许可费事项。　（周　娟）

■**扬州与"一带一路"国家旅游合作**　贯彻国家"一带一路"倡议，推动扬州旅游"走出去"，借助第六届中国－中亚合作论坛在扬州市举办，牵头主办经贸旅游合作分论坛，签署5项合作协议，发布《第六届中国－中亚合作论坛扬州与中亚城市旅游发展倡议》。与中亚地区20座城市成立"20+1""一带一路"国家城市旅游合作机制，每年在不同成员城市举办1次旅游论坛、组织1次旅游线路体验或其他旅游交流活动，互通有无，互送客源，互惠互利。举办WCCO世界运河城市文化旅游分论坛，邀请16个国外运河城市代表以及中国运河沿线城市代表、运河古镇代表、中国重点AAAAA级旅游景区代表、国内外文化旅游投资商代表出席会议，会议通过《世界运河城市文化合作江苏共识》。　（黄晓宇）

■**全国旅游标准化创建**　2月，扬州市入选为创建全国旅游标准化试点城市，在市委、市政府的推动下，市旅游局在全市重点实施45项国家标准，创新5项地方标准，全国旅游标准化创建通过国家中期评估验收。通过加强与法国奥尔良市在旅游标准化合作，该项目获中法地方政府联合颁发的旅游合作大奖。　（黄晓宇）

■**2018中国·扬州旅游招商推介会**　4月18日，2018中国·扬州旅游招商推介会在西园饭店举行，国内大型旅游投资企业的40多名旅游投资商、运营商，法国奥尔良市代表团，扬州各县（市、区）和功能区分管负责人等参加会议。副市长余珽出席推介会并致辞，市旅游局局长张贵联作题为《携手打造世界人民向往的扬州旅游》主题推介，从龙虬庄文化、运河文化、儒家文化到国学、国剧、国乐、国画等方面阐述扬州旅游的特色内涵，并从世界文化遗产利用、旅游风情小镇创建、水上运动产品开发等方面，介绍扬州旅游投资的重大发展机遇。会上有18个项目进行集中签约。　（黄晓宇）

■**扬州旅游亮相香港维多利亚公园**　4月20日，"水韵江苏·相约香港"2018江苏文化嘉年华在香港维多利亚公园开幕。此次嘉年华由江苏省政府、香港江苏社团总会和江苏旅港同乡联合会共同主办，江苏省委副书记、省长吴政隆，香港特别行政区行政长官林郑月娥等共同参加亮灯仪式。活动期间，由扬州市旅游局组织的旅游展演、淮扬美食、特色旅游资源和旅游商品的20人参展团以"运河名城，精致扬州"为旅游整体形象在嘉年华现场进行推介。　（黄晓宇）

■**扬州获评“2018中国年度十大活力休闲城市”** 11月10日，以“新时代、新休闲、新产业”为主题的2018中国（国际）休闲发展论坛在杭州举办。本届论坛由《小康》杂志社和杭州市会展办（发展会展业协调办公室）共同主办，中国少数民族文化艺术促进会联合主办。会议经过网络投票和专家评审，推选出中国十大活力休闲城市。扬州与浙江杭州、四川成都、浙江丽水等10座城市获“2018中国年度十大活力休闲城市”。扬州曾先后在2007年、2010年和2013年三次入选“中国十大休闲城市”榜单，2008年入选“中国十大特色休闲城市”榜单，2017年入选“中国十大品质休闲城市”榜单。（黄晓宇）

■**中亚合作论坛经贸旅游合作分论坛** 12月12日，第六届中国－中亚合作论坛经贸旅游合作分论坛在香格里拉酒店举行。来自中亚五国的政府代表团成员，国内重点企业代表及扬州本地部门企业代表约300人参会。会议由副市长余珽主持，市长夏心旻宣读扬州与中亚各国城市的旅游合作扬州倡议，市委常委、副市长陈扬作扬州城市及经济推介，会上包括旅游在内的5个扬州与中亚国家（城市）的合作项目举行现场签约仪式。市旅游局与哈萨克斯坦文化与旅游会就推进双方合作进行交流。（黄晓宇）

旅游资源开发

■**概况** 2018年，扬州加快旅游重大项目建设。有新建、续建旅游项目70个，1亿元以上项目54个，完成投资160亿元。举办“2018扬州旅游招商推介会”，8个项目现场签约，总投资额近50亿元。重视旅游会议会展，首次以扬州会展旅游联盟形式组团赴京“招会”，现场签约协议36项。规划编制《扬州市域旅游专项规划（2018—2035）》，谋划布局大运河文化旅游带建设、全域旅游发展等。投资120亿元的江都邵伯运河风情小镇项目、投资57.73亿元的广陵湾头玉器小镇项目、投资150亿元的瘦西湖华侨城项目加快建设。投资100亿元的江都中国电影世界项目，五星级酒店英迪格、万丽、四季酒店等一批酒店以及深潜大运河中心、风马牛公社等旅游项目签约落地。

制定出台《扬州市旅游业发展引导和奖励专项资金管理环节实施细则》，加强扬州市旅游业发展引导和奖励资金的申报、评审、立项、资金拨付和监督检查，提高资金使用效益。制定出台《扬州市旅游业发展引导和资金使用细则》，发挥政策引导作用，推进旅游项目、旅游品牌建设，加大过夜游客招徕，大型旅游团队，专列、包机、游轮，特色旅游活动，会议展览，旅游新线路研发，旅游商品研发等奖励扶持力度，招徕境内外游客，提升城市知名度和美誉度。

举办“2018扬州旅游招商推介会”，吸引东方园林、东胜文旅、中青旅、华侨城、中国蓝田、深圳市铁汉生态等国内40多家旅游投资企业以及法国奥尔良代表团参加，接待国内外客商100多人，现场宝应淼圣鼋农庄项目、高邮清水潭旅游度假区温泉项目、仪征星河农业生态园项目、江都朴园二期项目、广陵星级酒店项目、邗江水果侠欢乐世界项目、瘦西湖国际品牌度假酒店项目、生态科技新城国际沙滩排球基地和沙滩排球公园项目集中签约，累计8个项目总投资额46亿元。

发展会议产业。优化高端旅游资源配置，推进成立会议会展专业化服务，组织院校、旅行社企业等专家赴宁波、厦门专题调研会议会展服务机构建设经验，撰写考察调研报告，成立会展企业联盟，编印《胜会扬州》专题会展宣传册。强化旅游企业协调合作，加入中国会奖旅游城市联盟，进入一线会展城市，获“中国最具品牌价值会奖目的地”奖项，并首次以扬州会展旅游联盟形式组团赴京“招会”，扬州会议中心、扬州迎宾馆等10多家酒店现场达成意向协议36项。（黄晓宇）

2018年扬州市国家A级旅游景区一览表

表21-1

景区名称	等级	景区名称	等级
瘦西湖风景区	AAAAA	扬州陈园	AAA
大明寺	AAAA	江都开元寺	AAA
个园	AAAA	江都朴园	AAA
何园	AAAA	瓜洲润扬森林公园	AAA
扬州双博馆	AAAA	江都自在公园	AAA
京华城休闲旅游区	AAAA	仪征市陈集孔雀山生态体育公园	AAA
茱萸湾风景区	AAAA	宝应县曹甸楚甸公园	AAA
东关历史文化旅游区	AAAA	高邮菱塘古清真寺	AAA

续表 21-1

景区名称	等级	景区名称	等级
高邮盂城驿	AAAA	宝射河休闲体育公园	AAA
宋夹城景区	AAAA	高邮市文化体育休闲公园	AAA
汉陵苑	AAAA	花都汇—扬州园艺体验中心	AAA
马可波罗花世界	AAAA	蜀冈生态公园	AAA
运河三湾风景区	AAAA	宝应周恩来少年读书处	AA
史可法纪念馆	AAA	扬州玉文化景区	AA
凤凰岛生态旅游区	AAA	江都仙女公园	AA
吴道台宅第	AAA	宝应射阳湖荷园	AA
宝应纵棹园	AAA	宝应革命烈士纪念馆	AA
仪征博物馆	AAA	宝应博物馆	AA
高邮镇国寺	AAA	朱自清故居	AA
高邮文游台	AAA	江都邵伯湖旅游区	AA
宝应宁国寺	AAA	江都山水园	AA
仪征红山体育公园	AAA	隋炀帝陵景区	AA
扬子郊野公园	AAA	宝应“二妹子”模范民兵活动中心	AA
宝应湖国家湿地公园	AAA	江都龙川盆景艺苑	AA

注：扬州双博馆即扬州博物馆、扬州中国雕版印刷博物馆

（吕 游）

2018年扬州市省三星级及以上乡村旅游区(点)一览表

表 21-2

景区名称	等级	景区名称	等级
扬州润德菲尔庄园	五星级	扬州西湖春天	三星级
凤凰岛生态旅游区	四星级	扬州蒋王农业观光园	三星级
宝应白鹿岛生态旅游区	四星级	扬州建华村	三星级
扬州金泓生态园	四星级	扬州润水湾	三星级
江都渌洋湖生态旅游区	四星级	扬州溪桂园	三星级
宝应射阳湖荷园	四星级	扬州江都香翎湖	三星级
仪征翔宇茶叶生态园	四星级	高邮市周邶墩生态休闲农庄	三星级
西江生态园	四星级	江都小纪农业生态观光园	三星级
碧水蓝天度假村	四星级	水世界渔乐园	三星级
吴桥蔬果产业观光园	四星级	江苏天祐生态园	三星级
扬州棠湖度假村	四星级	瓜洲镇瓜洲村葵园乡村旅游区	三星级
高邮湖苇荡水寨	四星级	紫福生态园	三星级
扬州市勇龙国际生态园	四星级	扬州市回乡缘休闲农庄	三星级
宝应和悦园	四星级	扬州永乐庄园	三星级

续表 21-2

景区名称	等级	景区名称	等级
仪征捺山那园	四星级	高邮连标葡萄园	三星级
广陵区七彩·梦升缘休闲农庄	四星级	扬州古渡春生态园	三星级
宝应县九九艳阳天	四星级	扬州烟花三月度假村	三星级
江都区佳乐农庄	四星级	宝应县兴水园生态农庄	三星级
江都区白塔河度假庄园	四星级	高邮市雁南飞家庭农场	三星级
仪征市江扬·天乐湖	四星级	高邮市华俊生态农业园	三星级
香榭丽玫瑰园	四星级	广陵区扬子江农业园	三星级
宝应诗情花意庄园	四星级	广陵区头桥现代农业产业园	三星级
宝应子婴庄园	四星级	邗江区格林生态园	三星级
沿湖渔村	四星级	扬州胡场人家	三星级
邗江区京甘泉生态农业园	四星级	仪征市鱼泽康泉生态园	三星级
珠湖颐养乡村旅游区	四星级	江都樊川猕猴桃园	三星级
茂顺源生态农庄	三星级	扬州艾菱湖生态园	三星级
常青藤生态养生园	三星级	兴业生态园	三星级
江苏源玥庄园	三星级	渔樵竹饮健康文化园（山河村）	三星级
春沁园休闲农庄	三星级	宝应夏集桃花源	三星级
万寿寺禅耕园	三星级	甘泉生态农庄	三星级
秦邮人家生态农庄	三星级	扬州康盛玫瑰园	三星级

（吕　游）

■旅游资源提档升级　2018年，扬州市加大建设力度打造旅游品牌，开展高等级景区创建。新创成国家等级景区17家，运河三湾风景区创成国家AAAA级景区，高邮抗日最后一役文化园、邵伯古镇景区和红山体育公园等3家景区通过国家AAAA级景区创建，扬子郊野公园、宝射河休闲体育公园、宝应湖国家湿地公园、高邮市菱塘回族乡古清真寺景区、高邮文化体育休闲公园、蜀冈生态公园、花都汇—扬州园艺体验中心等7家景区创成国家AAA级景区，全市等级景区数量居全省第3位。邵伯运河风情小镇入选江苏省第二批旅游风情小镇创建单位，瘦西湖度假区连续两年在全省度假区综合考评中名列首位。全市新创成18个省三星级以上乡村旅游区，其中宝应县4个（诗情花意庄园、子婴庄园乡村旅游区、香榭丽玫瑰风情园、夏集桃花源）、高邮市4个（珠湖颐养乡村旅游区、万寿寺禅耕园、甘泉生态农庄、秦邮人家生态农庄）、仪征市2个（康盛玫瑰园、春沁园休闲农庄）、江都区2个（扬州艾菱湖生态园、江苏源玥庄园）、邗江区3个（沿湖渔村乡村旅游区、京甘泉生态农业科技园、常青藤生态养生园）、广陵区2个（茂顺源生态农庄、兴业生态园）、生态科技新城1个（渔樵竹饮健康文化园）。新增民宿客栈床位861张，其中宝应100张、高邮105张、仪征192张、江都105张、邗江110张、广陵144张，蜀冈－瘦西湖风景名胜区55张、生态科技新城50张。

（黄晓宇）

■瘦西湖风景区建设　2018年，瘦西湖风景区提升重要节点景观，完成北大门内外广场、碑廊沿线、瘦西湖艺术中心区域、友谊厅区域、廉政书画院二期周边等区域景观改造提升。推进“厕所革命”。旅游厕所改扩建5座，分别是玲珑花界厕所、二十四桥（熙春台）厕所、白塔晴云厕所、餐英别墅厕所、晴云轩厕所。开展重点项目。做好瘦西湖美食长廊项目建设筹备工作。实施雨污分流工程，将全景区内厕所污水管道接入市政管网。践行文物保护，完成对白塔御碑亭、卷石洞天等区域古迹的维护修缮。打造智慧景区。在景区主要出入口、主干道安装安保用人脸识别探头。为景区应急指挥中心添置数字化应急广播系统，在五亭桥、白塔等主要游览区域设置应急广播点。为景区各门前安装安检门系统，提升景区安防等级。

2018年，瘦西湖风景区加强对“江苏省乡土人才三带名人——赵庆泉”“省双创人才——曾国源”等典型的选树，重点对盆景技艺的传帮带、高层次人才助推文创产业发展、软实力提升等做法进行宣传。推荐曾国源申报文化创新类领军人才，建立盆景技艺人才库。（蜀冈办）

■个园建设 2018年，对接落实个园维修与保护整治工程项目专项资金681.4万元；修改完善《个园维修与保护整治工程设计项目》，报送省文物局批复。委托东南大学建筑设计研究院制定《个园保护规划》（2017—2036），参加国家文物局组织的专家评审会。完成准提寺建筑修缮工程、准提寺电路改造工程、花局里屋面维修2018年工程、个园西侧围墙（袅烟厕所—觅句廊段）抢修工程、个园袅烟厕所新增化粪池及管道工程、个园餐饮服务中心洗墙灯安装提亮工作等。优化园区环境。打造景观效果，对园区花坛、花局里双层花箱、铁艺花架、餐饮服务中心内的草花进行更换；对园内万竹园主干道、东门入口至抱山楼北侧沿线、觅句廊西侧竹林等处的绿化进行调整、补栽。举办为期2个多月的扬州市个园第五届精品碗莲展，获游客好评。完成绿化、基建、科研项目任务，执行各项申报程序。加强植保和古树名木保护，加大巡园力度，实行全园监控。产学研结合。推进与扬州大学合作申报的市级科技项目《扬州园林叠石技艺及其传承的数字化研究》；与扬州大学合作申报的省级课题《扬州影园造园艺术及其虚拟复建研究》、市级课题《扬州影园虚拟复建关键技术研究》正式立项。（周　娟）

■何园建设 2018年，何园完成景区各项基础设施建设和维修工程。石涛纪念馆筹建方案通过市文博专家组论证，进行设计招标工作；与中国美术家协会副主席、中国美术馆馆长吴为山达成石涛雕像创作意向；何园餐饮服务中心完成外立面改造工程，图纸报审消防部门；聘请原市木偶剧团团长、扬州市琵琶协会会长沈业民担任何园演艺中心顾问，邀请国家一级编剧胡小元创作剧本，组织全体演职人员封闭式排练，完成6个节目编排；演艺中心各项硬件设施完工。完成何园读书楼、复道回廊修缮工程建设，国家文物局划拨的维修资金170万元落实到位；完成新办公室建设；完成何园电路60千瓦增至78千瓦的增容。

加强古树名木管理。何园古树名木共11种21棵，专人定期对古树名木进行跟踪观察，登记古树名木养护记录，做好古树名木的修剪、施肥及病虫害防治等管理，在夏季完成古树名木信息更新普查。推进与扬州大学合作的市科研项目《何园古树名木保护复壮关键技术研究》。（周　娟）

■茱萸湾风景区建设 2018年，景区开展项目建设和园容绿化。建成狐猴互动园。对原环尾狐猴岛、松鼠猴岛和狒狒岛进行改造提升，建成集动物观赏、科普教育和游客互动为一体的狐猴互动园。推进厕所革命。改造停车场和跑马场厕所，全面升级内部基础设施，增加第三卫生间。开展园容绿化。完成物业管理和绿化养护以及花卉布置等招标，围绕“五一”、国庆等重大节日，布置20多万盆花卉；加强绿化养护及环境卫生整治。完善基础设施，提升智慧旅游系统。推动旅游标准化创建。对照旅游厕所、游客中心、景区等级、最大承载量等标准，做好线上材料采集，制定《公共信息导向系统标准化实施方案》，对旅游引导、安全警示、厕所标识等牌示进行全面整改提升。完善智慧服务设施。提升停车场自助付费系统，在人流集中区域设置2处免费开水机，入园处增加智能童车租赁设备和动物园纪念币销售机。打造LED智慧服务大屏。在大门入口处安装LED大屏，为游客提供景区导览、票价人流、园内活动等基本服务信息。针对景区安全风险特点，完善巡更系统，执行24小时巡检制度，常态化开展猛兽笼舍、周边水域、游乐项目、基础设施等检查。组织开展动物饲养、消防安全等培训，做好应急预案演练，参与“安康杯”竞赛。科学饲养管理。做好动物饲养管理与科研，与扬州大学合作建成公园动物保护名师工作室，全年繁殖成活金丝猴2只，长臂猿1只，棕熊3头，环尾狐猴5只。做好群种优化和展区丰容。改善东北虎和非洲狮年龄老化，引进亚成体确保新老更替；避免环尾狐猴近亲繁殖，完成环尾狐猴交换；根据动物特点和习性，升级动物展区丰容设施，改变动物饲料投喂方式，加大动物活动量，保证动物健康。（周　娟）

■荷花池公园建设 2018年，荷花池公园进行以园林园艺化景观和环形步道建设为主线的提升改造，新建200多米的水上栈道，新增“荷塘月色”“水中吊桥”“城市书房”“四面八方亭”等景点，完成荷花池公

景观提升改造后的荷花池公园　　程　曦/摄

园环形步道提升改造工程。实施绿化养护管理。春季，做好绿化补种，补植大塘麦冬3000塘，栽种春梅，移栽杜鹃、连翘若干；文津园补植大塘麦冬1万塘、金丝桃400多棵。对两个公园进行4次草花布置，布置草花7万多株，提升景观效果。投入资金约20万元用于监控机房的建设，实现园内网络全覆盖，实施园容网络化管控。投入资金约15万元修缮公园基础设施，丰富园路铺装，出新和添加安全警示标牌，拆除公园部分围墙。（周　娟）

2018年扬州市全国工业旅游示范点

扬州漆器厂
扬州玉器厂（吕　游）

2018年扬州市全国农业旅游示范点

凤凰岛生态旅游区
江都现代花木产业园
兴科农业科技博览园
仪征登月湖农业旅游区
宝应白鹿岛生态旅游区
宝应射阳湖荷园
高邮临泽生态度假村（吕　游）

2018年扬州市国家文化旅游示范区

瘦西湖风景区（吕　游）

2018年扬州市江苏省旅游度假区

仪征枣林湾体育旅游度假区
扬州瓜洲旅游度假区
扬州瘦西湖旅游度假区
扬州凤凰岛生态旅游度假区
（吕　游）

2018年扬州市江苏省工业旅游区（点）

扬州乱针绣文化产业园
上海大众汽车仪征分公司
江苏牧羊控股有限公司
青岛啤酒（扬州）有限公司
江苏汇金酿酒工业旅游区（吕　游）

2018年扬州市江苏省生态旅游示范区

凤凰岛生态旅游区
瘦西湖风景区
高邮市清水潭生态旅游区（吕　游）

2018年扬州市江苏省自驾游基地

仪征红山体育度假村
瓜洲国际露营地
宝应白鹿岛生态旅游区
仪征市天乐湖（吕　游）

2018年扬州市全国体育旅游示范基地

扬州红山体育公园（吕　游）

2018年扬州市江苏省特色景观旅游名镇（村、乡）

扬州市广陵区泰安镇
高邮市菱塘回族乡
高邮市界首镇
宝应县射阳湖镇冲林村
高邮市马棚街道东湖村
高邮市菱塘回族乡清真村（吕　游）

旅游区建设

蜀冈－瘦西湖风景名胜区

■概况　蜀冈－瘦西湖风景名胜区于1988年由国务院批准设立，总规划面积12.23平方千米。2006年1月，景区党工委、管委会挂牌成立，实际管辖面积6.68平方千米。2013年1月和12月，市委、市政府两次对景区实施扩容。扩容后，景区代管区域总面积33.6平方千米，下辖平山、城北2个乡和瘦西湖、梅岭2个街道，有24个行政村（社区），总人口约16万人。

2018年，提升景区经济质态。实现地区生产总值63.83亿元，按可比价计算，增长8.1%；完成一般公共预算收入5.81亿元，增长21.32%，其中税收收入5.36亿元，增长28.6%；实现社会消费品零售总额49.89亿元，增长10.2%；完成固定资产投资66.31亿元，增长14.3%；实际利用外资及港澳台资6528万美元；文化产业增加值占地区生产总值8.2%；国家AAAA级以上景点接待游客总量1100万人次，增长18%；大景区接待国内过夜游客46.9万人次，增长16.4%；上市土地125.5公顷。

2018年，景区完成市“三路一环”、区“二路二环”环境综合整治、北城河综合整治工程，北城路全线贯通，新建春辰路、吉亮路、史可法路北延段，新建启扬高速瘦西湖出入口迎宾公园，改造3处街头口袋公园，完成3万平方米老旧小区改造。雷塘迁安颐养示范社区、梅岭街道邻里服务中心建成，推进全科社工试点工作，深化网格化社会治理。明月幼儿园新校区、金太阳幼儿园改造工程主体竣工，梅岭中学教育集团运河中学正式投入使用。城北乡创成国家卫生乡镇，瘦西湖街道综合村、平山乡槐子村创成江苏省卫生村。（蜀冈办）

■产业升级　2018年，景区完成重大项目新开工3个，新竣工5个，新达效2个，实现重大项目投资34.26亿元。推进休闲度假产业，150亿元华侨城大型文化旅游项目正式落户，万丽酒店、英迪格酒店、四季酒店建设序时推进，隐居瘦西湖酒店正式营业。布局金融科创产业，官河商务中心、新金融商务综合体主体竣工，扬州北大科技园项目正式签约，全年引进投资类、金融类、基金类企业11家。推进对外合作，中阿改革发展研究中心（扬州基地）落户景区，与宁夏青铜峡市、辽宁东港市签署对口合作框架协议，促进合作。国家级旅游度假区创建工作获全省第一名，推进全国旅游标准化示范城市创建。（蜀冈办）

■旅游文化建设　2018年，景区接手三湾景区规划、建设、运营、管理工作，并创成国家AAAA级景区；推动国家文化公园和中国大运河博物馆建设，与永新华集团签约共同打造国际非遗文化博览园。增加瘦西湖风景区文创产品收入，《鉴真东渡禅茶秀》对外公演，联合WCCO和人民政协报社，成立“瘦西湖艺术中心”并启动“中国艺术家笔下的运河”世界运河采风行活动。宋夹城体育休闲公园承办中国曲艺牡丹奖颁奖系列活动和省运会健身气功比赛，汉陵苑举行细君公主回乡省亲暨细君公主文化园开园

活动，扬州旅游营销中心开发“童乐汇”研学游产品。（蜀冈办）

■企业发展 2018年，旅发集团发行22亿元资产支持票据项目，创下扬州单笔债券发行规模之最，海外债成功备案，压降融资成本；聚焦城建大会战，开展文昌西路和城市西区景观提升工程。旅投集团提升经营收入，对外拓展业务。旅商集团与深物业集团组建专业化物业公司，推进与南京金鹰集团7—11便利店合作。七家运河精品景区成立“运河城市精品景区合作机制”，共同打造大运河旅游精品新线路。（蜀冈办）

■2018扬州万花会 4月8日，“2018中国·扬州万花会”暨“大美瘦西湖”第二届中国晚报航拍节在瘦西湖万花园开幕，时间持续1个月。本次万花会是第11届，主题为“人与自然，和谐共生”，将植物观赏性与游园体验性结合，融入“文化、文创、文艺”的新理念，景区布展主要花坛花镜18个、主题绿雕小品8组、垂直绿化4组，主要花卉品种40个，包含国际名花品种20个，共计12万多株。期间，举办“大美瘦西湖”中国晚报航拍节、台湾泰雅族风情表演、江苏省精品盆景邀请展等10多项主题活动。每个周末的上午、下午，在桃花坞举行时长60分钟的“桃林古韵”文化展；在五亭桥北广场—餐英别墅花园—樱花大道举行“花仙子”主题巡游；在洛春堂举行洛春雅集，集中展示古琴、茶艺、香道等古典雅集文化；在餐英别墅举行花卉美食体验；在瘦西湖美术馆举行扬派小品石精品展和晚清民国名人书画展；在非遗文化园举行非物质文化遗产展演；湖上区域举行“乾隆下江南”水上巡游演出。（周　娟）

古城片区

■概况 近年来，扬州逐步完善古城旅游配套设施，完善和提升双东历史文化街区，推进彩衣街、杨总门地区的街景整治和民居修缮，启动南河下历史街区保护整治，统筹做好仁丰里、湾子街历史街区和老城区5大传统建筑群的保护，展示古城精致形象。对文昌路、泰州路、广陵路、徐凝门路、国庆路、渡江路等10多条古城主干道进行街景整治和美化亮化，搬迁改造近50万平方米的乱搭乱建、不协调建筑和棚户区，保持老城区传统风貌的协调统一。扬州明清古城成为中国东南沿海地区规模最大的历史城区，吸引国内外游客到扬参观游览。

2018年，落实《扬州古城保护条例》，编制古城保护名录，开设发布平台，发布名录8大类1644条。启动住建部历史建筑保护利用试点工作。完成徽州会馆、许氏住宅、周扶九故居、刘氏庭院、刘文淇、刘师培故居等处的房屋修缮。整治提升国庆北路、国庆路、渡江路等路面环境，21家传统名店老字号集聚形成“老街道、老字号、老味道”。完成南通路、泰州路、盐阜东路、文昌中路“三路一环”环境综合整治，实施定慧巷地块危旧房屋改造拆迁整治项目。建成花街花巷13条，新建口袋公园11个，建成邻里互助点、游客歇脚点21处，翻建街巷30条，新建和整合楼宇面积2.59万平方米。（夏新平）

■双东历史文化街区 双东历史文化街区是东关街、东圈门历史街区的合称，位于广陵古城区内，是具有鲜明扬州特色的文化休闲旅游区。主街东关街全长1122米，宽约5米，拥有比较完整的明清建筑群及“鱼骨状”街巷体系，保持和沿袭明清时期的传统风貌特色，形成独具魅力的古巷游。街内现有50多处名人故居、盐商大宅、寺庙园林、古树老井等重要历史遗存，其中国家级文保单位2处、省级文保单位2处、市级文保单位21处。东关街将文物古迹、深宅大院、名人故居、古树名木、寻常百姓的生活场景点缀其间，融情景雕塑、主题客栈、茶社评书剧场等具有扬州特色的景观为一体，有扬州各大“老字号”和漆器、玉器、剪纸、雕刻品、古琴、古筝等扬州传统文化商品的商铺。年平均游客量400万人次，节假日高峰期，日游客量30万人次。

2018年，扬州市名城建设有限公司对照国家AAAAA级景区标准，完成东关街综合管理服务平台改造提升，建成警务室和智慧旅游监控平台；根据东关街“文明示范一条街”建设方案，完成现场布设、制作和安装工作；完成东关街沿街及商铺消防改造工程；对照国家AAAA级景区标准，完成景区抽检自查及整改。（夏新平）

■南河下历史文化街区 南河下历史文化街区位于扬州老城区南部、古运河畔，街区范围大致为北至广陵路，南至南河下中段及花园巷一线，东至徐凝门路，西至傅家甸、渡江路一线，占地22.35公顷。该街区形成于明代中后期，有晚清第一园的何园，遍布官宦豪商住宅以及徽、鄂、湘、赣盐商聚集寓所，是古运河畔的核心文化区之一和扬州保存最为完好、最有特色的历史文化街区之一。区内现存花园巷、南河下、丁家湾等老街古巷近70条，有文物保护单位32家、历史建筑109个，片区内存有百年以上古树16株。2015年，扬州南河下历史文化街区入选第一批30个中国历史文化街区，成为江苏省首批入选的5个历史文化街区之一。2017年，南河下历史文化街区家风展示区建成并向市民和游人开放，设家风教育传承基地、家风文化公园、“四维八德”廊、家风文化展示馆等37处家风展示点。2018年，综合整治徐凝门大街、皮市街。徐凝门大街成为民国风情一条街，获评“省城市管理示范大街”。（夏新平）

■仁丰里历史文化街区 仁丰里历史文化街区东至小秦淮河，西至迎春巷、史巷，北至旧城七巷，南至甘泉路，占地12.07公顷；是扬州唐“里坊制”格局保存最完整的历史街区和扬州传统文化的发祥地。2011年，仁丰里被纳入国家“文化和自然遗产街区”保护项目。街巷体系呈现南北向鱼骨状街巷格局，两侧东西向排列着头巷、二巷、三巷、四巷、五巷、六巷、七巷等数条小巷，汇集十几处隋唐至明清的文博遗址，其中有阮家祠堂、旌忠寺、陈六舟故居等，民俗非遗文化微型博物馆——“印象仁丰里”建成开放。仁丰里文化街区有众多旅游景点，沿线深巷中隐藏着部分私家园林和民居客栈。近年来，汶河街道培养百名“古巷游”导游志愿者，为全国各地游客提供免费导游服务，推进集游览、民宿、曲艺表演、非遗文化体验、特色工艺品展示为一体的古巷文化之旅。“仁丰里街巷游”游客接待量累计超过30万人次。

2018年，完成仁丰里街区改造提升，总投资约2000万元，实施市政基础设施改造、杆线下地、立面整治，对仁丰里83号等6个节点按照古风古韵的原则进行重点打造。坚持保留仁丰里小街小巷、古色古香、市民市井的特色，保持仁丰里的“原貌、原住、原味”，实施杆线下地，立面修旧如旧。清理原有黄沙出售、铝合金门窗制作、废品收购、小餐馆等老旧业态10多个，整治私搭乱建、私拉乱接、私放乱堆等30多处。政府鼓励居民参与更新改造，实施产权能置换就置换、不能置换就租用的方式，通过统一规划设计来完成街区业态新布局，通过招商引资引进文化和民宿项目。成立仁丰里文化投资公司，以返租与收储形式，盘活街区破旧、空关、闲置房产，年内租储房产33处、面积2700多平方米。至年底，街区入驻名人、名家、名师工作室29个，雕版印刷、剪纸、古琴等非遗项目8个，“重构”花艺、梵心禅文化等特色文化民宿9个。（夏新平）

■湾子街历史文化街区 湾子街历史文化街区位于扬州老城中部，南至广陵路，北至文昌中路，东接皮市街，西接国庆路，范围内无城市道路穿越，规划占地32.5公顷；以手工业、商业命名的传统街巷众多，数量名列扬州各街区之首。湾子街文物古迹分布密集，有省级文保单位2处、市级文保单位31处，尚未核定公布为文保单位的登记不可移动文物192处，核定历史建筑11处；现存古井51个，含5个文保、16个未定级文物；现存古树名木10株；湾子街沿线及三义阁两侧有众多“老字号”；地藏庵附近聚集10多处宗教场所。2015年3月，《扬州市湾子街历史文化街区保护规划》通过省住建厅组织的专家评审，成为扬州第四个历史文化街区保护规划。（夏新平）

世界遗产运河景观带

■概况 中国大运河列入世界文化遗产名录，全部27处河道、58个遗产点中，扬州有1处河道（包含6段河道）、10个遗产点，基本覆盖水工遗存、各类伴生历史遗存、历史街区村镇、相关联的环境景观等主要遗产类型。扬州市研究和探索大运河遗产的多种保护利用模式，规划建设一批主题文化广场，推进运河文化旅游产品开发，完善运河沿线旅游配套设施和服务，加大对运河旅游的宣传和营销推介。（夏新平）

■通·融——中国大运河文化特展 5月18日，扬州市“5·18国际博物馆日”系列活动暨通·融——中国大运河文化特展开幕式在扬州博物馆举行。省文化厅党组成员、副厅长、省文物局局长吴晓林，副市长余珽，市文化博览城建设管理利用领导小组副组长洪军等出席活动。通·融——中国大运河文化特展被列为2018年全省馆藏文物巡回展项目。展览通过91套170件文物，从历史、城市、遗产三个方面，讲述大运河的发展过程，展示大运河与沿线城市的密切关系，对加强运河文化的宣传，发掘古代水利工程技术水平和遗产价值，助力大运河文化带建设意义重大。（贾 薇）

■参与大运河文化带建设 完成2018年世界运河城市论坛——博物馆馆长分论坛、中国大运河文物精品图片展。按照中国文化遗产研究院要求，填报完成大运河遗产保护监测报告，完成大运河及海丝遗产价值研究8个方面的课题，出版扬州大运河与海上丝绸之路专题论文集《一路扬帆一路歌》。两篇论文《运河文化带下的扬州水文化景观的梯度保护研究》《历史时期海上丝绸之路扬州的城市特征》获得市社科联第十届学术年会优秀论文。组织开展第二届“运河情”系列大运河遗产宣传活动、“寻觅记忆、大运相生”运河故事征集活动、第一届“运河杯”全国足球邀请赛。组织参加“迎城市盛会、展志愿风采”第一届扬州志愿服务展示交流会，“运河情”活动获得三等奖。拍摄运河主题的微电影《寻》，并获得入围奖。根据大运河文化带建设要求，编制完成《扬州大运河文化遗产保护利用总体策划方案》，组织编制临泽、宜陵、大桥、十二圩等镇大运河文化带建设相关方案，完善大运河（国家、省段）文化保护传承利用规划纲要及相关项目库。（孙明光）

■中国·扬州首届运河主题国际微电影展 2月3日，中国·扬州首届运河主题国际微电影展新闻发布会在国家会议中心举行，以运河的名义邀约世界，向全球征集以运河为主题的微电影作品。该展由中国电影家协会、中国报业协会、中共江苏省委外宣办、中共扬州市委、扬州市人民政府、世界运河历史文化城市合作组织（WCCO）联合主办，中央新影集团发现之旅频道、中国起源地文化研究中心、大运河遗产保护管理办公室联合协办。中共扬州市委宣传部、扬州报业传媒集团等承办，联创置业总冠名。旨在利用微电影这种新兴影视艺术形式，以“运河元素”为核心主题，以传承河道文明、弘扬运河文化、保护运河生态、振兴运河经济为理念，发挥运河文明体、大运河文化带情感纽带，通过向国内外运河城市、影视艺术家征集微电影作品，揭示河流文化在人类社会发展史上的卓越地位，以具有较强表现力的视听语言讲述与河道文明、运河文化相关的精彩故事，展现世界运河城市的历史风貌、生态现状和经济建设，共同促进运河流域现代社会和经济蓬勃发展。征集活动启动后，开展扬州运河系列微电影采风及拍摄、作品初评终评、入围作品展映、微电影展分论坛、中国・扬州运河系列微电影全球首映礼、微电影公园揭牌等系列活动。10月11日，中国・扬州首届运河主题国际微电影展表彰晚会在扬州市大剧院举行，本届影展共收到海内外参展作品1837部，其中来自英国、法国、美国等海外国家和地区的参展影片157部。影片类别包括微电影、短视频、纪录片、专题片等，题材包括剧情片、历史片、传记片、公益片等。经评选，最终产生37部提名影片。晚会现场，分别对最佳男女演员、最佳导演、最佳剧情片、最佳纪录片等12个奖项进行颁奖。（夏新平）

■中国大运河博物馆规划方案通过评审 9月，由中国工程院院士、中建西北设计研究院总建筑师张锦秋设计的中国大运河博物馆规划方案通过专家评审，中国大运河博物馆选址确定在扬州运河三湾风景区。扬州运河三湾风景区位于古运河三湾段，因地制宜地配置人文景观及休闲设施而形成的大型生态景区。景区总占地253.3公顷，其中核心区占地101.3公顷。（夏新平）

■大运河文化带建设研究院扬州分院揭牌成立 11月28日，大运河文化带建设研究院扬州分院揭牌成立暨主题报告会在扬州举行，来自江苏省委宣传部、大运河文化带建设研究院、扬州大学的100多名代表与会研讨。大运河文化带建设研究院扬州分院依托扬州大学现有科研资源，整合扬州全市运河研究力量，首批成立世界运河研究中心、大运河文化遗产研究中心、大运河国家文化公园及文旅融合研究中心、大运河非遗文化研究中心、大运河特色小镇及乡村振兴研究中心、大运河发展战略与管理体制研究中心六个研究中心，以六个中心为特色平台，开展大运河文化带建设的基础研究和应用研究。大运河文化带建设研究院苏州分院、淮安分院、徐州分院等近百人参加大会，实地调研考察“486”非遗集中展示区、三湾大运河文化公园。（夏新平）

旅游业态

■假日旅游 2018年，春节黄金周期间，市区瘦西湖等8家主要封闭式景区接待游客61.19万人次，增长6.42%；其中瘦西湖景区接待游客29.2万人次，增长13%；新景区及县（市、区）景区接待游客15万人次。“五一”小长假期间，市区8家主要封闭式景区接待游客52.86万人次，增长20.56%，其中瘦西湖景区接待23.24万人次，增长25.17%。新景区及县（市、区）景区接待游客13.94万人次。“十一”黄金周期间，市区8家主要封闭式景区接待游客85.83万人次，增长31%，其中瘦西湖景区接待43.48万人次，增长58%。城市近郊及县（市、区）主要景区接待游客37万人次，仪征园博园接待32.47万人次，开放式景区东关街接待游客58.9万人次、京华城接待48.3万人次、宋夹城接待5万人次、运河三湾风景区接待5.6万人次。市区主要星级饭店和客栈平均出租率72%，其中10月2—4日3天平均出租率95%以上。

（黄晓宇）

■2018年“扬州的夏日”旅游产品发布暨采购大会 5月18日，市旅游局召开2018年“扬州的夏日”旅游产品发布暨采购大会。今年“扬州的夏日”主题活动推出12大重点特色旅游活动，打造赏景夜游、音乐剧秀等6大活动篇章，设计研学时光、寻美扬州、传承红色文化等9条特色旅游线路。

（黄晓宇）

旅游营销

■概况 2018年，扬州市坚持整合营销、务实营销，通过举办活动、参加展会、举行旅游推介会、邀请旅行商媒体考察踩线等举措，开展城市旅游营销工作，彰显城市魅力。扬州市先后获“2018年度中国十大最具活力休闲城市”“十佳避暑康养城市”“中国最具品牌价值会奖目的地”“中法地方合作奖”等称号。个园景区实现门票收入3582万元，增长1.99%；经营性项目中，导游收入180.47万元，停车场收入74.8万元，古城经营收入153.61万元，游客综合服务中心收入199.24万元，馥园剧场收入120.63万元，拓展经营等其他项目16.55万元；经营总收入745.3万元。何园实现门票收入1549.87万元（不含联票、年卡、市民卡），增长3.18%。经营性收入96.84万元，增长9%。导游收入实现98.91万元，下降9.8%。茱萸湾风景区实现经济收入2241万元，其中门票收入1779.9万元，增长1.7%；经营性收入360.8万元；租赁等收入100.3万元，增长24.5%。

开展入境旅游市场推介。贯彻国家“一带一路”倡议，赴俄罗斯、印度等国家进行旅游宣传推介，赴港参加江苏文化嘉年华活动，邀请美国、法国等境外旅行商和网络红人到扬体验考察，向国际游客展示扬州魅力城市形象。举办WCCO世界运河城市文化旅游分论坛，邀请来自美国、法国、澳大利亚等16个国外运河城市代表出席会议，通过《世界运河城市文化合作江苏共识》。策划举办“抖起来扬州”创意短视频挑战赛，视频总播放量5000万次，在BBC推广扬州海外旅游宣传片，联合Tripadvisor（猫途鹰）开展扬州旅游形象推广，提升扬州知名度和美誉度。

扩大国内客源市场。重点市场和目标市场全覆盖。整合市、县旅游资源，统一打“扬州牌”，建立旅游部门、企业、媒体等广泛参与的营销机制，组织南京国际度假休闲与房车展、世界旅游城市联合会（WTCF）青岛峰会、无锡旅博会、长三角（上海）品博会、上海 expat show 等展会，以形象展示、现场推介、产品销售等形式，向当地市民推介扬州旅游。随同省旅游局参加“水韵江苏”重庆、武汉路演及吉林辽宁促销、港澳美丽中国全域旅游年等宣传促销活动。其中，在香港举办的“2018 江苏文化嘉年华”活动中，针对户外环境和香港市民特点，扬州市设计扬州美食品鉴、扬州木偶表演等 10 多项节目，扬州大厨现场展示文思豆腐的刀工技艺。

*加强区域合作交流互动。*联合南京、镇江、马鞍山等 3 市旅游部门，创新区域合作模式，以国内研学旅行市场需求为导向，以中小学生为目标对象，以 4 市客源互动为目的，推出 47 个暑期研学旅行产品，在 4 地分别举办“童心同行”宁镇扬马暑期研学旅行产品发布会，面向新闻媒体、旅行商、研学机构进行宣传推介，促进各市资源共享，共同打造游有所得、学有所获的研学旅行区域合作品牌。落实与扬州市对口帮扶城市——榆林、丹东的旅游互动合作协议，相继开展旅游部门互访、客源互送、网站互联等互动。8 月，市旅游局牵头出台《向对口帮扶城市输送客源的优惠政策》专项用于“千人游榆林、丹东”活动，鼓励扬州旅游企业输送客源。扬州中旅、扬州旅游集散中心组织团队赴榆林、丹东旅游。

*举办特色旅游活动。*策划打造“扬州的夏日”“亲子研学夏扬州”等系列主题旅游活动，推出 10 多条线路产品、60 多项品牌活动，赴北京、上海、重庆、广州等 12 个城市开展路演活动。夏季，全市接待国内过夜游客约 200 万人次，增长 13%；瘦西湖购票人数 59.42 万人，增长 27.6%，其中 7 月瘦西湖有 9 天日均游客破 1 万人次，实现“淡季不淡”目标。针对冬季市场，举行“冬季养生节”，以美食、养生为主题，发挥扬州作为淮扬菜发源地的优势和温泉资源丰富的特点，主打美食文化、温泉养生两张牌，推动扬州冬季旅游市场发展。仪征园博园游客量实现开幕 31 天累计接待游客约 120 万人，其中外地游客约 50 万人。

*加强媒体宣传。*利用知名传统媒体、新媒体宣传渠道，开展立体宣传营销。春节初一，央视《新闻联播》头条《以奋斗者风貌迎接新时代第一春》聚焦“扬州文明有礼二十四条”实施后带来的新气象、新风貌；春节初四，央视《新闻联播》以“热门景区升温，寒潮来袭降温”为主题，报道扬州瘦西湖景区迎来游览小高峰，展现春节期间扬城游人如织的画面。春节初五，央视《新闻联播》在“传统现代巧相融，幸福假日选择多”专题报道中聚焦扬州旅游。2 月 14 日，央视直播《渔民村里渔家年》，报道省三星级乡村旅游区——扬州沿湖村的“渔民新村迎新春”。4 月 17—21 日，由法国奥尔良政府代表、旅游达人、儿童文学作家、导演、设计师、酒店负责人、网红博主等各行业组成的 25 名旅游达人团到扬进行旅游体验，同步向奥尔良推介宣传扬州旅游。法国媒体、国内新浪网、网易、腾讯大苏网、中国江苏网、江苏文明网等媒体进行采访报道或转载宣传。5 月 22 日，省旅游局举办“2018 全国重点媒体江苏采风活动”，通过现场采访、图片专题、无人机航拍等手段，展示扬州邵伯运河小镇发展亮点，宣传推介扬州旅游。5 月 28—29 日，联合省旅游局、海旅会台北办事处，组织杂志总编、节目主持人、专业美食评论家、人气美食博主等台湾旅游达人到扬体验采风。旅游达人团在扬期间的旅游体验，通过台湾社交媒体平台、旅游杂志、摄影展等平台推广到台湾，吸引台湾同胞到扬旅游。7 月 22—26 日，联合同程旅游举办“亲子研学夏扬州”国际旅游达人分享体验活动。活动期间，13 位来自世界各地的旅游达人通过互联网传播平台引起反响，活动话题产生 1.1 亿人次阅读，网红直播累计总观看量 1500 万 + 人次，实时在线观看人数 25 万 + 人次，产生近百篇游记及攻略。开通扬州旅游局今日头条、抖音官方账号，在“扬州的夏日”期间，联合扬州电视台举办“抖起来扬州”抖音短视频挑战赛活动。以“燃爆夏日，抖动扬州”为主题，征集创意短视频，吸引网友参与，视频总播放量 4712.8 万人次。特邀儿童文学作家涂晓晴挖掘扬州历史文化内涵，为扬州旅游景点“量身定制”童话故事。定制推出的 10 个童话故事通过扬州交通广播电台和各类新媒体平台连载播出。联合英国广播公司（BBC）面向境外市场拍摄扬州旅游宣传片，以一位年轻西方女性游客的视角，体验扬州传统与现代的辉煌，展示扬州作为中国运河源头城市的风采和魅力。宣传片在 BBC World News 电视平台黄金时段和 BBC.com 网络平台进行推广，网络平台宣传浏览量超 100 万人次。联合猫途鹰（Tripadvisor）平台开展旅游宣传推广活动，优化相关界面，定向投放宣传广告，提升海外游客在查看扬州旅游目的地页面的用户体验和与扬州的互动，增加扬州在国际市场上的竞争力和关注度，引导用户到扬州旅游体验。全年在中国的外国人等在猫途鹰（TripAdvisor）的访问量对比上年同期增长 153%。猫途鹰（TripAdvisor）上全球旅行者 84% 的用户对在扬州的旅游体验表示满意。扬州市获评 TripAdvisor2018 年度“全球优选目的地”。扬州瘦西湖、个园、东关街、扬州香格里拉大酒店、扬州绿地福朋酒店、冶春茶社获 TripAdvisor2018 年卓越奖。在省旅游局联合新浪网和清博大数据中心公布的 2018 年江苏省旅游行业微信、微博排行榜中，扬州市旅游局官方微信和微博排名均位列全省前列。建成并运营“一码游扬州”微信小程序平台，推动整合涵盖全市景点、酒店、民宿、旅行社、特色餐馆、购物商店等各类涉旅资源信息，为游客提供旅游信息获取、旅游计划决策、旅游产品预订支付、旅游交通出行、享受旅游和回顾评价的一站式线上服务。

（黄晓宇　周　娟）

2018年扬州市主要景区游客接待量一览表

表 21-3

景 区 名 称	接 待 量（万人次）
京华城休闲旅游区	1482.4
东关历史文化旅游区	690.5
瘦西湖风景区	633
宋夹城景区	259
个园	201.8
大明寺	156.8
何园	105
扬州双博馆	100.6
茱萸湾风景区	96.7
汉陵苑	59.7

（吕　游）

■**园事活动** 2018年，瘦西湖导游服务系统获江苏智慧旅游示范项目，瘦西湖在2018智慧景区百强排行榜位列第五名，获评江苏省价格诚信单位，瘦西湖老北门厕所在“2018寻找江苏旅游厕所之最”活动中获评“最佳景观特色奖”，《中国景区优质旅游服务评价报告》中，瘦西湖风景区跻身“中国优质服务景区100强”行列。全年8次登上央视不同频道共计12次播出。瘦西湖景区的文化游、智慧旅游等，得到央视媒体持续关注。开发一系列具有瘦西湖特色和扬州地域文化的IP产品，建设“乾隆馆”“园林馆”，打造“和乾隆爷下午茶”的主题体验活动，“瘦西湖文化创意中心”落成。携手WCCO世界运河历史文化合作组织和人民政协报社，挂牌成立“瘦西湖艺术中心”并启动“中国艺术家笔下的运河”世界运河采风行活动，举办“中国艺术家笔下的运河2018秋季展”“秀美瘦西湖——乌克兰油画大师作品展”等展览。举办2018瘦西湖万花会、江苏省精品盆景邀请展、景上添花——世界名花展等活动，提升《春江花月夜·唯美扬州》大型实景演出知名度和效益，在“扬州的夏日”主题活动期间，打造“瘦西湖欢乐喜剧”，结合“文化＋演艺＋亲子＋美食”四大主题元素，对瘦西湖的文化演艺节目发展进行尝试。全新打造《鉴真东渡禅茶秀》，和上海春秋、南京台旅等知名旅行社合作开发旅游线路，填补扬州禅修文艺演出的市场空白。

宋夹城风景区围绕“乐动、乐活、乐享”三大主线，开展“体育、文化、亲子、公益”等四大类别活动。举办“全国首届‘我是环卫人’大型公益活动”“2018体彩杯全国‘全民健身日’活动江苏分会场暨第二届‘宁镇扬’健身大联动活动”“江苏省第19届运动会‘健身气功’群众比赛”等赛事活动。主办“2018‘宋夹城杯’第九届大学生网球赛”、承办“‘宋夹城杯’2018年扬州市健美健身比赛暨扬州高校首届健美健身比赛”、协助宋城国际击剑俱乐部承办“2018‘宋夹城杯’全国击剑俱乐部对抗赛”等。由扬州广播电视总局牵头正式启动扬州广播城市公园系统，宋夹城体育休闲公园成为扬州广播落地城市公园体系的第一站；筹办“书香宋夹城”主题的各类文化分享活动，如古典诵读、名家分享、春季油画艺术公开课等各类艺术雅集，弘扬传统文化，树立民族自信，搭建文化分享平台。带动园区内包括周边交通、餐饮、住宿、购物、娱乐等商户消费，在休闲公园的基础上完善新一代城市公园职能，为市民提供活动参与空间。

唐子城风景区围绕传统节假日和旅游旺季，开展具有汉唐传统文化特色活动，以崔致远纪念馆为纽带，与韩国庆州崔氏中央宗亲会、庆州市文化院等团体进行互访；10月15日，庆州崔氏中央宗亲会访问团到扬举行祭享活动，并参加崔致远纪念馆修缮工程竣工揭牌仪式。在汉陵苑举行细君公主回乡省亲仪式暨细君公主文化园开园仪式，并举办“民族团结一家亲——那拉提草原风情展”。发挥国有博物馆公益性和爱国主义教育职能。承办江苏省文物2018年度全省馆藏文物巡回展项目2次，分别为“徐州博物馆馆藏历代陶俑展”和“宜兴历代紫砂精品展”。

个园全年举办各类园事活动60多场次。元旦、新春、元宵、清明等节假日期间举办各类活动30多场次。举办个园建园200周年园庆开幕式、“梦里个园四季之美”摄影大赛颁奖仪式、纪念个园建园200周年诗词大赛、雅集纪胜——中国画名家写生邀请展等系列活动。宣传扬州的夏日活动，推出夏季夏令营以及亲子游、研学游等系列产品和活动。开发盐商文化产品、推出“盐韵风情”盐商体验式婚礼和祭拜盐宗体验游等特色活动，形成产品线路，推向市场。完成市园林局主办、个园承办的第十届江苏省园艺博览会首届宁镇扬花卉节“花开雅居”活动。联合扬州市公园协会举办“艺术粉饰莲花，芬芳满溢园林”为主题的插花比赛。主办全国重点文物保护单位（部分）第28次业务研讨会暨旅游景区文创产品展示推介会。举办扬州盐商生活实物展、“春华秋实 翰墨飘香”郑家喜先生书法作品展、“光墨时代”何宝森先生光墨画作品展、非遗大师共绘改革春风精品展等10多场展览。在个园建园200周年园庆“名城名园汇”系列活动中，个园千秋粉黛走进无锡鼋头渚、走进苏州虎丘山庙会、走进上海古漪园。“餐饮服务中心”深化盐商四季宴、盐商文化宴的宣传和推广。个园线上线下宣传。微信公众平台推送126篇景区信息文章，进行个园活动报道、个园景色挖掘推广、各个季节花情预报等。提升智慧旅游，完成闸机系统改造，完善微信购票、快速入园的服务；提升个园微信服务号——微个园功能，新增电子地图导览功能，支持园内子景点定位导航、语音讲解、图文介绍。上线千秋粉黛拼团抢票功能，将旅行团场次剩余位置实时更新至拼团界面，供散客抢票。宜雨轩做好“宜雨轩书画艺术品拍卖”品牌，举办2018迎春书画拍卖会，宜雨轩书画、瘦西湖盆景2018秋季艺术品拍卖会；推进“宜雨轩书画微拍堂”，进行艺术品拍卖。

何园围绕家训文化举办何氏大讲堂活动，策划何园开学礼、研学游、学校社会实践、廉政文化教育等结合游、学、玩为一体的家训旅游产品。定制“何氏家训”雕版，提升何氏家训课堂，开设何氏家训新课程，将家训旅游纪念品与课程相结合，制作家训特色活动微信H5推介片，将其推广至旅行社、机关、学校。在全市中小学校开展“何氏家训”进校园活动，先后走进扬州市汶河小学、扬州市梅岭中学，接待旅行社及企事业单位各类人群不同主题的学习。围绕“何家千金”与“何氏家训”品牌，在“4·18”经贸旅游节期间举办“何园首届家训文化节”，举办家训研讨会，邀请专家共同研讨家训文化并吸引何家海外后人回来学习何氏家训。赴山西省运城闻喜县和河南郑州武陟县宣讲《何氏家训》，获中国伦理学会颁发的首批“全国道德教育基地”称号。围绕翰林文化开展何园小翰林选拔活动。围绕传统节日，在春节、清明、端午、中秋、国庆等传统节日先后开展“新春纳福”“清明插柳”“何园家训文化节”“情粽何园”“高考祈福”“中秋节”“国庆为祖国祝福”等活动。

荷花池公园举办第二届荷文化节，宣传荷花知识、“扬州荷”文化。举办“荷你相约，中秋佳节”、“梓翁亭”命名仪式、“非遗悦心”——扬州市非物质文化遗产进公园、庆祝改革开放40周年荷花池金秋重阳文艺晚会等活动。落实并出新西区水榭、四面八方亭及中部亭子的匾额及楹联内容。开展纪念改革开放四十周年“影像见证——中国园林城市扬州风韵”大型图片展，展现扬州城市的发展及园林城市风韵。完成第十届江苏省园艺博览会协助办理工作。开展以“菊韵园博，美丽中国”为主题的宁镇扬花卉节金秋赏菊展活动，策划品种菊花展、菊花室外造艺展、菊花剪纸互动及菊花义卖等活动，以菊花展为平台，展示菊花的造型艺术与传统文化。定制首届仪征荷花展，为仪征新打造的开放式公园“荷花塘公园”栽种塘荷1公顷。完成第32届广西贵港全国荷花展的参展任务，送展的2盆碗莲品种“红灯笼”“喜相逢”获金奖。参加市公园协会举办的莲花艺术插花比赛。完成个园、何园、茱萸湾、镇江金山、南山等景点荷花布展，布展碗莲、缸荷等近3000盆。

茱萸湾风景区开展冰雪乐园活动，春季推出吴桥杂技节，依托假日节点开展10多次动植物主题活动，推广夏令营和篝火晚会特色活动。利用电视、报纸、公交电视、户外大屏宣传100多次，发布微信博文120多条，与近60家旅行社签订合作协议，强化学生游、亲子游和老年游的推广，接待团队游客10.7万人。围绕游客多元化需求，满足小朋友亲近动物愿望，打造参与性、趣味性和互动性较强的项目，建成鹦鹉馆、狐猴互动园和两栖爬行馆。（蜀冈办 周 娟）

■个园建园200周年园庆 3月24日，个园举办建园200周年园庆开幕式。在开幕式上，启动个园诗词征集活动，该赛事面向海内外的诗词爱好者征集诗词；从2000多幅应征作品中，公布“四季个园”摄影大赛获奖作品；个园200周年邮票纪念册、旅游纪念品及个园宣传片光碟面世。期间，个园景区推出四大特色旅游线路：特色游——“扬

扬州个园建园200周年园庆活动现场　　程 曦/摄

州的早晨"；美食游——"盐商四季菜"；主题游——"盐韵风情"；研学游——"非遗小传人"。

（王进城　卞海波）

■**"何氏家训"文化节** 4月15日，"何氏家训"文化节开幕式在何园举行。此次活动主题推广"何氏家训"，让名门望族的历史绵延与扬城旅游文化的蓬勃发展交相辉映，让中华家风文化脉脉相传、生生不息。何氏第五代后人何筱筠女士带来"何氏家训"英文版手抄报和世界日报报道的海外何家人聚会的新闻剪报作为礼物赠送给何园管理处。

（王进城　卞海波）

■**瓜洲音乐节** 10月3—4日，主题为"去现场，为所爱"的2018中国瓜洲音乐节在邗江区瓜洲镇润扬湿地公园举行。此次音乐节是第六届音乐节，由扬州市瓜洲国际旅游度假区管委会主办，十三月文化承办，为期两天的音乐节共吸引5万多人到场观看。朴树、李志、野孩子、万晓利、白举纲、霍尊在音乐节上表演。这期间，举办《民谣与城市性格》国际论坛，来自中国、法国、匈牙利、日本、美国等专家学者，探讨民谣未来属性和时代变化。（周　娟）

旅游管理

■**概况** 2018年，扬州市推进旅游标准化试点城市创建，筹建扬州市创建全国旅游标准化示范城市领导小组办公室，市旅游局牵头召开创建全国旅游标准化示范城市动员大会，出台《扬州市创建全国旅游标准化示范城市工作方案》等，组织市创建办和各地旅游主管部门负责人赴武汉、大丰、合肥、苏州等学习创建工作经验，确立60家试点企（事）业名单，邀请全国旅游标准化专家培训和现场指导，并与旅游标准化技术服务机构合作洽谈。12月14日，通过评估组对扬州市创建全国旅游标准化示范城市的中期评估。制定国资宾馆考核评价体系，委托第三方测评专业机构，对15家国资宾馆进行评价，邀请市民观察团开展宾客满意度调查，梳理分析问题，提出引导措施，推进旅游饭店业的发展。抓"旅游厕所革命"，新改建旅游厕所123座，其中AA级以上旅游厕所50座。丰富扬州旅游宣传资料，新增《烟花三月新扬州》旅游宣传册，向各大综合性游客服务中心、三星级以上酒店、大型活动、会议现场等地进行免费投放。绘制扬州市区旅游指示牌分布图，开展扬州全域旅游指示牌标准化改造建设。结合旅游标准化创建，对全市域范围内旅游指示牌系统进行摸底调研，对照标准优化制定完善全域旅游指示牌系统方案。省运会前，按国家标准设计、制作城市旅游导向标识牌14块，完成从广陵大桥至扬州西出口之间旅游标识牌架设，为游客提供30家景点导向服务。开展行业法律法规宣传培训。加强对旅行社事中事后的监管，先后对全市外地在扬分公司、新设立旅行社及分公司开展2次法规培训，通过传达学习旅游市场监管文件精神、通报旅游市场中违法违规行为、学习旅游法律法规、集中签约《旅行社承诺书》等内容，提升旅游市场环境。1月，邀请12301技术专家、省级旅游行业法规专家到扬授课，

2018年扬州市星级饭店分布情况表

表21-4　　单位：家

地　区	小　计	五星级饭店	四星级饭店	三星级饭店	二星级饭店
合　计	**39**	**4**	**11**	**23**	**1**
主城区	20	4	4	11	1
江都区	7	0	2	5	0
宝应县	2	0	0	2	0
仪征市	7	0	2	5	0
高邮市	3	0	3	0	0

注：主城区不含江都区　　（吕　游）

2018年扬州市旅行社分布情况表

表21-5

地　区	旅行社（家）	旅行社星级			
		五星级（家）	四星级（家）	三星级（家）	二星级（家）
合　计	**155**	**1**	**8**	**11**	**1**
主城区	110	1	6	4	1
江都区	16	0	0	2	0
宝应县	10	0	0	3	0
仪征市	10	0	1	1	0
高邮市	9	0	1	1	0

注：主城区不含江都区　　（吕　游）

演示全国旅游监管服务平台操作使用方法，解读新出台的《导游管理办法》，介绍推广旅游电子合同、电子团队行程等内容，对旅行社在线办事、规范经营以及电子化发展具有实践指导作用。开展“全面使用全国统一旅游电子合同”专题培训，指导旅游管理人员、旅游企业使用“全国旅游监管服务平台”，推动企业使用旅游电子合同。开展旅游饭店专项服务技能比赛。25家国有宾馆和星级饭店先后开展饭店前台营销和英语技能比赛，提升饭店的营销和国际化接待能力。

（黄晓宇）

2018年扬州市五星级饭店

扬州迎宾馆
扬州云鹤金陵大饭店
江苏汇金国际酒店
扬州西园饭店 （吕　游）

2018年扬州市四星级饭店

扬州新世纪大酒店
扬州京华大酒店
扬州花园国际大酒店
仪征市黎明大酒店
仪征怡景半岛酒店
高邮加洲阳光大酒店
高邮华侨国际大酒店
扬州皇华国际大酒店
扬州空港宾馆
扬州蓝天大厦玉蜻蜓雅致酒店
扬州辰茂京江大酒店 （吕　游）

2018年扬州市出境旅行社

扬州中国青年旅行社有限公司
扬州市中国旅行社有限责任公司
扬州中国国际旅行社
江苏邮驿国际旅行社有限公司
扬州市开元国际旅行社有限公司
扬州市旅游集散中心有限公司
江苏卓悦国际旅行社有限公司
扬州小秦淮国际旅行社有限公司
扬州舜天国际旅行社有限公司
扬州苏之旅国际旅行社有限公司
江苏环球国际旅游有限公司
国旅（江苏）扬州国际旅行社有限公司
扬州市江都中原国际旅行社有限公司
江苏盛世旅程国际旅行社有限公司

（吕　游）

2018年扬州市五星级旅行社

扬州中国青年旅行社有限公司

（吕　游）

2018年扬州市四星级旅行社

扬州中国国际旅行社
扬州市中国旅行社有限责任公司
江苏邮驿国际旅行社有限公司
扬州市开元国际旅行社有限公司
哥伦布极限旅行江苏有限公司
扬州市旅游集散中心有限公司
扬州小秦淮国际旅行社有限公司
扬州舜天国际旅行社有限公司

（吕　游）

■**旅游市场监管**　联合市综治办、公安局等单位在全市开展旅游市场秩序专项整治“利剑行动”，打击“黑导”“不合理低价游”“一日游”等违法违规行为。深化放管服改革，运用江苏政务“一张网”服务平台，推进“不见面”审批改革，加强事中事后监管，加大为旅行社和导游服务力度，提高旅游政务服务水平。全年开展旅游市场综合检查8次，举办安全、业务培训6次，旅行社行政服务事项140项（其中旅行社设立20家、分社备案4家、服务网点备案44家、多证合一服务网点备案29家），累计出动400多人次，覆盖各类型旅游企业，其中旅行社及营业网点296家、旅游景区（点）54家、星级饭店23家、乡村旅游区7家、购物店10家、导游72人及火车站、汽车站枢纽等旅游集散地。

完善旅游市场监管快速反应机制。开展旅游市场秩序专项整治“利剑行动”，重点打击不合理低价游、强迫消费、超范围经营等违法行为。畅通旅游投诉渠道。对接全国12301旅游投诉举报平台、江苏省96519旅游投诉系统、扬州市12345热线平台、寄语市长等投诉平台，处理游客投诉。落实24小时投诉值班制度，实行先行赔付制度，受理旅游投诉，响应游客需求。

做实旅游安全。调整市旅游局安全工作领导小组，成立旅游行业安全生产专业委员会，联合市综治办、公安局、食药监局、物价局、卫生计生委、交通运输局、消防支队等相关部门，共同开展“4·18”以及清明、“五一”、国庆节前旅游市场安全秩序检查，重点加强对人员密集场所、高风险游乐项目、旅游活动现场的安全监管，加大对旅游市场“五黑”问题及不合理低价游、虚假广告、强制兜售、欺客宰客的执法力度，加强旅游安全和文明旅游的宣传引导，指导旅游企事业单位排查治理安全隐患，防范各类涉旅突发事件的发生，通过检查强化旅游企业、从业人员的安全守法意识，倡导诚信经营、文明旅游，营造安全有序的旅游旺季市场环境。全市旅游行业未发生1件旅游安全事故、重大旅游服务质量投诉及群体性事件。

推行旅游企业约谈制度。对重点督查的投诉案件、出现旅游服务质量投诉的旅游企业法人代表进行约谈，强化质量监管，减少纠纷、违规的发生。推行旅游监督卡制度。向旅游企业发放旅游监督卡，全年发放监督卡8张，其中提醒卡5张（旅行社1张，景区2张，酒店2张）、警戒卡3张（景区1张，旅行社2张）。加大“诉转案”力度，全年行政处罚2件，对2名未取得导游证从事导游活动人员实施行政处罚。

创新行政服务模式。运用江苏政务“一张网”服务平台，推进“不见面”审批改革，加强事中事后监管，提高旅游政务服务水平。提升审批透明度和可预期。对旅行社行政服务事项在线办理流程进行调整公示，先后下发《关于在线办理旅行社行政服务事项的通知》《关于在线办理旅行社分公司和服务网点行政服务事项的通知》，完善办事指南、业务手册和服务制度，群众可通过审批系统在线查看进度和办结时限，提高审批的透明度和可预期性。实施全程“不见面”在线审批。利用全国旅游监管服务平台，协调推进与江苏“一张网”的数据对接，实行全程在网上申报、受理、“不见面”办理，所有申报资料均采用电子材料上传，平均办结时间缩短50%以上。加强事中事后监管。健全旅游市场综合监管机制，印发《“双随机一公开”抽查“一单、两库、一细则”》，用好“江苏省证照监管平台”，在线完善旅游企业名录库，每天登录查看工商登记信息，对领取营业执照的涉旅企业第一时间发放《告知函》，对办理经营许可证和备案事项进行告知提醒，明晰“未经许可经营”法律责任，强化对“有照无证”企业的监管。（黄晓宇）

■导游队伍建设 至2018年底，全市注册导游3405人。其中，初级导游员3187人、中级导游员181人、高级导游员37人；普通话导游员3174人、粤语导游员2人，外语导游员229人（英语导游员213人、日语导游员7人、朝鲜语导游员4人、德语导游员2人、法语导游员2人、俄语导游员1人）。组织导游参加国家旅游局实施的“云课堂”研修项目，3000多名导游参加网上组织的培训和考试。联合省旅游局送教上门，联系省级专家为仪征市百名旅游干部和旅游管理者开展为期两天的知识培训；依托协会平台，开展导游服务技能提升活动。2018年，开通导游协会微信公众号，开展创新导游词大赛、导游交流分享会、旅行社和导游见面会、导游培训等活动，为社会服务，与社区联合举办“残障老人看扬州”活动。加强校地合作，6月28日，市旅游局和江苏旅游职业学院签订战略合作协议，共同成立金牌导游工作室，成立乡土旅游人才研修学院。10月30日，国家万名旅游英才计划扬州金牌导游工作室揭牌仪式在江苏旅游职业学院举行，是扬州首家旅游名师工作室。11月，旅游英才第二期培育对象曹俊列入国家旅游局2018年度万名旅游英才计划——金牌导游培育项目。12月26日，扬州市乡土人才“三带”研修学院暨首期示范培训班（玉雕漆雕传统工艺方向），在江苏旅游职业学院开班。全年扬州市6个课题入选“江苏省旅游科研项目库入库项目”，占全省入库总数的21%，全省排名第二位。（黄晓宇）

■文明旅游 市旅游局招募、培训旅游志愿者，组织开展元旦、清明、4月的周末、“五一”、端午、国庆假期全域旅游志愿服务服务。组建“微笑扬州”旅游志愿服务总队，至年底，注册志愿者人数650多人，由导游、大学生、医生、律师、国企员工、自由职业者等组成。

升级推广全域旅游志愿服务。市旅游局联合市文明办制定出台《“微笑扬州”旅游志愿服务工作规范》，在瘦西湖公园、东关街、运河三湾风景区等地设置54个“微笑扬州”旅游志愿服务点，为游客提供旅游咨询、宣传品发放、乘车引导等服务。联合扬州城市旅游推广中心和江苏旅游职业学院牵头编印扬州旅游志愿工作培训教材。宣传引导文明旅游。3月5日，扬州国际旅游志愿服务总队在古城设立志愿服务点，向市民、游客宣传文明旅游，提供旅游咨询、旅游宣传品免费发放等服务。组织导游王荣免费送教上门，对市区240名“人力旅游观光三轮车夫”进行《旅游知识与礼仪文化》《坐三轮游古城》培训。组织市导游协会会长对出租公司管理人员及优秀驾驶员进行《扬州旅游和文明礼仪知识》培训。（黄晓宇）

导游带领老人们参观新建成的扬州体育公园内省运会主会场

庄文斌/摄

房地产业

Fangdichanye

编 辑 徐国磊

综述

■**概况** 2018年，扬州市贯彻国家关于推进供给侧结构性改革和“房住不炒”、稳控房价的决策部署，采取“限购、限售”等精细化调控措施，保持房地产市场稳定发展。强化对房地产市场的分析研判，建立实时的、区域结构分类的数据监测系统，对住房成交价格、成交量、库存进行实时监测。出台《关于培育和发展市区住房租赁市场的实施意见》，建成扬州市住房公共租赁平台。全年全市完成房地产开发投资620.98亿元，比上年增长39.99%，商品房合同成交869.7万平方米，增长4.32%。完成各类测绘业务780笔，总测绘面积1259万平方米。（方 观）

■**房屋产权和交易管理** 市房屋产权和交易管理中心办理各类房屋交易备案业务14.3万件，累计提供上门服务130余次，办结率100%。贯彻落实省政府“放管服”及市政府“3550”“不见面审批”等工作要求，细化优化流程，促进提质升级、便捷服务，确保5个工作日内领取不动产权证。（方 观）

■**住房贷款担保服务** 市住房贷款担保服务中心根据不动产统一登记改革精神，配合完成房屋产权和交易管理业务的整合工作，做好各项担保业务，全年办理住房贷款担保业务7043笔、担保金额42.88亿元，其中公积金贷款担保额16.21亿元，商贷担保额26.67亿元。（方 观）

■**房产信息化管理** 2018年，相继开发唯一住房查询系统、三套房审核系统、购房平台等房地产市场调控措施配套的软件，对房地产市场监管提供技术支撑。出台《扬州市住房保障和房产管理局网络安全和信息化管理办法》，提高网络信息安全管理的水平。推进“云上扬州”城市既有房屋基础数据信息系统建设，为实现信息互联共享提供技术支撑。上线运行“网上购房通道”，为市民提供便捷的住房认购服务，规范房地产开发企业商品住房销售行为，保护购房人的合法权益。（方 观）

房屋征收

■**概况** 2018年，市区实施征收（拆迁）项目43个、4829户，征收房屋面积132.16万平方米。推进超腾仓期安置工作，安置超腾仓期住房5235套。落实《扬州市扬尘污染防治管理暂行办法》，做好征收（拆迁）项目房屋拆除扬尘污染防治监管，确保拆迁工地扬尘管控措施落实到位。（方 观）

■**房屋安全管理** 2018年，扬州市坚持“安全第一、预防为主、综合治理”的原则，做好公房夏季查勘防汛工作和冬季拉网式排查，及时排除隐患，确保不发生责任性倒房伤人事故。修订《扬州市城镇房屋安全管理办法》，完善危旧房电子数据库，推动危旧房治理；建设房屋安全管理信息系统，全面提升房屋安全管理智能化水平。市白蚁防治中心采集标本359份，完成扬州地区白蚁各类调查及鉴定分析工作。（方 观）

商品房投资销售

■**房地产开发建设** 2018年，全市有房地产开发企业568家，其中一级资质企业6家、二级资质企业32家、暂定二级资质企业389家、三级资质企业2家、暂定三级资质企业133家、暂定四级资质企业6家。全年全市完成房地产开发投资620.98亿元，比上年增长39.99%，其中住宅投资455.87亿元，增长62.72%。市区完成房地产开发投资390.21亿元，增长42.04%，其中住宅投资273.59亿元，增长90.55%。江都区完成房地产开发投资54.23亿元，增长0.37%，其中住宅投资47.9亿元，增长8.03%。全年全市房地产新开工面积984.88万平方米，下降0.33%，其中住宅新开工面积707.01万平方米，增长5.19%。市区房地产新开工面积554.42万平方米，下降1.29%，其中住宅新开工面积356.23万平方米，下降4.12%。江都区房地产新开工面积93.86万平方米，下降14.66%，其中住宅新开工面积88.88万平方米，增长13.81%。（方 观）

2018年扬州市区销售面积前10名房地产项目一览表

表 22-1

排名	项目名称	开 发 企 业	销售面积（万平方米）
1	观湖尚苑	扬州奥园置业有限公司	17.44
2	香颂溪岸	扬州新盛置业有限公司	16.01
3	翡翠丽景华庭	扬州恒富房地产开发有限公司	12.59
4	兰亭公馆	扬州舜鸿置业有限公司	12.45
5	文锦雅苑	扬州绿峰房地产开发有限公司	12.21
6	美堤花园	扬州市鑫辉房地产发展有限公司	12.16
7	万科城市之光	扬州祥源房地产开发有限公司	11.99
8	昌建广场	扬州昌建尊源置业有限公司	11.44
9	铂悦华府	农工商房地产（集团）扬州明旺置业有限公司	10.71
10	北辰之光	扬州启辉置业有限公司	10.71

（方　观）

■市场供应 2018年，全市商品房批准预售979.74万平方米，比上年增长35.77%，其中商品住宅批准预售面积898.61万平方米，增长43.84%。市区商品房批准预售面积549.10万平方米，增长48.61%，其中商品住宅批准预售面积514.84万平方米，增长69.38%。江都区商品房批准预售面积161.90万平方米，增长26.10%，其中商品住宅批准预售149.79万平方米，增长23.50%。全市商品房累计可售面积674.06万平方米，增长10.81%，其中商品住宅可售面积435.42万平方米，增长20.32%。市区商品房累计可售面积259.23万平方米，下降12.39%，其中商品住宅可售面积128.44万平方米，下降12.80%。江都区商品房累计可售面积100.35万平方米，增长64.27%，其中商品住宅可售面积80.15万平方米，增长102.25%。

（方　观）

■市场成交 2018年，全市商品房合同成交面积869.70万平方米，比上年增长4.32%，其中商品住宅合同成交面积789.79万平方米，增长6.83%。市区商品房合同成交面积532.67万平方米，增长39.80%，其中商品住宅合同成交面积485.22万平方米，增长51.91%。江都区商品房合同成交面积112.97万平方米，下降13.52%，其中商品住宅合同成交面积104.20万平方米，下降14.52%。

（方　观）

二手房市场

■概况 2018年，全市办理各类房屋交易备案业务14.28万件。其中，楼盘表建立1436件、转移备案5.36万件、抵押备案1.08万件、预告备案2.05万件、资金托管2.32万件。市区二手房成交面积185.91万平方米，比上年下降30.61%，其中二手住宅成交面积182.05万平方米，下降27.43%。江都区二手住宅成交面积48.45万平方米，下降56.1%。

（方　观）

■扬州二手房价格 2018年，扬州二手房挂牌均价持续上涨，其中11月份挂牌价最高为13749元/平方米、1月份挂牌价最低为12231元/平方米。从环比数据来看，涨幅最高的是6月，上涨4.68%；跌幅最高的是12月，下跌0.23%。从同比数据来看，涨幅最高的月份是1月，上涨39.91%。（房天下）

■扬州二手房关注度 从区域关注度看，邗江区、广陵区、江都区占据前3名。其中邗江区搜索占比62.82%，广陵区和江都区占比分别为24.89%和6.69%。从户型关注度看，三居搜索占比38.31%、两居搜索占比25.3%、四居搜索占比16.48%。从价格关注度看，80万~100万元价格区间搜索占比23.89%，120万元以上价格区间占比7.64%，0~20万元价格区间搜索占比5.69%。从面积关注度看，80~100平方米面积区间搜索占比17.94%，100~120平方米面积区间搜索占比16.09%，60~80平方米面积区间搜索占比10.99%。（房天下）

■扬州二手房商圈关注度 2018年扬州二手房商圈关注度前十名为京华城、瘦西湖、万达广场、曲江公园、扬州大学城、大润发邗江店、文昌阁、广陵产业园、东关古渡、城北乡。其中，邗江区京华城搜索量占所有商圈的比例为17.22%，邗江区瘦西湖和邗江区万达广场分别占10.04%和7%。（房天下）

■扬州二手房小区涨/跌前三名 2018年，扬州市二手房小区涨幅前三名分别是高邮市东方御景、江都区仙女镇龙城路小区、邗江区红星美凯龙月城熙庭，涨幅分别为 19.99%、19.43%、19.40%。二手房小区跌幅前三名分别是邗江区万达广场桃园艺墅、广陵区东关古渡五台山医院宿舍、邗江区江阳工业园万都机电城住宅，跌幅分别为 19.67%、19.54%、19.46%。

（房天下）

物业管理

■概况 2018 年，扬州市开展《扬州市物业管理条例》立法调研工作，在小区自治模式创新、城市执法进小区、物业企业转型升级三个方面求突破，加强物业管理法治化、标准化、规范化建设，起草完成《扬州市物业管理条例》草案。推进宜居颐养社区建设，正泰花苑、绿杨新苑二期等 8 个老旧小区列入省宜居示范居住区试点项目。锦苑世家、品尊国际等 7 个项目获得“2017 年度江苏省省级示范物业管理项目”称号。对 25 个老小区 114 万平方米实施综合整治，推进环境整治和提升工程。推动既有住宅加装电梯试点，全市 10 个小区 13 个单元加装电梯进场施工。启动制定《扬州市市区住宅专项维修资金管理办法》，完成物业维修资金账目核对工作。

（方 观）

■公有住房管理 2018 年，市区有直管公房 35.93 万平方米。开展公房查勘和监管工作，推动实现直管公房管理的长期良性运作。全年完成徽州会馆（小流芳巷 4 号）、许氏住宅局部（丁家湾 90 号）、周扶九故居局部、刘氏庭院局部（粉妆巷 19 号）、刘文淇、刘师培故居（东圈门 14 号）等工程修缮保护工作。推进国家级文保单位汪氏小苑局部和历史建筑酱业会馆修缮方案设计。按照“原地修缮为主、异地搬迁为辅”的解危模式，有序推进公房解危工作。全年共完成公房解危任务 2.99 万平方米，惠及 598 户。（方 观）

■宜居颐养社区建设 制定《扬州市老旧小区宜居住区建设改造内容和标准》，对全市 2012 年以前建设的小区进行摸底排查。制定常态化、长效化实施计划，开展以适老化改造和小区清源行动为重点的新一轮“八老改造”。推进宜居颐养社区建设，正泰花苑、绿杨新苑二期等 8 个老旧小区列入省宜居示范居住区试点项目。“锦苑世家”“品尊国际”等 7 个项目获得“2017 年度江苏省省级示范物业管理项目”称号。

（方 观）

■老旧小区整治工程 对全市 25 个老小区实施综合整治，督促各地坚持标准、统筹实施，推进环境整治和提升工程。制订详细停车位改造方案，完成车位增扩改造 2343 个。协同消防部门推进“生命通道畅通工程”，对公共场所、居民区消防救护通道进行全面清障，推动物业企业提高消防工作能力。协同公安部门开展“僵尸车”排查登记工作，清查登记住宅小区内“僵尸车”333 辆。（方 观）

■既有住宅加装电梯试点 出台《关于开展扬州市区既有住宅加装电梯试点工作的指导意见》，引导和督促各地开展加装电梯试点。全市有 10 个小区 13 个单元加装电梯进场施工。12 月 21 日，广陵区文鹤翠园小区 5 楼加装电梯正式投入运营使用。

（方 观）

住房公积金管理

■概况 2018 年，全市新增住房公积金归集单位 1284 个，增加 93 个，增长 7.8%，其中人数 10 人以上的新增单位数 303 个，占全部新增单位数 23.6%；100 人以上的新增单位数 29 个，占全部新增单位数 2.3%。新增归集人数 8.48 万人，其中城区（含市直、驻扬单位、广陵区、扬州经济技术开发区、扬州化工园区、蜀冈－瘦西湖风景名胜区、生态科技新城）3.19 万人、邗江 9440 人、江都 7217 人、高邮 5811 人、仪征 5731 人、宝应 4367 人、油田 217 人、仪化 161 人。全市非公企业新增扩面 5.33 万人，占扩面总数的 82.1%。当年自由职业者等灵活就业人员扩面 749 人，增加 57 人。至年末，全市有 78.2 万人开户缴存住房公积金，增加 1.93 万人，其中正常缴存 51 万人，封存 27.2 万人。

全市归集住房公积金 76.6 亿元，增长 18.7%，其中 12 月归集住房公积金 7.35 亿元，单月首次突破 7 亿元。全市累计归集住房公积金 538.53 亿元，增加 79.29 亿元（含结息），增长 17.3%。全市归

文鹤翠园小区加装电梯外观　　张卓君/摄

2018年扬州市住房公积金归集情况表

表 22-2

地 区	当年归集额（万元）	增幅（%）	累计归集额（万元）	增幅（%）	归集余额（万元）	增幅（%）
合 计	**766069**	**18.7**	**5385319**	**17.3**	**1986229**	**10.1**
城 区	361489	23.0	2370978	18.7	871213	11.2
邗 江	79839	33.2	454163	21.9	184238	14.5
江 都	81978	13.9	571721	17.6	239813	11.5
宝 应	54005	7.2	393660	16.4	134888	8.3
仪 征	86085	14.5	592032	17.7	219057	11.2
高 邮	50772	12.2	357284	17.3	134724	11.3
仪征化纤	20923	2.7	253725	9.6	79923	-1.5
江苏油田	30978	4.8	391756	9.2	122374	0.8

（杨粉梅）

2018年扬州市住房公积金使用情况表

表 22-3

地 区	当年提取额（万元）	增幅（%）	累计提取额（万元）	增幅（%）	当年贷款额（万元）	增幅（%）	累计贷款额（万元）	年末贷款余额（万元）
合 计	**610952**	**16.5**	**3399090**	**21.9**	**313582**	**-12.0**	**3720414**	**1952699**
城 区	284040	23.7	1499765	23.5	137348	-8.1	1735226	894208
邗 江	58681	33.9	269925	27.6	31056	-18.1	310050	178275
江 都	60604	13.2	331908	22.4	31744	-19.4	389342	205924
宝 应	44988	12.1	258771	21.2	23015	-20.9	298527	152210
仪 征	68287	5.8	372975	21.8	36013	2.0	428805	245396
高 邮	39076	4.5	222560	21.3	33778	-6.2	274326	141049
仪征化纤	23298	-10.9	173802	15.5	8885	-41.4	132975	63651
江苏油田	31978	8.9	269383	13.4	11743	-17.1	151163	71987

（杨粉梅）

集余额198.47亿元，增加18.15亿元。全市22.67万人次提取住房公积金61.1亿元，提取额增加8.64亿元、增长16.5%，占当期缴存额的79.8%。全市累计提取住房公积金339.91亿元，增加61.14亿元，增长21.9%。全市向1.37万户家庭发放公积金贷款31.3亿元，分别下降1.3%、12.0%。全市平均向每户家庭放贷22.8万元。至年末，全市累计向16.8万户家庭发放贷款372.0亿元，贷款余额195.2亿元，增加5.2亿元。全市住房公积金平均个贷比率98.3%，下降0.3个百分点。市住房公积金管理中心受理优秀人才公积金贷款22户，申请金额1376万元。市住房公积金管理中心在全省率先通过“双贯标”（《住房公积金基础数据标准》和《接入住房公积金银行结算数据应用系统接口标准》）验收评审。与公安、房管、不动产、民政、人民银行和10多家商业银行实现信息联网，开通主要业务网上办理事项80%以上，全年不见面审批办件量逾30万笔，办结率100%。（杨粉梅）

■住房公积金归集质量提升 2018年，扬州住房公积金年度归集额突破70亿元、月度归集额突破7亿元。在基数调整、机关事业单位汇缴口径提高、汇缴人数率增长等因素影响下，全年全市累计归集住房公积金76.6亿元，完成年度目标计划132.7%。非公企业建制扩面占比82%，新增开户缴存单位比上年增长1个百分点；新增缴存人以最低基数、比例缴存的占全部新增扩面比例减少4.6个百分点。完善自由职业者和小微企业者住房公积金

2018年扬州市住房公积金制度扩面情况表

表 22-4

类 别	缴存单位数	占比（%）
合 计	**64446**	
国家机关、事业单位	5873	9.1
国有企业	3593	5.6
城镇集体企业	352	0.5
外商投资企业	6387	9.9
城镇私营企业及其他城镇企业	18638	28.9
民办非企业单位、社会团体	2448	3.8
其他	27155	42.1

区域分类扩面

地区	机关、事业、国企		非公企业	
	人数	占比（%）	人数	占比（%）
合计	**9961**	**18**	**54485**	**82**
城区	4832	15.2	27048	84.8
仪征	936	16.3	4795	83.7
邗江	647	6.9	8793	93.1
江都	1117	15.5	6100	84.5
高邮	1130	19.4	4681	80.6
宝应	1299	29.7	3068	70.3

（杨粉梅）

缴存平台，建立自愿缴存机制，更多市民享有住房公积金制度保障。落实港澳台及符合条件外籍人员制度扩面工作，为8名港澳台居民办理住房公积金缴存登记并开设个人账户。做好困难企业降比、缓缴工作，批准3家企业降比、缓缴。

（杨粉梅）

■公积金支持个人住房消费 2018年，全市为缴存职工办理住房公积金提取61.1亿元，增长16.5%。提取占当期住房公积金缴存额79.8%。其中，购建大修住房提取19.8亿元，还贷提取29.2亿元；向5162名职工办理提取2791万元，支持无房职工租赁住房以及使用住房公积金缴纳住房物业费；办理其他非住房消费5973笔、6911万元，为部分中低收入职工解决生活困难、应对家庭变故提供支持。全年全市发放住房公积金贷款1.37万笔、31.3亿元，发放的住房公积金贷款支持1.37万户家庭购买住房，消化住房存量约150万平方米。住房公积金提取和贷款支持2.39万户（含已购房提取未贷款的1.02万户）家庭消化住房存量267万平方米，约占全市住宅（含二手房）交易面积的四分之一。住房贷款中，公积金贷款支持购买的首套住房比例为89.3%，支持购买住房面积在100平方米以下的户数比例为36.2%。住房公积金贷款利率为贷款职工节约利息支出5.94亿元以上，户均节约4.3万元。

（杨粉梅）

■住房公积金业务收支及增值收益 2018年，全市住房公积金实现业务收入6.8亿元，其中存款利息收入5122万元、委托贷款利息收入6.2亿元、其他业务收入705万元。全市发生业务支出3.8亿元，其中住房公积金利息3.4亿元、归集手续费用2116万元、委托贷款手续费2167万元、其他276万元，各项业务支出均经市住房公积金管委会和市财政部门审核批准。全市住房公积金增值收益率1.56%，风险准备金充足率6.1%，个贷逾期率为0.08‰。

（杨粉梅）

■住房公积金支持廉租住房建设 2018年全市合计提取城市廉租住房建设补充资金6556万元，减少134万元，下降2%。其中，城区3128万元、仪征1017万元、江都634万元、邗江539万元、宝应497万元、高邮449万元、江苏油田172万元、仪征化纤120万元。至年末，全市累计提取廉租房建设补充资金6.71亿元，增加0.66亿元，增长10.9%。

（杨粉梅）

■住房公积金基数和缴存比例调整 经市政府批准，扬州市区（含广陵区、邗江区、扬州经济技术开发区、化工园区、生态科技新城、蜀冈－瘦西湖风景名胜区）住房公积金基数调整。缴存住房公积金的月工资基数，按职工本人2017年度月平均工资收入（工资总额）核定。月缴存基数最低不低于扬州市区最低月工资标准1890元，最高不超过19200元。1998年12月1日后参加工作的新职工，逐月住房补贴的缴存基数与住房公积金的缴存基数相同。企业单位的住房公积金缴存比例，仍为单位和职工各8%~12%，同一单位须执行一个缴存比例。2018年5月1日后新开户的企业单位，经当地住房公积金管理机构审核批准，可将缴存比例下限调整至5%。

（杨粉梅）

金融业

Jinrongye

编　辑　贾丽琴

综述

■**概况** 2018年，全市实现金融业增加值320.6亿元，比上年增长14.1%，增幅高于地区生产总值7.4个百分点，占地区生产总值比重5.9%；金融业税收收入27.87亿元，比上年增长4.4%，占全市税收收入比重5.4%。

社会融资稳定增长。组织开展“信贷大篷车县区行”系列银企对接活动，服务制造业、小微企业80多家。推动保险机构开展保险产品和服务创新。全市金融机构贷款余额4643.49亿元（与人民银行统计口径不一致），比年初增加614.53亿元，比上年增长15.25%，余额贷存比和新增贷存比分别达76.36%、228.61%。其中制造业贷款占比13.5%，小微企业贷款增速7.92%，涉农贷款增速11.97%。实现保险保费收入175.75亿元，比上年增长11.13%。发挥财政资金引导、增信以及风险补偿等作用，引导和推动金融机构优化调整信贷投放结构。市级财政小微企业贷款风险资金池规模23.5亿元，撬动银行投放贷款166亿元。发展直接债务融资，全年实现非金融企业各类债权融资25单177.39亿元。上线运营扬州“政税银”大数据服务平台并对接省综合金融服务平台，为金融机构与企业市场准入、融资匹配、信用评级、政策扶持等提供有效参考和对接。

资本市场稳步发展。印发《扬州市企业上市挂牌三年行动计划（2018—2020年）》，加大全市企业上市挂牌工作的推进力度和政策扶持力度。江都区、邗江区、仪征市、扬州经济技术开发区等加大上市企业奖励力度，最高扶持奖励资金达1000万元。市政府与上海证券交易所签署战略合作备忘录，建立稳定合作机制。按季度组织资本市场（“新三板”企业）联盟活动。2018年，新增倍加洁、亚普股份2家企业主板上市，新增嵘泰股份、日兴生物2家企业报省证监局辅导，新增菲达宝开、金润龙、和天下3家企业“新三板”挂牌，新增上市公司数量列全省第三。至年末，扬州有上市公司19家（不含仪征化纤、金泉网），其中境内A股上市公司13家、境外上市6家，上市公司累计从资本市场实现融资超200亿元。

金融体系日益健全。平安银行扬州分行落户开业。农业银行、中国银行、建设银行、工商银行等普惠金融事业部先后挂牌成立。新落户设立保险及经纪、销售、代理公司等21家，融资租赁公司4家。江苏省农村信用担保公司扬州分公司开业。新设立科技小额贷款公司1家。支持江都区、蜀冈－瘦西湖风景名胜区打造特色金融区，引导知名投资机构设立产业基金、风险投资基金、私募股权基金、产业并购基金等，分别备案新设投融资及基金机构10家。全年备案新设股权投资类企业27家，认缴出资总额110.24亿元。小贷公司运营质态稳步提升，主要运营指标保持全省前列，贷款余额79.35亿元4848户，股权投资业务规模5.16亿元，直接缴纳税收1.55亿元，不良率下降4.24个百分点。推进融资性担保机构通过合并重组、增资扩股等方式做大做强，邗江区、广陵区、扬州经济技术开发区分别参股省再担保公司2.2亿元并在扬设立注册资本4亿元的融资担保公司，宝应县、高邮市、仪征市、江都区分别设有1家注册资本3亿元的政策性融资担保公司。加强典当行、融资租赁等行业监管，推动其结构调整、业务创新。推动农民资金互助社规范经营，在全省率先完成农民资金互助社转籍应转尽转工作。

金融风险有力稳控。开展防范非法集资集中宣传月活动。在《扬州日报》《扬州晚报》开设打非宣传专版6次，在全市所有公交电视上进行不间断滚动播放防范非法集资宣传短片。发挥银行机构专业优势履行社会责任，出台《扬州市“网格化”打击和防范非法金融活动宣传监测工作方案》。加强非法金融广告发布清理，监测各类金融广告1851条，行政约谈37次，拆除户外广告8块、张贴物14张、没收印刷品800余张。制定出台《持续打好防范和处置非法集资等非法金融活动风险攻坚战专项行动方案》以及处非工作规则、非法集资举报奖励办法、公职人员违规参与非法金融活动整治方案等，组织对全市各地打非和互联网金融整治工作开展专项督查，提高打击非法集资在综治考核中的比重并对重大非法集资案件实现考核一票否决，基本建立即查即处、综合执法的早期干预处置机制。强化政府部门与金融监管部门协调联动，严格市场准入，加强事中事后监管，严控一般工商企业从事或变相从事法定金融业务。开展4次大规模风险排查工作，排查出“风险较大”企业165家。在“扬州发布”和《扬州日报》《扬州晚报》等对四季大通、信和财富等71家企业分别进行风险提示。参与协调中机环建、润扬交通等企业债务风险处置工作，市县两级应急转贷基金累计为700家企业提供965笔65.8亿元的应急转贷支持，稳控相关企业流动性风险。

（李　锋）

■票据市场 2018年末，全市人民币票据融资余额266.77亿元，比年初增加57.38亿元，比上年多增94.23亿元，余额比上年增长27.39%，增速比上年末上升42.36个百分点。

（和树贺）

■证券业务 2018年末，全市有46家证券营业部，共开设资金账户67.79万户，比上年增加5.15万户，增长8.22%；保证金余额21.39亿元，减少4.34亿元，增速下降16.87%。全年累计完成证券交易额9950.41亿元，比上年减少1780.62亿元，增速下降15.18%。其中股票交易额6714.03亿元，减少1796.64亿元，增速下降21.11%。（赵晓红）

■保险业务 2018年末，全市有64家保险机构纳入统计，其中财险公司25家，寿险公司39家。全市共实现保费收入175.75亿元，增长11.13%。其中，财产险37.20亿元，增长6.22%；寿险138.55亿元，增长7.12%。全市实现赔付金额26.58亿元，比上年增长7.99%。其中，财产险赔付支出22.58亿元，比上年增长7.11%；人身险赔付4.01亿元，比上年增长13.22%。（赵晓红）

■小额贷款公司 2018年，扬州市辖内有小额贷款公司61家，实收资本71.58亿元，年末贷款余额79.27亿元。其中，市区（不含江都区）21家，实收资本31.25亿元，贷款余额39.93亿元；江都区12家，实收资本15.78亿元，贷款余额15.31亿元；仪征市7家，实收资本6.27亿元，贷款余额7.34亿元；高邮市13家，实收资本11.21亿元，贷款余额10.99亿元；宝应县8家，实收资本7.07亿元，贷款余额5.69亿元。（王　元）

银行业

■概况 2018年末，扬州市金融机构本外币存款余额为6080.73亿元，比年初增加268.76亿元，余额比上年增长4.62%，增速比上年末下降2.05个百分点。其中，人民币存款余额5997.55亿元，比年初增加296.7亿元，余额比上年增长5.2%；外币存款余额12.12亿美元，减少4.88亿美元，余额比上年下降28.72%。从人民币存款结构来看，非金融企业存款余额1894.02亿元，比年初增加75.96亿元，余额比上年增长4.1%。住户存款余额2860.65亿元，比年初增加195.2亿元，余额比上年增长7.4%。

2018年末，扬州市金融机构本外币贷款余额4643.49亿元，比年初增加614.53亿元，余额比上年增长15.25%，增速比上年末上升1个百分点。从贷款币种来看，人民币贷款余额4630.51亿元，比年初增加622.77亿元，余额比上年增长15.54%。外汇贷款余额1.89亿美元，比上年下降41.77%。从贷款期限结构看，短期贷款余额1592.7亿元，比年初增加169.22亿元，余额比上年增长11.89%。中长期贷款余额2782.53亿元，比年初增加387.59亿元，余额比上年增长16.18%。（和树贺）

■经济监测 按月开展工业景气调查，全市共有44户工业企业纳入中国人民银行总行定点监测系统，定点企业年末总资产达827.95亿元，全年销售产值943.52亿元。18户服务业企业纳入总行定点监测系统，服务业调查项目首次覆盖生产性服务业和生活性服务业。在全国率先开展建筑业、房地产季度调查，涉及样本库企业25户；继续开展总行房地产市场监测工作。城镇储

2018年扬州市全金融机构人民币信贷分地区资金运用情况表

表23-1　　单位：亿元

项目名称	全　市	市　区（不含江都）	江都区	宝应县	仪征市	高邮市
资金运用总计	**6088.09**	**3211.82**	**1053.90**	**557.18**	**651.47**	**613.72**
一、各项贷款	4630.51	2697.91	672.55	378.10	452.44	429.51
（一）境内贷款	4630.09	2697.51	672.54	378.10	452.43	429.51
1. 住户贷款	1716.02	984.83	239.62	172.72	167.96	150.89
（1）短期贷款	385.20	159.07	73.36	43.92	71.05	37.79
消费贷款	115.75	63.91	14.61	12.00	15.82	9.40

续表 23-1

项目名称	全　市	市　区 （不含江都）	江都区	宝应县	仪征市	高邮市
经营贷款	269.44	95.15	58.75	31.92	55.23	28.38
（2）中长期贷款	1330.82	825.76	166.26	128.79	96.91	113.10
消费贷款	1240.42	775.22	152.85	122.89	83.60	105.86
经营贷款	90.40	50.54	13.41	5.90	13.31	7.24
2. 非金融企业及机关团体贷款	2914.08	1712.68	432.92	205.38	284.47	278.62
（1）短期贷款	1197.63	652.69	198.84	108.66	104.02	133.42
（2）中长期贷款	1448.60	889.64	186.36	82.92	166.38	123.30
（3）票据融资	266.77	169.31	47.73	13.80	14.07	21.87
（4）融资租赁	0.00	0.00	0.00	0.00	0.00	0.00
（5）各项垫款	1.07	1.04	0.00	0.00	0.00	0.03
3. 非银行业金融机构贷款	0.00	0.00	0.00	0.00	0.00	0.00
（二）境外贷款	0.41	0.40	0.00	0.00	0.00	0.01
二、债券投资	160.74	17.64	60.27	31.35	27.19	24.29
三、股权及其他投资	26.53	22.01	0.31	1.41	0.01	2.81
四、买入返售资产	8.09	8.09	0.00	0.00	0.00	0.00
五、存放非银行业金融机构款项	0.00	0.00	0.00	0.00	0.00	0.00
六、联行往来（净）	1188.50	425.32	310.94	138.06	164.04	150.14
其中：境内存放二级准备金	122.11	77.49	14.92	8.18	11.88	9.63
七、金银占款	0.00	0.00	0.00	0.00	0.00	0.00
八、中央银行外汇占款	0.00	0.00	0.00	0.00	0.00	0.00
九、应收及预付款	20.85	6.32	5.28	2.87	2.74	3.64
十、投资性房地产	0.02	0.02	0.00	0.00	0.00	0.00
十一、固定资产	52.85	34.51	4.56	5.39	5.06	3.33

（和树贺）

2018年扬州市全金融机构人民币信贷分地区资金来源情况表

表 23-2　　单位：亿元

项目名称	全　市	市　区 （不含江都）	江都区	宝应县	仪征市	高邮市
资金来源总计	**6088.09**	**3211.82**	**1053.90**	**557.18**	**651.47**	**613.72**
一、各项存款	5997.55	3083.09	1059.83	561.85	655.11	637.67
（一）境内存款	5992.85	3079.14	1059.58	561.76	654.79	637.58
1. 住户存款	2860.65	1122.64	678.21	328.52	331.46	399.83

续表 23-2

项目名称	全　市	市　区（不含江都）	江都区	宝应县	仪征市	高邮市
（1）活期存款	797.70	354.25	156.98	93.09	78.38	114.99
（2）定期及其他存款	2062.95	768.39	521.23	235.42	253.08	284.83
2. 非金融企业存款	1894.02	1247.36	225.10	122.83	177.93	120.81
（1）活期存款	808.94	491.48	94.90	57.63	91.78	73.16
（2）定期及其他存款	1085.08	755.88	130.20	65.20	86.15	47.65
3. 广义政府存款	1187.04	660.00	156.11	110.41	145.06	115.45
（1）财政性存款	39.27	15.33	8.06	4.25	4.68	6.94
（2）机关团体存款	1147.77	644.67	148.05	106.17	140.38	108.51
4. 非银行业金融机构存款	51.14	49.14	0.16	0.00	0.34	1.49
（二）境外存款	4.70	3.95	0.26	0.09	0.32	0.09
二、金融债券	4.00	4.00	0.00	0.00	0.00	0.00
三、卖出回购资产	0.77	0.77	0.00	0.00	0.00	0.00
四、借款及非银行业金融机构拆入	0.00	0.00	0.00	0.00	0.00	0.00
五、联行往来（净）	0.00	0.00	0.00	0.00	0.00	0.00
六、应付及暂收款	128.85	62.28	26.95	13.72	12.94	12.96
七、各项准备	101.55	55.94	13.23	13.03	10.28	9.06
八、所有者权益	174.49	56.25	45.31	29.21	24.28	21.83
其中：实收资本	29.86	10.54	7.64	4.67	3.31	3.70
九、其他	-319.12	-50.51	-91.43	-59.59	-71.45	-48.53

（和树贺）

户、银行家、物价、小微企业、江苏特色产业、农村储户调查等按计划开展。（胡章灿　傅佳伟）

银行业监督管理

■**概况**　2018年，全市银行业资产增速分别由一季度、二季度、三季度的4.89%、3.27%、3.62%提升至四季度末的5.56%。贷款余额占资产比重的68.87%，较年初提高5.79个百分点。信贷投放加快，结构继续调整。单位存款较年初增加31.01亿元；结构性、协定及协议存款等高成本存款增速较快，新增197.67亿元，占比78.94%。不良处置力度加大，至年末辖内银行机构不良贷款余额51.33亿元，较年初增加1.02亿元，不良贷款率1.11%，较年初下降0.14个百分点，较省均低0.1个百分点。逾期90天以上贷款与不良贷款的比例79.61%，较年初回落5.1个百分点。全年共处置不良贷款29.76亿元，比上年增加1.36亿元，其中不良贷款清收11.25亿元，核销18.24亿元。（奈博文）

■**“政税银”服务平台**　扬州“政税银”大数据服务平台是扬州银保监分局牵头建设的集银企撮合与企业征信功能于一体的“一站式”互联网融资平台，平台集成税务、工商、社保、环保4个经济主管部门的涉企大数据，为银行放贷提供最主要的企业征信信息，部分数据实现T+2供数频率。自2018年上线运行以来，辖内40家银行机构提供近200款小微企业专属信贷产品，注册企业达6100家，解决融资需求2208项，融资金额24.29亿元，平均单笔贷款金额110万元，贷款平均利率6.21%。平台实现从企业注册申请到授信的全流程线上操作，企业客户可全程跟踪授信过程。

（奈博文）

中国人民银行扬州市中心支行

■货币政策执行 加强宏观审慎管理，指导法人金融机构合理制定年度资产规划，防止信贷增长大起大落。深化产融合作，组织开展制造业与互联网企业融资对接会、信贷大篷车县（市、区）行等活动，推动各项贷款持续稳定增长。推进存款准备金平均法考核，落实定向降准政策要求，累计释放非县域农商行资金11.1亿元。以准备金缴存范围、定向降准释放资金用途为重点，对扬州、江都农商行开展现场检查，督促其规范财政资金管理，足额缴纳存款准备金。优化定向精准扶持政策，发挥货币政策工具的结构导向作用，发放“先贷后借”模式支小再贷款，提升中央银行资金的使用效率。2018年，全市累办再贴现45.9亿元，比上年增加5.2亿元；累办票数3279张，增长168.8%，单张票据金额140万元，下降60.8%；支小再贷款、支农再贷款余额分别为16亿元、6.8亿元，分别增长355.7%、37.8%。

（程秋君　陈佳佳）

■利率市场化改革 加快培育合格市场主体，组织村镇银行找差距、补短板，6家基础成员通过年审，1家村镇银行成为基础成员，5家村镇银行成为观察成员。加强对利率政策执行情况的监督指导，督促银行机构严格执行利率政策及有关规定，跟踪解决利率政策执行过程中的新情况、新问题。推动符合条件的银行参与发行、交易大额和同业存单，促进同业业务合理有序发展。2018年，各法人金融机构合计发行大额存单68.3亿元、同业存单11.4亿元。强化自律机制建设，建立政策咨询投诉、违约行为分级处理、招投标存款事后报备等工作机制，区域金融市场竞争规范充分。（孙永安）

■金融供给侧结构性改革 落实江苏“金融支持制造业提质增效行动计划”，遴选确定重点示范项目115个。至年末，实际投放金额55.8亿元，完成户数998户。开展制造业信贷政策导向效果评估，加大对经济高质量发展的金融支持。至年末，全市本外币制造业贷款余额565.6亿元，比年初增加5.9亿元，余额比上年增长1.04%。启动实施扬州市金融支持实体经济“12345”行动计划，引导银行机构推出“实业贷”等39个制造业特色金融产品，累计为6188户制造业企业、小微企业主、个体经营户提供80.8亿元资金支持。出台《扬州市金融高质量服务乡村振兴战略的实施方案（2018—2020年）》，优化资源配置，推进金融改革，增强农村金融有效供给。至年末，全市涉农贷款余额1414.2亿元，较年初新增151.2亿元，比上年增长7.9%。加强对农民住房财产权抵押贷款的业务指导和实地督查，扩大投放规模。至年末，试点地区农民住房财产权抵押贷款余额5394.1万元，全年累放103笔2737.7万元。加强住房金融宏观审慎管理，跟踪监测房地产投融资、销售及房价变动情况，规范个人购房融资，严禁银行非购房类消费贷款、经营性贷款等信贷资金违规支付购房款。（程秋君）

■金融市场建设与管理 加强市场分析与政策研究，出台《关于做好2018年非金融企业直接债务融资工具注册发行工作的通知》，引导承销机构加强对存量项目的接续管理，加大对创新产品的营销力度和对重点企业的定向宣传力度。全年累计发行债务融资工具20单128亿元，绿色债券、资产支持票据等创新型产品在全省发行总额中的占比达40%。跟踪监测法人机构市场交易，防止频繁出现结算失败、高价融入资金等情况。以债券交易合规管理、杠杆及流动性、黄金市场业务备案等为重点，对仪征农商行、宝应农商行开展现场检查。

（孙永安）

■小微企业服务 督促银行机构在信贷资源配置、内部资金转移定价、内部绩效考核、尽职免责等方面向小微金融业务倾斜，提高小微企业金融服务的便捷度、覆盖面和可持续性。开展全市“金融惠企大走访”活动，构建常态化金融走访、帮扶、顾问机制。编印产品手册，开展小微金融“十佳品牌”评选，推出“金融惠企故事汇”系列电视宣传节目。至年末，全市普惠口径小微企业贷款418.2亿元，比上年增长13.9%；小微企业贷款户数5.89万户，增长12.9%。推进线上产融合作，2747家注册企业通过“e贷网”平台累计实现融资总额278.3亿元，当年实现融资总额134.5亿元。推动创业担保基金补充到位，加大对创业创新的支持力度，全市累计发放创业担保贷款1.1亿元，比上年增长41.2%。（许　鹏）

■金融风险防控 强化风险监测数据库建设。完善江苏省金融风险监测系统全口径银行模块，协助分行撰写江苏省金融风险监测系统（法人模块）需求书。加强区域金融风险监测、预警。持续监测银行资产质量、建筑企业担保圈、产能过剩行业等风险，专项排查辖内民营企业参股金融机构、农村产权交易所运行情况、非金融企业投资金融机构情况、非金融企业债券违约风险、政府融资平台风险情况、资管新规对地方金融机构的影响、信贷分类政策对法人机构的影响、非法集资、环境整治对信贷资产影响、大型有问题企业、法人表外业务及同业业务等方面风险。组织开展5家法人机构风险压力测试、评估和风险提示。根据压力测试结果对3个机构下发《风险提示书》，全年约谈高管31次，逐一提示风险点。开展中国人民银行扬州市中心支行金融机构突发事件应急预案桌面模拟演练，根据演练情况修订完善应急预案。（黄　梅）

■金融生态建设 组织辖内5个县（市、区）参加全省2017年度县域金融生态综合评估。高邮市开展金融生态优秀县创建申报工作。组织召开扬州市金融稳定协调小组办公室会议，通报金融生态建设情况和存在问题，征求核查意见，上报初审情况。督导江都区针对省金融稳定协调小组办公室发出风险提示函提出的突出问题进行整改。仪征市、高邮市、宝应县、邗江区、江都区在全省69个设乡镇的县（市、区）金融生态综合评估排名分别为第11、35、39、40、64名。开展打击非法集资宣传工作，配合地方政府及相关部门组织开展打击非法集资集中宣传、排查和专项整治活动。与中心支行反洗钱科联合开展涉嫌非法集资活动的监测，向市打非办移交6批可疑线索。（黄　梅）

■金融机构综合管理 牵头修订评价标准、更新系统设置和按季评价，组织中心支行13个相关部门对市级银行业机构2017年度开展综合评价。完成平安银行扬州分行开业管理。在金融稳定评价方面，加大风险防控、重大事项、存款保险等重点工作的评价力度。确定“A类”机构8家、“B类”机构16家、“C类”机构3家。对3家“C类”机构主要负责人进行监管谈话。全年全辖对1家机构开展综合执法检查，反馈执法检查意见书责成整改，并对部分机构给予行政处罚。全年报送分行233项重大事项，对辖内12家银行机构进行重大事项报告专项核查和重大事项报告业务培训，并按月、季、年向中心支行、上级行和金融机构通报重大事项报告执行情况。（黄　梅）

■存款保险制度 贯彻落实央行金融机构评级和差别费率制度，确保相关存款保险制度在辖内稳步实施。启动央行金融机构评级工作，成立央行评级委员会，组织评级组通过现场和非现场相结合对辖内12家投保机构开展2017年度试评级和2018年4个季度正式评级，组织召开评级委员会审议初评情况4次，根据风险水平运用红线调整等级累计4次。强化投保机构风险差别费率管理，召开存款保险风险评价与费率审核小组会议研究存保费率2次，2017年下半年和2018年上半年存保费率分别对3家机构和4家机构运用红线调整，并完成保费缴纳工作。加强存款保险现场核查，对4家投保机构开展保费缴纳等3项必查项目核查，抽查资产质量真实性、表外业务、资本充足、公司治理等4项专题项目，累计现场核查86个工作日。对近三年全覆盖核查工作进行总结，12家机构累计现场核查202个工作日。加大风险压力测试、评估，首次对3家机构开展偿付能力和流动性风险压力测试，对1家机构开展全面的稳健性评估。探索开展风险提示和早期纠正，首次根据压力测试结果印发《风险提示书》；约谈高管提示风险点，对超监管标准1家机构跟踪监管，督导其符合监管要求。组织全辖银行业机构和助农取款点开展存款保险宣传，持续提升辖内存款保险制度认知度。（黄　梅）

■反洗钱管理 采取分类评级、风险评估等手段强化对辖内义务主体的反洗钱非现场监管。组织开展对宝应农村商业银行等两家义务主体的反洗钱专项检查，运用双罚制对两家机构分别处以45万元、20万元的罚款，对其反洗钱工作相关责任人员分别处以4万元、1.1万元的罚款。与扬州市司法局联合印发《扬州市公证机构及公证员履行反洗钱义务的通知》，对公证机构及公证员应履行的反洗钱和反恐怖融资义务作出明确要求。加强协作，与扬州市监察委沟通联络，建立信息共享、线索移送、案件联办的工作机制。深化与公安、国安、检察院、海关等反洗钱工作联席会议成员单位的协作机制。全年与协作单位通力配合、密切协作，共协助立案27件、破案25件，其中以洗钱罪立案2件、以掩饰隐瞒犯罪所得罪立案3件。组织和协调金融机构做好“专项行动”线索挖掘和协查工作。在“打击利用离岸公司和地下钱庄转移赃款专项行动”中，共发现可疑线索7条，向公安机关报案7件、立案1件；在“打击骗取出口退税和虚开增值税专用发票专项工作”中，配合警方、税务机关、海关开展案件线索协查，全年共立案10件、破案8件；在“扫黑除恶”专项斗争的工作中，协助公安机关查证破获30余起涉黑涉恶案件，捣毁涉黑涉恶团伙2个，抓获犯罪嫌疑人24人，逮捕14人。开展反洗钱宣传。组织辖内金融机构采取户外集中宣传、微信宣传、视频短剧等方式开展内容丰富的宣传活动。与扬州市国安局联合开展“国家安全教育宣传周”活动，在社会公众中强化反恐融资意识。（徐　红　娄丽敏）

■征信管理 推进应收账款融资服务平台推广应用，推动5家企业与征信中心签订对接协议和合作备忘录。扬杰电子、邗建集团完成平台对接程序开发，扬杰电子与交行扬州分行开展江苏省内首笔线上反保理全流程业务，金额99万元。全年推动应收账款累计融资148.14亿元，3家核心企业为14家供应商提供反向保理融资23笔金额4189.09万元。推动9家银行分别与9所中小学校签订征信诚信教育宣传合作协议。开展“3·15”“6·14”等征信主题宣传活动。加强与仪征市政府沟通，争取地方政府支持，推进仪征市试验区品牌建设。联合市金融办、农工办推动农商行开展农户信用等级评定工作。推进中小企业信用体系建设，加强信用信息服务。全年共受理审核5家银行业金融机构接入企业和个人征信系统，对11家银行开展现场检查，对1家银行处以单位5万元、个人1万元罚款。对5家银行开展征信信息安全管理巡查。组织征信系统接入机构按月开展征信信息安全自查，按季自查自纠，按年开展考核评级。按季对5家银行开展企业和个人征信系统数据质量量化考评等工作。将全市43家征信系统接入机构征信业务纳入系统管理。组织13家担保机构参加信用评级，202家借款企业申报评级。开展企业信用报告查询6445笔，个人信用报告查询25.57万笔，累计发放机构信用代码1.05万张。累计报送个人公积金缴存信息799.51万笔，企事业单位公积金缴存信息23.41万笔。（樊瑾瑜）

■人民币结算账户管理 2018年，全市银行机构共办理单位人民币账户6.1万户，比上年增长7%；年末共有单位人民币账户29.6万户，比年初增长13.4%。落实“放管服”改革要求，优化企业开户服务，理顺开户流程，整合开户资料，提高账户服务效率，实行与开户银行“准并联”模式核准，在全省率先实现以电子信息代替纸质开户资料，实现账户许可不见面，加强对开户银行的督导和考核，确保开户时间压缩在1天以内，为新办企业审批提速增效。配合江苏省村级集体资金乡镇财政所管理试点工作，确定邗江区村级集体资金结算专户开立的具体事项。发挥“扬州市解决企业工资拖欠问题部门联席会议”成员单位的作用，参与制定扬州市农民工工资支付管理考核办法，指导银行机构加强农民工工资专户的开户服务，协助相关部门开展专户使用的监管，对全市农民工工资专户的管理情况开展调研。全国集中银行账户管理系统上线运行，银行机构开立的个人账户通过系统上报。辖内法人银行机构完成非居民金融账户涉税信息报送的联调测试和上线，以及首次报送工作。（张怀玲）

■支付业务管理 在全辖开展移动支付示范工程推广工作，组织辖内银行机构和支付机构开展系统宣传活动，利用省运会和省园博会开展移动支付应用的宣传和推广。督促收单机构加快受理终端改造，拓展新的支付场景，先后实现银行业标准的移动支付产品在高校、公交、医疗、交通罚没款、旅游等场景的全面应用。落实个人账户分类管理制度，加强个人Ⅱ、Ⅲ类银行账户相关知识宣传，引导个人客户合理使用不同类别的账户，防范个人账户风险。参与市政府组织的“两类犯罪”打防工作。客户开设个人银行结算账户，要求其提供通讯网络新型违法犯罪法律责任及防范提示告知书，落实防范电信网络新型违法犯罪活动的各项要求，全年各银行上报堵截柜面异常开户40多起，提醒受害人中止汇款20多起，涉及金额400多万元。协助扬州市反诈中心对涉案账户的查询、冻结和扣划，全年冻结账号5572个，冻结1.6亿元，返还涉案资金679万元，抓获涉案人员257人，破案347起。对4家银行机构开展支付结算业务重点检查，对4家银行机构开展为赌博等非法活动提供支付服务的专项检查，对1家持证机构为无证支付机构提供服务情况的检查，对2家违规机构实施行政处罚。督促辖内银行机构完成“断直联”的各项工作。严格执行关于规范支付创新业务的通知和条码支付业务规范。建立无证机构常态化整治工作机制，依托扬州市互联网金融风险整治办公室，与工商、公安等部门建立协作机制，持续开展无证经营支付业务的监测预警和清理整治。（张怀玲）

■经理国库 2018年，全辖各级国库共办理预算收入810.55亿元，比上年增长10.9%。其中，中央级收入202.08亿元，增长15.54%；省级收入3.33亿元，下降1.61亿元；地方级收入340.03亿元，增长6.2%。地方级预算收入中，税收收入272.11亿元，增长12.7%；非税收入67.92亿元，下降13.7%。办理地方预算支出563.57亿元，增长12.6%。全年累计办理各级预算收入退库96.37亿元，其中出口产品退库77.43亿元，增长5.4%，占退库总量的80.3%。全年共销售8期储蓄国债（凭证式）、10期储蓄国债（电子式），累计销售金额15.69亿元。（肖和萌）

■货币发行 落实现金需求管理要求，合理规划发行基金调拨、投放、回笼，开展银行业金融机构相互取现业务，保障市场流动性供应。全年执行发行基金调拨命令55次173.84亿元，累计投放发行基金287.49亿元，回笼发行基金247.68亿元，净投放40.01亿元，银行业金融机构共开展相互取现业务246笔64.82亿元。健全小面额现金供应长效机制，优化流通中现金供应结构。实行发行基金券别组合供应，完善小面额现金备付制度、主办网点和主办银行制度，累计投放10元及以下券别4.04亿元。科学组织残损人民币回笼，提升流通中现金质量，全年共回收残损人民币79.2亿元。组织普通纪念币预约兑换发行工作。督导农业银行扬州分行规范、有序公开发行2018年贺岁普通纪念币、高铁普通纪念币、人民币发行70周年纪念钞、改革开放40周年普通纪念币的兑换发行工作。

（张福芳）

■人民币流通管理 对平安银行到扬设立分支机构开展现金业务进行验收，参加中心支行对广发银行扬州分行的综合执法检查；组织对10家银行业机构的人民币收付业务专项检查，对12家银行业机构现金整点中心开展现场检查，完成辖区银行业机构人民币流通管理政策执行情况的评价。组织开展小面额人民币服务暗访和评价工作，全年共暗访107个营业网点。开展整治拒收人民币现金工作。成立整治拒收现金工作组，制定下发整治拒收现金实施方案，召开全市整治拒收现金专题部署会，组织银行业金融机构排查2.65万家开户单位，未发现拒收现金情况。加强反假货币工作。组织1100余名现金从业人员参加4期反假货币培训合格证考试。督促银行业机构做好假币收缴工作，全年收缴假人民币1.50万张（枚）金额127.29万元。增强外币反假工作力度，对华夏银行扬州分行等3家机构的美元现钞收付情况开展非现场检查，实现付出美元清分和记录冠字号码。推行纵横贯通式反假宣传轮值机制。采用轮值模式，组织银行业机构走进学校、商场、乡镇进行反假宣传，9月邀请社会公众参与“反假小超人”答题活动，完成19万人次的答题。

推动人民币冠字号码双流同步扩大试点。2018年将被代理行向代理行取现业务纳入冠字号码双流同步试点范围，并建立双流同步扩大试点周报制度，至年末基本实现银行业机构之间相互取现、向人民银行发行库缴取款业务、被代理行向代理行取现业务的冠字号码双流同步运转 。（张福芳）

■金融电子化 推进扬州辖区系统试点推广工作，完成系统推广方案、专题培训会议、数据导入、数据核查比对等工作，牵头南京银行完成排队叫号预约功能接口开发上线。至年末，全辖下载安装7000余次，采集网点机构信息1100余家。推进金融标准化，组织全辖银行、证券、期货、保险行业金融机构参加三期总行金标委召开的“金融标准化”视频培训，组织辖内银行业机构进行金融标准化相关标准的现场培训，至年末共有18家银行业机构通过认证。（曾 嵩）

■外汇管理 2018年末，扬州市外汇存款余额12.12亿美元，比年初下降4.88亿美元，比上年增加4.51亿美元。外汇贷款余额1.89亿美元，比年初下降1.36亿美元，比上年增加0.62亿美元。扬州市跨境收支总量为143.59美元，比上年增长7.52%。其中跨境收入97.55亿美元，增长5.19%；跨境支出46.04亿美元，增长12.82%；跨境收支顺差51.51亿美元，增长1.04%。经常项目项下跨境收支总量121.43亿美元，增长13.22%。其中，跨境收入83.36亿美元，增长10.56%；跨境支出38.07亿美元，增长19.53%。资本项目项下跨境收支总量22.17亿美元，下降15.73%。其中跨境收入14.19亿美元，下降18.16%；支出7.97亿美元，下降11.02%。扬州市银行结售汇总额102.66亿美元，增长20.45%。其中结汇74.83亿美元，增长22.52%；售汇27.83亿美元，增长15.22%；结售汇顺差47.01亿美元，扩大27.30%。全年查处各类外汇违法违规案件11起，行政罚款合计181.2万元，结案率、罚款收缴率均为100%。

全市境外投资汇出0.51亿美元，下降58.54%；未发生内保外贷业务，年末内保外贷余额0.45亿美元，较年初下降61.86%。全辖FDI（外商直接投资）存量登记应参报企业2203家，增长1.76%，其中管控企业1053家，完成申报1156家；ODI（对外直接投资）应参报企业135家，增长16.38%，其中管控企业42家，完成登记105家。

（夏广军 俞卫东 华敏璐）

政策性银行

■中国农业发展银行扬州市分行 2018年末，中国农业发展银行扬州市分行各项存款时点余额73.97亿元，比年初增加12.65亿元；日均余额76.12亿元，比年初增加12.77亿元。各项贷款余额134.4亿元，比年初增加17.8亿元；中长期贷款余额87.5亿元，比年初增长14.7亿元；累计投放各项贷款51.03亿元，累计收回各类贷款33.25亿元。实现中间业务收入189.24万元，其中代理保险手续费收入38.58万元，国际结算手续费及外币汇兑收入50.35万元。实现国际业务结算量4591.73万美元，比上年增加880.73万美元。全行无新增不良贷款，各项贷款继续保持“无不良、无欠息、无逾期”。

贷款业务。夏收期间累计投放夏粮收购贷款13亿元，支持企业收购小麦5.4亿千克，支持收购量占全市社会收购量的63%，其中市场化收购贷款8.44亿元。全市秋粮收购贷款累计投放9.25亿元，支持企业收购稻谷3.3亿千克，发挥粮食信贷主导银行作用。抓住棚改政策的“窗口期”，营销棚改项目取得突破性进展，全年获批棚改项目6个，获批金额72.9亿元，累计投放棚改贷款51.59亿元。高邮支行以棚改项目全年投放棚改贷款12亿元，贷款规模创历史新高。支持粮油全产业链业务，推动以收储为中心，向供给和粮油产业链上下游拓展。辖内宝应支行对大客户宝粮集团提供集团授信8.61亿元；邗江支行投放冶春食品3000万元产业化龙头企业粮油短期流动资金贷款。

存款业务。全行存款年末时点余额73.97亿元；实现各项存款日均余额76.12亿元，创历史新高，资金自给率48%，位列全省第一，高于全省平均水平11个百分点，从财政存款、发债资金、同业返存资金、非贷存款等四个方面入手，形成横纵结合、网格化管理的存款组织新机制。

社会责任。服务扬州“三农”发展，践行支农政策性职能，支持扶贫事业。全市有4家企业进入工商联“万企帮万村”名录库，扶贫贷款余额1.23亿元，完成省行下达的投放任务。辖内邗江支行与市分行营业部搭建扶贫“连心桥”，陪同2家企业奔赴陕西榆林横山区开展扶贫捐助和调研活动，探讨农业政策性扶贫资金介入方式。

（陈洪斌 周 斐）

国有商业银行

■中国工商银行股份有限公司扬州分行 2018年末，中国工商银行股份有限公司扬州分行实现拨备前利润10.7亿元，比上年增加1.8亿元，增幅20.21%；实现净利润6.79亿元，比上年增加1.71亿元，增幅33.74%。本外币全部存款余额为416.1亿元、新增12亿元，其中储蓄存款新增10.23亿元，对公存款新增10.66亿元。机构存款保持强劲增长势头，时点增加8.49亿元、日均增加10.87亿元。全年人民币各项贷款新增31.24亿元，其中法人贷款新增11.16亿元，个人住房贷款新增22.29亿元。公司贷款中，A+级及以上客户贷款占比89.98%，A-级及以下非不良贷款占比3.84%，分别较年初上升1.12个百分点、下降0.7个百分点。监管口径普惠贷款超额完成计划。

客户发展。个人全量客户新增7.8万户、增幅5%，个人有效客户新增3.3万户，个人客户金融资产总额达318.4亿元，较年初增加9.3

亿元。银行卡客户新增1.41万户，有效客户新增6005户。新开人民币对公结算账户2800户，其中新开有效户1650户。大额资金监控平台新开53户，比上年增加24户，完成全年计划151%。新办理“工商企业通”2002户，比上年增加566户，完成全年计划125%。公司法人客户单边新增37户，净增12户，其中制造业客户较年初增加43户、贷款净增4.12亿元，超额完成省行年度计划1.5倍，主板上市公司开户实现全覆盖。成为社保卡的发卡代理银行，累计发卡15.36万张。

实体经济金融服务。全年累计投放本外币各项贷款816.53亿元，新增31.79亿元，其中实体经济新增贷款11.95亿元。强化对智能制造和高端装备、汽车产业、科创企业、战略性新兴产业和军民融合产业的支持，优化信贷投向。通过发放并购贷款、项目贷款、股债联动、项目营运期贷款等，拓宽融资渠道，全年累计投放项目贷款35.32亿元，审批通过22个项目63.2亿元。全年支持扬州大学、高邮市人医以及城市供水、污水处理等民生领域项目。围绕工业百强、上市及拟上市企业、税收千万元及销售亿元以上等龙头企业，推进项目化运作、名单制管理，增强服务实体经济的主动性，深化与宝胜科创、扬农集团、牧羊集团、长青农化、传艺科技、晨化新材料等一批实体企业的合作。2018年，工业百强企业贷款总额24.96亿元，新增7户，贷款投放0.81亿元，主板上市公司开户率100%，累放贷款12.09亿元。投放宝胜科技3亿元并购项目，投放金荣扬州科技园和智谷科技综合体等6.37亿元产业孵化器项目，承销发行扬州交投1亿元绿色债务融资工具，为全省首单。

制造业金融支持。明确扬州市支柱产业中的汽车及零部件、高端装备制造业、节能环保为制造业“百户计划”优先拓展的行业，明确各类开发区和工业集聚区为重点区域，支持全市制造业发展。至年末，制造业有贷户302户，占全行公司有贷户总量近60%，较年初增加43户；贷款余额49.9亿元，新增4.12亿元，占全部公司贷款增量的33.7%。

普惠金融业务。组织参加“工银普惠行”“信贷大篷车”“金融惠企大走访”“制造业和互联网企业融资需求对接会”等专项活动，精准对接客户需求。举办银企对接会、业务恳谈会，普及金融知识、搭建合作桥梁。发挥创业贷产品优势，以“信用+增信”的方式解决小微企业担保难题，全年累计发放创业贷25亿元，有贷户497户，其中信用方式比例56%，弥补“轻资产”企业的融资短板。推出方便快捷、免担保、纯信用的“网上小额贷款”“结算贷”等线上融资产品，丰富服务小微企业的产品线。控制小微贷款定价水平，网络融资执行基准利率，普惠贷款加权利率4.88%，不额外收取任何费用，解决小微企业融资贵的问题。实行普惠金融业务专项规模管理，强化内部考核激励和各级责任。全年累计为近500户小微企业及个体工商户发放小微企业贷款28.40亿元。至年末，全行普惠口径贷款余额13.69亿元，较年初增加2.03亿元，新客户单边增加贷款6.5亿元。

（季晓明　陈　斌）

■中国农业银行股份有限公司扬州分行 2018年末，中国农业银行股份有限公司扬州分行各项存款余额696.7亿元，比年初增加37.3亿元，比上年分别提升0.87个百分点、3.01个百分点；各项贷款余额407.89亿元，比年初增加46.49亿元，比上年分别提升0.57个百分点、3.03个百分点；全行不良贷款余额1.92亿元，不良率0.47%；普惠金融有效发展，央行降准口径普惠金融领域贷款比年初增加12.5亿元，完成省分行目标118%；银保监会普惠金融重点领域监管口径贷款客户数增加1174户，贷款增加10.2亿元。财务指标全面向好，实现营业收入20.26亿元，比上年增加2.55亿元，拨备前、拨备后利润分别为14.02亿元、13.36亿元，比上年分别增加2.41亿元、1.82亿元，实现中间业务收入4.76亿元，比上年增加4754万元。

资金组织。加强个人存款组织，每日通报存款监测数据，加强资金管控，压实存款责任；推动“行外吸金”工作，全年行外吸金2206笔金额12.42亿元；开展结构性存款、大额存单、定活利丰、协议存款等优势存款产品宣传和营销；开展新一轮“包户包效”工作，出台个人存款包户包效管理办法。加强对公存款组织，开展对公客户包户管理工作，明确各层级包户标准、包户目标和绩效考核；拓展上市公司募集资金和土拍资金，营销倍加洁、亚普4.1亿元IPO资金，全年累计获得土拍资金172.5亿元；抓重点机构和系统客户营销，实现各级公共资源交易中心客户服务全覆盖，取得市级国库集中收付代理银行资格，新上线市级财政、宝应县、高邮市三家非税电子化项目。加强外汇存款组织，全年共开立资本金账户30户，到账资本金2.2亿美元。

公司贷款营销。加强棚改项目、PPP项目营销。全年获批棚改项目7个金额54.6亿元，在报PPP项目2个金额31.5亿元。营销总行房地产核心客户在扬优势项目，全年获批房地产开发项目金额19.1亿元，累计投放13.1亿元。加大对省、市两级政府重点投资项目、央企合作项目的营销支持力度。响应市政府建设“制造强市”号召，增强对制造业客户信贷支持，新增授信5亿元，实现投放2.3亿元。全面推动机构类资产业务发展，全年新增4户机构类信贷客户，扬州大学、扬大附属医院等重点客户贷款份额实现提升。

个贷业务。个人住房贷款业务注重资金转存和利率执行水平提升，个贷投放向总、分核心客户和重点房地产开发公司倾斜。抓好二手房贷款资金监管，全辖实现二手房交易资金托管模式。全年累计发放个人住房贷款8043笔金额42.73亿元。拓宽个人消费贷款增长路径，市分行与市公积金管理中心合作，上线“网捷贷”公积金直连模型，全市所有缴存公积金的人员均进入白名单。与金鹰房地产开发公司、石榴集团等开发企业洽谈“车位贷”“家装贷”。推介惠农便捷贷，至年末全市惠农便捷贷客户121户，余额983万元，覆盖42家网点。

中间业务。营销债券承销和交易类业务，注册瘦西湖旅发中期票据10亿元，完成一期5亿元发行，新盛投资5亿元中票完成注册事项，全年销售国开债6.9亿元，分销地方债7.1亿元。全年代理保费6.27亿元，实现代理保险业务收入2851万元。营销宝应张创新能源汽车股权投资基金托管项目，到账托管资金5亿元。加大“两金”业务营销，全年销售实物贵金属3160万元，实现偏股基金持营1.59亿元，新发基金销售3.97亿元。营销惠农E通项目，组织策划千山、康源乳业两场现场订货会，上线金土地等20个全流程商户。推进“智慧项目”落地，实现品尊国际智慧物业、红桥智慧中学、凤凰岛智慧景点等项目落地。全面发展分期业务，建立专项分期团队，全年专项分期交易6.01亿元，增长46.96%。

经营转型。加快网点转型，出台网点建设三年规划，迁址建设仪征刘集和宝应望直港两个乡镇网点，撤销13个效率偏低的离行式自助银行，完成17个网点轻型化改造和13个网点智能化建设。推进线上线下业务融合，对1811个惠农通服务点进行互联网化升级，开通扫码支付的惠农通服务点1318个。加快推进重点业务转型，年末全行网银代发工资占比82%、代发工资掌银渗透20.67%、电子工资单占比96%、电子对账签约96.89%。

服务乡村振兴。持续优化制度设计，精准对接地方服务乡村振兴战略规划。先后制定《关于推进大集镇网点加快业务发展的指导意见》《关于进一步推进乡村振兴战略重点领域金融服务的意见》。完善大集镇网点发展机制。修订完善《关于推进大集镇网点加快业务发展的指导意见》，明确大集镇网点发展思路和目标，建立大集镇网点穿透式考评体系，加强穿透式考评力度。

信用风险管理。加强风险客户排查工作，早监测、早预防、早化解，全年组织开展押品风险、大额民营集团客户风险等专项排查活动，开展政府隐性债务清理和到期风险排查。强化不良资产清收处置，全年共完成存量247户、本金1.41亿元，增量24户、本金1055万元，已核销86户、本金1.82亿元的尽职调查工作，诉讼处置不良贷款本金1.05亿元。累计完成核销1520户、本金3323.9万元、利息605.2万元，累计清收已核销呆账2833万元、表外利息1109万元。（吕元兆）

■中国银行股份有限公司扬州分行

2018年末，中国银行股份有限公司扬州分行本外币存款余额426.83亿元，较年初新增15.36亿元，增幅3.73%；本外币贷款余额369.7亿元，较年初新增31.97亿元，增幅9.47%；实现净利润6.57亿元，增幅14.07%。不良资产余额3.22亿元，较年初下降8384万元，不良率0.87%，较年初下降0.33个百分点，实现不良双降，不良率低于全省中行系统平均0.26个百分点。

服务“国际文化旅游名城”建设及全市重大战略。与市发改委联合发起江淮生态大走廊集合债，向生态项目投放1.3亿元贷款。支持“运河文化带”建设。与世界运河历史文化城市合作组织WCCO合作推动大运河文化带项目，为古镇邵伯建设项目投放5.5亿元贷款。助力国际经贸文化交流。参与协办在扬州举办的第六届“中国－中亚合作论坛”，牵头双方企业跨国经贸合作。支持文化旅游产业基础设施建设。中标全国首笔旅游境外债券全球协调人，向文旅项目投放1.2亿元贷款。

服务“新兴科创名城”建设。搭建银政企交流平台，协助市科技局举办全市创业创新大赛。打造科技金融服务链。与市财政局、市科技局联合研发“扬科贷”创新产品，为扬州科技创新型企业量身定制产品；成立一家科技专营支行，对接科技创新型企业。创新线上线下一体化服务新模式。携手“我的麦田”知识产权互联网公共服务平台，创新“线上线下双通道申请、知产税务双渠道采信”模式，将业务流程优化为“先行放款，再落实质押”，解决评估难、风控难、放款慢等问题，惠及广大科技型企业。加大对信息产业园和科技创新企业的资源倾斜。牵头向智谷科技综合体建设投放4.9亿元银团贷款，向乾照光电太阳能电池扩产、凯翔精铸汽车变速器壳体项目投放1.9亿元贷款。

服务实体经济。梳理下发全市13家上市公司、149家拟上市公司、21家直接融资客户、355家实体经济企业、263个重大项目、140户国际结算客户、156户跨境人民币阶段客户、3845户小微企业客户的客群表单，建立各支行守土有责的服务包干机制、例会推动机制、服务跟进机制、问责机制，将全市重大项目网格化，推动支行挂图作战。至年末，实体经济客群新增162户，其中“绿智造”客群新增30户、大型基建客群新增3户、军民融合客群新增5户。加大表内贷款支持，拓宽骨干企业融资渠道。联动法兰克福分行，为宝胜科创叙做2亿元海外直贷业务；为倍加洁、亚普公司直接融资项目提供专业化服务。

普惠金融业务。至年末，中小企业贷款余额87.20亿元，较年初新增1.15亿元；个人普惠金融贷款余额6.85亿元，较年初新增7559万元，增幅12.4%。建立专门的综合服务机制，在分行成立普惠金融联动工作领导小组，各中心支行成立普惠金融推动工作小组；建立专门的资源配置机制，实现信贷规模、经济资本、专业人才等经营资源的倾斜；建立专门的绩效考核机制，落实对经营机构、机构负责人、客户经理绩效考核方案中普惠金融的考核；建立专门的统计核算机制，提高核算质量；建立专门的风险管理机制，保障资产质量。破解融资难。通过大数据分析，解决银企信息不对称的问题，创新推广无抵押融资业务，降低客户准入门槛和授信风险；创新“投贷联动”业务，针对创业期的小微企业提供股权融资服务。破解融资贵。对小微企业实施优惠利率政策，不向小微企业摊派各类销售任务；创新“网融易”产品，实现7×24小时在网银端随借随还，便于企业根据用款及资金回笼状况自主控制贷款使用期限长短，为企业节约财务支出。

民生服务。推进全市智慧医疗工程。利用新市民卡平台集成医疗、公交等公共服务功能，成为“云上扬州”项目的重要抓手。根据市政府部署，在苏北人民医院组建市民卡办理点，在银医互联设备上实现微信、支付宝线上缴费功能。创新民生服务线上渠道。在全省中行系统率先上线手机银行7项民生缴费功能，提升客户便利度。（袁　庆）

■中国建设银行股份有限公司扬州分行 2018年末，中国建设银行股份有限公司扬州分行一般性存款时点余额684亿元，较年初新增16亿元；各项贷款余额507亿元，较年初新增42亿元；不良贷款率0.50%，较年初下降0.27个百分点。全年实现拨备前利润15亿元。

推进“住房租赁、金融科技、普惠金融”战略。政府公租房平台、监管平台、共享平台、企业平台和监测平台5大平台上线运营；建融家园挂牌；租赁交易增加，房源拓展6.86万套、租客招揽6.81万户。加强对重点推广平台、新一代推广应用案例、金融科技创新项目的研究推进，加快完成全行平台推广和创新应用实施任务。住房维修资金业务管理系统被市房管局认可，提交总行开发。智慧社区云平台于12月10日上线。上线推广公积金快贷项目。实施普惠金融战略，加快开发小微快贷、云税贷、抵押快贷等新品，扩大客户的金融产品选择空间。营销职能下沉所有网点，提升营销能力。全年普惠金融贷款新增12亿元，年末余额达24亿元。扩大资源共享，所有网点建立“劳动者港湾”并对外开放。

商户拓展。加强对学校、景区、物流、停车、休闲、消费等传统商圈营销。明确部门责任，加强联动，对各类圈链、各大市场开展一体化营销，实现对公商户、个人商户及各类产品的同步覆盖。全年对公消费类活跃商户新增3485户，对公商户客户新增4930户，活跃个人商户总数达2.2万户。

信贷投放。围绕地方重点工程、重点招商引资项目，主动加强资金支持。先后为江都、仪征、高邮、邗江、广陵五个区域投放棚户区改造贷款近32亿元，服务民生改善。为高邮文体中心、611省道邗江段、江苏旅游职业学校新建、宝应垃圾发电和临江路改造5个PPP项目投放项目建设贷款13亿元，支持政府融资。为仪征土地综合整治、331省道宝应段改扩建工程、南部快速通道经济技术开发区段拆迁、广陵学院迁建土地综合整治等项目累计新增投放16亿元，支持基础设施建设。自来水提标扩建项目申报获批基本建设贷款2.8亿元。全年向制造业领域投入贷款近60亿元，支持装备制造、化工、汽车及零部件等地方支柱产业发展。

不良处置。全年核销对公项目5户，对私项目75户，核销金额5570万元。全面加强已核销资产管理和处置，组织专门人员对19户存量已核销资产抵押物进行现场查看，制订最优处置方案。全年实现已核销资产现金回收2273万元。创新运用不良处置手段，通过资产证券化有效处置不良贷款5745万元。全行全年处置各类不良资产3.21亿元，实现现金回收1.34亿元。（黄克义）

■交通银行股份有限公司扬州分行 2018年末，交通银行股份有限公司扬州分行资产总额260.82亿元，人民币存款考核口径余额242.53亿元，人民币贷款考核口径余额169.06亿元。全年新开对公客户385户，其中达标客户32.5户。新增源头代发4593户，其中新增有效代发2973户、贷记卡活户8810户。新上线系统9个，系统掘金提升21%，新拓展同业客户2户，上线银银平台4户；拓展7户核心企业产业链金融业务，净增蕴通账户25户，完成率132%。

转型发展。中标全辖和区域首单境外债项目扬州瘦西湖旅发集团的3亿美元境外债项目。全年共实现投行业务投放10单，金额43.65亿元，其中债券业务4单30亿元，计划完成率273%。线上产品应用取得先发优势，实现系统内首笔“线上优贷通”提款，线上贷款产品应用客户201户，贷款余额3887.35万元；依托人民银行中征系统应收账款融资平台，发放江苏省首单线上快捷保理融资100万元。营运服务转型推进，票据机分流率73.18%，现金循环机分流64.4%率。

合规管理。晋级交通银行“A类内控行”，成为系统内第三家内控管理A类省辖分行。坚定问题贷款化解的恒心，减退化解潜在风险2户3710万元；现金清收不良贷款30户3373.58万元，其中已核销收回1036.13万元，超额完成省分行下达目标。

结构调整。全年分行活期低负年均存款增量12.37亿，计划完成率131%，其中对公活期低负年均存款增量11.9亿，计划完成率159%。新发放贷款加权平均利率5.09%，较上年增加30个基点；全口径存贷利差2.74%。（邰　思）

其他商业银行

■中信银行股份有限公司扬州分行 2018年末，中信银行股份有限公司扬州分行一般性存款日均余额180亿元。零售存款规模及时点增量均位列当地股份制银行首位。零售管理资产余额151亿元，比年初增加14.68亿元。中信银行扬州分行加强名单制管理和方案营销，搭建和运用“协同、同业、海外”三大平台，加快新产品开发与运用，为客户提供综合融资服务，与宝胜集团有限公司签约战略合作协议。11月1日，发行瘦西湖资产支持票据22亿元，票面利率6.0%。该项目是银行间市场首单景区门票收益权资产支持票据，创下扬州地区单笔债券发行规模之最。（中　信）

11月23日，中信银行扬州分行与宝胜集团签订战略合作协议

中　信/供稿

分类调整金额，不良贷款余额8123万元，下降3359万元，不良贷款率为0.41%，实现“双降”。

全年存量清收完成4342万元，清收率37.8%，完成上级行下达目标的182.8%；核销后回收820万元，完成上级行下达目标的146.4%；新增不良清收2440万元，新增不良清收率为23.9%，剔除从紧分类享受免考核政策，新增不良清收率为27.4%。全年在“三区一链”拓展、大走访、领军计划等活动过程中，协同联动，发挥优势，成效显著。小企业条线重点走访财政局、卫计委、扬州经济技术开发区、工业园区、工业集中区、企管站、担保公司等机构平台102次，签订平台合作协议7份，走访客户889户，实现新客户投放113户4.56亿元，其中二级支行79户2.86亿元。县区支行中江都新客户投放23户1.05亿元，高邮新客户投放32户1.1亿元，仪征新客户投放21户0.7亿元；公司条线重点走访财政局、烟草、社保等机构类负债客户，扬州市百强企业、上市公司、存量公贷客户、地方龙头企业等资产类客户，完成走访174次，全年实现公贷新客户投放4.25亿元，实现公贷新增投放16.25亿元，广陵、高邮支行拓展效果较好，分别实现新增项目投放4.25亿元、3亿元。（詹　成）

■招商银行股份有限公司扬州分行 2018年，招商银行股份有限公司扬州分行实现营业净收入5.09亿元。至年末，全折人民币自营存款（时点）余额达122.22亿元，较年初增加6.51亿元，其中公司存款92.52亿元，零售存款29.7亿元。人民币一般性贷款余额96.99亿元，较年初增加1.54亿元，其中公司贷款49.02亿元，零售贷款47.97亿元。

零售金融业务。年内大众客群有效户净增1.43万户，双金（折标金卡）客群净增5592户，新企业代发新增1.27万户。市场占比自2015年以来首次实现正增长，年末月均占比0.99%，比年初增加0.19个百分点。零售营业净收入比重逐步提高，年末达40.94%，比上年末增加6.47个百分点。

公司业务。投金业务发展稳健，债券承销增长迅速，实现投放25亿元，市场占比提升至19.53%。票据业务稳居前列，直贴量43亿元，累计再贴现发生额8.65亿元，市场份额占比21.60%。

金融科技。扬州市市民卡公共出行项目，成为招商银行系统内第一家申报成功的二级分行Fintech项目。借力扬州早茶文化，在手机银行上线“小招请客吃早茶”活动，支持线下商户50余家，每周四发放优惠券，领取率99.7%，使用率达70%以上。房贷诚意金项目，8月上线至年末累计交易量超2亿元。扬大康源乳业扫码送红包的项目，链接起康源、送奶工、订户和分行，受客户好评。洪泉医院智慧医疗获批准。推进扬州交通产业集团停车场项目评估与立项申请。（佘振东）

■中国邮政储蓄银行股份有限公司扬州市分行 2018年末，中国邮政储蓄银行股份有限公司扬州市分行小额贷款净增1.63亿元，计划完成102.05%，比上年增加7050万元；商务贷款净增3.34亿元，计划完成185.33%，比上年增加1.78亿元；小企业贷款净增1.72亿元，计划完成率107.69%，比上年增加8875万元。“两增两控”小微企业贷款结余2932户21.25亿元，净增448户4.61亿元；人行口径普惠小微企业贷款结余3128户22.75亿元，净增442户5.23亿元。贷款余额净增34.47亿元，比上年增加2.16亿元，贷款增幅21.23%；其中，经营类贷款净增占比42.73%，比上年提高28.62个百分点。年末不良贷款余额1.16亿元，不良贷款率0.59%，比年初下降0.12个百分点。剔除从紧

■江苏银行股份有限公司扬州分行 2018年末，江苏银行股份有限公司扬州分行各项存款余额494.82亿元，较年初增长25.53亿元，增幅5.44%，高于全市平均1.07个百分点。余额市场占比8.19%，较年初提升0.08个百分点。其中，对公存款市场份额占比12.21%。储蓄存款较年初增加18.41亿元，比上年增加7.56亿元。各项贷款余额376.4亿元，较年初新增56.5亿元，增幅17.66%。全年实现营业净收入18.39亿元，实现考核净利润10.18亿元。

助推地方经济，发展绿色金融。紧扣创新驱动、绿色发展、乡村振兴、“1+3”功能区等战略，实施服务实体经济“新动能计划”，重点

支持先进制造、绿色环保、小微、三农等领域，精准对接国家、江苏省重点支持发展的实体企业。至年末，分行制造业贷款余额51.96亿元，增速10.6%，占实体企业贷款余额比重近50%，获评扬州市银行业金融机构执行政策评价A级第一名。贯彻绿色发展理念，将绿色金融业务作为战略性特色业务，加大绿色金融供给力度，助力经济社会实现绿色化转型。至年末，绿色信贷余额35.2亿元，增速达18.2%。

支持小微民营，助力乡村振兴。至年末，分行小企业全口径贷款余额201.4亿元，比年初增加45.22亿元。普惠金融贷款余额26.42亿元，比年初增加5.4亿元。服务民营企业，为30多家优质龙头民营企业以不超过基准上浮5%甚至基准利率投放流动资金贷款，节省企业融资成本。贯彻落实中央和省委实施乡村振兴战略的决策部署，执行总行制定的战略规划，把服务乡村振兴战略作为普惠金融的抓手，主动适应县域经济的新形势、新要求，把乡村振兴战略与分行业务发展有机结合，相互促进。全年涉农贷款增幅达42.79%，连续多年完成“两个不低于”监管目标。

打造智慧金融，改善客户体验。推动智慧金融向纵深发展，形成以“智慧风控、智慧营销、智慧管理、智慧运营”为代表的智慧银行体系，运用互联网、大数据、物联网、区块链、人工智能等金融科技手段，引入人脸识别、指纹识别、语音识别等，持续推动产品、服务优化升级，打造“最具互联网大数据基因的银行”。“金融＋交通”场景方面，首创推出“车生活”一站式综合车主服务平台，打造权威车助手、实惠车消费、无忧车服务三大特色服务，为车主提供服务便利。“金融＋医疗”场景方面，打造“爱健康”智慧医疗服务平台，为用户提供方便快捷的健康诊疗服务。2018年，“爱健康”平台接入扬州市第一人民医院、高邮市中医医院等医疗机构，用户通过江苏银行手机银行可享受预约挂号、诊间缴费、在线问诊、基因检测、健康资讯等医疗服务。“金融＋教育”场景方面，面向家长、教师及学校推出“爱学习”教育平台，提供校务管理、缴费管理、家校互动等学习场景服务功能。聚焦智慧网点建设，加快智能设备布放，全年新增智能机具36台，将开卡、签约等柜面业务前移至厅堂办理，释放网点柜面人力资源，转变被动的柜台服务模式为主动与客户交流的咨询模式，满足客户“面对面”的金融服务需求。

（刁品明　陆　璐）

■江苏扬州农村商业银行股份有限公司　2018年末，江苏扬州农村商业银行股份有限公司资产总额320.79亿元，比年初增加25.32亿元，增幅8.57%；负债总额300.83亿元，比年初增加23.68亿元，增幅8.54%；所有者权益19.96亿元，比年初增加1.64亿元，增幅8.95%。各项存款余额261.98亿元，比年初增加7.13亿元，增幅2.8%；日均存款258.32亿元，比年初增加13.54亿元，增幅5.53%。各项贷款余额（含贴现）199.93亿元，比年初增加19.06亿元，增幅10.54%；贷款日均189.37亿元，比年初增加17.1亿元，增幅9.93%。总收入15.68亿元，比上年增加7366.27万元，增幅4.93%；实现利润总额3.08亿元，与上年持平；金融增加值8.72亿元，比上年增加4214.15万元；每股净资产3.7元，比上年增加0.27元。利息收回率95.78%，比上年增加1.76个百分点；净息差、净利差均在全省平均水平以上；贷款损失准备余额比上年增加1.5亿元。不良贷款率2.14%，比年初上升0.15个百分点；关注类贷款占比4.43%，比年初下降1.52个百分点；逾期90天以上贷款与不良贷款比例为82.45%，比年初下降13.36个百分点。手机银行13.10万户，比年初增加7.11万户；省级微信绑卡13.37万户，比年初增加8.23万户；网络支付27.36万户，比年初增加8.72万户；收单商户2592户，比年初增加1877户；社保卡发行47.59万张，比年初新增35.26万张；柜面替代率83.22%，比年初增加6.6个百分点；产品客户覆盖率91.05%，比年初增加41.31个百分点。

践行普惠金融，凸显支农支小地位。推进“阳光信贷”提质增效，全面采集基础数据，加大“惠民e贷”“亲情贷”等配套产品的营销考核力度，至年末对乡镇应授信村组100%全覆盖。支持小微企业融资需求，开展外拓营销大走访活动，制定一行一策营销方案，借助“网格化”工作方式，督促营销人员走进园区、走进企业；调整信贷结构，优化信贷流程，着力降低小微企业融资成本，助推小微企业贷款有序投放，完成“两增两控”目标。多渠道开展信用卡营销活动，促进卡分期业务开展；完善社保卡激活方案，提升客户体验；细分客户群体，提高精准营销能力；加强银政、银校、银医合作，拓展应用场景，打通合作渠道。电子银行业务快速发展，至年末手机银行、省级微信绑卡、收单商户、社保卡发卡量增幅均在100%以上。夯实资金基础，组织稳存促增、拆迁资金专项营销、阶段性资金专项营销等专项活动，取得邗江区、广陵区村级资金归集账户管理权，实现近5亿元的村级资金归集；聚力渠道建设，拓宽资金来源，开发高净值客户的专享理财产品，借助社保卡平台，拓展退休资金代发业务，借助市教育局规范校外教育培训机构，营销130余户校外培训机构开户。

创新驱动，改善服务模式。在普惠金融上，借助“惠民e贷”“亲情贷”免担保、放款快的优势，深化“阳光信贷”工程；在支持小微企业上，加强与政府合作，推广由政府承担风险抵补的信贷产品，实现让利企业的政策要求；在支持民营经济、制造业等方面，推进企业大走访和“行长＋会长”模式，拓宽营销渠道。围绕26个重点项目，加大科技支撑，以数仓建设为基础，打造流程管理平台、零售营销平台、风险决策平台、客户管理平台，发挥科技的动能引擎作用，助力经营管理提升质效。　（蒋　劼）

■**广东发展银行股份有限公司扬州分行** 2018年末，广东发展银行股份有限公司扬州分行人民币各项存款余额26.13亿元，比年初增加1.38亿元，增幅5.57%。其中，对公存款22.89亿元，个人存款3.24亿元。贷款总额30.04亿元，较年初减少4.76亿元，其中对公贷款余额25.88亿元，个人贷款余额4.16亿元。全年实现营业收入1.63亿元，实现净利润7209万元。

推进银保协同，打造综合金融。与中国人寿各成员单位推进全方位资源整合与业务协作，共同构建“保险、投资、银行”综合金融生态圈。创新公司金融业务协同模式，推出“投融资+”综合金融服务方案，为客户提供一站式服务；升级捷算通联名卡，首创推出对公移动支付，成为国内首家支持企业二维码支付的银行。

服务实体经济。加强特色品牌建设，整合国寿集团资源，推广专为企业单位量身打造的单位结算卡——“广发—国寿财险捷算通卡联名卡”，该卡集中银行、保险、理财、投资等综合一体化金融服务，全年共新增捷算通卡客户136户。挂联百强企业，扬州泰富特种材料有限公司、扬州亚星客车股份有限公司、江苏诚德钢管股份有限公司、宝胜科技创新股份有限公司等百强企业授信业务全部落地，表内外授信余额达8.5亿元。帮助民营及小微企业解决融资难题。开展“金融惠企大走访”活动，至年末共走访企业90户，其中无贷客户84户，解决18户企业融资问题，总授信额度约6005万元，43户企业对接中。

（赵 琳）

■**华夏银行股份有限公司扬州分行** 2018年末，华夏银行股份有限公司扬州分行资产总额84.84亿元，较年初增加4.77亿，增幅5.96%。一般件存款余额81.51亿元，较年初增加4.37亿元，增幅5.66%。一般性存款日均75.38亿元，较上年下降5.76亿元，降幅7.1%。各项贷款余额77.75亿元，较年初增长4500万元。新增易达金累计放款额1705.67万元，个人消费性贷款净增1.82亿元。国际结算量4.24亿美元，结售汇量5087万美元，累计开立国内信用证11.95亿元，国际业务有效户44户。净增对公有效户109户，净增个人基础客户1030户，净增个人贵宾客户812户，新增信用卡VIP户4148户，新增手机银行客户数1.54万户，净增对公网银新开户335户。实现中间收入3965万元，比上年增加1775万元，占营业收入比例较上年提高5.82个百分点。拨备前利润总额2.35亿元，减少1600万元。不良贷款余额2485.35万元，双90天贷款余额642.04万元，逾欠贷款余额642.04万元，不良贷款余额较年初增加1284.23万元。

存款组织。开展多项存款营销竞赛活动，抓住关键节点组织存款，提升日均活期存款。加强重点产品、负债类产品及保证金类产品运用，以产品拉动存款有效增长。通过存量客户提质增效和新客户银票、信用证投放，优化调整存款结构。加大对结构性存款、定利宝、大额存单等负债产品营销。狠抓机构类净存款组织，鼓励全行加强对财政类存款的组织营销。做好批量开发业务营销工作，狠抓代发工资和拆迁资金落地，上线扬州市股份制银行首家建筑工人工资代发系统并投入使用，有效拉动储蓄存款增长。

用好用足授信政策资源。做好市场规划工作，引导经营单位寻求融资投放新渠道，存量挖潜，向实体经济、高端制造业转型。围绕政策变化、市场态势、客户情况，持续做好信息传递，牵引营销。开展各类专项开发活动及营销竞赛，引导业务发展。加大实体经济服务力度，优化客户结构，做大客户群体。协调联动，推动授信客户开发，各业务部门联动，做好各环节的沟通，保证经营单位营销的针对性和目的性，形成有效储备和投放；与南京分行计划财务部、公司部双向沟通，排定信贷投放进度，督促经营单位落实放款条件，适时安排投放。推广、指导经营单位使用国内证福费廷产品，解决投放规模不足的难题，带动保证金存款沉淀，促进国际业务中间收入增长。优化资源配置，提升个贷收益，引导经营单位优选房贷项目、优选房贷客户，保持业务稳定增长，提升房贷业务的综合回报，有效带动对公存款、对私存款、理财、信用卡、手机银行等个人业务的增长。

（周和平）

■**兴业银行股份有限公司扬州分行** 2018年末，兴业银行股份有限公司扬州分行本外币各项存款（不含非存款类金融机构存款）余额113.90亿，较年初减少11.19亿；其中单位存款余额99.58亿元，较年初减少13.53亿元；储蓄存款余额14.32亿元，较年初增长2.34亿元。同业负债余额71.39亿元，较年初新增1.58亿元。本外币各项贷款余额144.10亿元，较年初增长37.79亿元。实现考核利润3.93亿元，较上年减少0.98亿元。企金有效基础客户584户，较年初新增54户；零售核心客户1.99万户，较年初新增2548户。

负债业务。中标苏北人民医院资金存储服务项目，带动智慧医疗三期项目合作，实现仪征、高邮、宝应三县医保资金归集，实现新东方“智慧校园”项目上线，仪征土地交易系统项目立项开发，推动扬州农民工代发薪系统项目上线等重点项目，提升交易结算型存款和客户拉动负债增长的贡献度。零售负债通过抓住重点储蓄产品大额存单，至年末储蓄存款余额较年初新增1.06亿元，日均较年初新增0.42亿元。通过公私联动开立多个对公账户，代理类产品销售保持较好水平，全年共代销保险1.3亿元，代理类业务实现中间收入1417万。

资产业务。助力重大基础设施建设、小微企业融资、实体经济发展，全年共上报各类重点项目15个，获批10个，实现投放24亿元。主要包括江都永通和仪征建和棚户区改造项目贷款6亿元、扬州园博投资项目贷款5亿元、扬州城控流动资金贷款5亿元、扬州绿盛和海龙房地产开发贷款4亿元。助力政府类客户拓宽融资渠道，通过独立或联合承销的方式参与辖内政府平台客户直融项目招投标，中标多单债券承销业务，储备一批标准化债权承销项目。通过参与竞争性谈判的方式中标扬州交投5亿元理财直融项目；与建行等6家银行联合中标扬州城建30亿元超短融项目获协会注册成功；与建行中标扬州城建12亿元中期票据项目；与建行联合中标扬州交通产业集团4亿元超短融项目，全年累计实现标准化债权承销业务储备16亿元。实现“环保贷”业务突破，纳入省环保厅“环保贷”项目3笔金额7800万元，落地3笔环保金额4800万元；落地“税兴融”产品11笔金额7226万元。（王茜茜）

■南京银行股份有限公司扬州分行 2018年末，南京银行股份有限公司扬州分行各项存款余额334亿元；表内外授信总额481亿元，其中表内贷款余额194.5亿元，创历史最高纪录，比上年增长30.3%；新增制造业贷款在全市新增制造业贷款中占比32%；小微企业贷款新增24.69亿元；不良贷款余额1.25亿元、不良率0.65%，全年未发生任何重大安全和风险责任事项。

坚持存款立行，优化负债结构。推广大零售发展战略、旺季开门红和全员营销工作，推动网点产能提升计划，推进城东支行开业和龙川支行改造，实现个人客户数和资产管理总量的双增长，拉动个人存款持续增长。至年末，个人存款余额57.9亿元（含保本理财），比年初增加21.24亿元；个人存款日均45.82亿元（含保本理财），比年初增加9.15亿元；全行个人金融资产164.31亿元，比年初增加26.82亿元。以扩群拓量为重点，提升对公存款基础客群，加强对财政、社保、非税等机构的“源头营销”，加大对重点客户、基础客户资金的“路径营销”，加快与地方法人金融机构的“创新营销”，加力推动公私协同的“联动营销”；实施交易银行发展战略，至年末交易银行价值客户32户，现金管理潜力客户达1005户，供应链核心客户3户。

坚持资产强行，壮大客户基础。至年末“鑫伙伴”成长计划84户，用信余额近11亿元；“淘金计划”审批投放45户金额5.57亿元，审批通过未投放9户金额1.8亿元；“鑫火计划”1户投放金额0.5亿元。做实普惠业务，成立普惠金融部，完善小微专营机制和考核体系，通过召开银企对接会和产品推介会、加大渠道建设、提升营销合力、倾斜资源配置、优化审批流程、降低融资成本等一系列举措，惠及更多优质小微实体企业，至年末普惠客户数达430余户，贷款余额13.77亿元。投行业务，新增投行资产46.65亿元，其中债权融资计划19.15亿元、结构性融资及产业基金18.50亿元、理财直融工具7.50亿元，代理推介1.50亿元。办理票据贴现78亿元，纯托管规模净增43亿元，理财推荐资产规模21.45亿元，实现同业收益1.89亿元。（周亚明）

■上海浦东发展银行股份有限公司扬州分行 2018年末，上海浦东发展银行股份有限公司扬州分行存款时点101.61亿元，日均105.1亿元；一般贷款139.02亿元，较年初增长44亿元。表内贷款投放总量在南京分行系统内以及扬州股份制同业中均排在前列。不良率0.19%，较年初下降0.2%。至年末，不良贷款余额2603万元，较年初减少1097万元，不良率0.19%，较年初下降0.2%，完成上级行下达的年度资产质量控制指标，风险预期可控。

零售业务。储蓄存款基础夯实，结构优化，零售营收占比实现两年翻番。下半年个人金融资产出现恢复性增长，基本保证每月新增1亿元的良好态势，全年累计新增3.2亿元，至年末分行金融总资产38.9亿元。

公司业务。设立专门服务实体企业的业务拓展部门，实体业务占比提升，平台类业务占比下降3.67%。接触并储备一批优质的实体企业，全年入表储备53个实体客户，授信金额61.92亿。加大对实体经济客户结算回笼的争取力度，强化活期资金沉淀；紧盯已放款客户，逐户落实资金留存；落实存款“关键周”要求，加强资金摸排，强化营销竞赛机制，缓解部分时点走款压力。资产投放把握重要时间节点和业务机会，全年贴除票据业务新增投放38亿元。（陈静 袁飞）

■平安银行股份有限公司扬州分行开业 9月10日，平安银行股份有限公司扬州分行开业，开业仪式上平安银行与扬州市政府签署战略合作协议，在未来三年通过平安银行综合金融、智慧城市等创新金融服务手段，在扬州地区投入超过200亿元，重点支持扬州民生项目、基础设施、先进制造业等项目，助力扬州经济社会发展。平安银行前身为深圳发展银行，2012年通过吸收合并更名而来。平安银行南京分行于2000年11月正式揭牌营业，扬州分行是平安银行在江苏省内的第八家二级分行。（王元）

保险业

■概况 2018年，全市共有保险机构64家，其中财产保险25家，寿险公司39家；有营业网点354个，其中财产保险公司营业网点133个，寿险公司营业网点221个；营销员2.90万人。全市共实现保费收入175.75亿元，比上年增长11.13%。其中，财产险保费收入37.20亿元，增长6.22%；人身险保费收入138.55亿元，增长12.53%。保险密度为3878.83元/人。保险深度为3.21%。

全年共支付各类赔款26.58亿元，增长7.99%。其中，财产险赔付22.58亿元，增长7.11%；人身险赔付4.01亿元，增长13.28%。

（刘珊珊）

■业务自律 规范车险市场秩序，防范车险经营风险。组织召开产险专业委员会会议以及车险工作会议，

2018年扬州市保费收入情况一览表

表 23-3

地　区	寿险保费收入（亿元）	比上年增长（%）	财险保费收入（亿元）	比上年增长（%）
合　计	**138.55**	**12.53**	**37.20**	**6.22**
市　区（不含江都区）	76.20	23.43	19.24	4.81
江都区	25.52	6.91	6.23	4.38
宝应县	12.25	0.58	3.37	20.65
仪征市	10.62	-6.24	3.88	2.19
高邮市	13.96	-0.39	4.48	9.13

（刘珊珊）

2018年扬州市部分财产保险公司主要业务指标一览表

表 23-4

公司简称	保费收入（万元）	比上年增长（%）	赔付支出（万元）	比上年增长（%）
人保财险	186804	4.87	121958	10.69
平安财险	56197	10.74	28811	18.94
太保财险	25889	19.6	11956	-3.61
国寿财险	25689	-5.51	18260	-10.17
大地财险	14866	4.86	8472	-16.34
阳光财险	7780	45.9	4155	36.46
紫金财险	7514	24.84	3613	-0.25
中华联合	7079	11.96	4247	13.07
天安财险	6182	26.93	3205	-10.45
太平财险	4877	9.5	2352	32.69

（刘珊珊）

2018年扬州市部分人身保险公司主要业务指标一览表

表 23-5

公司简称	保费收入（万元）	比上年增长（%）	赔付金额（万元）	比上年增长（%）
中国人寿	487785	7.22	23372	32.09
君康人寿	163979	60.53	160	399.06
华夏人寿	103353	210.09	124	-40.53
国华人寿	92561	38.12	493	272.54
太保寿险	85407	9.83	1581	29.18
平安人寿	66858	20.55	3558	23.42
人民人寿	42486	24.98	470	-80.05
太平人寿	40396	-9.58	1030	67.57
利安人寿	39857	-3.01	389	-32.10
百年人寿	33488	51.43	336	172.73

（刘珊珊）

开展车险产品费率“报行合一”自律工作。要求各公司规范经营、理性经营，并定期检视车险市场经营情况，在当期增速超市场平均增速最多的公司中选1家大型公司和1家中小型公司重点分析，要求报送书面车险经营情况，说明当期车险增速超市场过多的主要原因。加强人身保险公司销售人员的管理，规范寿险从业人员有序流动。全面执行《江苏省人身保险公司从业人员流动自律公约》《江苏省人身保险公司销售人员污点行为管理自律公约》，印制污点行为管理自律公约的随身手册，做到营销员人手一份。

（罗　玲）

■**民生服务**　开办老年人保险、民政优抚对象保险、计生系列保险、困境儿童保险、残疾人保险、长期护理保险等多款民生惠民险种。参与精准扶贫工作，行业内共39家保险机构参与“慈善一日捐”活动，共捐款35万元，其中中国人寿一次性捐赠20万元。人保财险发挥农业保险精准扶贫作用，帮扶建档立卡贫困户，为超过1200户低收入农户提供扶贫保险，结对7个经济薄弱村，与市扶贫办签订保险扶贫合作协议等。利用“互联网+”提升行业理赔服务水平。与市交警支队联合开展推进“警保联动”工作机制，快速处理轻微道路交通事故现场查勘、定责，定损，快撤、快赔。全面使用交警“12123”事故互联网快速处理系统，建立事故在线快速处理理赔工作机制，在理赔材料中使用交管网上平台电子事故认定书，减化理赔手续，提高工作效率。交通事故实现网上数据一体化处理。全市交通事故“网上数据一体化处理”改革试点工作机制建立，4月28日，首批试点邗江区法院道交纠纷“网上数据一体化处理”中心暨邗江区法院交通事故巡回法庭在市交警部门杨庙训考场内正式挂牌运行。“网上数据一体化处理”包括责任认定、理赔计算、在线调解、在线鉴定、在线诉讼、一键理赔等流程。实现信息数据共享和全流程在线一体化处置，系统上线后处理交通事故58件，案件金额360万元，做到一网办案、快速处理。泰康人寿扬州中支与扬大附院健保通项目正式签约，该项目做到系统直联、理赔金垫付、入院免押金、电子病历四项合作。通过“健保通”系统与医院系统连接，使参加泰康人寿保险的出院患者在医院窗口结算时，一次性完成基本医疗保险、商业险的一站式结算服务，让患者在最短时间内获得理赔，缓解经济压力。（罗　玲）

■中国人民财产保险股份有限公司扬州市分公司 2018年，中国人民财产保险股份有限公司扬州市分公司实现保费收入18.68亿元，比上年增长4.87%；市场份额50.22%，比上年提高0.51个百分点；缴纳税款0.67亿元，代缴税款1.22亿元。全年为2万多家企业、60多万辆汽车、100多万户家庭提供1.91万亿元的风险保障。全年处理赔案15.34万件，比上年增长25.67%；支付各类赔款12.20亿元，比上年增长10.69%；保险赔款总额居全市保险行业首位。

参与社会治理。在全市率先推动食品安全责任险、法院执行悬赏保险、关税保证保险以及建筑工程履约保证保险，续签全市自然灾害民生保险，与市应急办签订航空救援联动协议，建立健全地空一体化服务体系；与市公安交警支队建立“警保联动”机制，为客户提供交通事故快处快赔服务。服务三农，护航地方农业发展，公司全年累计承担农业生产风险55.94亿元，16.74万户次农民受益；年初两场大雪共为全市240户新型农业经营主体赔付3268.83万元，平均每户赔付13.62万元，赔款超过百万的有4笔，最高赔款达161万元。受猪价持续低迷影响，为高邮某养殖场支付全省最大生猪价格指数保险赔款，赔付金额76万元。勇担社会责任，助推脱贫攻坚战略，与市扶贫办联合落实《保险扶贫合作协议》，对15个在2017年集体增收项目投入较大、建设成效较好的市级经济薄弱村给予共计100万元的专项补助。发挥支农支小功能，推动普惠金融发展，开展农村基层小额助贷业务，通过“农业保险贷”共为全辖47户新型农业经营主体提供990万贷款支持，与邗江区蒋王街道签订土地流转履约保证保险合作协议，开办全市首单土地流转履约保证保险业务。

服务民生，参与社会风险管理和保障体系建设。配合政府部门做好农业保险、安全生产责任保险、环境污染责任保险、医疗责任保险、城乡居民大病保险、校园方责任保险、重大装备首台（套）保险、新材料保险、自然灾害民生保险等工作。（罗临峰）

■中国人寿保险股份有限公司扬州市分公司 2018年，中国人寿保险股份有限公司扬州市分公司总保费实现48.8亿元，保费规模比上年增长7.2%，市场份额占比35.2%，继续保持行业领先地位。核心业务指标总量跻身系统前列，长险首年标保实现4.60亿元，首年期交实现9.07亿元，短期险实现2.89亿元，保障型产品实现2.85亿元。续期保费在总保费中占比达71.79%，首年期交在长险新单中的占比达85.61%，保障型产品在首年期交中的占比达31.36%，三项指标分别较上年提升10.1、12.4、12.3个百分点。

至年末，公司承担风险保额17.8万亿元，拥有个人客户突破180余万人，大病保险客户达178余万人，法人客户单位达1.1万家。民生保险累计覆盖人群超过370万人次。服务市区、江都工伤预防项目，为60余家法人企业4000余名职工提供工伤预防培训。承办高邮超龄人员工伤保险，进驻社保大厅提供服务。取得扬州市直长护险项目承办资格，服务人群56万人。（涂　帅）

证券业

■概况 2018年，全市新增上市企业2家，分别为倍加洁集团股份有限公司、亚普汽车部件股份有限公司。扬州市累计有宝胜股份、扬农化工、联环药业、亚星客车、鸿达兴业、汇银智慧社区、长青股份、亚威股份、扬杰科技、仁恒实业控股、苏奥传感、罗思韦尔、金世纪车轮、晨化股份、传艺科技、泰和小贷、虹扬发展科技、倍加洁、亚普股份等19家上市企业。其中汇银智慧社区、仁恒实业控股、泰和小贷在香港联交所上市，虹扬发展科技在台湾证交所上市，罗思韦尔、金世纪车轮在韩国交易所上市。13家境内上市公司全年累计完成营业收入645.84亿元。

至年末，全市有33家证券公

市民在证券营业部查看股市行情　　李斯尔／摄

司46个证券营业部，比上年新增国融证券、上海证券、民生证券、华福证券4家证券公司，全年共开设资金账户67.79万户，保证金余额21.39亿元，全年净流入股市资金11.50亿元，累计完成证券交易额9950.41亿元，其中股票交易完成额6714.03亿元，占交易额的67.47％；基金交易完成额546.86亿元，占交易额的5.50%。（王　元）

■中国建银投资证券有限责任公司扬州证券营业部 中国建银投资证券有限责任公司（中投证券）在扬州市区、江都区、仪征市、高邮市开设4家营业部。至年末，中投证券扬州4家营业部共开设资金账户10.32万户，保证金余额3.75亿元，当年净流入股市资金4.84亿元，累计实现证券交易额1265.30亿元，其中股票交易额915.42亿元、基金交易额18.76亿元。（王　元）

■华泰证券扬州证券营业部 华泰证券扬州证券营业部在扬州市区开设证券营业部2家，在江都区、宝应县、仪征市、高邮市各开设证券营业部1家。至年末，华泰证券扬州6家营业部共开设资金账户18.53万户，保证金余额4.93亿元，当年净流入股市资金3.27亿元，累计实现证券交易额3279.88亿元，其中股票交易额2509.10亿元、基金交易额69.63亿元。（王　元）

■海通证券扬州营业部 海通证券扬州营业部在广陵区、江都区、宝应县开设证券营业部3家。至年末，海通证券扬州3家营业部共开设资金账户10.61万户，保证金余额3.15亿元，当年净流入股市资金3.94亿元，累计实现证券交易额1260.99亿元，其中股票交易额880.56亿元、基金交易额71.87亿元。（王　元）

■申万宏源证券股份有限公司扬州营业部 申万宏源证券股份有限公司扬州营业部在邗江区、江都区开设证券营业部2家。至年末，申万宏源证券股份有限公司扬州2家营业部开设资金账户3.72万户，保证金余额1.58亿元，当年净流入股市资金0.66亿元，累计实现证券交易额692.64亿元，其中股票交易额392.69亿元、基金交易额82.67亿元。（王　元）

2018年扬州市证券公司分机构主要业务指标一览表

表23-6

栏目 机构		开设资金账户（万户）	保证金余额（亿元）	当年净流入股市资金（亿元）	当年证券交易额（亿元）		
					累计额	#股票	#基金
合计		**67.79**	**21.39**	**11.50**	**9950.41**	**6714.03**	**546.86**
1	中投证券	10.32	3.75	4.84	1265.30	915.92	18.76
	其中：市区	4.05	1.39	–0.44	524.77	347.75	8.91
	江都	2.98	1.23	5.08	356.62	269.90	1.91
	仪征	3.15	1.09	0.24	372.11	288.07	7.68
	高邮	0.14	0.04	–0.04	11.80	10.21	0.25
2	华泰证券	18.53	4.93	3.27	3279.88	2509.10	69.63
	其中：文昌中路	6.29	1.78	2.42	1161.74	798.18	37.75
	文昌西路	5.61	1.73	0.02	1044.22	799.37	5.64
	高邮	2.69	0.53	–0.03	283.99	208.71	18.30
	宝应	2.95	0.65	0.36	688.30	617.45	7.51
	仪征	0.51	0.09		54.36	44.11	0.13
	江都	0.48	0.14	0.51	47.27	41.28	0.30
3	海通证券	10.61	3.15	3.94	1260.99	880.56	71.87
	其中：市区	5.11	2.16	3.77	809.56	506.31	51.06
	江都	4.28	0.87		365.06	303.16	20.27
	宝应	1.22	0.12	0.17	86.37	71.09	0.54

续表 23-6

机构		开设资金账户（万户）	保证金余额（亿元）	当年净流入股市资金（亿元）	当年证券交易额（亿元）		
					累计额	# 股票	# 基金
4	申万宏源	3.72	1.58	0.66	692.64	392.69	82.67
	其中：市区	3.66	1.57	0.58	685.33	385.40	82.64
	江都	0.06	0.02	0.09	7.31	7.28	0.03
5	招商证券	4.88	1.21	-2.41	453.31	280.46	2.23
6	银河证券	2.82	0.77	0.74	610.05	371.94	3.99
	其中 : 市区	2.74	0.74	0.64	578.37	346.66	3.54
	江都	0.08	0.03	0.10	31.68	25.28	0.45
7	新时代证券	1.52	0.73	-1.35	168.61	138.45	1.36
8	太平洋证券	0.48	0.25	-0.08	90.40	37.50	0.39
9	东吴证券	1.06	0.32	0.31	162.08	93.36	0.32
	其中：市区	0.38	0.08	0.22	27.21	21.03	0.05
	仪征	0.67	0.24	0.08	134.86	72.33	0.27
10	国联证券	0.56	0.33	0.53	174.09	83.35	0.59
11	东莞证券	2.05	0.37	-0.34	181.59	89.01	67.19
12	东海证券	0.44	0.21	0.02	236.54	59.26	141.86
13	光大证券	0.75	0.29	-3.61	132.15	30.31	20.09
14	德邦证券	0.25	0.07	0.07	16.43	14.29	0.29
15	长城证券	0.47	0.16	-0.03	88.64	44.72	16.94
16	金元证券	0.10	0.28	-0.22	39.20	26.32	1.19
17	方正证券	1.65	0.23	0.18	168.46	122.50	9.32
18	广发证券	0.83	0.12	-0.13	135.75	85.60	0.87
19	华龙证券	0.66	0.14	0.03	53.59	33.17	0.16
20	华鑫证券	0.21	1.14	1.04	80.03	60.70	5.61
21	国泰君安	2.16	0.27	0.02	170.54	120.92	3.90
22	华林证券	0.24	0.06	-0.33	26.12	17.19	0.16

续表 23-6

机构 \ 栏目		开设资金账户（万户）	保证金余额（亿元）	当年净流入股市资金（亿元）	当年证券交易额（亿元）		
					累计额	# 股票	# 基金
23	长江证券	0.46	0.26	-2.04	60.28	17.42	6.59
24	东方证券	0.17	0.09	0.09	13.91	8.76	0.35
25	广州证券	0.05	0.08	0.04	36.23	28.90	4.74
26	中信建投	1.16	0.18	0.95	47.02	40.91	0.37
27	安信证券	0.60	0.09	0.47	75.04	50.91	7.20
28	联储证券	0.11			1.92	1.57	
29	东方财富	0.60	0.25	1.64	176.18	127.68	5.66
30	国融证券	0.06		-0.39	21.21	5.16	1.71
31	上海证券	0.16	0.06		27.06	21.65	0.80
32	民生证券	0.10		3.44	2.80	2.79	0.01
33	华福证券	0.03	0.01	0.15	2.38	0.99	0.05

（赵晓红）

2018年扬州市境内上市公司经营业绩一览表

表 23-7

股票简称	股票代码	营业收入（万元）	净利润（万元）	基本每股收益（元/股）	加权平均净资产收益率（%）
亚星客车	600213	245758.64	1307.22	0.06	7.21
扬农化工	600486	529072.58	89537.70	2.889	21.08
联环药业	600513	101923.87	7355.68	0.26	8.15
宝胜股份	600973	3218440.41	11769.40	0.096	3.24
鸿达兴业	002002	604470.03	61091.27	0.2362	10.31
长青股份	002391	300079.51	31943.25	0.8886	10.16
亚威股份	002559	153288.44	11152.71	0.3010	6.84
扬杰科技	300373	185178.35	18738.27	0.40	8.02
苏奥传感	300507	66709.12	8685.73	0.72	9.59
晨化股份	300610	78680.33	8619.80	0.5742	12.00
传艺科技	002866	114302.78	9630.14	0.39	10.33
倍加洁	603059	75548.99	9441.21	1.23	12.58
亚普股份	603013	784914.44	33352.43	0.69	12.71

（王 元）

对外及港澳台经贸

Duiwai Ji Gang-Ao-Tai Jingmao

编　辑　贾丽琴

对外及港澳台贸易

■概况　2018年，全市实现进出口总额119.9亿美元，比上年增长11.1%。其中，进口总额34.5亿美元，增长17.7%；出口总额85.4亿美元，增长8.6%。主要进口产品有机电产品、化学化工制品、矿物燃料与植物油、塑料及其制品等21类，主要出口产品有机电产品、车辆、船舶及有关运输设备、化学化工制品、纺织原料及其制品、钢铁制品、塑料及其制品等20类，销往200多个国家和地区。按贸易方式划分，一般贸易进口总额25.60亿美元，出口总额65.57亿美元，一般贸易进出口总额占全市进出口总额的76.0%；加工贸易进口总额5.92亿美元，出口总额15.57亿美元，加工贸易进出口总额占全市进出口总额的17.9%。（徐其祥　胡慧娟）

■出口商品结构　2018年，化学化工制品、纺织制品、鞋帽、机动车辆与零配件等十大出口行业累计出口额48.81亿美元，占全市出口总额的57.1%，占比较上年下降0.1个百分点。十大行业中8类商品出口额比上年上升，累计出口额前三的化学化工、纺织制品、鞋帽分别占全市出口总额的13.9%、9.3%、5.6%。化学化工、新光源新能源、电动工具与机床等加工设备出口增速最快，分别比上年增长29.3%、22.0%、17.4%。（徐其祥　胡慧娟）

2018年扬州市分地区外贸进出口情况一览表

表24-1

地　区	进出口额（万美元）		
		出口额	进口额
合　计	**1199312**	**854167**	**345145**
扬州经济技术开发区	246436	165956	80480
扬州化工园区	115195	23972	91223
扬州生态科技新城	40269	38480	1789
广陵区	120814	101084	19730
邗江区	234314	201749	32565
江都区	223657	147353	76304
宝应县	112486	88308	24178
仪征市	55642	41653	13989
高邮市	49432	44802	4630

注：因海关只公布人民币值，本表县（市、区）美元值根据省商务厅当期美元值报表和人民币值报表折算汇率得出　　（徐其祥　胡慧娟）

2018年扬州市主要出口商品一览表

表24-2

商品类别	出口额（万美元）	比上年增长（%）	占全市出口比重（%）
合　计	**488129**		**57.1**
化学化工制品	118444	29.3	13.9
纺织制品	79716	12.1	9.3
鞋帽	48222	15.4	5.6
机动车辆与零配件	47642	15.0	5.6
新光源新能源	44405	22.0	5.2
电子纸与液晶装置	36026	–5.8	4.2
船舶	34968	–45.8	4.1
电动工具与机床等加工设备	32851	17.4	3.8
牙刷	24199	8.6	2.8
钢管	21657	17.2	2.5

（徐其祥　胡慧娟）

■出口市场结构 2018年，全市对前十出口国家（地区）累计出口额76.5亿美元，占全市出口89.6%。全市对欧盟、美国市场出口额继续保持前两位，其中对欧盟出口20.68亿美元，增长10.5%；对美国出口19.4亿美元，增长4.1%。对东盟、南亚等市场出口保持较快增长，分别增长20.3%、33.5%。全市对“一带一路”沿线国家、地区累计出口额19亿美元，增长18%，较上年提高9.3个百分点，占全市出口比重22.3%，较上年提高1.8个百分点。

（徐其祥　胡慧娟）

■县域出口 2018年，扬州市9家列统单位中，扬州经济技术开发区实现出口总额16.60亿美元，广陵区实现出口总额10.11亿美元，邗江区实现出口总额20.17亿美元，江都区实现出口总额14.74亿美元，宝应县实现出口总额8.83亿美元，高邮市实现出口总额4.48亿美元，扬州化工园区实现出口总额2.40亿美元，仪征市实现出口总额4.17亿美元，扬州生态科技新城出口总额3.85亿美元。（徐其祥　胡慧娟）

■重点出口企业 2018年，全市出口前30强企业累计出口33.42亿美元，占全市出口比重的39.1%，比上年下降5.6个百分点。出口前30强企业中，19家实现增长。骏升科技累计出口2.6亿美元，位居全市第一。化学化工企业增速较高，其中长青农化增长69.1%、优士化学增长28.8%；新能源企业保持强劲增长，荣德新能源、协鑫光伏增长22.2%、162.4%；集装箱企业快速增长，润扬物流、通利冷藏集装箱增长59.8%、25.5%。（徐其祥　胡慧娟）

2018年扬州市出口额前30名企业一览表

表24-3

序号	企业名称	出口额（万美元）	比上年增长（%）
1	骏升科技（扬州）有限公司	26182	-21.0
2	扬州中远海运重工有限公司	24710	-60.4
3	海信容声（扬州）冰箱有限公司	19418	23.8
4	江苏长青农化股份有限公司	19362	69.1
5	江苏扬农化工股份有限公司	18941	3.3
6	川岳科技（扬州）有限公司	17645	-43.7
7	江苏优士化学有限公司	16268	28.8
8	扬州荣德新能源科技有限公司	13360	22.2
9	江苏金飞达电动工具有限公司	12361	16.1
10	森萨塔科技（扬州）有限公司	11991	-1.3
11	高露洁三笑有限公司	11494	6.0
12	江苏汇成光电有限公司	11322	1.8
13	川奇光电科技（扬州）有限公司	10969	2061.6
14	扬州诚德钢管有限公司	9530	47.8
15	江苏牧羊控股有限公司	9388	-13.4
16	扬州联博药业有限公司	8527	38.9
17	扬州润扬物流装备有限公司	8174	59.8
18	扬州福克斯减震器有限公司	7817	77.9
19	扬州协鑫光伏科技有限公司	7727	162.4
20	扬州易凡贸易有限公司	7196	4.8
21	扬州通利冷藏集装箱有限公司	7160	25.5
22	宝胜科技创新股份有限公司	7073	42.4
23	扬州佳明航电科技有限公司	6930	-5.4
24	扬州金泉旅游用品有限公司	6918	-7.0
25	扬州巨钛科技有限公司	6345	22.3
26	扬州化工股份有限公司	5882	-2.0
27	扬州龙川钢管有限公司	5794	-10.7
28	扬州英谛车材实业有限公司	5470	-26.7
29	江苏扬农化工集团有限公司	5273	39.9
30	德奇电子（扬州）有限公司	4978	—

（徐其祥　胡慧娟）

■口岸建设 2018年，扬州泰州国际机场新增至柬埔寨暹粒、金边2条国际航线。机场免税店通过海关验收并正式对外营业。中海工业（江苏）舾装码头通过省级开放验收。电子口岸“三个一”系统运行平稳，国际贸易“单一窗口”标准版推广加快。（徐其祥　胡慧娟）

■“广交会”扬州参展 4月15日至5月5日，第123届中国进出口商品交易会（简称“广交会”）在广州举行。本届“广交会”共分三期，展品涉及大型机械及设备、建筑及装饰材料、家用电器、照明产品、园林用品、男女装、家用纺织品、医疗器械等39类商品。扬州市有168家企业参展，共249个展位，其中一般性展位230个、品牌展位10个、卡车通道9个，累计达成意向成交2亿美元。10月15日至11月4日，第124届“广交会”在广州举行。本届“广交会”分为三期，展品涉及大型机械及设备、新能源及电力设备、个人护理用品、家居用品、玩具礼品、男女服装、办公文具、体育及旅游休闲产品、鞋、箱包、医疗器械、食品和家用纺织品等36类商品。扬州市有262个展位，参展企业174家，参展人数800余人，累计意向成交额2.09亿美元。（徐其祥 胡慧娟）

外资及港澳台资利用

■概况 2018年，全市新批外资及港澳台资项目135个，数量比上年增长10.65%；项目协议利用外资及港澳台资25.15亿美元，增长6.14%。外资及港澳台资实际到账12.2亿美元。

全市第一产业实际利用外资及港澳台资434万美元，比上年下降48.76%，占全市总额的0.35%；第二产业实际利用外资及港澳台资8.08亿美元，增长37.1%，占全市总额66.17%；第三产业实际利用外资及港澳台资4.09亿美元，下降16.4%，占全市总额的33.48%。全市实际利用亚洲地区外资及港澳台资10.02亿美元，增长17.64 %；实际利用欧洲外资3907万美元，增长447.2%；实际利用南美洲外资4871万美元，下降35.3%；实际利用北美洲外资1229万美元，下降39.9%。（徐其祥 胡慧娟）

■外资及港澳台资项目 2018年，全市新批外资及港澳台资项目135个，比上年增长10.65%，其中新批（增资）1000万美元以上企业83家，增长2.5%。新增协议外资及港澳台资25.15亿美元，增长6.14%。（徐其祥 胡慧娟）

■“530”招商行动计划 2018年，连续实施“530”（5年内招引30家以上世界500强企业和跨国公司）招商行动计划。年内世界500强及跨国公司落户扬州6家，分别是总投资1亿美元的德国赛夫华兰德汽车零部件项目、总投资10亿元的万豪国际酒店项目、总投资150亿元的华侨城大型文化旅游综合项目、总投资1亿欧元的法国圣戈班集团石膏建材项目、总投资6000万美元的李尔三期汽车电子项目、总投资3000万美元的德国诺德集团传动设备项目。（徐其祥 胡慧娟）

■“510”外资并购行动计划 2018年，连续实施“510”（5年落户10家外资并购项目）外资并购行动计划。新落户“510”项目2个，分别是丹麦洛科威集团并购扬州科沃节能新材料有限公司项目、德国通快并购江苏金方圆数控机床有限公司项目。（徐其祥 胡慧娟）

对外及港澳台经济技术合作

■概况 2018年，全市完成外经营业额9.68亿美元，比上年增长6%，其中对外工程承包完成外经营业额89482万美元，增长8.29%。全年累计备案境外投资项目19个，扬州市协议投资额7456万美元，增长19.5%。全市期末在外人数5457人，下降36%。（徐其祥 胡慧娟）

■外经市场 2018年，全市境外工程承包市场分布37个国家，主要投向为亚洲的蒙古、新加坡、沙特阿拉伯等国家（地区），非洲的肯尼亚、加纳、阿尔及利亚等国。境外投资23个国家（地区），主要投向为越南、印尼等国家和中国香港地区等。全市在“一带一路”沿线19个国家完成外经营业额6.79亿美元，占全市总量70.1%，外经营业额排名前三的国家均为“一带一路”国家，分别是蒙古2.13亿美元、沙特阿拉伯1.09亿美元、新加坡1.09亿美元；全市新签工程合同额排名前三的国家均为“一带一路”国家，分别是新加坡8368万

2018年扬州市对外及港澳台经济技术合作营业额前20名企业一览表

表24-4

序号	企业名称	营业额（万美元）	比上年增长（%）
1	江苏江都建设集团有限公司	25868	-16
2	中石化江苏油建工程有限公司	16740	24
3	江苏省华建建设股份有限公司	13426	2
4	江苏邗建集团有限公司	5935	71
5	江苏牧羊控股有限公司	5580	-27
6	江苏中化建设有限公司	4980	435
7	江苏江安集团有限公司	4408	—
8	迈安德集团有限公司	4290	429
9	江苏恒远国际有限公司	3600	-35
10	宝胜高压有限公司	2400	—
11	扬州市国际经济技术合作有限公司	1303	-4
12	扬州市世达对外经济合作有限公司	1176	-33
13	江苏荣腾建设工程有限公司	1016	-42
14	扬州汇鸿国际经济贸易合作有限公司	1016	66
15	扬州海经对外经济贸易有限公司	922	13
16	江苏中油天工机械有限公司	800	-27
17	江苏飞扬对外经济技术合作有限公司	706	1
18	江苏瑞沃建设集团有限公司	620	—
19	恒远国际工程集团有限公司	471	-75
20	扬州市建盈建筑劳务有限公司	469	0

（徐其祥 胡慧娟）

2018年扬州市分地区利用外资及港澳台资情况一览表

表24-5

地　区	协议注册外资及港澳台资（万美元）	比上年增长（%）	实际利用外资及港澳台资（万美元）	比上年增长（%）
扬州经济技术开发区	75060	46.38	33026	17.92
扬州化工园区	165	-96.26	5044	56.40
生态科技新城	4000	-20.00	2500	25.00
蜀冈－瘦西湖风景名胜区	13409	227.37	6528	-3.29
广陵区	41864	19.62	10100	-16.28
邗江区	36892	51.12	22705	-5.81
江都区	26860	-7.23	22011	-8.52
宝应县	8169	-64.12	7001	15.57
仪征市	25231	-19.20	14003	74.04
高邮市	19813	-33.42	9276	36.94

注：数据含各县（市、区）上年结转数

（徐其祥　胡慧娟）

2018年扬州市分地区对外及港澳台经济技术合作情况一览表

表24-6

地　区	外经营业额（万美元）	比上年增长（%）	期末在外人数（人）	比上年增长（%）
合　计	**96838**	**6**	**5457**	**-36**
扬州经济技术开发区	17916	17	1496	-38
广陵区	15908	5	1037	-33
邗江区	16205	5	471	-41
江都区	41518	—	1005	-39
宝应县	3965	61	1028	-45
仪征市	706	1	250	-3
高邮市	620	52	170	1600

（徐其祥　胡慧娟）

2018年扬州市分地区对外及港澳台投资情况一览表

表24-7

地　区	新批项目数（个）	比上年增长（%）	扬州市协议投资额（万美元）	比上年增长（%）
合　计	**19**	**18.8**	**7456**	**19.5**
扬州经济技术开发区	3	0	1209.3	-54.7
扬州化工园区	—	—	—	—
广陵区	6	500	2514	2414
邗江区	4	-20	967.7	-58.7
江都区	4	-20	2565	2637.4
宝应县	1	—	100	—
仪征市	1	-100	100	-46.1
高邮市	—	—	—	—

（徐其祥　胡慧娟）

美元、科威特5000万美元、孟加拉国3900万美元。

（徐其祥　胡慧娟）

■**外经企业**　全市外经营业额1000万美元以上企业14家，累计完成营业额9.17亿美元，占全市总量的94.7%。其中，江苏江都建设集团有限公司、中石化江苏油建工程有限公司、江苏省华建建设股份有限公司位居前三，分别完成营业额2.59亿美元、1.67亿美元、1.34亿美元。江苏中化建设有限公司完成外经营业额4980万美元，比上年增长435%，增幅排名第一。

（徐其祥　胡慧娟）

参与“一带一路”建设

■**概况**　参与“一带一路”建设，发挥市发改委牵头部门职责，与国家发改委国际合作中心签署战略合作框架协议，在“一带一路”课题研究、规划编制、产能合作、人才培养等领域开展合作。制定实施扬州市推进“一带一路”建设年度工作要点。举办“央企海外项目与扬州企业对接会”，赴哈萨克斯坦、白俄罗斯开展城市专题推介，主办中国－中亚合作论坛经贸旅游合作分论坛，推动重点企业“走出去”。促成扬州经济技术开发区参股中阿（联酋）产能合作示范园，6个项目入选省“一带一路”建设重点项目库（2018—2020年），计划总投资11.8亿美元。

（郎　俊　夏卫峰　于松海）

■**项目储备**　2018年，全市储备国际产能合作项目51个，协议总投资57.97亿美元。其中，在建项目30个、协议总投资8.3亿美元；储备项目8个、协议总投资6.63亿美元；谋划项目13个、预计协议总投资43.04亿美元。其中有5个国际产能合作项目、1个能源国际合作项目纳入江苏省“一带一路”重点项目库，项目数分别占全省的14%、10%。

（吉爱平）

■**6项目入选全省“一带一路”建设重点项目库**　8月17日，江苏省参与“一带一路”建设重点项目（2018—2020年）印发。从2018年起三年内，全省将重点推进80个对参与“一带一路”建设具有较强支撑作用的重点项目，总投资约1324亿元，涉及合作园区建设、国际产能合作、基础设施联通、科技研发创新、社会人文交流等领域。其中，境外合作项目67个，总投资167.9亿美元；境内合作项目13个，总投资232.2亿元。在全省36个国际产能合作项目中，扬州市有5个项目入库，其中前期工作项目2个、在建项目3个，计划投资额11亿美元。在全省10个能源资源国际合作项目中，扬州市有1个项目入库，计划投资8000万美元。

（杨　奕）

■**外资利用**　扬州瘦西湖旅游发展集团有限公司、扬州经济技术开发区总公司分别获得国家发改委《企业借用外债备案登记证明》，允许赴境外发行不超过3亿美元（等值）债券。汤汪污水处理厂三期工程获4000万欧元德国促进贷款支持。

（吉爱平）

■**入股中阿（联酋）产能合作园**　1月25日，江苏省海外投资有限公司与扬州经济技术开发区总公司在南京签署投资协议，扬州经济技术开发区出资5000万元（占股10%），入股中阿（联酋）产能合作园。此次签约，实现扬州市经济技术开发区海外发展的“零突破”。

（吉爱平）

■**国际产能合作专题政策讲座**　3月13日，由扬州市推进“一带一路”工作领导小组和国家发改委国际合作中心联合主办，市发改委、商务局、外办、WCCO秘书处、丝路国际产能合作促进中心具体承办的“2018扬州市国际产能合作专题政策讲座”在西园宾馆举行。此次专题政策讲座是推动扬州企业、机构与“一带一路”沿线国家开展务实合作的实质性举措。国家发改委国际合作中心发挥自身综合服务平台作用，帮助扬州企业、机构了解国家推进国际产能合作支持政策、把握合作国投资环境和优惠政策、加强与海外项目合作对接，为企业和机构参与“一带一路”国际产能合作提供全方位的指导和服务。

（吉爱平）

■**“一带一路”中意经济文化合作中心揭牌**　4月17日，“一带一路”中意经济文化合作中心在广陵区扬州食品产业园揭牌。“一带一路”中意经济文化合作中心由意大利亚德里亚华商会、江苏安杰罗国际贸易有限公司和食品产业园共同组建。该中心将重点建设政府对接、招商引资、海外商业服务、文化旅游推广、食品安全检测、展示体验、人才服务等七大平台，为推进扬州和意大利等欧洲国家开展国际交流与合作提供贸易、技术、文化和资金支持。

（杨　奕）

■**扬州加入“一带一路”国际合作城市信用联盟**　10月20日，“一带一路”国际合作城市信用联盟峰会举行，揭牌成立“一带一路”国际合作城市信用联盟。扬州正式成为该联盟首批成员，是联盟中江苏省唯一的设区市。联盟首批成员包括中国、法国、意大利、沙特阿拉伯、蒙古国、泰国、缅甸等7个国家35个城市，旨在搭建国际城市信用交流与合作平台，推进诚信体系建设，弘扬诚信文化，优化营商环境，助力“一带一路”沿线城市互联互通与投资贸易合作。联盟专门设立秘书处，由北京国合信用研究院统筹，济南国合信用研究院承担联盟日常事务。联盟理事大会每年在山东济南召开一次。

（吉爱平）

■**第六届中国－中亚合作论坛**　参见第32页

海关监管

■**概况**　2018年，全市外贸进出口总值789.4亿元，比上年增长7.9%，占同期全省进出口总值的1.8%。其中，出口562.1亿元，增长5.4%，占全省出口总值的2.1%；进口227.4亿元，增长14.7%，占全省进口总值的1.3%，累计实现贸易顺差334.7亿元。

扬州口岸海关监管进出口货运量达1101.7万吨，增长0.52%。其中，进口792.1万吨，增长2.83%；出口309.6万吨，下降4.94%。监管进出口货值62.37亿美元，下降1.74%。其中，进口货值31亿美元，增长0.76%；出口货值31.37亿美元，下降4.10%。监管进出境船舶1134艘次，监管进出境航班1398架次，监管进出境旅客超21万人次。征收税款38.38亿元，办理减免税审批186笔，审批总金额3509.36万美元；减免两税2096.62万元。征收行邮税773笔259.55万元，分别增长68.78%、124.63%。办理加工贸易合同备案662份，下降0.30%，备案总金额7.21亿美元，增长约14%。检验出入境货物2.13万批，检出不合格货物68批。截获有害生物158种1763种次，其中检疫性有害生物22种383种次，在全国首次截获有害生物5种，在全省首次截获2种。打击非法进口洋垃圾，注销不合格固废进口企业8家。组织开展非洲猪瘟疫情防控知识培训、应急处置演练等。完善"检疫官—查验CT机—检疫犬"综合查验体系，通过验收。完成扬州地区45个出口食品原料种植养殖基地年审工作。开展"故垒清蚁"专项行动。实施调查退运货物32起。

2018年，扬州海关缉私分局立案侦办走私案件8件，走私案件案值5899.72万元。办理废粉走私一案，所有被告一审皆获重罪，打私绩效位于关区前列，"国门利剑"行动取得重大成果。侦查违规案件数92件，违规案值数19976.16万元，违规案件罚款369.488万元。

（扬海关）

■关检机构改革 执行党中央关于出入境检验检疫管理职责和队伍划给海关总署机构的决定，按照上级海关时间节点，推进机构改革工作。率先在关区推动深度融合。南京关区首家在现场实现双随机联合查验。6月，正式接管仪征港区检验检疫业务，实现平稳过渡，机构改革主要任务基本完成。释放改革红利，申报项目由229个合并精简至105个；随附单据由74项合并整合成10项，监管证件由102项合并简化成64项，达到企业负担"1+1 < 2"，办事效率"1+1 > 2"的效果。

（扬海关）

■助力地方经济发展 税单无纸化改革正式落地，口岸通关无纸化比例超99.43%，检验检疫单证电子化率达100%。在综合保税区卡口应用"掌上物流2.0"版本，进出车辆实现4秒内过关。全年智能验放车辆2万余车次，车辆在区内等待时间平均缩短近30分钟。协调市口岸办、物价局推进口岸提效降费工作，完成口岸进出口集装箱合规成本下降100美元阶段性任务。口岸进口整体通关时间和海关通关时间分别压缩50.74%、55.06%。（扬海关）

■进出口企业服务 强化信用管理，孵化高级认证企业7家、一般认证企业92家。加强减免税政策应用，推动产业转型升级。办理征免税证明186份，涉及货值3509.36万美元，增长7.3%；减免企业税款2096.62万元。签发原产地证书3.16万份，节约企业成本近1.4亿美元。建立与市人大代表联络机制，召开推进贸易便利化新闻发布会，营造良好服务发展外部环境。（扬海关）

■重点项目发展扶持 强化开放平台建设，开通金边等国际航线，旅检业务居全省第四位。8月31日，扬州泰州国际机场出境免税店正式营业。加强自贸区政策的推广复制，综合保税区快进快出、优进优出功能进一步释放。支持扬州泰富特种材料有限公司开展球团矿加工贸易业务，支持中海工业舾装码头对外开放。指导帮助扬州口岸首次进口肠衣、大米、植物油，完成宝应县出口食品农产品安全示范区年度复查。推动国家重点实验室建设与国际接轨，提升检测能力，促进扬州地区进出口企业产品质量提升。多次参加国际会议，牵头负责儿童推车安全标准制定工作。扬州乐器检测认证研究中心自主研发"古琴音质智能分析评价系统软件"，初步形成鉴定体系。（扬海关）

开发园区

Kaifa Yuanqu

编　辑　徐国磊

综述

■**概况**　扬州有国家级经济开发区1个、国家级综合保税区1个、国家级高新技术产业开发区1个、省级经济开发区7个、省级高新区（其中1个筹建）2个。全市开发园区代管面积981.05平方千米、规划面积408.1平方千米、开发面积158.5平方千米；有企业1.3万余家，其中规模以上工业企业1380家。2018年，全市开发园区以不足15%的管辖面积创造全市69.4%的地区生产总值、77.5%的规模以上工业增加值、63.5%的公共财政预算收入、86.9%的实际利用外资及港澳台资、92.4%的自营出口。（邱永永）

■**招商引资**　2018年，全市开发园区聚焦长三角、港澳台等重点区域，开展"530"招商、"510"并购行动计划，督促各开发区结合园区产业发展方向，制定实施具有比较优势的招商引资优惠政策，成立专业化的招商队伍，完善招商人员激励机制，探索由政府主导招商向政府与市场化招商相结合转变。采取"抓上游、连下游""抓主业、带配套"的策略，进一步深化产业链招商，着力引进一批补链、扩链、强链项目。坚持小分队、"点对点"招商，推广共建基金、共建产业链、以商引商、以企引企、中介招商、委托招商、互联网招商等新方法、新模

2018年扬州市开发园区主要经济指标一览表

表25-1

园区	规模以上工业增加值（亿元）		公共财政预算收入（亿元）		规模以上工业开票销售（亿元）		规模以上工业入库税收（亿元）		注册外资实际到账（万美元）		自营出口（万美元）		固定资产投资额（亿元）	
	全年	比上年增长（%）	全年	比上年增长（%）	全年	比上年增长（%）	全年	比上年增长（%）	全年	比上年增长（%）	全年	比上年增长（%）	全年	比上年增长（%）
扬州开发区	240	7	24.37	5	720	10	21	10	33026	17.92	165956	15.81	180	12
扬州高新区	112.90	10.2	21.70	2.7	283.30	13.1	17.40	2.6	2458	-78.70	104805	43.41	166.70	8.9
扬州化工园区	106.3	6.8	6.08	19.4	255.7	8.1	8.8	41.7	5044	56.4	23972	47.2	121	11
江都开发区	245.30	7.9	19.84	34.9	434.2	37.7	17.37	26.7	21373	58.35	105197	-11.7	226.4	4.9
仪征开发区	89.50	4.54	19	4.57	445.7	5.29	25.9	-7.8	5963	5.14	25410	0.65	106.5	14.1
高邮开发区	135	10.7	15	11.1	343	38.3	15.23	42.9	7487	50.82	34880	6.18	160	3.2
宝应开发区	153.43	7.08	16.70	6.51	346.23	7.01	6.11	7.41	5183	9.09	54805	2.00	168.05	25.35
广陵开发区	47.76	2.28	9.09	15.27	154.95	16.03	8.91	19.92	3095	-48.55	78131	10.47	65.16	3.79
维扬开发区	66.45	11.5	10.4	11.2	178.95	15.2	7.83	8.1	6073	-19.98	60900	6	65	17.2
杭集高新区	70.51	7.01	2.41	7.11	65.69	6.98	3.79	6.76	0		37803	22.09	18.93	0.90
高邮高新区	67.30	17.5	5.2	20.7	138.36	25.6	3.75	21.8	800	23.7	5580	15.6	115.3	16.3
合计	**1334.45**	**8.19**	**149.79**	**10.44**	**3366.08**	**15.09**	**136.09**	**11.87**	**90502**	**5.03**	**697439**	**7.52**	**1393.04**	**10.83**

注：1. 数据来源：根据外资企业代码、海关代码按照各开发区管辖范围核查得出；
2. 开发园区到账外资及港澳台资数据不含上年结转

（邱永永）

2018年扬州市开发园区主导产业、特色产业基地(园)分布表

表25-2

单 位	主导产业	特色产业基地（园）
扬州经济技术开发区	新能源、新光源、智能电网、电子书	国家科技兴贸创新基地、国家火炬计划智能电网特色产业基地、国家半导体照明产业化基地、国家绿色新能源特色产业基地、国家级数字出版基地、国家火炬计划扬州汽车及零部件产业基地、省半导体照明产业基地
扬州高新技术产业开发区	智能装备、新能源新光源、文化创意、生物科技	国家火炬计划邗江金属板材加工设备基地、数控机床产业园、省新型工业化产业示范基地、国家级文化创意产业示范基地、高端装备制造业示范产业基地
江都经济开发区	特钢生产加工、汽车及零部件、船舶制造、生物医药化工、软件及现代服务业	江都船舶产业园、江苏江都沿江物流产业园、扬州（江都）软件园、江都留学人员创业园
高邮经济开发区	太阳能光伏、电子、纺织服装、冶金机械、医药食品	江苏高邮光伏产业园、高邮电池工业园、国家火炬高邮特种电缆特色产业基地
宝应经济开发区	智能输变电装备、泵阀管件、压力容器、汽车配件	江苏宝应智能电网装备产业园
仪征经济开发区	汽车及零部件、船舶制造、现代物流	江苏仪征汽车产业园
扬州化工园区	石油化工、基础化工、合成材料、精细化工和石化物流	江苏扬州新材料产业园、江苏省重点物流基地
维扬经济开发区	机械制造、半导体材料、轻工玩具、文化创意、太阳能光伏	江苏扬州环保科技产业园、扬州邗江汽车及零部件产业园
广陵经济开发区	液压机械、汽车及零部件、电子信息	江苏扬州液压装备产业园、江苏船舶配套产业园
杭集工业园	酒店日用品	江苏扬州杭集日化科技产业园

（邱永永）

式。全年全市开发园区新开工、新竣工、新达产（效）重大项目分别达56个、47个、110个，分别占全市的39.4%、43.5%、66.3%。（邱永永）

■合作共建 7月，市政府与上海金桥开发区签订战略合作框架协议，全年落户上海亿元以上制造业项目33个，计划总投资147亿元。高邮、宝应两家南北共建园区连续3年获省政府1500万元以奖代补资金，在2018年全省45家南北共建园区考核中，波司登高邮工业园获500万元奖励。先后设立“海峡两岸（扬州）绿色石化产业合作区”“中德梅泰尔工业园”“中意（扬州）食品产业园”3家跨境合作园区，落户外资项目30个，实际利用外资9.5亿美元。广陵开发区与榆林佳县合作共建的“佳县—扬州产业园”在全省10家共建园区排名考核中位列第四，累计落户项目4个，实际到账资金1.03亿元，就业帮扶90人，间接受益2680人。（邱永永）

■产业发展 围绕建设“自主可控的现代产业体系”目标定位，引导人才、资金、项目、载体向新业态、新技术、新模式、新产业集聚，培育汽车及零部件、高端装备、新型电力装备3个千亿级产业，软件和信息服务业、高端纺织和服装2个500亿级产业，海工装备和高技术船舶、生物医药和新型医疗器械、食品3个百亿级产业，形成特色产业集群。（邱永永）

■绿色集约 创建国家级及省级生态工业园区、循环经济示范区、智慧园区、特色创新示范园区，突出绿色集约发展。开展“263”“散乱污”治理行动，优化生态环境，守好生态底线，累计关停化工企业145家；开展土地集约利用评价工作，提高土地投资强度及利用效益，共建成标准化厂房167.2万平方米；创成国家级生态工业园区2家（扬州经济技术开发区、维扬经济开发区）、省级生态工业园区3家（扬州高新技术产业开发区、广陵经济开发区、高邮经济开发区）、省级循环化改造试点园区2家（扬州经济技术开发区、扬州化工园区）。（邱永永）

■科技创新 坚持创新发展理念，开发园区累计落户高新技术企业524家，建成科技产业综合体10个，建成面积139.3万平方米，入驻企业655家，累计引进领军型人才579名，

获批省级以上创新型开发区2家、知识产权园区9家。全市开发园区共建成工程技术研究中心161家、工程中心35家、企业技术中心146家、企业重点实验室2家、企业院士工作站17家、博士后工作站47家、研究生工作站125家，分别占全市80.5%、83.3%、78.5%、33.3%、85%、72.3%、60.1%。（邱永永）

■**开放发展** 实施外资企业实用备案管理，一表式告知报批材料，简化流程、缩减时间。出台大力推进利用外资工作的意见，全面提升外资利用质量和水平。加快电子口岸“三个一”信息平台、通关信息查询系统、船舶申报系统等三个功能项目建设，提升服务效能、通关效率。牧羊集团、迈安德集团分别在缅甸、泰国、越南等东南亚国家（地区）开展大型成套设备输出、工程承包等一系列工程。（邱永永）

扬州经济技术开发区

■**概况** 2018年，扬州经济技术开发区（简称扬州开发区）实现地区生产总值655亿元，比上年增长8%；规模工业总产值860.5亿元，增长12.9%；工业开票销售654亿元，增长10.1%；进出口总额24.6亿美元，增长7.7%，自营出口16.6亿美元，增长13.9%；全社会固定资产投资180亿元，增长12.1%；实际到账外资及港澳台资3.3亿美元，增长17.9%；一般公共预算收入24.37亿元，增长5%。（赵　军）

■**项目引建** 全年新签约重大项目25个，其中外资项目16个，总投资30.5亿美元。重大项目认定新开工15个、新竣工投产12个、新达产达效30个，其中工业重大项目新开工、新竣工投产和新达产认定数量列全市第一。王立军院士团队激光项目有序推进，中航海底电缆全球第一塔楼封顶，德国赛夫项目实现当年签约、当年开工、当年设备进场。（赵　军）

■**科技创新** 全年科技综合体建成面积超60万平方米，智谷科技综合体获批国家级小微企业双创基地，国际人力资源服务产业园开园运营，综合体新入驻企业200多家，实现业务收入45亿元、税收超亿元。加快重点实验室建设，全区建有国家光电产品检测重点实验室、亚普汽车部件公司实验中心等国家级实验室6家；培育高新技术企业，新增国家高新技术企业9家、入库培育9家，新增省级研发机构9家、国家科技型中小企业39家；推动企业科技创新和转型升级，培植规模以上工业企业14家，组织申报智能示范车间7家，获批省市级技改专项资金项目31个；突出政策引领，实施引才引智工程，举办“智汇开发区”大型人才对接洽谈活动，申报国家人才计划1人、省“双创人才”项目11人、市创业团队1个、领军人才10人，资助人才项目2650万元；全社会研发投入占地区生产总值比重2.8%，高新技术产业产值占规上工业产值比重69.9%，万人发明专利拥有量28.3件，均排名全市第一。（赵　军）

■**城市建设** 推进二城、三湾旧城、滨江新城“三城开发”，提升城市形象，提高生态品位。江苏旅游职业学院、南部体育公园建成交付，“三路一环”整治出新，完成“烟花三月”国际经贸旅游节主会场、省运会、园博会涉区重点任务。构建“五分钟生活圈”，智谷科技综合体二期主体封顶，扬子江世贸商业综合体建成，雅居乐酒店开工建设，金方圆、牧羊等地块上市。功能设施不断完善，建成区路网全面形成，各产业基地基本实现“九通一平”，邗江河北路等7条道路建成，临港汽车零部件标准厂房一期、二期实现交付，临港孵化基地二期主体封顶。全年新建污水干管18.5千米，改造、铺设各类杆线、管道86千米，维修道路23.9万平方米。生态建设力度加大，开展“263”专项行动，排涝河、横一河等7条黑臭河道整治完成，开展秸秆禁烧和综合利用工作。公园体系建设推进，汽车主题公园等一批公园建成开放，全年植树25.9万株，成片造林50.4公顷，新增、提升城市绿化96万平方米。（赵　军）

■**社会事业** 推进扶贫攻坚。挂钩扶贫，精准帮助低收入农户家庭脱贫致富；项目扶贫，依托太阳能光伏发电助推三个经济薄弱村发展摘帽；助学扶贫，落实200名贫困学子助学资金；就业扶贫，帮助32户低收入家庭解决就业问题；慈善协会扶贫，建立完善区镇村三级慈善工作机制；民政兜底扶贫，落实低保、医疗救助等保障措施，实现精准扶贫、阳光扶贫。惠民工程有序推进，三个乡镇社区卫生服务中心建设全面启动，玖龙湖医院地块挂牌上市，树人学校高中部开工建设，新一轮中小学布点规划全面完成，扬子津街道颐养综合体建成运营，“菜篮子工程”朴席基地、5000吨中心粮库完成建设，市级食品安全示范乡镇建设实现全覆盖，长江江堤防洪能力提升等水利工程实施，扬子新苑D区一期南组团14万平方米安置房开工建设。（赵　军）

■**综合保税区** 至年末，扬州综合保税区累计完成注册项目79个，投资总额27.36亿美元，注册资本18.54亿美元。累计完成进出口总额135.8亿美元，完成实际进出境61.5亿美元。初步形成电子信息、太阳能光伏、装备制造和LED芯片封装检测等特色产业。（许万峰）

扬州高新技术产业开发区

■**概况** 2018年，扬州高新技术产业开发区（简称扬州高新区）位列国家高新区全国排名第90位。全区有“四上”企业（规模以上工业、有资质的建筑业和全部房地产开发经营业、限额以上批发零售业和住宿餐饮业、规模以上服务业法人单位）213家，其中规模以上工业企业109家，国家高新技术企业59家；入库税收千万元以上企业20家，亿元以上企业4家。全年完成工业开票销售227.9亿元，增幅13.1%；完成服务业入库税收3.9亿元，增幅15%；实现规上工业增加值增幅10.2%、规模服务业营业收入增幅44.5%；实现自营出口增幅43.41%；净增规上工业企业11家、重点服务业企业7家。龙头企业中，完美、牧羊、扬力、邗建4家企业税收过亿，其中完美达6.17亿元。白云、联博、汇成销售增幅分别达41%、48%、85%，维邦、新扬、迈安德税收增幅分别达100%、114%、140%。（孔祥辉）

■产业建设 全年新签约马来西亚嘉峥、台湾源川、力品药业等重大项目9个，落户凯斯勒试剂、特克菲勒添加剂、朗禾控制系统等科创型项目10个。举办生物医药论坛，邀请业内近160家科研院所、制药企业、投资公司近300人参会，后续吸引多家生物医药企业到扬考察，先后落户生物医药项目5个。至年末，有在建、待建项目20多个，其中联环、联亚、奥锐特等项目进入设备安装阶段；生合生物、金方圆投产，完美二期、苏美达铝业、迈安德智能装备3个项目被认定为市级新达产工业重大项目。（孔祥辉）

■科技创新 新建扬州人力资源产业园、数控机床研究院实验室、诺明哲天医学检验实验室、生物医药检测实验室、联亚药大分子蛋白质药物实验室等创新平台。扬子津青年街获批省级众创空间，金荣科技园获批省小微型企业创业示范基地，清扬智能装备科技园获批省级科技企业加速器，创业服务中心获批省级科技创业孵化链条试点。承办全省先进制造业双创大赛等活动。新获批国家高企18家、省高企培育库企业18家、国家科技型中小企业75家，新申报专利2086件，新增加市级以上科技服务业机构5家，新入围省成果转化省地联合招标项目3个。全年完成高新技术产业产值310亿元，占规模以上工业产值74.9%。申报国家人才计划3人、市“绿扬金凤”创新团队1个，签约博士后工作站进站博士3人，获批省双创团队1个、创业领军人才2人、创新领军人才1人、高技能人才1人、省科技副总4人。举办生物医药专场“双高”交流洽谈会。（孔祥辉）

■城市建设 推进道路新建、改造和维修工程，银柏路、祥园路、团结路建成通车，建华路、西银路、高旻寺路施工结束，祥云路、华扬西路及健康产业园配套道路启动建设。青年公寓二期装修完毕，农贸市场完成改造重新营业。实施汊河集镇改造以及运西、建华环境综合整治，完成技师学院新校区、健康产业园扩容等项目拆迁，累计拆迁面积达15万平方米。（孔祥辉）

■社会事业 完善教卫设施，第二幼儿园封顶，新卫生服务中心施工中。开展社会救助，累计发放各类救助金157万元、优抚金242万元、尊老金272万元。注重文体惠民，新增省级综合文化服务中心3家，举办文体活动30多场，举办高新区第二届运动会，实现“10分钟体育健身圈”、“五个一”健身广场全覆盖。加快安置进程，完成恒园、建华二期安置房分配936户2001套，宏溪三期安置房建设办理前期手续。（孔祥辉）

扬州化学工业园区

■概况 2018年，扬州化学工业园区（简称扬州化工园区）实现公共财政预算收入6.08亿元，比上年增长19.4%；规模以上工业增加值106.3亿元，增长6.8%；规模以上工业开票销售255.7亿元，增长8.1%；规模以上工业入库税收8.8亿元，增长41.7%。全年实现业务总收入865亿元，开发建设水平稳步提升。（童　俊）

■产业建设 总投资37.8亿元的中化国际高强防护新材料系列项目建设全面提速，先导工程——瑞盛新材料年产500吨芳纶1414项目顺利竣工投产，5000吨/年芳纶1414项目有序推进。总投资6亿美元远东仪化PTA、总投资30亿元的奥克化学二期等2个龙头推进中。总投资1亿美元的大阳日酸电子化学品、总投资3.5亿元的四新消泡剂、总投资10亿元的百思德粉末涂料用聚酯树脂、总投资1亿美元的安美特电子化学品、总投资4亿元的天诗特种蜡、总投资1.5亿美元的长连化工电子化学品项目建设中。（童　俊）

■科技创新 2018年，全市促成产学研合作项目21项，申报省市科

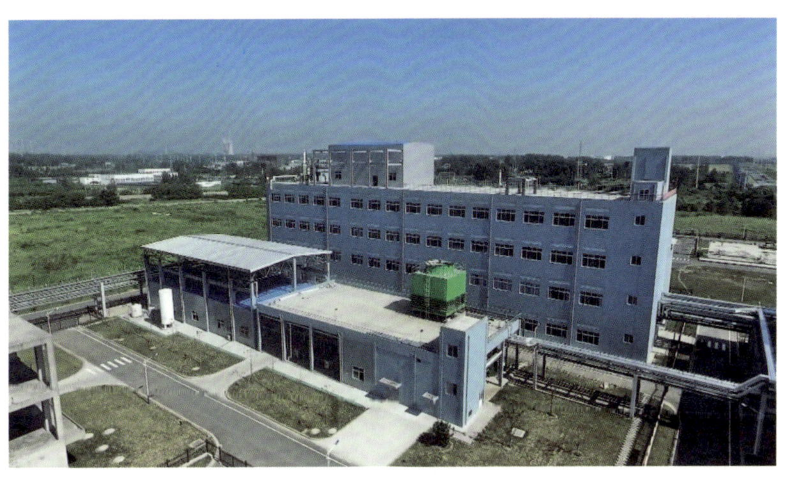

总投资37.8亿元的中化国际高强防护新材料系列项目先导工程——年产500吨中试项目投产运行　化工园区/供稿

技项目7项，8家企业通过国家高新技术企业认定，1家企业获市“专精特新”示范中小企业。重点企业奥克化学深化与中国科学院过程工程研究所合作，合作成果“万吨级离子液体固载催化DMC/EG联产研发”项目通过专家鉴定。（童 俊）

■安全环保 加快实施气煤替代战略，淘汰全部35蒸吨/小时及以下燃煤锅炉，关停1台75蒸吨/小时燃煤锅炉，对65蒸吨/小时以上燃煤锅炉实现超低排放，2017年以来累计减煤8.5万吨。总投资15亿元的江苏华电化工园区热电联产项目签约，集中供热步伐加快。推进中央环保督察“回头看”、化工污染专项整治等专项整治行动，狠抓危化品安全综合治理、重点行业领域安全生产专项治理，依法从严开展执法检查，安全环保态势平稳。加强对园区危化品运输车辆停车场日常管理，建设区内重要道路出入口智能化监控LED龙门架。（童 俊）

■智慧园区建设 数据管理平台上线试运行，智慧安监核心项目“高危企业风险预警防控工程”初步建成，智慧环保项目基本建成挥发性有机物智能环境监测体系，智慧应急、智慧安防项目有序推进。园区智慧园区建设通过中国石化联合会组织的“中国智慧化工园区示范试点单位”专家评审，入选创建单位；智慧安监子系统重大危险源在线监控及事故预警系统得到应急部肯定。（童 俊）

■社会事业 推进民生实事工程，支持青山镇发展，民生保障力度进一步加大。排定民生实事十大工程，建成古湄家苑A区并交付安置，古湄家苑B区建设全面启动，沿江小区三期规划建设中。建成汉金大道南延工程、农歌社区公园，提升龙山森林公园环境，进一步加快青山镇沿江生态特色小镇建设。（童 俊）

广陵经济开发区

■概况 2018年，广陵经济开发区（简称广陵开发区）实现地区生产总值237.97亿元，增长9.48%；规上工业总产值395.92亿元，增长1.85%；高新技术企业产值143亿元，占比36.12%；实际使用外资及港澳台资1.27亿美元，增长34.66%；自营出口7.81亿美元，增长10.47%。苏陕合作全面推进，与陕西省榆林市榆佳经济技术开发区签订合作共建协议，全年落户项目5个，双方人员交流挂职5人次，在苏陕合作共建的10家合作园区排名考核中，佳县—扬州产业园位列第四名。（高 鹏）

■招商引资 全年实际外资及港澳台资到账3095万美元，宏昌天马实现当年开工建设、当年竣工投产。全年开展招商活动70余次，迪信通、汇德电力等一批产业项目签约。新引进项目18个，注册资本3000万美元以上项目3个，注册资本5000万元以上民资项目15个，其中亿元以上项目6个，完成民资注册32.6亿元。（高 鹏）

■科技创新 全年实现高新技术产业产值61.4亿元，占规模以上工业总产值比重为45%；完成规上企业研发投入2.3亿元；共有规模企业75家，其中高新技术企业36家。申报国家高新技术企业17家，新增高新技术企业6家，分别是海普康自动化、英诺机械、恒盛光学、统一机械、益扬机械和峰威新能源。江新电子、万方电子获2018年度省级科技成果转化项目，分别获得专项引导资金1000万元；巨鑫钢管获批省级重点研发项目，获批120万元；耀扬新能源、苏星机器人获得市级产业前瞻与共性关键技术项目，分别获批55万、40万专项引导资金；东方吊架、楚门机电获扬州市科技成果转化项目，分别获批70万元专项引导资金。完成全年产学研合作指标15个；推进东方吊架、峰威新能源、万方电子等企业加强与高校院所的合作；开拓企业与知名高校院所建立产学研合作关系，其中苏星机器人与哈工大、峰威新能源和上海交大、嘉和散热器与江苏大学签订多项产学研合作协议。开展知识产权创造、保护、运用工作，至年末新增专利申请企业30家，申请总量720件，其中发明专利申请210件，发明授权25件；完成市、区两级专利资助工作，为园区46家企业发放近80万元专利申报资助。众诚纳米科技殷明博士参加国家人才计划答辩。苏星机器人蔡则苏博士申报江苏省“双创计划”创业领军人才；耀扬新能源李晓锦博士申报江苏省“双创计划”创新领军人才。镭奔激光科技张永康教授、张显程教授团队获批市“绿扬金凤”创业团队。江苏鑫美龙夏宝玉博士、矽导科技孙茂友博士、江新电子蔡小五博士获批市“绿扬金凤”创新创业领军人才项目。锦通科技范瑾博士、嘉和散热器邵霞博士、上扬无线射频华昌洲博士获批市“绿扬金凤”优秀博士。东方吊架张燕军博士、盛世向阳花李致远博士、海星数控张帆博士获批市“绿扬金凤”科技副总。其中镭奔激光科技、江苏鑫美龙、矽导科技、江新电子同时获批本年度广聚英才项目，签订的镭奔激光张显程教授为国家“杰出青年”高层次人才、江苏鑫美龙夏宝玉博士为国家人才计划高层次人才。（高 鹏）

■社会事业 城乡居民医保参保率99.6%。组织区内65周岁以上的老人免费体检活动并建立居民个人健康档案。开展无偿献血活动及查灭钉螺防止血吸虫病工作，对辖区小区增添安装毒饵宅500个。完成222名农村奖扶对象以及5名特扶对象人员材料审核、公示上报以及资金发放工作；申报、审核农村和城市低保户48户、低保人口62人，发放低保资金46.78万元；申报、审核重残补助对象138人，发放重残补助74.72万元；核定五保户集中供养8人，散居供养5人，发放散居五保生活补助6.18万元。申请发放其他救助4.79万元，“5·19”募集慈善资金20.19万元。发放低保、五保、重点优抚物价补贴0.76万元。完成春节各项慰问工作，共发放慰问资金约26.5万元。慈善超市全年服务576人次，救助资金发放约1.12万元。核定优抚对象43人，落实优抚对象自然增长机制发放优抚金37.97万元。申请优抚救助和医疗资金14.3万元。出台广陵经济开发区社区工作者管理办法、社区考核办法、社区资金使用管理办法。成立“扬州市广陵经济开发区和谐社区”；龙泉村、宦桥村、万寿村、大众村合一授牌。完成社会自理网格化信息建设工作。（高　鹏）

维扬经济开发区

■概况 2018年，维扬经济开发区（简称维扬开发区）实现地区生产总值264.75亿元，工业增加值175.15亿元，地方公共财政预算收入10.4亿元，固定资产投资65亿元，自营出口6.09亿美元，注册外资及港澳台资实际到账0.61亿美元。（尹姝萍）

■招商引资 开展外出招商300多批次，接待客商260多批次，新引进总投资10亿元以上项目3个、1亿元或1000万美元以上项目5个，其中外资项目协议签约外资及港澳台资超1.5亿美元。在“四新”认定上，联成开拓汽车电子等3个项目通过新签约认定，海昌粉末冶金等3个项目通过新开工认定，罗思韦尔二期等3个项目通过新竣工认定，扬杰二期等5个项目通过新达产认定。（尹姝萍）

■人才与科技 搭建平台凝聚资源，助推政产学研才金融合发展。围绕区“双高”活动，推进落实邀客签约工作，举办开发区电子产业“小双高”活动；围绕区“双精”路演活动，挖掘资源、排查项目，共申报路演项目5个。做好人才招引、科技创新、项目申报工作，申报国家人才计划4人，引进国家人才计划3人，获批省双创领军人才2人、优秀博士1人、科技副总1人；获批扬州市首届创新创业人才和人才集聚示范单位各1个，获批省级科技企业家4人、市级科技企业家18人；进入市绿扬金凤答辩环节领军人才5人、申报优秀博士4人；罗思韦尔获批国家级博士后科研工作站；蓝白工艺获批区四星级乡土人才示范点。推进创新创业，分别组织4人参加年轻人创业专场、8人参加领军人才业务专场，完成国家级高新技术企业新增及重新认定17家，获批省重大成果转化项目2个（艾迪生物、五亭桥缸套）、省级研发平台2个，罗思韦尔获批全国驰名商标。（尹姝萍）

■基础设施建设 完成扬子江北路亮化改造提升和部分建筑外立面整治，完成五亭龙广场提升改造。推进公园体系建设，完成帽儿墩公园、尚桥冲滨水公园、扬州北公园等重点工程。实施推进李尔三期、联嘉电子厂区、创新湾路、维扬经济开发区人才公寓等工程建设。疏通维护雨污水管道，完成荷叶小区内部现状排水管网与市政管网重新连接，封堵连接至雨水检查井的管道，重新埋设管道接入污水检查井，对荷叶水库、尚桥水库进行整治。做好控源截污、清淤疏浚、生态提升，跟进“四统一”污水管网移交工作，建成区道路污水管道疏通检测。建成总面积近1.8万平方米的汽车城生态停车场，提供停车位近600个。完成朱塘路绿化景观提升、新甘泉路（天山侧）绿化移栽等工程。完成宝能南北路、东西路的路灯铺设和李尔二期开关站土建工程，办理李尔三期正式用电外线穿越高速、输油管道、西气东输管道、国防电缆等手续，做好甘泉新苑二期道路10千伏高压杆线迁移、甘泉新苑二期农民集中居住区正式用水用电等工程，完成扬王电维220千伏高压杆线迁移、扬杰电子科级2号厂区外线工程等。与供电公司、自来水公司、燃气公司对接园区用电用水用气规划。（尹姝萍）

■社会事业 开展再就业帮扶，开发区和3家社区创成省创业型单位。实施困难救助，发放民政资金100多万元，慈善救助困难群众193人次20余万元。实施“富民增收”工程，结合企业需求定期开展失地失业人员技能培训，确保“零就业”家庭动态清零。建立健全安全突发事故应急预案，以网格化管理狠抓区域综合治理，全面推进人员进网格、责任进网格、巡查进网格、奖惩进网格的“一张网”体系建设。组织举办首届社区运动会、开发区职工运动会等文体活动。（尹姝萍）

江都经济开发区

■概况 2018年，江都经济开发区（简称江都开发区）实现公共财政预算收入19.84亿元，比上年增长34.9%；规模以上工业开票销售434.2亿元，增长37.7%；规模以上工业入库税收17.37亿元，增长26.7%。（谈　平）

■产业建设 新开工正川智能家居市级项目1个，海螺水泥包装系统自动化改造及厂区环保提升，奥吉特生物智能化改造，白沙丝网链条厂年产50台套啤酒，饮料包装机械箱体、输送部件制造，明峰弹簧加工生产等区级项目4个；新竣工伊美特水处理设备及配件加工、中船澄西海上风塔及桥梁钢结构制造等市级项目2个，海螺水泥自动化改造及厂区环保提升、日新特种集装箱、中天管桩清洁能源替代及环保提升等区级项目3个。特钢加工、船舶制造等主导产业稳步转型，人工智能新兴产业加快布局。（谈　平）

■招商引资 沿江区域全年新签约扬州新材料产业园、泉康汽配等区级以上项目6个，实现外资到账500万美元，民资利用基本完成各项指标。深化与青浦工业园区等先进园区的结对

共建，承接产业转移，全年签约项目27个，落户伟瓦科技、方客智能科技、麦德魔方等22个项目。（谈　平）

■**城市建设**　滨江人民医院全面启用，太字污水提升泵站投入使用，大桥、浦头高速道口实现互通；完成第二消防站办公楼装修及地下车库主体施工，完成波善线、宜荡线等10条农村公路提档升级，实施范河桥等9座农村桥梁修葺改造；新建东园路停车场；完成波斯、花荡集镇区亮化改造，投运迎山垃圾应急集中堆放点，新增四分类垃圾亭4个、社区三分类垃圾亭230个，拆除违法建筑674平方米，全年累计完成拆迁项目6个177户。（谈　平）

■**生态建设**　推进“263”专项整治与污染防治攻坚战，关停化工企业8家，新增挥发性有机物在线监控设施2家、企业清洁能源替代6家，拆除南水北调饮用水源地内企业2家、长江岸线混凝土搅拌站2家，疏浚幸福河等河道（塘）60条（个），改造卫生户厕700座；推进东园路、通泰路、新城路环境综合整治，新建坤平、波斯等6个村污水处理设施和5.5千米污水管网，玉带河活（污）水泵站、曹荡河节制涵闸建成交付。（谈　平）

■**转型升级**　扬州（江都）软件园新落户扬州睿辰物联科技有限公司、扬州众志科技信息有限公司等8家企业，累计落户企业63家，落户企业通过“双软”认定12家、高新企业6家，软件从业人员700余人。京东扬州馆上线品牌280个，累计实现销售额近7000万元，获京东生鲜“星鲜店铺奖”；上海“四新”产业孵化园招引项目27个、实现开票7亿元；建材产业园中天管桩、海螺水泥等重点企业稳步发展；江都港年吞吐量达5800万吨，全市占比达51.4%。引进高层次产业人才9名、“名校优生”4名，获批省“双创”团队1个、优秀博士1人、省科技副总3人、市“绿扬金凤”4人，“星客梦工厂”建成省级众创空间。（谈　平）

宝应经济开发区

■**概况**　宝应经济开发区（简称宝应开发区）实现规模以上工业开票销售346.23亿元、规模以上工业入库税收6.11亿元、自营出口5.48亿美元，公共财政预算收入16.7亿元，实现固定资产投资168.05亿元。开票亿元以上企业达14家，10亿元以上企业2家；入库税收千万元以上企业5家，亿元以上企业1家。（周　智）

■**产业建设**　形成以输变电装备为主导、以机械制造和汽车配件产业为特色的“一主两特”产业体系。培育宝杰隆电磁线、菲达宝开、宝源高新等一批主导产业关联龙头企业，开发区与中航宝胜集团联手打造输变电装备科技城宝胜核心区项目，重点开发航天航空（包括军工）、海洋工程、轨道交通及机车车辆、油田测井等特种电线电缆。2018年，中航工业宝胜集团工业总产值达300亿元。围绕输变电装备、机械制造、汽车汽配、光伏装备制造、新材料、电子信息等产业的发展方向，推动企业集聚，壮大产业集群，提升园区能级。北区规划3平方千米的新能源产业园建设中。（周　智）

■**招商引资**　全年完成外资到账5183万美元，新增私营企业1859家，新签约名仁苏打水等项目9个。新开工宝胜高分子电缆材料等重大项目3个，亿元项目2个。新竣工浩睿车业等亿元项目4个。（周　智）

■**科技创新**　全区有高新技术企业42家，省级院士工作站3个、博士后科研工作站11个、省级以上技术研发中心32家。培育5亿元企业3家、亿元企业5家、规上企业10家。全年申报专利1205件，专利授权483件。柔性引进高层次人才28名，获批省双创人才计划5名，获批科技副总2名，市绿扬金凤创业人才项目5个，其中刘旻硕士创办的擎弓科技项目参加省第六届创新创业大赛，在116个项目中位列第六名，获二等奖。科技创业园结合通宝众创空间，全年新引进项目25个，常驻服务机构2家，新增创客40人，实现工业开票4亿元，缴纳税收2500万元，获批省级创业孵化基地。（周　智）

■**城市建设**　推进北区拆迁扫尾；组织央地融合产业园等重大项目的拆迁、清障、征地等工作，搬迁民房110余户，腾让净地200公顷。2018年，新建基础设施工程27项，累计投资总额近4亿元。其中重点民生工程2项，国际学校初中部投入使用、县第二消防站（开发区消防站）进入主楼装修配套工程实施阶段。曙北路、人民路、车站路、安黄公路等道路改造提升工程完成；荷香路等绿化工程不断完善；七里综合服务中心、东阳北路北延、开发区国际幼儿园等3个功能性民生实事项目有序推进。全年共20个工程项目竣工交付使用，其中当年新建竣工交付项目16项。强化“一河一策”治理，获“扬州市河长制工作先进基层单位”。金湾体育休闲公园获评扬州市人民满意公园，城市河滨河公园获评扬州市社区公园二等奖。（周　智）

■**社会事业**　城乡低保实行动态管理，全年发放低保金186.79万元。发放临时救助、医疗大病救助、困难残疾人、五保老人补贴近300万元。建立区级优抚驿站1个、村级优抚驿站11个。黄塍镇卫生院、大李庄村、鱼桥村卫生室、新丰和小垛两村卫生室分别完成省级妇幼健康规范化门诊、卫生村、中医药特色卫生室和省级示范卫生室创建。黄塍镇卫生院血透室进行升级改造，新增血透机10台。完成鱼桥村、黄塍社区、七里村、大李庄村、新丰村综合文化服务中心创建工作。举办首届文化艺术节、首届农民运动会等大型群众文化活动20余场次。（周　智）

■**管理与服务** 网格化推进烟花爆竹禁放工作，实现烟花爆竹零燃放。完善矛盾纠纷多元化解机制，提高矛盾纠纷多元化解整体效果和效力，排查发现的社会矛盾化解率达95%。妥善处理多起集中裁员事件，督促企业为员工发放赔偿款600多万元。全年受理各类劳动纠纷案件100多起，帮工人追回工资保险等50多万元。全区创建区村两级违建信息员管理网络，拆除违章建筑32起，面积2956平方米。园区党政干部挂钩服务投产企业，实施“1525”工程（100名干部挂钩服务50家企业，召开20次现场办公会，解决50个发展难题），帮助企业解决发展难题，破解要素制约。（周　智）

仪征经济开发区

■**概况** 2018年，仪征经济开发区（简称仪征开发区）实现全部工业开票销售487.3亿元，比上年增长6.33%；完成全部工业入库税收27.22亿元；完成规上工业产值447.5亿元，增长7.01%；完成固定资产投资106.5亿元，增长14.1%；自营出口2.54亿元，增长0.65%；实际利用外资及港澳台资5963万美元；实现工商税收39.21亿元、实现公共预算收入19亿元。（杨天齐）

■**产业建设** 主导产业支撑发展能力增强，临江、汽车及零部件、高新三大产业中规上工业完成工业产值409.25亿元，占全区工业总量的91.45%，其中规模以上临江产业企业完成产值23.86亿元，规模以上高新区企业完成产值27.76亿元，规模以上汽车产业完成产值357.63亿元。汽车产业全年实现全部工业开票销售415.82亿元，入库税收25.3亿元。金陵船舶通过优化重组、扩产增效、强化技改等方式进行产能扩张，规模效益集中度进一步提升。培育一批高质量的新能源、新材料、现代信息技术等新兴产业项目，依利安达、耀皮玻璃、万润光电、中兴派能、国泰消防等项目加速成长。汽车产业方面新驰汽配、同顺汽车零部件、途岳新车型技改及生产线自动化改造等扬州市重大项目为园区经济高质量发展注入动力。（杨天齐）

■**招商引资** 先后与腾讯集团、招商局中外运长航集团、上汽大众、中南集团等一批世界500强企业进行洽谈，百亿元级的腾讯云数据中心和上汽大众整车二期，电信云数据中心、中南工业园、香港达进东方、德国诺德电机等多个重大项目相继落户园区。（杨天齐）

■**科技创新** 全年申报各类科技、人才项目48个；新增国家级高新技术企业9家；申请专利800件；达成产学研合作项目18个；柔性引进教授博士人才10人，引进高层次领军人才8名，其中国家人才计划1人。（杨天齐）

■**城市建设** 全年开工建设10余项工程，总计投入约1.2亿元，完成投入约7000万元。建设道路、管网约8.8千米；新增绿化面积约6万平方米。（杨天齐）

■**社会事业** 全年共计发放各类民生实事补助约966万元；发放减免低收入农户各类费用约42万元；“江上盐都”关爱基金医疗二次报销救助19户5.54万元；完成城乡居民养老保险新增扩面257人、续保率达97%，完成城乡居民医疗保险缴费工作，参保2.04万人、参合率达99.8%。（杨天齐）

高邮经济开发区

■**概况** 2018年，高邮经济开发区（简称高邮开发区）实现地区生产总值达113亿元，税收收入突破15亿元，工业开票销售净增突破70亿元，总量突破255亿元。工业入库税收11亿元、比上年增长44.7%；一般公共预算收入15亿元，增长11.1%；固定资产投资160亿元；实现外资及港澳台资到账7487万美元，增长50.82%；自营出口总额3.49亿美元，增长6.18%。实现规上工业企业净增长5家，总数突破100家。（印锦菲）

■**招商引资** 全年签约重大产业项目20个，其中10亿元以上项目9个、外资项目4个；新开工10亿元以上重大项目6个，竣工投产4个。开展委托招商、驻点招商，南通沃德质子电池、海亿UPS电源及高性能电池、展晖黑硅电池片等项目先后落户，完成总投资50亿元新华水电1GW碲化镉薄膜电池项目招引。（印锦菲）

■**产业建设** 围绕光储充特色主导产业和高端装备制造、生命健康两大战略性新兴产业，推进光储充、高端装备制造和生命健康三大区中园建设，完善推进波司登工业园建设，加快推进与龙虬共建产业园区建设，着力打造台湾工业园。引进央企、上市公司对现有企业进行重组升级，晶樱光电对艺霖铝业、风帆股份对富威能源、深圳雄韬对扬州易斯特和南通沃德对同科电池实现重组合作，提升产业发展质态。（印锦菲）

■**城市建设** 屏淮路、洞庭湖路改造工程推进中，捷通路雨水工程、兴欣路东延污水工程，高沙园老旧小区及帝景龙庭市政管网改造工程基本完成。安置小区八期续建工程建成使用。启动实施棚户区改造工程，完成文游台村、奥林村、西北片区约560户棚户区改造工作。华泰驾校周边地块挂牌出让。推进文明城市创建工作，新区菜场交由高沙园社区管理实行公益化运行，完成服装城物业更换，采取疏堵结合，彻底解决祥民路马路市场问题。投入300多万元打造公益广告布点实现全覆盖。清水潭景区打造升级骨干道路工程和景观工程，温泉项目签订协议并开工建设。2018年黄金周期间累计入园人数达4万人，10月份门票收入突破100万元。（印锦菲）

■**科技创新** 全年获批国家高新技术企业15家，新增省高企培育入库企业8家，欧力特公司获批设立国家级博士后科研工作站。开发区科技创业中心连续两年在国家级科技企业孵化器考核中获优秀评级，是2018年扬州市唯一一家。（印锦菲）

■**社会事业** 推进扶贫攻坚，14户最贫困家庭走出困境，累计脱贫540户低收入农户。出台《开发区扶贫助学资金申领发放管理办法》，创建华盟电子残疾人培训就业基地，加大精准扶贫力度。创新成立教育奖励基金，首次募集资金达1125万元。分别与苏州大学、江苏紫君文化艺术有限公司签订合作协议，共建苏大高邮实验学校、高邮南京艺术学院附属幼儿园。建成高邮市外国语学校附属幼儿园、安置小区农贸市场项目。建成开发区文体中心，实现村（社区）综合文化服务中心全覆盖。创成省级和扬州市卫生村居3个，城乡居民医疗保险完成应保尽保。重点推进富民领办项目，钱厦村茨菇种植、昌农村创意观光农业取得良好的生态和经济效益。推广生态农业和旅游产业，清水潭湿地公园创成全国休闲农业与乡村旅游星级企业。（印锦菲）

■**管理与服务** 2018年，高邮开发区专项扶持资金总规模突破7000万元。推进“百亿航母、十亿方阵”企业培育工程，出台10亿元以上重点企业培植政策，秦邮特钢开票首超百亿，跻身中国民企制造业500强，波司登集团开票达34亿元，振邮中板开票突破10亿元，开票上亿的企业达32家，其中5亿元以上企业12家。（印锦菲）

江苏省杭集高新技术产业开发区

■**概况** 2018年，江苏省杭集高新技术产业开发区（简称杭集高新区）入选《中国开发区审核公告目录（2018年版）》，被省政府批准为省级开发区，并获批省知识产权试点园区。实现地区生产总值98.5亿元，比上年增长8%；实现规上工业产值62.71亿元，增长9%；工业入库税收4.67亿元，增长8%；实现工业总产值156.73亿元，增长9%；工业增加值39.18亿元，增长8.24%。新发展市场主体1305户，个体私营企业净增长1077户，个转企25户。新签约亿元项目1个，实际投入2000万元民资项目3个。自营出口3.78亿美元，增长22.09%，技术合同交易额970万元。（刘星池）

■**项目建设** 2018年，可洁技改项目、高露洁一期二期技改项目达产认定，古籍线装服务业项目达效认定，琼花技改项目投资达序时，科技综合体项目竣工验收。中驰智能科技项目将投产。宜合日用品项目获新招商开工重大项目认定，红豆万花城项目、晨洁日化项目有序推进，宝能智慧物流园项目加速落地。（刘星池）

■**科技创新** 全年新增主板上市企业1家。新申报和复审国家高新技术企业4家，科技型中小企业7家。新增省企业知识产权战略推进计划项目1个，市科技成果转化项目1个，市重点研发计划项目1个。新增发明专利授权20件，有效发明专利累计74件，万人发明专利拥有量达20.5件。江苏两岸双创科技孵化器获批省级科技企业孵化器。杭集旅游日化产业众创空间获批省级众创空间。尚锦汇都创孵空间电商园正式开园。（刘星池）

■**基础设施建设** 至年末，杭集高新区投入20多亿元用于交通、电讯、供水、能源、环保等基础设施建设，建成曙光路、三笑大道、兴园路、高露洁路、龙王路、翟庄路、琼花路等东西主干道工程，形成“十纵十一横”道路框架。新建、拓宽道路1.53万平方米，修复破损路面约1.6万平方米。新建公厕1座，停车场2座，实施四通路及伟业路天然气管道项目。打造工业旅游线路（一期），完成金湾路杭集段周边环境提升工程，建成社区口袋公园1座。实施小运河四通路至龙王路段景观绿化工程，对所有景观进行亮化，实现与核心区的无缝对接。建立再生资源回收体系，落实生活垃圾分类工作，全力推动绿色发展。（刘星池）

■**杭集特色小城镇PPP项目** 2018年，杭集特色小城镇PPP项目进入省财政厅和国家财政部PPP项目库。杭集特色小城镇项目是基于政府和企业两方合作的城镇综合开发项目。项目位于扬州市生态科技新城南部杭集镇范围内，总投资约32.87亿元。项目内容主要包括基础设施、环境提升与特色旅游、社会配套和产业发展等方面。项目采用“建设—运营—移交（BOT）+改建—运营—移交（ROT）”运作方式，合作期共计20年，含建设期3年。由扬州市政府指定的政府出资方代表与中标社会资本方组建项目公司，在合作期限内，负责本项目的投融资、设计、建设、运营维护、移交。《杭集特色小城镇PPP项目建议书》经扬州市发改委批复通过；《杭集特色小城镇PPP项目可行性研究报告》编制完成；三笑大道南延工程、员工宿舍、安置房项目设计工作已委托相关设计单位。（刘星池）

■**新金融产业园项目** 与华阳投资签订合作框架协议，意向引进各类基金和金融机构，打造新金融产业园。新金融产业园项目位于杭集镇北部沿江，北至原二水厂以北，南至杭集公墓园，西至廖家沟沿岸道路，东至西线往东200米。园区坐落于生态科技新城核心区，周边配套设施完备，各类服务完善，交通联系便捷，区位优势明显。成立区级项目协调小组，明确区级政策支持，夯实项目建设基础，确定项目实施方案，前期建设推进中。（刘星池）

交通

Jiaotong

编　辑　陈永华

综述

■概况 2018年，全市交通基础设施建设完成投资121.7亿元。其中，连淮扬镇铁路扬州段完成投资28.49亿元，高速公路建设完成投资23.26亿元，国家、省干线公路建设完成投资21亿元，快速路完成投资28.33亿元，农村公路及桥梁建设完成投资2.76亿元，客货运场站完成投资5.33亿元，航道、船闸建设完成投资5.32亿元，港口建设完成投资2.12亿元，机场建设完成投资5.09亿元。公路、铁路、水路分别完成客运量3094万人次、279.8万人次、6.75万人次，分别完成货运量7634万吨、45万吨、6493万吨；港口完成货物吞吐量1.41亿吨；扬州泰州国际机场完成旅客吞吐量238.4万人次、货邮吞吐量1.11万吨。市区（含江都区）城市公共交通行业全年完成客运量2.85亿人次。

加强交通行业管理，促进交通运输业发展。强化交通基础设施养护管理，保障路航设施产权完整，清除路航非标物，增设交通安全设施，保持路航通行环境良好。保障辖区内河水上交通安全畅通，未发生重特大水上交通事故和船舶污染水域事件，京杭运河扬州段等干线航道未发生航道堵塞4小时以上责任事件。完成汛期、枯水期及恶劣天气条件下公路、水路运输保障任务，畅通电煤、鲜活农副产品等重要物资运输“绿色通道”，保障中国扬州“烟花三月”国际经贸旅游节、省运会、省园博会等重大活动期间交通运输安全和行业稳定。

（王宏雷　任轶群）

2018年扬州公路里程年底到达数一览表

表26-1　　单位：千米

项　目	总计	等级公路									等外公路
		合计	高速公路				一级公路	二级公路	三级公路	四级公路	
			小计	四车道	六车道	八车道及以上					
年底到达数	**9729.92**	**9363.04**	**293.69**	**173.91**	**88.42**	**31.36**	**602.41**	**1356.33**	**816.40**	**6294.21**	**366.88**
国道	**489.97**	489.97	206.96	112.38	63.22	31.36	248.32	34.69	0.00	0.00	0.00
#国家高速公路	**206.96**	206.96	206.96	112.38	63.22	31.36	0.00	0.00	0.00	0.00	0.00
省道	**586.24**	586.24	82.22	57.03	25.20	0.00	292.93	211.09	0.00	0.00	0.00
县道	**1302.78**	1296.59	4.51	4.51	0.00	0.00	24.13	758.98	367.50	141.47	6.18
乡道	**3543.44**	3498.54	0.00	0.00	0.00	0.00	29.14	145.96	361.22	2962.22	44.90
专用公路	**15.23**	15.23	0.00	0.00	0.00	0.00	0.00	0.00	0.00	15.23	0.00
村道	**3792.26**	3476.47	0.00	0.00	0.00	0.00	7.89	205.60	87.68	3175.29	315.79

（扬公路）

2018年扬州公路桥梁、渡口年底到达数一览表

表26-2

项 目	桥梁 总计 数量（座）	桥梁 总计 长度（延米）	互通式立交桥 数量（座）	互通式立交桥 长度（延米）	按跨径分 特大桥 数量（座）	特大桥 长度（延米）	大桥 数量（座）	大桥 长度（延米）	中桥 数量（座）	中桥 长度（延米）	小桥 数量（座）	小桥 长度（延米）	渡口 总计 数量（处）	渡口 机动渡口 数量（处）
年底到达数	**4419**	**202937.63**	**20**	**7465.48**	**16**	**30231.73**	**255**	**66694.1**	**1023**	**49276.27**	**3125**	**56735.53**	**14**	**1**
国 道	**338**	**52308.09**	16	5039.20	10	15844.74	70	24783.97	168	9462.51	90	2216.87	**0**	0
#国家高速公路	**199**	**37550.99**	5	1117.25	9	14017.16	49	16079.77	109	6443.07	32	1010.99	**0**	0
省 道	**296**	**48749.13**	4	2426.28	6	14386.99	75	24298.33	136	7966.06	79	2097.75	**0**	0
县 道	**469**	**22315.71**	0	0	0	0	35	8576.68	188	8529.01	246	5210.02	**0**	0
乡 道	**1808**	**44540.99**	0	0	0	0	46	5420.90	318	13833.94	1444	25286.15	**8**	1
村 道	**1507**	**35001.71**	0	0	0	0	29	3614.22	213	9484.75	1265	21902.74	**6**	0

（扬公路）

■扬州市交通产业集团有限责任公司 2018年，扬州市交通产业集团有限责任公司（简称市交通产业集团）实现营业收入10.38亿元，利润总额5741万元，净资产收益率0.87%；年末国有净资产62.74亿元。全年融资27.80亿元，完成投资12.61亿元。完成道路客运量504.51万人次，公交线路客流总量1.21亿人次（含江都区1092.61万人次），新增路内停车泊位307个，完成车辆检测6.81万辆，运营管理1.25万辆公共自行车，日均骑行量近2万人次。

重点工程项目建设。公共卫生中心项目总投资3.8亿元，完成地块拆迁整理，于12月18日举行开工仪式。东部综合客运枢纽及地下配套工程，总投资15.5亿元，项目设计方案于10月通过规划委员会审查，地下配套工程（1号线预埋工程东延伸段）开工建设。瘦西湖西门经刘庄城中村改造项目二期地块以5.15亿元成功挂牌交易。介入590地块（东）36.7公顷土地一级开发整理，为未来发展做好新项目、新地块储备。完成扬汽大厦立面改造，并对周边商铺店招风格进行统一。二十四桥宾馆二期会务中心项目完成地块拆除整理和摘牌，加密瘦西湖西门片区城市酒店集群。西部客运枢纽加油加气站开工建设。完成火车站及站前广场综合整治，提升火车站站前广场及站内外硬件设施与环境，实现西部客运枢纽区域交通场站资源的一体化管理。建成体育公园路"树阵式"生态停车场，保障省运会等重大赛事期间、市"两会"等重大会务期间的车辆停放，与沿山河整治形成联动，提升区域生态环境。

重点交通基础设施项目出资任务按期足额完成。全年完成连淮扬镇铁路扬州段市本级出资任务2130万元，累计出资8.77亿元；完成五峰山大桥及北接线资本金出资2375万元，累计出资3.95亿元；完成南部快速通道建设资金支付9.53亿元，累计支付22.62亿元。市交通产业集团新增包括江都公交公司在内的6亿元优质资产注入，做实政府注入资产房租收入。全年新增银行授信21.08亿元，新增融资余额15.80亿元。其中，成功发行扬州首单以购置新能源公交车为题材的绿色债5亿元，发行公司债5亿元，做好10亿元超短融发行准备。至年底，市交通产业集团融资余额60.18亿元，其中直接融资23.70亿元、中长期贷款29.41亿元，形成以中长期资金为主、短期借款为辅的资金格局，优化融资结构。

落实公交民生幸福工程。推进11项公交民生项目落地，相当于年增加公交民生投入6.14亿元。其中，完成江都公交整合划转，公交业务板块增加年业务收入2亿元以上；新购公交车辆302辆，新辟、优化调整公交线路26条，开通"亲子公交专线"、园博会免费公交线路和"扬州好行"旅游直通车；落实现役军人、市区军嫂和持"绿扬英才卡"高层次人才免费乘坐公交车等政策；新启用公交首末站、生态回车场4个，提升公交服务保障城市发展的能力。

“两会”交通运输保障。在省第19届运动会、省第十届园博会中，市交通产业集团做好交通运输保障和参赛人员、志愿者免费乘坐公交，组织400多名驾驶人员、100多名后勤保障人员，全程参与“两会”保障任务，累计提供7000多趟次用车服务，安全运送近50万人次。承担“世界运河论坛”“中亚五国经济贸易论坛”等两项外事活动的运输保障。

推进新能源充电站及充电桩建设。全年新增新能源汽车充电站40座、充电桩516个。至年底，累计在市区建成充电站97处、充电桩1752个，实现市区3千米以内智能充电服务圈。

“云上扬州”智慧出行项目。以“宜行扬州”智能停车管理系统为主体，整合内、外部交通信息资源，至年底，“宜行扬州”注册用户3万多名，累计接入市区63处公共停车场、1.8万多个停车泊位信息，整合公交线路、公共自行车数据，实现互联互通，为市民提供及时、便捷的出行诱导服务，缓解市区“停车难、行车难、出行难”。

推动企业高质量发展。完成对扬汽、公交两大集团及其所属5个二级经营单位的公司制改制，形成有效制衡的公司法人治理结构和灵活高效的市场化经营机制。完成7户“僵尸”企业清理注销，助推企业轻装上阵、提质增效。将交通产业集团系统内定制包车、驾驶培训、汽车维修、车辆检测、停车及旅游服务纳入市民卡消费范围，共建共享市场资源。

推进扬汽集团“瘦身、脱困、转型”。全年内退162人，综合减少人力资源成本近580万元；形成扬汽集团发展战略分析报告和重点工作任务清单（2018—2020），对13条线路、41辆营运车辆进行承包经营，探索公营车向承包或目标责任制转轨的经营模式；合并、精简内部管理机构，调整职能，拓展非道路客运业务，以经营绩效为导向，改革中层干部考核和薪酬办法。

（谢倩琳）

■体育公园路生态停车场 体育公园路生态停车场是西区新城周边环境综合整治系列项目之一。该项目位于市委党校与扬州职大之间，于4月开工，8月3日正式竣工交付，投入试运营。占地面积6.20万平方米，总投资约3000万元，项目建设秉承“树阵式”生态停车场理念，集停车、公交回车、休闲、赛事服务等功能于一体。建设521个停车位，其中大客车停车位151个、小客车停车位362个、残疾人停车位8个；停车位采用植草砖铺设、以香樟树池分隔；停车回转道路宽度14米，为环形设置，配备约2500平方米的专用公交回车场；项目南侧设车行、人行各1条专用道，连接会议中心主干道；停车场整体绿化面积3万平方米，在沿山河西侧建成300米步道，为市民休闲健身提供服务，在停车场入口设置集散广场。（谢倩琳）

■火车站站前广场综合整治 扬州火车站及站前广场综合整治工程于3月启动，8月31日竣工验收。该工程包含8个子项目：火车站暖通设施更新改造、站前广场绿化改造、站西路和站南路道路拓宽改造、二层送客平台出新及绿化改造、新建旅游服务中心、新建公共卫生间、交警六大队搬迁、新建出租车雨棚。其中，空调系统改造工程于6月底投入使用。（谢倩琳）

■扬州市公共卫生中心项目 12月18日，扬州市公共卫生中心项目举行开工仪式。该项目于2017年8月起开展包括土地拆迁整理在内的各项筹备工作。建设工期约20个月，计划2020年底投入使用。位于上方寺路以北、黄金坝路以西、鸿福路以南、市第二人民医院以东，用地面积1.94公顷，建筑面积2.75万平方米（含地下），建设项目包括扬州市疾病预防控制中心、市医学检验中心、12320管理中心、市皮肤病医院。集实验室、业务用房、培训中心、门诊部、功能厅于一体。

（谢倩琳）

公路

■干线公路建设 全年完成普通国、省干线公路建设投资21亿元，建成通车28.1千米，工程质量优良率100%。352省道江都段、金湾路高水河大桥以南段、328国道仪征段改扩建工程汉金大道建成通车；333省道高邮东段、331省道宝应段总体达到序时进度；扬州西外环路345国道仪征新集至刘集段、328国道江都新都路至广州路段改扩建工程开工建设。全市普通国省干线公路在建工程质量抽检合格率保持在98%以上。（邢鹏举）

■农村公路建设 全年完成农村公路提档升级投资5亿元，新改建农路312千米、改造农桥88座，项目验收合格率100%。（梁利群）

■撤渡建桥 2018年，撤销渡口5道、停渡3道；全市在营渡口4道。高邮市界首大桥建成通车。

（许正路　梁利群）

■金湾路工程 金湾路工程路线由启扬高速双沟互通连接线和461省道北段两部分组成，起于启扬高速双沟互通，向南利用老淮江公路，与华山路交叉后折向西，跨高水河后折向南，分别跨越古运河、金湾河，在328国道交叉处，接461省道扬州段，止于规划利民路交叉口，全长约13千米，2014年4月开工建设。至2018年底，高水河大桥以南段约10千米建成；高水河大桥以北段约3千米，江都北1标累计完成路基35%，2标累计完成路基30%、路面底基层30%、天山路跨线桥钻孔桩3根，3标累计完成路基80%、路面底基层60%、水稳基层50%。全线累计完成投资42.8亿元，其中2018年完成投资7.05亿元。（陈菊梅）

■江广高速公路扬州段改扩建工程 江广高速公路扬州段改扩建工程路线起于江都正谊枢纽，经江都仙女、大桥、浦头等3个镇，止于扬泰交界，全长19.22千米，概算总投资16.5亿元（含浦头互通）。本项目改扩建采用两侧拓宽的方式，由原双向四车道扩建为双向八车道高速公路，路基宽度42米，设计时速120千米，全线改造桥梁15座、涵洞47道、通道44道，新建支线上跨桥梁2座，同步建设大桥互通，扩建正谊服务区，江都区同步建设浦头互通。2015年8月18日开工，2018年6月底完成交工验收，正式通车。（潘大为）

■352省道江都段 352省道江都段路线起于江都与兴化交界处，穿越江都区北部武坚、小纪、樊川等镇，向西与高邮市308县道八车线相接，全长23.54千米。远期按一级公路规划，近期按二级公路标准建设，设计时速80千米，路基宽15米，路面宽12米。2015年9月开工建设，先导段武嘶线至安大路段11千米于2017年4月建成通车；二期工程12.54千米于2018年2月建成通车。全线累计完成投资6.6亿元，其中2018年完成投资0.2亿元。（陈菊梅）

■扬州西外环路（345国道） 扬州西外环路（345国道）路线起自沿江高等级公路，经朴席镇、新集镇、刘集镇、杨寿镇，止于扬天公路，由345国道扬州经济技术开发区段、仪征新集南段、仪征新集至刘集段和356省道邗江区段组成，全长约28千米，投资约21亿元，计划2021年12月建成通车。至2018年底，345国道仪征新集至刘集段先导段（宿扬高速刘集互通连接线拓宽段）开工建设，扬州经济技术开发区段获省发改委工可批复并通过省初步设计审查，其余路段处于工可报批阶段。2018年完成投资2.6亿元。（潘大为）

■328国道仪征段快速化改造 328国道仪征段快速化改造路线起于328国道仪征市与扬州主城区交界处，向西沿现有328国道扩建，经新集镇、新城镇、仪征汽车工业园、仪征城区，止于扬州仪征市与南京六合区交界处，接328国道南京段，全长30.29千米，项目投资约39亿元。主线采用六车道一级公路标准，设计时速100千米；外侧设置辅道，匝道及辅道设计时速40千米，一般路段路基宽45.5米，城区段路基宽61米。2017年11月开工建设，2018年9月汉金大道互通建成并通过交工验收。全线累计完成投资11.9亿元，2018年完成投资7.9亿元。（陈菊梅）

■328国道快速化改造江都新都路至广州路段 328国道快速化改造江都新都路至广州路段路线起自江都新都路与328国道交叉处，向西沿现有328国道扩建，经龙川路、广州路，终于芒稻河大桥东桥头，全长约2.47千米。主线采用六车道一级公路标准，外侧设置辅道，主线设计时速100千米，匝道及辅道设计时速40千米。2018年完成施工、监理单位招标工作，各参建单位开展驻地、工地试验室建设，现场放样及征地拆迁工作。2018年完成投资1.4亿元。（陈菊梅）

■331省道宝应段 331省道宝应段路线起自射阳湖镇北，接331省道盐城西段，向西南跨越蔷薇河、宝射河，与264省道交叉，经鲁垛镇、小官庄镇，上跨京沪高速公路，下穿在建连淮扬镇铁路，与233国道交叉，跨京杭运河，经宝应湖，止于宝应与金湖交界处，接331省道金湖段，全长41.95千米。全线采用一级公路标准建设，设计时速100千米。2017年4月开工，分三期建设。至2018年底，先导段10.6千米路基、桥梁全部完成，路面完成50%；二期工程完成路基土方78%，桩基85%，涵洞100%，立柱57%，箱梁预制14%，板梁预制27%；三期工程完成灰土填筑91%，桩基100%，涵洞100%，板梁预制37%。全线累计完成投资8.9亿元，其中2018年完成投资6.4亿元。（陈菊梅）

■333省道高邮东段 333省道高邮东段路线起自高邮、兴化交界处接333省道兴化段，向西自甘垛镇镇区北侧和西侧绕越，跨越北澄子河向南后由汤庄镇北侧折向西南，利用306县道向西经汉留北侧跨三阳河继续向西，由卸甲镇南侧绕越后向西跨京沪高速公路至233国道，终点接233国道与333省道高邮西段交叉口，全长35.27千米，其中利用306县道老路扩建约3.1千米，新建约32.17千米。按一级公路标准建设，设计时速100千米。2017年7月开工建设。至2018年底，全线完成路基填筑90%、桩基98%、涵洞100%，板梁预制72%、安装50%，箱梁预制32%、安装17%。全线累计完成投资7.42亿元，其中2018年完成投资4.4亿元。（陈菊梅）

■城市南部快速通道 城市南部快速通道工程西起八字桥互通，向东沿江阳路，经渡江南路，转入开发路，上运河南路，接宁通高速匝道、沪陕高速汤汪互通，工程全长17.2千米，总投资59亿元，其中建安投资39亿元。2016年4月18日，项目全线开工建设。2018年4月18日，扬子江路以西段主线开放交通，2018年6月30日，城市南部快速通道全线开放交通，保障省运会和省园博会的举办。（黄 征）

■五峰山过江通道公路接线工程扬州段 五峰山过江通道公路接线工程扬州段工程起于正谊枢纽，跨芒稻河，经江都区仙女镇、滨江新城，广陵区李典镇、头桥镇和镇江市丹徒区高桥镇，接五峰山公铁合建大桥。在扬州境内设置滨江新城互通、头桥互通，新建1个服务区、3个收费站。至2018年底累计完成征拆资金投资17.6亿元，拆除民房98.6%、非住宅75%，交地92%，推进杆管线迁改。（扬公建）

■公路客运 2018年，全市完成道路客运量3094万人次、旅客周转量27.90亿人千米，比上年分别下降9.6%、6.8%。经营业户25户，营运

2018年扬州市营业性运输车辆情况表

表 26-3

地 区	公路客运		公路货运	
	客车数（辆）	客位数（座）	货车数（辆）	吨位数（吨）
合 计	**1329**	**54581**	**45120**	**332787**
市 区	694	30457	30462	213967
宝应县	195	6944	3465	26481
仪征市	146	4979	4998	49256
高邮市	294	12201	6195	43083

注：公路客运车辆不含城市公交、客运出租车辆（扬运管）

2018年扬州市公路营业性运输量表

表 26-4

地 区	公路客运		公路货运	
	客运量（万人次）	旅客周转量（万人千米）	货运量（万吨）	货物周转量（万吨千米）
合 计	**3094**	**279013**	**7634**	**1406165**
市 区	1726	155634	4906	903883
宝应县	394	35518	608	111931
仪征市	282	25474	1131	208253
高邮市	692	62387	989	182098

（扬运管）

客车1329辆、客位数5.46万个，户均拥有车辆53辆。全市开通客运班线428条，其中省际班线125条，市际班线195条，县际班线29条，县内班线79条，营运范围辐射全省13个地级市及全国16个省（自治区、直辖市）。（李超华 宋维同）

■公路货运 2018年，全市累计完成营业性公路货运量7634万吨、货物周转量140.6亿吨千米，分别增长7.3%、6.2%。全市有道路货运经营业户2.72万户，其中道路危险货运经营业户55户。有载货汽车4.51万辆、总载重33.28万吨，分别下降0.6%和增长4.4%。其中，危货运输车辆1755辆、总载重2.24万吨。载货汽车中牵引车3864辆、挂车4500辆，甩挂比1:1.16。（邓志飞 宋维同）

■节假日旅客运输 2018年春运期间，全市安全运送旅客402.7万人次，下降4.9%。其中，公路运输360万人次，下降7.1%；铁路运输27.6万人次，增长8.9%；民航运输15.1万人次，增长44.3%。国庆期间，全市公路运输49.6万人次，运输市场秩序平稳有序，未发生旅客滞留现象。（李超华）

铁路

■连淮扬镇铁路扬州段 2018年，连淮扬镇铁路扬州段累计完成投资28.49亿元，占年度计划的101.8%。扬州境内132千米正线和17千米联络线用地全部完成交付，共完成征地334.4公顷，拆迁民房1899户、企业88家，迁移鱼塘和大型种（养）殖场217个，迁改35千伏（含）以上电力杆线61处，40处站后“四电”（通信工程、信号工程、电力工程、电气化工程）工程用地全部交付。连淮扬镇铁路扬州站、高邮站、宝应站站房初步设计和施工图设计获中国铁路总公司批复，南京建指招标确定铁路站房施工单位；扬州站铁路桥下空间利用获得上海铁路局复函同意。至2018年底，扬州段累计建成桥梁灌注桩3.42万根、承台4241座、墩身4241座，分别占总量的100%、99.98%、99.98%，完成预制箱梁架设3643榀，占总量的92.34%；扬州段全线共19座特大桥、大桥全部实现合龙，淮扬、淮泰等4线联络线全部贯通；江都铺轨基地完成连接道路拓宽改造，3个存砟基地完成用地整理；扬州段“四电”工程完成接触网柱施工3011根，架线285.4千米。（扬 铁）

■北沿江高铁项目 2月2日，受中国铁路总公司委托，中国铁路建设投资公司正式发布北沿江高铁（上海至合肥段）项目勘察设计招标，标志着该项目正式启动前期工作。5月28日，中国铁路总公司发布北沿江高铁勘察设计中标通知，中国铁路设计集团有限公司为北沿江高铁江苏段勘察设计单位。6月23日，北沿江高铁（上海至合肥段）勘察设计中标单位之一——中国铁路设计集团有限公司项目负责人带领线路、站场等分项设计组人员到扬，现场踏勘北沿江高铁扬州段线形和设站。12月19日，中国铁路总公司发改部带领沿江高铁项目设计单位负责人到扬开展沿江高铁通道（上海至合肥段）现场踏勘。（扬 铁）

■铁路客运 2018年，宁启铁路发送旅客279.8万人次，到站旅客280.1万人次；实现营运收入2.87亿元。（扬 铁）

■铁路货运 2018年，宁启铁路扬州东站发送货物14.68万吨，装车3047辆；到站货物19.01万吨，卸车3332辆。实现货运收入4808.8万元。发车货物主要为钢管、粮食、木片等，到站货物主要为化工材料、化肥、钢材等。（扬 铁）

航空

■概况 扬州泰州国际机场为民用运输机场，飞行区等级指标为4E，国家航空一类口岸。机场位于扬州市江都区丁沟镇境内，距扬州市区约30千米，距泰州市区约20千米，占地152.7公顷，跑道长3200米（含一期扩建工程增加的800米），站坪机位13个，航站楼面积3.13万平方米。机场及相关配套工程总投资26.41亿元，由扬州、泰州两市按8:2比例投资建设。2010年3月18日机场奠基，2012年5月8日建成通航。2015年1月，国务院批复同意开放一类航空口岸；2016年2月，中国民用航空局同意扬州泰州机场更名为“扬州泰州国际机场”；2018年8月机场一期扩建工程完成，飞行区等级指标由4C升级为4E。2018年底，扬州泰州国际机场运营的国内航线有北京、成都、广州、重庆、桂林、西安、沈阳、深圳、大连、长春、哈尔滨、厦门、三亚、兰州、天津、贵阳、昆明、福州、北海、南宁、乌鲁木齐、石家庄、揭阳、呼和浩特、洛阳等25条，国际（地区）航线有曼谷、济州、大阪、金边、台北5条。全年安全保证各类飞行5.06万架次，其中保障运输飞行1.90万架次；完成旅客吞吐量238.4万人次，平均客座率85.0%；完成货邮吞吐量1.11万吨。全年收入1.47亿元，上缴税金297万元。

（鞠宏晨）

■扬州泰州国际机场一期扩建工程 扬州泰州国际机场一期扩建工程项目概算总投资约5.6亿元，于2018年10月开工建设，800米跑道向北

2018年扬州泰州国际机场航班情况一览表

表26-5

航线	航空公司名称	机型	航班
扬州泰州国际机场—韩国济州国际机场	春秋航空公司	A320	每周二、五各一班
扬州泰州国际机场—泰国曼谷素万那普国际机场	春秋航空公司	A320	每日一班
扬州泰州国际机场—日本大阪关西国际机场	春秋航空公司	A320	每周一、四、六各一班
扬州泰州国际机场—柬埔寨金边机场	春秋航空公司	A320	每周一、三、五、日各一班
扬州泰州国际机场—台北桃园国际机场	台湾中华航空公司	B738	每周五一班
扬州泰州国际机场—北京首都国际机场	中国国际航空公司	B738	每日一班
扬州泰州国际机场—深圳宝安国际机场	深圳航空公司	A320	每日两班
扬州泰州国际机场—西安咸阳国际机场	深圳航空公司	A320	每日一班
扬州泰州国际机场—广州白云国际机场	中国南方航空公司	A320	每日一班
	深圳航空公司	A320	每日一班
扬州泰州国际机场—厦门高崎国际机场	深圳航空公司	A320	每日一班
	春秋航空公司	A320	每日一班
扬州泰州国际机场—昆明长水国际机场	春秋航空公司	A320	每周二、四、六各一班
扬州泰州国际机场—三亚凤凰国际机场	深圳航空公司	A320	每日一班
扬州泰州国际机场—哈尔滨太平国际机场	深圳航空公司	A320	每日一班
扬州泰州国际机场—成都双流国际机场	四川航空公司	A320	每日一班
扬州泰州国际机场—沈阳桃仙国际机场	深圳航空公司	A320	每日两班
	春秋航空公司	A320	每周一、五各一班
扬州泰州国际机场—贵阳龙洞堡国际机场	春秋航空公司	A320	每日一班
扬州泰州国际机场—天津滨海国际机场	春秋航空公司	A320	每周一、三、五、日各一班
扬州泰州国际机场—桂林两江国际机场	桂林航空公司	A319	每周一、三、四、五、日各一班
扬州泰州国际机场—揭阳潮汕国际机场	春秋航空公司	A320	每周一、三、五、日各一班
扬州泰州国际机场—大连周水子国际机场	深圳航空公司	A320	每日一班
	春秋航空公司	A320	每周三一班

续表 26-5

航线	航空公司名称	机型	航班
扬州泰州国际机场—长春龙嘉国际机场	春秋航空公司	A320	每四、日各一班
	深圳航空公司	A320	每日一班
扬州泰州国际机场—呼和浩特白塔国际机场	春秋航空公司	A320	每周二、六各一班
扬州泰州国际机场—北海福成机场	春秋航空公司	A320	每周一、三、五、日各一班
扬州泰州国际机场—石家庄正定国际机场	春秋航空公司	A320	每周二、四、六各一班
扬州泰州国际机场—南宁吴圩国际机场	春秋航空公司	A320	每日一班
扬州泰州国际机场—兰州中川国际机场	春秋航空公司	A320	每日一班
扬州泰州国际机场—洛阳机场	春秋航空公司	A320	每周一一班
扬州泰州国际机场—乌鲁木齐地窝堡国际机场	春秋航空公司	A320	每周二、四、六各一班
扬州泰州国际机场—福州长乐国际机场	春秋航空公司	A320	每日一班
扬州泰州国际机场—重庆江北国际机场	华夏航空公司	A320	每日一班
	重庆航空公司	A320	每日一班

（鞠宏晨）

延长至3200米，由4C升级为4E；扩建消防站980平方米，新建消防值勤点360平方米，扩建机务、特种车库5250平方米等。10月30日，机场3200米跑道试飞成功，一期扩建工程通过行业验收。（陈爱文）

■暹粒航线开通 2月1日，扬州泰州国际机场开通扬州泰州国际机场—柬埔寨暹粒的包机航线。该航线由柬埔寨天空吴哥航空公司执飞，班期为2月1、6、11、16、21、26日和3月3、7、12、17、22、26、31日共13班。（鞠宏晨）

■郑州航线复航 2月2日，扬州泰州国际机场复航扬州—郑州的航线。该航线由春秋航空执飞，每周一、三、五、七各一班。（鞠宏晨）

■扬州东区城市候机楼启用 4月15日，扬州泰州国际机场扬州东区候机楼正式启用，并开通东区候机楼至机场班线。该班线扬州始发时间为7:00，末班车时间为18:00，每天8个班次；机场回程的班车9:30始发，0:00为末班车时间。（鞠宏晨）

■揭阳航线开通 5月5日，扬州泰州国际机场开通扬州—揭阳(汕头)、柬埔寨金边航线。该航线均由春秋航空执飞，其中，至柬埔寨金边航线每周二、四、六、日各一班。（鞠宏晨）

■顺丰航空全货机航线开通 9月18日，扬州泰州国际机场正式开通全货机航线。顺丰航空公司投放的波音737全货机，实际最大载货量14吨。每周二、三、四、五、六各一班。（鞠宏晨）

■晋升4E级机场 12月5日，民航华东地区管理局正式换发扬州泰州国际机场使用许可证，飞行区指标由“4C”升为“4E”级，标志着扬州泰州国际机场具备保障E类航空器的条件和能力，提升综合保障能力。（鞠宏晨）

水运

■港口规划 理清扬州港口发展思路，合理有效利用和保护岸线资源。《扬州港总体规划》获省政府正式批复，为扬州港口发展和码头项目建设提供规划依据；《扬州内河港总体规划》上报省政府审查。（张 艳）

■港口建设 2018年，全市港口建设投资2.12亿。液体化工二期后方配套储罐项目和二电厂煤码头改扩建项目建成；海昌内港池码头工程完成全部投资。中航宝胜码头项目通过初步设计、施工图设计审查，完成施工单位招投标；仪征港务码

2018年扬州市长江港口情况表

表 26-6

泊位长度（千米）	泊位个数（个）	年总通过能力（万吨）	年专项通过能力				
			货物（万吨）			集装箱（万标箱）	旅客（万人次）
			矿石	煤炭	液体化工		
19.7	112	7594	100	1245	739	28	10

（张 艳）

2018 年扬州市营业性运输船舶情况表

表 26-7

地　区	水路客运		水路货运	
	船舶数（艘）	客位数（座）	船舶数（艘）	吨位数（吨）
合　计	**15**	**1100**	**2369**	**5674381**
市　区	15	1100	742	1011939
宝应县	0	0	788	691027
仪征市	0	0	437	3763851
高邮市	0	0	402	207564

（扬运管）

2018 年扬州市水路营业性运输量表

表 26-8

地　区	水路客运		水路货运	
	客运量（万人次）	旅客周转量（万人千米）	货运量（万吨）	货物周转量（万吨千米）
合　计	**6.75**	**40.5**	**6493**	**2727054**
市　区	6.75	40.5	1157	486234
宝应县	0	0	791	332155
仪征市	0	0	4307	1808855
高邮市	0	0	238	99810

（扬运管）

头一期工程岸线获批复，完成水工部分备案手续；扬州内河港高邮城东作业区码头完成工可报告并征求相关部门意见，开展岸线利用评估。（张　艳）

■通扬线高邮段航道整治工程 通扬线高邮段航道整治工程项目概算投资 23 亿元，为扬州市水运航道建设史上单体工程投资量之最，共整治航道 35 千米，新、改建桥梁 9 座。2018 年 10 月 8 日，正式开工建设，全年完成 2.4 千米老护岸加固 3000 根管桩、1200 根仿木桩施工，完成投资 6 亿元；房屋拆迁工作完成总拆迁量的 60%，基本农田补划方案和项目组卷材料经扬州市政府签发上报省自然资源厅。整治后，全线航道通航等级达三级标准，可满足 1000 吨级船舶畅行。（陈三保）

■盐宝线航道整治工程 盐宝线航道是江苏省“两纵四横”规划网中“两纵”之一连申线的重要组成部分，扬州段长 37.57 千米，现状等级六级，规划等级四级。盐宝线航道整治工程列入江苏省“十三五”交通发展规划。2018 年完成维稳评价和规划选址意见，环评报告书获省环保厅批复，用地预审材料报至扬州国土局。该工程共整治航道 37 千米，改建桥梁 14 座，新建水上服务区及停泊锚地 1 处。（陈三保）

■京杭运河长江口门段航道整治工程 京杭运河长江口门段航道整治工程位于京杭运河苏北口门段，起点为施桥船闸下游引航道，终点为六圩入江口，全长约 5.37 千米。该工程为“十三五”期间扬州交通重点建设项目，是市委、市政府打造大运河文化带和江淮生态大走廊的综合整治项目。2018 年，项目工可报告通过省发改委审查；完成节地评价、地灾评估、基本农田补划、规划选址等资料收集和现场调查工作，完成稳评备案。（陈三保）

■水路运输 2018 年，全市有水路客运经营业户 2 户，客运船舶 15 艘、客位 1100 个。完成全社会营业性水路客运量 6.75 万人次、旅客周转量 40.5 万人千米，分别增长 12.7%、10.8%。有水路货运经营业户 75 户，货运船舶 2369 艘、总载重 567.4 万吨，下降 3.0%、7.4%。其中，液货危险品船 250 艘、总载重 26.2 万吨；沿海运输船舶 42 艘、总载重 17.1 万吨。完成水路货运量 6493 万吨、货物周转量 272.7 亿吨千米，分别增长 3.7% 和 5.7%。（宋维同）

■港口营运 2018 年，全市完成港口货物吞吐量 1.41 亿吨，增长 6.88%。其中，沿江港口 1.17 亿吨，增长 10.19%；内河 2441.96 万吨，下降 6.55 %。外贸完成货物吞吐量 1114.39 万吨，下降 1.57%。完成集装箱吞吐量 50.77 万标箱，下降 0.30%。（张　艳）

■电煤和春节物资运输保障 对电煤、成品油等重点物资运输实行“绿色通道”通航措施，确保“北煤南运”主通道重点物资运输快捷，全年维护 5663.9 万吨电煤安全通过。（许正路）

公共交通

■概况 2018 年底，市区（含江都区）有公交企业 1 家，有公交从业人员 3867 人、公交车 2214 辆、公交线路 168 条、公交站台 4146 个，比上年分别增长 27.4%、12%、1.8%、11.8%；公交线路总长度 3370.3 千米，比上年增长 27%；万人拥有公交车标台数 18.1 标台 / 万人；公共交通出行分担率 20.1%。市区（含江都区）有出租汽车经营企业 25 家，出租汽车运营车辆 2465 辆，从业人员 4529 人；主城区有三轮车管理企业 1 家，在营人力观光三轮车 56 辆，从业人员 56 人；市区城市客运行业客运总运量 2.85 亿人次。（刘　云　薛　军）

■公交“双市同创” 1月2日，市政府召开全市城市公共交通委员会第一次全体会议，部署国家“公交都市”和省“公交优先示范市”创建工作，将公交发展由部门行为上升为政府行为。6月12日，召开全市城市公共交通委员会第二次全体会议，将重点工作任务纳入到政府督查工作，推进“双市同创”建设。3月27日，江都区政府成立城市公共交通委员会，推进市区公交车“同城同行同价”。7月1日，江都区完成区内农公班线公交化改造，实现区内农公班线公交化运营和公交票制票价，票价由原来的5~8元降至2~3元，并实施市民卡刷卡优惠、老年人免费乘车等惠民政策，基本实现“同城同行同价”。9月30日，市政府成立江都公交整合领导小组。11月29日，市交通运输局会同江都区、市交通产业集团完成江都区公交资产划拨、债务处理等，形成《扬州市区、江都区公交整合方案》，通过市政府第24次常务会议研究。12月29日，市区、江都区公交整合划转协议签订仪式举行，江都公路运输公司正式并入扬州市公共交通集团，完成市区公交与江都区公交整合。 （陈 虹）

■城市客运管理 加强网约车业态监管。依法依规办理网约车平台、车辆和驾驶员行政许可事项，发放网约车平台经营许可证5家，办理网约车运输证43张、网约车从业资格证131张。会同公安部门开展有证网约车平台公司安全专项检查，完成平台注册驾驶员背景审查。加快出租汽车“提档升级”，2018年全市更新出租汽车226辆。

加强出租汽车行业治理。协调发改委、中燃、财政等部门，春运前恢复出租车供气，落实停供期间出租车“气改油”补助政策，发放“气改油”补助资金385万元，确保气荒期间出租车市场的平稳过渡。全面实施“双随机，一公开”制度，实现19家出租企业、7家网约车平台公司监管全覆盖，“双随机”抽查事项覆盖率100%。 （吕 明 赵家伟）

■城市客运文明建设 2月27日，市委、市政府出台《扬州市全面推进文明城市建设常态化长效化三年行动计划（2018—2020）》和《扬州市全面推进文明城市建设常态化长效化三年行动计划（2018—2020）十大工程实施方案》，组织实施公交、出租管理服务提升六大工程，推行公交出租服务标准化和规范化，全面完成公交品质提升、智慧出行服务等交通服务实事项目，出租车车容车貌合格率95%以上。开展出租汽车“迎盛会文明服务百日提升”活动，全面出新出租汽车坐垫套和车身标志标识，制定实施出租车行业文明服务“二十四条”，增强从业人员“有序行车、有序停车、文明服务”意识。

开展第四届“乘客满意公交线路暨最美的哥的姐”评选活动和“公交出行宣传周”活动，发挥行业劳模工作室、的哥的姐业余党校和劳模工作室载体作用，提升从业人员服务素质，客管处服务大厅、党员示范车队、省交广网车队分别被评为全市“五一巾帼标兵岗”“学雷锋活动示范点”“优秀志愿服务组织”，1035爱心车队获评全国交通运输行业文明示范窗口。

加强出租车从业人员培训教育。组织开展从业人员大轮训、交通秩序大整治专题教育和企业培训教育竞赛等活动，实施分类指导、差别培训，加强出租汽车企业、新进驾驶员和违章驾驶员的职业素养教育，累计培训4500多人次。

（魏园晨 邵 霞）

■公交基础设施建设 2018年，全市新建高邮市城南公交停车场，扩建动物之窗公交停车场和九龙湖公交首末站，新增公交场站面积5.26万平方米。至年底，市区共建成公交场站35座（含3座借用公交场站），总面积31.8万平方米，车辆进场率83.4%。市区新（改）建51座公交站棚。至年底，市区累计新（改）建公交站棚835座。建成南部快速通道公交专用道，结合南部快速通道道路辅道建设，同步建成公交专用道8.6千米，并配套新建智能化公交站台28座。 （陈 虹）

■客运班线开通、变更 2018年，全市新辟公交线路15条，优化调整公交线路31条。做好省运会、省园博会公交服务保障。9月28日，开通运营仪征园博园至扬州西部枢纽客运站旅游公交专线，发送公交班次1738车次，接送市民和外地

9月17日，第四届“乘客满意公交线路暨最美的哥的姐”评选活动和“公交出行宣传周”活动启动仪式举行 交通运输局/供稿

游客8.6万人次；仪征市开通6条仪征市区至园博园临时公交线路，宝应县开通宝应汽车站至省运会场馆公交专线。开通亲子公交专线。8月31日，开通运营亲子公交专线，全程一票制，票价2元，线路全长12.5千米，串联育才小学东区校和汶河小学东区校，主城区中小学校门实现公交站台500米半径全覆盖。开展“互联网+道路客运”试点工作，发展定制客运，开通扬州至兴化、扬州至南京禄口机场、扬州至镇江等3条定制客运线路；开通镇江至扬州城际定制快线，运行线路途经两地主城区，中途实行1千米范围内免费接送；开通扬子津大学城至镇江、南京、高邮、宝应校园班车，方便师生出行。（陈 虹 李超华）

■镇村公交 2018年，全市新增高邮市汤庄镇、卸甲镇和周山镇3个乡镇开通镇村公交，累计有57个乡镇开通镇村公交，开通率93%。（李超华）

■绿色低碳公交 开展“绿色公交示范线路”争创活动，全市建成5路、25路、1001路、1002路、1003路、1005路等10条绿色公交示范线路，1001微循环线路入选全国“新能源公交示范线路”。推广应用新能源公交车，新购新能源公交车286辆，其中市区新购新能源公交车242辆。至年底，市区公交车辆总数达2214辆，折合2681.5标台。其中，绿色公共交通车辆标台数2379.8标台，绿色公共交通车辆比率88.7%。（陈 虹）

■公交信息化服务 升级完善市区“掌上公交”APP，新增公交线路、站点、换乘、周边、资讯等五大查询功能。6月25日，市区建成公交线路移动支付项目，完成123条公交线路车载POS机升级改造。11月21日，江都区完成434辆城乡公交车手机支付刷卡器安装，市区与江都区公交实现“手机扫码乘公交”全覆盖。（陈 虹）

交通运输管理

■公路安全保障 全年实施普通国省干线公路安全生命防护工程124.2千米，主要包括345国道、331省道、243省道、353省道、417省道、418省道、461省道。全年实施农村公路安全生命防护工程360千米。（梁利群 姜 磊）

■干线公路养护 全年完成5个普通干线公路路面养护大中修工程、4个桥梁中修工程、4个桥梁支座维修更换工程，总投资1.19亿元，水毁修复率100%，全市普通国、省干线公路技术状况指标MQI（公路技术状况指数）值92、优良路率93%；全市315座普通干线桥梁保持“零危桥”，一、二类桥梁比例达98.4%。一、二级公路机械清扫率分别达100%和70%以上、小修作业机械化率分别达95%和70%以上。（马 尚）

■农村公路养护 全年完成县道大中修工程40千米，县道MQI值90、优良路率91%；推进“四好农村路”创建，仪征市通过省级“四好农村路”示范县督导考核。（梁利群）

■公路路政管理 推进“放管服”改革，明确公路“不见面审批”事项清单，强化事中事后监管，依法办理路政许可国省道37件、县乡道16件；强化交通干线沿线环境综合整治，依法清除障碍物4708.5立方米，清除摊点1358个，清除非标悬挂物3077块；开展治理货车非法改装和超限超载专项行动，强化交警路政联勤联动，实行超限检测站24小时值班值守，累计出动执法人员8849人次，查处违法超限车辆1252辆，卸（驳）载2.09万吨，结案率100%。（姜 磊）

■公路客运市场管理 2018年，全市更新中高级客车34辆，全市中、高级客车占比59%。引导各地开展农村客运班线公司化改造，推进农村客运班车规范经营，农村客运线公司化率90%。开展2017年度信用等级试评定，评定AAA级道路旅客运输企业13家，AA级道路旅客运输企业3家，A级道路运输客运企业1家，B级道路运输客运企业1家。（李超华）

■客运市场秩序治理 “4·18”期间，开展旅游季节城市客运市场整治工作，“两节”“两会”期间，交通、公安部门联合开展客运市场秩序综合整治活动，围绕扬州西部客运枢纽、汽车东站、武警医院、苏北医院、万达广场等重点区域，对非法营运、黄牛拉客、异地出租车违停候客等重点违章行为，重拳出击，重点打击，累计查处“黑车”、违规网约车等310辆，比上年同期增长10%。（吕 明）

■公路货运市场管理 扬州综合物流园和宝应中众合农产品物流园被纳入省交通运输厅“十三五”货运场站规划建设中期调整项目库。2月2日起，“263”专项行动期间，暂停新增道路危险货物运输企业和车辆，实行“退一进一”的运力更新制度。强化公路超限超载治理，落实“一超四罚”职责，对20家运输经营业户负责人进行约谈，对7家企业进行停业整顿的行政处罚，处理率100%。8月起，加强非洲猪瘟防控组织领导，建立非洲猪瘟防控组织机构，通过手机APP、运政在线、门户网站等信息手段就做好非洲猪瘟防疫进行宣传，加强重点部位和重点环节的监督检查。（邓志飞）

■汽车维修市场管理 全市有机动车维修企业723家，其中一类汽车维修企业82家、二类汽车维修企业202家、三类汽车维修企业378家；完成产业值6.91亿元，减少6.13%；完成维修工作量115.85万辆次，减少4.19%。全市有汽车综合性能检测站6家，完成机动车综合性能检测4.82万辆次。一、二类维修企业全部完成挥发性有机物

（VOCs）污染治理，9家维护站（M站）确定验收。推进汽车维修电子档案系统建设，全市一、二类维修企业完成与省系统平台数据对接。统一车大夫“一站六点”服务标识，每周服务时间由5天增至6天。联合市总工会、市人社局举办全市汽车维修工职业技能大赛，提升行业技术水平。（门　涛）

■驾培市场管理 全市有驾校69家（市直20家、邗江区7家、江都区12家、仪征市8家、高邮市12家、宝应县10家），其中综合类一级驾校3家、综合类二级驾校15家、专项类三级驾校51家。有备案教练员3121人，教学车辆2286辆，拥有驾驶模拟器529台，实现培训数据智能化管理。全年培训9.1万人次，其中从业资格培训8026人次。全市道路运输从业人员8.77万人。开展打击伪造“学时”专项治理行动，升级车载计时培训终端，对教练车开展“拉网式”排查，“大数据”后台分析研判各类违法行为，查处违法行为31件。“计时培训、计时收费”和“预约培训、先培后付”服务新模式开通率100%。（刘　庶）

■航闸养护管理 2018年，完成通扬线江都武坚段1.2千米航道应急水毁专项工程和二期3千米护岸工程；建成樊川船闸抽水检修工程、扬州航闸运调中心；编制完成宝应船闸锚地建设工程施工图设计和施工招标文件；完成4项船闸中修工程，完工项目合格率100%。推进养护管理标准化和技术创新，完成宝应、运东船闸备品备件仓库管理标准化建设；全面完成6座船闸运行养护责任牌标准化建设；完善芒稻河联防联治联保工作方案，开展航道扫测设备的实践应用。

（陈三保）

■内河航政管理 全系统查航巡航983次4万多千米，开展高邮湖、盐宝线等“4+N”联合执法巡航；采用无人机远距离巡航、辅助执法检查。落实“平安交通三年行动计划”，重点开展“治三标”专项行动，对涉航设施权属单位上门宣传100%到位，对未设置和需规范设置助航标志的单位100%发函督促到位。完成盐宝线、通扬线、芒稻河、盐邵线等4条省干线航道16座桥梁通航净高标尺的规范设置，三阳河19座桥梁全部落实桥属单位开展桥涵标设置相关工作，完成古运河11座桥梁通航净高标尺等标志标牌设置；完成芒稻河大桥10座浮标的改造、安装设置。开展航道通航影响评价11件；制作行政指导文书15件，实施行政处理、处罚20件；收取航道赔（补）偿费449万元。

（陈三保）

■航道科技创新 邵伯三线船闸工程获国家优质工程奖，施桥三线船闸工程竣工验收，“船舶超闸室安全警戒线报警系统”“视频与控制联动系统”“船闸水下检测交互式柔性机器人系统研究与开发”等科研项目通过验收。运西船闸管理所获省总工会“十佳模范职工小家”称号，被命名为“江苏省工人先锋号”；江都航道站党支部被授予省交通运输行业“‘两聚一高’行动队”称号；芒稻船闸、运东船闸、运西船闸和保障中心QC（质量控制）分获省、部级“优秀QC小组”称号。（陈三保）

■船舶建造技术监督 开展“诚信船检、诚心服务”活动，全年完成建造检验131艘34.5万总吨，分别下降4.3%、0.3%；完成营运检验3094艘348万总吨，分别下降4.4%、上升3.2%；船用产品检验513件，下降18.7%；完成各类图纸审查100套，增长115%。全面推广“通检通认”营运检验新模式，设置城区、仪征两个工作站，累计受理检验完成本港船舶621艘91万总吨，节约成本12.34万元、节约返港检验航程3800千米。发布全市内河造船企业与设计公司的诚信考核结果，“红名单”等级船厂3家，“白名单”等级船厂28家，4家设计公司被评为“红名单”等级。（许正路）

■危险品船舶安全管理 4月，对运力不达标的2家省际液货危险品运输企业资质降级为省内水路危险货物运输。执行船舶进出港报告制和危化品船舶进出港申报，通过信息化系统对危化品船舶申报、停泊、装载等进行动态跟踪602艘次，实施危险货物船舶适装申报许可2580艘次、载运量86.7万吨，现场核查1423艘次；禁止单壳化学品船和600载重吨以上的单壳油船进入扬州市通航水域。

（邓志飞　许正路）

■内河水上交通安全管理 开展“保安全、保畅通、强服务”专项行动，安全维护22.4万艘船舶通过、船舶通过量3.23亿吨，保障京杭运河船舶高位运行安全畅通；全市“12395”接警174起、救助船舶314艘次、救助人员439人次、挽回损失2689万元。实施防范船舶碰撞桥梁、中小型船舶安全管理等9项专项整治，对21座隐患桥梁进行跟踪督查整改，打击各类违法行为1653起，整改缺陷4020起。深化“1+N”执法模式改革，设置电子围栏49个；电子巡航9.04万小时、发布预警信息3.63万条，增长516%、57.9%；实施非接触执法案例1118起，增长8倍，推动船舶电子报港4.07万艘次。开展“4+N”跨部门联合执法，公开组联动执法13次，被评为全市法治实践优秀案例。组织开展全市首届旅游客船驾驶人员技能大赛，召开服务水运平安绿色发展推进会。保障2018年中国首届智能船艇挑战赛、全国U型青少年龙舟赛以及园博会游船服务等重大活动。市内河搜救中心一期工程建成投用，二期项目立项；省级应急设备库（一期、二期）、省级内河应急搜救专业人员实训基地、省级综合水上交通安全宣传教育基地等四大功能项目投入运行，形成“一中心多基地”的集群化格局。完善内河水上交通安全突发事件应急预案，形成“1+6”的预案体系；成立20人的“海龙”应急搜救小分队，开展常态化训练；联合淮安市开展苏北运河防污染跨区域联动演练等各类演习9次。
（许正路）

■**港口安全管理** 2018年，全市港口未发生安全生产责任事故。印发《扬州市危化品码头整合提升方案》，开展安全生产月活动，举办全市交通运输行业水路危险货物运输员职业技能竞赛，提高相关从业人员职业技能水平；加强港口应急管理，拨付专项资金280万元在恒基达鑫公司建成扬州市港口应急物资公共储备库，入库各类应急储备物资149种。开展港口除隐患防事故保安全、港口安全生产大检查大排查大治理等专项行动；开展在役储罐安全专项整治，实现“一罐一档”，全面完成沿江86个常压储罐的技术检测；委托第三方对全市16家港口危险货物企业开展安全综合监督检查，督促企业和所在地港口管理部门落实整改并实现线上线下隐患闭环管理。加强港口危化品企业安全生产标准化达标工作，恒基达鑫公司于10月通过港口安全生产一级标准化达标考评，推进另外15家危险货物港口企业通过安全生产二级标准化复评；加强危化品码头船岸界面管理，督促企业在装卸作业前，按照船岸安全检查手册检查；强化安全生产风险管控，全市2家重大危险源的企业建立安全生产风险管控机制。（张　艳）

■**绿色港口建设** 推进港口环保设施建设。全面建成沿江港口岸电设施，推进内河岸电建设，全市建成56套港口岸电设施，其中沿江29套、内河27套。编制印发《扬州沿江港口船舶污染物接收转运及处置设施建设方案》，建成沿江15家主要港口码头船舶垃圾回收站台，推进沿江港口船舶生活污水接收转运设施建设，全面建成内河码头港口船舶垃圾分类接收设施和油污水接收设施；扬州港1~3号泊位投资500万元进行泊位雨水收集和中水回用改造，恒基达鑫公司建设污水处理站，日处理量80吨。完成扬州石化公司油码头、恒基达鑫油码头油气回收装置试点建设，建成仪征港区液体化工码头二期工程油气回收设施。全市沿江3家大型煤炭矿石码头（年通过能力200万吨以上）堆场均建设防风抑尘设施或实现封闭储存。公用港口码头可绿化区域绿化率90%。扬州港1号、2号、3号泊位新能源及清洁能源应用、污水处理、绿化提升、道路修复等全面提升，改善港区环境，争创星级绿色港口。
（张　艳）

■**内河船舶污染防治** 推进南水北调船舶防污染体系示范区建设，列入省交通运输厅对扬州市“一市一试点”示范项目，以及《江苏省推进京杭运河绿色现代航运发展实施方案》和省交通运输厅科技创新三年行动计划的重要项目。央视《朝闻天下》、“人民网”、《中国交通报》等宣传扬州市船舶防污染工作。打赢蓝天保卫战，建立12部门船用低硫燃油供应保障和联合监管机制，开展联合执法活动，累计抽检102艘次；强化船舶封舱线上线下监管，实施检查1063件；在港船舶使用岸电210多艘次。打好防污染攻坚战，实施船舶生活污水防污设施专项检查567艘次，委托第三方抽检10艘次；组织开展固体废物运输专项检查204艘次。建立船舶污染物接收转运处置机制，建成内河船舶垃圾回收站台55套和油污水接收设施52套，启动运行内河船舶污染物接收转运处置监管联单制，累计督促船舶送交污染物750千克，实施联单31份。完成6艘危险货物运输船舶警示标识试点，建成首艘多功能垃圾回收船。打响长江大保护联动战，配合推进长江沿线水域船厂搬迁关闭，对新申请检验依规定不予受理。协同配合开展内河非法码头专项整治，责令5艘浮吊船停止作业，管控京杭运河线浮吊船，劝离装卸作业的船舶562艘。（许正路）

■**非法码头整治** 拆除纳入省整治清单的15个沿江非法码头，取缔、拆除7个自查非法码头，完成22家非法码头后方场地清理，累计拆除固定吊机7座，驱离非法作业点浮吊船27艘，清理场地面积7.20万平方米。开展内河干线航道沿线非法码头整治，推进全市45个内河干线航道非法码头完成规范提升、拆除或搬迁。开展长江扬州段水上过驳专项整治。列入省整治清单的30条浮吊按要求整治处置到位，完成长江水上过驳整治扫尾和资金发放。
（张　艳）

■**船舶进出港** 2018年，扬州海事局辖区进出港货运船舶6.15万艘次，增长3.8%。其中，海船6232艘次，下降1.9%；内河船5.53万艘次，增长4.1%；国际航行船舶（含中国籍外贸船舶）进出港579艘次，下降11.3%；中国籍海船进出港5653艘次，增长2.7%；内河船舶（不含客汽渡船）进出港5.53万艘次，增长4.1%。全年辖区进出港船舶货运量1.04亿吨，增长21.5%；国际航行船舶货运量750万吨，增长9.5%；进出港船舶集装箱运输量50.33万标箱，增长7.68%。（陈菊琴）

■**船舶登记** 2018年，扬州海事局登记在册船舶151艘，其中海船133艘、内河船18艘。设立抵押登记船舶4艘，年度办理债权数额6600万元。办理船舶所有权登记25艘次、船舶国籍登记44艘次、船舶抵押权登记5艘次、光船租赁登记18艘次、船舶注销登记34艘次、船舶变更登记12艘次。办理船舶识别号72艘次，办理船名审核39艘次，核发船舶最低安全配员证书39艘次。办理司法协助执行6次，船舶登记资料查询12次。船舶登记类相关业务量305件。全年无任何违规发证行为，未发生超越权限办理船舶登记或船舶登记有理投诉情形，未发生因船舶登记工作责任引发行政败诉案件。
（陈菊琴）

■**航运公司管理** 2018年，扬州海事局辖区有航运公司47家，建立运行安全管理体系的国内航运公司14家（新增3家），其中海船公司5家、内河公司9家，有化学品或油品运输公司11家，有散杂货运输公司2家。体系内船舶135艘，增长10.1%，其中油、化类船舶124艘，占比91.9%。未建立体系的航运公司33家，非体系船舶273艘。收到航运公司重要事项报告报备62次。开展航运公司日常监督检查71次，组织约谈航运公司6次，向地方政府通报问题公司13家，体系内1艘船舶列入重点跟踪船舶名单。开展安全管理体系审核75次。其中，公司18次，船舶57艘次。签发符合证明（DOC）证书3份，签发临时符合证明（临时DOC）4份，DOC年度签注证书9份，船舶临时安全管理（临时SMC）证书19份，船舶安全管理（SMC）证书34份，给予SMC证书中间审核签注17次。（陈菊琴）

■船舶载运危险货物管理 2018年，扬州海事局推进船载危货、防污染作业申请电子申报。办理船舶载运危险货物（不含固体散装货物）申报审批3046艘次，下降27.53%。其中，内贸危险品申报2406艘次、外贸危险品申报640艘次，分别下降17.29%、102.03%。辖区危险品吞吐量364.95万吨，下降23.42%。其中，内贸危险品吞吐量316.11万吨、外贸危险品吞吐量48.84万吨，分别下降20.99%、36.17%。（陈菊琴）

■海事行政处罚 2018年，扬州海事局实施海事行政处罚289件。其中，罚款288件，罚款83.34万元；扣留船员证书1件。未按规定航路航行96件、未按规定锚泊25件、超载运输货物21件、船舶停泊未按规定留足值班人员21件，分别占行政处罚案件总数的36.9%、9.6%、8.1%、8.1%。（陈菊琴）

■船舶试航与监督检查 2018年，扬州海事局开展船舶检验质量现场监督检查、船舶建造重要日期确认、船舶吨位丈量复核、外国驻华验船公司或代表机构检验行为监督管理。完成83艘船舶检验质量监督检查，其中沿海船舶22艘、内河船舶61艘，占参加安检船舶总数的21.3%；发现船舶检验质量重大缺陷6艘次。确认96艘次船舶建造重要日期，丈量复核18艘次船舶吨位。办理船舶下水（出坞）报备184件，增长76.92%；办理船舶试航报备106件，下降29.26%。辖区水域未发生由于新造船舶下水、试航引发的水上交通事故。（陈菊琴）

■船舶安全检查 2018年，扬州海事局开展中小型船舶突出违法行为专项整治、国际防止船舶造成污染公约附则VI港口国监督集中检查活动等，利用船舶安全检查手段履行在港船舶海事监管职能。实施海船安全检查68艘次，内河船安全检查330艘次，船旗国监督检查应检船+可检船检查率7.43%；实施船舶现场监督检查783艘次，应检船+必检船检查率9.63%；实施港口国监督检查19艘次，应检船检查率28.12%、应检船+可检船检查率17.05%。（陈菊琴）

■水上巡航与搜救 2018年，扬州海事局海巡艇巡航3746艘次，出动巡航执法人员6708人次，巡航7281小时，巡航里程7.51万海里，分别增长3.5%、31.6%、12.9%、8.4%。紧扣水上交通安全监管，做好日常巡航工作，加强辖区嘶马弯道、六圩河口、瓜洲渡口等重点水域的巡航驻守，运用AIS/GIS信息化系统与视频监控相结合开展电子巡航，执行领导带队巡航、带班值班、24小时应急值班、巡航救助一体化等，加强船艇日常应急演练。全年接到辖区内水上突发事件报警30件，组织、协调搜救行动30次，成功救助遇险船舶50艘、遇险人员245人，人命救助成功率99.6%。（陈菊琴）

■水上交通安全专项整治与隐患治理 2018年，扬州海事局实施《长江江苏段船舶定线制（2013）》规定，推进长江干线水上综合执法。开展春雷行动、除隐患防事故保安全专项行动、汛期百日安全及安全生产月、中小型船舶安全管理专项整治、平安长江2018百日行动、入沪船舶安全监管等专项活动，通过宣传告示、提醒纠正、违章查处、送达事故隐患整改通知书或安全管理建议书等执法手段，排除辖区涉水港航单位和船舶的事故隐患，全年排查治理事故隐患36个，发放事故隐患整改通知书12份、安全管理建议书15份，完成全国“两会”、上海进博会以及节假日等重要时段的水上交通安全监管和应急值守工作，保障辖区水上交通安全形势的持续稳定。（陈菊琴）

1月27日，交通海事部门全力保障暴雪天气水上重点物资运输

交通运输局/供稿

水利

Shuili

编 辑 陈永华

综述

■**概况** 2018年，扬州市坚持“治城先治水”的发展理念，围绕“江淮生态大走廊建设”和“打造美丽中国的扬州样板”的总体目标，按照“城水互动、活水畅流、生态均衡、文水相融”的工作思路，以生态河湖行动为统领，推进河湖“三乱”（乱占、乱建、乱排）整治、“清四乱”（乱占、乱采、乱堆、乱建）和“263”（省委、省政府“两减六治三提升”专项行动。“两减”指减少煤炭消费总量和落后化工产能，“六治”指重点治理太湖水环境、生活垃圾、黑臭水体、畜禽养殖污染、挥发性有机物污染和环境隐患，“三提升”指提升生态保护水平、环境经济政策调控水平、环境监管执法水平）专项行动。高邮市创成国家级县域节水型社会达标县，广陵区创成省级节水型社会示范区，全市6个县（市、区）实现省级节水型社会示范区全覆盖。高邮市作为全省首批县级水生态文明城市建设试点，通过验收。落实最严格的水资源管理制度，加强最严格水资源管理考核，推进节水型社会建设，全市用水总量33.5亿立方米。推进集中式饮用水源地，严格水功能区整治，改善水资源质量。完善水利规划体系。完成区域性规划，调整完善城市水系规划，进行南水北调二期工程规划，推进城市水质研究。完成淮河入江水道整治等工程，瓜洲泵站完成水下主体工程，长江防洪能力提升一期工程全线开工。完成农村水利投入7.5亿元，修建小沟级以上建筑物8225座，新建防渗渠道（含管道）315千米。创新水利工程建设管理模式，推行水利工程建设项目代建制。加强行业管理，加强对招标投标、质量和安全等市场行为的监督检查，推进水利建设市场管理制度化、常态化，市水利电子招投标系统受理完成设计、施工、监理等各类招标76个项目124个标段，项目总投资11.6亿元。开展水利工程建设领域诚信体系考核。强化项目法人建设，加强工程验收管理，完成淮河入江水道整治工程、仪征套闸除险加固工程、江都区大桥闸工程、宝应向阳河整治工程等4项水利重点工程竣工验收。

推进“河长制”长效管护，建设美丽乡村。先后印发生态河湖行动计划、全市湖长制工作实施意见，36个市级、95个县级“一河（湖）一策”全部签发实施，各级河长巡河巡湖，推进解决河湖突出问题。加强湿地公园体系建设，将河道整治、小区建设、城市公园统筹规划，构建清洁小流域生态集群，完成三湾湿地公园、廖家沟中央公园、七里河公园等河湖湿地公园建设。综合实施水生态修复，全面启动退圩还湖。完成农村河道疏浚土方1692万立方米，创成7个省级“水美乡镇”、16个“水美村庄”，治理水土流失面积17.1平方千米，更新改造供水管网29.5千米，新建农桥438座。疏浚县乡河道65条、村庄河塘873条。整治黑臭水体52条111.7千米，完成5个集中式饮用水水源地整改任务，32个省考以上断

“民间河长”在半岛公园水域巡查　　庄文斌/摄

面水质达标率 93.8%。

依法履行水利工程质量监督职能。开展各类专项检查，丰富质量监督手段。进行质量管理教育培训，提升质量监督能力。全市质量监督机构开展质量监督活动 286 次，发出质量监督检查意见表 187 份，质量监督通报 24 份。建立采砂长效管理机制，落实巡查制度。全年在打击长江非法采砂活动中出动执法艇（车）1766 航（辆）次，出动执法人员 5479 人次，立案查处非法停泊采砂船 9 条，拆除采砂机具 35 台套。进行河湖执法。水行政执法出动 1.13 万人次，巡查 3513 车（航）次，处理案件 151 件，其中立案查处 38 件。完成水利综合统计年报、水利建设投资统计年报、水利服务业统计年报、水利建设投资全社会统计月报、中央水利建设投资直报等统计数据报送任务，出版《扬州市水文化遗产调查成果选编》。（隋 丽）

■水利规划 完善水利规划体系。完成区域性规划，配合省水利厅推进《里下河地区水利治理规划》《白马湖宝应湖区域水利规划》水利治理规划编制，组织进行扬州各片区重大水问题研究，编制《里下河地区水利治理规划》《白马湖宝应湖区域水利规划》的市域版，并通过审查，完成《扬州市苏中沿江地区水利治理规划》《入江水道沿线规划》等，区域性规划基本覆盖全市，形成新的重大工程储备体系。调整完善城市水系规划。落实城市水系建设空间控制，与市规划局建立规划编制沟通机制，共同推进水工程控制要素的“两规合一”，满足水工程的建设中城市规划管理的基本要求。完成《扬州市城市水系规划（修编）》；扩展“水系规划”，完成规划大纲。推进南水北调二期工程规划。根据省水利厅、省南水北调办关于江苏省南水北调东线二期工程规划工作的决策部署和有关工作要求，含扬州全境及淮安部分的长江至洪泽湖段（800 立方米 / 秒）工程方案初步拟定，进入方案比选、设计论证阶段，影响工程方案设计、社会影响分析及处理方案研究初步完成。结合水利部淮河水利委员会 8 月新提出的 1000 立方米 / 秒抽江规模，重新复核对应的影响工程方案设计、社会影响分析及处理方案研究。推进城市水质研究。在 2016 年启动的扬州市沿江区域重点河湖水质改善方案研究的基础上，开展瘦西湖水质保障与生态修复方案的研究。扬州市沿江区域重点水质改善方案研究工作取得初步成果并通过专家审查，瘦西湖水质提升研究完成项目任务书编制。

项目前期工作。流域方面。配合省水利厅完成淮河流域重点平原洼地治理的工程可研及其相关前置条件的编制，获省发改委的批复；总投资 43 亿元的长江防洪能力提升工程前期工作一期工程 10 亿元项目获批建设，推进二期工程前期工作。区域方面。灾后水利薄弱环节治理完成高邮横泾河、仪扬河朴席段、龙河等工程的初步设计并获批建设。自主项目方面。槐泗河综合整治完成前期工作并开工建设；乌塔沟整治工程项目建设书获批，并完成可研报告；开展市区的韩万河、宝带河、七里河、安墩河、槐泗河支河整治，北城河工程、小运河二期、高邮市先锋支河整治工程、宝应粤海水务深度处理项目、仪征肖山冲水系改造工程、仪征胥浦河北段综合整治工程等。项目储备方面。完成万福南闸站方案研究及项目建议书，开展包括周边水系调整、环境影响、泥沙变化等专题研究。

规范规划前期管理。健全水利规划工作任务书制度，建立规划项目规范的前期调研、任务立项、合规招标、编制大纲、征求意见、咨询审查、合同验收、分期支付的管理制度。

强化水工程建设规划许可管理。超前介入，防洪规划、区域规划等对地区水系的相关要求，落实到地方组织实施的环境治理、黑臭河道治理、水利改造等项目中，同期办理规划同意，办理槐泗河、北城河、老人沟等 3 个工程的规划同意或相关的技术咨询意见。江都通南引水工程、横沟河等城市水利治理工程规划同意正在办理或编制中。

规范水利统计。完成水利综合统计年报、水利建设投资统计年报、水利服务业统计年报、水利建设投资全社会统计月报、中央水利建设投资直报等统计数据报送任务。

（规计处）

■水利工程建设管理 创新建设管理模式。对建设管理力量较为薄弱的县（市、区）推行水利工程建设项目代建制。采取招标方式择优选择项目代建单位，扬州市仪扬河朴席段整治工程（总投资 6601 万元）、仪征市 2017—2019 年度中央财政小型农田水利重点县工程（总投资 1 亿元）以及扬州市广陵区 2018 中央财政小型农田水利重点县工程（总投资 4010 万元）均委托代建单位进行项目法人程序管理。对项目进行分行政区划或工程类别集中监理。各县（市、区）农田水利项目基本实现集中监理；长江堤防防洪能力提升工程以项目为单位进行集中监理。加强行业管理。落实水利建设市场监管工作，加强对招标投标、质量和安全等市场行为的监督检查，推进水利建设市场管理制度化、常态化。开展打击出借借用资质、围标串标、转包、违法分包等违法违规行为，加强违法违规处罚力度。联合水政支队查处 1 起串标事件。开展《扬州市水利工程建设诚信体系考核实施办法》修订，将项目稽察、督查、农民工工资、扬尘整治、验收质量、质量安全监督、安全生产标准化等相关成果应用到工程项目参建单位的履约考核中。开展水利工程建设领域诚信体系考核，对参与 2017 年水利工程建设的 39 家水利施工和监理单位进行考核，结合年度建设任务完成情况、主管部门的检查、专项稽察、质监安监意见等，对参建单位评级。对于参与建设的农民工实施实名制，建立农民工工资保证金，建立农民工工资专用账户，按月足额发放工资。规范招标投标程序。与扬州市公共资源交易中心联合发文，明确全市范

安墩闸迁改工程是大学路南延工程的重要组成部分，图为工人正在抓紧施工　　姜传刚/摄

围内采取公开招标的水利工程项目，需根据其工程建设属性选择对口的公共资源交易平台，招标投标全流程实现电子化。2018年，市水利电子招投标系统受理完成设计、施工、监理等各类招标76个项目124个标段，项目总投资11.6亿元。完成水利工程电子招投标系统的升级改造。组织市对各县（市、区）水利建设质量考核，实行强制性质量检测和质量"飞检"，实行市县水利工程质量监督全覆盖。对江都区红旗河（反修河—波庄河段）整治工程、扬州市大学路南延项目水系调整工程安墩河水系调整工程、槐泗河水系干河综合整治大官桥漫水闸—濠田河段河道整治工程、扬州市瓜洲泵站工程施工三标工程、长江干流江苏段崩岸应急治理工程扬州市境内工程江都段等五项水利重点工程项目开展综合稽察，形成稽察意见5份，提出书面整改意见49条，口头意见61条，相关单位均整改到位，回复稽察意见。工程验收管理。完成淮河入江水道整治工程、仪征套闸除险加固工程、江都区大桥闸工程、宝应向阳河整治工程等4项水利重点工程竣工验收。　（基建处）

■水利工程质量监督　2018年，市水利局对工程实行质量监督管理，依法履行质量监督职能，开展质量监督活动286次，发出质量监督检查意见表187份，质量监督通报24份，未发生1起质量事故。

开展各类专项检查，丰富质量监督手段。4月，组织专家组对质量检测单位开展专项检查，对5家水利工程质量检测单位实现全覆盖，对资质等级和业务范围开展专项督查，规范检测行业的检测活动；5月，组织开展水利工程建设标准强制性条文专项检查活动，把强制性条文专项检查与日常质量安全监督活动结合起来，重点对施工过程中强制性条文执行情况进行检查，推动安全生产标准化建设；7月，组织县级工程质量安全专项巡查，抽查县级工程6个，对县级区域实现全覆盖，对县级质监工作进行指导和帮助，保障县级水利工程建设质量安全；8月，开展治理违规海砂专项行动，对在建水利工程的用砂情况进行突击抽查，委托有资质的水利工程质量检测单位对工程中使用的砂材进行现场取样检测，对现场自拌混凝土的工程采取拌合料场取样，对使用商品混凝土的工程采取直接到供应商料场取样，确保水利工程钢筋混凝土质量安全。联系、聘请资深专家参与各类质监活动，并委托检测单位开展质监抽检。对瓜洲泵站工程进行监督检查时，聘请桥梁、水工、大型泵站的专家参与检查；对安墩闸项目进行检查时，聘请机电设备专家参加。全年聘请专家20多人次。

开展质量管理教育培训，提升质量监督能力。5月，省水利工程建设局在扬州举办全省水利工程建设安全生产现场教学培训；举办水利工程建设标准强制性条文培训班；9月，组织各县级质监人员赴重点工程施工现场参观学习，邀请资深专家进行现场授课；在镇扬三期整治工程、崩岸治理工程等工程采取联合监督模式，指导县级质监机构规范开展质量监督活动，促进县级质监机构业务能力提升。

（质安站）

■水政监察　采砂管理。沿江各地均由政府牵头，成立采砂管理工作联席会议制度，落实地方人民政府行政首长负责制；在全市长江水域自上而下，建设3座长江采砂管理执法基地；在仪征、广陵、江都设立采砂船只集中停泊点，对全域采砂船只采取集中停泊，集中管理，拆解采砂机具。落实巡查制度。在重点水域和时段加大巡查密度，对宁镇扬、镇扬泰等敏感水域不间断巡查，江都水政大队与扬中水政大队开展联合行动，江都水政大队先后在镇江水域依法处罚2条采砂船、5条非法停泊采砂船。市水政支队在执法基地和市开发区等3个敏感水域安装高清监控，实时查看动态画面，增强管理主动性。对非法行为零容忍。仪征水政大队在公安等部门配合下，上半年组织2次联合行动，对非法停泊的采砂船重拳出击，拆除采砂机具17台套。江都水政大队对5条采砂船依法查处，拆除所有采砂机具，驱离本行政水域。开展宁镇扬泰水域非法采砂专项整治行动，集中停泊的19条采砂船中通过变卖、拆解等形式处理的采砂船18条，采砂机具被彻底拆除的采砂船1条。2018年，在打击长江非法采砂活动中共出动执法艇（车）

1766航（辆）次，出动执法人员5479人次，立案查处非法停泊采砂船9条，拆除采砂机具35台套。支队组织市本级或参加省水利厅集中行动12次，出动船（车）巡查105次，出动执法人员525人次，拆除采砂船机具3条。

河湖执法。对河湖违法登记造册。各地按照河湖名录对重点违法行为进行调查、核实登记。以长江、淮河入江水道、京杭运河等境内重点水域为主，开展执法检查活动，排查出516处乱占、乱建、乱排现象，整治“三乱”行为442件。开展执法检查，对发现的未批先建、边批边建、已批乱建等水事违法现象全面登记汇总，全面清理，分类查处，对具有一定规模的企业（码头、船厂等），违反禁止性条款未批先建的，通过施加压力自行拆除29起，联合强制拆除14起；对2个边批边建的光伏发电等重大项目，责令停止违法行为，限期补办手续；对已批乱建的3家企业依法处罚，按许可要求整治。有待强拆的10件，立案查处的16件。宝应县环保、经信委、水务等部门联合行动，先后清理4处非法倾倒建筑垃圾点，行洪障碍65处，京杭运河历史遗留涉水违章107处，清除沉船及“僵尸船”90条，取缔大成羽绒厂等企业排污口3个。高邮市对邵伯湖新民滩新民村段、曙光村段及南湖村段等3处圈圩养殖全部强制拆除，面积18.96公顷，圩堤长5660米，清理土方1.33万立方米。仪征市联合市经济技术开发区、公安局、城管局、安监局等部门，拆除团结、瑞美、苏港等船厂办公楼房。江都区水务局拆除码头、船厂等建设项目26处，现场生态恢复6处。市水政支队立案查处市开发区京杭装卸服务站擅自扩大占用大运河岸线、扬州永盛混凝土搅拌站抬高长江六圩段滩地、陈某在长江管理范围内倾倒渣土等水事违法行为。配合市开发区施桥镇政府整治沿江违法搅拌站、破碎站、废品回收点等，分别对9户违法当事人开展谈话、宣传活动，下发责令停止违法行为和限期整改通知书。强制拆除泽林等4户混凝土搅拌站、5户废品回收点；配合市开发区城乡管理局，联合朴席镇政府，拆除非法占用仪扬河堤防从事养殖的猪圈、鸡舍5间，恢复岸线100多平方米。

2018年，全市水行政执法出动1.13万人次，巡查3513车（航）次，处理案件151件，其中立案查处38件。市水政支队巡查118次，出动执法艇80航次，出动执法人员450多人次，立案查处各类水事违法案件3起，罚款10万元，拆除3条采砂船机具。处理各类举报或交办事项18件，群众举报件5件，“12345”群众服务热线寄语市长9件，上级交办件4件，全部及时办结并回复。

规费征收。对道路桥梁等永久性占用项目采取一次性征收（15年计征）河道堤防工程占用补偿费；对扬州远洋国际等9个涉河企业按年征收占用费，年均征收金额约120多万元。全年征收到财政专户260多万元，对城区水土保持许可6件，对4个进场开工对象水土保持费征收26.66万元。（水政监）

■**水利科技** 制定《扬州市水利科技管理办法》，成立水利信息化工作领导小组，编制《扬州市水利信息化规划》，推动全市水利信息化建设与资源信息共享建设。向省水利厅申报9个水利科技项目，其中“大型立式轴流泵流量监测关键技术研究与应用”“排水沟塘分布与水力特性对于环境功能的影响及优化潜力研究”2个课题被省水利厅立项，获省级补助资金50万元。加强水利科技项目管理，注重在研项目中期指导，做好绩效评价。在农田水利建设中，对分水闸、放水洞等田间小型建筑物按照标准化设计、工业化生产、专业化安装、规范化管护的要求实施。在农村水利项目建设中，引进潜水泵、变频控制等设备，推广柜式智能一体泵站，提升农业灌排工程建设的科技含量，为农业生产提供便利。（科技处）

水利工程建设

■**淮河入江水道整治工程** 扬州市淮河入江水道整治工程2011年12月开工建设，2018年10月底新增工程全面建设完成，本次淮河入江水道整治历时8年，累计完成河道切滩2000公顷，加固沿线堤防100千米，加固、拆建建筑物73座，新建堤顶防汛道路200千米。工程完成水土保持专项验收，报水利部备案并通过；通过环境保护专项、档案专项、征地补偿与移民安置专项验收。12月14—19日，水利部淮河水利委员会在扬州主持召开验收会议，认为该工程按批复的设计内容完成，通过单位工程验收和各项专项验收，竣工决算通过审计，工程建设符合设计和规范要求，工程质量优良。工程通过竣工验收。

（基建处）

■**长江防洪能力提升堤防加固一期工程** 7月，长江防洪能力提升堤防加固一期工程可行性研究报告经市发改委批复，10月批复工程初步设计，概算投资10.19亿元。11月上旬该工程完成招投标工作。11月24日，结束各区段工程的施工图审查工作。各标段施工单位11月底进场，工程全面开工。至年底，工程各段陆续构筑施工围堰并拆除现有驳岸、建筑物，实施水下工程，完成投资约4亿元。（基建处）

■**长江镇扬河段三期整治工程** 长江镇扬河段三期整治工程于2016年底开工，2018年汛前开发区Ⅱ标、Ⅲ标，仪征Ⅳ标全部完成，汛后河势控制Ⅰ标、仪征Ⅱ标完成全部工程量，仪征Ⅲ标完成除沿江船坞影响外的工程量，开发区Ⅳ标全面铺开施工。全年完成抛石81.5万立方米，完成投资1.54亿元，年度建设总任务1.40亿元全部完成。全年底，工程累计完成抛石总量187万立方米，新建、加固护岸16千米，完成投资3.54亿元，占总工程概算投资的

70.2%，稳定镇扬河段河势，提高世业洲防洪标准，提升镇扬河段区域防洪能力。（基建处）

■长江崩岸应急治理工程 长江干流江苏段崩岸应急治理工程扬州市境内工程主要包括江都段和仪征段，工程投资1.2亿元，10月全面开工。2018年，该项目累计完成抛石量26.55万立方米，钩连体预制3.20万个，完成概算投资0.73亿元。（基建处）

■仪扬河朴席段整治工程 仪扬河朴席段整治工程于10月中旬完成施工、监理招标程序，10月24日签订施工合同，10月31日正式开工。至年底，该工程累计完成河道清淤10万立方米，土方开挖1.5万立方米，混凝土3200立方米，完成总投资2100万元。（基建处）

■瓜洲泵站工程 瓜洲泵站工程于2016年12月5日开工建设，至2018年底，桥梁工程、引河工程全部完成（除口门段外），主体泵站完成水下主体工程，水泵、电机设备全部生产制作完成。累计完成土方开挖50万立方米，土方填筑33.4万立方米，砼6.54万立方米。2018年度完成工程投资2.04亿元，累计完成工程投资4.24亿元，完成工程总进度的85%。（基建处）

■横泾河整治工程 横泾河整治工程于10月16日进场施工，全年完成工程投资2500万元。至年底，累计完成工程量清杂49.23万平方米，清淤量62万立方米，土方开挖0.98万立方米，土方回填1.19万立方米，垫层及砌石方145立方米，砼及钢筋砼362立方米，钢筋65.6吨，水泥搅拌桩400根。（基建处）

■江都区红旗河（反修河—波庄河段）整治工程 江都区红旗河（反修河—波庄河段）整治工程于2017年12月10日开工，2018年6月4日通过通水验收，10月15日完成合同工程全部建设内容，10月26日通过合同工程完工验收，工程累计完成投资3640万元。至年底，河道疏浚土方18.22万立方米，土方开挖11.12万立方米，土方填筑14.14万立方米，砂石垫层及砌石0.1万立方米，混凝土浇筑1.80万立方米，钢筋1065吨，草皮护坡7.01万平方米。（基建处）

农村水利

■概况 2018年，全市完成农村水利投入7.5亿元，修建小沟级以上建筑物8225座，新建防渗渠道（含管道）315千米。新增有效灌溉面积0.27万公顷，新增旱涝保收农田面积0.67万公顷，新增节水灌溉面积1.07万公顷，新增高效节水灌溉面积0.39万公顷；农田灌溉水有效利用系数0.624；完成农村河道疏浚土方1692万立方米；创成7个省级"水美乡镇"、16个"水美村庄"；治理水土流失面积17.1平方千米；更新改造供水管网29.5千米；新建农桥438座；完成农业水价综合改革面积11.77万公顷。（农水处）

■农村河道疏浚整治工程 2018年，全市疏浚整治农村河道土方1692万立方米。其中，县级河道12条、24公里、土方80.91万立方米；乡级河道73条、174公里、土方241万立方米；村庄河塘1570条（面）、土方1371万立方米。农村河道全面落实"河长制"管理。开展省级"水美乡村"建设，创成7个省级"水美乡镇"、16个"水美村庄"。（农水处）

■小型农田水利重点县工程 2018年，实施完成宝应、高邮、仪征、江都、邗江、广陵等6个县（市、区）小型农田水利重点县项目，总投资1.94亿元，更新改造灌排泵站294座、涵闸21座，配套建筑物1707座。（农水处）

■灌区设施改造 实施完成高邮灌区以及宝应庆丰、泾河中型灌区节水改造项目，完成年度投资0.7亿元。推进高邮灌区、江都沿运大型灌区工程管理标准化建设以及灌区信息化和智能化建设，做好大型灌区现代化改造前期工作。（农水处）

■千亿斤粮食田间工程项目 2018年，完成宝应县、高邮市、仪征市、江都区2017年新增千亿斤粮食产能规划田间工程末级渠系项目，以及宝应县、江都区、仪征市2018年度千亿斤粮食产能规划田间工程末级渠系项目，总投资1.2亿元，新增高标准农田0.53万公顷。（农水处）

■水土保持 2018年，发布《扬州市水土保持公报（2016—2017）》；

建设中的瓜洲泵站　张卓君/摄

完成《扬州市水土保持管理办法》的修订并颁布实施。全市治理水土流失面积17.1平方千米，改善水土流失地区生活、生产条件和生态环境。按照省水利厅要求，做好水土保持行政审批。审批20个生产建设项目，涉及水土流失防治责任范围536.28公顷，实现市级、各县(市、区)生产建设项目水土保持方案行政审批全覆盖。市级对之前审批的生产建设项目水土保持方案开展水土保持专项检查，根据现场检查发现的问题下发整改意见，做好事中事后监管。（农水处）

■农村饮水安全巩固提升工程 宝应县、高邮市实施农村饮水安全巩固提升工程，均完成建设任务，完成投资1680万元。其中，宝应县完成更新改造供水管网29.5千米，完成投资960万元；高邮市实施饮用水源地水质在线监测监控系统工程，建设司徒、界首、临泽、菱塘等4座水厂水源地的水质自动监测站系统，实现与已建的高邮市润邮公司供水安全管理系统的通讯协议、数据存储、测控管理、软件界面等技术指标和功能的兼容共享，完成投资720万元。（农水处）

■农业水价综合改革 推进农业水价综合改革，建立农业水价形成机制和精准补贴机制，完善灌排工程体系和计量设施，建立农业水权分配机制，加强农业供水计划管理和用水终端管理，实现管护服务、水价核定、水费收缴、政府监管等“四个到位”。2018年，全市完成农业水价综合改革面积11.77万公顷，加强与财政、物价、农委等部门的配合，形成改革合力。各县(市、区)推进量测设施建设，成立农民用水组织，均制定出台农业用水指导价格。（农水处）

■基层水利服务体系建设 全市70个乡镇水利(务)站全部明确为县级水行政主管部门的派出机构。加大对农民用水合作组织创新发展的政策扶持力度，强化组织领导，引导农民参与农民用水合作组织创新发展。全市注册成立340个农民用水合作组织，其中民政局注册307个，工商局注册33个。参与农户89.26万户，管理灌溉面积27.06万公顷，占全市有效灌溉面积的98%。（农水处）

城市水利

■概况 2018年，市水利局推进“河长制”长效管护，加强城市水利建设工程的督查，指导县(市)黑臭水体整治，探索和研究城市河道管理体制。江都通南引水工程、横沟河等城市水利治理工程规划同意正在办理或编制中。优化市区“清水活水”工程联合调度，加大生态基流，保障城市水环境质量不出现大幅下降。抬高高邮湖、邵伯湖水位，城区东中西3条活水线路实现全时段正常运行，加大城市活水换水水量和频次，全年累计活水量8亿立方米。（城市水利处）

■城市水利安全技术支撑 组织召开全市城市水利工作座谈会，开展城区河道管理现状调查，制定并下发2018年全市城市水利工作要点，组织召开城市水利安全会，汇总各单位意见，拟定中心城区涉及排涝安全的工程项目，组织编制扬州市区防汛排涝泵站更新改造三年规划(2019—2021)，以及城市河道整治工程三年计划(2019—2021)。开展扬州市东南片区防洪排涝规划审查。完成大学路南延水系调整工程初步设计审查、唐子城护城河综合整治工程—大明寺段河道整治工程变更方案审查、马泊河南延工程可研报告预审、老槐泗河整治及李庄涧清淤工程可研、初设报告的技术审查。召开市开发区6条排涝河道综合治理工程设计方案专家咨询会；完成老人沟上段、中段初步设计审查；完成宝带河整治工程的可研审查以及初步设计审查，并出具相关审查意见。为城市水利安全提供支撑和保障。（城市水利处）

■县(市)黑臭河道整治 扬州市“两减六治三提升”专项方案中列入县(市)黑臭水体整治计划的有22个，其中2018年要完成的项目8个，要启动实施的项目1个。市水利局组织人员定期对项目进展情况进行跟踪督查，汇总项目进度。至年底，仪征市三八中心沟和高邮市亿泰东渠等8个项目全部完成，宝应县宋泾河整治工程在推进前期工作。（城市水利处）

防汛防旱

■汛前准备 水利工程汛前检查。市防指部署汛前大检查，各县(市、区)对境内水利工程进行全面检查。2—3月，市防指派出检查组赴各县(市、区)督促指导汛前准备，对重点险工患段安全度汛工作进行安全督查。市防指对扬州市区范围内在建连淮扬镇铁路、城市南部快速通道等重点涉河建设项目进行专门检查，对施工坝埂和便桥等严重阻水设施，要求建设单位限期清除，确保城市排涝通畅。做好水利工程建设。全市水利建设投资30亿元，推进病险工程除险加固工作。淮河入江水道整治工程总投资22亿元，已全面完成，并通过水利部淮委竣工验收，流域防洪标准达100年一遇；推进总投资40亿元的长江堤防能力提升工程建设，推进国家172项重点水利项目长江镇扬三期护岸工程建设和长江崩岸应急治理工程；扬州城市防洪关键项目瓜洲外排泵站工程完成水下主体工程。县乡河道、村庄河塘整治完成土方疏浚750多万立方米、新建防渗渠道(管道)185千米，新建改建渠系建筑物4500多座，26项城市重点水利工程完成过半。做好防汛应急保障。市防指与扬州军分区联合组织140名全市民兵抢险骨干进行抢险集训，组织各县(市、区)防指、水利局进行观摩；对各地防汛物资储备情况进行检查抽查，补充数量、品种不足；与水利、交通、市政等施工队伍签订应急抢险协议，保证防汛抗洪期间特殊抢险需要；对防御洪涝灾害预案和水旱灾害应急预案进行修订完善；建立由20多名水利专家组成的市级防汛抢险专家库，确保防汛应急需要。做好河湖清障。开展专项执法检查，依法查处非法侵占河湖水域和堤防资源的开发行为。出动执法巡查人员9000人次，拆除违章建筑1.35万平方米，查处水事违法行为105起。对长江非法采砂打击始终保持高压态势，市政府建立市长江河道采砂管理联席会议制度，市水利与公安海事等部门联合打击长江非法采砂活动，保障长江防洪安全。

（防 办）

■落实防汛防旱责任制 调整市、县（市、区）、乡（镇）防汛防旱指挥部成员，各乡镇建立防汛组织网络。在全市防汛防旱会议上，市政府与各县（市、区）政府及市有关部门签订防汛责任状，按照行政首长防汛负责制的要求，落实大江大河、县级城市（城镇）、中小水库、重点塘坝的防汛行政负责人和技术负责人，市防指向各县（市、区）、功能区防汛指挥长发出告知信，对辖区内工程隐患、防汛薄弱环节进行书面告知，于5月11日在《扬州日报》上公布防汛责任人名单，接收社会的公开监督。（防 办）

■抗洪 汛期受台风影响，启动应急响应11天，其中III级响应3天，IV级响应8天。调度润扬河闸、瓜洲闸、泗源沟闸等涵闸，抢长江低潮排水，预降城区内河水位，丘陵山区水库及时泄洪，为暴雨增加调蓄库容。组织里下河地区和沿江地区开启排涝机泵和架设临时机泵，抢排涝水。加强值守巡查。各地加强长江、淮河入江水道、里下河圩堤防、涵闸和水库塘坝巡查，对沿线薄弱堤段、险工患段加强巡逻检查；对沿线闸站工程运用严格控制，病险涵闸落实人员防守；对长江及归江河道易坍地段加强水下监测，发现问题采取应急措施。落实24小时防汛值班，保证防汛信息畅通。淮河入江水道先后3次行洪，累计行洪时间70天，三河闸最大泄洪流量7080立方米每秒。调度扬州闸关闭闸门，将淮河洪水挡在扬州城区之外，确保城市防洪排涝安全。淮河入江水道沿线地区各乡镇和水利工程管理单位组织人员日夜上堤巡逻，落实200多人对堤防、涵闸进行巡查防守，淮河入江水道行洪影响期间未发生险情，确保淮河行洪安全。（防 办）

水利工程管理

■河湖和水利工程管理范围划定 加大督查推进力度，总结和推广先进地区划界工作经验。完成年度下达划界任务618.66千米。对照相关划界技术规定和验收标准，全面整改和完善，确保年度划界任务验收工作质量，除邗江区因乌塔沟、槐泗河整治工程问题未出具抽检报告外，其他地区均完成抽检工作并出具抽检报告。根据《关于规范河湖和水利工程管理范围划定工作省级内业审核的通知》向省水利厅上报各实施单元数据资料进行省级内业审核。（工管处）

■河湖管理与保护 推进退圩还湖。5月，省水利厅批复《宝应县白马湖、宝应湖、高邮湖退圩还湖实施方案》《宝应县省管湖泊（广洋湖、兰亭荡、大凹子圩）退圩还湖工程实施方案》。宝应县上述退圩还湖工程经省财政厅批准采取PPP模式启动实施，成立退圩还湖工作领导小组，1月市水利局出具《里下河湖泊湖荡（高邮市）退圩还湖专项规划》审核意见报市政府，经市政府转报省政府待批；12月《高邮湖（高邮市）退圩还湖实施方案》通过省水利厅审查。开展长江大保护。配合水利部长江水利委员会完成做好长江干流岸线保护和利用专项检查行动重点核查。推进长江岸线利用项目整治，市政府先后3次召开专题会议，部署推动清理整治。开展全市范围内沿江沿河沿湖等重点区域的固体废物非法储存、倾倒和填埋点排查，梳理固体废物点位19个，督促地方政府全部整改到位。（工管处）

■水利工程规范化管理 开展管理考核和省级水管单位创建，完善工程管理实施细则，制定以奖代补政策，落实市级财政奖补资金300万元。2018年，扬州市涵闸河道管理处便益门管理所创成省三级水管单位，仪征市泗庄、路北、塔山等3座水库创成省级规范化管理小水库。邗江区瓜洲闸管理处、仪征市翻水站通过省二级水管单位复核；仪征大闸管理所、江都区沿运灌区管理处通过省三级水管单位复核；仪征市补锅周、中利、小王庄和邗江区长塘、香巷等5座水库通过省规范化小水库复核；宝应湖国家级、宝应射阳湖、高邮东湖、江都沿运灌区省级水利风景区通过复核。（工管处）

■涉河项目管理 向涉河建设项目业主单位宣传有关法规，引导建设单位开展防洪影响评价。在涉河项目审批阶段，对不符合防洪、工程管理、水功能区划、河势控制等要求的拟建项目，明确提出否决意见。对取得水行政许可的涉河项目，加强涉河工程事后管理，跟踪督查已批涉河建设项目，落实补偿方案或措施，将建设项目对防洪工程的影响降到最低程度。加大市级审批项目实施过程中的检查督查频次，组织开展涉河建设项目双随机抽查专项检查行动。（工管处）

■水利工程安全管理 规范维修养护项目管理。2018年争取省级以上维修项目经费1621万元，加强省级维修养护项目申报指导，强化维修项目的实施监管，做好实施方案审查，组织项目验收，发挥资金使用效益。强化工程技术管理。加强水利工程日常巡查和安全检查，做好观测资料的收集、整编与分析。严格执行工程设备评级制度，规范水闸安全鉴定，对病险涵闸站组织开展安全鉴定。市级落实专项经费。市级下达水利工程市级维修和防汛项目经费919万元，对流域性区域性工程进行维修、消险；下达42万元对长江、归江河道等流域区域性河道河势监测工作予以补助。组织完成小水库白蚁防治工作的达控复查验收，巩固治理白蚁成果，维护堤坝安全。（工管处）

水资源管理

■概况 2018年，市水利局围绕市委市政府“治城先治水”的战略部署，落实最严格的水资源管理制度，坚持节水优先，强化水资源用途管制和刚性约束，推进水资源管理和节水型社会建设。最严格水资源考核在全省排名实现“四连升”，2017年度考核首次获优秀等次。高邮市创成国家级县域节水型社会达标县，广陵区创成省级节水型社会示范区，全市6个县（市、区）实现省级节水型社会示范区全覆盖。结合水源地专项整治活动，宝应、高邮推进“集中取水，集中保护”，调整县级以上水源地，实施取水口搬迁工程并正式通水，规范提升水源地保护。仪征市月塘水库应急水源地达标建设通过省水利厅、环保厅和住建厅联合验收。全市乡镇级水源地通过实施水源调整、取水口调整、合并等措施，整体推进达标建设，除高邮菱塘水源地外，其余均具备达标验收条件。高邮市作为全省首批县级水生态文明城市建设试点，通过验收。

2018年，全市用水总量33.5亿立方米，单位地区生产总值用水量65立方米/万元，较2015年下降24.7%；万元工业增加值用水量9.5立方米/万元，较2015年下降36%，开采使用地下水1638万立方米，灌溉水有效利用系数0.624。

推进节水型社会建设，修订《扬州市节水供水管理办法》，编制完成《扬州市城市节约用水规划》。严格执行行业用水定额，开展节水技改、水平衡测试、用水审计、水效领跑、合同节水试点等工作，重点加强对火力发电、食品加工等高耗水行业的用水监管，对全市自备水取用单位和月用水500立方米以上的公共供水用水单位下达用水计划，并对计划执行情况进行考核。全年累计完成74家省级、市级节水型载体创建。

提高水源地安全保障能力。扬州市多处县级以上集中式饮用水源地开展问题整改，江都区高水河七闸水源地实行注销关闭，转由江苏长江水务股份有限公司负责替代供水。高邮市里运河城区水源地整体搬迁至里运河清水潭水源地，宝应县里运河城区水源地整体搬迁至里运河氾水水源地。协调推进乡镇饮用水源地达标建设，组织对全市乡镇水源地达标建设开展专项督查，定期对水源地达标建设进展情况进行通报。强化水源地长效管护，印发《关于进一步加强全市饮用水水源地管理与保护工作的实施意见》。

改善水资源质量。发挥水功能区基础性和约束性作用，建立和完善水功能区分类管理制度，结合“两减六治三提升”生态保护和环境治理专项行动、河长制、湖长制管理和江淮生态大走廊建设等措施，组织编制水功能区达标整治方案，定期对水功能区达标整治进展进行通报，对全市75个省级水功能区进行监测评价，按月发布水质通报，2018年全市重点水功能区水质达标率91.4%。开展入河排污口调查摸底和规范化整治，明确各地水利部门会同环保、建设、发改等部门对各乡镇上报的基础数据进行核查和会商，建立55个规模以上、318个规模以下入河排污口基础档案，梳理出规下问题清单115项，制定整改方案，委托第三方对各县（市、区）上报成果进行现场复核。定期开展规模以上入河排污口监督性监测，对监测发现的超标排放问题按规定通报地方人民政府，督促落实整改措施，确保达标排放，改善水资源质量状况。

构建严格管理体系。印发生态河湖行动计划、全市湖长制工作实施意见，36个市级、95个县级“一河（湖）一策”全部签发实施，各级河长巡河巡湖，推进解决河湖问题。河长制市级考核细则、评优评先表彰办法、奖补资金管理办法、河湖警长制实施办法等相继出台实施。市级河长及河长助理累计巡河73人次，省下达的67个问题清单整改完成47个，完成率67%。自行排查全市河湖“三乱”问题701项，整改完成46%。联合十部门开展“美丽河道”评比，10条河道获评。（水政处）

■节水工作 国家级县域节水型社会建设。高邮市开展国家级节水型社会达标县建设，通过验收。省级节水型社会示范区建设。广陵区创建省级节水型社会示范区，通过考核验收，全市6个县（市、区）全部完成创建任务，实现全覆盖。载体建设。开展节水型企业、单位、社区、学校等载体创建，完成省级节水型教育基地1家；完成省级灌区1家、节水型企业（单位）5家、节水型社（小）区10家，公共机构省级节水型单位9家、市级节水型12家；完成省级节水型学校6所、市级节水型学校30所；完成省级节水技改示范项目5个、市级节水技改示范项目12个。节水宣传。利用“世界水日”“中国水周”“全国城市节水宣传周”等，联合广陵、邗江水务局在社区广场等地设立宣传咨询台，通过发放宣传手册、问卷调查、文艺演出等形式宣传有关节水法规；在广陵小学等学校开展节水专题讲座、主题班会；在青岛啤酒（扬州）有限公司等企业开展节水技术指导；开展徒步毅行节水宣传活动，倡导绿色低碳的生活方式。用水审计。完成宝应粤海水务有限公司等9家用水单位的用水审计。至年底，完成14家单位用水审计，其中江苏省重点监控用水单位5家，占省重点监控单位（18家）27.78%。市区完成江苏扬农化工集团有限公司等4家重点用水单位的用水审计。开展水效领跑引领行动，江苏长青农化股份有限公司3家单位创建成市级水效领跑者。开展六大重点行业用水效率对标达标，扬州依利安达电子有限公司等5家单位完成任务；开展水平衡测试，扬州市秦邮特种金属材料有限公司等9家完成水平衡测试。计划用水管理。对市区所有自备水单位下达用水计划，联合供水主管部门对市区日用水500立方米以上的553家公共供水单位下达用水计划，开展用水计划情况的考核。依法行政，加大水资源费征收工作力度。全年累计征收水资源费2516.95万元，超额完成目标任务的34%。实施6眼深井规范封填。做好市区地下水动态监测，每月1日、16日委托第三方对市区9个点进行水位监测，市节水办不定期开展水位抽样测试水位；智能化开展水量监测，在人工抄表计量基础上做好省水资源信息系统维护，市区在线率92.6%；非农业取用水量在线监测率89%；制度化开展水质检测，委托扬州水文局对市区13个深层地下水取样点进行水质检测，市区地下水水质、水化学类型保持稳定。完成《扬州市节水供水管理办法》，上报市政府。编制《扬州市城市节约用水规划（2018—2025）》，通过江苏省住房和城乡建设厅组织的专家评审，上报市政府。完成《扬州市特色产品用水定额编制研究》《扬州市区地热水含气量对水表计量影响及综合利用研究》等2个项目课题研究。（节水办）

■河湖长制 构建湖长组织体系推动河湖分治。印发《关于加强全市湖长制工作的实施意见》，涉湖县（市、区）全部出台实施方案，明确湖泊湖荡管护治理要求。全市落实市级湖长2人、县级湖长12人、乡级湖长37人、村级湖长145人，实现境内所有河道、湖泊、水库等各类水域河长湖长全覆盖。印发《扬州市生态河湖行动计划（2018—2020年）》，生态河湖建设全面启动。加强河长办建设，落实专职人员、工作经费和办公设施。建立资金投入机制，市、县两级财政落实专项资金26亿元，用于长江堤防能力提升、黑臭河道治理、河道疏浚、河湖生态修复等重点工程建设。引入第三方考核机制。全面推行“河湖警长制”，对应河长湖长体系，设立市、县、乡三级河湖警长，严打涉水违法犯罪，护航河长制湖长制工作开展。在清华大学举办全市河长制工作培训班，开展河道信息采集员履职培训，组织“民间河长”培训，各县（市、区）开展相关培训。印发《扬州市河长制湖长制工作2018年度市级考核细则》。制定《扬州市河长制湖长制工作评优评先表彰办法（试行）》，市级财政安排专项资金100万元用于奖励先进基层单位；出台《扬州市河道管护考核办法》《扬州市河长制管理市级奖补资金管理办法》，落实河道管护市级奖补资金4000万元。优化河长湖长助理制度，明确河长湖长助理职责，统一巡查、交办、督办流程，规范河长湖长履职行为，指导河长湖长助理开展工作。2018年，市级河长湖长履职73人次，县级河长湖长履职558人次，乡级河长湖长履职7849人次，村级河长湖长做到每日巡查。各级河长发现问题均及时交办。建立“一河一档”，对中心城区232条668千米长河道进行基础数据测量，运用在“扬州市区智慧水利调度系统”中。编制“一河（湖）一策”，落实编制单位，36个市级、95个县级“一河（湖）一策”全部签发。设计《省级领导担任河长湖长的河湖2018—2020年重点治理项目实施方案》，制定《2018年度扬州市河长制工作计划》，排定22个河湖48项重点任务，按照序时全部完成。（河长办）

整治后的七里河　　惠　宇/摄

■水环境治理 推进黑臭水体治理，通过控源截污、底泥疏浚、水系连通等方式，2018年，全市完成黑臭水体整治58条，开展前期准备工作11条。加大污水处理设施建设力度，完成汤汪污水处理厂提标改造工程，开工三期扩建工程及再生水利用工程。推动乡镇污水处理设施建设与管理，建成柳堡、夏集、卸甲等6座乡镇污水处理厂，新增污水处理能力4.9万吨/日。加强农村污水处理设施建设，新增覆盖150个行政村。新建污水管网110千米，完成主城区890千米污水管网疏通、检测和评估，提升污水输送效率。加强工业集聚区监管，完成全市9个县级以上工业集聚区水环境管理档案信息填报，搜集园区197家涉水企业基本情况，建立“一园一档”。建立水环境区域补偿制度，设置21个水环境补偿断面，累计收缴补偿资金2078万元。开展水功能区达标整治，加强饮用水源地保护，开展县级以上集中式饮用水源地达标建设后新出现问题整改，9个县级以上集中式饮用水源地水质达标率100%。完成里运河邵伯、高邮湖菱塘、大运河界首、三阳河等4个乡镇水源地达标建设。重新划分高邮湖马棚湾应急水源地、仪征市月塘水库应急水源地等饮用水源地保护区，标明拐点坐标，完成矢量边界信息图。推进总投资60亿元的“中央水库”项目方案研究。（水政处）

城市建设

Chengshi Jianshe

编 辑 徐国磊

综述

■**概况** 2018年，扬州市区（含江都区）完成城市基础设施投入62.6亿元。推进城市基础设施建设。全年实施重点城建项目429个，完成投资约642亿元，其中10亿元以上项目38个，5亿元以上项目60个，1亿元以上项目133个。开工建设江平西路、运河南北路、扬子津路等快速路工程。市区累计建成城市道路32条，新增里程85千米。整体改造提升全长17.2千米的文昌路，同步实施“多杆合一”改造，各类线杆减少32.9%。完成“六路一环一河”（“六路”为文昌路、扬子江路、城南快速通道、邗江路、万福路、瘦西湖路；“一环”为环古城区的南通路、泰州路、盐阜路、淮海路；“一河”为古运河沿线重要节点、绿地楼宇）城市亮化改造提升，累计改造道路亮化65千米、楼宇1400余栋。实施“三路一环”（“三路”为文昌路、扬子江路、城南快速通道；“一环”为环古城区的南通路、泰州路、盐阜路、淮海路）环境综合整治，拆除各类建（构）筑物13.3万平方米，整治出新建筑立面280栋、57万平方米，实施交叉口园艺化改造40个，新增花墙10千米。

推进古城保护利用。贯彻落实《扬州古城保护条例》，编制古城保护名录，开设发布平台，发布名录8大类1644条。启动住建部历史建筑保护利用试点工作。完成南通路—南河下历史街区综合整治工程、个园准提寺及何园读书楼、复道回廊修缮工程。完成徽州会馆、许氏住宅、周扶九故居、刘氏庭院、刘文淇、刘师培故居等房屋修缮。

推进民生城建工程。完成文昌路、扬子江路、文汇路、汶河路等道路中央分隔栏安装工程。完成城市建成区52个黑臭水体整治，基本消除市区河道重度黑臭现象。推进污水处理设施“四统一”，完成市区890千米污水管网的疏通检测。全年改造供水支管网250千米。建成杨庙LNG（液化天然气）应急储备站，城市天然气储气能力达126万立方米，供气管道长度约6500千米。

推进建设领域节能减排工作。开发区临港新城通过省级建筑节能和绿色建筑示范区验收。“华鼎星城”项目获住建部绿色认证“皇冠奖”和全国绿色建筑创新奖二等奖。

（卞海波）

■**城建监察** 2018年，扬州市城建监察支队立案查处各类违法违规案件228起，下达《行政处罚决定书》220份，其中文明施工类172份、施工许可类20份、质量类14份、燃气类5份、招投标类3份、安全类2份、节能类1份、市场类1份、墙改类1份、图纸审查类1份。指导县（市、区）城建监察队伍开展执法工作，全市稽查执法受案462件，立案326件，结案217件。

（葛 苗 卞海波）

城市规划

■**规划编制** 启动新一轮城市总规编制，完成全市域土地利用现状图绘制。完成11个专题研究、10个地区发展规划大纲编制、29个行业专项规划，形成总规纲要初步方案。完善“规划一张图”系统，将控规调整审批流程纳入到智慧规划政务信息平台统一管理。完成《东南片区整体规划》《扬州城市双修专项规划》《扬州市公园体系发展与保护规划》《扬州市区现状交通评估及发展建议研究》《近期道路交通拥堵治理和改善研究》《快速路快联快通三年行动计划规划研究》《金湾路、运河南北路城市发展轴线规划研究》《扬州城市特色风貌调查及特色风貌区规划研究》《高品质住宅规划建设课题研究》《关于新建幼儿园、中小学停车问题研究》《扬州市区热力管网专项规划》《扬州市城乡供水“十三五”专项规划》《扬州市义务教育布点规划》。推进邗江区百祥路原丰田4S店地块、林安物流、甘泉启动区、振兴花园西侧地块等规划设计。（徐 峰）

■**规划管理** 服务民生建设。配合市国土、各区（管委会）提出29块年度城中村改造计划，划定改造红线，出具相关规划意见。开展赵庄填埋场二期及泰达焚烧发电三期项目选址工作。推进广陵新城初高中、树人高中规划手续办理。做好公交首末站、临时停车场、临时免费换乘中心的规划服务及七里河、沙施河支河等河道整治工作。

服务重大项目建设。完成大运河博物馆、市公共卫生中心、技师学院等项目选址。完成华侨城、光纤传媒等项目设计条件下达。服务省运会、省园博会场馆建设，提出疏解交通方案，配合各区（管委会）做好“三路一环”及高速出入口区域环境综合整治工作。做好连淮扬镇铁路、G345国道扬州经济技术开发区段工程、大学路南延等重大基础设施项目的规划服务工作。

“一书两证”发放。全年核发选址意见书88份，选址面积459.2公顷；核发建设用地规划许可证192份，用地面积866.5公顷；核发建设工程规划许可证1834份，建筑面积1178.8万平方米；副本换正本1223份，建筑面积923.1万平方米。下达出让地块规划设计条件45宗，总用地面积约484公顷。下达划拨用地规划设计条件5宗，用地面积约37公顷。

“放管服”改革。联合市有关部门完成18个项目联合踏勘工作，3个项目委托相关机构联合测绘。受理“不见面”审批事项852件，网上申报占比97%。会同市民防局细化人防工程建设行政许可审批纳入规划阶段并联审批的操作流程。全年发出并联审批一次性告知单30多份，12个项目完成并联审批；配合发改部门完成立项阶段并联审批事项15个，会同建设部门做好绿色设计“一窗受理”13项，配合完成竣工联合验收32项。

建设项目规范化、精细化管理。建立并规范地下管线查询与更新机制，开展日照分析技术标准和建设工程项目规划报建成果标准化研究，执行施工图加密制度，统一面积计算标准。（徐　峰）

■规划督查 市规划局全过程监管57个经市规委会审批的项目，建立监管记录。做好第10期卫星图斑核查与处置工作，并向上级部门汇报卫星图斑处置情况。对2013年1月1日至2015年12月31日之间核发的19个临时建筑开展清理，明确处置意见。开展日常巡查27次，每季度集中巡查1次，与城管执法局联合巡查25次，发现违法建设62起。发放《责令改正违法行为通知书》45份、《停工（核查）通知书》2份，实施行政处罚47起，收缴罚没款831.86万元。向城管部门移送违法建设案件10起；与城管部门联合执法25次；回复城管部门规划技术论证36起。落实《扬州市城乡规划信用管理制度》，约谈7家建设单位、1家勘察设计单位和1家施工单位，对其中4家单位实施城乡规划信用扣分处理，并在门户网站公布。（徐　峰）

新城区建设

生态科技新城

■概况 扬州市生态科技新城于2013年11月成立，位于扬州城市新中心江广融合地带，北起凤凰岛、南至夹江、西至廖家沟、东至高水河—芒稻河沿岸，总面积约81平方千米。下辖杭集、泰安2个镇，21个行政村、2个居委会，常住人口9.9万人。

2018年，生态科技新城完成地区生产总值135.74亿元，增长7.5%；全社会固定资产投资35.25亿元，增长20.9%；工业开票销售94.55亿元，增长11%；规模以上工业总产值375.51亿元，增长11.9%；实现一般公共预算收入4.73亿元、税收4.36亿元。全年上争下发产业扶持资金3000万元，实现工业技改投入增长15%，工业开票销售增长11%，净增规模工业企业2家，服务业占比提高10个百分点，净增服务业重点企业13家。完成新开工、新竣工重大项目10个，2个项目列入省重点。全年新增市场主体1653户，其中注册1000万元以上企业增长31.5%，实际利用外资2500万美元。新增晨洁日化科技综合体5.2万平方米，哈工大机器人、清华启迪等150个双创项目入驻扬州软件园，新增高新技术企业6家，创成国家级孵化器1家、省级双创载体6家、市级创业孵化基地1家。建成运营深潜大运河中心、1912小镇三期、沙排基地、极地海洋馆、游艇俱乐部等项目。举办世界名校赛艇竞逐赛、国际沙排四星赛等高端赛事。引进中国－中亚论坛、世界自然基金会年会、“江豚保护”科考、大运河环保人文艺术展等高层次活动。全年入境游客、过夜游客、旅游营收均保持15%以上增长。（徐　徐）

■基础设施建设 2018年，生态科技新城完成城市总规修编新城方案，新增建设用地47.47公顷，挂牌成交工业、商住地块各2宗。有序推进连淮扬镇高铁站及东部交通枢纽建设，金湾路新城段全线贯通，全市首批综合管廊道路站东路、夏桥路工程启动实施，共新建道路11条17.6千米。推进30项“生态修复”和“城市修补”工程，开通核心区数字化城管平台，在全市率先实现生活垃圾分类治理全覆盖。建成开放中央公园四期、沙排公园、三河六岸先导区，完成廖家沟—夹江—芒稻河13千米绿道，累计形成绿色活力空间300万平方米。完成绿化造林33.33公顷。投入5亿元实施河道整治三年计划，杭集镇完成黑臭河道整治4.5千米，消除黑臭水体面积7.5万立方米；泰安镇8条水系实现整治连通，并创成省级“水美乡镇”和首批省级生态文明示范镇。（徐　徐）

■哈工大机器人集团（扬州）科创中心落户 3月12日，扬州生态科技新城与哈工大机器人集团签约，共同设立哈工大机器人集团（扬州）科创中心，合作开展机器人和文旅装备制造领域的关键技术研发、机器人企业孵化、国内外品牌企业引进、金融投资和贸易服务、人才培养等工作。项目计划5年实现常驻高层次人才不少于100人，新增申请与获得专利不少于200项，其中发明专利不少于100项，新增孵化或引进机器人项目不少于15个，含税营收达20亿元，建成国内外一流的机器人及文旅智能制造产业基地，全年形成销售近5000万元。（徐 徐）

■**深潜大运河中心落成运营** 4月11日，深潜大运河中心在生态科技新城落成运营。深潜大运河中心由亚洲赛艇联合会主席王石先生主导发起，项目位于1912小镇一期北侧，太平河东岸，占地约2公顷，旨在通过举办大型赛事，推广赛艇水上运动，呼吁生态保护，培养体育产业商业管理人才，引领运动健康产业发展，被誉为“亚洲最美赛艇运动基地”。（徐 徐）

■**扬州极地海洋世界开业** 4月21日，扬州极地海洋世界在生态科技新城1912小镇开业。项目由扬州德轩海洋旅游开发有限公司投资建设，总投资2亿元，占地面积近2万平方米，主要建设表演区、多媒体展示区、儿童娱乐区和科普教育基地，打造集游乐、科普、教育等多功能于一体的蓝色极地海洋世界，馆内饲养和展示各种海洋生物500余种，海洋及淡水观赏鱼近万尾，是扬州首家海洋馆。（徐 徐）

■**廖家沟城市中央公园四期建成开放** 廖家沟城市中央公园四期位于老宁通公路至沪陕高速之间区域，于2017年9月开工建设，2018年6月30日建成开放，总面积约80万平方米。项目设计利用和尊重原场地的自身特点与自然条件，保留原有村落的大部分建筑与空间结构，结合景观游览节奏和景观空间需求，通过栈道、游步道、景观小品等方式提升场地的趣味性与参与性。四期的建成，标志着廖家沟城市中央公园10.7平方千米（含水域面积5.8平方千米）全部建成开放。（徐 徐）

■**生态科技新城国际沙排基地建成开放** 该项目于2018年9月26日建成开放。项目位于新城横河以南、全民冠军村东侧、凤凰岛路以西、现状路以北占地约2.4公顷，按照国际排联世界巡回赛4星级赛事规格设计建造。场地设计有1片中心比赛场地、3片副赛场、2片热身场地。中心场地每场比赛看台容纳观众2500余人，照明系统照度1500勒克斯，满足夜间比赛与电视转播条件。（徐 徐）

■**第六届中国－中亚合作论坛特种邮品首发式** 12月12日，第六届中国－中亚合作论坛特种邮品首发式暨大运河国际艺术展在扬州生态科技新城深潜大运河中心举行。吉尔吉斯共和国第一副总理库巴特别克·博罗诺夫，塔吉克斯坦共和国副总理阿济姆·伊布拉希姆，中共扬州市委副书记、代市长夏心旻等领导和嘉宾出席活动。活动上正式启动《第六届中国－中亚合作论坛丝路花雨》邮品首发式。（徐 徐）

■**世界自然基金会一个地球“守护未来”2018年会** 12月17—18日，世界自然基金会（WWF）一个地球“守护未来”2018年会暨大运河活力城市庆典等系列活动在生态科技新城深潜大运河中心举办。活动上，嘉宾们共同为大运河环保人文艺术展揭幕，为全球淡水豚保护计划——WWF长江江豚保护基地（扬州）揭牌。（徐 徐）

西区新城

■**概况** 西区新城位于扬州主城西翼，西起扬溧高速，北至司徒庙路，东至扬子江北路，南边以润扬路及邗江路为轴，西南方至文汇西路，东南方至平山堂西路、翠岗路，主要由原蜀冈生态区和原新城西区两大区域组成，横跨西湖镇、新盛街道，总面积近30平方千米。2018年，西区新城紧扣“扬州城市副中心、扬州城市西部门户、邗江中心”的总体定位，坚持规划深化优化和重大项目招引、重要基础设施配套，推进城市建设健康发展。（吴跃进）

■**规划优化** 2018年，在西区新城拓展区城市策划、城市设计以及城市控规完成生效的基础上，结合丘陵地貌特点和重大产业项目要求对规划进行深化、调优，完成新城拓展区竖向标高规划设计以及西区新城高级中学、蜀冈小学和湖区公园的规划设计方案，围绕启迪科技园、省建项目和万达综合体进行控规局部优化。（吴跃进）

■**基础设施建设** 2018年，西区新城注重提升商居环境，推动城市建设发展和民生工程。骨干路网基本成形，蜀冈枢纽、扬冶路拓宽、真州路北延、纬三路、平山堂路西延、杨柳青路西延段建成通车，经九路初步建成。民生工程展开，蜀冈生态公园通过AAA级旅游景区考核验收，杨柳青路北侧公园、养志园、樱之园、碧水栖庭西侧社区公园、司徒小贩中心南侧社区公园建成并开园；区公共卫生中心、蜀冈小学、西区新城高级中学开工建设。（吴跃进）

■**招商引资** 2018年，猪八戒网扬州社区、职大产学研基地、国泰创业创新示范中心于“4·18”期间开园运营。国泰双创服务中心对企业开展服务，海创园正式签约入驻并于10月开园运营。酷立方众创空间、国泰创业创新示范中心创成省级科技孵化器。万科金色梦想商业街、润辉广场建成营业，昌建广场商业部分正式运营，五彩世界项目于12月23日试营业，大剧院综合体项目完成主体结构封顶，边城酒店综合体开工建设。奥特莱斯项目深化工程图纸设计和审图。12月29日，启迪科技城项目、省建总部项目、万达商业综合体项目成功摘牌。（吴跃进）

■**五彩世界生活广场** 参见第168页

■**蜀冈小学** 项目位于平山堂西路延伸段南侧、蜀冈南路西侧，占地约3.39公顷，规划建设8轨小学。项目拟设教学楼、图书馆、报告厅、行政楼、食堂、体育馆、300米跑道体育场、篮球场、排球场等功能设施，总投资约2.7亿元，于2018年12月开工建设。

（吴跃进）

■西区新城高级中学 项目位于纬六路以北、蜀冈南路以西、经九路以东、怡扬路以南，总用地规模32.8公顷，其中学校建设用地18.33公顷；总建筑面积约18万平方米，其中地上14.6万平方米、地下3.4万平方米，主要包括教学楼、宿舍楼、图文信息中心、科技中心、艺术中心、体育运动中心、后勤服务中心、地下停车场及运动场等。项目总投资约12亿元，于2018年底开工建设。

（吴跃进）

■邗江公共卫生中心 项目位于扬冶路北侧，蜀冈南路西侧，用地面积约2.67公顷。项目建设内容主要包括1栋10层区卫生中心、1栋6层疾控中心及地下车库等，总投资约2亿元，于2018年1月开工奠基。

（吴跃进）

城建重点工程

■农村供水支管网更新改造 全年投资1661万元，对农村地区老旧供水支管网实行更新改造106.22千米，其中广陵区51.2千米、邗江区40.08千米、开发区14.94千米，全面提升农村用水水质、水压的质态。

（城建控股集团）

■老城区排污改造工程完成 2015年扬州市启动实施老城区排污改造工程，2018年底完成改造目标任务，累计完成投资约1600万元，铺设各类污水管道11千米，为130个居民大院的1208户老城区居民解决排污难问题，改善老城区居民的生活环境。（城建控股集团）

■老旧燃气管网改造工程实施 完成安庄小区、五台新村、沙中新村、玉器街、城东路5个小区累计约2150户燃气管道改造，完成投资额约182万元。（城建控股集团）

■液化天然气应急调峰储备站一期工程建成投运 LNG应急调峰储备站一期工程总储气容积900立方米，设置6台150立方米LNG储罐，实际储备量50万立方米，每小时最大气化量2万立方米。工程于2018年3月28日开工建设，12月建成投运。

（城建控股集团）

■公道镇渔光互补一期项目建成投运 项目位于公道镇河西村，占用鱼塘面积30公顷，装机容量10兆瓦，总投资约8000万元，是扬州市邗江区第一座集中式光伏电站。渔光一体化发电项目实施“水上发电、水下养殖”，实现空间上的立体复用，解决建设光伏电站的用地难题。项目于2018年2月开始建设，6月实现并网发电，年均发电约1054万度，每年可为国家节约标准煤3374吨。

（城建控股集团）

■“我的扬州—幸福扬州”APP上线运行 完成APP客户端优惠券、园林年票、公交扫码、信息推送等核心系统建设，发布上线“我的扬州—幸福扬州”APP，实现手机APP在线市民卡充值、查询，水、电、燃气缴费，园林年卡和宁镇扬旅游卡售卡以及虚拟公交卡发行等便民功能。完成“统一实名认证、轻应用接入、虚拟电子卡”三大体系建设，围绕政务、交通、健康、旅游、生活、信息发布六大类服务板块，上线“公交服务”“天气服务”“垃圾分类”“中央厨房”“社保查询”“公积金查询”“预约挂号”“园林服务”“空气质量查询”等32项应用。至年末，APP下载量12.33万人次，注册用户10.42万。

（城建控股集团）

■开发路东延一标工程 该项目于2015年3月开工建设，2018年6月竣工。西起运河南路，东至宝林南路，全长2100米，宽39~45米，含跨京杭运河大桥一座，长780米。按城市主干道标准设计，设计行车速度50千米/小时。道路规划红线宽度为45米，桥梁规划红线宽度39米，同步建设3900米雨污水管网，配套实施给水、强弱电、照明、景观绿化、交安设施等。（樊 荣）

■观潮路跨古运河大桥 该项目南起现状观潮路与颐和路交叉口以南，向北延伸上跨古运河，建设标准为城市次干路，设计速度40千米/小时，全长380米。跨古运河大桥桥型为上承式连续梁拱组合体系，桥长149米，一跨过河；桥梁边跨附近设置人行梯道与河边慢行步道相连，同步实施交安、照明、亮化、绿化等市政附属配套工程。项目于2017年5月开工建设，2018年12月竣工，总投资7059.6万元，其中建安投资5378.9万元。（樊 荣）

市政设施

■地下管线信息系统（GIS） 全年修测管线道路62条，修补探测各类管线长度350.13千米，探测完成各类管线点1.97万个。完成地形图修补测3.87平方千米，完成综合管线图编辑及成果表的输出，数据库检查入库等。完成150千米带状地形图数据的查错、复核和中心城区管线711个隐患点的排查。升级更新GIS系统程序，新开通2条专线，实现与排水、路灯管理的数据共享。编制完成《扬州市地下管线隐患点排查评估报告》，实现与各管线权属单位、管理单位成果的共享共用共建。（许 健 卞海波）

■城市照明管理 2018年，市级层面管理范围内有照明7.11万盏、景观照明14.11万盏；功能照明线路2456千米，其中地下电缆2251千米、架空线路205千米；功能照明功率1.34万千瓦，景观照明3699千瓦；亮灯率99.43%，设施完好率99.75%。全年维修功能照明1.45万盏，景观照明7240盏，景观灯带维修50米，控制箱维修1726次，线路维修4726米，检测路灯、控制箱、专用变压器等接地电阻4.03万处，升级控制终端（3G升级4G）200台。

（杨姗姗 卞海波）

■**城市供水** 2018年，宝应粤海水务通水运行，市区第四水厂、高邮湖西水厂开工建设，高邮二水厂完工建成。推进供水水质安全监管，对全市18个主供水厂出厂水质进行全分析监督检测3次，对市区水厂常规分析10次、管网末梢水分析12次，每月将检测结果向社会公示。强化行业管理地位，按季度开展供水安全保障专项督查，召开水质检测培训班，全面提升行业管理水平。推进节水“三同时”管理，申报非常规水资源利用示范项目奖励。

（许　健　卞海波）

2018年扬州市电网规模一览表

表28-1

电压等级	变电站、配电变压器（座、台）	主变容量（万千伏安）	线路条数（条）	线路长度（千米）
500千伏	3	525.9	13	669.92
220千伏	30	900	107	1821.14
110千伏	102	917.05	186	1950.15
35千伏	36	78.81	84	779.98
20千伏 10千伏	37955	1288.455	1659	19391.84

（孙　荣）

■**排水管理** 加强对排水施工方案的审查，以出具审查意见方式对29个市政道路项目及16个住宅配套项目进行严格把关。与环保部门联动，严格排水许可证的发放标准，对重点污染源的排放进行跟踪监测，控制超标排放现象。（许　健　卞海波）

■**供电** 2018年底，扬州供电公司有基层供电所64个，营业客户258万户。全市有35~500千伏变电所171座，变电总容量2421.76万千伏安；有35千伏及以上输电线路390条5221.19千米；有10千伏和20千伏配电变压器3.8万台，容量1288.46万千伏安，配电线路1659条1.94万千米。2018年，扬州市全社会用电量248.99亿千瓦时，比上年增长5.04%。其中，工业用电量165.64亿千瓦时，比上年增长2.11%。全市最高用电负荷457.6万千瓦。累计完成电网投资24亿元。全市供电可靠性99.94%，列全省第二。居民户均容量6.16千伏安，居苏中、苏北首位。全年累计报装申请9.47万户，申请容量275.50万千伏安；完成业扩报装10.46万户，新增容量258.27万千伏安。

提升供电保障能力。全年全市完成电网投入24亿元。建成220千伏霍沙、220千伏新东扩建和110千伏沙湾等14项重点电网项目，投产110千伏及以上线路长度259.21千米、变电容量95.75万千伏安。深化一流配电网建设，全省率先实现配电自动化全覆盖，居民户均容量6.16千伏安，居苏中苏北首位，供电可靠率居全省前列。完成七里河公园、南部快速通道和江平路等电力杆线迁改。使用无人机、机器人、智能单兵巡检装备等技术，完成省运会开闭幕式、省园博会开园等重要场合及世界运河城市论坛等重大活动保供电任务。全年实现“四零”（设备零故障、客户零闪动、工作零差错、服务零投诉）保电目标，被扬州市委、市政府授予集体二等功。

构建清洁低碳、安全高效的能源体系。建成全国首家地市级智慧能源服务中心，开发全国首个综合能源潮流计算分析和能效分析软件，开展扬州市综合能源规划、综合能效分析评估服务。深化“多表合一”信息采集应用，累计建设9.78万户，率先建成省级“多表合一”信息采集示范区，为客户提供设备代维、节能改造、能源托管等综合能源服务。与扬大等科研高校单位联合开展综合能源项目攻关，打造“双创”示范。与扬州食品产业园、江都工业园、高邮经济技术开发区、仪征经济技术开发区落实综合能源项目33个，降低企业成本600多万元。累计建成集中式光伏电站28座容量78.39万千瓦；累计建成风电站3座容量21万千瓦；累计建成生物质发电站5座8.55万千瓦；累计完成分布式光伏发电项目1.46万个、容量41.37万千瓦。新能源装机容量150万千瓦，占全市用电负荷的三分之一；用电新能源发电量12.03亿千瓦时，占全社会用电量5%。率先开展充电站光储充试点应用，累计建成城市快充站26座充电桩354个，实现城区三公里充电圈和高速公路充电站全覆盖。

保障和改善民生。完善以客户为导向的供电服务模式，在全省首批建成供电服务指挥中心并实体化运行，率先实现故障智能研判、快速主动抢修和主动精准服务。实施服务投诉专项治理，全年受理投诉443起，比上年下降23.75%。试点推广智能营业厅、无人营业厅，市区营业厅，在全省率先建成“三型一化”（智能型、市场型、体验型、线上线下一体化）营业厅。全面落实一般工商业电价下调、临时接电费取消、系统备用费减免等政策，累计为客户减少支出3.07亿元。开展报装接电专项治理，构建环节少、时间短、造价低、服务优的办电服务新模式。对全市申请新装、增容等业扩服务的10千伏高压客户，将流程由原来的9个环节压缩至4个，10（20）千伏、400伏非居民客户平均接电时间压降至46.17个工作日和10.2个工作日。争取业扩配套项目资金，全年完成业扩配套投资1.3亿元，平均压减客户接电成本约30%。推动企业参与扬州地区电力直接交易活动，全年215家

全省首个“三型一化”供电营业厅　　供电公司/供稿

企业参与市场化交易电量79.68亿千瓦时，节约用电成本1.35亿元。（孙　荣）

■燃气供应与管理　2018年，市区（不含江都区）新增天然气居民用户2.42万户、商业用户298户、工业用户14户，新增天然气出租车15辆、私家车617辆。至年末，累计有天然气居民用户40.41万户、商业用户1887户、工业用户85户，有使用天然气出租车3264辆、公交车486辆、私家车2612辆。市区（不含江都区）新建燃气中压管线22.7千米，低压管线49.03千米，完成老旧管线改造总长度10.65千米，新增天然气调压设施86台。全年市区（不含江都区）供应天然气1.67亿立方米。管道天然气居民销售价格与上年持平，继续实行阶梯气价。公共福利用户用气销售价格2.54元/立方米，工商用户非采暖季用气销售价格3.2元/立方米，采暖季用气销售价格最高4.23元/立方米。瓶装液化石油气销售价格最高售价105元/瓶，最低售价90元/瓶。2018年冬季，城市天然气供应形势紧张，扬州市政府批准发布《2018年采暖季城市天然气保供应急预案》。管道燃气企业通过外购LNG气源等措施，市区未出现天然气限供、停供现象。扬州LNG应急储备站一期工程完成建设，项目位于杨庙镇杨庙村，分两期建设，一期、二期工程LNG储存规模均为54万立方米，一期工程气化能力为2万立方米/小时。委托第三方专业评估机构对2016—2017年度市区（不含江都区）管道燃气特许经营情况进行中期评估，对管道燃气工程建设、安全与应急机制、生产运营、服务管理、特许经营履行等方面进行评估，出具《2016—2017年度扬州市区（不含江都区）管道燃气特许经营中期评估报告》。与城建、公安等部门联合开展瓶装液化气非法经营执法专项行动4次，扣押非法经营用液化气钢瓶250只。完成燃气器具安装通气管理系统平台建设，实现燃气器具安装、验收、通气全过程记录。

2018年，在江都区、邗江区分别开展高压天然气管道泄漏实战应急处置演练、液化气储罐根部阀泄漏实战应急处置演练，参与观摩人数100多人。在全市燃气行业开展反恐防范达标建设活动，10月通过江苏省验收。组织全市66名燃气经营企业“三类人员”参加全省燃气行业首次无纸化考核，持证上岗率居全省前列。（余　伟）

■环卫设施建设　2018年，全市新建、改建公厕53座，沿街机关、企事业单位150座厕所对外开放。12月31日，《扬州市主城区步行“十分钟如厕圈”规划》《扬州市公共厕所建设与管理标准》制定完成，标志着扬州市“厕所革命”工作进入“力度更大、标准更高”新阶段。（李　成　臧益军）

城市管理

■概况　2018年，全市城市管理工作坚持“以人民为中心”的理念，围绕市容环境保障和文明城市常态长效建设，开展市容环境综合整治，创新工作实践，提升执法服务水平，保障省运会、省园博会等重大活动的举办，城市市容环境品位明显得到提升，群众获得感、满意度得到增强。全年全市查处违法建设总面积37.23万平方米，其中拆除违法建设面积14.05万平方米。开展市区住宅小区违法建设专项整治行动，拆除小区违法建设1.49万平方米。1月9日，广陵区22座生活垃圾中转站运行和生活垃圾转运实行市场化，“管干分离”的环卫作业新机制逐步建立。探索建立公安城管联动协作机制，获市级机关2018年度工作创新奖。推进数字城管扩面增效，全市数字化城管运行区域增至150平方千米，处理城市管理问题20余万件，按时立案率、结案率均超省标准。深化城管行政审批服务改革，14项审批服务职能实行“不见面”审批。（李　成　臧益军）

■“三路一环”城市环境综合整治收官　2018年，在市区部署开展以“三路一环”（三路即文昌路、扬子江路、江阳路；一环即泰州路—盐阜路—淮海路—南通路环古城路沿线）为重点的城市环境整治行动。“三路一环”市指挥部下达市容环境任务703项，市城管部门自排新增任务578项，均于省运会前完成。（李　成　臧益军）

■迎接省第19届运动会市容环境综合整治提升行动收官　自2017年9月以来，市城管部门分四个批次组织开展迎接省第19届运动会市容环境综合整治提升行动，累计整治流动摊点、出店经营、露天烧烤等市容秩序问题1.12万项，美化出新43条主次干道箱式柜体。会同市建设、园林、交警等部门开展以“四提升四确保”为重点的省运会城乡环境提升工作，高标准塑造靓丽城市形象。（李 成 臧益军）

■市区户外广告、店招标牌专项整治 围绕省运会、省园博会市容环境保障，市城管部门分七批次组织开展以“五拆除、四清理、三规范、两完善、一打造”为重点的市区户外广告和店招标牌专项整治活动，对市区文昌路、扬子江路等61条主次干道、重点区域实施整治，完成任务7400项，其中楼顶广告店招756处，市区户外广告安全隐患和视觉污染基本消除。（李 成 臧益军）

■涉城“三尘”防控开展 至年末，市区296家烧烤店逐一建立档案，实行区城管局分管领导、大队长、执法队员和街办社区人员“4对1”监管，烧烤设备、经营器具实现“双入室”。道路实行全天候巡回保洁洒水和机械化作业，主要道路普遍落实每日“两扫、两保、六洒水、一冲洗”，重点区域落实不间断洒水作业标准，主干道机械化作业率100%。市区130个规模以上建设工地、7个渣土消纳场、33家运输公司642辆新型渣土车，纳入渣土监控平台监控。（李 成 臧益军）

■市区建筑垃圾治理列入全国试点 扬州市被住建部列为全国建筑垃圾治理35个试点城市之一，试点周期为2018年4月至2019年12月，试点范围为市区东至京沪高速、西至甘八线、南至长江边、北至槐泗杨寿镇一线范围内，试点任务主要围绕源头管理、运输管控、消纳管理、资源化利用等环节开展，旨在加强全过程管理，实现建筑垃圾减量排放、规范清运、有效利用和安全处置，形成可复制、可推广的扬州市治理经验。（李 成 臧益军）

■城市生活垃圾分类 至年末，全市建成垃圾分类小区607个，创成省、市级示范小区73个；机关事业单位普遍实行垃圾分类。市区和各县（市、区）生活垃圾分类投放设施覆盖率分别为47%和40%，生活垃圾、餐厨垃圾、有害垃圾、建筑垃圾、园林绿化垃圾等基本实现单独收运、专车运输。建成生活垃圾卫生填埋场渗滤液处理站，扩建生活垃圾焚烧炉渣综合利用厂。建成可回收物分拣中心6座，大件垃圾拆解中心3个，园林绿化垃圾、农贸市场等有机易腐垃圾处理设施24座。垃圾分类兑换超市、厨余垃圾定时回收、镇村全域垃圾分类收集等试点工作全面展开。（李 成 臧益军）

■首个垃圾分类市民卡积分兑换平台上线 11月5日，扬州市首个垃圾分类市民卡积分兑换平台在邗江区竹西街道竹西社区上线。该平台是全省首个实现垃圾分类与市民卡结合的平台。至年末，垃圾分类市民卡积分兑换平台注册用户有5万名。（李 成 臧益军）

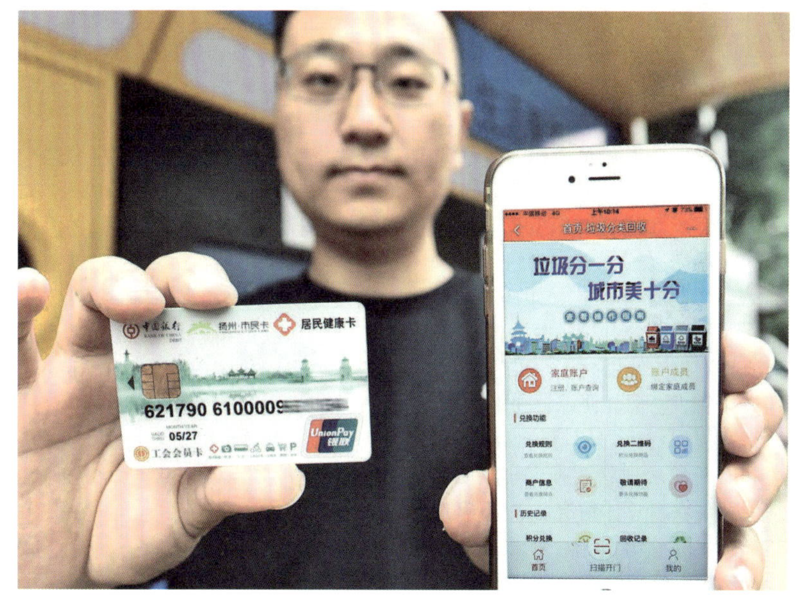

工作人员正在展示“扬州市民卡”和手机终端“垃圾分类市民卡积分兑换平台”页面
庄文斌 周 扬/摄

乡村建设

Xiangcun Jianshe

编　辑　徐国磊

综述

■**概况** 2018年，扬州市新增转移农村劳动力1.52万人，农村居民人均可支配收入2.15万元，增长8.9%。建档立卡低收入农户基本实现人均可支配收入7000元，脱贫率92.6%。

全市完成村镇建设投资73.52亿元，竣工住宅建筑面积206.71万平方米，公共建筑面积37.63万平方米，生产性建筑面积146.73万平方米。推广以沼气工程为纽带的种养结合生态循环模式，组织实施5处沼液沼渣综合利用项目，增加40公顷沼液沼渣使用面积，实施17处2017年省级畜禽粪便综合利用项目。组织开展农村人居环境信息调查采集和农村危房现状调查工作，摸清掌握全市农村总体情况。全市完成856户农村危房改造，完成153个行政村污水处理设施并投入运营。

全市新发生土地流转面积1.21万公顷，累计21.45万公顷，土地集中型流转面积11.87万公顷，占比55.6%。巩固扩大村集体自主经营型农民合作社综合社试点范围，全年全市组建36个村集体自主经营型农民合作社综合社。仪征市被确定为首批国家级农民专业合作社质量提升整县推进试点县，江都区被确定为首批省级农民专业合作社质量提升整县推进试点县。组建国内首个扬麦产销联合体，首批签约新型主体25个，订单种植面积1000公顷。全市实施一事一议财政奖补项目405个，惠及379个村，投入资金1.22亿元。建立农村集体“三资”管理信息系统，“e阳光”行动在全市1095个行政村（居）推广使用。全市1095个村(居)发放“村务卡”2193张，实现村务卡制度全覆盖。全市农村产权实现流转交易9773笔、交易金额21.63亿元，分别增长77.1%和30.7%。全市建档立卡低收入农户脱贫率92.6%。

组织实施扬州市“一镇十点”特色田园乡村建设试点。高邮市临泽镇和界首镇入选全国历史文化名镇，仪征市月塘镇入选省重点镇基础设施引导项目。高邮市界首镇甓湖社区和仪征市新城镇蒲薪村入选第五批中国传统村落名录。邗江区方巷镇沿湖村等5个市级试点入选省级第三批特色田园乡村试点名单。全年新增村镇道路长度219.63千米，道路面积157.76万平方米。小城镇绿化覆盖面积5156.58公顷，公园绿地面积691.1公顷，人均公园绿地面积7.98平方米。全市创成省级水美乡镇7个、水美村庄16个。

（徐　娟）

■**美丽乡村建设** 组织实施扬州市“一镇十点”（一镇为月塘镇；十点为柳堡镇团庄村、夏集镇果园场、菱塘乡清真村、三垛镇少游村、枣林湾长山村、马集镇方营村、吴桥镇高扬村、丁沟镇黄花村、方巷镇沿湖村、头桥镇九圣村）特色田园乡村建设试点。完成仪征市月塘镇四庄村和广陵区沙头镇沙头村2个省级特色田园乡村试点建设，邗江区方巷镇沿湖村、枣林湾长山村、马集镇合心村、菱塘乡清真村、柳堡镇团庄村等5个市级试点入选省级第三批特色田园乡村试点名单。完成7个省级传统村落保护项目，高邮市界首镇甓湖社区和仪征市新城镇蒲薪村入选第五批中国传统村落名录。完成856户农村危房改造

沿湖村湿地生态　　中国扬州画刊/供稿

和150个行政村生活污水处理设施建设，改善农村的生产生活条件。

（睢春广　卞海波）

扬州市入选江苏第三批省级特色田园乡村建设试点

邗江区方巷镇沿湖村

仪征市枣林湾旅游度假区管理办公室长山村

仪征市马集镇合心村

高邮市菱塘回族乡清真村

宝应县柳堡镇团庄村　（徐　娟）

2018年度扬州市获批省级水美乡镇

宝应县柳堡镇

高邮市卸甲镇

仪征市月塘镇

仪征市陈集镇

邗江区方巷镇

广陵区沙头镇

生态科技新城泰安镇　（徐　娟）

2018年度扬州市获批省级水美村庄

宝应县广洋湖镇肖家村

宝应县开发区七里村

宝应县泾河镇灶户村

宝应县安宜镇花庄村

仪征市马集镇方营村

仪征市马集镇金营村

仪征市陈集镇友好村

仪征市刘集镇黄营村

仪征市刘集镇联合村

江都区武坚镇新祥村

江都区丁伙镇丁伙村

江都区大桥镇花荡村

邗江区杨庙镇花瓶村

邗江区方巷镇利民村

邗江区杨寿镇墩留村

蜀冈－瘦西湖风景名胜区平山乡雷塘社区　（徐　娟）

■**农村集体产权制度改革**　2018年，全市深化农村集体产权制度改革，以清产核资、成员界定、股权设置、“三会”建立、章程修订（制订）等为主要内容，将村级集体经营性资产量化到人、固化到户。12月27日，中央人民广播电台对扬州市农村集体产权制度改革工作取得的成绩给予报道。制定下发《关于全面开展农村集体资产清产核资的通知》，全面开展农村集体资产清产核资工作。举办两次全市农村集体产权制度改革暨清产核资业务培训班，制定下发《农村集体资产清产核资操作流程》。至年末，全市85个乡镇（街道）、1095个村（居）、1.88万个村民小组，共2万个清查单位，填写报表56万多张，全面完成清产核资工作。经清核，2017年底全市镇村组三级农村集体经济组织实有经营性资产51.3亿元、非经营性资产78.2亿元、资源性资产50.63万公顷，其中村级集体经济组织实有经营性资产43.5亿元、非经营性资产68.9亿元、资源性资产7.56万公顷。制定出台《关于进一步深化农村集体产权制度改革的实施意见》，研究制定《扬州市农村集体产权制度改革操作流程》《扬州市村（居）经济合作社（股份经济合作社）示范章程》。指导邗江区、真州镇等5个乡镇，渡江村等25个村规范开展农村集体产权制度改革试点工作。培育10个“规范运作、制度完善、管理民主、与农民结成利益连接体”的村（居）经济合作社典型。完成11个涉农社区股改任务，实现股份分红的村（居）占比15%以上。　（刘乃祥）

■**返乡下乡人员双创**　贯彻落实《关于支持返乡下乡人员创业创新促进农村一二三产融合发展的实施意见》精神，举办全市返乡下乡人员创业创新大赛，选拔30名导师、培育20个典型。组织双创园区建设项目和现代农业项目开展申报、立项、审核等工作，对7个双创园区项目和8个现代农业项目给予立项，下达市级双创项目资金470万元。

（徐迅燕）

农村经济

■**概况**　2018年，扬州市农民人均可支配收入2.15万元，比上年增长8.9%，增幅连续11年超省均，城乡居民收入差距持续缩小。全市新发生土地流转面积1.21万公顷，土地集中型流转面积11.87万公顷，占比55.6%。全年创成国家级示范社16个、省级示范社30个，打造市级合作社规范化建设示范点24个；新增家庭农场251个，新创成省级示范家庭农场26个、市级示范家庭农场52个。全市统一设计印制、发放农民负担监督卡90.05万份。全年实施一事一议财政奖补项目405个，全市一事一议筹资筹劳决算总计7142.03万元，其中一事一议筹资4304.63万元，人均14.64元，比省定标准低5.46元；一事一议以资代劳2837.4万元，劳均3.4个工日。市级经济薄弱村实施增收项目55个，项目总投资9000万元。推进村级债务化解工作，全年全市村级债务下降7.5%。全市农村产权实现流转交易9773笔、交易金额21.63亿元，分别增长77.1%和30.7%。全市发放低收入农户低保等保障资金1.7亿元，减免（补助）低收入农户基本生活等费用1.8亿元，全市建档立卡低收入农户脱贫率92.6%。　（沈　翔）

■**新型农业经营主体构建**　各类新型农业经营主体通过土地流转进入农业，构建起市场牵主体、主体带基地、基地联农户的产业化运行机制，将小农户纳入现代农业发展轨道。全市新发生土地流转面积1.21万公顷（含到期后再次流转面积），累计21.45万公顷，土地集中型流转面积11.87万公顷，占比55.6%。全年创成国家级示范社16个、省级示范社30个，打造市级合作社规范化建设示范点24个。指导合作社向登记机关报送年度报告并向社会公示，公示率78%。巩固扩大村集体自主经营型农民合作社综合社试点范围，全年全市组建36个村集体自主经营型农民合作社综合社。仪征市被确定为首批国家级农民专业合作社质量提升整县推进试点县，江都区被确定为首批省级农民专业合作社质量提升整县推进试点县。全年新增家庭农场251个，新创成省级示范家庭农场26个、市级示范家庭农场

宝应县夏集镇王桥村流转土地200多公顷，发展绿色生态循环农业。图为农民正忙着将采收的茭白打包称重，准备销往外地

王 卓 沈冬兵 毕崇梅/摄

52个。制定《扬州市级示范家庭农场评定标准》，完善家庭农场认定管理办法和名录管理制度。依托市级农户家庭农场协会，组建国内首个扬麦产销联合体，首批签约新型主体25个，订单种植面积1000公顷。

（沈 翔）

农民负担监管 印发《关于做好2018年农民负担监管工作的意见》。全市统一设计印制、发放农民负担监督卡90.05万份，成为农民的"明白卡""放心卡"。举办全市农民负担监管政策法规培训班，各乡镇（涉农街道）党委或政府分管领导、各乡镇农经站站长、部分大学生村官、各县（市、区）委农工办分管主任、负担监管科科长参加培训。全年全市一事一议筹资筹劳决算总计7142.03万元，比上年少147.05万元。其中，一事一议筹资4304.63万元，人均14.64元，比省定标准低5.46元；一事一议以资代劳2837.4万元，劳均3.4个工日，低于省定标准。

（沈 翔）

村级公益事业一事一议财政奖补 2018年，全市实施一事一议财政奖补项目405个，惠及379个村，其中村内道路294条、桥梁15座、路灯建设45个、小型水利设施13个、文体广场38个；投入资金1.22亿元，其中省级财政8757万元、市级财政150万元、县乡财政8万元、筹资筹劳1813万元、村集体及社会捐助1514万元。

（沈 翔）

农村集体"三资"管理 建立农村集体"三资"管理信息系统。6月在全市6个县（市、区）和3个功能区、85个乡镇（街道）、1095个村（居）全面推广使用农村集体财务与"三资"管理信息系统，有效实现即时记账、实时监管、阳光公开、全程留痕，做到村账村记，乡镇在线监督指导村级做账，提升"三资"管理质态。为农村集体财务与"三资"管理信息系统注册域名，完成系统项目建设验收和安全风险评估工作。全面推进"三资"管理"e阳光"行动。指导各地通过"e阳光"手机APP移动客户端，及时向外出务工人员推送集体"三资"和本户惠农补贴发放等情况。至年末，"e阳光"行动在全市1095个行政村（居）推广使用，录入基础数据近83万户，点击量52万多次，发布信息3.4万多条。推广实施村级资金管理"村务卡"制度。全面推行"村务卡"办理制度，用于村（居）集体不便于通过银行转账结算的日常办公费、水电费、邮电费、差旅费、印刷费等小额村务支出。至年末，全市1095个村（居）发放"村务卡"2193张，实现村务卡制度全覆盖。推进村级债务化解工作。2018年全市村级债务下降7.5%。宝应县出台《关于加快推进村级债务化解工作的意见》和相关实施细则，组织召开全县村级债务化解现场推进会，252个村（居）中实现无债村180个，村级债务下降18.2%。仪征市出台村级债务化解三年行动计划，136个村（居）中实现零债务村35个，占全部行政村数的1/4。建立完善村级财务预决算制度。制定下发《扬州市村集体经济组织财务预决算管理办法（试行）》，明确预决算编制主体，规范预决算编制程序，细化预算收支内容，提出预决算监管要求，将预算编制与决算执行情况录入农村集体"三资"监管系统。推进基层治理试点村（居）"三资"监管工作。举办两次由基层治理试点村（居）负责人参加的培训班，对试点村（居）进行调研指导，组织开展"三资"监管工作督查。

（刘乃祥）

农村产权流转交易 2018年，全市农村产权实现流转交易9773笔、交易金额21.63亿元，分别增长77.1%和30.7%，溢价1.22亿元、溢价率5.6%，市、县、镇三级获省级财政奖补资金50万元。按照"八有"（有制度、有人员、有场所、有设备、有牌子、有台账、有信息服务平台、有档案）要求，推进乡镇农村产权交易市场视频监控系统安装建设。制定下发《农村产权流转交易操作流程》，指导各地严格执行"前置审核—信息发布—组织交易—公示鉴证"的产权交易程序，实现集体产权交易"应进必进"，杜绝违规操作和人为干预。指导江都区做好全国第二批农村综合改革标准化试点项目——农村产权流转交易服务标准化建设，省级地方标准《农村产权流转交易—农村集体经营性资产交易服务规范》通过省专家评审。实行定期集中交易、线上线下同步交易、定期发布交易价格指数等工作机制，推动交易行为由“提篮小卖”向“集市交易”转变。通过“三资”管理信息平台及时公开公示村集体资产资源存量、分布、价值及交易情况，做好全市乡镇农村产权交易市场考核工作，全年评选农村产权交易先进乡镇20个。

（刘乃祥）

■农村扶贫开发 全市农村扶贫工作贯彻落实扬州市委、市政府《关于进一步推进农村扶贫开发工作的实施意见》要求，督促各地各部门研究制定配套政策措施，强化扶贫开发基础工作，加强扶贫工作监督检查，推进“三保五助”（保基本生活、保危房改造、保基本医疗，助贫困劳动力就业、助贫困学生完成学业、助创业意愿实现、助巩固脱贫成果、助薄弱村发展集体经济）政策落实。全市发放低收入农户低保、五保等保障资金1.7亿元，减免（补助）低收入农户基本生活、危房改造、就学、基本医疗、急难救助等费用1.8亿元。市级经济薄弱村实施增收项目55个，项目总投资9000万元。至年末，全市建档立卡低收入农户脱贫率92.6%。（潘 婷）

村镇建设

■概况 2018年，全市完成村镇建设投资73.52亿元，其中住宅建设投资31.68亿元、公共建筑建设投资6.54亿元、生产性建筑建设投资14.04亿元、基础设施建设投资21.26亿元。全年竣工住宅建筑面积206.71万平方米，公共建筑面积37.63万平方米，生产性建筑面积146.73万平方米。全年新增村镇供水管道166.27千米，年供水总量1.4亿立方米。全年新增村镇道路长度219.63千米，道路面积157.76万平方米。新增排水管道175.17千米；小城镇绿化覆盖面积5156.58公顷，公园绿地面积691.1公顷，人均公园绿地面积7.98平方米；小城镇安装路灯的道路长度2075.31千米，小城镇桥梁累计有995座。（睢春广）

■城镇建设 有序推进城镇项目建设，对全市11个重点中心镇进行摸底排查，确定14个新建和改造任务并列入“十三五”建设计划。指导入选全国特色小镇的生态科技新城杭集镇和省重点镇、特色镇基础设施引导项目的高邮市临泽镇、广陵区湾头镇等开展小城镇建设。高邮市临泽镇和界首镇入选全国历史文化名镇，仪征市月塘镇入选省重点镇基础设施引导项目。（睢春广）

■农村环境长效管护 全市按照“五有”要求建立完善村庄环境长效管护机制。全年累计投入各类长效管护经费1.6亿元，聘用各类管护人员1.52万人，巩固和扩大村庄环境整治成果，保障长效管护工作的规范化、制度化和常态化。全年组织4次农村长效管护随机抽查，累计抽查480个（次）自然村庄的长效管护工作，对照《江苏省村庄环境整治考核评分办法》明确的标准，合格率92%以上。推进扬州市农村人居环境整治三年行动计划，组织开展农村人居环境信息调查采集和农村危房现状调查工作，摸清掌握全市农村总体情况。

（睢春广 宋 芸）

■农村实事工程 开展精准扶贫，实施农村危房改造，全年全市完成856户农村危房改造，其中宝应县326户、高邮市208户、仪征市185户、江都区113户、邗江区7户、广陵区18户。推进村庄生活污水处理设施建设，全年完成153个行政村污水处理设施并投入运营，其中宝应县44个、仪征市19个、江都区45个、邗江区7个、广陵区6个、生态科技新城3个。（睢春广）

农村环境

■生态循环农业建设 2018年，全市重点推广以沼气工程为纽带的种养结合生态循环模式。组织实施5处沼液沼渣综合利用项目，增加40公顷沼液沼渣使用面积。指导邗江创日畜牧科技有限公司申报成功2018年度国家农业综合开发区域生态循环农业项目，将在邗江区杨寿镇建设666.67公顷生态循环农业基地。推荐高邮市申报成功2018年省级现代生态循环农业试点项目。

（何 健）

■农业废弃物资源化利用 开展畜禽粪便综合利用能力建设，全年实施17处2017年省级畜禽粪便综合利用项目（包含3处规模沼气工程、6处畜禽粪便处理中心、8处有机肥加工项目），其中7处项目完成验收、9处项目正式投入运行。督促各地完成2017年秸秆多种形式奖补资金发放工作，给35家从事秸秆收贮利用企业发放455.4万元奖补资金。组织开展秸秆综合利用，完成秸秆禁烧任务和秸秆收储利用工作，全市各地夏季秸秆机械化还田16.92万公顷，多种形式利用量5.7万吨，综合利用率97.7%。

（戴 敬）

■农业面源污染防治 开展2017年市级农业生态环保项目建设工作，完成13处项目建设任务，有序推进18处项目建设。启动2018年市级农业生态环保项目建设工作，出台2018年度农业生态环保项目实施指导意见，下达520万元的市级专项资金，继续对农业面源污染防治、生态循环农业、蔬菜清洁生产、农膜与农业投入品包装物回收等方向进行扶持，全市各地落实项目27处。

（戴 敬）

■农产品产地土壤重金属污染防治 实施重金属污染修复项目，完成项目实施方案制定，实施地块的确定、租赁、项目招标等前期工作。持续做好污染监控点监控工作，完成农产品产地土壤重金属污染监控点2017年的数据审核、上报及2018年上半年农产品样品的采集工作。

（戴 敬）

生态环境

Shengtai Huanjing

编 辑 陈永华

综述

■**概况** 2018年，扬州市加大生态环境建设力度，坚持绿色发展理念，用心守护蓝天碧水。开展“263”专项行动（省委、省政府“两减六治三提升”专项行动。“两减”指减少煤炭消费总量和落后化工产能，“六治”指重点治理太湖水环境、生活垃圾、黑臭水体、畜禽养殖污染、挥发性有机物污染和环境隐患，“三提升”指提升生态保护水平、环境经济政策调控水平、环境监管执法水平），落实中央环保督察“回头看”整改任务。关停化工企业143家，整治黑臭水体52条111.7千米，完成153个行政村污水处理设施建设。秸秆禁烧实现“零火点、零通报”，主城区全面禁放烟花爆竹。新增城市绿地158.5万平方米，新增植树665万株。林木覆盖率23.1%，自然湿地保护率51%，比上年提升1.8个百分点。市区空气优良率66.6%，上升4.1个百分点；$PM_{2.5}$平均浓度49微克/立方米，下降9.3%；完成5个集中式饮用水水源地整改任务，全市32个省考断面水质达标率93.8%，其中，优于Ⅲ类水比例71.9%，无劣Ⅴ类断面，阶段性达到2020年水环境质量改善目标。围绕江淮生态大走廊规划建设的“八大工程”（产业转型升级工程、清水活水工程、良好湖泊保护工程、公园体系和生态中心建设工程、生态廊道和生态安全屏障建设工程、农村环境综合整治工程、环境基础设施建设工程、环境监管能力提升工程），完成24个重点项目，投资28亿元，实施沿线乡镇污水处理厂提标改造及整合新建工程，高宝邵伯湖退渔还湖面积0.17万公顷。发展低碳循环经济，实施重点用能单位“百千万”行动，单位地区生产总值能耗完成省定目标。新增绿色建筑标识面积129万平方米。推进生态廊道建设，加强长江生态大保护，取缔长江沿线非法码头22个。“一带一廊”［“一带”为沿京杭大运河、高水河、芒稻河、廖家沟、夹江及周边湖泊水系、湿地形成的生态带，“一廊”为沿澛河、三阳河、新通扬运河、夹江形成的清水走廊，总面积1800平方千米，涉及5个县（市、区）、2个功能区共34个乡镇（街道）］沿岸、高等级公路等重点交通干线沿线绿化率100%。宝应、邗江、仪征、高邮创成省级生态文明建设示范县区。全市创成示范乡镇18个、示范村14个。完成2个省级特色田园乡村和10个省级美丽乡村建设试点，11个重点中心镇全部创成国家级生态镇。全市新建成开放65个开放式公园，其中综合公园5个、社区公园37个、口袋公园23个。累计建成并对外开放358个公园，其中综合公园41个、社区公园215个、专类公园28个、口袋公园74个。（夏新平）

■**生态保护和建设** 江淮生态大走廊正式写入国家《淮河生态经济带发展规划》，并被省政府列为扬州市高质量发展6个个性化考核指标之一，全年完成投资28亿元，建成工程项目24个。编制《长江经济带生态环境保护修复实施方案》，组织开展扬州市国家级和省级生态保护红线校核、调整，完成“十三五”生态环境保护规划中期评估和城市总规环保专规修编。宝应、邗江、仪征、高邮被评为首批省级生态文明建设示范县（市、区）。会同世界运河历史文化城市合作组织（WCCO）举办2018世界运河城市论坛生态文明建设分论坛，联合多个城市发布《世界运河生态建设与保护江苏共识》。（樊盛健）

■**环保能力建设** 环保机构改革全面启动，挂牌组建市生态环境局。序时完成第二次全国污染源普查工作任务。持续开展$PM_{2.5}$源解析研究。总投资5300万元的云上扬州“生态环境监测一张网”项目正式获批，建成投用20个小型空气质量自动监测站，启动9个水质自动监测岸边站、生态环境监测一张网管理系统、生态环境数据资源库等项目建设。推进排污权有偿使用和交易，全市开展排污权有偿使用项目383个，缴纳有偿使用费1260.1万元。制发《企业常见环境违法行为和法律后果提醒函》。建立健全生态环境新闻发布会制度，推进环境教育基地建设。（樊盛健）

■**环境保障能力** 严把建设项目环保准入关，全年依法审批各类项目环评文件22个，其中报告书9个、报告表13个。贯彻落实市委、市政府“2号文件”，做好百强企业跟踪服务，研究制定环保“放管服”工作意见，优化企业发展环境。围绕打好污染防治攻坚战、中央环保督察“回头看”、江淮生态大走廊建设等生态环保重点工作，加大宣传力度，在扬州本地主流媒体发稿300多篇，扬州环保网站发表动态100多篇，官方微博更新800多篇，环保公众微信号发稿200多篇。在《人民日报》《新华日报》《中国环境报》等省级以上媒体发表文章10多篇。4月14日，《人民日报》刊发《扬州治水用上经济杠杆》长篇幅介绍扬州水环境补偿制度。

（樊盛健）

■主要污染物减排 2018年，全市完成化学需氧量削减量1727吨、氨氮削减量234吨、总氮削减量336吨、总磷削减量27吨、二氧化硫削减量2191吨、氮氧化物削减量4119吨，挥发性有机物削减量4393吨，各主要污染物削减量均符合省下达的年度减排目标。（夏新平）

环境质量

■空气环境质量 2018年，扬州市区环境空气有效监测天数353天、优良天数235天、优良天数比例为66.6%，比上年上升4.1个百分点，其中优58天、良177天、轻度污染89天、中度污染22天、重度污染7天、无严重污染天气。市区环境空气中主要指标年均浓度比上年均有所下降，其中细颗粒物、可吸入颗粒物、臭氧、二氧化氮、二氧化硫、一氧化碳年均浓度分别为49微克/立方米、90微克/立方米、109微克/立方米、38微克/立方米、13微克/立方米、0.84微克/立方米，分别下降9.3%、5.6%、1.1%、6.7%、30.2%、3.4%。细颗粒物年均浓度同比降幅排全省第一位，完成省年度考核目标。出现118个污染天，其中以臭氧为首要污染物的天数58天、以细颗粒物为首要污染物的天数55天、以可吸入颗粒物为首要污染物的天数3天、以二氧化氮为首要污染物的天数2天。

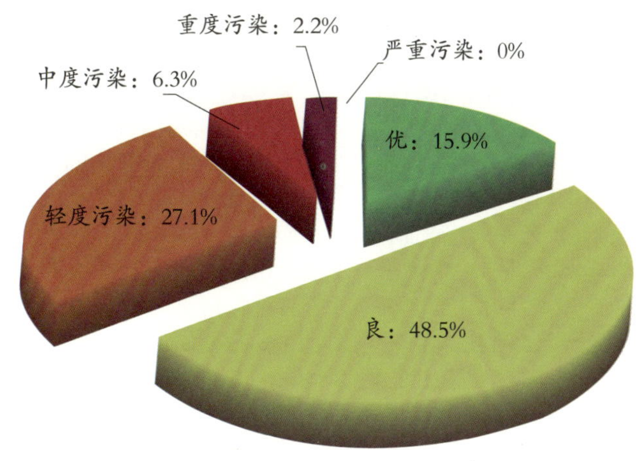

图30-1 **2018年扬州市区空气质量级别百分比图** （夏新平）

发布重污染天气蓝色预警2次、黄色预警2次，预警天数13天，预警信息的发布、调整和解除信息，通过媒体向公众发布。影响扬州市出现重度污染天气的主要因素为：本地工业源、机动车、工地扬尘等污染，周边外源污染输入及不利于大气扩散的气象条件等。

2018年，高邮市有效监测天数341天、优良天数比例85.6%；宝应县有效监测天数365天、优良天数比例85.2%；江都区有效监测天数333天、优良天数比例80.5%；仪征市有效监测天数362天、优良天数比例77.3%。

扬州市区降尘监测值范围1.0~20.9吨/平方千米·月，降尘年均值6.3吨/平方千米·月，上升10.5%。

扬州市处于全国酸雨控制区内，全年市区共采集降水样品232个，其中酸雨样品数42个，酸雨频率18.1%，下降13.0个百分点；降水年均pH值5.34，酸雨年均pH值4.76。江都区、仪征市、高邮市、宝应县均未监测到酸雨。（王 宁）

■水环境质量 2018年，全市有9个县级以上集中式饮用水源地列入考核，有7个乡镇及备用集中式饮用水源地；各饮用水源地水质均达或优于地表水Ⅲ类标准、水质良好。市区集中式饮用水源地水生态环境

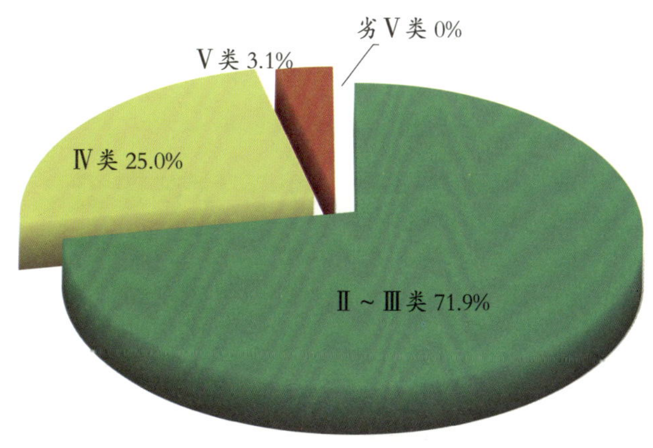

图30-2 **2018年扬州市32个省考断面水质类别比例图** （夏新平）

质量状况良好，109项全分析项目有部分检出，均低于控制标准。

扬州市地表水水质总体为轻度污染；9个国考断面水质达标率88.9%（高邮湖湖心区点位水质超标），其中Ⅱ～Ⅲ类断面比例66.7%、Ⅳ类断面比例22.2%、Ⅴ类断面比例11.1%、无劣Ⅴ类断面；32个省考断面水质达标率93.8%，Ⅱ～Ⅲ类断面比例71.9%、Ⅳ类断面比例25.0%、Ⅴ类断面比例3.1%、无劣Ⅴ类断面。全市省考断面的水质优良比例及劣Ⅴ类比例均全面完成省年度考核目标。8个城市水环境质量考核断面水质均无黑臭现象发生、均符合相应的考核标准。长江扬州段、京杭运河扬州段水质为优，通扬运河、新通扬运河、北澄子河、宝射河水质为良好，古运河、仪扬河水质为轻度污染。宝应湖水质为良好，高邮湖、邵伯湖水质为轻度污染；各湖泊营养状态均为轻度富营养。

市区城市内河水质总体有所改善，月达标率范围32.6%～68.3%，达标河流水质以Ⅳ、Ⅴ类为主；水体中主要污染物为氨氮，其平均浓度下降22.4%。

全市9个地下水监测井中，6个监测井水质为良好、3个监测井水质为较差。与上年相比，水质优良井数量减少1个，水质良好井和水质较差井数量不变。（王　宁）

■声环境质量　扬州市区昼间区域环境噪声平均等效声级值54.1分贝、为二级（较好），仪征市昼间区域环境噪声平均等效声级值为49.3分贝、为一级（好）；江都区、高邮市昼间区域环境噪声平均等效声级值分别为52.1分贝、51.7分贝，均为二级（较好）；宝应县昼间区域环境噪声平均等效声级值为55.5分贝、为三级（一般）。扬州市区及各县（市、区）夜间区域环境噪声平均等效声级值范围为43.1~45.1分贝。扬州市区4a类功能区夜间声环境质量达标率91.7%，其他各类功能区昼、夜间声环境质量达标率均为100%。各县（市、区）的各类功能区昼、夜间声环境质量达标率均为100%。扬州市区昼间道路交通噪声平均等效声级为69.0分贝、为二级（较好），超标路段占监测道路总长的0.4%；夜间道路交通噪声平均等效声级为53.4分贝、为一级（好），无超标路段。各县（市、区）昼间道路交通噪声平均等效声级范围为61.6~65.4分贝、均为一级（好），江都区超标路段占其监测道路总长的1.3%，高邮市、仪征市、宝应县均未出现超标路段；各县（市、区）夜间道路交通噪声平均等效声级为47.6~52.0分贝、均为一级（好），无超标路段。（王　宁）

■土壤环境质量　2018年，全市国家网土壤背景点监测因子达标率99.24%，8项重金属和3项主要有机物监测值均低于标准风险筛选值，背景点较少受到人类活动的影响，污染风险较低，土壤背景点环境质量总体良好。（王　宁）

■生态环境质量　2018年，扬州市生态环境状况指数为67.63，生态环境质量等级为良，生物多样性较丰富，植被覆盖度较高。与上年相比，生态环境状况指数上升0.27。植被覆盖指数和水网密度指数有所升高，污染负荷指数有所降低。各县（市、区）生态环境质量等级均为良，其中宝应县和高邮市的生态环境质量相对较好，其次为江都区和仪征市。与上年相比，高邮市生态环境状况指数无明显变化，宝应县、高邮市生态环境状况指数略有上升，江都区和仪征市生态环境状况指数略有下降。（王　宁）

公园体系建设

■概况　自2015年9月公园体系建设大会后，扬州市按照“生态、运动、休闲、旅游、科普等功能叠加”的总体定位和“十个有”的建设标准，推进公园体系建设。2018年，新建成开放65个开放式公园，其中综合公园5个、社区公园37个、口袋公园23个。全市累计建成并对外开放358个公园，其中综合公园41个、社区公园215个、专类公园28个、口袋公园74个。形成分布均衡、层次分明的城市公园体系，直接惠及500多个小区、150多万居民，扬州市区人均拥有公园绿地18.77平方米。（王进城　卞海波）

■公园管理制度　加强《扬州市公园条例》宣传，采取传统媒体与新媒体结合，推进条例宣传进公园、进社区、进学校活动，营造依法治园、依法游园氛围。推进《扬州市公园条例》配套工作，制定并提请市政府出台《扬州市公园名录管理办法》，建立“扬州市公园名录”。针对公园规划建设、管理养护、检查考核过程中存在的标准缺乏问题，制定《扬州市公园管理考核办法》《扬州市开放式公园分类分级管理标准》《扬州市开放式公园管理规程》《扬州市公园设计导则（试行）》《2018年新（改）建公园树木奖补专项资金实施方案》等，确保建设管理和考核评价有章可循。（周　娟）

■公园监管　加强与各公园建设单位对接，组织专家对全年公园建设方案进行检查，提出指导意见。做好公园建设及维护的监督检查，掌握公园建设进度，编制《扬州市公园体系建设简报》12期，组织督察组对已建、在建公园进行全面现场检查，下发督查通报，制定整改要求。组织公园考核工作小组每季度进行公园管理检查考核，落实考核结果通报及督促整改。（周　娟）

■公园活动　各公园组织开展各类活动，丰富公园内涵，提升公园服务水平。全年累计开展11场民俗文化活动、98场全民健身活动、80场园林园艺活动。协调体育部门在公园内建成10个“全民健身益站”和100个“全民健身指导站”。开展公园志愿者活动。与扬州大学植保学院合作成立“公园管家扬大分队”，组织“公园管家”座谈会和集中检查等活动。（周　娟）

绿化

■城市绿化 2018年，扬州市区建成区绿化覆盖面积7216.77公顷，绿化覆盖率44.02%；绿地面积6866.85公顷，绿地率41.89%；城市人均公园绿地面积18.77平方米。市区新增城市绿地面积158.5万平方米，其中包括公园绿地54.6万平方米，道路、河道绿地75.06万平方米，居住区绿地9.16万平方米，附属绿地19.68万平方米。

（王进城 卞海波）

■市区道路交叉口园艺化改造工程 围绕省第19届运动会和第十届省园艺博览会等重大活动，做好市区道路环境综合整治和市区道路交叉口园艺化改造，对文昌路、邗江路、扬子江路、运河南北路等8个道路交叉口和古运河东关古渡、1912等节点进行景观提升，改造部分道路绿化、更换行道树和主要植物坪，在重要节点摆放花卉，设置“两会”主题绿雕，增加景观石，打造园艺景观。（周 娟）

■绿化养护质量 完成文昌路、扬子江路、瘦西湖隧道口、古运河及北城河等市区主要道路和河道缺损绿化的补植工作。补植大叶女贞、银杏、国槐等乔灌木16.61万株，爬山虎、藤本月季等藤本1.80万株，洒金桃叶珊瑚、八角金盘等地被2.47万株，植物坪2.80万平方米。对“4·18”烟花三月国际经贸旅游节主会场周边道路和马拉松赛路线中的瘦西湖隧道出入口周边绿化进行综合整治及整体提升，清除枯死苗木，修剪植物坪，清除杂草，补植缺损绿化，在万福路出入口、杨柳青路出入口、扬子江路出入口的护栏处栽植多年生攀援类花卉藤本月季。做好病虫草害预测预报，防控茅草蔓延和各类病虫害，全年治虫出车35次，消耗人工140个，使用各类杀虫剂、杀菌剂182升，各类除草剂142升。

（周 娟）

■古树名木保护与管理 开展市区部分古树名木健康复查项目。运用4种进口检测仪针对上年检测中发现缺陷或需要重点保护的18株古树进行复查。开展五年一次的城市古树名木资源及保护管理情况普查核实。对市区400多株古树名木及古树后备资源进行普查，核实古树名木基本信息，拍摄全景照片，查漏补缺；对近五年来古树名木的行业管理及指导监督情况、日常养护管理情况进行梳理总结。加强巡查、精心养护市区古树名木。对市区464株古树名木进行定期巡查，发现问题告知管养单位，提出技术指导意见；对市区217株古树名木重新安装地下型饵剂系统，形成白蚁防控体系；对直管18株古树名木养护、修剪，综合防治银杏超小卷叶蛾、槐蚜虫害，对腐朽树干采取保护处理，实施冬季清园、施肥、涂白等养护措施，委托专业检测机构对防雷设施进行检测。帮助其他古树名木管养单位解决养护技术困难，全年为4家单位及个人提供修剪、治虫等技术支持。（周 娟）

■绿化科研 发挥绿化研究所平台作用。向国家知识产权局申报一种古树根系复壮的生根液灌具和一种古紫薇树体保护的附着污染物清除刷具等2项实用新型专利。与扬州大学合作开展新优绿化树种的选择与应用相关课题研究，并申报扬州园林科学与工程研究院项目。实施园林植物废弃物循环利用处理项目。通过扬州市公共资源交易平台采购园林废弃物专业处理设备，通过系列加工和处理工序，将园林植物废弃物转变为城市绿化美化所必需的有机基质、生物有机肥等产品，实现园林废弃物无害化、减量化以及资源化利用。（周 娟）

贯穿广陵新城的文昌路，清新整洁的道路及绿化带与现代都市建筑交相辉映 扬州画刊/供稿

污染防治

■蓝天保卫战 2018年，出台《打赢蓝天保卫战三年行动计划》，完成工业企业VOC治理项目119个，汽修企业喷涂废气治理287家，餐饮企业油烟治理193家，整治钢铁、水泥、燃煤、砖瓦建材等重点行业企业无组织颗粒物180家，对485台粮食烘干炉、52台工业窑炉、9台10—35蒸吨/小时燃煤大锅炉实施清洁能源替换或者淘汰，6台65吨以上燃煤锅炉实施超低排放改造。颁布实施《扬尘污染防治管理暂行办法（试行）》，市区30家渣土运输公司638辆渣土车全面完成密闭

化升级改造。划定市区高排放非道路移动机械禁行区域，主城区实现露天“零烧烤”，夏秋两季农田保持“无烟无火”，市区全面禁止燃放烟花爆竹。应对重污染天气，督促1100多家涉气企业按照重污染应急减排清单实施橙色、红色应急响应措施，实现污染过程“缩时削峰”。注重扬尘污染防治，加强专项督查和工作推进，零容忍监督扬尘问题整改，PM_{10}下降。（樊盛健）

■碧水保卫战 完成夏集镇污水处理厂改建、汤庄镇遗留废水塘治理等省水污染防治重点工程62项、市水污染治理工程86项。推进县级以上集中式饮用水水源地环境整治，全面完成57个环境问题整改任务。落实“断面长”制，强化不达标断面综合整治，编制实施三垛西大桥、泰西、大寨桥等重点断面水质改善强制污染减排方案。建立全市水环境区域补偿制度，将补偿断面从5个增加到21个，收缴补偿资金2400多万元。推进高宝邵伯湖治理，完成23条入湖河道综合整治，实际拆除围网养殖0.17万公顷。通过生态环境部、住建部黑臭水体治理督查巡查，城市建成区黑臭水体整治达标率90.7%。（樊盛健）

■净土保卫战 对全市929家重点工业企业组织开展用地调查。梳排关闭化工企业遗留199家地块，掌握辖区内遗留地块分布状况、使用现状和周边环境状况等底数信息。推进高邮电池工业园、八桥镇重金属重点防控区和扬州经济技术开发区八里镇重金属重点防控区专项整治，组织涉重金属重点行业全口径排查，严控重金属污染。加强危险废物规范化管理和危废处置项目建设，建成仪征东晟固废、邗江首拓公司等危废处置项目，全年实现全市危废焚烧处置能力自给有余。（樊盛健）

环境监管

■环境监测能力建设 市环境监测中心站更名为“江苏省扬州环境监测中心”。全年完成水、气、声、土、生物生态、重点监控企业污染源监督性监测及比对监测、涉铅涉重监测、土壤详查、采测分离、执法监测、应急监测、区域补偿等监测任务，上报例行监测数据15.4万个，生物生态监测数据0.18万个，自动监测数据30.22万个，监督监测及来样监测154项，对外出具监测报表345份，监测报告187份。累计完成各类综合分析报告273份，临时性任务（数据、表格等）92项，信息公开报告46份，接受各类数据查询86次。开展全市929家重点行业企业用地调查质量控制，完成2018年度扬州地区生态遥感解译，勾出年度动态变化斑块259处。开展5个县（市、区）80个点位的遥感解译野外核查。扬州环境监测中心管理市区9座水质自动站、7座空气自动站、6座噪声自动站和1个实验室，有各类仪器设备400多台（套），包括在线单颗粒气溶胶质谱仪、超高效液相色谱/三重四极杆串联质谱联用仪、在线挥发性有机物分析仪、便携式GC—MS等大型仪器。（李子军）

■环境保护督察 6月5日至7月5日，中央第四环境保护督察组对江苏省开展环保督察“回头看”，全市生态环境系统坚持全月无休、每日一报、每日例会、信访分析、领导包案等制度，配合中央环保督察“回头看”。督察期间，扬州市向督察组提供13批471份资料；编发简报30期，每日报送省协调联络组和市四套班子领导；接收督察组交办的32批次242件环境信访，责令整改环境违法企业230家，立案处罚123家，累计罚款1051.59万元，立案侦查2件，约谈41人、问责48人。“回头看”期间未发现重大生态环境问题。（樊盛健）

■环境执法监管 围绕蓝天保卫战、饮用水源地整治、固体废物规范化管理等重点，组织开展10多轮次专项执法检查。全年立案调查环境违法行为1261件，下达行政处罚决定979件，处罚金额5430.53万元，立案数量、处罚决定数量、处罚金额分别比上年增长46%、43%、77%。推进“散乱污”企业整治，梳理排查“散乱污”企业919家，对457家实施关停取缔，对462家开展整改提升。成立市公安局环保警务室。落实“双随机”检查机制，组织开展夜查、突击检查等。市级全年受理环境信访2417件次，均及时依法依规调查处理。全年未发生因环境问题引发的群体性事件，4次环境突发事件均得到处置，未发生重大环境安全事故。（樊盛健）

科学技术

Kexue Jishu

编　辑　陈永华

综述

■**概况**　2018年，扬州市推进创新型城市和全国小微双创基地城市示范建设，实施重大科技项目“双百”[产业（工业）前瞻性研发、重大科技成果转化各100项]工程，推进108项产业关键共性技术研发和109项重大科技成果转化，其中13项获批省重大科技成果转化项目、7项获批省产业前瞻与共性关键技术项目，分别位列全省第四位和第五位。实施现代农业科技创新专项，22个项目列入省农业重点研发计划，立项数居全省第一位。高新技术企业净增数增幅排名全省第一位，高新技术产业产值占规模以上工业产值比重达46%。引进培育研发设计、技术中介、创投融资等领域品牌机构，全市科技服务业总收入114.41亿元。实施科技企业“小升高”计划，国家高新技术企业净增264家，高新技术企业总数超1000家，提前两年实现“十三五”目标。200家企业新进入省高新技术企业培育库，居全省第五位，累计入库数475家。全市大中型工业企业及规模以上高新技术企业研发机构建有率89.2%，亚威省级重点实验室通过验收，新增省级企业技术中心23家、工程技术研究中心15家、工程研究中心11家。大中型工业企业及规模以上高新技术企业研发机构建有率89.2%。扬州国家高新区获批国家高端装备制造业标准化试点，在全国和全省高新区综合排名分别进位9位和8位，其“双创”升级版项目获中小企业发展专项资金5000万元。高邮高新区获批省知识产权试点园区。杭集高新区推进“一区四园”扩容规划，去筹转正为省级高新区。推进双创载体建设，全年新建科技综合体和众创空间面积104万平方米，新引进企业超600家，累计建成面积409万平方米，其中投入使用291.3万平方米，使用率71.3%，入驻企业1846家，全年实现销售额75.25亿元，引进本科以上从业人员2万人。借力“6+X”招商，赴广州、北京、上海、深圳、长春、香港以及德国、荷兰开展专题推介合作，开展百家高校院所科技成果展示洽谈会、“联想之星”创业CEO扬州行等多场品牌活动，深化与大院大所的合作，推进清华MEMS产业园、扬州北大科技园、中科院扬州中心等重点项目建设。新入选省“双创计划”领军人才（团队）33人等，全年规模以上企业研发投入超120亿元、专利产出超1万件，分别比上年增长10%和82.5%。达成产学研合作项目569项，与高校院所共建研发机构31家，新获批省“科技副总”数居全省第二位，累计建成校企联盟数超1000家，达成技术合同成交额70多亿元。清华智能微系统工业技术研究院、长春光机所半导体激光重点实验室、哈工大（扬州）机器人科创中心、中汽研汽车工程研究院高邮研究分院等科创平台先后揭牌建设，引领传统产业升级和新兴产业发展。技术产权交易市场在各县（市、区）、功能区设立12个区域分中心，培养技术经纪人800人，全年备案技术合同1311项、交易额超10亿元，获全国技术市场金桥奖，居全省技术市场综合排名第一位。产业技术研究院推进专业研究所建设运营，引进杭州先临3D打印服务中心，为产业和企业创新提供专业化技术服务。全市完成专利申请量4.12万件，专利授权量2.28万件；其中，发明专利申请量8915件，发明专利授权量1346件，万人发明专利拥有量12.51件。

2018年，扬州市年平均气温（16.7摄氏度）偏高，高温日（28天）较常年异常偏多。年降水量（1235.8毫米）较常年偏多2成；年日照时数（1984.6小时）正常略偏少。天气气候事件主要有年初出现3次暴雪，夏秋季4个台风，并有持续高温，初冬持续雾霾天气，出现历史少见的持续阴雨天气。主要灾害性天气有暴雪、冰冻、暴雨、高温、台风、强对流、雾霾等，灾害造成直接经济损失超1亿元。综合气象探测业务质量97.52%，24小时晴雨预报准确率89.4%，最高温度准确率87.2%，最低温度准确率88.5%。联合市环保局对公众发布未来72小时扬州空气质量等级（AQI）预报，发布重污染天气预警3期。向地方党委政府及相关部门报送决策气象服务材料133期，为涉农部门及种养殖大户发布农业气象服务材料84期。召开5次新闻发布会向公众通报重大节假日天气和重大天气过程，发送决策气象服务短信211条，发送气象灾害预警信号89次，发布微博3400多条、微信3300多条，发布预警信号73次，部门联动应急响应9次，系统内部启动（变更）应急响应11次。

2018年，扬州水文分局通过扬州市境内水文站网对江河、湖泊、水库的水位、流量、水质、水温、水下地形和地下水资源及降水量、蒸发量、风暴潮等实施监测、分析与计算，为开发、利用、节约、保护水资源和防灾减灾提供服务。编制扬州市水资源公报、扬州市地下水监测年报、扬州市入河排污口监督性检查复核报告、各县（市、区）规模以下入河排污口整治方案等；开展扬州市入河排污口监督性核查工作，扬州市沿江区域重点河湖水质改善提升方案、水文手册修编等工作，扬州市瓜洲泵站工程水土保持监测，完成高邮天山五星冲小流域监测点和江都吴桥季刘河小流域监测点水土保持监测和资料整编；加强对南水北调输水干线、县级以上集中式饮用水水源地、水功能区、深（浅）层地下水、入河排污口及突发性水污染事故等水质监测。

2018年，市地震局开展地震监测预报研究，全市范围内地震活动相对平稳，未发生里氏4.0级以上地震。加强地震监测基础设施建设，强化台站建设和管理，提高地震监测能力；坚持正确的舆论导向，开展宣传活动，增强公众防震减灾意识；规范地震行政权力的运行，提高依法行政水平。市地震局获全省防震减灾工作综合考核市级先进单位。开展全国综合减灾示范社区创建活动，高邮市“国家级防震减灾示范县”创建工作通过中国地震局和江苏省地震局组成专家组现场检查。

2018年，市科协举办第18届江苏省青少年机器人大赛、首届科普作品展演等；打造“科普e路游学”活动、少儿科普电视节目《科里课外》；在汶河街道皇宫社区、通泗社区等9个社区设立科普阅读漂流驿站，开办科普阅读夏令营；新增扬州市急救中心、扬州市无偿献血科普教育基地等10家市级科普教育基地。扬州科技馆开展青少年科普活动，在周末开展科普实验秀、科普嘉年华、学习单、寻宝活动等30多项科普活动，累计400次，有1万多人次参与活动；举办“虚拟现实”“长江珍稀水生物文创展”等特色临展，累计受众超30万人次；举办4期“寻找未来科学家”公益科普夏（冬）令营等活动。（杨　科）

■新兴科创名城建设　2018年，扬州市加强科技引领、人才支撑和开发融合，开展新兴科创名城建设。出台建设新兴科创名城、三大创新板块等政策意见，明确未来三年城市创新发展的目标任务和空间布局。规划新建8个科技产业综合体；设立5亿元专项资金，谋划高水平实验室建设发展。全社会研发投入占地区生产总值比重2.5%；高新技术产业产值占规上工业产值比重提升1个百分点至46%；全市新增发明专利授权1346件，增长35.14%，增幅居全省第一位。731家企业通过国家科技型中小企业评价；200家企业新进入省高新技术企业培育库，累计入库数475家；536家企业通过高新技术企业评审，总数超1000家。全市新竣工投入使用科技产业综合体65.7万平方米，累计342.21万平方米；新引进企业1209家，新招引本科以上人才6731人，科技综合体入驻企业实现销售收入近170亿元。扬州高新区获批国家高端装备制造业标准化试点，在全国和全省高新区综合排名分别进位9位和8位，其“双创”升级版项目获中小企业发展专项资金5000万元。促成产学研合作签约488项；引进高校院所和知名企业研创中心42家；备案登记技术合同超1200项，交易额首超10亿元。

（刘　薇　钱文娟）

■产学研合作　2018年，全市开展“科教合作新长征”“科技产业合作远征”活动，研究制定“6+X”招商活动计划，突出科技产业综合体和实验室招商。先后成功举办“2018扬州百家高校院所科技成果展示洽谈会”“2018扬州市科技产业综合体建设及运营推介会”“2018中国·瘦西湖创客活动周”“2018香港创业青年内地行”“科普微视频大赛颁奖典礼”“科技创新·人才集聚·产业合作”（广州）恳谈会等10多次大型活动。累计组织1600多家企业与大院大所开展产学研对接，共促成产学研合作项目569项，引进高校院所研创中心42家，2018年省双创计划科技副总项目中有120名博士成功申报并立项。

1月9日，市科技局赴北京理工大学洽谈实验室建设。1月15日，市委常委、常务副市长陈扬率队赴北京开展“2018现代服务业、科技和金融拜访和招商”活动。1月31日至2月1日，市科技局组织相关企业赴中科院沈阳自动化所、沈阳化工研究院、中科院金属研究所拜访调研，洽谈实验室建设事宜。

3月27—29日，市科技局赴北京对接2018年扬州市百家院所科技成果展示洽谈会活动事项，先后到航天五院、航天智慧、机械科学研究总院、科技部机关服务局等重点参展部门进行邀客和对接科洽会参展事项。

4月17日，“2018扬州百家高校院所科技成果展示洽谈会”开幕式在市科技广场高新技术展示交易中心举行。4月23日，市委常委、常务副市长陈扬率队拜访香港生产力促进局，促进两地科技合作，推动香港城市大学在扬成果转化、建设产业技术研究院。

5月16—22日，“2018中国·瘦西湖创客周”成功举办。

6月7日，市科技局赴香港、台湾拜访高校、企业，洽谈合作。

7月2日，市科技局拜访中以创新园，推进与中以创新园的模式合作项目，达成初步合作意向。7月19日，市科技局拜会以色列驻沪总领事馆，就技术合作项目与以色列达成初步合作意向。7月20日，市科技局召开新型研发机构座谈会。7月31日，市科技局召开液态金属实验室对接交流会。

8月2日，江苏省国际科技合作协会邀请中德智能制造研究院和弗朗恩霍夫IPK研究所专家到扬举行中德智能制造合作对接会。8月5日，市科技局带领扬州企业拜访江苏省国际科技合作协会，就智能制造进行考察合作。8月14—18日，市科技局拜访P R K合伙人律师事务所、捷克国家知识产权局、捷克工业产权局、圣彼得堡大学、圣彼得堡亚太地区合作中心和俄罗斯国立知识产权学院，洽谈引进技术转移转化、产权合作项目、知识产权保护项目合作和知识产权交流项目，人才合作项目事宜。8月22日，市科技局赴上海拜访纳米技术及应用国家工程研究中心。8月24日，市委常委、常务副市长陈扬带领市科技局、市经信委等部门负责人赴京拜访中科院自动化所。

9月1日，市委常委、常务副市长陈扬带领市政府办、市科技局、市财政局赴广陵新城考察东南大学扬州研究院和科技园，并与东南大学副校长黄大卫、东大科技园和科研院负责人座谈交流。9月27—29日，市科技局赴广州参加“2018中国机器人产业创新峰会暨中国（广州）国际机器人、智能装备及制造技术展览会”。

10月11日，市科技局赴长春拜访中科院长春光机所和应化所，就深化两地合作、在扬建高水平实验室等事宜进行座谈交流。10月12日，市政府副市长韩骅率扬州市政府代表团先后拜访中科院长春应化所和光机所。10月15—16日，市科技局赴广州拜访中山大学光电材料与技术国家重点实验室、清华珠三角研究院和中科院广州分院。10月19日，市委常委、常务副市长陈扬率领扬州考察团赴广州开展“科技创新·人才集聚·产业合作”拜访恳谈，深入高校院所，深化扬州市与广州市的科技、人才和产业合作。

11月13—16日，市人大常委会副主任朱妍率市人大常委会教科文卫工委、市科技局和部分县（市、区）人大常委会教科文卫工委相关负责同志赴广州、深圳学习考察科技创新工作。11月26日，市政府与中科院举行科技合作座谈会，双方就深化院市合作，聚力创新发展，推动扬州经济高质量发展进行交流。11月28日，市政府代市长夏心旻会见深圳力合星空投资孵化有限公司总经理常晓磊，市科技局与力合星空签订战略合作协议。

12月9日，市政府副市长韩骅率队拜访德国大众、南德TUV、亚普欧洲工程中心、德国舒勒股份公司、通快TRUMPF集团、摩拉生物等，签署扩大合作范围和规模意向协议、推进摩拉医学检测项目落户扬州经济技术开发区等。12月14日，市政府副市长韩骅率队拜访荷兰北布拉邦省经济发展署、埃因霍温高科技园区，巩固和加深双方在技术应用等科技领域的合作关系。

（刘　薇　钱文娟）

■公共科技服务平台建设　2018年，扬州市技术产权交易市场围绕企业技术需求端和科技成果供给端，先后举办中国创新挑战赛、百家高校院所科洽会等各类技术转移对接活动近40场，累计解决企业需求470多项，促成产学研合同155项，合同额2亿元。其中，在中国创新挑战赛中有58个项目达成意向合作，合同金额8290万元。围绕政策环境提升和工作体系建设，出台技术转移奖励办法，创新科技计划立项机制，以赛代评。全市布局建设12家分中心，设立江苏科技镇长团扬州总部，形成超千人技术经纪人队伍，注册技术转移机构和技术经纪人数量位居全省第一位。2018年，全市技术合同备案1311项，交易额11.31亿元，增长20.7%。扬州市技术产权交易市场获全国技术市场领域最高奖——金桥奖。

扬州市产业技术研究院推进与清华大学等共建的7家专业研究院（所）的能力提升建设，3D打印创新服务中心正式建成开展服务，全年为全市520家企业提供技术研发、成果转化、公共服务等，咨询和解决技术难题140项、转化科技成果20项、达成各类技术开发和服务合同金额6800多万元。与清华大学合作的江苏智能微系统工业技术研究院建设，已正式挂牌成立。

（刘　薇　钱文娟）

■科技创新园区　聚力区域创新布局优化，统筹推进创新板块建设和高新园区发展。软件与互联网产业板块加快在“三河六岸”黄金地块布局建设科技产业综合体；推进高端制造板块16个重点项目；农业和食品加工业板块基础设施建设提速，扬州大学科教示范园生态智慧牧场项目建成启用。三大创新板块内软件与互联网产业、高端装备制造产业产值增速超10%。全市3家高新区实现高新技术产业产值近600亿元，新增高新技术企业128家；扬州高新区进位至全省第12位、全国第90位，获批财政部中小企业发展专项资金2500万元；高邮高新区高新技术企业数量增长较大，累计数达106家；杭集高新区“一区四园”发展机制成效明显，哈工大机器人科创研究院项目列入省重大项目投资计划。　（刘　薇　钱文娟）

■创新创业载体建设　提升科技综合体运营发展质态。召开科技产业综合体发展现场推进会，举办2018扬州市科技产业综合体建设及运营推介会，出台科技综合体运营发展考核办法。2018年，全市新增6个科技产业综合体，累计数达34个；新开工建设133.38万平方米，新建成84.91万平方米。新增入驻企业1209家，累计入驻企业3109家；入驻企业实现开票销售169.91亿元，实现入库税收7.11亿元。加快布局“苗圃—孵化器—加速器”科技创业孵化全链条，高邮高新区获批省级众创社区，全年新增省级孵化器8家、众创空间14家，省级以上孵化器和众创空间累计数分别达25家和48家。　（刘　薇　钱文娟）

■高新技术产业　2018年，扬州组织实施开展108项关键共性技术攻关，其中7个项目获批省重点研发计划（产业前瞻与共性关键技术）

2018年扬州市国家特色产业基地情况表

表 31-1

序号	基 地 名 称
1	国家火炬计划邗江数控金属板材加工设备特色产业基地
2	国家火炬计划扬州汽车及零部件产业基地
3	国家火炬计划扬州绿色新能源产业基地
4	扬州国家半导体照明高新技术产业化基地
5	国家火炬计划扬州智能电网特色产业基地
6	国家火炬计划江都建材机械装备特色产业基地
7	国家火炬邗江硫资源利用装备特色产业基地
8	国家火炬高邮特种电缆特色产业基地
9	国家火炬扬州高邮智能健康装备特色产业基地
10	国家火炬扬州高邮智慧照明特色产业基地

（刘 薇 钱文娟）

2018年扬州市省级科技产业园情况表

表 31-2

序号	园 区 名 称	地 区
1	江苏省宝应输变电设备科技产业园	宝 应
2	江苏省高邮绿色照明科技产业园	高 邮
3	江苏省高邮特种电缆科技产业园	高 邮
4	江苏省高邮智能健康装备科技产业园	高 邮
5	江苏省仪征汽车及零部件科技产业园	仪 征
6	江苏省江都建材装备科技产业园	江 都
7	江苏省江都汽车及零部件科技产业园	江 都
8	江苏省扬州邗江数控装备科技产业园	邗 江
9	江苏省扬州环保科技产业园	邗 江
10	江苏省邗江新能源汽车及车控电子科技产业园	邗 江
11	江苏省扬州生物医药科技产业园	邗 江
12	江苏省邗江文化科技产业园	邗 江
13	江苏省扬州广陵液压装备科技产业园	广 陵
14	江苏省扬州健康医疗科技产业园	广 陵
15	江苏省扬州光电科技产业园	扬州经济技术开发区

（刘 薇 钱文娟）

2018年扬州市省级以上科技企业孵化器情况表

表 31-3

序号	孵 化 器 名 称	级 别	地 区
1	宝应县高新技术创业中心	省 级	宝 应
2	高邮市科技创业中心	国家级	高 邮
3	江苏红旗光电科技创业园	省 级	高 邮
4	扬州广陵高新技术创业服务中心	国家级	广 陵
5	江苏扬州广陵经济开发区高新技术创业服务中心	国家级	广 陵
6	扬州市广陵区曲江高层次人才创业服务中心	省 级	广 陵
7	扬州市邗江区高新技术创业服务中心	国家级	邗 江
8	扬州市维扬区高新技术创业服务中心	省 级	邗 江

续表 31-3

序号	孵 化 器 名 称	级 别	地 区
9	扬州环保科技创业园	省 级	邗 江
10	扬州邗江经济开发区智谷创业园	省 级	邗江（扬州高新区）
11	扬州大学大学科技园	国家级	邗江（扬州高新区）
12	扬州金荣科技创业园	省 级	邗江（扬州高新区）
13	扬州市江都区高新技术创业服务中心	省 级	江 都
14	扬州（江都）软件园	省 级	江 都
15	扬州高新技术创业服务中心	国家级	扬州经济技术开发区
16	西安交通大学扬州科技创业园	省 级	扬州经济技术开发区
17	仪征市科技创业园	国家级	仪 征
18	高邮城南经济新区科技企业孵化器	省 级	高 邮
19	国泰科技创业中心	省 级	邗 江
20	扬州酷立方创业园	省 级	邗 江
21	扬州通安科技创业园	省 级	邗 江
22	扬州菁英汇工业设计孵化器	省 级	江 都
23	扬州万方科创孵化器	省 级	生态科技新城
24	江苏两岸双创科技孵化器	省 级	生态科技新城
25	扬州软件园马场创业街	省 级	生态科技新城

（刘 薇 钱文娟）

2018年扬州市科技产业综合体情况表

表 31-4

序号	名 称	地 区
1	宝应软件信息产业科技综合体	宝 应
2	宝应科技创业园	
3	望直港科技创业园	
4	高邮湖西光电科技产业园	高 邮
5	高邮市科技产业园	
6	通邮电子商务产业园基地	
7	仪征科技创业园	仪 征
8	大众广场	
9	扬州金山文创科技产业园	
10	江都软件产业科技综合体	江 都
11	天雨环保节能科技产业园	
12	扬州市江都区仙城科技产业综合体	
13	扬州智汇科技产业综合体	
14	金奥中心科技综合体	
15	税友软件园（南方）	邗 江
16	金荣扬州科技园（高新区）	
17	联创扬州软件园	
18	甘泉生态科技园	
19	智能装备科技园	
20	通安科技园	
21	西区职大南科技产业综合体	
22	扬州·邗江互联网产业园	

续表 31-4

序号	名　　称	地　区
23	广陵新城信息产业基地（一、二、三期）	广　陵
24	广陵经济开发区科技产业综合体	
25	食品科技园	
26	Y-MSD 项目（一期）	
27	扬州创新中心	
28	环球金融城	
29	开发区科技园	扬州经济技术开发区
30	扬州智谷	
31	西安交大科技园	
32	扬州缤格科技产业综合体	
33	扬州软件园双创基地	生态科技新城
34	杭集科技产业综合体	

（刘　薇　钱文娟）

2018年扬州市众创空间情况表

表 31-5

序号	名　　称	级　别	地　区
1	鲁垛乱针绣创客工坊	市　级	宝　应
2	扬州纵横创客巢	省　级	
3	纵横时空	省　级	
4	宝应科创中心创客空间	市　级	
5	东方圣诞创客园	市　级	
6	锐拓科技创客园	市　级	
7	宝应县通宝众创空间	省　级	
8	扬州星火科技创客园	市　级	
9	文游汇	国家级	高　邮
10	诚信创业吧	省　级	
11	高邮众创空间	省　级	
12	通邮梦工厂	国家级	
13	豪纬光电众创园	市　级	
14	创睿坊	市　级	
15	大邮众创空间	省　级	
16	高邮集创	市　级	
17	腾邮创艺园	市　级	
18	创途在线	省　级	仪　征
19	仪征众鑫创新梦工厂	市　级	
20	仪征真州创客工场	市　级	
21	仪征鑫鑫众客坊	市　级	
22	乐泊世业创客空间	省　级	
23	YI 智汇	省　级	
24	仪电创新工区	市　级	

续表 31-5

序号	名　　称	级 别	地 区
25	创・艺 985 创客街区	国家级	江 都
26	江都创客邦	国家级	
27	武汉理工大学扬州创客汇	市 级	
28	星客梦工厂	省 级	
29	智创梦工厂	省 级	
30	江都尚客空间	市 级	
31	新起点——创客梦工场	市 级	
32	梦里水乡创客荟	市 级	
33	青禾众创	省 级	
34	宜创梦想园	市 级	
35	绿地新都会	市 级	邗 江
36	西湖创客空间	市 级	
37	扬州创谷・创客工场	省 级	
38	扬州大学大学科技园众创梦工场	国家级	
39	创客“1+1”众创空间	省 级	
40	扬州金荣科技园创新创富工场	国家级	
41	扬州上市基地创新工场	国家级	
42	通安创客空间	省 级	
43	3C 创客空间	市 级	
44	汇智众创空间	市 级	
45	酷立方（扬州）众创空间	省 级	
46	海昌新材众创空间	市 级	
47	和天下绿色建筑众创空间	省 级	
48	扬州优客工场	省 级	
49	RMALL“1001”	市 级	
50	软通动力扬州乐业空间	省 级	
51	扬州百分百众创空间	市 级	
52	扬子津青年街众创空间	省 级	
53	扬州青麦坊“互联网 +”文创空间	省 级	广 陵
54	江苏微软创新中心	省 级	
55	中国创谷	国家级	
56	扬州设计谷众创空间	省 级	
57	圆梦创新工坊	国家级	
58	食品科技园创新工坊	市 级	
59	智创天地	省 级	
60	两岸物联众创基地	省 级	
61	金枫达创新工场	市 级	
62	源湾头玉器创新工坊	市 级	
63	创客文昌	市 级	

续表 31-5

序号	名　　称	级 别	地　区
64	北京大学创业训练营江苏基地	国家级	广　陵
65	东创星辉	省　级	
66	智造工坊	市　级	
67	曲江创客工场	省　级	
68	平地起创新工坊	市　级	
69	悦课·教育孵化创客空间	省　级	
70	地理信息专业化众创空间	省　级	
71	智谷众创空间	国家级	扬州经济技术开发区
72	西交大扬州科技园创客营	市　级	
73	霍比屯创客乐园	市　级	
74	多米创新工场	市　级	
75	睿智创客空间	市　级	
76	瑞丰众创空间	省　级	
77	爬山虎众创空间	省　级	
78	盛世云众创空间	市　级	
79	长江石化众创空间	市　级	化工园区
80	尚锦汇都创业孵化工场	省　级	生态科技新城
81	杭集旅游日化产业众创空间	省　级	
82	扬州软件园双创孵化体验基地	市　级	
83	扬州软件园马场创业街	省　级	
84	万方科创	省　级	
85	创新驿站	国家级	市　直
86	左岸右转青创驿站	省　级	
87	扬州工业职业技术学院大学生创业园	市　级	
88	扬州 486 非遗创客空间	市　级	
89	扬州市职业大学创新创业基地	市　级	

（刘　薇　钱文娟）

项目，位列全省第五位。全市高新技术产业产值增长 10.7%，高新技术产业产值占规上工业产值的比重提升至 46%，较上年提升近 1 个百分点。其中，先进制造业产值增长 11.1%，占全市规上工业产值比重 29.7%。先进制造业领域中，新型电力装备产业产值增长 19.1%，生物医药和新型医疗器械产业产值增长 20.6%，汽车及零部件（含新能源汽车）产业产值增长 13.8%，高端装备产业产值增长 5.9%，海工装备和高技术船舶产业产值增长 6.2%，高端纺织服装产业产值增长 11.1%；电子信息产业产值增长 3.2%。

（刘　薇　钱文娟）

科技项目和成果

■重大科技成果转化项目 2018年，全市围绕汽车、机械、软件和新能源、新光源等 8 条重点产业链，实施重大科技项目“双百”工程，推进 108 项产业关键共性技术研发和 109 项重大科技成果转化，其中 13 项获批省重大科技成果转化资金、7 项获批省产业前瞻与共性关键技术项目，分别位列全省第四位和第五位。实施现代农业科技创新专项，22 个项目列入省农业重点研发计划，立项数位列全省第一位。

（刘　薇　钱文娟）

2018年度扬州市省重大科技成果转化专项立项项目一览表

表 31-6

序号	项目名称	承担单位	产学研合作单位	属地
1	基于柔性传动技术的草地修整作业系统的研发及产业化	扬州维邦园林机械有限公司	东南大学	扬州高新区
2	高效太阳能—空气能耦合智能冷热联供系统研发及产业化	江苏省华扬太阳能有限公司	东南大学	扬州高新区
3	石油钻井废弃泥浆不落地处理成套装备关键技术研发及产业化	扬州市驰城石油机械有限公司	山东大学	扬州高新区
4	双层同步就地热再生养护装备的关键技术研发及产业化	江苏奥新科技有限公司	重庆交通大学	宝应
5	核电与高铁线缆用抗氧化长寿命阻燃耐火材料的研发及产业化	扬州腾飞电缆电器材料有限公司	西北工业大学	宝应
6	高温气冷堆、CAP1400等核电用高安全电缆与材料研发及产业化	宝胜科技创新股份有限公司	中国科学技术大学	宝应
7	基于柔性成组技术的兆瓦级储能系统研发及产业化	江苏欧力特能源科技有限公司	东南大学、南京航空航天大学	高邮
8	高性能多层多元复合耐磨减摩镀层活塞环研发及产业化	仪征亚新科双环活塞环有限公司	中国科学院兰州化学物理研究所	仪征
9	大马力柴油机用大缸径（≥270mm）变壁厚复杂结构气缸套研发及产业化	扬州五亭桥缸套有限公司	南京航空航天大学、常州工学院	邗江
10	国家1类抗艾滋病新药ACC007的研发及产业化	江苏艾迪药业有限公司	首都医科大学附属北京地坛医院	邗江
11	先进陶瓷用Al-O-N基高纯超细陶瓷原料粉体的研发及产业化	扬州中天利新材料股份有限公司	东华大学、大连海事大学	邗江
12	新一代通信硅基射频LDMOS功率器件研发及产业化	扬州江新电子有限公司	中科院微电子所、南京大学	广陵
13	国产自主超融合大数据一体机研发及产业化	扬州万方电子技术有限责任公司	无锡江南计算技术研究所	广陵
14	光电转换效率32%空间太阳能电池外延片、芯片的研发及产业化	扬州乾照光电有限公司	华北电力大学	扬州经济技术开发区

（刘　薇　钱文娟）

■民生科技　强化农业科技基础设施建设。投入近4.3亿元的双金大道二期基础、绿化、亮化等相关工程，9条道路提档升级改造工程，长10千米管径400毫米自来水主管道铺设工程，长15千米污水管网铺设工程，花卉产业基地田间配套工程，长4千米油田高压杆线迁移全部竣工。总投资0.6亿元的高邮萌宠多肉花卉项目建成投产；总投资2.8亿元的扬州大学科教示范园生态智慧牧场项目正式启用；总投资1.2亿元的科技综合服务中心项目、总投资1.1亿元的省级现代农业示范园花卉产业项目按工程时序施工；总投资0.5亿元的北京市花木有限公司智能温室育苗中心项目、总投资1.2亿元的光明生猪种猪繁育基地项目办理开工前相关手续。组织开展“2018聚才创新、智汇高邮”农科区科技人才专场对接活动，推动丰庆公司与院士张洪程建立院士工作站、飞扬公司与扬州大学教授何小弟建立研究生工作站、萌宠公司与南京农业大学开展多肉新品种研发合作、巧妹子公司与山西农业大学教授李步高签订人才引进项目、与畜禽育种国家工程实验室共建“猪育种研发推广中心”项目。

加快农业新技术、新品种研发。推进农业品种科技创新、农业技术集成与示范，22个项目获省级重点研发（现代农业）立项，获批项目数和资金数位居全省第一位。围绕优良品种选育，“耐迟播优质多抗弱筋小麦新品种”“高产粳稻优质抗病分子设计育种技术研究及新材料创制”等10项涉及种质创新项目获批，涉及水稻、小麦的主要粮食品种，又涉及玉米、西瓜等经济作物；围绕产业技术融合创新，“智能化测控多温区分段对流天然气直燃饲料干燥装备研发”“H7N9亚型禽流感防控净化技术”等涉及农产品加工、现代农业装备、农业物联网等5项关键共性技术获批；围绕绿色生态发展，“藕虾种养模式下荷藕绿色营养运筹关键技术研究”“设施茄果蔬菜全程绿色调控关键技术研发”等7项项目获批，开展化肥农药减施、农业资源循环利用等集成技术创新和示范。

强化农业科技服务。完善农业科技服务体系，全市新增3家国家“星创天地”，7家省级“星创天地”，均列全省第二位；新增8家省级农业科技服务超市，位列全省第一位。实现农村科技服务超市“1家分店+2家便利店”县（市、区）全覆盖，农业科技进步贡献率66.9%。开展“送科技下乡、促农民增收”活动，依托24家农村科技服务超市分店和便利店，围绕本地产业开展品种推广、技术培训和专家咨询等科技服务，2018年累计组织培训活动230场次，培训人数1.41万人次；接受咨询服务1.81万次；发布科技信息4942条，辐射带动农户1.96万户。

加强社会发展及基础科学研究。围绕医疗卫生、环境保护、智慧城市、公共安全等民生领域，全市有7个项目获省重点研发计划（社会发展）项目立项。加大对基础研发活动激励，有80个项目获省自然科学基金项目立项，其中省杰出青年基金项目1项、优秀青年基金项目2项、青年基金项目57项、面上项目20项。

（刘 薇 钱文娟）

■江苏里下河地区农业科学研究所 2018年，江苏里下河地区农业科学研究所（简称农科所）在研课题（项目）192项，新立项各类课题（项目）88项，其中国家级课题（项目）5项，省级课题（项目）33项。新立项项目合同经费2333万元，往年项目及新立项项目实际到账经费2185万元。省级项目立项数比上年增长50%，国家基金立项数居地区级农科所第一位，2项省重点研发计划重大项目落户农科所。

2018年，农科所获各类科技成果奖6项。其中，由农科所主持完成的“粉体保水复合型水稻种衣剂旱育保姆及其应用”“地市级农业科研院所人才队伍·建设研究”获江苏省农业科学院科技二等奖，“粉体保水复合型水稻种衣剂旱育保姆及其应用”获扬州市科技二等奖，“中国兰种质资源收集与新品种创制”“高产优质麦茬水稻结实生理特性及调控技术”获扬州市科技三等奖。农科所与其他单位联合申报的“核技术在作物育种及农副产品加工中的开发应用”获四川省科技进步奖二等奖。

2018年，农科所培育的31个各类作物新品种通过审（鉴）定/认定/登记。其中，水稻品种“扬两优228”“扬两优309”“扬籼优919”“荃优1512”“扬两优612”“扬籼优633”和小麦品种“扬麦28”“扬辐麦8号”“扬辐麦6号”通过国家审定；水稻品种“扬优香占”“扬粳3491”“扬粳3012”和小麦品种“扬麦29”“扬辐麦7号”通过省级审定；小麦品种“扬辐麦4号”“扬辐麦5号”通过省级引种认定。西瓜品种“梦兰”和辣椒品种“扬椒1号”“扬椒2号”通过国家登记。春兰品种“扬红梅”“红唇仙”通过省级鉴定。“扬粳805”“扬麦23”“扬麦25”等3个品种获品种权授权。“慈姑覆膜垄作机械化栽培方法”“一种提高稻瘟病穗瘟抗性鉴定准确性的方法”“高吸水种衣剂在延长水稻机插秧龄中的应用”“一种冷鲜鸡的综合保鲜方法”“一个小GTP结合蛋白基因TaRab18及其表达载体和应用”“一种利用小麦盘根改进并提高制种机插秧群体质量的方法”“一种盒装风味畜禽制品辐照保质方法”“一种籽粒灌浆快、脱水快小麦的育种方法”等8项成果获国家发明专利；“一种提高稻瘟病穗瘟抗性鉴定准确性的方法”“一种高通量生物样本震荡研磨装置”等2项成果获国家实用新型专利。制定发布各类标准16项，取得2个农药登记证和1个肥料登记证。科研人员全年发表研究论文63篇，其中8篇论文被收入SCI（科学论文索引）。

2018年，农科所培育的抗稻瘟病软米新品系“金香玉1号”，获“2018寻找江苏最好吃大米”活动特等奖。针对优质品种“丰优香占”稻米间香味分离缺陷，培育出籽粒全香、香味浓郁的优质杂交稻“扬优香占”，为建立优质稻米品牌提供支撑。新审定的“扬粳3012”具有熟期早、灌浆速度快、出米率高、适合直播等优良特性，在淮北稻区示范试种。完成扬麦系列品种抗赤基因检测，“扬14—214”进入国家区试。提升“扬麦”品种影响力，弱筋小麦“扬麦13”“扬麦15”成为河南信阳地区主体品种；“扬麦20”“扬麦23”夏收面积均超13.3万公顷，成为江苏主体品种。“扬麦24”是国家良种联合攻关中唯一比对照增产的品种，国审品种“扬麦25”秋播面积达6.7万公顷以上。2个油菜黄籽新品系参加江苏省联合试验。新培育紫色叶片油菜新品系1份。研究出“屠宰过程减菌+保鲜剂定向杀菌+辐照”新型保鲜工艺，解决冷鲜鸡的保鲜、流通与安全卫生问题。淮扬点心辐照保鲜应用技术研究取得进展，通过多组天然物质添加剂复配组合，结合辐照综合保鲜，达到米制糕点产品保鲜保质要求。探明稻虾综合种养模式下克氏原螯虾N、P收支平衡和能量需求规律。围绕固体废弃物高值利用和养殖尾水有效利用，研制出专用基质肥料。首次克隆稻纵卷叶螟免疫基因，研制出国内第一个防治水稻害虫的病毒杀虫剂并获农业部农药登记。分析土壤连作障碍中益生菌对土壤生物毒性的降解作用，研制出生物炭搭载拮抗益生菌土壤生物改良剂。

2018年，农科所开展小果西瓜、薄皮辣椒、乌塌菜等新品种选育，新选育出小果型西瓜新品系16个。开展各种花卉组配杂交育种、建兰DNA指纹图谱构建、鸢尾转录组测序，建设特色花卉图文数据库网站。举办扬州市春兰展、江苏·扬州蕙兰展，自育花卉新品种获特等奖1个、金奖2个、银奖1个。

2018年，农科所与扬州大学联合申报的江苏省作物基因组学与分子育种重点实验室获批。与扬州高邮国家农业科技园签署合作协议。与科技企业联合成立洪泽湖克氏原螯虾产业发展研究院，举办首届“虾稻农耕节”，成立“一稻三虾产业发展联盟”并举办首届联盟会议。与中石化江苏油田分公司签署油田专用微生物制剂产业开发合作协议，建立油田工程院产学研合作基地，生产的油田专用微生物制剂正式进入中石化采购平台。（陈以博 朱凌宇）

■江苏省家禽科学研究所 2018年，江苏省家禽科学研究所（简称家禽所）获批科技项目37项，到账经费1770万元，其中新立项经费1468万元，往年滚动经费301万元。

2018年，家禽所开展家禽科学研究。开展保种理论、保种方法的基础性研究、分子技术基础性研究，基于简化基因组技术评价狼山鸡保种效果的研究。利用基因组SNP标记分析不同保种群世代传递过程中遗传多样性变化，评价保种效果，开展遗传进化分析，发掘品种特性基因。开展鸡品种鉴定DNA条形码序列筛选与验证，基于W染色体多态性的鸡起源进化与种质鉴定研究，基于线粒体单倍型不同生长速度类型肉鸡DNA条形码研究，基于基因组重测序对鸭遗传资源评价，收集整理多个鸡种多样性测定等。开展加工型肉鸡、黄羽肉鸡、青脚肉鸡配套系的培育，完成9个品系选育；开展青脚黄鸡、节粮型蛋鸡、苏禽5号配套系的培育，完成9个品系继代繁殖；引进4个蛋鸭资源，完成3个新品系的组建；开展苏威1号肉鸽育种研究，联合培育“天成王鸽”，建立7个核心群，开展专门化品系选育。开展常规育种，分子标记辅助技术育种等基础性前沿研究：专门化品系重要经济性状的主效基因鉴定和重要通路的筛查；挖掘影响第二性征发育、胴体外观等性状候选基因或分子标记，对鸡冠大小发育差异个体的鸡冠组织和血清进行代谢组分析，解析鸭胚胎期胸肌转录组差异与发育阻滞的分子机理，利用加权基因共表达网络分析方法对转录组数据重新分析；CNP调控鸡腹脂脂肪细胞脂代谢和鸡肌内脂肪细胞脂代谢的研究等。围绕家禽产业链科技创新与应用，促进科技创新与产业、经济发展结合，形成一批重点核心关键技术。开展白血病和鸡白痢的净化，研究禽白血病垂直传播规律，制定禽白血病水平传播预防措施，以及鸡白痢研究。开展鸡传染性支气管炎病毒的分子致病机制、重组灭活疫苗及新型检测技术研究，新型禽专用微囊缓释包复合酸化剂的研发，鸡蛋中重金属控制技术集成与应用研究，取得蛋鸡健康养殖质量评价技术、蛋鸡健康养殖质量预警技术2项创新成果。纳米铁抑制鸡肠炎沙门氏增殖的机制研究，发表SCI论文影响因子8.54；开展家禽养殖减排和废弃物资源化利用研究，探索氨气不同处理对育成蛋鸭免疫系统发育的影响，完成全封闭鸭舍氨气参数设置和控制技术的研发。

加快科技成果的集成推广。与省外湖北神丹、北京峪口、湖南湘佳、广西富凤、广东墟岗、河南天成、重庆永健、上海必优、绿康生化；省内有江苏立华、江苏威特凯鸽、苏州的昆山、扬州高邮、宿迁春朝等重点养殖企业建立科研合作关系，开展科研和指导推广。“邵伯鸡”配套系转让给湖南湘佳牧业股份有限公司，获转让金额150万元，建立长期育种合作关系；徐海鸡返归原产地保种。与中国农业大学、北京畜牧所、扬州大学、南京农大、湖北农大、哈尔滨兽研所等开展合作研究。

开展公益性科技服务。利用“挂县强农富民”项目支撑。在国内家禽主产区以及龙头企业展开相关的育种等科研，参与藏区藏鸡扶贫，组织召开藏鸡开发利用交流研讨会，在贵州六盘水市利用抢救品种机会开展实物为主的扶贫，与江西崇仁县人民政府签订科技服务协议等。完成省家禽业情况的调研报告6份，累计为220多个养殖户开展技术咨询服务1800次，为100多家企业提供技术支持，培训农民3000多人次，发放技术资料3000多份。建立家禽产业交流微信群及QQ群，推广为专家与农民实时联系开发的手机APP农技耘。主要为苏中和苏北为主的家禽重点产区，苏南昆山、溧阳等地服务。

科技成果凝练。“地方特色蛋鸡育种及产业化”获江苏省科学技术奖二等奖，“规模鸡场疫病综合防控技术集成与推广”获江苏省农业技术推广奖二等奖，“优质肉鸡养殖提质增效关键技术集成创新与应用”获江苏省农业丰收奖二等奖。参与研究的广西鸿光麻鸡获国家品种审定。提交2019年畜牧业标准修订项目立项建议表4项，发布农业行业标准3项、立项农业行业标准2项。授权专利6项，其中发明专利3项。全所发表科技论文173篇，其中SCI收录21篇。

学术交流与合作。组织召开中国优质禽育种与生产研讨会、藏鸡开发利用交流研讨会、畜牧兽医学会年会分场工作。组织科技人员参加2018年中国畜牧兽医学会年会、畜禽遗传标记学术研讨会、动物遗传育种大会、全国肉鸡产业经济发展论坛会议、动物营养学分会研讨会、第12届马立克氏病与家禽疱疹病毒国际学术研讨会、第六届中国兽用疫苗行业峰会等学术活动200人次。（肖 芹）

■扬州市2个项目获国家科学技术奖 2018年，扬州市有2个项目均获国家科技进步二等奖。分别是扬州大学院士张洪程带领的团队完成的“多熟制地区水稻机插栽培关键技术创新及应用”项目及扬州大学王金玉、顾云飞等完成的“优质肉鸡新品种京海黄鸡培育及其产业化”项目。（刘 薇 钱文娟）

■扬州市25个项目获江苏省科学技术奖 2018年，全市有25个项目获2018年度江苏省科学技术奖，其中一等奖3项、二等奖6项、三等奖15项，工人创新项目1项。其中扬州大学“我国主要蛋鸭遗传资源评价与创新利用”“复杂环境下远程巡检机器人关键技术及应用”和江苏省苏北人民医院“骨关节炎的基础与临床研究”项目获江苏省科学技术奖一等奖。

（刘 薇 钱文娟）

扬州市获2018年度江苏省科学技术奖项目情况表

表31-7

序号	项 目 名 称	主 要 完 成 单 位	获奖等级
1	我国主要蛋鸭遗传资源评价与创新利用	扬州大学	一等奖
2	复杂环境下远程巡检机器人关键技术及应用	扬州大学	一等奖
3	骨关节炎的基础与临床研究	江苏省苏北人民医院	一等奖
4	高安全性长寿命锂离子电池及系统研发与产业化	江苏华富储能新技术股份有限公司	二等奖
5	远洋LNG—柴油双燃料化学品运输船设计建造关键技术	中航鼎衡造船有限公司	二等奖
6	年产6万吨智能化水产饲料关键技术装备的研发及产业化	江苏牧羊控股有限公司，江苏丰尚智能科技有限公司，扬州大学，江苏牧羊集团有限公司	二等奖
7	水稻高吸水复合型种衣剂的创制及其应用	江苏里下河地区农业科学研究所，江苏省农业技术推广总站，扬州绿源生物化工有限公司	二等奖
8	地方特色蛋鸡育种及产业化	江苏省家禽科学研究所，扬州翔龙禽业发展有限公司	二等奖
9	水稻新型育秧基质创制及其机插栽培关键技术集成应用	扬州大学	二等奖
10	新型背光柔性线路板在键盘中的产业化	江苏传艺科技股份有限公司	三等奖
11	第三代及以上核电站用堆内外电缆及关键材料研发与产业化	宝胜科技创新股份有限公司	三等奖
12	下一代核电核级阀门驱动装置研发	扬州电力设备修造厂有限公司	三等奖
13	节能环保型塑料燃油系统关键技术研究与应用	亚普汽车部件股份有限公司	三等奖
14	基于异构化反应技术的柔性印刷电路板用关键材料——电子级均四甲苯新工艺的开发及产业化	江苏华伦化工有限公司	三等奖
15	生物可降解高分子共混及符合材料的流变学及结构设计	扬州大学	三等奖
16	绿色功能材料聚醚胺固化剂连续制备技术的研发与产业化	扬州晨化新材料股份有限公司	三等奖
17	高效混凝土管立式径向挤压制管装备研发与产业化	江苏华光双顺机械制造有限公司	三等奖
18	大型智能化高效压滤装备关键技术及产业化	扬州大学	三等奖
19	市政废水达中水回用关键技术与成套设备研发与产业化	江苏天雨环保集团有限公司，江苏天雨环保集团市政工程有限公司	三等奖
20	麦草畏清洁化工艺研发与产业化	江苏扬农化工股份有限公司，江苏优士化学有限公司	三等奖
21	水稻遗传群体创建和产量相关性状分子基础解析	扬州大学	三等奖
22	植物源氨糖绿色制造关键技术及产业应用	扬州日兴生物科技股份有限公司	三等奖
23	鸡传染性法氏囊病防控技术集成与创新研究	扬州大学	三等奖
24	纳米技术在肿瘤生物标记物的精准分选、增效治疗的应用及其作用机制	江苏省苏北人民医院，扬州大学	三等奖
25	涤纶短纤维卷绕网络器压丝生头技术	中国石化仪征化纤有限责任公司，中国石化仪征化纤有限责任公司短纤部四装置	工人创新项目

（刘 薇 钱文娟）

知识产权保护

■**概况** 2018年，全市完成专利申请量4.12万件，专利授权量2.28万件；其中，发明专利申请量8915件，发明专利授权量1346件，万人发明专利拥有量12.51件。增幅在全省均居前五位，其中发明专利授权量增幅位居全省第一位。组织发放专利资助奖励资金，会同市财政局，落实2017年度授权发明专利、实用新型专利市级资助奖励资金近1000万元；对各地党（工）委书记考核和经济社会发展综合考评中，有“万人发明专利拥有量”“发明专利授权量”指标；加强专利创造工作督查，建立全市专利产出数据监测体系，实行月度、季度通报；组织申报省知识产权运用和创造专项资金，全市170项国内授权发明专利和19项向国（境）外申请及授权专利项目获批省专利资助资金120万元；扬州大学等单位3项专利（均为第19届中国专利奖优秀奖）获省奖励资金60万元。实施知识产权强企。培育知识产权优势企业。制定印发《全市知识产权优势企业培育方案》，扬农化工股份、扬力集团获批2018年国家知识产权示范企业称号；扬州立德粉末等4家企业获批国家知识产权优势企业称号；推进小微企业的专利创造，委托江苏省专利信息中心对全市9万多家小微企业开展专利创造情况调查，至年底，全市小微企业拥有有效专利数2.30万件，比示范创建前的2015年底增长近90%，达到国家小微双创示范考核要求；举办高新技术企业发明专利“清零”培训班。委托博士科技公司举办两期培训班，有450家企业参加培训，培训围绕专利技术挖掘、布局和先进技术专利引进等内容，有近百家企业与博士科技公司就先进技术专利引进进行洽谈；制定《2018年度扬州市级企业知识产权管理标准化工作方案》，全年申报贯标创建备案企业208家。会同市财政局、市质监局召开企业知识产权管理标准化示范绩效先进评审会，并推荐先进企业参加省级绩效评价优秀企业评审。其中，江苏瑞京科技发展有限公司等4企业获批省级企业知识产权管理优秀企业，获奖励资金80万元。组织扬州惠通化工等5家企业获批省级企业知识产权战略推进计划，获经费支持150万元；遴选11家企业，投入110万元实施市级知识产权战略推进计划；与中国银行扬州分行开展知识产权“一站通”活动，推进企业开展知识产权质押融资，缓解企业创新资金困难，有50家企业与中国银行扬州分行现场对接，有30家企业与中国银行扬州分行达成专利质押融资协议，12家企业获知识产权质押贷款金额3000万元。提高社会知识产权意识。组织开展知识产权宣传周活动、开展知识产权进校园等活动，成立150人的“扬州市知识产权维权援助志愿者大队”，举办江苏省知识产权工程师培训（扬州）班；举办专利代理人资格考试考前培训班，10人通过国家专利代理人资格考试。（刘　薇　钱文娟）

■**知识产权强市建设** 2018年，申报国家知识产权示范城市，落实《扬州市政府关于加快推进知识产权强市建设的若干政策措施》，安排10项政策资金近2000万元用于专利资助奖励和知识产权项目；开展知识产权工作调研，赴6个县（市、区）开展知识产权工作调研，听取各地工作情况汇报，实地考察知识产权优势企业，进行工作指导；争创省知识产权区域试点示范，高邮市获批知识产权强省区域示范，获省资金支持40万元，全市累计有3个区、市列入该示范项目。杭集高新区获批省知识产权试点园区，广陵区沙口小学、宝应县小官庄镇中心初中获批江苏省知识产权教育试点学校，获省资金支持10万元，全市累计有4所学校列入该试点项目。

（刘　薇　钱文娟）

■**知识产权运用与保护** 开展省、市、县（市、区）联合行政执法行动，帮助企业维权。进行打击侵犯知识产权和制售假冒伪劣商品专项行动，特别针对商贸流通领域假冒专利开展执法突击行动，累计出动人员58人次，检查产品1180件、商品4620件，协作检查商业场所33家；查处涉嫌假冒专利案件411件，知识产权纠纷案件70件。建立信息共享机制，提高执法人员业务能力。建立全市专利行政执法群、微信群，实现线上信息共享、线下效率提升。通过对全市执法办案动态、案件信息等资源交流共享，避免各地由于法制程序或者盲目检查造成行政资源浪费。邀请省级专家到扬授课，针对全市执法工作重点难点问题进行业务培训和交流。引导全市已授牌的国家、省、市“正版正货”示范街区践行“正版正货”承诺，使街区以企业抱团的形式加强知识产权保护。2018年，486非遗集聚区新获批省级“正版正货”示范承诺街区，获批省级项目经费30万元、高邮灯具协会获批省级“正版正货”示范行业，获省级经费支持28万元；高邮电商网获批省级知识产权电商平台保护项目，获省级经费支持30万元。（刘　薇　钱文娟）

■**知识产权服务** 召开全市专利中介服务机构座谈会，研讨专利创造工作情况，制定出台《扬州市优秀专利代理机构评选办法（试行）》，征求与会中介机构意见。在新建的扬州科技广场中，建设扬州市知识产权公共服务中心，组织有关人员赴上海等地进行招才引智，引进知识产权高端服务机构，提供知识产权价值评估、转让交易、抵押融资、托管登记等一站式服务。扬州市专利数据库初步建成，通过省科技局验收，面向社会提供相关服务。

（刘　薇　钱文娟）

行业科技

气象测报

■**概况** 2018年，扬州市年平均气温偏高，高温日较常年异常偏多。

2018年扬州市区气象资料表(一)

表 31-8

天气现象	初日	终日	初终间日数(天)
霜	1月1日	3月22日	81
雪	1月3日	1月28日	26
积雪	1月4日	2月2日	30
结冰	1月5日	3月22日	77
最低气温 0.0 摄氏度以下	1月1日	3月9日	68

注：表内资料统计时段为 2017 年 11 月至 2018 年 12 月　（张网定）

2018年扬州市区气象资料表(二)

表 31-9

天气现象	初日	终日	初终间日数(天)
雷暴	2014 年停止观测		
无霜期日数(天)	260		

注：表内资料统计时段为 2018 年 1—12 月　（张网定）

全年平均气温（16.7 摄氏度），高温日（28 天）较常年异常偏多，排名历史第二位；年降水量（1235.8 毫米）较常年偏多 2 成；年日照时数（1984.6 小时）正常略偏少。天气气候事件主要有年初出现 3 次暴雪，夏秋季 4 个台风，并有持续高温，初冬持续雾霾天气，出现历史少见的持续阴雨天气。主要灾害性天气有暴雪、冰冻、暴雨、高温、台风、强对流、雾霾等。　（张　波）

■气象灾害 2018 年，扬州市的主要灾害性天气有暴雪、冰冻、暴雨、高温、台风、强对流、雾霾等，灾害造成直接经济损失超 1 亿元。从灾情分析来看，因暴雨洪涝、台风、强对流、暴雪等造成的人民生命财产、农业经济损失和直接经济损失严重。

（1）暴雪低温冰冻。1 月因雨雪天气导致的积雪、道路结冰、湿滑，市区近 1 千班次大巴取消，多趟动车停运；因积雪压塌厂棚造成 1 人死亡，医院收治外伤 53 人，其中骨折 31 人。暴雪造成蔬果受灾面积超 0.12 万公顷，损失 5800 多万元；造成苗圃受灾面积 474.7 公顷，损失 4500 万元；造成畜禽生产受灾圈舍面积 3 万多平方米，因灾死亡家禽 20 万只，直接经济损失 696 万元。

（2）台风。8 月 16—18 日受第 14 号台风“温比亚”影响，扬州市出现区域性暴雨，中南部地区大暴雨天气，市区多处绿化树木出现折断或者倒伏，部分市区道路出现积水。13.3 公顷蔬菜受影响，蔬菜及钢架大棚损失 200 万元，4.7 公顷龙虾鳜鱼受淹，龙虾损失 10 万元。仪征地区林业遭受损失较大，林业受灾面积 195.1 公顷，受灾经济损失 2541 万元。树木倒伏数量 2280 株。林业企业受灾面积 70.5 公顷，受灾损失 230 万元。

（3）暴雨。7 月 6 日受低涡影响，扬州市出现区域性暴雨过程，城市部分地区道路积水情况比较严重，农业受灾严重，稻田受淹面积 1.26 万公顷，受涝面积 0.93 万公顷。蔬菜园艺受淹面积 0.17 万公顷，受渍面积 0.18 万公顷。江都区 26.7 公顷河蟹套青虾养殖池塘防逃网倒坍，养殖河蟹与青虾外逃 3000 千克，直接经济损失 20 万元。7 月 4—6 日仪征大暴雨，全市 46 座小水库中有 37 座水库溢洪，其中溢洪深度最大的为小刘云水库 1.84 米。水稻受淹受涝 0.86 万公顷，蔬菜受淹 40 公顷。

（4）强对流。7 月 26—27 日受低空切变线影响，扬州市部分地区出现雷雨大风、短时强降水等强对流天气，部分乡镇出现暴雨。雷雨大风导致高压线被大风刮断后掉落，造成 1 人触电死亡。8 月 13 日，仪征市月塘镇龙山村和新城镇三茂村受到雷暴大风灾害，月塘镇龙山村 16 户房屋受损严重，数百棵大树拦腰折断或连根拔起，无人员伤亡。

（张　波）

■主要天气气候事件 年初出现 3 次暴雪。1 月，扬州市出现 3 次区域性暴雪天气过程。具有降雪范围广，严寒程度重和持续时间长的特点，并出现明显的积雪，给交通运输和人民群众生产生活等造成较严重的影响。1 月 3 日夜里到 4 日夜里，扬州市出现暴雪天气，并有严重积雪，过程最深积雪深度 21 厘米（仪征）。1 月 24 日夜里到 25 日夜里，扬州市中南部地区普降暴雪，并出现明显积雪，道路结冰严重。日最低气温零下 6.8 摄氏度（宝应），道路出现冰冻，雨雪量最大出现在仪征为 16.6 毫米。1 月 27 日 8 时至 28 日 8 时，扬州市中南部地区普降暴雪，北部地区大雪。

入梅偏迟、出梅正常、梅雨量偏少。扬州市 6 月 25 日入梅，7 月 10 日出梅。梅雨特点：入梅时间偏晚，出梅时间正常，梅期偏短。6 月 25 日入梅，较常年（19 日）偏晚。7 月 10 日出梅，出梅正常。梅长 15 天，较常年偏少 6 天。梅雨量总体偏少，南多于北。全市平均梅雨量 208.6 毫米，较常年偏少 1 成。降水呈过程性、分散性、短时雨强大等特点。为非典型梅雨，降水不连续，主要有 3 次降水过程，分别为 6 月 27—28 日、6 月 30 日、7 月 5—6 日。梅雨期内局地对流性天气强，短时雨强大，7 月 2 日江都郭村镇日降水量为 288.8 毫米，小时雨强达 86.3 毫米；7 月 5—6 日，全市连续两天出现区域性暴雨，其中 6 日扬州、仪征均达大暴雨，过程最大降水量 276.1 毫米（仪征马集）。全市平均梅雨量 208.6 毫米，较常年偏少 1 成。其中扬州 228.6 毫米与常年（222 毫米）持平、仪征 322.1 毫米较常年（226 毫米）偏多 4 成；高邮 103.2 毫米较常年（247 毫米）偏少 6 成；宝应和江都分别为185.5毫米、203.6毫米，较常年偏少1~2成；其中梅雨量最大为420.3毫米（江都郭村镇）。

暴雨时空分布不均，短时雨强大。全市共出现1次局地性暴雨和5次区域性暴雨过程，其中4次为大暴雨过程。5月6日受江淮气旋影响，中南部地区出现暴雨，沿江地区出现大暴雨；5月25日受低空切变线影响，全市出现暴雨，沿江地区出现大暴雨；7月5—6日受低涡切变线影响，全市连续出现暴雨过程；7月29日宝应出现强对流天气，出现局地性暴雨天气；8月17日受台风“温比亚”影响，全市出现暴雨，中南部地区出现大暴雨。

大雾日数偏多，霾日数减少。全市各地雾日数分别为：扬州45天、宝应80天、高邮37天、仪征56天、江都86天，与常年相比：高邮减少11天，其他地区增加7~51天。11月25日至12月1日，出现严重的大雾天气，多地能见度不足50米，大雾给交通运输和市民的出行造成较大影响。各地霾日数分别为：扬州43天、宝应65天、高邮84天、仪征31天、江都56天。较上年相比：扬州增加8天，宝应增加10天，高邮减少20天，仪征减少75天，江都减少5天。

强对流天气频发。全市共出现10次强对流天气过程，分别为6月28日、6月30日、7月1日、7月2日、7月6日、7月9日、7月26日、7月29日、8月19日、8月31日。

夏季出现持续高温天气。出梅后受副热带高压控制，扬州市出现持续性高温天气。扬州出现28天，高邮出现27天，江都出现30天，仪征出现24天。6月26日极端最高气温37.6摄氏度（高邮）。

夏秋季4个台风。有4次台风先后影响扬州市，分别是7月21—23日第10号台风“安比”、8月3—4日第12号台风“云雀”、8月12 14日第14号台风“摩羯”、8月16—18日第18号台风“温比亚”。其中第18号台风“温比亚”对扬州市影响较大，受其影响16—17日出现区域性暴雨，中南部地区出现大暴雨天气，此次台风过程最大降水量为193.2毫米（仪征），最大风力为23.8米/秒(9级，江都浦头镇)。

深秋至初冬持续阴雨绵绵。11月下旬至12月，扬州市多阴雨天气过程，12月全市雨日达19天，降水量77.3毫米(宝应)~113毫米(扬州),与常年同期相比,偏多2~2.7倍,扬州和江都为历史记录第一位，宝应、高邮为历史记录第二位，仪征为历史记录第三位。由于持续的阴雨天气,全市日照较常年显著偏少，扬州仅高于1994年，是1956年以来的第二极小值；江都第五极小值；仪征创极小值新低；高邮是第四极小值；宝应是第三极小值。（张　波）

■气象基础业务建设 完成高邮湖湖面气象观测平台立项，增强高邮湖地区综合观测能力;推进仪征、江都、宝应地面观测设备、观测场、值班室标准化改造，提升气象基础业务运行质量；完成总建筑面积3296.39平方米的高邮市气象监测预报预警服务中心项目建设。气象基础业务质量保持平稳，全年综合气象探测业务质量97.52%，24小时晴雨预报准确率89.4%，最高温度准确率87.2%，最低温度准确率88.5%。气象台发布暴雪、道路结冰、霾、大雾、雷暴、大风、暴雨、台风等预警信号88期，准确率89.1%；提升空气质量预报时效，联合市环保局对公众发布未来72小时扬州空气质量等级（AQI）预报，发布重污染天气预警3期。（石建红）

■气象科技 加强科技创新和人才队伍建设。建成省运会气象服务平台并投入运行，提升气象预报服务智能化水平。加强创新团队建设，精细化预报和环境气象科技创新团队（第一期）建设通过考核验收。举办预报、测报业务培训6次,举办“维扬气象讲坛”4期。联合市总工会、市人力资源和社会保障局举办全市气象行业职业技能竞赛，3人被授予“扬州市五一创新能手”和“扬州市技术能手”称号；1人申报“扬州市五一劳动奖章”。1人在全省竞赛中获全能第一名，被授予“江苏省五一创新能手”“江苏省技术能手”“江苏省气象综合业务标兵”称号,申报“江苏省五一劳动奖章”。修订《扬州市气象局业务科技人员申报科研项目及发表论文等奖励办法》，出台《扬州市气象科技开发奖评审办法（试行）》。新立地厅级项目2项，县处级项目5项；1项市农业前瞻性研究通过市科技局的验收，1项成果获市科协软科学研究二等奖；发表一级核心期刊论文2篇，实用新型专利2项，获软件著作权3项。市气象学会举办《大数据背景下的智慧气象服务》为主题的扬州科技论坛气象分论坛活动，与多部门合作开展进学校、进社区、进农村、进企业、进机关、进家庭等气象科普宣传教育活动36场次。（顾承华）

■气象服务 全年向地方党委政府及相关部门报送决策气象服务材料133期，江苏省第19届运动会、江苏省第十届园艺博览会、扬州“烟花三月”国际经贸旅游节、鉴真国际半程马拉松赛、国际运河城市论坛、世界沙滩排球锦标赛等系列重大活动中，气象精细化预报服务发挥作用，被省气象局评为全省重大气象服务先进集体。开展“三农”气象服务，指导农民防灾减灾，为涉农部门及种养殖大户发布农业气象服务材料84期。召开5次新闻发布会向公众通报重大节假日天气和重大天气过程。通过手机短信、电视、广播、网站、电子显示屏、农村大喇叭、微博、微信、扬州发布APP、服务热线等及时发布各种气象信息，提高气象信息覆盖面。全年发送决策气象服务短信211条，发送气象灾害预警信号89次，发布微博3400多条，微信3300多条，发布预警信号73次，部门联动应急响应9次，系统内部启动（变更）应急响应11次。（顾承华）

■气象灾害防御体系建设 扬州市及宝应县、高邮市、江都区、邗江区、仪征市政府办出台突发事件预警信息发布管理制度。扬州、宝应、高邮、江都、邗江、仪征将推进“十三五”时期基层基本公共服务功能配置标准气象预警功能配置、推进突发事件预警信息发布系统建设纳入地方政府绩效考核。市级建成气象灾害预警信息一键式发布系统，编制影响扬州的13种主要气象灾害风险区划图；高邮完成基层气象灾害防御标准化试点建设。扬州市、高邮市编办批复成立扬州市、高邮市突发事件预警信息发布中心（地方事业法人机构），扬州市财政落实市级突发事件预警信息发布平台建设和系统运行、维护经费。推进《江苏省突发事件预警信息发布平台》业务运行，市级24家负有突发事件预警信息发布职能的单位通过政务外网与《江苏省突发事件预警信息发布平台》对接。全市通过《江苏省突发事件预警信息发布平台》发布各类灾害性天气预警信号393次（含变更）。（顾承华）

■社会管理 深化“放管服”改革和事中事后监管，加强部门联动和防雷重点单位安全监管。推进政务服务“一张网”建设，全部13项行政审批事项通过“江苏政务服务网”一网受理，不见面审批。制定年度防雷安全监管及“双随机一公开”抽查工作方案，组织对易燃易爆危化品单位全覆盖检查、其他防雷重点单位随机抽查检查，完成对市区161家企业的监督检查、抽查，提出323条防雷安全整改意见（督促完成整改183条）；联合市安监、市公安、市文保等部门开展防雷安全专项检查。（顾承华）

水文测报

■概况 2018年，扬州水文分局做好水文测报工作，通过扬州市境内水文站网对江河、湖泊、水库的水位、流量、水质、水温、水下地形和地下水资源及降水量、蒸发量、风暴潮等实施监测、分析与计算，为开发、利用、节约、保护水资源和防灾减灾提供服务。

地表水水文测验。全市水文站网观测水位、潮位、流量、降水量、水温和蒸发量等6类48项水文数据。流量站施测泗源沟闸站流量32次，水位流量关系延长均未超出规范允许范围。

地下水监测。全市有Ⅰ～Ⅳ承压的深层地下水监测井73眼。Ⅰ承压含水层中，水位上升区主要位于仪征市马集镇，其余地区水位保持稳定；Ⅱ承压含水层中，水位上升区位于高邮市三垛镇和宝应县西安丰镇，其余地区水位保持稳定；Ⅲ承压含水层中，水位上升区位于邗江区方巷镇，高邮市及宝应县部分区域，下降区主要位于江都区邵伯镇，其余大部分区域水位保持稳定；Ⅳ承压含水层中，高邮市、宝应县大部分监测井水位均呈上升趋势，主要上升区位于高邮市汤庄镇及宝应县夏集镇、广洋湖镇。全市有浅层地下水监测井16眼，扬州地区平均地下水位基本稳定，年内变幅变大。各监测井年末水位比上年均有所上升，最大升幅0.65米，位于大仪站。

水文部门在大运河扬州市与淮安市交界处的泾河镇设立省属市际断面，实时监测大运河流量，计量考核全市里运河沿线各县（市）实时用水情况。全年施测518次。其中，施测江水89次，最大流量193立方米/秒，引江水7.21亿立方米；施测淮水429次，最大流量327立方米/秒，排淮水32.50亿立方米。

扬州水情分中心每天校核、记载28个遥测水位站和27个遥测雨量站遥测数据。全市省建遥测站在线率和单站实时在线率均超90%。

（谈　立　赵林林）

■水文服务 2018年，扬州水文分局编制扬州市水资源公报、扬州市地下水监测年报；开展扬州市入河排污口监督性核查工作，编制扬州市入河排污口监督性检查复核报告，编制各县（市、区）规模以下入河排污口整治方案；编制扬州市江都区、仪征市、宝应县集中式饮用水源地水利系统应急预案；编制江苏华电仪征刘集分布式能源发电项目、江都区自来水公司第三水厂扩大取水项目、月塘水库应急水源地、扬州市湖西水厂水资源论证报告；扬州市广陵区水资源综合规划；开展扬州市沿江区域重点河湖水质改善提升方案、水文手册修编等工作。编制扬州市水土保持公报（2016—2017）、扬州市第四水厂深度处理工程水土保持方案、江苏华电刘集天然气分布式能源项目水土保持方案、江苏华电大仪100MWp（兆瓦功率）农光互补光伏发电项目水土保持监测等报告，开展扬州市瓜洲泵站工程水土保持监测，完成高邮天山五星冲小流域监测点和江都吴桥季刘河小流域监测点水土保持监测和资料整编。（尹景伟　王亚宾）

■雨情水情 2018年，扬州市降水量比常年偏多14.2%，属正常年份，5月降水远超常年，梅雨量较常年偏少，出梅后台风对全市雨水情影响较大；三河闸4次开闸行洪，最大流量7210立方米/秒（8月25日），为近十年来最大流量，万福闸同期开闸行洪，两湖水位较高，但未超警戒水位；大通来量较常年偏少，沿江潮位略偏低；里运河一线以淮水南下为主，江都抽水站抽江水71天；里下河地区局部短时间超警戒水位，江都抽水站开机抽里下河涝水；城区和仪六丘陵区水位正常，水情平稳。

一、雨情

全市面平均降水量1146.6毫米，比常年多14.2%，属正常年份。

1.降水的时间分布

全市降水的时间分布极为不均，并且与常年的降水时间分布态势大为不同。受暴雨影响，5月降水最多，总量231.5毫米，占全年总量的20.2%，比常年多192.3%，为近年来罕见；汛期（5—9月）总降水量736.0毫米，比常年偏多8.9%；12月降水量94.5毫米，比常年多251.4%。

2.降水的空间分布

全市降水的空间分布极为不均，最大降水量点为仪征市刘集站

（1499.8毫米），比常年多48.0%，最小降水量点为宝应县射阳镇站（868.7毫米），比常年少12.3%，最大点和最小点降水比值1.73。降水呈由北至南和由东向西递增态势，宝应县降水量最少，有954.8毫米，比常年少0.6%；仪征市降雨最多，面平均降水量1410.9毫米，比常年多37.0%。

3.暴雨

全市降雨比较集中，暴雨频繁。受冷暖气流影响，5月5—7日全市遭遇入汛后的首场暴雨，两日合计面平均降水量113.6毫米，江都区三江营站降水量最大（148.0毫米）。受切变线影响，5月24日21时始全市普降大到暴雨，仪征市大暴雨，至26日8时，面降水量80.2毫米，最大降水量点为朴席站（134.5毫米）。7月5—6日全市普降大到暴雨，部分地区大暴雨，面降水量88.1毫米，最大降水量点为刘集站（219.5毫米），12小时降水189.0毫米，为1982年以来的最大12小时降水。本次降雨的中心位置在仪征市，面平均雨量190.1毫米。受台风“温比亚”影响，8月16日全市各地普降暴雨，至18日面平均降水量103.7毫米，最大降水量点为仪征市泗源沟闸站（153.5毫米）。

4.梅雨

扬州市6月25日入梅，较常年偏晚，7月10日出梅，接近常年，梅雨期长15天，较常年偏少7天；梅雨总量193.7毫米，比常年少18.3%。仪征市梅雨总量最大，面平均总量274.6毫米，比常年多15.7%，高邮市最小，总量142.9毫米，比常年少39.8%；最大梅雨量点为仪征市刘集站（312.5毫米），比常年多32.5%，最小梅雨量点为高邮市高邮站（105.0毫米），比常年少56.8%。

梅雨降水呈过程性、分散性、短时雨强大等特点。梅雨期间仅出现1次全市范围的强降水过程，较常年偏少，其余时段以分散性降雨为主。

5.台风

西太平洋共生成29个台风，对扬州市有影响的有4个，分别为10号台风“安比”、12号台风“云雀”、14号台风“摩羯”和18号台风“温比亚”。

二、水情

2018年，全市水情态势总体分3个阶段：年初至入梅前，降雨较多，各区水位正常，三河闸开闸泄洪；入梅后，降雨频繁，各水系水位上涨，7月5—6日普降大到暴雨，部分地区大暴雨，射阳镇站水位超警戒水位，江都抽水站开机抽里下河涝水；出梅后至年末，水情主要受台风带来的降雨影响，各区水情平稳。

1.淮河入江水道

2018年，淮河上中游地区降雨较为丰沛，三河闸4次开闸泄洪，最大流量7210立方米/秒（8月23日），为近十年来最大流量，开闸94天，总泄洪量176.7亿立方米；万福闸于同期开闸泄洪，最大流量5500立方米/秒（8月27日），开闸107天，总排水量190.2亿立方米；金湾闸于8月下旬开闸12天，排水6.33亿立方米，最大流量770立方米/秒（8月28日）。8月16日起，受台风“温比亚”影响，淮河流域普降暴雨，蚌埠闸流量增加至3000立方米/秒以上，三河闸开闸泄洪，20日泄洪流量加大至6500立方米/秒，最大流量7210立方米/秒，高邮湖和邵伯湖水位上涨迅速，最高水位分别为7.69米和6.68米，三河闸5000立方米/秒以上流量持续10天，两湖水位其后开始回落。

2. 里下河地区

2018年，扬州市里下河地区降雨较为正常，水情平稳。年初至入梅前，里下河地区降雨较多，江都东闸开闸引水，保证里下河地区用水需求；入梅后，降雨频繁，里下河地区水位普遍上涨，射阳镇站水位最高2.44米，超警戒水位0.44米，江都抽水站开机抽里下河涝水；出梅后至8月中旬，受台风降雨影响，里下河地区水位短暂上涨，三垛站最高水位2.00米，与警戒水位持平；其后至年末，江都东闸开闸引水，里下河地区水位较为稳定。

全年江都东闸开闸引水264天，引水量34.86亿立方米，最大流量670立方米/秒（1月3日），排里下河涝水7天，排水量2.384亿立方米，最大流量453立方米/秒（7月4日）。

3. 里运河

2018年，淮河流域降雨较为丰沛，淮水南下量大期长。年初至6月上旬，淮水南下且流量较大，江都抽水站自流发电，芒稻闸开闸排水；其后至入梅前，由于降雨较少而沿线用水需求较大，江都抽水站开机抽江水，经泾河站江水北上补充淮北地区用水需求；入梅后至10月中旬，淮水再次南下，江都抽水站小流量自流发电，芒稻闸开闸10天。其后至12月上旬，江都抽水站开机抽江水，年底，宝应站开机抽水北上。

全年经泾河站淮水南下量32.50亿立方米，最大流量327立方米/秒（5月20日），江水北上量7.21亿立方米，最大流量193立方米/秒（11月11日）；江都抽水站开机抽江水71天，总抽水量16.53亿立方米，最大流量458立方米/秒（6月18日），排里下河涝水7天，总排涝量2.39亿立方米，最大流量454立方米/秒（7月4日）；芒稻闸开闸113天，排水量10.6亿立方米，最大流量596立方米/秒（7月6日）；宝应站开机6天，排水量0.51亿立方米，最大流量100立方米/秒（12月28日）。

4. 长江来量和沿江潮位

2018年，大通平均来量2.49万立方米/秒，比常年偏少约12.3%，最大流量4.69万立方米/秒（7月23日），最小流量1.14万立方米/秒（1月13日）。

受其影响，扬州市沿江潮位略偏低，9月大通月均流量2.68万立方米/秒，较常年偏少31.5%，三江营月平均低潮1.64米，比常年偏低35.7%。

5. 扬州城区与仪六区月塘水库

2018年，城区和仪六区降雨较多，全区水情平稳，瓜洲闸开闸排水，改善城区内河水环境，泗源沟闸适时开闸排水，月塘水库水位正常。

泗源沟闸开闸排水92天，排水

量1.56亿立方米，最大流量344立方米/秒（7月6日）；瓜洲闸开闸342天，排水12.31亿立方米，最大流量257立方米/秒（7月6日）。（谈 立）

■水质监测 2018年，水文部门加强对南水北调输水干线、县级以上集中式饮用水水源地、水功能区、深（浅）层地下水、入河排污口及突发性水污染事故等水质监测。全市有地表水定期定点监测站点92个、集中式饮用水水源地监测站点13个、省管湖泊监测站点13个、深层地下水监测站点16眼、浅层地下水监测站点18眼、入河排污口监测站点70个，全年监测总站次1600次，监测项目包括水质感观、无机物污染、有毒有害物质和重金属等，获各类数据3.7万个。全年编制《扬州市水功能区水质通报》12期，《扬州市集中式饮用水源地水文情报》24期，《扬州市广陵区水功能区水质简报》6期；编制2018年度扬州市及各县（市、区）水功能区监测成果报告。

水功能区水质监测。单月监测全市75个水功能区87个水质监测站点，双月监测全市35个省级重点水功能区42个水质监测站点。

集中式饮用水水源地水质监测。每月上半月和下半月分别对全市13个集中式饮用水水源地进行监测，保障居民饮用水安全。

地下水水质监测。加强丰水期和枯水期地下水水质监测，3月和8月，分别对全市16眼深层地下水及18眼浅层地下水水质进行监测，为水利部门开发地下水资源提供技术支撑。

入河（湖）排污口水质监测。5月和10月，分别对57个和70个入河（湖）排污口进行水质、水量同步监测，为扬州市水环境治理提供依据。

省管湖泊水质监测。在高邮湖、邵伯湖、宝应湖和白马湖等各生态区布设监测站点13个，每季度第2个月监测1次，为湖泊管理提供基础资料。（刘 芳）

防震减灾

■概况 2018年，扬州市地震局开展地震监测预报研究，加强地震监测基础设施建设，强化台站建设和管理，提高地震监测能力；坚持正确的舆论导向，开展宣传活动，增强公众防震减灾意识；规范地震行政权力的运行，提高依法行政水平。市地震局获全省防震减灾工作综合考核市级先进单位。（胡如珺）

■地震监测预报 2018年，全市范围内地震活动相对平稳，未发生里氏4.0级以上地震。全市测震台网和前兆台网正常运行，江都小纪数字化水井、江都小纪数字化电磁波、仪征铜山数字化电磁波、宝应地震台电磁波观测运行率100%。在2018年度全省市县地震监测预报工作效能考核中，高邮市地震局获县级单位第一名。（胡如珺）

■地震灾害防御 全市地震部门加强抗震设防组织架构和队伍建设，实现抗震设防监管全覆盖、全过程；推行事中事后监管，实施“双随机一公开”工作机制；开展“多评合一”，行政权力全入库，融入全省政务服务“一张网”；使用“双公示”平台和江苏省投资项目在线审批监管平台，开展并联审批。

1月9日，扬州市活动断层探测与地震危险性评价项目通过总体验收。该项目历时五年，对城区5条主要隐伏断层采用深、浅地震探测及钻探验证相结合的综合研究方法，进行最新活动年代鉴定，编制1:25万工作区地震构造图、1:5万目标区主要断层分布图，建立扬州市活动断层探测与地震危险性评价数据库。（胡如珺）

2018年扬州地区地震活动情况表

表31-10

时间	纬度	经度	里氏震级	震中地点
4月16日	N32.55	E119.13	1.3	仪征市
8月2日	N32.4	E119.21	1.3	仪征市

（胡如珺）

■防震减灾宣传 2018年，市、县两级地震部门开展防震减灾宣传教育，抓好防震减灾知识“进校园、进社区、进机关、进企业、进乡村、进家庭”活动。在“5·12防灾减灾日”、科普宣传周、“7·28唐山地震纪念日”等时间节点，组织宣传活动，通过现场咨询、发放宣传资料和物品、电台访谈、户外电子屏、手机短信等方式进行专题宣传；制作防震减灾宣传挂图、宣传用品，在机关、学校、社区、乡村等地发放；举办多场防震减灾科普知识讲座；通过网站、新闻媒体等进行日常宣传。

开展全国综合减灾示范社区创建活动，形成以社区为主体、家庭参与、居民关注的防震减灾社会氛围，增强居民防震减灾意识，提高社区灾害防范应对能力。1月3日，中国地震局和江苏省地震局组成专家组对高邮市国家防震减灾示范县创建工作进行现场验收，同意高邮市“国家级防震减灾示范县”创建工作通过现场检查。（胡如珺）

科学知识普及

■第18届江苏省青少年机器人大赛在扬举行 5月4—6日，第18届江苏省青少年机器人大赛在扬州举行，来自全省13个地级市的中小学校600支参赛队伍、1050名选手参加竞赛活动。扬州市获第一名1个、一等奖31个、二等奖53个。（李佳坤）

■科普作品展演 9月26日，以“创新驱动发展、科学破除愚昧”为主题的2018年扬州市全国科普日主场活动——首届科普作品展演在梅岭小学花都汇校区举行，800多人参加活动。现场集中展示扬州市优秀科普读本、科普摄影作品、科普微视频及“263”专项行动计划，组织生态环保科普知识有奖竞答，推出《醉美扬州》等科普实验秀，为2018市级科普教育基地、“263”专项行动科普知识竞赛特等奖等获奖代表颁奖。本次科普作品征集活动，共收到参赛作品300多件，吸引38万网民参与网络投票。经初评审查、专家评审、网上公示等环节，最后评出28件优秀作品。

（李佳坤）

■“科普e路游学”活动 2018年，市科协联合省、市科普教育基地共同打造“科普e路游学”活动，组织学生和市民走进上汽大众仪征分公司、捺山地质公园和扬州市农科博览园，通过专家讲解、亲手制作、实地体验、现场教学等形式开展科普游学活动。（李佳坤）

■科普阅读夏令营 2018年，市科协在汶河街道皇宫社区、通泗社区等9个社区设立科普阅读漂流驿站，开办科普阅读夏令营，聘请7位扬州知名专家为夏令营特聘教师，通过阅读科普、分享故事、动手制作等方式去传播科普知识，培育创新文化氛围。（李佳坤）

■《科里课外》《科学5分钟》推出 2018年，市科协与市广电传媒集团联合打造全市首档少儿科普电视栏目《科里课外》，这是一档集知识性、趣味性、科学性和参与性于一体的科普类精品栏目，每周日19:15在扬州电视台旅游频道播出，并通过公交电视、手机APP“扬帆”专栏及微信公众号同步推出。市科协联合扬州市广电集团（总台）、江苏省科学传播中心共同制作，由扬州电视台公交频道提供播放平台，每天8:00—9:00在全市所有公交车循环播出《科学5分钟》，每周推出新的一档，覆盖123条公交线路、1796辆公交车。

（李佳坤）

■新增10家市级科普教育基地 2018年，扬州市新命名扬州市急救中心、扬州市无偿献血科普教育基地、上汽大众仪征分公司科普教育基地、高邮市流动科技馆、扬州凤凰岛国家湿地公园、江苏启天云步航空科技有限公司科普教育基地、仪征市气象科普园、扬州运河新丝路文化发展有限公司科普教育基地、扬州农科园艺博览园、邗江区凯迪狮奇妙世界儿童乐园等十家单位为扬州市级科普教育基地。（李佳坤）

■扬州科技馆青少年科普活动 2018年，扬州科技馆开设创新驿站、创客天地、创意茶吧等三类创客空间，创新创造实验室、理化生实验室、模型实验室、机器人工作室等平台，为学生搭建科学实践的平台；每月在周末开展科普实验秀、科普嘉年华、寻宝活动等30多次科普活动，全年累计400次，有1万多人次参与活动；举办“虚拟现实”“长江珍稀水生物文创展”等特色临展，累计受众超30万人次；举办4期“寻找未来科学家”公益科普夏（冬）令营，每期4天，面向8~14岁的少年儿童，活动内容包括科普竞赛、科技制作、外出游学等项目；联合市教育局、安监局组织“科技助成长，安全伴我行”安全教育系列活动；联手扬州电视台旅游频道开播《玩转科技馆》等节目。

（李佳坤）

寒假期间，扬州科技馆举办“追梦科技、筑梦中国”寒假系列公益科普实践活动。图为小朋友在家长的带领下在科技馆体验科技的乐趣　孟德龙/摄

教育

Jiaoyu

编　辑　陈永华

综述

■**概况**　2018年，全市有各级各类学校769所，在校生67.44万人，专任教师4.56万人。其中，幼儿园354所，在园学生10.95万人，专任教师6763人；小学209所，在校生21.45万人，专任教师1.34万人；初中134所，在校生11.03万人，专任教师1.01万人；普通高中32所，在校生6.48万人，专任教师6095人；特殊教育学校7所，在校生1109人，专任教师214人；中等职业学校10所，在校生4.03万人，专任教师2142人；普通高校8所，在校生8.74万人，专任教师5473人。全市3～5周岁学前三年教育毛入园率99.4％，义务教育入学率、高中阶段毛入学率100%，高等教育毛入学率60.2%。全市中等职业学校招生1.17万人，毕业生就业率99.0%，对口就业率90%，直接就业学生中本地就业率88.3%。

教育现代化新进展。2017年度全市教育现代化建设综合得分86.1分，比上年提高0.81分。修编完成《扬州市区义务教育布局规划（2017—2030）》，启动《市区学前教育布点规划（2018—2035）》修编。全市新（改、扩）建公办幼儿园9所，启动建设中小学7所，建筑面积46万平方米，投资27.63亿元。完成中小学校舍安全改造工程8.23万平方米。完成3所学校校园公园化改造。新创中小学食堂优秀等级（A级）20家。江苏旅游职业学院一期工程完工并交付使用，扬州大学广陵学院新校区投入使用。实施“新时代智慧教育扬州路”计划，创成智慧校园学校53所、智慧课堂示范校22所、基础教育装备示范校60所。在省对市政府履行教育职责工作考评检查工作中，扬州教育得到较高评价。完成对各县（市、区）政府教育督导。

基础教育新成效。全市农村地区推行公办幼儿园和普惠性民办园服务区制度。新创省优质幼儿园16所、市优质幼儿园8所，省、市优质园占比达82.1%。完成全市乡镇（街道）学前教育工作督导。组建梅岭中学教育集团，集团校运河中学首批招生，集团内均衡配置师资，实现资源共享。创成省级幼儿园课程游戏化项目2个、小学特色文化建设工程项目2个、薄弱初中质量提升工程项目3个、初中品格提升工程项目4个、高中课程基地3个。推进普通高中招生改革，扬州中学等“老七所”高中开展科技创新、信息技术、文学创作、英语口语特长生自主招生工作。全市各热点高中学校继续将不少于70%的招生指标定向分配到区域内初中学校。

教育质量新突破。2018年全市高考普通类本二以上达线人数比上年增加66人，万人口普通类本二以上达线率35.36%；普通类本一达线人数比上年增加871人，万人口普通类本一达线率15.42%；400分以上高分人数61人；考上清华大学和北京大学共15人。开展第四批校本教研星级学校评选，实施义务段质量监测工作与飞行视导评估，推进校本教研“一课一研”，优化基础教育教学质量链。实施“青少年茁壮成长工程”，相关经验两次在教育部召开的全国会议上作典型交流。控制义务段学生每天家庭作业量，保证学生充足睡眠时间，小学和初中每天安排1节体育课（体育活动课）和大课间体育活动，确保学生每天在校锻炼1小时。创成全国青少年校园足球特色学校28所、省健康促进金牌学校7所、省心理健康教育特色学校3所。学生体质健康水平比上年明显提高。推进“五个一百”工程，引导中小学生“阅读百本名著、背诵百篇名篇、了解百位名人、欣赏百首（幅）名曲（名画）、观看百部优秀影视剧”。实施“扬州文明有礼二十四条”主题宣传活动，举办第五届“中国梦·运河情”中小学师生才艺大赛。

职业教育和社区教育服务能力新提升。加强校企合作和订单培养，全市普通中专订单培养专业52.4%。建成淮扬菜精品研发、埃斯顿工业机器人等4个公共实训基地。创成省级现代化实训基地5个、职业教育现代化专业群5个、现代化示范性职业学校3所、职业学校智慧校园1个。中等职业技能大赛获国家级比赛团体金牌1枚，省级比赛金牌13枚、银牌32枚；省文明风采大赛获一等奖42名、二等奖65名；省职业教育创新大赛获一等奖1名、二等奖3名。职业教育对口单招本科上线185人，比上年增

加35人。开展职业教育帮扶工作，全市7所职业学校分别与榆林市7所职业教育中心开展一对一合作办学。深化社区教育富民行动，建设老年学习苑、新型职业农民培训基地、青少年校外辅导品牌、特色家长学校和优秀学习型组织。建成国家级优秀成人教育院校（机构）1家、省优秀成人教育院校（机构）4家、“省教育服务三农高水平示范基地”1个。

教师队伍建设新步伐。持续开展师德师能建设双“百千万”工程(百名机关干部下基层进学校，结对联系促发展；千名教师进社区访家长，共商教育助成长；万名教职员工立师德树师表，示范引领展形象。百名校长科研引领下“我的教育主张”微讲座展示、千名骨干教师科研引领下“我的教学研究”微课题展评、万名青年教师科研引领下“我的教学改进”微课竞赛活动）。完善骨干教师评选和考核方案，开展第八批市骨干教师评选工作。新增第15批省特级教师18人。评选首批中等职业学校“优秀班主任”。完成市级以上教师培训项目119个，共培训3.76万人次。组织省、市特级教师到农村学校支教、送教133人次。开展第二期乡村骨干教师培育站活动。探索优化幼儿教师培养机制，首次委托苏州幼儿师范高等专科学校定向培养五年制幼儿教师20人。全市共招录乡村定向师范生计划223人。

民生建设新成绩。全面落实各项助学政策，义务教育学生全面免学杂费、教科书费、作业本费。全年共发放家庭经济困难学生生活补助和国家助学金600.4万元，资助学生7076人。出台《“助贫困学生完成学业”具体操作指导意见》。全市新招宏志班26个。实施特殊教育提升行动，为全市义务教育阶段特殊学生提供“个别化教育”、送教上门等服务，建成融合教育资源中心45个。强化校园安全，新创“扬州市平安校园示范学校”36所，开展全市小学幼儿园安全管理专项整治行动。建成首条亲子公交专线建设，实现主城区中小学校门500米半径公交站台全覆盖。推进政务服务“一张网”平台建设，中考成绩查询、施教区划分等上线。（柏　珏）

2018年扬州市教育事业基本情况表

表32-1

学校类别	学校数（所）	班级数（个）	在校学生数（人）	专任教师数（人）
合　计	769	12424	674355	45610
普通高校	8	—	87358	5473
成人高校	1	—	30170	75
普通中学	166	3953	175123	16215
高　中	32	1419	64821	6095
初　中	134	2534	110302	10120
小　学	209	5121	214547	13369
幼儿园	354	3252	109546	6763
特殊教育学校	7	98	1109	214
中等职业学校	10	—	40311	2142
技工院校	14	—	16191	1359

注：1. 表格数字按江苏省教育厅统计口径填报；
2. 本表技工院校数据由市人社部门提供　　（柏　珏　发规处）

2018年新增江苏省第15批特级教师人员情况表

表32-2

姓　名	工作单位	姓　名	工作单位
徐兆宏	宝应县射阳湖镇中心初级中学	张　斌	扬州市邗江区实验学校
李步良	宝应县实验小学	陈　彬	扬州市江都区丁伙中学
徐志香	宝应县夏集镇中心幼儿园	梅冬贵	扬州市江都区教育局教学研究室
钱海如	高邮市南海中学	于　强	扬州市江都区实验小学
李恒林	江苏省高邮中学	郜晓定	扬州市江都区实验小学
谢革新	江苏省江都中等专业学校	朱小平	扬州市梅岭小学
任　密	江苏省扬州旅游商贸学校	杨宏权	扬州育才实验学校
陈桂华	江苏省扬州中学	崔　伟	扬州中学教育集团树人学校
沈文涛	扬州市邗江区公道中学	郭仕红	仪征市实验小学

（柏　珏）

■教师队伍建设　启动新一轮师德师能建设“百千万工程”,《双“百千万”工程打造高品质师资》案例获江苏省教育厅师资建设案例特等奖。18人晋级省第15批特级教师。义务教育学校交流、轮岗工作推向常态化、制度化，全市有2193名教师和127名校长参与交流轮岗，占符合交流轮岗条件的教师数15.4%。继续开展乡村定向师范生培养工作，全市招录223人。推进“百名特级教师牵手乡村教育”活动。推进第三期“领雁工程”、中学“数学教师高端研修班”、“英语教师高端研修班”等名师、名校长高端研修。首次委托苏州幼儿师范高等专科学校面向全市招收五年一贯制大专学历学前教育专业委培生20人。扬州中学等6所学校被评为首批江苏省级教师发展示范基地校。

（柏　珏　师资处）

■中小学素质教育 开展仪式教育，重视好习惯养成教育，引导学生践行文明有礼二十四条。重视普法教育，两名学生在江苏省“学宪法、讲宪法”演讲比赛中分获小学组、初中组特等奖。扬州市纪委、市教育局组织编写《小学生家风读本》。推进“五个一百”工程，引导中小学生“阅读百本名著、背诵百篇名篇、了解百位名人、欣赏百首（幅）名曲(名画)、观看百部优秀影视剧”。推进“青少年苗壮成长工程”，落实义务教育阶段“三增一减”（增加学生睡眠时间、体育锻炼、生活技能，减少在校集中学习时间和课后作业量）。新创全国青少年校园足球特色学校28所、江苏省健康促进金牌学校7所、江苏省心理健康教育特色学校3所。在江苏省第19届运动会青少年部竞技体育项目中，获金牌77枚，奖牌总数223枚，总分2493分，均居全省第6位，创历史最好成绩。扬州市教育局获江苏省运会优秀组织奖第一名。学生体质健康水平明显提高，全市学生体质抽测结果显示，女生身高均值上升0.33厘米；男、女生体重异常率分别下降1个和3个百分点；男女生肺活量均值分别上升75.05毫升、263.95毫升；男女生立定跳远均值分别上升3.47厘米、4.24厘米；男女生近视率分别下降3.96个百分点和4.07个百分点。扬州市“青少年苗壮成长工程”工作经验两次在全国会议上进行介绍。扬州防近视策略登上教育部简报。

（柏　珏　基教处）

■教育科研 加大校本教研星级创建的内涵评价研究，完成第四批中小学校校本考研星级学校的评审，评定四星级学校9所、三星级学校13所、二星级学校11所。培育全市首批富有校本特色教学成果20项，推荐全市第四批中小学生核心素养集中展示学校30所。评选30个市级中小学教师和职业教育教师专项优秀运作课题。63个课题获江苏省规划课题立项，4个江苏省“前瞻性项目”获准立项。优化基础教育教学质量链，服务学生发展核心素养研究。对全市初中义务教育阶段进行统一的质量监测笔试。推进“一课一研”项目。推进命题研究，筹建高中学科研究与指导小组，完善命题机制。加大培训力度，2018年有11人在江苏省青年教师教学基本功比赛中获一等奖，21人在江苏省各类教学竞赛中获一等奖，14人获高中数理化竞赛全国一等奖；6人在江苏省“中学生与社会”作文大赛中获特等奖。

（柏　珏　教科院）

■教育督导 督导考核所辖6个县（市、区）人民政府2017年度教育工作，跟踪检查2017年督导中提出的问题和建议。督导期间，各督导小组召开座谈会18场，考察12个乡镇的教育工作，实地察看、走访120所中小学校，将督导意见向县级政府主要负责人和相关单位负责人进行现场反馈，公开督导考核意见。强化督学责任区建设，完善挂牌督导工作。指导邗江区、江都区、宝应县开展“全国中小学校责任督学创新县（市、区）”创建。开展县域学前教育督导，提升学前教育发展质态。开展全市城乡义务教育一体化改革发展、农村义务教育营养改善计划、幼儿园办园行为、全面改善义务教育薄弱学校基本办学条件工作等专项督导。调整市直学校责任督学，完善责任督学督导工作要求和考核方案，聘任新一届政府督学和教育督导员。组织督导工作负责人和专职督学参加“南通、扬州、泰州三市教育督导干部高级研修班”。

（柏　珏　督导室）

■教育监察 落实党风廉政建设制度要求。制订党风廉政建设责任清单，组织签订党风廉政建设责任书，组织召开党风廉政建设工作会议，开展“5·10”“12·9”党风廉政教育日、世界反腐败日教育活动。编写发行《小学生家风读本》，在城区部分小学试点使用。开展形式主义、官僚主义集中整治，落实市纪委监督意见书整改工作。建立健全市直学校纪检监察组织建设，督促2所市直学校落实市委巡察整改工作。落实行政权力监督。开展廉政风险防控排查，制定《市教育局党委监督执纪“四种形态”实施办法》。受理教育信访投诉。全年受理群众信访投诉和各级转办交办信访投诉157件。开展全市教育系统拒绝有偿补课公开承诺活动。开展师德建设督查整治，督促各地各校落实师德建设长效机制。查处师德失范行为，市、县两级教育部门查处教师23起。

（柏　珏　党廉办）

■招生考试 2018年，扬州市教育考试院组织41次各级各类教育考试，报考人数61万人，参考人次149万人次。其中，2.05万人参加普通高考，录取考生1.94万人；2.23万人参加普通高中学业水平测试；7.47万人

2018年扬州市普通高校招生、录取情况表

表32-3

地　区	报名参加考试人数（人）	录取人数（人）		
		合　计	本科人数	专科人数
合　计	**20480**	**19408**	**16331**	**3077**
市　区	4274	**4030**	3463	567
邗江区	2282	**2206**	2000	206
江都区	4502	**4257**	3509	748
宝应县	3514	**3362**	2752	610
仪征市	2349	**2246**	1859	387
高邮市	3559	**3307**	2748	559

（柏　珏　考试院）

参加初中会考和毕业升学文化考试，其中初中毕业升学文化考试3.62万人，与上年相比基本持平；2.00万人报考成人高考，比上年增加1000人；27.85万人参加各类自学考试，比上年增加1.37万人，增长4.9%。扬州教育考试全年实现零差错、零失误、零投诉。

2018年，全市升级改造标准化考点23个、标准化考场1597个，高考、自考考生首次通过“身份证+刷脸”方式验证入场。推出中考网络查分方式，成为全省第一家在江苏网上政务中心平台开通中考网上查分的地级市。有5名、3名学生分别被录取为空军、海军飞行学员。扬州市教育考试院获全省招录飞行学员工作先进单位。

（柏　珏　考试院）

■教育经费 2018年，全市地方教育经费总投入117.69亿元，比上年增加8.64亿元，增长7.92%。其中，财政性教育经费99.05亿元，比上年增加5.82亿元；教育事业收入14.62亿元，比上年增加1.26亿元；民办学校中举办者投入0.1亿元，比上年增加0.04亿元；捐赠收入0.1亿元，比上年增加0.01亿元；其他收入3.82亿元，比上年增加1.5亿元。市直教育系统（含市属高等学校）经费总额21.7亿元，比上年增加2.05亿元。其中，财政性教育经费17.08亿元，比上年增加1.41亿元；教育事业收入3.37亿元，比上年增加0.17亿元；捐赠收入0.03亿元，比上年增加0.02亿元；其他收入1.22亿元，比上年增加0.45亿元。

（柏　珏　财审处）

■教育信息化 启动“新时代智慧教育扬州路”建设。全年创建扬州市智慧校园57所，扬州市智慧课堂示范校27所，扬州市基础教育装备示范校83所。全市28%的义务教育学校和40%的高中学校达江苏省教育技术装备Ⅰ类标准。全市城乡学校网上结对共建巩固率100%。扬州市智慧教育应用服务平台实现国家、省、市、县、校五级上下融通，成为江苏省内第一个实现五级互联互通的教育云平台。《构建智慧教育应用服务平台，助力新时代智慧教育扬州路》案例入选教育部科技司优秀案例；《扬州·新源两地学校网上教学应用实践共同体》入选教育部办公厅2018年度教育信息化教学应用实践共同体项目。

（柏　珏　电教馆）

■语言文字工作 2018年，全市教师普通话达标情况进行两轮拉网式筛查，对未达标教师进行两轮培训测试。培训窗口从业人员、社会人员、公务员等3500人次，测试普通话1.60万人次。组织开展江苏省语言文字合格校创建工作，318所学校创成并通过专家组的抽查验收。对宝应等5个县、区开展县域普通话普及情况调查工作，对仪征等5个县、区进行普通话基本普及县域验收。开展诗会、散文诵读等爱经典、诵经典活动。组织全市中小学、幼儿园、中等职业学校教师开展中华经典诵读、板书、讲解及论文比赛。组织开展全市小学生“经典诵读大赛”和中学生“语言规范运用大赛”。

（柏　珏　语委办）

■“五个一百工程”实施 1月，市教育局正式发布《关于大力倡导实施“五个一百工程”的指导意见》，从2018年起，扬州市倡导全市中小学组织学生在小学到高中的12年基础教育阶段阅读一百本名著，背诵一百篇名篇，了解一百位名人，欣赏一百首（幅）名曲（名画），观看一百部优秀影、视、剧，简称“五个一百工程”。“五个一百工程”具体目录与“部编本”教材配合，教材里收录的篇目，推荐的目录就不再收录。“五个一百工程”未纳入中小学考试范围，旨在提高学生人文、科学素养，丰富学生人文与科学积淀，培养学生人文、科学情怀。“五个一百工程”因校制宜，全面实施；有条件的学校在2018年春学期全面进入实施。市教育局对各地、各校“五个一百工程”实施情况进行督查考核，列入常规管理百校行、督导、视导等各类督导检查的重要内容。

（柏　珏）

■全国班主任高峰论坛在扬召开 3月21日，全国班主任高峰论坛暨班主任核心实证研究课题培训会在邗江中学举行，来自全国各省市专家、中小学校长、德育工作者、课题研究人员、班主任代表就“班主任核心素养”等主题进行研讨。本次论坛落实教育部《中小学班主任工作规定》《中小学德育工作指南》等文件精神，探讨新形势下德育工作的新途径，探寻班主任核心素养及培育的新策略。论坛主题涉及探索班级管理创新、实证研究、国际项目观摩、核心素养沙龙、名班主任讲堂等班主任工作话题。

（柏　珏）

■家庭教育“五项行动”启动 2018年，市教育局制定下发《扬州市打造高品质家庭教育“五项行动”方案》，完成12期家庭教育大讲堂，邀请王玉新、卫丽莉、赵冬梅等专家为市民及幼儿园、小学、初中、高中家长普及科学的家教方法。制作大讲堂视频合辑，以U盘形式免费发放给县（市、区）及市直学校。开展“家庭教育100张微处方”征集评选活动。180名首批扬州市家庭教育指导志愿者利用社区辅导站、家长会、家长学校、一日开放等平台为家长、学生开展家庭教育志愿服务。

（柏　珏）

■整治校外培训机构市场秩序 2018年，扬州市推进校外培训机构专项治理工作，市政府召开全市教育领域人民群众反映强烈突出问题专项治理推进会，扬州市纪委、市监委、市委教育工委、市教育局联合印发《专项治理实施方案》，集中整顿在办学资质、安全隐患、收费管理、教师聘用等方面的违规行为。全市组织433批次集中执法，参与执法人员3629人次。1109家涉及中小学学科培训机构中领取办学许可证304家、关停取缔805家，整改完成率100%。

（柏　珏）

5月20日，全国学前教育宣传月江苏分会场活动在扬启动　　楚　楚/摄

学前教育

■**概况**　2018年，全市有幼儿园354所；有幼儿教学班3252个，比上年减少77个；有在园幼儿10.95万人，比上年减少3321人。全市3～5周岁学前三年教育毛入园率99.4%。有幼儿园教职工1.21万人，比上年减少66人；有幼儿专任教师6763人，比上年减少300人。

推进农村服务区制度。全市农村地区推行公办幼儿园和普惠性民办园服务区制度，保障每位农村幼儿100%享有公办园或普惠性民办园学额。65个乡镇和6个行政村的181所幼儿园实行服务区制度，1.73万名幼儿享受到公办或普惠性幼儿园学额保障。

推进课程游戏化项目建设。新创江苏省幼儿园课程游戏化项目2个，扬州市幼儿园课程游戏化项目15个。

扩大学前教育优质资源。新创江苏省优质幼儿园16所、扬州市优质幼儿园8所，占比达82.1%，全市90%的幼儿在省、市优质园就读。

提高科学保教水平。开展提高幼儿园生均经费标准的调研工作，制定《扬州市学前教育专项资金管理办法》。5月20日，扬州承办2018年全国学前教育宣传月江苏分会场启动仪式，集中展示扬州幼儿教师综合素养。

（柏　珏　基教处）

■**全国学前教育宣传月江苏分会场启动仪式在扬举行**　5月20日，由江苏省陈鹤琴教育思想研究会、南京师范大学学前教育省级品牌专业主办，扬州市教育局、扬州大学学前教育学院、扬州市机关第三幼儿园承办的全国学前教育宣传月江苏分会场活动在扬州举行。本次活动的主题是“我是幼儿园教师”，来自全市幼儿园的教师通过节目向公众展示幼教职业；江苏省内园长、特级教师开设系列专家讲座，围绕“幼儿园教师如何建构良性家园关系”“如何增强专业信念享受幼教职业”等专题，同与会代表进行交流。

（柏　珏）

2018年扬州市学前教育情况表

表32-4

地　区	幼儿园数（所）	班级数（个）	在园幼儿数（人）	专任教师数（人）	教职工数（人）
合　计	**354**	**3252**	**109546**	**6763**	**12144**
广陵区	45	443	14615	976	1772
邗江区	47	568	20015	1190	2257
江都区	77	568	20684	1108	1862
扬州经济技术开发区	17	163	5416	339	610
生态科技新城	3	37	1494	74	143
蜀冈－瘦西湖风景名胜区	10	120	4066	249	497
宝应县	54	500	15471	1111	1827
仪征市	39	378	12446	760	1422
高邮市	62	475	15339	956	1754

注：表格数字按江苏省教育厅统计口径填报　　（柏　珏　发规处）

■**扬州市首次委培20名免费幼师生** 2018年，扬州市委托苏州幼儿师范高等专科学校面向全市应届初中毕业生招收20名学前教育专业免费师范生，学制为五年。招生录取为提前批次，与普通高中和职业高中可同时兼报，录取最低分数原则上不低于中考总分的80%。学生就读期间培养费（含学费、住宿费）由扬州市教育局承担。毕业生需返回扬州市区域范围内自主选择幼儿园进行就业（双向选择或公开招聘）。如本人未能在扬落实相应工作，可由生源地教育行政部门协调推荐就业。（柏 珏）

10月13日，"中国家庭教育博物馆"在扬州育才小学西区校落成开放

庄文斌/摄

小学教育

■**概况** 2018年，全市有小学209所，比上年增加3所；有教学班5121个，比上年减少19个；有在校生21.45万人，比上年增加4080人。全市小学学龄儿童入学率保持100%，义务教育入学率、巩固率均达100%。全市小学专任教师1.34万人，比上年减少141人。

推动课程改革。研讨出台全市《关于实施江苏省义务教育课程设置实验方案、落实中小学综合实践活动课程课时的指导意见》。创成江苏省小学特色文化建设工程项目2个、江苏省薄弱初中质量提升工程项目3个、江苏省品格提升工程项目4个，推进内涵建设，提升办学品位。5月17—18日，江苏省小学教育2018年学术年会在梅岭小学花都汇校区举办。

培养学生核心素养。加强和改进"道德与法治""综合实践"等课程教学，重视小学生生活能力、文明素养和学习好习惯等养成教育，完成小学生18个好习惯自养系列手册及相关配套资源的编印工作。10—12月，开展全市小学生核心素养展示和中小学生精品社团评选活动。

组织"我们的节日""学雷锋，做一个有道德的人""清明网上寄英烈""七彩夏日"等主题活动。召开"扬州文明有礼二十四条"宣传教育推进会，在全市各级各类学校全面推进"扬州文明有礼二十四条"活动。

（柏 珏 基教处）

■**"中国家庭教育博物馆"在扬开馆** 10月13日，全国首家"中国家庭教育博物馆"在扬州开馆。中国家庭教育博物馆坐落在扬州育才小学西区校，场馆面积256平方米，该馆集中展示、介绍自先秦开始我国家庭教育发展史，主要涵盖家庭教育的历史梳理、传统特色、发展趋势、区域探索和情景体验等内容。对我国家庭教育的过去、现在、未来做深层次思考，从历史中汲取智

2018年扬州市小学教育基本情况表

表32-5

地 区	学校数（所）	班级数（个）	在校生数（人）	专任教师数（人）
合 计	**209**	**5121**	**214547**	**13369**
广陵区	18	725	32853	1992
邗江区	18	768	36685	2013
江都区	53	1056	40368	2656
扬州经济技术开发区	7	195	8907	515
生态科技新城	2	69	3284	178
蜀冈－瘦西湖风景名胜区	4	176	7947	393
宝应县	38	894	33708	2125
仪征市	29	589	23604	1593
高邮市	40	649	27191	1904

注：表格数字按江苏省教育厅统计口径填报 （柏 珏 发规处）

慧，把握家庭教育的一般规律，用发展的眼光规划家庭教育的未来。

（柏　珏）

■扬州市《小学生家风读本》发行 11月8日，《小学生家风读本》正式发行，育才小学、汶河小学、维扬实验小学、梅岭小学西区校等4所试点学校受赠读本。扬州市《小学生家风读本》由扬州市纪委、市教育局组织专家编写，从不同历史时期，遴选出22位历史名人及其家庭，以社会主义核心价值观为指导，提炼出各具特质、恒久流传的家风“正能量”，图文并茂、情景交融，具有教育指导意义。《小学生家风读本》成为全市小学推行家庭教育和德育工作的重要载体。（柏　珏）

中学教育

■概况 2018年，全市有普通中学166所，比上年增加2所。其中，高中32所（含完全中学），比上年减少2所；初中134所（含九年一贯制学校），比上年增加4所。有高中班级1419个，比上年增加4个；有初中班级2534个，比上年减少31个。中学在校生总数17.51万人，比上年增加167人。其中高中在校生6.48万人，比上年增加1750人；初中在校生11.03万人，比上年减少1583人。有初中专任教师1.01万人，比上年减少14人；有高中专任教师6095人，比上年增加52人。

推进教育优质均衡发展。新组建扬州市梅岭中学教育集团并进行招生，均衡配置集团内3所学校的师资和管理力量，实现资源共享、优势互补。强化义务教育学校管理，减轻学生过重课业负担。印发《关于做好2018年度扬州市中小学生“三走进”活动的通知》。4月和10月，组织12所农村中学1500多名学生和市直2所初中1400多名学生参加主题为“我眼中的扬州”的城乡互动体验活动。围绕第十届江苏省园艺博览会，开展“萌芽行动”进校园活动和市直初中学生走进园博会活动。规范全市中小学招生工作，消除全市义务教育学校大班额、大校额现象，坚持和完善全市热点高中学校70%的招生指标定向分配到区域内初中学校的办法。继续开展社区中小学生学习辅导站工作。撤销扬州市第一中学琼花观社区辅导站，新增文津中学沙口社区辅导站。出台《关于进一步严肃招生纪律规范招生秩序的通知》，规范中小学招生行为，做到惠民招生、公平招生和秩序招生。

推进普通高中招生改革。促进“老七所”（扬州中学、扬州大学附属中学、宝应中学、高邮中学、仪征中学、江都中学、邗江中学）高中整体优质发展，优化热点高中招生指标定向分配政策。2018年升入初一年级的学生，从2021年中考开始，全市各热点高中学校继续将不少于70%的招生指标作为定向指标按学生数均衡分配到区域内初中学校，“老七所”高中指标生录取控制在该校统一招生线下50分以内，其他热点高中指标生录取时在普通高中录取最低控制线上不设分数底线。在扬州中学等“老七所”高中开展科技创新、信息技术、文学创作、英语口语特长生自主招生工作。全市普通高中扩大招生规模，以“老七所”高中为主（每校增加100人），招生2.35万人，比上年增加3235人，增加8.8个百分点。

注重高中特色发展。扬州大学附属中学的基于模型建构的科学课程基地、邗江区蒋王中学的篮球文化课程基地、宝应县氾水高中的农村高中艺术教育课程基地创成江苏省高中课程基地。

（柏　珏　基教处）

2018年扬州市普通中学情况表

表32-6

地　区	学校数（所）		班级数（个）		在校生数（人）		专任教师数（人）	
	初中	高中	初中	高中	初中	高中	初中	高中
合　计	**134**	**32**	**2534**	**1419**	**110302**	**64821**	**10120**	**6095**
市　直	10	6	424	261	20908	12309	1313	979
广陵区	8	2	102	57	3596	1982	448	222
邗江区	14	4	295	178	13572	7865	1171	737
江都区	31	6	528	299	22298	13776	2219	1331
扬州经济技术开发区	3	—	47	—	2402	—	158	—
生态科技新城	2	—	26	—	871	—	133	—
蜀冈－瘦西湖风景名胜区	1	—	11	—	401	—	47	—
宝应县	25	5	476	258	19981	11685	1827	1166
仪征市	17	4	280	152	11930	7078	1223	602
高邮市	23	5	345	214	14343	10126	1581	1058

注：表格数字按江苏省教育厅统计口径填报

（柏　珏　发规处）

■"万里鸿雁传真情"手拉手书信交友活动启动 11月30日，扬州—新源两地青少年"万里鸿雁传真情"手拉手书信交友活动正式启动。本次活动由扬州市11所学校与新源县11所学校结对进行交流，活动时间为2018年11月至2019年8月。本次结对开展"4个一"系列活动，即寄一封交友书信、互赠一次生日小礼物（或贺卡）、打一次祝贺节日的电话、互讲一个家乡美的故事。（柏 珏）

■扬州市梅岭中学教育集团成立 经市政府同意，市教育局决定成立扬州市梅岭中学教育集团，由扬州市梅岭中学（梅岭校区、京华城校区）、扬州市梅岭中学教育集团竹西中学、扬州市梅岭中学教育集团运河中学组成，3所学校均属市直公办初中。集团组建后，发挥优质教育资源品牌效应，在集团成员校之间实行教学、教研、教师培训等一体化，促进集团各成员校办学质态的全面提升，促进市区义务教育优质均衡发展，扩大义务教育优质资源辐射。（柏 珏）

■扬州首届青少年红色夏令营开营 7月3—4日，扬州首届青少年红色夏令营200名营员走进宝应、高邮、江都。本次活动由市文明办、市教育局、市党史办、市文博办、市新四军研究会、市关工委、扬州报业传媒集团、扬州广电传媒集团主办，扬州市中小学素质教育实践基地承办，历时两天，以"重走新四军路·传承红色基因"为主题，利用扬州的红色文化资源，引导青少年了解家乡的历史文化。（柏 珏）

特殊教育

■概况 2018年，全市有特殊教育学校7所。有特殊教育班级98个，比上年增加7个；有特殊教育学校在校生1109人，比上年增加101人。有专任教师214人，比上年增加7人。有1004名智障、身残学生在普通义务教育学校随班就读，接受相应的特殊教育辅导。

为义务教育阶段特殊学生提供"个别化教育"、送教上门等服务。全市建设融合教育资源中心45个。市教育局与市残联、民政和卫计等部门会商成立扬州市残疾人康复教育专家委员会。8月，市教育局会同市残联出台《关于开展适龄重度一残疾人送教上门服务工作的指导意见》，对382名不能到校的适龄重度残疾儿童实施送教上门服务。10月，研讨编写《适龄残疾人送教上门课程指导纲要》。（柏 珏 基教处）

2018年扬州市特殊教育情况表

表32-7

地 区	学校数（所）	班级数（个）	在校学生数（人）	专任教师数（人）
合 计	**7**	**98**	**1109**	**214**
市 直	1	28	252	68
广陵区	1	10	109	17
邗江区	1	9	89	19
江都区	1	13	183	40
宝应县	1	17	240	25
仪征市	1	9	108	18
高邮市	1	12	128	27

（柏 珏 发规处）

■扬州市第二期特殊教育提升计划部署会 1月23日，由市教育局、市编办、市财政局和市残联等8部门在市教育考试院联合召开全市第二期特殊教育提升计划部署会议。各县（市、区）教育局分管局长、特教科长、特校校长和职业高中校长代表等近100人参会。会上，宝应县教育局、仪征特殊教育学校、江都区大桥中心小学和高邮市残联作大会交流发言，市编办和市财政局相关部门领导解读相关政策，支持、保障特殊教育发展。提出完善特殊教育体系、增强支持保障能力、提高特殊教育质量、推进融合教育等4项重点任务；安置42名适龄重度残疾人入学，建立学籍，确保义务教育"全覆盖""零拒绝"；普通义务教育学校落实残疾学生个别化教育"一人一案""一师一伴"，实现"更适合""有质量"；普通学校建设50个特殊教育资源中心；市商贸旅游学校和各县（市、区）职业教育学校从2018年开始招收智障初中毕业生，不少于5个融合教育班（每班10人）；教育、残联和民政等部门联合认定幼儿康复机构、儿童福利机构特教办学点，推进学前康教结合；组织资源中心专兼职特教教师培训班，提高特殊教育教师的业务水平。（杨 教）

■"智慧课堂与信息技术"教学研讨活动 3月16日，扬州市特殊教育"智慧课堂与信息技术"教学研讨活动在邗江区启智学校举行。市教科院特教教研员及各特教学校领导、教师等30多人参加活动。邗江区启智学校青年教师曹静娟、徐娅莉，利用多媒体技术分别执教绘本阅读《春天的电话》和生活语文《交通工具》等2节课。课后，2位执教教师分别对自己所上的公开课进行现场教学反思陈述。4所特校的骨干教师围绕本次研讨活动主题对2节课进行点评。扬州职大副教授薛文峰作《信息化教学设计与技术应用》专题辅导讲座。（杨 教）

■特殊教育青年教师说课比赛 3月28—29日，由扬州市教育局基教处、扬州市教科院共同组织的扬州市特殊教育青年教师说课比赛在高邮市荷花塘特殊教育学校举行，来自全市7所特殊教育学校的18名教师参赛。各位选手针对不同学科特点和学生情况，紧扣教材，精心设计教学过程，声情并茂，娓娓道来，赛出自己的风格；赛后，评委专家从培养教师的角度，从教材处理、教学设计、教学基本功等方面给予选手指导。（杨 教）

中等职业教育

■**概况** 2018年，全市有中等职业学校10所。有在校生4.03万人（不含职教培训机构在校生），比上年减少3282人。有专任教师2142人，比上年增加95人。技工学校及技师学院14所，技工类学校在校生总数1.62万人，比上年减少3775人。全市各类中职校和技工类院校在校生5.65万人，比上年减少7057人。

加强职业学校德育，培养学生综合素养。出台《关于加强扬州市中等职业学校新时代德育工作的实施意见》，打造德育品牌，营造“一校一特”，形成扬州职业教育德育特色。加强职业学校德育队伍建设，组织开展全市首批中等职业学校“优秀班主任”评选，评出15位优秀班主任。举办优秀班主任事迹报告会和中等职业学校学生文明风采展示活动。

推进双创教育，着力课程基地建设。双创教育课程开设率100%。推进现代职教体系建设，加强中高职衔接。遴选优质高职院校和骨干企业开展合作，拓展试点项目范围，扬州高职校与扬杰电子股份有限公司合作举办“扬杰分院”。开展职业教育各类创建，加强基础能力建设。扬州高等职业技术学校、江都中等专业学校和扬州旅游商贸学校等3所学校获批江苏省现代化示范性职业学校。扬州旅游商贸学校的烹饪工艺与膳食营养、江都中专的现代化建筑、扬州高职校的电子信息工程技术、宝应中专的机电技术、高邮中专的数控技术应用等5个实训基地被评为省现代化实训基地。扬州高职校财经、邗江中专和高邮中专数控技术应用、扬州旅游商贸学校烹饪、宝应中专计算机网络技术等5个专业群被评为省职业教育现代化专业群。

2018年扬州市中等职业学校（机构）情况表

表32-8

学校名称	在校生数（人）	专任教师数（人）
合　计	**35055**	**2142**
扬州高等职业技术学校	4453	270
江苏省扬州旅游商贸学校	4080	115
扬州生活科技学校	1218	77
扬州市体育运动学校	406	48
扬州文化艺术学校	856	45
扬州市天海职业技术学校	557	12
扬州市弘扬中等专业学校	867	61
邗江中等专业学校	2538	177
江苏省江都中等专业学校	4002	405
宝应中等专业学校	6196	265
仪征市工业学校	2880	314
江苏省高邮中等专业学校	6541	268
江都区技工学校	461	37
江都区教师进修学校		48

注：1. 扬州高等职业技术学校另有江苏联合技术学院分院学生1244人；
2. 江苏旅游职业学院（原江苏省扬州商务高等职业学校）附设中职班，生5126人；扬州市特殊教育学校附设中职班，学生130人

（柏 珏 发规处）

加强职教教师队伍建设，打造职教名师。加强“双师型”教师及“职教名师”培养。扬州旅游商贸学校王爱红烹饪工作室、王进电子商务工作室和仪征工业学校陈恩平电子电工技术工作室被评为江苏省职业教育名师工作室；扬州高职校沈莉建筑工作室和江都中专陆春庚心理健康教育工作室被列入江苏省职业教育名师工作室培育名单。

稳定中职招生规模，规范职教招生秩序。2018年全市完成中职（含技工院校和非全日制学历教育）招生1.82万人，其中招收应届初中生1.54万人，综合高中生733人。加强对国、省、市技能大赛，教学大赛，班主任大赛，文明风采大赛，创新创业大赛等各类大赛的组织和研究，完善大赛制度。

开展职业教育扶贫，提升结对帮扶质量。扬州市教育局与陕西榆林市教育局签订职业教育合作办学协议。全市7所高水平现代化职业学校分别与榆林市7所职教中心开展一对一合作办学。

（柏 珏 职社处）

■**扬州市职业教育活动周** 5月7日，2018年扬州市职业教育活动周启动仪式在邗江中专举行。各县（市、区）教育局分管局长和处室负责人，全市14所中等职业学校师生代表、家长代表和企业代表等300多人参加活动。本次活动周以“普职新融合、匠心永育人”为主题，围绕“育人”重心，从“普职融合新看点、事迹评传班主任、风采展现职校生”维度，开展活动。10所职业学校在活动现场布置育人成果展台，展示职校师生历届文明风采竞赛和技能大赛的获奖作品。布置初中学生看职教及体验活动现场，来自邗江汊河中学、瓜洲中学和运西中学的150名初中学生，参观邗江中专校园，体验智

能家居楼宇、VR虚拟仿真等10多个特色项目；15名职校优秀班主任受到表彰，其中的5名代表进行事迹宣讲，各职业学校的学生进行文艺演出，展现职业学校德育成果与学生风采。（杨　教）

■**2018年扬州市职业教育创新大赛** 2018年，扬州市举办职业教育创新大赛暨省创新大赛选拔。来自全市10所三星级以上职业学校提交教师论文、中高职组创新作品和科学调查报告等每件作品均经过网上查新和现场答辩等环节进行评分，学生作者对作品逐一进行讲解、演示并接受专家评委的提问。最终，选出中、高职创新作品各20件，中、高职科学调查报告各2份，教师论文10篇，进入省赛。同时根据作品的10%、20%、30%分别评选出市赛一、二、三等奖。（杨　教）

■**职教活力课堂展示活动** 11月29日，扬州市职业学校活力课堂教学改革暨2018年度活力课堂展示活动在扬州高职校举行。全市各职校专业教师代表等200人参加活动。启动仪式上，扬州高职校介绍近年来学校课堂教学改革的成果，特邀省教科院职教研究所博士夏英以《中职新课标开启什么样的新课堂——兼议活力课堂的建构》为题做专题讲座，语文、数学、英语、电子、数控、交通运输等学科12名省市教学大赛获奖教师开设活力课堂主题展示观摩课。（杨　教）

普通高等教育

■**概况** 2018年，扬州有普通高等学校8所，其中市属高等学校1所，扬州市职业大学（扬州教育学院划入职大管理，不计校数）有在校普通专科生1.43万人，教职工1596人；驻扬省属高校3所，分别是扬州大学、扬州工业职业技术学院、江苏旅游职业学院，有在校本、专科生3.83万人，教职工5010人；驻扬省属民办高校1所，江海职业技术学院，有在校专科生5978人，教职工456人；民办高校3所，分别是扬州大学广陵学院、南京邮电大学通达学院、扬州中瑞酒店职业学院。其中，扬州大学广陵学院、南京邮电通达学院为独立学院，在校生1.96万人，教职工1272人；中瑞酒店职业学院为高职院校，在校生672人，教职工95人。

加强产教融合、校企合作，促进高校内涵发展，组织扬州市百家高校科研院所科技成果展示洽谈会。市教育局会同市委组织部（人才办）、市人社局、团市委组织开展“千名大学生看扬州”活动。市教育局与市委宣传部联合开展“我是党课主讲人·思政好课我来秀”高校思想政治教育优秀微课征集，共评选出高校思政优秀微课一等奖3件、二等奖5件、三等奖7件。召开高校党委组织部门负责人座谈会和高校思政工作联席会议，印发《高校党委书记思想政治工作责任清单》。

（柏　珏　高教处）

■**扬州大学广陵学院新校区投入使用** 3月17日，扬州大学广陵学院新校区正式投入使用。广陵学院新校区位于扬子津科教园内，一期工程占地35.4公顷，校舍总建筑面积27.78万平方米，可容纳1.30万名师生。新校区有20个单体建筑，包括9栋公寓楼和教学楼、图文信息中心、食堂、文体馆、游泳馆、实验楼等。扬州大学广陵学院新校区建设是扬子津科教园建设的重点工程，是扬州市“兴城先兴人”战略实施的标志工程和民生工程。

（柏　珏）

■**江苏旅游职业学院新校区正式启用** 9月2日，江苏旅游职业学院新校区正式启用。江苏旅游职业学院新校区位于扬州市古运河东、九龙湖西南侧，占地56.3公顷，规划建筑面积24万平方米，按照AAAAA级景区打

2018年在扬普通高等学校情况表

表32-9

学校类别	办学层次	校园面积（公顷）	普通本专科学生（人）	教职工数（人）
合　计		**689.31**	**78759**	**8429**
扬州大学	本　科	260.37	26143	4032
扬州大学广陵学院	独立学院	69.91	10142	669
南京邮电大学通达学院	独立学院	59.56	9414	603
扬州市职业大学	专　科	75.98	14270	1596
江海职业技术学院	专　科	64.00	5978	456
扬州工业职业技术学院	专　科	68.48	9813	565
扬州中瑞酒店职业学院	专　科	12.21	672	95
江苏旅游职业学院	专　科	78.80	2327	413

注：1. 另有扬州教育学院在校生198人，教职工130人；

2. 表格数字按省教育厅统计口径填报

（柏　珏　发规处）

航拍江苏旅游职业学院　　孟德龙/摄

造。校园被景观大道分为南北两个区，南部主要为学院区，由6个学院、图文信息中心和行政中心等7个单体建筑组成；北部主要为生活区、运动区和师生发展中心。学校现有在校生人数近8000人。　（柏　珏）

扬州大学

■**概况**　扬州大学是江苏省人民政府和教育部共建高校，江苏省属重点综合性大学，全国首批博士、硕士学位授予单位，全国率先进行合并办学的高校。学校现有8个校区，校园占地330.28公顷，校舍建筑面积160万多平方米。全校固定资产总值63.46亿元，教学科研仪器设备总值12.49亿元，图书馆藏书490.52万册，有直属附属医院、实验工厂、实验农牧场、动物医院、附属中学等，教学、科研、实习基地及临床医学院。扬州大学设有文学院、社会发展学院、马克思主义学院、法学院、教育科学学院（师范学院）、学前教育学院、新闻与传媒学院、外国语学院、数学科学学院、物理科学与技术学院、化学化工学院、体育学院（体育工作部）、机械工程学院、信息工程学院、建筑科学与工程学院、水利与能源动力工程学院、环境科学与工程学院、农学院、园艺与植物保护学院、动物科学与技术学院、兽医学院、生物科学与技术学院、医学院、护理学院、商学院、旅游烹饪学院、食品科学与工程学院、音乐学院、美术与设计学院和公有民办的广陵学院等29个学院121个本科专业，涵盖哲学、经济学、法学、教育学、文学、历史学、理学、工学、农学、医学、管理学、艺术学等12个学科门类。学校有国家级特色专业6个、国家精品课程14门、国家精品资源共享课13门、教育部精品视频公开课2门、国家双语教学示范课程1门、国家精品在线开放课程5门、国家级教学团队3个、全国农科教合作人才培养基地2个、国家级校外实践教学基地1个、国家级实验教学示范中心1个、国家级虚拟仿真实验教学中心1个、国家级示范性虚拟仿真实验项目1项。获国家级教学成果二等奖4项、省高等教育教学成果特等奖5项。学校混合教学改革案例入编联合国教

2018年扬州大学国家级、部省级学科及科研基地一览表

表32-10

类别		学科及科研基地名称
重点（优势）学科	国家级重点学科	预防兽医学
		作物栽培学与耕作学
		动物遗传育种与繁殖（培育）
	江苏省优势学科	兽医学
		作物学
		化学
		畜牧学
		中国语言文学
		马克思主义理论
		水利工程
	江苏省一级学科重点学科	马克思主义理论
		数学
		生物学
		植物保护
		草学
		中西医结合
		外国语言文学
		机械工程
		土木工程

续表32-10

类　别		学科及科研基地名称
重点实验室	教育部	教育部植物功能基因组学重点实验室
		教育部禽类预防医学重点实验室（部省共建）
		农业与农产品安全国际合作联合实验室
	农业部	农业部畜禽传染病学重点开放实验室
		农业部农产品质量安全生物性危害因子（动物源）控制重点实验室（试运行）
		农业部长江中下游作物生理生态重点开放实验室
		农业部食品安全监测重点开放实验室
		农业部禽用生物制剂创制重点实验室
		农业部长江中下游地区作物栽培科学观测实验站
	国家中医药管理局	国家中医药管理局胃癌毒邪论治重点研究室
	江苏省	江苏省作物遗传生理国家重点实验室培育建设点
		江苏省植物功能基因组学重点实验室
		江苏省作物栽培生理重点实验室
		江苏省动物预防医学重点实验室
		江苏省动物遗传与繁育分子设计重点实验室
		江苏省人兽共患病学重点实验室
		江苏省环境材料与环境工程重点实验室
		江苏省水利动力工程重点实验室
		江苏省乳品生物技术与安全控制重点实验室
		江苏省中西医结合老年病防治重点实验室
		江苏省水环境保护技术与装备工程实验室
		江苏省非编码 RNA 基础与临床转化重点实验室
		江苏省农业水土资源安全与高效利用工程实验室
		江苏省作物基因组学和分子育种重点实验室
工程中心（研究院）	教育部	教育部新型兽用疫苗工程研究中心
	农业部	农业部长江中下游稻作技术创新中心
		农业部弱筋小麦良种繁育与检测中心
	江苏省	扬州大学兔业工程研究中心
		江苏省转基因动物制药工程研究中心
		江苏扬州现代乳业加工服务中心
		江苏省扬州农业环境安全服务中心
		江苏省扬州 LED 新光源材料测试技术服务中心
		江苏省扬州规模猪场高效健康公共技术服务中心
		江苏省杂交粳稻工程技术中心（扬州分中心）
		江苏省家禽疫病防控工程技术研究中心
		江苏高校动物重要疫病与人兽共患病防控协同创新中心
		江苏高校粮食作物现代产业技术协同创新中心
		江苏省高分子无机微纳复合功能材料工程技术研究中心
		江苏省种猪繁育和健康养殖工程技术研究中心
		江苏省淮扬菜产业化工程中心
		江苏省现代农机农艺融合技术工程中心
		江苏省乳业生物工程技术研究中心

续表 32-10

类别		学科及科研基地名称
工程中心（研究院）	江苏省	江苏省玄武岩纤维复合建筑材料工程研究中心
		扬州大学经济研究所
		苏中发展研究院
		淮扬文化研究中心
		扬州大学马克思主义大众化研究与传播中心（马克思主义大众化学习实践基地）
		江苏苏中发展研究基地
		扬州大学中国特色社会主义研究中心（江苏省中国特色社会主义理论体系研究基地）
		江苏省学生心理健康运动干预研究中心
		江苏省邪教问题研究中心
		扬州大学中国大运河研究院
		江苏省民办教育研究中心
		江苏省社会科学普及研发基地
		江苏城乡融合发展研究中心

（马水锋）

科文组织《混合学习白皮书》，连续五次获全国“挑战杯”大学生课外学术科技作品竞赛“优胜杯”，获评全国首批深化创新创业教育改革示范高校、全国实践育人创新创业基地、全国创新创业典型经验高校。学校具有招收外国留学生（包括接受政府奖学金外国留学生）和港澳台学生的资格，先后与50个国家（地区）的高校和研究机构建立合作交流关系。至年底，学校有普通全日制本科生3.6万多人，各类博、硕士研究生1.2万多人，海外学生2200多人。

学校有教职工4701人，其中专任教师2400多人，医护人员1900多人，具有高级职称1300多人，博、硕士生导师3100多人，中国工程院院士2人，外籍院士1人，有“长江学者奖励计划”入选者2人，国家“杰出青年科学基金”获得者5人，国家“优秀青年科学基金”获得者2人，国家级教学名师1人，“百千万人才工程”国家级人选7人，教育部“新世纪优秀人才支持计划”入选者11人，“创新人才推进计划”中青年科技创新领军人才4人，享受政府特殊津贴专家20人，国家级、省级有突出贡献的中青年专家13人等。学校有博士后流动站14个，一级学科博士学位授权点22个，一级学科硕士学位授权点47个，博、硕士专业学位21种；有国家级重点学科2个，国家级重点（培育）学科1个，江苏省优势学科7个，江苏省一级学科重点学科9个，教育部国际合作联合实验室1个，教育部区域国别研究中心1个，部、省协同创新中心2个，省级重点（建设）实验室24个，部、省级工程技术研究中心13个，公共技术服务中心和研究院（基地）16个，国家技术转移示范机构1个，国家级科技特派员创业培训基地1个。（马水锋）

■学科建设 学校召开学科建设与研究生教育工作大会，在江苏高水平大学建设绩效评价中获得A等。6个优势学科二期项目立项学科全部入选三期项目，新增1个三期项目立项学科，立项数位居省属高校第4位。8个“十三五”省重点学科全部通过中期考核，其中4个学科被评为优秀，优秀数位居全省高校第4位、省属高校第2位。1个省重点学科晋升省优势学科。11个学科获得一级学科博士学位授权点。学校6个学科进入ESI全球排名前1%，入围学科数位居全国第41位。ESI收录论文被引次数上升，2人入选2018年度全球“高被引科学家”，入选人次位居全国高校第43位、全省高校第6位。兽医学在2018年ARWU世界一流学科排名中位居51—75位，首次进入国际学科排名前100。学校有36个学科在2018“中国最好学科排名”中上榜，比2017年增加6个学科，总上榜学科数位居全国第26位、全省第4位。其中，兽医学排名全国第3位，作物学排名全国第5位；2个学科进入全国前10%，8个学科进入全国前25%，26个学科进入全国前50%。（马水锋）

■科学研究 2018年，学校获省部级以上科研成果奖8项，其中国家科技进步奖二等奖2项，以第一完成单位获国家奖数量居全国高校第12位。新增国家级项目211项，其中国家自然科学基金159项（含“国家杰出青年”1项）、国家重点研发计划3项、国家转基因生物新品种培育重大专项1项，省部级项目221项，国际合作项目22项。自然科学类到账经费3.37亿元，其中纵向经费2.43亿元。发表SCI（科学引文索引）论文1952篇，授权专利564件，其中发明专利249件，获批国际发明专利1项。新增省重

2018年扬州大学获省部级及以上奖励科研成果一览表

表32-11

成果名称	获奖种类
多熟制地区水稻机插栽培关键技术创新及应用	国家科学技术进步奖二等奖
优质肉鸡新品种京海黄鸡培育及其产业化	国家科学技术进步奖二等奖
主要中国鹅和欧洲鹅种质特性研究与创新利用	教育部高等学校科学研究优秀成果奖（科学技术）、科技进步奖一等奖
高性能大流量泵站关键技术及应用	教育部高等学校科学研究优秀成果奖（科学技术）、技术发明奖二等奖
我国主要蛋鸭遗传资源评价与创新利用	江苏省科学技术奖一等奖
生物可降解高分子共混及复合材料的流变学及结构设计	江苏省科学技术奖三等奖
水稻遗传群体创建和产量相关性状分子基础解析	江苏省科学技术奖三等奖
菲利普·罗斯·哈德维基	江苏省国际科学技术合作奖
A monolingual mind can have two time lines: Exploring space-time mappings in Mandarin monolinguals（单语者思维中具有两条时间轴线：探索汉语单语者思维中的时空映射）	江苏省第15届哲学社会科学优秀成果奖
从形式主义到历史主义：晚近文学理论“向外转”的深层机理探究	江苏省第15届哲学社会科学优秀成果奖
焦循全集（全18册）	江苏省第15届哲学社会科学优秀成果奖
百年语文教育经典名著（全十五册）	江苏省第15届哲学社会科学优秀成果奖
江苏农村物流业发展与城乡一体化研究	江苏省第15届哲学社会科学优秀成果奖
汉译英翻译能力自动评价研究	江苏省第15届哲学社会科学优秀成果奖
文类：世界观影响文学的中介——卢卡契文类理论研究	江苏省第15届哲学社会科学优秀成果奖
专题教育社区评价指标体系建构的方法研究	江苏省第15届哲学社会科学优秀成果奖
教育神经科学视野中的体育教育创新	江苏省第15届哲学社会科学优秀成果奖
县域经济发展的动力结构及其变迁规律	江苏省第15届哲学社会科学优秀成果奖
童心萌蒙绘：传统文化里的中国精神（全三册）	江苏省第15届哲学社会科学优秀成果奖
公民服从的逻辑	江苏省第15届哲学社会科学优秀成果奖
马王堆帛书《六十四卦》异体字源流考	江苏省第15届哲学社会科学优秀成果奖
鲁迅《中国小说史略》研究：以中国小说史学为视野	江苏省第15届哲学社会科学优秀成果奖
宋元时期中日绘画的传播与交流	江苏省第15届哲学社会科学优秀成果奖
迁洛元魏皇族与士族社会文化史论	江苏省第15届哲学社会科学优秀成果奖
错时空与本土化：比较视野下中国电视纪录片风格衍变：1958～2013	江苏省第15届哲学社会科学优秀成果奖
中国农地流转现状及其政策改进——基于江苏、广西、湖北、黑龙江四省（区）调查数据的分析	江苏省第15届哲学社会科学优秀成果奖
中国外资需求偏好与供给机制的制度安排研究	江苏省第15届哲学社会科学优秀成果奖
生产者服务业与制造业的空间集聚：基于贸易成本的研究	江苏省第15届哲学社会科学优秀成果奖

（马水锋）

点实验室、省工程研究中心各1个。通过省武器装备科研生产单位二级保密资格认证，新增军工科研项目16项。获省级科研成果奖20项，其中一等奖5项。国家社科基金项目立项31项，其中重大项目1项，重点项目2项，名列全国高校第38位。获部省级项目34项，其他纵向项目118项。人文社科类到账经费2000多万元。发表CSSCI（中文社会科学引文索引）论文270篇，其中顶级期刊1篇。“江苏城乡融合发展研究中心”获批江苏高校哲学社会科学重点研究基地。

（马水锋）

■**人才培养** 学校获国家级高等教育教学成果二等奖1项，获批国家级精品在线开放课程5门。入选万人计划国家级教学名师1人、新一届教育部高等学校教学指导委员会20人。新增省级优秀本科生毕业设计（论文）一等奖2项、二等奖3项、三等奖14项、优秀团队1个。获省级大学生创新创业训练计划项目121个（其中国家级项目59个）。获省级以上本科生学科竞赛奖项700多项。在第4届中国“互联网+”大学生创新创业大赛中，获1银2铜。获全国“创青春”创业计划大赛金奖。学校被教育部认定为“2018年度全国创新创业典型经验高校”，入选2018年江苏省大众创业万众创新示范基地。获评省优秀博士论文2篇、优秀硕士论文6篇，入选省“十佳研究生导师团队”1个，获省“十

佳研究生导师”提名奖1人。成立扬州大学干部培训学院。（马水锋）

■**师资队伍建设** 2018年，学校举办2届国际青年学者论坛，引进海外人才36人。引进博士以上高层次人才203人，其中，杰出人才2人、领军人才2人、拔尖人才16人。入选国家“杰出青年科学基金”项目1人、“创新人才推进计划”中青年科技创新领军人才1人，入选省级人才项目66项等。有73名中青年教师获省级及以上各类公派研修项目资助，25名中青年教师通过学院资助、自筹经费等方式赴海外访学。评审、推荐通过高级职称116人，其中正高级39人，副高级77人。招收博士后87人，在站博士后328人，获国家、省科研资助448万，资助经费总和比上年增长21%。完成154人次校级以上各类人才目标考核。加强师德师风建设，举办3期“名师厚德讲堂”，举行新教师入职、老教师退休、最美教师评选、教师节表彰等系列活动。（马水锋）

■**学生工作** 2018届毕业生年底就业率98.62%。其中，本科生98.78%，升学率［含出国（境）率］29.13%；研究生98.12%。学校获2018年度“江苏省青年学习社”，获批2018年江苏省高校“新思想”青智库，连续第20次获“全国社会实践活动先进单位”称号，获第四届中国青年志愿服务项目大赛金奖，获第19届省运会“集体三等功”，2名同志记筹办江苏省第19届运动会“个人三等功”。连续八年获评全省学生资助工作绩效评价“优秀单位”。阳光协会获评全国高校“百强学生社团”，大学生心理协会获评全国高校“优秀学生社团”。2名学生获“中国大学生自强之星”提名奖，并获“中国大学生新东方自强奖学金”，1名学生获江苏省大学生“校园青春榜样”，2名学生被表彰为“江苏省优秀青年志愿者”。毕业生就业指导服务规范通过ISO 9001质量管理体系认证。获评“全国大学生心理健康教育工作先进集体”。（马水锋）

■**国际合作** 学校举办第4届江苏—澳门·葡语国家大学合作联席会，加入江苏·英国20+20高水平大学合作联盟，出台《扬州大学关于进一步贯彻落实“一带一路”倡议的实施意见》。签署合作交流协议25份，接待29个国家和地区46个代表团300多人次到访，组织7个校级代表团出访21所高校和科研机构，派出411人次教职工和765人次学生出国（境）开展学术合作交流和学习。学校与英国赫尔大学合作举办护理学专业本科教育项目获教育部批准并启动全国招生，拓展学生出国交流项目16个，获批国家留学基金委优本项目7个。学校被教育部授予“‘中美人才培养计划’项目2018年度先进单位”。获批国家“111计划”学科创新引智基地1个、2018年度国家外国专家局“高端外国专家项目”6项，2名外国专家入选江苏“外专百人计划”。在校海外学生2237人，留学生中学历生占57.7%，学历生中研究生占22.5%。入选省外国留学生英文授课精品课程1门，获评江苏来华留学生教育先进集体。新承办孔子学院1所，获国家汉语国际推广领导小组办公室“先进孔子课堂”1所。（马水锋）

■**社会合作服务** 学校新建产学研合作平台33个，转让知识产权15项，转让经费1296万元，获中国技术市场协会“金桥奖”和省技术市场工作先进集体。新增校地合作平台2个，大学科技园入园企业115家。大运河文化带建设研究院扬州分院等智库依托学校成立。与工商银行、建设银行、农业银行、国网扬州供电公司、恒通集团等开展战略合作，与兴化市、镇江新区开展校地全面合作。扬州大学附属医院纳入省级医院管理序列。高邮园区生态智慧牧场建成启用，搬迁实验农牧场。广陵学院新校区启用，在校生超1万人。实验农牧场举办百年场庆，推进康源乳业发展，提升服务教学科研与地方经济社会发展能力。（马水锋）

■**江苏省第13届全国人大代表乡村振兴调研座谈会在扬召开** 8月12日，扬州大学主办的江苏省第13届全国人大代表乡村振兴调研座谈会在荷花池校区召开。座谈会上，第13届全国人大代表邢青松、王吉永等结合各自所在单位和地区乡村振兴相关工作的做法和成效，围绕“三农”人才培养、农村产业发展、乡村规划、农村精神文明建设、农村基础建设以及影响乡村振兴战略的制约因素等问题，进行研讨与交流。对如何深化校地合作实施乡村振兴战略提出建议和意见。其间，举行扬州大学乡村振兴战略研究院、协同创新中心揭牌仪式，以及扬州大学创新创业教育实践基地授牌仪式；与会的全国人大代表实地调研考察扬州大学测试中心、扬州市—扬州大学现代园艺产业研究院、扬州大学康源乳业有限公司。（杨 教）

其他高校

■**扬州市职业大学** 扬州市职业大学（简称扬州职大）是全日制综合性高等职业技术院校，创建于1984年。实行扬州职大、扬州教育学院、扬州环境资源职业技术学院和扬州市广播电视大学合并办学。校园占地75.98公顷，校舍建筑面积近50万平方米，绿化覆盖率45%。有实验实训室317个，教学仪器设备总值2.1亿元。图书馆有纸质图书162万册、电子图书240万册（本地镜像96万册），订阅中外文纸质期刊4800多种。智慧校园集教学资源库系统、远程教育系统、数字图书馆系统、OA办公系统、校内生活App平台等于一体。学校开设有农林牧渔、资源环境与安全、能源动力与材料、土木建筑、装备制造、生物与化工、轻工纺织、食品药品与粮食、交通运输、电子信息、医药卫生、财经商贸、旅游、文化艺术、新闻传播、教育与体育、公共管理与服务等17个大类，68个专业。有教育部、财政部支持的高等职业学校提升专业服务产业发展项目4个，江苏省重点专业群6个，江苏省特色专业8个，江苏高校品牌专业建设工程一期建设项目1个，江苏省高等职业教育高水平骨干专业建设项目5个；中央财政支持的职业教育实训基地2个，江苏省高等教育人才培养模式创新实验基地3个，江苏省实训基地3个，江苏省实训基地建设点2个，江苏省产教深度融合实训平台2个；国家精品课程1门，省级精品课程21门；出版教材、编写讲义300余部（种），其中国家规划教材13部，省级精品教材12部，省重点教材9本。学校建有省级工程研发中心2个，市级工程研发中心7个；建成扬州市智能制造先进技术示范中心、石柱山康养城附属医院、省服装设计与贸易产业链产教深度融合实训平台、省国土资源勘测与环境保护实训平台、金方圆培训学院等产教深度融合平台（中心），开展面向中小企业的科技服务项目300多项；主持或参与市级及市级以上科研项目250多项，其中省级项目43项；获各级各类科研奖励230多项，其中教育部科技进步二等奖1项，省科技进步三等奖1项，省哲学社会科学三等奖3项；发表论文2200多篇，其中SCI、EI、ISTP收录69篇，核心期刊268篇；取得国家专利103项，其中发明专利13项；组织学术报告100多场次。学校与美国、英国、加拿大、澳大利亚、韩国、日本等国高校建立中外合作办学项目和海外本科直通车项目10个。与东盟国家、葡语系国家、非盟国家、中亚、南亚国家的教育部门建立合作关系，设立留学生项目，开展技术技能培训和学历教育，为地方经济社会发展提供人才服务，为扬州企业海外分支机构培养本土化人才。每年选派优秀师生赴海外研修、交流，实施国际教育合作。

学校有教职工1596人，专任教师近1000人，其中具有博士和硕士学位的教师743人，正高级专业技术职务人员近80人，副高级专业技术职务人员近500人。有全国优秀教师4人，省“333工程”培养对象26人，省“六大人才高峰”培养对象2人，省“青蓝工程”培养对象50人，江苏省中青年专家2人，扬州市中青年专家18人，江苏省优秀教学团队2个，江苏省“青蓝工程”科技创新团队2个，专业基础课和专业课教师中具有“双师型”素质的教师占85%以上。

2018年，学校有全日制在校生1.43万人，成人业余和开放教育在校生1.10万人，设有22个教学单位，21个党政群团部门，5个教学辅助单位。学校获全国职业院校技能大赛高职组建筑工程识图赛项团体一等奖、大气环境监测与治理技术赛项团体二等奖、服装设计与工艺赛项团体二等奖、导游服务赛项个人二等奖；第七届全国高等职业院校日语技能大赛个人二等奖；全国高等职业院校学生体育职业技能大赛二等奖1项、三等奖3项和团体三等奖，体育道德风尚奖；江苏省高职院校技能大赛一等奖3项、二等奖6项、三等奖10项；全国职业院校模具数字化设计技能大赛二等奖2项；第九届“蓝桥杯”全国软件和信息技术专业人才大赛个人赛（省赛）一等奖3项、二等奖5项、三等奖1项；全国大学生电子设计竞赛（江苏赛区）一等奖1项、二等奖1项；“外研社杯”全国英语演讲大赛江苏赛区高职高专组一等奖1项、二等奖1项、三等奖1项；“鼎傲杯”江苏省高职院校英语听说大赛一等奖3项、二等奖2项，优秀团体组织奖；江苏省第四届高职高专院校学生足球技能体能大赛足球团体一等奖和体能团体三等奖。

2018年，由学校教授吴春笃、张军领衔，组织省内农业领域的6家优势单位和团队联合申报的2018年度省重点研发计划（现代农业）“稻麦周年机械化优质丰产绿色增效技术集成创新与示范”项目正式立项，经费总额100万元。获批“江苏省建筑产业现代化设计研发类示范基地”，取得省级建筑产业现代化专项引导资金80万元。2018年，学校与佰泽集团、北京大学肿瘤医院共建教育教学基地，与江苏大学智研院、邗建集团签订产学研战略合作协议，与扬建集团共建数字化建造技术中心，与江苏开放大学合作共建，与杭州丰平集团签署合作协议。全省首个乡土人才“三带”研修学院揭牌。学校举行晋升国家级裁判员考试，全国测绘地理信息职业教育教学指导委员会2018年工作会议，陕西省林市电大系统社区教育校长培训班，第三届全国职业院校“华教杯”教师检验技能竞赛，全国职业院校农业培训协作委员会2018年工作交流会，扬州第四期智库论坛，“鼎傲杯”江苏省高职院校英语听说大赛。

学校是教育部高职高专人才培养工作水平评估优秀院校。2018年，学校入选全国高职院校“教学资源50强”，被评为江苏省高等职业院校技能大赛先进单位、全国科技工作者状况调查优秀站点、年度社会教育先进集体，被授予“2018年江苏省产业人才培训基地”称号，入选江苏省第一批“公共机构能效领跑者”名单。（巴一斯）

■2018年晋升国家级裁判员考试在扬州职大举行 4月10日，由中国篮球协会主办，江苏篮球协会、扬州市职业大学承办的2018年晋升国家级裁判员考试在扬州职大举行，来自全国各地的260名篮球裁判员考生参加开班仪式。（巴一斯）

■扬州智能制造“一基地两中心”成立 5月4日，扬州职业教育集团“一基地两中心”暨扬州市职业教育集团公共实训基地、扬州智能制造先进技术示范中心、西门子教育合作项目教师培训中心揭牌仪式在扬州市职业大学举行。市相关部门及在扬德资企业代表70多人参加仪式。

“一基地两中心”由扬州市职业教育集团、扬州市职业大学、西门子（中国）有限公司以政校企三方合作的形式共同建设，项目占地2000平方米，一期投资3150万元，是西门子公司在华与高校合作中单体投资规模最大、控制与驱动水平最先进的中心，其中智能车间是西门子公司在华合作的高校中第一个以智能加工真实产品为特征的车间，涵盖西门子公司在智能制造和自动化领域的最新技术和先进设备。该项目承担扬州市职业教育、人才培养、科技开发和社会服务等，服务扬州装备制造业向高端“智造”的转型升级。（巴一斯）

■**扬州工业职业技术学院** 2018年，扬州工业职业技术学院设有化学工程学院、建筑工程学院、机械与汽车工程学院、电气与信息工程学院、经济管理学院、装饰与艺术设计学院、海外教育学院、创新创业学院、继续教育学院、马克思主义学院、基础科学部、体育部等12个学院（部）和37个专业。获“全国高职院校国际影响力50强”“江苏省教育新闻舆论工作表扬单位”“全国高等职业院校创新创业教育先进单位”“江苏省高校毕业生就业创业工作考核优秀单位”“来华留学生教育先进集体”等称号。

2018年，学院有全日制在校生1.02万人（其中留学生373人），高职毕业生3345人。录取2018级国内新生3643人（其中省外录取人数1359人），报到新生3436人。2018届毕业生年终就业率98.18%（其中协议就业率73.42%），高质量就业率25.47%，毕业生自身满意度位列全省第二位，毕业生月薪排名位列全省公办高职院校第四位。

学院有教职工565人（其中专任教师427人）。2018年。引进博士5人，新增在读博士5人；新增省高校“青蓝工程”培养对象3人、优秀教学团队1人；新增省“333工程”培养对象2人、省“领航·扬帆”计划培养人选1人、省会计领军人才1人。

重视教育教学改革和人才培养。2018年，学院获批全国第三批现代学徒制试点单位、省高职院校内部质保体系诊改第二批试点院校；2门课程入选国家精品在线开放课程；校大学生创业园获批“省大学生创业示范园”；教师获省信息化教学大赛一等奖5项、省微课教学比赛一等奖3项；在全国教学能力大赛中获得二等奖；学生参加技能大赛，获国家级一等奖1项、省级一等奖4项；获省级以上创新创业大赛一等奖11项。注重科研工作。获省自然科学基金项目2项、省高校社科重点项目1项，省社科精品工程一等奖和省高等教育科学研究一等奖各1项；获批省级工程技术中心1个；马克思主义学院入选省高校示范马克思主义学院培育点。开展合作办学：获批教育部产学合作协同育人项目；与奥克集团合作共建石化行业学院办学点“奥克大学”，与扬杰电子等企业签订战略合作协议。836名2018届毕业生留扬就业，占江苏省内就业39.4%。入选“江苏‘走出去’校企合作信息平台”建设院校和“留学江苏优秀人才遴选计划”；与安徽海螺集团、江苏贝德集团等企业共建“丝路人才”就业实习实践基地；承办第六届海峡两岸高等职业教育校长联席会议学术年会。（扬工职）

■**南京邮电大学通达学院** 南京邮电大学通达学院（简称南邮通达学院）是经教育部批准，由南京邮电大学于1999年创办的全日制民办本科独立学院。学院实行理事会领导下的院长负责制。2012年，学院迁址扬州办学。学院占地59.56公顷。学院有通信工程学院、电子工程学院、计算机工程学院、电气工程学院、商学院、基础教学部、思想政治理论课教学部、国际学院，有通信信息类专业等优势专业21个，工学门类12个、管理学门类5个、文学门类2个、经济学门类1个和理学门类1个。

2018年，学院有教职工603人。2人申报省“青蓝工程”优秀青年骨干教师，1人入选；1人申报“六大人才高峰”高层次人才项目；1人申报“333工程”第三层次培养对象，1人入选。

2018年，学院有学生9414人。290名学生考取国内外知名大学研究生，其中17名学生被国外大学录取攻读硕士，升学率13.13%。离校就业率、一次性就业和年终就业率均无灵活就业率。普通本科招生计划2558人，与上年相比，招生计划增加200人，实际录取2546人。专转本计划招收350人，实际录取355人。在国际、国内赛事中，有341人次获省级以上奖项194项，其中97人次获国家级奖项；54人取得思科全球网络技术专家认证证书；STITP（大学生创新训练计划）项目中，51个项目成功结项，其中19项为省级项目，成绩为优秀的4项；在2018年度STITP项目申报工作中有60项项目立项，其中20项作为省级项目立项。5200多人分别获国家奖学金、国家励志奖学金、省三好学生、省优秀学生干部等奖励或称号。

2018年，学院扩大对外交流合作领域，拓展办学空间。完成6个嵌入式专业的申报材料，全部获批，分别与南京聚策信息科技有限公司、江苏朗坤智慧科技有限公司、江苏云智传媒技术有限公司、交通银行股份有限公司扬州分行、南京龙渊微电子科技有限公司、中邮通建设咨询有限公司、南京优奈特信息科技有限公司等签订校企合作协议及相关嵌入式培养项目。加强现有合作项目的完善和延伸，发展新的校际合作与交流关系。新增与澳大利亚艾迪斯科文大学合作关系，项目有关条款已商定。新增包括“一带一路”留学在内的项目。继续推动学生出国（境）学习、交流，全年有15名在籍学生通过学院校际合作项目在国外高校学习或者短期访学游学。（甘宗盛　徐文慧）

成人教育

■**概况** 2018年，扬州市无独立建制的成人高等学校，原属成人教育系列的扬州教育学院纳入扬州市职业大学统一管理；其他在扬普通高校分别设有成人教育机构，招收参加全国成人高考的本、专科毕业生。全市有2.00万人参加各类成人高考。

规范高校学历继续教育行为。会同主办高校，核查和审实省内外高校在扬设置学历继续教育校外教学点各类基本信息；公布全市高校学历继续教育校外教学点年审结果、新增校外教学点名单，接受社会监督；优化布局和动态调整高校学历继续教育校外教学点，加强事中事后监管，参与成人高教基础课统考巡视，规范高校学历继续教育办学行为。“五个一批”建设（一批标准化社区老年学习苑、一批青少年校外辅导培训品牌项目、一批新型职业农民培训示范基地、一批特色社区家长学校、一批优秀社区学习共同体）推进社区教育。2018年，全市创建25家“五个一批”建设单位。宝应县接受第四批国家级职业教育与成人教育示范县验收。江都区丁伙镇社区教育中心创成“省教育服务三农高水平示范基地”。建成4家首批江苏省级社区教育工作室。获评5家“江苏省改革开放40年40佳社区教育单位”。扬州开放大学和4家社区教育中心获评江苏省优秀成人教育院校（机构），其中宝应县安宜镇社区教育中心获国家级优秀成人教育院校（机构）。3家推荐的社区教育品牌获江苏省社区教育品牌项目，其中宝应县苏公大讲堂获国家级社区教育教育品牌项目。建成2家江苏省游学基地。

（柏 珏 职社处）

■车逻社区教育中心获批全国城乡社区教育特色学校 6月4日，高邮市车逻镇社区教育中心获第二批全国城乡社区教育特色学校，并应邀参加全国城乡社区教育创新发展现场会授牌仪式。8年来，该镇社区教育中心为青少年提供免费的校外教育服务。青少年校外教育是该中心的特色社区服务项目，实施过程中目标任务明确，组织管理规范，阵地条件优越，项目内容丰富，参与人数众多，经费保障有力，注重内涵发展，追求特色创新。该中心曾获“江苏省校外教育优秀辅导站”“全省校外教育工作示范辅导站”“江苏省2016年终身学习活动品牌”等称号，办学经验在《新华日报》登载。

（杨 教）

■扬州高职校举行2018年成人教育校企合作自主招生考试 10月13日，2018年南京信息职业技术学院成人高等教育校企合作自主招生考试在扬州高职校举行，来自扬州2家企业的295名有意提升学历的在职在岗员工参加自主招生考试。本次自主招生考试由高校组织命题，涉及电子信息工程技术、市场营销、电子商务、机电一体化技术、汽车检测与维修技术等8个专业。本次考试按照成人高考标准和要求执行，实行标准化考场与全程网络监控，涉及的层次是高中起点专科，试卷为企业员工综合能力测试，分为“语言表达能力”“数学推理能力”“外语应用能力”“社会情怀测试”等4个部分。校企合作自主招生学历教育项目是江苏省深化成人高校招生制度改革，是推进江苏省成人高校招生服务经济社会事业发展和转型，满足从业、择业、创业、转岗人员接受继续教育需求的举措，是高校服务社会的举措。

（杨 教）

■自学考试 2018年，扬州有27.85万人参加各类自学考试，比上年增加1.37万人，增长4.9%。其中，学历教育考试报名人数4.44万人，与上年基本持平；非学历考试报名人数23.41万人（不含大学生英语四、六级考试7.19万人）比上年增加7591人，增长3.2%。

全市非学历证书报名考试人员中，参加全国计算机等级考试（NCRE）4.86万人，参加成人全国计算机应用技术证书考试（NIT）315人，参加全国英语等级考试（PETS）4480人，参加书法等级考试的16.15万人，参加教师资格证书考试1.93万人。

全市有6.09万课次通过学历自学考试合格，占实考课次的77.3%，比上年提高0.4个百分点。

（柏 珏 考试院）

2018年扬州市成人高等教育招生录取情况表

表32-12

地 区	报名人数（人）			录取人数（人）			
	小 计	统一考试	非统一考试	小 计	专科升本科	高中升专科	高中升本科
合 计	20027	15204	4823	17171	8149	8780	242
市 区	9805	7835	1970	8391	3820	4329	—
邗江区	4260	3099	1161	3690	1902	1788	—
江都区	2531	1731	800	2174	1001	1173	—
宝应县	991	809	182	835	357	478	—
仪征市	1081	736	345	932	509	423	—
高邮市	1359	994	365	1149	560	589	—

注：表中市区不含邗江区、江都区

（柏 珏 考试院）

2018年扬州市学历自学考试报名考试情况表

表32-13

单位：课次

地 区	总 计	1月考试	4月考试	7月考试	10月考试
报考课次	99837	26964	24357	24053	24463
实考课次	78827	23534	17863	20103	17327
合格证次	60925	18093	14246	15350	13236

（柏 珏 考试院）

文化

Wenhua

编　辑　崔成鹏

综述

■概况　致力可感知、有内涵、标识度强的“扬州文化”品牌打造，创造性提出红色文化、运河文化、维扬文化等三大文化品牌打造。担当“运河长子”的时代使命，中国大运河博物馆落户景区三湾片区，大运河国家文化公园建设稳步推进。世界运河城市论坛及四个分论坛等一系列活动成功举办，形成通过1个“扬州倡议”和4个“江苏共识”。以“大运河文化带建设的扬州实践”为主题，举办首期“扬州智库论坛”，共议对策建议。“建好用好国际运河文化交流合作平台”项目获全省宣传思想文化工作创新奖。公共文化服务不断完善，书香城市“扬州样本”持续推进，“四位一体”公共图书馆服务体系创成国家公共文化服务体系示范项目；新建成10家城市书房、7家博物馆、577个村（社区）综合文化服务中心，新增全国示范农家书屋1家。24小时城市书房应邀参加省庆祝改革开放40周年图片展。围绕改革开放40周年、省运会、省园博会开展系列文艺活动，组织开展公益性文化活动667场、文博展览60多场，免费开展曲艺书场演出1078场，播放公益电影1.28万场。文化体制改革深入推进，市委网信办、市文广旅局挂牌成立，市新闻出版局（版权局）职能划转、人员转隶工作完成。召开市委深改组文化体制改革专项小组会议4次，审议文化改革发展有关重要事项15件。建立健全党委、政府监管国有文化资产工作机制，出台《扬州市市属文化企业国有资产监督管理暂行办法》。文化产业发展态势良好，百亿级华侨城文化旅游综合项目、光线传媒扬州影视产业基地项目相继落户，天山海世界文旅特色小镇一期项目开工建设；湾头玉器特色小镇启动一期项目建设，扬州琴筝文化产业园一期项目招引琴筝企业约40家，邗江壹點文创园入驻项目及企业近30家，扬报集团数字化印刷产业园投入运行。文化产业平台建设效应逐步溢出，举办2018中国（扬州）大运河文化旅游博览会暨第13届中国玉石雕精品博览会，组织开展新玩具设计创新创业大赛、非遗生活化设计大赛和“月亮城杯”扬州台湾文创设计大赛等三大文创赛事。组建“扬州地区博物馆文创产品联盟”，新研发57款74种文创产品。推进隋炀帝墓考古遗址公园、扬州城国家考古遗址公园、龙虬庄遗址公园建设。《扬州市非物质文化遗产保护条例》公布施行。3人获评国家级非遗传承人。　（陈湘辉）

■文艺工作　第19届省运会开闭幕式演出，精彩出彩，得到各级领导和社会各界一致好评。举办朱自清先生诞辰120周年纪念系列活动，其中赴台省亲之旅暨学术研讨会，两岸创新演绎先生经典，追忆先生风骨，影响深远。承办第十届中国曲艺牡丹奖颁奖、全国曲艺大书发展论坛暨全国曲艺大书“扬州书会”等活动，名家新秀荟萃，亮点纷呈。举办“江苏省体育摄影展”“第十届江苏省园艺博览会书法作品展”等系列主题展览，助力省运会、省园博会两大盛会。中国·扬州首届运河主题国际微电影展成功举办，聚焦世界运河文化交流，获评委盛赞。举办2018年世界体育赛事与旅游峰会，中外专家探索打造体育与旅游融合发展的扬州模式。文艺创作收获丰厚，扬剧小戏《夫妻哨》亮相2019年新年戏曲晚会，节目时间长达10分钟；中篇扬州评话《玉山子传奇》获第十届中国曲艺牡丹奖节目奖；扬剧《百岁挂帅》获江苏紫金文化艺术节特别奖；中老年舞蹈《车轮滚过大平原》获第13届江苏省“五星工程奖”；歌曲《蓝天下》入选中国梦全国优秀歌曲；木偶剧《神奇的宝盒》等4个项目入选国家艺术基金创作资助项目；电影《进京城》斩获首届上合组织国家电影节最佳影片奖等奖项；由广陵书社出版的《中国历代僧诗总集》获第21届华东地区优秀古籍图书奖特等奖。高层次人才工作持续推进，入选省“双创”、省“四名”人才各3人，列全省设区市第一；入选省“333”文化人才5人。（陈湘辉）

文化设施

■扬州市图书馆　2018年，市图书馆服务读者250万人次，借还图书

220万册次，数字资源访问下载70万次，图书馆平台点击率达88万余次。新增借阅证4.84万张，总持证读者27.49万人。采购纸质图书3.91万种14.44万册，馆藏总量达160万册。据省居民阅读状况调查结果通报显示，扬州市居民对基层阅读服务设施满意率居全省第一。图书馆数字资源建设完善提升，新增软件通、新加入知识服务平台；拥有32个外购数据库和6个自建数据库，存储容量85太字节（TB）。市图书馆获国家图书馆“文津图书奖”联合评审单位、“城市书房”获第二届江苏全民阅读十佳推广活动(项目)、扬州市公共文化服务体系建设“先进集体”。

主阵地服务。图书部设置每周新书、好书推荐，结合时事热点，设有“贯彻十九大精神 谱写新时代华章”“伟大的进程——纪念改革开放四十周年”“喜迎省运会 扬州动起来”“迎省园博会 建美丽家园”“中共党史党建”“馆藏廉政文化”等专题书架，受到读者和领导的好评。期刊部全年接待阅览读者7.95万人次，流通期刊3.74万册，提供参考咨询707条，公开信息8000多条。采编部赠送新疆新源县图书馆图书近万册，并赴新源帮助完成所有图书的分编、加工工作。古籍部完成古籍普查编目、名录申报、书志撰写等基础业务工作，对馆藏11.2万册的古籍普查数据进库按部类核对，做到实物书册与书签、电子表信息相符，信息不符者及时更改；完成专部79部、新部278部古籍的普查编目工作；对《扬州地方文献古籍数据库》收录古籍编目62部；申报第六批《国家珍贵古籍名录》，按条件筛选馆藏4部古籍；参与《江苏经籍志·方志提要》的撰写。

分馆、城市书房建设和管理。全年建成半岛、万科、荷花池、明月湖、萩勤堂、市图书馆6家城市书房，指导建设宝应和合书院、高邮文体中心等2家城市书房，以及市人社局、上汽、矫正中心、市级机关、中铁宝桥、开发区法院6家“一卡通”分馆。至年底，市图书馆建成26家场馆式24小时城市书房、4个机器式24小时自助图书馆，拥有高标准通借通还“一卡通”分馆36家。各城市书房及分馆共接待读者190万人次，借还书150万册次，新办证3万张，图书配送总次数累计530次，配送书刊近30万余册（含新建书房图书配送），打造便捷、高效的图书馆服务平台，实现实体图书馆和数字图书馆融合发展。全年，城市书房共接待中宣部、省、市各界领导以及兄弟图书馆视察、参观城市书房50多批次。“4·23读书节”期间，央视《新闻直播间》栏目，午间直播对扬州“城市书房”的探访，并以《扬州24小时“城市书房”：黄金地段书香清远》介绍扬州“城市书房”；《人民日报》、人民网、新华网、《光明日报》等中央主流媒体给予高度关注和聚焦报道。

“四位一体”示范项目。8月，“四位一体”公共图书馆服务体系建设项目接受省文化厅专家组的检查验收工作。专家组听取市创建第三批国家公共文化服务体系示范项目的工作汇报，详细查阅示范项目创建工作档案、台账资料，并实地考察明月湖、三湾两家24小时城市书房和生态科技新城分馆，对扬州市“四位一体”公共图书馆服务体系的建设予以认可和肯定。9月，完成“四位一体”示范项目验收。

品牌活动。2018年，完成现场讲座56场，其中高端名家讲座22场、地方文化讲座34场，现场参与听众2.7万人次。举办展览18场，做到月月都有新展览，参观人次达6.3万，并到县、区图书馆巡展。组织开展“快乐阅读·放飞梦想”2018年扬州市红领巾读书征文评奖活动，开展江苏少儿数字图书馆数字资源线上线下体验活动，促进、推动少儿阅读；组织“阅读成就梦想、书香美丽扬州”——第四届“朱自清读书节”主题活动，开展“我最喜爱的童书”评选、“优惠图书任你购”、“你选书，我买单”大型精品图书展销会、“图书交换·共享阅读”、“阅读成果”展示展览等系列活动；组织全市公共图书馆开展“共享阅读新时代”2018年度图书馆服务宣传周活动，倡导全民阅读；策划组织“七彩夏日”——2018年扬州市图书馆青少年暑期系列活动；开展“高清电影周周看”“视频讲座周周听”活动，分别放映电影80场、视频讲座61场。

阅读服务空间。3月，市首批朗读亭设立在市图书馆总馆和三湾城市书房，朗读亭打通线上与线下距离，走到每个朗读者的身边。市图书馆在全城征集2018位朗读者，让每一位朗读者走进朗读亭，用发自内心的声音朗读人生梦想，感受文字力量。推出“流动朗读亭”，走进校园、社区、乡镇，开展更多

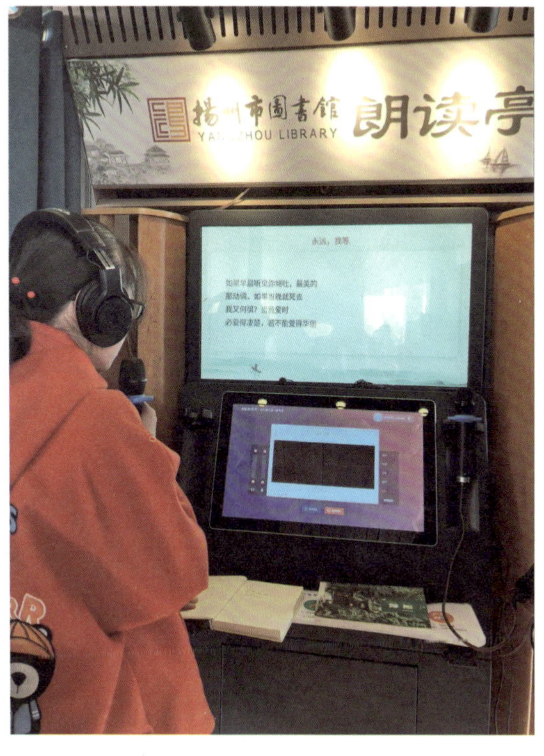

市民在“朗读亭”内朗读　日　报/供稿

的朗读活动，点燃全民朗读热情。12 月 29 日，市“盲人电影院·无障碍图书馆”开幕运行，面积约 120 平方米，可同时容纳 50 名盲人观影，并为各类残疾人提供无障碍阅读服务，是集视障观影、残疾人阅览、培训为一体的综合文化服务厅。（黄晓宇 李宗强）

■扬州市美术馆（国画院） 2018 年，举办“丹青扬州——第三届全国中国工笔重彩画作品展”、“李亚如书画作品展开幕式”、“纪念李亚如先生百年诞辰座谈会”、“江苏省优秀美术家系列展：陆庆龙——故土家园”、纪念“侨”与改革开放四十周年“翰墨盛彩”中美书画艺术交流展、“翰墨中秋——扬州古城书画院书画作品邀请展”、2018 扬州美术双年展暨扬州市庆祝改革开放 40 周年主题美术作品展、“辉煌四十年翰墨书华章——扬州市庆祝改革开放四十周年书画作品展”等。（安玉民 韩 震）

■扬州博物馆 2018 年，扬州博物馆发挥公益展览功能，举办展览 35 期，与四川博物馆共同举办“生命·运动·乐趣——中华古代体育文物展”，“通·融——中国大运河文化特展”被列为省巡展项目，并选入国家文物局重点推介项目“纪念改革开放 40 周年十项主题展览”。赴境内外举办特展 13 期。全年共接待观众 148.97 万人次，完成重要接待 180 余次，全年讲解接待共 2685 批次。文博体验中心全年为观众提供多种多样的社教体验项目 2400 余场次。馆校合作工作继续深入，指导并支持育才小学西校区校博物馆建成并开放。开展“城乡互动”学生参观等活动，组织近 2000 名学生参观博物馆。配合开展“博物馆之夏”夏令营活动，接待 1500 多名青少年学生。开展志愿者招募工作，举办形式多样的志愿者培训 20 次，扬州博物馆注册志愿者 733 人，本年度服务总时长达 2.08 万小时。全年在国家及省市级各类媒体上以多种形式进行宣传报道逾 1000 次，拍摄博物馆社教活动、雕版印刷宣传片进行宣传推介。加强国际交流，与德国奥芬巴赫市博物馆签订合作交流备忘录，建立经常性、常态化的联系机制。“5·18”国际博物馆日期间，组织人员参加由上海市、江苏省、浙江省、安徽省文物局共同举办的“博物致知”首届长三角博物馆教育博览会，展示市博物馆的建筑和馆藏特色以及近年来举办的特色社教活动。参加中国博物馆青少年教育课程优秀教学设计推介展示活动，“古代雕版印刷”项目被省博协评为“十佳教学设计”。征集玉石、书画类等器物 19 件（套）；接收市文物考古研究所近年考古出土文物 300 多件（套）。接受杨荫昌后人捐赠的杨荫昌藏名人信札 123 通，杨荫昌绘《扬州十二胜迹》册页 2 册；接受江轸光后人捐赠的江轸光绘画、书法、画稿等作品 349 件（套）；接收其他捐赠 14 件。全年共计完成各类文物保护修复 360 件（套）。开展明《治平言》雕版保护修复项目，使用传统工艺补刻雕版 36 页。组织人员赴韩国参加亚洲雕版印刷研讨会，提交学术论文 2 篇。全年共完成木漆器文物脱水 213 件，修复残损木漆器文物 57 件。主办“汉代木漆器保护与研究国际学术研讨会”“清代两淮盐商与扬州”专题研讨会。国家文物局重点科研基地开放性课题“扬州邗江姚庄 101 号西汉墓男棺出土漆面罩修复研究”立项。利用馆藏编辑的《唐宋元墓志》出版印刷，选取馆藏雕刻类文物制作《扬州古代雕刻文物填色书》。全年开发 61 款 77 种文创产品，共收入约 116 万元。开设博物馆文创淘宝店和微店，扬州八怪微信表情包上线。文创产品参展第九届中国西部文化产业博览会，获得最佳创意产品奖。（冯永革）

市民在参观中国大运河文化特展　庄文斌/摄

■扬州市文化馆 2018 年，市文化馆承办扬州城市荣誉表彰暨新年联欢会、市社会主义核心价值观主题汇报演出、市第三届“绿杨人家”社区艺术节开幕式、省第 19 届运动会开闭幕式迎宾演出、第 13 届省五星工程奖扬州市作品参评及文化惠民演出、2018 紫金文化艺术节扬州市广场演出暨扬州市庆祝改革开放 40 周年文艺演出等省、市重要文化活动。依托上述重要群众文化活动，组织开展广场舞领队集训 33 次，赴基层开展广场舞培训近 100 次，组织千人以上的广场舞集训超 20 次；在第三届“绿杨人家”社区艺术节、省第 19 届运动会开闭幕式迎宾演出期间，根据总导演工作部署，分别编创推出广场舞《赞赞新时代》《所有人都成功》的教学视频，引领广场舞新风尚，受到广大市民的欢迎，提升市广场舞的表演水平。依托“绿杨行”送文艺进基层、“绿杨书场”以及戏曲票友周周唱等品牌，结合重要节假日，举行近200场文化惠民演出；开设“我爱歌唱”声乐大课堂、“歌声飞扬”声乐沙龙、古琴、古筝等春秋两季公益培训班；全年共举办省市级各类书画、摄影展览22场，其中包括扬州市著名书画家李亚如百年诞辰系列纪念活动书画展，并选送优秀美术、书法、摄影作品参加“影响·巨变——庆祝改革开放四十周年全省群众美术书法摄影优秀作品展”、第13届省“五星工程奖”美术书法作品展等省、市级展览大赛。葛瑞莲获市教科文卫工会授予的“劳模创新工作室”称号，音舞戏曲中心获市五一巾帼标兵岗，高荣获省第19届运动会个人三等功，杨栋等6人获省第19届运动会“先进个人”称号，冯振国国画作品入选省第13届“五星工程奖”作品展，市文化馆获市五一劳动奖状和省第19届运动会“嘉奖单位”称号。提升数字文化馆建设水平，丰富百姓数字文化体验。微信公众号“扬州市文化馆”及“扬州市文化馆信息发布”开通3D全景和直播子菜单，增强市民“足不出户即可享受文化大餐”的数字化体验。至年底，市文化馆邀请“江苏公共文化云”关注用户超1万人，注册用户超3200人，认证用户近800人，位居全省地级市第一。通过市文化馆官方网站、微信公众号以及江苏公共文化云平台，全年发布各类活动咨询、工作信息、视频音频资料340余份，立体展示各项重要活动的全貌；拍摄演出、讲座等活动70余次，总时长超过70小时，制作40余张光盘，充实数据库内容。在省第19届运动会期间，开幕式迎宾演出的单篇阅读量超过1万人次，点赞和评论数超300条。开展“廉政文化建设”“文化走亲”系列活动。依托“绿杨行”送文化进基层品牌活动，举行多场“廉政文化建设”进社区、进乡镇主题文艺演出；开展“廉政文化建设”主题书画、摄影、微视频作品展，利用传统节日开展送“廉政文化建设”主题书画作品进社区等活动；全年，先后组织一批省、市级优质展览资源，输送到仪征、邗江、江都等县（市、区）、乡镇文化阵地，组织优秀群众文艺作品在全市范围内进行展演，鼓励优秀群众文艺团队在全市范围内开展合作，增强优秀群众文艺作品的生命力和衍生力。

（黄晓宇　李宗强）

■农家书屋建设 2018年，全市对照建立健全农家书屋管理员队伍、持续更新农家书屋出版物、推动农家书屋与基层图书馆服务体系相结合、实现行政村数字农家书屋基本覆盖等试点内容，开展农家书屋提升工程试点申报工作；完成1097家农家书屋信息核查工作；结合农家书屋提升工程建设任务目标，全年新增200家农家书屋纳入县级图书馆总分馆体系，对新完成通借通还建设的书屋每家给予1000元补助经费。先后举办以农家书屋等公共阅读服务场所为平台的“全市农民读书节系列活动”“七彩的夏日·共享阅读”“中华经典诵读”“红领巾读书寻访”“家长网校访农家”“家庭教育宣传实践月”“小手拉大手”等活动；鼓励学生参与“暑期我当书屋管理员”“我的书屋，我的梦”读书征文活动。开展全市星级示范农家书屋评选活动，评选四星级农家书屋5家。新增全国示范农家书屋1家（江都区滨江新城新和村农家书屋）。

（苗　芹）

公共文化

■概况 2018年，全市新建成658个村（社区）综合文化服务中心，实现建成率100%；完善公共阅读服务体系，新开设10家24小时城市书房和6家图书馆“一卡通”分馆；市图书馆各项业务指标显著提升，扬州市居民对基层阅读服务设施满意率居全省第一；市文化馆获市五一劳动奖状和省第19届运动会“嘉奖单位”称号；市图书馆获评为国家图书馆“文津图书奖”联合评审单位，“城市书房”获评为第二届江苏全民阅读十佳推广活动（项目）；加强数字文化馆、图书馆建设，在全市推广“江苏公共文化云”平台，成为全省首个实现公共文化机构全覆盖的地级市，年底实现推广关注人数全省地级市排名第一；通过文化部对“四位一体”公共图书馆服务体系示范项目的验收评审。

*文化活动开展。*市文化馆共开展送戏、送演出进社区活动60场，馆内综合演艺厅演出88场，“绿杨书场”说书118场，举办各类展览30期、讲座10期，群艺广场暑期放映电影17场，接待市民进馆活动达60余万人次；全市开展文化活动2万余场次；继续打造“扬图讲堂”品牌，全年举办讲座56场，其中高端名家讲座22场、地方文化讲座34场，吸引读者近两万人次；中老年舞蹈《车轮滚过大平原》获第13届省“五星工程奖”，并参加颁奖仪式暨优秀作品展演；组织开展喜迎“省运会、省园博会”和庆祝改革开放40周年系列群众文化活动：开展“4·23朱自清读书节”系列活动，举办2018扬州城市荣誉表彰暨新年联欢会、扬州第三届“绿杨人家”社区艺术节、“群众文艺展风采 盛世欢歌颂时代”第13届省五星工程奖扬州参评作品走基层文化惠民演出等大型群众文艺精品演出活动，市文广新局获评为第13届省“五星工程奖”惠民演出优秀组织单位，承办第19届省运动会开闭幕式迎宾演出、“奋进新时代 开启新征程”扬州市社会主义核心价值观主题汇报演出、“美好新时代 扬州再出发”2018紫金文化艺术节扬州市广场演出暨庆祝改革开放40周年文艺演出。

*“绿杨群星”文化人才队伍建设。*贯彻落实《中华人民共和国公共文化服务保障法》，以“走出去”的形式赴全国文化干部培训基地（山西）举办2018年度全市基层文化干部培训班，近60名基层文化骨干接受培训；举办扬州市数字文化云服务与管理平台运营与推广培训班，全市120余名基层文化干部参训，

提升基层数字文化服务能力；强化非遗传承人队伍建设，组织3批传承人群参加省以上研修研习培训；宣传学习《扬州市非物质文化遗产保护条例》，举办多期讲座讲堂、研讨会、培训班，提升全市非遗文化工作者、非遗传承人的传承保护意识；贯彻落实《中华人民共和国公共图书馆法》，举办全市公共图书馆业务人员学法用法培训班，全面提升图书馆业务工作者综合素质；组织广大群众文艺团队参与大型群众文艺活动。

推动非遗条例颁布实施。配合市人大常委会开展《扬州市非物质文化遗产保护条例》立法工作，《条例》于11月23日由省第13届人民代表大会常务委员会第六次会议批准公布，并于2019年1月1日正式施行，为全市非物质文化遗产保护工作开启新篇章；市国家级传承人抢救性记录工程取得重要进展，对漆器髹饰技艺代表性项目的国家级传承人赵如柏进行抢救性保护。围绕“文化和自然遗产日”及其他节假日，依托“非遗悦心”活动品牌，组织开展近30场非遗讲座及展示展演活动；编写《非遗史话》丛书第一辑，补充《江苏省非物质文化遗产志（2005—2008）》的相关内容；组织开展第五批省级非物质文化遗产代表性项目代表性传承人、第四批市非物质文化遗产代表性项目、第五批市级非物质文化遗产代表性项目代表性传承人的申报工作、评审工作；开通非遗扬州微信公众号。

开展非遗特色活动。结合公园体系建设，打造“非遗+公园”模式，全年开展“非遗进公园”活动20场。开展2018“文化和自然遗产日”系列活动：江都区丁伙龙舞传习所建成揭牌，高邮市在北门瓮城遗址文化广场举办非遗老行当展演，邗江区在明月湖举办扬州首届龙舟赛，仪征市举办特色民俗民艺文化走进扬州东关街活动，宝应县举办宝应淮剧进校园活动。结合非遗条例的宣传学习，开展“非遗四进”系列活动，举办“非遗悦心·传承筑梦”扬州非遗走进扬大活动、“舌尖非遗”面点技艺展示展演活动。

（黄晓宇　李宗强）

“全民阅读春风行动”启动仪式上，孩子们收到捐赠的书包和课外读物

王乃驹/摄

■全民阅读活动 制定印发《第四届“朱自清读书节”总体方案》《2018年扬州市全民阅读活动系列方案》，组织安排10个篇章430余项全民阅读活动，活动贯穿于全年的各个时段，辐射城乡各地，覆盖各类群体，参与人次上百万，示范、引领作用彰显。推进“全民阅读春风行动”开展，发挥市图书馆、市少儿图书馆丰富的馆藏资源，拓宽阅读服务范围与渠道，建成扬州市图书馆平山实验学校分馆、扬州市少儿图书馆月塘中心小学流通服务点，指导乡镇学校成立“春风少年读书会”，组建10个以市知名作家、学者，学校教师为主的阅读指导专家服务队和“全民阅读志愿者服务站”，定期奔赴乡镇学校、社区、城市书房开展阅读指导、读书交流等阅读示范活动。编发12期《扬州市全民阅读简报》，通报全民阅读情况。印发《关于推进扬州市现代公共文化服务体系建设的实施意见》并推进实施，对加快推动公共文化服务体系建设进行全面系统的部署。全年全市新建成337个村（社区）综合文化服务中心，新开设半岛、万科、荷花池、明月湖、陈集、宝应和合书院、高邮文体中心等24小时城市书房。新设立6家市图书馆“一卡通”分馆。完善83家县级图书馆乡镇分馆图书更新。扬州主城区图书馆总持证读者36.13万人（城市书房占6万人），占市区人口数的31%。加强数字图书馆建设，在全市推广“江苏公共文化云”平台，成为省首个实现公共文化机构全覆盖的地级市。通过文化部对“四位一体”公共图书馆服务体系示范项目的验收评审。钟书阁扬州广陵店入选2018年度江苏最美书店名单，市图书馆城市书房项目（活动）被列入首批“江苏省共享阅读空间认证扶持项目品牌名单”和省十佳全民阅读推广活动（项目），市少儿图书馆被评为“全国家庭亲子阅读示范基地”“全省十佳阅读推广机构”，全市7个县级以上公共图书馆全部达到国家一级图书馆标准。扬州市在首批省级书香城市建设先进市的基础上，完成省书香城市建设示范市申报工作。

（苗　芹）

■第四届朱自清读书节 4月22日，由市委、市政府主办的扬州市第四届“朱自清读书节”在邗江区明月湖广场启动，活动主题为“阅读成就梦想·书香美丽扬州”。启动仪式上表彰书香机关、书香校园等

63家全民阅读先进典型，向社会推荐12本好书，拉开贯穿全年的10个篇章430余项全民阅读系列活动序幕。（苗　芹）

文学艺术

■概况　举办“扬州之春”艺术周活动，共包括民乐、木偶、曲艺、扬剧、萨克斯、舞剧、美术等9类活动，全方位集中展示扬州市专业院团的精品成果。元宵节，“茉莉花开是扬州”民歌展演亮相央视音乐频道《唱响新时代·元宵特辑》。扬州多个专业艺术团体的近50名演员集中献艺，将扬州民歌、扬剧、木偶、花香鼓等扬州传统文化传入千家万户。举行“春朗清明·音乐诗会”。活动共70分钟，分《序曲》《故园绽新绿》《高山荡清风》《碧血映丹心》《尾声》五个篇章，通过朗诵古诗、吟咏散文向听众讲述先祖们的英勇事迹。市文广新局因在省第19届运动会组织运行工作中表现突出，被市委、市政府表彰为立集体二等功，市歌舞剧院立集体三等功，季培均、周启云、顾红霞立个人二等功，王鹭声等5人立个人三等功。市扬剧研究所、市文化馆等6家单位获集体嘉奖，市文广新局剧目工作室、市美术馆等单位获得通报表扬，18人获嘉奖，94人获得通报表扬。

2018年，市文艺作品参与国家级和省、市级各类文艺奖项评选，成绩斐然。扬州评话《玉山子传奇》获第十届中国曲艺牡丹奖节目奖；纪录片《和你一起吹吹风》参加亚洲旅游影视艺术周并获“纪录片类奖”；青春版《百岁挂帅》获“江苏省紫金文化艺术节”特别奖；图书《李光荣下乡记》、评话《推开“麻”门》、歌曲《月亮城》3部作品获“第二届扬州市政府文学艺术奖”作品奖，王虹军、戈弘、李仁珍、杨麟、汪琴5位老艺术家获终身成就奖。以时代楷模王继才坚守孤岛32年为题材的扬剧小戏《夫妻哨》亮相新年戏曲晚会，党和国家领导人出席观看。孔研书法作品入选“第五届林散之·书法作品双年展”。栾虹、张正才获2018“江苏最美文艺志愿者”称号。（黄晓宇　吴建军）

■理论研究　1月29日，由省作家协会创研室、市文联主办的2017年市文艺创作引导资金项目文学作品研讨会在街南书屋举行。南京大学文学院教授张光芒，南京师范大学文学院教授王晖、谈凤霞，知名文学杂志编辑何同彬，青年批评家黄玲等省知名文学专家对2017年市文艺创作引导资金项目文学作品进行点评，相关作者介绍自己的创作心得体会，并与专家们就作品当中的问题进行交流和探讨。5月13日，邗江区举办“做有根的中国人”经典诵读研讨会暨“城市书房”经典诵读活动基地揭牌仪式。来自西安、北京、郑州及扬州本地等专家学者，从诵读溯源、诵读者情怀、诵读声韵美等方面做交流发言，就如何充分发挥经典诵读在公民道德养成中的作用、用传统经典促进市民文明素养和文化素质提高做交流。5月14日，由市文广新局、市文联、江都区委宣传部联合主办的贾平凹新

2018年扬州部分出版文艺作品一览表

表33-1

书　　名	类　别	作　者	出版社
父亲的河流	中篇小说集	肖德林	广陵书社
犽镇	电视文学剧本	王闻大	江苏人民出版社
水乡人家	长篇小说	张文华	江苏人民出版社
永不打烊的警务室	长篇报告文学	王向明	江苏大学出版社
清溪集	旧体诗词集	周冠军	江苏大学出版社
诗与思	诗歌集	庄晓明	广陵书社
姚佩伦影诗作品集	摄影诗歌作品集	姚佩伦	广陵书社
邹文灿摄影作品集	摄影集	邹文灿	广陵书社
王虹军摄影作品集	摄影集	王虹军	广陵书社
李亚如书画作品集	书画作品集	市文联编	广陵书社
扬州市第十六届迎春美术作品选登	美术作品集	市文联编	
扬州市第十六届迎春书法作品选登	书法作品集	市文联编	
扬州百花女子画院庆三八展览作品集	书画作品集	市文联编	
扬州入展省第十一届新人书法篆刻展作者作品展作品集	书法作品集	市文联编	
扬州市自由书画之家赴皖采风书画作品展作品集	书画作品集	市文联编	
周文彰除夕书法作品展作品选登	书法作品集	市文联编	
第十届江苏省园艺博览会书法作品集	书法作品集	市文联编	
时代放歌——扬州市庆祝改革开放四十周年书画作品展作品选登	书画作品集	市文联编	
辉煌四十年·翰墨书华章——扬州市庆祝改革开放四十周年书画作品展作品选登	书画作品集	市文联编	

（吴建军）

作《山本》读者见面会在扬州艺术馆举行。贾平凹与读者们分享写作《山本》的心路历程以及个人关于文学创作的独到见解，一一解答扬州作家、文学爱好者的提问。5月26日，由《清明》杂志社、市文联主办的“《清明》读书会走进扬州”举办。在读书会上，赵宏兴介绍《清明》杂志情况，赵宏兴、肖德林等作创作访谈，有文艺评论家解读《清明》小说作品，扬州作家朗读《清明》作品，读者互动等环节。（吴建军）

■文艺创作引导资金 2018年，市文艺创作引导资金加大对项目统筹规划、质量把关、资金扶持的力度，申报范围涵盖各个艺术门类，共收到近百项创作规划和实施方案。经省、市两级专家评审，扶持小说《父亲的河流》《J先生》《水乡人家》、报告文学《孤岛上的灯塔》、诗歌集《清溪集》等7部文学类作品，摄影集《光影·诗韵》等2部艺术类作品，扬州评话《玉山子传奇》、扬州弹词《宝黛释嫌》、歌曲《幸福扬州》、舞蹈《不老的芳华》等11部舞台表演类作品创作，支持“纪念朱自清诞辰120周年”书法作品展等展览类重大项目9个。基于此项工作申报的“凝心聚力筑高峰——扬州市文联通过文艺创作引导资金打造文艺精品”获2018年省文联系统优秀创新项目。（吴建军）

■文艺人才队伍建设 2月1日，市文联与市人社局联合开展市体制外文艺人才专业技术资格评审工作。本次评审范围涉及民间群众文化、艺术培训、工艺美术等方面，共有41名体制外文艺工作者参评。评委队伍由数位中国工艺美术大师、省工艺美术大师等行业权威专家组成。经市人社局审核、公示等程序，共有27人通过评审。3月1日，市文联召开体制外文艺人才职称评定工作座谈会，调研职称评定工作。（吴建军）

■文艺惠民 组织文艺界开展2018年新春“文艺进万家”系列活动。1月30日，由市委宣传部牵头组织的市文化科技卫生“三下乡”集中服务活动在仪征市月塘镇举行。活动中，朱红林、姜忠明、霍宝华、任祖智、刘建民等5位扬州知名书法家为群众现场书写数百幅春联和“福”字。2月1日，市文联在杨寿镇举办2018年新春“文艺进万家”系列活动启动仪式。活动现场，来自市硬笔书法家协会和邗江区书法家协会的书法家们挥毫泼墨，为杨寿镇的村民们书写数百幅春联和“福”字。2月5日，由扬州书法院、扬州自由书画之家、扬州市少年宫、李典镇滨江小学联合主办的送春联进乡镇活动在滨江小学举办。活动现场，书法家们挥毫泼墨，为滨江小学的学生和老师们书写大量的春联和“福”字。2月6日，扬州书法院组织多名书法家前往江苏华电扬州发电有限公司为全体干部职工们书写春联。2月7日，市文联组织多名书法家走进朱塘社区为居民群众书写春联。2月8日，市文联组织书法家走进翠月嘉苑社区为居民群众书写春联。2月9日，由市文联、扬州广陵区委宣传部主办的“扬州市文联2018年新春‘文艺进万家’系列活动走进彩衣街社区”在汶河小学北柳巷校区举办。2月11日，市文联联合市级机关工会，举办迎新春“写春联、送福字”活动。朱红林等9名书法家分别在市政府东、西大院为机关的干部职工书写春联和“福”字。2月12日，由市委宣传部、市文明办、市文联联合主办的“文明相伴福满旅途——扬州市文艺志愿者送万福迎新春”活动在西部客运枢纽和扬州泰州国际机场举行。众多书法家挥毫泼墨，为旅客们送上“福”字和文明新春联。（吴建军）

■文艺拥军系列活动 7月19日，市文联带领市美术家协会、扬州书法院、扬州百花女子画院等单位的书画艺术家走进军分区，为官兵现场创作书画作品。活动中，朱红林、刘玉海、谢继红、金连钧等10位市知名书画家为军分区现场创作书画作品60余幅。7月26日，由武警扬州消防支队、市文联主办的“永恒的承诺——武警扬州消防支队庆‘八一’主题报告会”在扬州大学广陵学院举行。报告会共分《敬礼，永恒的警徽》《敬礼，永恒的战友》《敬礼，永恒的事业》《敬礼，永恒的忠诚》4个篇章近20个节目。7月30日，由民建扬州市委、市文联主办，扬州文昌书画院承办的“书画艺术进警营·双拥共建迎八一”活动在扬州边防检查站监护二中队举行。活动中，朱红林、曹骥、薛小勤、刘玉海、贾修森、金连钧等10余位市知名书画家为边防检查站现场创作书画作品近60幅。8月28日，市文联组织市知名书画家走进省军区扬州第一离职干部休养所，用书画艺术开展拥军活动。朱红林、刘玉海及市硬笔书法家协会主席张军、广陵区书法家协会主席姜忠明等5位书画家为干休所现场创作书画作品50余幅。12月7日，市文联开展廉政书画进消防活动。朱红林、何业栋、刘玉海、姜忠明、霍宝华、张军、郑小珊等7位书画家为消防支队现场创作书画作品50余幅。（吴建军）

■第三届“春的律动”文艺活动展示月 4月，市委、市政府将第三届“春的律动”文艺活动展示月列入2018“烟花三月”国际经贸旅游节活动，市文联开展20多项文艺活动，分别由各县（市、区）文联和各文艺家协会和其他相关单位、文艺团体具体承办，涵盖文学、音乐、舞蹈、书法、美术、戏剧、曲艺、民间文艺等各艺术门类。包括4场公益演出、“相约在烟花三月——宁镇扬书画联展”“纪念李亚如先生诞辰100周年——李亚如先生书画作品展”等活动。（吴建军）

■纪念朱自清诞辰120周年系列活动 6月21日，“纪念朱自清诞辰120周年赴台省亲之旅暨学术研讨会”活动在台北举行。两岸表演团体同台献艺，跨界演绎朱自清作品名篇，朱自清两岸亲属再续跨海

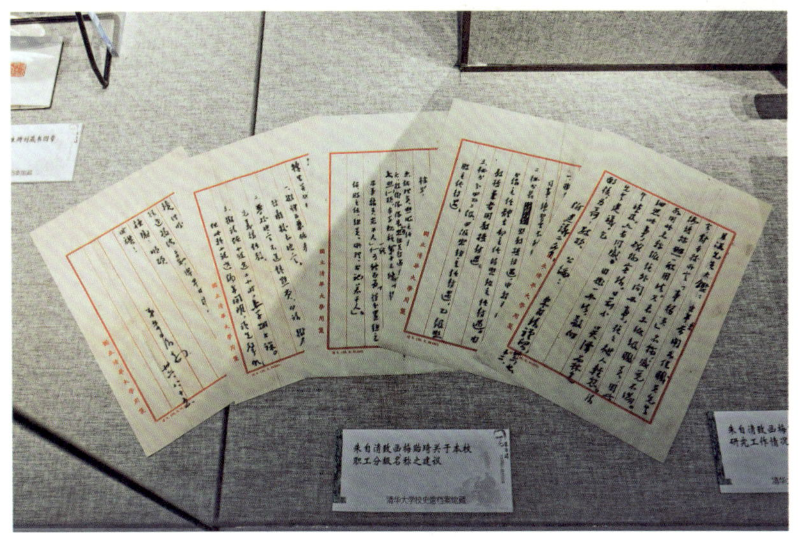

背影长留——朱自清先生诞辰120周年纪念展展出的朱自清珍贵手记

望秋叹/摄

亲情。扬州作为本次活动的举办方之一，以扬州弹词开场，将各界来宾带入朱自清生活过的扬州小巷；扬州评话《朱自清》为观众展现朱自清的生活与学术生涯；扬州市歌舞剧院双人舞《荷塘月色》，赢得观众掌声。活动现场，扬州展出朱自清遗物和书信的照片，让台湾民众了解生活上的朱自清。除了文艺表演，两岸专家学者和作家还进行研讨，多角度还原朱自清的生活与文学脉络。10月13日，由省作家协会、市委宣传部、扬州大学、市文广新局、市文联、市社科联共同主办，扬州大学文学院承办的纪念朱自清诞辰120周年暨“朱自清的文化自信与文学意义”学术研讨会在扬州举行。11月21日，纪念朱自清诞辰120周年朗诵会暨第五届朱自清散文奖颁奖仪式在扬州举行，丁帆、肖复兴、孙郁、车前子、潘向黎5位作家获奖。11月22日，“背影长留——朱自清先生诞辰120周年纪念展”在扬州博物馆开展，共展出来自中国现代文学馆，清华大学校史馆、档案馆，扬州朱自清纪念馆和朱自清嫡孙朱小涛等收藏的相关展品80余件。11月28日，由市文联、市文物局主办的“纪念朱自清诞辰120周年书法作品展”在市文联美术馆开幕，共展出60幅书法作品。活动中，朱红林、姜国庶、陶恩朝、刘建民四位书法家向朱自清纪念馆捐赠书法作品。（吴建军）

■庆祝改革开放40周年系列活动

10月9日，由市文联主办，扬州百花女子画院承办的“春风化雨——纪念改革开放40周年书画作品展”在市文联美术馆开幕。本次展览共展出书画精品近50幅，作品形式多样，贴近生活、贴近群众，书画家们把家国情怀融入创作中，讴歌改革开放新时代，向改革开放40周年献礼。10月18日，由省美术家协会、市委宣传部、市文广新局、市文联主办的“2018扬州美术双年展暨扬州市庆祝改革开放40周年主题美术作品展”在市美术馆开幕。200余幅极具艺术感染力的绘画作品，展示改革开放和社会主义现代化建设新时期的辉煌成果。11月2日，由市人大常委会主办、市人大书画会承办的“纪念改革开放四十周年”专题书画摄影展在扬州八怪纪念馆开幕，共展出160余幅书画摄影作品。11月4日，由市委统战部、市文联主办，市自由书画之家、扬州书法院、市文联美术馆承办的“与改革共成长与时代共繁荣——扬州市自由书画之家赴皖采风书画作品展”在市文联美术馆开幕。10月中旬，市委统战部、市文联组织“自由书画之家”部分成员赴安徽凤阳小岗村、合肥渡江战役纪念馆以及安徽省博物院等地采风学习。此次展览共展出采风创作成果近50幅。11月8日，由市委宣传部、市文联、市文广新局主办的“时代放歌——扬州市庆祝改革开放四十周年书画作品展”在市美术馆开幕。展览共收到投稿作品200余幅，经评审，展出140余幅精品。11月25日，由省文学艺术界联合会、市委宣传部主办，省美术家协会、省书法家协会、省书画院、市文联等单位承办的“辉煌四十年·翰墨书华章——扬州市庆祝改革开放四十周年书画作品展”在省现代美术馆开幕。展览特展部分扬州籍或与扬州有关的著名书画家的作品，征集部分扬州已故著名书画家的作品，精选部分当今扬州知名书画家的作品，共展出110余幅书画精品。11月25日，市文联、市舞蹈家协会在广陵区体操馆举办“十年舞情”舞蹈回顾展演，集中展示十年来扬州舞蹈业发展、文化成果，展示改革开放40年给全市舞蹈事业带来的变化。来自全市38个团体的上千名舞蹈精英和群众演员参加，演出分《芳“草”如茵》《百“花”争艳》《播“种”梦想》三个篇章共40个节目。（吴建军）

■首届江苏民间文艺志愿者艺术节

11月9日，由省民间文艺家协会、市文联、市文明办、吴桥镇党委政府主办的“首届江苏民间文艺志愿者艺术节暨江都吴桥文化志愿者协会成立五周年庆典”在江都区吴桥镇开幕。活动中，省民间文艺家协会与吴桥镇文化志愿者协会签署文艺志愿服务结对合作协议书，并将省委宣传部、省文联联合颁发的“江苏省文艺志愿者乡村服务基地”铜牌授予吴桥。11月10日，分别举办“民间文艺志愿服务在乡村振兴战略中的地位和作用”研讨会和吴桥民间文艺志愿者“乡韵走四方”大型公益演出。（吴建军）

■第三期文艺骨干培训班 7月6—10日，由扬州市文联、上海市宣传系统人才交流中心共同主办的扬州市第三期文艺骨干培训班在上海复旦大学开班。来自扬州各县（市、区）文联、文艺家协会、行业（企业）文联的共40余位代表参加此次文艺骨干培训。培训班专门邀请中国戏剧家协会名誉主席、著名京剧表演艺术家尚长荣，上海市委宣讲团成员、国务院特殊津贴专家、中共上海市委党校马克思主义学院教授黄力之，上海市文联理论研究室主任、上海诗词学会代会长胡晓军，上海市委宣传部原副部长、上海市文化发展基金会理事长陈东，华东理工大学马克思主义学院原副院长、上海市形势政策教育研究会副会长杨苏，著名文化产业创意专家、上海市文联副主席、上海故事会传媒体文化有限公司原董事长何承伟进行专题讲座。

（吴建军）

■首期中青年作家小说创作培训班 10月9—12日，由江苏文学院、市文联共同举办的市首期中青年作家小说创作培训班在扬州会议中心举办。培训班邀请省作协党组成员、书记处书记、《钟山》主编贾梦玮主讲《小说的方向》，省作协党组成员、书记处书记、副主席汪政主讲《小说：我们如何处理现实》，中国作协党组成员、书记处书记，中国作家出版集团管委会主任、党委书记、作家出版社社长吴义勤主讲《关于当前小说创作思潮的思考》，沈阳师范大学教授贺绍俊主讲《小说的现状和发展》，《扬子江诗刊》主编、鲁迅文学奖获得者胡弦主讲《语言在叙述中》，南京师范大学教授何平主讲《中国当代汉语小说读法》，《雨花》杂志主编、鲁迅文学奖获得者朱辉主讲《短篇小说的欣赏和写作》。全市共有32名学员参加培训学习。

（吴建军）

■第三届市文艺新作展演 11月2日，由市文联、高邮市委宣传部主办的“向党和人民汇报——扬州市第三届文艺新作展演”在高邮市文体中心大剧院上演。演出共有舞蹈《醉琼花》《城市的书房》、歌曲《幸福扬州》《那一盏灯光》、评话《武松打虎》、扬剧《金玉良缘》等10多个节目。演出过程中举行2018年度扬州市文艺创作专项引导资金入选项目颁证仪式。（吴建军）

■市文学艺术界联合会 2018年，市文学艺术界联合会（简称市文联）指导市梅兰芳研究会换届。至年底，全市有市级文联1家，县（市、区）级文联6家、乡镇（街道）级文联68家、行业文联4家、企业文联8家。市文联有下属文艺家协会（研究会）39家，会员1万余人，其中国家级会员400余人、省级会员1400余人。经申报、评审及报市委宣传部研究，市舞蹈家协会、市摄影家协会、市戏剧家协会、市诗词协会、市微电影协会、市电影电视艺术家协会、市女画家协会、市汉民族服饰艺术研究会、市硬笔书法家协会等9家协会获“2017年度扬州市宣传文化系统优秀协会”。市文联组织修订《扬州市文联下属协会（研究会）管理办法（暂行）》《扬州市文联工会工作制度》《扬州市文联档案管理制度》《扬州市文联登统计工作制度》《扬州市文联机关工作管理制度》等6项规章制度。加强对文艺家协会的管理，自8月起，市文联实施协会月度工作例会制度，每月初将作协、音协、舞协等10家对口协会召集起来，做好协会工作的总结、谋划与交流。由市文联主办的《文艺家》获首届省优秀文学内刊20强，名列第四，《文艺家》副主编苏海霞获文学内刊优秀编辑称号。

（吴建军）

■扬州文化艺术学校 4月23日，扬州文化艺术学校邀请特聘教授——全国著名歌唱家刘秉义和著名词作家、《乌苏里船歌》词作者胡小石到校联袂为音乐科师生做讲座，漫话艺术与人生。6月12日，扬州文化艺术学校2018年度“校园杯”音乐专业师生技能大赛决赛开赛。6月14日，举办“不忘初心，筑梦未来”纪念改革开放40周年合唱比赛。

（黄晓宇 孙筱梅）

戏剧曲艺

■扬州评话《王少堂》录制完成 3月5日，长篇扬州评话《王少堂》录制完成，这是扬州评话史上首部“说书人说说书人”的作品。王少堂是扬州评话史上的一代宗师，说书技艺精湛，具有爱国主义和民族主义精神。抗战时期，在镇江军营义演《月下传刀》，鼓舞士气；为

2018年扬州市文联讲堂情况一览表

表33-2

时　间	地　点	主 讲 人	主　题
4月21日	市文化馆	白　锐	书内书外艺道并进
8月10日	市文化馆	赵彦国	永恒的古香——中国书法的经典传统与当代价值
9月7日	琼花观	徐　燕	展览书法创作形式漫谈
10月11日	高邮市卫计委	朱红林	楷书综述
12月5日	琼花观	王　燕	学习宪法、维护宪法
12月19日	市文化馆	黄正明	中国书法的笔墨意蕴

（吴建军）

避免在与日本人有来往的书场说书，曾一度离开扬州。《王少堂》作品的评话演员，是中国曲艺牡丹奖“表演奖”获得者马伟。该作品历时3年，经多次二度创作、艺术加工，完整再现王少堂的艺术生涯。

（黄晓宇　孙筱梅）

■扬剧《史可法——不破之城》高校专场演出 3月16日，由省委宣传部、省教育厅主办的江苏戏曲名作高校巡演——扬剧《史可法——不破之城》在扬州大学专场演出。《史可法——不破之城》是2015年向扬州建城2500周年的献礼剧目，曾获省市多项殊荣。它讲述史可法在七日镇守扬州期间，面对生死刀斧，肝胆慷慨、正气凛然的精神节气，诠释扬州精神。除《史可法——不破之城》之外，由市委宣传部选送、市扬剧研究所创作的其他几部戏曲也已列入江苏戏曲名作高校巡演计划，分别在全省20所高校开展巡演。《史可法——不破之城》剧组赴中国矿业大学、江苏师范大学进行演出。

（黄晓宇　孙筱梅）

■扬州首部4K扬剧电影正式公映 4月16日，中国戏剧梅花奖数字电影工程——4K扬剧电影《衣冠风流》首映式在南京举行。《衣冠风流》是扬剧最具代表性的剧目之一，由市扬剧研究所创作演出和投资拍摄。该剧讲述东晋名臣谢安凭借超人的智慧和胆略力挽狂澜，避免百姓生灵涂炭的故事，成功塑造谢安识大体、敢担当的文士形象，弘扬以爱国主义为核心的社会主义核心价值观。扬剧是最早拍摄成戏曲电影的地方剧种之一，此次的《衣冠风流》是百年扬剧史上首部使用4K电影技术拍摄而成的戏曲电影。首映式上，中国戏剧家协会发来贺电称，《衣冠风流》是一部有全国影响的优秀新编历史剧，是在传承发展扬剧艺术上思想性、艺术性俱佳的成功作品。　（黄晓宇　孙筱梅）

■新编木偶剧《神奇的宝盒》首演 5月26日，由省木偶剧团（市木偶研究所）打造的木偶剧《神奇的宝盒》在扬州大剧院首演。该剧是国家艺术基金2018年度“大型舞台剧和作品创作资助项目”，是继《嫦娥奔月》后又一部国家艺术基金资助的大型剧目。它讲述4个孩子在夏令营中进入到一个神奇的宝盒中，经过重重考验，最后在勇敢、诚实、信任优良品质的引领下，终于集齐红、黄、蓝三块宝石平安回家的故事。

（黄晓宇　孙筱梅）

■大型反腐扬剧《扳倒饮》首演 6月7日，江苏艺术基金2018年度资助项目、大型新编历史反腐扬剧《扳倒饮》首演。该剧以清嘉庆初年新皇与权臣的矛盾斗争为背景，以“火烧车轿案”为由头，基于扬州高邮籍训诂学家、吏部掌印给事中王念孙上书扳倒大贪官和珅的史实，通过“三宴”（府宴、家宴、狱宴）和“一梦”的剧情，塑造文字狱横行的政治高压环境下，富有家国情怀的古代大儒的独特形象，表达广大民众的反贪诉求。

（黄晓宇　孙筱梅）

■扬剧史上首批本科生在江苏大剧院举行汇报演出 6月13日，由百年扬剧历史上首批本科生所主演的经典剧目《百岁挂帅》汇报演出在江苏大剧院举行。本次演出以“青春飞扬”为主题，展示年轻演员们4年来在中国戏曲学院的学习成果。此次《百岁挂帅》演出，担任主演的是中国戏曲学院表演系2014级多剧种班13名首批扬剧本科生。他们唱功扎实，举止稳重，以“唱念做打”为手段，完美呈现出每个人物的个性特质，体现扬州地方戏人才传承培养的新成绩。（黄晓宇　孙筱梅）

■第十届中国曲艺牡丹奖颁奖仪式在扬举行 10月15日，第十届中国曲艺牡丹奖颁奖仪式暨“讴歌新时代 共筑中国梦”成果汇报演出在扬州举行。本届牡丹奖共评出节目奖5个、表演奖6个、新人奖5个、文学奖4个，涉及16个曲种，并授予单弦表演艺术家赵玉明、独脚戏表演艺术家童双春“中国文联终身成就曲艺艺术家”称号。中篇扬州评话《玉山子传奇》获“节目奖”，这是十届“牡丹奖”以来，扬州曲艺界获得的第11朵“牡丹”。颁奖仪式现场播放获奖节目、作品及演员短片，20位获奖代表持奖杯出场亮相。颁奖仪式后，姜昆、冯巩、盛小云、巩汉林等众多曲艺名家、新秀以及本届牡丹奖获奖代表、外国曲艺爱好者等登台献艺，上演曲艺联唱《广陵牡丹荟》、群口相声《我爱诗词2》、苏沪说唱《两辆红旗车》、评书接龙《化险为夷》、小品《一个都不能少》《绑“漂”儿》《钱在哪儿呢》、京剧《赵氏孤儿》、扬州小调《新编拔根芦柴花》等。

（黄晓宇　孙筱梅）

■绿杨新苑社区绿杨书场开书 11月12日，邗江区新盛街道办绿杨新苑社区绿杨书场正式揭牌。绿杨书场是市曲艺研究所“曲艺进社区”活动开设的第36个社区书场。自2012年以来，市曲艺研究所先后在杉湾花园社区、四望亭社区、旌忠寺社区、凤凰桥社区、蒋王社区、文苑社区等地开辟的35个免费的社区书场，举行1万余场惠民演出，将优秀传统文化直接送到居民的家门口，让老百姓享受到文化实惠，推动扬州清曲、扬州评话、扬州弹词等国家级非物质文化遗产保护项目的活态传承与发展。（黄晓宇　孙筱梅）

■扬剧琴师亮相中国弓弦艺术节戏曲主弦专场音乐会 11月14日，“2018北京·中国弓弦艺术节”拉开序幕。作为系列音乐会之一，“戏彩弦风”戏曲主弦专场音乐会率先在中国戏曲学院上演，全国多剧种戏曲音乐同台亮相。市扬剧研究所应邀参演，展示扬剧曲牌“五大宫曲”之首的“南调”和素有扬剧音乐“大锅菜”美誉的“梳妆”系音乐。

（黄晓宇　孙筱梅）

■中国曲艺团长高峰论坛暨全国曲艺大书发展论坛 12月2日，第七届中国曲艺团长高峰论坛暨首届中国扬州·全国曲艺大书（评书评话）发展论坛开幕，全国老中青三代曲艺大书艺术家就“如何发展曲艺大书”主题，从创演、传播、保护等角度切入，对大书人才培养、曲本创作、继承传播等方面进行研讨。论坛表决通过有关繁荣发展曲艺大书的倡议书。（黄晓宇　孙筱梅）

■扬剧小戏亮相新年戏曲晚会　12月29日，新年戏曲晚会在国家大剧院举行。新年戏曲晚会是由中宣部、文化和旅游部主办的一年一度的戏曲界高规格“盛宴”，荟萃全国各地区具有代表性剧种，集中展示戏曲艺术传承创新的丰硕成果和人才辈出的喜人景象。在众多精彩节目中，市扬剧研究所一级演员李政成与扬剧名家葛瑞莲带来的扬剧小戏《夫妻哨》博得观众掌声。这是扬剧第二次登上新年戏曲晚会的舞台，中宣部、文化和旅游部领导，专家，导演组对该节目给予肯定。

（黄晓宇　孙筱梅）

■扬州市扬剧研究所　2018年，承办2018扬州市送文化下乡扬剧专场惠民演出走进江都大桥东园社区，扬剧《史可法——不破之城》参加省委宣传部、省教育厅主办的江苏戏曲名作高校巡演，中国戏剧梅花奖数字电影工程——4K扬剧电影《衣冠风流》成功首映，中国戏曲学院戏曲文学系学生艺术实践采风团来扬州戏曲园采风并参加座谈，江苏艺术基金2018年度资助项目、大型新编历史反腐扬剧《扳倒饮》成功首演，由百年扬剧历史上首批本科生所主演的经典剧目《百岁挂帅》汇报演出在江苏大剧院成功举行，第一届扬剧联盟精品剧目展演在南京成功举行，市扬剧研究所应邀参加“2018北京·中国弓弦艺术节”，11月29日，一级演员李政成与扬剧名家葛瑞莲带来的扬剧小戏《夫妻哨》亮相2019年新年戏曲晚会。（陈　俊　薛梦莹）

■扬州市木偶研究所（省木偶剧团）　2018年，省木偶剧团与中国木偶皮影协会、平阳木偶戏剧保护传承中心、四川省大木偶剧院演出团共同赴泰国、菲律宾演出。参加扬州市非遗保护中心组织的“非遗进公园”系列活动首场——杖头木偶戏专场演出，打造的木偶剧《神奇的宝盒》在扬州大剧院首演。11月21日，全国第七届木偶皮影中青年技艺大赛在四川落幕，扬州木偶在全国28家木偶皮影剧（院）团60个参赛节目中，《校场比武》（梁苏荣）、《黛玉葬花》（李亚萍）同时获得“最佳技艺传承奖”，扬州木偶研究所成为唯一一个获得两个“最佳”的剧团。此外，《昭君出塞》（邵玉娥）获得“优秀技艺传承奖”；《校场比武》（李芳）、《昭君出塞》（张照）获得三等奖；方林、郑国芳获得“指导老师奖”；戴荣华、李敏、邓小惠、崔茜、贺玲获得“优秀设计制作奖”。

（戴荣华　汪　莹）

■扬州市曲艺研究所　2018年3月，长篇扬州评话《王少堂》录制完成，这是扬州评话史上首部“说书人说说书人”的作品。承办“海风扬韵”沪扬曲艺交流演出。3月29日至4月11日，扬州市曲艺研究所随“中华曲艺海外行”艺术团赴新西兰奥克兰、惠林顿，澳大利亚悉尼、墨尔本访演。4月22日，甘肃省曲艺团一行到扬开展“南腔北韵”兰扬曲艺交流演出。5月11日，“江南曲美·丝路情深”非遗文化走亲（榆林·扬州）曲艺展演在扬州上演。7月9日，赴古城沧州开展“运河风情”地方特色文艺节目展演。8月，赴银川参加庆祝宁夏回族自治区成立60周年暨首届宁夏文化艺术节“扬州文化艺术周”演出，赴宿迁举办“‘运河风情’地方特色文艺节目巡演暨宿城区创建全国曲艺之乡交流演出”。11月12日，邗江区新盛街道办绿杨新苑社区绿杨书场正式揭牌。（姜庆玲　陈雪娟）

音乐舞蹈

■第十届“琼花奖”舞蹈比赛　5月19—20日，由市文联、市舞蹈家协会、扬州文化艺术学校主办的市第十届“琼花奖”舞蹈比赛在扬州大学附属中学东部分校举行。本次大赛共有来自宝应、高邮、仪征、江都及市区42支代表队近3000人参加。参赛舞蹈节目109个，其中少儿组61个、青年组21个、中老年组13个、专业组14个。经决赛，共评出47个金奖、39个银奖、19个铜奖、5个优秀创作奖、10名舞蹈之星。（吴建军）

■省第19届运动会开幕倒计时100天主题活动　6月13日，省第19届运动会开幕倒计时100天主题活动暨第13届“长江经济带”全民健身大联动活动在市体育公园中心启幕。活动现场举行舞龙舞狮、手杖操、太极拳、健美操等表演；市民代表宣读《全民健身倡议书》向全省人

省运会倒计时100天，市民和倒计时牌合影　　司新利　张卓君/摄

民倡议树立“每天锻炼一小时，健康生活一辈子，快乐工作50年”的健身理念。第19届省运会筹委会向省运会合作伙伴以及首批9家接待酒店授牌，为志愿者授旗。同时，省第19届运动会会歌《所有人都成功》正式发布。该歌曲由中国著名词作家、中国音乐家协会会员陈涛作词，由音乐制作人、演员、中国十大青年作曲家丁于作曲，演唱者为著名歌手汤非、王莉、张丹丹、丁于。歌曲欢快热烈，气势恢宏，洋溢着鲜明的时代特征和浓浓的扬州风味。（黄晓宇　孙筱梅）

■新乐府国风音乐季启动 8月11日，作为扬州的夏日特色活动之一，“新乐府国风音乐季”在小私塾亲子嘉年华大师工坊举行。现场，音乐大师们通过用钢琴、小提琴来模仿小动物的声音，唤起孩子对音乐的兴趣。此外，“新乐府国风音乐季”举行7场周末音乐会。（黄晓宇　孙筱梅）

■省第19届运动会开闭幕式文体表演 9月21日，省第19届运动会在扬州市体育场隆重开幕。本届省运会开幕式分为暖场环节、仪式环节和文体表演环节三部分。暖场环节主要以扬州地方特色文化为主题，展现扬州群众文化的魅力。文体表演则以“广陵潮涌 逐梦未来”为主题，通过序幕、上篇《水韵名城》、下篇《活力江苏》、尾声《美好新征程》四个篇章，以新颖的舞台艺术，展现江苏各地推进“六个高质量发展”的新征程、新面貌，展现扬州2500年来从“运河时代”“长江时代”走向“高铁时代”的光辉与荣耀，展现扬州以打造“健康中国的扬州样本”“美丽中国的扬州样板”贯彻落实习近平新时代中国特色社会主义思想的生动实践。文体展示在“祝福北京、助力冬奥”中结束。9月28日，省第19届运动会闭幕式在扬州市体育公园体育场举行。闭幕式由迎宾表演、仪式与文艺演出三个部分组成。迎宾表演以“歌吹是扬州”为主题，选用古人歌咏扬州诗句谱曲演唱。文艺演出《美丽梦想》由序幕《寻梦之境》、上篇《追梦之情》、下篇《筑梦之心》和尾声《圆梦之夜》组成，以唯美的艺术理念、创新的编排手法，将“扬州八怪”“琴棋书画”“二十四桥明月夜”“扬州三把刀”“雕版印刷”“风味美食”等大家耳熟能详的扬州特色文化全新演绎。同时，将扬剧、评话、清曲、弹词、道情等地方特色艺术有机融汇其间，使整台演出既有阳春白雪的雅致韵味，又不失欢乐诙谐的风俗别趣，展现扬州人高雅向上的精神品质。（黄晓宇　孙筱梅）

■“南风和鸣”古琴音乐会上演 12月8日，由市文广新局、扬州报业传媒集团主办的南风和鸣——南风琴社成立十周年音乐会在大剧院上演。以国家级“非遗”代表性传承人马维衡领衔的南风琴社各琴家，以及李政成、马伟等多位名角参加演出。音乐会上演《龙翔操》《神人畅》《普庵咒》等琴曲。（黄晓宇　孙筱梅）

■新年合唱音乐会举行 12月22日，“讴歌中国梦 唱响新时代——新年合唱音乐会”在市音乐厅举行，扬州各合唱团队用激昂的歌声迎接新年的到来。音乐会上演唱了《自由飞翔》《八骏赞》《香格里拉》《草原月色美》《烟花三月》等歌曲。（黄晓宇　孙筱梅）

■扬州市歌舞剧院 2018年8月，举行“新乐府国风音乐季”小私塾亲子嘉年华大师工坊。12月，承办了南风和鸣——南风琴社成立十周年音乐会、“讴歌中国梦 唱响新时代——新年合唱音乐会”，参加扬州文化艺术学校建校60周年庆典活动。（黄晓宇　孙筱梅）

书法美术摄影

■丹青扬州——第三届全国中国工笔重彩画作品展 1月25日，由中国美术家协会、市政府主办的“丹青扬州——第三届全国中国工笔重彩画作品展”在市美术馆开幕，展期持续至2月6日。本次展览筹备时间历经半年，自2017年7月起面向全国征稿，共收到投稿作品近2300件，最终评出入选作品198件。（黄晓宇　孙筱梅）

■纪念李亚如诞辰100周年书画作品展 5月15日，由市委宣传部、市文广新局、市文物局、市文联联合举办的“纪念李亚如先生百年诞辰——李亚如先生书画作品展”在市美术馆开幕。本次展览共展出李亚如生前创作的精品近200件。举办一场小型座谈会，20余名来自扬州、泰州等地的书画学者围绕李亚如的生平成就展开讨论。（吴建军）

■省优秀美术家系列展 5月18日，由省文化厅主办，省美术馆、省美术家协会省直分会、南京大学艺术学院、市文广新局协办的“江苏省优秀美术家系列展：陆庆龙——故土家园”开幕式在市美术馆举行。此前，已有梁元、时卫平、胡宁娜、刘红沛、喻慧等5位省优秀美术家在扬州展览。本次展览集中展示陆庆龙近年来围绕底层人民群众的生产生活以及静谧的乡村风景创作的70多幅油画，通过简洁的笔触语言、单纯的色彩表现，歌颂普通群众立足乡土、热爱生活的故园情结。本次展览从5月18日持续到6月10日。（黄晓宇　孙筱梅）

■怀水清兴——康宁精品花鸟画展 5月22日，“怀水清兴——康宁精品花鸟画展”在扬州瘦西湖书画院开幕。此次画展是康宁在扬州举办的第二次精品展，共展出代表作品29幅，涵盖手卷、小品等多种创作形式。（吴建军）

■周文彰书法作品和诗词作品展 6月14日，由市委宣传部、市文联、市文广新局、扬州报业传媒集团联合主办的“周文彰除夕书法作品展暨当代名家书周文彰诗词作品展”在市美术馆开幕。本次展览分两个部分，一部分是周文彰从2004年到2018年每年除夕创作的书法作品共15幅。另一部分则是苏士澍、陈洪武、

胡抗美等全国当代名家书写周文彰诗词的佳作80余幅。（吴建军）

■首发书画摄影作品集《翰墨光影写江淮》 6月26日，扬州举行《翰墨光影写江淮》书画摄影作品集首发式。这本书画摄影作品集，主要收录在党的十九大召开前夕，扬州举办的以“践行绿色发展新理念，打造江淮生态大走廊”为主题的摄影展145幅书画和摄影作品。这些作品，主题鲜明，意境深远，生动展现扬州为打造江淮生态大走廊、保护生态环境做出的努力和取得的成就。（黄晓宇 孙筱梅）

■第十届省园艺博览会书法作品展 8月18日，第十届省园艺博览会“盛世盛会”书画名家画园博活动在扬州启动。本次活动邀请多位著名书画家在扬州实地采访创作，画园博、写园博，表现扬州之美、园博之美。9月29日，由市文联主办，扬州书法院、市文联美术馆承办的“第十届江苏省园艺博览会书法作品展”在市文联美术馆开幕，共展出50余幅书法作品。10月23日，由市文联主办，市书法家协会承办的“月满扬州·第十届江苏省园博会书法邀请展”在市文联美术馆开幕，共展出扬州40余位书法家精心创作的近50幅书法精品。10月30日，由市园林管理局、扬州广播电视传媒集团（总台）、市文联主办的“丹青园艺——扬州市女画家协会书画作品展”在市文联美术馆开幕，共展出书画作品近60幅，中西兼备，书画互见。（黄晓宇 孙筱梅 吴建军）

■省第11届新人书法篆刻展作者作品展 8月29日，由市文联主办的“扬州入展省第11届新人书法篆刻展作者作品展”在市文联美术馆开幕。展览共展出17位新人展入展作者（其中2位获优秀作品奖）的40余幅作品。（吴建军）

■第二届“最美扬州人”微视频大赛 9月18日，由市委宣传部、市文联、扬州广电传媒集团、工商银行扬州分行主办的第二届“最美扬州人”微视频大赛颁奖仪式在扬州广电总台举行。大赛3月份启动，共征集来自社会各界视频作品80多部，主要展现扬州城和扬州人向上向善的一面，激起全社会记录美、传递美的良好氛围。经过线上投票、专家评审，最终评出一、二、三等奖及单项奖、优秀奖等奖项。（吴建军）

■新时代 新江苏 新省运——江苏省体育摄影展 9月18日，由省第19届运动会组委会、省体育局、省文联、市政府主办，省摄影家协会、省体育摄影协会、市体育局、市文联承办的“新时代 新江苏 新省运——江苏省体育摄影展”在市美术馆开幕。此次展览自5月份面向社会征稿以来，共收到全省近4000幅投稿作品，经评审，精选出400幅优秀作品参展，其中江苏篇、扬州篇各200幅。这些照片展现近年来全省竞技体育、群众体育、体育产业和体育文化发展的景象，展示扬州在城市综合整治提升、公园体系建设、体育场馆配套、运动赛事组织等方面取得的成就。（吴建军）

■举办“翰墨中秋——扬州古城书画院书画作品邀请展” 9月22日，扬州举办“翰墨中秋——扬州古城书画院书画作品邀请展”，展览共展出50位扬州书画家的书画作品50幅。参展的书画家涵盖扬州老中青三代书画家，书法真草隶篆行诸体皆备，绘画山水、花鸟、人物三科俱全。（黄晓宇 孙筱梅）

■扬州美术双年展 10月18日，由省美术家协会、市委宣传部、市文广新局、市文联主办的2018扬州美术双年展暨扬州市庆祝改革开放40周年主题美术作品展在市美术馆开幕。本次展览是扬州与省美协首次合作举办的省内外美术名家作品邀请展，得到中国美协的学术支持，自7月下旬面向社会发起征稿以来，通过省美术家协会网站、市国画院、市美术馆网站、微信公众号等平台面向社会进行发布。本次展览共征集江苏省各地作品498件，经初评、终评后，入展作品212件，其中获奖作品20件。（黄晓宇 孙筱梅）

社会科学

■概况 2018年，市社科联获江苏省社科界第11届学术大会优秀组织奖、全国先进社科组织称号。根据江苏省社会科学普及工作联席会议公布的《关于通报表扬2016—2018年度〈江苏省社会科学普及促进条例〉实施工作成绩显著单位和个人的决定》，市社科联推荐的东关街、中小学素质教育实践基地、邗江区殷巷社区、市场监督管理学会、国际税收研究、广陵区汶河街道办、市图书馆及仪征市博物馆等8家单位，李雪晨、廖谦、陆玉珍、蒋斌、赵庆文、邵兴华、乔永华、周正亮被通报表扬。

课题研究。围绕市委、市政府关切的发展热点，集中社科界专家学者力量开展研究、研讨和成果转化，为扬州高质量发展提供决策参考。按照市委主要领导批示要求，专门邀请专家学者开展“建设人们心目中的扬州”重大课题研究，形成成果19项报送市委、市政府，为市委、市政府科学决策提供服务。提升《扬州蓝皮书》编写质量，对符合要求、具有研究基础的28项课题予以立项，并专门召开编写工作推进会，督促与指导课题撰写工作。加强各类课题研究的成效，先后组织开展重点课题、中国特色社会主义理论研究中心课题、台湾经济文化交流研究中心课题等研究工作，其中重点课题立项268项，结项260项；中国特色社会主义理论研究中心课题立项29项，结项28项；台湾经济文化交流研究中心课题立项15项，结项15项。为配合扬州举办第19届省运会，市社科联专门立项省运会专项课题10项。

学术活动。学习研讨党的重大理论。先后召开“全市社科理论界开展解放思想大讨论活动座谈会”“全市社科理论界学习习近平全面深化改革重要思想暨学好用好《习近平新时代中国特色社会主义思想三十讲》理论研讨会”等理论研讨活动。举办年度第1期“扬州智库论坛”。论坛以“大运河文化带建设的扬州实践”为主题，重点围绕大运河的丰厚文化内涵、大运河文化带建设的重大战略意义，以及扬州在“统筹保护好、传承好、利用好大运河”的具体举措展开研讨，并提出对策建议。论坛共入选论文22篇，6位学者作发言交流。举办“以思想大解放引领发展高质量——扬州社科专家基层行”活动，组织专家学者深入方巷镇沿湖村，围绕乡村振兴、乡村治理、乡村旅游、乡村人居环境、文化建设等主题与村干部面对面交流，提出打造以“渔家乐”“生态民宿”“渔家餐饮”为特色的渔家村落，带动强村富民等一系列具体对策。举办2018年扬州台湾经济文化交流研讨会，邀请来自厦门、宁波、上海、苏州、南京等地的10位知名涉台专家学者出席会议，围绕“建设人民心目中的扬州”这一主题，分别从扬台两地政治、经济、文化等多个领域作交流发言，为扬州发展献计献策。举办全市第十届哲学社会科学学术年会。年会主题为“以解放思想为引领 谱写扬州高质量发展新篇章”，共征集到论文370篇，评出优秀论文172篇。来自各县（市、区）社科联、高校、党校、市级社科类学会的专家学者和优秀论文作者代表共120余人参加年会。

社科评奖与成果资助。完成全市第11次社科优秀成果评奖活动。本次评奖共收到符合申报条件的成果323项，通过学科组初评、评委会终评等环节，共评出获奖项目157项，其中一等奖10项、二等奖26项、三等奖55项、决策咨询特别奖5项、决策咨询奖61项。开展社科重大课题资助出版，首次对18项社科重大课题成果进行资助出版。

社团建设和管理。规范学会日常管理。按照省、市有关学术社团管理的最新要求，开展学会年检工作，对学会的日常管理、日常工作、内部建设以及活动情况逐一进行排查梳理。评选出10家年度全市宣传文化系统优秀社科学会并予以奖励。落实学会重大活动报批备案制度，要求学会按照有关规范开展学术活动，遵守和维护意识形态秩序和规矩。培训学会骨干。组织各县（市、区）社科联、市级学会秘书长共60余人参加以“重视意识形态工作，落实意识形态工作责任制”为主题的年度学会秘书长培训班，并与各学会签订《扬州市社科类学会意识形态领域工作责任书》，明确意识形态工作的主体责任、主要内容。

社科普及。发挥市社科普及志愿服务总队作用。服务队先后多次深入乡村基层宣讲组织志愿服务集中行动，为市民群众提供心理咨询、家庭教育咨询服务，赠送社科普及知识读物。以“谱写高质量发展新篇章，建设强富美高新扬州”为主题举办全市第15届社科普及宣传周，其间各县（市、区）社科联、各学会、各社科普及示范基地面向社会大众开展社科学堂、咨询服务、知识讲座、图片展览、赠送书籍等社科普及活动。创办“社科知识+社区映像”巡演，把社科知识融入文艺节目，直接进社区、进广场、进学校面向居民开展宣传普及，共开展演出8场。在演出过程中通过互动有奖答题、发放社科普及宣传小册子等，提升吸引力。编印社科普及口袋书。组织扬州大学、扬州职大、市交警支队的专家学者编撰《社科知识普及ABC（2018）》口袋书，共分为《习近平新时代中国特色社会主义思想》《运动与健康》《园艺与生活》《交通与安全》等四种，免费赠送给市民群众。

（孔　悫）

■首期扬州智库论坛 3月30日，以“大运河文化带建设的扬州实践”为主题的2018年扬州首期智库论坛召开，重点围绕大运河的丰厚文化内涵、大运河文化带建设的重大战略意义，以及全市在“统筹保护好、传承好、利用好”的具体举措展开研讨，并提出对策建议。会议特邀大运河文化带建设研究院副院长（执行）、省社科院研究员王健点评论文并作主题发言。来自全市各高校、有关部门的专家学者和实际工作者70多人参加会议，6位专家学者作发言交流。

（孔　悫）

■社科专家基层行 5月23日，市社科联在邗江区沿湖村举办“以思想大解放引领发展高质量——扬州社科专家基层行”活动。活动邀请扬州大学、扬州职大的十多位专家学者深入沿湖村进行实地调研，分别围绕乡村振兴、乡村治理、乡村旅游、乡村人居环境、文化建设等方面内容，与基层干部面对面开展交流讨论。

（孔　悫）

■“建设人们心目中的扬州”重大课题研究 市社科联按照市委主要领导批示“重点围绕如何‘建设人们心目中的扬州’开展研究”的要求，专门邀请一批专家学者，组织“建设人们心目中的扬州”重大课题研究。重大课题共分为19个子课题，以及市委提出的十个“事关扬州发展全局和长远的重要问题”进行重点攻关，为市委、市政府科学决策提供服务。课题研究采用“短平快”方式，于4月份形成成果报送市委、市政府主要领导。

（孔　悫）

■扬州市第15届社科普及宣传周 此次宣传周以“谱写高质量发展新篇章，建设强富美高新扬州”为主题，着重宣传习近平新时代中国特色社会主义思想、《江苏省社会科学普及促进条例》、“六个高质量”发展的丰富内涵。开幕式上举办首次社科文艺汇演，发放社科普及“口袋书”，并对2018年市级社科普及示范基地进行授牌。宣传周期间各县（市、区）社科联、各学会、各社科普及示范基地面向社会大众开展社科学堂、咨询服务、知识讲座、图片展览、赠送书籍等社科普及活动。

（孔　悫）

■ **“社科知识＋社区映像”巡演** 市社科联将社科与文艺进行融合，把社科知识融入文艺节目，以歌舞、戏剧等文艺节目形式加以呈现，开展“社科知识＋社区映像”巡演活动。活动直接进社区、进广场、进学校，面向居民开展宣传普及，寓知于乐、寓教于乐，共开展演出8场。在演出过程中通过互动有奖答题、发放社科普及宣传小册子等，吸引观众参与，形成社科普及合力，扩大影响。

（孔　悫）

课题研究

■ **2018年度《扬州蓝皮书》** 2018年度《扬州蓝皮书》共收到申报课题63项，其中立项28项，结项28项。《扬州蓝皮书》共分为综合发展报告、专题发展报告、经济发展报告、社会与文化发展报告、生态文明发展报告、区域发展报告等六部分，主要分析扬州2018年度经济社会发展总体形势，重点研究高质量发展、重点领域深化改革、大运河文化带建设、扬州现代公园体系建设等重大主题，根据扬州主要经济领域和重要产业、各项社会事业的相关数据、发展状况等展开研判，提供决策参考。同时针对江都区、广陵区、邗江区的特色发展主题进行分析。

（孔　悫）

■ **扬州市第11次哲学社会科学优秀成果** 4月16日，经市委、市政府批准，市第11次哲学社会科学优秀成果评奖委员会正式成立。4月20日，市社科评奖委员会召开第一次全体会议，讨论通过《扬州市第十一次哲学社会科学优秀成果评奖工作实施细则》，启动评奖活动。本次社科评奖采用网上申报方式，共收到符合申报条件的成果323项。市评奖办按类别共组成哲政社、经管、文史教、决策咨询四个学科评审组，从有关高校和单位邀请有一定学术专长的22位专家学者作为专家组成员，其中组长都有正高职称，并在相应领域具有一定的权威性。评审组经过初评，共推荐出157项成果。7月3日，市社科评奖委员会召开全体会议，对市第11次哲学社会科学优秀成果专家组推荐项目进行终评表决，共评选出获奖项目157项，其中一等奖10项，二等奖

2018年度《扬州蓝皮书》结项课题一览表

表33-3

课题名称	课题组成员
2018—2019年扬州经济社会发展形势分析与预测	杨　蓉　郎　俊　夏卫峰　于松海　赵文婕
高质量项目引领高质量发展	韩长金　韩世来　张进扬
2018年扬州重点领域深化改革研究报告	许德奎　胡新林　张克辉
扬州大运河文化保护传承利用示范区建设研究	程兆君　赵　亮　宋犁犁　陆　洋
扬州现代公园体系建设研究	市城乡建设局、市历史文化名城研究院课题组
2018年扬州工业经济发展研究报告	市经信委课题组
扬州实施乡村振兴战略研究报告	李春国
2018年扬州农业供给侧结构性改革研究报告	市农业委员会课题组
2018年扬州金融形势分析与展望	市金融学会课题组
2018年扬州市服务业发展研究报告	杨　蓉　卞　吉　夏　坚　王　斌　汤　鑫
2018年扬州物价情况分析与研究	市物价局课题组
2018年扬州市民营经济发展报告	胡春风　谈嘉山　蒋　斌　孙学政　黄　鹂　刘　勇
2018年扬州开放型经济发展研究报告	市商务局课题组
2018年扬州小微企业创业创新状况分析	赵振东　石火培
2018年扬州市城乡居民收入与消费状况分析报告	国家统计局扬州调查队课题组
扬州市深化监察体制改革研究报告	市纪委市监委课题组
2018年扬州文化产业发展研究报告	陈　峰
2018年扬州教育事业发展报告	市教育局课题组
2018年扬州卫生计生事业发展报告	黄为民　陈东升
2018年扬州文化事业发展研究报告	季培均
2018年扬州民政事业发展报告	王振祥
扬州旅游业实现“四季旺游”路径研究	市旅游局、扬州市职业大学课题组
扬州市产业工人队伍建设调查报告	市总工会课题组
2018年扬州市环境保护发展报告	市环保局课题组
土地生态空间管控红线划定研究——以扬州市为例	市国土资源局课题组
扬州市江都区规模以上工业企业运行质态研究报告	国家税务总局扬州市江都区税务局课题组
邗江区高水平全面建成小康社会的探索与思考	吴　迪　朴锦珠　张德兰　廖　谦
广陵区特色小镇建设研究	广陵区发展改革委、扬州大学课题组

（孔　悫）

扬州市第11次哲学社会科学优秀成果一等奖项目一览表

表33-4

项 目 名 称	主要完成单位	主要完成人
人类命运共同体中的社会主义与资本主义	扬州大学	吴荣军
党的纯洁性建设制度保障研究	扬州大学	周 斌
粮食安全保障政策的启用边界与补贴标准	扬州大学	黄春燕 白露露
内部控制、产权性质与社会责任信息披露——来自中国上市公司的经验证据	扬州大学	李志斌 章铁生
迁洛元魏皇族与士族社会文化史论	扬州大学	王永平
方法、文献与文化：明清小说研究的多维视阈	扬州大学	温庆新
散文审美与学理性阐释	扬州大学	吴周文
东亚太平洋区域语言相似关系计量研究	扬州大学	赵志靖
社会主义核心价值观（公民篇）高职学生读本	扬州市职业大学	陆亚玲 刘卫琴
绝地重生：新媒体语境下中国城市电视台的变革与突围	扬州广播电视总台	周华安 陈韵强

（孔 [illegible]）

26项，三等奖55项，决策咨询特别奖5项，决策咨询奖61项。（孔 悫）

■扬台经济文化交流研讨会 12月17日，市委宣传部、市委台办、市社科联共同举办2018年扬州台湾经济文化交流研讨会。来自厦门、宁波、上海、苏州、南京等地涉台专家学者，市有关单位分管负责人，高校、党校科研处相关人员，研究中心课题组成员，市级社科学会代表等近100人出席会议。会议邀请两岸关系和平发展协同创新中心执行主任、厦门大学台湾研究院刘国深教授作主题讲座，特邀南京大学台研所所长刘相平作学术主持，6名专家学者分别围绕扬台两地政治、经济、文化等多领域交流合作内容作了发言。（孔 悫）

■扬州市第十届社科学术年会 全市第十届学术年会以“以解放思想为引领，谱写扬州高质量发展新篇章”为主题，共征集到论文370篇，评出优秀论文172篇。年会采取“3+1”模式举办，分别于12月19日召开学会专场，12月20日召开县（市、区）专场，12月27日召开年会主场暨高校党校专场。各县（市、区）社科联、高校、党校、市级社科类学会的专家学者和优秀论文作者代表共120余人参加年会。（孔 悫）

档案

■概况 2018年末，全市7家综合档案馆馆藏文书档案102.09万卷109.55万件、资料11.22万册、实物档案3977件、录像1.56万盘。其中市档案馆馆藏文书档案23.51万卷33.76万件、资料3.71万册、录音录像1.12万盘、照片1.11万张、实物1373件。2018年，全市综合档案馆接待查档人员1.88万人次，提供档案资料6.43万卷（件、册）。其中，市档案馆接待查档人员2959人次，提供档案文件资料1.97万卷（件、册）。（许 军）

■档案规范化建设 推进全市机关事业单位档案工作规范化建设，全年累计完成64家机关团体企事业单位档案工作规范化建设任务，对142家档案工作通过星级测评满五年的单位进行复查。完成《文件材料归档范围和档案保管期限表》修订工作两年计划，共审定142家单位归档范围和档案保管期限表，工作进度在全省设区市中领先。严格执行档案年检备案制度，开展年度文件材料归档工作检查，组织对127家市级机关、人民团体、驻扬单位及大专院校2017年度文件材料归档工作进行年检。继续推动农业农村档案工作提档升级，全市有17个镇（涉农街道）、行政村（涉农社区）档案工作晋升省星级规范。（许 军）

■档案安全建设 开展保管利用工作观摩、研讨，市档案局印发《关于进一步加强全市档案保管利用工作的实施意见》。牢固树立底线思维，构筑档案安全防控体系，与110实现联网联防，为特殊载体书画档案配备专用装具，完善装裱室设施设备，提升档案保护能力。开展安全保密自查和汛期档案安全检查，组织安全应急演练，逐项落实安全整改措施。强化档案数据安全管理，做好数据备份，完成档案网络和软硬件设备设施的维护与改造，建立信息安全等级保护体系，确保档案信息安全。（许 军）

■档案资源建设 拓展规模化征集模式，扩大吴氏、耿氏、夏氏家族等名人档案征集成果，测海楼藏书、《贞烈耿六姑传》、夏春农医案手稿等一批珍贵档案入藏市档案馆。与市总工会合作开展劳模档案征集，征集39位全国劳模、13位省劳模各类珍贵档案2067件进馆。开展乡镇企业和民族工商业档案征集，全市档案系统共征集三笑集团、虎豹集团、邗建集团等知名规模企业以及谢馥春、富春、冶春等知名老字号共43家企业各类档案资料1836件，完成省下达的征集任务。推进“百村万户”口述史采集工作，全市共完成8个自然村的口述采访。继续完善非遗档案征集，阚风祥、李江民、张来喜等非遗传承人档案征集进馆，馆藏非遗档案数量达1690件。

（许　军）

■档案信息化建设 实施总投资800多万元的数字档案馆二期项目，完成全部馆藏数字化工作、网络和硬件平台建设以及应用软件开发、机房环境控制系统和数据库建设，实现档案业务协同、馆藏档案综合管理、库房RFID智能监管、馆室业务一体化和馆际档案资源共享。对照省AAAAA数字档案馆评估办法和细则，分解创建目标和工作任务，8月通过项目终验，12月成功通过省AAAAA数字档案馆验收。推进省级数字档案室等级评估工作，11个单位创成省级数字档案室，其中AAAAA级10个、AAAA级1个。

（许　军）

■依法治档 首次对进馆单位开展档案执法“双随机”检查，对检查中发现的问题进行现场反馈，要求及时整改，有效推进全市档案管理规范化、法治化、科学化水平。谋划档案工作立法，《扬州市档案工作管理办法》被列入政府规章立法项目。（许　军）

■“扬州记忆”首发书目出版 成立由市委、市政府分管领导担任主任的“扬州记忆”系列丛书编委会，统一版式设计，系统、深度、精准挖掘档案方志资源，编印具有扬州地方特色的档案方志文化系列丛书。《扬州历代地方名官》依据馆藏志书以及其他历史文献，选取汉代到清代在扬州任职的官员346人，记载生平事迹，着重叙述他们在扬州的政绩、政声；《测海楼吴氏珍档解读》对馆藏1438件吴氏珍贵档案进行解读，记录家族发展变迁，讲述优良家风家教。两书作为“扬州记忆”系列丛书首发书目于第三个扬州市“档案馆日”正式首发。

（许　军）

■“6·9国际档案日”活动 6月8—14日，围绕“档案——见证改革开放记录最美生活”主题，举行“6·9国际档案日”系列活动，启动“见证改革开放40年”经典照片及最美家庭档案推荐征集评选，举行劳模档案捐赠仪式和劳模档案全市巡展，在文昌广场举行现场咨询和档案文化产品发放活动。（许　军）

■第三个扬州市“档案馆日”活动 10月11日，以“纪念改革开放、展示最美生活”为主题，举办第三个扬州市“档案馆日”活动。国家档案局原局长、中央档案馆原馆长杨冬权作《新时代档案工作的新思维》主题讲座，举行最美家庭档案颁奖仪式、吴氏测海楼藏书捐赠仪式、“扬州记忆”系列丛书首发式，举办最美家庭档案图片展，制作移动展牌到社区、学校、工厂，在全市进行巡展。（许　军）

■城建档案管理 2018年，市城建档案馆签订档案报送责任书77份，组织建设工程档案预验收138次，出具档案接收证明书116份，接收各类城建档案1.35万卷（册），其中工程竣工档案1.12万卷，地下管线档案320卷，工程规划档案1423卷，施工许可、竣工备案、建筑业管理等业务档案597卷。全年共整理档案1.7万卷（册），接待查档932人次，查阅各类城建档案4301卷（册），打印、复印图纸7055张，文字1.32万页，出具查档证明103份。做好馆藏档案数字化扫描，共扫描文字20万页、图纸5万张。围绕城建重点工作和重点工程，开展声像档案工作，积累大量的声像素材并提供利用，共拍摄照片1872张，录音录像473分钟，接收68个工程项目照片2285张，提供利用58人次，提供照片2755张，录像291分钟。

（吴兆亮　卞海波）

地方志

■概况 2018年，扬州市推进乡镇志、名镇志、部门专业志和年鉴编纂工作，完成《扬州市地方志工作条例》立法工作。名镇志编修持续推进，《中国名镇志·瓜洲镇志》《中国名镇志·邵伯镇志》《江苏名镇志·曹甸镇志》先后通过终审，《中国名街志·东关街志》《江苏名村志·茶蓬村志》完成初稿。乡镇志编纂全面铺开，《槐泗镇志》出版，《杨庙镇志》《方巷镇志》《真州镇志》提交出版，《十二圩志》《马集镇志》通过终审，《杨寿镇志》提交终审，《汜水镇志》《杭集镇志》完成总纂。《扬州年鉴（2017）》获中国版协综合年鉴评选特等奖，《扬州年鉴（2018）》入选2018年中国精品年鉴。（许　军）

■《扬州市园林志》《扬州体育志》出版 9月，《扬州市园林志》《扬州体育志》正式出版发行。《扬州市园林志》系统反映扬州园林千百年发展脉络，其编纂历时16个多月，

9月18日，《扬州市园林志》出版首发式新闻发布现场　扬州画刊/供稿

市方志办全程参与、深度介入、跟踪指导，编纂周期之短、编纂速度之快开创新中国成立后市方志编纂史上的新纪录。《扬州体育志》是省第19届运动会在扬州举办的典礼之作，真实客观地记述扬州自古以来，特别是新中国成立以后及党的十八大以来的体育历史、体育风貌、体育发展以及体育现状。

（许　军）

■《扬州市情2018》编印 《扬州市情2018》以简明精炼的文字、赏心悦目的图片装帧向读者介绍扬州、展示扬州，是展现扬州历史文化和现阶段经济社会发展情况的“信息全书”，是便民利民服务的“工具手册”，被市委、市政府选定为向1300位省运会、省园博会来宾赠阅的书籍，成为宾客们了解扬州的一扇窗口。（许　军）

■《江苏援藏援疆建设志·扬州篇》完成初稿 推动市政府召开《扬州援藏援疆建设志》编纂动员会，印发工作方案，成立编委会；与市发改委联合召开联系人会议，将资料收集任务分解落实到市直机关24个部门，组织人员赴西藏拉萨市、曲水县，新疆新源县征集扬州援藏援疆资料，采取清单式实施、立体化征集、见底式深挖的方法，召开座谈会10次，专访亲历者20多人，到40多家重点相关单位查阅档案，实地考察扬州援建项目20多个，征集图书、文件、图片2.16万件77.9G，支援地和受援地共征集援藏援疆资料2.5万件120G，完成《江苏援藏援疆建设志·扬州篇》初稿编写。（许　军）

■《扬州市地方志工作管理办法》公布实施 2018年，《扬州市地方志工作管理办法》被列入市政府立法计划，在广泛深入调研、征求意见的基础上形成办法文本，7月21日经市政府常务会议通过，11月1日起正式实施。《扬州市地方志工作管理办法》是扬州市开展地方志工作以来制定的第一个相关工作的政府规章，体现以法治意识、法治思维、法治方式开展地方志工作的理念，为全市地方志工作抓重点、强弱项、补短板提供有力抓手和重要法治支撑。（许　军）

■《扬州年鉴（2018）》入选2018年中国精品年鉴 《扬州年鉴（2018）》申报中国年鉴精品工程，对封面和彩页进行大幅调整，重新设计版面，优化改进框架结构，成功入选2018年中国精品年鉴，全国仅10部。

（许　军）

新闻出版

■概况 2018年，全市有出版社1家、报纸5种、期刊16种、连续性内部资料性出版物42家、出版物发行企业635家、印刷企业526家。（苗　芹）

■图书出版 4月，广陵书社在个园北“非遗”集聚区开设自营实体书店——正谊堂书店，主营本版特色线装书、地方文化图书，兼营全国有关出版社出版的传统文化图书，同时举办读者见面会、新书发布会等系列活动。广陵书社多种重点图书被光明网、《中国新闻出版广电报》等媒体宣传报道，社会反响良好。广陵书社《曾朴全集》《长向文坛瞻背影——朱自清忆念七十年》等14种图书入选国家和省级重点项目。坚持专业特色出版，古籍影印图书品种增多。出版《镇江文库》（第三辑）、《江苏地方文献丛刊》等图书。地方文化图书成果丰富。出版《扬州市园林志》《扬州园林文化丛书》《玉出昆冈》等图书。大运河文化带建设、庆祝改革开放40周年、家风建设等主题出版有所突破。出版《大运河名胜图记》《我的扬州奋斗》《我的扬州记忆》《小学生家风读本》《琴川家风》等图书。配合江苏书展，全民阅读读物精彩呈现。编辑出版《朱自清自编文集》《大美昆曲的前世今生》等通俗文学、文化读物。举办捐书下乡等活动，推动全民阅读深入开展。全年共申报选题290种，年度核发书号230种，实际使用227种。出版图书343种，其中新书254种，重印书89种。销售码洋2850万元；营业收入1946万元，比上年增长9.5%；实现利润310万元，下降15%。书社共有11种图书分获15个奖项，《仪征刘申叔遗书》获省新闻出版广电政府奖图书奖；《中国历代僧诗总集》获2017年度全国优秀古籍图书一等奖、华东地区优秀古籍图书特等奖；《渊雅堂全集》获2017年度全国优秀古籍图书二等奖；《大连图书馆藏域外汉籍珍秘中医古籍丛刊》《苏州传统藏书文化研究》获2017年度华东地区优秀古籍图书一等奖；《民国中国戏曲史著汇编》《吴江学者碑传集》获二等奖；《名家解读经典》丛书获通俗读物奖；《焦循全集》获省第15届哲学社会科学优秀成果一等奖；《苏州传统藏书文化研究》获省第15届哲学社会科学优秀成果三等奖；《全闽词》获福建省第12届哲学社会科学优秀成果二等奖；《明代货币白银化与国家制度变革研究》获第六届金融图书“金羊奖”。

（苗　芹）

■报刊管理 坚持问题导向，聚焦重点报刊，加强新闻报刊领域的事中、事后监管，开展报纸、期刊、连续性内部资料出版物、新闻单位驻地方机构“双随机、一公开”检查，对核查存在问题的报刊及时发出《整改通知书》，对群众反映的意见和诉求及时进行核查处理落实。组织召开全市报刊管理工作座谈会，增强报刊管理工作中意识形态建设的主动性，稳妥做好社会热点和突发事件的舆论引导。加强报刊审读和对报刊社、记者、记者站的日常监管，制定印发《扬州市报刊审读工作实施办法》，强化报刊审读管理机制，调动审读小组成员的工作积极性，加快报刊审读的频率，采取全面审读、专题审读、采编与审读人员座谈会等形式，发现问题及时与相关单位联系沟通，交换意见。根据总局和省局的有关要求，对属地管辖的新闻机构持记者证人员进行认真梳理、核对身份、严格把关，并按照层层管理原则，开展全市新闻单位采编人员情况统计。至年底，全市有新闻单位26家，新闻采编人员720名。全年共编发《扬州市报刊审读》11期，撰写审读报告、新闻评析等文章46篇，计约10.2万余字。组织申报的“扬州发布：从媒体融合平台到城市智能平台”项目获评2018年省报刊媒体融合创新优秀案例。（苗　芹）

■版权工作 强化版权登记质量，推进版权登记体系建设。推进基层版权工作站的建设，全年新增12家版权工作站，做到县级层面的全覆盖，形成县市联动、园区共建的作品登记网络。加强对版权工作站的管理，开展版权保护及维权系列和工作站管理人员的业务培训与工作经验交流活动。围绕4·26“保护知识产权，推进产业发展”开展宣传教育周活动，促进工作站做好版权宣传推广，开展作品登记管理，服务企业维权保护。全年完成作品登记8690件。姜师立、陈跃、文啸等人共同创作的《京杭大运河历史文化及发展》一书获2018年江苏省优秀版权作品文字类一等奖。组织参加第七届中国国际版权博览会，市文化广电新闻出版局获第七届中国国际版权博览会优秀组织奖，市漆器厂获优秀企业奖。联合市卫生和计划生育委员会印发《关于推进全市医疗卫生机构使用正版软件工作的通知》，要求相关单位开展正版化情况自查工作，编制采购计划。召开全市医疗卫生机构使用正版软件工作推进会，明确工作的重点，推动软件采购工作。（苗　芹）

扬州报业传媒集团

■概况 2018年，扬州报业传媒集团做好全面贯彻落实党的十九大精神、庆祝改革开放40周年、“两大盛会”（省第19届运动会和第十届省园艺博览会）、世界运河城市论坛等重大主题宣传和重大活动报道。集团报网端同步推出大型全媒体系列报道《幸福是奋斗出来的——难忘40年》，通过代表性人物的故事，展示40年来扬州经济社会发展历程，见证改革开放的时代巨变，奏响“幸福是奋斗出来的”时代强音。9—10月，集团围绕省运会、园博会、国庆长假、世界运河城市论坛连续推出四大特刊，完成全国和省市两会、解放思想大讨论活动、公园体系建设、重大交通工程、东南片区更新改造、支持民营企业发展、“烟花三月”国际经贸旅游节、第六届中国－中亚合作论坛、“文明有礼二十四条”、重大接待等新闻宣传任务。其中，关于全国人大代表莫元花、周善红的报道得到省市领导肯定；“夹菜用公筷，拒绝口水菜”系列、楼宇经济系列等报道，《再

2018年扬州报业传媒集团获省各类优秀作品一览表

表33-5

报纸名称	作品标题	类别	作者	等次
扬州日报	从一双筷子看文明传习	消息	李峰（翰风） 胡俭　丁云	一等奖
	从一双筷子看文明传习	编辑奖	李继业	一等奖
	为爱守候，她当了48年“朗读者”	通讯	胡俭　刘婷 正妍　桂宇	一等奖
	为爱守候，她当了48年“朗读者”	编辑奖	李峰	一等奖
	国际市场逆风飞扬的“金飞达之谜”试解	系列报道	李继业　周明涛　李峰 刘贺　嵇尚东	一等奖
	国际市场逆风飞扬的“金飞达之谜”试解	编辑奖	李峰	一等奖
	党报评论	专栏	李继业　周明涛 李峰　毛建国	一等奖
	能量＝变量＋增量＋存量 ——地市党报转型发展的“扬州探索”	新闻论文	李继业	一等奖
	《扬州日报》8月29日要闻1版	版面	李峰　曹燕　蒋萍萍	一等奖
	三十多年坚守一句“生死诺言”	通讯	董鑫　吴忠祥	二等奖
	三十多年坚守一句“生死诺言”	编辑奖	李峰	二等奖
	机关单位车位厕所向市民错时开放	通讯	邮宣　张冠卿　嵇尚东	二等奖
	刘德宝带领“渔花子”建成中国最美渔村纪事	系列报道	李继业　周明涛　拾景炎 董鑫　邹平　邗萱 陈万明	二等奖
	刘德宝带领“渔花子”建成中国最美渔村纪事	编辑奖	冯刚　刘贺	二等奖
	不能以“不见面”拒绝“面对面”	评论	毛建国	二等奖
	不能以“不见面”拒绝“面对面”	编辑奖	李继业　周明涛　李峰	二等奖
	《扬州日报》精耕、深耕、细耕理论评论的创新探索	新闻论文	李峰	二等奖

续表 33-5

报纸名称	作品标题	类别	作者	等次
扬州日报	扬大校友孙强领衔团队 世界首次培育出体细胞克隆猴	消息	楚楚	三等奖
	扬大校友孙强领衔团队 世界首次培育出体细胞克隆猴	编辑奖	冯刚 孙熙	三等奖
	扶贫路上父女试比本领高	消息	何瑞琳 拾景炎	三等奖
	司法部副部长致敬“162 岁的调解员”	消息	胡俭 拾景炎	三等奖
	五年垃圾山变成丰收田	消息	葛学涛 张玉峰 边圆圆 杨湘君	三等奖
	一场乡土风醉了城里人	通讯	王鹏	三等奖
	兴文化既要有“矿工”也要有“木工”	评论	毛建国	三等奖
	“第十九届江苏省运动会”系列专题	重大主题 创新策划	李继业 周明涛 李峰 拾景炎 冯刚 王鹏	三等奖
	《扬州日报》9 月 10 日要闻 1 版	版面	冯刚 刘贺 王露	三等奖
扬州晚报	外地游客车 请停扬州机关大院	消息	祝隽 刘宁	二等奖
	水利绿化专家共商护树对策 扬州重点工程为百年丝棉树“让路”	消息	吴荡 姜涛	二等奖
	百年扬剧史上有了首批本科生 4 年中戏求学他们破茧成蝶	通讯	王鑫	二等奖
	百年扬剧史上有了首批本科生 4 年中戏求学他们破茧成蝶	编辑奖	慕相中 朱广盛	二等奖
	本报手绘 10 岁孝心女孩连环画	新闻漫画	沈江江	二等奖
	全国首创！扬州“刷脸”收垃圾	消息	姜传刚	三等奖
	全国首创！扬州“刷脸”收垃圾	编辑奖	杨宝岭 肖德林 从有志	三等奖
	种佛甲草 可耐高温和严寒 扬州屋顶“植物空调”实验成功	通讯	向家富	三等奖
	海豚没胃口 医生深夜为它做胃镜 近 20 人帮忙查出 1 厘米塑料异物	通讯	王玉清 屠明娟	三等奖
	海豚没胃口 医生深夜为它做胃镜 近 20 人帮忙查出 1 厘米塑料异物	编辑奖	杨宝岭 朱广盛	三等奖
	萧后墓编钟编磬昨起复制	通讯	陶敏	三等奖
	“49 年前的‘施粥’姑娘，你在哪？”系列报道	系列报道	王蓉	三等奖
	“49 年前的‘施粥’姑娘，你在哪？”系列报道	编辑奖	慕相中 束亮 袁益民	三等奖
	传统媒体做好活动的四个“度”	新闻论文	肖德林	三等奖
	《扬州晚报》2 月 7 日 A12—13 版	版面	袁益民 费大洋 魏枚佳	三等奖
扬州发布	《非遗扬州》系列视频	媒体融合	集体（李继业 周明涛 张志虹 包闻军 李蓉君 王鑫 赵钢 从有志 徐勇 戴扬 冯庭如 张岳 沈文宇）	一等奖
	《一镇一味》系列视频	媒体融合	李继业 周明涛 张志虹 包闻军 赵钢 徐勇 戴扬 嵇晨宇	二等奖
	两个人一双眼，这则故事凭什么让你泪目？	媒体融合	赵钢 徐勇 徐子尧 季璇	三等奖
扬州网	江苏省第十九届运动会专题——全民动起来 江苏更精彩	网络新闻	从有志 王迎春 王宇 陈书戈 方澹宁	三等奖
	纪念改革开放四十周年专题——幸福是奋斗出来的	网络新闻	邵丽萍 陈书戈 王宇	三等奖
	网红频道：将网红打造成一支新媒体网站“红军”	网络新闻	从有志 凌鹏	三等奖

（从有志　刘新平）

难的事，只要去做就不难》等评论，多次得到市委市政府表扬。集团外宣工作再上新台阶，全年有20多篇文字和图片报道登上人民日报（含海外版）；每月超百篇新闻作品被人民网、新华网、中国网等选用。全国两会期间，集团在《人民日报》、人民网、新华社和其他中央级媒体发稿10多篇（次），是历年两会期间外宣成绩最好的一次。

集团新媒体集聚850万+用户群。以扬州发布为龙头的新媒体矩阵，在2018年“扬马”报道中创下794万多的阅读量新纪录。集团努力探索“从字到视”的无限可能，通过高密度高强度的任务逼出视频队伍，打出视频品牌。年内，扬州网全新改版，与扬州发布深度融合。试水微电影创作，拍摄制作《寻找李白》《一根丝线》等有较高水准的微电影。

2018年，报业集团实现销售收入3.44亿元，比上年增长15%，利润增长近13倍。在策划“中国·扬州首届运河主题国际微电影展”的基础上，延伸开发出颁奖大典、全国百名社长总编扬州行、全国党报家风宣传暨大运河城市家风建设研讨会等系列活动。集团承办的2018新财富上市公司并购年会暨金牌董秘、最佳投行颁奖典礼，700多位资本圈精英应邀出席。集团承办的第五届朱自清散文奖颁奖典礼暨纪念朱自清诞辰120周年晚会得到高度评价。江南大业取得市区公交车车身广告发布权。发行公司向“轻物流”转型，日配送量达2000单以上。印刷公司整体搬迁，为打造苏北地区最具实力的数字化印刷产业园创造条件。9月18日，扬州新大剧院项目主体工程提前封顶。集团利用新大剧院建设契机，实施债转股，化解上亿元债务。扬州乐程特色小镇旅游发展有限公司拓展校车接送、会务交通等市场。扬州报业教育培训中心打造青少年一站式成长中心，取得扬州教育经营许可证、消防合格证等。“扬州礼物”放大节日福利团购销售，探索旅游纪念品市场开发，全年销售翻3倍。市青少年素质教育基地接待拓训3万多人，创成全国中小学研学教育实践基地。小记者中心发展会员1.1万人，全年组织2.5万人次参加各类活动。瑞禾公司吸收扬子江集团为新股东。市文化产业商会成立7个分会。《家风》杂志把组稿、发行辐射到运河沿线城市，每期有效发行近5000册。（从有志　刘新平）

■**《扬州日报》** 2018年，《扬州日报》出版353期，印数（开机数）7.1万份，征订数6.97万份。日报开设“在习近平新时代中国特色社会主义思想指引下——新时代新作为新篇章”专栏，高密度推出主题报道，反映全市贯彻落实党的创新理论的生动实践和成果；与市委宣传部联合开展“学习贯彻党的十九大精神——我们在行动”理论专题宣传，市委常委会成员带头撰写学习体会文章在日报“学思行”版面发表，产生强烈社会反响。组织参与“幸福是奋斗出来的——难忘40年”全媒体报道、“改革·印记”寻访展示活动宣传报道、“解放思想大讨论”征文、“写一写我家这四十年”征文等活动，开设“思想大解放·发展高质量·我们在行动”专栏，展示扬州解放思想大讨论的行动和成果、推进高质量发展的典型和经验。省第19届运动会在扬举办，日报相继开设“全民动起来·江苏更精彩”“我和省运会的故事”“全民大扫除·文明迎盛会”等专题专栏，推出迎省运系列报道；制作省运会特刊《省运你好　我是扬州》，得到省市主要领导肯定；推出长篇通讯《荣光绽放·永不退场》和迎接“后省运时代”系列评论等力作。围绕省第10届园博会，开设“园博会探营”“聚焦省园会”等专栏，持续开展高强度宣传报道。围绕全国和省市两会、市委全会、“烟花三月”国际经贸旅游节、扬马、国际运河城市论坛等重大会议、重要活动进行丰富报道。4月，紧扣省委主要领导关于扬州发展的指示精神，推出“喜迎盛会·建设人们心目中的扬州”系列报道，在重要版面刊发12篇特稿，形成强大舆论声势。贯彻市委七届六次、七次全会精神，组织系列专访、评论和“三城建设在行动”等专栏报道。围绕重大项目建设、东南片区更新改造、重大交通工程、“文明有礼二十四条”、环保督察“回头看”、支持民营经济发展、“三区经济”等重点工作，组织连续性报道和专题宣传。日报“学思行”理论版先后开设“学习贯彻党的十九大精神”“思想大解放、发展高质量”两大专题，推出专版40多个，刊发学习体会文章150余篇，并出版《学思行》文集。日报重点打造“杨平”深度评论专栏，做到“每逢大事必有论”，多篇文章得到市委主要领导肯定。日报坚持创新创优，对标中国新闻奖，推进供给侧结构性改革，以打造爆款产品为突破口，全力实施“党报质量再提升”工程，对版面、稿件进行全方位提升。老兵荀为民的报道，被人民网、光明网、凤凰网、今日头条等转发；在庆祝改革开放40年之际推出“陈芝强创业实践的‘时代三问’”系列报道，市委书记谢正义给予肯定；11月，推出“国际市场逆风飞扬的‘金飞达之谜’试解”“刘德宝带领‘渔花子’建成中国最美渔村纪事”两组系列报道，引起强烈社会反响，提升党报影响力。推出“一本政经news”公众号，主打深度政经报道。《市委书记为啥频提“灯光指数”？》等报道，产生较好社会反响。在2018年初公布的省新闻出版广电政府奖榜单上，扬州日报获得报刊奖提名奖，日报记者胡俭获得省优秀新闻出版广播影视人物奖。第二届江苏“四名人才”名单揭晓，胡俭获“江苏省名记者”称号。记者张玉峰参加省第五届“好记者讲好故事”比赛，取得第四名的好成绩，进入省巡讲团成员库。（毛建国）

■**《扬州晚报》** 2018年，《扬州晚报》出版353期，印数（开机数）8.3万份，征订数8万份。5月20日，在第13届中国传媒大会上，《扬州晚报》获“金长城传媒奖·2017中国传媒融合发展十大地市晚报”称号。9月5日，第11届中国传媒经营大会发布“2017—2018中国传媒经营价值百强榜”，《扬州晚报》获“全国晚报二十强”，排名第11位，列全国地市级晚报首位。重大主题报道规模化、多样化、灵动化。庆祝改革开放40周年，推出“难忘40年”文图、视频全媒体系列报道，承办“幸福是奋斗出来的”主题图片展，展出近500幅珍贵图片以及大量图表、史料和实物，吸引社会各阶层人士观展。省运会、省园博会两大盛会报道丰富多样，专版专栏报道，编辑出版《扬州“园”梦》特刊、迎省运运动特刊等，推出新闻版面超过300个，推出新媒体报道超过60篇。市两会报道，新开设“对话部门掌门人”栏目，与10个民生部门负责人进行全方位对话，使读者对全年民生实事项目了然于心；晚报新媒体进行一系列视频直播、微信推送，赢得网友赞誉。活动策划注重参与性连续性品牌化。3月24日，承办首届“鉴真樱花嘉年华”，吸引5万人次共赏樱花之美；3月31日启动“迎省运——走遍扬州体育公园”活动，共组织20场活动，上万人次参与；5月5—6日策划承办扬州首届志愿服务展示交流会，参与志愿者及市民超过6000人，活动得到省文明办领导肯定。春节前后，连续第4年举办“回乡扬州人座谈会”；2月，举办第二届“我为城门挂春联”活动；4月8日，举办第二届中国扬州航拍摄影节，邀请全国40多家晚报、都市报航拍扬州；4月15日，举办第14届扬州十大经济新闻人物颁奖活动。由《扬州晚报》微信承办的第三届扬州网民节开幕式暨首届“扬州奇妙夜”活动得到网友热捧。制作发布众多融媒体产品。4月18日，推出“烟花三月”系列微信、短视频、精美H5、微博话题等，总阅读量达千万。扬马报道，推出微信、视频、H5等作品，总阅读量超25万，微博话题2018扬州马拉松、2018扬马形象大使江疏影总浏览量超过440万，冲上微博全榜“运动健康”第二名。通过“微信+微博+视频直播”三驾马车并驾齐驱，报道省运会、省园博会两大盛会，制作发布《超级震撼！720°全景鸟瞰省运会扬州各大场馆……》《重磅揭秘！江苏省园博会“十大看点”曝光，美爆了……》等转发率高的作品。

（王玉龙）

■扬州发布 2018年，“扬州发布”开设专题数十个、组织直播400多次，推出50多集精品短视频，记录下扬州的精彩与活力。至12月28日上线三周年之际，扬州发布客户端下载用户突破140万。“扬州发布”获得多个国家级、省级奖项。9月，“扬州发布”APP获得2018全国地市网络媒体最具影响力的十强客户端品牌。11月，“扬州发布”从媒体融合平台到城市智能平台项目，被省新闻出版局评为省报刊媒体融合创新优秀案例。12月，在第五届中国报业新媒体大会上，扬州报业传媒集团（扬州发布）“从字到视”项目获2018中国报业融合发展十佳案例。“扬州发布”被评为2018年度省文明办网创建活动先进单位，《非遗扬州》系列视频获优秀作品奖。持续关注省第19届运动会、第十届省园艺博览会筹办举办情况，通过“省运会”“园博会”一级频道开展长线报道。省运会开幕前10天，“扬州发布”推出系列短视频先导号外，掀起省运会预热宣传高潮；制作的“诗画公园城”短视频，成为省运会开幕式官方指定暖场大片。省运会报道中，“扬州发布”综合运用直播、长图、视频、动图、H5等新手法，相关作品同步推送到《人民日报》、新华社、澎湃、头条号等媒体平台。报业集团融创中心完成省运会官网及“掌上省运”APP平台建设和运营任务，承建的省运会新闻发布中心获得全省记者好评。“扬州发布”滚动更新省园艺博览会新闻和资讯；在园博园落成、百日倒计时、园博园开放等重要节点，组织多机位高清直播；推出5个省园会原创视频和5个创意H5，获广泛转发。全国两会期间，“扬州发布”派出记者赴京采访，实现文字、图片、视频、直播、H5等报道手段的全面融合。市两会期间，“扬州发布”对大会开幕进行高清视频直播；开辟“对话部门掌门人”、大数据图说、一图速览、两会评论等特色栏目；H5、VR、创意沙画等新媒体产品精彩纷呈。城区禁放烟花爆竹，“扬州发布”1月下旬和2月中旬进行持续多天的直播报道。在省委网信办组织的重大主题报道报送中，“扬州发布”、扬州网2018年推荐稿件获全省推送超过50篇。全年，“扬州发布”推出一系列短视频产品，形成品牌效应。《非遗扬州》系列精品人文纪录片成为国家级项目，被人民网列入“双语展播计划”向全球推广；《非遗扬州·墨香》入选中宣部“弘扬社会主义核心价值观”视频作品嘉奖名单。《幸福是奋斗出来的——难忘四十年》系列人物访谈微纪录片，共拍摄30集。“扬州发布”7月开通微视频公众号“石榴V视频”，成为扬州最具影响力的短视频微信公众号。“扬州发布”举办多场精彩活动。2月9日，首届“温暖扬州”2017“扬州发布”年度人物颁奖盛典在市音乐厅举行。第三届“扬州发布扬州网进社区”系列晚会，共举办10场，晚会通过新华社现场云平台直播，每场点击量都在5万以上。12月30日，“扬州发布”邀请市民共同“新年行大运”，1000多名市民以健步走的形式迎接新年。

（赵　钢）

■扬州网 2018年，扬州网先后开设扬州两会、全国两会、“烟花三月”国际经贸旅游节、“扬马”、“新时代我奋斗我幸福”、“改革开放四十年系列报道”、“纪念马克思诞辰200周年”、“共舞长江经济带·美丽中国长江行”、“崇尚英雄 精忠报国”、首届中国国际进口博览会等网络宣传专题专栏。扬州网负责维护的省运会官网，优化栏目设置，第一时间发布赛程赛果等信息，成为全省记者的稿源库。扬州网承建的“我是党课主讲人”网站，成为全市解放思想大讨论的网络宣传主阵地。扬州网建设网评栏目“广陵潮评”，设有“听潮”“热点锐评”“绿杨评弹”“七河八岛”

等子栏目。10月26日，全方位升级改版后的扬州网与广大网友见面。这是扬州网继2013年改版后的再次全新升级，全面完善网站功能，版面采用宽屏、响应式切图、功能分区的设计方案，更简洁美观，栏目更加丰富，突出新闻内容全媒体化呈现。首页内容主体区全媒体内容由新闻区、互动区、视频区、资讯区、专栏五大版块组成。栏目设计突出网端融合和大宣传格局，主打拳头视频产品，同时新增“网红”“问我”等互动专栏，新增便民服务，查找信息更方便快捷。9月，在中国地市网盟第11届年会上，扬州网获2018全国地市网络媒体“最具价值十强品牌”。（陈书戈）

广播影视

■概况 2018年，扬州广电有207件作品获2017年度市级优秀广电节目奖；55.5件作品获2017年度全省优秀广电节目奖，其中一等奖13件，获奖情况在全省地级市中名列第二；2件新闻作品入选全省优秀广播电视新闻作品。网络纪录片《非遗扬州》入选总局网络视听节目内容建设扶持项目，《成长学院》入选总局优秀少儿电视扶持项目，公益广告《牵手日记》入选全国敬老养老助老公益广告扶持作品；纪录片题材《爱上中国》入选省百人纪录片扶持计划；扬州台《成长学院》获全省少儿电视栏目一等奖，《童心碰碰车》获少儿广播栏目三等奖；3条公益广告分获全省广播电视公益广告广播类二、三等奖和电视类三等奖，市文广新局获优秀组织奖。扬州广播电视台入选总局2017年度广播电视公益广告扶持项目名单（传播机构类），获评2018年度全省新闻出版广电（版权）系统先进集体。（黄晓宇 蒋学亮）

■宣传管理 结合广播电视新闻节目抽查，开展下基层新闻抽查和送评议活动，指导服务播出机构，提升媒体舆论引导力。开展广播电视新闻作品季度推优，第二季度选送的2件新闻作品入围全省优秀广播电视新闻作品。全年《扬州收听收看》出刊26期，刊登评议文章80篇、宣管信息8篇。《扬州收听收看》围绕党委政府中心工作对主题报道展开评议，关注重大主题宣传、重大新闻行动以及县级媒体新闻报道，同时对《三把叨》《今日生活》《985早新闻》等有违新闻宣传要求的报道督促整改。每季度推优评选结束后，《扬州收听收看》将评议意见整理成文，及时反馈，对办好新闻节目起到促进作用。（蒋学亮）

■电影管理 推进公益放映，农村电影服务保障得到较好落实。及时分解部分市辖区（广陵区和三个功能区）农村电影公共服务保障场次，推进农村电影四个转变。督促农村电影公共服务质量标准落实。印发《扬州市农村电影放映固定点标准》。全年共放映农村公益电影1.28万场，超额完成年度任务。组织开展2018送电影进社区工作，在市辖区（含功能区）的224个社区，放映公益电影672场。开展先进影院评比，共有8家城区数字影院被评为2017—2018年度先进影院，推动城市影院健康发展。全年全市有营业数据影院达到51家，银幕340块，全年实现票房2.65亿元，比上年增长9.38%，在全省排名第七。（蒋学亮）

■广告管理 加强广播电视广告监管，下发停播通知2份、整改通知书5份、涉及违法违规广告54条。开展全市广播电视广告播出专项整治，通过拉网式实地检查，停播违规广告11条，整改违规电视养生类栏目3个。开展弘扬社会主义核心价值观优秀公益广告创作展播活动，全市各播出机构播出“图说我们的价值观”等公益广告近4万条次，发动广播电视节目制作机构创作《中国梦·扬州梦》《法律面前人人平等》《帮助别人快乐自己》等社会主义核心价值观公益广告65条。（蒋学亮）

■卫星管理 强化境外电视传播秩序整治。召开全市境外电视传播秩序专项整治工作推进会暨业务培训，要求各地在创建无“小耳朵”社区标兵县基础上，抓好境外电视传播秩序整治工作。全年暗访抽查30余家规模相对较大、环境设施先进的宾馆和民宿客栈，发现2起违规接收境外电视节目的行为，其中1起依据省新出台的《江苏省广播电视管理条例》予以立案办理。宝应县被评为2018年度全省境外电视传播秩序专项整治工作先进单位。（蒋学亮）

■网络视听管理 开展2018年度优秀网络视听作品征集、“网络视听节目精品创作传播工程”评选、全省县级媒体融合发展创新案例征集，要求市、县广电媒体利用各类评选契机，锻炼队伍，以适应全媒体时代发展。由市文广新局推荐的网络纪录片《非遗扬州》入选国家广播电视总局2018年度网络视听节目内容建设扶持项目。（蒋学亮）

扬州广播电视传媒集团（总台）

■概况 2018年，扬州广播电视传媒集团（总台）[简称扬州广电集团（总台）]围绕改革开放40周年、省运会、省园博会、各级“两会”、中共扬州市委全委会、“烟花三月”国际经贸旅游节、世界运河城市论坛、朱自清诞辰120周年、南部快速通道建设、连淮扬镇高铁建设等市委市政府工作重点、民生热点及各类重大会议、重要活动，整合广播、电视、报网、新媒体等媒体资源，做好融媒体报道工作，强化导向意识，注重追踪热点，形成强势舆论氛围。电视频道索福瑞收视份额达51.73%，位居全国城市台第一；尼尔森收视份额达42.1%，位居全国城市台第二，广播收听份额保持在60%以上，媒体区域影响力继续在全国领先。在第三方大众媒介评估系统CRIR发布的年度报告中，新闻频道获评为最具欣赏价值地面电视频道，扬帆获评为最具欣赏价

2018年扬州广播电视传媒集团(总台)获省级一等奖及以上奖项作品一览表

表 33-6

类别	获奖作品标题	奖项名称
电视类	新闻女生直播秀	江苏新闻奖媒体融合新媒体品牌栏目；2017年度江苏省媒体融合优秀作品一等奖
	263江都在行动 暖心的执法：一张罚单“盘活”红星养殖场	2017年度江苏电视新闻奖长消息一等奖
	根	2017年度江苏彩虹奖对外电视节目专题节目一等奖
	爸爸的承诺	2017年江苏电视社教节目奖微纪录片一等奖
	凤冠复生记	2017年江苏电视社教奖专题片一等奖
	一所给孩子传播知识的神奇魔法学院开学啦	2017年江苏电视社教奖少儿节目一等奖
	爱家就唱家歌——民歌2017苏北九城突围赛专场	2017年度江苏省江苏电视文艺奖歌舞节目一等奖
	一路楼台直到山	第34届江苏电视奖优秀栏目奖
	师傅的刀	第34届江苏电视奖优秀纪录片奖
	生死连2	第34届江苏电视奖优秀电视剧奖
	何露宁	第34届江苏电视奖优秀节目主持人奖
	成长学院	2017年度江苏省广播电视少儿精品少儿电视栏目一等奖
	星云大师的梦想	2015—2016年度中国广播影视大奖广播电视节目奖提名奖
	春去春又回——苏北民歌邀请赛·南通专场	第25届电视文艺“星光奖”电视综艺节目提名作品（中国广播影视大奖）
广播类	扬州大学专家三进贵州扶贫，牵手一元纸币人物原型	2017年度江苏广播新闻奖长消息一等奖；江苏新闻奖广播消息一等奖
	以城管的名义	2017年度江苏广播新闻奖访谈节目一等奖
	穿越汉籍“朋友圈”	2017年度江苏彩虹奖对外广播节目专题一等奖
	此致敬礼	2017年度江苏广播剧、广播文艺奖文学节目一等奖
	叫一声师父	2015—2016年度中国广播影视大奖广播电视节目奖广播文艺类提名奖
	一枕家书素笔留香	江苏省新闻出版广电政府奖广播电视节目奖正式奖
报刊类	扬州发现曹寅题字石碑，红学研究再添史实——《红楼梦》与扬州的“前世今生”	2017年度江苏广播电视报刊新闻与专稿奖通讯一等奖
	百年龙父文化丰碑——孙龙父先生百年诞辰纪念特刊	2017年度优秀新闻作品版面类一等奖
	一位七旬老人的三轮车之旅	2017年度优秀新闻作品通迅类一等奖
	诗人已去 乡愁依旧	2017年度优秀新闻作品专访类一等奖
论文类	优秀传统家风的活化与传播——以扬州广电《家传》系列纪录片为例	第15届江苏广播电视学术论文奖节目研究一等奖
	移动APP：城市广电价值新平台——以扬州广电移动APP扬帆为例	第15届江苏广播电视学术论文奖新媒体研究一等奖
	电视大屏与手机小屏的融合共振——以扬州广播电视台手机APP“扬帆”建设为例	第15届全国广播影视学术论文决策管理及其他研究类一等奖；2017年度江苏省优秀新闻论文一等奖

（杜 程）

值融媒体平台。在省第19届运动会筹备、举办过程中，扬州广电集团（总台）完成宣传任务和市场开发任务，为省运会的成功举办提供保障，被市委、市政府记“集体二等功”。（杜　程）

■广播电视节目 2018年，扬州广电集团（总台）自办广播频率5个、电视频道5个、数字电视频道2个，电视节目制作总量4203小时（首播时长），广播节目制作总量33945万小时。全年先后新开办《社区运动会》《七彩魔方》《我行我秀》《旅游那些事儿》《开心驿站》《一起跳舞吧》《引体向上》《吃货联盟》、《人生如歌》等一批自主创新的栏目。电视节目《扬州新闻》《关注》《市民论谈》和广播节目《985新闻》《行风热线》等作为市委、市政府发布政令、指导工作和沟通群众的重要渠道发挥积极作用。全年共有31件（次）节目类作品获国家、省政府及专业类一等奖。其中，在江苏新闻奖奖项中，扬州广电集团（总台）获得两项，在全省地市级媒体中唯一获奖。（杜　程）

■品牌活动 2018年，扬州广电集团（总台）先后承办首届中国（扬州）大运河文化旅游博览会、第二届世界体育赛事与旅游峰会中国扬州峰会、2018中国·扬州非遗生活化创意设计大赛等各类大型活动。推动中国民营文化产业商会文化与传媒专业委员会在扬成立；承办《新江苏新主持》全省青年主持人风采展示暨业务竞赛活动，这是首次以地级台牵头、全省同行业单位参与的大型媒体竞赛活动；举办“外籍人士看扬州”微视频大赛，用国际语言讲述扬州故事，活动吸引20多个国家100多位外籍人士参与；中广联合会城市广电学术研究基地举办“突围2018”城市台青年骨干编导实战训练营活动，吸引来自全国40多个城市台的年轻编导参加；举办扬州市第一届社区运动会，持续时长8个月，覆盖216个社区，吸引40多万人次广泛参与。在年度新闻人物评选、新闻女生三关爱、大学生职场菁英赛、爱心助考、温暖大行动、经典诵读、少儿主持人大赛等传统公益活动的举办中，内容新颖形式创新，弘扬新风正气，彰显社会责任担当。（杜　程）

■技术基础建设 2018年，扬州广电集团（总台）电视发射塔迁建工程进展顺利，228米高的钢结构发射塔架设工程落成；市应急广播体系相关方案完成，800平米演播室改造、高清综合制作网（一期）、融媒体新闻指挥调度中心等重点项目建设方案实施建设。扬帆APP以视频直播为重点，全年发起各类直播5500多场，用户数突破57万人，月活跃用户平均13.57万。在三年评选一次的江苏省广电政府奖技术评审中，扬州广电集团（总台）获得2项大奖；获国家总局二等奖2项、三等奖4项，综合排名全省城市台第一。在全国广电技术能手竞赛中，扬州广电集团（总台）参赛选手挺进十强，为全国十强中的唯一地方台选手。（杜　程）

■产业经营 2018年，紧扣“文化+”战略，扬州广电集团（总台）推动内部结构调整，进行业务整合和管理优化，对全资子公司投资的4家公司进行股权转让，集中力量发展文化创意等相关产业，有3个项目入围省级现代服务业发展专项资金扶持项目；1家公司获“江苏省重点文化产业示范基地”称号。平安智慧社区项目被列入市委、市政府“1号文件”，承担该项目的云智公司进入全国政法智能化建设优秀解决方案提供商名单；云智公司和古籍线装公司被认定为“江苏省重点文化科技企业”，两位企业负责人被确定为扬州市科技企业家。资产证券化取得新进展，投资入股的北京市文化科技融资租赁股份有限公司筹备上市，所推出的我国首支知识产权证券化产品——“文科一期ABS”在深交所获批。（杜　程）

省广电有线信息网络股份有限公司扬州分公司

■概况 2018年，省广电有线信息网络股份有限公司扬州分公司实现营业收入4.81亿元。至年末，全市有线数字电视用户有效用户124万户。全年新发展互动用户5.92万户，达到63万户；新发展宽带用户近2万户，达到近20万户。完成全国两会、春节、国庆、纪念改革开放40周年以及博鳌论坛、中非合作论坛、上合青岛峰会等重要保障期的保障任务，完成“烟花三月”国际经贸旅游节、鉴真国际马拉松、第十届省园博会、第19届省运会开闭幕式等重大活动的传输保障。做好省、市、县三级视频会议的安全保障工作，保障市委、市政府重要视频会议65场。继续推进网络改造优化，扬州城区全年完成各类立项工程767个，新建小区开通有线电视信号51个，双向用户覆盖数新增3.04万户，光纤入户覆盖数新增8455户，新增道路管道81.7千米、光缆皮长1285千米、电缆皮长571千米。协调做好因道路改造、城市规划拆迁过程中的广播电视线路的维护整改，优化有线电视传输质量。推进宝应、高邮、仪征等县（市）的机顶盒TVOS软件升级，完成CCTV—4K超高清频道信号的测试落地。以网格化服务建设为抓手，提升网格工程师的服务水平，提升宽带、电视用户的服务质量，实现江都、高邮、仪征“96296”对外服务呼号的统一。提升技术技能水平，在中国通信企业协会与中国国防邮电工会组织的评选活动中，1人获“信息通信行业工匠入围奖”称号；在江苏有线第八届运维技能竞赛上，获得综合二等奖，1人获省总工会授予的“江苏省五一创新能手”称号；在第三届全国有线广播电视机线员职业技能竞赛上，1人参赛并获团体第四名、个人第七名（二等奖）。加强平台内容建设，做好全省统一的《孝乐神州》《地方新闻》《电影院线》等互动平台的落地推广，《制作推出春节》《全国两会》《金色童年》《俄

罗斯世界杯》《非遗扬州》《平“语”近人》《致敬改革开放40周年》等12个电视专题栏目。（广电有线）

■活动形式创新 组织“孝乐神州扬州行”广场舞电视展演暨“观众最喜爱的市区广场舞代表队”评选活动，通过电视大屏展示、微信互动电视投票、县市用户联动，吸引30余万点播、10余万人次投票。先后推出“文明扬州人 最美全家福”“烟花三月 醉美扬州”“俄罗斯世界杯”有奖竞猜、家有萌娃摄影大赛等专题活动，促进有线电视网络与新媒体融合发展。（广电有线）

■智慧广电建设 市纪委《清风扬州》电视互动平台上线，成为地方党风廉政建设宣传教育新平台；与市体育局联手打造《扬城体育》，成为19届省运会的重要展示窗口；新建《民政之声》《维开之窗》《政务服务平台》等互动平台，改版《苏北医院》《扬州消防》《扬州国土》《扬州就业》，整合资源打造“智慧扬州”互动专区。聚焦“智慧乡镇”建设，提供定制化服务，《智慧杨寿》《智慧西湖》等乡镇电视互动平台相继上线。推进益农信息社和应急广播体系建设，江都、仪征应急广播项目通过省级验收。（广电有线）

文化产业

■概况 全市召开文化产业发展推进会、协调会、座谈会5次，组织文化产业统计培训2次，文化产业统计平台上报率达100%。结合省、市要求和文化产业实际情况，会同市委宣传部有重点、分层次、重实效地设置考核指标。扬州琴筝文化产业园招引琴筝企业约40家，一期项目11月初开街。邗江长毛绒玩具特色小镇一期展厅5月对外开放，二期公共服务平台施工图纸定稿。扬州艺术馆二期、江都新文化中心、扬州新大剧院、京华城中城空中文创影视一条街等重点项目有序推进。落实《2018年市级层面“6+X”招商活动方案》，赴台湾、深圳、苏州、嘉兴、常州等地开展、参与6次推介活动，扩大对外招商引资。打造“1+3”展会平台，打造2018中国(扬州)大运河文化旅游博览会、非遗生活化创意设计大赛、乐活扬州玩具设计创新创业大赛和“海峡两岸”文化创意设计大赛，推动资源集聚，延伸展赛平台空间。调研质量稳步提升。开展产业调研，季度文化产业统计精准分析。分别在4、8、11月对前三季度文化产业数据开展动态分析，包括区域情况、结构情况、层次情况、未达序时“三上”企业及有望新增入库企业情况。全面梳理全市物质和非物质文化资源，量化分析文化资源的转化成果，找准问题症结，从企业主体、产业平台、顶层设计三方面提出建议。结合大运河文化带建设，开展关于文化建设助推旅游产业高质量发展情况、打造国际文旅名城等相关调研。（黄晓宇 王宁）

■文化产业推介 5月10日，“2018扬州(深圳)文化产业推介恳谈活动”在深圳举行。150多位扬州、深圳及珠三角相关区域嘉宾参会交流，20个扬州本土项目集中推介，“江苏果米文化产业园”等8个总投资32.6亿元的项目现场签约。（王宁）

■文化企业参展 6月15—18日,2018中国（扬州）大运河文化旅游博览会以“文旅融合”为重点，吸引北京、杭州、苏州等16座大运河沿线城市的300多家文化企业参展。9月28日至10月30日，第十届省园艺博览会在扬州举行，场地内特设“扬州非遗馆”1000平方米，撷取琴筝、玉器、漆器、香道、画意摄影等20余个代表性项目，以“琴箫和鸣”“漆彩华章”“粉妆玉琢”“雕章缛彩”“妙笔生画”“花香漫城”“绿杨茶韵”“雨花石趣”八大主题板块，结合实物、图片、展演、科技等多种形式全方位展示扬州非遗产业精髓。（王宁）

■印刷发行 强化重点行业监管，引导印刷发行业健康发展。强化优质服务，以“科技创新领先、骨干企业率先、绿色环保争先”为目标，推进全市印刷出版业在调整中获得新发展。帮助鼎晟印刷有限公司、华方印务有限公司2家包装装潢印刷企业转型升级为出版物印刷；组织开展“双优诚信”创建，1家企业获省级示范企业。指导钟书阁扬州店申报2018—2019年江苏最美书店。开展第二轮新华书店社会效益考核，1个门店获优秀等次，4个门店获良好等次。举办4期印刷企业法律法规培训，全市350多家印刷企业、近600余人参加培训；免费为全市526家印刷企业更换“五项制度牌”。在新闻出版行业的管理上不断探索信息化、网络化，逐步实现申办、年检、监管网络动态化管理。利用各种场所、媒体，开展宣传工作，把系统软件的使用对象、功能和内容，通过公告或书面、网络形式告知相关企业，取得各企业的理解支持与配合，最大程度方便服务企业。指导印刷行业协会组团参加全国图书交易博览会、印刷博览会。帮助4家企业申报省级产业引导资金。被评为绿色印刷企业的有2家。（苗芹）

■扬州广陵古籍刻印社 2018年，扬州广陵古籍刻印社有限公司（简称广陵古籍刻印社）着力打造雕版印刷活态旅游区，将雕版印刷30多道传统工艺拆解成旅游体验项目，通过非遗文化和旅游的嫁接，拓宽非遗传承和宣传渠道，该项目获江苏省现代服务业引导资金支持。年内，雕版印刷技艺展示馆经国家新闻出版总署批准，成为中国印刷博物馆广陵分馆。雕版印刷传习所获评省工艺美术大师示范工作室、省乡土技能大师示范工作室称号。广陵古籍刻印社刊刻全国最早的木刻版画图籍《梅花喜神谱》、扬州八怪代表人物郑板桥手书的《郑板桥诗钞词钞》、金农《冬心先生集》等3部作品。开发多种雕版印刷文创旅游产品，包括“广陵雕版”旅游伴手礼等，与边城书店合作，为省园艺博览会设计开发“扬州风光”古书页灯。广陵古籍刻印社获江苏省艺术基金支持，开办雕版印刷技艺培训班，在全省招收培训20名学员。推进非遗进校园，雕版印刷名师工作室与扬州大学美术与设计学院签署合作协议，成立研究生工作站；与福建黎明大学签约，共同建设海上丝绸之路技艺传承与文化传播教学资源库项目的子项目。雕版印刷名师工作室9月赴济南参加第五届中国非物质文化遗产博览会；11月赴北京参加“新时代·新印刷——改革开放40年印刷业成就展”；参加省运会闭幕式表演、省园艺博览会展演；赴澳门、上海、深圳、福州、宁波等地演示雕版印刷技艺。（顾孝慈）

文化交流

■概况 2018年，扬州各文化单位开展文化活动，加强对外文化交流，扩大扬州知名度和影响力，为建设国家文化旅游名城作出应有作为。文化“请进来”交往增多，组织开展艺术表演、美术创作、地方文化、学术交流活动，推动扬州曲艺、扬剧、扬州木偶、扬州民间和歌舞等“走出去”。展示地方文化，参加重要节庆文化交流和策划组织省运会开闭幕式演出等主题性文化活动，开展文化产业项目交流，文化“走出去”影响扩大。全年，相继举办“扬州之春”艺术周活动、“春朗清明·音乐诗会”“奋进新时代·开启新征程”——扬州市社会主义核心价值观主题汇报演出、海外华裔青少年“中国寻根之旅”春令营（江苏扬州营）、“纪念朱自清诞辰120周年赴台省亲之旅暨学术研讨会”活动、省第19届运动会开闭幕式演出、第十届中国曲艺牡丹奖颁奖仪式暨“讴歌新时代·共筑中国梦”成果汇报演出、“时代放歌——扬州市庆祝改革开放四十周年书画作品展”、第七届中国曲艺团长高峰论坛暨首届中国扬州·全国曲艺大书（评书评话）发展论坛，“茉莉花开是扬州”民歌展演亮相央视音乐频道《唱响新时代·元宵特辑》。（朱运桃 崔绪军）

■地方文化“走出去”展示 2月1—11日，省木偶剧团（市木偶研究所）应泰国曼谷中国文化中心以及菲律宾文化交流中心的邀请，与中国木偶皮影协会、平阳木偶戏剧保护传承中心、四川省大木偶剧院演出团一起赴两地演出。省木偶剧团为海外观众献上独具扬州特色的《反弹琵琶》《扇韵》《戏耍佛珠》等木偶剧目。木偶演出作为文化部大型文化交流品牌“欢乐春节”的组成部分，受到当地华人及《人民日报》海外版点赞。3月29日至4月11日，市曲艺研究所随“中华曲艺海外行”艺术团赴新西兰奥克兰、惠林顿，澳大利亚悉尼、墨尔本访演。首次在大洋洲观众前表演了扬州弹词开篇《上扬州》、扬州清曲《虞美人·听雨》、扬州清曲《黛玉悲秋》等经典曲目，展示扬州曲艺艺术魅力，推介扬州优秀传统文化，并落实扬州文化走出去。（黄晓宇 孙筱梅）

■书画交流 3月1日，由市文联、寿县县委宣传部主办，扬州书法院、寿县文联等单位承办的“古城风流——扬州与安徽寿县书法联展”在市文化馆开幕。此展共展出书法作品100件，两地各50件。4月22日，由中国邮政广告传媒公司、文化部艺术发展中心、市委宣传部主办，市文联、扬州梅苑双语学校、中国邮政集团扬州市分公司等单位共同承办的“梅香自名苑时代谱华章——中国当代书画博士后全面精品巡展（扬州站）”在扬州八怪纪念馆开幕。5月10日，由市委老干部局、市文广新局、市文联共同主办的“相约在烟花三月——宁镇扬书画联展”在市图书馆开幕。展览共展出宁镇扬三地及部分省直机关的老年书画家200余幅精品力作。5月23日，纪念“侨”与改革开放40周年“翰墨盛彩”中美书画艺术交流展在扬州举行。本次展览由扬州与上海两地共同主办，共展出旅美艺术家、美中书画院国内各分院代表等30多位著名书画家的80余幅作品，主要以中国画为主，还有部分书法和油画作品。活动中，上海方向扬州赠送蜀锦作品《晚风》，作品蓝本是新中国改革开放总设计师邓小平晚年回四川坐在藤椅上的一张照片，表达海外华人艺术家祝福祖国繁荣昌盛、凝心聚力共圆中国梦的美好愿景。6月30日，由中国邮政广告传媒公司、南京书画院、市文联共同主办的“问学扬州——宋涛书法作品展”在扬州八怪纪念馆开幕。本次展览是宋涛的首次个人书法作品展，共展出其精心创作的70余幅作品。11月15日，由市委宣传部、洛阳市委宣传部、市文联、洛阳市文联主办的“洛风邗韵——洛阳扬州书画联展”在洛阳美术馆开幕。联展共展出洛阳、扬州两地书画家的精品120余幅，书法真草篆隶俱全，绘画山水、花鸟、人物皆备，展示出两地书画家的艺术水平和艺术风貌。两地书画家在洛阳牡丹书画苑举办交流笔会。

（吴建军 黄晓宇 孙筱梅）

■戏剧曲艺交流 3月31日，扬州扬剧研究所与上海扬剧之友联谊会及北京、镇江、扬州戏迷代表进行交流座谈。扬剧研究所对剧团创作情况和戏曲园建设作详细介绍，戏迷们对扬剧研究所给予高度认可，会议还就剧种的传承、人才培养、年轻戏迷的培（育）养等进行深入交流。会后，戏迷代表们实地参观扬州戏曲园。3月22日，由市文化广电新闻出版局、市文联主办，上海评弹团、市曲艺家协会等单位承办的“海风扬韵”沪扬曲艺交流演出在市文化馆演艺厅举办。来自上海评弹团的演员与扬州演员同台演绎传统文化艺术，包括弹词选回《杨贵妃·絮阁争宠》《珍珠塔·七十二个他》、中篇评话选回《战马赤兔·赠马》、扬州评话《一代儒将陈毅·较量》、扬州弹词《梅兰芳·蓄须明志》等节目，赢得观众的一致好评。4月22日，甘肃省曲艺团一行到扬开展“南腔北韵”兰扬曲艺交流演出。此次交流，甘肃省曲艺团上演兰州快板《趣说兰州话》、民勤小曲《李彦贵卖水》等西北特色曲种。扬州以扬州清曲《鲜花调》《黛玉悲秋》，扬州评话《武松·陈洪辩罪》助阵。两地曲艺面对面交流切磋，探讨借鉴，奏响曲艺新时代新篇章。5月11日，“江南曲美·丝路情深”非遗文化走亲（榆林·扬州）曲艺展演在扬州上演。榆林和扬州两地艺术家同台，尽展南北曲艺风采。演出中，榆林小曲、陕北民歌、二人台、陕北说书、清涧道情等多种具有陕北特色的节目与扬州评话、扬州清曲、扬州弹词等具有扬州地方特色的节目珠璧交辉，将扬州的婉转柔美和北方的高亢豪放完美融合。贯彻文化对口帮扶战略决策，推进扬州、榆林两市的文化交流合作，通过“走出去”和“请进来”不断加强两地交流切磋。应宁夏演艺集团有限公司邀请，为促进东西部地区的文化交流，市曲艺研究所作为国家级非物质文化遗产项目责任保护单位之一，于8月5—7日赴银川参加庆祝宁夏回族自治区成立60周年暨首届宁夏文化艺术节“扬州文化艺术周”演出。市曲艺研究所承办的江苏艺术基金2018年度资助项目“江南曲美”国家级非遗交流展演两度亮相宁夏人民剧院。整场演出均为扬州地方特色文艺节目，包括扬州弹词开篇《扬州味道》《大路朝天任你走》、扬州评话《武松打虎》《皮五辣子·假扮夫妻》、扬州弹词《啼笑因缘·初进将军府》、扬州清曲《虞美人·听雨》、曲艺小品《草船借“钱”》及木偶《绝技组合》。8月10日，由中宣部组织的“大江奔流——来自长江经济带的报道”大型主题采访团到扬，从经济长江、生态长江、文化长江和民生长江四个角度，全媒体聚焦长江大保护下的扬州在推进高质量发展中的生动实践。“文化长江”采访团一行60人到扬州戏曲园参观并观看市扬剧研究所演员们排练《百岁挂帅》。此次主题采访活动以深入宣传贯彻习近平总书记关于推动长江经济带发展的重要战略思想为主线，采取水陆结合、边采边发的形式，全面报道沿江11省市“共抓大保护、不搞大开发”高质量发展的情况，全景展现长江经济带各区域的发展变化。《人民日报》、新华社、中央广播电视总台等10家中央媒体以及长江经济带沿线11个省市媒体的记者共同参加此次主题采访活动。其中，新华社、《人民日报》、《经济日报》、中央电视台、中新社、扬州发布等媒体记者纷纷通过现场直播方式，报道此次调研活动。

（吴建军　黄晓宇　孙筱梅）

文化市场管理

■概况 2018年，市文广新局推进互联网上网服务行业转型升级，加强互联网上网服务+直播、互联网上网服务+VR、互联网上网服务+教育等新概念模式宣传推广，配合实施“绿色网吧”工程。探索娱乐场所转型升级途径，通过深入调研，掌握全市歌舞娱乐和游戏游艺等传统文化娱乐行业存在的经营模式问题，集思广益，推动全市娱乐行业经营模式从单一型向多元化发展。持续加强文化市场监督检查，全年共检查12次、300余场次，查找消防器材过期、未实名登记、禁烟不止等问题3大类10余项，当场责令整改。并组织回头看，对累计出现类似问题3次的场所记录在案，取消参加本年度任何评比先进的活动。（皋长明）

■版权保护 2018年，市文广新局开展调研，完成《版权助推扬州毛绒玩具产业转型升级调研报告》。携手工艺美术、琴筝、毛绒玩具、创意设计等10家企业参加第七届中国国际版权博览会，宣传推广扬州优秀版权企业，扬州市版权局获第七届中国国际版权博览会颁发的优秀组织奖，扬州市漆器厂获得优秀企业奖。4月26日“世界知识产权日”，围绕“保护知识产权，推进产业发展”主题，开展宣传教育周活动，直接参与人员约达1万人次。发挥13家版权工作站阵地作用，构建完善县市联动、园区共建的作品登记网络，至年底完成作品登记近7000件。印发《关于推进全市医疗卫生机构使用正版软件工作的通知》，召开医疗卫生机构使用正版软件工作推进会，推动卫计委系统正版软件使用。（伏京京）

■扫黄打非 2018年，市文化市场综合执法支队共出动执法人员2400余人次，检查各类经营单位1100余家次，查办案件39起。“私服村”系列侵犯著作权案专案组被国家版权局评为有功单位一等奖；扬州绿盛房地产开发有限公司擅自在考古发掘区域内继续施工案被文化和旅游部评为全国文化市场重大案件。“扫黄打非”工作列入全省第一方阵，市文化市场综合执法支队被评为全省“扫黄打非”工作先进集体，谭炳才等3人被评为全省“扫黄打非”工作先进个人；季培均等6人被国家版权局评为有功个人二等奖；施文兵等2人被评为有功个人三等奖；蔡鹏在省、市文化市场岗位练兵技能竞赛中分别被授予全省“五一创新能手”荣誉称号和全市“五一劳动奖章”荣誉称号。

（蔡　鹏）

历史文化名城保护

Lishi Wenhua Mingcheng Baohu

编　辑　崔成鹏

古城保护利用

■概况 2018年,扬州市贯彻落实《扬州古城保护条例》，编制古城保护名录，开设发布平台，发布名录8大类1644条。全面启动住建部历史建筑保护利用试点工作。基本完成南通路——南河下历史街区综合整治工程。完成个园准提寺和何园读书楼、复道回廊修缮工程。完成徽州会馆、许氏住宅、周扶九故居、刘氏庭院、刘文淇、刘师培故居等处的房屋修缮。（卞海波）

■历史文化街区整治 完成东关街综合管理服务平台改造提升，建成警务室和智慧旅游监控平台；东关街“文明示范一条街”建设，完成现场布设、制作和安装工作；完成国家AAAA级景区抽检自查及整改工作。原三和四美地块整治工程,对接国土部门确认土地挂拍前用地范围、用地性质等；对接市规划部门梳理施工通道，核实用地红线，拆除不予保留的建筑；邀请相关规划设计人员就该地块和原扬大商学院地块建设后带来的一系列新问题进行研究，并报上级部门及领导。东关街消防改造提升工程,全年共完成98%工程量，开展扫尾及验收等工作。南通路—南河下历史街区综合整治工程。南通路沿街整治工作基本结束，准备项目资料，进行竣工预验收，沿街改建部分进场开始拆除。启动贾氏盐商住宅修复、改造工程。与广陵小学交接工作正在进行中，古城公司与教育局、广陵小学三方相关资产情况核对工作完成；贾氏盐商住宅局部抢修方案获省文物局批准，标底编制完成。（卞海波）

■古城区民居修缮 2018年，共有9户居民申请修缮住房，批准7户，其中5户已竣工，择机进行验收并核发修缮补贴。（卞海波）

■民居客栈建设和修缮 推进老城区民居客栈建设，新增床位74张；完成大井巷、蛇尾巷、洪家大院等30条6000米街巷整治；完成东关街—彩衣街—四望亭东路、国庆路—渡江路古城“一纵一横”美化、亮化改造。对古城区居民修缮住房给予技术支持和资金补贴，全年申请修缮住房9户，批准修缮8户，竣工并验收7户，核发修缮补贴15万多元。（夏新平）

■古城区保护利用项目方案审查 依据《扬州古城保护条例》等相关规定，抓好扬州古城区新（改、扩）建项目的审查监督工作，年内对南通路——南河下历史街区整治、萃园路教堂等4宗建设项目规划设计方案进行审查并提出审查意见。（卞海波）

■古城保护条例宣贯 组织《扬州古城保护条例》现场宣传活动,发放《条例》《条例50问》等宣传材料1100余份。协助做好中国名城论坛相关工作，于9月25—27日举办“第二届中国名城论坛”，国内专家学者80多人参加论坛，广州、苏州、绍兴等20多个历史文化名城的代表就古城保护、文化遗产保护等内容进行交流。（卞海波）

■古城保护名录编制 印发《扬州古城保护名录编制方案》以及任务分解，督促相关单位做好编制工作。全年共收到名录9大类2100余条，组织人员对收到的名录进行校对、整理，纠正谬误；与局信息中心联系在局网站开设“扬州古城保护名录”发布平台，将整理好的名录8大类1644条在平台上发布。（卞海波）

■文保单位修缮保护 按照市文物部门的要求对市级文保单位四望亭进行修缮，排除安全隐患，恢复四望亭旧貌；组织编制四望亭周边环境整治和省级文保单位文昌阁的修缮方案。组织开展文物保护单位消防安全隐患排查和整改工作，开展安全检查3次，全年文物安全无事故。按照住建部历史建筑保护利用试点工作方案抓好各项试点任务落实，督促协调相关责任单位按时完成试点任务；做好试点办公室的日常工作，按时报送试点工作信息、材料，完成试点工作任务；在杭州举办的历史建筑保护培训班上介绍扬州历史建筑保护和修缮管理的经验。（卞海波）

■汪姓盐商住宅修缮和利用工程 1月9日，扬州大运河盐商文

大运河盐商文化展示馆内一组反映盐商"行盐"场景的微缩景观

沈扬生/摄

化展示馆完成布展。展馆以汪鲁门盐商住宅为载体，以扬州盐文化为核心，通过文字、图片、影像、实物等手段展示扬州特色大运河盐商文化。汪鲁门盐商住宅位于南河下街170号，建于光绪年间（1875—1908），是大运河世界文化遗产点、全国重点文物保护单位。汪宅原有房屋100多间，占地面积3440平方米，建筑面积1880平方米；现存门堂、大厅、二厅和住宅楼，房屋近90间，在同一中轴线上前后九进，纵深113.95米，是扬州现存规模较大的盐商住宅之一。首进楠木大厅，建筑面积222.09平方米，厅檐高耸，超4.9米，厅内有8根楠木大柱，柱粗35厘米，是扬州目前保存最完整、容量最大的楠木厅。整组徽派风格建筑群结构为上楼下厅式样，楼上每个房间之间均相通，形成"串楼"；建筑用材考究，砖雕、石雕、木雕等工艺制作精致，外观古朴简洁、内饰华丽精美。2007年5月26日起，扬州市名城建设有限公司先后投资2460万元，全面修缮汪宅，修缮建筑面积1700平方米，拆除风貌不协调危旧房屋及后来住户私自扩建加建建筑2400平方米，新增绿化面积2380平方米。2012年11月起，按世界文化遗产保护要求，整修室内外地坪、地板、板壁、天花板，油漆室内外木构件，维修内外排水，复建东、西火巷砖雕屏风墙，院内道路，7个瓦卷棚与照壁，对住宅东侧部分进行环境提升。2017年5月起，对汪宅本体部分进行布展利用，并对东侧花园的考古遗迹进行展示，打造极具扬州特色的大运河盐商文化展示馆。（夏新平）

■四望亭修缮工程 四望亭位于四望亭路东首、汶河路西侧，始建于南宋嘉定年间（1208—1224），原名"文奎楼"，后名"魁星阁"，取"奎主文昌"之意，是旧时县学组成部分。明代重建，清雍正十三年（1735）修葺，1952年、1973年、1999年再修。1962年公布为扬州市文物保护单位。四望亭是一座平面呈八边形，高三层，砖木结构，八角攒尖顶的楼阁式建筑，占地约120平方米，建筑面积158.69平方米，通高20.34米。建筑外形优美、结构合理、做工考究，对研究明代建筑规制、营造技术、施工工艺、建筑艺术具有较高价值。由于四望亭部分构件风化、老化，屋面渗漏严重，市城乡建设局与市文物局将四望亭修缮工程列入2018年度市文物保护专项补助计划，8月，对四望亭实施揭瓦不落架大修，工程于年底结束。本次修缮工程翻铺小青瓦屋面，按原样更换糟朽、腐烂失去承载能力的各类木椽及木望板等构件；采用局部外皮挖补法修补清水砖墙，重新粉刷内墙；恢复青石阶沿、台阶和室内方砖地面；整修古式短窗及栅栏门；木结构、木装修全部刷桐油保护。修缮时发现4根立柱和8根边柱是金丝楠木，其中4根立柱通高13米，直径36厘米，如此大规格的金丝楠木在扬州少见。（夏新平）

■琼花观修缮工程 琼花观位于扬州老城区，上世纪90年代由市政府在蕃釐观原址复建，为市级文保单位，至今未进行过较大修缮。3—7月期间，市文联对琼花观进行修缮，主要是对三清殿、花厅、走廊、文杏楼等建筑屋顶做防水，以及电房改造、木构件油漆、无双亭维护等。修缮遵循"修旧如旧"的原则，按建筑原有的形制，采用传统的工艺手法进行修缮，较为全面地保存建筑的历史风貌和艺术风格，于8月24日通过市文物局专家组的验收。（吴建军）

物质文化遗产保护

■实验室考古与文物保护 隋炀帝墓出土金属文物清理及保护修复项目结项。协助市文物局开展隋炀帝墓墓葬本体保护工作及地下防渗漏工程，墓葬本体保护临时支撑工作已经结束，地下防渗漏工程及墓葬本体和后续墓葬本体保护工作推进中。与湖北荆州文物保护中心合作开展出土木漆器的保护工作。组织人员负责隋炀帝墓申报第八批国保材料的编写工作。（张富泉）

■隋炀帝墓出土金属文物清理及保护修复项目结项 12月23日，市文物局组织来自国家博物馆、南京博物院、无锡市文化遗产保护和考古研究所、淮安市博物馆的文物保护和考古专家在扬州市文物考古研究所对"扬州隋炀帝墓出土金属文物清理及保护修复项目"进行验收。与会专家听取徐州市文博文物勘探技术服务有限公司的汇报，对所修复的文物进行现场审验，认定该项目采用传统技术工艺。该工艺流程严谨、修复材料安全可靠，在文物保存状态极差、修复难度很高的情况下，保护修复达到项目结项，其修复、保护对于揭示本地区特有的青铜器的内涵、价值具有重要意义。

（张富泉）

■宁镇扬三地考古发掘成果展在扬州举办 3月15日，市文物考古研究所与南京市博物馆、镇江博物馆联合主办的“铲释三城——宁镇扬三地考古发掘成果展”在扬州博物馆举办。在此次展览中，市文物考古研究所精选76件文物参展，以汉唐文物为主，向参展者讲述扬州历史上汉代和唐代的繁盛景象。此次参展的文物主要来自西湖镇经圩村蚕桑砖瓦厂内董汉夫妇合葬墓、西湖镇中心村高南组发掘的汉墓，以及对万科金色梦想、蜀秀河建设工地所涉地块进行抢救性考古发掘工作中取得的阶段性考古发掘成果。其中，从西湖镇中心村高南组发掘的汉墓，万科金色梦想、蜀秀河建设工地考古发掘出的文物都是首次展出。（张富泉）

■生命·运动·乐趣——中华古代体育文物展 7月23日，由省文化厅（省文物局）、省体育局、市政府主办，市文物局、市体育局协办，扬州博物馆、四川博物院承办的生命·运动·乐趣——中华古代体育文物展在扬州博物馆开幕。展览联合南京博物院、苏州博物馆、常州博物馆、南通博物苑、徐州博物馆等，以及成都博物馆、成都体育学院博物馆等省内外14家文博单位，遴选出古代体育文物150余件（套），其中珍贵文物49件（套），含国家一级文物8件（套）、二级文物10件（套）、三级文物31件（套）。展览分为七大部分：序章“华夏体育博大精深——传统体育源流”介绍人类最初的体育运动如何孕育、诞生；“射艺”“田猎”“武术”“球类”“棋类”“休闲体育”等六个部分详细介绍各类古代体育运动项目。（贾　薇）

非物质文化遗产传承保护

■“非遗”保护立法 2018年，市文广新局会同市人大相关专门委员会（市人大法工委、市人大教科文卫委）先后开展数据搜集、实地调查、专家论证、专题座谈、学习考察等前期调研工作，经过立法调研、征询意见和论证修改，《扬州市非物质文化遗产保护条例》于11月23日经省第十三届人民代表大会常务委员会第六次会议批准并公布，自2019年1月1日起施行。由市人大常委会主办、市文化广电新闻出版局承办的《扬州市非物质文化遗产保护条例》实施动员会暨2019年度立法工作部署会于12月26日在扬州486非物质文化遗产集聚区召开。

（黄晓宇　李宗强）

■非物质文化遗产展示传播 2月12日，《晞周集》捐赠仪式在市文化馆举行。捐赠者为人类非物质文化遗产代表作扬州雕版印刷省级传承人李江民。3月18日，由市文化广电新闻出版局主办、市文化馆（扬州市非遗保护中心）承办，广陵琴社、扬州市音乐厅协办的非遗悦心系列活动之2018扬州广陵琴派古琴音乐会在音乐厅举行。3月起，开展18场“非遗悦心”进公园公益性展示、展演活动。扬州艺术馆二期工程奠基暨非遗活态馆开馆开幕典礼。4月16日，扬州刺绣、乱针绣、扬州精细木作、扬州杖头木偶、扬州灯彩、扬州漆器髹饰技艺、扬州雕版印刷技艺、金银细工制作技艺、扬州毛笔制作技艺等非物质文化遗产代表性项目参加展示。6月19日，围绕“弘扬民族文化，延续中华文脉”非物质文化遗产保护的主题，市非遗保护中心联合市金苹果幼儿园开展非遗项目进幼儿园活动。扬州评话、杖头木偶戏、扬剧、剪纸和吹糖人等项目代表性传承人来到幼儿园展示表演。6月27日，扬州部分书画名家到江都国画笔厂实地参观毛笔展示馆和毛笔制作流水线。10月17—21日，参与镇江“宁镇扬民俗文化周”非遗展示展演活动，活动由镇江市文化广电新闻出版局、镇江三山南山管委会主办，雕版印刷技艺、刺绣、傩舞（跳娘娘）参与展示展演活动。11月21日，开展“非遗悦心·传承筑梦”——扬州市非物质文化遗产走进扬州大学活动，在非遗项目展示环节，省级非遗代表性项目“临泽高跷”、市级非遗代表性项目“龙舞（板凳龙舞）”“武坚莲湘花鼓”进行传统舞蹈表演，国家级代表性传承人张秀芳、石庆鹏等16名各级各类非遗传承人现场展示扬州剪纸、雕版

扬州非遗文化在瘦西湖内展示　　乃　驷/摄

印刷技艺、扬州刺绣、扬州漆器髹饰技艺、杖头木偶制作、扬州毛笔制作技艺、扬州通草花制作技艺、绒花制作技艺、扬派雀笼传统制作技艺、十五巧板益智拼图、扬州“三把刀”、扬州面塑、吹糖人等13项各级各类非遗技艺，来自扬州大学美术学院漆艺协会、扬州大学旅烹学院塑心面塑社团的学生也展示非遗技艺学习成果。在非遗展演启动仪式环节，分别举行“高校非遗传习社团”授牌仪式、“高校非遗传习社团”指导教师聘书颁发仪式。在非遗展演环节，包括联合国教科文组织人类非物质文化遗产代表作名录古琴艺术（广陵琴派），国家级非遗代表性项目扬州弹词、扬州杖头木偶戏、扬剧、扬州评话、扬州清曲，省级非遗代表性项目扬州民歌、古筝艺术、扬州道情以及由省级非遗代表性项目傩舞(跳娘娘）演变而来的“花香鼓舞”在内的10项“非遗”项目进行展演。

（黄晓宇　李宗强）

■国家级传承人赵如柏抢救性保护记录 2018年，市国家级传承人抢救性记录工程取得重要进展，市非遗保护中心联合扬州报业传媒集团旗下“扬州发布”团队对漆器髹饰技艺代表性项目的国家级传承人赵如柏进行抢救性保护。此次记录工程翔实记录从制版、裱布到几十次髹漆的全过程，并对赵如柏及其同事、子女、徒弟等进行采访，展现赵如柏从少年学艺到技艺成熟再到登峰造极的成长脉络，讲述扬州独特的经济、文化、历史地位对扬州漆器及赵如柏的影响，挖掘和整理扬州漆器深厚绵长的历史渊源和发展脉络。“扬州发布”于4月25日至8月11日对赵如柏进行抢救性保护的纪录片拍摄。其中原始素材包含：口述速记稿有10.67万字，视频39.59小时，音频9.08小时，图片864张；整理文献包含：口述片6.76小时，项目实践片5.06小时，传承教学片1.18小时，综述片0.46小时，口述文字稿12.86万字，精选照片78张。（黄晓宇　李宗强）

■“非遗”项目走访调研 7月17日，市文广新局走访调研小组前往扬州古琴传承人大师工作室、古琴史料陈列馆等相关场所进行调研活动。调研走访七星琴堂、刘扬古琴工作室、史公祠广陵琴派史料陈列馆、和敬琴邑文化交流中心、马维衡汉风古琴制作技艺研究所、雅韵琴筝艺术基地等古琴传习传播展示场所。7月26日，调研小组走访省级传承人李江民的扬州运河雕版印刷传承技艺保护中心、国家级传承人陈义时的工作室、市级传承人韦长芹的邗江古籍印刷厂和雕版印刷技艺项目保护单位广陵古籍刻印社。8月22日，调研小组走访扬州古典园林建设有限公司、扬州园林营造技艺展示馆和扬派盆景博物馆，考察扬州园林营造技艺和扬派盆景技艺这两个国家级项目保护单位生存现状及项目传承情况。9月11日，调研小组走访“扬州三把刀”及饮食类非遗项目，走访紫罗兰理发店、永宁泉浴室、富春、冶春、九如分座、淮扬菜博物馆、休闲文化协会等保护和传承单位，拜访徐永珍、陈恩德、陆松林、周彤、周晓燕工作室等代表性传承人和从业人士。

（黄晓宇　李宗强）

■“非遗扬州”公众号上线 11月16日，“非遗悦心·传承筑梦”——扬州市非物质文化遗产走进扬州大学暨“非遗扬州”微信公众号开通新闻发布会在扬州市文化馆第二报告厅召开，“非遗扬州”微信公众号正式开通。（黄晓宇　李宗强）

■“非遗”保护专项资金申报 组织做好2018年度省级、国家级非物质文化遗产保护专项资金申报工作。文化和旅游部公布第五批国家级非物质文化遗产代表性项目代表性传承人名单，扬州市6人上榜，入选的传承人属于传统音乐、曲艺、传统美术、传统技艺四个类别。分别是：古琴艺术（广陵琴派）马维衡、扬州评话杨明坤、苏绣（扬州刺绣）吴晓平、金银细工制作技艺方学斌、传统造园技艺（扬州园林营造技艺）吴玉林、中医诊疗法（扬州传统修脚术）陆琴。至年底，全市共有27名国家级非遗传承人，总人数在省内排名第二。

（黄晓宇　李宗强）

■项目、传承人申报 开展第五批省级非物质文化遗产代表性项目代表性传承人、第四批扬州市非物质文化遗产代表性项目、第五批扬州市级非物质文化遗产代表性项目代表性传承人申报工作。

（黄晓宇　李宗强）

文化博览城建设

■概况 2018年，扬州市文博城建设领导小组下达重点项目18个，完成7个，有8个取得重要进展；下达完善提升项目5个，完成3个。至年底，全市完善提升、恢复和新建的文博场所总数达138处170个。全市文博场馆全年举办各类临展300多个，文博场馆全年接待游客1330.88万人次，比上年增长10.1%；扬州双博馆、扬派盆景博物馆、个园盐商生活文化展示馆3家场馆参观人数过百万。举办第七届“七彩之夏”文博夏令营、第十届扬州文化博览城建设知识大赛、优秀志愿者和先进团体评选、文博场所运行利用评估等特色活动。

（王艳东）

■“七彩之夏”文博夏令营 2018年暑假期间，市文化博览城领导小组办公室（简称市文博办）与市文物局、市教育局共同策划组织第七届“七彩之夏”文博夏令营，全市共参营学校22所和市报业传媒集团小记者约2000名师生参与活动。夏令营以“非遗”为主题，挑选44家不同主题、性质的新老场馆供参营学校选择参观。以扬州486“非遗”集聚区作为活动主会场，组织营员观摩“非遗”活态展示区，通过“非遗”传承人现场演示，直观地感受“非遗”传承的文化魅力；邀请省内工艺美术大师开展27场专题讲座，系统介绍中国古琴史、漆器的制作与鉴赏、中国玉器传承和发展、剪纸在生活中的运用等传统技艺。市文博办选取优秀作文200篇，编印《零距离接触扬州“非遗”》，并发放给参营学校和全体营员。

（王艳东）

■第十届文博知识大赛 5月中旬至9月上旬，市文博办与市文物局、市园林局等部门共同策划组织“园林杯”2018年第十届扬州文博城建设知识大赛。大赛分个人赛和团体赛。个人赛采取网上答题和报纸答题的方式，其中扬州网、扬州文博网读本点击阅读量达34.2万人次、试题阅读量达26.7万人次，有效答题5842人；报纸答题620份，有效答题188份。网上答题和纸质答题全对2398人，在市公证处人员的监督下，抽奖系统随机抽取优秀奖20个和幸运奖100个。团体赛按照初赛、决赛的步骤进行，9支代表队在扬州双博馆报告厅进行3场初赛，胜出的3支代表队在广电总台演播大厅参加大赛决赛，市园林局代表队获得一等奖，蜀冈－瘦西湖风景区管理处代表队和高邮市园林绿化管理处代表队同获二等奖。

（王艳东）

■文博场馆运行利用评估 11月，市文博办组织开展2018年度扬州市文博场所运行利用评估工作。评估工作按照动员部署、场馆自评、材料报送、专家审核评估的步骤，将全市参评49家文博场馆区分为非物质文化遗产、历史和现代人文、古宅遗址园林、民族宗教文化、民间收藏展示5个类别系统评估。12月6日，市文博办组织全市51家文博场馆召开动员部署会，并印发《2018年度扬州文博场所运行利用评估工作的通知》；12月上、中旬，全市49家文博场馆完成场馆自评和材料报送；12月下旬，文博城专家组通过审核场馆提交台账资料和实地走访核查，综合评定扬州博物馆等16家场馆为优秀等次，扬州八怪纪念馆等29家场馆为良好等次，大明寺等2家场馆为合格等次，杭集牙刷博物馆等2家场馆为基本合格等次。

（王艳东）

扬州八怪纪念馆　　沈扬生／摄

■优秀文博志愿者和先进团体评选 10月下旬至12月中旬，市文博办和市文物局组织开展全市优秀文博志愿者和先进团体的评选活动。评选工作按照动员部署、场馆推荐、专家评审、总结交流4个步骤组织实施。经场馆考评，从全市3500余名志愿者中推荐优秀个人50人、先进团体15个作为候选对象。11月中旬，经文博办专家组综合评审，共评选优秀文博志愿者4人、提名奖获得者4人，文博志愿者之星6人、提名奖获得者3人，文博志愿者组织工作先进团体6个、提名奖获得者3个。（王艳东）

考古发掘

■概况 2018年，市文物考古研究所开展考古调查、勘探项目30项，考古勘探总面积351.36万平方米，探明古墓葬、古窑等遗迹现象逾千处。在扬州城遗址、甘泉—杨庙战国至五代地下文物埋藏区、城北汉代居住区、隋代宫殿、唐宋寺庙及历代古墓葬埋藏区、周边区、市（县）等处展开考古发掘工作，全年累积发掘面积6070平方米、发掘清理古墓葬等重要遗迹276处，出土大量珍贵文物。其中，蜀冈上城址发掘面积1200平方米。与中国社会科学院考古研究所、南京博物院联合发掘扬州蜀冈古城南城门遗址西半部分，揭露出汉、六朝、隋、唐、杨吴、南宋等的6大期8小期城墙或城门遗存。蜀冈下城址发掘面积4850平方米。主要是在相别路西侧地块、桑树脚地块、凤凰水街三期地块3处建设工地展开抢救性的考古发掘工作。通过科学的考古发掘工作，取得翔实的考古实物资料。甘泉—杨庙战国至五代地下文物埋藏区、城北汉代居住区、隋代宫殿、唐宋寺庙及历代古墓葬埋藏区等处抢救性发掘古墓葬262座，出土一批珍贵文物。参与高邮龙虬庄遗址考古发掘工作。发掘最重要的成果是在遗址核心区域发现疑似广场遗迹。配合海上丝绸之路申遗，在普哈丁园新建南门选址工作中，开展考古调查勘探工作，为海上丝绸之路申遗、普哈丁园建设项目和保护伊斯兰教众民族信仰等提供科学资料。参与周边区、市（县）的考古发掘。与南京博物院、仪征博物馆合作在刘集联营进行考古发掘工作，获得部分重要阶段性成果。与仪征博物馆合作在扬州化工园区、月塘六棵松等处进行考古发掘，发掘古墓葬

8座，出土一批重要文物。与宝应博物馆合作在射阳湖镇安益嘉苑进行考古发掘，发掘古墓葬1座。与高邮文物局合作进行高邮平津堰遗址考古发掘，发掘面积150平方米。受省文物局委托，配合仪禄高速公路建设工程，在仪征境内开展考古调查工作，为工程的选址、施工和地下文物保护工作提供切实依据。经省文物局验收，宿扬高速考古项目被评为优，岗庄遗址考古项目被评为良。（张富泉）

■蜀冈上城址考古发掘 2018年，市文物考古研究所与中国社会科学院考古研究所、南京博物院联合发掘扬州蜀冈古城南城门遗址西半部分，揭露出汉、六朝、隋、唐、杨吴、南宋等的六大期8小期城墙或城门遗存。发掘结果表明，蜀冈南城门由主城门、墩台、门道、马道和瓮城等组成，开设时间不晚于隋唐时期，方形瓮城始筑于隋唐时期，南宋时期仅用中间门道并改瓮城为半环形。发掘找到了中间门道与西侧门道同期使用的证据，由此可以基本推定该城门在隋唐时期曾是一座有三个门道的高规格城门，从考古学的角度证明蜀冈古城曾是一座属于都城类型的城址。（张富泉）

■高邮龙虬庄遗址考古发掘 9月，国家考古遗址公园——龙虬庄遗址2016—2018年考古发掘成果论证发布会在高邮举办，对于高邮龙虬庄遗址的田野考古工作正式结束。此次发掘是继1993—1995年四次大规模发掘之后，时隔21年再次重启对这一中国新石器早期重要文化遗址的考古发掘工作。此次发掘最重要的成果是在遗址核心区域发现疑似广场遗迹。该遗迹为当时聚落的公共活动区域，属于公共集会或祭祀的广场，而且广场遗迹的规模之大，加工之精致，为国内少见。（张富泉）

■高邮平津堰遗址考古发掘 12月，市文物考古研究所与高邮文物局合作进行高邮平津堰遗址考古发掘，发掘面积150平方米。通过发掘，了解平津堰的建筑年代、建筑结构等，为平津堰遗址的全面研究与保护提供新的实物资料和学术支撑。（张富泉）

■科技考古 2018年，市文物考古研究所新购ARTEC LEO高精度智能手持三维扫描仪一套，图形处理工作站一套。至年底，已拥有全站仪、RTK、无人机、高精度智能手持三维扫描仪、手持测距仪、手持北斗系统GPS、全幅单反数码相机、高清数码摄像机、三维扫描移动工作站、图形处理工作站、可程式恒温恒湿试验箱、电子防潮箱等多种先进考古、文保仪器设备。无人机航拍飞行时间累计逾24小时，航拍面积62.8万平方米，拍摄并处理照片160余张，拍摄考古工地12处，为凤凰水街工地宋大城北门外遗址、桑树脚工地晚唐五代时期大型建筑遗址、刘集联营汉墓墓葬群、金梦佳苑墓葬群、高邮平津堰遗址等12处重要遗址、遗迹提供全景航拍技术支持。在桑树脚地块、凤凰水街项目、高邮平津堰项目地块等5处考古工地综合利用RTK、全站仪、三维扫描仪等先进技术设备开展科技考古实践。与中科院上海光学精密机械研究所合作开展“基于光学相干层析成像（OCT）技术对中国古代青瓷瓷釉断面结构特征的研究”和国家自然科学基金面上项目“无损检测物理方法的发展及其在完整文物研究中的应用”取得重要研究成果。与郑州大学音乐考古研究院启动合作开展隋炀帝萧后墓出土礼乐器的测音、复制、复原研究，翻模工作已经结束。与日本奈良文化财研究所、南京大学地理与海洋科学学院合作开展树木年轮研究，以期通过森林气候学、树木生态学、考古学、历史学等多学科合作的途径，建立较为完整、系统、准确的样本树种树木年轮序列指数年表，进而探索通过树木年轮确定考古资料绝对年代的全新工作方法。（张富泉）

■公众考古 开展公众考古实践，通过成果展示、知识讲座、参观考察等活动，搭建专业考古界与公众之间的沟通、交流平台，提高公众对考古学、文化遗产保护与利用等方面的认知度和参与度。全年接待各类团体48批次，接待人员592人次。利用隋炀帝墓遗址公园东南隅场馆举办隋炀帝墓考古发掘成果图片展，展览举办以来累计接待各类参观人员逾4200人次。与扬州博物馆联合承办“华美再现——汉代木器漆保护成果展”。选送文物参展“好运旺旺——扬州博物馆狗年艺术特展”“铲释三城——宁镇扬三地考古发掘成果展”“流韵——江苏大运河文化带出土文物精粹展”、通·融——中国大运河文化特展。参与仪征博物馆“七彩夏日”公众考古讲座活动。（张富泉）

■水下考古 3—4月，市文物考古研究所参与国家文物局水下文化遗产保护中心在海南省西沙群岛海域开展的“西沙群岛水下考古调查”项目，取得成果；6—8月，参与国家文物局水下文化遗产保护中心在山东省威海市开展的北洋海军甲午沉舰遗迹调查项目，取得成果。（张富泉）

医疗卫生

Yiliao Weisheng

编 辑 陈永华

综述

■**概况** 2018年末，全市卫生机构总数1813个（含诊所、医务室、卫生所、社区卫生服务站、村卫生室），医疗机构床位2.34万张，卫生人员3.43万人。

2018年，全市医疗机构门诊总诊疗人次数2593.36万人次。医疗机构入院人数75.11万人，医疗卫生机构收入132.69亿元。

扬州市争取五级财政投入经费26.22亿元。政府卫生投入重点用于支持促进公共卫生服务均等化、公立医院改革、健全医疗卫生服务体系、市区基层医疗机构实施国家基本药物制度、卫生信息化建设等5个方面的改革。出台《扬州市公立医疗机构债务化解方案》，通过增加政府投入分年度化解债务，化债资金列入年度部门预算；安排市直5所医院基本建设贷款贴息和化债资金1.43亿元。（陈东升）

■**基层卫生服务体系建设** 2018年，全市新创成省示范乡镇卫生院2所、省示范村卫生室27个，宝应县安宜社区卫生服务中心和广陵区汤汪社区卫生服务中心被确认为首批江苏省社区医院。累计建成省示范乡镇卫生院（社区卫生服务中心）68所、省示范村卫生室196个、省社区医院2所，省示范乡镇卫生院（社区卫生服务中心）、村卫生室创成率分别达69.5%、20.6%。仪征市创成2018年度“江苏省基层卫生十强县（市、区）”。（缪 彦）

■**基本公共卫生服务** 2018年，扬州市卫生和计划生育委员会（简称市卫生计生委）、市财政局联合下发《2018年基本公共卫生服务实施方案》，明确基本公共卫生服务项目经费标准提高到人均65元，规范实施14大类55个服务项目。建立完善各项制度，下发《关于明确全市基本公共卫生服务项目条线管理职责分工的通知》，成立市级国家基本公共卫生服务技术指导中心并实质性运行。与扬州广电总台和广电公交频道合作，在电视数字点播模块和市区1500辆公交车上播放基本公共卫生服务项目宣传片。试点实施健康档案向个人开放。联合市财政局共同完成市级绩效评价。仪征市在全省率先探索实施生育全程母子保健“多证合一”，构建的综合服务信息平台在2018年数字政府建设论坛暨第17届中国政府网站绩效评估大会上，获评十大优秀创新案例。（缪 彦）

■**卫生科教工作** 2018年，实施十三五科教强卫工程，建设4个临床医学中心、10个重点学科（实验室），培育30名领军人才（创新团队），培养100名重点人才。苏北人民医院获省级社发项目1项（50万元）、省级青年基金1项（20万元），扬州市中医院获省级青年基金2项（各20万元）。获省卫健委医学课题面上项目8项（各3万元）、指导性项目1项，获省医学新技术引进奖一等奖1项、二等奖10项。苏北人民医院获省级科技进步奖一等奖1项、三等奖1项。成立扬州大学——扬州市普通外科研究所。苏北人民医院普外科获国家专科基地培训资格。

全市实际招录基层医疗卫生机构免费定向培养医学大专、本科专业人才136人，其中本一批次70人、大专66人，综合完成招录任务率136%。

全市123人参加全科医生培训。编写《关于改革完善全科医生培养与使用激励机制的工作方案》。为全市二级以上医疗卫生单位进行全科师资转岗培训50多人，确保2020年全市三级医院设置独立全科医学专业的人力资源。针对全科专业住院医师规范化培训、专科助理全科医生规范化培训，市级财政按照每人每年3万元的标准补助国家全科医师规范化培训基地，县级财政按照每人每年1万元的标准补助助理规范化培训基地，由培训基地根据培训学生的学习情况予以绩效考核后发放。扬州住培考试（包括全科）通过率89.5%。对基层卫生人才进行2年1轮番的强化培训。举办急诊急救、颈肩腰腿痛一体化诊疗、癌痛规范化诊疗的现场适宜技术培训，为基层专项培训500多人。选送16名中心卫生院院长、社区卫生服务中心主任参加省级专项培训。开展专家面对面活动2场，参加人数有近400人次。举办科技咖啡馆活动。强化病原微生物安全实验室管理。举办市级病原微生物安全实验室管理培训1期，各地各单位进行近20场次的分层培训。全年针对市直三级医疗卫生单位、驻扬单位、乡镇卫生院、社区服务中心开展2次飞行督查，共督查8家单位。组织全市范围内的交叉督查，督查25家，发出整改通知书10份。

举办市级住培师资2期。省级重点学科普外科成立扬州大学—扬州市普外科研究所，创建成国家专科培训基地、国家腔镜培训基地。建立住培督导与引导的双功能评估体系，构建完善新型的住培督查、评估体系。落实技能考核的考官统一、试题统一、评分统一，由第三方进行客观考核的市级“三统一”。全年举办国家、省级项目30个，市级450个。建立继续医学教育智慧平台。建成继续医学教育一个平台、一张网、一张卡，由200多家单位、2万多人组成。（江　澜）

■基层卫生人才队伍建设 2018年，新招录农村医学人才170人、大专本科层次人才136人，累计定向培养农村医学人才951人、大专本科层次人才410人。完成第二批省基层卫生骨干人才遴选，共遴选180名省级骨干，省、市基层卫生骨干人才283人。省、市、县财政给予每人每年不低于3万元的补助。对“5+3”“3+2”学员市、县两级财政分别按照每人每年3万元、1万元标准给予定向补助。鼓励县域内编制统一管理，实行县管乡用、乡管村用。推进乡镇卫生院人员编制备案制管理，落实同工同酬同待遇。建立绩效工资总量调控机制，基层平均绩效总量可达当地其他事业单位绩效工资基准线的1.6倍。允许基层机构高级职称岗位比例提高到15%，对于全科医师的高级职称实行超岗位聘用，不受岗位数量限制，中高级专业技术岗位核准数由县（市、区）卫生健康部门统筹使用。推行基层医疗卫生机构院长年薪制，基层院长平均年薪18万元，达到当地基层医疗卫生机构年人均绩效工资水平的2倍。（缪　彦）

■胸痛、创伤、卒中救治中心建设 指导各地做好胸痛、卒中、创伤等重大疾病的分级诊疗，根据省卫计委《江苏省胸痛、创伤及卒中救治中心建设指南（试行）》要求，对照省市级建设标准，对3大中心建设进度实行月报制度，6月组织专家对3大中心建设单位进行督查并下发整改意见，8月各建设单位完成自评，9月组织专家对市级救治中心进行现场考核验收，并对验收合格的3个胸痛中心、3个卒中中心、5个创伤救治中心予以发文确认。（葛良慧）

■区域化五大中心建设 依托各县（市、区）人民医院规划建设病理诊断、医学检验、影像诊断、心电诊断、消毒供应五大资源配置中心43个。仪征消毒供应中心规划运行；宝应医学检验、病理诊断依托“爱加问诊”信息平台启动建设，消毒供应中心由第三方提供；高邮市医学检验、消毒供应中心、病理、影像、心电诊断中心委托高邮市人民医院承担；江都区医学检验、病理诊断中心正常运转，消毒供应中心设在小纪卫生院，进入验收阶段；仪征市病理、影像、心电诊断中心正与信息系统同步建设；广陵区病理、影像、心电诊断中心依托扬大附属医院运行，临检中心与市临检中心签订委托协议；邗江区病理、影像、心电诊断中心分别依托医联体核心单位承担，消毒供应中心委托扬大附属医院，临床检验由区疾控中心承担。6月，督查各中心运行情况，并下发整改通报，要求各地各单位加强建设进度和各项支持，确保五大中心实质性运行。（葛良慧）

■基层卫生家庭医生签约服务 2018年，代表江苏省接受国家审计署驻南京特派办组织的家庭医生签约服务政策落实专项审计，相关做法及以签约服务推动健康扶贫工作得到国家审计署肯定。对农村建档立卡低收入家庭开展家庭医生签约“六个一”服务。联合市物价局、人社局、财政局制定出台《关于明确家庭医生签约服务收费政策的通知》，明确签约服务费由基本公卫、医保基金和签约居民三方承担，签约居民只需要自付20元费用即可享受包括免除一般诊疗费、一升一降、优先就诊、预约诊疗等10项优惠政策。联合市委老干部局、财政局、人社局出台《关于做好离休干部家庭医

宝应县夏集镇中心卫生院组织签约“家庭医生”服务团队上门为贫困户和残疾老人提供送医送药、健康教育、病情咨询等免费医疗服务

王　卓　沈冬兵/摄

生签约服务工作的通知》，为离休干部提供签约健康管理服务。2018年全人群家庭医生签约率41.3%，重点人群签约率77.2%，仪征市开展省家庭医生签约服务项目库应用试点工作，确立12类2602项"个性化"签约服务项目。在全省家庭医生签约团队技能竞赛省级决赛中，选派的仪征市2支参赛团队，分获2018年江苏省"十强"和"十佳"家庭医生团队。在全国基层卫生信息化大赛上，仪征市"数字化移动医疗健康一体机""基于互联网+智慧基层医疗的家庭医生签约服务创新应用"分获全国基层卫生信息化应用硬件类二等奖和软件类最具使命奖。（缪　彦）

■ **"全民禁毒宣传月"**　6月，全市范围内开展禁毒宣传月活动，制定活动方案，开展系列活动，营造"拒绝毒品，拥抱健康"的活动氛围，走进社区，宣传新型合成毒品的危害性，提高人民群众防毒、拒毒意识，营造禁毒氛围。对全市医疗卫生计生单位精、麻药品合理使用进行安全检查，落实麻醉药品和精神药品管理条例。组织各县（市、区）卫生计生系统人员学习禁毒法、药品管理法、易制毒化学品管理条例、麻醉药品和精神药品管理条例、反兴奋剂条例等法律法规，增强依法执业的自觉性。相关医院加强对自愿戒毒人员的服务指导，提高戒毒中远期效果，促进患者家庭、社会和谐稳定。加强社区替代治疗，每月免费1次尿吗啡测定，每半年免费1次艾滋病、梅毒、丙肝抗体检测，对阳性人员予以警告或建议到相关医疗机构就诊治疗。（洪　梅）

医疗卫生机构

■**概况**　2018年末，全市卫生机构总数1813个（含诊所、医务室、卫生所、社区卫生服务站、村卫生室）。其中，医院80所，社区卫生服务中心（站）241个，卫生院69所（城市街道卫生院2所、乡镇卫生院67所），村卫生室764个，门诊部169个，诊所、卫生所、医务室445个，计划生育技术服务机构3个，疾病预防控制机构7个，专科疾病防治院（所、站）4所，妇幼保健院（所、站）8所，急救中心（站）2个，采供血机构1个，卫生监督所（中心）7个，其他卫生机构13个。

全市医疗机构床位2.34万张。其中，医院床位1.71万张，占73.30%；社区卫生服务中心（站）床位1650张，占7.06%；卫生院床位3656张，占15.65%。医疗机构床位比上年增加1142张。其中，医院床位增加859张，社区卫生服务中心（站）床位增加98张，卫生院床位增加152张，其他医疗机构增加33张。每千人口床位数5.15张。

全市卫生人员3.43万人，其中乡村医生和卫生员1694人。卫生人员中，卫生技术人员2.92万人，执业（助理）医师1.12万人（其中执业医师9552人），注册护士1.17万人。每千人口卫生技术人员6.44人，每千人口执业（助理）医师2.47人，比上年增加0.05人，每千人口注册护士2.57人。

全市各级各类卫生机构1万元以上医疗设备2.29万台，总价值35.15亿元。

2018年，全市医疗机构门诊总诊疗人次数2593.36万人次。其中，医院994.88万人次，占38.36%；社区卫生服务中心（站）369.8万人次，占14.26%；卫生院452.29万人次，占17.44%；村卫生室408.63万人次，占15.76%；门诊部78.61万人次，占3.03%；诊所、卫生所、医务室142.29万人次，占5.49%；专科疾病防治院（所、站）21.68万

2018年扬州市医疗卫生机构情况表

表35-1

卫生机构	合　计	按经济类型分				
		公　立	国　有	集　体	非公立	私营
总　计	**1813**	**1310**	**569**	**741**	**503**	**432**
医院（所）	80	26	22	4	54	42
基层医疗卫生机构（个）	1688	1243	506	737	445	386
社区卫生服务中心（站）	241	227	49	178	14	6
卫生院（所）	69	69	30	39	0	0
村卫生室（个）	764	763	297	466	1	0
门诊部、诊所、卫生所、医务室（个）	614	184	130	54	430	380
专业公共卫生机构（个）	32	32	32	0	0	0
其他卫生机构（个）	13	9	9	0	4	4

（陈东升）

2018年扬州市医疗机构工作量、效率分析表

表 35-2

项目	2018 年	2017 年	增减数	增幅（%）
总诊疗人次数（万人次）	2593.36	2836.72	-243.36	-8.58
入院人数（万人）	75.11	72.27	2.84	3.93
病床使用率（%）	86.62	84.62	2.00	2.36
平均住院日（天）	9.00	9.00	0	0
每诊疗人次费用（元）	179.2	162.50	16.7	10.28
每出院者费用（元）	8436	8190.80	245.2	2.99

（陈东升）

人次，占 0.84%；妇幼保健院（所）121.97 万人次，占 4.7%。全市医疗机构提供的平均每一居民全年诊疗次数 5.72 次，其中门急诊次数 5.57 次。

全市医疗机构入院人数 75.11 万人。其中，医院 56.67 万人，占 75.45%；社区卫生服务中心（站）4.46 万人，占 5.94%；卫生院 9.82 万人，占 13.07%；其他医疗机构 4.16 万人，占 5.54%，平均每千人口入院人数 166 人次。全市医疗机构病床使用率 86.62%。其中，医院 92.35%，社区卫生服务中心 66.7%，卫生院 68.38%。医疗机构出院者平均住院日 9 日。

2018 年，全市医疗卫生机构收入 132.69 亿元，比上年增收 9.41 亿元，增长 7.63%。其中，财政补助收入 20.63 亿元，增长 21.42%；上级补助收入 2.53 亿元；业务收入 104.53 亿元，比上年增加 5.27 亿元，增长 5.31%。全市医疗机构支出 130.06 亿元，比上年增支 9.24 亿元，增长 7.65%。其中，业务支出 106.86 亿元，比上年增加 9.04 亿元，增长 9.24%。全市医疗卫生机构平均每诊疗人次费用 179.2 元。其中，药费 72.9 元，占 40.68%；检查治疗费 47.7 元，占 26.62%。平均每一出院者住院费用 8436 元。其中，药费 2715.9 元，占 32.19%；检查费 725.1 元，占 8.6%；治疗费 957.7 元，占 11.35%；手术费 484.7 元，占 5.75%；床位费 425.2 元，占 5.04%。出院者平均每床日住院医疗费用 938.3 元。（陈东升）

■卫生健康重大项目 2018 年，扬州市异地迁建市妇幼保健院、新建市儿童医院（市妇女儿童医院），搬迁市疾控中心、异地新建市公共卫生中心（市疾控中心、血地防办、皮防所等）项目开工建设；计划投资 1.00 亿元的市传染病院整体改扩建工程后勤楼交付使用，新建病房楼进入装饰阶段，其他业务办公用房启动改造。投资 1000 万元的市遗传医学检测中心建成投用；宝应县投入 9.5 亿元异地新建宝应县人民医院土建全部完成；高邮市投入 12 亿元新建高邮人民医院东院一期工程投用，二期工程土建完成 10 层；仪征市投入 5000 万元对仪征市人民医院老病房楼及其附属设施、急诊科等改造完成，投入 2.6 亿元启动仪征市中医院、妇保院合并异地建设工程进入扫尾阶段；江都区投入 19.5 亿元异地新建的江都人民医院实质性开工建设。（陈东升）

■农村区域性医疗卫生中心建设 2018 年，市政府出台《关于农村区域性医疗卫生中心发展的意见》，各地先后研究制定具体实施意见，从财政、医保、药品、人才、信息化等方面对区域中心发展提供政策支持。围绕到 2020 年全部创成或达到二级医院水平，发挥医联体龙头单位作用，对区域中心实施“一院一策”的精准帮扶。年底，宝应射阳湖、氾水，高邮送桥，仪征新集，江都小纪和广陵汤汪等 6 家区域中心通过二级医院创建。2018 年，18 家区域中心医疗收入 5.19 亿元、门（急）诊 244.31 万人次、住院

12 月 18 日，扬州市公共卫生中心项目开工仪式举行　张孔生/摄

6.33万人次、手术1.11万人次，比2015年分别增长69.68%、35.96%、82.78%、43.61%。自2015年以来，18家区域中心新招录人员418名。区域中心建设工作被列为全国基层医改典型案例，2018年两会期间被央视“两会连线”专题报道。《人民日报》《中国卫生》《中国人口报》《新华日报》等集中报道，在全国基层卫生政策研讨会、“苏京”基层卫生交流会、山东省医院协会、省基层卫生协会年会上做经验交流，获健康长三角优秀实践案例优秀奖（二等奖）。（缪　彦）

■苏北人民医院 苏北人民医院1900年创办，1994年被原卫生部评定为江苏省首批三级甲等综合性医院。医院中心院区现有编制床位2000张，开放床位2200张，承担扬州及毗邻地区近千万人口的医疗和保健任务。

2018年，医院门（急）诊病人176.1万人次，出院病人11.27万人次，出院患者手术病人4.95万人次。医院现有在岗职工2621人，其中高级职称专家570人、博士136人、硕士640人。省级临床重点专科23个，市级临床重点专科17个，省重点学科1个（普外），省创新团队1个（骨科）。

2018年，医院被国家卫生健康委员会、国家中医药管理局等部委确认为全国建立健全现代医院管理制度试点医院。以药物基因组学、二代测序等技术为核心的精准医学分子诊断实验中心建成并通过验收。卒中中心、胸痛中心、创伤救治中心被确认为“江苏省区域级救治中心”；孕产妇危急重症救治中心被确认为“省级救治中心”；卒中中心被授予“国家卫生计生委脑卒中筛查与防治基地”，成为国家级高级卒中中心；普通外科获批中国医师协会专科医师规范化培训基地和腹腔镜外科医师培训基地；消化内科获批中国医师协会基本消化内镜医师培训基地。医院成为全国首批中国房颤中心单位、中国心衰中心单位。医院被扬州市政府授予“扬州市人才聚集示范单位”称号；博士后科研工作站被省人社厅授予“江苏省示范博士后工作站”。在国家卫健委2018年度“进一步改善医疗服务计划”活动中，医院获2018年度全国“改善医疗服务示范医院”称号。（缪丽亚）

■扬州市中医院 扬州市中医院是综合性三级甲等中医医院，也是南京中医药大学附属医院。2018年，医院完成门（急）诊诊疗人次50.57万人，增长0.41%；出院人次1.78万人，增长11.13%；总收入3.51亿元，增长10.15%；业务收入3.15亿元，增长12.42%；有效业务收入2.02亿元，增长18.04%。

开展中医诊疗技术项目72个，门诊中药饮片总处方量占总门诊人次的52.65%，出院患者中应用中药饮片人次占出院患者人次62.42%、非手术科室使用率72.77%。门诊非药物中医技术治疗人次占门诊总人次12.3%。优势病种中医治疗率72%。急危重症应用中医药，急诊中医药参与治疗率35%，应用中医技术数6项。巩固、提高肿瘤一体化诊疗模式，推广颈肩腰腿痛一体化诊疗模式、针灸+全科综合诊疗模式。开展征文、职工书画邮票展、文艺演出等系列活动。组织“夏季养生节”宣传活动，开展现场诊疗和健康咨询，并组织中医传统疗法、制剂工艺、保健产品、养生功法展示。组织扬州市中医传统非药物疗法展示专场，为扬州地区中医传统疗法交流推广建造平台。开展“冬病夏治”“三伏贴”“膏方养生”“三九贴”等活动，做强中医药特色品牌影响。举办健康管理师、疾病管理师培训班，开展中医药服务“六进”31场、中医养生食疗进社区活动13场、中医药科普宣传周活动6场、名中医讲坛6场，创制中医药文化产品五大类20种。与扬州广播电视报协作建立《中医院直通车》栏目，宣传医院特色的技术、门诊、治疗等54期，与扬州广播电台合作开辟《空中门诊》《养生要趁早》栏目，宣传医院开展的业务、技术及疾病预防治疗知识近300期。开展“扬州市中医药健康文化大型主题活动”等。加强医院临床路径管理、“三合理”的监管、日间手术管理和药物使用管理。全年药占比42%，其中西成药占比27.08%，中药饮片占药品比35.5%。门诊均次费用252.92元，比上年同期增长7.94%；住院均次费用1.00万元，比上年同期增长1.85%。平均住院日11.69天，比上年同期下降0.19%。购置飞利浦原装进口DR拍片系统、史赛克腹腔镜系统、好乐杰骨密度仪等设备，提升医疗服务质量。加强医疗质量管理，构建医疗质量三级质量控制网络，病历质量管理重心前移，加强运行病历质量管理，每周通报1期，全年检查出病历缺陷1514项。其他终末病历检查如输血病历专项、中医理法方药专项检查25期，查阅终末病历800多份。加大信息化建设力度，实施分诊叫号系统二期、院感管理系统、血糖监测系统，完善手机APP和微信公众号功能，实现微信、支付宝扫码支付功能。加强重点专科内涵建设，脾胃病科被确认为省级重点专科。新增市级科教强卫重点学科1个（中医肿瘤病学），新增基层特色科室孵化中心重点建设单位3个（肿瘤科、针灸科、骨伤科）。强化中医人才引进和培养，新进成熟博士2人、硕士17人、副高级专业技术人员1人，培养博士1人，硕士16人。发挥扬州市中医院医疗联合体联动作用，成立“扬州市中医专科联盟”，扬子津社区卫生服务中心在院部支持下全年门诊增长44%。长期派驻医师186人次，短期派驻管理专家338人次，短期派驻医疗专家116人次，开展专业讲座36场次，培训基层医务人员500多人次。完成核素中心、血透室、ICU治疗室和医学美容科改造，并投入使用。科研立项14项，省级立项课题4项，厅、市级立项课题10项。省级科技奖1项，市级科技奖7项。发表SCI论文6篇，核心期刊发表论文数20篇。与罗马尼亚锡比乌省卢奇安·布拉卡大学签署合作框架协议，派送2名业务骨干分别赴英国、澳大利亚交流学习，接待非洲苏丹地区护理高校、香港注册中医师协会来宾参观交流。朱新太、李耀谦、殷鸿等3位名中医分别接纳新加坡等国家和中国香港、中国台湾等地区8位学生拜师学艺，推进中医技术和文化的传播。获实用新型专利授权1项，计算机软件著作权1项。新增省中医药领军人才培养对象1人，省333工程第三层次培养对象2人，省六大人才高峰项目1人，扬州市科教强卫领军人才2人，市有突出贡献中青年专家1人，扬州英才1人，扬州人才强卫工程重点人才5人。成立邹燕勤、韩树堂、庞国明、陈小宁、刘沈林等专家传承工作室，在基层医疗机构设立李耀谦、张晓春、方晓华、茆俊卿等中医药名师传承工作站11个。举办继续教育项目12项，其中国家级1项，省级4项。承办“华东基层中医药发展论坛”。组队参加江苏省中医药健康文化知识大赛省级选拔赛获优秀奖。开展院级讲座25次，扬州中医门派学术交流会议4次。开展品管圈管理工具在临床的应用，全院组建17个品管圈，优化提升护理工作质量。

（周 宇）

■扬州市妇幼保健院 扬州市妇幼保健院是三级甲等妇幼保健院。医院占地面积2.13公顷，设一级科室50个，二级科室47个。有在职职工800人，其中高级专业技术人员151人，医学博（硕）士研究生70人。住院分娩产妇人数近8000人次，出院近2万人次，门诊诊疗近60万人次。

医院妇科为“江苏省妇幼保健重点学科”；产科、生殖健康科、儿童保健科为“江苏省妇幼保健重点学科建设单位”；新生儿科为“江苏省新生儿急救中心扬州市妇幼保健院协作中心”；儿科、乳腺科、肛肠科、骨科、妇女保健科、营养科等为市级重点专科。医院下辖“扬州市医学遗传中心”“扬州市危重孕产妇救治中心”“扬州市新生儿救治中心”“扬州市儿童保健中心”4个市级区域性医疗诊断中心，建有现代化的OICU、NICU，拥有全市唯一的新生儿专用急救转运车。服务全生命周期，开展29项遗传代谢病筛查、无创DNA产前检测、染色体芯片检测、无痛分娩、水中分娩、宫（腹）腔镜、单孔腹腔镜、PICC、动静脉同步换血、脐静脉插管、亚低温治疗等产儿科高新诊疗项目，开设产科多学科联合门诊（MDT）。

2018年，医院注重学科建设，帮扶邗江汉河社区卫生服务中心建设专科；启动宝应县妇幼保健院新生儿科联合病房和吴新萍工作室；成为南京市儿童医院医联体成员单位；成立南京市儿童医院小儿骨科楼跃教授扬州工作室。通过三级甲等妇幼保健院复核评审；获江苏省妇幼健康服务工作有突出贡献集体二等功；被评为省级儿童早期发展基地、江苏省母婴安全优质服务单位、“扬州市三八红旗集体”；被中华医学会计划生育学分会授予“PAC区域示范医院”“PAC长效示范基地”。12月，市委、市政府2018年重大民生项目——扬州市妇女儿童医院建设项目，在广陵新城按照三级专科医院标准正式开工。

（董 雷）

■扬州市第二人民医院 医院占地面积3公顷，总建筑面积2万多平方米；固定资产1.47亿元，其中医疗设备总值2400万元。医院设有内科、外科、妇科、儿科、口腔科、耳鼻喉、眼科、急诊、皮肤、麻醉、中医、针灸、康复治疗、医学影像、检验科等临床诊疗科室。神经内科、肾内科创建市级重点专科。拥有联影1.5T超导磁共振、螺旋CT、DR、富士电子胃肠镜、C型臂X光机、经颅多普勒（TCD）、飞利浦彩超、进口全自动生化分析仪、全自动血流变仪等医疗设备，新购置口腔全景机、肺功能测试仪、动态血压检测仪、呼吸机等设备。

医院有编制床位301张，实际开放4个病区173张床位。有在岗职工209人，其中卫生专业技术人员172人（高级职称人员37人）。2018年，医院总诊疗量6万人次，出院病人3718人次。为市区低保、孤寡、特困人群提供医疗救助服务，医疗救助8578人次，救助金额168.84万元。

（夏少臣）

■扬州市第三人民医院 扬州市第三人民医院（扬州市传染病医院、苏北人民医院新区分院）是三级传染病专科医院。医院有编制床位350张，开放床位306张。2018年，医院门诊量13.54万人次，收治病人6269人次，出院者平均住院日15.28天，病床使用率87.65%。医院有14个诊疗科室、8个病区、5个社区诊所。有结核病科、肝病科、感染病科、医学检验科、医学影像科等5个扬州市临床医学重点专科。

医院有在岗职工284人，其中高级技术职称人员49人。医院常规开展肺功能检查、肺穿刺活检术、DSA介入治疗、支气管检查、冷冻治疗、球囊扩张术等30多个项目。对41例肝科、肺科疑难危重病例进行联合会诊讨论。

2018年，医院除常规收治肝炎、肺结核等传染病人外，收治手足口病、疟疾、麻疹、伤寒、布氏菌病、狂犬病、梅毒等传染病53人次；收治艾滋病门诊3236人次，开展艾滋病抗病毒（HAART）治疗580例，艾滋病住院病人247人次。

（丁志国）

医疗服务

■概况 2018年，全市24所二级以上医院总诊疗量1011.34万人次，比上年下降2.98%。其中，门诊量852.82万人次，下降3.92%；急诊量148.88万人次，增长1.03%。出院54.50万人次，增长5.2%；手术17.03万例，增长8.88%；病床使用率97.54%，增长2.16%，其中5家三级综合医院病床使用率104.20%，比上年同期上升20.07%；病床周转次数38.36次，增长1.08%；出院者平均住院日9.08天，比上年同期上升0.04天。

全市24所二级以上医院平均每诊疗人次医疗费287.11元，增长10.26%；平均每一出院者住院医疗费10156.87元，增长3.82%；平均药品加成率4.60%，比上年下降0.76个百分点；住院费用药占比平均32.22%，比上年下降2.46个百分点。

全市24所二级以上医院业务收入总额87.51亿元，增长8.93%。其中，门诊收入29.03亿元，增长6.98%；住院收入55.35亿元，增长9.22%。支出总额90.12亿元，增长9.38%。其中，药品支出27.93亿元，下降2.02%；卫生材料支出15.87亿元，增长16.42%；人员支出32.13亿元，增长17.40%；其他支出14.06亿元，增长0.83%。

（洪 梅）

■护理管理 推进优质护理服务。至年底，全市优质护理服务病房覆盖率100%，优质护理服务病房总数325个，A类病房数137个。制定下发《扬州市庆祝“5·12”国际护士节系列活动方案》，组织各地各单位开展护士节系列活动。在全市开展“优秀护士长”“优秀护士”评选活动，共评出“优秀护士长”“优秀护士”各48人，在“扬州卫生计生”公共平台、“扬帆”APP进行展示宣传。开展“优秀护理故事征文”大赛，在全市卫生医疗单位公开征集优秀护理故事，征集稿件150多篇。“最美医护风采”图片展示各医疗卫生单位的医护风采，在护士节前后一周内进行轮播。开展“天使在身边，爱心满扬城”系列义诊和护理志愿者活动，义诊活动35场次，服务群众7000多人，发放宣传资料6000份。以“质量、安全、提升”为主题，征集基础护理、专科护理、护理质量控制、质量持续改进方面的护理成果60篇，选择获国家专利的部分护士进行现场专项采访，“扬帆”APP宣传展示。开展护理安全专项督查。组织对全市二级以上医院开展护理专项督查，开展一次“回头看”，落实护理安全，消除医疗安全隐患。举办扬州市科技论坛护理分论坛，开展护理质量管理培训，提高临床护理管理质量。走访、慰问一批困难护士家庭。完成2018年护理质量控制工作计划，做好培训、督查、基层帮扶。举办护理管理知识更新培训班暨“优秀护理质量改善项目”现场评选，下派护理专家及护理骨干至医联体集团单位，进行工作指导与帮助，推进优质护理服务向基层延伸。开展护理适宜技术培训，开展伤口造口护理技术、中医护理技术等培训项目。

（乔 莉）

■医院重点专科建设 2018年，苏北人民医院内分泌科、烧伤科、眼科、肿瘤科，扬州大学附属医院超声诊断专业、普外科、儿科、病理科通过省级评审被确认为省重点专科。扬州大学附属医院麻醉科被确认为省重点专科建设单位。（郑轶群）

■平安医院创建 4月，下发《2018年扬州市平安医院创建活动工作要点》，定期召开联席会议，建立通报制度，实行联动机制。开展严厉打击涉医违法犯罪专项行动。制定下发《严厉打击涉医违法犯罪专项行动实施方案》，召开打击涉医违法犯罪专项行动联席会议，对专项行动进行专门部署，建立机制，落实措施。全市二级以上医院均建立医患沟通中心，沟通过程请驻警全程见证，录音录像，为医患纠纷妥善处理提供依据。探索医患纠纷预防处置、分析评判、整改惩处等机制，在二级以上医院设置警务室，做到统一标识标牌、统一办公设施、统一工作制度、统一处置规范、统一派驻警员。2018年扬州市参加医疗责任险的医疗机构137家，保费1231.36万元。各医院根据《医院投诉管理办法（试行）》，指定专门部门，明确专人负责，统一受理投诉，做到投诉有记录、问题有分析、改进有要求、落实有措施、信息有反馈、责任有追究。通过人民调解委员会调解医患纠纷成功率90%以上。与宣传部门沟通，把握舆论导向，通过电视、广播、报纸、网络等渠道，宣传平安医院创建活动，宣传扬州市医务工作者先进典型和无私奉献精神，营造尊重医学科学和医务人员的社会氛围，增强医患之间的信任感。（郑轶群）

■无偿献血 2018年，全市有4.63万名市民参加无偿献血，增长11.44%。其中全血采集4.33万人，采集血液总量1477.29万毫升，分别增长10.58%、11.56%；血液成分单采2970人，采集血液成分5255个治疗量，分别增长25.74%、24.06%。

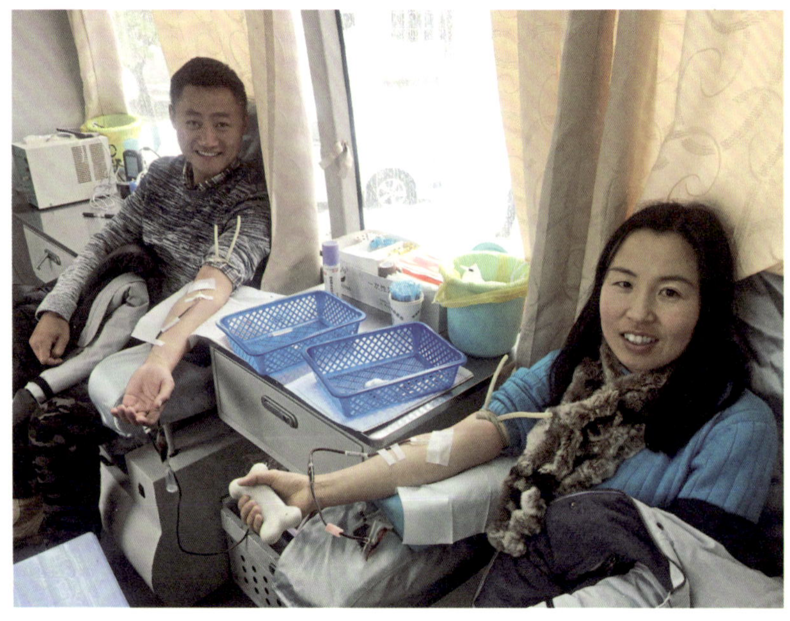

江海学院的老师和大学生志愿者参与无偿献血　司新利 徐 毅/摄

无偿献血占临床用血比例及自愿献血比例均达100%。红细胞分离率99.98%，成分制备总袋数11.14万袋，成分制备总量17.56万单位（unit：u）。检测血液标本4.63万份，血液检测合格率98.94%，检测不合格486人，其中转氨酶147人、乙肝109人、乙肝核酸25人、丙肝抗体49人、梅毒137人、HIV抗体22人、艾滋病毒核酸1人、HIV确认阳性4例。临床全血使用总量1438.59万毫升，使用血液成分总量13.62万U，比上年增加1.29万U，增幅10.51%。其中红细胞增加7068.5 U，增幅10.9%；血浆增加3313.5 U，增幅7.19%；冷沉淀增加1636.5 U，增幅20.31%；单采血液成分增加1010.5个治疗量，增幅23.92%。临床成分输血率99.99%。业务收入3459.23万元，比上年增加388.06万元，增幅12.64%。

2018年，953名无偿献血者享受免费用血政策，支出金额117.61万元，其中省内异地返还扬州献血异地报销52人次4.38万元；异地献血扬州报销64人次3.89万元。91名无偿献血者的兄弟姐妹和配偶父母享受免费用血，减免费用10.26万元。扬州市获2016—2017年度“全国无偿献血先进市”称号，是第五次连续十年获此称号；仪征采血点获“全国表现突出采血班组”称号；无偿献血科普教育基地获“扬州市科普教育基地”称号；市中心血站获江苏省输血协会2017年度“江苏省质量管理先进血站”、扬州市“红十字基层组织工作先进集体”称号。

（郑轶群）

■季节性疾病医疗救治 组织人员参加国家、省卫健委召开的流感医疗工作视频培训会，确定扬州市哨点医院。组织各级各类医疗机构培训，做好流感医疗。成立扬州市流感医疗救治专家组，落实流感监测每周报送。（乔　莉）

■体检 做好公务员、事业单位招录体检。组织相关主检医师参加省级体检集训，市级标准学习班学习，掌握标准和要求，完成公务员、事业单位招录体检；做好高考体检、征兵体检相关协调对接。配合省、市委老干部局完成医院离休老干部就医绿色通道建设。（乔　莉）

■医疗服务行动计划 制定《扬州市深入落实进一步改善医疗服务行动计划工作方案（2018—2020年）》，推广2015—2017年改善医疗服务做法，推动医疗服务高质量发展。9月，组织专家对全市19家二级以上医疗机构的预约诊疗、临床路径、日间手术、电子病历管理工作进行督查。指导苏北医院承办改善服务行动计划全国擂台赛华东赛区赛事，展示胸痛、卒中、创伤、危重孕产妇救治等四大中心建设，门诊预约检查服务中心、住院服务中心，分时段预约就诊、线上线下自助挂号付费服务等服务惠民利民举措。（韩　鲜）

妇幼保健

■概况 2018年，扬州市婴儿死亡率2.2‰，5岁以下儿童死亡率3.06‰，孕产妇死亡率3.29/10万，出生缺陷率4.82‰，婚检率83.21%，妇女病普查率96.25%，剖宫产率42.58%，孕产妇保健管理率98.82%，7岁以下儿童保健管理率98.1%，产前筛查率93.15%。托幼机构卫生保健合格率100%，其中计划生育技术服务总例数7.41万例。（林　萍）

■妇幼健康服务体系 加强妇幼健康服务三级网络建设。扬州市妇幼保健院（扬州市儿童医院）投资15亿元的异地新建工程开工。医院通过省级“三级甲等”复核评审和省级儿童早期发展基地的评审。仪征市妇幼所向妇保院转型，推进宝应县妇幼保健院改扩建工程。加强全市产儿科建设。新增1家具有产科的综合医院，新增产科床位20张。全市18个农村区域医疗卫生服务中心产科按二级医院产科标准进行建设。开展妇幼健康规范化门诊创建，推进基层妇儿保健门诊建设，加强基层妇幼健康服务网底建设。妇幼健康规范化门诊建成率78%。（林　萍）

■妇幼健康服务能力 加强妇幼健康服务联合体建设，市妇幼保健院下联成员单位由原来的7家扩大到10家，妇幼保健院专家团队定期到基层开设专科门诊，完善分级诊疗、双向转诊机制。江都区、仪征市、宝应县分别建立县级妇幼健康服务联合体，与基层医疗保健机构结对，重点加强联合病房、特色科室建设、妇幼健康专家工作室等，推动区域内妇幼健康管理、技术和服务资源实现纵向流动。开展“以赛促学，以赛促练”活动，在全省妇幼健康

2017—2018年扬州市区儿童健康体检抽样调查情况表

表35-3

指标		2018年	2017年
受检人数（人）		28756	25372
受检率（%）		99.16	98.70
体重达标率（%）		74.26	77.86
身高达标率（%）		76.71	76.88
乳牙龋齿发生率（%）		32.67	34.28
患病率	肥胖儿发生率（%）	7.31	8.53
	低体重发生率（%）	0.28	0.24
	发育迟缓发生率（%）	0.24	0.34
	消瘦发生率（%）	0.94	0.71

（林　萍）

服务技能竞赛中获团体一等奖、个人三等奖。（林　萍）

■**妇幼健康服务内涵建设** 下发《扬州市出生缺陷综合防治工作方案》，将孕产妇产前筛查基本项目纳入医疗范畴，新生儿和新生儿疾病筛查基本项目由财政支付，产前筛查率99.79%，新生儿筛查率98.93%。落实以婚前医学检查、孕前优生健康检查项目为主的一级预防措施，应用母子健康手册APP。重视妇幼保健重点学科和重点人才建设，申报新技术和科研项目，建成省第二周期妇幼健康重点学科及建设单位6个、重点人才及培养人才4人，建成儿科省、市重点学科各1个，获省级新技术引进项1项。宝应妇幼保健院获2018年度妇幼保健新技术引进二等奖。组织各地新申报省级科研项目7项，引进新技术6项。（林　萍）

疾病预防与控制

■**疾病预防控制体系建设** 推进扬州市公共卫生中心建设。扬州市公共卫生中心项目是市委、市政府2018年民生"1号文件"和"政府工作报告"明确的重点项目，位于上方寺路以北、黄金坝路以西、鸿福路以南、市第二人民医院以东，用地面积1.94公顷，方案项目建筑面积2.75万平方米（含地下），建设项目包括扬州市疾病预防控制中心、市医学检验中心、12320管理中心、市皮肤病医院。（常　艳）

■**免疫规划** 2018年，全市适龄儿童建卡率100%。一类疫苗常规免疫接种率99.86%。报告AFP病例18例，无脊髓灰质炎确诊病例报告；报告疑似麻疹128例，确诊麻疹病例6例，发病率0.13/10万，发病数比上年同期（40例）下降25.00%；报告乙肝388例，报告发病率8.4/10万，未发现15岁以下急性乙肝病例报告；无流脑、乙脑和新生儿破伤风病例报告。以乡为单位儿童预防接种信息管理系统建设覆盖率100%。全市101家一般预防接种门诊，建成一级门诊47家，二级以上门诊54家，二级门诊建成率53.5%，三级门诊2家。101家预防接种单位327台疫苗储存用冰箱安装冷链实时监测仪的单位有101家281台冰箱，预防接种单位和冰箱安装覆盖率分别为100%和87%。下发《扬州市第一类疫苗预防接种异常反应补偿保险操作手册》，建卡3.38万人，补偿保险告知率99%以上，投保1.38万人，投保率40.97%。（常　艳）

■**疾病预防控制对口支援** 组织市、县（市、区）疾病预防控制专家分别对县（市、区）、乡镇疾病预防控制工作进行支援。选派13名技术骨干对广陵区、高邮市、宝应县疾控中心在重点学科建设、人才培养、项目管理、实验室检验技术等方面重点帮扶。（常　艳）

■**重性精神疾病管理治疗** 建立以精神卫生专业机构为主体、疾控机构为辅助、基层医疗机构为依托的精神卫生管理治疗服务网络，对全市乡镇、街道实行全覆盖管理。成立由精神科专业医师和护士、社区/乡镇精防医生和护士以及其他相关工作人员（社区卫生服务站/村卫生室的医护人员、居/村委会人员、民警、民政助理、残联助残员等）组成的项目工作队伍。各县（市、区）实施"以奖代补"政策，引导监护人承担严重精神障碍患者监护责任。业务培训覆盖所有专兼职人员。2018年，全市重性精神疾病患者检出率4.4‰（居全省第四位）；在册患者管理率、规范管理率分别为98.25%、97.39%（居全省第一位）。（常　艳）

■**传染病防控** 2018年，全市报告甲乙类传染病14种，报告发病率114.02/10万。报告丙类传染病6种，报告发病率为234.71/10万。无死亡病例。4—10月，累计登记腹泻病人3.28万人，检索9350人，检索率28.48%。参加省运会传染病保障会议并形成相关工作流程和突发演练方案。参加市组织的5·12地震演练。报告13起突发公共卫生事件（1起流感、8起水痘、4起诺如病毒感染性腹泻，均已结案）。11月，江都报告新发的禽类H5N6疫情。高邮、江都、宝应、仪征均完成一级医院HIS系统建设。（常　艳）

■**重大传染病防治** 2018年，全市DOTS（肺结核）防治覆盖率100%。非结核病定点诊疗医院报告2196例结核病例，报告率100%，总体到位率97.72%。病原学阳性诊断率52.55%，发现34例耐多药患者，31例纳入耐多药临床路径治疗，其余3例均维持原方案治疗。（常　艳）

■**慢性病防治** 2018年，全市慢病病人规范化管理覆盖率100%。55.18万名慢病病人建立健康档案；建档高血压病人管理率66.6%，建档糖尿病病人管理率64.76%，高血压、糖尿病病人管理有效率分别为57.97%和52.03%。完成《扬州市2017年全人群死因监测分析报告》。2017年全人群总粗死亡率7.79‰，2017年全人群期望寿命79.27岁，2017年重大慢性病过早死亡概率11.3%。由于油、盐、糖的过多摄入是慢性病的重要危险因素，扬州市首先探索在餐饮行业开展减盐、减油、减糖干预行动，与市文明办等共同发起"安全、健康、文明用餐行动"。（常　艳）

■**血吸虫病防治** 2018年，全市对57个乡镇575个村开展查螺，使用总查螺工日3.68万个，查螺面积1.67亿平方米，超目标任务的11.20%。解剖钉螺1.85万只，未发现阳性钉螺。药物灭螺面积3038.09万平方米，超目标任务的51.90%。环境改造灭螺面积117.35万平方米，消灭钉螺面积66.6万平方米。利用机械筑圩、潮水药浸，降低灭螺成本，保证灭螺质量，购置发电机和抽水泵，弥补潮水不足，全市累计筑圩17.2千米、药浸灭螺面积212.07万平方米。

完成血清学查病 7.21 万人，粪检查病 1.11 万人，均未发现阳性病人；晚血救助 243 人次，帮助解决医疗费用 55.8 万元。沿江 5 个县（市、区）20 处江滩开展 4 次调查，捕捉野鼠 153 只，未查出阳性；5—9 月，沿江 5 个县（市、区）每月选择 10 处重点环境进行哨鼠预警监测，共投放哨鼠 1140 只，未发现阳性哨鼠。对扬州市血吸虫病传播阻断达标工作资料审核和现场考核，达到市级血吸虫病传播阻断标准，并通过血防“十三五”中期评估。开展食源性寄生虫病监测、土源性寄生虫病监测、慢性丝虫病患者关怀照料数据复核工作和娱乐用水“水中两虫”监测，通过寄防“十三五”规划中期评估。完成地方病现症病人个案调查和地方病防治“十三五”规划中期评估工作。（王　建）

爱国卫生运动

■概况 2018 年，扬州市区开展市容环境卫生、建筑工地、城中村及城乡接合部、食品和重点场所卫生、病媒生物防制等专项整治行动。通过国家卫生城市复审，实现“五连冠”。仪征市、宝应县城、小纪镇、杭集镇、菱塘回族乡、丁伙镇通过国家卫生城市、国家卫生县城和国家卫生乡镇的复审。组织开展城乡环境卫生整洁行动，高分通过省级中期评估，居全省前列。新创国家、省级卫生镇 8 个，省级卫生村 66 个。（吉华祥　邹　露）

■健康教育与健康促进 贯彻市政府《关于推进健康城市健康村镇建设的实施意见》，创成省级健康镇 4 个、健康村 29 个、健康社区 21 个、健康单位 56 个、健康促进医院 17 个。深化健康教育与健康促进，开展健康下基层宣传“五进”活动，累计活动 615 场次。编印健康教育手册、折页等宣传资料 10 万册（张），在市区 3000 多台公交车上投放健康教育类微视频，累计播放 600 万次。中国牙刷博物馆（扬州）和扬州市卫生应急自救互救体验馆被命名为江苏省 2018 年爱国卫生教育（健康教育）基地。邗江区建成省级健康促进示范区。全市健康素养水平 24.7%，比上年提升 1 个百分点。（吉华祥　邹　露）

■农村改厕 全年完成农村改厕工作任务 9000 座，全市农村累计建设无害化卫生户厕 96.95 万座，普及率 97.09%。（吉华祥　邹　露）

■省级病媒生物防制单项达标先进城市复审 结合季节特点，组织开展春季灭鼠集中行动、夏秋季灭蚊蝇灭蟑螂集中行动和冬季集中灭鼠行动。投放灭鼠药 9600 千克、粘鼠板 1.30 万块、灭蚊蝇药物 7400 千克。推进病媒生物防制示范小区建设，市区共建病媒生物防制示范小区 17 个、毒饵站 8214 个，设置诱蝇笼 2179 只、灭蚊灯 44 台。完成省运会等重大活动期间病媒生物防制任务。通过省级病媒生物防制单项达标先进城市复审。（吉华祥　邹　露）

中医中药

■全国基层中医药工作先进单位创建 印发《扬州市基层中医药事业发展三年行动计划（2018—2020 年）》及其实施方案。江都区做好全国基层中医药工作先进单位国家级评审反馈意见的整改。7 月，高邮市、广陵区通过全国基层中医药工作先进单位省级复核评审。9 月 25—27 日，扬州市通过全国中医药工作先进单位国家级验收。（黄海晨）

■基层中医药服务能力提升 3 月 31 日，国家中医药管理局副局长马建中到扬调研基层中医药工作。4 月 12 日，联合主办第三届华东地区基层中医药学术发展大会，620 人参加会议。6 月 8 日，参加国家中医药管理局乡村战略下加强基层中医药工作政策研讨会，扬州市基层中医药工作在大会交流发言。新增省中医药特色社区卫生服务中心 2 个、乡镇卫生院示范中医科 4 个。新增 2018 年基层医疗卫生机构中医诊疗区（中医馆）服务能力建设项目单位 21 个。新增 2018 年乡镇卫生院示范中医科建设单位 2 个、省中医药特色社区卫生服务中心建设单位 3 个。新增 2018 年扬州市乡镇卫生院示范中医科 4 个、中医药特色社区卫生服务中心 4 个。启动扬州市中医药示范村卫生室（社区卫生服务站）创建活动，建成 20 个。启动村卫生室（社区卫生服务站）中医阁建设活动，至年底建成中医阁 188 家。组织开展全市中医药适宜技术推荐和遴选工作，推荐上报中医药适宜技术 46 项。遴选 16 人参加全省中医药适宜技术师资培训。指导市中医药适宜技术基地分批组织开展全市中医药适宜技术培训班暨临床能力提高班、骨伤科颈肩腰腿痛培训班、中医护理培训班、癌痛诊疗规范化培训、医联体冬病夏治推进会等培训活动，培训 15 次，涉及县、乡、村级机构 542 个，1105 人次参加。开展基层卫生技术人员中医药知识和技能培训，培训机构 586 家，培训中医药人员 2675 人，机构培训率 56.3%。除功能区外，所有乡镇卫生院和社区卫生服务中心开展 6 类 15 项中医药适宜技术。第三季度全市 65 岁以上老年人和 0~36 月儿童中医药健康管理覆盖率分别为 64.57%、74.16%。8 月，联合市财政局、市人社局、市发改委、市食药监局等部门下发《关于印发基层中医药服务能力提升工程“十三五”行动计划督查实施方案和实施细则的通知》《关于开展基层中医药服务能力提升工程“十三五”行动计划中期督导的通知》。9 月 14 日，召开扬州市中医专科联盟成立大会。（黄海晨）

■中医机构能力建设 新增第三批省综合医院示范中医科建设项目 2 个。推荐全面提升县级医院综合能力第二阶段候选医院 2 家。印发中医诊所基本标准和中医综合诊所基本标准，实施中医诊所备案制管理，实时组织开展中医诊所备案管理情况

调查，全市现有中医（综合）诊所24家、中医诊所43家。（黄海晨）

■**中医药人才队伍建设** 推进中医药传承创新“百千万”人才工程岐黄工程，推荐岐黄学者2人。扬州市中医院张晓春获选江苏省第二批中医药领军人才。申报全国名老中医传承工作室1个、全国基层名中医工作室1个。新增全国、省级名中医专家传承工作室基层工作站5个。新增全国中医护理骨干人才培训项目培养对象1个，全国中医骨干人才培训项目结业考核合格对象1名。名中医工作室全市域内30个，域外15个，市级基层工作站7个。扬州市中医院柔性引进国际国内知名专家教授来院开设工作室5个。申报全国中医临床特色技术人才、西学中骨干人才培训项目，共推荐申报20项。推荐省中医药科技项目评审专家9人。配合省中医药局完成公布2013年度省中医药局科技项目验收结果，通过验收4个，结题5个。扬州市中医院获省科技厅自然科学基金立项2项，省卫生健康委课题立项1项，市科技局立项课题1项，省中医药科学技术奖三等奖1项。组织开展2018年度扬州市名中医“师带徒”学习情况考核活动，53名师承人员考核合格。（黄海晨）

■**中医药宣传** 印发《江苏省中医药健康文化知识大赛实施方案的通知》。8—10月，通过“杏林王者”小程序，组织全市各级医疗机构组队报名参加全国中医药文化健康知识大赛海选活动。10月，选拔3支队伍（学校队1支、医院队2支）参加全省选拔赛，扬州市代表队一队、二队均获团体优秀奖，高邮市中医医院徐晓莉获个人二等奖，扬州市卫生计生委获江苏省中医药健康文化知识大赛优秀组织奖。2018年申报省级非遗项目1项，省级非遗传承人5人，市级非遗传承人1人，市级非遗项目2项。现有省市非物质文化遗产项目10项，代表性传承人14人。（黄海晨）

卫生监督

■**概况** 2018年，全市开展规范医疗市场、职业和放射卫生监督、学校卫生监督、饮用水卫生监督、公共场所卫生监督、传染病防治卫生监督及医疗服务监督等工作。开展日常监督检查1.43万户次，查处违法案件373起，合计罚没款130.55万元；制定执法全过程记录相关制度31项，运用信息化手段，上传行政执法视频文件4289条，时长499.7小时，容量966.38GB。完成双随机抽查任务844件，其中公共场所429件、生活饮用水46件、放射卫生61件、学校卫生65件、医疗卫生121件、消毒产品5件、传染病防治110件、计划生育7件，国家双随机抽查任务完成率90.06%，完结率100%。先后投入近100万元，装备台式电脑41台、执法记录仪50台、手持移动执法终端30部，实现移动执法电子签章签名CA论证与服务器级数据管理，建立影、音同步摄录的“询问调查室”4间，扫除“执法全过程监督”中的询问“盲点”。完成国家双随机监督检查任务323家；开展夏季游泳场所专项检查，抽检80家游泳场所320份游泳池水样、80份浸脚池水样，并对所有水质不合格单位进行重新抽样检测，确保水质达标。开展食品安全企业标准备案114份。投入近60万元，配备20多种现场快速检测仪器设备用于“两会”卫生监督应急保障，保障中首次采用集中空调管道检测机器人对空调管道进行检测。受理各类投诉举报213件，办理率、结案率、答复率（有联系方式的）、投诉对象满意率均达100%；健全基层卫生监督网络，加强队伍建设，注重人才培养，提高卫生监督员整体素质，运用网络、多媒体及实战演练等培训手段，组织开展业务培训和学术交流活动。（陆爱民）

■**医疗卫生监督** 2018年，对全市1838家医疗机构开展依法执业专项检查，下发监督意见书2251份，立案查处67件，警告27家，罚款46家，吊销医疗机构执业许可证1家，累计罚没款金额19.11万元。开展医疗机构临床用血专项检查，检查94家采供血、用血医疗机构，下发监督意见书要求限期整改。专项行动打击非法行医，监督检查（回访）343户，立案查处83户，罚款51.63万元，没收违法所得10.66万元，没收药品、器械61箱（件），6名涉嫌非法行医犯罪的人员依法移送公安部门处理。（陆爱民）

■**职业、放射卫生监督** 2018年，8家职业健康检查机构、1家职业病诊断机构和6家放射卫生技术服务机构接受专项检查。对全市8家三级医疗机构放射诊疗工作进行监督检查，互查放射诊疗机构30家；对18家农村区域医疗中心放射防护设施建设进行督查验收。对放射诊疗机构责令整改25户；行政处罚20起，其中简易程序14起、一般程序6起、警告20起、罚款6起（金额2.2万元）。（陆爱民）

■**学校卫生监督** 2018年，开展学校饮水卫生专项抽检，抽检学校14所，其中5所学校不合格，均为桶装水菌落总数超标。对其中4所进行警告的行政处罚，1所学校责令整改并约谈负责人；开展学校卫生综合监督评价，评价学校129所，其中优秀学校30所、合格学校99所。开展春季和秋、冬季学校传染病专项检查行动。（陆爱民）

■**饮用水卫生监督** 2018年，专项检查3家集中式供水单位、288家使用无负压变频设施小区、11家涉水产品生产单位、8家网络净水器销售商，立案查处5起生活饮用水违法案件。（陆爱民）

■**公共场所卫生监督** 2018年，全市四类行业开展量化分级管理公共场所单位5100家，量化分级率100%。发放创建公示牌、消毒卡片等500多份。（陆爱民）

■医疗废物、传染病防控监督 2018年，专项检查中医医疗机构传染病防治和感染防控68家；248家医疗卫生机构纳入传染病防治卫生监督综合评价试点单位。对7家疾病预防控制机构、164家预防接种单位开展疫苗专项检查。传染病监督抽检医疗卫生机构173家。（陆爱民）

■消毒产品卫生监督 开展节日前消毒产品专项监督，抽检6家单位17个批次样品，检测合格率100%。专项整治餐饮具集中消毒服务单位，采集27个单位165批次样品，对10家抽检不合格餐饮具集中消毒单位展开“回头看”复查行动，开展督查，确保整改到位。（陆爱民）

医政管理

■医疗技术管理 2018年，组织专家对提交限制临床应用的医疗技术备案表且在市卫生计生委执业登记的医疗机构进行专业评估，评估16家医疗机构169份医疗技术材料，最终备案13家医院100项医疗技术。市医学会定期组织专家到现场随机抽查进行评估，对医疗机构医疗技术临床应用没有发现问题的，准予继续开展；对临床应用存在问题的，责令限期整改；对出现未按要求进行备案、专业能力与开展技术要求严重不符、存在严重医疗质量安全隐患、存在明显伦理隐患等问题的按照《医疗机构管理条例》《医疗技术临床应用管理办法》等要求，停止该项技术的临床应用或撤销备案登记。（韩　鲜）

■医师管理 做好2018年国家医师资格考试报名和考试。全市网上报名人数1439人，现场审核1303人，经审核符合报考条件1297人，最终网上缴费考生1278人。开展考官和考务人员的遴选和培训，培训197人，并签订保密责任书。8月25—26日，组织1122名考生参加医学综合笔试，其中临床类别考生853人、中医类别考生149人、口腔类别考生62人、公卫类别考生25人、乡村全科执业助理类别考生33人。下发2017年通过国家医师资格考试人员的资格证书572份，其中执业医师485人、执业助理医师87人。做好2017—2018年度医师定期考核。下发《关于开展扬州市2017—2018年度医师定期考核管理工作的通知》，对各县（市、区）卫健委、功能区卫生计生主管部门、市直医院及相关卫生单位的55人开展培训，并要求各县（市、区）卫健委、功能区卫生计生主管部门对辖区内的医疗机构进行培训。（韩　鲜）

■医疗质量控制管理 加强病历、院感、检验、影像、药事、护理、麻醉、血液净化、眼科、儿科、肿瘤、重症医学科、血液质量、血液病管理、康复医学、病理等17个临床质量控制中心管理。组织开展全市二级以上医院医疗安全专项检查，抽查14个二级以上医疗机构。重点对抗菌药物临床合理使用、高值耗材临床合理使用、抗肿瘤药与辅助用药合理使用、处方病历三合理核心制度落实情况、精麻药品使用管理、急诊科规范管理、优质护理服务等专项检查，对新版病案首页2017版执行情况开展调研。督查组坚持督查与指导相结合，对督查中发现的问题，现场共同研究探讨，提高医疗质量，保障医疗安全，规范医疗行为，保障群众就医安全。4月，市卫生计生委组织人员参加省卫健委组织的“2018年一、二级医院抗菌药物临床合理应用培训班”。5月，市临床检验质量控制中心举办“2018年扬州市临床检验质量控制工作会议暨检验质量控制知识培训班”。市康复医学质量控制中心开展全市康复医学质量控制检查，加强医疗机构康复医学科（专业）的规范化建设和质量控制。6月，扬州市药学质量控制中心举办“扬州市抗菌药物临床应用监测网”网报质量控制会议暨“抗菌药物合理使用”培训班。（乔　莉）

■医院感染管理 加强全市医院感染管理，健全质量控制网络，发挥各级质量控制中心作用，加强ICU、手术室、血液净化室、消毒供应中心（室）、新生儿室、产房、内镜室、导管室、口腔科等重点部门和重点环节及基层医疗机构的院感防控管理，降低发生医院感染的风险。开展全市院感专项检查，对全市25家二、三级医院院感（含供应室、医疗废物管理）、重点部门、重点科室（供应室、产房、手术室、新生儿、内镜室、口腔科、ICU等）和重点环节感控措施落实、环境管理、手卫生、职业防护、医疗废物处理等进行全面检查，并下发整改通知。（乔　莉）

■消毒供应中心（室）管理 推进区域化消毒供应中心建设。完成独立设置的消毒供应中心情况调查，组织专家对宝应区域化消毒供应中心建设现场指导，对东方医院消毒供应中心（室）进行审核验收。9月，开展全市消毒供应中心（室）专项检查，对全市25家医疗机构进行专项检查并下发通报、整改意见书。（乔　莉）

■血液净化技术安全管理 举办2018年血液净化扬州论坛暨扬州市血液净化技术质量控制中心年会，开展2018年全市血液透析专项知识培训；对全市20家医疗机构血透室进行专项检查并下发通报督促整改。规范全市血透报表数据上报。组织专家对全市新建、扩建的血透中心进行现场审核、指导并下发整改通知。（乔　莉）

体育

Tiyu

编 辑 陈永华

综述

■**概况** 2018年，江苏省第19届运动会在扬州举办。全市体育事业发展围绕江苏省第19届运动会举办，群众体育、竞技体育、体育产业实现同步发展。

江苏省第19届运动会是扬州改革开放以来承办的规模最大、持续时间最长、参与人数最多、社会期望最高的重大活动。全市体育系统紧扣“新时代、新江苏、新省运”主题，坚持“办会为城、办会惠民、办成里程碑”理念，践行“三个带来”（为城市和市民带来什么、为运动员和游客带来什么、为全省体育事业带来什么）的要求，办成一届兴城惠民、树立典范的体育盛会，参赛成绩创历史最佳，得到社会各界赞誉。省委、省政府给予评价：“交出了一份精彩圆满、令人难忘的省运答卷，为新时期办好大型综合性运动会树立了典范”。省委书记娄勤俭认为“扬州以办运动会建设了一个运动中的城市、森林中的城市、美好的城市，满足世界人民期待的城市，体现了把体育运动会嵌入了城市的发展理念”。省长吴政隆在2019年省政府工作报告中指出“成功举办第19届省运会，促进了群众体育和竞技体育、体育事业和体育产业协调发展”。

打造省运场馆。按照“分布式”“有主题”“多功能”“两融合”要求，推进“19+1”个省运场馆建设，全部交付使用，实现市区均衡布局、一县（市、区）一主场馆目标。新建的扬州游泳健身中心开放以来入馆锻炼人数近40万人次，平均每天约1000人；扬州射击运动中心达到国际赛事标准；对扬州体育公园进行森林化、公园化、文旅化改造，增加全民健身活动区和健身步道，打造奥林匹克元素中轴线，提升服务市民运动健身能力。竞赛组织。自5月6日扬州赛区首项赛事开赛至闭幕式，累计举办32大项944个小项6115场次比赛，所有赛事均采用电子计时计分系统和仲裁录像鹰眼回放系统，所有运动员实行人脸拍照识别安检、赛前赛后指纹比对检录，所有赛事官员培训上岗，未发生一起安全事故、食物中毒、伤病员延治等事件，没有收到一起负面舆情信息，营造公共有序的竞争环境。全省109人143次破106项省年龄组比赛纪录，评选1438名竞技体育未来之星。省运“全民参与”。承办全省群众体育先进表彰大会，智力与时尚项目、群众体育项目的办赛和参赛任务。举办历时8个月的扬州市第一届社区运动会，以及全民健身大联动、“迎省运——万名市民走公园”等300多场全民健身活动，营造“处处都是运动场、人人都是运动员、家家都是拉拉队”氛围。组织运作。对省运会120项任务清单和138项风险清单挂图作战、闭环管理。争取到场馆建设和办赛省财政专项补助资金7000万元，为历届之最。采用借、租、捐、买相结合方式，保障竞赛器材等供给。完成开闭幕式、倒计时30天、100天等各类重大活动的相关保障。

举办扬州市第一届社区运动会、全国暨江苏省百城千村健身气功交流展示系列活动、2018全国“全民健身日”江苏分会场活动、第17届全民健身体育节等各类群众体育活动500场次以上，参与人数300万人次以上。66个乡镇建成内含5个运动项目的室内全民健身中心，建成959个村体育活动室、1100个农村“五个一”文体活动广场，全市乡镇室内全民健身中心、农村“五个一”文体活动广场、村体育活动室全覆盖。实施“全民健身惠民100工程”，建成10个集专家健身指导与咨询、社会体育指导员志愿服务为一体的“全民健身益站”，100个“全民健身指导站”，各级体育社会组织与133个公园、社区结对。

扬州代表团1164名运动员参加省运会25个大项比赛，获77枚金牌、62枚银牌、84枚铜牌，总分2493分，奖牌数、金牌数、总分数均列全省第六位，金牌较上届分别提升4位，奖牌较上届提升7拉，总分提升5位。实现参赛成绩历史最好、夺金项目历史最多和集体球类项目成绩历史最佳。

扬州运动员在国际赛场上屡创佳绩，王琦代表中国队在阿根廷举行的第二届夏季青年奥林匹克运动会上获男子5公斤链球铜牌；扬州运动员王娇分别获2019年加拿大杯女子自由式摔跤邀请赛和2019

年国际摔联积分赛（白俄罗斯站）女子68公斤级冠军。

举办第13届扬州鉴真国际半程马拉松赛，蝉联国际田联金标赛事7年。承办国际排联沙滩排球世界巡回赛、全国沙滩排球大满贯赛、“我要上奥运·中国国奥队选拔赛”等赛事活动。扬州体育彩票超10亿元，销售11.47亿元，增幅43.88%，市场份额65.70%。6个项目获2018年省级体育产业发展专项资金490万元，扶持项目和扶持资金有增长。推进体育健康特色小镇培育，仪征枣林湾获批全国运动休闲特色小镇试点单位和首批省级

扬州市运动员获江苏省第19届运动会金牌情况表

表36-1

项　目	运　动　员	性别	组　别	小　项
田　径	王　琦	男	17—18岁组	链球
田　径	张净雨	女	17—18岁组	400米
田　径	高文靓	女	17—18岁组	10000米竞走
田　径	钱思雨　仇之颖　卜昕妍　张净雨	女	17—18岁组	4×400米接力
田　径	房艺群	女	15岁组	400米
田　径	赵雨晴	女	15岁组	10000米竞走
田　径	赵芳艺	女	13—14岁组	800米、1500米全能
田　径	王长婷	女	13—14岁组	3000米、5000米竞走全能
田　径	石欣萍　赵芳艺　吴庆文　陈梓萱	女	13—14岁组	异程接力
篮　球	张清皓　钮施淏　吴佳谦　范思哲 王　珺　陈奎宇　纪嘉诚　李承耀 张楷晨　言恒栋　赵相国　戴高乐	男	14—15岁组	
篮　球	陈锦然　孙远泽　戎冠全　刘星航 高子宸　吴振鑫	男	10岁组	
篮　球	谢雨辰　曹陈昕　谢琦睿　万　萌 吴希怡　蒋雅慧	女	10岁组	
排　球	崔　杰　周俊伟　孙宏伟　许锦涛 郑　宇　叶　陈　雍洪铭　竺志伟 刘航宇　姚金杰　臧仕喆　石添天	男	17—18岁组	
排　球	孙子童　陈奕帆　沈佳文　孙　睿 赵　珂　赵化跃　陈　硕　别萌洁 曹曦月　高妍睿　卞敏璇	女	15—16岁组	
足　球	薛天翼　倪顾杰　郭凯楠　徐约瑟 张金栋　林云鹏　廉　健　尹文圣 房宇豪　尹嘉熙　徐远蕾　郁秋杰 陈　岳　赵方舟　张旺阳　褚芙彤 程吉汉　田　仲　常　乐　桑　雨 袁　航　张子力　孙启楠　金敬珉 周敏杰　罗高局　曹越涛　邱硕丰 朴哲弘　史靖宇	男	14—15岁组	
足　球	陈　旭　邵竹亭　卢　陈　张雅各 陈威乐　覃虹皓　黄炜城　刘　杰 徐俊豪　周志轩　陆有志　李政达 蔚东明　汪施宇　王钰博　金正桓 金主贤　于跃龙　邓博睿　赵兢良 郭子萌　黄俊滔　张德尧　邓博闻 金成民　张子轩　金恩勇　潘殷杰 王康伟　谢仁杰	男	12—13岁组	

续表 36-1

项　目	运 动 员	性别	组　别	小　　项
足　球	戴文茜　李蔓妤　沈利红　张语瞳　刘红艳　季予馨　吴　玥　郭妍雪　薛馨怡　田海阳　任欣悦　吏佳鑫　葛仁昱　张佳逸　顾瑾琪　张瑾萱　荣文菡　张敏婕　李金珠　王苏闽　仲夏梦　周玉君　周伟晶　曹嘉瑶　王薇薇　沈启萌　朱雪梅　曹梦睿	女	10—11 岁组	
棒　球	徐厚升　刘　凌　杨　洋　伏文龙　王唯一　王　磊　邵　为　卜少奇　孙　禹　孔令阳　林柯禹　孙　卫　张　波　陈　波	男	16—17 岁组	
棒　球	陈荣青　焦福权　李　潇　张显捷　陈浩然　宣煜骁　陈凯凯　李昊轩　殳成峰　刘　伟　李孝炀　李振强　杨孟奇　郑铭远　赵纬天　周　坚　经　辉	男	14—15 岁组	
垒　球	王　晗　陈欣悦　陈　平　李　惠　高　颖　施雨涵　蒋　晨　马驭轩　彭弋戈　李　星　张海萍　王惠颖　高方圆	女	16—17 岁组	
垒　球	韩　蕾　李欣语　程思雨　董思涵　王　钰　房心怡　李　莹　李新月　孙立晨　李　墨　陈薪洋　蔡欣茹　王紫吉　曹　源	女	14—15 岁组	
乒乓球	李雨泽	男	9—10 岁组	单打
摔　跤	陈浩男	男	14—15 岁组	古典 62 公斤级
摔　跤	梁雪静	女	14—15 岁组	自由 46 公斤级
摔　跤	张　熙	女	14—15 岁组	自由 60 公斤级
拳　击	王婉君	女	17—18 岁组	47—51 公斤级
跆拳道	宋子豪	男	16—17 岁组	54 公斤级
跆拳道	陈　明	男	16—17 岁组	64 公斤级
跆拳道	张芙蓉	女	16—17 岁组	63 公斤级
跆拳道	钱志豪	男	14—15 岁组	50 公斤级
跆拳道	刘雨洋	女	14—15 岁组	49 公斤级
跆拳道	臧井泓	男	12—13 岁组	56 公斤级
柔　道	唐卫成	男	16—17 岁组	-83 公斤级
柔　道	徐法浩	男	14—15 岁组	-66 公斤级
柔　道	李嘉庆	男	14—15 岁组	-81 公斤级
柔　道	顾　康	男	14—15 岁组	-100 公斤级
射击步手	赵　梅	女	18 岁以下	10 米气手枪个人
射击步手	崔玉洁	女	16 岁以下	25 米手枪个人
击　剑	蒋一宁	男	14—15 岁组	佩剑个人
击　剑	侯开元　刘晨旭　杨　超　蒋一宁	男	14—15 岁组	佩剑团体
击　剑	仲　硕　魏宇鑫　张雯婷　刘忱怡	女	14—15 岁组	花剑团体
体　操	高子涵	女	7—8 岁组	跳马
快乐体操	季熙雯　居桐宇　周文渲　周梦冉　潘梓琪　肖典点	女	7 岁组	集体徒手

续表 36-1

项　目	运　动　员	性别	组　别	小　项
快乐体操	季熙雯　居桐宇　周文渲　周梦冉　潘梓琪　肖典点	女	7 岁组	集体带操
跳　水	尹智轩　韩一宸　高发龙　肖　潇　周于熠宸	男	9—10 岁组	团体
跳　水	倪怡冉	女	9—10 岁组	跳台（五米）
跳　水	倪怡冉	女	9—10 岁组	三米板
跳　水	倪怡冉	女	9—10 岁组	个人全能
跳　水	倪怡冉　翟思涵　刘曦萌	女	9—10 岁组	团体
跳　水	顾若茜	女	7—8 岁组	跳台（五米）
跳　水	顾若茜　许子涵　高熙媛　孟泽瑞	女	7—8 岁组	团体
跳　水	顾若茜　许子涵	女	7—8 岁组	双人台
艺术体操	张珏馨　苏墨涵　刘承瑞	女	8—9 岁组	个人团体
艺术体操	苏墨涵	女	8—9 岁组	个人全能
艺术体操	严淑娴　张湘雨　葛雨轩　张瑾萱　秦　晨　董羽菲	女	8—9 岁组	集体五人徒手
蹦　技	黄玉鼎	男	9—10 岁组	蹦床网上个人
蹦　技	王华昊　杨靖轩　卫靖宇　徐浩城　石砚齐　莫皓然	男	7—8 岁组	蹦床大团体（网上 + 单跳）
武术散打	廖荣真	男	17—18 岁组	56 公斤级
武术散打	陈子竞	男	15—16 岁组	56 公斤级
武术散打	周禹辰	男	15—16 岁组	65 公斤级
武术散打	顾　月　张　艾　郑雯文	女	15—16 岁组	65 公斤级小团体
武术套路	赵佳乐	男	11—12 岁组	规定拳
举　重	石云福	男	16—17 岁组	62 公斤级
举　重	向建飞	男	13—15 岁组	69 公斤级
举　重	龙　航	女	13—15 岁组	48 公斤级
举　重	唐佳慧	女	13—15 岁组	53 公斤级
赛　艇	黄　跃　张浩歌	男	17—18 岁组	2000 米公开级双人单桨
皮划艇	李婉芸	女	18—19 岁组	200、500 米全能单人皮艇
速度轮滑	汪建铠	男	16—17 岁组	1000 米计时赛

（李　萍）

体育健康特色小镇，推进铜山体育小镇等项目。开展职业鉴定培训，培训游泳教练、游泳救生员 435 人。（乔志刚）

■ 2018 世界体育赛事与旅游峰会在扬举行 11 月 30 日，2018 世界体育赛事与旅游峰会在扬州开幕，来自国际奥委会、联合国教科文组织、世界旅游组织等国际组织以及国内城市相关部门的 100 多名中外嘉宾参会。该峰会以“中国体育赛事旅游的新市场空间”为主题，邀请包括国际奥委会、联合国教科文组织、世界旅游组织、国际单项体育联合会等国际组织负责人以及国内城市相关部门领导、企业家、业界精英，围绕“体育产业的加速器——从体育项目到体育赛事的创新发展路径”和“中国体育公园（体育综合体）的未来发展之道与旅游跨界融合之法”等内容进行交流，讨论体育与旅游发展，洽谈合作。（杨体轩）

■扬州参加亚足联裁判讲师、监督培训 2 月 5—8 日，亚足联裁判讲师、监督培训在位于马来西亚吉隆坡的亚足联总部举行，全亚洲有70多名裁判讲师、监督参加培训。其中来自中国足协的代表有6人。除刘虎、孙葆洁、刘铁军、左秀娣、牛惠君等5人外，新增的1名裁判员讲师、监督是来自扬州宝应的裁判梁建萍。（杨体轩）

1月1日，第一届“社区运动会”在绿杨新苑社区居民广场开幕。图为父子俩在进行“1分钟足球颠球”比赛 庄文斌/摄

群众体育

■**扬州市第一届社区运动会** 1月1日至9月8日，扬州市举行第一届社区运动会。活动从绿杨新苑开幕，到宋夹城体育休闲公园落幕，历时8个月，全市216个社区、近40万人参与。第一届社区运动会主题为“迎省运，动起来；我参与，我快乐”，展示扬州人“文起来、动起来、乐起来”的精神面貌，营造“处处都是运动场、人人都是运动员、家家都是拉拉队”的氛围。（杨体轩）

■**“迎省运——走遍扬州体育公园”** 3月31日，“迎省运——走遍扬州体育公园”第一站活动在明月湖公园启动，首站活动吸引来自扬州市长跑协会的跑友和育才西区校的学生参加，活动规模超1000人。该活动包含“万名青少年走公园”“万名市民走公园”等两项活动，引导、组织市民和青少年就近参加活动，让他们了解身边公园状况，引导他们走出家门、踏进公园，利用好身边的公园健身锻炼。活动先后走进扬州的宋夹城体育休闲公园、李宁体育园、三湾公园等近30个体育公园，持续至省运会前，近10万人参与其中。（杨体轩）

■**板鞋竞速、高脚竞速全国邀请赛** 4月12—15日，2018年少数民族传统体育项目板鞋竞速、高脚竞速全国邀请赛在菱塘回族乡开幕。本次邀请赛在国家民族事务委员会、国家体育总局指导下开展，由中国少数民族体育协会、江苏省民族事务委员会、江苏省体育局共同主办，高邮市政府、扬州市民族宗教事务局、扬州市体育局共同承办，吸引来自北京、辽宁、湖北、湖南、广西、浙江、贵州、海南等近20个省、自治区、直辖市代表队200多名运动员参赛。（杨体轩）

■**全国百城千村健身气功交流展示系列活动启动仪式** 4月29日，2018年全国百城千村健身气功交流展示系列活动启动仪式暨江苏省百城千村健身气功交流展示系列活动启动仪式、扬州市第17届全民健身体育节开幕式在扬州体育公园开幕，现场5000人同时展示健身气功，表演舞龙、健身气功、八段锦、五禽戏等。主会场外，宝应、高邮、仪征、江都均设分会场，规模都在1千人以上。（杨体轩）

■**扬州城市乐跑赛** 10月27日，“扬州FUN开跑”2018扬州城市乐跑赛在扬州体育公园欢乐开跑，吸引数百家企业团体、2000多名选手参赛。本次城市乐跑赛全程约5.2公里，绕行扬州体育公园，从体育公园南大门出发，途经文昌西路、明月湖、京华城商业圈，由国展路绕行至七里甸路口、体育公园路，最后回到体育公园南大门。大本营有乐跑嘉年华互动环节。（杨体轩）

■**“乐跑高邮最美乡村”定向跑活动** 11月10—23日，2018年“乐跑高邮最美乡村”定向跑活动在高邮举行，分别于11月10、15、16、20、23日，在高邮临泽镇、菱塘回族乡、界首镇、汤庄镇、三垛镇等五地举行，每站行程约5公里，每站均设置打卡任务点，参与者需集齐全部5个点的印章，方算完成比赛，活动吸引近3000人参与。（杨体轩）

■**第七届高邮大运河半程马拉松鸣枪** 11月11日，2018第七届高邮大运河半程马拉松在高邮湖畔发令起跑，来自全国各地的5000多名跑步爱好者参赛。赛道从高邮市体育局出发，途经盂城驿、南门天桥、高邮湖平津堰、镇国寺，到达终点北门瓮城。最终，谢志鹏以1小时13分11秒的成绩获男子组冠军，陈姝廷以1小时26分51秒的成绩获女子组冠军。（杨体轩）

■**“扬马”城市跑不停** 11月11日，2018“扬马”城市跑不停——爱在深秋明月湖跑暨第三届扬州市网民节五彩星愿跑在明月湖畔鸣枪，600名跑步爱好者依次出发，沿明月湖公园的健身步道跑两圈，全程4公里，沿途有投递心愿卡、按五彩手印等趣味活动。11月24日，2018“扬马”城市跑不停——“中国移动杯”10公里精英赛暨“奔跑江苏”枣林湾四分马在枣林湾度假

区开跑，来自全国的近1000名跑步爱好者在园博园内举办十公里项目的比赛。最终，来自扬州市公安局的经纲以35分43秒的成绩获男子组冠军，扬州大学的王俐娜以42分12秒的成绩获女子组冠军。

（杨体轩）

■**江苏万名老人健步走扬州站活动** 11月30日，“关爱老年人·扬州动起来”2018江苏万名老人健步走扬州站活动在运河三湾风景区三湾公园西门广场举行。扬州市长跑协会的40个体育社团、10000名健步走爱好者参加。起点设在三湾公园西门广场，分3个方阵站队，按照公园内指定路线行进，路线距离均没有超过5公里。（杨体轩）

■**全国壁球锦标赛在扬举行** 12月15—16日，2018全国壁球锦标赛在扬州南部体育公园举行。本赛事是国内影响力最大、级别最高、唯一一项全国授金银铜牌的壁球赛事，代表国内壁球竞技的最高水平，吸引来自北京、上海、江苏、浙江、安徽、香港等地40多名职业选手参赛，是扬州南部体育公园试运营前承办的第一个全国性比赛。（杨体轩）

■**扬州获全国健身气功气舞展演大赛奖** 12月25—27日，“武夷山杯”迎新年全国健身气功气舞展演大赛在福建省武夷山市举行，来自全国各省、市、自治区的30个代表队300名健身爱好者参赛。扬州市代表队获优胜奖。（杨体轩）

■**迎接2019年万人健身长跑活动** 12月29日，扬州市迎接2019年万人健身长跑活动在运河三湾风景区举行。市委书记、市人大常委会主任谢正义，代市长夏心旻等市四套班子领导带领各界干部群众代表参加。长跑活动设有主会场，在运河三湾风景区内，一条3公里长的环形健身步道沿线树成林、花成海，城市书房、雕塑小品、运动设施、

扬州市第17届全民健身体育节主要活动一览表

表36-2

活动名称	活动时间	地点	参加者情况
走遍扬州体育公园十万人健步走活动	3—9月	全市近30个各级体育休闲公园	社会各界近10万人参加
2018年全国暨江苏省百城千村健身气功交流展示系列活动（视频大赛）启动仪式、扬州市第17届全民健身体育节开幕式	4月29日	扬州市体育公园中心广场	包含高校、中学、小学、各协会等近万名健身气功爱好者参与古筝演奏、健身气功等展示
江苏省第19届运动会倒计时100天启动仪式暨第13届“长江经济带”全民健身大联动江苏省主会场活动	6月13日	扬州市体育公园中心广场	全市各中学、高校、机关、社会团体近1万人参加
省运会群体项目太极拳比赛	6月22—24日	扬州李宁体育园	来自全省13个地级市145名运动员、教练员参加
江苏省8·8全民健身日主会场活动暨宁镇扬全民健身大联动活动	8月8日	宋夹城体育休闲公园	江苏省、扬州市、南京市、镇江市有关领导，奥运冠军陆春龙，宁镇扬三市社会体育指导员，健身达人，体育协会成员，市民群众等3500人参加
省运会群体项目龙舟比赛	9月1—4日	仪征市仪扬河	来自全省13个地级市402名运动员、教练员参加
省运会群体项目健身气功比赛	9月22—25日	宋夹城体育休闲公园	来自全省13个地级市130名运动员、教练员参加
迎新年扬州市万人健身长跑活动	12月29日	扬州运河三湾风景区	市领导，广陵区、各功能区党政主要负责人，市级机关干部，企业职工代表，广陵区、各功能区群众代表，市区高校、高中学生代表，健身爱好者代表参加
扬州市首届社区运动会社区趣味运动会（216个社区）	全年	全市各社区	扬州市社区居民近40万人参加

（邬成）

扬州市2018年中小学生阳光体育比赛项目一览表

表 36-3

序号	竞赛名称	时间
1	阳光体育中、小学生乒乓球比赛（广陵）	3月3日
2	阳光体育“市长杯”青少年校园足球比赛(小学组)（邗江）	3月10—11日
3	阳光体育“市长杯”青少年校园足球比赛(中学组)（仪征）	3月24—25日
4	阳光体育中、小学生排球比赛（邗江）	3月30日—4月1日
5	阳光体育中学生篮球比赛（江都）	4月14—15日
6	阳光体育中、小学生田径比赛（仪征）	4月14—15日
7	阳光体育小学生篮球比赛（江都）	5月19—20日
8	阳光体育小学生羽毛球比赛（宝应）	5月26—27日
9	阳光体育小学生武术套路比赛（高邮）	5月20日
10	阳光体育小学生游泳比赛（宝应）	7月26—27日

（杨体轩）

坐凳标识一一串联。这条健身步道是江苏省最美跑步线路之一。广陵区、江都区设立分会场，参加人员1万多人。（杨体轩）

竞技体育

■扬州马拉松自行车赛 3月25日，运河骑缘·穿越千年古城扬州马拉松自行车210公里骑行大会暨第12届马拉松自行车骑行资格赛在扬州马拉松永久起点鸣枪开赛，来自全国各地1800名骑手参加比赛。赛事线路起点在扬州马拉松永久起点，骑经铜山森林公园、高邮湖大桥、邵伯湖、京杭大运河等自然景区，骑行210.96公里。最终，来自南京的由李长春、韩洋、刘尧尧组成的“南京捷安特YAKIMA”团队获得冠军。（杨体轩）

■鉴真国际半程马拉松赛 4月22日，全友家居·2018扬州鉴真国际半程马拉松赛暨全国半程马拉松锦标赛在扬州马拉松永久起点鸣枪开跑，来自40多个国家和地区的3.5万名选手参赛，其中半程2万人，迷你项目1.5万人，国际金标水平运动员40人。2018年扬马为“奔跑中国”之“美丽中国”的系列赛之一，由中国田径协会、中央电视台体育频道、江苏省体育局、扬州市政府主办，江苏省体育竞赛管理中心、江苏省体育产业指导中心、扬州市体育局承办，中央电视台体育频道向境外50多个国家和地区高清航拍直播。比赛赛道线路起点设在马拉松公园，半程终点设在体育公园，迷你项目终点在东关古渡。最终，埃塞俄比亚选手莫斯内特·格雷姆·贝以赫以1小时01分31秒的成绩获男子组冠军；埃塞俄比亚选手阿巴贝尔·亚沙内·比尔哈尼以1小时09分06秒获女子组冠军。（杨体轩）

■我要上奥运·中国国奥队选拔赛 6月23—29日，我要上奥运·中国男足国奥队选拔赛决赛阶段比赛在扬州体育公园体育场及镇江市举行。经过第一阶段比赛，山东鲁能泰山足球队（U21）、北京人和足球队（U21）、第13届全运会男子冠军上海队（U20）及此前通过国奥训练营选拔的国奥队（U21）等4支球队进入决赛阶段比赛。决赛阶段共4场比赛，最终国奥队（U21）以3战全胜的成绩获冠军。（杨体轩）

■全国击剑俱乐部对抗赛 7月14—15日，2018宋夹城杯全国击剑俱乐部对抗赛在宋夹城综合馆举行。比赛设有幼儿组(男、女)、成年组(男、女)花剑、重剑、佩剑个人赛和团体赛等8个小组，来自全国的15支队伍近400名运动员参赛。（杨体轩）

■扬州获全国少年垒球锦标赛冠军 7月21—26日，仪征市女子垒球队代表扬州参加在兰州赛区举行的全国少年垒球锦标赛，来自全国9个省、市的19个代表队共265名垒球女子运动员参赛。其中，仪征市女子垒球队U18队以6战5胜成绩获冠军。（杨体轩）

■2018全国沙排大满贯赛事（扬州站） 10月6—9日，2018全国沙排大满贯赛事（扬州站）在生态科技新城国际沙排基地举行，比赛由国家体育总局排球运动管理中心、扬州市政府、江苏省体育局主办，

扬州鉴真国际半程马拉松赛上兴奋的跑者　　刘江瑞/摄

是我国沙滩排球赛事中积分最高、奖金最高、水平最高的赛事，参赛队伍由男、女全国排名前16名的队伍组成。经过4天共80场比赛，最终山东一队和新疆旺源一队分获男子组和女子组冠军。（杨体轩）

■2018国际排联沙滩排球世界巡回赛 10月10—14日，2018国际排联沙滩排球世界巡回赛在生态科技新城国际沙排基地开赛，比赛由国家体育总局排球运动管理中心、中国排球协会、江苏省体育局、扬州市政府共同主办，为国际排联4星级赛事。来自全球30多个国家64支队伍，包括世界排名前32名的男、女子队及教练员、裁判员300多人参赛。经过五天激烈竞争，最终俄罗斯男子组合塞姆诺夫/雷舒科夫和美国女子组合科林内曼/瑞斯凭借顶尖的技战术发挥，夺得2018国际排联沙滩排球世界巡回赛（扬州站）的冠军。（杨体轩）

■王琦获夏季青奥会季军 10月16日，2018年夏季青奥会田径大项第五日的比赛在阿根廷布宜诺斯艾利斯进行。其中，扬州运动员王琦以79.46米获男子链球（5公斤）季军。（杨体轩）

■全国中学生篮球邀请赛 11月4—7日，2018年“邗江杯”全国中学生篮球邀请赛暨普通高中篮球文化高端论坛在扬州蒋王中学举行，来自吉林省实验中学、四川宜宾一中等8所普通高中的中学生篮球代表队参赛。在决赛中，扬州蒋王中学队以89比82的成绩获冠军。（杨体轩）

■扬州市区县足球联赛 11月17日至12月16日，2018年扬州市区县足球联赛在扬州市体育公园体育场训练场举行，来自扬州市区、高邮、江都、邗江等地的6支球队参赛。比赛采用单循环赛制，本次比赛是2019年江苏省业余足球俱乐部锦标赛扬州赛区预选赛，最终扬恩、江都假日、华奥风云获前3名。（杨体轩）

2018年扬州市运动员获国家级以上比赛前3名情况表

表36-4

序号	姓　名	获得名次情况	级　别
1	王　娇	2018年加拿大杯女子自由式摔跤邀请赛冠军 国际摔联积分赛（白俄罗斯站）女子68公斤级冠军	国际级
2	王　琦	2018年青奥会男子链球第三名	国际级
3	姚欣辛	2018年国际青少年网球女子排名赛泰国站第三名	国际级
4	孙逸辰	2018年全国锦标赛男子双人同步第一名	国家级
5	孙　冕	2018年全国击剑冠军赛团体第一名	国家级
6	王志宇	2018年全国击剑少年赛团体第一名	国家级
7	刘诗雨	2018年全国青年跆拳道锦标赛女子44公斤级第一名	国家级
8	张芙蓉	2018年全国青年跆拳道锦标赛女子68公斤级第一名	国家级
9	马丛明	2018年全国青年柔道锦标赛男子U20组-90公斤级第一名	国家级
10	胡浩男	2018年全国青年柔道锦标赛男子U18组+100公斤级第一名	国家级
11	李小洁	2018全国跆拳道锦标赛女子57公斤级第一名	国家级
12	张　朕	2018全国跆拳道锦标赛男子80公斤级第三名	国家级
13	陈　钱	2018年全国大学生柔道锦标赛-66公斤级第二名	国家级
14	宋子豪	2018全国青年冠军赛59公斤级第三名	国家级
15	陈　明	2018年全国跆拳道青年赛68公斤级第三名	国家级
16	崔玉洁	2018年全国U21射击锦标赛女子运动手枪团体第二名	国家级
17	马福晶	2018年全国青少年游泳U系列总决赛、50米蝶泳第二名	国家级
18	罗德康	2018全国U23摔跤大奖赛第二名	国家级
19	张　露	2018全国U23摔跤大奖赛第二名	国家级
20	梁雪静	2018年全国U15摔跤锦标赛第一名	国家级

（李　萍）

收入消费

Shouru Xiaofei

编 辑 徐国磊

居民收入

■概况 2018年，扬州市居民人均可支配收入34076元，比上年增长8.9%。其中，城镇居民人均可支配收入41999元，比上年增长8.2%；农村居民人均可支配收入21457元，比上年增长8.9%。居民人均可支配收入中，工资性收入20360元，增长8.8%；经营净收入5672元，增长8.7%；财产净收入2734元，增长9.7%；转移净收入5310元，增长9.1%。 （解国元）

■城镇居民收入 2018年，扬州市城镇居民人均可支配收入41999元，比上年增长8.2%。其中，工资性收入25286元，增长8.0%，对收入增长贡献率59.1%，拉动收入增长4.9个百分点；经营净收入5942元，增长8.5%，对收入增长贡献率14.7%，拉动收入增长1.2个百分点；财产净收入4119元，增长8.3%，对收入增长贡献率9.9%，拉动收入增长0.8个百分点；转移净收入6652元，增长8.4%，对收入增长贡献率16.3%，拉动收入增长1.3个百分点。 （林 宁）

■农村居民收入 2018年，扬州市农村居民人均可支配收入21457元，比上年增长8.9%。其中，工资性收入12516元，增长9.0%，对收入增长贡献率58.7%；经营净收入5242元，增长8.6%，对收入增长贡献率

2018年扬州市分地区居民可支配收入构成表

表37-1 单位：元

可支配收入	广陵区	邗江区	江都区	宝应县	仪征市	高邮市
合 计	41909	43318	33949	25864	32362	28597
工资性收入	26096	30602	20135	15013	21646	17054
经营净收入	5406	7401	5832	4612	5804	5236
财产净收入	3520	971	2870	2011	989	2024
转移净收入	6888	4344	5111	4228	3923	4283

（解国元）

2018年扬州市分地区城镇居民可支配收入构成表

表37-2 单位：元

可支配收入	广陵区	邗江区	江都区	宝应县	仪征市	高邮市
合 计	44741	47262	43118	31773	42900	37071
工资性收入	27533	33623	26130	18287	29736	22554
经营净收入	5437	7882	6213	4378	7259	5383
财产净收入	4135	1040	4759	3575	1537	3508
转移净收入	7636	4716	6016	5533	4368	5626

（解国元）

2018年扬州市分地区农村居民可支配收入构成表

表37-3 单位：元

可支配收入	广陵区	邗江区	江都区	宝应县	仪征市	高邮市
合 计	28991	24046	23115	20119	20688	20140
工资性收入	19539	15836	13052	11831	12686	11565
经营净收入	5263	5051	5382	4839	4192	5089
财产净收入	714	631	639	491	382	543
转移净收入	3475	2528	4041	2958	3429	2943

（解国元）

23.7%；财产净收入527元，增长11.4%，对收入增长贡献率3.1%；转移净收入3172元，增长8.8%，对收入增长贡献率14.6%。（叶 进）

居民消费

■概况 2018年，全市居民人均生活消费支出20683元，比上年增长7.7%。其中，城镇居民人均生活消费支出23718元，比上年增长7.4%；农村居民人均生活消费支出15848元，比上年增长7.3%。居民生活消费支出中，食品烟酒消费支出6315元，占30.5%；居住消费支出4324元，占20.9%；教育文化娱乐消费支出3140元，占15.2%。城镇、农村居民人均住房建筑面积分别为46平方米、57.3平方米。（解国元）

■城镇居民消费 2018年，扬州市城镇居民人均生活消费支出23718元，增长7.4%。恩格尔系数（食品消费支出占消费支出的比重）30.7%。八大类消费中，食品烟酒消费支出7282元，占30.7%，增长7.0%；衣着消费支出1894元，占8.0%，增长7.2%；居住消费支出4998元，占21.1%，增长8.3%；生活用品及服务消费支出1306元，占5.5%，增长7.5%；交通通信消费支出2595元，占10.9%，增长6.8%；教育文化娱乐消费支出3747元，占15.8%，增长6.7%；医疗保健消费支出1254元，占5.3%，增长9.1%；其他用品和服务消费支出642元，占2.7%，增长7.5%。（林 宁）

■农村居民消费 2018年，扬州农村居民人均生活消费支出15848元，增长7.3%，恩格尔系数30.1%。八大类消费中，食品烟酒消费支出4776元，占农村居民生活消费支出的30.1%，增长7.4%；衣着消费支出1027元，占6.5%，增长8.7%；居住消费支出3250元，占20.5%，增长6.8%；生活用品及服务消费支出1004元，占6.3%，增长11.4%；交通通信消费支出2071元，占

2018年扬州市分地区居民生活消费支出构成表

表37-4　　单位：元

生活消费支出	广陵区	邗江区	江都区	宝应县	仪征市	高邮市
合　计	**31147**	**29699**	**22333**	**16153**	**19442**	**19233**
食品烟酒	8854	8952	7012	5318	6118	5881
衣着	1981	1774	1917	1187	1803	1427
居住	5332	3590	5000	3143	3495	3935
生活用品及服务	1816	1495	1066	849	1445	1137
交通通信	3597	3234	2673	2024	2076	2316
教育文化娱乐	5147	5852	3009	2216	3292	2872
医疗保健	2534	2664	1017	905	799	1139
其他用品和服务	1886	2138	637	511	415	526

（解国元）

2018年扬州市分地区城填居民生活消费支出构成表

表37-5　　单位：元

生活消费支出	广陵区	邗江区	江都区	宝应县	仪征市	高邮市
合　计	**33250**	**31902**	**25871**	**18332**	**23163**	**23169**
食品烟酒	9576	9607	7397	6086	7373	7021
衣着	2181	1894	2501	1390	2452	1855
居住	5389	3863	6063	3506	3727	4818
生活用品及服务	2081	1603	1215	927	1905	1305
交通通信	3537	3506	3155	2224	2298	2678
教育文化娱乐	5653	6241	3574	2649	3881	3641
医疗保健	2674	2835	1290	911	1034	1221
其他用品和服务	2159	2352	675	639	493	630

（解国元）

2018年扬州市分地区农村居民生活消费支出构成表

表37-6　　单位：元

生活消费支出	广陵区	邗江区	江都区	宝应县	仪征市	高邮市
合　计	**21556**	**18931**	**18152**	**14036**	**15321**	**15306**
食品烟酒	5564	5752	6558	4571	4727	4744
衣着	1068	1190	1227	989	1083	999
居住	5074	2253	3745	2791	3238	3053
生活用品及服务	605	964	891	773	935	969
交通通信	3869	1905	2103	1830	1830	1955
教育文化娱乐	2837	3951	2342	1796	2641	2105
医疗保健	1895	1828	694	899	539	1058
其他用品和服务	644	1089	592	387	328	423

（解国元）

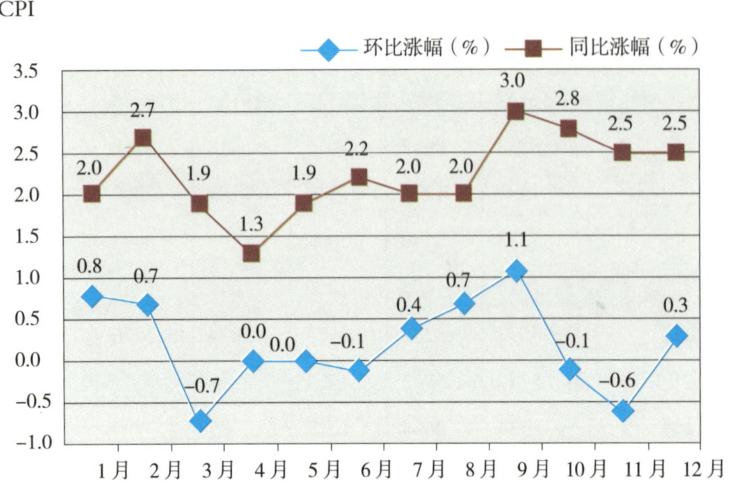

图 37-1　**2018年扬州市居民消费价格指数走势图**　（季　杰）

2018年末扬州市百户家庭耐用消费品拥有量表

表 37-7

消费品名称	单位	城镇家庭拥有量	农村家庭拥有量
家用汽车	辆	37.8	24.2
摩托车	辆	14.6	27.6
助力车	台	158.5	169.4
洗衣机	台	106.4	106.9
电冰箱（柜）	台	110.3	113.3
微波炉	台	94.4	91.0
彩色电视机	台	189.8	193.7
#接入有线电视	台	174.9	153.5
空调	台	227.7	162.7
热水器	台	121.8	111.6
#太阳能热水器	台	86.8	98.8
洗碗机	台	1.5	1.2
排油烟机	台	87.3	54.9
固定电话	线	75.2	79.7
移动电话	部	262.5	268.4
#接入互联网	部	205.2	198.0
计算机	台	90.3	59.6
#接入互联网	台	86.7	53.1
照相机	台	25.3	5.9
中高档乐器	架	7.3	2.0
健身器材	台	7.0	2.7

（解国元）

13.1%，增长 7.1%；教育文化娱乐消费支出 2173 元，占 13.7%，增长 5.9%；医疗保健消费支出 1119 元，占 7.1%，增长 8.2%；其他用品和服务消费支出 428 元，占 2.7%，增长 3.6%。（叶　进）

消费价格

■概况　2018 年，扬州市居民消费价格指数（简称 CPI）上涨 2.2%，涨幅高于全国水平 0.1 个百分点，低于全省水平 0.1 个百分点，在全省 13 个城市由高到低排序中排第 7 位。从消费结构看，构成 CPI 的八大类消费品及服务项目价格比上年全部上涨。其中，生活用品及服务上涨 5.2%、衣着上涨 4.2%、交通和通信上涨 4.2%、居住上涨 1.8%、食品烟酒上涨 1.7%、其他用品和服务上涨 1.7%、教育文化和娱乐上涨 1.1%、医疗保健上涨 0.2%。全年 CPI 月度环比价格涨跌互现，呈现“六升四降二平”。1 月，受低温暴雪天气影响，生鲜食品价格上涨，CPI 环比上涨 0.8%；2 月，受春节效应推动，生鲜食品价格持续走高，CPI 环比上涨 0.7%；3 月，生鲜食品价格回落，CPI 环比下降 0.7%；4—5 月，CPI 环比持平；6 月，景点门票、旅行社收费下调，CPI 环比下降 0.1%；7—8 月，受夏季高温天气影响，生鲜食品价格走高，CPI 环比分别上涨 0.4%、0.7%；9 月，秋装上新价格上涨、双节推送食品价格走高，教育费用上调，CPI 环比上涨 1.1%；10—11 月，生鲜食品价格回落，CPI 环比分别下降 0.1%、0.3%；12 月，受低温雨雪天气影响，食品类价格回升，CPI 环比上涨 0.3%。（季　杰）

■主要商品和服务价格特点　2018 年，食品烟酒价格比上年上涨 1.7%，涨幅较上年扩大 1.6 个百分点。其中，食品、烟酒、在外餐饮价格分别上涨 2.1%、0.9%、1.3%，茶及饮料价格下降 0.2%。列入调查范围的 14 个类别食品中，有 9 个类别价格上涨，涨面 64.29%。粮食价格上涨

0.7%，其中大米、粮食制品价格分别上涨0.6%、0.2%，面粉价格下降5.4%。食用油价格下降0.2%，其中植物油价格持平，食用动物油价格下降8.8%；菜类价格上涨7.8%；畜肉类价格下降0.5%。其中猪肉价格下降3.0%，畜肉副产品价格下降3.4%，牛、羊肉价格分别上涨11.1%、13.9%。水产品价格下降3.5%，其中淡水鱼价格下降6.5%，河虾、螃蟹价格下降2.0%。蛋类价格上涨14.5%，其中鸡蛋价格上涨18.8%。

服装价格持续上涨，衣着价格上涨4.2%。居住价格上涨1.8%，影响CPI上涨0.4个百分点。受房价上涨带动，私房房租价格上涨1.5%；受环保整治、原料价格上涨等因素影响，住房装潢材料价格上涨7.4%；原油价格上涨，带动燃气价格上涨9.1%。交通和通信价格上涨4.2%，影响CPI上涨0.5个百分点。受国际原油价格变动影响，全年汽、柴油价格分别上涨12.9%、14.2%；手机等数码产品配置提高，定价上调，带动通信工具价格上涨3.0%。

（季　杰）

■消费价格影响因素 人工费用上涨。8月1日起，扬州市区（含江都区、邗江区、广陵区）月最低工资标准调整为2020元，上调130元；非全日制用工小时最低工资标准调整为18.5元，上调1.5元。全年服务项目价格上涨1.6%，带动价格总水平上涨0.6个百分点。气候因素影响。年初，扬州出现暴雪、冰冻天气，夏季出现持续高温及台风天气，食品生产、运输、仓储成本提高，生鲜食品均呈现不同程度的上涨。大宗商品价格推动。国内成品油调价经历25轮调价窗口，其中13次上涨，汽、柴油价格分别上涨12.9%、14.2%，带动交通类价格涨幅6.2%，影响CPI上涨0.5个百分

2018年扬州市部分食品价格一览表

表37-8　　单位：元/500克

商品名称	规格等级 \ 零售价	1月	2月	3月	4月	5月	6月	7月	8月	9月	10月	11月	12月
1. 成品粮													
晚籼米	二级	2.07	2.07	2.07	2.07	2.07	2.07	2.07	2.09	2.15	2.15	2.17	2.17
粳米	三级	2.32	2.32	2.32	2.32	2.32	2.31	2.31	2.31	2.31	2.31	2.32	2.32
面粉	标准粉	2.31	2.31	2.31	2.31	2.31	2.31	2.31	2.31	2.31	2.31	2.31	2.31
玉米粉	脱坯玉米粉	3.32	3.39	3.39	3.39	3.39	3.39	3.40	3.51	3.54	3.54	3.24	3.17
2. 杂粮													
红小豆	中等	6.10	6.16	6.10	6.06	6.06	5.87	5.81	5.81	5.81	5.81	5.81	5.81
绿豆	中等	5.66	5.66	5.66	5.66	5.66	5.63	5.58	5.58	5.53	5.43	5.21	5.18
黄豆	标准品（三等）	4.18	4.28	4.28	4.28	4.28	4.26	4.20	4.20	4.20	4.20	4.14	4.12
3. 食用油													
菜籽油	桶装一级浸出	57.96	57.96	57.96	57.96	57.96	57.96	57.96	57.96	57.96	57.96	57.96	57.96
大豆油	桶装一级浸出	42.28	42.28	42.28	42.28	42.28	42.28	42.28	42.28	42.28	42.28	42.28	42.28
花生油	桶装一级压榨	134.00	134.00	134.00	134.00	134.00	134.00	134.00	134.00	134.00	134.00	134.00	134.00
玉米油	桶装一级压榨	68.78	68.78	68.78	68.78	68.78	68.78	68.78	68.78	68.78	68.78	68.78	68.78
4. 肉禽蛋													
鲜猪肉	肋条肉	12.49	12.75	11.99	10.54	9.87	10.18	10.38	10.83	12.38	11.83	11.56	11.81
鲜猪肉	去骨后腿肉	12.34	12.67	12.04	10.46	9.87	10.00	10.14	10.73	12.36	12.53	12.20	12.43
鲜牛肉	牛腩	34.78	34.91	34.84	34.91	34.31	34.31	34.38	34.58	35.58	35.58	35.38	36.04
鲜羊肉	新鲜带骨	26.43	26.16	26.16	26.16	26.16	26.16	—	—	—	27.03	27.76	28.09
活鸡	活肉鸡1~1.5千克	13.00	13.00	13.00	12.89	13.00	13.00	11.89	11.67	11.67	11.67	11.67	11.67
鸡蛋	新鲜完整（洋鸡蛋）	4.96	5.07	4.15	3.97	3.96	3.94	4.03	4.97	5.31	4.83	4.91	4.84

续表 37-8 单位：元 /500 克

商品名称	零售价 规格等级	1月	2月	3月	4月	5月	6月	7月	8月	9月	10月	11月	12月
5. 水产品													
带鱼	冰鲜 250 克左右	17.34	17.94	18.27	17.47	17.41	17.14	17.14	17.14	17.07	17.34	17.34	16.94
鲳鱼	冰鲜 250 克左右	30.53	30.53	28.70	28.45	29.70	30.20	30.03	29.70	29.70	29.70	29.20	29.70
鲫鱼	活 350 克左右	9.20	10.25	9.26	8.47	8.05	8.19	8.20	8.38	8.62	8.42	8.36	8.22
6. 蔬菜类													
芹菜（西芹）	新鲜一级	2.99	3.56	2.86	2.56	3.05	3.85	3.74	3.63	4.27	4.53	3.30	2.56
大白菜	新鲜一级	1.14	1.21	1.05	1.08	1.25	1.83	1.74	1.81	2.03	1.68	1.07	0.73
油菜（青菜）	新鲜一级	2.39	3.02	2.13	1.98	2.08	2.24	2.21	2.71	2.81	1.92	1.53	1.65
黄瓜	新鲜一级	3.67	5.15	3.83	3.09	2.44	1.99	2.53	3.03	3.35	3.22	2.77	3.80
萝卜	新鲜一级	1.25	1.97	1.38	1.28	1.15	1.29	1.30	1.54	1.51	1.36	1.09	0.86
茄子	新鲜一级	4.28	5.95	4.53	4.21	3.22	2.90	3.02	2.90	2.79	3.08	2.84	3.70
西红柿	新鲜一级	3.31	4.19	3.20	2.69	3.25	2.86	2.75	3.47	4.10	4.99	4.43	3.95
土豆	新鲜一级	2.06	2.29	2.17	2.24	2.27	1.97	2.01	2.25	1.85	1.95	1.99	2.09
蒜头	干，新鲜一级	4.34	4.11	4.66	4.76	4.24	4.00	3.71	3.49	3.53	3.53	3.70	3.73
生姜	老姜，新鲜一级	4.64	4.64	4.73	4.83	4.89	4.89	4.89	4.86	4.79	4.79	4.92	4.94
7. 豆制品		3.81	4.44	3.93	3.53	3.24	3.25	3.30	3.45	3.75	3.66	3.20	3.19
素鸡	散装	5.76	5.76	5.76	5.76	5.76	5.76	5.76	5.76	5.76	5.76	5.76	5.76
百叶	散装	7.80	7.80	7.80	7.80	7.80	7.80	7.80	7.80	7.80	7.80	7.80	7.80
老豆腐	散装	2.92	2.92	2.92	2.92	2.92	2.92	2.92	2.92	2.92	2.92	2.92	2.92
内酯豆腐	盒装	2.22	2.22	2.22	2.22	2.22	2.22	2.22	2.22	2.22	2.22	2.22	2.22

（价格监测中心）

点。翘尾因素影响。全年 CPI 上涨 2.2%，其中上年价格上涨的翘尾因素占 0.7 个百分点，对总指数有一定推动作用。（季 杰）

劳动就业

■概况 2018 年，扬州市城镇新增就业 7.91 万人，新增转移农村劳动力 1.52 万人，就业困难人员再就业 1.61 万人，离校未就业高校毕业生实名登记率 100%，离校未就业高校毕业生（有就业服务需求）服务率 100%，有就业意愿的困难家庭毕业生就业率 100%，城镇失业人员再就业 8.58 万人，期末城镇登记失业率 1.78%。（人社局）

■就业政策 市政府出台《关于做好当前和今后一个时期促进就业工作的实施意见》，推出 22 条就业新政。落实小微企业、工业企业吸纳高校毕业生社保补贴政策，受理申报企业 119 家，吸纳大学生就业 650 人，发放补贴 305.16 万元。核发 2018 届困难家庭高校毕业生求职创业补贴 1237 人、185.55 万元。上调市区失业金标准，上限从 1890 元调至 2020 元，下限从 819 元调至 858 元，2018 年人均 1199.12 元 / 月，增幅 8.86%。全年发放社保补贴 1923.13 万元、岗位补贴 680.42 万元。（人社局）

■公共就业服务 2018 年，市人社局制定“就业创业政策落实年”

扬州首届创业培训讲师大赛选手进行现场授课　　庄文斌/摄

工作方案，8月市县联动开展“就业政策宣传月”活动。持续开展“春风行动”和“就业援助月”系列活动及民营企业招聘周活动等专项用工服务活动。全年采集发布就业岗位13.43万个。开展城乡劳动者职业技能培训4.77万人，培训城乡新成长劳动力1.8万人。利用“扬州智慧人社”APP、“扬州就业创业信息网”及“扬州人社”微信公众号等平台，落实省、市“不见面审批”要求，全面对接“一张网”，失业保险待遇给付100%实现网上申报。在全省率先实现参保职工技能提升补贴和企业稳岗补贴网上申报。　（人社局）

■创业带动就业　鼓励全民创业，全年发放2939万元各类创业补贴资金。开展创业培训“进校园、进社区、进乡村”活动，组织创业培训班713期，全市有创业讲师人数376人，全年全市创业培训2.14万人。引领大学生创业3306人，支持自主成功创业1.82万人，实现创业带动就业6.1万人。25个大学生创业项目被评为江苏省大学生优秀创业项目。　（人社局）

■劳务合作助力脱贫　与陕西省榆林市签订对口援助和订单培训协议，在榆林市组织大型用工招聘、创业培训等系列活动，邀请榆林市困难家庭高校毕业生到扬走访企业，各县（市、区）分别与对口支援地区开展就业扶贫工作。全年新增陕西籍到扬就业人员500人，其中榆林籍136人。与青海省海南州结成帮扶对子，挂牌“扬州市人力资源和社会保障局海南州办事处”，组织大型现场招聘会。“新源县驻扬州转移就业人员管理服务站”挂牌成立。　（人社局）

■家庭服务业发展　开展东西部家政服务劳务对接扶贫行动。开展家庭服务业招商引资工作，全国百强家庭服务企业南京快易洁家政服务有限公司正式签约落户仪征，打造扬州地区首个集创业孵化、就业培训、模拟实训、择业指导的综合型家政服务平台。扬州家庭服务业工作经验入选国家发展改革委、人力资源社会保障部、商务部《全国家政服务业发展典型案例》，面向全国推广。　（人社局）

■劳动监察　履行治欠保支牵头职责，聚焦工程建设领域，推进“四项制度”有效施行，扬州在全省治欠保支工作推进会上作经验交流发言。完成市级劳动关系监测预警维权调度指挥中心一期建设，打造全市劳动关系领域动态监测和应急处置信息化平台。按照行政执法“双随机”要求，结合清理整顿人力资源市场秩序、农民工工资支付等专项检查活动，依法查处用人单位违法行为，维护劳动者合法权益，被国家人社部表彰为“2018年度全国清理整顿人力资源市场秩序专项行动突出成绩单位”。全市劳动保障监察机构检查用人单位4625户，受理投诉举报案件1267件，立案查处625件，向社会公示重大劳动保障违法行为13件，责令补签劳动合同3863人，社会保险扩面2886人，追讨工资1197.08万元，全市劳动关系矛盾纠纷案件成功调处1491件。　（人社局）

■劳动人事争议调解仲裁　开展“调解仲裁服务年”活动，规范案件处理程序，完善劳动人事争议多元化处理机制，坚持案件处理集体评议制度，加强仲裁队伍建设，提升办案质效。强化基层调解组织建设，扩大基层巡回仲裁庭建设试点范围，实现调解专家团队全覆盖。全市各级劳动人事争议仲裁委员会共处理劳动人事争议3671件，其中实际立案2421件，案外调解1250件。立案受理案件中，已结案2428件，上期未结案件32件，结案率98.9%。　（人社局）

社会保障

Shehui Baozhang

编　辑　徐国磊

社会保险

■概况 2018年，扬州市企业职工基本养老保险、城乡居民基本养老保险、机关事业单位养老保险、城镇职工基本医疗保险、城乡居民基本医疗保险、工伤保险、生育保险、失业保险参保人数分别为150.91万人、163.56万人、13.26万人、136.54万人、298.25万人、80.61万人、74.62万人、67.03万人。全市8项社保基金实现总收入275.51亿元，比上年增长36.42%；实现基金总支出245.46亿元，比上年增长34.43%；当期结余30.04亿元，累计结余274.26亿元。同步调整企业退休人员和机关事业单位退休人员养老金，实现企业退休人员养老金第“十四连调”，调整后月人均养老金收入为2270.09元，增幅6.53%。（人社局）

■异地就医跨省直接结算 2018年，新增异地就医定点收治医院66家，全市异地就医定点医疗机构达140家，其中跨省96家，实现所有统筹区、两个险种（职工医保、城乡居民医保）和四类人群（异地安置退休人员、异地长期居住人员、常驻异地工作人员、异地转诊人员）全覆盖。（人社局）

■城乡居民医保整合 1月1日起，整合原城镇居民医疗保险与新型农村合作医疗制度，形成统一的城乡居民医疗保险政策体系，上线新的城乡居民医保信息系统。（人社局）

2018年扬州市社会保险参保人员、基金收支情况表

表38-1

保险种类	累计参保人数（万人）	基金收入（亿元）	基金支出（亿元）
企业职工养老保险	150.91	117.60	115.54
城乡居民基本养老保险	163.56	18.95	14.84
城镇职工基本医疗保险	136.54	55.93	38.54
城乡居民基本医疗保险	298.25	23.83	21.31
工伤保险	80.61	3.28	2.60
生育保险	74.62	1.99	2.65
失业保险	67.03	3.81	3.42

注：企业职工基本养老保险和城乡居民基本养老保险参保人数包含参保缴费人数和领取待遇人数。（人社局）

■企业社保成本降低 降低企业职工养老保险费率。阶段性执行企业职工养老保险费率19%的单位缴费比例，全年为企业减负约2.48亿元。降低工伤保险费率。从6月1日起，在保持八类费率总体稳定的基础上，市本级、宝应县、仪征市以现行费率为基础下调50%，邗江区、江都区以现行费率为基础下调20%。降低失业保险费率。阶段性执行1%（单位0.5%+个人0.5%）的失业保险费率，全年为企业减负约1.3亿元。（人社局）

■机关事业单位养老保险 2018年，按照国家和省统一部署，全市机关事业单位养老保险制度改革稳步推进。至年末，全市各统筹区13.3万人（在职8万人、退休5.3万人）上线运行全省统一的业务经办信息系统，实现机关事业单位养老保险费、职业年金的按月征收和养老金的按月社会化发放。首次使用全省统一信息系统对符合条件的机关事业单位退休人员基本养老金进行批量调整，按时调整补发到位。基本完成改革实施准备期清算数据核对工作，逐步落实清算资金到账。启动改革后“中人”退休人员养老待遇申领工作。（人社局）

■退休人员社会化管理服务 至年末，全市企业退休人员有40.84万（市级13.17万人）实现社会化管理服务，社区管理率、档案接收率均100%。2018年，市退管中心将2.38万名（市级1.55万名）企业退休人员纳入社区，实现社会化管理服务；组织7.5万名市级企业退休人员参加市级65周岁以下企业退休人员第五轮周期免费体检。组织慰问市区和异地居住的高龄、重病、特困等类型的退休人员1701人次，发放慰问金、物品等58.66万元；慰问死亡退休人员家庭1377个，送上慰问金（品）27.55万元；为14.3万名退休人员换发《景区景点优待证》并进行年度审核。选送扬州清曲《扬州月》参加全省企业退休人员地方戏曲汇演，获得金奖。（人社局）

社会救助

民政救助

■城乡居民最低生活保障 2018年，全市新增低保对象0.22万人次，退出低保2.31万人次；全市保障城乡低保对象3.19万人（城市0.48万人、农村2.71万人），支出城乡低保资金1.59亿元（城市0.31亿元、农村1.28亿元）。从7月1日起，市区（邗江区、广陵区、江都区、扬州经济技术开发区、生态科技新城、蜀冈－瘦西湖风景名胜区）城乡居民最低生活保障标准由月人均630元统一提高到月人均660元；宝应县、高邮市城乡居民最低生活保障标准由月人均585元统一提高到人均630元；仪征市城乡居民最低生活保障标准由月人均600元统一提高到月人均640元。（袁 伟）

■扶贫济困送温暖 春节前，各级党委政府安排专项资金分类慰问城乡低保对象、农村五保供养对象、重点优抚对象等特困群体。全市各级民政部门慰问困难群众约10万人，发放慰问资金约2992万元。其中，市领导分成9个组，慰问困难乡镇（街道）、村（社区），敬老院和部分城乡低保对象、五保供养对象、优抚对象、困难老党员等群众，发放慰问金117.6万元。（袁 伟）

■临时救助 对因突发性事件导致基本生活暂时陷入困境的家庭或者支出型贫困家庭、困境个人等给予临时救助，2018年，全市救助各类困难群众2.89万人次，支出临时生活救助资金2011万元。全市全年接收救助各类求助人员1523人次，其中未成年人346人次。送医救助危重病人20人次，精神病人78人次，27名无法甄别身份的救助对象在定点医院治疗、托养。开展省内护送71人次，跨省护送52人次。（袁 伟 李 飞）

■滞留救助对象落户扬州 6月15日，市民政局在市救助管理站举行“市区无法查明身份长期滞留人员落户安置工作新闻发布会及第六个救助机构开放日活动”。在市民政、公安、人社、财政四部门的协作下，99名滞留人员落户扬州，享受特困供养和医疗保障待遇，成为扬州的“新市民”。其中，80名2015年前的滞留对象直接落户福利中心，由福利中心监护照料；19名2015年后滞留对象落户救助站，由救助站监护照料，待查询期满后移交福利中心。（李 飞）

■“解忧小店”创建 4月，扬州市未成年人救助保护中心联合扬帆社工服务中心共同创建青少年公益心理咨询平台——青少年“解忧小店”，为有需求的未成年人及监护人提供心理咨询、心理评估、心理放松、沙盘治疗等服务，帮助他们解决生活与学习上出现的各种困惑和个人成长过程涉及的各种问题。全年为6名站内受助人员及7位来访咨询对象开展心理咨询27次，先后7次走进学校开展公益性知识讲座，为近千名学生提供专业心理辅导。（李 飞）

慈善救助

■概况 2018年，市慈善总会和各县（市、区）慈善会募集慈善资金2.18亿元，使用救助资金1.08亿元，受益困难群众16万人次。市慈善总会有会员138人、慈善义工组织6家，全市有慈善超市93家。市慈善总会全年募集慈善资金3000万元；使用救助资金1633万元，受益困难群众近4万人次；赠发中华慈善总会价值1.33亿元的抗癌药品，救助困难家庭癌症患者6387人次。6月，市慈善总会依托扬州柳丝艺术团、扬州职业大学艺术学院成立扬州慈善艺术团，9月5日在宋夹城体育休闲公园举行首场演出。（朱荣臻）

■“情满扬州”春节慰问活动 春节前，市慈善总会、市民政局和市福彩中心联合举办2018年“情满扬州”春节慰问活动，筹集资金1000万元，以慰问金、慰问物资形式分配至各

1月30日，“爱在扬州”大型慈善救助金发放仪式举行　　孟德龙/摄

地，慰问和资助全市2700户困难家庭以及福利院、敬老院、社区居家养老服务中心、慈善超市等公益机构。向困难家庭重大疾病患儿、血友病患者发放资助金，向全市1000户失独家庭发放慰问金，向全市慈善志愿者赠送意外伤害保险，向市青少年慈善关爱工作站、“依旧爱”公益环保项目发放资助金，向扬州电视台《今日生活》温暖大行动发放资助金。（朱荣臻）

■扬州城市公益慈善指数 11月5—6日，中国善城大会暨第五届中国城市公益慈善指数发布会在广州召开，中国慈善联合会发布第五届“中国城市公益慈善指数”。扬州以82.74分的综合指数得分，在包括直辖市、计划单列市、地级市、县级市在内的221座参评城市中位列第22名，进入前30强。仪征市、高邮市分别排第75名、第93名。（朱荣臻）

红十字会救助

■概况 2018年末，全市有红十字会团体会员单位335个、基层红十字会组织383个、社区红十字服务站132家、红十字会员21.37万人（其中青少年会员19万人）、红十字志愿者1.25万人。全年全市红十字会组织发放救灾救助款物672.31万元，1.98万人次受益；实施救护培训11.77万人次。开展无偿献血宣传活动，促进“三免”政策落实。推进造血干细胞捐献工作，全年招募造血干细胞捐献志愿者805人，实现造血干细胞捐献8例。推进遗体（器官）捐献工作，全年实现遗体捐献20例，其中眼角膜捐献3例。12月，召开市红十字会第八次会员代表大会，选举产生市红十字会第八届理事会、第一届监事会。（潘杨）

■应急救援 召开全市红十字会系统应急救灾工作会议，完善市、县（市、区）两级红十字会救援救灾工作预案，强化救援队伍力量，加强备灾物资储备，规范全市红十字会系统救灾工作流程和机制。参加省暨市“5·12”地震应急演练、市危化品事故应急演练，开展市红十字救援队集训。对仪征“8·13”龙卷风受灾群众、市区部分遭受火灾家庭开展救援救助。（潘杨）

■博爱救助 开展“博爱送万家”等人道救助活动，办好博爱免费门诊、博爱美院，组织开展“博爱1+1，好人传温暖”“云芝糖肽胶囊”专项救助、计生关怀博爱救助、《今日生活》温暖大行动、“关注精神残疾人生活——助康行动”等活动。申报“小天使”“天使阳光”基金，救助白血病和先天性心脏病患儿20人，获得救助金额82万元。开展红十字健康快车、“两癌”（宫颈癌、乳腺癌）患者慰问、“红十字春蕾班”“博爱连心桥——关爱失地农民”“爱心午餐”“邻里一家亲 爱老助残行”“博爱在扬州·人道万人捐”等活动。开展“博爱家园”“红十字养老照护”，全市建成“博爱家园”9个，开展养老照护知识培训3145人，累计入户志愿服务580户、827人。市红十字会和邗江区红十字会联合开展“文化惠民，情满重阳”关爱老人活动。（潘杨）

■救护培训 落实2018年公益性应急救护百万培训工作，完成救护员培训7423人，普及培训6.38万人。支持扬州各高校完成2018年大学生新生百万培训项目任务。对全市24家国资宾馆和高星级宾馆服务人员进行急救技能培训与再培训工作。参加全省应急救护大赛。参与2018年“中国·扬州鉴真国际半程马拉松赛”的医疗保障工作。市红十字会和广陵区红十字会联合开展“迎省运，学急救，展志愿服务风采”暨纪念第71个世界红十字日活动。市红十字会与武警支队开展结对共建；联合市总工会开展工会女职工救护知识与技能培训；联合市应急办开展“应急知识进广场”系列公益宣传活动；联合扬州大学医学院参与全国戒毒系统的救护员培训；联合市总工会、人社局、机关工委举办第二届全市红十字救护技能大赛。宝应县红十字会完成省红十字会资助基地建设项目。全市通过“学雷锋”志愿者服务日、中小学生安全日、“5·8”世界红十字日、“5·12”防灾减灾日、世界急救日、国际志愿者日等重要纪念日开展宣传，推进救护培训“五进”和对驾驶员、导游等重点人群、特殊人群的急救培训。（潘杨）

社会福利

■福利彩票 至年底，全市有福彩电脑票投注站606个，完成标准化改造站点449个。全市实现福利彩票年销售额5.98亿元，其中电脑票销售额4亿元、刮刮乐即开票销售额0.11亿元、中福在线即开票销售额1.87亿元，当年筹集福彩公益金1.8亿元。市直完成福利彩票销售额1.1亿元，其中电脑票销售6296万元、刮刮乐即开票销售200万元、中福在线即开票销售4503万元。全年中出双色球一等奖3注，分别为市直、高邮、江都站点中出。开展“三关爱大行动”“新春祈福”“福彩爱心助学”“扬州民政·福彩关爱基金救助”“绚丽夕阳老年歌唱比赛”等公益活动。（赵亮）

■老年人福利和保障 全市有养老机构114家、床位4.42万张。其中，公办养老机构84家，有床位1.65万张；民办养老机构30家，有床位3.14万张（含居家养老床位）。市民政局贯彻落实《关于推进医疗与养老服务融合发展的意见》，增加养老床位总量，优化床位结构，建成全市综合型养老护理院和康复医院20家，全市护理型床位1.2万张，占养老机构床位总数的比例提高至51%。免费培训各养老机构养老护理员357人，其中市级培训114人、县（市、区）级培训243人。养老护理员持证上岗率90%以上。市民政局通过市福彩公益金以奖代补形式，支持养老机构投保综合责任保险，其中保额100元/人·年，意外死亡赔付上限20万元；散居老人意外保额40元/人·年。保障人群覆盖全市城市“三无”、农村五保和养老机构寄养2.19万人，市、县（市、区）两级保费投入131.1万元，全年解决养老机构综合责任保险68起，散居特困人员意外保险20起，赔付金额47.8万元。继续为高龄老年人发放尊老金，其中80～90周岁老年人每人每月50元，90～94周岁老年人每人每月230元，95～99周岁老年人每人每月260元，100周岁及以上老年人每人每月500元；全年全市向16.8万人发放尊老金1.22亿元。继续推动老年人意外伤害保险，各级财政为全市24.85万名80周岁以上老年人购买意外伤害保险367.53万元；全年全市老年人参保率57.3%，整体赔付率68%，赔付金额1886.64万元。（李 佳 丁 娅）

■**养老机构标准化建设** 对全市105家养老机构进行“全科体检”，整治安全隐患300余处，依法取缔、关停、撤并不具备整改条件的养老机构3家。通过“政府牵头—部门联动—机构负责”的共建共创共享工作模式，联合消防、食药监部门，在全市开展养老院消防安全和食品安全的达标改造工作，养老机构食堂持证率100%、“明厨亮灶”实施率100%，养老院消防安全达标98%以上。建立养老院入住老人自理能力评估机制，开发老年人能力评估标准。推进农村养老服务，全市7家特困供养机构完成转型升级，面向农村老年人开展社会化服务。市社会福利中心规范标准体系建设，形成40万余字的标准化建设使用手册，全面覆盖各项管理服务。优化服务模式，实行“入院评估、例行评估、即时评估”三个评估维度，精准定位老人需求。实行专业护理，在养老楼区设护理站，实施照护分开，引进护士负责专业护理，生活照料员承担日常生活照料服务。实施消防整体提升工程，投入400多万元进行消防设施整体改造升级。实施适老化改造，对无障碍坡道、照明光源、入户门槛、廊桥扶手、坐凳花台等近60项设施设备进行升级改造。（李 佳 朱传英）

■**农村五保供养** 2018年，各县（市、区）按照不低于当地上年度农村人均可支配收入45%的比例确定农村五保供养标准。全市保障农村五保供养对象1.99万人，落实供养资金1.63亿元。建立分散农村“五保”对象关爱照料制度，全市有1.48万名分散供养五保老人签订协议，意外伤害保险覆盖率100%。市政府出台《关于进一步健全特困人员救助供养制度的实施意见》，统一分散供养人员的照护服务标准，明确供养政策与优抚、失独家庭等政策衔接，强调集中供养机构的兜底保障作用。（李 佳）

■**市福利中心儿童福利保障** 2018年，市福利中心儿童生活补助标准由每人每月2051元增长到2482元。提升儿童养育科学化水平，开展儿童康复模式探索，与颐和康复医院合作建立定点康复病区，为17名残疾儿童提供“医康护养”四位一体专业化康复服务，提高重残儿童的生活质量。（朱传英）

■**残疾人福利和保障** 抓好残疾人“两项补贴”等惠残政策的落实。为市区1.1万名残疾人购买“重大疾病补充保险”“意外伤害保险”，将“意外伤害保险”的标准由每人每年40元调整至70元。向市区252名7～17岁残疾人发放生活补贴15.12万元。为全市290名有就学需求的适龄重度残疾儿童少年开展送教上门服务。向全市365名残疾学生及贫困残疾人家庭子女发放考学奖励47.47万元。向257名在校残疾学生发放教育专项补贴43.95万元。市残联与市残疾人福利基金会举办“携手同行，共沐阳光”——第27个国际残疾人日“暖冬行动”扶贫助残活动，开展“十个1000”系列捐赠活动，帮助1万名重度残疾人、贫困残疾人以及低保边缘户残疾人家庭改善生活。市残疾人福利基金会为贫困残疾人家庭发放太阳能热水器120台、轮椅等物资100余台，向200名盲童、脑瘫、孤独症儿童发放助学金8万元。（陈 娟）

■**市福利中心“三无”老人保障** 2018年，市福利中心社福院“三无”老人供养标准提升至每人每月1456元。实施老人自查自管制度，开展护理员考核培训制度，引入社会资源，拓宽服务形式，定期组织外出春秋游，丰富老人生活。（朱传英）

住房保障

■**概况** 2018年，扬州市全面实施住房保障制度改革。发挥住房保障制度保障民生和稳控房价双重功能，对市区住房保障制度进行改革和创新。在保障类型上，改革市区现有公租房保障制度，出台《扬州市市区公共租赁住房保障实施办法》《关于进一步加强市区住房保障工作的实施意见》，实行实物保障和货币补贴相结合的公租房保障方式；创新实施限价商品住房保障，出台《扬州市市区限价商品住房管理办法》对符合条件的中等偏下收入住房困难家庭进行保障。在工作流程上，将住房保障资格审核权限下沉至各区，提高住房保障审核效率，取消公租房“租补分离”模式，提高群众满意度。全年全市完成保障性安居工程新开工1.74万套、基本建成1.81万套，其中市区新开工9438套、基本建成9836套。印发《扬州市人才公寓规划建设工作方案》，全市规划建设筹集人才公寓21.1万平方米。（方 观）

■**保障房建设** 2018年，市经济适用住房发展中心（市保障房建设发展有限公司、市房地产开发中心）推进佳家五期限价商品房项目建设。全面完成联谊南苑A地块拆迁扫尾工作和联谊南苑C地块项目竣工备案工作。政府投资公租房分配入住率90.29%，超额完成90%的年度目

标任务，300套限价商品住房筹集到位。（方　观）

■**保障房分配** 落实中央和省关于住房保障政策、房源、对象、流程和分配结果“五公开”要求，接受群众、社会和媒体全方位监督，做到保障房分配全过程公开。10月18日，组织市区2017年度公共租赁住房公开配租活动，通过公平、公正、公开的“摇号定序、抽签定房”的方式，有436户符合申请条件的家庭完成签约，分得房源。（方　观）

■**人才住房保障** 印发《扬州市人才公寓规划建设工作方案》，围绕人才公寓规划建设目标，进一步强化督办督查。出台《扬州市“双创”人员住房租赁暂行实施办法》，开发建设住房租赁监管平台和“双创”信息服务平台并上线运营。至年末，全市通过新建、租赁、收购等方式筹集人才公寓16.67万平方米。（方　观）

优抚安置

■**概况** 全市有享受国家抚恤补助的优抚对象2.6万人。全年支出各类抚恤、定补、优待金2.6亿多元。全市完成接受2017年秋、冬季退役士兵，接收军队退休干部、退休士官、复员干部工作任务，接收安置率100%。组织开展2018年度退役士兵教育培训，参训率88%，培训后就业率95%，培训政策知晓率100%。（沈　静　夏　文）

■**抚恤优待** 6月，市民政局、市财政局联合印发《关于调整义务兵家庭优待金的通知》，义务兵家庭优待金标准比上年增长8.9%。10月，按照省民政厅、省财政厅关于完善重点优抚对象抚恤补助标准动态调整机制的要求，对全市重点优抚对象抚恤补助标准进行提高，新标准比上年增长6%～10%，从7月1日起执行。全年向2.6万名享受国家抚恤补助的优抚对象发放抚恤补助金1.63亿元，其中伤残人员残疾抚恤金5529万元、“三属”定期抚恤金980万元、在乡复员军人定补1830万元、带病回乡退伍军人定补840万元、“两参”人员定补2893万元、铀矿开采人员定补357万元、60周岁以上部分农村籍退役士兵定补3533万元、60周岁以上烈士子女定补353万元。向2900多户义务兵家庭发放优待金5335万元，向1000多名入伍大学生发放奖励金937万元，向2700多名老残疾军人、老复员军人遗孀发放定补2040多万元，向1100多名企业退休“两参”退役人员发放专项慰问金459多万元。完善落实优抚对象水、电、气、网络宽带费补贴和物价补贴，以及公交、游园、体检“三免费”等优待政策。（沈　静）

■**优抚驿站建设** 出台《扬州市优抚驿站建设管理暂行办法》《扬州市优抚驿站考评暂行办法》，组织召开全市优抚驿站建设动员大会。至年末，全市建成并投入使用优抚驿站53个，其中示范优抚驿站6个，先进优抚驿站13个，达标优抚驿站14个，培育发展扬城优抚社工事务所、江都龙川情优抚社工事务所等一批拥军优抚社会组织。组织351名重点优抚对象参加短期疗养，391名重点优抚对象参加医疗巡诊。春节、“八一”期间，全市各地全面走访慰问享受国家抚恤补助的优抚对象。（沈　静）

■**烈士公祭** 9月30日，扬州市委、市政府在扬州市烈士陵园举行烈士公祭活动。市委宣传部、扬州军分区政治工作处、市民政局、市双拥（国教）办在江都区许晓轩烈士故居举行新婚夫妇“向革命烈士献花”活动，60对新婚夫妇向革命烈士敬献鲜花，表达对先烈们的缅怀和敬仰之情。新婚夫妇代表向全市青年朋友发出倡议：缅怀革命先烈，牢记历史功绩；传承先烈精神，弘扬优良传统；继承先烈遗志，共建美好扬州。各县（市、区）在当地烈士陵园举行烈士公祭活动。（沈　静）

■**退役士兵安置** 11月26日，市政府印发《关于下达2017年符合安排工作条件的退役士兵安置计划的通知》，明确“四类对象”（服现役满12年的士官、服现役期间平时获二等功以上奖励或战时获三等功以上奖励的士兵、因战致残被评定为五至八级残疾的士兵、烈士子女）实行阅档积分，并采用积分选岗方式安排工作。全市接收2017年符合政府安排工作条件退役士兵82人，有80人选择岗位安置，2人选择自主就业，安置率100%。（夏　文）

梅岭街道优抚驿站　　日　报/供稿

社会事务

Shehui Shiwu

编 辑 徐国磊

基层自治组织建设

■概况 2018年，全市有居委会390个、村委会999个。落实《扬州市社区建设行动计划》，深化城乡社区治理与服务创新，推进建设共建共治共享的基层社会治理新格局。全年举办社区工作者培训班5期，培训500人次；连续第九年开展年度“十佳社区”“十佳社区工作者”评选；开展社区治理与服务创新项目，全市立项12个实验社区、5个街道级项目、27个一般社区项目。市委、市政府印发《关于加强城乡社区治理与服务的实施意见》，市委办、市政府办印发《社区建设行动计划2018—2020年度工作目标分解表》，按年度将工作任务分解为3大体系16类57项工作。全市创成全省和谐社区建设示范街道（乡镇）4个、示范社区（村）43个，城市、农村和谐社区建设达标率分别为94.9%、91%。（林 波）

■“十佳社区”评选 12月，市民政局启动2018年度“十佳社区”评选活动，分别举办“明星社区”评审、全市“十佳社区”现场评选活动。综合专家评委现场打分、第三方社区居民满意度调查得分、工作加分，广陵区曲江街道文昌花园社区、广陵区汶河街道荷花池社区、广陵区东关街道琼花观社区、邗江区竹西街道安平社区、蜀冈－瘦西湖风景名胜区梅岭街道凤凰桥社区被评为年度“明星社区”；邗江区双桥街道虹桥社区、邗江区双桥街道康乐社区、邗江区邗上街道兰庄社区、邗江区竹西街道竹西社区、广陵区汶河街道旌忠寺社区、江都区仙女镇禹王宫社区、江都区仙女镇北苑社区、高邮市高邮街道琵琶社区、蜀冈－瘦西湖风景名胜区梅岭街道丰乐社区、蜀冈－瘦西湖风景名胜区梅岭街道便益门社区等10个社区被命名为年度“十佳社区”。（林 波）

■“十佳社区工作者”评选 12月，市民政局开展2018年度“十佳社区工作者”评选活动。经过对候选对象的资料审核、专家评审、实地走访、问卷调查，广陵区曲江街道玺园社区党总支书记、居委会主任刘君，广陵区东关街道新仓巷社区党委副书记王静，江都区仙女镇仙女社区党总支书记陈丽华，扬州经济技术开发区文汇街道春江社区党支部书记田岚，扬州经济技术开发区扬子津街道桃园社区党支部书记薛彦，宝应县安宜镇罗巷社区党总支书记杨怀宇，宝应县安宜镇铁桥社区党委书记秦业平，高邮市高邮街道南海社区党总支书记、居委会主任蒋寅，仪征市真州镇鼓楼社区党支部书记、居委会主任涂明霞，仪征市真州镇梓橦社区党总支书记、居委会主任吴成艳获年度全市“十佳社区工作者”称号。（林 波）

■邻里服务中心建设标准 6月4日，市政府办印发《市政府办公室转发市民政局关于扬州市社区邻里服务中心建设标准（试行）的通知》，对扬州市社区邻里服务中心建设标准进行统一规范。社区邻里服务中心，是集公共公益服务、便民利民服务和市场商业服务于一体的片区式、集约式综合服务体。社区邻里服务中心含有商业服务，辐射范围不局限于某一特定社区。根据试行建设标准，扬州市建设的社区邻里服务中心，一般服务半径0.5~1.5千米，服务人口1.5万~5万人，辐射周边3~7个社区，居民步行20分钟之内到达。新建社区邻里服务中心按照不少于0.5个/100平方米配备机动车停车位，老城区改造的社区邻里服务中心根据情况适当留有停车位，划定非机动车停车区域。老城区社区邻里服务中心在建筑规模上不低于2000平方米，其他地区须纳入城市规划且不低于5000平方米，其中一层面积不少于1000平方米。社区邻里服务中心的建设标准分别对公共服务、便民利民服务、商业服务按必备和选配予以明确。全年全市确定新建9个片区式邻里服务中心。（林 波）

■农村基层社会治理试点 10月，市委、市政府印发《扬州市统筹城乡融合发展创新农村基层社会治理与服务试点工作方案》，在市区选择24个村级集体经济较强、城镇化进程较快的村（社区）开展为期一年的试点。方案提出，农村基层社会治理主要从加强基层党组织建设、构建多方协同治理体系、完善农村“三资”管理、推动基层民主四大类人手。通过试点，农村基层逐步实现基层党建引领有效突出，多方协同治理架构基本健全，集体产权制度改革基本完成，“三资”管理规范有序，民主自治充满活力，群众的知情权、参与权、监督权得到保障，幸福感、获得感、满意度得到提升。（林 波）

■**社区专职工作者工资福利待遇自然增长机制** 11月，市民政局、财政局联合印发《关于下达社区专职工作者工资福利自然增长经费的通知》，继续执行市区社区专职工作者工资福利待遇（含按现行政策由单位负责缴存的社会保险和住房公积金）自然增长机制，按人均年增加4382元计发。此次调整是扬州市连续第5年调整社区专职工作者工资福利待遇，确保社区专职工作者工资不低于上年度城镇职工非私营单位平均工资。（林 波）

■**广陵区社区网格化治理“3456工作法”获2017年度江苏现代民政创新成果** 1月，广陵区社区网格化治理“3456工作法”获评2017年度江苏现代民政创新成果。广陵区在东关街道试点智慧社区网格化服务管理信息平台的基础上，探索社会治理体系和治理能力现代化，向城市社区全面推广社区网格化治理“3456工作法”，激活网格创新“因子”推进网格化社会治理工作科学化，推动基层社区综合服务管理由粗犷型向精细型转变。（林 波）

民族宗教事务

■**概况** 2018年，扬州市有1个民族乡（高邮市菱塘回族乡）、2个民族村（仪征市月塘镇龙山村、大仪镇河北村），有12个省级民族工作示范社区、7个民族特需商品定点生产企业、1个少数民族传统体育训练基地；邗江中学12个新疆班有学生488人；高邮菱塘回族乡有民族中小学和幼儿园3所。全市有市级宗教团体6个、县级宗教团体22个、1所省属宗教院校（鉴真佛教学院）；有经登记的宗教活动场所232处，其中佛教寺院134处、道教宫观4处、伊斯兰教清真寺8处、天主教教堂2处、基督教教堂84处；经认定备案的宗教教职人员395人，其中佛教教职人员288人、道教教职人员25人、伊斯兰教教职人员13人、天主教教职人员4人、基督教教职人员65人。市民宗局被省人社厅、省民宗委联合发文表彰为全省民族宗教工作先进集体；被市委、市政府表彰为省运会组织运行工作先进集体（嘉奖单位）。菱塘乡被全国少数民族体协授牌“中国少数民族体育协会少数民族传统体育项目传承基地”。（王清荣 朱 萍 郭宏芳）

■**民族乡村发展** 高邮市菱塘回族乡是江苏省唯一的少数民族乡，2018年是菱塘建乡30周年。省委书记娄勤俭，省委常委、统战部长杨岳先后赴菱塘调研考察，副省长陈星莺出席菱塘建乡30周年相关活动。2018年底，在全省改革开放四十周年座谈会上，省委、省政府授予菱塘回族乡“为江苏改革开放作出突出贡献的先进集体”。（王清荣 朱 萍）

■**民族团结进步宣传** 5月，市民宗局将每年5月定为“民族团结进步宣传月”，连续第5年组织集中宣传活动。全市集中开展“民族团结一家亲”文艺汇演、走访少数民族贫困家庭、扬州文化进新疆班、民族工作主题征文等活动。《扬州日报》开辟“民族团结看扬州”专栏，组织记者采写民族工作先进事迹，每周一篇、系列报道。江苏统战、扬州发布等APP以及相关社会网站、自媒体跟进报道。（王清荣 龚方艳）

■**承办少数民族体育比赛** 4月，市民宗局会同市体育局、高邮市政府联合承办少数民族传统体育项目（板鞋竞速和高脚竞速）全国邀请赛。该项赛事由中国少数民族体育协会、省民委、省体育局共同主办，有20个省市近200名运动员参加比赛。市民宗局全方位做好保障，为少数民族运动员到扬参观考察提供免门票游览、导游讲解等义务服务。赛会期间，全国少数民族体协为菱塘授牌“中国少数民族体育协会少数民族传统体育项目传承基地”，《中国民族报》等媒体对该赛事网络直播、实地报道，《中国扬州》画刊开辟专版进行宣传。（朱 萍 龚方艳）

4月11日，2018年少数民族传统体育项目全国邀请赛在高邮举行

中国扬州画刊/供稿

■**服务少数民族群众** 做好“十三五”期间全国民族特需商品定点生产企业的认定工作，指导民品企业完成2017年基础台账工作。市民宗局会同市财政局、人民银行扬州中心支行在原来8家民品企业的基础上，减少原民品企业3家，增加清真食品类企业2家，确定报送“十三五”期间全国民品企业7家。扶持清真企业发展。组织各县（市、区）和功能区民族部门做好清真企业原标志牌和持有证收回、新标志牌和持有证申领工作；组建清真食品专家库，加强全市清真食品生产经营活动的社会监督和管理；帮助清真网点争取建设经费，提升清真餐饮饭店的环境。做好民族成分变更考生证明、子女入学就业等工作。办理高考生加分证明170份、中考生加分证明89份；协调外来少数民族子女入学，入托入学率100%；给予回族等10个少数民族每人每月不少于11元的清真食品补贴。

（王清荣 龚方艳）

■**开展“宗教团体建设年”活动** 2018年，市民宗局出台《关于开展“宗教团体建设年”活动的实施方案》，落实市级财政对宗教院校、宗教团体“两个100万”的年度补助经费。按照《扬州市市级宗教团体建设规范》要求，围绕28条40项考核目标，连续3年对宗教团体进行年度工作考核，对考核结果实施以奖代补，给予考评优秀单位以表彰和经费倾斜。市佛教协会选举产生第五届理事会理事、常务理事和监事。市道协迁入大王庙文化创意产业园广场对外办公。（郭宏芳 龚方艳）

■**鉴真佛教学院举办十周年校庆活动** 12月27日，鉴真佛教学院建校十周年校庆大会举办。鉴真学院始终坚持正确的办学方向，把爱国爱教教育贯穿僧才培养全过程，注重学修并重，探索佛教本科教育办学规律，教学质量逐年提高。2012年，面向全国寺院纲领执事以上教职人员举办佛学大专函授。函授班坚持“宽进严出”的办班原则，现有在册大专函授生500多人。学院承办省内外民宗局、佛教协会组织的教职人员培训轮训，近四年来，培训人数600多人次。12月26日，鉴真佛教学院首届理事会成立。12月27日，扬州市首家民族宗教教育培训基地在鉴真学院揭牌成立。

（卢道岭 龚方艳）

社会组织管理

■**概况** 2018年，全市有各类社会组织5682个，其中社会团体2682个、民办非企业单位2981个、基金会19个；共有2224个社会组织取得评估等级，其中AAAAA级14个、AAAA级267个、AAA级440个、AA级614个、A级889个。市直全年登记各类社会组织54个；市直770个社会组织参加年检，年检合格率72%。全面推行网上年检制度，完成2017年度社团、民非、基金会年检工作。完成年度社会组织的清理规范工作。推动社会组织信息公开，完善信用体系建设。建立社会组织“异常名录”和“失信名录”。广陵区易邻社会工作事务所申报的“问题家庭青少年社会融入社会工作服务示范项目”成为民政部批准立项的社会工作服务示范项目（C类），首获中央财政支持。通过购买服务委托第三方开展2018年度社会组织等级评估和复核工作。市直对79家社会组织进行登记评估及复核工作。经评估，有25家社会组织获AAAA等级，其中含县（市、区）11家；8家社会组织获AAA等级，8家社会组织获AA等级，15家社会组织获A等级，3家无等级；20家社会组织通过AAAA等级复核。（张绍华）

■**社会组织培育发展** 出台《关于培育发展社区社会组织的实施细则》《扬州市社区社会组织登记备案暂行办法》，降低准入门槛，支持鼓励在城乡社区开展为民服务、养老照护、公益慈善、促进和谐、文体娱乐和农村生产技术服务等活动的社区社会组织发展。至年末，全市登记或备案的社区社会组织3812家，城区平均每个社区16.94个，全市平均每个社区9.88个。

（张绍华）

■**首届社会组织公益项目洽谈会** 11月15日，由市民政局主办，广陵区民政局等单位承办的扬州市首届社会组织公益项目洽谈会在扬州市联众社会创享中心举行。首届社洽会以“公益汇聚力量，创新改变生活”为主题，包括公益论坛、公益展示、公益集市、项目签约等多项内容。公益论坛邀请在社会组织、社会工作、公益创投等领域有丰富经验的省内外专家学者开展讲座。公益展示将近年来开展的优秀公益创投项目按类别进行集中陈列，展示扬州各类社会组织在参与社会治理方面的作用。公益集市组织对扬州市民政局公益创投活动项目进行现场评审，为社会组织承接政府部门、基金会、企业等提供的公益项目提供洽谈平台。社洽会征集到公益项目64个，项目资金200万元，吸引200多个社会组织现场洽谈，签订意向性协议项目51个。

（张绍华）

■**政府购买社会组织服务** 市民政局面向社会组织对11个涉及养老、救助、妇女、困境儿童等领域的公益项目进行招标，通过政府购买服务形式购买社会组织公益服务。开展第六届社区公益创投大赛（社洽会）项目征集活动，68个项目经评审立项并获资金能力方面的支持。组织2018年度微公益创投（农村基层社会治理专题）征集活动，经评审，有14个项目入选。（张绍华）

■**社会组织监督管理** 出台《扬州市社会组织抽查实施细则》，对占总数4%的30家社会组织进行随机抽查，重点检查其组织机构、财务管理、涉企收费、业务活动、党建等方面的情况，并委托第三方机构对其进行专项审计。对在检查中发现的问题以及有关部门移送的社会组织违

规违纪问题依法开展行政指导和行政执法。全年下发限期整改通知书35件，对7个社会组织进行注销、撤销登记处理。（张绍华）

■打击整治非法社会组织专项行动 市民政局会同市公安局开展打击整治非法社会组织专项行动。向社会发布《关于开展打击非法社会组织活动的公告》，公布合法社会组织查询途径，并明确举报方式，向社会征集非法社会组织活动线索。至年末，市、县两级调查非法组织29个。其中，市直查处15个，取缔2个，劝散11个，涉及境外组织移交公安2个；各县（市、区）查处非法组织14个，劝散12个，引导登记1个，涉及境外组织移交公安1个。（张绍华）

地名管理

■概况 2018年完成扬州与镇江1条市际界线和高邮与宝应、高邮与仪征2条县际界线联检工作。推进平安边界建设，落实界线管理责任，确保边界地区和谐稳定。全年市区

2018年扬州市区新命名的道路、街巷、桥梁一览表

表39-1

名　称	地　理　位　置（起　讫　点）
临湾路	位于广陵区，南起运河东路，北至湾头镇迎宾路
福康路	位于广陵区，江苏信息产业基地二期、三期西侧，南起运河东路，北至文昌东路
声谷路	位于广陵区，江苏信息产业基地一期、二期之间，南起运河东路，北至文昌东路
嘉和路	位于广陵区，京杭融园小区东侧，南起运河东路，北至健民路
天顺路	位于广陵区，天顺花园小区南侧，东起福康路规划北延线，西至京杭北路
金融路	位于广陵区，环球金融城北区南侧，东起秦邮路，西至规划外滩路
田庄路	位于广陵区，皇冠假日酒店南侧，东起京杭中路，西至文昌东路
沙联路	位于广陵区，信息产业基地三期之间，东起沙湾路，西至福康路
春缇路	位于江都区春缇苑北侧，东至春和人家小区，西至芒稻河江堤
汇福路	位于邗江区汇福苑西侧，南起福祥路，北至文汇西路
汇祥路	位于邗江区汇祥苑东侧，南起蒋王路，北至文汇西路
江天东路	328国道城区段，东起运河东路，西至扬子江南路
江天西路	328国道城区段，东起扬子江南路，西至江阳西路
联谊南路	联谊路向南延伸段，南起328国道，北至连运路
尚文路	位于广陵区汤汪乡，杉湾东苑南侧，东起渡江南路，西至文峰路
佳园路	位于广陵区，原佳园路向西延伸段，东起五里庙路，西至观潮路
建乐路	位于江都区，春和人家北侧，东至广州路，西至建都路
永兴路	位于广陵区李典镇，南起扬州市恒润海洋重工有限公司东大门环洲大道，北至富民西路与太平洋大道十字路口
广源路	位于广陵区，东起金苑路，西至滨河路
靳庄路	位于江都区小纪镇，南起镇南路，北至北环路
林晨路	位于江都区小纪镇，南起S353，北至北环路
慈航路	位于江都区小纪镇，东起宜武路，西至中心路
招贤路	位于江都区小纪镇，东起林晨路，西至靳庄路向南延伸段
双纪路	位于江都区小纪镇，南起S353，北至北环路
祥源路	位于江都区小纪镇，南起S353，北至镇南路
林沟路	位于江都区小纪镇，东起宜武路，西至林晨路
东湾路	位于江都区小纪镇，东起宜武路，西至林晨路

续表 39-1

名　称	地 理 位 置（起 讫 点）
合新路	位于江都区小纪镇，东起祥源路，西至靳庄路向南延伸段
隆兴路	位于江都区小纪镇，东起杏林路，西至双纪路
杏林路	位于江都区小纪镇，南起 S353，北至镇南路
福嘉路	位于江都区小纪镇，南起招贤路，北至镇南路
双勤路	位于江都区小纪镇，东起宜武路，西至中兴路
泰和路	位于邗江区新盛街道，南起规划道路，北至扬冶路
空港路	位于江都区丁沟镇，起于安大路，止于空港西路
机场路	位于江都区丁沟镇，起于机场收费站，止于空港西路
航站路	位于江都区丁沟镇，机场内道路，起于航站南路，止于航站中路
航站东路	位于江都区丁沟镇，机场内道路，起于空港东路，止于航站中路
航站南路	位于江都区丁沟镇，机场内道路，起于空港西路，止于航站路
航站中路	位于江都区丁沟镇，机场内道路，起于空港西路，止于航站路
空港西路	位于江都区丁沟镇，机场内道路，起于航站中路，止于空港南路
空港东路	位于江都区丁沟镇，机场内道路，起于航站路，止于空港南路
机场南路	位于江都区丁沟镇，机场内道路，起于空港西路，止于空港东路
机场中路	位于江都区丁沟镇，机场内道路，起于空港西路，止于空港东路
机场北路	位于江都区丁沟镇，机场内道路，起于空港西路，止于空港东路
五彩路	位于邗江区，东起润扬中路，西至怡景路
安康路	位于广陵区，原安康路向东延伸段，东起京杭大运河，西至运河北路
前进路	位于广陵区，天俊悦府南侧，东起五里庙路，西至沙施河
求知路	位于广陵区，沙头中心小学北侧，东起国税大道，西至陈祠路
西银路	位于邗江区，西银沟河道东侧，南起古运河，北至红旗路
望江路	位于扬州经济技术开发区，望江路南起点调整为吴州东路
牌楼路	位于扬州经济技术开发区，九州加油站东侧，南起春江路，北至邗江河
文峰河路	位于广陵区，尚东国际花园一期与二期间道路，南起连运西路，北至开发东路
真祥路	位于江都区，真武养老院南侧，东起三干路，西至采油南路
私盐港路	位于扬州经济技术开发区，富川瑞园南侧，东起私盐港闸，西至格林豪泰
二桥路	位于生态科技新城，南起扬州马可波罗花世界乐园，北至自在岛路
金湾岛路	位于生态科技新城，南起老万福路，北至凤凰岛路
廖庄路	位于生态科技新城，东起凤凰岛路，西至老扬泰路（暂用名）
沙排路	位于生态科技新城，东起凤凰岛路，西至老扬泰路（暂用名）
双石巷	位于邗江区，念四二村南侧，东起扬子江北路，西至双桥集贸市场
新农巷	位于广陵区，安康南苑西侧，南起原新农村 2 组，北至安康路
窦庄巷	位于瘦西湖景区梅岭街道，华信沁园一期与二期间道路，东起玉器街，西至史可法路
文真立交桥	真州路上跨文昌西路立交桥

（贾继辉）

2018年扬州市区新命名的住宅区、建筑物一览表

表 39-2

名　称	地　理　位　置（起　讫　点）
凤凰水岸花苑	位于瘦西湖景区，东至建隆巷，南至梅岭西路，西至凤凰桥街，北至万福西路
风华名府	位于邗江区槐泗镇，东至吉兴南路，南至姚大路，西至水漾花苑，北至兴达绿郡
棠苑	位于邗江区槐泗镇，东至水漾花苑，南至姚大路，西至扬菱路绿化带，北至规划路
恒悦华府	位于江都区大桥镇，东至大宜路，南至仁寿东路（规划路），西至仁寿河，北至北华路
融樾华府	位于江都区仙女镇，东至运河路，南至黄山路，北至嵩山路，西至新二中
春和熙园	位于江都区仙女镇，东至春和人家，南至 328 国道，西至规划支路，北至规划道路
星地雅苑	位于邗江区，东至规划道路，南至开发西路，西至西迎沟，北至规划道路
光华锦园	位于开发区，东至古津路，南至华扬东路，西至规划公园绿地，北至横沟河防护绿地
十里丹堤花园	位于广陵区汤汪乡，东至望江路，南至横沟河，西至临江路，北至鼎兴路
碧水蓝湾花园	位于邗江区蒋王街道，东至站南路，西至学苑路，南至蒋王路，北至栖祥路
世玺花园	位于邗江区，东至吉亮路（暂用名），南至竹西路，西至江都北路，北至郭庄路（暂用名）
雍锦园	位于邗江区杨庙镇，东至甘八路，南至杨庙村孙山组，西至杨庙小学，北至碧水雅苑
甘泉新苑	位于邗江区甘泉街道，东至双塘村小湾庄，南至农田，西至七泉路，北至王庄路
悦珑雅墅	位于邗江区瓜洲镇，原锦春苑更名为悦珑雅墅。东至向阳河，南至鞠庄村贾庄组，西至瓜洲中学高中部，北至洛家西路
嘉誉风华苑	位于开发区，东、北至规划道路，南至九龙湖路，西至马港河路
斓珊公馆	位于江都区仙女镇，东至规划路，南至春缇路，北至建乐路，西至建都路
誉宾华府	位于邗江区，西至经一路，北至文昌西路，东至站南路，南至京华城路
兴槐苑	位于邗江区槐泗镇，东至酒运线，南至王巷涧，西至扬菱路，北至西北绕城
铭悦府	位于广陵区，东至江都北路，南、西至五台新村，北至规划道路
听涛苑	位于邗江区瓜洲镇，芳甸花园三期，东至小区南北向中心道路，南至太阳岛高尔夫俱乐部，西至太阳岛高尔夫俱乐部，北至翠屏路
颐尚公馆	位于邗江区新盛街道，东至站南路，南、西至规划路，北至文昌西路
光合嘉苑	位于邗江区，东、南至规划路，西至创新路，北至丰支河滨河绿地
中樾华府	位于邗江区，东至西湖路，南至四季金辉花园，西至北外环路，北至蜀秀河
佳源桂府	位于广陵区，原雨润桂府更名为佳源桂府。东至规划道路，南至安康路，西至运河北路，北至万福西路
怡翠花园	位于广陵区，东至福康路（暂定），西至临湾路，南至横二路，北至规划道路
新天地雅苑	位于江都区滨江新城，东至新都南路，西至规划路，南至纬三路，北至反坎河
桃花苑	位于江都区仙女镇，东至规划路（碧江名苑），西至农田，南至宜和路（规划名），北至湘江路

续表 39-2

名　称	地　理　位　置（起　讫　点）
乾和华府	位于广陵区，东至沙施河，南至二里桥路，西至宝军职工宿舍，北至规划用地
朗润花园	位于广陵区，东至环河路（规划名），南至新农路（规划名），西至沙湾路，北至朱家河
蓝湾华府	位于邗江区，东至一河道，南至蒋王路，西至黄泥沟，北至规划路
铭著和煦苑	位于广陵区，东至福康路（暂定名），南至朱家河，西至临湾路，北至横一路（暂定名）
和瑞苑	位于邗江区方巷镇，东至四通北路，南至碧玉园，西、北至规划道路
福康苑	位于广陵新城，广福花园五期，东至京杭北路，南至规划路，西至京杭运河风光带，北至规划路
绿洲逸园	位于江都区，东至清华园，西至绿洲家园，南至朝阳慧景小区，北至润江路
梅岭沁园	位于瘦西湖景区梅岭街道，东至玉器街，西至史可法路，南至梅岭东路，北至窦庄巷
金麟华府	位于江都区，东至新都路，南至纬二路（规划路），西至龙溪路，北至浦江路
星地科技金融中心	位于邗江区，东至润扬中路，南至开发西路，西至规划道路，北至规划道路
临港新城时代商业广场	位于开发区，东至扬子江南路、南、西至规划道路，北至定浦路
万象汇商业中心	位于邗江区，东至二道河滨河绿带，南至文昌中路，西至大学北路，北至规划道路
华景商业广场	位于邗江区，东至新城河路，南至江阳西路，西至规划路，北至熙华府
翼立方大厦	位于邗江区，东至国展路，南至蒋王路，西、北至规划路
运河尚美生活广场	位于广陵产业园，东至安林路，西至规划用地，南至万方电子厂，北至运河东路

（贾继辉）

命名各类地名105个，其中道路、街巷、桥梁名62个、居民住宅区名37个、商用建筑物名6个。（冯　静）

计划生育

■概况　继续实施全面两孩政策，组织召开全市计划生育基层指导和家庭发展工作会议，宣传表彰一批省百佳计生专干和市十佳计生专干先进典型。合理配置公共服务资源，营造生育友好型社会，2018年婴儿出生总数比上年减少3590人，下降15.22%。4月，市卫生计生委、市发改委、市交通运输局、市规划局、市旅游局、市总工会、市妇联联合出台《关于加快推进母婴设施建设的实施意见》，年末对全市医疗系统列入2018年建设计划的34个母婴室进行验收。7月，市卫生计生委、市财政局、市人社局和市妇女儿童工作委员会办公室联合印发《扬州市出生缺陷综合防治工作方案》，决定自2018年8月1日起，在全市范围内免费实施孕产妇产前筛查和新生儿疾病筛查基本项目。

（市卫健委）

■流动人口生育管理　抓好流动人口计划生育服务管理基础工作，下发《关于进一步优化办证服务的通知》，要求全市各地在办理所有计划生育证件证明过程中，一律不得要求群众提供相关证明材料的复印件，进一步优化办证服务。全面落实婚育情况承诺制、首接负责制和服务零收费等制度。完善出生人口监测机制，组织实施2018年流动人口卫生计生动态监测调查，在4个乡镇（街道）、8个村居完成入户调查问卷160份。做好流动人口计划生育信息协查工作，按要求落实生育登记、政策咨询和免费技术服务，推进网上督查、通报和层级管理。高邮市创成省级流动人口基本公共卫生计生服务均等化示范市。

（市卫健委）

■基层基础工作　继续开展新国优、“十三五”省人口协调发展先进县（市、区）创建、国家和省级流动人口基本公共卫生计生服务均等化示范县（市、区）建设及流动人口健康教育和促进示范企业、学校和家庭建设等活动。扬州市卫生计生委、高邮卫生计生委、仪征卫生计生委被国家卫健委办公厅通报表扬为“2017年全国生育状况抽样调查优秀单位”；扬州市卫生计生委基层指导处处长童欣、宝应县安宜镇计生办副主任曹干军、江都区仙女镇卫计办统计员马丽被通报表扬为“2017年全国生育状况抽样调查优秀个人”。（市卫健委）

婚姻家庭

■婚姻登记　2018年，全市完成1970—1993年婚姻历史数据的补录工作。推进婚姻家庭文化建设，指导各地各婚姻登记处利用“情人节”“520”登记高峰日在服务大厅滚动播放婚姻家庭培训专题课件，免费发放婚姻、家庭宣传手册。在全市各婚登处设立婚姻家庭辅导室，聘请专业人士和专业社会组织常态化开展婚姻危机干预和疏导，抑制冲动型离婚，维护家庭和谐，全年挽救近400对危机婚姻。确定广陵区婚姻登记处为全市涉外婚姻办理机构，开展涉外婚姻登记工作。协调市财政落实涉外婚姻办理的工作经费，组织有关人员参加省涉外婚姻登记员实地跟班学习。全年全市办理结婚登记3.46万对（含补办登记）、离婚登记1.15万对，登记合格率100%。（孙 荣）

■收养登记 全市完善收养评估程序和流程，收养评估由收养登记机关委托依法登记、有资质的社会组织或儿童福利机构承担评估工作，确保儿童利益最大化。全年全市办理收养登记106件，完成收养评估102件，评估率96.2%。（孙 荣）

■未成年人保护 市及各县（市、区）发挥社会组织作用，引入第三方组织实施关爱保护项目化运作。市未成年人保护中心通过购买服务方式，引入第三方组织对市区（广陵、邗江及三个功能区）近500名农村困境儿童完成风险等级评估。全市有农村留守儿童乡镇督导员116人、村（居）督导员1127人，基础信息录入江苏省未成年人保护系统。全市举办六期督导员培训班，近1400人参训，实现乡（镇）、村（居）两级全覆盖。印发《农村留守儿童和困境儿童关爱督导工作指南》《农村留守儿童隔代教养指导手册》。全市建成15个农村留守儿童“关爱之家”，全市父母一方外出、另一方无力履责的292名农村留守儿童得到有效监护。（孙 荣）

殡葬管理

■概况 2018年，全市各殡仪馆火化遗体总数3.63万具，惠民殡葬使用资金4493万元。实现经营收入8985.7万元，实现业务盈余837.7万元。清明前夕，市政府、市民政局下发指导清明祭扫工作的两个通知，对清明期间的安全文明祭扫、优质服务、殡葬改革宣传工作进行部署。推进殡葬信息化管理服务平台建设，及时准确上报各类基础数据。启动《扬州市区殡葬服务设施布局规划（2018—2035）》的编制工作，完成各类基础数据的整理和汇总。扬州墓园举办生态葬生前契约签订仪式和骨灰集中入葬仪式。（管其君）

■殡葬改革 7—9月，全市开展殡葬领域突出问题专项整治行动，对全市殡葬服务单位进行全面检查，厘清全市殡葬领域存在的突出问题，形成详细的专项整治内容和工作清单。推进节地生态安葬奖补政策落地和节地生态产品的供给。各县（市、区）出台生态节地奖补政策，通过政策引导，选择生态节地殡葬的群体逐步扩大。全年全市节地生态安葬1544例，比上年提高5个百分点。汜水镇、曹甸镇、邵伯镇、菱塘回族乡建成镇级殡仪服务中心。全年全市农村公益性公墓新增墓穴中，双穴0.8平方米以下达85%以上，立小碑、卧碑成为趋势，部分乡镇建成骨灰存放设施并投入使用。（管其君）

老龄工作

■概况 2018年末，扬州市有60周岁及以上老年人口118.22万人，占户籍总人口的25.76%；有65周岁及以上老年人82.52万人，占户籍总人口17.99%。全市有80周岁及以上老年人15.96万人，占60周岁及以上老年人口的13.5%；有100周岁及以上老年人280人。全市60周岁及以上老年人中，城镇老年人75.73万人，占64.06%，农村老年人42.48万人，占35.94%。（丁 娅）

■居家养老服务 全市新建标准化社区居家养老服务中心（站）105个，其中广陵区11个、邗江区8个、江都区21个、扬州经济技术开发区8个、蜀冈－瘦西湖风景名胜区1个、生态科技新城2个、宝应县20个、高邮市16个、仪征市18个。全市新建成137个老年人助餐点，其中广陵区17个、邗江区17个、江都区26个、扬州经济技术开发区8个、蜀冈－瘦西湖风景名胜区2个、生态科技新城2个、宝应县23个、高邮市23个、仪征市19个，方便社区老年人就近就便就餐需求。新建街道日间照料中心4个，其中广陵区1个、邗江区1个、扬州经济技术开

2018年末扬州市老年人分布情况一览表

表39-3

地 区	60周岁及以上老年人数量	百岁老人数量
合 计	**1182157**	**280**
宝应县	222310	23
高邮市	220923	42
仪征市	138017	17
江都区	290749	82
广陵区	117080	47
邗江区	112980	16
扬州经济技术开发区	40686	18
蜀冈－瘦西湖风景名胜区	22147	17
生态科技新城	17265	18

（丁 娅）

发区1个、蜀冈－瘦西湖风景名胜区1个。新建中心厨房4个（广陵1个、邗江1个、开发区1个、景区1个），各地引入社会力量参与居家养老政府购买服务工作，实现政府购买服务社会化运营招标全覆盖，为全市7980名政府购买服务对象提供专业化的居家养老服务，其中广陵区1600人、邗江区1120人、江都区1341人、扬州经济技术开发区500人、蜀冈－瘦西湖风景名胜区448人、生态科技新城200人、宝应县871人、高邮市1100人、仪征市800人。（丁　娅）

■颐养社区建设 2018年，市民政局将颐养社区建设的26项子任务及时分解到18个部门和各地政府，确保建设任务的落实。制作《扬州市中心城区养老地图》，方便老年人养老服务。按照建设内容项目化的要求，在社区扶持建设项目24个，投入资金379万元，经委托第三方检查验收，全年市区建成22个颐养示范社区。（丁　娅）

■老年精神关爱 拓展老龄宣传渠道，加强与省《老年周报》《扬州晚报老年周刊》及电视台等主流媒体联动，宣传老龄政策，传播老龄声音。结合“百寿宴”“敬老月”及颐养社区创建等重点活动，做好敬老爱老宣传。利用社区橱窗、空地、养老设施和手机APP、12349平台等宣传窗口，围绕“老年法规政策”“老龄化形势”“社会化养老”“敬老月活动”“尊老敬老典型”等内容，开展策划采访活动，刊发专题报道。制作反映颐养社区建设、老龄工作成就等内容的专题片，向社会发布《2017年扬州市老年人口信息和老龄事业发展状况报告》，宣传老龄化形势、老龄事业成果。全年办理人大、政协提案19件，其中主办15件、协办4件，跟踪办理1件，提案人对答复情况均表示满意，满意度100%。（丁　娅）

■扬州老年大学 2018年，扬州老年大学春季学期开班161个，注册学员4616人、7225人次；秋季学期开班173个，注册学员数5002人、7991人次。成立时政研究会、文史社、艺术团等学员社团，发挥学员主体作用，开展校园文化建设。课题《扬州“十三五”期间老年教育问题研究》被扬州市社科联确定为全市社会科学重点课题，并获全市重点科研课题三等奖，完成课题《健康中国扬州样本中的文化养老问题》的立项及结项。5月16日，市老年大学怡情书会举办成立25周年书法作品展；8月17日，市老年大学组织召开全市老年大学教学工作推进会；10月9日，老年大学怡情画会举办成立25周年作品展；11月，市老年大学加入中国老年大学游学养体系建设，成为首批会员单位。2018年，市老年大学书法教师严安在首届“华珍阁”杯《金刚经》全国书法作品大展中获最高奖项神品奖；体育系教师张清、葛红梅、张善春在第19届省运会上分获群众体育项目个人、团体金牌；摄影创意班40多幅作品入选第一届珠海国际摄影展，一幅作品获国际影艺联盟金牌。（杨晓玮）

■关心下一代 2018年，全市有各级关工委组织3400多个，形成市、县、乡、村四级关工委组织和教育、政法、民营企业和农业等系统关工委组织网络。有“五老”（老干部、老专家、老教师、老模范、老战士）4.57万人。报告团、宣讲团和校外辅导、结对帮教、网吧义务监督、创业帮扶等骨干队伍的工作活力进一步增强。2018年，“五有五好”社区（村）创建开展数1335个，达标数1277个。全市88个乡镇（街道）和1344个村（社区）全部建立关工委组织；市、县（市、区）级教育、政法、民营经济、农业等系统建立关工委组织；全市大中专院校、中小学普遍成立关工委组织；800多家民营企业建立关工委组织。成立扬州市关心下一代基金会。市少儿图书馆年接待小读者50万人次。

青少年思想道德教育。全年全市关工委系统编写宣讲材料1300多篇，参加宣讲的“五老”2200多名，受教育青少年66万人次。在省关工委优秀“五老”讲稿评选中，市关工委报告团李彬的《做新时代中国孝心少年》、高邮市关工委报告团薛朝勤的《让红色基因永续传承》获得一等奖，市关工委报告团殷铭悌的《“让”是一种人生智慧》获三等奖。全市各级关工委组织800多场主题教育演讲比赛，参加活动青少年近40万人（次）；市关工委报告团赴学校、村（社区）、企业，向青少年宣讲50多场。开展“传承红色基因，共话新时代，放飞青春梦”主题教育活动，面向全市中小学、职技校学生开展主题教育征文活动，10万多名青少年参加；在省关工委主题教育征文评选中，获一等奖9个、二等奖3个、三等奖11个。在革命烈士陵园、江上青烈士史料陈列馆、曹起溍故居、许晓轩故居等处挂牌建立“扬州市青少年红色基因传承教育基地”，在少儿图书馆建立“扬州青少年国学·思想道德教育大讲堂”。在省关工委阳光少年网举办的“童心向党”专题教育活动中，扬州有3件作品获征文类比赛一等奖，3件作品获电脑绘画类比赛一等奖，邗江区关工委获优秀组织奖。

校外教育阵地建设。全市建成中心辅导站119个，社区（村）辅导站1000多个，分站和辅导点210多个。全市辅导站有电子阅览室607个，电脑4300多台，其中3246台电脑安装网络数据测试服务系统；宝应县氾水镇校外教育中心辅导站电子阅览室等12个电子阅览室被评为省级先进电子阅览室。在全省校外教育辅导站优秀活动推广项目和特色活动品牌的评比活动中，宝应县泰山东村社区校外教育辅导站、邗江区双桥街道石桥社区校外辅导站、广陵区曲江街道玺园社区校外教育辅导站分获优秀活动推广项目特等奖、一等奖和二等奖，市少儿图书馆校外教育辅导站的“传承红色基因，点燃青春梦想”活动和江都区仙女镇南吴社区辅导站的“童心筑梦”活动被评为特色品牌活动。

预防和减少青少年犯罪。完善

法治报告团工作机制，充实4名在职检察官担任报告员，全年开展20多场青少年宣讲活动。全市有法治副校长500多人，有7人获全省关工委百佳法治报告团成员和法治副校长表彰。“法治课间餐”活动被团省委、省未成年人保护委员会表彰为江苏省未成年人保护优秀典型。推进法治教育阵地建设，建成市青少年法治文化体验馆、市看守所、市少儿图书馆、广陵区法院少年庭等法治教育基地；与市教育局、市人社局共同建立“扬州中等职业学校、技工院校关工委思想道德(法治)教育联席会”。全市组织动员1300多名“五老”志愿者帮教员，组成400多个帮教小组，对失足青少年进行帮教，转化率93.3%。全市有“五老”网吧义务监督员1039人，“五老”网吧义务监督在扬州市首届志愿者服务展示交流会上，被评为重点志愿服务项目，并获赞助单位经费支持。组织6个县（市、区）、3个功能区开展网吧互查、循环查活动，检验网吧监督效果。启动“青少年零犯罪、零受害社区（村）”创建试点工作。（练瑞芳）

消费者权益保护

■概况 2018年，扬州市有各级消费者协会（简称“消协”）基层分会94个、消费者投诉站1206个、企业监督站219个，在册维权志愿者3028人，消费教育讲师团成员52人、法律工作者志愿团志愿者16人。全市消协系统办结消费者投诉1276件，比上年下降6.9%，为消费者挽回经济损失696.48万元。接待来电、来访咨询3134人次，上升58.3%。全市各级消协运用人民调解程序调解消费纠纷10件，为消费者挽回经济损失75.61万元；运用诉调对接程序调解消费纠纷1件。企业监督站自行和解消费纠纷5577件，下降12.1%。各级消协组织各类业务培训、专题讲座、观摩学习活动8次，参与人员600多人次。“消费维权志愿者专家团”被扬州市文明办授予“2018年扬州市文明优质服务品牌”称号，仪征市消协秘书长王道勇入选“2018江苏最美维权人物”。仪征市消协在部分镇（办事处）建立消费纠纷联合调解工作室；宝应市消协和法院联合成立“蔡春道调解中心”。市消协向职能部门发出查询函5份、调处建议书2份，实现“诉转案”4件；借助各行业协会的力量，组织协会专家团成员参与调处52次，免费向消费者提供咨询、评定意见160余次；为消费者提供法律意见、援助27次，运用诉调对接程序调解纠纷1起。建立数据分析机制，每季度进行投诉数据分析，每半年形成分析报告，明确投诉热点和监督方向。建立预警反馈机制，将在诉调对接工作中遇到的共性、特殊性问题向政府及各职能部门反馈，提出意见或建议。推行企业和解机制，全年通过企业和解点，企业自行和解、处置消费纠纷5577件。建立协会联动机制，加强与专业领域行业协会的联系和配合，成立扬州市金融消费保护协会。（吴　涛）

■“3·15”活动 3月15日，市消协联合市放创办、市工商局、市纠风办、市广电台在力宝广场举办大型广场咨询服务活动，市、区两级近40家部门和单位参加活动。现场发放各类宣传资料近万份，接待来访咨询948件，现场受理投诉41件，当场解决29件。活动现场首次设置“品质消费体验区”，通过真车展示讲解、真假货品对比、实物展示、现场试验等方式，提升消费者鉴别商品的能力；采取视频播放的方式，集中滚动播放金融理财防骗、防范非法集资、科学消费、家装污染源预防等科普小视频。“3·15”期间，市消协联合市放创办、市工商局联合召开信息通报会，集中公布2017年度消费维权数据、商品质量监测数据，实名点评十大维权案例和消费热点、维权难点。各县（市、区）消协举办晚会1场、组织现场咨询宣传30场（其中乡镇、社区23场），发放各类宣传材料2.4万份，参与经营者近600家，参与消费者1.2万人次。（吴　涛）

■2018年消费投诉 2018年，按照投诉类型分析，排在商品类投诉榜前五位的分别是服装鞋帽类、手机类、汽车类、黄金首饰类、家具类；服装鞋帽类投诉和手机类投诉常年占据投诉榜前两位；黄金首饰类投诉是新的热点。排在服务类投诉榜前五位的分别是食宿、文化娱乐、庆典服务类，通信服务类，装修服务类，美容、美发、洗浴服务类，洗染服务类；服务类投诉量连续四年呈递增趋势。（1）通信服务投诉有增幅，服务理念亟待提升。全年受理通信服务类投诉79件，比上年上升58%。投诉量主要集中在电子

“3·15”消费者权益日现场发放漫画宣传材料　庄文斌/摄

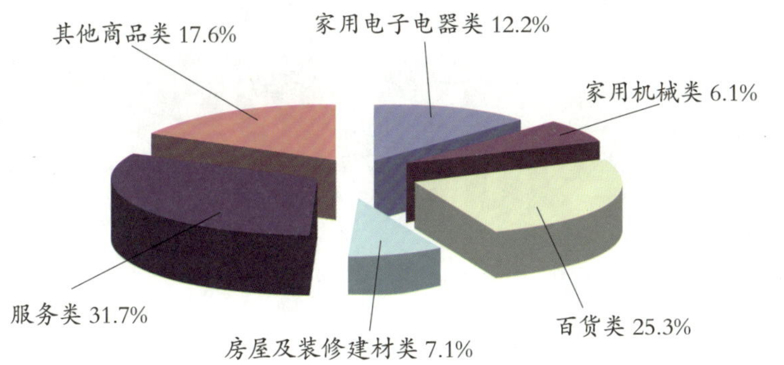

图 39-1　**2018 年扬州市各级消协办理投诉类型比例图**　（吴　涛）

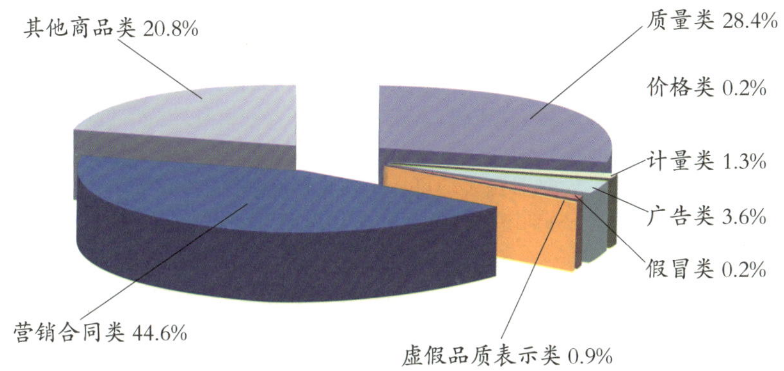

图 39-2　**2018 年扬州市各级消协办理投诉性质比例图**　（吴　涛）

协议操作不透明，通话等消费凭证打印难，业务办理便捷取消复杂，擅自开通、变更业务屡诉不止等。（2）洗染投诉量少增比多，员工素质有待加强。全年受理洗染类投诉 21 件，比上年增加 10 件。有些投诉的产生源自服装洗涤标识不当，有些投诉因为洗染店员工自身业务水平不够，错误使用洗涤方式。（3）合同涉诉类型未改变，预付消费成为顽疾。合同类投诉排在投诉榜首位，全年受理合同类投诉 569 件，数据与上年基本持平，投诉量占投诉总量的 40%。涉及领域主要以美容美发、健身行业为主的预付消费、汽车销售、装饰装修等。投诉集中在格式合同存在不平等条款，经营者单方擅自更改合同内容，经营者无法履约却拒绝作出合理赔偿等。其中，美容美发、健身行业成为预付消费的投诉重灾区。经营者突然停业，无法联系的情况严重影响到整个行业的信誉和口碑。（4）电视会销购物难解决，老年群体急需关注。全年受理老年人投诉 79 件，占投诉总量的 6.2%。老年消费群体自身防范意识薄弱，固证能力不强，社会阅知度有所下降，容易受到一些不诚信经营者的欺骗，导致财物受损，在维权时，多数人无法准确提供经营者、广告经营者或者会议推介、上门推销人员的准确信息，导致难以成功维权。　（吴　涛）

■消费教育宣传　全市消协系统以老年人、青少年、农民等三类主体为重点，组织讲师团和专家志愿者进社区、进农村、进学校，持续推进好消费教育工作。全年开展各类主题讲座 70 场次，发放《青少年消费教育读本》《老年人消费教育读本》《残疾人消费教育读本》《农民消费教育读本》《放心消费维权知识读本》《江苏省消费者权益保护条例》手册等宣传资料 1.5 万册，教育受众 1 万人。市消协与邗江中小学合作，启动国家级“青少年维权岗”创建工作，宝应消协新建 2 所学校“消费教育”基地，开展“我的文明消费观”等青少年消费文化考察活动。全市各级消协关注银龄消费健康，进社区、走乡镇、开讲堂、搞慰问，发放宣传《致老年消费者一封信》，开展系列活动。将流动维权服务和“三送下乡”活动结合，向农村消费者发放宣传教育资料。高邮市消协在卸甲镇举行“农机 3·15 维权”启动仪式，宝应县消协定期组织讲师团开展农民消费教育。围绕节日消费、行业热点、投诉焦点，发布消费提醒和警示，全年发布消费提醒和警示 22 条。　（吴　涛）

■社会监督　组织“名企体验行”活动，市消协组织杭集牙刷生产企业实地观摩、“保险行业窗口开放日”、乳制品生产销售环节体验等活动；江都区消协开展眼镜服务体验，宝应县消协组织学生“入企业、走超市、进市场”体察活动，高邮市消协开展燃气公司的服务体察。实施小区物业监督，市消协约谈市区 12 家物业公司，督促制定整改方案，推动物业公司完成 21 个问题的整改；江都区消协探索建立“政府引导、社会调解、业主自治、和谐有序、城乡一体”的物业服务新机制。运用行政约谈，市消协联合金融办围绕“0 元购”事件，约谈 9 家通讯平台商和企业，提出处置意见，化解社会矛盾；联合市放创办、市通信行业协会，召集运营商通报通信行业投诉数据；宝应县消协围绕汽车售后服务、金银器投诉集中等问题，分别约谈汽车 4S 店企业和珠宝、金器商店。配合部门整治开展调查，市消协配合教育部门组织对夏令营乱象和校外培训进行调查；配合工商部门对会销内幕进行暗访并进行系列报道。开展优质商品点赞活动，推荐地区 27 个“名、特、优”商品参加省消保组织的“为江苏优质商品点赞”活动。组织开展“消费者满意服务单位”评比活动，推进文明街区、放心消费示范街区创建活动，开展快递行业示范创建，集中表彰“十佳快递企业”。

（吴　涛）

区(县、市)发展

Qu(Xian Shi) Fazhan

编 辑 崔成鹏

广陵区

■**概况** 广陵区总面积255平方千米，下辖头桥镇、李典镇、沙头镇、湾头镇、汤汪乡等5个乡镇，曲江、文峰、东关、汶河等4个街道，有62个行政村，57个社区，年末户籍总人口43.01万人。

2018年，全区实现地区生产总值795.75亿元，比上年增长6.6%；固定资产投资增长12.3%，其中产业项目投资占比达65%；社会消费品零售总额341.31亿元，增长8.6%；外贸自营出口总额10.11亿美元，增长10%；一般公共预算收入35.12亿元，增长16.8%，其中税收收入占比达91.5%；城镇居民人均可支配收入44741元、农村居民人均可支配收入28991元，分别增长8.2%、9.0%。（曹小卫）

■**农业** 2018年，全区实现农业总产值19.33亿元。优化调整农业结构666.67公顷，拓展高效设施农(渔)业180公顷，新建稻田综合种养示范点5个，申报省绿色优质农产品基地3266.67公顷，完成中央小型农田水利重点县工程。创成全市首家省级农村一、二、三产融合发展先导区，“三和四美”创成国家级农业龙头企业，食品产业园通过省级农产品加工集中区监测。培育“三品一标”(无公害农产品、绿色食品、有机农产品和农产品地理标志)品牌10个，“沙头西瓜”获批国家地理标志证明商标。农业新业态、新模式加快发展，创成省园艺作物标准园1个、省三星级乡村旅游点2个，乡村旅游营业收入超6000万元，农产品电商销售额8.1亿元。(曹小卫)

2018年广陵区经济社会发展主要指标一览表

表40-1

项　　目	单　位	数　量	比上年增长(%)
地区生产总值	亿元	795.75	6.6
第一产业增加值	亿元	10.03	0.1
第二产业增加值	亿元	351.07	2.4
第三产业增加值	亿元	434.65	9.4
人均地区生产总值(按常住人口计算)	元	149873	6.0
规模以上工业总产值	亿元	498.15	7.3
固定资产投资总额	亿元	—	12.3
外贸自营出口总额	亿美元	10.11	10.0
实际利用外资及港澳台资	亿美元	1.01	-16.28
新增民资注册资本金	亿元	162.88	—
社会消费品零售总额	亿元	341.31	8.6
一般公共财政预算收入	亿元	35.12	16.8
城镇居民人均可支配收入	元	44741	8.2
农村居民人均可支配收入	元	28991	9.0

（曹小卫）

■**工业** 2018年，全区规模以上工业实现产值498.15亿元，完成工业开票销售440亿元、入库税收23.9亿元，分别增长24%、63.7%。净增规模以上企业11家，新增年销售亿元以上企业6家，恒润海工产销突破120亿元，大洋造船成功重组，六大主导产业开票销售增长30%。企业智能化和高端化水平提升，创成省级智能车间1家，获省首台(套)重大装备认定2家，扬农股份获批工信部单项冠军企业，嘉和热系统等6家企业贯标国家两化融合管理体系，万方电子获省工业设计铜奖及省软件金慧奖，水利机械获批省服务型制造示范企业。（曹小卫）

■**服务业** 全年实现服务业增加值398亿元、税收收入30.5亿元，分别增长9.5%、30%。净增服务业重点企业41家、纳税过千万元企业8家。新增软件信息服务企业400余家、金融服务机构30余家，网络视听产业园、交通银行金融服务中心正式运营。广陵新城被评为省服务业综合改革试点区域，商贸物流园创成省示范物流园，信息服务产业基地入选省生产性服务业集聚示范区及省文化产业示范园区，东关街—国庆路获全省首批老字号集聚区称号，科技馆通过AAA级旅游景区评定，获评省乡镇电子商务特色产业园1家、省电子商务示范社区（村）3家。（曹小卫）

重大项目 实施亿元以上项目30个，其中新开工项目18个，完成投资140亿元。认定“三新”重大项目42个。总投资65亿元的恒润海工高强度工业用板及万科地产、丰元仓储等10亿元以上项目开工建设，宏昌天马物流装备一期等项目建成投产，湾头玉器特色小镇入选财政部PPP示范项目，实现投资28亿元，林安智慧物流列入省重大项目并实施。完成工业投资66.2亿元，设备投入超千万元企业达12家。组织开展“6+4+X”招商活动，新批1000万美元以上外资项目8个，实际利用外资及港澳台资1.01亿美元。（曹小卫）

创新创业 建立健全高新技术产业引育机制，新增高新技术企业76家，扬农集团创成国家技术创新示范企业、获首届中国创新方法大赛优胜奖。“两创示范”工作推进，新增省级众创空间4家，扬州创新中心开园运营。新建省级以上“三站三中心”9家，签订产学研合作项目92项，获批省重点技术创新导向计划项目26个、省重大科技成果转化项目2个、省重点研发计划项目4个，位居全市前列。新增专利授权2700件，万人发明专利拥有量13.5件。引进国家人才计划5人，获批省“双创计划”15人、省科技企业家12人，入选国家创新人才推进计划1人，实现零突破。（曹小卫）

城市建设 编制完成广陵区空间发展战略规划，深化东南片区城市设计和控制性详规，完成路网、水网、绿网以及公园规划布局。建成广陵体操馆、万福邻里中心等重点项目，广陵初高中学校工程启动招标，市妇女儿童医院开工建设。整治老小区10.9万平方米、老街巷30条，改造城中村地块19个，拆迁面积64万平方米。新增城市绿地45万平方米，建成朱自清公园、七里河公园等社区公园7个、育英巷等口袋公园23处。实施古城“一纵一横”美化亮化改造和仁丰里街区“微更新”改造，新增特色文化园（会馆）20个、民宿客栈床位144张，提升改造农贸市场3个，新改建公厕7座、旅游厕所12座。实施“三路一环”城市环境综合整治，完成文昌中路、南部快速通道、环古城道路沿线杆线下地和归整近140处，整治建筑外立面15万平方米，清理占道经营、乱堆乱放等1200处，整治违规店招2000余处。加大重点难点问题防控力度，拆除违法建设1.1万平方米。推进垃圾分类和转运市场化运营，建成垃圾分类站台600余座，市场化转运垃圾20万吨。开展口袋公园认养活动，群众参与城市管理积极性得到有效提升。数字化城管综合考评考核保持全市第一。（曹小卫）

改造提升后的仁丰里街区　　张孔生/摄

农村建设 建立健全富民增收政策体系，公共财政用于民生支出达70%。扩大就业，新增就业1.16万人，成功自主创业1520人，城镇登记失业率1.8%，创成省级创业型社区（村）16家。推进特色田园乡村和美丽乡村创建，村庄环境整治、基础设施建设等项目有序实施。加大耕地保护力度，耕地占补平衡新增耕地11.13公顷，增减挂钩复垦新增农用地7.53公顷，蝉联省国土资源节约集约利用模范区。建成运营农村集体“三资”管理系统，农村土地确权登记颁证工作通过初检。行政村集体经营性收入均达55万元，实现农民收入增幅高于地区生产总值增幅目标，创成省农民合作社典型示范社2个、省示范家庭农场1个。（曹小卫）

社会保障 推进社保扩面征缴，新增参保3162人。推进社会化养老，新建颐养社区4个、日间照料中心1家，每千名老人拥有养老床位数超40张，东关街道入选全国智慧健康养老应用试点示范，头桥镇通过省健康镇验收，四望亭社区被评为省健康社区。新开工保障性住房4574套，基本建成4245套，解决超腾仓期安置房2379套，改造农村危房18户。落实脱贫攻坚“三保五助”政策，新增脱贫家庭79户。提高困难群众保障标准，发放各类社会救助帮扶资金4200万元，惠及2.85

万人次，建成“残疾人之家”5个，基层慈善工作站实现全覆盖。（曹小卫）

■**基础设施建设** 推进东南片区路网连通，实施道路桥梁项目10个，新徐凝门桥、大学南路南延、渡江南路南延等建成通车。保障连淮扬镇铁路、五峰山过江通道公路接线、城市南部快速通道等重大工程建设，签约拆迁700余户。城乡客运一体化发展水平达省AAAAA级，建成商贸物流园公交首末站，开工建设经济开发区公交首末站，公交服务更加便民。提档升级农村公路10千米，完成安全生命防护工程10.9千米。（曹小卫）

■**生态建设** 完成“263”专项行动九大类58项任务，削减原煤消耗量4.32万吨，关停整治化工企业1家、“散乱污”企业49家，规范治理非禁养区规模养殖场4家，完成挥发性有机物治理72项，对72家重点行业企业开展土壤污染状况详查。大气、水、土壤环境质量得到有效改善，$PM_{2.5}$年均浓度49微克/立方米，下降9.3%；空气质量优良天数比例64.4%，提高3%；国省考断面水质达标率100%。完成淮河入江水道、太平港济福段环境整治工程，整治七里河干河二期、七里河支河等城市黑臭河道14条，疏浚镇村河道66条，铺设污水管网10千米，建成村庄生活污水处理设施6个、各类垃圾处理设施3个、有害垃圾暂存库1个。启动夹江湿地保护小区建设，恢复湿地24公顷，生态修复砂石码头场地11.33公顷，成片造林200.67公顷。获批省节水型社会示范区，创成省绿化和“三化”示范村3个、省生态文明建设示范镇1个、示范村2个。制定实施《广陵区生态环境保护工作责任规定》，完善环保失职追责机制。办理中央环保督察“回头看”和省环保督察交办信访件151件，办结各类环境信访问题854个，立案查处环境违法案件148件。（曹小卫）

■**社会事业** 优化学校布点规划，文峰小学新校区全面建成，汶河小学扩容到位，李典滨江小学主体封顶。新建公办幼儿园1所，创成省优质幼儿园3所，新增省特级教师1人。高分通过“全国基层中医药工作先进单位”复审，汤汪区域卫生服务中心创成二级医院，获批省首批社区医院，苏北医院全面托管李典区域卫生服务中心。建成乡镇医疗急救站点2个，创成省市基层特色科室2个，1人获“中国好医生”称号。完成省级基层综合性文化服务中心建设任务，获批省首批文物安全综合管理实验区，区文化馆建成国家一级馆，声乐作品《万古风流女儿歌》入选省五星工程奖，汶河街道创成省公共文化服务示范街道和国家一级文化站。完成省运会赛事承办和参赛任务，获金牌15块。组织首届社区运动会等全民健身活动70场次，乡镇全民健身中心全覆盖。《广陵区志》交付印刷，《东关街志》列入中国名街志文化工程先行先试项目。获省“双拥”模范区称号。（曹小卫）

■**社会治理** 压紧压实安全责任，整治安全生产和事故隐患5000余项、食品药品隐患单位7家。集中开展校外培训机构治理，整改教育培训机构105家。开展信访矛盾攻坚战活动，化解信访积案36件。开展扫黑除恶专项行动，刑事发案率下降8.4%。完成东南片区社区区划调整，28个社区深化试点“全科社工+专业社工”服务，2个村试点开展农村基层社会治理，东关街道获省创新网格化社会治理机制工作先进集体，文昌花园社区工作法入选“全国100个优秀社区工作法”，琼花观社区被评为“全国119消防奖”先进集体，荷花池社区被评为省三社联动试点社区。完成“七五”普法中期考核，创成国家和省级民主法治示范村（社区）6家、省级法治文化建设示范点2家，1人当选“全国人民调解工作先进个人”。（曹小卫）

■**重点改革** 落实税收优惠及减税降负政策，减轻企业负担7.3亿元，争取小微企业各类政策补贴3900多万元，投放创投基金5700多万元，新增银行贷款8300多万元，培育上市后备企业3家，联通电缆完成股份制改造。完成税务机构改革、纪检监察机构改革和巡察机构设置，机关事业单位养老保险制度改革全面实施。优化区和乡镇财政管理体制，促进财力下倾。深化放管服改革，推进“网上办、不见面、就近办”，“3550”目标基本实现，政务服务“一张网”实现镇村全覆盖，新增市场主体1.1万户。（曹小卫）

邗江区

■**概况** 邗江区总面积536平方千米，辖7个街道、7个乡镇，有91个行政村、49个社区，年末户籍总人口57.66万人。

2018年，全区完成地区生产总值955.16亿元，按可比价计算，比上年增长8.1%。实现一般公共财政预算收入60.02亿元。实现社会消费品零售总额328.62亿元，增长9.5%；城镇居民人均可支配收入47262元、农村居民人均可支配收入24046元，分别增长8.0%、8.7%。中国市辖区综合实力百强区排名前移至第25位，连续五年位列苏中第一。（施旭东）

■**农业** 2018年，全区农林牧渔业总产值39.55亿元，比上年增长3.4%。现代农业稳步发展，新增高效设施农渔业面积386.67公顷、高标准农田333.33公顷，绿色优质农产品占比达32%，完成粮食生产全程机械化省级示范区建设任务。（施旭东）

■**工业和建筑业** 2018年，全区实现工业开票销售635亿元，比上年增长15%。新增亿元企业21家，净增工业列统企业28家。产业结构持续优化，装备制造、汽车及零部件总开票销售占全区比重提高至55%，生物健康产业开票销售增长15%，微电子产业开票销售突破60亿元。5家后备企业完成股改，15家后备

2018年邗江区经济社会发展主要指标一览表

表 40-2

项　　目	单 位	数 量	比上年增长(%)
地区生产总值	亿元	955.16	8.1
第一产业增加值	亿元	21.1	1.8
第二产业增加值	亿元	365.02	4.6
#工业增加值	亿元	296.37	5.4
第三产业增加值	亿元	569.04	10.8
人均地区生产总值（按常住人口计算）	元	136481	6.8
规模以上工业总产值	亿元	—	10.3
农林牧渔业总产值	亿元	39.55	3.4
全社会固定资产投资总额	亿元	—	16.3
新增私营企业	户	6950	63.3
外贸自营出口总额	亿美元	20.17	—
实际利用外资及港澳台资	亿美元	2.92	-5.3
社会消费品零售总额	亿元	328.62	9.5
一般公共财政预算收入	亿元	60.02	10.5
城镇居民人均可支配收入	元	47262	8.0
农村居民人均可支配收入	元	24046	8.7

（施旭东）

企业确定服务券商，和天下在新三板成功挂牌。建筑工业化提速推进，新开工装配式建筑39万平方米，实现建筑业总产值540亿元。（施旭东）

■服务业 现代服务业提质增量，出台总部经济专项扶持政策，新增税收千万元楼宇3座、“双软”认证企业11家，净增服务业重点企业43家，电商交易额突破190亿元，服务业增加值占地区生产总值比重较上年提高1%。（施旭东）

■对外及港澳台经贸 完成首届进博会邗江企业参会及采购工作，实现外经营业额1.61亿美元、外贸出口20.17亿美元，一般贸易进出口占比提升至80%，实际利用外资及港澳台资2.92亿美元。（施旭东）

■项目建设 全年完成固定资产投资增长12%，其中工业投资占比43%。组织外出招商拜访106批次，成功举办生物医药产业论坛、微电子产业峰会，推动源川碳纤维、嘉峥机械等60个重点项目落户。“三新”（新开工、新竣工、新达产达效）项目认定率保持全市领先，联亚生物、联成开拓、边城酒店等22个项目开工建设，振华电子、和天下PC管廊、中集琼花苑等18个项目竣工，完美二期、国泰大厦等22个项目达产达效。启动工业园区拓展三年行动计划，扬州高新区在全国同类园区排名第90位、创成国家高端人才引领型“双创”升级示范园区，维扬开发区在全省排名第16位，槐泗镇经济发达镇改革试点方案获省批准，环保产业园创成国家级资源循环利用基地、国家级绿色园区。（施旭东）

■创新转型 新平台建设持续突破，扬子津科创园广陵学院建成招生，建筑产业园创成省级建筑产业现代化示范园区，西区新城猪八戒网、互联网产业园朗坤科技投入运营，北湖湿地公园完成分界水系、外围道路、核心区土方建设。加快推动文旅融合，举办甘泉樱花节、瓜洲音乐节、新玩具“双创”设计大赛、“月亮城杯”两岸文创大赛，毛绒玩具小镇公共平台一期建成开放，琴筝产业园商品街正式开街，大王庙文创园开园，文化产业增加值占比达5.3%。致力提高科技贡献率，建立科技成果转化基地7个、示范应用点25个，落实产学研合作项目80个。鼓励企业自主创新，净增国家高新技术企业49家，新增科技型中小企业197家，高新技术产业产值占比达51%，全社会研发投入占地区生产总值比重达2.96%。加大品牌创建、专利申报力度，扬州高新区入选国家高端装备制造业标准化试点，罗思韦尔被认定为中国驰名商标，扬州漆器厂获批国家级消费品标准化试点，全区万人发明专利拥有量达20.7件。“双创”示范工作推进，建成科技综合体16万平方米，新增入驻企业240家，创成省小企业“双创”示范基地2家、省级以上孵化器3个、众创空间4个、星创天地2个。扬州人力资源服务产业园挂牌运营，设立海外招才引智工作站2个，创成博士后工作站分站2个，引进高层次人才220人，获评省“双创”计划团队1个、“双创”人才8人、省市科技企业家88人，新增、转化人才公寓3万平方米。（施旭东）

■生态环保 全面推行“河长制”“湖长制”，实施槐泗河水系综合治理，完成丁庄河、竹西河、沿山河等16条黑臭水体整治任务，开展引潮河、赵家支沟生态治理，新建国家地表水水质自动监测站2座。制定镇村生活污水处理设施建设奖补方案，新建农村污水处理设施7个。推进江淮生态大走廊建设和邵伯湖保护治理，完成退养还湖440公顷，整治畜禽养殖场574户，疏浚区镇河道3条、河塘134口，关停化工企业3家、砖瓦生产企业16家，建成首拓环境危废处置项目。完善农药零差率配送体系，农药包装废弃物回收率达95%。严格落实大气质量管控措施，开展扬尘整治百日行动，完成煤炭消费总量削减任务，$PM_{2.5}$、PM_{10}年均浓度分别下降11.7%、4.9%。开展“绿满邗江”建设，成片造林179.8公顷，恢复湿地20公顷，建成611省道邗江段

景观绿化带。重视土地节约集约利用，盘活低效闲置用地123公顷，开展“大棚房”清理整治专项行动。（施旭东）

■**城乡建设** 推进城市总体规划修编，调整优化瓜洲片区、蒋王片区控规，拓展建筑产业园规划空间。重要节点开发有力有序，华润万象汇竣工，吾悦广场、五彩世界开业，扬州大剧院主体封顶。实施“三路一环”（“三路”指文昌路、扬子江路、城南快速通道三条城市主干道，“一环”指环古城区的南通路、泰州路、盐阜路、淮海路）环境综合整治，拆迁拆违7万平方米，立面改造36万平方米，规范店招2707块，迁改杆线8.7千米，取缔扬子江路破墙开店、职大疏导点，改造绕城高速出入口环境。提升路网通达水平，实施扬子江北路拓宽改造、江平路西延拆迁交地，城市南部快速通道邗江段、扬冶路改造、真州路北延、杨柳青路西延建成通车，新甘泉大道东延、谷滨线、槐甘线先导段加快推进。抓实抓好民生城建，改造“城中村”3个、棚户区5个、老街巷1条、积水点1处，盘活停车泊位2400个，完成汊河农贸市场升级改造、江阳农贸市场物业经营权回收，建成西湖邻里服务中心。加大重点区域市容保障、环卫保洁力度，“城市啄木鸟”微信平台上线运行。启动城乡生活垃圾分类和治理三年行动计划，新增示范小区5个、小型环卫综合体1座，建成月明苑小区垃圾分类“四分法”（指可回收物、其他垃圾、有毒有害物、餐厨废弃物分类收集）示范点。强化住宅小区综合治理，建立“四位一体”（指社区党组织、社区居委会、业主委员会、物业服务企业的住宅小区治理）管理新模式，整治老小区67.2万平方米，新增基本物业服务面积3.1万平方米。（施旭东）

■**劳动和社会保障** 完善就业创业服务体系，新增城镇就业1.49万人，支持自主成功创业2500人，城镇登记失业率控制在1.8%以内。织密扎牢社会保障网，“五大保险”（养老保险、医疗保险、失业保险、生育保险和工伤保险）扩面征缴1万人次，城乡低保标准提高至每人每月660元。巩固精准扶贫成果，全面落实“三保五助”（保基本生活、保危房改造、保基本医疗，助贫困劳动力就业、助贫困学生完成学业、助创业意愿实现、助巩固脱贫成果、助薄弱村发展集体经济）政策，33个经济薄弱村集体经营性收入提升至70万元。（施旭东）

■**社会事业** 扩大优质公办教育资源供给，新增蜀冈怡庭、新盛、双桥3家公办幼儿园，开工建设西区新城高级中学、蜀冈小学。集中整治校外培训机构228家，在全省率先推广新家庭教育实验，承办全国家校合作经验交流会。高考成绩再创新高，本一、本二上线率均列全市首位，“学在邗江”品牌更加彰显。增强基层医疗卫生服务能力，区公共卫生中心主体竣工，蒋王、汊河社区卫生服务中心开工建设，镇村医疗卫生服务一体化管理有序推进，通过省健康促进区验收。优化公共文体设施配置，明月湖、半岛城市书房投入使用，扬州西花园、康乐等18座生态体育公园建成开放，建立区镇两级公园星级管护考核机制，整治提升89个村级“五个一”文体广场（拥有一片300平方米的水泥或橡胶平地、一副篮球架、一盏照明灯、10米长椅或长凳和至少10棵大树的配套绿化）。（施旭东）

■**2018扬州（邗江）双高成果交流洽谈会举行** 11月9日，2018扬州（邗江）高科技成果、高价值专利转移转化对接洽谈会举行。20多家知名高校院所50余名专家参会带来近380项创新成果，15个“双高双转”合作项目集中签约，10家企业负责人上台接牌国家重点实验室“十基百点”（建立十类科技成果转化基地、百项成果示范应用点）工程示范应用点，6个团队发布重点成果。（施旭东）

江都区

■**概况** 江都区总面积1332.54平方千米，辖1个省级经济技术开发区和13个镇，有259个行政村、73个社区。年末户籍总人口104.5万人。

2018年，全区实现地区生产总值1070.05亿元，比上年增长5%；一般公共预算收入52.89亿元，增长0.4%；农村居民人均可支配收入23115元，增长9.2%，城镇居民人均可支配收入43118元，增长8.1%。入围2018年度全国综合实力百强区、全国投资潜力百强区，分列第36位、第35位。（江都府办）

■**农业** 2018年，全区实现农业总产值118.65亿元，比上年增长4.5%。粮食产量64万吨，增长1.7%。新增设施农业（渔业）933.33公顷、总面积达2.13万公顷，实现农业增加值64.9亿元。国家农产品质量安全县创建通过省级验收，获评省智能农业示范县，中朴集团被认定为第三批国家林业重点龙头企业，小纪现代农业产业园区被农业农村部列为全国新型职业农民培育示范基地。围绕“九纵十横”网格林业规划，全区营造成片林430.98公顷，四旁植树70万株。至年底，全区林地面积2.66万公顷，林木覆盖率20.9%。纵深推进畜禽养殖污染综合治理，畜禽生态健康养殖比重68.81%，规模养殖场治理率81.42%。加大农业企业带动，中月米业创成农业产业化省级示范联合体，新增区级农业龙头企业2家、农产品加工规上企业2家，省级、市级农业龙头企业分别达12家和22家，小纪现代化生猪养殖产业集聚区项目正式签约启动。全区30个村开展农地综合社创新试点，入社成员1.25万人、入股面积930.67公顷。制定农村集体经营权资产交易服务规范省标并报国标委备案，镇级农村产权交易标准化实现全覆盖，新增质押贷款1213万元，累计1.79亿元。承包地确权登记4.33万公顷，数据汇交农

2018年江都区经济社会发展主要指标一览表

表 40-3

项　　目	单 位	数 量	比上年增长(%)
地区生产总值	亿元	1070.05	5.0
第一产业增加值	亿元	66.95	3.3
第二产业增加值	亿元	494.44	2.0
#工业增加值	亿元	407.85	2.1
第三产业增加值	亿元	508.66	8.6
人均地区生产总值（按常住人口计算）	元	105476	4.6
农业总产值	亿元	118.65	4.5
粮食总产量	万吨	64.0	1.7
固定资产投资总额	亿元	—	-2.3
外贸自营出口	亿美元	14.74	-8.3
实际利用外资	亿美元	2.2	-8.6
社会消费品零售总额	亿元	294.45	9.2
一般公共财政预算收入	亿元	52.89	0.4
公共财政预算支出	亿元	112.19	11.8
城镇居民人均可支配收入	元	43118	8.1
农村居民人均可支配收入	元	23115	9.2
年末存款余额	亿元	1059.83	0.1
年末贷款余额	亿元	672.55	9.7

（江都统计局）

业农村部。家庭农场110家、农民合作社40家纳入名录管理，创成省级示范家庭农场12家、市级5家，国家级示范合作社3家、省级2家。开展农村集体资产清产核资，建成全区“阳光三资”监管信息系统，各镇（园区）均建成“村级会计委托代理服务中心”。（江都府办）

■工业 2018年，全区完成工业开票销售1020.3亿元，在全市率先赶超千亿目标，连续两年增幅保持在20%以上；工业入库税收41.5亿元，比上年增长10.1%；列中国工业百强区第34位，比上年前移10位。重点企业提质增效，百强工业企业中近80%实现正增长，开票销售亿元以上企业达105家，净增17家；其中10亿元以上企业15家、净增2家，泰富特材突破70亿元。嵘泰工业、华伦化工、诚德集团等12家企业净增入库税收千万元以上；亚威机床获批国家技术创新示范企业，扬州江淮被工信部评为绿色工厂。日清纺大陆EBS阀块二期、正德包装材料、正川智能家居等7个项目通过市级新开工认定，中船澄西海上风塔、双汇智能电工装备等项目通过市级新竣工认定，金阳光新能源锂电池一期、金世缘环保家居等项目投产达效。（江都府办）

■建筑业 2018年，全区建筑业完成施工产值1332亿元，比上年增长4%；境外营业额1.65亿美元。上缴地方税收突破12亿元，增幅40%，占全区总税收的15%。上缴地方税收1000万元以上企业达15家，其中，江都建设集团纳税2.17亿元、江安集团纳税1.15亿元、江建集团纳税6180万元、沪武建设纳税6112万元、威达建设纳税5930万元、华江集团纳税4457万元、鑫圣建设纳税4044万元、空间新盛纳税3893万元。江都建设集团、江建集团、江安集团等企业创国家级优质工程奖5项，其中江都建设集团施工的西安中国银行集团客服中心项目、江建集团施工的江都长青大酒店项目获批“国优工程奖”，江建集团参建的渭北煤化工园区180万吨甲醇70万吨聚烯烃项目获批“国优工程奖”，江安集团承建的宁波南亚塑胶工业有限公司BPA项目机电工程获批“安装之星奖”，扬州市建设安装工程有限公司参建的铂金大厦安装工程获批“安装之星奖”，江都建设集团老挝人民革命党中央总部大楼项目获批境外“鲁班奖”。全区建安企业共荣获省优工程7项、市优工程21项；创国家级文明工地3个、省级文明工地30个、市级文明工地18个。江安集团获批石化总承包一级资质及装饰装修专业承包一级资质，全区拥有资质企业300家，其中，特级3家、一级32家、二级95家。扬州金奥中心主楼工程、江都人民医院异地新建行政楼工程获批省级建筑产业现代化示范项目；华江建设集团等4家建安企业被省住建厅评为“江苏省建筑业百强企业”；江都建设集团等6家企业被省建筑行业协会评为“江苏省建筑业双百强企业”。（江都府办）

■服务业 2018年，全区完成服务业增加值509亿元，占地区生产总值比重47.6%，比上年增长8.6%，总量保持全市第一。全年实施服务业重大项目17个、总投资304亿元，金鹰新城市中心入驻商家品牌达250家，佳源商务中心投入运营，金奥中心主体封顶，文昌东路商圈建成区面积达90万平方米；顺丰智慧产业园签约，星通北斗“无车承运”物流平台线上交易突破8亿元。江都港年吞吐量超6000万吨，占扬州总量一半以上。紫金农村商业银行、常熟农村商业银行入驻江都，银行机构总数达22家。推进“513”资本行动计划，落户基金公司10家、基金管理公司4家，总规模81.85亿元。全年接待游客500万人以上，实现旅游收入5.28亿元。邵伯运河

扬州金奥中心封顶　　王乃驹/摄

风情小镇入选省第二批特色小镇创建名单。（江都府办）

■对外及港澳台经贸 2018年，全区完成外贸及港澳台资实际到账2.2亿美元。外贸方面，全区完成外贸自营进出口22.37亿美元，比上年增长5.2%，其中出口14.74亿美元。支柱行业出口持续增长，医药化工、车辆及零部件、机电产品、塑料制品、钢管分别增长60.99%、41.11%、31.95%、28.19%、26.73%，其中医药化工比上年提高近9个百分点。中海工业、长青农化、龙川钢管、扬州诚德等20家重点企业共完成出口10.4亿美元，占出口总额70.5%。外经方面，全区完成外经营业额4.15亿美元，占全市总额43%。全区共有在建境外承包项目15个，新增境外投资企业4家。（江都府办）

■国内贸易 2018年，全区实现社会消费品零售总额294.45亿元，比上年增长9.2%。分规模看，限上企业实现零售额61.01亿元，增长3.7%；限下企业实现零售额233.44亿元，增长10.7%。分城乡来看，城镇实现零售额265.83亿元，增长9.2%，占全部社零比重90.28%；乡村实现零售额28.62亿元，增长9.1%。电子商务示范创建再创佳绩，获批2018中国农村电商致富带头人1名，省首批电商众创空间创建试点1家（创客邦）、省乡镇特色电商产业园区2家（阿波罗花木、商贸城社区）、省级电商示范村2家（小纪镇华阳村、丁伙镇新杭村）、市电子商务领域放心消费示范单位1家（宏创科技）。（江都府办）

■旅游业 2018年，全区实现旅游收入5.09亿元，比上年增长8.76%；接待旅游人数510万人次，增长8.51%。扬州民歌民乐公园、扬州艺术馆创成国家AAA级景区。真武源玥农庄、邵伯艾菱湖生态园创成省三星级乡村旅游区。邵伯运河风情小镇入选省旅游风情小镇创建名单。推进旅游标准化创建工作，通过省中期验收。新建、改建3座AAA级、7座AA级旅游厕所。邵伯湖龙虾旅游美食节、中国首届智能船艇大赛列入“扬州的夏日”十大主题活动。围绕武坚勇龙国际生态园温泉项目，举办“水乡冬暖温泉节”，打造温泉度假、水乡美食为一体的里下河温泉产品。（江都府办）

■交通和供电 2018年，全区完成公路客运量1097.1万人次，客运周转量3.38亿人千米；公路货运量1236万吨，货运周转量21.93亿吨千米；完成水路货运量3475万吨，货物周转量192.9亿吨千米；港口货物吞吐量6205万吨。公共交通实现“同城同行同价”。全年完成交通基础设施投资3.86亿元。江广高速改扩建工程、浦头互通于10月通车。金湾路三座跨界河大桥（金湾河大桥、高水河大桥、古运河大桥）均已建成。五峰山过江通道、京沪高速改扩建加快推进。完成农村公路提档升级78千米，改造桥梁15座。完成67千米农村公路路域环境整治、120千米生命安全防护工程。完成220千伏大桥变主变增容，建成110千伏麾村输变电等工程；新建改造10千伏线路247千米、低压线路384千米，新增改造配电变压器338台。降低企业用电成本，对全区5.3万余户一般工商业用户执行4次降价，全年降低用电成本5748万元。实施粮食烘干炉清洁热源改造，推广粮食烘干空气源热泵12户52台，并全部落实农业电价政策。（江都府办）

■财税与金融 2018年，全区实现一般公共预算收入52.89亿元，占地区生产总值比重4.9%，其中税收收入41.3亿元，增长13.5%。印发《优化税收营商环境实施意见》，落实22条便捷高效的服务举措。深入13个镇开展税收政策宣讲20场，涉及纳税人6000户。推行“一窗通办”“一厅通办”“一键咨询”，窗口办税时间大幅缩减。全面落实国家减税政策，依法减免各项税收20.76亿元，办理出口退税12.57亿元。

拓宽金融服务实体经济渠道，16家新落户基金机构资本总规模超100亿元，成立龙川科贷公司、麒麟梦想天使基金，组织银企对接13次、签约78.2亿元，共发放中小微企业定向贷款和互助转贷资金超40亿元。实施“513”行动计划，23家企业签订IPO辅导协议，扬瑞新材料上市报证监会待批。推进区镇村“三资”监管服务系统建设，集中统一的财务管理服务平台上线运行。（江都府办）

■城乡建设与环境保护 启动“多规合一”，完成全区发展规划大纲编制和金湾片区、东北片区等核心区域城市设计。升级改造人民路、工农路，金湾路江都段基本满足通车条件，全年拆迁76万平方米。南水北调源头公园一期等7个市民公园建成开放，新增绿化面积25万平方米。铺设城区污水管网22千米，新增农村污水处理设施45个，垃圾应急填埋场建成投运，天楹垃圾焚烧发电项目序时推进。开展“三拆三整治”等市容环境治理行动，拆除违章建筑2万平方米，整治老小区6个，总面积11万平方米。印发《生态环境保护工作责任规定》，推进“263”专项行动和江淮生态大走廊建设，落实中央环保督察“回头看”整改任务，减煤8万吨，减化138家，关停长江、大运河、通榆河等重要水体沿线隐患企业47家，治理城乡黑臭河道59条、VOC（挥发性有机化合物）单位147家、规模化畜禽养殖场90家，全面清退邵伯湖261.07公顷水域围网养殖。开展饮用水源地整治、大气质量管控、清废行动、“散乱污”企业等17个专项治理，完成市级水、气污染防治项目470项，秸秆禁烧实现“零火点、零通报”，4个集中式饮用水源地和11个国省控水质断面年均值稳定达标，环境空气优良率80.5%。狠抓各类环境突出问题销号，涉环信访总量下降27%。（江都府办）

■科技创新 全社会研发支出占地区生产总值比重2.86%，高新技术产业产值占规上工业比重42.88%。获批国家高新技术企业96家，净增39家，总数达185家。省高新技术企业入库培育30家，新增科技型中小企业108家，5家企业获评2018年度省科学技术奖。全年达成产学研合作协议120项，完成企业技术合同备案187项，金额达2.03亿元。获批国家人才计划1人、省“双创团队”1个、“双创人才”6人，获评2018年度中国产学研合作促进奖。新增省级以上企业研发机构11家，总数达196个，亚威机床承担的省金属板材智能装备重点实验室通过验收。建成并投用仙城工业园科技综合体、江都软件园科技综合体共12.9万平方米，招引入驻企业近200家。新增青禾众创、星客梦工厂、智创梦工场省级众创空间3家、菁英汇工业设计孵化器1家，全区共创成江都创客邦、创艺985国家级众创空间2家，省级众创空间3家、孵化器3家。新加坡南洋理工大学人工智能产业研究院、江苏大学新能源汽车产业研究院等落户江都。完成专利申请7450件，获得授权3785件，其中发明专利277件，分别增长43.2%、65.9%、123.4%；万人有效发明专利拥有量达8.7件，增长39.9%。获评全省知识产权工作和知识产权执法工作成绩突出单位。（江都府办）

■社会事业 文化事业持续繁荣，原创舞蹈《车轮滚过大平原》获省五星工程奖；组织开展“书香江都全民阅读节”系列活动，完成区图书馆智能馆藏应用系统建设、“常春藤”自助式图书馆建设、云计算和云储存服务等提升改造项目，建成开放龙川广场24小时城市书房；建成区、镇、村三级应急广播体系，实现村（社区）综合文化服务中心全覆盖。完成3万平方米校舍抗震加固，建成4个融合教育资源教室，装备8个智慧教室、20个录播室，江都中学异地新建选址确定。教育资源分布更趋均衡，仙小教育集团实施战略东移，区一中、三中深度融合办学，城区热点学校首次实现均衡分班。校外培训机构和无证幼儿园整治成效明显，关停校外培训机构90家、无证幼儿园13家。有偿家教得到遏制，城区骨干教师赴镇村学校支教交流成为常态；开展师德师能“百千万工程”，5人被评为省特级教师，5人被推荐为“333高层次人才培养”对象。学校发展共同体建设获国家、省市主流媒体推介，“全国中小学校责任督学挂牌督导创新区”创建通过省市验收，义务教育阶段学业质量监测成绩位居全市前列，2018年全区高考普通类本一达线人数位列全市第一。

卫生重点项目推进，无害化卫生户厕新增4100座，五大急诊急救中心建成投用，区域卫生信息平台搭建成功，人民医院异地新建工程完成局部垫层。医疗改革持续深化，公立医院人事薪酬制度不断完善，实现药品供应网上采购，鼓励社会资本举办专科医疗机构，全区民营医疗机构床位占比达26%。基层医疗机构提档升级，四大区域医疗卫生中心建成急救点，小纪区域医疗卫生中心创成二级医院，真武区域医疗卫生中心针灸科获省基层医疗机构特色科室称号。举行“基本公共卫生服务百日攻坚战”活动，居民电子健康档案建档率达80%；健康扶贫精准开展，明确人民医院为大病救治定点单位，为建档立卡低收入农户提供家庭医生签约服务。武坚镇、大桥镇分别创成国家级、省级卫生镇，通过国家卫生城市复审检查。体育工作成效显著，建成开放南水北调源头公园等7个公园、10个全民健身指导站、13个镇全民健身中心、256个村（社区）体育活动室，承办19届省运会举重、摔跤两项赛事，参赛选手共获8枚金牌，江都实验小学学生篮球队代表扬州参加19届省运会10岁（U10）和11岁（U11）两个组别比赛，U10组女队和男队分获冠亚军，共获3块金牌，刷新全市在历届省运会中最好成绩。（江都府办）

■劳动和社会保障 建立江都子洲人才服务工作站，完善“互联网+就业创业”服务体系，强化就业数据动态监督。城镇新增就业1.59万人，登记失业率1.79%，“双零”家庭动态清零，丁伙镇、仙女镇龙城社区分别创成省级创业型乡镇、社区。保障体系更为完善。城镇职工养老保险纳入市级统筹，城乡居民医保“六统一”目标全面完成，社保新增扩面2.45万人次，基金征缴超20亿元。（江都府办）

■民营经济 2018年，全区新发展市场主体增长1.42万户，净增个体私营1.12万户，个体工商户转私营企业423户，分别占全年任务的141%、157.4%、128.2%。10个民资项目参与江都第16届花卉节集中签约，总投资57.5亿元；新开工亿元项目32个，占全年目标的145.5%，获全市民营经济考核一等奖。区内企业申请注册商标620件，主持参与制订15个国家标准、14个行业标准，长青农化获批省“双百品牌”。（江都府办）

■中国江都第16届花卉节 4月17日至5月18日，江都区举办第16届花卉节。开幕式上，共有30个项目参加集中签约，主要投向高端制造、节能环保、新材料等战略新兴产业和机械电子、汽车零部件等主导产业以及高端商住等新领域。其中，签约外资及港澳台资项目5个，总投资额1.92亿美元；民资项目10个，总投资额57.5亿元；科技人才项目15个。（江都府办）

宝应县

■概况 宝应县总面积1467平方千米，辖14个镇，222个村委会、43个社区、17个村居合一。有1个省级经济开发区和1个宝应湖旅游度假区。年末户籍总人口88.76万人。

2018年，全县实现地区生产总值630.46亿元，比上年增长6.6%。其中，第一产业增加值71.79亿元，增长3.4%；第二产业增加值282.24亿元，增长6.6%；第三产业增加值276.43亿元，增长8%。城镇居民人均可支配收入31773元，农村居民人均可支配收入20119元，分别增长8.5%和9.1%。（王　刚）

■农业 2018年，全县实现农业总产值132.73亿元，比上年增长3.5%。新增设施农（渔）业1333.33公顷、有机农业519公顷，新建高标准农田2666.67公顷。获批省级园艺作物标准园2家，新创市级粮食生产全程机械化示范镇4个。实施农业规模项目20个、亿元以上项目10个。获批省级农业产业化龙头企业2家、绿色有机农产品13个。创成全国农村创业创新典型县。国家农村产业融合发展示范园项目通过专家评审。流转土地4200公顷，新增“农田托管”5533.33公顷。创成省级示范家庭农场6个。培训新型职业农民7000人。高效设施农业保险覆盖率54%。农村产权年交易额突破5亿元。粮食工作获省嘉奖。（王　刚）

■工业 2018年，全县规模以上工业实现产值1125.71亿元，比上年增长14.1%，完成开票销售714亿元，增长10.5%，入库税收18.7亿元，增长8.1%。市认定工业新开工重大项目7个、新竣工5个、新达产20个。输变电装备产业持续提升，龙头企业中航宝胜实现开票销售287亿元，增长15.2%。企业培育成效明显，新增开票销售过10亿元和5亿元企业各2家、亿元企业13家，净增规模企业25家。（王　刚）

■商贸服务 全县新增服务业重点企业38家，纳税过千万元企业4家。新创AAAA级物流企业1家，农产品物流园基本建成。推进旅游标准化创建，建成智慧旅游平台，旅游收入比上年增长19%。创成国家AAA级景区2家、省四星级乡村旅游区3家。（王　刚）

■财政和金融 2018年，全县财政总收入65.68亿元，比上年增长5.9%；公共财政预算收入27.6亿元，税收占比80%。金融机构存贷款余额分别达561.85亿元和378.1亿元，新增贷款31.3亿元，其中制造业贷款10.5亿元。（王　刚）

■招商引资和项目建设 全年组织“6+X”系列招商活动70多场次，

2018年宝应县经济社会发展主要指标一览表

表40-4

项　目	单 位	数 量	比上年增长(%)
地区生产总值	亿元	630.46	6.6
第一产业增加值	亿元	71.79	3.4
第二产业增加值	亿元	282.24	6.0
#工业增加值	亿元	230.35	6.5
第三产业增加值	亿元	276.43	8.0
人均地区生产总值(按常住人口计算)	元	83032	6.4
规模以上工业总产值	亿元	1125.71	14.1
农业总产值	亿元	132.73	3.5
粮食总产量	万吨	86.88	-2.2
全社会固定资产投资总额	亿元	—	11.6
外贸自营出口总额	亿美元	8.83	1.6
实际利用外资及港澳台资	万美元	7001	15.5
社会消费品零售总额	亿元	181.72	10.0
财政总收入	亿元	65.68	5.9
一般公共预算收入	亿元	27.6	—
城镇居民人均可支配收入	元	31773	8.5
农村居民人均可支配收入	元	20119	9.1
年末存款余额	亿元	561.85	1.6
年末贷款余额	亿元	378.1	—

（王　刚）

新签项目76个，其中重大项目15个、亿元项目45个。智能终端、母婴用品、智能家居等一批重大项目相继落户。实际利用外资及港澳台资7001万美元，外贸出口8.83亿美元，外经营业额3965万美元。（王　刚）

■**重点改革**　“放管服”改革继续深化，“3550”目标基本实现，“不见面审批（服务）”事项占比96%，公共资源交易实现管办分离。强化事中事后监管，“双随机一公开”有序推进。完成盐业监管体制、企事业单位公车制度改革。国地税征管体制改革全面推开。加强政府债务管理。国企改革稳步实施，城建集团实质化运作。完成农村集体资产清产核资，新增无债村128个，村（居）阳光“三资”管理信息系统实现全覆盖，试点推进村级会计委派制改革。投放制造业、建筑业产业基金4.94亿元。获批省级PPP试点项目2个。向上争取非普惠制资金15亿元。（王　刚）

■**创新创业**　新增国家高新技术企业51家、国家科技型中小企业61家、省工业互联网发展示范企业1家。完成省、市科技计划项目18个。新建校企联盟12个，新签产学研合作协议60项。新一批科技镇长团驻宝应任职。引进高层次创新创业人才69人，入选省“双创计划”7人，新培育省级“333工程”、科技企业家和乡土“三带”人才56人。新建科技产业综合体8万平方米，新增省级以上研发机构1家。获批筹建省级教玩具检验中心。专利授权1912件，万人发明专利拥有量5.6件。新增中国驰名商标1件、国家地理标志商标3件，参与制订国家、行业标准8项。（王　刚）

■**城乡建设**　对接扬州新一轮城市总规修编，区域功能定位和产业布局持续优化。“公园+”体系建设全市示范，新城生态体育公园开放运营，吾悦广场、红星美凯龙生活广场加快建设，郭庄邻里中心投入使用，宝南路、城中路建成通车，城市南部片区功能配套更趋完善。协同推进城市更新，升级改造白田北路，裁弯取直淮江路，完成棚户区、城中村搬迁改造15.2万平方米，整治老旧小区10万平方米，创成省级宜居示范居住小区1个。实施城市河道生态修复和景观打造工程，新建城区运河风光带2.3千米。新增绿地面积30万平方米。15个公园建成开放，公园建设管理工作获市表彰。拆除各类违法建筑4.1万平方米。建成大件垃圾拆解中心、园林绿化垃圾处理中心、建筑垃圾资源化利用场各1个。升级改造城市公厕5座。新增城区停车位450个，施划城区主次干道停车位5500个，设置非机动车停车架3.5千米。实施集镇建设“五个一”“三个一”工程项目97个。曹甸镇创成省级特色小镇，新增市级特色小镇3个。建成省“美丽乡村”、传统村落保护项目及市“特色田园乡村”各2个。村庄环境“五位一体”管护成果持续巩固。（王　刚）

■**基础设施建设**　连淮扬镇铁路宝应段全市率先架梁贯通，高铁站前广场综合枢纽项目推进。京沪高速扩容建设启动，省道331宝应段改扩建工程全线开工。改建农村公路102千米，改造危桥24座。完成年度小农水重点县、灌区改造等工程4个。实施淮河入江水道增补工程，搬迁安置渔民145户。新建110千伏泾河变，扩建110千伏曹甸变，建成220千伏光伏基地送出双回线路66.6千米。新增管道燃气用户9300多户。（王　刚）

■**生态建设**　推进运河整治，拆除沿线各类经营户124户。拆除湖区围网养殖433.33公顷，宝应湖水质明显改善。疏浚农村河道56条。国、省考断面均达考核要求。秸秆综合利用率98%以上，空气优良天数比例85%。规模化养殖场治理达标率70%以上。集中回收农药废弃包装物71万件。覆盖拉网式农村环境综合整治试点通过省级验收。完成江淮生态大走廊建设年度项目8个。成片造林533.33公顷，栽植各类苗木130万株。建成省级村庄绿化整体推进示范村9个。新增村级污水处理设施44个，铺设污水管网40千米。创成省级生态文明建设示范县。实施节能改造项目20个、循环经济项目3个，通过清洁生产审核企业16家，关停化工企业4家。建成公共快充电站2座。新建节能建筑57万平方米。荷藕集中加工区、生活垃圾焚烧发电等项目主体完工，工业企业污染防治设施覆盖率90%以上。升级改造燃煤粮食烘干炉、工业窑炉79家，煤炭消费总量同比下降30%，万元地区生产总值综合能耗下降3.06%。（王　刚）

■**社会保障**　新增城镇就业人数2万人，转移农村劳动力2120人。新增各类参保2.9万人。归集住房公积金5.4亿元，贷款支取6.8亿元。筹建经济适用房、公（廉）租房250套，发放廉租补贴56户。改造农村危房326户。全面落实“三保五助”政策，85%以上建档立卡低收入农户人均可支配收入稳定达7000元。城乡低保、孤儿养育标准动态增长，残疾人保障、五保供养水平稳步提高，医疗救助、急难家庭临时救助工作不断加强。完成既有住宅适老化改造任务。老年公寓二期工程基本完工，医养结合型养老院建成投运，政府购买居家养老服务1120人。新建颐养示范社区2个、标准化居家养老服务中心20个、镇级残疾人之家13个。创成市级食品安全示范镇7个。（王　刚）

■**社会事业**　开发区国际学校、安宜实验学校初中部建成投用，宝楠国际学校正式招生。高考本科达线人数再创新高。创成全国农村职业教育与成人教育示范县，中小学责任督学创新区通过省级验收。关停校外培训机构103家。新人民医院项目有序推进，建成运西人民医院。创成二级综合医院2个、省示范村卫生室12个。获批省妇幼健康优质服务示范县。新增农村无害化卫生户厕1300座。建成村（居）

综合性文化服务中心90家。县图书馆创成国家一级馆。承办省第19届运动会足球、柔道赛事，获金牌3枚。（王　刚）

■**社会治理**　推进平安宝应建设，群众安全感再获全省第一。获评全省社会治安综合治理先进县。人民调解服务标准化获国家立项。寄递物流业安全监管经验全市推广。网格化社会治理三级中心建设、信息化建设整体推进。非法集资、互联网金融风险得到有效管控。县、镇、村三级应急广播体系实现全覆盖。双拥优抚政策全面落实，退役安置、抚恤优待等工作扎实开展，创成省双拥模范县。（王　刚）

■**2018中国·宝应荷藕节**　8月8日，宝应县举行2018中国·宝应荷藕节投资商机推介会暨项目集中签约仪式。活动当天共签约25个项目，其中10亿元以上项目4个，亿元以上项目20个，涵盖第一、二、三产业，计划总投资96.85亿元。（王　刚）

2018年仪征市经济社会发展主要指标一览表

表40-5

项　目	单位	数量	比上年增长(%)
地区生产总值	亿元	673.94	6.7
第一产业增加值	亿元	23.84	2.6
第二产业增加值	亿元	347.49	5.8
第三产业增加值	亿元	302.61	8.1
人均地区生产总值(按常住人口计算)	元	118401	—
规模以上工业总产值	亿元	1048.39	9.1
规模以上工业销售收入	亿元	1035.34	8.6
规模以上工业利税总额	亿元	118.24	47.7
规模以上工业利润总额	亿元	82.34	78.7
工业开票销售	亿元	1173.97	12
建筑业施工总产值	亿元	348	14.8
一般公共财政预算收入	亿元	50.92	6.5
外贸自营出口额	亿美元	6.56	32.23
实际利用外资及港澳台资	亿美元	1.90	69
向上争取国资	亿元	14.92	60
固定资产投资	亿元	428.95	15.5
工业技改投资	亿元	165.02	16.1
社会消费品零售总额	亿元	129.57	8
城镇居民人均可支配收入	元	42900	8.1
农村居民人均可支配收入	元	20688	8.7

（李明飞　吕　伟）

仪征市

■**概况**　仪征市总面积857.14平方千米，辖9个镇，有136个村、59个社区，年末户籍人口56.03万人。

2018年，全市实现地区生产总值673.94亿元，比上年增长6.7%。其中，第一产业增加值23.84亿元，增长2.6%；第二产业增加值347.49亿元，增长5.8%；第三产业增加值302.61亿元，增长8.1%。三次产业比例3.5:51.6:44.9。市本级（不含扬州化学工业园区）完成固定资产投资307.95亿元，增长12.1%。居民消费品价格总水平比上年上涨2.2%。城镇居民人均可支配收入42900元，增长8.1%；农村居民人均可支配收入20688元，增长8.7%。（李明飞　吕　伟）

■**农业**　2018年，全市粮食总产量27.49万吨，比上年增长10.9%。其中，夏粮产量6.68万吨，增长48.5%；秋粮产量20.81万吨，增长2.6%。油料总产量0.41万吨，下降21.2%。蔬菜总产量28.45万吨，增长1.6%。全年粮食种植面积3.92万公顷，增长14.1%；油料种植面积1660公顷，下降20.1%；蔬菜种植面积7146.67公顷，增长0.9%。肉类总产量1.92万吨，下降10.4%；牛奶总产量150吨，下降44.4%；

10月28日，仪征市月塘镇东风村一台大型联合收割机正在利用晴好天气抢收晚稻　周晓明/摄

禽蛋总产量1.42万吨，下降5.1%；水产品总产量7470吨，下降6.7%。实施农田水利、农村河道疏浚治理等农水工程，建设高标准农田2133.33公顷。推广休耕轮作、土壤深翻、综合种养，提升粮食综合生产能力，粮食总产稳步增长。加快现代农业园区建设，创成省休闲农业精品村2个、省主题创意农园2个。培育新型农业经营主体，新组建家庭农场101家，新增农民专业合作社20个。推进农业企业对接资本市场，4家企业在省股权交易中心挂牌。完成粮食中心库二期仓容建设，新增烘干中心6个。

（李明飞　吕　伟）

■工业 2018年，全市工业开票销售收入1173.97亿元，比上年增长12.0%；其中市本级工业开票销售收入905.38亿元，增长12.3%。全市规模以上工业实现产值1048.39亿元，增长9.1%；其中市本级规模以上工业实现产值804.48亿元，增长8.4%。规模以上石油化工产业实现产值407.28亿元，增长13.8%；规模以上汽车及零部件产业实现产值348.94亿元，增长8.9%。在列入统计的主要工业产品中，产量比上年增长的有16种，下降的有19种。其中，金属冶炼设备、水泥、混凝土、无纺布等产品产量增长20%以上；初级形态塑料、变压器、民用船舶、移动通讯设备、纸制品等产品产量下降20%以上。（李明飞　吕　伟）

■服务业 全市第三产业实现增加值302.61亿元，比上年增长8.1%，超过地区生产总值增速1.4个百分点，占地区生产总值比重较同期提升0.9个百分点。其中，市本级实现第三产业增加值287.22亿元，增长7.3%，超过地区生产总值增速0.7个百分点，占地区生产总值比重提升1.1个百分点。市本级规模以上服务业企业实现营业收入34.42亿元，增长26.8%；其中，交通运输、仓储和邮政业增长31.3%，物业管理业增长59.7%，租赁和商务服务业增长9.1%，科学研究和技术服务业增长37.2%。全市服务业税收总额28.87亿元，下降0.83%。服务业税收占全市税收比重为33.85%，下降2.33个百分点。（李明飞　吕　伟）

■建筑业 全年建筑业实现总产值337.04亿元，比上年增长14.5%；竣工产值198.34亿元，下降22.1%。建筑业企业房屋建筑施工面积1961.37万平方米，增长2.3%；竣工面积733.64万平方米，下降18.4%。

（李明飞　吕　伟）

■国内贸易 全年实现社会消费品零售总额129.57亿元，比上年增长8.0%。按经营单位所在地分，城镇市场实现零售额111.64亿元，增长8.0%；乡村市场实现零售额17.93亿元，增长7.6%。按消费形态分，批发业零售额22.64亿元，增长21.6%；零售业零售额90.90亿元，增长4.5%；住宿业零售额1.31亿元，增长6.0%；餐饮业零售额14.71亿元，增长11.4%。（李明飞　吕　伟）

■开放型经济 全市注册外资实际到账1.9亿美元，增长69.0%；本市级注册外资实际到账1.4亿美元，增长74.0%。全市进出口总额17.08亿美元，其中出口6.56亿美元。本市级进出口总额5.56亿美元，其中出口4.17亿美元。（李明飞　吕　伟）

■交通、邮电和旅游业 年末全市公路里程1577.53千米。全年公路客运量1073.91万人次，公路货运量502.88万吨，水路货运量1956万吨，铁路货运量11.73万吨。年末民用汽车拥有量9.48万辆，比上年增长8.5%，其中私人汽车拥有量8.57万辆，增长6.7%。

全年邮政业务收入1.40亿元，增长14.4%；电信业务收入4.36亿元，增长2.9%。全市电话用户84.09万户，增长0.2%。其中，固定电话用户13.13万户，下降4.4%；移动电话用户70.96万户，增长1.1%。年末互联网宽带接入用户27.74万户，增长11.9%。

年末全市旅游景点14处，旅行社及分支机构50家，星级旅游酒店饭店6家。全年接待旅游者482万人次，增长58%；旅游业总收入48.6亿元，增长55%。

（李明飞　吕　伟）

■财政和金融业 全市实现一般公共财政预算收入50.92亿元，比上年增长6.5%，其中税收收入44.04亿元，增长6.2%，税收占比86.5%。市本级实现一般公共财政预算收入44.83亿元，增长5.0%，其中税收收入38.32亿元，增长4.4%，税收占比85.5%。市本级实现一般公共财政预算支出58.39亿元，增长1.5%。其中，城乡社区支出6.00亿元，增长48.0%；公共安全支出3.72亿元，增长17.5%；文化体育与传媒支出0.65亿元，增长15.8%；教育支出10.09亿元，增长6.7%；一般公共服务支出6.99亿元，增长6.3%。年末金融机构人民币存款余额655.11亿元，增长0.8%；其中，居民储蓄存款331.46亿元，增长8.3%；企业存款177.93亿元，下降4.8%。年末金融机构人民币贷款余额452.44亿元，增长12.3%；其中，短期贷款175.07亿元，增长11.1%；中长期贷款263.29亿元，增长10.2%。（李明飞　吕　伟）

■科技创新 全年各类专利申请受理4834件，其中发明专利591件；专利授权3305件，其中发明专利授权103件。建成扬州市级以上研发机构1个，新增国家高新技术企业28家。全市共促成产学研合作协议58项，申报科技计划项目获立项12个。引进高层次领军人才25人、优秀博士39人。（李明飞　吕　伟）

■城乡建设与环境保护 新一轮城市总体规划修编成果通过省厅专家论证，老城区与滨江新城控制性详细规划形成初步成果。相继启动滨江新城区域城市设计、北门区域城市设计、前进路沿线区域城市设计编制工作。持续推进棚户区（城中村）改造，整治临街临水低矮危旧房屋

4.5万平方米，实施危房解危1.2万平方米，老旧小区综合整治17.4万平方米。完善城市公园体系，新建、改造城市综合性公园1个、社区公园1个、街心游园5个。启动“多城同创”，开展城市环境综合整治，实施项目90项。全面接管仪化区域城市管理职能，实施环境整治项目16项。

结合乡镇产业发展，推动集镇道路、绿化、文体、商业等设施建设。实施集镇环境综合整治项目109项，数字化城管二级平台实现园镇全覆盖。推进铜山、月塘、新集、刘集等特色小镇建设，开展规划设计、产业布局和项目招引工作。加快特色田园乡村建设。乡风文明日益提升，创成全国文明村镇3个、江苏最美乡村3个。加大村级增收减债力度，化解村级债务8550万元，实现零债务村60个，所有村集体收入超过55万元。

推进“263”专项行动，实施污染防治重点工程。完成11家重点行业企业挥发性有机物综合治理，全面淘汰整治燃煤小锅炉和工业窑炉。推进城市内河水体整治，强化污水达标排放监管，完成月塘水库应急水源地达标建设。全年空气质量优良天数比率77.3%，市控以上断面水功能区水质达标率100%，危险废物安全处置率100%。以枣林湾全域绿化、S333省道、S353省道景观廊道建设为重点，实施绿化重点工程35个，新增造林633.33公顷。S353省道生态绿廊获全国林业创新创业设计铜奖；被评为首批省级生态文明建设示范市；创成省级生态文明示范镇4个、示范村3个。

（李明飞　吕　伟）

■社会事业 大仪镇中心幼儿园、城北幼儿园进行室内装修施工，实验小学东区校项目研究通过，实施仪征中学等一批暑期维修工程，加快推进南师大二附高中华兴分部及实验中学综合楼、报告厅建设。全市省优质幼儿园比例76.5%，省现代化小学比例96.6%，省现代化初中比例100%，省三星级以上高中比例75%。全市各类学校86所，招生1.73万人，在校生5.80万人。其中，幼儿园34所，招生5650人，在校生1.24万人；小学29所，招生4314人，在校生2.36万人；初中17所，招生3899人，在校生1.19万人；高中4所，招生2605人，在校生7078人。3～5周岁幼儿毛入学率100%，小学净入学率100%，初中净入学率100%，初中升学率99.8%。有省人民教育家培养对象1人，省、扬州市特级教师16人，扬州市首批中小学特级班主任3人，扬州市有突出贡献中青年专家、英才培养对象4人，扬州市级骨干教师584人。

全年广播节目制作时间3333小时，电视节目制作时间957小时，广播节目综合覆盖率100%，电视节目综合覆盖率98%。年末电影放映单位8个、艺术表演场馆1个、博物馆1个、公共图书馆1个、文化站9个，全年艺术表演观众32.7万人次，文物展览参观15万人次，公共图书馆总藏书量45.17万册，书刊文献外借22.27万册次。

深化医药卫生体制改革，创成省基层卫生十强县市。完成中医院和妇幼保健院主体工程，人民医院创成三级医院，与上海东方医院开展合作共建。年末有各类卫生机构（不含村卫生室）84个，比上年增加5个；拥有床位数2690张，增加309张；共有卫生技术人员3698人，减少64人，其中执业医师、执业助理医师1170人，增加86人。全年诊疗318.76万人次，增长4.4%。

年末全市有体育场7个、体育馆8个、游泳池馆8个，教练员16人、等级裁判员164人、等级运动员84人。承办省运会赛事5项，国家青年垒球队训练基地落户仪征。全年运动员获奖牌总数115枚，举办体育竞赛表演125次。完善村、社区文体设施，年末全民健身活动设施869个。（李明飞　吕　伟）

■社会保障 年末城镇登记失业率1.77%，城镇职工基本养老保险覆盖率、基本医疗保险覆盖率、失业保险覆盖率分别为97.18%、97.59%、97.51%，参保人数分别达14.20万人、17.74万人、9.54万人。开展新一轮低收入农户扶贫，落实危房改造、大病救助、子女就学等扶贫措施，建档立卡低收入农户脱贫率96.1%。城乡低保标准统一提高至每人每月640元，农村五保供养标准由每人每年7884元提高至8568元，城镇“三无”老人保障标准由每人每年16440元提高至每人每年17868元。新增住房保障家庭101户。住房公积金扩面5700人，使用公积金10.1亿元。（李明飞　吕　伟）

■省第十届园艺博览会 参见第2页

高邮市

■概况 高邮市面积1963平方千米，辖1个回族乡、11个镇（街道），有2个省级开发区（高邮经济开发区、高邮高新技术产业开发区）、1个新区（高邮城南经济新区），有175个行政村、52个社区，年末户籍人口80.82万人。

2018年，全市实现地区生产总值669.02亿元，按可比价计算，比上年增长8%。其中，第一产业增加值77.71亿元，增长3.7%；第二产业增加值291.33亿元，增长9.8%；第三产业增加值299.98亿元，增长7.2%。三次产业结构比例为11.6:43.6:44.8。人均地区生产总值达89970元，增长9.8%。实现一般公共财政预算收入36.8亿元，增长12.8%；完成公共财政预算支出74.19亿元，增长13.7%。完成固定资产投资440.76亿元，增长16%。城镇居民人均可支配收入37071元，农村居民人均可支配收入20140元，分别增长8.3%、8.9%。（宝珍芳）

■农林牧渔业 2018年，全市实现农林牧渔业总产值148.83亿元，比上年增长4.2%。其中，农业总产值55.74亿元，增长3.6%；林业总产值2.31亿元，增长5.0%；牧业总产值18.79亿元，下降12%；渔业总产值63.93亿元，增长10.6%。实现

2018年高邮市经济社会发展主要指标一览表

表 40-6

项　　目	单 位	数 量	比上年增长(%)
地区生产总值	亿元	669.02	8
第一产业增加值	亿元	77.71	3.7
第二产业增加值	亿元	291.33	9.8
#工业增加值	亿元	232.32	11.2
第三产业增加值	亿元	299.98	7.2
人均地区生产总值（按常住人口计算）	元	89970	9.8
规模以上工业产值	亿元	1126.52	19.3
农林牧渔业产值	亿元	148.83	4.2
粮食总产量	万吨	84.88	0.4
全社会固定资产投资总额	亿元	440.76	16
外贸自营出口总额	亿美元	4.48	5
实际利用外资及港澳台资	亿美元	0.93	36.76
社会消费品零售总额	亿元	191.15	10.1
一般公共财政预算收入	亿元	36.8	12.8
城镇居民人均可支配收入	元	37071	8.3
农村居民人均可支配收入	元	20140	8.9
邮电业务收入	亿元	3.68	-17.3
#电信业务收入	亿元	2.06	6.3
年末存款余额	亿元	637.67	7.6
年末贷款余额	亿元	429.52	19.7

（高邮市统计局）

粮食总产量84.88万吨、油料总产量1.2万吨、蔬菜总产量59.79万吨；生猪出栏量32.75万头、家禽出栏量1128万只、水产品产量23.23万吨。落实农业结构战略调整三年行动计划。建立粮食绿色高质高效示范基地30个、面积2333公顷；新增高效设施农渔业面积2200公顷，实施稻田综合种养面积1130多公顷。新增农业电商企业17家，实现农业电商销售10.27亿元。浙江电子商务学院高邮分院院长、通邮电商园特级讲师卞盛洁被评为中国农村电商致富带头人。建设益农信息社175个。新创成省级农业龙头企业3家、绿色农产品7个、扬州市级以上示范家庭农场23家。新增土地流转1667公顷。发放耕地地力保护补贴和稻谷补贴1.45亿元、农机购置补贴2174.88万元。举办各类农民培训班46期，培训农民4506人。新建农民经济合作组织74家、农民专业合作联社1家，市兴旺鸭业产销专业合作社被评为国家农民合作社示范社，市汇金杂粮专业合作社被全国农民专业合作社示范社。新建家庭农场107家，新创扬州市以上示范家庭农场23家。农村产权交易年交易额5.55亿元。新创农业“三品”（绿色食品、有机食品、无公害农产品）品牌9个，新建“三品”生产基地8公顷。完成农业保险保费收入9050.43万元，兑现理赔资金7027.24万元。推进实施农业综合开发项目17项，总投资6974万元。疏浚各类河道（河塘）228条、170千米，完成土方量380万立方米。加快发展各类农业机械，全市农机总动力73.52万千瓦，农业综合机械化水平88.5%。巩固提高秸秆禁烧、还田及综合利用水平，实现秸秆还田面积8.49万公顷。启动实施扶贫攻坚三年行动计划，行政村年集体经营性收入40万元实现全覆盖，其中收入45万元以上的村占比为93.1%；精准脱贫低收入农户6828户，占比为90.5%。“高邮湖大闸蟹”获批中国驰名商标。新创全国休闲农业与乡村旅游四星级企业2家、省三星以上乡村旅游区2个、省休闲观光农业精品村1个、扬州市“十佳”休闲观光农业单位1家。临泽镇、甘垛镇获批省“味稻小镇”。高邮市被评为中国湖泊河蟹产业发展示范市、省平安渔业示范县、省畜牧业绿色发展示范市。（宝珍芳）

■**工业** 2018年，全市563家规模以上企业完成总产值1126.52亿元、销售收入1077.96亿元、利税总额103.98亿元、利润63.01亿元，分别增长19.3%、18.9%、40.7%、44%。规模以上工业产销率95.7%。完成工业增加值232.32亿元，增长11.2%。实现工业用电量29.11亿千瓦时，增长15.8%；工业入库税收32.4亿元，增长29.5%。工业开票销售754.4亿元，其中机械装备、电线电缆、照明灯具、纺织服装等四个支柱产业开票销售370亿元，新能源、新医药、新材料等新兴产业规模以上企业开票销售70亿元，分别增长24.2%、21%、20%。兑现工业经济转型升级“356”行动计划奖补资金3600万元，惠及相关企业100家。制定光伏“531”新政对策，行业规模以上企业开票销售增长25%。全年新增规模以上企业56家，有产值超亿元的企业263家，其中超10亿元的企业14家。扬州市秦邮特种金属材料有限公司入选“中国民营企业制造业500强”年度榜单。新获批扬州市认定的“三新”（新开工、新竣工、新达产）工业项目35项，其中新开工7项、新竣工7项、新达产21项。新认定高新技术企业119家，获批省专精特新小巨人企业3家；获批省重点技术创新项目39项，入选省重点推广应用的新技术新产品目录产品50个，通过省级推广应用鉴定新产品26个；获批国内首台套重大装备及关键零部件产品2个、省“专精特新产品”1个、省示范智能车间1间。江苏金润龙科技股份有限公司在“新三板”挂牌上市。（宝珍芳）

■**建筑业** 2018年，全市建筑业企业完成总产值1215亿元，完成建筑业施工总产值926亿元，分别增长16%、9%；完成建筑业增加值59.01亿元，增长3.5%；完成税收5.57亿元，占全市入库税收总额的9.7%，增长35.9%。从业人员23.7万人，带动本地就业7.8万人。有产值超10亿元企业20家，其中10亿元以上至50亿元企业16家、50亿元以上至100亿元企业2家、100亿元以上企业2家。新开辟外埠市场5个。江苏瑞沃建设集团有限公司晋升市政工程总承包特级资质，成为扬州首家、全省第3家拥有该资质的企业。江苏瑞沃建设集团有限公司、江苏华泰路桥建设集团有限公司入选江苏建筑业百强企业名单（2017年度）。承建工程新获批市级以上优质工程88项、文明工地47个。市建筑产业现代化研发生产基地建设加快推进，预制构件工厂投产，装配式施工面积20万平方米。江苏旺材科技有限公司被评为省建筑产业现代化示范基地。高邮市获扬州市建筑业经济综合考核二等奖。（宝珍芳）

■**服务业** 全市完成服务业增加值299.98亿元，占地区生产总值比重44.8%，比上年提高1个百分点；全年服务业固定资产投资128.21亿元，增长9.4%；实现服务业税收17.18亿元，增长2.1%。服务业用电量3.88亿度，增长14.7%，增幅高于全社会用电量0.3个百分点。世贸金街开业运营。新增软件企业10家，累计达27家。成立市电商协会，电商交易额突破50亿元。构建“一环一带三镇”环湖旅游新格局，推进旅游产业持续发展，新增AAA级景区3家、星级乡村旅游区4个（四星级1个、三星级3个），滨湖花海、湖上花海、西堤风景廊道对外开放。全年接待游客609.8万人次，实现旅游收入68亿元，分别增长17.9%、33.3%。（宝珍芳）

■**国内贸易** 全市实现社会消费品零售总额191.15亿元，增长10.1%。其中，批发业、零售业、住宿业、餐饮业各实现24.8亿元、136.76亿元、1.45亿元、28.13亿元，分别增长-6.2%、12.5%、20.9%、14.8%；城镇、农村消费品市场各实现零售额181.04亿元、10.11亿元，均增长2%。全市参与年报贸易业限上企业162家，实现营业收入93.26亿元，下降21.9%。在限上批发零售企业商品零售额中，粮油、食品类零售额6.58亿元，增长9.7%；饮料类零售额1.59亿元，增长145.6%；烟酒类零售额1.41亿元，下降6.6%；服装、鞋帽、针纺织品类零售额4.99亿元，增长70.5%；日用品类零售额1.31亿元，增长6%；化妆品类零售额0.31亿元，增长8.3%；金银珠宝类零售额1.77亿元，增长16.4%；家用电器和音像器材类零售额2.49亿元，下降13.6%；中西药品类零售额0.74亿元，增长7.7%；石油及制品类零售额9.21亿元，增长18.5%；建筑及装潢材料类零售额1.87亿元，增长5.8%；汽车类零售额4.54亿元，下降2.5%。（宝珍芳）

■**对外及港澳台经贸** 举办第14届中国双黄鸭蛋节，开展“春季招商迎节庆”“上海招商月”“深圳、北京招商周”“缅甸、菲律宾招商推介会”等活动，新签约投资额5000万元以上产业合作项目132项，其中含外资及中国港澳台资项目22项。全年实际利用外资及港澳台资1.42亿万美元，增长110.2%，完成年度目标178%。全市实现进出口总额4.94亿万美元，其中出口总额4.48亿美元，分别增长5.5%、5%。完成外经营业额620万美元，增长52%。（宝珍芳）

■**固定资产投资** 全市完成固定资产投资440.76亿元，比上年增长16%。其中，项目投资371.86亿元，增长10.3%；房地产开发投资68.9亿元，增长61.1%。分产业来看，第一产业投资6.54亿元，下降4.6%；第二产业投资306.01亿元，增长19.6%，其中工业投资304.37亿元，增长19.5%；第三产业投资128.21亿元，增长9.4%。三次产业投资占比重分别为1.5%、69.4%和29.1%。从房地产开发投资来看，住宅投资52.6亿元，增长54.8%；商业营业用房投资10.91亿元，增长80.6%。全市商品房竣工面积110.02万平方米，增长163.5%；商品房销售面积97.40万平方米，下降22.5%。（宝珍芳）

■**科技创新** 推进实施科技创新系列工程，全年获批省、市各类科技计划项目50多项，新申报获批高新技术企业74家；累计培育科技型企业近200家，其中省级高新技术企业入库培育42家。新增省农业科技型企业4家。获批省级研究生工作站8个、省工程技术研究中心2家、省院士工作站1家。获批省重点研发、自然基金类项目3项，省重大科技成果转化项目1项（江苏欧力特能源科技有限公司）。致力“聚才创新”，放大“院团会”效应，签订校地校企合作协议145份，新建校企联盟34个，促成校地、院地全面合作68项，推动中国汽车技术研究中心有限公司汽车工程研究院高邮分院及汽车检测研发基地、中国科学院过程工程研究所高邮先进材料科技园落地建设。出台促进人才双向流动的实施意见，引进高层次人才95人、发展紧缺人才167人。江苏华能电缆股份有限公司技术总监、武汉科技大学教授吴开明当选俄罗斯工程院外籍院士。81名企业家获评扬州市级以上科技企业家。科技产业综合体新开工9.4万平方米，新建成10.1万平方米，全市科技产业综合体总面积33.4万平方米，累计入驻企业103家。市产业技术研究院等17家科技服务机构被扬州市科技局备案为首批技术转移机构。高邮高新区获中国产学研合作促进奖，高邮城南经济新区科技企业孵化器获批省级孵化器。实现规模以上高新技术产业产值414.59亿元，占规模以上工业比重36.8%。全社会研发经费支出占地区生产总值比重2%以上。（宝珍芳）

■**交通和电力** 构筑现代交通路网体系，连淮扬镇铁路高邮段线下主体全线贯通，京沪高速扩容、通扬线航道整治工程开工建设，S333高邮段基本贯通，S352、S333高邮段西延工程完成工可审查，建成界首运河大桥和高邮湖特大桥匝道桥。实施县乡道安保工程96千米，农村公路提档升级80千米，改造危桥30座。开通卸甲、汤庄、界首三镇的镇村公交。全年完成客运量3275万人次、货运量3352万吨，港口货物吞吐量665.5万吨。国信高邮燃机热电联产工程第一期工程建成投运。全市拥有新能源发电装机总规模690兆瓦，年发电总量约22.87亿千瓦时。全年完成电网建设投资3.7亿元。全年全社会用电量40.74亿千瓦时，售电量39.04亿千瓦时，分别增长14.4%、14.9%。（宝珍芳）

■财政和金融 全市实现公共财政预算收入36.8亿元，比上年增长12.8%。实现税收收入31.8亿元，增长17.9%，占公共财政预算收入的比重86.4%。公共财政预算支出74.19亿元，增长13.7%。

年末，全市金融机构各项存款余额637.67亿元，比年初增加45.28亿元，增长7.6%；各项贷款余额429.51亿元，比年初增加70.63亿元，增长19.7%。（宝珍芳）

■城乡建设与生态文明建设 编制高邮2035地区发展规划大纲，形成总体城市设计中间成果。按照彰显国家历史文化名城特色的总体要求，组织实施2018年度城建“双十”（城建十大重点项目、城建十类重点工程）重点工程，涉及金帆中心、金融大厦、吾悦广场等项目53项，总投资额294.23亿元。推进城市路网建设，建成捍海路、嘉禾路。继续推进分布均衡、层次分明的城乡公园体系建设，共建成开放式公园绿地224处，其中城区公园绿地61处（城区综合公园3处、社区公园17处、专类公园12处、带状公园16处、口袋公园13处）、镇村公园163处（镇级公园10处、村级公园153处），公园绿地总面积近230公顷，总投资额近16亿元，设置体育健身器材300件（套）。国家园林城市创建工作通过省级评审。新建成启用里运河清水潭水源地和高邮湖应急备用水源工程。城区环卫综合作业一体化有序推进。升级改造市区公厕20座。推进城乡生活垃圾分类治理，生活垃圾焚烧发电厂、建筑垃圾消纳场检查并投入运营。优化城镇污水处理厂布局，新建成乡镇区域中心污水处理厂4座，基本实现城市建成区和乡镇集镇区污水全收集、全处理。界首镇甓湖社区入选中国传统村落名录名单（第五批）。三垛镇兴联村、卸甲镇金港村创成省级美丽乡村。

开展“两减六治三提升”专项行动，推进生态文明建设。实施江淮生态大走廊景观生态林建设，加快打造十大生态中心，成片造林660公顷以上。提升“河长制湖长制”工作水平，围绕“一河一策”方案推进河湖生态治理，完成高邮湖“湖心区”等9项断面水质达标工程，构筑“五道”巡查防线改善三垛西大桥国控断面水质。推进实施高邮湖退圩还湖工程，完成退养还湖面积300公顷。协同推进农村水污染防治，建成村庄污水处理设施29座，疏浚县乡村级河道（塘）228条，综合治理黑臭河道9条。开展水资源消耗总量和强度“双控”行动。全年安排生态补偿资金1.5亿元，办理各类环境违法案件215起，关闭化工企业、小铸造、小船厂、小码头、搅拌站共172家。获批首批省级生态文明建设示范市，菱塘回族乡、龙虬镇、三垛镇、送桥镇、临泽镇、周山镇获批省级生态文明建设示范镇，送桥镇神居山村、三垛镇官垛村获批省级生态文明建设示范村，高邮经济开发区获批省级生态工业园。全市空气质量优良率85.6%，比上年提高8.7个百分点，PM2.5均值43.1微克/立方米，比上年提高6.7%，全市环境质量实现大幅度提升。（宝珍芳）

■社会事业 实施文明城市创建三年行动计划，开展“文明交通”“志愿服务”“礼遇好人”“最美家庭”等评选活动，陈士杰入选“中国好人榜”，谭永山、王长山入选“江苏好人榜”，吴联荣家庭获评“全国最美家庭”，薛学琴获评“江苏最美见义勇为环卫工”，刘道信获评“江苏见义勇为新市民”。菱塘回族乡家风馆建成并对外开放。

建成文体中心图书馆和文化馆、文体中心城市书房和汪曾祺书房。开展镇史馆、村史馆建设工作。建成村（社区）综合文化服务中心33家。基本建成应急广播体系。出台《加强全市文博场馆建设管理的意见》，高邮市博物馆被评为世界遗产青少年教育基地。举办第二届高邮文化艺术节、第二届全国优秀民歌邀请展演、首届“邮驿路·运河情”全国美术作品展及获奖作品运河城市巡展和“百花迎春”高邮文学艺术颁奖晚会、扬剧《扳倒饮》省内巡演等系列活动。《高邮市志（1986～2005）》完成首发。临泽

高邮湖花海世界郊野公园正式开园　　日　报/供稿

镇、界首镇入选第七批中国历史文化名镇名村。召开龙虬庄遗址考古发掘成果论证发布会。

举办第九届环高邮湖国际自行车越野赛、江苏高邮第八届围棋公开赛、苏皖六县市桥牌邀请赛、第八届横渡高邮湖、高邮市第一届龙舟赛和第七届大运河半程马拉松赛。优化提升城市社区“10分钟体育健身圈”，建成“高邮市全民健身益站”及10个城乡全民健身指导站。承办省第19届运动会青少年部武术（套路）、武术（散打）比赛，并获该赛事金牌8枚、银牌8枚、铜牌3枚。

坚持教育优先发展、高品质发展，高考本科上线超3000人，上线率87.4%，万人口本科上线率继续保持扬州市首位。完成2014—2018年义务段学校“全面改薄”任务。新建苏州大学实验学校、南京艺术学院附属幼儿园。市教师发展中心创成省示范性县级教师发展中心。探索集团化办学，试点“弹性离校”，开展校外培训机构集中整治，对外开放49所城乡学校的运动场地。获批“全国中小学校责任督学挂牌督导创新县（市、区）”“江苏省平安校园建设示范县（市、区）”。临泽镇临泽小学教师徐信花入选全国首批乡村优秀青年教师培养奖励计划。

推进开展省健康促进市创建工作。市人民医院创成三级乙等综合医院；市中西医结合医院、送桥中心卫生院分别通过二级甲等中西医结合医院、二级综合医院评估验收。完成“120急救1站5点”布局。高邮首家医养综合体开业。获评全国优秀健走示范区。三垛镇、卸甲镇通过国家卫生镇创建考核评估，菱塘回族乡通过国家卫生镇创建复审，汤庄镇创成省卫生镇、车逻镇创成省健康镇。市人民医院院长沈哲入选2018年“扬子江杯”优秀医院院长名单。全年一、二孩生育登记信息4359条，审批照顾再生育122例。在7家医疗卫生机构设立母婴室。通过“十三五”全国流动人口卫生计生服务管理规划实施情况中期评估。获评省级流动人口基本公共卫生计生服务均等化示范市。

（宝珍芳）

■社会保障 建立完善城乡统一的居民医保制度。城镇职工养老保险和居民养老保险个人账户分别增长6.9%和8%。民生兜底保障持续改善，全年共发放低保金3380.89万元，发放医疗救助金1143.69万元、惠及2.6万人次。接续开展第二轮最贫困家庭精准帮扶工程。市慈善总会募集慈善资金969.9万元、救助帮扶支出928.9万元。成立创客服务中心，购买创业培训服务，成功扶持创业708人。城镇失业、就业困难人员实现再就业9732人，“双零”家庭保持动态清零，城镇登记失业率为1.79%。养老服务质量实现新提升，新增护理型养老床位726张，村、社区居家养老服务中心实现全覆盖。筹措保障性住房房源2120套（户），基本建成1870套（户）。改造农村危房208户。发放住房公积金贷款3.38亿元，下降6.1%。创成省双拥模范城。创建省级示范性居家养老服务中心2家、医养结合养老机构1所。

（宝珍芳）

■第14届中国双黄鸭蛋节 3—5月，高邮市举行第14届中国双黄蛋节。此届节庆遵循“精彩、节俭、务实、惠民”的原则，分主体、经贸、重大项目集中开工竣工投产、文体旅游等4大类，组织开展20项主要活动。分别是：第14届中国双黄鸭蛋节开幕式暨产业合作商机说明会；“春季招商迎节庆”活动；2018中国光明小镇照明博览会；组织参加扬州市“烟花三月”国际经贸旅游节系列活动；第二届高邮市工业二十强企业发布暨授牌典礼、晚会；恒丰银行高邮支行开业；“苏商珠湖行”活动暨项目推介商机说明会；海峡两岸（扬州）试验区项目签约暨海峡两岸农产品展示展销；中国第二届国际景观照明论坛；高邮市汽车市场集聚化发展企业家论坛；高邮市银企对接签约会；光伏产业高层次论坛；高邮市聚才创新暨产学研深度合作洽谈会；北京高邮企业商会高邮推介说明会；扬州“4·18”集中开工仪式高邮分会场活动；城建“双十”重点工程开竣工仪式；高邮湖郊野公园·湖上花海开幕式暨“湖上花海·醉美高邮”全国摄影大赛启动仪式；2018年全国少数民族传统项目（板鞋竞速）邀请赛；2018年全民健身体育节启动仪式暨高邮市第一届社区运动会开幕式；第九届环高邮湖国际自行车赛。期间，全市落实签约项目共98项。其中，含先进制造业、战略性新兴产业、现代服务业项目61项（占比为62.2%）；投资额10亿元及以上民资项目17项；协议外资2000万美元以上外资项目5项。落实集中开竣工项目56项，总投资192.45亿元。其中，新开工项目41项，总投资163.9亿元。在新开工项目中，投资额5000万元项目4项，总投资2亿元；投资额1亿~10亿元项目29个，总投资56.9亿元；投资额10亿元以上项目8项，总投资105亿元。

（宝珍芳）

人物

Renwu

编　辑　徐国磊

先进模范

“全国五一劳动奖章”获得者

■**谈家彬**　男，汉族，1971年6月出生，中共党员，本科学历，江苏清溢环保设备有限公司技术中心主任，高级经济师，国家一级建造师。先后在江都市兽药厂、江苏长青农化股份有限公司、江苏清溢环保设备有限公司工作。自2006年进入江苏清溢环保设备有限公司工作以来，主持科研开发项目7项，参与开发项目4项，申报国家专利53项，均获授权，其中发明专利2项，多次获扬州市科技进步奖一、二、三等奖。项目的实施，为企业新增销售8523万元，新增利税1747万元，年节约原材料5000万元，动力燃料减少260万元，减少对环境的影响，为污水处理行业增收7亿~9亿元。2017年4月获江苏省五一劳动奖章。2018年4月被授予“全国五一劳动奖章”。

（高玉辉）

■**陈晓兵**　男，汉族，1967年11月出生，中共党员，高中学历，中国核工业华兴建设有限公司木工主工长。1985年参加工作以来，陈晓兵先后在岭澳核电站、田湾核电站、台山核电站等重大工程中从事土建施工工作，在工程关键施工节点落实和重要工作推进中发挥骨干、带头和桥梁作用。在田湾核电站二期工程3号机组核岛土建内部结构施工中，他克服结构复杂、工序交叉、工期紧张等诸多不利因素和施工困难，在+33.9m楼板混凝土浇筑期间，连续工作近36个小时，被同事称为“累不倒”的陈晓兵。在4号机组核岛土建施工中，他通过对钢筋结构形式优化、预埋件安装方法优化、简化电气管道连接安装方法等，采用流水交替施工的方法，保证施工进度比三级进度计划提前17天完成。多年来，他所管辖的施工区域，从未发生一起安全事故，先后获中国核工业华兴建设有限公司“劳动模范”、扬州市“五一劳动奖章”、江苏省“五一劳动奖章”。2018年4月被授予“全国五一劳动奖章”。　（高玉辉）

江苏省“五一劳动奖章”获得者

■**王平平**　女，汉族，1970年10月出生，专科学历，中电科技扬州宝军电子有限公司调试中心调试员。1988年参加工作以来，长期从事军品调试工作，在政治上要求进步，工作勤勉认真，任劳任怨，技术精湛，经常在严寒酷暑中深入部队、阵地参加系统联调与售后服务，展示新时代国防军工女性的优秀精神风貌。多年来，她大量阅读专业书籍，汲取营养，在2014年第二届“扬州技能状元”大赛暨第二届“江苏省技能状元”大赛中获二等奖，被授予扬州市“五一劳动奖章”和扬州市技术能手称号。2018年4月被授予江苏省“五一劳动奖章”。

（高玉辉）

■**魏　东**　男，汉族，1969年11月出生，本科学历，江苏省扬州市航道管理处船闸科科长，高级工程师。1992年参加工作以来，魏东一直在扬州市航道管理处从事技术工作，先后参加40多项船闸新建、大修、抢修、养护工程，经历施工、设计、管理各项岗位。建设的京杭运河邵伯三线船闸工程提高京杭运河扬州段通航能力，获“水运交通优质工程奖”、“省优工程”、省级“平安工地”、部级“科技进步奖”等多项荣誉。作为一名具有丰富工程建设管理经验的工程技术人员，他为扬州船闸安全高效运行和航道建设管理发展作出贡献，个人先后获扬州市“新长征突击手”、全省航道系统“创先争优”先进个人、扬州市交通运输系统“十佳建设标兵”、扬州市“五一劳动奖章”等称号。2018年4月被授予江苏省“五一劳动奖章”。　（高玉辉）

■**舒兆亚**　男，汉族，1977年7月出生，专科学历，江苏省水利建设工程有限公司经营科科长，工程师。任职十余年来，担任多个工程的项目或技术负责人，对水利工程施工中基坑降水、基础处理、深基础防渗、深基坑工程施工、顶管工程及混凝土施工工艺等复杂施工技术的研究均有成果，能处理交通、市政等多个行业施工中出现的各种复杂技术问题和难题，多项工法、QC成果、专利技术获表彰。“一种卵石含量较大土层中灌注桩的施工方法”被评为2017年第六届扬

州市职工“十大先进操作法”，个人被授予扬州市“五一劳动奖章”。2018年4月被授予江苏省“五一劳动奖章”。（高玉辉）

■王亦雄 女，汉族，1967年4月出生，中共党员，本科学历，扬州市妇幼保健院副院长，主任医师。从事医疗工作26年来，勤勉敬业、开拓进取，在她的努力下，市妇幼保健院妇科微创手术比例85%以上，院内无痛分娩率85%以上，产妇满意率95%以上。她以救死扶伤为己任，一丝不苟处理每位患者，最大程度避免误诊误治。她视患者为亲人，在她眼里，手术无大小之分，患者无贵贱之分，她都一视同仁，精心诊治，用实际行动教导年轻同志关爱患者、爱岗敬业。先后获“扬州市十佳医德标兵”、“扬州市最美医生”、扬州市“五一劳动奖章”、“江苏省百名医德之星”等称号，2016年被评为扬州市突出贡献中青年专家。2018年4月被授予江苏省“五一劳动奖章”。

（高玉辉）

■王洪波 男，汉族，1982年7月出生，中共党员，专科学历，扬州富春饮服集团有限公司红案厨师长、行政总厨，中式烹饪高级技师。从事烹饪工作17载，他踏实敬业，致力于继承和发扬传统淮扬菜技艺；他勇于突破，敢于创新，展现新时代下淮扬菜的发展与变化。2005年，在扬州市中式烹调技能竞赛中获第一名，被授予扬州市“五一劳动奖章”和扬州市技术能手称号。2012年，在第七届全国烹饪技能竞赛（江苏赛区）中餐热菜项目中获金奖，2015年获江苏省“十大青年名厨”称号；先后多次参与国际、国内多家著名媒体美食节目录制。2018年4月被授予江苏省“五一劳动奖章”。

（高玉辉）

■王　莉 女，汉族，1986年6月出生，中共党员，本科学历，扬州市同创无纺布有限公司车间主任。从业9年来，王莉从一名普通员工成长为车间主任，兢兢业业、尽心尽责，在产品质量上严格把关，在工艺操作上精益求精，在安全生产上零封事故，在职工生活上彰显关怀。她思路开阔、善于学习、勤于思考，始终心系公司发展，不断提高生产效率，降低能源消耗，严格控制工艺流程，为公司创造较高的经济效益。2013年被授予扬州市“五一劳动奖章”。2018年4月被授予江苏省“五一劳动奖章”。

（高玉辉）

■陈有朝 男，汉族，1971年7月出生，专科学历，仪征祥源动力供应有限公司维修班长，技师。陈有朝从事维修保养工作20余年，提出多项工作优秀合理化建议，其中水泵与电机同心度调整建议，电单耗下降3.2%；拆除水泵系统中多余的限流止回阀，减少1bar（巴）的系统阻力，年节电费6.9万元；完成螺杆空压机耐高温、高压油管的国产化替代，水泵阀芯、膜片替代，年节费用3.8万元。由他牵头完成的创新项目“一种节能降耗离心空压机过滤装置”应用到公司技术改造中，提高离心空压机的运行效率，电单耗降低6.5%，年节约过滤耗材费用114万余元，被评为2017年扬州市职工十大科技创新成果，本人获扬州市“五一劳动奖章”。先后编制《离心空压机维保规范》《离心空压机振动维保规范》《NBG泵机械密封更换维保规范》《螺杆空压机常见故障维保规范》等维保教材与手册。2018年4月被授予江苏省“五一劳动奖章”。

（高玉辉）

■范朝波 男，汉族，1979年2月出生，中共党员，本科学历，国网扬州供电公司配电抢修班长，工程师、高级技师。参加工作以来，范朝波逐步成长为专业技术能手和配电网管理专家。先后参与扬州一流配电网、智能配电网、高可靠性供电服务示范区、供电服务指挥中心等重大项目创新实践，在推动电网建设、科技进步、服务提升等方面作出突出成绩。提炼出《抢修班六项工作法》，获扬州市十大先进操作法。研制的创新成果获《一种配电断路器》等4项实用新型专利证书。在他的带领下，配电抢修班全体成员立足岗位、踏实工作，取得安全生产零事故、故障抢修零超时的成绩。先后获国家电网公司“优秀班组长”“优秀共产党员”，江苏省电力公司劳动模范、用户满意服务明星，扬州市“五一劳动奖章”。2018年4月被授予江苏省“五一劳动奖章”。（高玉辉）

■张　云 男，汉族，1965年9月出生，本科学历，民主人士，扬州市第七届市政协委员、扬州市第八届人大代表，扬州腾飞电缆电器材料有限公司总经理。1994年，张云创办扬州腾飞电缆电器材料有限公司，依靠职工办厂，重视公司民主管理、安全生产，支持公司工会开展集体协商、和谐劳动关系创建、企业文化建设等各项活动。2015年，公司获扬州市“和谐劳动关系示范企业”。公司坚持以科技创新为引领，开展与科研院校合作，强化市场开拓，取得多项科技创新成果。张云个人累计申报专利39项、授权25项，其中1个项目填补国内空白，先后被授予江苏省青年科技创业明星、江苏省首批“科技企业家培育工程”培育对象、2015年扬州市“五一劳动奖章”、2016年扬州市市长质量奖、扬州市科技进步一等奖。2018年4月被授予江苏省“五一劳动奖章”。

（高玉辉）

■刘文雄 男，汉族，1954年10月出生，大学文化，中国台湾人，扬州保来得科技实业有限公司总经理。自1992年担任扬州保来得科技实业有限公司总经理以来，他把一个不到200人的中小型企业，发展成为总人数1800多人具有国际影响力的大型工业企业，成为国内外汽车行业不可或缺的零部件供应商。公司多次被评为“扬州市工业百强企业”，连续十年被扬州市开发区评为“优秀纳税企业”，2017年累计缴税超过4000万。公司建立完善的员工福利制度，做到“一人有难，大家帮扶”的互助机制。公司在自身发展的同时，回馈社会，在汶川地震救灾、希望工程等活动中，贡献自己的力量，为扬州经济和社会发展作出贡献。2018年4月，被授予江苏省“五一劳动荣誉奖章”。（高玉辉）

■**郑永耀** 男，汉族，1966年4月出生，中国香港人，香港理工大学毕业，实友化工（扬州）有限公司董事长及法定代表人，航海电子高级文凭。郑永耀先后在仪征成立实友化工（扬州）有限公司及依利安达电子有限公司。实友化工先后投资30亿元人民币用于公司基础建设和科技研发创新，2016年获国家高新技术企业称号，2017年实现年开票销售约50亿元。自从扬州创办工厂以来，郑永耀每周从香港来扬州公司参与现场指导与办公，确保企业良性发展，公司连续多年获扬州市人力资源和社会保障局颁发的《劳动保障诚信示范单位》等荣誉。郑永耀热衷社会公益事业，通过捐助残障学校、关爱慰问敬老院老人及困难职工家庭等多种形式表达自己的爱心。2018年4月被授予江苏省“五一劳动荣誉奖章”。

（高玉辉）

2018年度扬州市享受劳模待遇人员一览表

表41-1

姓　名	工作单位及职务	受表彰情况	表彰单位	享受待遇
陈博文	扬州市委政法委常务副书记、市综治办主任	全国社会治安综合治理先进工作者	人力资源社会保障部、中央综治委	省劳模
李　祥	扬州市江都区小纪供销合作社主任	全省供销合作社系统劳动模范	江苏省人力资源和社会保障厅、江苏省供销合作总社	市劳模
罗来明	宝应县曹甸农村供销合作经济组织联合会副会长	全省供销合作社系统劳动模范	江苏省人力资源和社会保障厅、江苏省供销合作总社	市劳模
高　明	高邮市农资总公司经理	全省供销合作社系统劳动模范	江苏省人力资源和社会保障厅、江苏省供销合作总社	市劳模
唐建农	仪征市真州生猪定点屠宰场厂长	全省供销合作社系统劳动模范	江苏省人力资源和社会保障厅、江苏省供销合作总社	市劳模
华淑兰（女）	扬州市江都区供销合作总社副主任	全省供销合作社系统先进工作者	江苏省人力资源和社会保障厅、江苏省供销合作总社	市劳模
戚安宝	扬州市安监局副局长	全省安全生产监管监察系统先进工作者	江苏省人力资源和社会保障厅、江苏省安全生产监督管理局、江苏煤矿安全监察局	市劳模
倪晓东	扬州市江都区安全生产监察大队大队长	全省安全生产监管监察系统先进工作者	江苏省人力资源和社会保障厅、江苏省安全生产监督管理局、江苏煤矿安全监察局	市劳模
张海震	扬州生活科技学校学生处主任	全省安全生产监管监察系统先进工作者	江苏省人力资源和社会保障厅、江苏省安全生产监督管理局、江苏煤矿安全监察局	市劳模
吉咸斌	宝应县人大常委会人事代表联络工作委员会主任	全省人大机关系统先进工作者	江苏省人大常委会办公厅、江苏省人力资源和社会保障厅	市劳模
王海静（女）	仪征市人大常委会办公室老干部工作科科长、综合科副科长	全省人大机关系统先进工作者	江苏省人大常委会办公厅、江苏省人力资源和社会保障厅	市劳模
毛太政	扬州市江都区人大常委会办公室主任	全省人大机关系统先进工作者	江苏省人大常委会办公厅、江苏省人力资源和社会保障厅	市劳模
厉海涛	扬州市人民政府法制办公室副主任	全省政府法制工作先进工作者	江苏省人力资源和社会保障厅、江苏省人民政府法制办公室	市劳模

续表 41-1

姓　名	工作单位及职务	受表彰情况	表彰单位	享受待遇
徐春荣	扬州市江都区统计局局长	全省统计系统先进工作者	江苏省人力资源和社会保障厅、江苏省统计局、国家统计局江苏调查总队	市劳模
陈晓勤（女）	仪征市统计局科长	全省统计系统先进工作者	江苏省人力资源和社会保障厅、江苏省统计局、国家统计局江苏调查总队	市劳模
葛鸿翔	扬州市依法治市办专职副主任	全省法治建设先进工作者	中共江苏省委政法委员会、江苏省依法治省领导小组办公室、江苏省人力资源和社会保障厅、江苏省公务员局	市劳模
黄　婷（女）	扬州市邗江区竹西街道党工委副书记	全省法治建设先进工作者	中共江苏省委政法委员会、江苏省依法治省领导小组办公室、江苏省人力资源和社会保障厅、江苏省公务员局	市劳模
房学明	扬州市机构编制委员会办公室副主任	全省机构编制工作先进工作者	江苏省人力资源和社会保障厅、江苏省机构编制委员会办公室	市劳模
高吕林	扬州市住房保障和房产管理局组织宣传处处长	全省住房城乡建设系统先进工作者	江苏省人力资源和社会保障厅、江苏省住房和城乡建设厅	市劳模
顾勇军	扬州市建筑安全监察站站长	全省住房城乡建设系统先进工作者	江苏省人力资源和社会保障厅、江苏省住房和城乡建设厅	市劳模
申翼飞（女）	扬州市住房公积金管理中心办公室副主任	全省住房城乡建设系统先进工作者	江苏省人力资源和社会保障厅、江苏省住房和城乡建设厅	市劳模
朱雷亭	扬州市规划局城乡规划处处长	全省住房城乡建设系统先进工作者	江苏省人力资源和社会保障厅、江苏省住房和城乡建设厅	市劳模
刘　璐	仪征市城市规划执法大队大队长	全省住房城乡建设系统先进工作者	江苏省人力资源和社会保障厅、江苏省住房和城乡建设厅	市劳模
刘光明	扬州市文化行政综合执法支队支队长	江苏省新闻出版广电（版权）系统先进工作者	江苏省人力资源和社会保障厅、江苏省新闻出版广电局、江苏省版权局	市劳模
仇素文（女）	宝应县文化体育广电新闻出版局文化市场管理科（新闻出版管理科）科长	江苏省新闻出版广电（版权）系统先进工作者	江苏省人力资源和社会保障厅、江苏省新闻出版广电局、江苏省版权局	市劳模
朱广盛	扬州报业传媒集团扬州晚报副主编	江苏省新闻出版广电（版权）系统先进工作者	江苏省人力资源和社会保障厅、江苏省新闻出版广电局、江苏省版权局	市劳模
王　声	扬州市江都区文化新闻出版局党委书记、局长	江苏省新闻出版广电（版权）系统先进工作者	江苏省人力资源和社会保障厅、江苏省新闻出版广电局、江苏省版权局	市劳模
苏红明	扬州市广陵区文化新闻出版局新闻出版科副科长	江苏省新闻出版广电（版权）系统先进工作者	江苏省人力资源和社会保障厅、江苏省新闻出版广电局、江苏省版权局	市劳模
高建民	扬州市国家安全局	全省国家安全系统先进工作者	江苏省人力资源和社会保障厅、江苏省国家安全厅	市劳模

续表 41-1

姓　名	工作单位及职务	受表彰情况	表彰单位	享受待遇
茆小松	扬州市人民检察院民事行政检察处处长、一级检察官	全省检察机关先进工作者	江苏省人民检察院、江苏省人力资源和社会保障厅	市劳模
孙　洁	宝应县人民检察院刑事执行检察部副主任、一级检察官	全省检察机关先进工作者	江苏省人民检察院、江苏省人力资源和社会保障厅	市劳模
顾晓晖（女）	扬州市机关事务管理局办公室主任	全省机关事务管理系统先进工作者	江苏省人力资源和社会保障厅、江苏省机关事务管理局	市劳模
万毅平	扬州市市级机关门诊所副主任	全省机关事务管理系统先进工作者	江苏省人力资源和社会保障厅、江苏省机关事务管理局	市劳模
魏　强	宝应县机关事务管理局副局长	全省机关事务管理系统先进工作者	江苏省人力资源和社会保障厅、江苏省机关事务管理局	市劳模
甘厚兵	仪征市机关事务管理局车辆管理科科长	全省机关事务管理系统先进工作者	江苏省人力资源和社会保障厅、江苏省机关事务管理局	市劳模

（刘人麟　潘　宁）

新闻人物

2018 年度扬州市“十大功臣”

（由中共扬州市委、扬州市政府评选表彰）

朱　军　市图书馆馆长
刘巧泉　扬州大学教授
肖　波　扬州市城乡建设局副局长
吴玉林　瘦西湖旅游发展集团有限公司董事长、总经理
何小军　江苏智途科技股份有限公司董事长
冷志斌　江苏亚威机床股份有限公司董事长、总经理
张　荣　扬州市体育局副局长
张庆奇　江苏金飞达电动工具有限公司董事长
陈博文　市委政法委常务副书记、市综治办主任
董振鹏　江苏奥克化学有限公司总经理

（徐　娟）

2018 扬州年度新闻人物

［由扬州市委宣传部、扬州市文广新局、扬州市广播电视传媒集团（总台）评选表彰］

“中国好人”　沈　林
“脱贫攻坚”带头人　莫元花
省运会扬州“冠军跳水队”教练员　鲍捷特
“链球小将”　王　琦
“新扬州人”　周书亚
“护河愚公”　邗江蒋王老人护河队
“造园大家”　孟兆祯、王建国
“北斗导路人”　朱新军
“改革先进”菱塘回族乡　王怀忠
坚守孤岛的“时代楷模”　李树干
“创新典范”　杨建昌、焦新安

（徐　娟）

2018 扬州十大经济新闻人物

（由扬州市人才工作领导小组办公室、市工信局、市发改委、市工商联、团市委、扬州报业传媒集团评选表彰）

程　亮　上汽大众仪征分公司党委书记、总经理
周其奎　江苏扬农化工股份有限公司党委书记、总经理
林雅杰　扬力集团股份有限公司总经理
王晓晴　优客工场（扬州）科技服务有限公司董事长
朱　瑞　江苏兴洋管业股份有限公司董事长
张文生　倍加洁集团股份有限公司董事长、总经理
陈家榕　扬州市秦邮特种金属材料有限公司董事长
陈新荣　江苏通用电梯有限公司总经理
姚　菲　扬州恒润海洋重工有限公司总经理
黄　震　扬州泰富特种材料有限公司党委书记、总经理

（徐　娟）

2018 年度十大“扬州好人”

（由中共扬州市委宣传部、扬州市文明办评选表彰）

王亦雄　扬州市妇幼保健院副院长
刘玉山　高邮市公安局菱塘派出所所长
严立琪　江都区关工委委员
李　宁　扬州市特殊教育学校教师
李　定　江苏笛莎公主文化创意产业有限公司董事长兼总经理
沈　林　扬城网友志愿者总队负责人
张秀兰　宝应县泾河镇大同村村民
林小兵　仪征市供电公司职工
徐秋萍　扬州恒爱志愿者协会会长
熊立群　扬州金韵乐器御工坊有限公司创始人

（徐　娟）

2018 第 12 届扬州市十大杰出青年

［由中共扬州市委宣传部、市人才办、市文明办、共青团扬州市委、市青年联合会、扬州报业传媒集团、扬州广播电视传媒集团（总台）评选表彰］

包文斌　扬州大学动物科学与技术学院研究员

任　格　扬州市公安局邗江分局邗上派出所民警
邱宏生　扬州市消防支队特勤中队中队长助理
陈宏坤　扬州市特殊教育学校学生
陈金尧　深圳岚锋创视网络科技有限公司联合创始人兼首席市场官
范朝波　国网扬州供电分公司配电抢修班班长
庞丹阳　扬州广播电视传媒集团（总台）新闻频率副总监
胡苏玮　扬州市妇幼保健院医学遗传中心科主任
黄　华　中国船舶重工集团公司第七二三研究所第一研究部副主任、副主任设计师、高级工程师
蔡成委　江苏瑞丰信息技术股份有限公司董事长　（徐　娟）

逝世人物

■施南川 男，江苏阜宁人，汉族，民国13年（1924）1月31日出生，民国33年（1944）2月28日参加工作，民国33年（1944）3月31日加入中国共产党，离休前任江苏省扬州市中级人民法院副院长，1988年3月31日离休，享受副地（局）级待遇。2018年1月11日逝世。（唐小月）

■韩学才 男，江苏东台人，汉族，民国17年（1928）3月8日出生，民国33年（1944）4月30日参加工作，民国33年（1944）11月30日加入中国共产党，离休前任扬州市建设委员会副主任，1988年3月30日离休，享受副地（局）级待遇。2018年2月17日逝世。（唐小月）

■顾镜人 男，江苏淮安人，汉族，民国8年（1919）8月17日出生，民国29年（1940）7月1日参加工作，民国29年（1940）7月1日加入中国共产党，离休前任扬州市邗江工商行政管理局副局长，1982年10月30日离休，享受副地（局）级待遇。2018年2月26日逝世。（唐小月）

■黄政中 男，江苏海门人，汉族，民国18年（1929）3月30日出生，民国35年（1946）8月31日参加工作，民国35年（1946）5月31日加入中国共产党，离休前任扬州电子电器厂科长，1992年11月30日离休，享受副地（局）级待遇。2018年5月24日逝世。（唐小月）

■朱士实 男，江苏涟水人，汉族，民国11年（1922）3月31日出生，民国30年（1941）3月31日参加工作，民国31年（1942）7月31日加入中国共产党，离休前任江苏省工人扬州疗养院副书记，1987年10月30日离休，享受副地（局）级待遇。2018年6月5日逝世。（唐小月）

■吴子辉 男，江苏江都人，汉族，民国14年（1925）9月25日出生，民国31年（1942）11月30日参加工作，民国32年（1943）1月30日加入中国共产党，离休前任扬州市委统战部副部长，1984年12月27日离休，享受副地（局）级待遇。2018年6月13日逝世。（唐小月）

■蒋国喜 男，江苏泰兴人，汉族，民国10年（1921）5月31日出生，民国33年（1944）11月30日参加工作，民国36年（1947）3月31日加入中国共产党，离休前任扬州地区物资局副局长，1982年12月27日离休，享受副地（局）级待遇。2018年7月14日逝世。（唐小月）

■方德宏 男，江苏淮安人，汉族，民国12年（1923）7月23日出生，民国31年（1942）10月31日参加工作，民国33年（1944）8月31日加入中国共产党，离休前任扬州市文学艺术界联合会副主席，1981年7月15日离休，享受副地（局）级待遇。2018年8月19日逝世。（唐小月）

■赵茂生 男，江苏兴化人，汉族，民国7年（1918）9月30日出生，民国33年（1944）4月30日参加工作，民国34年（1945）10月31日加入中国共产党，离休前任扬州市市级机关党委副书记，1982年12月25日离休，享受副地（局）级待遇。2018年9月5日逝世。（唐小月）

■陈浩然 男，江苏靖江人，汉族，民国8年（1919）9月30日出生，民国29年（1940）10月30日参加工作，民国31年（1942）10月31日加入中国共产党，离休前任扬州市人民政府办公室主任，1985年6月21日离休，享受副地（局）级待遇。2018年10月10日逝世。（唐小月）

■王深甫 男，江苏海安人，汉族，民国17年（1928）12月27日出生，民国32年（1943）10月31日参加工作，同日加入中国共产党，离休前任扬州市委高校工委办公室主任，1989年9月29日离休，享受副地（局）级待遇。2018年10月22日逝世。（唐小月）

附录

Fulu

编 辑 徐国磊 陈永华 贾丽琴

组织机构及负责人

（截止时间：2018年12月31日）

中国共产党扬州市委员会

书　记　谢正义
副书记　夏心旻
　　　　孔令俊
常　委　江　桦（女）
　　　　李　航
　　　　陈锴竑
　　　　姜　龙
　　　　王炳松
　　　　吴广晶
秘书长　陈锴竑（兼）
副秘书长
　　　　肖卫东
　　　　李春国（兼）
　　　　徐宏宇（兼）
　　　　高长明（兼）
　　　　李桂山（兼）
　　　　张贵强
　　　　陈永平（兼）

市委工作机构、直属单位

市委办公室
主　任　肖卫东（兼）
副主任　刘卫清
　　　　王　浩
　　　　任彬彬（女）

市委研究室
主　任　徐宏宇
副主任　李道松

*** 市委保密委员会办公室**
主　任　高海巍

市委组织部（挂“市委非公有制企业和社会组织工作委员会”牌子）
部　长　江　桦（女，兼）
常务副部长
　　　　徐　龙
副部长　徐　萌（女，兼）
　　　　范　耘（兼）
　　　　徐志刚
　　　　康　尧

市委非公有制企业和社会组织工作委员会
书　记　徐　龙（兼）
副书记　王　兵

市委宣传部（挂“市精神文明建设指导委员会办公室”牌子）
部　长　姜　龙（兼）
常务副部长
　　　　李广春
副部长　夏洪春（兼）
　　　　季培均（兼）
　　　　李继业（兼）
　　　　蒋元峰（兼）
　　　　周学军（正处级）
　　　　陈　洁

市精神文明建设指导委员会办公室
主　任　蒋元峰
副主任　王辉森

市委讲师团
团　长　夏洪春
副团长　丁新伯

市委统一战线工作部
常务副部长
　　　　宗金林
副部长　陈荣进（兼）
　　　　朱建明（兼）
　　　　夏顺义

市委政法委员会（挂“市依法治市领导小组办公室”“市社会治安综合治理委员会办公室”牌子）
书　记　孔令俊（兼）
常务副书记
　　　　陈博文
副书记　宫文飞（兼）
　　　　沈兴华
政治部主任
　　　　成　勇

市依法治市领导小组办公室
主　任　孔令俊（兼）
副主任　葛鸿翔

市社会治安综合治理委员会办公室
主　任　陈博文（兼）
副主任　阎　军

法学会
专职副会长
　　　　夏　晴（女）

市委农村工作办公室
主　任　李春国
副主任　陈家根
　　　　陈晓明
　　　　袁强华

市委台湾工作办公室
主　任　平志明
副主任　蔡　平
　　　　崇玉强

市委市级机关工作委员会
书　记　许　明
副书记　周步祥
　　　　刘　刚
　　　　徐良明
纪工委书记
　　　　王　卫（女）

市机构编制委员会办公室
主　任　徐志刚（兼）
副主任　焦立群（女）

周秀亮
市委610办公室
主　任　刘　毅
副主任　王庆国
韦　健
市委老干部局（挂“市委离退休干部工作委员会”牌子）
局　长　徐　萌（女）
副局长　沈兆琼
翁广琪
章士江
市委离退休干部工作委员会
书　记　徐　萌（女，兼）
副书记　骆礼国
市信访局
局　长　高长明
副局长　冯雪明
督查专员
蒋立新
王春香（女）
景　虎
市档案馆（挂“市档案局”“市地方志办公室”牌子）
馆　长　殷元松
副馆长　柏桂林
马　俊
朱道宏
市委党史办公室
主　任　强学民
副主任　单杰华
冯雅勤
市委党校
党委书记　陈长新
常务副校长
陈长新（兼）
副校长　贾同跃
李存灵
薛　峰
胡志高（正处级）
扬州报业传媒集团（扬州日报社）
集团党委书记
李继业
集团党委副书记
周明涛（兼）
集团纪委书记
李继学
集团有限公司董事长
李继业（兼）
集团有限公司总经理
袁文生
集团有限公司副总经理
徐　扬
曾学文
朱宏兵
扬州日报社社长
李继业（兼）
扬州日报社副社长
周明涛（兼）
扬州日报总编辑
周明涛
扬州日报副总编辑
周保秋（女）
张志虹（女）
李　峰
拾景炎
***扬州晚报社**
总编辑　袁文生（兼）
***扬州时报社**
总编辑　张广秀（女）
接待办公室
副主任　陈永平

扬州市人大常委会

主　任　谢正义
党组副书记
孔令俊（兼）
副主任　孔令俊（兼）
朱　妍（女）
沙志芳
范天恩
杨正福
秘书长　林正玉（副市级）
副秘书长
朱元豪（兼）
吴效安（正处级）
刘　洁（女，正处级）
毕　刚

市人大常委会办公室、研究室，各工作委员会

办公室
主　任　朱元豪
副主任　陈　曦（女）
吕天龙
张敬武
***信访办**
主　任　朱荣驹
研究室
主　任　罗庆久
副主任　殷　荣（女）
内务司法工作委员会
主　任　阚肖虹
副主任　朱正明
张媛媛（女）
经济工作委员会
主　任　王华平
农村工作委员会
主　任　阚成法
副主任　王　平
教育科学文化卫生工作委员会
主　任　沈宏跃
副主任　江晓昀（女）
环境资源城乡建设工作委员会
主　任　刘焕琴（女）
副主任　周　蕾（女）
陈　军
人事代表工作委员会
主　任　孙玉培
副主任　平大春
民宗侨台外工作委员会
主　任　陈志宏
副主任　郑国华
法制工作委员会
主　任　刘　柏
副主任　于　力
预算工作委员会
主　任　吴焱新
副主任　王　薇（女）

扬州市人民政府

代理市长
夏心旻
副市长　夏心旻
陈　扬
韩　骅
丁　一
宫文飞
何金发
余　珽
方桂林
刘禹同（挂职）
秘书长　尤在晶
副秘书长
王玉军（兼）
林宝荣
雍有瑜
张　伟
吴　军
张小辉
郭宇峰（挂职）

市政府工作机构

市政府办公室（挂“市政府研究室”“市政府金融工作办公室”牌子）
主　任　王玉军
副主任　宋振邦（兼）
　　　　李红卫
　　　　黄振宇
　　　　顾友红
　　　　李　斌
市政府研究室
主　任　黄俊华
副主任　李炜冰
市政府金融工作办公室
主　任　蔡先建（兼）
副主任　许立宏
　　　　李　宁（女）
突发公共事件应急委员会办公室（挂“总值班室”牌子）
主　任　尤在晶（兼）
副主任　宋振邦
　　　　王兆龙
　　　　卜广年
发展和改革委员会（挂“市经济协作办公室”“市服务业办公室”牌子）
主　任　杨　蓉（女）
副主任　许德奎（兼）
　　　　程兆君（女）
　　　　卞　吉
　　　　韩长金
　　　　杨文平（挂职）
经济协作办公室
副主任　王　峰
服务业办公室
主　任　杨　蓉（女，兼）
副主任　孙景亮
　　　　党新军（挂职）
重大项目办公室
主　任　许德奎
副主任　张苏煜
　　　　戴富云
　　　　郎　俊
经济和信息化委员会（挂“市中小企业局”牌子）
主　任　王正年
副主任　李厚林
　　　　许亚军
　　　　赵宽安
　　　　陈江伟
　　　　许立新
　　　　华占军
中小企业局
副局长　张云翔
　　　　郭万山
教育局（挂“中共扬州市委教育工作委员会”牌子）
局　长　周应华
副局长　卫　刚（正处级）
　　　　匡成兰（女，兼）
　　　　余通海
　　　　昌　明
　　　　刘白燕（女，挂职）
市委教育工作委员会
书　记　周应华（兼）
副书记　王朝勃
市政府教育督导团
主任督学　匡成兰（女）
副主任督学
　　　　吴晓寅
　　　　李斌桃
科学技术局（挂“市知识产权局”“市地震局”牌子）
局　长　陈　星
副局长　赵松林
　　　　赵浩岭
　　　　钱　东
　　　　佴　军（挂职）
知识产权局
副局长　肖　猛
地震局
局　长　徐　健
副局长　李凤如
　　　　方开宏
公安局
局　长　宫文飞（兼）
党委副书记
　　　　翁国彦
常务副局长
　　　　翁国彦（兼）
副局长　刘　毅（兼）
　　　　秦雨花
　　　　基国平
　　　　李春阳
　　　　周　晖（挂职）
政治部主任
　　　　李春阳（兼）
维护稳定工作领导小组办公室
主　任　黄太鹏
民政局
局　长　王振祥
党委书记
　　　　潘建民
副局长　陈晓星
　　　　毕顺元
　　　　翟江淮
　　　　王艾平（正处级）
司法局
局　长　许林灿
副局长　徐德林
　　　　丁玉祥
　　　　王桂才（正处级）
　　　　李福才
　　　　万益文（挂职）
　　　　甘永和（挂职）
财政局
局　长　刘晓明
副局长　高　阜
　　　　罗庆寿
　　　　郭　佳（女）
　　　　张思忠
总会计师
　　　　杨建民
人力资源和社会保障局
局　长　范　耘
副局长　吴　芳（女）
　　　　孙玉金
　　　　张跃春
　　　　李晓钟
　　　　李宏平
　　　　周光践
国土资源局
局　长　周正权
副局长　汪庆湖
　　　　严　寒
　　　　夷　彬
　　　　叶卫东
　　　　伏年久
土地储备中心主任
　　　　陶加宏
规划局
局　长　刘　流（女，兼）
副局长　姚爱国
　　　　裴东伟
　　　　杨庆洋
总规划师
　　　　朱雷亭
城乡建设局（挂“市建筑工程局”“市古城保护办公室”牌子）
局　长　陶伯龙

副局长　徐惟涛（正处级）
　　　　苏文奇
　　　　肖　波

建筑工程局

局　长　陶伯龙（兼）

古城保护办公室

主　任　陶伯龙（兼）
副主任　薛炳宽
　　　　刘　泓（女）

城市管理局（挂"市城市管理行政执法局""市数字化城管监督办公室"牌子）

局　长　彭苏宁
副局长　汤　勇
　　　　王　琴（女）

数字化城管监督办公室

主　任　彭苏宁（兼）
副主任　王德伟
　　　　吴　广

住房保障和房产管理局

局　长　耿　良
副局长　杨　云（兼）
　　　　徐志文
　　　　刘忠华
　　　　孙　蔚（女）
　　　　张　虎

交通运输局

局　长　徐　斌
副局长　晏　明
　　　　印德明
　　　　杨步云
　　　　丁泽民
　　　　王才林（正处级）
　　　　张宏亮（兼）

水利局

局　长　康盛君
副局长　凌国栋
　　　　尹晓斌
　　　　徐海中
　　　　郑灯龙（正处级）

农业委员会（挂"市农业资源开发局""市农业机械管理局""市林业局"牌子）

主　任　马顺圣
副主任　陈　石（正处级）
　　　　徐煜峰
　　　　吴永宏
　　　　严巧玲（女）
　　　　孙　伟（挂职）

林业局

局　长　马顺圣（兼）
副局长　沈万林

农业资源开发局

局　长　周学金
副局长　顾加旺
　　　　吴　华（女）
　　　　汪爱智

农业机械管理局

局　长　张安龙
副局长　殷立松
　　　　潘绪海
　　　　李铁军

商务局（挂"市口岸办公室"牌子）

局　长　苏爱根
副局长　张连生
　　　　何　炜
　　　　陈　清
　　　　车国华（女）
　　　　马勇军（挂职）

口岸办公室

副主任　张德云
　　　　张　军

文化广电新闻出版局（挂"市版权局"牌子）

局　长　季培均
副局长　范梅青（女）
　　　　周启云
　　　　姜师立
　　　　李政成
　　　　王官宏
　　　　杨　咏（挂职）

版权局

局　长　季培均（兼）

文物局

局　长　华德荣
党组书记
　　　　仲玉龙
副局长　仲玉龙（兼）
　　　　徐国兵
　　　　曹华军

世界遗产保护管理办公室（大运河遗产保护管理办公室）

主　任　华德荣（兼）

卫生和计划生育委员会

主　任　黄为民
党委副书记
　　　　王　林
副主任　陈　雷
　　　　王　骏
　　　　胡彩云（女）
　　　　王劲松（挂职）

体育局

局　长　李桂山
副局长　周　烈
　　　　张　荣
　　　　盛　宇
　　　　丁卫社（挂职）
　　　　傅　建（女，挂职）

审计局

局　长　蔡先建
副局长　袁竹青
　　　　李永高
　　　　周春山
　　　　潘宝庆（正处级）
总审计师
　　　　高金松

统计局

局　长　赵振东
副局长　陈凤桂
　　　　刘网华
　　　　刘加祥

安全生产监督管理局

局　长　熊佳芝
副局长　戚安宝
　　　　周　炜
　　　　胡顺斌
　　　　付有根

工商行政管理局

局　长　胡春风
副局长　朱　彤（女）
　　　　苏　明
　　　　刘观清
　　　　谈嘉山
　　　　姜文洋（正处级）

质量技术监督局

局　长　侯承海
副局长　朱　桥
　　　　杜建武
　　　　刘如林
　　　　杜志贵

食品药品监督管理局

局　长　赵国祥
副局长　谈法华
　　　　王海峰
　　　　朱宋华
　　　　陆志林
安全总监
　　　　洪　昊

环保局

局　长　金春林

副局长　王和清
　　　　滕远东
　　　　陈修道
　　　　姚江潮

旅游局

局　长　张贵联
副局长　王明宏
　　　　陈玲春（女）
　　　　毛卫东
　　　　朱　华（挂职）

粮食局

局　长　姜开圣
副局长　马建荣
　　　　黄学东
　　　　朱晓进

物价局

局　长　吴顺文
副局长　管宏喜
　　　　李　锋
　　　　夏增忠

民族宗教事务局

局　长　朱建明
副局长　廖　勇

民防局（挂“市人民防空办公室”牌子）

局　长　陈小浩
副局长　侯载铭
　　　　殷　杰
　　　　朱　元
　　　　苏明清

人民防空办公室

主　任　陈小浩（兼）

市政府外事办公室（挂“市政府港澳事务办公室”牌子）

主　任　朱　勇
副主任　蒋旭东
　　　　徐　静（女）
　　　　王玉琴（女）

市政府港澳事务办公室

主　任　朱　勇（兼）

市政府侨务办公室

主　任　顾元周
副主任　王绍云
　　　　李越平
　　　　庞春奎

市政府法制办公室

主　任　苏满满
副主任　厉海涛
　　　　高玉波
　　　　徐晓明

市政府国有资产监督管理委员会

主　任　王庆山
副主任　顾克荣
　　　　沈家宽
　　　　夏心忠（正处级）
监事会主席
　　　　陈焕章
　　　　冷静玉（女）

机关事务管理局

局　长　葛社清
副局长　陈仁茂
　　　　张　林
　　　　许宝忠

园林管理局

局　长　赵御龙
副局长　张家来
　　　　唐红军
　　　　陆士坤
　　　　赵　岚（女）
　　　　周　超（挂职）

市政府派出机构

政务服务管理办公室

主　任　王　涛（女）
副主任　曹文明
　　　　郭有亮
　　　　乔有金

扬州经济技术开发区管理委员会

工委书记
　　　　蒋爱祥
主　任　陈　曦
工委副书记
　　　　陈　曦（兼）
副主任　施益香（女）
　　　　谢百川
　　　　丁晓东
　　　　臧灿甲
　　　　田醒民
　　　　杨　斌
　　　　孟德和
　　　　许艳梅（女，挂职）
　　　　徐美华（女，挂职）
纪工委书记
　　　　李　琪（女）
纪工委副书记
　　　　夏继金　王公锋
监察工委主任
　　　　李　琪（女，兼）
监察工委副主任
　　　　夏继金（兼）
　　　　王公锋（兼）
组织人事部部长
　　　　陈国祥
工委、管委会办公室主任
　　　　商长冠
市公安局开发区分局局长
　　　　张力前

扬州经济技术开发区法院

院　长　纪晓东
副院长　刘　俊
　　　　乔文进
政治处主任
　　　　朱建朝
审判委员会专职委员
　　　　柏文栋

扬州化学工业园区管理委员会

副主任　吴　汛（女）
　　　　张宏康
　　　　唐　虎
　　　　陆永进（女）
纪工委书记
　　　　刘尚玉

生态科技新城管理委员会

工委书记
　　　　陆金龙
主　任　夏正东
副书记　夏正东（兼）
副主任　袁慧中（女）
　　　　钱建忠
　　　　陈　彬
　　　　唐朝文
　　　　吴国群
　　　　周德忠（挂职）
　　　　孙卫红（挂职）
纪工委书记
　　　　吴　俊

蜀冈－瘦西湖风景名胜区管理委员会

工委书记
　　　　张福堂
主　任
　　　　汤卫华
工委副书记
　　　　汤卫华（兼）
　　　　刘马根
副主任　周长军
　　　　胡晓峰
　　　　顾永良
　　　　王贵明（挂职）
　　　　杨文福（挂职）

纪工委书记
郭　坚

市直属单位

供销合作总社
主　任　乔国银（女）
副主任　陈正清
赵国斌
马越飞
扬州仲裁委员会秘书处
秘书长　朱愈明
副秘书长
胡士博
朱毅锴
曲昇霞（女，挂职）
扬州广电传媒集团（扬州广电总台）
集团党委书记
陈韵强
集团党委副书记
徐永泰（兼）
吴黎宁
集团纪委书记
张晓斌
集团有限公司董事长
陈韵强（兼）
集团有限公司总经理
陆建华
集团有限公司副总经理
周晓晓（女）
高华彬
广电总台台长
陈韵强（兼）
广电总台副台长
陆建华（兼）
经　农
王　永
广电总台总编辑
徐永泰
广电总台副总编辑
孙建昶
***住房公积金管理中心**
主　任　杨　云
党支部书记
王正凡
江苏里下河地区农业科学研究所
所　长　李爱宏
党委书记
陈贵江
党委副书记
李爱宏（兼）
戴正元
副所长　周如美
苏建坤
吴宏亚
纪委书记
雪　峰
江苏省工人扬州疗养院
院　长　田　伟
副院长　夏朋林
顾　淋

政协扬州市委员会

主　席　朱民阳
党组副书记
李忠盛
副主席　李忠盛（兼）
王克胜
董玉海
程吉林
王静成
夏正祥
王　骏
刘　流（女）
秘书长　汤天波
副秘书长
苏迎春（正处级）
冬　冰（正处级）
王振宗（正处级）
吴道根（兼）
刘　文（女，兼）
黄锦山（兼）

市政协办公室、研究室，
各专门委员会

办公室
主　任　吴　军（女）
副主任　王荣山
赵　宇
研究室
主　任　吴道根
副主任　伏兴中
提案委员会
主　任　颜　军
副主任　卞　翔
王玉军（兼）
徐宏宇（兼）
施益香（兼）
李　锋（兼）
经济科技委员会
主　任　张曙升
副主任　常春芳（女）
陈荣进（兼）
姜开圣（兼）
钱中声（兼）
城乡建设委员会（人口资源环境委员会）
主　任　江国勤
副主任　吴有新
陶伯龙（兼）
赵御龙（兼）
姚江潮（兼）
教育文化卫生体育委员会
主　任　陈　莘
副主任　孙华幸（女）
季培均（兼）
仲衍书（兼）
薛　峰（兼）
社会和法制委员会
主　任　沈宝玲（女）
副主任　曹卫国
陈博文（兼）
王振祥（兼）
许林灿（兼）
陈锡朝（兼）
姚宏斌（兼）
文史和学习委员会
主　任　王虎华
副主任　殷元松（兼）
华德荣（兼）
王岚峰（兼）
王永平（兼）
叶善祥（兼）
港澳台侨委员会（外事委员会）
主　任　朱路跃
副主任　陈　静（女）
平志明（兼）
杨为民（女，兼）
朱　勇（兼）
委员工作委员会
主　任　王志年
副主任　贾　平（女）
宗金林（兼）
徐志刚（兼）
孙玉金（兼）

中共扬州市纪律检查委员会

市监察委员会
纪委书记
李　航（兼）
纪委常务副书记

仲　生
纪委副书记
蔡　蕾（女）
郭鹏驰
纪委常委
赵志宏
池建强
陈　钧
殷立琴（女）
监委主任
李　航（兼）
监委副主任
仲　生（兼）
蔡　蕾（女，兼）
郭鹏驰（兼）
监委委员
池建强（兼）
陈　钧（兼）
殷立琴（女，兼）
蒋桂芳（女）
何巧明

派驻纪检组

市纪委监委第一派驻纪检监察组组长　王　明
市纪委监委第二派驻纪检监察组组长　彭如桂
市纪委监委第三派驻纪检监察组组长　徐茂生
市纪委监委第四派驻纪检监察组组长　魏德余
市纪委监委第五派驻纪检监察组组长　潘晓成
市纪委监委第六派驻纪检监察组组长　徐朝平
市纪委监委第七派驻纪检监察组组长　张志安
市纪委监委第八派驻纪检监察组组长　陈锡宽
市纪委监委第九派驻纪检监察组组长　居　勇
市纪委监委第十派驻纪检监察组组长　张正华
市纪委监委第十一派驻纪检监察组组长　刘　咏
市纪委监委第十二派驻纪检监察组组长　徐　鹏
市纪委监委第十三派驻纪检监察组组长　刘玉鑫
市纪委监委第十四派驻纪检监察组组长　刘德广
市纪委监委第十五派驻纪检监察组组长　方建中
市纪委监委第十六派驻纪检监察组组长　吕所宝
市纪委监委第十七派驻纪检监察组组长　颜　非
市纪委监委第十八派驻纪检监察组组长　王　睿
市纪委监委第十九派驻纪检监察组组长　卢华月
市纪委监委第二十派驻纪检监察组组长　张延浩
市纪委监委第二十一派驻纪检监察组组长　曹　妍（女）

扬州市委巡察工作领导小组办公室

主　任　蔡　蕾（女，兼）
副主任　许　辉（女）

巡察组

组　长　宗金林（兼）
杨世春
赵志宏（兼）
董兆芝
桑育林
张　洁（女）
副组长　薛　翔
方加根
殷晓竞（女）
郭　峰
曹让礼
孙桂生
钱方清
张　曹
郑依贫
潘大联
黄　燕（女）
周明章

民主党派　工商联

中国国民党革命委员会扬州市委员会

主任委员　王静成（兼）
副主任委员　刘晓明
丁卫社（兼）
关　兵（女，兼）
陈　惠（兼）

中国民主同盟扬州市委员会

主任委员　程吉林（兼）
副主任委员　仲子午
王永平（兼）
葛晓群（女，兼）
常国庆（兼）
徐卯林（兼）

中国民主建国会扬州市委员会

主任委员　王振祥（兼）
副主任委员　黄锦山
程兆君（女，兼）
伏兴中（兼）
何晓华（兼）

中国民主促进会扬州市委员会

主任委员　余　珽（兼）
副主任委员　帅　潇（女）
张一军（兼）
王嘉川（兼）
肖　义（兼）

中国农工民主党扬州市委员会

主任委员　朱　妍（女，兼）
副主任委员　颜安明（女）
李政成（兼）
陈志华（兼）
赵建芳（兼）

中国致公党扬州市委员会

主任委员　徐　晟（兼）
副主任委员　王兰海（女）
张仁田（兼）
曾祥华（女，兼）
丁明哲（兼）

九三学社扬州市委员会

主任委员　余海鹏（兼）
副主任委员　刘　文（女）
田志明（兼）
潘云龙（兼）
黎寿丰（兼）

扬州市工商业联合会

主　席　董玉海（兼）
党组书记　陈荣进
副主席　陈荣进（兼）
吴　钧
戴凌云（女）
徐　直
郭万山（兼）
王　宏（兼）
梁　勤（兼）
江　强（兼）
卢之云（兼）
何小军（兼）
曹宽平（兼）
林在珏（兼）

人民团体

扬州市总工会

主　席　杨正福（兼）

党组书记　李明安
副主席　李明安（兼）
陈锡朝（正处级）
朱　明
洪慧娟（女）
陈维权
韩士军
戚安宝（兼）
孙玉金（兼）
徐　勇（兼）
方璇智（挂职）

中国共产主义青年团扬州市委员会

书　记　洪　扬（女）
副书记　徐明玥（女）
李　杰（女）
李　伟
毕　亮（兼）
王愉翔（兼）
周　伟（挂职）
滕　蔓（女，挂职）

扬州市妇女联合会

主　席　马　宁（女）
副主席　陈　静（女）
王雅静（女）
万潇潇（女）
匡成兰（女，兼）
胡彩云（女，兼）
徐　蕾（女，兼）
戴凌云（女，挂职）

扬州市文学艺术界联合会

主　席　仲衍书
副主席　朱红林
吴乃怀
李政成（兼）
张美林（兼）
周永平（兼）
周启云（兼）
王　永（兼）
周鸿钧（兼）
夏　峰（兼）

扬州市科学技术协会

主　席　王友芳（女）
副主席　葛明顺
王德平
钱靖平
徐乐东
程顺和（兼）
黄建晔（兼）
王大新（兼）
丁爱军（兼）
王国宏（兼）
周颖华（兼）
梁文旭（兼）

扬州市哲学社会科学界联合会

主　席　房学明
副主席　刘　斌
张锡文
徐宏宇（兼）
黄俊华（兼）
陈亚平（兼）
许金如（兼）
贾同跃（兼）
高　阜（兼）
臧灿甲（兼）
管路平（兼）

扬州市归国华侨联合会

主　席　杨为民（女）
副主席　周　军
高志刚（兼）
魏全林（兼）
王　飞（兼）
姚友礼（兼）
孔庆友（兼）

扬州市残疾人联合会

理事长　顾爱华（女）
副理事长　龚　智
张佑根
张跃春（兼）
赵　新（兼）

中国国际贸易促进委员会扬州市支会

会　长　钱中声
副会长　杜　滨
秘书长　梁顺龙

*** 红十字会**

会　长　余　珽（兼）
党组书记　张宝马
常务副会长　张宝马（兼）
副会长　吴　军（兼）
叶柏森（兼）
徐　龙（兼）
周学军（兼）
王　骏（兼）
昌　明（兼）
李春阳（兼）
郭　佳（女，兼）
监事会监事长　毕顺元（兼）

法院 检察院

扬州市中级人民法院

院　长　薛剑祥
党组副书记　任国凡
常务副院长　任国凡（兼）
副院长　李风光
姚宏斌
张　澎
政治部主任　袁江华
审判委员会专职委员　陈　俊
沈　红（女）

扬州市人民检察院

检察长　戴　飞（女）
党组副书记　李秋航（挂职）
副检察长　李秋航（兼，挂职）
浦志强
郭锦勇
张晓强
政治部主任　樊跃先
检察委员会专职委员　鞠　进

扬州经济技术开发区人民检察院

检察长　田庆生
副检察长　刘大军
朱桂明
政治处主任　费　依（女）

高等院校

扬州大学

党委书记　姚冠新
校　长　焦新安
党委副书记　焦新安（兼）
叶柏森
副校长　黄建晔
陈国宏
洪　涛
陈亚平
俞洪亮
费　坚
纪委书记　周　琴

市职业大学

党委书记　周　胜
校　长　潘锦全
党委副书记　潘锦全（兼）
许金如
副校长　许金如（兼）
王如平
陈亚鸿
刘　宏
纪委书记　黄华明

江苏省扬州技师学院

党委书记　徐祥华
院　长　都国雄

党委副书记　　都国雄（兼）
　　　　　　刘建伟
副院长　陈康林
　　　　王思源
　　　　林　峻（女）
纪委书记　刘建伟（兼）

驻扬州机关单位

国家税务总局扬州市税务局
局　长　杨　洁（女）
党委副书记
　　　　朱中良（正处级）
副局长　尹家朋（正处级）
　　　　何　敏（女）
　　　　张汉东
　　　　李　璐（女）
　　　　孔燕云（女）
　　　　柏兆邦
　　　　侯昭华
纪检组长　徐　斌
总经济师　李玉群
　　　　　方　林
总会计师　张耀斌

扬州出入境检验检疫局
局　长　施　军（副厅级）
轻工业品与儿童用品检测中心主任
　　　　陈　明
副局长　王旭东
　　　　陈　洁（女）
　　　　葛荣晖

扬州气象局
局　长　秦铭荣
副局长　谢义明
纪检组长 邹　霁

扬州海关
关　长　唐仁军
副关长　徐旭辉
　　　　卜艳姝（女）
　　　　朱凤家
　　　　杜庆生
南京海关驻扬州海关纪检监察特派员　王晓峰
缉私分局局长　徐旭辉
缉私分局政委　王　炜
缉私分局副局长　蒋惠力

扬州海事局
局　长　蒋永龙
政　委　郭学军
副局长　陆裕彪
　　　　王　泉

中国人民银行扬州市中心支行
行　长　戴又有
副行长　崔　萌
　　　　叶小玲（女）
　　　　蔡定洪
纪委书记　张立红
党委委员、工会主任
　　　　何　飞

扬州银监分局
局　长　薛润生
副局长　刘　旸
　　　　陈　洪
纪委书记　杨　光

国家统计局扬州调查队
党组书记
　　　　刘春来
队　长 刘春来（兼）
副队长　游立华
　　　　黄祥凤
　　　　钟媛媛（女）
纪检组长 范晓青

省高宝邵伯湖渔管会
主　任　谢伟军
副主任　左兆卫
　　　　孙文祥

县(市、区)

宝应县

中共宝应县委
书　记　王逍霄
副书记　佘俊臣
　　　　顾长荣
常　委　沈伯宏
　　　　王梅峰
　　　　吉　琳（女）
　　　　吴建志
　　　　周正威
　　　　陆安亚
　　　　闫　伟
　　　　丁　炜（挂职）

宝应县人大常委会
主　任　周玉宝
副主任　翟士高
　　　　黄才堂
　　　　徐建林
　　　　孙学龙

宝应县人民政府
县　长　佘俊臣
副县长　张　利
　　　　沈伯宏
　　　　杨洪国
　　　　顾锡芳（女）
　　　　杨　林
　　　　金　陵
　　　　杜晓钟（挂职）
　　　　郑东升（挂职）

政协宝应县委员会
主　席　陈金荣
副主席　王松年
　　　　傅春景
　　　　周新华
　　　　姜海峰

高邮市

中共高邮市委
书　记　勾凤诚
副书记　张　利
　　　　张新钢
常　委　徐　健
　　　　王学峰
　　　　陈立柱
　　　　杨文喜
　　　　赵广华
　　　　潘建奇
　　　　傅　颖（女）
　　　　邱加永

高邮市人大常委会
主　任　张秋红（女）
副主任　薛晓寒
　　　　孙明如
　　　　吴惠山
　　　　杨向东

高邮市人民政府
市　长　潘学元
副市长　赵广华
　　　　刘春林
　　　　王　薇（女）
　　　　王永海　　李　生
　　　　张　军（挂职）
　　　　傅　晓（挂职）

政协高邮市委员会
主　席　徐永宝
副主席　张贵龙
　　　　钱富强
　　　　张拥军
　　　　居晓波
　　　　周启泉

仪征市

中共仪征市委
书　记　王炳松

副书记　朱柏兴
　　　　沈文杰
　　　　刘春华
常　委　王长田
　　　　张　伟
　　　　崔学锋
　　　　罗瑞勤
　　　　马立新
　　　　雎万仁
　　　　蒋育洋
　　　　丁雪海
　　　　曹　龙（挂职）

仪征市人大常委会

主　任　仲　玲（女）
副主任　骆　翔
　　　　顾学云
　　　　吴惠芬
　　　　徐厚江

仪征市人民政府

市　长　朱柏兴
副市长　刘春华
　　　　赵建芳（女）
　　　　李正涛
　　　　丁雪海
　　　　黄苏晋
　　　　李　强
　　　　黎堂斌（挂职）
　　　　张志诚（挂职）
　　　　贡靖莉（女，挂职）

政协仪征市委员会

主　席　邵　卫
副主席　陆永进（女）
　　　　吴正明
　　　　赵永江
　　　　施伟文（女）

江都区

中共江都区委

书　记　张　彤
副书记　韦　峰
　　　　李　林
常　委　顾　明
　　　　于　越
　　　　刘卫国
　　　　姜　熔
　　　　盛维林
　　　　吴敬文
　　　　葛智勇

江都区人大常委会

主　任　张永庭
副主任　李　杰
　　　　孙恩明
　　　　沈仁礼
　　　　陆德川

江都区人民政府

区　长　韦　峰
副区长　姜　熔
　　　　孙　明
　　　　夏忠平
　　　　杨德银
　　　　闫冬梅（女）
　　　　杨晓荣
　　　　赵　磊（挂职）
　　　　张德胜（挂职）
　　　　苗海刚（挂职）

政协江都区委员会

主　席　曾庆玲（女）
副主席　蒋孝文
　　　　袁中飞
　　　　孙　明
　　　　黄春涛
　　　　刘宝宏

邗江区

中共邗江区委

书　记　张耀武
副书记　钱　峰
　　　　朱跃龙
常　委　朱发奎
　　　　孟德和
　　　　徐　明
　　　　王庆伟
　　　　叶华生
　　　　柳　进
　　　　黄金发
　　　　孙爱东

邗江区人大常委会

主　任　王庭国
副主任　祁胜媚（女）
　　　　曹占田
　　　　李德居
　　　　吴心明

邗江区人民政府

区　长　钱　峰
副区长　王庆伟
　　　　王根云
　　　　丁明哲
　　　　陈　建
　　　　徐安朝
　　　　贺宝兰（女）
　　　　祁　凯（挂职）
　　　　盛　宇（挂职）
　　　　杨　宁（挂职）

政协邗江区委员会

主　席　陈佳宏
副主席　徐　晟
　　　　羊汉江
　　　　高长明
　　　　沈少林
　　　　何晓华

广陵区

中共广陵区委

书　记　潘学元
副书记　徐长金
　　　　刁顺勤
常　委　周鸿钧
　　　　郭长明
　　　　李刘杰
　　　　王　峰
　　　　喻智荣
　　　　王飞飞
　　　　白　江

广陵区人大常委会

主　任　赵长松
副主任　张　华
　　　　李成志
　　　　周家富
　　　　马新阳

广陵区人民政府

区　长　徐长金
副区长　王　峰
　　　　孟亚东
　　　　王早东
　　　　李建芳（女）
　　　　游　杰
　　　　叶　浩
　　　　郑金伟（挂职）
　　　　黄　艳（女，挂职）
　　　　崔　萌（挂职）

政协广陵区委员会

主　席　刘春晓
副主席　居益芬（女）
　　　　丁卫社

说明：注有“*”的为副处级建制单位。

重要文件目录

中共扬州市委文件目录

中共扬州市委　扬州市人民政府关于2018年民生幸福工程的实施意见(扬发〔2018〕1号，2018年1月25日)

中共扬州市委　扬州市人民政府关于持续优化发展环境促进企业高质量发展的意见(扬发〔2018〕2号，2018年2月6日)

中共扬州市委　扬州市人民政府关于2018年更好服务游客建设宜游城市的意见(扬发〔2018〕3号，2018年3月28日)

中共扬州市委关于印发《中共扬州市委常委会2018年工作要点》的通知(扬发〔2018〕4号，2018年1月29日)

中共扬州市委　扬州市人民政府关于2017年度市级机关绩效管理和综合考评结果的通报(扬发〔2018〕5号，2018年2月13日)

中共扬州市委　扬州市人民政府于进一步加强耕地保护工作的实施意见(扬发〔2018〕7号，2018年1月29日)

中共扬州市委关于转发《扬州市人大常委会2018年度工作要点和议题安排计划》的通知(扬发〔2018〕7号，2018年2月1日)

中共扬州市委关于转发《扬州市政协2018年工作要点》的通知(扬发〔2018〕9号，2018年2月5日)

中共扬州市委　扬州市人民政府关于印发《扬州市贯彻落实省第三环境保护督察组督察反馈意见整改方案》的通知(扬发〔2018〕9号，2018年2月5日)

中共扬州市委　扬州市人民政府关于印发《扬州市贯彻落实省第三环境保护督察组督察反馈意见整改方案》的通知(扬发〔2018〕12号，2018年2月11日)

中共扬州市委关于2017年度县(市、区)、功能区党(工)委书记考核结果的通报(扬发〔2018〕13号，2018年2月13日)

中共扬州市委　扬州市人民政府关于推动金融改革发展稳定工作的实施意见(扬发〔2018〕14号，2018年2月26日)

中共扬州市委　扬州市人民政府关于印发《扬州市全面推进文明城市建设常态化长效化三年行动计划(2018—2020)》的通知(扬发〔2018〕15号，2018年2月27日)

中共扬州市委　扬州市人民政府关于下达2018年重大项目新开工、新竣工投产、新达产(效)、实际投资指标的通知(扬发〔2018〕18号，2018年4月19日)

中共扬州市委关于全面加强城市基层党建工作的实施意见(试行)(扬发〔2018〕23号，2018年6月19日)

中共扬州市委　扬州市人民政府关于贯彻落实乡村振兴战略的实施意见(扬发〔2018〕25号，2018年7月8日)

中共扬州市委　扬州市人民政府关于印发《2018“三直接”十大环节操作规范》的通知(扬发〔2018〕27号，2018年8月8日)

中共扬州市委　扬州市人民政府关于印发《扬州市质量提升行动实施方案》的通知(扬发〔2018〕28号，2018年8月18日)

中共扬州市委　扬州市人民政府印发《关于加快推进新兴科创名城建设的工作意见》的通知(扬发〔2018〕30号，2018年8月31日)

中共扬州市委　扬州市人民政府关于进一步深化农村集体产权制度改革的实施意见(扬发〔2018〕32号，2018年9月14日)

中共扬州市委　扬州市人民政府关于下达2018年度重点工作绩效考核目标的通知(扬发〔2018〕35号，2018年10月8日)

中共扬州市委　扬州市人民政府关于印发2018年度考核(评)办法的通知(扬发〔2018〕37号，2018年10月25日)

中共扬州市委关于建立市政府向市人大常委会报告国有资产管理情况制度的意见(扬发〔2018〕39号，2018年11月23日)

中共扬州市委　扬州市人民政府关于加强城乡社区治理与服务的实施意见(扬发〔2018〕41号，2018年11月24日)

中共扬州市委办公室转发《市委宣传部、市委组织部关于做好〈习近平谈治国理政〉第二卷学习教育工作的通知》(扬办发〔2018〕1号，2018年1月25日)

中共扬州市委办公室　扬州市政府办公室关于印发《2018年市级层面“6+X”招商活动方案》的通知(扬办发〔2018〕3号，2018年2月1日)

中共扬州市委办公室　扬州市政府办公室关于推动市科协所属学会有序承接政府转移职能工作的意见(扬办发〔2018〕4号，2018年2月11日)

中共扬州市委办公室　扬州市政府办公室关于印发《2018中国·扬州“烟花三月”国际经贸旅游节总体方案》的通知(扬办发〔2018〕5号，2018年2月13日)

中共扬州市委办公室　扬州市政府办公室关于印发《扬州市企业国有资产统计报告管理办法》的通知(扬办发〔2018〕7号，2018年3月1日)

中共扬州市委办公室　扬州市政府办公室关于推进现代公共文化服务体系建设的实施意见(扬办发〔2018〕9号，2018年3月12日)

中共扬州市委办公室　扬州市政府办公室关于印发《扬州市2018年双拥和国防教育工作要点》的通知(扬办发〔2018〕10号，2018年3月19日)

中共扬州市委办公室　扬州市政府办公室关于印发《2018年度优化企业发展环境工作考核办法》的通知(扬办发〔2018〕11号，2018年3月21日)

中共扬州市委办公室关于印发《2018年市委督查工作计划》的通知(扬办发〔2018〕12号，2018年3月22日)

中共扬州市委办公室关于转发《扬州市关心下一代工作委员会2018年工作要点》的通知(扬办发〔2018〕15

号，2018年4月9日）

中共扬州市委办公室 扬州市政府办公室关于印发《2018年百名处级干部挂钩联系百强重点企业一览表》的通知（扬办发〔2018〕16号，2018年4月9日）

中共扬州市委办公室印发《关于深入推进社会主义核心价值观建设"六化"工程的方案》的通知（扬办发〔2018〕19号，2018年4月19日）

中共扬州市委办公室 扬州市政府办公室印发《关于扬州市落实国家机关"谁执法谁普法"普法责任制的实施办法》的通知（扬办发〔2018〕20号，2018年4月23日）

中共扬州市委办公室印发关于开展解放思想大讨论活动方案的通知（扬办发〔2018〕21号，2018年5月21日）

中共扬州市委办公室印发《关于推进巡察工作向纵深发展的实施办法》的通知（扬办发〔2018〕24号，2018年6月1日）

中共扬州市委办公室印发《关于构建"六责协同"机制深化巡察整改的实施意见》的通知（扬办发〔2018〕25号，2018年6月1日）

中共扬州市委办公室 扬州市政府办公室关于推进全市绿色发展评价工作的通知（扬办发〔2018〕28号，2018年7月3日）

中共扬州市委办公室 扬州市政府办公室关于支持检察机关依法开展公益诉讼工作的通知（扬办发〔2018〕29号，2018年7月12日）

中共扬州市委办公室关于印发《扬州市党政干部鼓励激励实施办法》《扬州市建立容错纠错机制的实施办法》《扬州市推进党政领导干部能上能下实施办法》的通知（扬办发〔2018〕30号，2018年8月15日）

中共扬州市委办公室 扬州市政府办公室关于印发《扬州市统筹城乡融合发展创新农村基层社会治理与服务试点工作方案》的通知（扬办发〔2018〕30号，2018年9月11日）

中共扬州市委办公室 扬州市政府办公室关于印发《扬州市创新网格化精细化社会治理工作的实施意见》的通知（扬办发〔2018〕33号，2018年9月11日）

中共扬州市委办公室 扬州市政府办公室关于印发《全市农村集体"三资"监管工作实施方案》的通知（扬办发〔2018〕34号，2018年9月12日）

中共扬州市委办公室 扬州市政府办公室关于印发《扬州市城市安全发展行动计划（2018—2020年）》的通知（扬办发〔2018〕35号，2018年10月6日）

扬州市委办公室 扬州市政府办公室关于公布市级总河长、市级河长湖长的通知（扬办发〔2018〕37号，2018年11月19日）

扬州市委办公室 扬州市政府办公室关于印发《扬州市2018年度重大项目建设考核细则》的通知（扬办发〔2018〕38号，2018年11月13日）

中共扬州市委办公室印发《关于加强和改进人民政协民主监督工作的实施意见》的通知（扬办发〔2018〕39号，2018年11月22日）

中共扬州市委办公室 扬州市政府办公室关于印发《扬州市农村人居环境整治三年行动实施方案》的通知（扬办发〔2018〕40号，2018年11月26日）

中共扬州市委办公室印发《关于加强新时代人民政协党的建设工作的实施意见》的通知（扬办发〔2018〕41号，2018年11月22日）

中共扬州市委办公室关于印发《扬州市政治生态监测评估工作实施办法》的通知（扬办发〔2018〕43号，2018年12月12日）

中共扬州市委办公室 扬州市政府办公室关于印发《扬州市市级机关和事业单位编外人员管理办法》的通知（扬办发〔2018〕45号，2018年12月25日）

扬州市政府重要文件目录

扬州市政府关于印发《扬州市老年人优待办法》的通知（扬府规〔2018〕1号，2018年4月3日）

扬州市政府关于印发《扬州市电信设施建设与保护办法》的通知（扬府规〔2018〕2号，2018年5月8日）

扬州市政府关于印发《扬州市水土保持管理办法》的通知（扬府规〔2018〕3号，2018年11月21日）

扬州市政府关于印发《扬州市市区集中供热管理办法》的通知（扬府规〔2018〕4号，2018年11月21日）

扬州市政府关于印发《扬州市城市房屋安全管理办法》的通知（扬府规〔2018〕5号，2018年12月29日）

扬州市人民政府关于废止部分规范性文件的决定（政府令91号，2018年4月16日）

扬州市地方志工作管理办法（政府令92号，2018年8月6日）

扬州市活禽交易管理办法（政府令93号，2018年10月12日）

扬州市政府关于印发《2018年度扬州市人民政府规章和规范性文件制定计划》的通知（扬府发〔2018〕3号，2018年1月8日）

扬州市政府关于公布2017年度百强企业的通知（扬府发〔2018〕15号，2018年2月2日）

扬州市政府关于认真做好全市第四次全国经济普查工作的通知（扬府发〔2018〕20号，2018年2月8日）

扬州市政府关于公布扬州市政府文学艺术奖第二批终身成就奖名单和第二届获奖作品的通知（扬府发〔2018〕21号，2018年2月8日）

扬州市政府关于印发《扬州市企业上市挂牌三年行动计划（2018—2020年）》的通知（扬府发〔2018〕29号，2018年2月24日）

扬州市政府关于表彰2017年度"扬州市工业纳税十强企业"的决定（扬府发〔2018〕30号，2018年2月26日）

扬州市政府关于授予2017年度扬州市科学技术奖的决定（扬府发〔2018〕31号，2018年2月26日）

扬州市政府关于授予2017年度扬州市市长质量奖的决定（扬府发〔2018〕32号，2018年2月26日）

扬州市政府关于印发扬州市现代服务业提质增效

三年(2018—2020年)行动计划等文件的通知(扬府发〔2018〕57号,2018年4月2日)

扬州市政府关于印发《扬州市生态河湖行动计划(2018—2020年)》的通知(扬府发〔2018〕63号,2018年4月4日)

扬州市政府关于印发《扬州市城市总体规划(2018—2035年)修编工作方案》的通知(扬府发〔2018〕68号,2018年4月9日)

扬州市政府关于加强文物利用保护工作的实施意见(扬府发〔2018〕72号,2018年4月12日)

扬州市政府关于建立粮食生产功能区和重要农产品生产保护区的实施意见(扬府发〔2018〕82号,2018年4月28日)

扬州市政府关于扬州市第七届青少年科技创新市长奖评选结果的通报(扬府发〔2018〕96号,2018年5月29日)

扬州市政府关于印发《颐养社区建设总体方案(2018—2021年)》的通知(扬府发〔2018〕97号,2018年6月1日)

扬州市政府关于印发《颐养社区2018年度实施计划》的通知(扬府发〔2018〕98号,2018年6月1日)

扬州市政府关于印发扬州市加强政务诚信建设实施意见等文件的通知(扬府发〔2018〕111号,2018年6月25日)

扬州市政府关于印发进一步促进全市电子商务发展实施意见等文件的通知(扬府发〔2018〕125号,2018年7月14日)

扬州市政府关于激励制造业企业加快发展的政策意见(扬府发〔2018〕126号,2018年7月16日)

扬州市政府关于农村区域性医疗卫生中心发展的意见(扬府发〔2018〕136号,2018年8月3日)

扬州市政府关于进一步健全特困人员救助供养制度的实施意见(扬府发〔2018〕137号,2018年8月6日)

扬州市政府关于公布扬州市第十一次哲学社会科学优秀成果获奖项目的通知(扬府发〔2018〕138号,2018年8月6日)

扬州市政府关于进一步推广装配式建筑的实施意见(扬府发〔2018〕139号,2018年8月6日)

扬州市政府关于明确涉税政府规章规范性文件实施主体的通知(扬府发〔2018〕153号,2018年8月21日)

扬州市政府关于印发扬州市盐业监管体制改革方案的通知(扬府发〔2018〕168号,2018年9月10日)

扬州市政府关于进一步加强审计整改工作的意见(扬府发〔2018〕188号,2018年10月17日)

扬州市人民政府关于划定市区禁止使用高排放非道路移动机械区域的通告(扬府发〔2018〕191号,2018年10月21日)

扬州市政府关于印发扬州市长期护理保险制度试点实施方案的通知(扬府发〔2018〕192号,2018年10月23日)

扬州市政府关于印发扬州市工业重大项目“零收费”实施办法和目录的通知(扬府发〔2018〕197号,2018年10月29日)

扬州市政府关于印发《扬州市贯彻实施国家标准化综合改革试点工作方案》的通知(扬府发〔2018〕198号,2018年11月13日)

扬州市人民政府关于调整禁止现场搅拌混凝土和砂浆范围的通告(扬府发〔2018〕200号,2018年11月14日)

扬州市政府关于培育先进制造业集群的实施意见(扬府发〔2018〕208号,2018年11月22日)

扬州市政府关于印发《东南片区更新改造总体方案(2018—2020年)》的通知(扬府发〔2018〕213号,2018年11月24日)

扬州市政府关于推进“四好农村路”高质量发展的实施意见(扬府发〔2018〕224号,2018年12月9日)

扬州市政府关于全面推进国土资源节约集约利用的意见(扬府发〔2018〕225号,2018年12月12日)

扬州市政府关于印发在全市推开“证照分离”改革实施方案的通知(扬府发〔2018〕226号,2018年12月11日)

扬州市政府关于公布扬州市区市(县)级文物保护单位保护范围及建设控制地带的通知(扬府发〔2018〕227号,2018年12月11日)

扬州市政府关于印发扬州市完善企业职工基本养老保险市区统筹实施方案的通知(扬府发〔2018〕230号,2018年12月29日)

扬州市政府关于公布市本级证明事项取消清单的通知(扬府发〔2018〕231号,2018年12月29日)

扬州市政府关于培育和发展市区住房租赁市场的实施意见(扬府发〔2018〕232号,2018年12月29日)

扬州市政府办公室关于印发《2018年度政府工作报告目标任务分解表》的通知(扬府办发〔2018〕1号,2018年2月7日)

扬州市政府办公室关于印发《扬州市水环境区域补偿工作方案(试行)》的通知(扬府办发〔2018〕2号,2018年1月5日)

扬州市政府办公室关于印发《扬州市区声环境功能区划》的通知(扬府办发〔2018〕4号,2018年1月5日)

扬州市政府办公室关于下达2018年城市建设和环境提升重点工程项目计划的通知(扬府办发〔2018〕9号,2018年1月24日)

扬州市政府办公室关于印发《扬州市物流园区空间布局总体规划(2017—2025)》的通知(扬府办发〔2018〕12号,2018年2月5日)

扬州市政府办公室关于印发扬州市保障农民工工资支付工作考核办法的通知(扬府办发〔2018〕15号,2018年2月9日)

扬州市政府办公室关于公布市工业集中区认定和复评结果的通知(扬府办发〔2018〕16号,2018年2月14日)

扬州市政府办公室关于加快“三大创新板块”建设的实施意见(扬府办发〔2018〕18号,2018年2月14日)

扬州市政府办公室关于印发《扬州市农民工工资支付应急周转金管理办法》的通知(扬府办发〔2018〕19号,

2018年2月14日)

扬州市政府办公室关于印发《云上扬州项目建设管理和考核的实施意见(试行)》的通知(扬府办发〔2018〕22号,2018年2月14日)

扬州市政府办公室关于印发《扬州市金融支持高层次人才创业实施细则》的通知(扬府办发〔2018〕24号,2018年2月24日)

扬州市政府办公室关于开展工业企业资源集约利用综合评价工作的实施意见(扬府办发〔2018〕25号,2018年2月24日)

扬州市政府办公室关于印发《扬州市防范"地条钢"常态长效工作机制》的通知(扬府办发〔2018〕27号,2018年3月22日)

扬州市政府办公室关于印发2018年市级重大项目和政府投资计划的通知(扬府办发〔2018〕29号,2018年4月3日)

扬州市政府办公室关于下达2018年"城中村"改造任务的通知(扬府办发〔2018〕30号,2018年4月2日)

扬州市政府办公室关于印发扬州市市属文化企业国有资产监督管理暂行办法的通知(扬府办发〔2018〕31号,2018年4月3日)

扬州市政府办公室关于印发《扬州市企业引进人才住房保障实施办法》的通知(扬府办发〔2018〕36号,2018年4月10日)

扬州市政府办公室关于印发《扬州市"证照分离"改革试点工作方案》的通知(扬府办发〔2018〕38号,2018年4月12日)

扬州市政府办公室关于印发《扬州市超标粮食处置实施细则》的通知(扬府办发〔2018〕42号,2018年4月25日)

扬州市政府办公室关于印发《市区住宅小区违法建设专项整治方案》的通知(扬府办发〔2018〕44号,2018年4月28日)

扬州市政府办公室关于进一步激发民间有效投资活力促进经济持续健康发展的实施意见(扬府办发〔2018〕50号,2018年5月15日)

扬州市政府办公室关于印发《扬州市突发事件预警信息发布管理暂行办法》的通知(扬府办发〔2018〕51号,2018年5月15日)

扬州市政府办公室关于印发《扬州市第二次全国污染源普查实施方案》的通知(扬府办发〔2018〕52号,2018年5月15日)

扬州市政府办公室关于印发《扬州市工业企业开展高质量发展"争先创优"竞赛活动的意见》和《扬州市工业百强企业认定办法》的通知(扬府办发〔2018〕54号,2018年5月21日)

扬州市政府办公室关于印发《扬州市义务教育学校标准化建设方案》的通知(扬府办发〔2018〕55号,2018年5月28日)

扬州市政府办公室关于印发《扬州市2018年度大气污染防治工作计划》《扬州市2018年度水污染防治工作计划》《扬州市2018年度土壤污染防治工作计划》的通知(扬府办发〔2018〕56号,2018年5月28日)

扬州市政府办公室转发市民政局关于扬州市社区邻里服务中心建设标准(试行)的通知(扬府办发〔2018〕58号,2018年6月6日)

扬州市政府办公室关于印发《扬州市畜禽养殖业污染防治规划(2017—2020年》的通知(扬府办发〔2018〕60号,2018年6月11日)

扬州市政府办公室关于印发《扬州市创建全国旅游标准化示范城市工作方案》的通知(扬府办发〔2018〕61号,2018年6月14日)

扬州市政府办公室关于印发扬州市全面推进政务公开工作实施细则的通知(扬府办发〔2018〕62号,2018年6月21日)

扬州市政府办公室关于加强低保内尿毒症患者救助工作的通知(扬府办发〔2018〕64号,2018年8月3日)

扬州市政府办公室关于印发《扬州市"十三五"风力发电发展规划》的通知(扬府办发〔2018〕65号,2018年6月27日)

扬州市政府办公室关于印发《扬州市耕地保护责任目标考核办法》的通知(扬府办发〔2018〕70号,2018年7月24日)

扬州市政府办公室关于印发《扬州市基层中医药事业发展三年行动计划(2018—2020年)》的通知(扬府办发〔2018〕71号,2018年7月25日)

扬州市政府办公室印发《关于建立完善基层"互联网+政务服务"体系的实施方案》的通知(扬府办发〔2018〕72号,2018年8月3日)

扬州市政府办公室关于印发《2018年扬州市科技产业综合体建设运营考核办法》的通知(扬府办发〔2018〕73号,2018年8月6日)

扬州市政府办公室关于印发《扬州市公园名录管理办法》的通知(扬府办发〔2018〕74号,2018年8月8日)

扬州市政府办公室关于印发《扬州市促进中小企业发展2018年重点工作计划》的通知(扬府办发〔2018〕76号,2018年8月17日)

扬州市政府办公室关于进一步加强市区住房保障工作的实施意见(扬府办发〔2018〕77号,2018年8月20日)

扬州市政府办公室关于印发《扬州市市区限价商品住房管理办法》的通知(扬府办发〔2018〕78号,2018年8月20日)

扬州市政府办公室关于印发《扬州市市区公共租赁住房保障实施办法》的通知(扬府办发〔2018〕79号,2018年8月20日)

扬州市政府办公室关于进一步加强市区房地产市场管理的通知(扬府办发〔2018〕80号,2018年8月21日)

扬州市政府办公室关于印发《2018年扬州市企业重大科技创新项目奖励办法》的通知(扬府办发〔2018〕83号,2018年8月29日)

扬州市政府办公室关于进一步加强公证工作的意见(扬府办发〔2018〕85号,2018年9月14日)

扬州市政府办公室关于印发《扬州市畜禽养殖废弃物资源化利用工作方案》的通知(扬府办发〔2018〕88号,2018年9月27日)

扬州市政府办公室关于印发《扬州市畜禽养殖废弃物资源化利用工作考核办法(试行)》的通知(扬府办发〔2018〕89号,2018年9月27日)

扬州市政府办公室关于印发扬州市创建全民运动健身模范市工作规划和实施方案的通知(扬府办发〔2018〕90号,2018年9月27日)

扬州市政府办公室关于印发《进一步深化基本医疗保险支付方式改革实施方案》的通知(扬府办发〔2018〕92号,2018年9月30日)

扬州市政府办公室关于扬州市打好污染防治攻坚战进一步做好"减煤"工作实施意见(扬府办发〔2018〕93号,2018年9月30日)

扬州市政府办公室关于转发省审改办《"不见面审批"标准化指引》的通知(扬府办发〔2018〕96号,2018年9月30日)

扬州市政府办公室关于推进重大建设项目批准和实施领域政府信息公开的通知(扬府办发〔2018〕97号,2018年10月9日)

扬州市政府办公室关于推进公共资源配置领域政府信息公开的通知(扬府办发〔2018〕98号,2018年10月9日)

扬州市政府办公室关于进一步明确市区棚户区改造范围和界定标准的通知(扬府办发〔2018〕99号,2018年10月15日)

扬州市政府办公室印发《关于进一步推进"互联网+政务服务"深化不见面审批(服务)改革的实施意见》的通知(扬府办发〔2018〕101号,2018年10月21日)

扬州市政府办公室关于印发《扬州市市区建筑垃圾治理试点工作实施方案》的通知(扬府办发〔2018〕102号,2018年10月39日)

扬州市政府办公室关于印发《加快推进"不见面审批(服务)"着力优化营商环境的实施办法》的通知(扬府办发〔2018〕103号,2018年11月5日)

扬州市政府办公室关于落实药品生产流通使用政策的工作意见(扬府办发〔2018〕108号,2018年11月23日)

扬州市政府办公室关于印发《扬州市湿地保护规划(2018—2030)》的通知(扬府办发〔2018〕109号,2018年12月7日)

扬州市政府办公室关于印发《扬州市贯彻落实"菜篮子"市长负责制考核工作实施方案》的通知(扬府办发〔2018〕111号,2018年12月10日)

扬州市政府办公室关于印发扬州市改革完善全科医生培养与使用激励机制工作方案的通知(扬府办发〔2018〕112号,2018年12月10日)

扬州市政府办公室关于提高工业用地节约集约水平的实施意见(扬府办发〔2018〕113号,2018年12月12日)

扬州市政府办公室关于印发《扬州市2018—2019年秋冬季大气污染综合治理攻坚行动方案》的通知(扬府办发〔2018〕114号 ,2018年12月13日)

扬州市政府办公室关于印发《扬州市打赢蓝天保卫战三年行动计划实施方案》的通知(扬府办发〔2018〕115号,2018年12月13日)

扬州市政府办公室关于印发《2019年扬州市区禁止燃放烟花爆竹实施方案》的通知(扬府办发〔2018〕116号,2018年12月13日)

扬州市政府办公室关于印发《扬州市城市道路交通文明畅通提升行动计划(2018—2020)》的通知(扬府办发〔2018〕117号,2018年12月17日)

扬州市政府办公室关于印发《扬州市区水环境区域补偿和受偿责任主体划分》的通知(扬府办发〔2018〕119号,2018年12月19日)

扬州市政府办公室关于印发《扬州市公共资源交易目录》的通知(扬府办发〔2018〕120号,2018年12月24日)

扬州市政府办公室印发《关于进一步推进全市放心消费创建工作的实施方案(2018—2020年)》的通知(扬府办发〔2018〕122号,2018年12月26日)

扬州市政府办公室关于大力发展粮食产业经济加快建设粮食产业强市的实施意见(扬府办发〔2018〕123号,2018年12月25日)

扬州市政府办公室关于印发《扬州市普通国省干线公路突发事件应急预案》的通知(扬府办发〔2018〕125号,2018年12月29日)

扬州市政府办公室关于印发《扬州市实验室建设专项资金使用管理办法(试行)》的通知(扬府办发〔2018〕127号,2018年12月29日)

重大项目

2018年扬州市部分新开工重大项目一览表

表42-1

项目类别	项目名称	计划总投资
工业	扬州亿航新能源科技有限公司1GW光伏电池项目	5亿元
工业	江苏协佳能源有限公司新型光热制品项目	5亿元
工业	江苏晶科天晟能源有限公司1GW太阳能组件封装	10亿元
工业	高邮康博新能源发展有限公司 光伏电池组件项目	20亿元
工业	瑞斯乐高端铝棒及产业链延伸项目	10亿元
工业	润远建设发展集团有限公司锂电储能电池生产项目	10亿元
工业	上汽大众汽车有限公司仪征分公司Tharu新车型	8.47亿元
工业	扬州名流装配智造科技有限公司美好装配式建筑仪征生产基地	10亿元
工业	江苏华晟新型建筑科技有限公司模块化建筑材料项目	5亿元
工业	日清纺汽车EBS阀块二期	3.2亿元
工业	正德专用日用品外包装生产设备研发制造及软体材料生产加工	2亿元
工业	江苏正川智能家居制造有限公司智能家居配件制造	3.08亿元
工业	扬州扬杰电子科技股份有限公司智慧型电源芯片封装测试	2.6亿元
工业	中国振华（集团）新云电子元器件有限责任公司扬州分公司超低ESR有机聚合物固体电解质片式钽电解电容器产业化	1亿元
工业	神州交通工程集团有限公司智慧交通及智慧城市软硬件制造	4.88亿元
工业	联生药（扬州）生物医药有限公司生物制药研发生产基地	3.17亿元
工业	中铁宝桥（扬州）有限公司钢结构制造智能 车间及钢塔加工中心项目	2.2亿元
工业	晶澳（扬州）太阳能科技有限公司年产1GW晶体硅太阳能电池片	10亿元
工业	扬州中集通华专用车有限公司中集通华数字化产研联合体一期	30亿元
工业	赛夫华兰德（扬州）车辆部件有限公司汽车零部件项目	1亿美元
工业	扬州保来得科技实业有限公司粉末冶金制品项目	0.31亿美元
工业	大阳日酸年产240吨电子化学品项目	0.91亿美元
服务业	宝应新城吾悦广场	30亿元
服务业	宝应智能医疗养老中心	12.5亿元
服务业	江苏金大地集团金帆中心	20亿元
服务业	扬州有象物联科技有限公司智慧城市产业园	24亿元
服务业	扬州铜山体育小镇建设发展有限公司铜山体育小镇片区开发	24亿元

续表 42-1

项目类别	项目名称	计划总投资
服务业	江苏电信仪征数据中心项目	24 亿元
服务业	扬州金奥中心二期	11 亿元
服务业	砂之船奥特莱斯一期项目	11.5 亿元
服务业	江苏省特检院、法国 BV 公司省特检院扬州综合检测基地	10.32 亿元
服务业	扬州边城房地产有限公司 772 地块 H 区酒店	1 亿美元
服务业	扬州北湖房地产开发有限公司 GZ020 地块瘦西湖休闲旅游配套	24.64 亿元
服务业	扬州市文化投资管理有限公司新扬州大剧院	18.78 亿元
服务业	扬州兴汉建设投资有限公司高新区总部大楼（就业贡献类）	3.1 亿元
服务业	星鸿天地	1 亿美元
服务业	湾头玉器特色小镇工业遗址产业园	10 亿元
服务业	扬州万溢置业有限公司万科生活广场	14.2 亿元
服务业	中航宝胜海洋工程电缆有限公司中航宝胜物流中心	10 亿元
服务业	1912 小镇三期	10 亿元
服务业	瘦西湖新金融商务综合体及周边环境打造	10.1 亿元
服务业	凤凰水街二期	14 亿元
农业	小官庄镇现代农业生态园	1.2 亿元
农业	大伟生态鸡场及有机肥生产项目	1.15 亿元
农业	扬州大学（高邮）现代农业科教示范园	13.56 亿元
农业	高邮中药饮片生产项目	1.5 亿元
农业	扬州市二分无赖农业有限公司扬州市二分无赖生态农业园	1 亿元
农业	扬州港湾农业发展有限公司港湾生态农业	1 亿元
农业	惠青餐饮中央厨房项目	1.03 亿元
农业	朴园苗木基地基础设施、景观提升	2 亿元
农业	扬州创日畜牧科技有限公司创日种猪场	1 亿元
农业	扬州市邗江区北湖湿地公园管委会北湖湿地休闲观光园（一期）	1.2 亿元
农业	广陵现代高效农业融合发展	1.01 亿元
农业	扬州万吨农副产品展示配送中心项目	2.5 亿元
基础设施	融保达宝应 100MW 风电	8.64 亿元
基础设施	高邮人民医院二期工程项目	11.58 亿元
基础设施	工业固体废物综合利用及处置项目	5.2 亿元

续表 42-1

项目类别	项目名称	计划总投资
基础设施	328 国道仪征段改扩建工程	35 亿元
基础设施	西区新城高级中学新建工程	13.8 亿元
基础设施	维扬路南延	5.52 亿元
基础设施	站东路二期、夏桥路一期	5.2 亿元
基础设施	槐泗河干河及支流综合整治工程	4 亿元

（市重大项目推进办公室）

2018 年扬州市部分新竣工重大项目一览表

表 42-2

项目类别	项目名称	计划总投资
工业	扬州凯翔精铸科技有限公司变速箱壳体等汽车配件	5 亿元
工业	苏州晶樱光电科技股份有限公司多晶硅铸锭及切片项目	20 亿元
工业	江苏德润光电科技有限公司多晶硅铸锭	30 亿元
工业	江苏钦柯电子科技有限公司智能手机配件系列产品	10 亿元
工业	江苏昊天龙集团有限公司电力、通讯铁塔项目	10 亿元
工业	江苏天雅万印毯业科技有限公司车用地毯	3 亿元
工业	仪征升信无纺织物有限公司聚丙烯基布、聚丙烯织物无纺复合底布生产	5 亿元
工业	中船澄西扬州船舶有限公司海上风塔及桥梁钢结构制造	10.7 亿元
工业	伊美特（扬州）环保科技有限公司净水处理设备及配件制造	10 亿元
工业	金世纪（江苏）智能科技有限公司年产 100 万套农用机械钢制轮毂	0.7418 亿美元
工业	江苏罗思韦尔电气有限公司罗思韦尔汽车电子产品	10 亿元
工业	江苏汉和日用品股份有限公司年产 12000 吨汽车塑料配件	10 亿元
工业	扬州恒润海洋重工有限公司环保发电项目	10 亿元
工业	帝一年产 12000 千米特种电缆	10 亿元
工业	扬州保来得科技实业有限公司年产 200 万套汽车 VVT 零件	0.105 亿美元
工业	海信容声（扬州）冰箱有限公司年产 50 万台大风冷冰箱生产线技术改造	1.04 亿元
工业	扬州万盛实业有限公司房车配件及旅行装备	5 亿元
工业	扬州明星牙刷有限公司高档化妆品项目	10 亿元
服务业	生态新城健身产业综合体及体育公园项目	10.5 亿元
服务业	宝应开发区科创中心	11.2 亿元
服务业	高邮登峰文化体育休闲公园项目	10.15 亿元

续表 42-2

项目类别	项目名称	计划总投资
服务业	高邮市园区经济发展有限公司建筑业总部集聚区	10.5 亿元
服务业	扬州综合物流园（扬州快递产业园）	20 亿元
服务业	第十届江苏省园艺博览园建设项目	15 亿元
服务业	扬州金鹰新城市中心 A 地块商业项目一期	20 亿元
服务业	江苏润茂置业发展有限公司润茂国际广场	10 亿元
服务业	扬州万达广场置业有限公司万达广场一期	18 亿元
服务业	扬州昌建尊源置业有限公司昌建广场一期	20 亿元
服务业	扬州万筑置业有限公司金色梦想商业街	1 亿美元
服务业	Y-MSD 项目 C2C3 地块	30 亿元
服务业	广陵食品科技园	11.78 亿元
服务业	扬州裕顺建设开发有限公司蓝爵生活广场一期	1.6 亿美元
服务业	瘦西湖友谊酒店及周边环境提升	10 亿元
服务业	中信泰富瘦西湖旅游综合体项目	15 亿元
服务业	花都汇园艺体验展示中心	10.6 亿元
农业	汜水玉米提取氨基酸及衍生产品生产加工	5 亿元
农业	扬州日欣生物科技股份有限公司氨糖及医药中间体产业化技改	1.25 亿元
农业	高邮市林源科技开发有限公司生物质发电及生物质复合肥生产销售	1.3 亿元
农业	惠田公司黑莓、蓝莓全产业链	5 亿元
农业	上海贝德淀粉扬州有限公司食品加工、仓储项目	5 亿元
农业	扬州嘉丰罗氏沼虾种苗繁殖基地	1 亿元
农业	龙禾有机虾稻高效共作基地	1 亿元
农业	江苏思水源农业科技有限公司扬州槐泗蔬菜基地产业园	5 亿元
农业	扬州乐活农业科技有限公司乐活农业	5 亿元
农业	江苏鼎荣食品有限公司	5 亿元
基础设施	融保达宝应 100MW 风电	8.64 亿元
基础设施	捍海路（一期）断面改造工程	5.02 亿元
基础设施	352 省道扬州江都段建设工程	6.61 亿元
基础设施	广陵学院新校区建设工程	16.5 亿元
基础设施	文峰小学异址新建	5.05 亿元
基础设施	梅岭小学北校区及周边环境提升工程	5 亿元

（市重大项目推进办公室）

2018年境外媒体及国家级、省级主流媒体部分扬州报道情况一览表

表 42-3

报道标题	媒体名称	报道日期
“扬州灯彩”真红火	《人民日报》（海外版）	2月23日
扬州园林“搬”上街	《人民日报》（海外版）	4月17日
“绿色崛起”看扬州	《人民日报》（海外版）	5月30日
端午粽香情更浓	《人民日报》（海外版）	6月19日
朱自清一百二十周年诞辰纪念活动在扬州举行	《人民日报》（海外版）	10月22日
打造宜居公园城、国际文旅城、新兴科创城中国历史文化名城扬州再创新辉煌	法国《欧洲时报》	9月24日
运河为媒，共话新时代发展辉煌 ——2018年世界运河城市论坛侧记	法国《欧洲时报》	11月2日
扬州——城市中央崛起新城	美国《国际日报》 美国《华盛顿中文邮报》	1月10日 1月13日
彰显特色 为千年运河注入新活力	美国《国际日报》 美国《华盛顿中文邮报》	1月24日 1月27日
扬州过大年 习俗有讲究	美国《国际日报》 美国《华盛顿中文邮报》	2月14日 2月10日
来，品味扬州的“年味”	美国《国际日报》 美国《华盛顿中文邮报》	2月28日 2月24日
三年长出十个“瘦西湖”，扬州人为何青睐建公园	美国《国际日报》 美国《华盛顿中文邮报》	3月14日 3月10日
“尚礼”：文明之城的向上力量	美国《国际日报》 美国《华盛顿中文邮报》	3月28日 3月24日
描绘“人们心目中的扬州“新画卷（上）	美国《国际日报》 美国《华盛顿中文邮报》	4月11日 4月14日
描绘“人们心目中的扬州“新画卷（下）	美国《国际日报》 美国《华盛顿中文邮报》	4月25日 4月28日
精心呵护“城市母体”的扬州智慧	美国《国际日报》 美国《华盛顿中文邮报》	5月9日 5月12日
扬州：致力打造能够代表中国的 运河文化标识	美国《国际日报》 美国《华盛顿中文邮报》	5月23日 5月26日
扬州：一城公园一城绿（上）	美国《国际日报》	6月13日
扬州：一城公园一城绿（下）	美国《国际日报》	6月27日
越来越“高大上”，扬州承办国际性会议优势何在	美国《国际日报》	7月11日
扬州：一座经得起“看”的城市	美国《国际日报》	7月25日
扬州：用国际视野推动文化高质量发展	美国《国际日报》	8月8日
从“灯光指数”看魅力新扬州	美国《国际日报》	8月22日
扬州：理念嬗变催生三个“城”	美国《国际日报》	9月12日
改变一座城，影响一城人	美国《国际日报》	9月26日
运河为媒，共话新时代发展辉煌	美国《国际日报》	10月17日

续表 42-3

报道标题	媒体名称	报道日期
园林园艺精彩绽放，扬州打开全域旅游新格局	美国《国际日报》	10 月 31 日
光影为媒，把运河故事讲给世界听	美国《国际日报》	11 月 14 日
“朱自清散文奖”影响世界华人文化圈	美国《国际日报》	11 月 28 日
扬州：由“城市中园林”迈向“园林中城市”	美国《国际日报》	12 月 12 日
激扬如歌——扬州改革开放 40 周年回眸（上）	美国《国际日报》	12 月 26 日
中国大运河世遗拟申请扩容	香港《大公报》A18 版，中国	10 月 13 日
世界运河城市论坛聚焦文化实践	《中国文化报》头版	10 月 16 日
舍得把好地块拿来建公园	《人民日报》	1 月 6 日
有害垃圾有地儿放（图片新闻）	《人民日报》	1 月 15 日
乡村振兴离不开乡土人才	《人民日报》	3 月 13 日
扬州建起国际朋友圈	《人民日报》	3 月 14 日
《人民日报》17 版刊发庄文斌所拍的配文图片，介绍汶河街道树人苑社区“托管课堂”	《人民日报》	5 月 4 日
扬州中小学生争当交通安全小小志愿者学习体验实践活动（图片新闻）	《人民日报》	5 月 30 日
第 19 版刊发庄文斌的新闻图片，内容是扬大师范生暑期赴河南支教。	《人民日报》	7 月 31 日
“看扬州 爱家园”暑期研学旅行实践活动（图片新闻）	《人民日报》	8 月 28 日
办赛惠民，收获更多精彩	《人民日报》	9 月 25 日
运河城市深掘共享家风文化	《人民日报》	10 月 16 日
“国际市场逆风飞扬的‘金飞达之谜’试解”系列报道	《人民日报》	11 月
江苏：聚力实体经济高质量发展	新闻联播	2 月 8 日
以奋斗者风貌迎接新时代第一春 甘泉街道焦巷村年夜饭	新闻联播	2 月 16 日
热门景区升温——喜气洋洋游扬州 景区特色活动闹新春	新闻联播	2 月 19 日
传统现代巧相融 幸福假日选择多——搏浪贺新春 冬泳爱好者畅游瘦西湖	新闻联播	2 月 20 日
十三届全国人民代表大会一次会议开幕式头条新闻	新闻联播	3 月 5 日
王静成讨论政府工作报告同期声：创新驱动成果等 蓝天确实多了	新闻联播	3 月 8 日
春天的中国——春风如贵客 一到便繁华——江苏扬州三湾湿地公园	新闻联播	3 月 19 日
扬州：城市公园群 宜居好环境	新闻联播	5 月 10 日
习总书记全国组织工作大会反响：宝应县石桥村第一书记徐刚	新闻联播	7 月 5 日
第十届中国曲艺牡丹奖颁奖	新闻联播	10 月 17 日
各地积极开展宪法学习宣传活动——扬州市中级法院在武塘社区宣传宪法	新闻联播	12 月 4 日
宝应县全国人大代表莫元花：学习政府工作报告 谈振兴乡村的建议	焦点访谈	3 月 6 日
扬州全国人大代表周善红谈宪法修改的意义	焦点访谈	3 月 11 日
三年长出十个瘦西湖，扬州人为何青睐建公园	新华社	2 月 27 日

续表 42-3

报道标题	媒体名称	报道日期
你当温柔，却有力量	新华社	3 月 6 日
运河城市建了“朋友圈”	新华社	3 月 18 日
聚焦生态扬州 绿化河道忙（图片新闻）	新华社	3 月 24 日
当好耕地守护员 “丘地”“废地”变良田——江苏扬州高标准农田春耕见闻	新华社	3 月 27 日
江苏扬州：企业引才一次性购房补贴最高 200 万元	新华社	4 月 18 日
扬州大学通过质量管理体系认证强化高校毕业生就业服务	新华社	4 月 30 日
放下渔网改“触网”，渔民上岸“卖风景”——江苏扬州沿湖村翻身记	新华社	6 月 22 日
江苏扬州：办一届省运会 老百姓多了 300 多个免费公园	新华社	9 月 28 日
来了“科学家”——江苏扬州依托“科技镇长团”助推乡村振兴	新华社	11 月 27 日
央视沿湖村直播——渔民村里渔家年	新闻直播间	2 月 14 日
《乡村振兴张略大家谈》仪征林果村	新闻直播间	3 月 1 日
1. 应用灭火让人赞 外卖小哥受表彰；2. 不惧危险进火场 救火成功悄然离开；3. 小伙原是退伍军人 英勇事迹美名扬	新闻直播间	5 月 30 日
宝应县荷藕丰收直播	新闻直播间、东方时空	10 月 3 日
全国人大代表周善红：倡导民营企业参与精准扶贫	人民网	3 月 4 日
江苏扬州以生态文明引领乡村振兴	人民网	3 月 7 日
小小绣花针长成富民“金箍棒”	新华网	3 月 5 日
绣针长成“金箍棒”	新华每日电讯	3 月 6 日
访波斯庄 谈中伊情——中国国际广播电台携手伊朗驻华媒体扬州波斯庄媒体行	中华网	1 月 11 日
台青融入大陆“双创”热潮 巧思“活化”千年古城	中新社	12 月 8 日
2018 扬州·台湾文创设计大赛 两岸 45 件作品获“明月奖”	中新社	12 月 8 日
推进国际产能合作 扬州储备 51 个项目	《新华日报》06 版	2 月 27 日
扬州：一座经得起“看”的城市	《新华日报》头版	7 月 10 日
扬州：古韵新风扑面来	《新华日报》03 版	8 月 13 日
首届运河主题国际微电影展在扬颁奖	《新华日报》02 版	10 月 12 日
2018 世界运河城市论坛在扬州开幕	《新华日报》头版	10 月 13 日
第六届中国－中亚合作论坛在扬州举行	《新华日报》头版	12 月 13 日

（董潇潇 于玲玲）

书目

2018年扬州籍作者出版的部分图书

扬州园林/梁宝富著/中国建材工业出版社

荷塘边的不朽背影:回忆朱自清/江苏省政协文史资料委员会 扬州市政协文史资料委员会编/中国文史出版社

扬州市园林志/《扬州市园林志》编纂委员会编/广陵书社

扬州园林图集/张智选编/广陵书社

扬州园林楹联/王志娟选编/广陵书社

测海楼吴氏珍档解读/扬州市档案馆编/广陵书社

邗上杂记续编/顾一平著/广陵书社

扬州历代地方名官/扬州市档案局(馆)编著/江苏人民出版社

望江南·扬州好/顾一平辑录/广陵书社

阮元山水诗赏读集/阮衍喜著/广陵书社

仪征历史名人/邓桂安著/广陵书社

人间万事/星云大师著/现代出版社

星云法语/星云大师著/现代出版社

蓝蓝和外星人/涂晓晴著/江苏凤凰文艺出版社

李亚如书画作品集/中共扬州市委宣传部 扬州市文联编/广陵书社

字圣仓颉/钱传仓编著/华夏文化艺术出版社

一瞬间的照彻/卞云飞著/中国青年出版社

暗黑者/周浩晖著/海南出版社

斗宴:烟花三月/周浩晖著/中国华侨出版社

何园志/王虎华 王海燕主编/南京师范大学出版社

长北漆艺笔记/长北著/江苏凤凰美术出版社

扬州园林/陈跃编著/江苏凤凰美术出版社

淮扬文化研究(第一辑)/周新国主编/社会科学文献出版社

烟花三月下扬州/华干林著/中国文联出版社

药匙之言:诗语趣解药理/盛树东编著/世界图书出版西安有限公司

史可法全传/史锡腾著/华中科技大学出版社

诗路快乐吟/王兆根著/香港艺文出版社

孙中山货币流通思想与实践:纪念孙中山先生诞辰150周年(1866—2016年)/孟建华著/中国金融出版社

中国传统工艺集萃 天然漆髹饰卷/长北著/中国科学技术出版社

绿杨文萃(2017)/扬州文化博览城建设管理利用领导小组办公室编/广陵书社

快乐甲骨文(一)/胡天成编著/西泠印社出版社

思维方法的秘密/崔伟等编著/东南大学出版社

实验探究的秘密/崔伟编著/东南大学出版社

扬州香事:一座城市的嗅觉审美史/王其标著/广陵书社

扬州体育志/《扬州体育志》编纂委员会编/广陵书社

中华阚氏家谱:首卷·家族文化/阚氏家谱编委会编著/海洋出版社

佛光菜根谭/星云大师著/现代出版社

佛光祈愿文/星云大师著/现代出版社

人间音缘/星云大师著/现代出版社

星云说偈/星云大师著/现代出版社

我的扬州奋斗:改革开放立潮头/姜龙主编/广陵书社

朱自清美文与“五四”记忆/吴周文 张王飞 林道立著/社会科学文献出版社

清代扬州学派经学研究/刘建臻著/江苏人民出版社

扬州古典园林/赵御龙主编/中国建材工业出版社

扬州现代公园/陶伯龙 孙建年主编/中国建材工业出版社

扬州生态文明/金春林主编/中国建材工业出版社

近现代扬剧名人录/黄强编著/江苏大学出版社

我的母语课(2A级)(第2版)/亲近母语研究院编著/青岛出版社

我的母语课(2B级)(第2版)/亲近母语研究院编著/青岛出版社

我的母语课(3A级)(第2版)/亲近母语研究院编著/青岛出版社

我的母语课(3B级)(第2版)/亲近母语研究院编著/青岛出版社

我的母语课(4A级)(第2版)/亲近母语研究院编著/青岛出版社

我的母语课(4B级)(第2版)/亲近母语研究院编著/青岛出版社

我的母语课(5A级)(第2版)/亲近母语研究院编著/青岛出版社

我的母语课(5B级)(第2版)/亲近母语研究院编著/青岛出版社

我的母语课(6A级)(第2版)/亲近母语研究院编著/青岛出版社

我的母语课(6B级)(第2版)/亲近母语研究院编著/青岛出版社

尚书/钱宗武解读/国家图书馆出版社

扬州漆器史/长北著/江苏人民出版社

禅话禅画/星云大师著/现代出版社

谁持彩练当空舞:扬州现当代人物谱/王鑫著/江苏人民出版社

落花/濮颖著/江苏凤凰文艺出版社

我是众中的一个:星云大师谈包容智慧/星云大师著/中国工人出版社

史海探赜:文献考察视阈下的中国史研究/李文才著/江苏人民出版社

李光荣下乡记/周荣池著/江苏凤凰文艺出版社

少年曹操/涂晓晴著/人民文学出版社

海陵查拳/刘宗流编著/广陵书社
琴语筝话/刘永发主编/中国书店
丁酉话邮:邮文集/姚正根主编/中国邮史出版社
仪征历代古籍珍贵图录/周明艳主编/广陵书社
星云智慧/星云大师著/生活·读书·新知三联书店
王念孙 王引之/王章涛著/陕西师范大学出版总社
芦苇花又开/张兆珍著/江苏人民出版社
骑在围墙上看鸟与铜像/王玉清著/新华出版社
独上齐云/曹阳春著/团结出版社
在路上:孤帆散文随笔选/孤帆著/江苏凤凰文艺出版社
长清短清/丹青著/古吴轩出版社
明月文化中的扬州文学/孙德喜著/广陵书社
桃花岛/朱嗣衡著/北京时代华文书局
下乡记/尤泽勇著/广陵书社
印萃:孙龙父先生印谱/吕政澄主编/广陵书社
髹饰录析解/长北著/江苏凤凰美术出版社
残之梦/许长青著/南京出版社
青囊片玉:谦字门鳞爪续集/李耀谦著/广陵书社
光影记忆:王建明摄影作品选/王建明著/中国摄影出版社
无底洞的底/王树兴著/江苏凤凰文艺出版社
梁奇书法作品集/梁奇著/吉林美术出版社
新四军在扬州/中共扬州市委党史办 扬州市新四军研究会编/中国文史出版社
张氏宗谱/张安宽主修
江都小纪南新庄三槐堂王氏族谱/王福生主修
梁氏文化(总第6辑)/梁成琛主编/YOUNG KINGDOM香港传媒出版社
梁氏文化(总第7辑)/梁成琛主编/YOUNG KINGDOM香港传媒出版社
梁氏文化(总第8辑)/梁成琛主编/YOUNG KINGDOM香港传媒出版社
扬州年鉴(2017)/扬州市地方志编纂委员会编/广陵书社
良宵/王虎华著/南京师范大学出版社
扬州城国家考古遗址公园 唐子城·宋宝城城墙/王学荣等著/中国建筑工业出版社
风流宛在:扬州文物保护单位图录/华德荣 仲玉龙主编/苏州大学出版社
邗江史话/曹云飞主编/广陵书社
扬州历史文化大辞典/陈锴竑 姜龙 卢桂平主编/广陵书社
源远流长:画说扬州与大运河/扬州市文物局编/广陵书社
发明创造的秘密/崔伟等编著/东南大学出版社
扬州百家姓/沙永祥著/广陵书社
孙龙父书画篆刻作品选/中共扬州市委宣传部 扬州市文化广电新闻出版局编/广陵书社
来鸿弥赏/顾一平编

2018年广陵书社出版的部分图书

石桥五百尊罗汉像/〔清〕佚名拓
苏州旧志序跋汇编(府县志辑)/陈其弟辑注 苏州市地方志办公室编
饮虹簃所刻曲/卢前辑
昆山传统民俗/郑涌泉著
恬庄村志/《恬庄村志》编纂委员会编
闸务全书三刻/邱志荣 赵任飞主编
白云论坛(第8卷)/辛欣主编
领悟人生:文化名家谈哲理/郁达夫等著 陈武选编
扬州学研究(2017)/陶伯龙主编
晏秋集/半墅堂主撰
鉴真年谱/吴平 吴建伟编著
福惠全书/〔清〕黄六鸿著 周保明点校
传习录/〔明〕王守仁著
家风(2018·春)/扬州市纪检监察学会 扬州晚报编
南菁书院丛书/〔清〕王先谦 缪荃孙编
吴中文献小丛书/江苏省立苏州图书馆编纂委员会编
虞山丛刻·虞阳说苑/丁祖荫编
三才图会/〔明〕王圻〔明〕王思义编著
木犀轩丛书/李盛铎编
江苏文化年鉴2017/《江苏文化年鉴》编纂委员会编
日本藏日本地理文献珍本汇刊/李先勇 王强主编
李亚如书画作品集/中共扬州市委宣传部 扬州市文联编
“扬州讲坛”十年名家菁华录/扬州广电传媒集团(总台)编纂
娄东杂著/〔清〕邵廷烈辑
邗江当代诗词一百首/政协扬州市邗江区委员会邗江区诗词协会编
丹阳村村记忆·珥陵镇卷/丹阳市珥陵镇人民政府丹阳市史志办公室编
尤庵先生文集/〔朝〕宋时烈著
与犹堂集/〔朝〕丁若镛著
白雨斋词话/〔清〕陈廷焯撰
诸葛武侯全书/金生杨主编
扬州香事——一座城市的嗅觉审美史/王其标著
宋元戏曲史/〔清〕王国维著
中兴镇志/《中兴镇志》编纂委员会编
四书五经大全辑刊/向辉 王焱主编
“鲁迅风”杂文作家的创作及命运/朱郁文著
李卓吾先生批评西游记/〔明〕吴承恩著
李卓吾先生批评西游记/〔明〕吴承恩著
初心之旅——扬州红色教育基地指南/中共扬州市委组织部 中共扬州市委宣传部 中共扬州市委党史办公室编
湘行散记/沈从文著
边城/沈从文著

江苏邗建集团有限公司志/《江苏邗建集团有限公司志》编纂委员会编

筝学起步——少儿古筝实用教程/封敏编著

家风(2018·夏)/扬州市纪检监察学会 扬州晚报编

犹贤博弈斋诗钞/朱自清著 陈武编

欧游杂记/朱自清著

诗言志辨/朱自清著

语文零拾/朱自清著

你我/朱自清著

踪迹/朱自清著

背影/朱自清著

经典常谈/朱自清著

论雅俗共赏/朱自清著

语文影及其他/朱自清著

标准与尺度/朱自清著

新诗杂话/朱自清著

北方家谱/郭登浩编

京城村夫文集/张明申著 陈万卿 李豫州辑

“扬州讲坛”十年名家菁华录/扬州文化书院 鉴真图书馆编

自然密码/王虹军著

刘河镇记略/〔清〕金端表辑 太仓市史志办公室整理

替换式音乐启蒙/陈凯华编著

声音的神奇世界/陈凯华编著

程墩村志/《程墩村志》编纂委员会编

凤凰村志/《凤凰村志》编纂委员会编

测海楼吴氏珍档解读/扬州市档案馆编

扬州文化研究论丛(第21辑)/赵昌智主编

邗上杂记续编/顾一平著 邗江区政协教文卫体委员会编

光绪丹阳县志 民国丹阳县续志 民国丹阳县志补遗/〔清〕刘诰等修〔清〕徐锡麟等纂 胡为和 方书彪修 贺俞纂 孙国钧修 贺俞等纂

隆庆丹阳县志 乾隆丹阳县志/〔明〕马豸修〔明〕丁一道〔明〕荆文炤等纂〔清〕邹廷模〔清〕贺祥珠修〔清〕荆泽永〔清〕贺沈采纂

光绪续纂句容县志/〔清〕张绍棠修〔清〕萧穆等纂

弘治句容县志 顺治重修句容县志 乾隆句容县志/〔明〕王僖〔明〕杜槩修〔明〕程文纂〔清〕葛翊宸〔清〕丛大为修〔清〕胡岳〔清〕江五岳纂〔清〕曹袭先纂修〔清〕杨世沅撰

苏州古代县以下行政设置辑略/朱家康撰辑 苏州市地方志办公室编

经典诵读三百篇:上篇/辜伟节主编

经典诵读三百篇:中篇/辜伟节主编

经典诵读三百篇:下篇/辜伟节主编

枣林拾萃/汪向荣著

愚斋东游日记校注/〔清〕盛宣怀撰 郑晓霞 阎琳校注

朱自清散文经典/朱自清著

欧阳玄年谱/李文胜著

画解论语/〔春秋〕孔丘著 杨福章译 朱本群画

扬州体育志/《扬州体育志》编纂委员会编

在时光的陀螺上跳舞/郭院林著

历史文献研究(总第41辑)/中国历史文献研究会编

乾隆金坛县志/〔清〕杨景曾修〔清〕于枋纂

康熙金坛县志/〔清〕郭毓秀纂修

家风(2018·秋)/扬州市纪检监察学会 扬州晚报编

园冶/〔明〕计成著

明清祀孔文献辑刊/吴佩林主编

阜宁县志/〔清〕冯观民等纂修 阜宁县地方志编纂委员会办公室编

钟伯敬先生批评水浒忠义传/〔明〕施耐庵〔明〕罗贯中著〔明〕钟惺评点

南京清凉山文化史料丛刊(第一辑)/南京市清凉山公园管理处编

罗军诗词选集/罗军著

船山遗书/〔清〕王夫之著

扬州园林小史/许少飞著

扬州园林图集/张智选编

扬州园林文萃/金晶选编

扬州园林楹联/王志娟选编

朱子大全/〔宋〕朱熹著

扬州长江古镇/陶伯龙主编

扬州市园林志/《扬州市园林志》编纂委员会编

珍品扬州老地图考释/陶伯龙主编

颜李丛书/王焱主编

静嘉堂秘籍志/〔日〕河田罴编

绿杨文萃(2017)/扬州文化博览城建设管理利用领导小组办公室编

朱自清的完美人格/陈武著

石斋先生经传九种/〔明〕黄道周著

小明沙村志/《小明沙村志》编纂委员会编

南社丛刻/汪梦川 熊烨编

杨荫昌绘扬州十二胜迹图册/扬州博物馆编

杨荫昌先生家藏名人信札/扬州博物馆编

苏洵著述合刊/金生杨主编

三苏后裔著述合刊/金生杨主编

驿路走来/姜文定著

江都地方巡礼/张广祥主编

古稀初步/董化礼著

梦追秦汉/林云志著

家风(2018·冬)/扬州市纪检监察学会 扬州晚报编

大美昆曲的前世今生/徐秋明 彭剑飙编著

浒墅关诗钞/钦瑞兴 孙中旺整理

诗与思/庄晓明著

小学生家风读本/陈萍主编

镇江朱氏文化研究文集/王君海主编

中小学美术课教案评选/吴越滨主编

长向文坛瞻背影/徐强编
近代电影史研究资料汇编/马昕编
铜陵历代诗词集注/余娥英辑注
东山村志/《东山村志》编纂委员会编
翁同龢研究(2018)/王忠良主编
琴川家风/中共常熟市纪律检查委员会 常熟市地方志编纂委员会办公室 常熟市文化广电新闻出版局编
方濬颐扬州诗文选注/〔清〕方濬颐著 方亮选注
扬州小盘谷/杨晟著
襄阳历史典籍·第一辑/〔晋〕习凿齿著〔三国蜀〕诸葛亮著〔唐〕孟浩然著
棋杆村志/《棋杆村志》编纂委员会编
邗江年鉴(2018)/扬州市邗江区地方志编纂委员会编
江都年鉴(2018)/扬州市江都区地方志编纂委员会编
影诗留痕总关情/姚佩伦著
初唐四杰诗/〔唐〕王勃〔唐〕杨炯〔唐〕卢照邻〔唐〕骆宾王著
民国珍稀专刊汇编/郭登浩 郑晓峰主编
近三百名家词选/龙榆生选编
大事海门/海门市档案局编
扬州保险志/《扬州保险志》编纂委员会编
雍正高邮年鉴/〔清〕张德盛修〔清〕邓绍焕等纂 陈友兴 李艾国点校
壶天自春/黄春华主编
宝应年鉴(2018)/宝应县年鉴编纂委员会编
农联村志/《农联村志》编纂委员会编
清欢梦影/丹青著
父亲的河流/肖德林著
光影心语/邹文灿著
泰兴年鉴(2018)/泰兴市年鉴编纂委员会 泰兴市史志档案办公室编
广陵年鉴(2018)/扬州市广陵区档案局编
荷塘夜话墨迹/臧民著
新型城镇化和政府公共支出/韩学丽 孟习贞著
近代中国人口问题研究资料汇编/樊秋实编
近代中国土地问题研究资料汇编/樊秋实编
瓜洲志稿 嘉庆瓜洲志 /〔清〕王豫纂 刘栋整理 扬州市邗江区党史地方志办公室编〔清〕吴耆德〔清〕王养度纂修〔清〕冯锦〔清〕常德编辑 于树滋校定 孟德荣整理 扬州市邗江区党史地方志办公室编
盱眙年鉴(2018)/盱眙县地方志编纂委员会编
寻常的日子也芬芳/陈文海著
仪征年鉴(2018)/仪征市年鉴编纂委员会编
曾朴全集/常熟市文化广电新闻出版局《曾朴全集》编辑委员会 苗怀民主编
新套村志/《新套村志》编纂委员会编
清人生平家世考/许隽超著
文鼎江阴三百年/江阴市史志办公室 江阴市政协学习文史委员会编著
南京卫生计生年鉴(2018)/《南京卫生年鉴》编辑部编
一路走进新时代/扬州城市南部快速通道建设指挥部主编
扬州大学图书馆馆藏珍贵古籍图录/吴善中等著
柏林村志/《柏林村志》编纂委员会编
我的扬州奋斗/姜龙主编
仪征刘氏集/〔清〕刘文淇〔清〕刘毓崧〔清〕刘寿曾著 吴平 李善强 郑晓霞整理
大运河名胜图记/姜龙主编
曲礼注疏长编/王锷编纂
近代西学东渐文献丛刊·政治学 法学/樊秋实编
孟子成语解读/田霞编著
高邮年鉴(2018)/高邮市地方志办公室编
苏州市吴文化地名保护名录(张家港卷)/张家港市民政局编
改变一座城 影响一城人/江苏省第十九届运动会扬州筹委会 江苏省第十九届运动会研究中心编
扬州评话:艺说王少堂/李真 徐德明原著 王兆根马伟改编 马伟口述
我的扬州记忆/姜龙主编
神童泾村志/陆家镇《神童泾村志》编纂委员会编
邹家角村志/陆家镇《邹家角村志》编纂委员会编
车塘村志/陆家镇《车塘村志》编纂委员会编
关中胜迹图志/〔清〕毕沅著
古诗源/〔清〕沈德潜选编
三曹诗选/〔三国〕曹操 曹丕 曹植著
王维诗集/〔唐〕王维著
李白诗选/〔唐〕李白著
白居易诗选/〔唐〕白居易著
杜甫诗选/〔唐〕杜甫著
孟浩然诗集/〔唐〕孟浩然撰
李清照集附朱淑真词/〔宋〕李清照 朱淑真著
杜牧诗选/〔唐〕杜牧著 曾学文编
辛弃疾词/〔宋〕辛弃疾著
秦观诗词选/〔北宋〕秦观著
李商隐诗选/〔唐〕李商隐著
柳宗元诗文选/〔唐〕柳宗元著
学诗百法/刘坡公著
学词百法/刘坡公著
遗山乐府选/〔元〕元好问编
文心雕龙/〔南朝〕刘勰著
张玉田词/〔南宋〕张炎著
宋诗举要/〔清〕高步瀛编
花前新记/周瘦鹃著
花前续集/周瘦鹃著
爱的供状/周瘦鹃著
姑苏书简/周瘦鹃著
花花草草/周瘦鹃著
行云集/周瘦鹃著
花弄影集/周瘦鹃著

花前琐记/周瘦鹃著

图说张家港/中共张家港市委党史地方志办公室编

说书/〔丹〕易德波编著〔丹〕罗爱德摄影 李含冰译

论语 附圣迹图/〔春秋〕孔丘著

学思行/姜龙主编

周庄年鉴(2018)/《周庄年鉴》编纂委员会编

张浦年鉴(2018)/《张浦年鉴》编纂委员会编

玉出昆冈/昆山市档案局 昆山市地方志办公室编

扬州文化研究论丛(第22辑)/赵昌智主编

明月再度照三湾/扬州运河三湾风景区编著

仪征历史名人/邓桂安著

近代美术史研究资料汇编/马昕编

望江南·扬州好/顾一平辑录 邗江区史志办 邗江区档案局编

杨庙镇志/邗江区杨庙镇地方志编纂委员会编

让雏鹰展翅翱翔/崔伟 方红霞编著

人间词话/王国维著

昆山历代乡镇旧志集成/昆山市地方志办公室编

原点/扬州运河三湾风景区编著

阮元山水诗赏读集/阮衍喜著 邗江区政协教文卫体委员会 邗江区文体新局编

经学视域下的先秦射礼研究/杨杰著

德积村志/《德积村志》编纂委员会编

洪武苏州府志/〔明〕卢熊著 苏州市地方志办公室编

海陵丛刻/韩国钧辑

封庄村志/《封庄村志》编纂委员会编

题录

经 济

扬州引导社会组织参与对口脱贫攻坚工作/张绍华/中国社会组织/2018-01-06

“宜居城市”视角下城市开发策略研究——以扬州三湾项目为例/刘凌雯、沈丽君、吕晓/项目管理技术/2018-01-10

长江经济带江苏段六市工业行业结构演变研究/王培然、杨永春、刘静玉/甘肃科技/2018-01-15

中小城市公交方式发展探析/晏明/人民公交/2018-01-15

扬州淮扬菜美食文化旅游产品营销策略探究/姚培君、陈肖静、徐姣/江苏商论/2018-01-20

基于供求关系的城镇建设用地适宜性评价——以扬州市为例/孟霖、郭杰、孙驰、欧名豪/资源科学/2018-01-25

扬州盐水鹅发展产业优势/卢芸/食品安全导刊/2018-01-25

关于金融业对扬州旅游市场持续发展的推动/贾娟/中国市场/2018-01-28

从扬州面粉厂的历史看近代民族面粉工业的发展/贾勰/中国高新区/2018-02-01

扬州市生物农药应用现状与推广对策/丁涛、杨进、秦玉金/上海农业科技/2018-02-05

扬州市互联网众创空间发展规划研究/杨华/电脑知识与技术/2018-02-05

从区域视角看扬州城市的兴衰/雷维群、周勇/城市建设理论研究(电子版)/2018-02-05

融入扬州文化的文创产品设计研究——以“清韵扬州”系列文创产品设计为例/朱红红、娄莉、顾源/设计/2018-02-11

基于扬州的旅游本体构建研究/封珏/信息与电脑(理论版)/2018-02-15

扬州市生态循环农业发展现状与对策建议/戴敬、严巧玲、马丽丽、何健/中国环境管理干部学院学报/2018-02-15

面向地方战略性新兴产业的竞争情报服务探析——以扬州市LED产业竞争情报服务为例/盛玥/内蒙古科技与经济/2018-02-15

“三位一体”信息资源管理的扬州模式初探/程海翔/信息化建设/2018-02-15

扬州农产品电子商务发展现状及对策研究/黄燕/江苏商论/2018-02-20

“旅游景区+新媒体”:扬州个园的新型营销/徐姣、陈肖静、姚培君/江苏商论/2018-02-20

基于经济转型升级的旅游风情小镇建设策略——以扬州市为例/董广智、段七零、许金如、李芸/旅游纵览(下半月)/2018-02-23

绿色建筑与宁镇扬生态环境耦合关系研究/丁绵钢、李明惠、冯晓彤、吴野龙、王丹丹/绿色科技/2018-02-28

遗产廊道视角下大运河文化嵌入式旅游资源开发与规划研究——以扬州段运河旅游资源为例/陈云/太原城市职业技术学院学报/2018-02-28

基于需求导向下的扬州宜游城市建设/任孝珍/太原城市职业技术学院学报 /2018-02-28

“双创”背景下小微企业融资问题研究——以扬州为例/沈军/全国流通经济/2018-02-28

锚定特色 精准布局 加快打造扬城东部新商圈/李翔宇、周莹/产业与科技论坛/2018-03-01

打造特色小镇“扬州样本”特色小镇:为何建 在哪建怎么建/程兆君、徐飞/中国战略新兴产业/2018-03-01

续写“绿杨城郭”新诗篇——扬州公园体系建设的观察/尤展、孙秋香/群众/2018-03-05

扬州老字号的政策支持研究/张秋英/中国市场/2018-03-08

淮海维扬州,水运通古今/朱育漩/环境经济/2018-03-08

运河影响下扬州经济地理区位的历史变迁/戴光中/大庆师范学院学报/2018-03-10

新常态下落实农业补贴政策的路径选择/周荣余/江苏农村经济/2018-03-10

关于农村集体“三资”发展现状的调研报告/严奇/现代金融/2018-03-10

中小企业成本核算的方法与对策——以扬州辐照中心为例/孙晓丽/财会学习/2018-03-14

扬州制造业的服务支撑体系研究/朱萌/中国管理信息化/2018-03-15

深层次推进长江经济带产业转移与合作——以扬州为例/吉爱平、张锋/群众/2018-03-20

市场营销专业课程联动研究性服务学习初探——基于亲子游学项目营销实践/潘成云、朱蕾蕾、葛兆颖、范庆基/科教文汇(中旬刊)/2018-03-20

扬州技术创新与出口贸易关系研究/陈国波/扬州职业大学学报/2018-03-30

创新驱动发展战略下扬州外贸发展方式的转变/马华/扬州职业大学学报/2018-03-30

以大运河文化带为核心的三大战略协同建设研究——以探索大运河文化带扬州段建设为例/黄杰/扬州大学学报(人文社会科学版)/2018-03-30

美丽乡村建设背景下乡村景观设计规划探究——以扬州乡村景观规划为例/徐杰/长沙民政职业技术学院学报/2018-03-30

新时期积极推进精准扶贫工作的思考——以江苏省扬州市为例/周荣余/新农业/2018-04-10

扬州市植保无人机发展现状分析/徐剑/现代农机/2018-04-15

新政下网约车与出租车有序竞争研究——以扬州为例/郑媛媛、林舒仪、李婷、陆珏慧/中小企业管理与科技(中旬刊)/2018-04-15

用互联网思维发展扬州生活服务业/计宁扬/科技经济导刊/2018-04-15

唐末至北宋扬州经济发展历程/陈雪飞/镇江高专学报/2018-04-15

基于结构方程模型的城市居民通勤满意度影响因素分析——以扬州市为例/崔继昌、方斌、任亚/现代城市研究/2018-04-15

小城镇水环境综合治理对策——以扬州市曹甸镇治水实践为例/徐剑波、刘碧云/现代农业科技/2018-04-19

行业渠道深刻变革期,农资经销商该如何变?/缪佩佩、刘琴/农药市场信息/2018-04-21

扬州老字号企业自身创新发展研究/张秋英/价值工程/2018-04-24

居民垃圾分类的意愿及影响因素调查研究——以扬州市为例/韩明敏、袁凤林/现代商贸工业/2018-04-25

扬州市农业供给侧结构性改革成效分析/徐海燕/中国农业资源与区划/2018-04-25

电子废弃物回收利用现状及存在问题分析——以江苏省扬州市为例/朱美军、万连建、吉秀芹、柳冬梅/中国资源综合利用/2018-04-25

"农业保险贷"的需求意愿及其影响因素研究——基于南京市和扬州市的调查/张家宁、李浩云、陈玉雯、梅正鼎/湖南农业科学/2018-04-27

扬州古建筑保护与可持续旅游发展研究/俞君宝、呼梦洁/四川建筑/2018-04-28

基于历史角度的扬州城市空间演变发展分析/丁奔/中外建筑/2018-05-01

扬州地方自主品牌发展研究/唐彩虹/知识经济/2018-05-01

新常态下外贸供给侧结构性改革的路径分析——以扬州市为例/朱皓琪、吴进红/中国物价/2018-05-08

扬州非物质文化遗产旅游开发模式的构建/孙建芳/四川旅游学院学报/2018-05-10

扬州农村土地适度规模经营初探/陈家根、周爱、毛飞/江苏农村经济/2018-05-10

中小企业税费负担现状与改进策略——基于扬州市的调查分析/姜佳、袁凤林/现代商贸工业/2018-05-14

基于功能区差异的海绵城市适宜性研究——以扬州市为例/许青、贾忠华、罗纨、唐双成、马晓宇/中国农村水利水电/2018-05-15

浓浓扬榆情 合作助脱贫——江苏扬州和陕西榆林"春风行动"劳务协作活动纪实/李德江/中国就业/2018-05-15

创新驱动发展战略下扬州市外向型经济发展之路/马华/经济研究导刊/2018-05-15

扬州市体育旅游开发现状及对策分析——以广陵区、邗江区为例/谢峰、徐羽可/江苏商论/2018-05-20

非物质文化遗产的创意旅游产品开发研究——以扬州"三把刀"为例/胡瑶琪、蒋培超、齐玉玲、赵靓/文化创新比较研究/2018-05-21

谈扬州特色文化在文化旅游中的作用/樊春飞/旅游纵览(下半月)/2018-05-23

扬州全域旅游发展的机遇、挑战和对策分析/黄家美/旅游纵览(下半月)/2018-05-23

旅游产业链整合与竞争优势——以扬州为例/唐红桃/中外企业家/2018-05-25

基于产业融合视角的扬州体育旅游资源整合与开发路径研究/张旗、谢峰/扬州大学学报(人文社会科学版)/2018-05-30

扬州传统民居建筑特点在现代建筑空间中的演变方式研究/崔威、赵欣一/大众文艺/2018-05-30

"互联网+"背景下扬州电子废弃物回收利用网络构建研究/朱美军、万连建、吉秀芹、柳冬梅/化工管理/2018-06-01

旅游产业链整合与竞争优势——以扬州为例/唐红桃/中外企业家/2018-06-05

关于扬州市城区改建工程对城市地域性影响的思考——三个改建工程为基础的思考/夏骥/住宅与房地产/2018-06-05

中小城市公交都市建设策略探讨——以扬州市为例/林丽、冯辉、朱永旭/公路与汽运/2018-06-07

论工艺美术非物质文化遗产专题博物馆与文创产品的创新发展/肖玮、刘肖/邢台学院学报/2018-06-08

扬州城市空间结构与形态的改变/尤韵雅、孟婕、彭悦/建材与装饰/2018-06-08

基于景观生态学的城市滨水空间利用与更新——以京杭大运河扬州段为例/许晶晶、姜雷/建筑与文化/2018-06-15

新型城镇化背景下的镇村布局规划再思考——对扬州市区镇村布局规划实施效果的评价与反思/刘豫萍、罗小龙、吉玫成、何瑞雯/小城镇建设/2018-06-15

高质量发展要干在实处走在前列/谢正义/唯实/2018-06-15

基于外部性理论的单中心城市土地经济效益测度与低效用地诊断研究——以扬州市区为例/王丹、方斌、陈正富/中国土地科学/2018-06-15

扬州漆艺旅游产品的艺术市场价值探析/黄紫纤/美与时代(中)/2018-06-15

扬州瘦西湖公园林木资源调查与分析/韩翀、孙羊林、周春华/江苏林业科技/2018-06-15

扬州第一水厂新取水口水源地生态修复技术应用/严俊泉、郑全兴/中国给水排水/2018-06-17

扬州市售小龙虾中的有害元素风险评估/燕志、陆炀、史莹莹、康雨薇、要志宏/食品工业/2018-06-20

扬州市人工智能产业培育与发展对策研究/卜焕林/江苏科技信息/2018-06-20

基于层次分析法的扬州市高新技术产业竞争力研究/冯建霞/南通大学学报(自然科学版)/2018-06-20

扬州制造业与互联网融合发展情况调查报告/张雨/统计科学与实践/2018-06-25

体验消费视角下扬州运河文化旅游升级的探析/王新江/太原城市职业技术学院学报/2018-06-28

“文化+”背景下扬州现代颐养城市建设的路径研究/陈孝友、赵丹/职业技术/2018-06-29

产业融合背景下扬州体育旅游发展的价值探究/潘立岿/科教文汇(下旬刊)/2018-06-30

基于环境友好型“扬州模式”产业结构优化研究/郁婷婷/连云港职业技术学院学报/2018-06-30

扬州市体育旅游资源空间布局研究/谢峰、张慧/扬州教育学院学报/2018-06-30

推进扬州市小微企业创新创业发展对策研究/俞泓、谭卉、王晶/扬州教育学院学报/2018-06-30

扬州海上丝绸之路文化旅游资源开发探讨/王晶晶/扬州职业大学学报/2018-06-30

全域旅游视角下特色小镇旅游发展探究——以扬州甘泉镇为例/韩絮/经济研究导刊/2018-07-05

扬州市售盐水鹅品质分析/钱祥羽、于海、葛庆丰、吴满刚、周晓燕/中国调味品/2018-07-10

打造“中央厨房” 做强“百年冶春” ——扬子江集团推进农业产业化融合发展纪实/吴永宏、王波、姜瑾华/江苏农村经济/2018-07-10

不同品种燕麦在扬州地区的生产性能/吴亚、张卫红、陈鸣晖、刘大林/草业科学/2018-07-15

扬州市财政补贴文化产业的绩效分析/周靓霞/纳税/2018-07-15

产业信息数字化服务与清代扬州雕版印刷插图的结合与运用/朱秋婷/美术教育研究/2018-07-15

探究扬州传统漆器工艺的艺术市场价值/夏兰/美与时代(中)/2018-07-15

旅居养老地产市场需求调查与发展对策——以扬州市为例/杜晓艳、王丹、王思朦沈晋羽/商业经/2018-07-18

基于扬州视角下的小微企业融资模式探析/何佳佳/全国流通经济/2018-07-18

功能转变与空间改造的关系——以扬州皮市街为例/原妙龙、刘丹妮、徐一凡、温凡子/河南建材/2018-07-18

水稻高产高效的根系特性及其调控/侯丹平、余超、刘海浪、蔡晗、张宇翔/中国稻米/2018-07-20

融媒体时代城市新闻广播故事化传播策略——以扬州新闻广播获中国新闻奖的作品为例/苗福珍/青年记者/2018-07-20

基于DEA模型的扬子江城市群城市物流业效率研究/祁玉青、赵顺、倪卫红/物流技术/2018-07-25

规模以上服务业企业经营盈利能力评价应用——以扬州市为例/钱坤/统计科学与实践/2018-07-25

三四线城市住房租赁市场发展可行性分析——以江苏省扬州市为例/唐波、程秋君/金融纵横/2018-07-25

我国乡村发展政策梳理与乡村振兴内涵再认知——基于扬州市江都区的案例观察/徐莉君/城市建设理论研究(电子版)/2018-08-05

创新驱动发展战略下扬州对外开放新格局的研究/马华/当代经济/2018-08-10

基于极限供需的建设用地区域差别化管控研究——以扬州市为例/孟霖、郭杰、殷爽、欧名豪/长江流域资源与环境/2018-08-15

扬州“四四一”举措规范共享单车/何培书、霍伟、邵云龙/城市管理与科技/2018-08-15

扬州市建筑从业人员——农民工现状调查/陈星月、陈华娇、蔡瑞成、童芸茹、周柯嘉/居舍/2018-08-15

扬州市中心城区绿地空间格局优化策略研究/李晓曼、谷康/广东园林/2018-08-15

艺术市场下扬州木版年画的美术产业发展研究/程玉静、吴越滨/艺术研究/2018-08-15

大数据背景下基于网络口碑的营销策略研究——以扬州瘦西湖为例/高洁、谭丽娟/江苏商论/2018-08-20

个人理财产品购买意愿及其影响因素分析——基于扬州市城镇居民的调研数据/赵艺农村经济与科技/2018-08-20

扬州市生态公益林管理现状及对策/林永春、曹兆阳/现代农业科技/2018-08-20

地域文化在古城商业步行街环境设计中的应用初探——以扬州东关街为例/赵涛/旅游纵览(下半月)/2018-08-23

扬州市旅游信息化服务设施路径探索/刘志/旅游纵览(下半月)/2018-08-23

浅析中国银行扬州地区国际结算业务发展策略/方亮/现代经济信息/2018-08-25

中小城市知识服务平台优化方案研究——以扬州市科技文献公共服务平台为例/汪蓓、陈鹏杰/江苏科技信息/2018-08-30

扬州市罗氏沼虾产业的挑战与对策/李荣福、张静/水产养殖/2018-09-01

省运会背景下扬州推进城市公园经济体系发展新模式探究/李娅娜/现代经济信息/2018-09-05

新常态下打造扬州外资利用新优势研究/王笑笑/现代商业/2018-09-11

“互联网+”下的体验式经济模式的研究——以扬州四季亮点城市旅游为例/肖琴/度假旅游/2018-09-15

旅游城镇化地区土地利用景观格局指数的粒度效应——以扬州市广陵区为例/张皓玮、李欣、殷如梦、方斌/南京师大学报(自然科学版)/2018-09-20

扬州现代服务业提质增效研究/钱坤、赵犁/统计科学与实践/2018-09-25

江苏省第十九届运动会对扬州城市发展的影响研究/孙凤娟/经济研究导刊/2018-09-25

城市综合体的经营业态与发展模式研究——以扬州市城市综合体为例/张沐颖、顾瑶/住宅与房地产/2018-09-25

创新驱动战略下扬州财税促进科技创新的路径分析/陈慧/太原城市职业技术学院学报/2018-09-28

扬州饮食类非物质文化遗产旅游开发研究/韩双斌/大众文艺/2018-09-30

扬州古城历史街区旅游厕所建设的现状与对策/徐熹/扬州职业大学学报/2018-09-30

浅析非物质文化遗产传承与发展——议“厨刀文化”之淮扬菜/吴雷/文化创新比较研究/2018-10-11

基于互联网+的城市生活垃圾分类激励机制——以扬州市为例/郭笑言、邬嘉沁、蔡飞飞、余芳、魏沐浪/技术与市场/2018-10-15

基于景观安全格局的城镇建设用地扩张多情景模拟研究——以扬州市为例/孟霖、郭杰、欧名豪、李昆鹏/土壤/2018-10-15

工业机器人专业人才需求分析/高杨、高宁/科教导刊(中旬刊)/2018-10-15

扬州旅游产业与文化创意产业发展融合研究/崔敏静/现代营销(下旬刊)/2018-10-16

扬州市科技创新能力综合评价实证研究/刘衎、刘正良/中国市场/2018-10-18

经济“新常态”背景下中小企业科技创新的思考——基于扬州市的实际/陈君/中国商论/2018-10-19

提升扬州文化消费市场竞争力策略研究/郝杰/传播力研究/2018-10-20

发展民宿经济，建设美丽乡村——以扬州市甘泉镇长塘村为例/徐鑫/传播力研究/2018-10-20

扬州区域旅游经济背景下高职烹饪人才的培养策略/董芝杰/江苏教育研究/2018-10-25

扬州市生态农业发展评价及预测研究/宋晓梅、裴会芳/中国农业资源与区划/2018-10-25

分享经济下“宁镇扬”旅游产业协同发展研究/邱慧茹、季娴/金融经济/2018-10-25

优质旅游时代下扬州乡村旅游提质增效的路径研究/徐晓庆/太原城市职业技术学院学报/2018-10-28

互联网时代扬州运河非遗数字化传承与传播/张飞越、靳璨/传播力研究/2018-11-01

扬州茶叶生产气候因素和开采期分析/徐莎莎/安徽农业科学/2018-11-06

扬州众创空间现状及可持续发展对策研究/卜时忠、於建、胡明君/市场周刊/2018-11-08

扬州园艺发展路径研究/洪婷婷、冯辰/科技创新与生产力/2018-11-10

扬州市乡村旅游与现代化农业的融合发展路径研究/李娅娜/乡村科技/2018-11-10

省运会背景下扬州旅游业发展研究/徐晓庆/市场论坛/2018-11-15

扬州市乡村旅游资源开发及产品设计研究/童薇/度假旅游/2018-11-15

扬州市旅游国际化推动建议探讨/崔玲/度假旅游/2018-11-15

省运会对扬州城市规划建设的影响研究/陶巍/河南科技/2018-11-15

从公园城市体系建设看扬州创新型旅游经济发展/燕淑梅、段培鹤/经营与管理/2018-11-15

基于钻石模型的扬州互联网产业竞争力分析/翁朝霞、袁亮/江苏商论/2018-11-19

扬州非物质文化遗产旅游发展问题研究/刘娜、许沁乔/现代商业/2018-11-28

美丽乡村建设视阈下扬州乡村旅游与特色乡镇发展研究/姜馨/农村经济与科技/2018-11-30

基于可持续发展理念的扬州市园博会开发探讨/王兆成/现代园艺/2018-12-03

“全域旅游”时代古城生态文化保护与旅游发展研究——以古城扬州为例/钱婧/市场周刊/2018-12-08

以“琴筝联盟”助推扬州琴筝文化产业园/徐彩云/现代商业/2018-12-08

扬州市老旧小区改造的现状与对策/房忠洁、张苏俊/山西建筑/2018-12-10

大型体育赛事促进城市旅游品牌建设研究——以扬州马拉松比赛为例/王格/无锡商业职业技术学院学报/2018-12-12

“一带一路”背景下扬州城市国际化发展路径探索/邱天语/淮海工学院学报(人文社会科学版)/2018-12-13

扬州创意餐饮文化构建思路/晏凡/环渤海经济瞭望/2018-12-15

旅游特色小镇建设的问题及对策研究——以扬州邵伯旅游特色小镇为例/高永宏/河南农业/2018-12-25

老字号品牌的文化体验式传播策略研究——以扬州谢馥春为例/曹林荫/传媒论坛/2018-12-25

长江经济带建设背景下扬州旅游业发展的新思路/赖声伟/太原城市职业技术学院学报/2018-12-28

扬州市旅游标准化建设的对策研究/段七零/扬州职业大学学报/2018-12-30

全域旅游视角下扬州智慧旅游发展方向及路径研究/顾宇/扬州职业大学学报/2018-12-30

社 会

扬州引导社会组织参与对口脱贫攻坚工作/张绍华/中国社会组织/2018-01-06

扬州市托幼机构教师心理健康状况影响因素研究/董雷、王磊、于伟平、盛玉璐、何晓燕/医学研究与教育/2018-01-11

努力把人民对美好生活的向往落到实处/谢正义/唯实/2018-01-15

江苏省扬州市广陵区全面保障外来务工子女随班就读/陈德胜/基础教育参考/2018-01-15

扬州市邗江区城镇居民养老意愿调查/孙德秋、叶奎英、刘红雨/江苏卫生事业管理/2018-01-28

试论居家养老服务券制度的困境与出路——以扬州市H社区为例/曹陆婷子/决策探索(下)/2018-01-28

江苏省扬州市广陵区三招筑牢社区治理根基/田婷/中国社会工作/2018-02-05

扬州产业工人队伍劳动经济权益中的问题及对策建议/洪慧娟、高云、吉晶、郝明然/中国工运/2018-02-10

以高质量协商推进扬州高质量发展/谢正义/江苏政协/2018-02-15

论医疗纠纷人民调解制度的不足及完善——以扬州市为例/倪佳纯、席健/法制与社会/2018-02-25

全面放开二胎政策对邗江区未来房地产的影响研究/周来智、王倩倩、张敏莉/经济研究导刊/2018-03-05

物联网环境下扬州智慧社区养老服务研究/周惠忠、高亚/佳木斯职业学院学报/2018-03-15

扬州市"封闭式小区走向开放"之民意调查研究/杨明志、熊尧宇、周思琪、原源、张敏莉/建材与装饰/2018-03-23

大学生毕业旅游目的地选择决策影响因素——以扬州市为例/耿捷/旅游纵览(下半月)/2018-03-23

24小时城市书房构筑扬州"精神地标"/陈晔/农业图书情报学刊/2018-03-23

扬州市社区服务型党组织建设的实践和思考/吴志娟/扬州教育学院学报/2018-03-30

扬州市幼儿教师队伍建设现状与对策研究/卞红梅、李丽/扬州教育学院学报/2018-03-30

互联网时代背景下创业新形式:大学在校生微创业的发展研究——以扬州高校为例/王晨、丁洁/汉字文化/2018-04-10

扬州市社区文化建设存在的问题及对策研究/李雅文、桑玉玲、梁宇/中外企业家/2018-04-25

社区矫正的社会支持研究——基于对扬州市社区矫正中心的实证调查/许晓童/法制博览/2018-05-05

扬州经济技术开发区打击非法行医"3+2+1"新模式探索/王礼富、周兆桂、姚佳/江苏卫生事业管理/2018-05-28

浅谈中美校企联合产学研培养研究生——以扬州大学与牧羊集团的研究性教学合作为例/张琦、吴鹏鹏、陈世栋、缪宏、邱变变/当代教育实践与教学研究/2018-05-29

从《市民论谈》看电视媒介在推动社会治理主体合作中的作用/冯洁/当代电视/2018-06-01

整体性政府:宁镇扬一体化发展背景下扬州市政府治理模式创新的目标选择/孔德斌/现代营销(下旬刊)/2018-06-05

家庭"园丁"及亦师亦友型第二课堂市场研究——以南京、扬州为例/华敏、王英姿、郭梦琳/现代商贸工业/2018-06-08

从扬州实践谈高校毕业生高质量就业/陈道明/中国人力资源社会保障/2018-06-09

扬州市公共厕所建设与管理现状分析/钦剑影、王昊鑫、张敏莉/城市管理与科技/2018-06-15

扬州市社区中老年人慢性疾病及营养状况调查研究/卞冬萍、李芹、马璐、胡跃昆、黄晨/世界最新医学信息文摘/2018-06-15

大学生创新创业现状及影响因素的调查与思考——以扬州大学为例/沈徐珺、蒋璐怿、赵歆彦、马梦恬/绿色科技/2018-06-15

当前创建幸福家庭活动存在的问题与对策研究——以江苏扬州市广陵区为例/姚敏君、王莹/人口与计划生育/2018-07-08

新慈善政策下社区慈善运营机制研究——以扬州地区为例/张梦云、程海霞/科技经济导刊/2018-07-15

江苏省扬州市宝应县为留守儿童保障快乐暑期/吴玉林/中国民政/2018-07-15

旅居养老地产市场需求调查与发展对策——以扬州市为例/杜晓艳、王丹、王思朦、沈晋羽/商业经济/2018-07-18

论文化馆在公共文化服务体系的作用/冯国敏/传播力研究/2018-07-20

扬州市建筑农民工职业安全现状与对策研究/高云/工程经济/2018-07-20

扬州市高中女生身体素质现状调查与分析/刘海燕/体育科技文献通报/2018-08-02

关于新型职业农民培育的思考——以江苏省扬州市为例/周荣余/法制与社会/2018-08-15

养老服务体系建设研究——基于扬州实践/谭运启、胡钰/社会福利(理论版)/2018-08-15

基于马斯洛需求理论对“微时代”大学生职业规划教育的研究——以扬州大学为例/李敏/中国大学生就业/2018-08-20

关于扬州市城市书房建设及管理模式的探讨/张洁/图书情报导刊/2018-08-25

全面放开二孩政策下的适龄妇女生育意愿调查——基于无锡、扬州、淮安三地的比较/周心怡、沈桂香、曹鲲/农村经济与科技/2018-09-20

大学生创新创业存在的问题及对策研究——以扬州大学为例/蒋璐怿/农村经济与科技/2018-09-20

江苏省第十九届运动会对扬州城市发展的影响研究/孙凤娟/经济研究导刊/2018-09-25

基于市民视角的扬州开放式公园可持续运营研究/蒋丽、袁刚、黄兴国/扬州职业大学学报/2018-09-30

扬州：筑牢基层服务体系“夹心层”/孙梦、郭晓薇/中国卫生/2018-10-05

不同治理体系下的社区教育的差距——2018扬州市社区教育管理者研修班学习心得/葛大新/中国农村教育/2018-10-08

扬州高校大学生就业能力构成与区域社会需求的差异性研究/刘丹丹/林区教学/2018-10-15

提升扬州文化消费市场竞争力策略研究/郝杰/传播力研究/2018-10-20

建设扬州“大学生城”的思考与实践/邵俭福、刘芳/泰州职业技术学院学报/2018-10-20

扬州区域旅游经济背景下高职烹饪人才的培养策略/董芝杰/江苏教育研究/2018-10-25

地域文化背景下扬州高校校园文化与城市文化互动发展研究/董浩/湖北函授大学学报/2018-10-28

中美高职院校“校园贷”的比较分析探究及其启示/李霞、何健/太原城市职业技术学院学报/2018-10-28

推进优质均衡发展 努力办高品质教育——以江苏省扬州市为例/周应华/基础教育参考/2018-12-01

扬州体育社会组织发展研究/温菊萍/当代体育科技/2018-12-05

打造农村区域性医疗中心“扬州样本”/胡彩云、缪彦/中国卫生/2018-12-05

扬州市农村空巢老人家庭医生式养老服务影响因素分析/夏婷婷、王秋玲、侯长倩/锦州医科大学学报/2018-12-15

试论后申遗时代扬州运河文化遗产旅游发展对策/童薇/度假旅游/2018-12-15

扬州秸秆综合利用产业发展现状调查分析/朱凌宇、盖玉芳、何榕、徐荣、王桂良/贵州农业科学/2018-12-15

“扬州家风”在高职院校学生文化自信培育中的应用探析/李霞/兰州教育学院学报/2018-12-20

国家教师资格考试管理现状与思考——以江苏省扬州市为例/韦凯、程飞/扬州大学学报(高教研究版)/2018-12-21

休闲体育对扬州市民文明素质规范化促进的研究/李红智/扬州职业大学学报/2018-12-30

扬州城市书房创新文化服务形态实践研究/王红/当代图书馆/2018-12-31

文 化

扬州农民“送戏进城”/王瑞芳、朱柏霖/中国老区建设/2018-01-01

淮扬文化研究的若干理论问题/张文华/淮阴师范学院学报(哲学社会科学版)/2018-01-15

扬州“两剧一曲”的变革融合与传承创新/张美林、王诗丹/艺术百家/2018-01-15

扬州市古运河历史功能转变的研究与思考/吴艳、杨艳慧/治淮/2018-01-15

时尚城市 清代扬州服饰一瞥/安东篱、王春霞、穆凤良/装饰/2018-01-15

建立机关档案工作新格局的对策思考——以扬州市机关档案工作为例/殷元松、薛晓军、高玲/档案与建设/2018-01-15

大师的码头——书场曲艺的回望与追忆/殷伯达/曲艺/2018-01-15

扬州教案中民众被煽动的原因探析/刘长林/新西部/2018-01-20

扬州民间文学类非遗外宣英译工作探赜/张崎静/黑河学刊/2018-01-20

扬剧唱腔发展现状研究/秦忠亚/黄河之声/2018-01-24

地方本土文化和高校公共艺术教育结合之思考——以扬州清曲为例/王一媛/西部素质教育/2018-01-25

东关街：扬州市井文化的镜子/邱正峰、高永青/中国地名/2018-01-28

基于场域理论的扬州佛寺空间解析/宋桂杰、韩卫然、王军/华中建筑/2018-02-10

片石山房与石涛寓居扬州的暮年生活/李夏夏/南通大学学报(社会科学版)/2018-02-15

明清宝应朱氏家学研究回望与前瞻/程希/安阳师范学院学报/2018-02-15

宋夹城遗址公园设施建设转变中的发展要点探析/陈哲/艺术研究/2018-02-15

晚清扬州绘画中的市民风格/徐紫竹/艺术研究/2018-02-15

整理扬州评话《武松》的历史反思/徐德明/曲艺/2018-02-15

扬剧、扬味与Orchestral——观摩扬剧《史可法——不破之城》有感/李由/戏剧之家/2018-02-25

论大禹领导“有巢氏”开发江淮/周怀宇/合肥学院学报(综合版)/2018-02-28

兰竹写真意——清代李鱓写意兰竹及题画/陈喆/福建艺术/2018-02-28

扬州汉代漆面罩赏析/周保冬/文物鉴定与鉴赏/2018-03-01

乡愁诉求下空间记忆的现代重构——以高淳诗人住宅和扬州三间院为例/谢骁/中外建筑/2018-03-01

论扬州园林历史沿革及艺术特色/赵御龙/园林/2018-03-06

苏州园林与扬州园林的差异——以小盘谷为例/张青萍、巫文笑/园林/2018-03-06

当代大学生方言能力调查与应对策略研究——以扬州仪征、苏州昆山为例/戴群、陆易芝、滕伟、朱文芳、赵玮/海外英语/2018-03-08

扬州市广场舞开展现状的调查研究/侍丽萍/体育科技文献通报/2018-03-09

浅谈清代扬州三次"红桥修禊"中的酬唱文学/朱贤颖/名作欣赏/2018-03-10

大典本《维扬志》考/张升/史学史研究/2018-03-15

扬州高旻寺段运河景观区域文化的融合与传达/封心宇、季翔/江苏建筑职业技术学院学报/2018-03-15

金农书法成因窥探/李函峪/美与时代(中)/2018-03-15

何——论清代画家郑板桥/王彧浓/美与时代(中)/2018-03-15

扬州八怪的礼教观/王荣华/陕西广播电视大学学报/2018-03-15

江东还是江南——六朝隋唐的"江南"研究及反思/陈志坚/求是学刊/2018-03-15

洒脱之中见高格——罗聘绘画的美术史意义/胥甜甜/艺术科技/2018-03-15

江苏扬州 李白的白月光 杜牧的明月夜/李振华、丁慧琴/全国新书目/2018-03-15

宋词景观在扬州园林中的转化与应用——以个园为样本/徐羽可、王恩平、谢磊、邢易玺/旅游纵览(下半月)/2018-03-23

非物质文化遗产资源与城市文化互动关系——以扬州城市文化提升实践为例/彭莉莉/文化产业/2018-03-25

说"二分无赖是扬州"/鲁同群/南京师范大学文学院学报/2018-03-30

刘师培的碑传观与扬州学派/吴海/南京大学学报(哲学·人文科学·社会科学)/2018-03-30

地方依恋中的清代扬州游憩空间研究/张旗/扬州职业大学学报/2018-03-30

北宋扬州芍药三谱之比较及其史料价值/陈雪飞/扬州职业大学学报/2018-03-30

扬州新见唐代淮南节度使僚佐王厚墓志略考/左凯文/扬州职业大学学报/2018-03-30

扬州五亭桥发展史考/罗加岭/扬州职业大学学报/2018-03-30

盐商文化作用下的扬州园林艺术特征研究综述/刘思语、禹文东/山西建筑/2018-04-01

秦汉时代的狗——以扬州新出土西汉寻狗案为中心/张朝阳、闫璘/史林/2018-04-01

金兆燕《旗亭记》与乾隆时期扬州文学的职业化/邹琳/东岳论丛/2018-04-01

"春芽"与扬州——园林文化在绘画中的当代反思/宋力/艺术评论/2018-04-04

铿锵金铜出妙艺 记金银细工传承人方学斌的艺术之路/张子麟/中国拍卖/2018-04-05

扬州双峰云栈中的园林艺术/赵靓、刘小涵/园林/2018-04-06

扬州一绝 烂面烧饼/徐永清/江苏地方志/2018-04-10

清代扬州北郊园林群落的生成与演变/都铭、张云/中国园林/2018-04-10

论龚自珍"重过扬州"之矛盾心境——以《己亥六月重过扬州记》与《芜城赋》对读为中心/沈伟、王双腾/黄冈师范学院学报/2018-04-15

扬剧的传承与创新/刘悦/艺术评鉴/2018-04-15

从中国古风音乐到扬州清曲的创新与生存/万灵悦/大众文艺/2018-04-15

浓淡相宜 疏秀奇绝——赏李方膺《桃花杨柳图》/羽菲/老年教育(书画艺术)/2018-04-25

论姜夔词中对杜牧诗句的化用/周斌/上饶师范学院学报/2018-04-28

"露筋娘娘传说"在"运河文化带"建设中的价值/谷亮/文教资料/2018-05-05

对县(区)级方志馆建设功能定位的思考——以扬州市邗江区方志馆为例/曹云飞/黑龙江史志/2018-05-15

清淮小曲浅说/周武彦/淮阴师范学院学报(哲学社会科学版)/2018-05-15

点螺髹漆扬州情——扬州漆艺风貌研究/胡美娇/美术教育研究/2018-05-15

论扬剧流派唱腔的风格特征/郭进怀/戏曲艺术/2018-05-15

扬州木雕的美术属性探究/樊媛媛/艺术研究/2018-05-15

扬州评话的"审丑"/朱运桃/曲艺/2018-05-15

介于"工艺"和"绘画"的曲折纠葛——再论扬州刺绣的历史向度/王笙渐、赵芳/艺术百家/2018-05-15

曹寅和歙县盐商/方晓伟/曹雪芹研究/2018-05-15

从家族档案到城市记忆的华丽转变——以扬州"吴氏家族"档案构建研究为例/徐国磊/档案与建设/2018-05-15

江苏维扬、江海、海盐三地文化略览及蠡测/徐耀新/新世纪图书馆/2018-05-20

高质量推进淮扬运河文化示范带建设/刘怀玉/群众/2018-05-20

谈扬州特色文化在文化旅游中的作用/樊春飞/旅游纵览(下半月)/2018-05-23

扬州学派名家朱彬交游补考/程希/天中学刊/2018-05-24

游走瘦西湖/周游/中国地名/2018-05-28

历史文化名街开发与个性化文化体验/高冰、李慧婷/合作经济与科技/2018-05-31

试论唐代文人城市情结的心理结构/闻洋/嘉兴学院学报/2018-05-31

顺治年间的北人南任与江南征服——以扬州及苏、松、常、镇为中心/孔迎川/学习与探索/2018-06-07

江淮俗曲中宫曲大调的审美价值/冯继/音乐创作/2018-06-08

说“甘泉”/蒋少华/江苏地方志/2018-06-10

探析扬州园林中北方要素之形成机制/秦园/中国园林/2018-06-10

浅谈书画中字号印款的趣味性/王冠/戏剧之家/2018-06-15

非物质文化遗产——扬州雕版印刷的历史发展概述/宦丽莎/美术教育研究/2018-06-15

刘晏与扬州/马俊/唯实/2018-06-15

命运多舛的海归科学家束星北/薛梅/档案与建设/2018-06-15

扬州漆艺旅游产品的艺术市场价值探析/黄紫纤/美与时代(中)/2018-06-15

漫谈郑板桥的诗书画/冯健/书法赏评/2018-06-15

晚清扬州盐商研究——以徽州歙县许村许氏为例/王振忠/地方文化研究/2018-06-15

改编“五虎逼康”之收获——浅谈扬州评话的流派艺术和我说《五虎逼康》实践/马伟/曲艺/2018-06-15

从傅山指画到高其佩指画——谈明末清初“奇”美学观的发展及影响/都立春/辽宁师专学报(社会科学版)/2018-06-20

杨广晋王府文学集团的意义/王金根/荆楚理工学院学报/2018-06-25

试论“唱口”——从清人笔记《扬州画舫录》谈起/习译之/天津音乐学院学报/2018-06-25

盛衰的思考——论龚自珍《己亥六月重过扬州记》/刘畅/安庆师范大学学报(社会科学版)/2018-06-25

入场理论框架下的语篇研究——以扬州评话话本为例/张靖宇/湖州师范学院学报/2018-06-28

试论“扬州工”的文化内涵及价值/巴一斯、沈新华、仓明/扬州职业大学学报/2018-06-30

张邦基籍贯考辨/陈友兴/扬州教育学院学报/2018-06-30

唐末高骈淮南节度使府巡官经济活动研究/张剑/扬州教育学院学报/2018-06-30

论隋炀帝的南方文化情结——兼与唐太宗作比/牟发松/文史哲/2018-07-05

古琴艺术传承之我见——扬州“中国古琴第一街”现状调查引发的思考/严霖玲/文教资料/2018-07-05

惊倒扬州郑板桥——白蕉致姚鹓雏/管继平/档案春秋/2018-07-10

宋元明清时期扬州剪纸考略/王莲/美与时代(上)/2018-07-15

深度开发档案资源 打造档案文化建设“扬州样本”/徐国磊/中国档案/2018-07-15

宋元明清时期扬州剪纸考略/王莲/美与时代(上)/2018-07-15

红楼寻梦在扬州/丁章华/红楼梦学刊/2018-07-15

探究扬州传统漆器工艺的艺术市场价值/夏兰/美与时代(中)/2018-07-15

雅集与文人趣味的绵延——从《聚英图》到20世纪上半叶的扬州画坛/宋力/南京艺术学院学报(美术与设计)/2018-07-15

何为国粹——以章太炎、刘师培的两番书信商榷为例/王韬/东吴学术/2018-07-15

独立与依附的文化向度——论扬州刺绣与绘画的关系/杜晓禹、赵芳、顾浩/通化师范学院学报/2018-07-20

探究扬州雕版印刷技术的匠心与创新/谢永珍、李姗姗、吴庆园/美术教育研究/2018-07-25

明清时期以园林为中心的园主、邻人关系之探讨/李金宇/兰州学刊/2018-07-31

扬州明代伊斯兰教墓碑考/郭成美、薛守东/回族研究/2018-08-05

扬州钢琴音乐发展的地域性与文化意义/周珏/黄河之声/2018-08-08

秦观故里在高邮城中更靠谱/肖维琪/江苏地方志/2018-08-10

论清代扬州盐商与淮扬菜的兴盛——以盐商童岳荐与马氏兄弟食笋之法互较为例/杨伟峰/现代交际/2018-08-15

历史街区商业招幌的设计思考——以扬州东关街为例/张丹绘、王冬梅/艺术研究/2018-08-15

艺术市场下扬州木版年画的美术产业发展研究/程玉静、吴越滨/艺术研究/2018-08-15

扬州刺绣的研究及发展策略/袁晶晶/艺术科技/2018-08-15

江苏扬州小扬庄汉代墓地/周赟/大众考古/2018-08-20

扬州城与大运河/汪勃/大众考古/2018-08-20

试论郁达夫古体诗中的“灯火”及“扬州”意象群/张宇/牡丹江大学学报/2018-08-23

五代北宋高邮秦氏家族世系研究——以江苏扬州发现秦咏夫妇墓志为线索/王潇潇、刘刚、束家平/东南文化/2018-08-23

俚语入文 雅俗兼容——试论清代扬州方言小说《飞跎全传》的修辞特色/邵天松/江苏第二师范学院学报/2018-08-25

从市井到屏幕——扬州评话的电视传播探析/王春阳、蔡莹莹/视听/2018-08-28

刍议石涛艺术观对后世的影响/徐国喜/艺术与设计(理论)/2018-09-15

一档馆藏汤贻汾罢官扬州奏折考释/孙超/北方论丛/2018-09-15

演绎古老神话,焕发新活力——评扬州木偶《嫦娥奔月》/奚社艳/大众文艺/2018-09-15

浅谈《清风亭》在扬剧与晋剧表演中的差异性/洪岩/大众文艺/2018-09-15

扬州地区古筝制作传统技艺的保护与利用/秦忠亚/艺术科技/2018-09-15

《扬州画舫录》里的音乐类非物质文化遗产/李媛莉/北方音乐/2018-09-15

21世纪以来清代盐业史研究述评/戚文闯/盐城工学院学报(社会科学版)/2018-09-20

海丝路上清真寺建筑的中国化 以扬州仙鹤寺为例/张纪尧/中国宗教/2018-09-20

坚守传统丛林道风 扬州高旻寺禅七见闻/刘懿凤/中国宗教/2018-09-20

与"恶食者"游——汪曾祺小说怎样写"吃"/郜元宝/当代作家评论/2018-09-25

21世纪以来清代盐业史研究述评/戚文闯/扬州大学学报(人文社会科学版)/2018-09-30

扬州瘦西湖湖上园林艺术特征与价值评价研究/陈宇、赵炜、潘自然/扬州大学学报(农业与生命科学版)/2018-09-30

文化视野下南方民歌与北方民歌的曲目特点解析——以《拔根芦柴花》和《小白菜》为例/陈建红/北方音乐/2018-09-30

清初扬州文坛繁盛的"地利"因素——以孙枝蔚交游为中心/马铭明/学术交流/2018-10-05

清代扬州园林中的皇家气质探析/赵兵、刘亚捷/中国名城/2018-10-05

扬州慢,骑行古运河的前世今生/谈雅丽/中国三峡/2018-10-15

落叶聚还散,寒鸦栖复惊——李鱓绘画艺术中的文人情怀/曹国桥/美术大观/2018-10-15

我与改革开放中的档案工作同行/魏怡勤/档案与建设/2018-10-15

扬剧伴奏原则述评/郭进怀/中国戏剧/2018-10-20

试论如何利用微信公众号推广开发古代地方档案文献资料——以《清宫扬州御档》为例/王心雨、朱洁、王小燕、王艳、何玉璐/科技视界/2018-10-25

二胡在扬州民歌伴奏中的重要作用/李梦霞、邵萍/艺术评鉴/2018-10-30

文化空间视野下扬州戏曲音乐类"非遗"的保护与传承/姚雅倩、沈钰/智库时代/2018-11-05

任中敏先生片忆/许晓光/古典文学知识/2018-11-05

市民审美对清中期扬州漆器图案的影响/刘晓宏、张慧/四川戏剧/2018-11-06

《扬州八怪题画诗考释》前言/滋芜/科教文汇(上旬刊)/2018-11-10

系统论视阈下档案事业高标准高质量发展路径初探——以扬州市为例/殷元松、薛晓军、许军/档案与建设/2018-11-15

扬州宋三城平面形态复原研究/叶亚乐、王学荣、武廷海/城市规划学刊/2018-11-20

依托园林文化优势提升城市文化品位的策略研究——以扬州市为例/李娅娜/江西农业2018-11-23

扬州饮食文化的发展趋势/董芝杰/旅游纵览(下半月)/2018-11-23

扬州方言入声区别性特征的感知研究/唐志强、李善鹏/方言/2018-11-24

地域文化导入产品设计原理与方法课程的研究——以扬州雕版文化创意产品为例/张慧、洪婷婷、刘晓宏/教育现代化/2018-11-26

扬州传统吟诗调研究/尤云轩/浙江树人大学学报(人文社会科学)/2018-11-27

舌尖上的"清明上河图"——浅评杨明坤口述版《皮五辣子》/冯振国、杨曲/曲艺/2018-12-01

清代盐商和扬州画派的兴起/陈传席/中国书画/2018-12-05

怪才绝艺 奇葩清芬——潍坊市博物馆藏扬州画派部分作品析览/衣可红/中国书画/2018-12-05

徜徉徐凝门/周游/江苏地方志/2018-12-10

四季扬州/翁衡临/江苏地方志/2018-12-10

京杭大运河影响下的扬州古城格局与传统文化构建/盛华星/城市建设理论研究(电子版)/2018-12-15

从园林输出看扬州文化的影响力/李金宇、徐亮/广东园林/2018-12-15

扬州新出土晚唐龙虎山天师道大都功版初研/白照杰/宗教学研究/2018-12-15

个性意识在"扬州八怪"画家群体中的觉醒——以金农为例/金濡欣/美与时代(中)/2018-12-15

试论后申遗时代扬州运河文化遗产旅游发展对策/童薇/度假旅游/2018-12-15

京杭大运河影响下的扬州古城格局与传统文化构建/盛华星/城市建设理论研究(电子版)/2018-12-15

会饮扬州正当时——李敬泽散文创作研讨会记述/简圣宇/广西民族师范学院学报/2018-12-25

阮元蜀师砖与隋炀帝陵考论辨正/余国江/中国地方志/2018-12-25

同源与异构——扬州和苏州刺绣艺术特色之比较/王笙渐、李成/丝绸/2018-12-27

江苏扬州双山汉墓墓主身份探讨/余国江/东南文化/2018-12-30

唐诗扬州城市意象的文化阐释/李良芳、陈晨/扬州教育学院学报/2018-12-30

基于层次分析法的扬州园林风格特征研究/周超、赵御龙、王晓春、黄春华/扬州大学学报(农业与生命科学版)/2018-12-30

扬州八大名园历史演变/明光/扬州教育学院学报/2018-12-30

扬州城市形象建构中的汉英翻译研究/孔苏婧/扬州教育学院学报/2018-12-30

扬州学派学者朱士端卒年及字号考辨/程希/扬州教育学院学报/2018-12-30

统计资料

2018年扬州市国民经济占江苏省的比重一览表

表42-4

项　目	单　位	江　苏	扬　州	扬州占全省比重（%）
年末总人口	万人	8050.70	458.83	5.70
地区生产总值（当年价格）	亿元	92595.40	5466.17	5.90
第一产业	亿元	4141.72	273.34	6.60
第二产业	亿元	41248.52	2623.24	6.36
第三产业	亿元	47205.16	2569.59	5.44
社会消费品零售总额	亿元	33230.35	1557.03	4.69
出口总额	亿美元	4040.44	85.42	2.11
注册外资及港澳台资实际到账额	亿美元	255.92	12.20	4.77
一般公共预算收入	亿元	8630.16	340.03	3.94
一般公共预算支出	亿元	11658.22	563.57	4.83
普通高等学校在校学生数	万人	180.63	7.90	4.37
卫生机构床位数	万张	49.08	2.34	4.76
卫生技术人员数	万人	59.00	2.92	4.95
#执业（助理）医师	万人	23.34	1.12	4.80
在岗职工平均工资	元	84688	75996	89.74
城镇常住居民人均可支配收入	元	47200	41999	88.98
农村常住居民人均可支配收入	元	20845	21457	102.94

2018年扬州市分地区生产总值一览表

表 42-5

指 标	全 市	市 区	广陵区	邗江区	江都区	宝应县	仪征市	高邮市
地区生产总值（亿元）	**5466.17**	3475.94	795.75	955.16	1070.05	630.46	673.94	669.02
第一产业	**273.34**	100.01	10.03	21.10	66.95	71.79	23.84	77.71
第二产业	**2623.24**	1630.54	351.07	365.02	494.44	282.24	347.49	291.33
工业	**2283.60**	1433.18	321.58	296.37	407.85	230.35	306.19	232.32
建筑业	**340.34**	197.36	29.49	68.65	86.59	51.96	41.37	59.01
第三产业	**2569.59**	1745.38	434.65	569.04	508.66	276.43	302.61	299.98
交通运输、仓储和邮政业	**189.43**	110.24	16.91	19.75	64.45	13.86	11.48	27.37
批发和零售业	**380.03**	252.42	96.35	67.79	67.53	32.12	74.75	24.96
住宿和餐饮业	**84.13**	62.18	14.90	19.41	21.39	12.05	10.24	15.11
金融业	**320.26**	174.28	45.36	51.15	46.01	26.29	25.38	24.59
房地产业	**358.36**	294.69	72.20	110.84	82.87	32.09	58.54	36.76
其他服务业	**1219.21**	846.16	188.28	297.94	223.97	155.72	119.72	165.83
营利性服务业	**606.93**	450.39	96.31	197.90	77.25	49.18	33.23	58.82
非营利性服务业	**612.28**	395.77	91.97	100.04	146.72	106.54	86.49	107.01
人均地区生产总值（元/人）	**120944**	142020	149873	136481	105476	83032	118401	89970

2018年扬州市分地区人口数及构成情况表

表 42-6

地 区	总人口（人）			性别比
	合 计	男	女	
全 市	**4588341**	**2287001**	**2301340**	**99.38**
市 区	2301032	1138848	1162184	97.99
#广陵区	494013	243334	250679	97.07
邗江区	762288	374662	387626	96.66
江都区	1044731	520852	523879	99.42
宝应县	887550	449926	437624	102.81
仪征市	591570	296214	295356	100.29
高邮市	808189	402013	406176	98.98

2018年扬州市分地区户数、平均人口及密度情况表

表 42-7

地 区	户数（户）	平均每户人数（人）	年平均人口（人）	人口密度（人/平方千米）
全 市	**1478164**	**3.10**	**4594071**	**696.15**
市 区	762668	3.02	2315532	997.85
#广陵区	169976	2.91	494212	1474.67
邗江区	246977	3.09	772906	1189.22
江都区	345715	3.02	1048415	785.51
宝应县	269682	3.29	891223	607.08
仪征市	193534	3.06	577302	655.84
高邮市	252280	3.20	810015	420.49

2018年扬州市农林牧渔业分项产值一览表

表 42-8　　　　单位：万元

项　　目	2018 年产值（当年价格）	2017 年产值（当年价格）
农林牧渔业总产值	**5140199**	**4956784**
一、农业产值	2433631	2293984
1. 谷物及其他作物	858756	883889
# 谷物	784779	791408
棉花	154	1010
油料	24487	39232
2. 蔬菜园艺作物	1455967	1300873
# 蔬菜（含菜用瓜）	1071923	985466
花卉	17982	12520
3. 水果、坚果、饮料和香料作物	116603	104983
# 水果坚果（含果用瓜）	96161	85881
茶及其他饮料	20442	19102
4. 中药材	2305	4239
二、林业产值	139847	128817
1. 林木的培养种植	77064	68277
2. 竹木采运	56061	54452
3. 林产品	6722	6088
三、牧业产值	618709	750472
1. 牲畜饲养	22968	20633
# 牛的饲养	3856	3714
羊的饲养	14270	13187
奶产品	4842	3732
# 牛奶	4842	3732
2. 猪的饲养	182687	231071
3. 家禽	392851	460405
4. 狩猎和捕捉动物	0	0
5. 其他畜牧业	20203	38363
四、渔业产值	1660503	1507827
1. 海水产品	0	0
2. 淡水产品	1660503	1507827
鱼类	574574	510545
甲壳类	927243	849296
贝类	12035	11115
其他	146651	136871
五、农林牧渔服务业	287509	275684

2018年扬州市主要农作物播种面积和产量一览表

表42-9

项　　目	播种面积（千公顷）	单 产（千克/公顷）	总产量（吨）
农作物总播种面积	**476.54**	—	—
一、粮食作物总计	396.09	7255	2873626
1. 夏粮	182.34	5546	1011312
小麦	178.97	5579	998427
大麦	0.75	4975	3731
蚕豌豆	2.62	3494	9154
2. 秋粮	213.75	8713	1862314
稻谷	196.55	9129	1794295
中稻	196.55	9129	1794295
单季晚稻	—	—	—
双季后作稻	—	—	—
玉米	1.94	5382	10441
其他谷物	0.03	4500	135
豆类	13.62	3369	45881
薯类	1.61	7181	11562
二、经济作物			
1. 棉花	0.02	3100	62
2. 油料	13.83	2806	38809
# 花生	1	3197	3197
油菜籽	12.34	2802	34581
芝麻	0.49	2104	1031
3. 麻类	—	—	—
# 黄麻	—	—	—
红麻	—	—	—
苎麻	—	—	—
4. 糖类	0.02	38750	775
# 甘蔗	0.02	38750	775
甜菜	—	—	—
5. 药材	0.33	—	—
6. 蔬菜瓜类	61.41	37160	2281971
蔬菜	58.56	37342	2186748
瓜类	2.85	33412	95223
三、其他农作物	4.84	—	—
# 青饲料	0.67	—	—
绿肥	0.23	—	—

2018年扬州市主要工业产品产量一览表

（规模以上工业企业）

表 42-10

产品名称	计量单位	产量
天然原油	万吨	109.16
天然气	万立方米	7000
发电量	亿千瓦小时	244.66
塑料制品	万吨	12.32
化学纤维	万吨	120.37
纱	万吨	13.14
布	万米	15611.22
毛机织物（呢绒）	万米	324.60
服装	万件	11693.76
皮革鞋靴	万双	3754.67
机制纸及纸板	万吨	8.85
原油加工量	万吨	64.64
烧碱（折 100%）	万吨	29.29
农用氮、磷、钾化学肥料总计（折纯）	万吨	0.48
化学农药原药（折有效成分 100%）	吨	80586.84
合成纤维聚合物	万吨	200.72
化学药品原药	吨	282.00
水泥	万吨	1045.78
钢材	万吨	412.33
附：用外购国产钢材再加工生产的钢材	万吨	14.09
金属切削机床	台	35957
金属成形机床	台	27399
汽车	辆	345482
金属集装箱	万立方米	788.78
电力电缆	万千米	186.82
通信及电子网络用电缆	万对千米	132.24
单晶硅	万千克	6.1
交流电动机	万千瓦	1359.28
电动手提式工具	万台	43.46
民用钢质船舶	载重吨	1730474

2018年扬州市分地区建筑业生产经营情况表

表 42-11

指标	全市	市区	扬州经济技术开发区	广陵区	邗江区	江都区	宝应县	仪征市	高邮市
单位个数（个）	670	394	36	77	147	134	114	73	89
一、建筑业合同情况（万元）									
签订的建筑合同额	57394582	32714522	869806	10451308	5850725	15542683	7409919	5005319	12264822
上年结转建筑合同额	25168112	15757069	297988	4829872	1534149	9095060	2608421	2463006	4339616
本年新签建筑合同额	32226470	16957453	571818	5621436	4316576	6447623	4801498	2542313	7925207
二、承包工程完成情况（万元）									
直接从建设单位承揽工程完成的产值	35533011	19652532	593430	5815048	4432065	8811989	4624610	3235572	8020296
自行完成施工产值	35523069	19645466	591888	5814901	4431997	8806679	4622324	3235278	8020001
分包出去工程的产值	9942	7066	1542	147	68	5310	2287	294	295
从建设单位以外承揽工程完成的产值	3626536	2222958	72331	140090	373281	1637257	689112	141674	572792
三、建筑业总产值（万元）	39149605	21868424	664219	5954991	4805278	10443936	5311435	3376953	8592793
#装饰装修产值	1412712	1074509	30792	269744	618058	155915	98433	78842	160929
在外省完成的产值	22031304	13622368	145228	4197348	1876284	7403508	3646641	1696466	3065828
建筑工程产值	36674718	19529338	640431	5740846	4197886	8950174	5275190	3344568	8525623
安装工程产值	2378643	2285043	23268	208124	601189	1452462	32562	26526	34512
其他建筑业产值	96243	54043	520	6020	6204	41299	3683	5858	32658
四、竣工产值（万元）	31684775	17738321	240685	5286175	3947052	8264410	4927613	1978752	7040089
五、房屋施工面积（万平方米）	28545	13747	121	4617	2066	6942	6363	1936	6498
#房屋新开工面积	12101	5000	57	1459	1174	2310	2875	1013	3213

2018年扬州市全社会客货运输量一览表

表 42-12

项目	单位	数值
公路客运量	万人次	3094
公路旅客周转量	万人千米	279013
公路货运量	万吨	7634
公路货物周转量	万吨千米	1406165
水路客运量	万人次	6.75
水路旅客周转量	万人千米	40.49
水路货运量	万吨	6493
水路货物周转量	万吨千米	2727054
机场旅客吞吐量	万人	238.4
机场货邮吞吐量	万吨	1.114
铁路旅客发送量	万人次	279.8
铁路货运量	万吨	45

2018年扬州市邮政通信基本情况表

表 42-13

项　目	单位	2014年	2015年	2016年	2017年	2018年
邮电业务总量	亿元	61.01	75.45	93.92	136.97	232.37
#邮政行业业务总量	亿元	17.15	20.60	26.61	36.08	42.44
电信业务总量	亿元	43.86	54.85	67.31	100.89	189.93
邮电业务收入	亿元	54.68	56.91	61.08	67.39	73.15
#邮政行业业务收入	亿元	12.45	16.50	19.25	23.36	27.61
电信业务收入	亿元	42.23	40.41	41.83	44.03	45.54
函件	万件	2507.44	1883.23	1161.61	689.96	441.86
包件	万件	15.74	12.11	9.27	8.97	8.71
报纸累计数	万张	7602.88	6896.49	6530.74	6276.93	6317.59
杂志累计数	万份	486.78	397.09	354.40	352.59	320.73
快递	万件	7290.21	7782.23	10736.31	13045.89	15459.53
固定电话用户数	万户	127.26	115.75	107.17	99.16	93.48
移动电话用户数	万户	431.49	450.42	476.50	501.22	531.67
宽带用户数	万户	110.28	123.42	140.29	160.40	171.56

2018年扬州市分行业社会消费品零售总额一览表

表 42-14　　单位：万元

项　目	全　市	市　区	扬州经济技术开发区	广陵区	邗江区	江都区	宝应县	仪征市	高邮市
社会消费品零售总额	**15570299**	**10545929**	**902049**	**3413138**	**3286224**	**2944519**	**1817192**	**1295696**	**1911483**
按地区分									
城镇	**14429882.8**	10099557	871398	3389412	3180447	2658300	1403502	1116399	1810425
#城区	**11050165.8**	8312058	382547	3011321	3076402	1841789	691112	899392	1147603
乡村	**1140416**	446372	30650	23726	105776	286219	413690	179297	101058
按行业分									
批发业	**1980403**	1072078	66535	253908	515613	236023	433899	226404	248022
零售业	**11739010.1**	8261420	703480	2690998	2430352	2436591	1200927	909031	1367632
住宿业	**261337**	209787	43887	35769	69030	61102	23919	13134	14497
餐饮业	**1589549**	1002643	88146	432464	271230	210803	158447	147126	281333

2018年扬州市对外及港澳台贸易出口总额一览表

表 42-15　　单位：万美元

项　目	进出口总额	出　口	进　口
总　计	**1199312**	**854167**	**345145**
一、按地区分组			
扬州经济技术开发区	246436	165956	80480
广陵区	120814	101084	19730
邗江区	234314	201749	32565
江都区	223657	147353	76304
宝应县	112486	88308	24178
仪征市	55642	41653	13989
高邮市	49432	44802	4630
二、按贸易方式分组			
一般贸易	911705	655711	255994
加工贸易	214880	155679	59201
其他	72727	42776	29951

注：按地区分组未列功能区数据

2018年扬州市外商及港澳台商直接投资情况表

表42-16　　单位：万美元

地　区	注册外资及港澳台资实际到账额	协议注册外资及港澳台资
	总额	总额
全　市	**122044**	**251463**
扬州经济技术开发区	33026	75060
广陵区	10100	41864
邗江区	22705	36892
江都区	22011	26860
宝应县	7001	8169
仪征市	14003	25231
高邮市	9276	19813

注：合计数据不含上年结转数，分项各县（市、区）数据含上年结转数，分项未列功能区数据

2018年扬州市财政收入与支出一览表

表42-17　　单位：万元

项　　目	全 市	市 区	#广陵区	#邗江区	#江都区	宝应县	仪征市	高邮市
财政总收入	**5421167**	**3578704**	**564541**	**811665**	**744081**	**368513**	**891791**	**582159**
#上划中央收入	**2263363**	1428025	287255	380322	358017	161297	425764	248277
增值税	**1320153**	815960	161802	219980	232994	110523	225706	167964
消费税	**161289**	90498	3804	324	28547	558	65325	4908
企业所得税（60%）	**580938**	366485	85026	126516	74025	39387	112577	62489
个人所得税（60%）	**200983**	154882	36623	33502	22451	10829	22156	13116
一般公共预算收入	**3400339**	2247248	351204	600171	528875	275918	509152	368021
#税收收入	**2721078**	1742138	321199	489143	413009	220573	440352	318015
#增值税	**1319175**	815445	161843	219838	232760	110451	225305	167974
营业税	**975**	512	-41	141	234	72	401	-10
企业所得税（40%）	**387294**	244326	56684	84344	49350	26258	75050	41660
个人所得税（40%）	**133988**	103255	24415	22335	14967	7219	14771	8743
一般公共预算支出	**5635745**	**3515889**	**300363**	**673879**	**1121903**	**717623**	**660347**	**741886**
#一般公共服务	**656443**	441343	50329	118418	74200	63787	80506	70807
科学技术	**153129**	84169	7179	12145	34491	22754	14680	31526
教育	**923339**	541398	54240	114380	175473	137583	103781	140577
文化体育与传媒	**97968**	76626	1485	3763	5521	4668	6609	10065
医疗卫生	**393649**	213673	20824	41360	66058	61104	48970	69902
节能环保	**209042**	153218	4262	62157	33715	18331	18575	18918
城乡社区事务	**788868**	567722	46705	129219	255022	74159	78698	68289
交通运输	**248717**	183353	1890	8362	91682	22767	18500	24097
社会保障和就业	**674214**	371915	42063	53116	163637	113661	81048	107590
住房保障	**178421**	144887	13519	3163	49208	19173	4778	9583
农林水事务	**498517**	244365	23427	41554	76554	83609	85760	84783

2018年扬州市金融机构人民币存贷款收支情况表

表42-18　　单位：亿元

项　　目	全 市	市 区	#江都区	宝应县	仪征市	高邮市
年末金融机构各项存款余额	**5997.55**	**4142.92**	**1059.83**	**561.85**	**655.11**	**637.67**
#住户存款	2860.65	1800.85	678.21	328.52	331.46	399.83
年末金融机构各项贷款余额	**4630.51**	**3370.46**	**672.55**	**378.10**	**452.44**	**429.51**
#住户贷款	1716.02	1224.45	239.62	172.72	167.96	150.89
非金融企业及机关团体贷款	2914.08	2145.60	432.92	205.38	284.47	278.62

2018年扬州市教育事业情况表

表 42-19

项　目	学校数（所）	毕业生数（人）	招生数（人）	在校学生数（人）	专任教师（人）
普通高等学校	8	20982	25524	78957	5473
普通中等专业学校	7	8393	6406	23494	1494
普通中学	166	57927	58898	175123	16215
高中	32	21381	23431	64821	6095
初中	134	36546	35467	110302	10120
职业高中	3	5403	5332	16817	648
技工学校	14	4995	9301	21888	1421
小学	209	35937	39692	214547	13369
特殊教育学校	7	187	153	1109	214
幼儿园	354	—	—	109546	6763

2018年扬州市中小学情况表

表 42-20

项　目	全　市	市　区				宝应县	仪征市	高邮市
			#广陵区	#邗江区	#江都区			
学校总数（所）								
普通中学	**166**	87	10	18	37	30	21	28
#高中	**32**	18	2	4	6	5	4	5
小学	**209**	102	18	18	53	38	29	40
在校学生数（人）								
普通中学	**175123**	99980	5578	21437	36074	31666	19008	24469
#高中	**64821**	35932	1982	7865	13776	11685	7078	10126
小学	**214547**	130044	32853	36685	40368	33708	23604	27191
专任教师数（人）								
普通中学	**16215**	8758	670	1908	3550	2993	1825	2639
#高中	**6095**	3269	222	737	1331	1166	602	1058
小学	**13369**	7747	1992	2013	2656	2125	1593	1904

2018年扬州市卫生事业情况表

表 42-21

项　目	单 位	全　市	市　区				宝应县	仪征市	高邮市
				#广陵区	#邗江区	#江都区			
医疗卫生机构数	个	**1813**	1065	229	421	415	337	159	252
#医院数	个	**80**	53	20	20	13	12	9	6
卫生院数	个	**69**	21	5	4	12	19	10	19
医疗卫生机构床位数	张	**23355**	14517	6913	2759	4845	2833	2690	3315
#医院床位数	张	**17119**	11339	5910	2074	3355	1663	2041	2076
卫生院床位数	张	**3656**	1463	203	143	1117	924	539	730
卫生技术人员数	人	**29202**	17820	7620	4679	5521	4091	3289	4002
#执业（助理）医师数	人	**11209**	6869	2901	1993	1975	1591	1244	1505
注册护士数	人	**11659**	7569	3588	1949	2032	1323	1315	1452

2018年扬州市文化事业基本情况表

表 42-22

项　目	单 位	全 市	市 区	# 江都区	宝应县	仪征市	高邮市
广播覆盖率	%	**100**	100	100	100	100	100
电视覆盖率	%	**100**	100	100	100	100	100
剧场、影剧院	个	**50**	35	9	5	6	4
公共图书馆	个	**7**	4	1	1	1	1
公共图书馆图书总藏量	千册（件）	**4247**	3287	378	205	452	303
博物馆	个	**16**	10	1	2	1	3
体育场馆	个	**24**	18	4	2	2	2

2018年扬州市环境保护基本情况表

表 42-23

项　目	单 位	全 市	广陵区	邗江区	江都区	宝应县	仪征市	高邮市
废水排放总量	万吨	**24927.06**	3085.59	7022.89	4419.02	2960.46	3606.32	3832.78
# 工业源	万吨	**7365.76**	1035.91	2108.45	783.7	452.43	1653.33	1331.94
城镇生活源	万吨	**17549.45**	2049.68	4908.06	3635.32	2508.03	1951.2	2497.16
集中式治理设施	万吨	**11.85**	0	6.38	0	0	1.79	3.68
化学需氧量（COD）排放量	吨	**41429.91**	6409.66	10887.6	8028.36	5708.24	4427.04	5969.01
# 工业源	吨	**6199**	1049.28	1593.14	1020.42	822.9	620.84	1092.43
农业源	吨	**10.63**	0	0	10.63	0	0	0
城镇生活源	吨	**35197.88**	5360.38	9280.43	6997.31	4885.34	3800.5	4873.92
集中式治理设施	吨	**22.4**	0	14.03	0	0	5.7	2.66
氨氮排放量	吨	**5629.52**	854.78	1305.88	1199.28	860.66	574.68	834.24
# 工业源	吨	**550.53**	59.3	90.09	153.74	131.67	7.52	108.2
农业源	吨	**1.13**	0	0	1.13	0	0	0
城镇生活源	吨	**5076.54**	795.48	1214.68	1044.41	728.99	567.11	725.88
集中式治理设施	吨	**1.32**	0	1.11	0	0	0.05	0.16
总磷排放量	吨	**431.69**	60.01	79.21	76.75	71.09	50.26	94.37
# 工业源	吨	**67.14**	1.61	6.6	6.24	8.71	1.72	42.25
农业源	吨	**0.14**	0	0	0.14	0	0	0
城镇生活源	吨	**364.22**	58.4	72.44	70.37	62.38	48.53	52.1
集中式治理设施	吨	**0.2**	0	0.17	0	0	0	0.02
废水治理设施数	套	**323**	19	48	125	40	59	32
废水治理设施处理能力	万吨 / 日	**39.2**	1.963	6.370	2.72	1.990	18.322	7.836
废水治理设施运行费用	万元	**30145.1**	3436.77	5405.75	4480.15	317.29	15474.44	1030.7

续表 42-23

项　　目	单 位	全 市	广陵区	邗江区	江都区	宝应县	仪征市	高邮市
二氧化硫排放量	吨	**18487.05**	3845.61	7134.14	2464.86	529.21	1023.32	3489.92
# 工业源	吨	**15587.73**	3416.31	6374.43	1903.99	137.73	717.3	3037.98
城镇生活源	吨	**2835.6**	429.3	759.71	560.87	391.48	304.55	389.69
集中式治理设施	吨	**63.72**	0	0	0	0	1.47	62.25
氮氧化物排放量	吨	**28045.15**	6078.16	11475.98	2035.25	242.22	2665.12	5548.42
# 工业源	吨	**27259.84**	6004.34	11345.32	1938.79	174.89	2588.38	5208.12
城镇生活源	吨	**488.19**	73.82	130.66	96.46	67.33	52.37	67.55
机动车	吨	—	—	—	—	—	—	—
集中式治理设施	吨	**297.12**	0	0	0	0	24.37	272.75
烟（粉）尘排放量	吨	**12634.38**	3123.32	4400.32	2417.71	217.69	461.52	2013.82
# 工业源	吨	**11898.97**	3010.35	4208.07	2277.41	123.77	372.78	1906.6
城镇生活源	吨	**717**	112.97	192.25	140.3	93.92	84.06	93.5
机动车	吨	—	—	—	—	—	—	—
集中式治理设施	吨	**18.41**	0	0	0	0	4.69	13.72
挥发性有机物（VOCs）排放量	吨	**2575.65**	45.91	1006.08	716.22	403.93	325.6	77.91
# 工业源	吨	**2438.98**	25.22	969.49	689.2	385.07	310.93	59.06
城镇生活源	吨	**136.67**	20.68	36.59	27.02	18.86	14.67	18.85
机动车	吨	—	—	—	—	—	—	—
废气治理设施数	套	**2806**	52	242	1969	80	278	185
废气治理设施运行费用	万元	**91539.62**	3383	56516.23	13426.17	1173.09	10505.13	6536
一般工业固体废物产生量	万吨	**573.373**	201.262	166.239	14.915	7.786	51.296	131.876
一般工业固体废物综合利用量	万吨	**539.456**	200.204	140.411	10.113	7.684	49.405	131.638
# 综合利用往年贮存量	万吨	**0.577**	0	0.257	0.002	0.05	0.265	0.002
一般工业固体废物综合利用率	%	**93.99**	99.47	84.33	67.80	98.07	95.82	99.82
危险废物产生量	万吨	**19.356**	0.802	2.034	5.716	0.195	5.939	4.671
危险废物综合利用量	万吨	**5.423**	0.036	1.164	0.017	0	3.128	1.079
# 综合利用往年贮存量	万吨	**0.232**	0.005	0.000	0.010	0	0.216	0.001
危险废物处置量	万吨	**14.069**	0.818	0.890	5.789	0.190	2.988	3.394
# 处置往年贮存量	万吨	**0.886**	0.08	0.055	0.268	0.030	0.162	0.291
危险废物处置利用率	%	**95.20**	96.27	98.32	96.86	84.46	96.83	90.10
当年完成“三同时”环保验收项目环保投资	万元	**95474.32（含市本级 12290 万元）**	2641	1121.5	34265.7	4240	20000	20916.12
工业污染防治施工项目本年完成投资	万元	**15338.6**	0	1215	3043.6	—	11080	—

续表 42-23

项　　目	单 位	全 市	广陵区	邗江区	江都区	宝应县	仪征市	高邮市
废水治理项目	万元	**1520**	0	0	1520	—	0	—
废气治理项目	万元	**13050**	0	1215	755	—	11080	—
工业固体废物治理项目	万元	**300**	0	0	300	—	0	—
噪声治理项目	万元	**0**	0	0	0	—	0	—
其他治理项目	万元	**468.6**	0	0	468.6	—	0	—
环境空气质量								
可吸入颗粒物（PM10）	微克 / 立方米	**90**	90	90	88	72	79	64
细颗粒物（PM2.5）	微克 / 立方米	**49**	49	49	48	42	40	43
二氧化硫	微克 / 立方米	**13**	13	13	17	14	16	20
氮氧化物	微克 / 立方米	**38**	38	38	25	25	28	23
空气质量达到及好于二级的天数比重	%	**64.4**	63.2	65.4	80.5	85.2	77.3	85.6
水环境质量								
集中式饮用水源地水质达标率	%	**100**	100	100	100	100	100	100
地表水劣 V 类水体比例	%	**0**	0	0	0	0	0	0
道路交通噪声等效声级	dB（A）	**66.9**	69.0	69.0	65.4	62.0	63.8	61.6

2018年扬州市市区居民家庭基本情况表

表 42-24

项　　目	单 位	全体居民	城镇居民	农村居民
一、调查户数	户	1150	660	490
二、平均每户家庭人口	人	3.10	3.08	3.14
三、平均每户就业人口	人	1.80	1.68	1.99
四、平均每一就业人口负担人数	人	1.73	1.83	1.57
五、平均每户就业面	%	57.97	54.50	63.50
六、平均每人现住房建筑面积	平方米	49.70	46.00	55.60
七、人均可支配收入	元	34076	41999	21457
八、人均非收入所得	元	1194	1351	945
#非经常性转移所得	元	993	1152	739
九、人均借贷性所得	元	1211	1229	1182
#提取储蓄存款	元	913	1021	741
十、人均总支出	元	32346	35350	27562
#消费支出	元	20683	23718	15848
转移性支出	元	1620	2132	805
生产经营费用支出	元	1543	986	2431
借贷性支出	元	1833	1565	2261
十一、人均通过互联网购买的商品和服务	元	251	372	59
十二、恩格尔系数	%	30.5	30.7	30.1
十三、百户接入有线电视的彩色电视机	台	166.7	174.9	153.5
十四、百户接入互联网的移动电话	部	202.4	205.2	198
十五、百户接入互联网的计算机	台	73.7	86.7	53.1

2018年长江三角洲部分城市主要经济指标一览表

表 42-25

地　区	地区生产总值（亿元）	社会消费品零售总额（亿元）	注册外资及港澳台实际到账额（亿美元）	出口总额（亿美元）	一般公共预算收入（亿元）	城镇常住居民人均可支配收入（元）	农村常住居民人均可支配收入（元）
上海市	32679.87	12668.69	173.00	2071.70	7108.15	68034	30375
南京市	12820.4	5832.46	38.53	378.79	1470.02	59308	25263
无锡市	11438.62	3672.70	37.15	567.81	1012.28	56989	30787
常州市	7050.27	2613.19	24.22	93.14	560.33	54000	28014
苏州市	18597.47	5746.90	45.25	2068.31	2119.99	63481	32420
南通市	8427	3088.77	25.81	254.53	606.19	46321	22369
盐城市	5487.08	1778.74	9.13	60.31	381.00	35896	20357
扬州市	5466.17	1557.03	12.20	85.42	340.03	41999	21457
镇江市	4050	1360.92	8.68	79.80	301.50	48903	24687
泰州市	5107.63	1282.87	15.07	95.31	366.64	43452	21219
杭州市	13509	5715.00	68.30	518.26	1825.10	61172	33193
宁波市	10745.5	4154.90	43.20	841.70	1379.70	60134	33633
嘉兴市	4871.98	1938.59	31.40	305.92	518.55	57437	34279
湖州市	2719.1	1297.24	12.70	116.83	287.10	54393	31767
绍兴市	5416.9	2007.61	13.51	310.52	501.34	59049	33097
金华市	4100.23	2253.00	3.19	554.97	392.62	54883	26218
舟山市	1316.7	536.90	4.20	64.18	146.02	56622	33812
台州市	4874.67	2366.88	2.89	232.93	431.18	55705	27631

2018年扬州的一天

表 42-26

项　目	单　位	1985 年	1990 年	1995 年	2000 年	2005 年	2010 年	2015 年	2017 年	2018 年
地区生产总值	万元	1125	2440	8197	12935	27147	61836	111669	138765	149758
第一产业	万元	353	596	1266	1751	2596	4421	6626	7179	7489
第二产业	万元	568	1301	4681	6855	15115	34387	56622	67832	71870
第三产业	万元	204	543	2250	4329	9435	23028	48421	63754	70400
粮食产量	吨	6808	6538	6084	6169	6204	7865	8614	7820	7873
棉花产量	吨	46.0	50.0	73.0	28.0	19.0	14.7	2.9	1.0	0.17
油料产量	吨	145	132	201	341	336	220	196	179	179
水产品产量	吨	88	158	338	621	977	1042	1092	1109	1085
社会消费品零售额	万元	596	1128	2772	4165	8408	19894	33889	40932	42658
出口总额	万美元				166	522	1659	2113	2156	2340
固定资产投资完成额	万元	320	552	2723	3514	11235	36489	78269	101098	8
一般公共预算收入	万元	98	182	243	447	1357	4597	9226	8772	9316
客运量	万人	19.53	15.8	13.59	17.01	22.31	19.93	11.39	9.36	8
货运量	万吨	5.85	5.44	15.67	12.84	16.04	25.57	33.32	36.54	39
住户存款	万元	159	764	3071	7563	16566	34312	65115	72804	78374

索 引

说 明

一、本索引采取主题分析法，索引词条按汉语拼音音序排列。

二、类目、栏目、分目标题用黑体字标示。

三、索引词条后的数字表示页码，数字后的字母(a、b、c)表示该页版面从左至右的栏别。

四、空一字起排的款目为上一主题的"附见"。

A

B

D

E

F

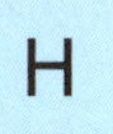

H

J

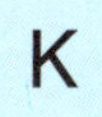

P

Q

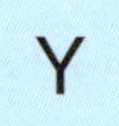

Y

Z